HUACHEN

安徽华辰造纸网股份有限公司

AN HUI HUA CHEN PAPER-MAKING NET CO.,LTD.

国际先进的14.5米定型机

国际先进的BK880织网机

国际先进的全自动插接机

国际先进的整经机

公司市场部电话：0553-5848297
技术部电话：0553-5848292
公司地址：安徽芜湖经济技术开发区港湾路33号
邮编：241006
公司传真：0553-5848290/5848747

中国造纸年鉴

ALMANAC OF CHINA PAPER INDUSTRY

2024

中国造纸学会　编

Edited by China Technical Association of Paper Industry

中国轻工业出版社

图书在版编目（CIP）数据

中国造纸年鉴. 2024 / 中国造纸学会编. --北京：中国轻工业出版社，2024.12. --ISBN 978-7-5184-5146-3

Ⅰ. F426.83-54

中国国家版本馆 CIP 数据核字第 2024L8Y912 号

责任编辑：杜宇芳

文字编辑：武代群　　责任终审：滕炎福　　设计制作：锋尚设计

策划编辑：林　媛　杜宇芳　　责任校对：晋　洁　　责任监印：张　可

出版发行：中国轻工业出版社（北京鲁谷东街 5 号，邮编：100040）

印　　刷：三河市万龙印装有限公司

经　　销：各地新华书店

版　　次：2024 年 12 月第 1 版第 1 次印刷

开　　本：787 × 1092　1/16　印张：34.5

字　　数：1200 千字　　插页：18

书　　号：ISBN 978-7-5184-5146-3　定价：450.00 元

邮购电话：010-85119873

发行电话：010-85119832　010-85119912

网　　址：http://www.chlip.com.cn

Email：club@chlip.com.cn

241465K4X101HBW

《中国造纸年鉴2024》编辑委员会

《中国造纸年鉴 2024》编辑部

对本书有关的各项业务与意见均请与编辑部直接联系

地址：北京市朝阳区望京启阳路 4 号中轻大厦 B 座 10 层

邮编：100102

电话：010-64778768，64778767，64778757

传真：010-64778769

网址：www.ctapi.org.cn

邮箱：123123@ctapi.org.cn

Any Business refers to this book, please contact editorial board

Address: 10th floor Block B, Sino-light Plaza, No.4 Qiyang Rd., Wangjing, Chaoyang District, Beijing 100102, China

Phone: 010-64778768, 64778767, 64778757

Fax: 010-64778769

Http: //www.ctapi.org.cn

E-mail: 123123@ctapi.org.cn

编辑说明

《中国造纸年鉴》是由中国造纸学会编纂的专业性年鉴，是目前我国唯一逐年辑录的有关中国造纸工业的资料性工具书。自1986年创刊以来，伴随着中国造纸工业的发展，《中国造纸年鉴》已陆续出版发行27卷，本卷《中国造纸年鉴2024》为第28卷。

《中国造纸年鉴2024》的13个栏目分别是：1. 特邀论述；2. 综述；3. 统计数据；4. 产品与市场；5. 纤维原料；6. 节能减排 环境保护；7. 数字化 装备与器材；8. 科技 教育 出版；9. 大事记；10. 地方造纸工业；11. 重点企业介绍；12. 社团工作；13. 附录。

本卷年鉴在编写过程中，得到各有关部门、企事业单位和有关人士的大力支持、指导和积极配合，在此谨表谢意。并诚请广大读者对本卷年鉴编辑、出版中的不足之处给予批评指正。

《中国造纸年鉴》编辑部

2024年9月

彩色广告目录

前插彩页

正文彩页

后插彩页

十年来的中国造纸工业

（2014–2023年）

各种纸及纸板	2014	2015	2016	2017	2018	2019	2020	2021	2022	2023 年
消费量	10071	10352	10419	10897	10439	10704	11827	12105	12403	13165
生产量	10470	10710	10855	11130	10435	10765	11260	12648	12425	12965
进口量	282	287	297	466	622	625	1154	1090	836	1132
出口量	681	645	733	699	618	686	587	547	858	932

注：数据来源于中国造纸工业历年年报统计。
背景为国产大纸机。

关于APP中国

金光纸业及其在中国大陆的子公司和其他关联企业统称为“APP中国”，是我国制浆造纸业的龙头。截至2023年年底，APP中国总资产合计2,427亿人民币，全职员工约3.1万名。

APP在中国的投资可上溯至1992年。30余年来，APP中国秉持可持续发展理念，通过“林浆纸一体化”的发展模式，践行着绿色循环经济，以长三角和华南为重心，先后斥巨资布局了以宁波亚浆、金东纸业、金红叶纸业、海南金海、广西金桂、山东博汇为代表的、具有国际高水平的大型浆纸业企业，以及约29.3万公顷现代化速生林地。

目前，APP 中国拥有林务事业部、纸浆事业部、大纸事业部、生活用纸事业部等业务部门。2023 年，APP 中国在华销售额约 926 亿人民币。

此外，APP 中国还着手推动可持续发展的城市综合体及科技园项目，以实现资源多元化配置。如今，APP 中国已在上海开发了两个大型城市综合体：上海白玉兰广场和金虹桥国际中心。

目　　录

1　特邀论述

2　综　　述

3　统计数据

4　产品与市场

5　纤维原料

6　节能减排　环境保护

7　数字化　装备与器材

8　科技　教育　出版

9　大事记

10　地方造纸工业

11　重点企业介绍

12　社团工作

13　附　　录

CONTENTS

1 INVITED DISCUSSION

2 GENERAL TOPICS

3 STATISTICAL DATA

4 PRODUCTS AND MARKET

5 FIBROUS MATERIALS

6 ENERGY SAVING, EMISSION REDUCING AND ENVIRONMENTAL PROTECTION

7 DIGITIZATION & EQUIPMENT & DEVICES

8 SCIENCE AND TECHNOLOGY, EDUCATION AND PUBLICATION

9 EVENTS

10 LOCAL PAPER INDUSTRY

11 KEY ENTERPRISES INTRODUCTION

12 ASSOCIATION AFFAIRS

13 APPENDIXES

中国海诚工程科技股份有限公司
CHINA HAISUM ENGINEERING CO., LTD.

股票代码
002116

制浆造纸工程服务领域的“排头兵”

制浆造纸是中国海诚传统优势行业，公司为客户提供全工段、全流程、全周期的咨询、设计、总包、管理以及智能工厂设计开发运维服务。70余年来，中国海诚承接了国内外绝大多数重点造纸企业的大型项目，如玖龙纸业、太阳纸业、晨鸣集团、理文造纸、亚太森博、中国纸业、华泰纸业、山鹰国际、仙鹤股份、五洲特纸、青山纸业、建晖纸业、APP、王子造纸（OJI）、芬欧汇川（UPM）、斯道拉恩索、泰国SCG等国内外知名企业。

代表项目

玖龙纸业（北海）有限公司化学木浆及漂白化机浆项目

代表项目

南宁太阳纸业有限公司林浆纸一体化技改及配套产业园项目

代表项目

越南丸红包装纸项目

代表项目

亚太森博纸业有限公司项目

技术和科研创新

中国海诚不断加大在数字化、智能制造和"双碳"服务领域的投入，依托自主研发的海诚云平台、HAIPlantform数字化交付和HCIPlatform超融合数据中台，结合丰富的工程经验和核心技术，集成研发产线健康管理、工艺智能调优、精准能碳管控等工业智能APP，提供全面的工程项目生命周期解决方案。通过数字化转型延续传统工业生命力，不断实现节能降本提质增效，形成制造向“智造”转型的新质生产力。

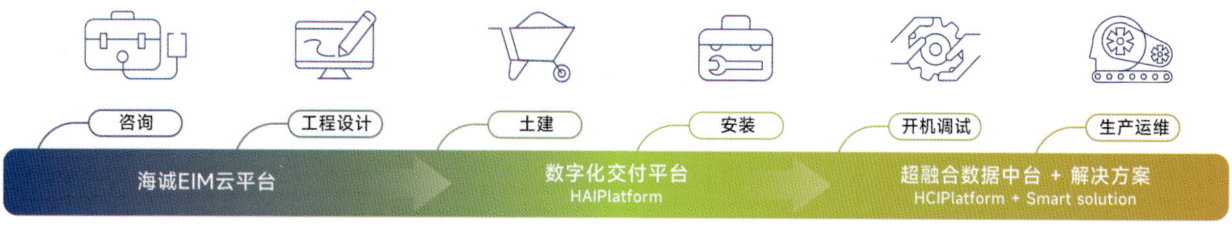

地址：上海市徐汇区宝庆路21号

电话：86-21-64370093

聚焦绿色转型与数智转型
构建可持续未来

一直以来，APP中国时刻牢记绿色造纸初心，更深刻认识到低碳绿色、数字创新对产业未来发展的驱动，构建了全新发展战略——“绿色转型，数智转型，经营业绩超一流”，并将以此为引领，与各方伙伴共同赋能行业高质量发展，致力于实现企业与利益相关方在经济、社会及环境方面的共同发展。

2020年，基于习近平主席在联合国大会上做出的庄严承诺，APP中国紧跟国家双碳战略，郑重承诺将在2030年前实现碳达峰，2060年前实现碳中和。对此，集团在科学营林、生产销售与全产品链条等领域持续发力，通过产业转型和生产数字化、智能化，不断提升资源使用效率与运营效率，多措并举，有效减少碳排放的同时，建立了应对“双碳”挑战与机遇的整体平台与机制。

与此同时，APP中国也将数智转型作为未来重点发展战略，正积极推动业务流程、产品服务、商业模式以及客户体验的重构，深挖数字经济价值。目前，APP中国已经正式进入数字化2.0建设阶段，将此前积累的业务数据逐步转化为更多有价值的应用，从而更有效地指导业务的管理决策。同时，加快大数据、人工智能应用，在智能制造、用户需求分析与响应等方面取得了更多突破性进展。

APP中国 - 大纸事业部

大纸事业部的产品包括工业用纸、文化用纸（含特种纸）、办公用纸等系列。

事业部为客户提供各类高档工业用纸产品，以满足不同的生产和再加工需求。主要有四大工业生产基地：宁波亚洲浆纸业有限公司、广西金桂浆纸业有限公司、山东博汇纸业股份有限公司和江苏博汇纸业有限公司。主要产品包括各类高档涂布白卡、铜版卡、食品卡、烟卡、白板纸，可用于食品、药品、化妆品、香烟、酒类等产品的包装，主要品牌包括知名的"金鸥""彩蝶""金蝶兰""金丽""云帆"和"四季桂"等。

事业部文化用纸产品线广泛，产品远销全球各地。主要生产基地有：金东纸业（江苏）股份有限公司、海南金海浆纸业有限公司、山东博汇纸业股份有限公司。提供铜版纸/卡、双胶纸、艺术纸、手袋专用纸、数码专用纸、热敏纸等多种产品。

事业部办公用纸深耕中国市场，深入拓展渠道服务能力，形成了由近100家优质经销商组成的经销体系，服务能力涵盖新疆、西藏等偏远地区。20年沉淀知名品牌，包括：“金旗舰”“小钢炮”“金丝雀”等，获得了广大客户的喜爱。如今响应事业部数字化营销发展趋势，推出“金光尊享会”会员平台，短视频推广等营销举措，积极开拓，为客户传递价值。

APP中国 - 林务事业部

林务事业部下辖 22 家林业公司，1 家贸易公司及 3 家大型苗圃。从 1995 年起陆续在中国的广东、海南、广西、云南、河南、江西等省区种植人工林面积超 29 万公顷。

2001年，林务事业部建立环境管理体系，成为国内首批通过ISO 14001国际环境管理体系认证的林业企业。2011年，海南、广东、广西的 5 家林业公司通过中国CFCC-FM认证，成为国内首批通过此认证的林业企业。截至 2023 年年底，通过CFCC-FM / PEFC-FM 认证面积超 27.2 万公顷，占APP中国的自营林总面积的 93.01%。

基于国家设定的“双碳”目标，林务事业部定制了适用于APP 中国的碳中和战略，在数字化技术驱动下，不断提升营林技术和科研力量，不断提高单位亩产、单位储碳能力，提升林木蓄积量和碳储量，充分利用现有资源，促进集团可持续发展。与此同时，APP 中国于2019 年就已经率先启动了碳盘查项目。截至 2023 年8 月底，APP 中国的自营林已累计固碳 4583 万吨。

APP中国 - 生活用纸事业部

无论是个人居家还是外出，面巾纸、卫生纸、湿巾等生活用纸已然成为所有人生活中不可分割的一部分。生活用纸事业部成立以来，生产的各类生活用纸产品已经走入了千家万户。产品全部使用100%原生木浆，原纸经超高温处理，不含可迁移性荧光增白剂，带给广大消费者安全、舒适、柔韧的生活用纸体验，满足了全方位高品质的生活需求。

生活用纸事业部旗下有5大品牌："清风""唯洁雅""铂丽雅""真真""怡丽"。覆盖主流、高端、美妆护理、成人护理、女性护理市场，组合营销，精准服务消费人群。

"清风"品牌坚持"我们不仅造纸，我们还坚持造林"的绿色理念，近年来连续被评为中国行业影响力品牌榜生活用纸行业"领导品牌奖""创新品牌奖""中国生活用纸行业匠心产品"及"最具影响力绿色企业品牌"。

"唯洁雅"品牌致力于满足高端消费者对纸巾卓越品质的需求。作为高端生活纸巾专家，"唯洁雅"荣获过TBI年度最佳ESG品牌；其零碳纸也荣获了TBI年度最佳环保可持续产品，并连续成为第二届及第三届"碳中和博鳌大会"指定用纸。

"铂丽雅"品牌"借助自然的力量"为女性带来美好的个人美妆护理体验。

"真真"为专业舒适型成人护理品牌，主打专业、舒适和极致的性价比。

"怡丽"以肤感定义舒适，专注卫生巾肤感科技，探索无感舒适体验。

APP中国 - 纸浆事业部

纸浆事业部主要包括海南金海浆纸业有限公司、广西金桂浆纸业有限公司以及宁波亚洲浆纸业有限公司。

作为中国超大型的纸浆厂，海南金海主要使用化学工艺制浆，年产180万吨化学漂白硫酸盐桉木浆。广西金桂是目前国内超大型的桉木化机浆生产企业，主要使用机械化学技术制浆，其生产的“金钱豹”桉木化机浆具备松厚度高、不透明度高的特性，可用于多种纸和纸板的抄造。

与此同时，2021年7月，宁波亚浆新建的年产30万吨的化机浆生产线正式投产并成功出浆，替代原有废纸脱墨线的同时，进一步提高了资源利用效率与环保水平。

纸浆事业部始终坚持“绿色制浆，保护环境”的理念，在采购设备时已充分考量环境保护要求，均以国内外先进环保标准和最新科技成果严格要求供应商，设计和制造在环境保护方面系统、完善的设备和工艺体系，同时已经建成整套清洁生产体系，确保在生产过程中提高资源利用率，降低污染物产生，充分体现循环经济的价值。

大指装备
DAZHI PAPER MACHINERY

为行业提供从纸机关键装备到交钥匙工程一站式解决方案

PROVIDING THE PAPER INDUSTRY WITH ONE-STOP SOLUTIONS FROM KEY EQUIPMENT TO TURNKEY PROJECTS.

实现高速宽幅造纸成套装备的国产化，提供纸机的关键装备到交钥匙工程。

Realizing the localization of high-speed, wide-width complete paper machine lines. Providing paper machines from key equipment to turnkey solutions

河南大指造纸装备集成工程有限公司

大指装备成立于2008年4月1日，是一家以造纸设备生产、销售和造纸工程设计、安装为一体的高新技术企业，公司占地10万平方米，注册资金4000万元，拥有资产56804万元。为河南江河纸业股份有限公司全资子公司，从事制浆和造纸专用设备制造领域十五年，处于国内领先地位，为国家认定的绿色制造系统解决方案供应商，国家专精特新"小巨人"企业。

大指有来自全国各地造纸热爱者。有400名专业人士，是领先的造纸装备的技术创新者和供应商，为客户提供工艺技术、自动化及服务业务。

公司承诺通过提升创造力、引领技术创新、增强服务技术、以及加强团队合作，从而推进客户运营。

市场在不断变化，原有的存量纸机不得不通过改变纸种或提升效率的方式来提高竞争力。
现有市场下，存量纸机的低克重化、轻量化、高质量、高运行效率是客户的追求。

定期的流浆箱检查与服务有利于及时发现问题、改善纸幅的横向定量分布及纸机运行性能。

流浆箱 Integra®-jet

增加胸辊摇振，降低纵横抗张比并提高匀度。

摇振 Integra®-shake

膜转移施胶改造，有效降低后干燥能耗，减少断纸、提高运行效率，尤其高车速、低定量的生产；车速提高100mpm+蒸汽节省15%+。

膜转移施胶机 Integra®-sizer

应用新的可控中高辊--包括单点可控辊，实现压区的中高可调，减少换辊周期和频次；提高产品质量；操作更加便捷。

压光机 Integra®-calender

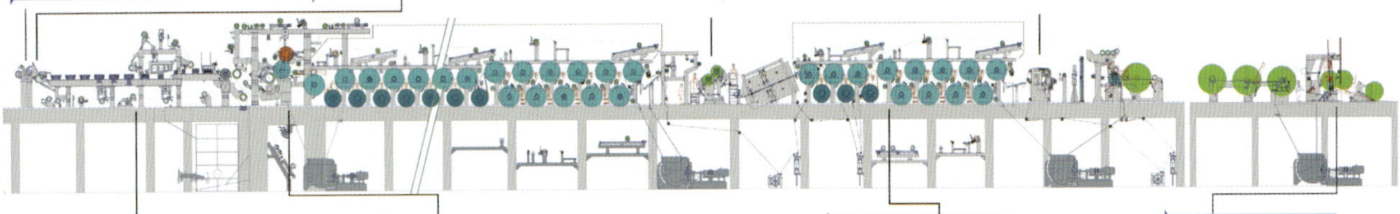

顶网 Integra®-top

网部改造/增加顶网，双网脱水。提高脱水并提高纸页质量。

靴压 Integra®-shoe

靴压改造，提高产能，线压力≥1200KN/m，压区宽≥250mm，提高出压榨纸幅的干度；提高车速；减少蒸汽消耗。

烘干部 Integra®-dryer

烘干部改造，提高运行性能，双挂改单挂，不需要下排部缸体开槽或钻孔，停机时间短，改动小，能显著改善纸机运行性并提高车速。

复卷机 Integra®-winder

复卷机：采用一键引纸，全自动调刀，成纸幅宽配方管理，全自动换卷，压纸辊自动线压控制，大大提高复卷机运行效率。

我们一直致力探索提高造纸机运行效率的关键技术，多项技术处于国内领先或达到国际先进水平。通过自主创新研发纸机关键装备，我们打造了行业领先的高速宽幅成套造纸装备，已成功应用于文化纸、特种纸、包装纸等多个领域。

We have been committed to exploring key technologies to improve the operational efficiency of paper machines. Several technologies are domestically leading or have reached the international advanced level. Through independent innovation and the development of key equipment for paper machines, we have built industry-leading high-speed wide-width complete paper machines, which has been successfully applied in cultural paper, specialty paper, packaging paper, and other fields.

SINCE 2006

浙江双元科技股份有限公司

500+人 公司规模　60+项 公司专利　70+项 公司荣誉　100+人 研发人员

双元科技成立于2006年，注册资本5914万元。公司于2023年6月8日在上海证券交易所科创板挂牌上市，成为在线测控第一股。公司新基地大楼面积4万多平米，拥有员工500余人。双元科技主要生产产品质量自动测控系统和机器视觉检测系统。

Shuangyuan Technology was founded in 2006 with a registered capital of 59.14 million yuan. The company was listed on the SSE STAR Market on June 8, 2023, and became the first stock in inline measurement and control. The new headquarters building covers over 40,000 square meters and employs more than 500 people. Shuangyuan Technology primarily produces automatic product quality measurement and control systems, and machine vision inspection systems.

“造纸业，作为双元公司的先驱领域，以其全面的产品线和成熟的国际运营，成为公司投入最深厚、品类最丰富、全球化布局最完善的行业典范。

The papermaking industry, a pioneering field for Shuangyuan Technology, showcases our deepest investment, broadest product range, and most extensive global presence, supported by a comprehensive product line and well-established global operations.”

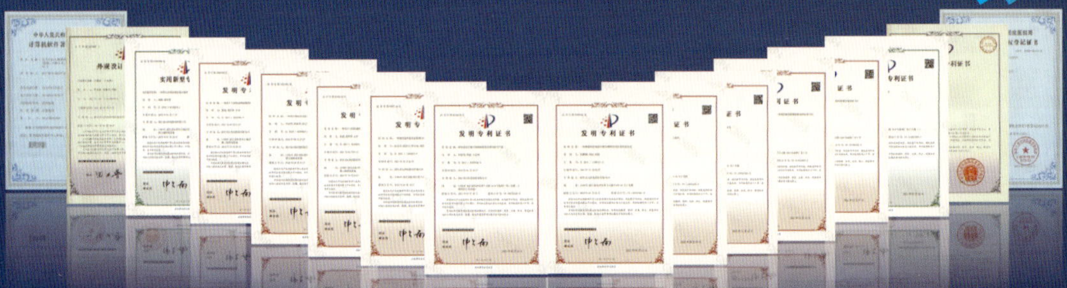

地址：浙江省杭州市莫干山路1418-41号2号楼

电话：0571-88867823/88867734

邮箱：zjsy@zjusy.com

双元科技 SHUANGYUAN TECHNOLOGY | **股票代码 688623**

造纸质量控制系统
（定量、水分、灰分、厚度、颜色）
Papermaking Quality Control System
(Basis Weight, Moisture, Ash, Thickness, Color)

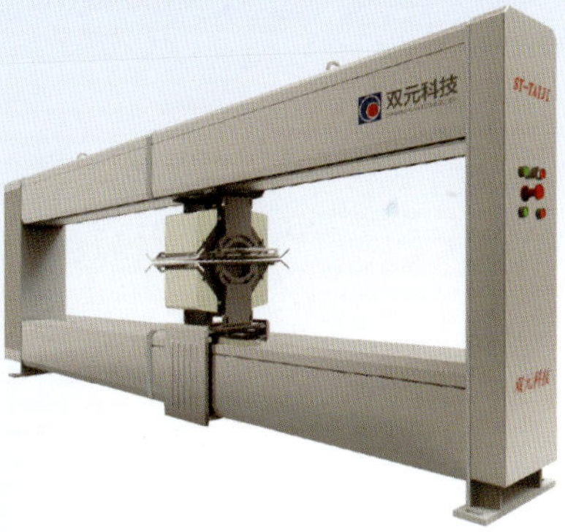

纸病（高速）在线检测系统
Paper Web (High-speed) Inspection System

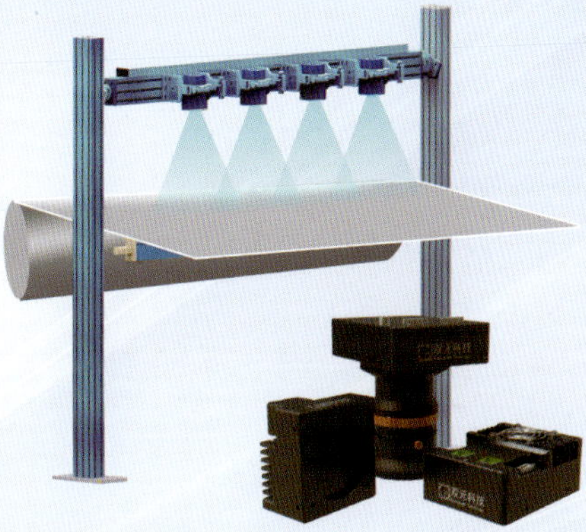

横幅控制系统
（横幅定量、横幅水分）
Cross-Direction Control System
(Cross-Direction Basis Weight, Cross-Direction Moisture)

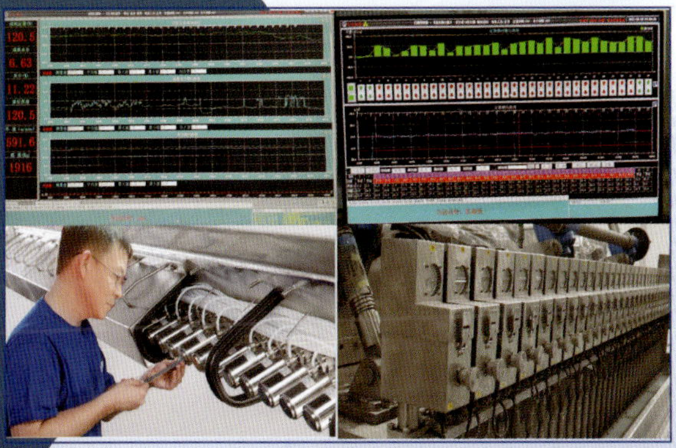

蒸汽冷凝水回收控制系统
Steam and Condensate Recovery Control System

断纸监测系统
Paper Web Breakage Monitoring System

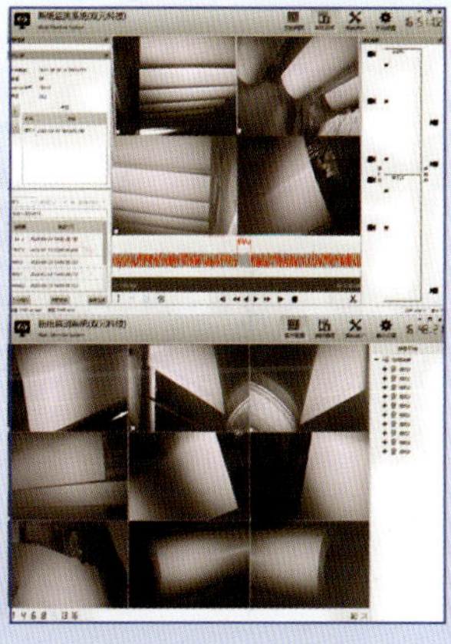

集散控制系统
Distributed Control System

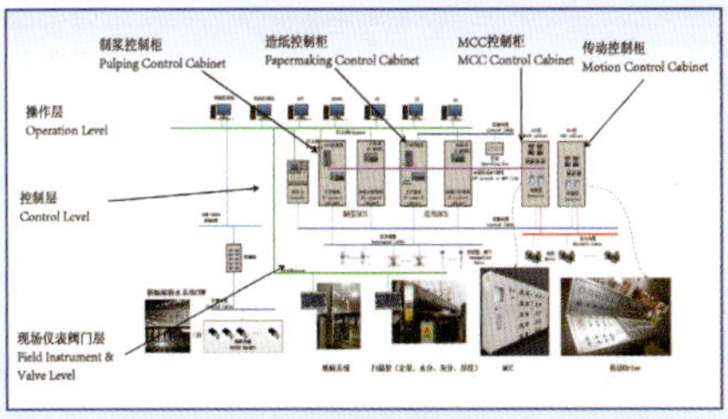

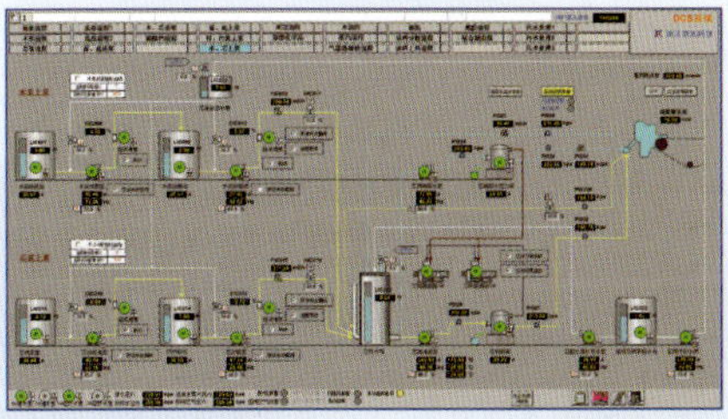

仪器、仪表、传感器
Instruments, Gauges, Sensors

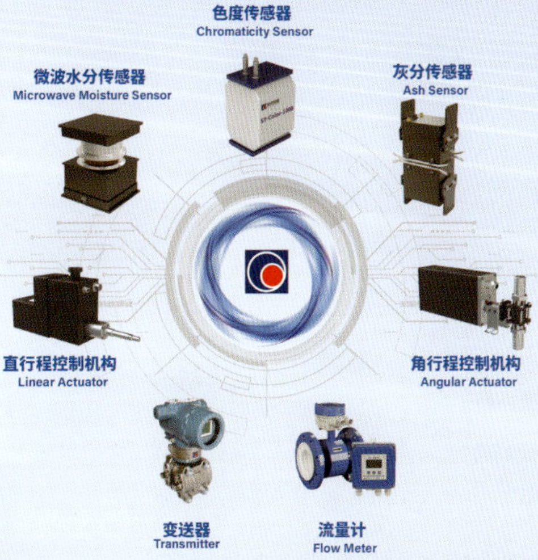

福建省三明市三洋造纸机械设备有限公司

企业简介 Enterprise profile

福建省三明市三洋造纸机械设备有限公司是一家集研发、设计、生产、销售、服务为一体的制浆造纸机械智能装备全球供应商。公司成立于1995年，注册资本5000万元。占地面积近9万平方米，主营业务为制浆造纸行业专用设备和压力容器设备等。

公司技术研发实力雄厚，是三明市制浆造纸机械工程技术研究中心，三明市企业技术中心，福建省“科创中国”博士创新站；公司是国家高新技术企业、福建省科技型企业、 福建省科技小巨人企业、福建省知识产权优势企业、福建省专精特新企业、福建省创新型中小企业。此外，公司与各设计院紧密协作，共同开展制浆装备和工艺的研发工作，享受国家重点政策扶持。公司通过了ISO 9001质量体系认证、ISO 45001职业健康安全管理体系认证和ISO 14001环境管理体系认证，确保了产品创新的市场建设，设计开发手段和开发环境在国内同行业中名列前茅。公司被国家发改委列入战略性新兴产业，SYPM-FJ牌压榨洗浆机获得“三明市优势品牌产品”、“福建省名牌产品”称号；公司生产的XJ1225型压榨洗浆机荣获2017年福建省首台（套）重大技术装备和智能制造装备。XJ1015型五辊压榨置换洗浆机荣获2023年福建省首台（套）重大技术装备和智能制造装备。

公司产品覆盖备料以及制浆全线，主要有剥皮机、自动堆取料机、地坑螺旋、摇筛、高（低）压喂料器、纤维回收机、紧凑型双辊压榨洗浆机、浆泵以及其他各类非标设备，其中紧凑型双辊压榨洗浆机在国内同类产品上市场占有率达90%以上，主要用户有：太阳纸业、玖龙纸业、仙鹤股份，中工国际、青山纸业、四川环龙、四川凤生、理文集团、泰盛集团、APP等国内外排名前列的企业，与他们建立了长期战略合作伙伴关系。公司近三年来的销售业绩以50%递增，始终将优质的产品质量和一流的技术服务放在首位，并将用户对生产和操作的特制化要求融入到产品开发设计和具体制作的全过程中，持续提供技术咨询与改进方案，致力于为用户创造更高效、更环保、更具经济与社会效益的全线制浆装备。

三洋机械热诚欢迎与海内外朋友合作。

联系方式：杜经理

电话：0598-5179982　15289849852

邮箱：fj sypm@163.com

地址：福建省三明市三元区小蕉工业园兴业五路15号

三洋机械
SYPM-FJ

三洋机械现代制浆装备集锦

化学浆洗选漂生产线

该项目从原料的切削、储存、筛选、运输送料、蒸煮全套设备的研发设计，全部采用国产设备，是国内首套从设计、供货、控制全部实现国产化的现代化制浆生产线，对于国产成套装备在浆厂应用，具有里程碑意义。

长方形木片堆取料系统

长方形木片堆取料系统由堆料系统及取料系统(地坑螺旋)组成，堆料系统和取料系统可同时运行，其控制为远程遥控，现已替代进口产品。

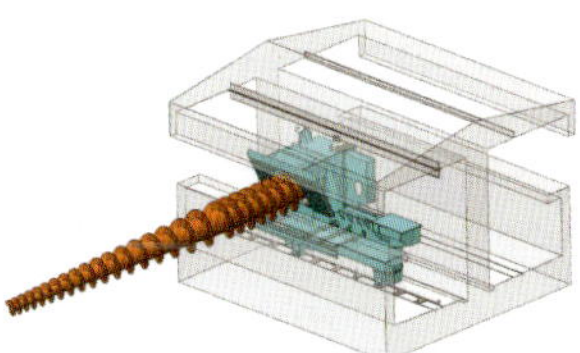

纤维回收机

纤维回收机又称微滤机,是一款机械过滤设备,适用于把液体中存在的微小悬浮物质(如纸浆纤维等)最大限度地分离出来,实现固、液两相分离的目的，现已替代进口产品。

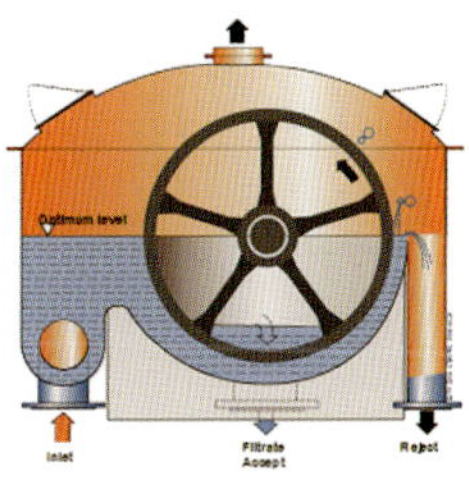

螺旋挤浆机

螺旋挤浆机是一种常用的机械挤压过滤的高浓段的洗浆浓缩设备，适用于制浆造纸行业的废纸制浆、热分散系统和高浓段的洗浆浓缩，也适用于硫酸盐木浆、亚铵法草浆的洗浆浓缩，现已替代进口产品。

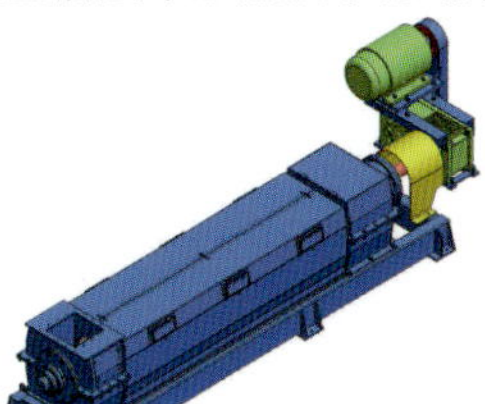

紧凑型压榨洗浆机

紧凑型压榨洗浆机系列产品为当代高科技产品，主要用于本色浆和漂白浆的过滤、洗涤、脱水和浓缩，其特点在于节能、节水、环保以及提高洗涤效率。该设备已被列为国家新兴战略性产业重大装备项目。

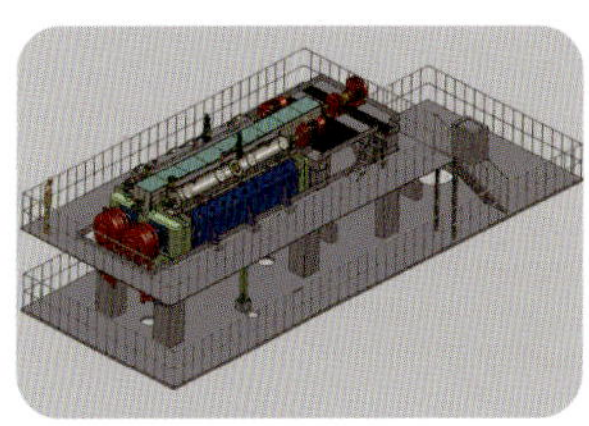

VANOV Gobear
股票代码:2260.HK
为造纸机节能降耗、提质增效
提供更高价值的产品和数智化服务
Our higher class quality product and digital inteligent services help PM improve quality & efficiency, energy saving, and consumption reduction.
领先的应用设计 ——XENON
Leading applied designs ——XENON
GOBEAR 超宽幅超高性能造纸毛毯
GOBEAR ULTRA FELT
四川环龙技术织物有限公司
Sichuan VANOV Technical Fabrics Co.,Ltd.
电话：028-82782930 82782637
邮编：611130
上海金熊造纸网毯有限公司
Shanghai Jinxiong Fabrics Co.,Ltd.
电话：021-67361070
公司邮箱：trade@vanov.cn

西安隆华环保技术有限公司

Xi'an Longhua Environmental Protection Technology Co., Ltd.

陕西科技大学造纸环保研究所

Institute of Papermaking Environmental Protection of SUST

隆华环保 LONGHUA ENVIRONMENTAL

科大环保 SUST Enviroment

公司简介 Company Profile

西安隆华环保技术有限公司源起于1988年成立的西北轻工业学院造纸环保研究室，2002年更名为陕西科技大学造纸环保研究所，并改制为法人研究所，张安龙教授担任所长。依托研究所的技术专长和人才优势，2012年成立了西安隆华环保技术有限公司。2013年研究所获批为陕西省技术转移示范机构，2015年获批为陕西省研究生联合培养示范工作站，2019年隆华公司与陕西科技大学环境学院联合获批成立中国轻工业水污染控制工程技术研究中心，2021年隆华公司与陕西科技大学环境学院联合获批成立西安市工业污染治理与资源化利用工程技术研究中心。

隆华公司依托陕西科技大学环境学院、造纸环保研究所、中国轻工业水污染控制工程中心和西安市工业污染治理工程中心等科研平台，以环保实用技术为基础，提供专业环保服务，致力于为工业及市政污染治理量身定制污染处理、清洁生产、资源综合利用等解决方案。主要业务包括工程设计、技术咨询、BOT及EPC项目、专业设备生产制造与安装、工程调试及化学品供应等。目前已在造纸、化工、食品与发酵、市政等多个行业完成250余项环保处理工程项目，项目覆盖全国26个省、自治区、直辖市，并扩展到一带一路国家，马来西亚、伊朗、沙特阿拉伯、伊拉克、菲律宾、津巴布韦等海外市场。

公司坚持以客户为中心，以一流的技术、产品和服务，努力为客户创造更高的价值。

核心技术 Core Technologies 专利技术产品

1.废水厌氧生物处理技术——HSASB高速厌氧污泥床反应器

- 立式罐体，反应器尺寸规格齐全；
- 可靠的自调节内循环及外循环系统，保证运行效率；
- 特殊的等压进水管及布水系统设计，两级多层三相分离器；
- 针对性的厌氧助剂添加，增加厌氧电子传递，提高污染物去除率；
- 出水水质稳定、抗冲击负荷强、沼气产量充分、稳定；
- 运行费用低、检修方便、快速的生物启动。

2.废水好氧生物处理技术——供气式低压射流曝气生物处理系统

- 公司自主研发并持续改进的供气式低压射流曝气器及系统；
- 曝气系统安装于池上，安装维护方便；
- 氧转移效率高，动力消耗低，节能效果突出；
- 有机污染物去除效率高，可有效预防污泥膨胀；
- 无阻塞、无密封；
- 投资省，运行费用低，节能约20%以上。

3.废水深度处理系统——多相射流循环Fenton高级氧化系统

- 与南京大学水处理团队合作开发的Fenton专用催化剂形成同相及异相催化反应体系；
- 污染物降解比传统芬顿更彻底，出水效果良好；
- 污泥形成结晶，亚铁用量减少，铁污泥减量约50%；
- 催化效率高，双氧水用量减少约30%；
- 操作简单、运行费用降低约20%
- 对环境友好，无二次污染。

地址：陕西省西安市经济技术开发区凤城十二路凯瑞B座704-705

座机/传真：029- 89600026

E-mail：susthbs@126.com

安徽华辰造纸网股份有限公司

安徽华辰造纸网股份有限公司，前身为芜湖造纸网总厂，始建于1971年。2001年，改制并发起设立股份有限公司。2017年12月28日，公司在全国中小企业股份转让系统正式挂牌。

公司主要从事造纸用网的研发、生产、销售，是国内造纸网行业的领军企业。近年来，公司陆续引进了多台国际最先进的生产设备，现拥有多台BK880多层成形网织机、BK700干网织机、SC-05TAD宽接口全自动插接机及14.5米宽幅定型机，可生产宽幅10米以上，长度达130米的大型高速纸机用网。公司产品供应文化用纸机车速最高达1,400米/分，卫生纸机车速最高达2,000米/分。目前，公司产品已在300余家造纸企业得到了广泛应用，部分产品出口国外。

公司为国家高新技术企业，并与安徽大学等高校建立研究生培养创新基地，长期开展产学研合作。公司为我国造纸网国家标准的主要起草单位，主持及参与多项造纸网国家标准的制订工作。公司拥有8项发明专利和14项实用新型专利，通过了国际标准GB/T 19001—2016/ISO 9001:2015质量管理体系和ISO 14001:2015环境管理体系等体系认证。“风帆及图”商标已被国家工商总局认定为中国驰名商标。公司荣获了中国纺织工业联合会“产品开发贡献奖”，中国产业用纺织品行业协会颁发的“行业贡献奖”“行业领军人物”。公司为安徽省A级纳税信用单位、安徽省诚信企业、芜湖市劳动保障诚信A级企业，中国造纸协会理事会理事单位，中国产业用纺织品协会副会长单位。

国际先进的14.5米定型机

国际先进的BK880织网机

国际先进的全自动插接机

国际先进的整经机

优质的产品

文化纸SSB三层成形网

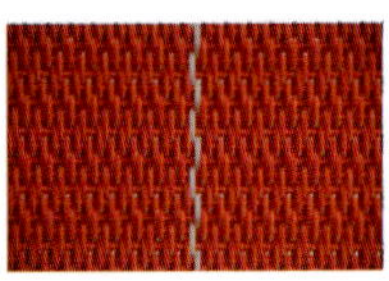

1.5层扁丝干网

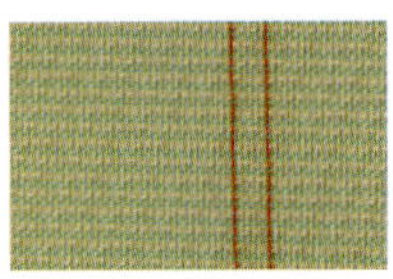

包装纸SSB三层成形网

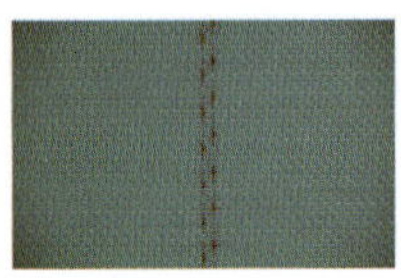

两层半系列成形网

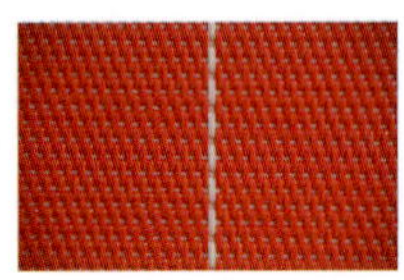

双经线扁丝干网

特种纸SSB三层成形网

公司市场部电话：0553-5848297　技术部电话：0553-5848292

公司地址：安徽芜洲经济技术开发区港湾路33号　邮编：241006

公司传真：0553-5848290/5848747

特邀论述

INVITED DISCUSSION

1

科学减碳，为实现“双碳”目标而努力

Scientific Carbon Reduction, Striving to Achieve the “Dual Carbon” Goal

中国工程院院士　陈克复

2020 年 9 月 22 日，国家主席习近平在第 75 届联合国大会上宣布，中国力争 2030 年前二氧化碳排放达到峰值，努力争取 2060 年前实现碳中和目标。2024 年 5 月 15 日“全国低碳日”的主题为“绿色低碳，美丽中国”，这一主题反映中国在推动绿色低碳发展方面的决心和目标。为应对气候变化，中美两国启动了“21 世纪 20 年代强化气候行动工作组”，并于 2024 年 5 月 8 日召开了工作组会议，双方就控制和减少碳排放的政策、措施和技术方面进行交流探讨，并承诺加快减少碳的排放。

我国为什么要实现“双碳”战略目标。首先，“双碳”目标的提出是应对气候变化的客观要求，愿景是以人民群众的根本利益为前提，以实现人与自然和谐共生的现代化为发展方向。其次，推进“双碳”目标是我国主动担当大国责任、推动构建人类命运共同体的迫切需要。第三，实现碳达峰碳中和，是贯彻新发展理念、构建新发展格局、推动高质量发展的内在要求，最终满足人民群众日益增长的对优美生态环境的需求。

第一部分：从数据分析各国碳排放情况

碳排放总量与国家的工业化水平紧密相关。图 1 列出了 1965—2020 年达到碳排放高峰期主要国家的碳排放情况。比较碳排放总量变化趋势可以发现，这些国家依次达到碳高峰，达峰时间并不同步［图 1（a～ f）］。如英国 1975 年碳排放达到高峰，二氧化碳排放总量为 710×10^6 吨，但 2020 年碳排放总量不足高峰值的一半，仅为 310×10^6 吨；法国 1974 年碳排放达到高峰，二氧化碳排放总量为 505×10^6 吨，2020 年碳排放总量为 250×10^6 吨；德国 1973 年碳排放达到高峰，二氧化碳排放总量为 110×10^7 吨，2020 年碳排放总量为 60×10^7 吨；美国 2003 年碳排放达到高峰，二氧化碳排放总量为 600×10^7 吨，2020 年碳排放总量为 425×10^7 吨；日本 2013 年碳排放达到高峰，二氧化碳排放总量为 130×10^7 吨，2020 年碳排放总量为 105×10^7 吨。

还未达到碳排放高峰期国家主要有韩国、中国、印度等国家和地区，如图 1（g～i）所示。其中，2020 年中国碳排放总量为 1×10^{10} 吨，居世界首位。韩国和印度碳排放总量分别为 60×10^7 吨、250×10^7 吨。

对比人均碳排放量，即碳排放强度的变化情况，如图 2 所示。2020 年中国人均碳排放量为 7.0 吨二氧化碳，而美国、加拿大、德国、日本、韩国 2020 年人均碳排放量均高于中国，分别为 13.4 吨，13.5 吨，7.2 吨，8.1 吨和 11.1 吨二氧化碳。

实现碳达峰碳中和战略目标，不仅关乎环境保护，对于推进整个经济社会的绿色低碳转型和高质量发展意义重大。根据上述图表，国内专家对此有着深刻的理解和重要的观点：（1）发达国家的经济发展和财富积累都是建立在巨额的 CO_2 排放基础上，虽然已经实现了碳达峰，但其财富是在过去没有任何限制的化石能源消耗时取得的。（2）CO_2 是一种准惰性气体，原子结构非常稳定，在大气中可留存数百年。因此，发达国家工业革命时期排放的 CO_2 至今还会在影响着地球的气候。（3）我国的双碳目标是基于对全球气候变化应对的深刻认识，以及我国目前自然环境、经济社会现状及国际政治地位所决定的。

第二部分：我国各行业科学减碳举措

2020 年，全球碳排放总量占比前三名的行业分别是：能源、发电与供热（占比 43%）、交通运输（占比 26%）和制造业与建筑业（占比 17%）；我国碳排放总量占比前三名的行业是：能源、发电与供热为 41.6%，制造业与建筑业为 23.2%，交通运输为 7.5%（图 3）。由此可见，全世界范围内电力、制造业与建筑业和交通运输都为碳排放重点行业。

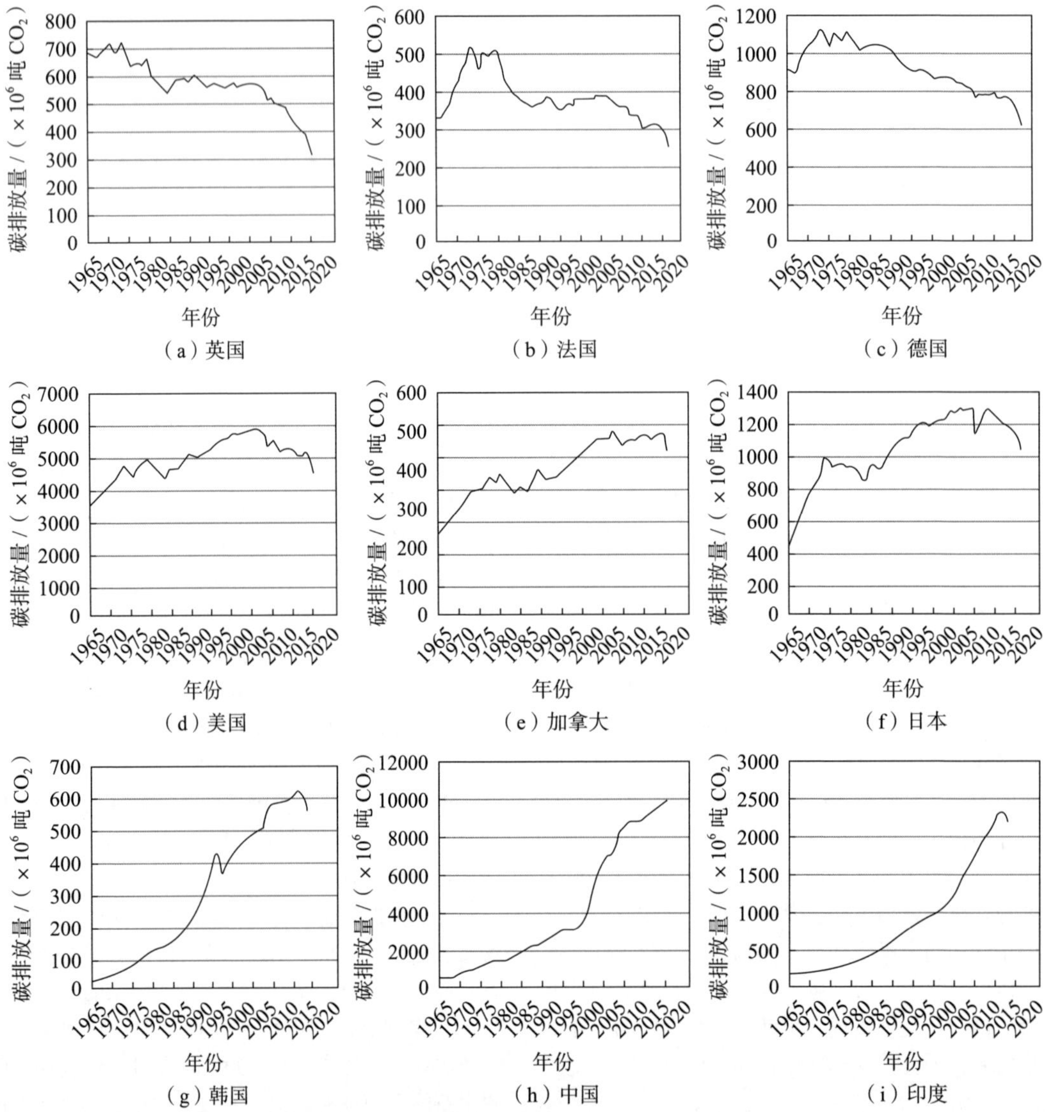

图 1　主要国家碳排放总量趋势图（1965—2020 年）

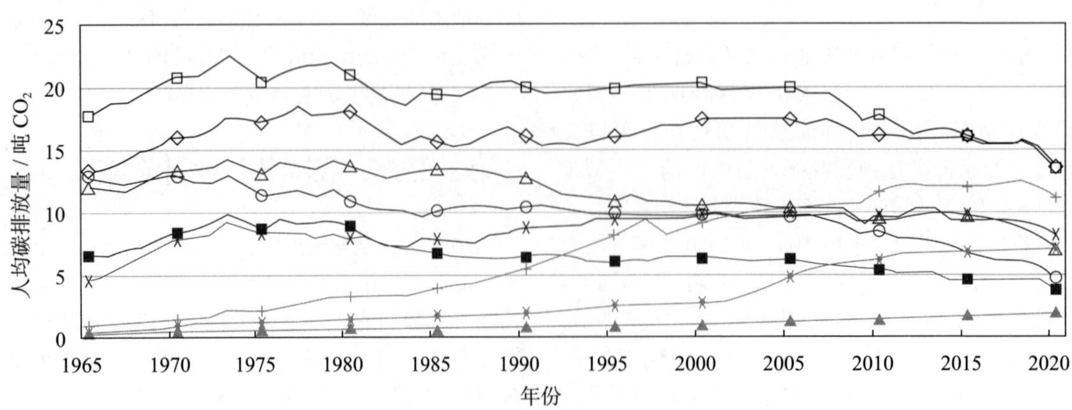

图 2　主要国家人均碳排放量的变化趋势图（1965—2020 年）

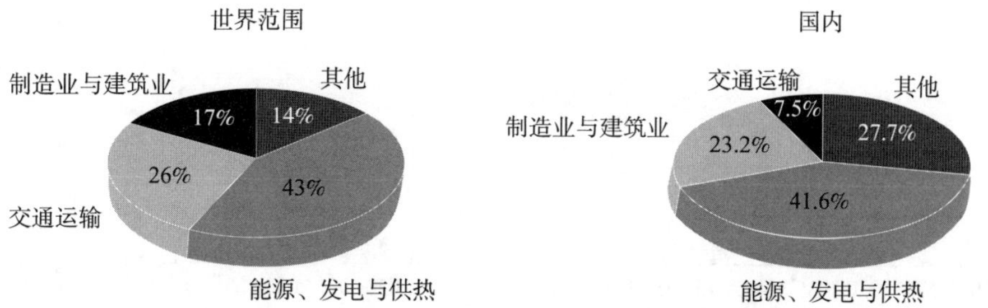

图 3　全球与国内碳排放总量占比前三名的行业对比

目前我国工业能耗占全社会能耗的 60%，工业能耗降低 1%，就可减排 1 亿多吨二氧化碳。因此我国各行业都十分重视节能降耗减碳，实现绿色发展。今年 5 月 29 日，我国在发布最新节能降碳行动方案中，提出 2024 年单位国内生产总值能耗要降低 2.5%。为确保按时碳达峰，电力、建筑、交通等重点行业纷纷制定碳排放路径和达峰路线，如图 4 所示。在该情景下，2035 年前为平台期，2035—2050 年为下降期，2050—2060 年为加速下降期，最终达到碳中和。

1. 能源电力行业

对于煤电，每发 1 度电排放约 0.8 千克二氧化碳。因此，能源电力低碳转型，构建多元化清洁能源体系，对实现“双碳”目标至关重要。电力低碳转型发展路径下，新能源将成为电力供应的主体，水能、风能、太阳能、氢能、生物质能等将得到迅速发展。据专家预测，2020—2030 年，非化石能源发电量占比将由 36% 增加到 51%，到 2060 年会达到 92%，而煤电届时将会降为 4%。

新能源将成为主体电源，据专家预测，2030 年到 2060 年将不断增加风电装机容量及太阳能发电装机容量（图 6）。根据发展路径，2024 年我国在建的大型太阳能发电项目装机容量为 180 吉瓦，风力发电装机容量为 159 吉瓦，合计 339 吉瓦，远超美国的 40 吉瓦。电力行业通过加大新能源的装机容量，提高气电

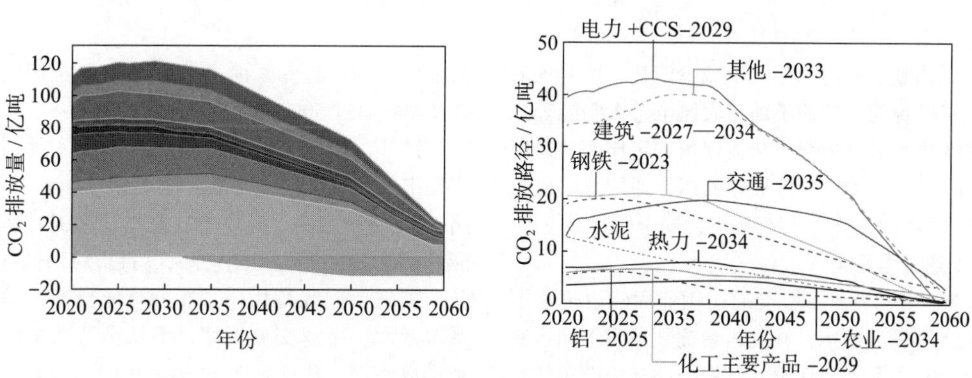

图 4　重点行业累积碳排放路径与达峰路线图

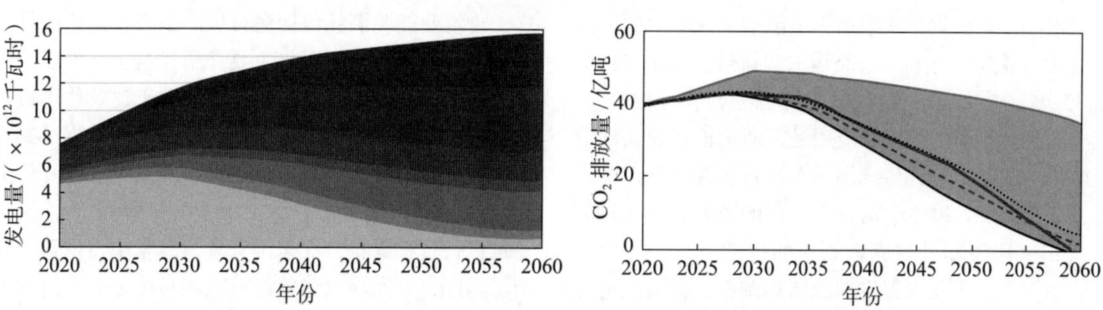

图 5　零碳情景下电力行业 2020—2060 年发电量结构与碳排放路径图

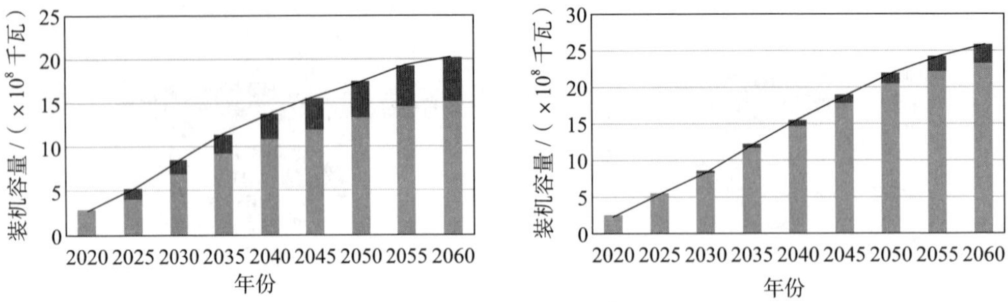

图 6　零碳情景下 2020—2060 年风电与太阳能发电装机结构图

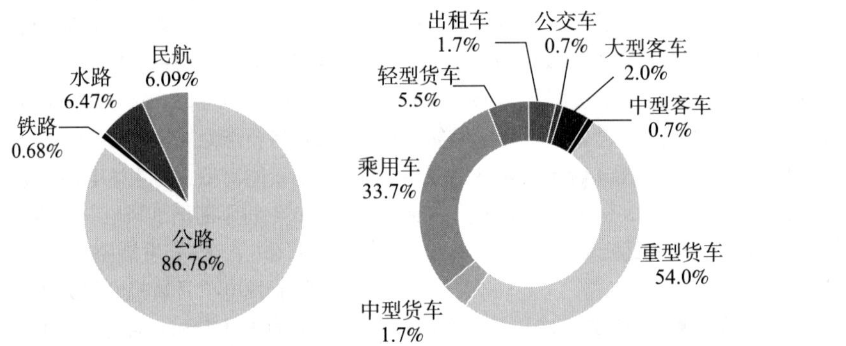

图 7　我国交通运输领域碳排放量占比及各类车型碳排放情况（2019 年）

在火电中的占比，在电力生产中减少能耗，可实现节能 1.6×10^{8} 吨标煤。即使不断扩大风电、太阳能等非化石能源发电的装机容量，仍需保留一定比例的通用煤电机组，并逐步增加近零脱碳机组，通用煤电机组遵照超低排放标准执行，以保障电力安全稳定供应。

2. 交通运输行业

“双碳”目标背景下，交通运输业面临着更为严峻的考验。如图 7 所示，在交通运输领域中不同运输方式的碳排放总量差异明显，其中公路运输碳排放总量占比最高，为 86.76%。水路运输排放占比 6.47%，民航运输排放占比 6.09%，铁路占比为 0.68%。在公路运输中，重型货车和乘用车（包括私家车）的碳排放量相对较高，分别占公路运输碳排放总量的 54.0% 和 33.7%，是交通运输行业节能减排重点关注对象。

新能源汽车的推广和应用是交通运输行业实现节能减排的关键。相比传统燃油车，新能源汽车以电力为主要动力源，减少了对化石燃料的依赖，从而显著降低二氧化碳和其他有害物质的排放。另一方面，新能源汽车的普及可促进能源结构调整，推动运输行业能源结构向更加多元化、清洁化的方向转变，特别是将可再生能源（如太阳能、风能）用于充电基础设施，将进一步实现交通运输行业低碳、绿色、可持续的发展目标。有专家预言，到 2030 年全球电动汽车普及率将超过 50%。

另外，根据交通运输业碳排放的实际情况，专家提出如下建议：①优化运输结构，实行“公路转铁路”“公路转水路”等多方式联运；②提升运输装备能效，建立碳排放标准体系；③推广应用低碳运输装备，实施新能源替代；④发展智能交通，提升交通系统效率、缓解交通拥堵，降低交通系统能源消耗和排放水平。预计到 2030 年，我国公路客运节能约 4.35×10^{7} 吨标煤，相当于减排 2.8×10^{8} 吨二氧化碳。

3. 建筑业

建筑业能源消耗包括建材生产制备及建筑运行两个阶段的碳排放，本报告主要介绍建筑运行阶段的碳排放情况。建筑运行碳排放主要来源于建筑使用过程中电力、供暖、制冷、照明等的能源消耗。据《2022 中国城乡建设领域碳排放系列研究报告》，2020 年全国建筑运行碳排放总量为 21.6 亿吨二氧化碳，说明建筑运行过程碳排放在全国碳排放总量中占据重要比例。因此，专家建议建筑运行减碳目标分三个阶段进行：2020—2030 年为二氧化碳排放量增长期；2030—2050 年为二氧化碳排放量逐渐减少期；2050—2060 年为二氧化碳排放量稳定期。

4．各行业节能目标预测

据文献报道，在节能场景下，2030 年制造业各行业的碳排放情况预测如下：

（1）钢铁行业通过降低产量，优化长短流程结构和提高工艺能耗等节能措施，可实现节能 2.2×10^8 吨标煤，减排 14.3×10^8 吨二氧化碳；

（2）水泥产业可实现节能 1×10^8 吨标煤，减排 6.5×10^8 吨二氧化碳；

（3）有色金属产业可实现节能 0.36×10^8 吨标煤，减排 2.34×10^8 吨二氧化碳；

（4）化工产业可实现节能 0.33×10^8 吨标煤，减排 2.15×10^8 吨二氧化碳；

（5）燃料加工产业可实现节能 0.56×10^8 吨标煤，减排 3.64×10^8 吨二氧化碳。

到 2030 年制造业可实现节能约 6×10^8 吨标煤，相当于 2019 年该领域能源消耗总量的 24.5%。2021—2030 年可累计节约 3.37×10^9 吨标煤，折合减排二氧化碳 2.2×10^{10} 吨，相当于我国 2020 年全年碳排放总量的 2 倍。

第三部分：对造纸工业科学减排的建议

1．造纸工业要实现科学减排二氧化碳，首要任务是节能减排

根据制浆造纸行业清洁生产评价指标体系计算，2019 年全国生产纸浆、纸和纸板如按Ⅱ级清洁生产水平要求，生产总能耗约为 4929 万吨标煤。到 2030 年进一步实现节能减碳，综合能耗达到Ⅰ级清洁生产水平，则总能耗约为 4014 万吨标煤。相比之下，每年可节省耗煤 9.15×10^6 吨，减少二氧化碳排放量 6×10^7 吨。

可以认为，节能减排对我国制造业，特别是对造纸行业是一举多得的措施，可实现绿色清洁生产，降低成本，也相应减少二氧化碳排放，造福人类。因此，世界各国都很重视制造业的节能减排工作。

2．现有运行的燃煤锅炉要实施超低排放

实际污染物排放量为国家排放标准一半以下的标准可称之为超低排放。除了燃煤锅炉每发 1 度电要排放约 0.8 千克的二氧化碳以外，还会产生烟尘、二氧化硫、氮氧化物等污染物。通过提高锅炉燃烧效率，使用清洁能源，实施超低排放改造等措施，有效减少燃煤锅炉碳排放量。

3．大力发展生物质锅炉

生物质锅炉采用农作物秸秆等可再生资源为燃料，燃烧过程中所排放的二氧化碳理论上相当于这些植物生长过程中所吸收的二氧化碳，且产生较少的灰分和污染物，绿色低碳。因此，生物质锅炉的推广和应用与燃煤锅炉相比，属于低污染装置。

4．开展造纸全生命周期碳足迹研究

造纸全生命周期碳足迹研究是指对造纸过程中原料采集、加工、生产、运输、使用到最终废弃处理的整个过程中，全面量化分析直接或间接产生的温室气体排放情况。准确地测算每吨纸产品的二氧化碳排放值及每年的变化情况，可为制浆造纸生产过程科学减碳，引导造纸行业绿色循环低碳发展提供依据。未来，造纸企业应更加注重技术创新与绿色供应链管理，推动清洁能源使用，提高资源利用效率，减少碳排放。

对于我国造纸业，还有不少减碳技术及方法。中国造纸学会和中国造纸协会做了大量工作，已明确了降碳路径，为企业指出了节能降碳的发展道路。

（华南理工大学　王斌整理）

大力发展林浆纸一体化，推动我国造纸产业的低碳化发展

Vigorously Develop the Integration of Forest Pulp and Paper to Promote the Low-carbon Development of China Paper Industry

王双飞院士

2016年《巴黎协定》确立基于自愿承诺减排的“国家自主贡献”（Intended Nationally Determined Contributions，INDCs）机制，鼓励各国自觉承担减排责任以应对全球气候变化。我国明确提出2030年前碳达峰、2060年前碳中和的目标，国家工信部发布的《工业领域碳达峰实施方案》明确提出了“强化造纸等行业耦合发展，推动产业循环链接，实施林浆纸一体化”。目前我国造纸行业因化石能源消耗占比高，导致碳排放总量大，仅次于电力、石化、钢铁等高能耗行业，也成为我国首批纳入碳交易的八大行业之一。随着国家环保政策逐步趋严，造纸产业的发展重点除追求经济效益外，需更关注社会效益和生态效益。造纸行业在“碳达峰”“碳中和”要求下，优化能源结构、推进绿色发展，已成为产业生存和发展的必然选择，探索造纸行业的碳减排技术及碳中和路径具有典型社会和经济意义。

1 森林生态系统固碳是实现碳中和的关键

碳中和是指二氧化碳人为排放量（化石燃料利用和土地利用）被人为作用（木材蓄积量、土壤有机碳、工程封存等）和自然过程（海洋吸收、侵蚀－沉积过程的碳埋藏、碱性土壤的固碳等）所吸收，即净零排放。碳的固定和碳的吸收，目前主要依靠海洋吸收、生态系统固碳、人为固碳以及其他地表的固碳过程。根据中国科学院丁仲礼院士主持的“碳中和路线图规划”，为完成碳中和的目标，到2060年我国的碳排放量要降低75%，才能通过上述的固碳方式实现碳的“近零排放”，其中生态固碳约占56%左右，将发挥重要作用。

森林是陆地生态系统的主体，相比其他陆地生态系统，能够更有效地消耗、吸收、固定和储存二氧化碳，起着汇集二氧化碳于植物体中的作用，是陆地上最大的“碳库”。研究表明，林木每生长1米^3，平均约吸收1.83吨CO_2，单位面积森林储存的碳是农田的20～100倍。据估算，全球森林生态系统的碳储量占陆地碳库总储量的77%，在碳循环中具有极其重要的作用。2010—2020年我国陆地生态系统年均固碳10亿～13亿吨CO_2，其中森林贡献了约80%，通过森林固碳方式是实现碳中和战略的重要保障。

我国是世界上人工林面积最大的国家，全球增绿面积的1/4来自中国。根据我国第九次森林资源清查的结果，我国人工林面积达7954.29万公顷，为世界上人工林面积最大的国家。我国人工林面积是天然林的57.36%，但其单位面积蓄积生长量为天然林的1.52倍。此外，我国森林资源中幼龄林面积占森林面积的60.94%，中幼龄林处于高生长阶段，具有较高的固碳速率和较大的碳汇增长潜力。

以广西为例，广西作为我国重要的人工林种植地区。第九次全国森林资源清查结果，广西桉树人工林面积达256.05万公顷，约占我国人工林总面积的3%，其中幼龄林面积最大，比例占45.23%。根据广西林科院连续10年追踪桉树人工林生态系统功能的研究，我国主要造林树种的碳汇能力年均2吨/公顷，而桉树人工林的碳汇能力每年可吸收固定碳4吨/公顷，广西桉树主产区最优桉树人工林每年固碳高达16吨/公顷。据估算广西桉树人工林固碳总量为3260万吨，平均固碳效率为12.73吨/公顷，在我国生态系统固碳中占有重要地位。在同一项研究中，发现桉树

人工林林下植物多样性随林龄增长呈增加趋势，林下土壤动物多样性随林龄增加而增加，将桉树纯林改培为桉树混交林后，林地土壤物理和化学性质及微生物群落结构均得到显著改善，速生树种人工林的种植与经营有利于环境的可持续发展。

2　林浆纸一体化是促进森林固碳效应的重要途径

2.1　森林资源利用是提高固碳效益的关键

森林资源的有效利用可以将树木吸收的碳以产品的形式固定，实现“固碳 – 碳排放 – 固碳”的低碳循环，不至于把多年来固定的碳快速返还给大气。在树木适龄期内固碳作用可持续进行；当树木进入成熟期固碳能力就会减弱，通过“砍伐 – 再造林”的方式继续保持正向固碳作用，通过合理的经营策略，不仅可以提高森林资源利用价值，还可以提高生态固碳的效益。

人工林固碳能力通常受自然条件和人为因素的影响。自然条件包括气候（如气温、光照、降水）、地形（如海拔、坡向、坡度）、土壤等，人为因素包括树种选择、经营管理措施等，其中树种类型、林分年龄、林分密度、营林措施被认为是对人工林碳储量影响的 4 大主要因素。不同人工林树种固碳能力各不相同，树种类型是决定人工林碳储量的重要因素之一。根据已有的研究表明，不同树种的碳密度差异较大，总体上针叶材类碳密度低于阔叶材类；而多树种组成的人工林比纯林具有更高的土壤碳固定能力。

高速生长阶段的中幼龄林具有较高的固碳速率、较大的碳汇潜力，树木随着年龄增长，固碳量整体呈下降趋势，在成熟林中碳储量随林木长势的衰弱而减少，过熟林可能会出现碳的净排放现象。有关不同龄组桉树碳储量变化规律的研究结果表明，桉树人工林固碳量大小为：中龄林＞近熟林＞幼龄林＞成熟林＞过熟林。对森林多目标可持续经营方案的研究表明，森林不适合长期禁伐，对森林进行功能区划，不同功能区采取不同的经营方案能够维持整体较高水平的可持续木材生产量和森林蓄积量（图 1），林龄结构比较均匀，具有较高的经济效益。

近年来，广西林业的发展证明木材的生产利用有利于森林资源的保护，促进森林资源固碳，可以践行“绿水青山就是金山银山”的生态理念。表 1 为 2004—2018 年部分省份木材产量变化。由表 2 可知，2004 年广西木材产量达 488.10 万米^3，2018 年达 3174.82 万米^3，增长了 5.50 倍，实现了木材产量迅速增长。2004—2018 年广西累计生产木材 24580.90 万米^3，按出材率 75% 计算，折合森林蓄积 32774.53 万米^3。在同一时

表 1　2004—2018 年部分省份木材产量变化

区域	木材产量 / 万米^3		增长率 /%
	2004 年	2018 年	
全国	5197.33	8810.86	69
广西	488.1	3174.82	550
广东	342.55	859.91	151
福建	582.34	580.22	-0.36
云南	181.24	550.71	204

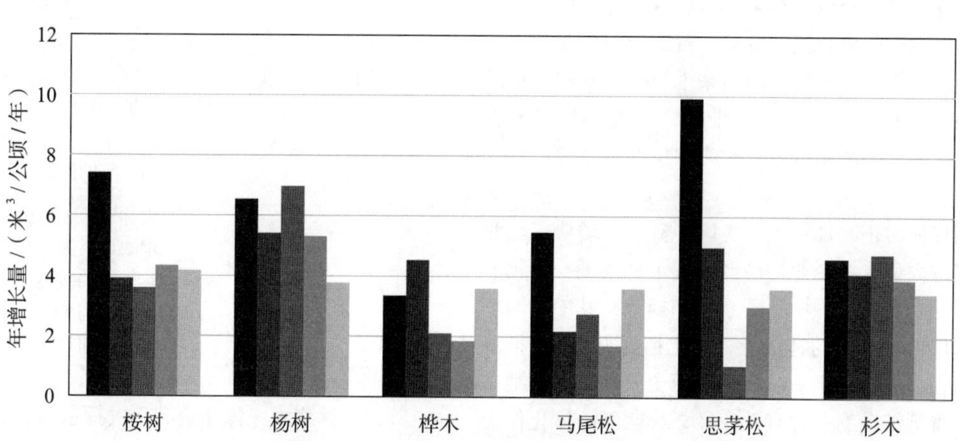

图 1　全国主要人工林各林龄组森林蓄积量与年增长量

表 2　　第九次 / 第六次森林资源清查森林面积和蓄积变化

地区		全国	广西	广东	福建	云南
第九次（2014—2018 年）	森林面积 / 万公顷	22044.6	1429.65	945.98	811.58	2106.16
	森林蓄积 / 亿米^3	175.6	6.78	4.68	7.29	19.73
	单位蓄积 /（米^3/公顷）	79.66	47.39	49.43	89.87	93.66
第六次（1999—2003 年）	森林面积 / 万公顷	17490.9	983.83	827	764.94	1560.03
	森林蓄积 / 亿米^3	124.56	3.65	2.84	4.44	13.99
	单位蓄积 /（米^3/公顷）	71.21	37.08	34.3	57.99	89.7
	森林面积增长率 /%	26.0	45.3	14.4	6.1	35.0
	森林蓄积增长率 /%	41.0	85.7	64.8	64.4	41.0
	单位蓄积增长率 /%	11.9	27.8	44.1	55.0	4.4

间广西实现了森林面积、森林蓄积的双增长，根据第六次全国森林资源清查数据（表 2），广西森林面积 983.83 万公顷，占全国 5.62%，森林蓄积 36477.26 万米^3，占全国 2.93%；根据第九次全国森林资源清查数据（表 2），广西森林面积 1429.65 万公顷，占全国 6.49%，森林蓄积 67752.45 万米^3，占全国 3.86%。广西森林面积、森林蓄积增长率不仅高于全国平均水平，而且均高于广东、福建、云南 3 省的增长率。

2.2　林浆纸一体化可以有效利用森林资源

林浆纸一体化是资源集约化、生产清洁化、技术集成化、产品功能化和经济规模化的基础，可带动林业和造纸业的快速健康发展，代表世界造纸产业发展的主要趋势。林浆纸一体化的概念始于 20 世纪初，距今已经有 100 多年的历史，其发展模式是由北欧的芬兰首创并被很多国家采用，是当今世界造纸工业普遍采用的发展模式。林浆纸一体化是造纸业资源集约化的一种经营模式，即利用市场驱动，将原本分离且各自独立的林业经营、制浆和造纸 3 个环节整合在一起，由造纸企业自行经营林业，营造原料林基地，然后利用自己原料林基地生产出来木材生产木浆，最后将木浆造纸以达成完整的产业链，由此实现以纸养林、以林促纸的产业格局，实现林浆纸企业的可持续发展。

到目前为止，加拿大、美国、芬兰、瑞典、巴西等国家的大型造纸企业均已经实现了林浆纸一体化的经营，且在发展过程中不断总结和提升，其中美国、芬兰、巴西、中国的林浆纸一体化情况见表 3。世界上造纸强国的林浆纸一体化发展历史验证了林浆纸一体化是林纸结合的一种有效途径，林浆纸一体化作为一种纵向一体化的经营模式，涉及造纸企业、林地所有者、投资者、政府相关职能部门等多个主体，对林业与造纸企业的可持续发展具有非常积极的促进作用，值得其他国家学习和借鉴。以美国、芬兰、巴西等国家为例，纸浆的生产不仅没有减少森林面积和蓄积量，还有利于提高森林覆盖率。

表 3　　美国、芬兰、巴西、中国林浆纸一体化情况

国家	造纸产业概况	林浆纸一体化发展情况
美国	全球最大的木浆生产国，木浆年产量 5000 万吨左右	森林资源并未因此而减退而是呈现出可持续利用的良性循环，近三十年来森林覆盖率保持在 33% 左右 造纸原料林面积保持稳定，原料林活立木蓄积量从 221 亿米^{3}增长到 242 亿米^3
芬兰	纸浆年产量超过 1000 万吨，制浆造纸和森工机械均在全球市场占据主导地位	森林覆盖率达 75% 以上，是欧洲森林覆盖率最高的国家，近年来森林蓄积量的增长超过了年砍伐量的 30%
巴西	世界上重要纸浆生产国，年产纸浆超过 2000 万吨，也是世界上最大的漂白化学浆出口国	从 20 世纪 60 年代开始大力发展人工林作为生产纸浆和造纸的原料，种植面积已达 140 万公顷，有利于保护巴西现有的原始森林资源
中国	纸和纸板生产量、消费量居全球首位	森林资源相对匮乏，木材需求缺口巨大；林浆纸一体化建设较为缓慢，原生木浆自给率不到 45%，长纤维对外依存度超过 90%

2.3　林浆纸一体化有利于发挥造纸的低碳属性

林浆纸一体化的现代造纸企业属于碳汇率大于 1 的低碳企业，通过原料林地经营、生物质能源利用等方式可以覆盖与中和造纸过程的产生碳排放量。关于造纸产业的低碳属性的探讨在 10 多年前就展开了。有学者从低碳经济的角度研究了造纸产业的碳汇率问题，认为现代先进的制浆造纸工业是一种典型的低碳工业。国外学者 W. A. Cote 等人用数学模型对位于得克萨斯州的特克萨卡纳（Texakana）造纸厂从森林培育到制浆造纸整个产业链的碳平衡进行了详细的计算和分析，研究结果表明当用最保守（原料林的生长率较低）条件时，计算结果的碳汇率为 1.38；按最积极（原料林高的生长率）的条件，碳汇率则可达 2.81；正常计算结果的碳汇率为 1.55。

与抄纸过程的能源纯消耗不同，化学制浆可以产出能源（表 4）。以典型的商品浆板生产线为例（图 2），每生产 1 吨化学浆需消耗蒸汽约 15.4 吉焦、电力约 712 千瓦时，每生产 1 吨化学浆可生产蒸汽约 18.5 吉焦、电力约 1255 千瓦时，使用的能源 100% 为生物质燃料（浓缩黑液和树皮、木屑、生物污泥等固体废物）发电供热，正常生产时不需补充化石燃料，更有效地减排二氧化碳和二氧化硫。一般认为由生物质（燃料）产生的二氧化碳是自然界可循环的（生物燃料中的二氧化碳成分是生长过程中吸收自大气层），而由化石燃料产生的二氧化碳才是大气温室气体的增加量。从这个角度看，现代先进的造纸企业在低碳经济中更具有优势和竞争力，特别是林浆纸一体化的企业具有实现自身“碳中和”并进入低碳企业的能力和潜力。

表 4　典型制浆与抄纸过程能源使用比较 *

类型		蒸汽量 /（吉焦 / 吨产品）	电力 /（千瓦时/吨产品）
化学制浆	能源生产	约 18.5	约 1255
	能源消耗	约 15.4	约 712
	能源盈余	约 3.1	约 543
抄纸	能源消耗	约 4.5 ~ 7.8	约 510 ~ 1010

注：* 树皮、木屑等生物质产生的能量未计算在内。

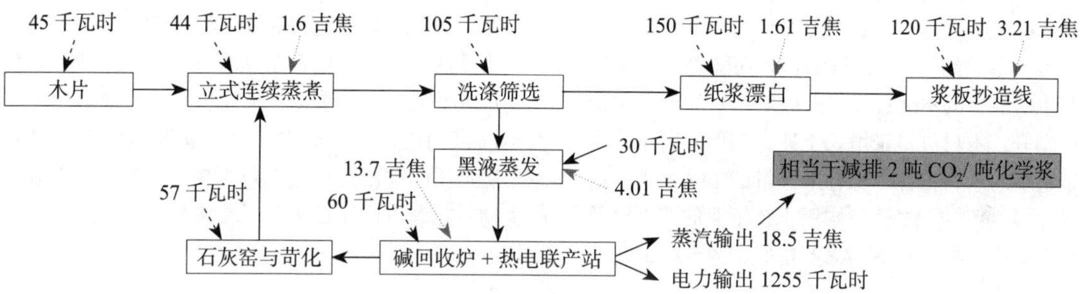

图 2　化学浆生产过程能源消耗与产出情况

--➤电力消耗　➤电力　┄➤蒸汽消耗　→蒸汽　（以某商品浆板生产线为例）

3　我国林浆纸一体化发展现状

3.1　我国造纸原料对进口依赖严重

我国造纸产业以纸和纸板为主，原生浆产量占比较低。根据中国造纸年鉴统计数据，2023 年我国纸浆消耗总量 11899 万吨，纸浆产量 8823 万吨，每年纸浆缺口接近 3000 万吨（见表 5）。我国纸浆产量中原生木浆占比仅有 22%，造纸所需原生木浆约 57% 需要进口。

我国木浆进口量约占全球纸浆贸易量的 40%，是世界第一大纸浆净进口国，远超其他国家。我国纸浆对外依存度一直较高，且近几年呈现逐年升高的趋势，进口纸浆中 90% 为木浆，木浆的进口依赖度也呈现逐年上升趋势，如图 3 所示。我国进口纸浆主要来自美洲和北欧，尤其是长纤维针叶木浆几乎全部依赖进口（进口依存度为 99%）。纸浆进口依赖度高导致国内造纸行业难以控制成本，经营风险居高不下，产业发展受制于国际纸浆价格波动。由于纸浆的采购成本占造纸企业总生产成本的 65% 左右，纸浆价格涨幅远高于纸价涨幅，导致造纸企业的盈利空间被明显压缩。

表 5　2023 年我国纸浆生产与消费情况

单位：万吨

	纸浆总量	木浆	非木浆	废纸浆
生产量	8823	2312	575	5936
消耗量	11899	4931	533	6435

注：其中进口木浆和国产木浆消耗量分别为 2237 万吨和 2091 万吨。

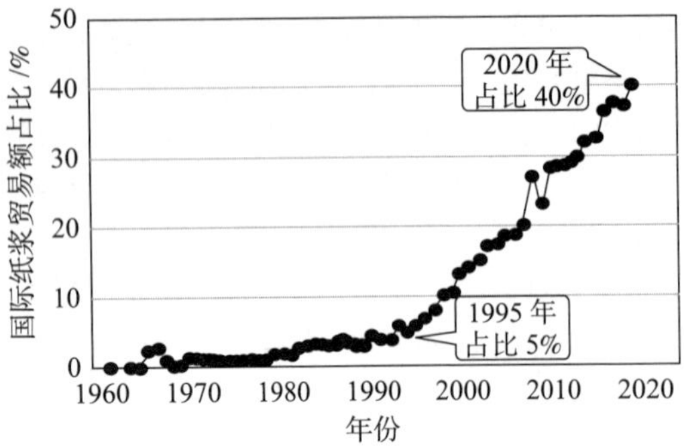

图 3 国际纸浆市场中我国进口占比

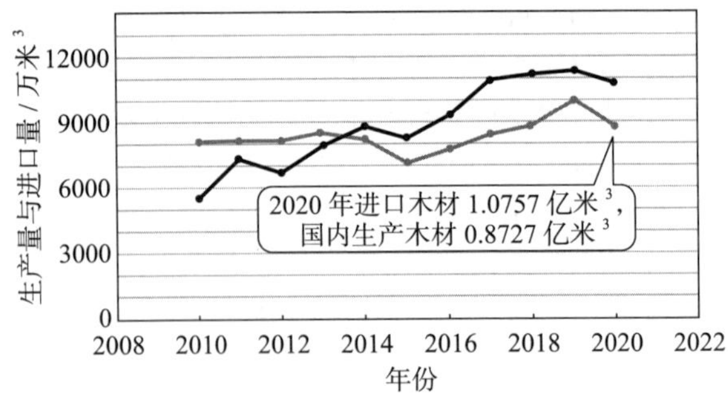

图 4 我国木材生产量与进口量

3.2 我国木材供应缺口大

我国是世界上木材及木制品生产大国，也是消费大国，但我国人均占有和可供消费的森林资源却很少。1998 年以来，国家实施了天然林保护工程，对天然林采取逐年减伐措施，为增加国内木材供给，国家不断加大人工林方面的投入，增加人工林面积。但到目前为止，国内的木材生产量依然远低于木材消耗量，且生产量和消费量之间的缺口也在不断增大。根据中国木材流通协会的数据，从 2015—2019 年我国木材生产量以每年约 5% 的比例增长，而随着经济发展和社会生活水平的不断提高，人们对木材的消费量也在逐年攀升，木材进口量增长迅速，如图 4 所示。全球用于造纸的木材占各国森林采伐量的 14%，美国占 25.3%，而芬兰达 46.8%，我国用于造纸业的造纸材及木片约为 900 万米^3，占原木总产量的比例不到 3%。

目前我国化机浆主要依靠进口木片和当地混合木片，化学木浆基本依靠进口原料，导致国产浆料的直接原材料成本占比大。根据国内新建浆厂与国外浆厂生产成本对比研究估算，化学木浆和化学竹浆生产成本中，原料成本占比约 65%，高出国际纸浆的原料成本，导致我国化学木浆和竹浆单位出厂成品价格远高于国外阔叶木浆。国内各造纸企业浆料来源以进口木浆为主，严重制约了我国制浆企业发展。

3.3 对原生木浆进口的依赖不利于发挥森林固碳

我国造纸行业对化石能源的依赖导致我国造纸企业碳排放量大。与林浆纸一体化发展较为成熟的造纸发达国家相比，我国造纸工业的能源结构以煤炭为主，生物质能源占比小，不到 20%。美国和欧盟地区的生物质能源占比超过 40%，瑞典和芬兰等国家的占比超过 60%，见图 5。

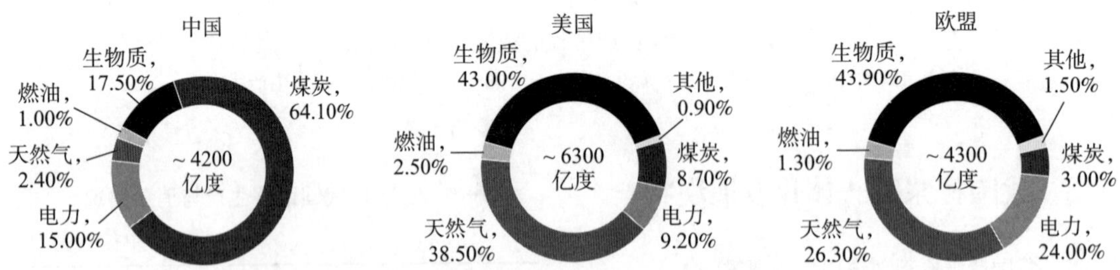

图 5 中国、美国和欧盟地区纸浆和造纸行业的能源结构

数据来源：中国统计年鉴 2020，国际能源署《Tracking Pulp and Paper 2020》

对进口木浆的依赖，不仅将生态固碳效益留在国外，对我国纸浆原料供应的安全性产生重要影响，而且使得我国造纸企业无法获取制浆黑液等宝贵的生物质能源，加剧了行业对化石能源的需求，对低碳化发展极为不利。2022 年我国进口木浆 2237 万吨，按照蓄积量法估算，用于这些纸浆生产的木材在种植过程中可以产生生物固碳量约 5000 万吨 CO_2。与此同时，2022 年我国造纸行业进口木片超过 1600 万吨，其中阔叶木片占 95%，按照蓄积量法估算，这部分木片产生的生物固碳量超过 1600 万吨 CO_2。这就意味着上述的生态固碳效益留在了国外，从国家间碳转移的角度来讲，这对我国在未来国家间的碳交易不利。对于以进口木片为原料生产纸浆，虽然生态固碳留在了国外，正如上文提及的，国内企业可以通过化学浆生产过程产生的能量，获得更加低碳绿色的生物质能，这对于我国造纸行业的低碳化是极为有利的。

3.4 废水排放标准等环保要求已经达到了世界最高水平

为减少污染物的排放，国家通过施行严格的环保标准，倒逼企业应用先进的技术装备，增加污染治理的投入，环境保护已成造纸行业共识。我国 42 个行业中，化学需氧量（COD_{Cr}）排放排名前 3 的行业依次为纺织业（16.3%）、造纸和纸制品业（14.0%）、化学原料和化学制品制造业（13.8%），COD_{Cr} 排放量合计为 16.6 万吨，占全国工业源重点调查企业排放量的 44.0%。2020 年造纸行业主要产品单位取水量下降了 10%，废水排放总量下降到约 20.04 亿吨，在我国工业废水总排放量中的占比下降到 11.31%。目前我国造纸工业行业清洁生产水平不断提升，执行的废水排放标准部分指标要求超过欧美国家。制浆造纸企业废水基本已采用“一级物化 + 二级生化 + 三级深度处理”的工艺进行处理。经过物化、生化、深度等的处理工艺，各项指标基本符合《GB 3544—2008 制浆造纸工业水污染物排放标准》排放要求。

如表 6 所示，我国现行造纸废水排放标准中新建制浆造纸企业废水排放的生化需氧量（BOD_5）限值已低至 10 ~ 20 毫克 / 升，COD_{Cr} 排放限值则达到 50 ~ 80 毫克 / 升，领先于国际先进水平。据调研，我国山东、浙江等地实际执行区域排放标准要求 COD_{Cr} 控制在 40 毫克 / 升以下，已远高于世界各国的同类排放要求。降低污染物排放浓度、限值毒性组分排放量和管控单位产品水耗，是管理制浆造纸行业对水环境质量影响的可行措施。我国已经执行了全球最严格的造纸废水排放标准，但盲目追求排放浓度提标将导致电能与化学品消耗量激增，削减污染物排放总量的边际效益递减，且环保投资高、运行成本高，有悖于节能降碳的发展目标。

4 我国林浆纸一体化发展建议

4.1 以林浆纸一体化为核心构建低碳化造纸产业

在造纸市场全球化以及全球生态环境问题日益突出的状况下，国际造纸工业的发展趋向于利用低成本、可再生的速生丰产林和废纸回收为主要原料来制浆造纸，从而降低污染、减小消耗、加速技术进步，实现造纸工业的清洁化生产，使造纸工业朝着高速、高效、高质量、低污染、低消耗并与环境协调发展的现代化方向发展。林业经营的利润相对纸业低很多，林浆纸一体化实现以纸养林、以林促纸的产业格局，实现林浆纸企业的可持续发展。过去的经验表明，生产集中度的提高（图 6），不仅有利于企业提升技术水平，还显著提高了资源利用率、降低污染；未来碳减排，大型先进的制浆造纸生产线将发挥至关重要的作用。

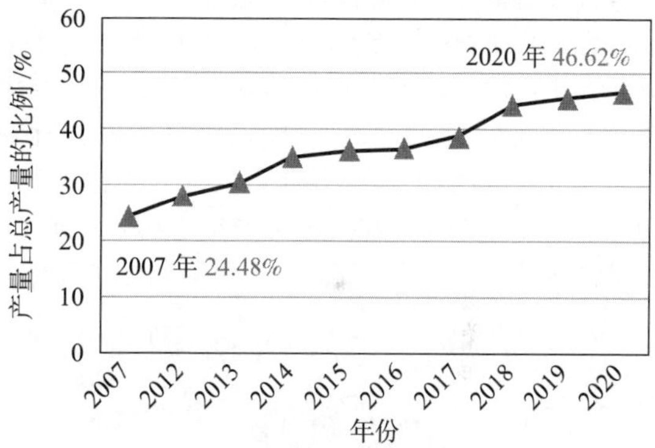

图 6　全国造纸前 10 企业的产量占总产量的比例

《工业领域碳达峰实施方案》提出，“强化造纸等行业耦合发展，推动产业循环链接，实施林浆纸一体化、林板一体化”“到 2025 年产业集中度前 30 位企业达 75%”。

表 6　主要造纸工业国制浆造纸废水排放标准

国家	BOD_5/（毫克/升）	COD_{Cr}/（毫克/升）	pH 值	色度	TSS/（毫克/升）	氨氮 /（毫克/升）	总氮 /（毫克/升）	总磷 /（毫克/升）	AOX/（毫克/升）	二噁英 / pgTEQ L^{-1}
中国	10 ~ 20	50 ~ 80	6.0 ~ 9.0	50	30	8	12	0.8	12	30
美国	25	125	6.0 ~ 90	25	25	2	20	1	0.3	50
加拿大	50	120	6.5 ~ 9.0	50	24	10	45	2	0.1	100
欧盟	25	125	6.0 ~ 90	25	25	2	20	1	0.3	50
俄罗斯	30 ~ 60	120 ~ 200	6.0 ~ 9.0	30	10 ~ 30	10	30	1	0.5	10
巴西	50	150	6.0 ~ 9.0	80	60	20	100	1	40	100
新西兰	20 ~ 30	100 ~ 200	6.5 ~ 9.0	60	30 ~ 60	10	50	1	0.1	500
印度	30	250	6.5 ~ 8.5	150	100	20	100	5	500	200

4.2　依托林业基地建设林浆纸一体化

近几年，已经陆续有一些造纸企业开始了林浆纸一体化的布局，如APP集团在海南、广西、广东、云南等地布局了林业基地，并在海南、广西等地建设并投产林浆纸一体化项目；山东太阳纸业股份有限公司在广西南宁和北海建设并投产林浆纸一体化项目；重庆理文造纸有限公司在重庆永川建设并投产以竹子为原料林的林浆纸一体化项目；金鹰集团在福建建设并投产以桉树为原料林的林浆纸一体化项目；崇左理文纸浆制品有限公司在广西崇左建设以竹子为原料林的林浆纸一体化项目于2023年8月投产；玖龙纸业（北海）有限公司在广西北海建设的林浆纸一体化项目也于2023年投产等。上述已投产项目和待建项目将会极大促进国内林浆纸一体化的进程。

以近年来广西林业和造纸的发展为例。广西森林总面积、森林蓄积量等均排全国前列，在我国生态系统固碳中占有重要地位。据统计（图7），截至2023年，广西森林总面积2230万公顷，其中速生桉面积296.0万公顷、竹林面积49.9万公顷；全区森林覆盖率达到62.55%，居全国第3位，全区年森林采伐限额5700万米^3，居全国第1位。广西木材总产量4900万米^3，其中桉树木材年产量超4000万米^3，占比约为82%。此外在商品林蓄积量占比较高的松木、其他阔叶木也有很高的利用价值。依托林业的快速发展，广西将成为我国重要的“林浆纸一体化”产业基地，带动速生经济林基地的建设与发展。十三五以来，广西新建或拟建林浆纸项目，预计纸浆产能约1200万吨（900万吨化学浆、300万吨化机浆），未来广西的纸浆产量将排全国前列，每年约需3600万米^{3}的桉木、松木等商品木材，以及竹子等其他纤维原料，通过纸浆生产带动速生经济林基地的建设与发展。

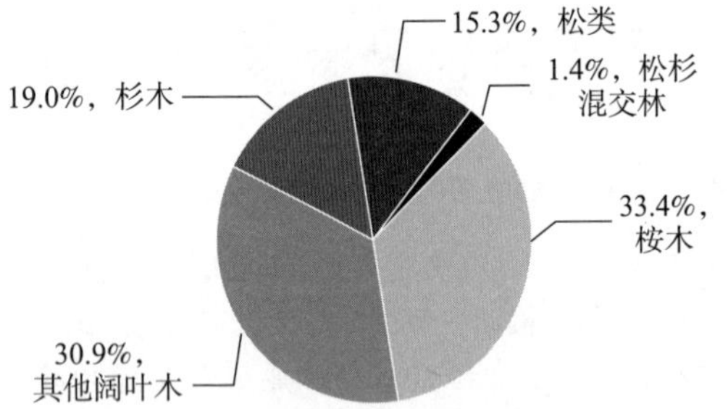

图7　广西商品林分树种蓄积比例

4.3　鼓励企业建设海外造纸原料林基地

作为全球造纸第一大国，我国不仅要出口各种成品纸、在国外进行投资，更需要在国外建设原料林基地、进口木材，缓解我国造纸原料不足的问题。日本受制于国土面积，其国内的造纸原料林也无法满足需求，但近年来日本在国外的造纸原料林面积却增长了3倍多林地；制浆造纸所用的树木，进口木材占70%以上，其浆纸的比例低于中国，但原生木浆占比较高（图8）。日本的经验可为我国林浆纸企业的发展提供借鉴。随着我国改革开放的深入和“一带一路”倡议的构建，“走出去”已经成为大型造纸企业的共识。“一带一路”沿线东南亚、东部非洲等地区，拥有气候和地理条件的优势，适合森林种植，林业资源发达。如越南现有林业用地1900万公顷，但总体经营水平和利用效率不高，有待进一步开发利用。老挝境内绝大部分都是宜林地区，其森林覆盖率是我国的2倍，人均森林面积更是中国的10倍。山东太阳纸业赴老挝租赁桉树原料林基地，并建设林浆纸一体化项目，现已投产。APP集团除在印尼建设有大型林浆纸生产基地外，在老挝建设有1.1万亩的林业基地，进一步拓展了纸浆生产线原料供应。

虽然从国外进口木片到国内制浆，从运输成本上来看是高于从国外进口纸浆，但从综合效益来看，进口木片的优势明显。首先从能源的角度，正如上文分析，制浆过程不仅可以获得纸浆，还可以充分利用黑

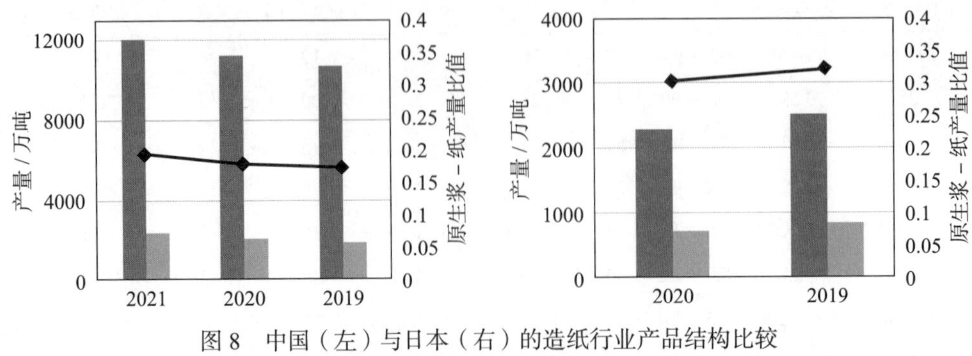

图8　中国（左）与日本（右）的造纸行业产品结构比较

液等生物质能源，大幅减少对化石能源的消费，这将有利于改善我国造纸行业的能源结构。全球主要造纸国家的产品结构与生物质能源占比的关系见图 9。以广西某大型林浆纸企业为例，依托东南亚原料林基地木片的供应，通过应用先进的制浆技术装备，整个生产基地的生物质能源占比超过 90%，在全球处于领先水平。

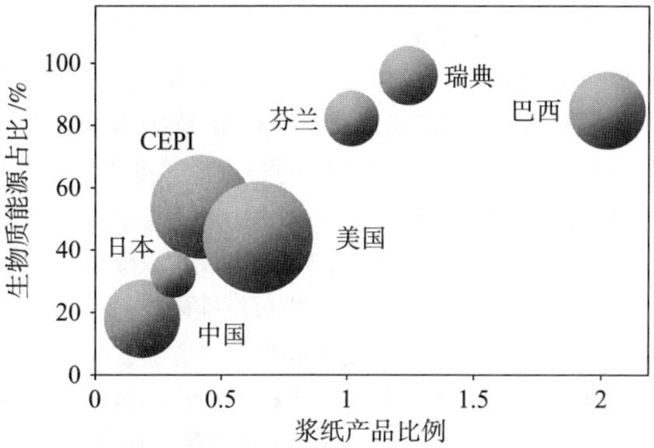

图 9　全球主要造纸国家的产品结构与生物质能源占比的关系

4.4　构建造纸行业中水循环利用技术装备与标准体系

我国社会发展对浆纸的需求仍在增长，造纸行业产能持续爬坡，如何与产能提升同步减排降耗是我国造纸行业高质量绿色发展的瓶颈。虽然我国现行造纸废水排放标准已处于国际先进水平，但 COD 排放浓度限值必须通过 Fenton 处理等高级氧化技术才能达到，导致环保设施建设与运营成本居高不下。废水过度处理导致电能与化学品消耗量激增（表 7），有悖于节能降碳的发展目标。通过收紧污染物排放浓度限值实现削减污染物排放总量的边际效益递减，且在环境容量限制条件下，实现造纸行业产能扩增与节能减排的必由之路是提升水效、降低单位产品水耗、减少单位产品污染物排放当量。

表 7　制浆造纸废水处理能耗概况

工序	技术类型	电耗 /（千瓦时 / 米^3）	电耗占比 /%	去除负荷 /%
预处理	混凝沉淀	0.003	0	20
厌氧消化	厌氧流化床	0.249	17.6	≥ 60
好氧处理	射流曝气	0.902	63.9	≈ 15
深度处理	Fenton 流化床	0.230	16.3	< 5
污泥处理	高压板块脱水	0.031	2.2	
综合能耗		1.412		

推进工业水效提升，是推动工业用水方式由粗放低效向集约节约利用转变的内在要求，是缓解我国水资源供需矛盾、保障水安全的重要途径，是推动产业转型升级、促进工业绿色高质量发展的有效举措。目前制浆造纸再生水回用标准以企业自行探索为主，尚未形成相关标准规范体系指导企业的生产实践，导致企业开展节水改造预研周期长、决策成本高。因此，有必要针对制浆造纸过程关键水质指标的标准体系，逐步构建造纸工业水再生利用导则及相关标准。

4.5　推动“林浆一体化”平台的生物质精炼

“林浆一体化”平台的生物质精炼，可实现森林固碳价值的最大化，提高资源利用率。生物质精炼与制浆造纸工业的结合是通过将传统制浆造纸工业平台转变为综合林业生物质精炼工厂来实现的。制浆造纸工业是最早利用天然纤维素的工业，也是唯一大规模采集、加工和利用生物质原料的工业。因此，把传统造纸厂转化为能够同时生产纸产品、高分子材料和多种化学品的复合型生物质精炼工厂是现代造纸工业的发展趋势（图 10）。除生产纸浆外，还可在生物质能源、生物基材料、生物质化学品等研究领域的基础上，通过产业升级和工艺改良生产出一些高附加值的生物产品。日前结合制浆造纸的生物质精炼工艺主要有：蒸煮前预处理提取半纤维素、半纤维素水解发酵生产乙醇、黑液中生物质的回收利用、黑液气化、从塔尔油中提取资源等。

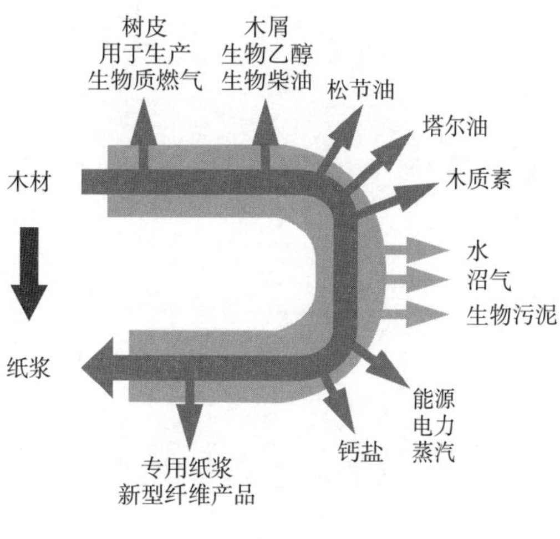

图 10　林浆一体化的生物质精炼模式

新型的“林浆纸一体化”生物质精炼工厂不仅继续生产传统的浆纸产品，同时还生产液态燃料（乙醇）、多种化学品（乙酸、乙酰丙酸盐、丙二醇、聚亚甲基丁二酸等）、聚合物材料（碳纤维、聚合物、木材纤维基的复合材料等），以及制取可燃气体和产生电力等。这些产品均由制浆前从木材中提取的半纤维素、溶于制浆废液中的木质素及木材加工处理的废弃物等转化而来。以 2017 年开始运行的芬兰某企业为例，不仅生产纸浆，其他生物产品的销售收入约占总收入的 20%（表 8）。

表 8　林浆纸一体化的生物质精炼模式的产品及产量实例

产品	产量
针叶木硫酸盐浆	2200 吨 / 日
阔叶木硫酸盐浆	1400 吨 / 日
固体燃料（树皮）	550 吉瓦时 / 年
塔尔油	46000 吨 / 年
松节油	3200 吨 / 年
生物质发电	1050 吉瓦时 / 年
蒸汽热能	640 吉瓦时 / 年
其他化学品（甲醇、硫酸）	

5　结语与展望

对进口纸浆的依赖是我国造纸行业未来发展急需解决的问题，通过林浆纸一体化建设，不仅有利于促进人工林有序经营，提高森林生态系统的固碳效益，还可以降低我国造纸行业原料对外依赖，实现纸浆原料的自主可控，对我国造纸行业的转型升级和绿色低碳发展具有重要意义。

从我国森林资源相对匮乏的基本国情出发，在全球布局造纸原料林基地对我国林浆纸一体化建设尤为重要。通过合理利用国产木片和进口木片，建设大型纸浆生产基地，调整我国浆纸产品比例，提高生物质能源比例和利用效率，有利于促进造纸行业实现双碳目标。

探索适宜的废弃物处理技术与排放限值标准，建立符合我国基本国情的废物处理技术方案，从制浆造纸过程对于工艺水水质的要求出发，推动废水的分级利用与处理，实现环境保护与低碳节能的统一，为造纸行业的低碳发展提供技术支持和政策保障。

（广西大学　梁辰供稿）

综　　述

GENERAL TOPICS

2

中国造纸工业 2023 年生产运行情况

Production and Operation of China’s Paper Industry in 2023

中国造纸协会理事长　赵伟

一、纸浆、纸及纸板生产完成情况

据统计，2023 年制浆造纸及纸制品全行业完成纸浆、纸及纸板和纸制品产量合计 29139 万吨，同比增长 2.63%；其中：纸及纸板产量 12965 万吨，较上年增长 4.35%；纸浆产量 8823 万吨，较上年增长 2.75%；纸制品产量 7351 万吨，较上年增长 -0.38%。

二、主要经济指标完成情况

据国家统计局统计数据，2023 年 1—12 月规模以上制浆造纸及纸制品业企业（7668 家）主要经济指标完成情况如下：

1. 主营业务收入

全行业完成 13926.2 亿元，同比下降 2.4%。

其中：

纸浆制造业完成 191.6 亿元，同比下降 8.0%；

造纸业完成 8018.6 亿元，同比下降 4.0%；

纸制品制造业完成 5716.0 亿元，同比增长 0.2%。

2. 利润总额

全行业完成 508.4 亿元，同比增长 4.4%。

其中：

纸浆制造业完成 4.1 亿元，同比下降 6.6%；

造纸业完成 269.1 亿元，同比增长 3.0%；

纸制品制造业完成 235.2 亿元，同比增长 14.4%。

3. 产成品存货

全行业 695.8 亿元，同比下降 4.5%。

其中：

纸浆制造业 7.9 亿元，同比增长 3.4%；

造纸业 440.1 亿元，同比下降 7.7%；

纸制品制造业 247.8 亿元，同比增长 1.4%。

三、商品纸浆和废纸进口及原生纸浆生产情况

1. 商品纸浆进口情况

2023 年国内进口各类商品纸浆 3666 万吨，同比增长 25.7%。其中漂白针叶浆 921 万吨，比去年同期增加 204 万吨；漂白阔叶浆 1635 万吨，比去年同期增加 356 万吨；本色木浆 124 万吨，比去年同期增加 2 万吨；溶解浆 397 万吨，比去年同期增加 62 万吨；废纸浆 448 万吨，比去年同期增加 160 万吨。出口纸浆 24.3 万吨，同比减少 2.3 万吨。

2. 废纸和废纸浆进口及国内废纸浆生产情况

2023 年进口各类废纸 58 万吨，同比增长 1.75%。废纸浆进口 448 万吨，同比增长 56%。

2023 年国内生产废纸浆 5936 万吨，废纸总用量约 6795 万吨，其中国内回收各类废纸约 6737 万吨，进口废纸 58 万吨。

3. 原生纸浆生产情况

根据商品纸浆、废纸进口情况，结合国内纸及纸板生产和消费及国内废纸回收情况分析，2023 年国内各类原生纸浆生产量 2887 万吨，比去年增长约 8.0%。

四、纸及纸板主要品种生产消费情况

1. 新闻纸

2023 新闻纸生产量 80 万吨，下降 11.1%；进口 51 万吨，出口 2 万吨，消费量 129 万吨，下降 4.4%。

2. 未涂布印刷书写用纸

2023 年未涂布书写印刷用纸生产量 1805 万吨，增长 4.0%，进口 42 万吨，出口 136 万吨，消费量 1711 万吨，增长 1.9%。

3. 铜版纸

2023 年铜版纸生产量 630 万吨，增长 1.6%，进口 17 万吨，出口 150 万吨，消费量 497 万吨，增长 1.2%。

4. 生活用纸

2023 年生活用纸生产量 1210 万吨，增长 6.6%；进口 4 万吨，出口 111 万吨，消费量 1103 万吨，增长 4.2%。

5. 白板纸

2023 年生产量 1655 万吨，增长 4.1%；进口 44 万吨，出口 243 万吨，消费量 1456 万吨，增长 5.6%。

6. 箱板纸和瓦楞原纸

2023 年箱板纸生产量 2895 万吨，增长 3.0%；进口 532 万吨，出口 9 万吨，消费量 3418 万吨，增长 8.2%。

瓦楞原纸生产量 2915 万吨，增长 5.2%；进口 359 万吨，出口 2 万吨，消费量 3272 万吨，增长 8.7%。

五、2023 年国内造纸行业生产和市场总体走势

纵观 2023 年造纸工业的生产及运行情况，宏观经济在“稳”字的情形下，造纸生产遭遇了市场需求趋弱，原材料成本上升等困境，加上外部环境变化等问题叠加，使得 2023 年造纸行业整体生产和运行困难增多，下行压力加大，经济效益大幅下滑。

但随着中央发布的提振经济发展的政策实施，和国内经济整体形势逐渐向好及今年前三季度 GDP 增速达到 5.2% 的情况看，我国经济仍然继续保持在合理区间运行。在这个大背景下，结合造纸产业定位和作用，仍将会给造纸产业带来发展空间。

根据国内经济发展态势并结合纸业生产和市场走势分析，我们认为今明两年国内造纸工业生产和市场会有以下表现：

（1）造纸行业生产运行整体情况呈现前低后高、逐渐向好态势，全年纸及纸板生产总量随着经济发展需要仍有增加。

（2）由于全球市场需求弱化，加上竞争加剧和原辅材料及能源成本上涨等因素影响，2023 年造纸行业的主营业务收入有减少，利润总额会继续降低。

（3）受国内原生纸浆生产和国内回收废纸原料总量的制约，为满足市场对纸及纸板总量的需求，生产企业对各类进口商品纸浆总量需求会继续保持增量。

（4）虽然前些年我国造纸产品已实现产需基本平衡，但由于市场需求的增长，原料政策调整及价格波动等因素，使得部分产品又出现了缺口，形成进口量大于出口量局面。

（5）展望 2024 年造纸工业形势，虽然外部环境还存在诸多不确定因素，但从全球经济数据看已经出现逐渐好转迹象。据 WTO 预计，2024 年全球货物贸易预计增长 3.3%，中国作为制造大国及在全球货物贸易中拥有重要地位，注定会对本国经济有一定的拉动作用。在这一背景下，作为配套众多产业的造纸工业，生产和消费也将会受到拉动，预计造纸行业整体运行会企稳回升。

随着产业对高质量发展和低碳绿色纸业的认识不断提升，通过增强创新能力，增加新动能，合理有效控制新增产能，造纸产业总体仍然会保持较稳定发展态势。

中国造纸工业 2023 年度报告

Annual Report of China's Paper Industry in 2023

据统计，2023 年制浆造纸及纸制品全行业完成纸浆、纸及纸板和纸制品产量合计 29139 万吨，同比增长 2.63%；其中：纸及纸板产量 12965 万吨，较上年增长 4.35%；纸浆产量 8823 万吨，较上年增长 2.75%；纸制品产量 7351 万吨，较上年增长 −0.38%；全行业营业收入完成 1.39 万亿元，同比增长 −2.39%；实现利润总额 508 亿元，同比增长 4.39%。

一、纸及纸板生产和消费情况

（一）纸及纸板生产量和消费量

据中国造纸协会调查资料，2023 年全国纸及纸板生产企业约 2500 家，全国纸及纸板生产量 12965 万吨，较上年增长 4.35%。消费量 13165 万吨，较上年增长 6.14%，人均年消费量为 93.37 千克（14.10 亿人）。2014—2023 年，纸及纸板生产量年均增长率 2.40%，消费量年均增长率 3.02%（图 1、表 1）。2023 年纸及纸板各品种生产量、消费量占总产量的比例见图 2、图 3。

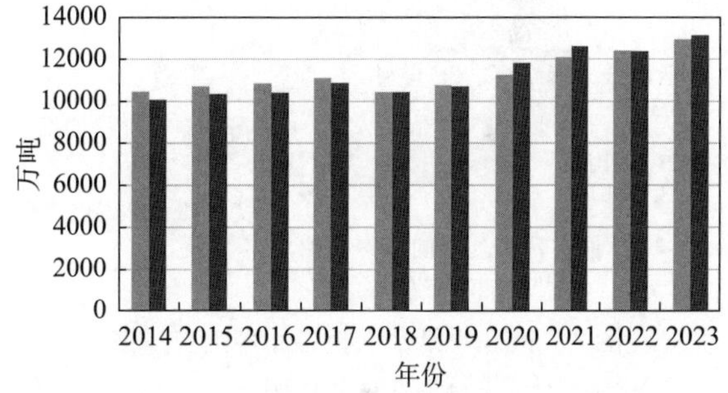

图 1　2014—2023 年纸及纸板生产和消费情况

■生产量　■消费量

表 1　　2023 年纸及纸板生产和消费情况　　单位：万吨

品种	生产量			消费量		
	2022 年	2023 年	同比 /%	2022 年	2023 年	同比 /%
总量	12425	12965	4.35	12403	13165	6.14
1．新闻纸	90	80	−11.11	135	129	−4.44
2．未涂布印刷书写纸	1735	1805	4.03	1678	1711	1.97
3．涂布印刷纸	650	660	1.54	500	513	2.60
其中：铜版纸	620	630	1.61	491	497	1.22
4．包装用纸	730	755	3.42	731	773	5.75
5．箱纸板	2810	2895	3.02	3159	3418	8.20
6．白纸板	1590	1655	4.09	1379	1456	5.58
其中：涂布白纸板	1510	1575	4.30	1299	1375	5.85
7．生活用纸	1135	1210	6.61	1059	1103	4.15
8．瓦楞原纸	2770	2915	5.23	3010	3272	8.70
9．特种纸及纸板	425	445	4.71	287	280	−2.44
10．其他纸及纸板	490	545	11.22	465	510	9.68

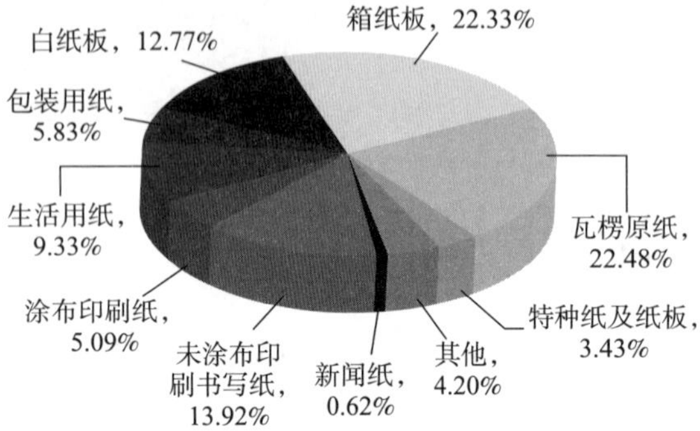

图 2 2023 年纸及纸板各品种生产量占总产量的比例

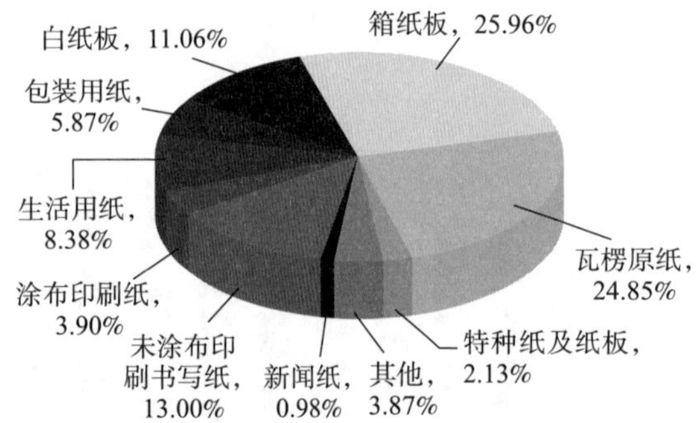

图 3 2023 年纸及纸板各品种消费量占总消费量的比例

（二）纸及纸板主要产品生产和消费情况

1．新闻纸

2023 年新闻纸生产量 80 万吨，较上年增长 -11.11%；消费量 129 万吨，较上年增长 -4.44%。2014—2023 年生产量年均增长率 -14.42%，消费量年均增长率 -9.63%（图 4）。

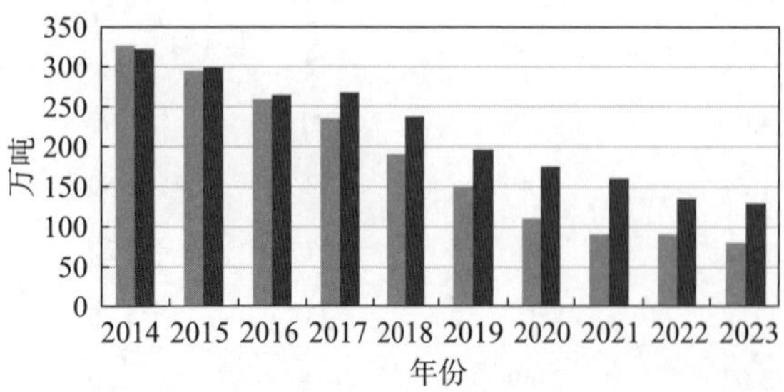

图 4 新闻纸 2014—2023 年生产量和消费量

■ 生产量 ■ 消费量

2．未涂布印刷书写纸

2023 年未涂布印刷书写纸生产量 1805 万吨，较上年增长 4.03%；消费量 1711 万吨，较上年增长 1.97%。2014—2023 年生产量年均增长率 0.57%，消费量年均增长率 0.55%（图 5）。

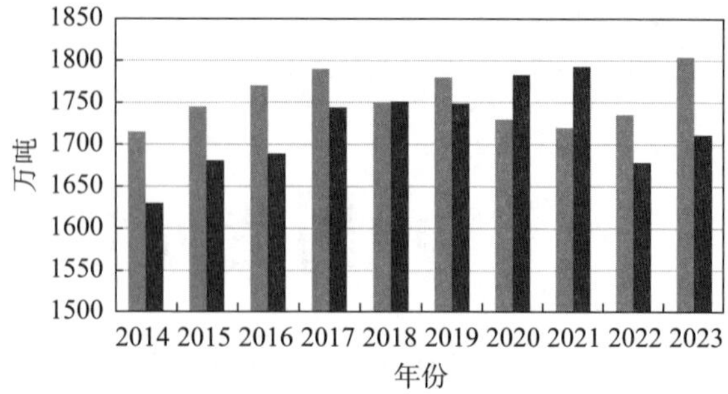

图 5 未涂布印刷书写纸 2014—2023 年生产量和消费量

■ 生产量 ■ 消费量

3．涂布印刷纸

2023 年涂布印刷纸生产量 660 万吨，较上年增长 1.54%；消费量 513 万吨，较上年增长 2.60%。2014—2023 年生产量年均增长率 -1.77%，消费量年均增长率 -2.17%（图 6）。

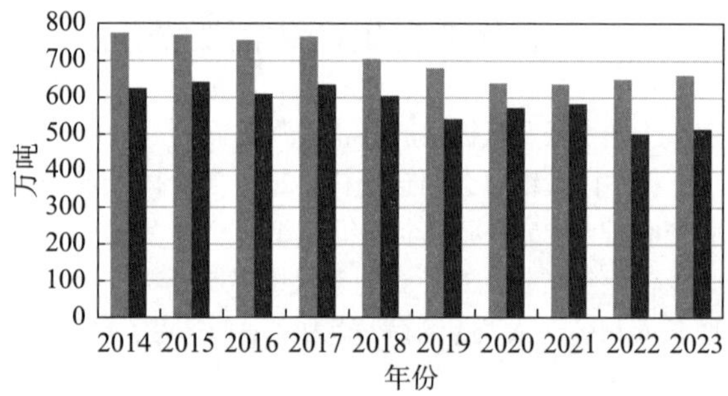

图 6 涂布印刷纸 2014—2023 年生产量和消费量

■ 生产量 ■ 消费量

其中：铜版纸

2023 年铜版纸生产量 630 万吨，较上年增长 1.61%；消费量 497 万吨，较上年增长 1.22%。2014—2023 年生产量年均增长率 -0.93%，消费量年均增长率 -1.83%（图 7）。

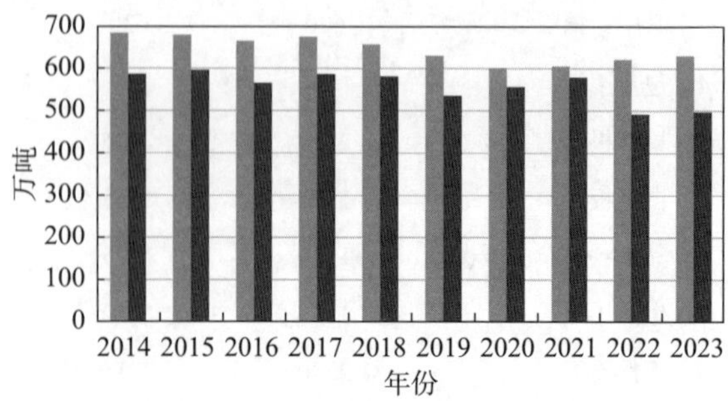

图 7 铜版纸 2014—2023 年生产量和消费量

■ 生产量 ■ 消费量

4．包装用纸

2023 年包装用纸生产量 755 万吨，较上年增长 3.42%；消费量 773 万吨，较上年增长 5.75%。2014—2023 年生产量年均增长率 1.68%，消费量年均增长率 1.69%（图 8）。

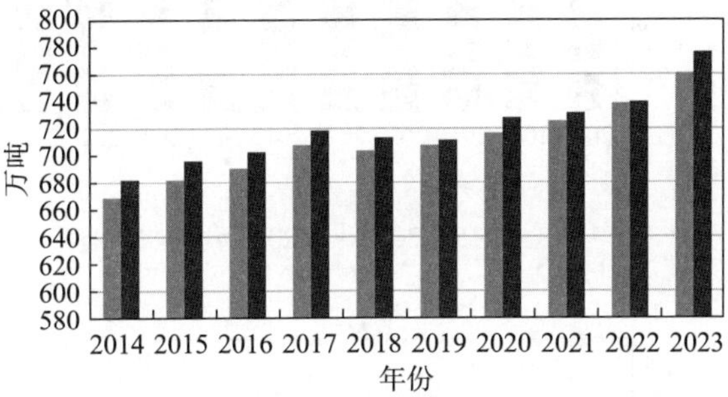

图 8　包装用纸 2014—2023 年生产量和消费量

■ 生产量　■ 消费量

5．箱纸板

2023 年箱纸板生产量 2895 万吨，较上年增长 3.02%；消费量 3418 万吨，较上年增长 8.20%。2014—2023 年生产量年均增长率 3.20%，消费量年均增长率 4.81%（图 9）。

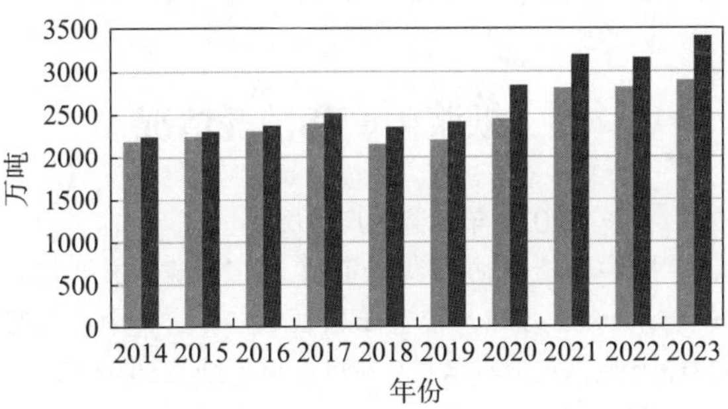

图 9　箱纸板 2014—2023 年生产量和消费量

■ 生产量　■ 消费量

6．白纸板

2023 年白纸板生产量 1655 万吨，较上年增长 4.09%；消费量 1456 万吨，较上年增长 5.58%。2014—2023 年生产量年均增长率 1.92%，消费量年均增长率 1.26%（图 10）。

其中：涂布白纸板

2023 年涂布白纸板生产量 1575 万吨，较上年增长 4.30%；消费量 1375 万吨，较上年增长 5.85%。2014—2023 年生产量年均增长率 1.77%，消费量年均增长率 1.06%（图 11）。

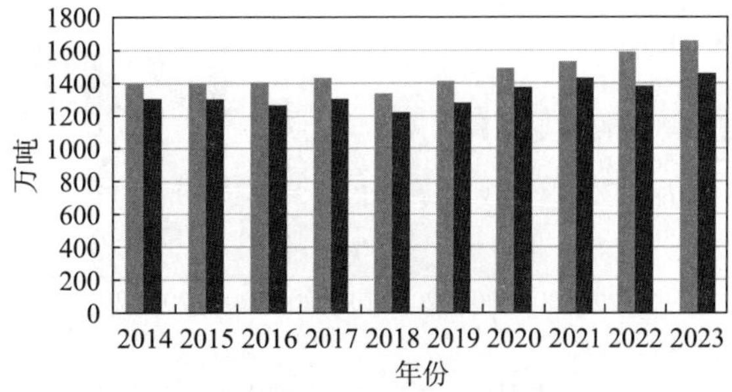

图 10　白纸板 2014—2023 年生产量和消费量

■ 生产量　■ 消费量

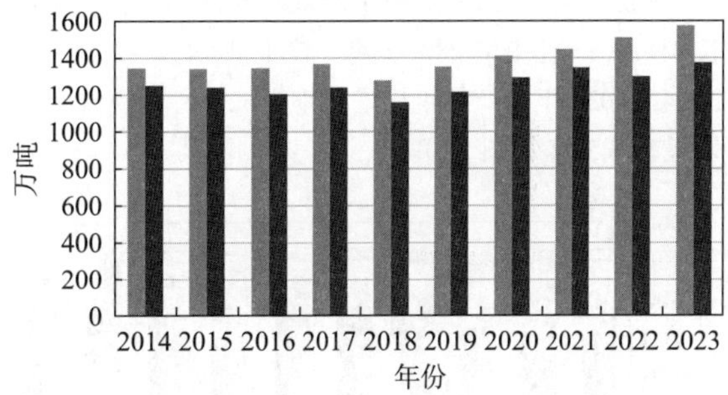

图 11　涂布白纸板 2014—2023 年生产量和消费量

■ 生产量　■ 消费量

7．生活用纸

2023 年生活用纸生产量 1210 万吨，较上年增长 6.61%；消费量 1103 万吨，较上年增长 4.15%。2014—2023 年生产量年均增长率 4.28%，消费量年均增长率 4.24%（图 12）。

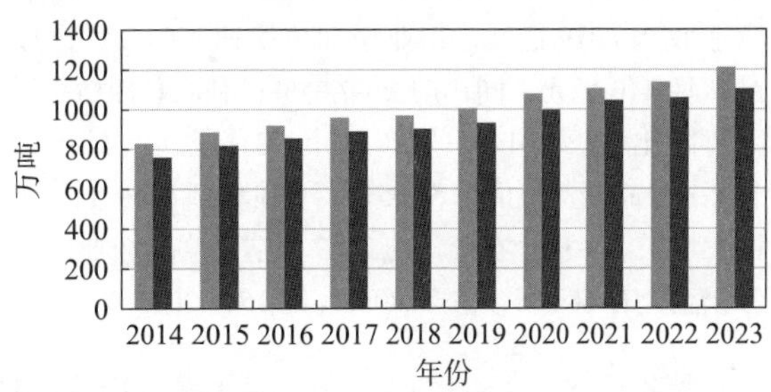

图 12　生活用纸 2014—2023 年生产量和消费量

■ 生产量　■ 消费量

8．瓦楞原纸

2023 年瓦楞原纸生产量 2915 万吨，较上年增长 5.23%；消费量 3272 万吨，较上年增长 8.70%。2014—2023 年生产量年均增长率 3.41%，消费量年均增长率 4.77%（图 13）。

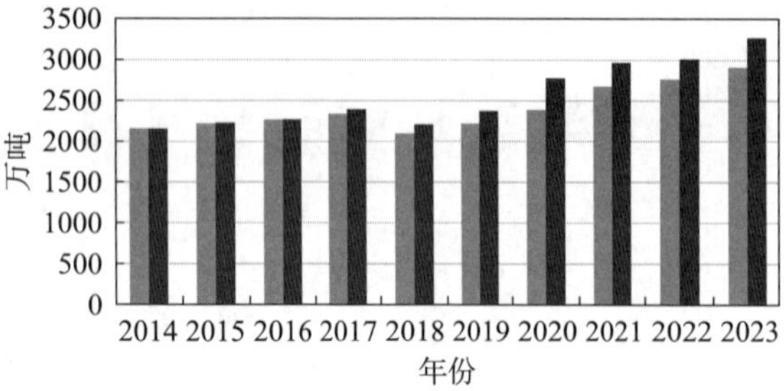

图 13　瓦楞原纸 2014—2023 年生产量和消费量

■生产量　■消费量

9．特种纸及纸板

2023 年特种纸及纸板生产量 445 万吨，较上年增长 4.71%；消费量 280 万吨，较上年增长 -2.44%。2014—2023 年生产量年均增长率 6.62%，消费量年均增长率 3.52%（图 14）。

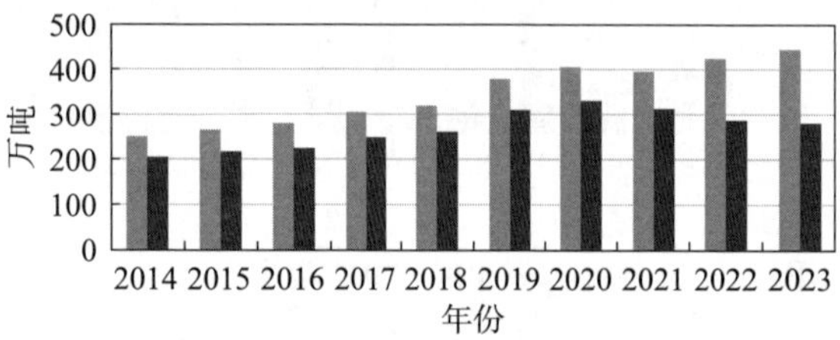

图 14　特种纸及纸板 2014—2023 年生产量和消费量

■生产量　■消费量

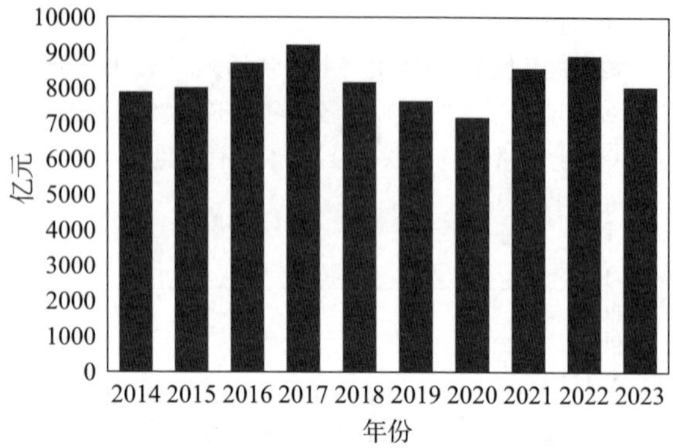

图 15　2014—2023 年营业收入

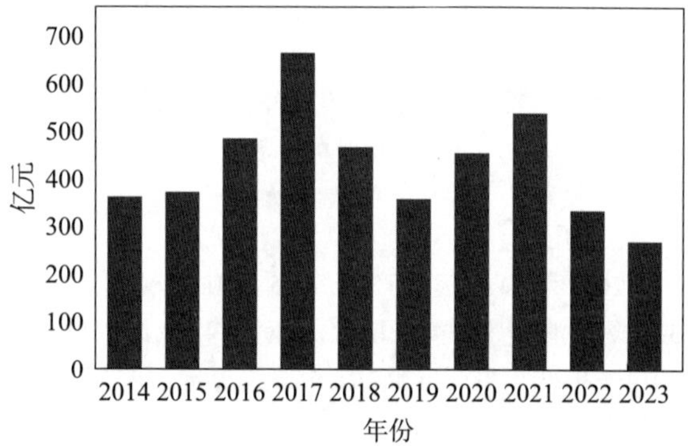

图 16　2014—2023 年利润总额

二、纸及纸板生产企业经济指标完成情况

据统计，2567 家造纸生产企业 2023 年 1—12 月营业收入 8019 亿元；工业增加值增速 4.90%；产成品存货 440 亿元，同比增长 -7.65%；利润总额 269 亿元，同比增长 3.01%；资产总计 11316 亿元，同比增长 2.11%；资产负债率 58.05%；负债总额 6569 亿元，同比增长 2.82%；在统计的 2567 家造纸生产企业中，亏损企业有 688 家，占 26.80%（图 15、图 16）。

三、纸浆生产和消耗情况

（一）2023 年纸浆生产情况

据中国造纸协会调查资料，2023 年全国纸浆生产总量 8823 万吨，较上年增长 2.75%。其中：木浆 2312 万吨，较上年增长 9.31%；再生纸浆 5936 万吨，较上年增长 0.37%；非木浆 575 万吨，较上年增长 3.05%（表 2）。

表 2　　2014—2023 年纸浆生产情况　　单位：万吨

品种	年度									
	2014	2015	2016	2017	2018	2019	2020	2021	2022	2023
纸浆合计	7906	7984	7925	7949	7201	7207	7378	8177	8587	8823
其中：1. 木浆	962	966	1005	1050	1147	1268	1490	1809	2115	2312
2. 再生纸浆	6189	6338	6329	6302	5444	5351	5363	5814	5914	5936
3. 非木浆	755	680	591	597	610	588	525	554	558	575
苇浆	113	100	68	69	49	51	54	41	41	37

续表

品种	年度									
	2014	2015	2016	2017	2018	2019	2020	2021	2022	2023
蔗渣浆	111	96	90	86	90	70	97	72	79	90
竹浆	154	143	157	165	191	209	219	242	246	254
稻麦草浆	336	303	244	246	250	222	117	159	150	150
其他浆	41	38	32	31	30	36	38	40	42	44

（二）2023 年纸浆消耗情况

2023 年全国纸浆消耗总量 11899 万吨，较上年增长 5.35%。木浆 4931 万吨，占纸浆消耗总量 42%，其中进口木浆占 23%、国产木浆占 19%；再生纸浆 6435 万吨，占纸浆消耗总量 54%，其中：进口再生纸浆占 4%、国内再生纸浆占 50%；非木浆 533 万吨，占纸浆消耗总量 4%（表 3、图 17、图 18）。

表 3　　2023 年纸浆消耗情况　　单位：万吨

品种	2022 年	占比例 / %	2023 年	占比例 / %	同比 / %
总量	11295	100	11899	100	5.35
木浆	4328	38	4931	42	13.93
1. 进口木浆	2237*1	20	2684*2	23	19.98
2. 国产木浆	2091	18	2247	19	7.46
再生纸浆	6430	57	6435	54	0.08
1. 进口再生纸浆	336	3	489	4	45.54
2. 国产再生纸浆	6094	54	5946	50	–2.43
其中：进口废纸制浆	51	—	52	—	1.96
国内废纸制浆	6043	54	5894	50	–2.47
非木浆	537	5	533	4	–0.74

注：*1 2022 年进口纸浆 2916 万吨，扣除非造纸用浆和非木浆，实际进口木浆消耗量 2237 万吨。
*2 2023 年进口纸浆 3666 万吨，扣除非造纸用浆和非木浆，实际进口木浆消耗量 2684 万吨。

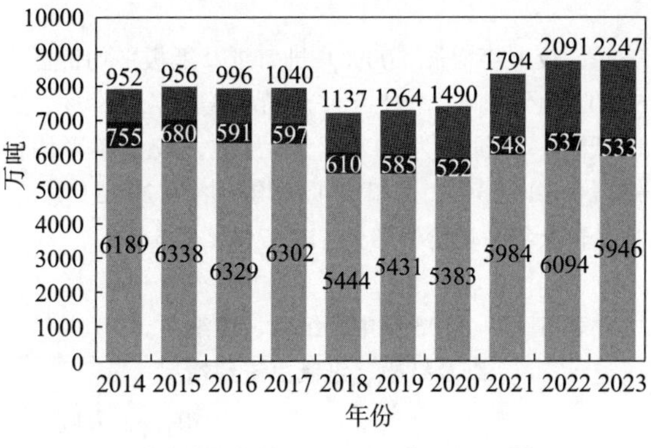

图 17　2014—2023 年国产纸浆消耗情况

■ 再生纸浆　■ 非木浆　■ 木浆

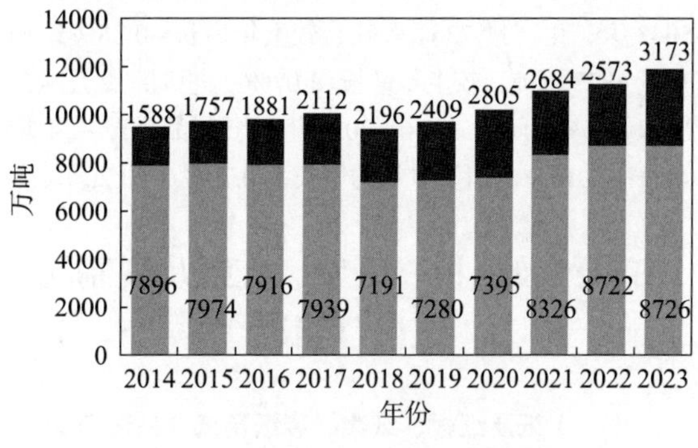

图 18　2014—2023 年纸浆总消耗情况

■ 国产纸浆消耗量　■ 进口纸浆消耗量

（三）2023 年废纸利用情况

2023 年利用国内回收废纸总量 6737 万吨，较上年增长 2.31%，废纸回收率 51.2%，废纸利用率 52.4%，2014—2023 年国内废纸回收量年均增长率 3.74%（表 4、图 19）。

表 4　　2014—2023 年国内废纸利用情况

年份	国内废纸回收量 / 万吨	废纸净进口量 / 万吨	再生纸浆消费量 / 万吨	废纸回收率 / %	废纸利用率 / %
2014	4841	2752	6189	48.1	72.5
2015	4832	2928	6338	46.7	72.5
2016	4963	2850	6329	47.6	72.0
2017	5285	2572	6303	48.5	70.6
2018	4964	1703	5474	47.6	63.9
2019	5244	1036	5443	49.0	58.3
2020	5493	689	5632	46.4	54.9
2021	6491	54	6311	51.3	54.1
2022	6585	57	6430	53.1	53.5
2023	6737	58	6435	51.2	52.4

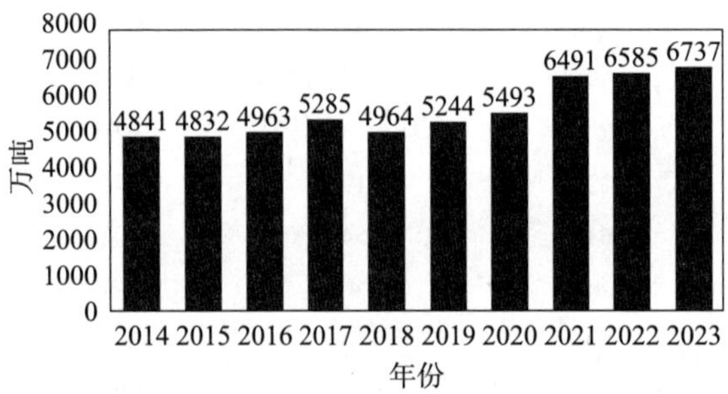

图 19　2014—2023 年利用国内回收废纸总量

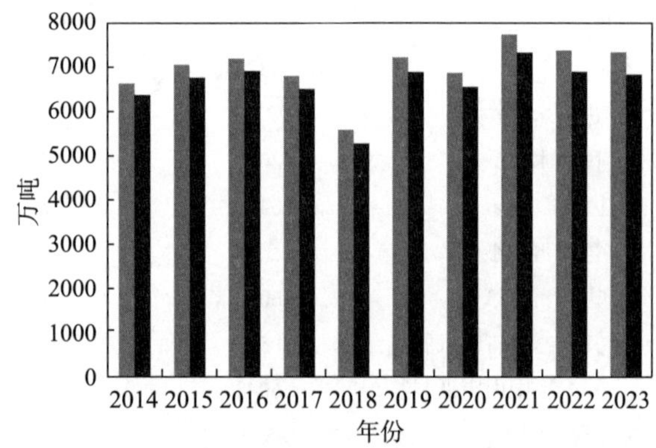

图 20　2014—2023 年纸制品生产和消费情况

■ 生产量　■ 消费量

四、纸制品生产和消费情况

据统计，2023 年全国规模以上纸制品生产企业 5043 家，生产量 7351 万吨，较上年增长 –0.38%；消费量 6823 万吨，较上年增长 –1.07%；进口量 12 万吨，出口量 540 万吨。2014—2023 年，纸制品生产量年均增长率 1.15%，消费量年均增长率 0.76%（图 20）。

五、纸及纸板、纸浆、废纸及纸制品进出口情况

（一）纸及纸板、纸浆、废纸及纸制品进口情况

2023 年纸及纸板进口 1132 万吨，较上年增长 35.41%；纸浆进口 3707 万吨，较上年增长 25.07%；废纸进口 58 万吨，较上年增长 1.75%；纸制品进口 12 万吨，较上年增长 –25.00%。

2023 年进口纸及纸板、纸浆、废纸、纸制品合计 4909 万吨，较上年增长 26.75%，用汇 310.85 亿美元，较上年增长 4.00%。进口纸及纸板平均价格为 552.13 美元 / 吨，较上年平均价格增长 –24.64%；进口纸浆平均价格为 647.32 美元 / 吨，较上年平均价格增长 –15.53%；进口废纸平均价格为 205.31 美元 / 吨，较上年平均价格增长 –13.67%（表 5）。

表 5　　2023 年中国纸浆、废纸、纸及纸板、纸制品进口情况

单位：万吨

品种	2022 年进口量	2023 年进口量	同比 / %
一、纸浆	2964*1	3707*3	25.07
二、废纸	57	58	1.75
三、纸及纸板	836	1132	35.41

续表

品种	2022 年进口量	2023 年进口量	同比 / %
1. 新闻纸	46	51	10.87
2. 未涂布印刷书写纸	45	42	−6.67
3. 涂布印刷纸	26	22	−15.38
其中：铜版纸	20	17	−15.00
4. 包装用纸	28	39	39.29
5. 箱纸板	360	532	47.78
6. 白纸板	44	44	0.00
其中：涂布白纸板	44	43	−2.27
7. 生活用纸	3	4	33.33
8. 瓦楞原纸	241	359	48.96
9. 特种纸及纸板	17	14	−17.65
10. 其他纸及纸板	26*[2]	25*[4]	−3.85
四、纸制品	16	12	−25.00
总计	3873	4909	26.75

注：数据来源于海关总署。

*[1] 2022 年进口纸浆 2916 万吨，另有 48 万吨“进口再生纸浆”计入“其他纸及纸板”相关税号，实际进口纸浆 2964 万吨。

*[2] 2022 年进口“其他纸及纸板”74 万吨，其中有 48 万吨为“进口再生纸浆”，实际进口“其他纸及纸板”26 万吨。

*[3] 2023 年进口纸浆 3666 万吨，另有 41 万吨“进口再生纸浆”计入“其他纸及纸板”相关税号，实际进口纸浆 3707 万吨。

*[4] 2023 年进口“其他纸及纸板”66 万吨，其中有 41 万吨为“进口再生纸浆”，实际进口“其他纸及纸板”25 万吨。

（二）纸及纸板、纸浆、废纸及纸制品出口情况

2023 年纸及纸板出口 932 万吨，较上年增长 8.62%；纸浆出口 24.37 万吨，较上年增长 −8.66%；废纸出口 0.11 万吨，较上年增长 266.67%；纸制品出口 540 万吨，较上年增长 8.43%。

2023 年出口纸及纸板、纸浆、废纸、纸制品合计 1496.48 万吨，较上年增长 8.23%，创汇 322.63 亿美元，较上年增长 −6.89%。出口纸及纸板平均价格为 1365.18 美元 / 吨，较上年平均价格增长 −12.88%；出口纸浆平均价格为 1184.56 美元 / 吨，较上年平均价格增长 −24.24%（表 6）。

表 6　2023 年中国纸浆、废纸、纸及纸板、纸制品出口情况

单位：万吨

品种	2022 年出口量	2023 年出口量	同比 / %
一、纸浆	26.68	24.37	−8.66
二、废纸	0.03	0.11	266.67
三、纸及纸板	858	932	8.62
1. 新闻纸	1	2	100.00
2. 未涂布印刷书写纸	102	136	33.33
3. 涂布印刷纸	176	169	−3.98
其中：铜版纸	149	150	0.67
4. 包装用纸	27	21	−22.22
5. 箱纸板	11	9	−18.18
6. 白纸板	255	243	−4.71
其中：涂布白纸板	255	243	−4.71
7. 生活用纸	79	111	40.51
8. 瓦楞原纸	1	2	100.00
9. 特种纸及纸板	155	179	15.48
10. 其他纸及纸板	51	60	17.65
四、纸制品	498	540	8.43
总计	1382.71	1496.48	8.23

注：数据来源于海关总署。

（三）纸及纸板各品种进出口量比重

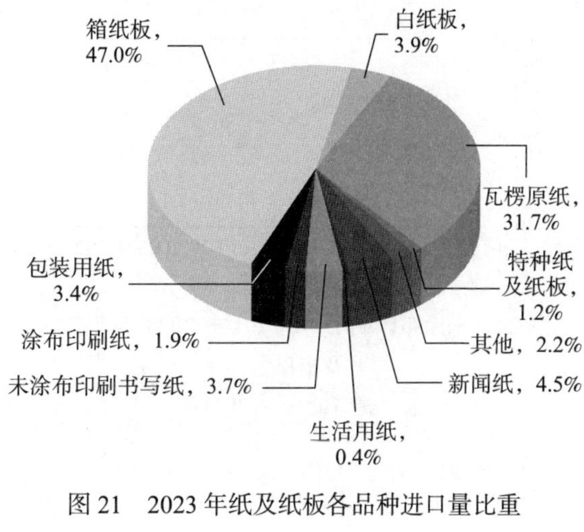

图 21　2023 年纸及纸板各品种进口量比重

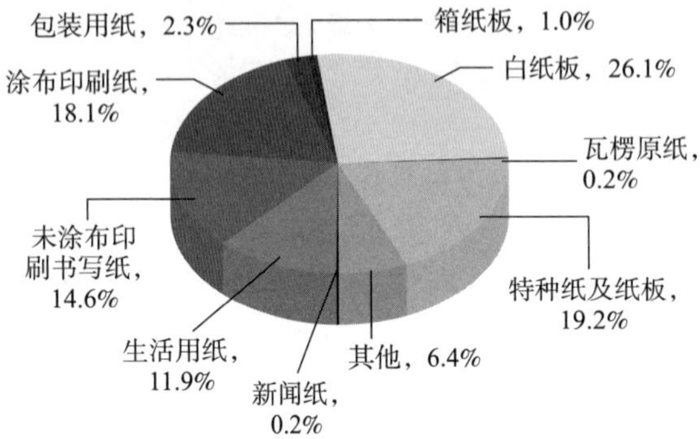

图 22 2023 年纸及纸板各品种出口量比重

（四）纸及纸板主要产品 2014—2023 年进出口情况

1．新闻纸

2023 年进口量大于出口量，净进口量 49 万吨（图 23）。

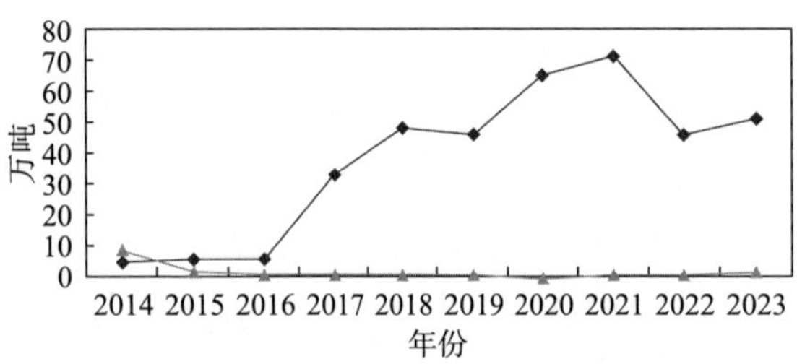

图 23 新闻纸 2014—2023 年进口量及出口量

进口量 出口量

2．未涂布印刷书写纸

2023 年进口量小于出口量，净出口量 94 万吨（图 24）。

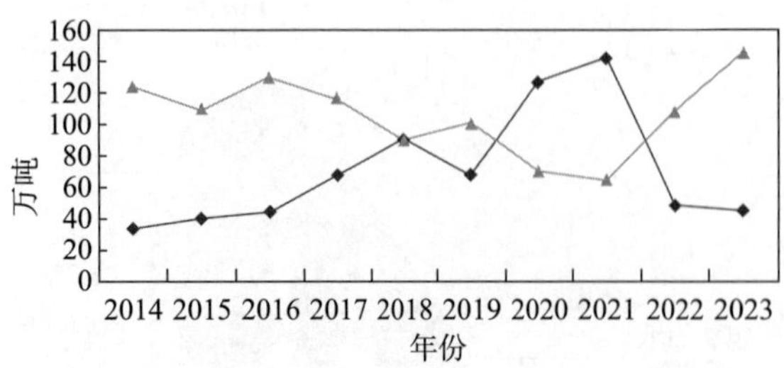

图 24 未涂布印刷书写纸 2014—2023 年进口量及出口量

进口量 出口量

3．涂布印刷纸

2023 年进口量小于出口量，净出口量 147 万吨（图 25）。

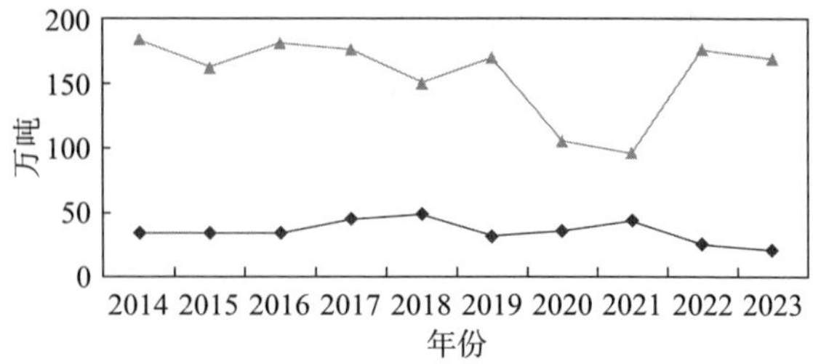

图 25 涂布印刷纸 2014—2023 年进口量及出口量

进口量 出口量

其中，铜版纸：2023 年进口量小于出口量，净出口量 133 万吨（图 26）。

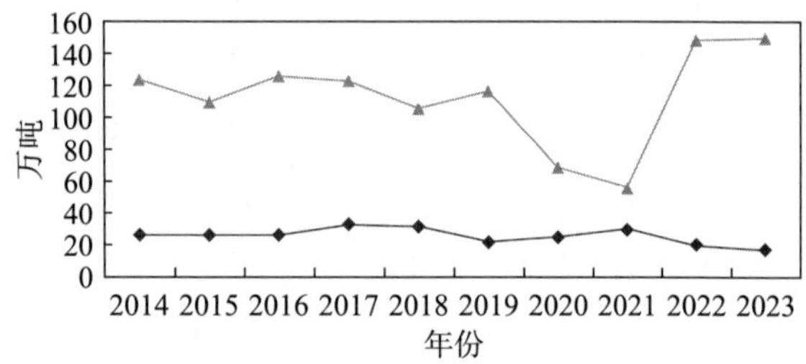

图 26 铜版纸 2014—2023 年进口量及出口量

进口量 出口量

4．包装用纸

2023 年进口量大于出口量，净进口量 18 万吨（图 27）。

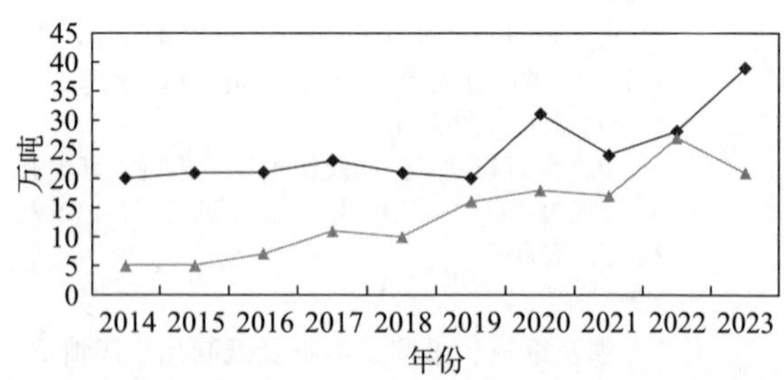

图 27 包装用纸 2014—2023 年进口量及出口量

进口量 出口量

5．箱纸板

2023 年进口量大于出口量，净进口量 523 万吨（图 28）。

6．白纸板

2023 年进口量小于出口量，净出口量 199 万吨（图 29）。

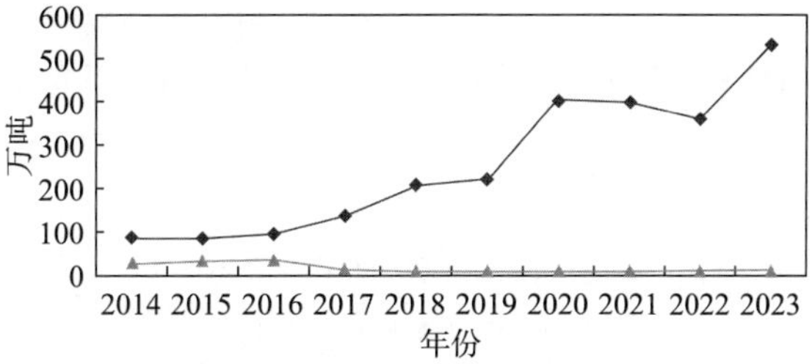

图 28　箱纸板 2014—2023 年进口量及出口量

进口量　出口量

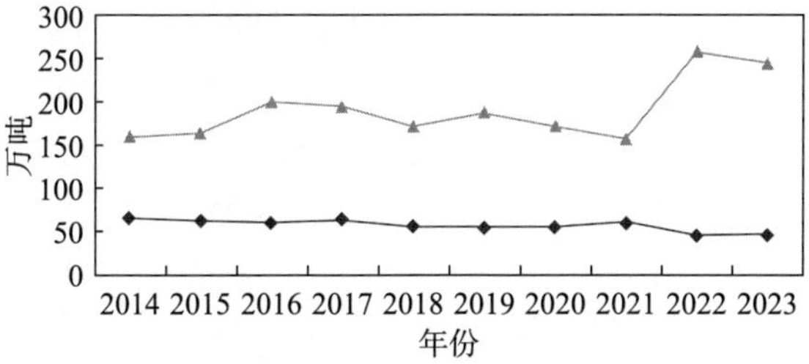

图 29　白纸板 2014—2023 年进口量及出口量

进口量　出口量

其中：涂布白纸板

2023 年进口量小于出口量，净出口量 200 万吨（图 30）。

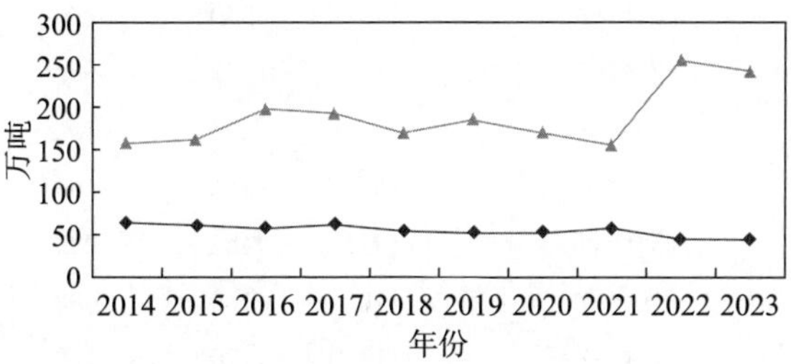

图 30　涂布白纸板 2014—2023 年进口量及出口量

进口量　出口量

7．生活用纸

2023 年进口量小于出口量，净出口量 107 万吨（图 31）。

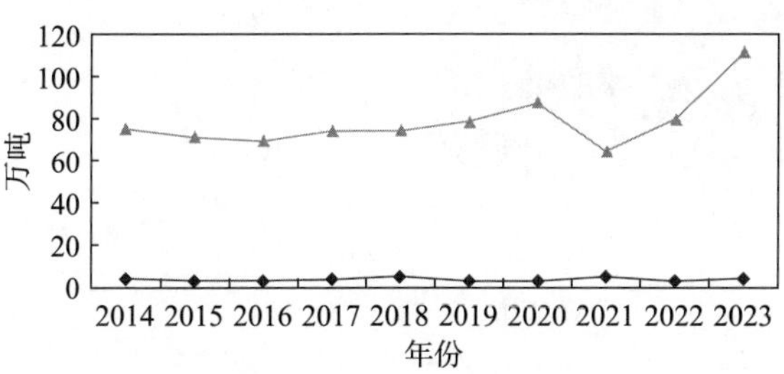

图 31　生活用纸 2014—2023 年进口量及出口量

进口量　出口量

8．瓦楞原纸

2023 年进口量大于出口量，净进口量 357 万吨（图 32）。

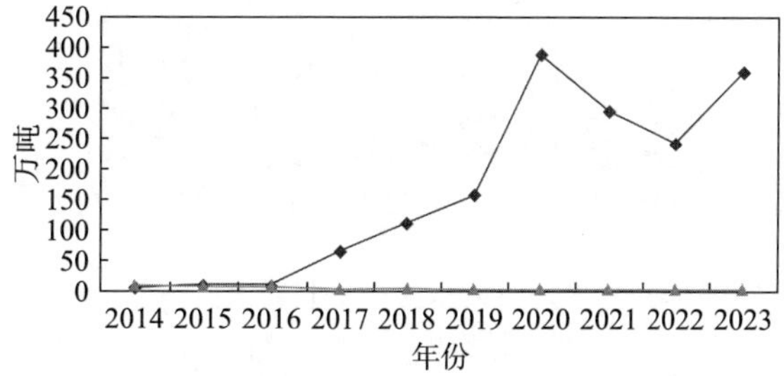

图 32　瓦楞原纸 2014—2023 年进口量及出口量

进口量　出口量

9．特种纸及纸板

2023 年进口量小于出口量，净出口量 165 万吨（图 33）。

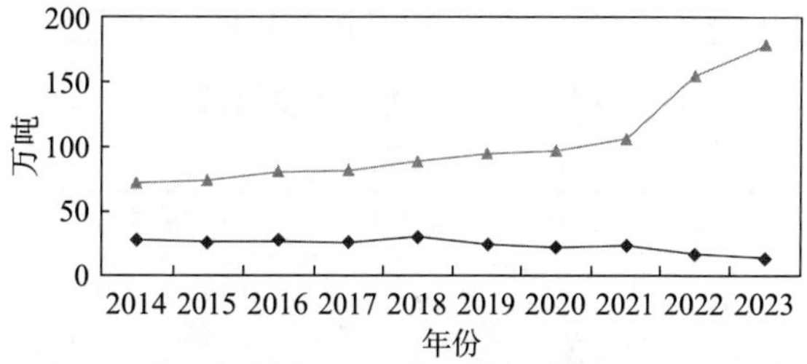

图 33　特种纸及纸板 2014—2023 年进口量及出口量

进口量　出口量

（五）纸制品进出口情况

1．2023 年纸制品进口量

2023 年纸制品进口量 12 万吨，较上年减少 4 万吨，同比增长 –25.00%（图 34）。

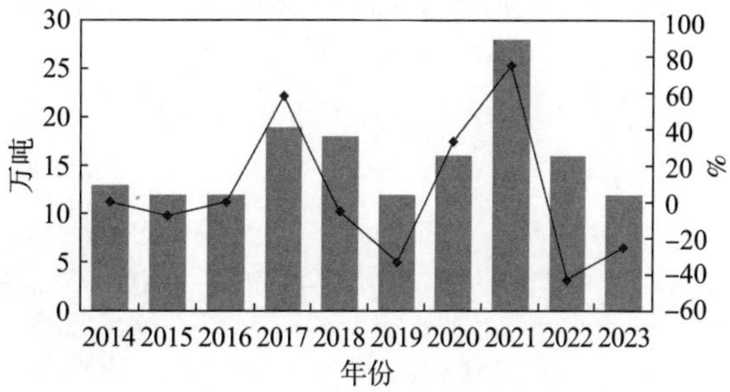

图 34　2014—2023 年纸制品进口情况

进口量　同比增长

2．2023 年纸制品出口量

纸制品出口量 540 万吨，较上年增加 42 万吨，同比增长 8.43%（图 35）。

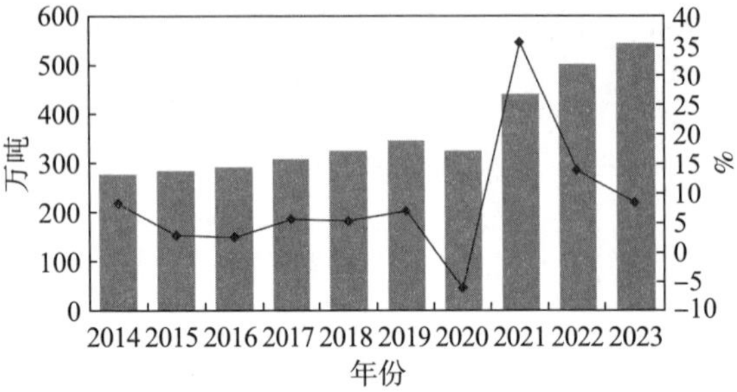

图 35　2014—2023 年纸制品出口情况

出口量　同比增长

六、纸及纸板生产布局与集中度

根据中国造纸协会调查资料，2023 年我国东部地区 11 个省（区、市），纸及纸板产量占全国纸及纸板产量比例为 68.2%；中部地区 8 个省（区）比例占 19.2%；西部地区 12 个省（区、市）比例占 12.6%（表 7）。

表 7　2023 年纸及纸板生产量区域布局变化

	2022 年		2023 年	
	产量 / 万吨	比例 / %	产量 / 万吨	比例 / %
纸及纸板	12425	100	12965	100
其中：东部地区	8387	67.5	8843	68.2
其中：中部地区	2432	19.6	2493	19.2
其中：西部地区	1606	12.9	1629	12.6

注：据中国造纸协会调查资料。

2023 年山东省、广东省、江苏省、浙江省、福建省、河南省、广西壮族自治区、湖北省、河北省、重庆市、江西省、四川省、安徽省、湖南省、天津市、海南省、辽宁省和山西省 18 个省（区、市）纸及纸板产量超过 100 万吨，产量合计 12597 万吨，占全国纸及纸板总产量的 97.16%（表 8、图 36）。

表 8　2023 年纸及纸板产量 100 万吨以上的省（区、市）

单位：万吨

省（区、市）	产量		
	2022 年	2023 年	较上年增长 / %
山东省	2015	2150	6.70
广东省	1969	2113	7.31
江苏省	1373	1417	3.20
浙江省	1193	1213	1.68
福建省	821	869	5.85
河南省	715	706	−1.26
广西壮族自治区	559	660	18.07
湖北省	592	645	8.95
河北省	378	432	14.29
重庆市	408	351	−13.97
江西省	365	345	−5.48
四川省	348	340	−2.30
安徽省	312	293	−6.09
湖南省	275	270	−1.82
天津市	247	256	3.64
海南省	191	187	−2.09
辽宁省	170	180	5.88
山西省	112	170	51.79
合计	12043	12597	4.60

注：据中国造纸协会调查资料。

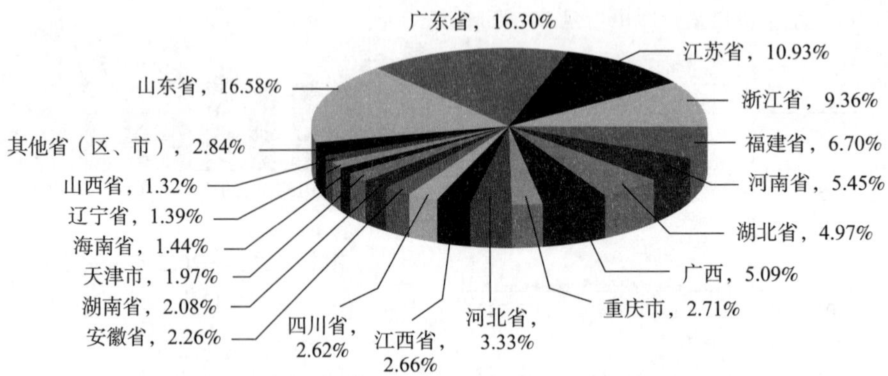

图 36　2023 年主要省（区、市）纸及纸板产量比例图

注：据中国造纸协会调查资料。

七、结　语

2023 年，面对复杂多变的国际环境和艰巨的稳定发展任务，我国造纸行业彰显出强大的韧性。尽管市场需求波动震荡、原材料供应成本攀升等多重困难交织叠加，致使部分企业亏损，整体经营压力加大，但全行业积极寻求突破和转型，提升国内原料供给能力，增强产业链、供应链的稳定性与竞争力，不断推动产业高端化、智能化、绿色化。经过全行业上下的共同努力、攻坚克难，实现了行业生产量的稳定增长，确保了对消费市场的稳定供应。当前行业在诸多方面均呈现出积极向好的发展态势，全行业应坚定信心，积极应对，深化市场开拓，加大全产业链上下游企业的协同合作，确保产业链、供应链的稳定安全，实现行业稳增长、增效益，推进高质量发展。

附表

表 1　　2023 年重点造纸企业产量前 30 名企业

序号	单位名称	产量 / 万吨		
		2022 年	2023 年	同比 / %
1	玖龙纸业（控股）有限公司	1592.00	1794.00	12.69
2	山东太阳控股集团有限公司	833.75	952.00	14.18
3	理文造纸有限公司	661.60	692.99	4.74
4	山鹰国际控股股份公司	614.80	663.30	7.89
5	山东晨鸣纸业集团股份有限公司	502.00	477.00	–4.98
6	山东博汇集团有限公司	367.10	420.56	14.56
7	华泰集团有限公司	302.00	301.00	–0.33
8	江苏荣成环保科技股份有限公司	242.00	287.00	18.60
9	联盛纸业（龙海）有限公司	268.00	272.00	1.49
10	中国纸业投资有限公司	286.00	270.00	–5.59
11	亚太森博中国控股有限公司	205.01	255.56	24.66
12	广西金桂浆纸业有限公司	234.01	244.63	4.54
13	宁波亚洲浆纸业有限公司	227.00	226.00	–0.44
14	金东纸业（江苏）股份有限公司	197.00	211.00	7.11
15	山东世纪阳光纸业集团有限公司	196.00	210.00	7.14
16	武汉金凤凰纸业有限公司	172.00	196.00	13.95
17	海南金海浆纸业有限公司	162.85	159.99	–1.76
18	浙江景兴纸业股份有限公司	157.11	157.12	0.01
19	东莞建晖纸业有限公司	145.00	152.06	4.87
20	维达国际控股有限公司	139.00	142.50	2.52
21	金红叶纸业集团有限公司	123.02	137.98	12.16
22	泰盛科技（集团）股份有限公司	114.50	131.49	14.84
23	恒安国际集团有限公司	128.00	124.00	–3.13
24	新乡新亚纸业集团股份有限公司	115.85	122.89	6.08
25	东莞金洲纸业有限公司	132.04	122.86	–6.95
26	河南省龙源纸业股份有限公司	102.94	116.01	12.70
27	东莞金田纸业有限公司	115.36	114.49	–0.75
28	芬欧汇川（中国）有限公司	87.00	106.40	22.30
29	永丰余造纸（扬州）有限公司	66.50	79.20	19.10
30	浙江荣晟环保纸业股份有限公司	72.00	79.00	9.72

注：按已收集到的数据排列。

表 2　　2023 年箱纸板主要生产企业

序号	单位名称
1	玖龙纸业（控股）有限公司
2	山鹰国际控股股份公司
3	理文造纸有限公司
4	山东太阳纸业控股集团有限公司
5	荣成纸业（中国）控股有限公司
6	山东世纪阳光纸业集团有限公司
7	联盛纸业（龙海）有限公司
8	浙江景兴纸业股份有限公司
9	永丰余造纸（扬州）有限公司
10	东莞金洲纸业有限公司
11	东莞建晖纸业有限公司
12	山东博汇集团有限公司

注：按已收集到的数据排列（2023 年产量 50 万吨以上）。

表 3　　2023 年瓦楞原纸主要生产企业

序号	单位名称
1	玖龙纸业（控股）有限公司
2	武汉金凤凰纸业有限公司
3	山鹰国际控股股份公司
4	山东世纪阳光纸业集团有限公司
5	联盛纸业（龙海）有限公司
6	江苏荣成环保科技股份有限公司
7	浙江荣晟环保纸业股份有限公司
8	河南省龙源纸业有限公司
9	东莞金洲纸业有限公司
10	理文造纸有限公司
11	江苏长丰纸业有限公司
12	浙江景兴纸业股份有限公司

注：按已收集到的数据排列（2023 年产量 35 万吨以上）。

表 4　　2023 年竹浆主要生产企业

序号	单位名称
1	泰盛科技（集团）股份有限公司
	四川永丰纸业股份有限公司
	贵州赤天化纸业股份有限公司
	四川天竹竹资源开发有限公司
2	环龙工业集团有限公司
3	宜宾纸业股份有限公司
4	重庆理文造纸有限公司
5	四川犍为凤生纸业有限责任公司

注：按已收集到的数据排列（2023 年产量 15 万吨以上）。

2023 年中国造纸产业竞争力分析与展望

Analysis and Prospect of China's Paper Industry Competitiveness in 2023

2023 年进入后疫情时代，但预期中的复苏并没有在造纸行业显现，依然面临着较为严峻的需求不足的现实，部分造纸企业还处于营收收入下降、利润下滑的困境。在需求端没有真正起来的过渡时期，造纸行业的“内卷”陡然加剧。这是 2022 年行业困局的延续，也是行业复苏过程之中的经历。

如今的消费者更加理性，对市场提出更高要求。后疫情时代，如何构筑企业长久“免疫力”，打造自身核心竞争力，成为企业需要解决的问题。造纸行业的内卷困境是暂时的，虽然短期内的竞争可能会加剧，但是如果企业能顺势而为，及时关注生产效率和成本控制，积极推动创新进步和数字化转型升级，优化生产流程，推进精益生产，就可以实现可持续发展和良性循环。

党的二十大报告提出“中国式现代化”新内涵和“建设现代化产业体系”的新任务。数智时代是社会与经济向新范式的根本转变，造纸行业要抢抓数字经济机遇，变革传统管理模式，助力企业转型升级，不断开辟新赛道，牢牢托稳造纸行业和企业高质量发展“底盘”，推进造纸行业高端化、智能化、绿色化的中国式现代化的进程。

一、造纸产业竞争力综合分析

2023 年已经过去，“复苏”无疑是贯穿全年的主题。面对有效需求不足、行业产能过剩、社会预期偏弱等重重挑战，我国经济实现了稳健前行。造纸行业在第四季度实现了强势回升，全年造纸产量实现了历史突破。消费的修复被视为经济回升的关键变数。造纸行业能否抓住复苏机遇，绿色转型和科技创新将成为关键驱动因素，而价格博弈则是造纸行业最大的关键变数。

国家统计局最新数据显示，2023 年我国纸及纸板产量再创新高，全国机制纸及纸板产量达到 14405.5 万吨，同比增长 6.6%，创下历史最高纪录。这一数据表明，我国造纸行业在经历了一段时间的调整后，已经逐渐恢复了稳定增长态势。不仅表明了行业的发展势头，也反映了我国造纸行业的强劲动力。

2023 年，我国造纸行业呈现出先抑后扬的态势。受国内外复杂环境和各种挑战的影响，造纸行业在经历了前三季度的下行压力后，第四季度实现了快速复苏，特别是在 2023 年 12 月，全国机制纸及纸板产量达到了 1358.8 万吨，同比增长高达 14.5%，这一显著的增长速度更是为全年的产量增长画上了浓墨重彩的一笔。

虽然全年造纸产量再创新高，但营业收入和利润依然承压。2023 年规模以上造纸和纸制品业企业营业收入 13926.2 亿元，同比下降 2.4%。实现利润总额 508.4 亿元，同比增长 4.4%。营收和利润增速与产量增速明显不匹配。这主要是由于原材料价格和运输费用的增加等因素导致的成本压力加大，以及部分产品市场需求疲软和竞争激烈导致的销售价格难以提升。

2023 年，我国造纸行业在产量、利润等方面取得了一定成绩，但也面临着原材料价格波动、环保政策趋严、市场竞争加剧等挑战。在面对国内外环境的复杂变化和各种挑战下，造纸行业需坚持创新驱动、绿色发展、质量为王，通过加强技术创新、产品研发和市场营销等方面的工作，提升自身的核心竞争力和市场地位，实现高质量发展。同时，也需要密切关注国内外市场动态和政策变化，积极应对各种挑战和机遇。

2023 年，我国造纸企业的生产经营情况显示出行业内部的显著差异，主要体现在包装纸和文化纸的不同市场表现。包装纸企业受益于国内经济的稳中向好，以及下游需求的稳定和原材料成本的下降，实现了销售量和利润的增长。文化纸和白卡纸企业面临市场需求减弱和价格下降的双重挑战，导致销售收入减少和利润下滑。

造纸企业在 2023 年呈现出复杂的发展态势，盈亏交织。面对多变市场形势，部分企业通过提高生产效率和优化运营成本，实现了扭亏为盈。而有些企业由于生产能力受限或运营效率不高，导致产量下降和成本上升。同时行业内部竞争加剧，特别是新产能的投放和中小厂家的开机率提升，对市场价格造成了冲击。

2023 年，我国造纸行业区域发展呈现出分化明显的态势。在 29 个有产量统计的省区市中，有 14 个地区造纸产量同比 2022 年有所增长。其中，山东省以 2587.07 万吨的产量继续保持全国第一，同时山东也是产量增长最大的地区，新增产量达到 172.11 万吨。广东省产量达到 2478.60 万吨，继续位居全国第二。浙江省经历多年的调整，造纸产量再次实现了快速增长，2023 年总产量达到 1743.96 万吨，增速达到 9.04%。这一趋势显示出传统造纸强省继续领跑，持续保持优势。

湖北、广西等新兴产区产量增长迅速，成为造纸行业发展的重要亮点。2023 年广西全年新增产量 100.66 万吨，总量达到 658.71 万吨，稳住了全国第六的位置。湖北省新增产量 103.25 万吨，总量达到 646.35 万吨。未来几年这两个新兴产区仍将保持每年至少 100 万吨的新增产量，显示出良好的发展潜力。然而，一些地区面临产量下降的挑战，其中重庆、陕西、湖南和江西的产量下降较大，需要关注产业结构和竞争力的调整。

综合来看，我国造纸行业呈现继续增长态势，显示出行业整体的韧性和活力。随着国内经济的稳定增长和包装行业的需求回暖，预计未来我国造纸行业仍将保持稳定增长的趋势。区域发展分化将进一步加剧，传统强省和新兴产区将成为行业发展的两大引擎。但面对不同细分市场赛道，企业将面临市场竞争激烈、环保压力增大等挑战，需要企业加强创新、提高附加值，实现可持续发展。

二、中国造纸产业区域竞争指数

党的二十大报告将高质量发展作为全面建设社会主义现代化国家的首要任务，是“新发展阶段、新发展理念、新发展格局”逻辑下的必由之路，凸显了对我国经济发展质和量协调统一的全局定位和历史定位。产业层面理解高质量发展，需要立足造纸行业实际，加快产业布局，优化产业结构，持续科技创新，推进转型升级，提升质量效益。

中国造纸产业竞争力评价指标体系由基础竞争力、经济竞争力、消费竞争力、产业竞争力、科技竞争力、贸易竞争力、需求竞争力、潜能竞争力等 8 个一级指标构成，2023 年对个别指标和权重进行微调，依然包括 31 个二级具体指标。

根据 2023 年中国造纸产业竞争力评价指标体系，通过逐级计算，最终获得 2023 年度中国造纸产业区域竞争指数，根据各省市自治区的得分，大致分为四个梯队，简要分析如下：第一梯队包括广东、山东、浙江、江苏四个造纸大省。其中广东得分 74.58，依然排在第一位，领先其他地区。山东排在第二位，并拉开与浙江、江苏的距离，紧追广东。浙江和江苏得分均有所下降，已低于 60，其中浙江 56.24、江苏 52.41。第二梯队包括福建、广西、河南、上海、湖北、安徽、四川、湖南、北京、河北、江西等 11 个省市自治区，得分处于 15～30 分。福建依然排在第二梯队的排头位置，广西则上升到第 6 位。第三梯队包括重庆、陕西、云南、天津、海南、辽宁等 6 个省市，得分处于 9～12。第四梯队包括山西、贵州、内蒙古、黑龙江、新疆、青海、吉林、甘肃、宁夏、西藏等 10 个省市自治区，得分低于 7.5。从各梯队包含省市自治区的分布来看，沿海地区和经济发达地区基本在第一、二梯队，第三、四梯队的主要是西部和北方。

根据 2023 年中国造纸产业区域竞争指数排名，在 31 个省市自治区中有 10 个地区的排名有所上升，其中广西的排名突飞猛进，从 2022 年第 16 位一步上升到第 6 位，实现跨越式提升。此外，山东、河南、安徽、陕西、云南、天津、辽宁、黑龙江、青海等 9 个省市自治区上升了 1～2 位。浙江、上海、湖北、四川、北京、河北、江西、重庆、海南、山西、甘肃、宁夏、西藏等 13 个省市自治区的排名比 2022 年有所下降。广东、江苏、福建、湖南、贵州、内蒙古、新疆、吉林等 8 个省市自治区的排名没有变化。

2023 年，我国 31 个省市自治区造纸产业竞争指数得分与 2022 年相比有比较大的变化，根据结果显示，2023 年绝大部分省市自治区的竞争指数得分有所下降，只有山东、广西、青海等 3 个地区的指数得分呈正增长。分析认为，这与 2022 年我国经济发展以及造纸行业出现困难有直接的关系。一是 2022 年我国 GDP 增速为 3%，低于预期，也低于疫情之前的 5%，宏观经济影响了行业发展速度。二是消费恢复较慢，疫情影响深远并延拓至今，导致居民收入增速放缓，消费信心不足，使得市场需求迟迟不能获得较为理想的增长。三是各项成本居高不下，严重影响造纸行业的生产经营情况，2022 年有近三分之一的企业出现亏损，全行业利润大幅下降。在这些因素的综合作用下，导致 2023 年度各省市自治区竞争指数出现大面积下滑的现象。

产业高质量发展，不仅要注重产值平稳增长，更要关注生产效率的持续提高。造纸行业的发展观念也需随之改变，要更加关注要素生产率提升和优化配置，关注产业增加值和生态环境质量等多维度指标共同提升，关注产品设计和质量标准面向世界市场转变。各地区造纸行业要实现高质量发展，需要顺应新时代，在多个方面持续努力，抓住“后疫情时代”的发展机遇，开创可持续发展新天地。

三、中国造纸企业竞争力指数

在 2023 年度中国造纸产业区域竞争力指数的基础上，我们构建了 2023 年度中国造纸企业竞争力指数评价指标体系。指标体系由企业产量、企业基础、企业诚信、企业创新、管理体系、经营风险、发展情况、发展成效等 8 个一级指标构成，具体包括 32 个二级具体指标。根据一级指标的重要性设定相应权重，再对一级指标下的具体指标相应设定权重。2023 年对个别指标和权重进行微调，依然包括 32 个二级具体指标。

2023 年度中国造纸企业竞争力指数对 136 家规模较大的造纸企业进行了评价。造纸企业竞争力指数评价指标的各项数据通过公开数据库查询获得，数据来源主要包括：国家企业信用信息公示系统、中国裁判文书网、中国执行信息公开网、国家知识产权局官网、国家知识产权局商标局中国商标网、国家版权局官方网站等。为了消除原始变量量纲的影响，对各项具体指标进行无量纲化处理。为便于对比分析，造纸企业竞争力指数综合分值以计算得分乘以 100 表示，其他各级指标数值以过程计算得分表示。

根据统计，2023 年度中国造纸企业竞争力指数 TOP50 的企业平均分值为 40.03 分，最高分值为 82.19 分，最低为 33.51 分。其中超过 50 分有 6 家，分值在 40 ~ 50 分的有 18 家，其他 26 家企业也均在 30 分以上。此外，排序在第 51 ~ 100 位的企业，分值均超过 25 分。

分析被统计企业的竞争力指数分值，可以看出，造纸企业竞争力指数呈现帕累托分布特征，即“20—80 规则”，这与我国造纸企业的集中度持续增加有关，头部企业越来越具有较强的市场竞争力，而后面的企业竞争力差异越来越小。如果企业想持续提升竞争力，需要在继续扩大规模的同时，也要在同质化竞争中增加企业核心竞争力，通过创新扩大差异化优势。

从前 50 家造纸企业的行业分类来看，17 家是包装纸企业，综合类企业 11 家，浆纸类企业 7 家，生活用纸企业 6 家，特种纸企业 5 家，文化纸企业 4 家。从地区分布看，前 50 家企业分布在 12 个省市自治区，其中山东的企业最多，有 10 家，其次是广东、浙江和江苏，分别均有 9 家、8 家、7 家，四川有 4 家，福建和河南均有 3 家，广西有 1 家，上海、北京、海南、黑龙江分别有 1 家。

为了更全面分析我国造纸企业竞争力，我们选取前 100 家企业竞争力指数的一级指标平均分值进行分析，从数据来看，我国造纸企业在企业产量、企业基础、企业创新、发展成效等 4 个一级指标方面平均分值较低，主要是由于企业之间的差距相差较大，龙头企业具有明显的领先优势，大部分企业的分值低于平均分值。在企业诚信、管理体系、经营风险、发展情况等 4 个一级指标的平均分值相对较高，基本上超过 60% 的企业在平均分值以上，表示企业在这些方面总体表现较好。

对一级指标下的具体指标分析可以看出，企业基础方面，企业资本实力和人员数量相差较大，如排名靠前的企业员工在 4000 ~ 5000 人及以上，60% 的企业低于 1000 人。企业诚信方面，基本是纳税 A 级企业，但有 30% 企业的环保信用不是绿牌企业。在企业创新方面，55% 以上的企业是国家级高新技术企业，但也有个别企业没有参与评定。企业技术中心中，只有几家大企业是国家级企业技术中心，30% 是省级、30% 是市级，还有 30% 的没有评定。科技创新总含量和科技成果数量方面存在较大的两极分化情况。

管理体系方面，绝大部分企业都进行了质量管理体系、环境管理体系、职业健康安全管理体系的认证，但在能源管理体系有 55% 的企业没有开展相关认证，80% 的企业没有进行知识产权管理体系认证，36% 的企业没有进行自愿性产品认证，绝大部分没有进行服务体系认证。经营风险方面，大部分企业规避了风险。企业经营方面，有少数企业在抽查检查方面存在较多的问题，个别企业存在较多的历史环保处罚。企业成效方面，近一半的企业获得省市级以上的奖励，绝大多数企业有相关专利和荣誉成果，但有近 40% 的企业没有参与相关标准的制定。

四、中国造纸企业创新指数

2023 年在 2022 年中国造纸企业创新指数评价体系的基础上，对指标进行了微调，其中一级指标包括创新基础、创新环境、创新生态、创新成效、知识产权、标准引领等，二级指标增加至 30 项。

造纸企业限定为科技型企业，其类别包括获得以下称号的企业：科技型中小企业、民营科技企业、瞪羚企业、专精特新企业、企业技术中心、科技小巨人企业、雏鹰企业、众创空间、专精特新小巨人企业、科技企业孵化器、技术创新示范企业、隐形冠军企业、技术先进型服务企业、独角兽企业等。

根据统计，2023 年度中国造纸企业创新指数 TOP50 的企业平均分值为 36.06 分，最高分值为 68.23 分，最低为 25.47 分。其中超过 50 分有 5 家，分值在 40 ~ 50 分的有 6 家，分值在 30 ~ 40 分的有 21 家，其余 18 家企业在 25 分以上。此外，排序在第 51 ~ 100 位的企业分值均在 15 分以上。

从创新指数前 50 家造纸企业的行业分类来看，18 家是包装纸生产企业，综合类造纸企业 10 家，特种纸生产企业 7 家，浆纸类企业和生活用纸生产企业均为 6 家，文化用纸生产企业 3 家。

从地区分布看，前 100 家企业分布在 15 个省市自治区，其中山东企业 12 家，广东企业 9 家，浙江企业 8 家，江苏企业 6 家，福建和四川均有 3 家，安徽企业两家，湖北、江西均有 5 家，河南有 4 家，广西、重庆均有 3 家，安徽、北京、广西、海南、河南、黑龙江、辽宁、云南、上海分别有 1 家。

对比创新指数前 100 家企业的一级指标平均分值，可以看出我国造纸企业在知识产权、标准引领 2 个一级指标方面平均分值很低，虽然大部分企业都有专利，但仅有少数企业有突出表现，大部分企业的专利数量不多，甚至个别企业没有专利。在国际专利方面更是如此，绝大部分企业没有国际专利，只有少数企业有 1 ~ 2 件国际专利。标准制修订方面，大部分企业虽有参与，但参与数量不多。创新基础、创新环境方面存在不足，创新生态方面相对较好，创新成效不佳。

具体分析一级指标下的具体指标，创新基础方面，大部分企业是高新技术企业，其中国家级占 55%，38% 是省级，但仍有个别企业没有被认定为高新技术企业。企业技术中心仅有 8 家是国家级，27% 是省级，31% 是市级，还有 33% 的企业没有获得认证。

创新环境方面，TOP100 企业都是纳税 A 级企业，但在环保信用方面有超过 20% 的企业不是绿牌企业。

创新生态方面，大部分企业在企业诚信、管理体系建设，以及规避经营风险方面表现较好，但有 37% 的企业受到过环保处罚。

创新成效方面，近 56% 的企业上榜过各种榜单，94% 的企业获得过荣誉成果，但极个别企业没有获得相关奖励。超过 60% 的企业科技成果数量较少。

知识产权方面，只有不到 20% 的企业进行过知识产权管理体系的认证，大部分企业没有进行相关认证。30% 的企业专利总数超过 100 件，12% 的企业超过 50 件，但依然有 18% 的企业低于 10 件。申请国际专利的企业寥寥无几，仅有 15% 的企业有 1 件以上的国际专利。不到 30% 的企业有软件著作权，40% 的企业有作品著作权。

标准引领方面，62% 的企业没有参与过国家标准，84% 的企业没有参与过行业标准，60% 的企业没有参与过团体标准。

五、中国造纸装备企业竞争力指数

在 2023 年度中国造纸企业竞争力指数的基础上，构建了 2023 年度中国造纸装备企业竞争力指数，并对 144 家业内知名造纸装备企业进行了评价。造纸装备企业与造纸企业有所区别，无法用产量体现企业实力，因此对指标和权重进行了适当调整。2023 年度中国造纸装备企业竞争力指数评价指标体系包括 7 个一级指标和 32 个二级具体指标。

由于造纸装备企业数量众多，细分类别也很多，不同企业进行比较难以体现其实际情况，为此根据造纸行业业内常规分类，选取 10 个细分类别进行分析，分别为：制浆设备、纸机成套设备、造纸关键设备、完成及仓储设备、自动化设备、动力设备、环保设备、辅件配件、辅助设备、脱水器材等。

根据对 144 家造纸装备企业的数据收集结果，按照分类分别选取分值靠前的企业进行分析，其中制浆设备、纸机成套设备、造纸关键设备、辅件配件企业数量较多，选取 10 家指数靠前的企业，其他 6 个类别分别选取 5 家指数靠前的企业。

根据 2023 年度中国造纸装备企业竞争力指数数据，70 家分值靠前的造纸装备企业中，竞争力指数分值最高的为 68.01，最低的为 30.00，平均指数分值为 41.00。分别对 10 个类别指数前 5 位的企业竞争指数进行平均并分析，自动化设备和动力设备企业的平均指数均超过 50 分，分别为 53.68 和 52.04。造纸关键设备和制浆设备分别为 43.68 和 43.32。纸机成套设备、辅件配件分别为 42.62 和 42.36。完成及仓储设备为 41.38。以上 7 个细分行业超过平均指数分值 41.00。此外，脱水器材为 40.31，辅助设备为 40.05，环保设备为 39.99。分别对 10 个类别排序靠前的企业进行分析，具体结果如下：

制浆设备企业竞争力指数分值最高为 50.89，最低为 30.00。前 10 位平均指数为 38.64，前 5 位平均指数为 43.32。10 家制浆设备企业主要分布在山东，有 7 家企业，另外河南有 2 家，河北有 1 家。

纸机成套设备选取前 10 位企业，竞争力指数最高为 51.20，最低为 31.37。前 10 位平均指数为 37.90，前 5 位平均指数为 42.62。纸机成套设备企业主要分布在沿海地区，包括山东、上海、浙江、江苏、福建、广东等地区，其他集中在中西部的河南和四川。

造纸关键设备前 10 位企业中，竞争力指数最高为 46.97，最低为 31.39。前 10 位平均指数为 38.89，前 5 位平均指数为 43.68。造纸关键设备企业中有 4 家在山东，2 家在浙江，其他 4 家分布在辽宁、江苏、湖南和陕西。

完成及仓储设备前 5 位企业中，竞争力指数最高为 49.21，最低为 33.10。前 5 位平均指数为 41.38。完成及仓储设备企业中山东、湖南分别有 2 家，江苏有 1 家。

自动化设备前 5 位企业中，竞争力指数最高为 68.02，最低为 42.35。前 5 位平均指数为 53.68。自动化设备企业中浙江 3 家，广东、四川分别有 1 家。

动力设备前 5 位企业中，竞争力指数最高为 56.33，最低为 49.07。前 5 位平均指数为 52.04。动力设备企业中江苏有 2 家，山东、天津、浙江分别有 1 家。

环保设备前 5 位企业中，竞争力指数最高为 53.28，最低为 32.17。前 5 位平均指数为 39.99。环保设备企业中山东有 3 家，广西有 1 家，上海有 1 家。

辅件配件前 10 位企业中，竞争力指数最高为 49.22，最低为 31.29。前 10 位平均指数为 37.82，前 5 位平均指数为 42.36。辅件配件企业中，山东、辽宁分别有 3 家，江苏有 2 家，浙江和河北分别有 1 家。

辅助设备前 5 位企业中，竞争力指数最高为 52.25，最低为 33.44。前 5 位平均指数为 40.05。辅助设备企业中山东有 2 家，天津、浙江、四川分别有 1 家。

脱水器材前 5 位企业中，竞争力指数最高为 49.40，最低为 35.82。前 5 位平均指数为 40.31。脱水器材企业中安徽、江苏分别有 2 家，四川有 1 家。

六、中国造纸上市公司 ESG 评价指数

ESG 即环境（Environmental）、社会（Social）和公司治理（Governance）单词首字母的缩写。ESG 理念强调企业要注重生态环境保护、履行社会责任、提高治理水平。践行 ESG 理念，推动可持续发展，将成为中国企业的“时代命题”和“价值共识”。ESG 指标分别从环境、社会以及公司治理三个维度，来衡量企业经营的可持续性与对社会价值观念的影响。ESG 评价作为一种衡量企业可持续性表现的重要指标，不仅是投资者选择投资的参考因素，同时也是推动公司履行社会责任和环境保护的有效手段。

ESG 至今尚未有全球统一的定义和披露标准。ESG 评价体系以环境、社会以及公司治理三方面为核心，向下细分为三到四层具体指标进行评分。ESG 是企业社会责任的延伸和拓展，2018 年中国制浆造纸研究院发布国内首份造纸上市公司社会责任研究报告，2023 年基于《企业 ESG 评价体系》团体标准（征求意见稿），根据造纸行业的特点，构建了 2023 年度中国造纸上市公司 ESG 评价指数评价指标体系。

2023 年度中国造纸上市公司 ESG 评价指数评价指标体系由环境、社会、企业治理 3 个一级指标，环境治理、气候变化、生态保护、员工权益、生产管理、供应链管理、社会责任、治理结构、治理机制、治理效能等 10 个二级指标，以及 25 个三级指标、70 个四级指标构成。各级指标的权重基本采用等权平均法，个别指标微调。

评价指标主要分为定量指标和定性指标，定量指标以具体数字显示，个别数据根据公司公布的相关数据计算得出。定性指标根据上市公司的相关报告中是否涉及该项指标内容确认，如包含该指标内容则设定为 1，如果没有则设定为 0。

目前业内造纸及相关上市公司有 30 余家，本次主要针对造纸上市公司进行评价，造纸装备、化学品、纸浆模塑、卫生用品等上市公司暂未纳入评价范围。经过数据搜集，并对比指标完整度，2023 年度中国造纸上市公司 ESG 评价指数最终对 25 家造纸企业进行了评价。

造纸上市公司 ESG 评价指数评价指标的各项数据，主要通过查询上市公司公开发布的上市公司年度报告、社会责任报告、环境报告、ESG 报告等获得。部分数据根据各省市自治区企业环境信息依法披露系统查询获得。

根据对 25 家造纸上市公司的数据进行统计和指标计算，2023 年度造纸上市公司 ESG 评价指数平均分值为 68.68 分，最高分值为 80.52 分，最低为 47.02 分。其中超过平均分值的有 15 家，平均分值以下的有 10 家。

从行业分类来看，8 家是特种纸企业，浆纸综合企业和包装纸企业均有 7 家，生活用纸企业 3 家。

从地区分布看，25 家上市公司分布在 8 个省市自治区，其中浙江的企业最多，有 9 家，其次是广东，有 6 家，山东有 4 家，福建有 2 家，安徽、黑龙江、湖南、四川均有 1 家。浙江的上市公司大部分是特种纸企业，占三分之二。广东主要是包装纸和生活用纸

企业，山东主要是浆纸综合企业。

根据 2023 年度中国造纸上市公司 ESG 评价指数结果，对 25 家上市公司 ESG 评价各级指标平均分值进行分析。

从一级指标数据来看，我国造纸上市公司在社会（Social）层面表现较好，平均分值为 75.59 分。其次是公司治理（Governance），平均分值为 66.72。在环境（Environmental）层面相对较弱，为 63.81 分。

对比二级指标平均分值，环境层面，环境治理相对较好，平均分值为 76.59 分，但是在气候变化、生态保护方面分值均低于 60 分，仍有待继续努力。社会层面，在员工权益、生产管理、供应链管理等方面均有较好表现，平均分值均在 80 分以上，但是社会责任的分值仅有 46.64 分，存在较大的进步空间。在公司治理层面，治理机制相对较好，平均分值为 89 分，治理结构表现一般，平均分值为 67.79 分，但是治理效能仅为 49.20 分，效果不甚理想。

对比三级指标平均分值，环境层面，在废水和废气治理方面有较好的成绩，平均分值均在 75 分以上，但在温室其他及管理、环保投入及建设方面相对较弱，随着双碳战略的实施，将会有进一步提升。

社会层面，在员工招聘与就业、员工健康与安全、员工发展、生产规范、产品质量、供应商管理、供应链管理、社区关系管理等方面表现较好，均在 80 分以上。但是在社会责任与公益方面很不理想，仅为 7.29 分。虽然部分上市公司重视社会责任，但很多公司在社会公益活动、扶贫及乡村振兴等方面投入较少，甚至没有开展相关活动。

公司治理层面，治理结构不均衡，股东大会均较好，但董事会方面部分公司存在女性比例较少的现象。监事会还存在进步空间，主要体现在女性监事、职工监事、外部监事过少的情况。治理机制总体较好，在合规管理、风险管理、监督管理、信息披露等方面均表现突出，但在商业道德方面，存在部分公司没有建立商业道德准则和行为规范，没有较好开展职业道德培训普及工作。治理效能分化明显，公司普遍重视战略与文化、可持续发展，但在经营业绩和创新发展方面差距巨大。研发投入占营业收入比例平均为 2.83%，研发人员占比平均为 11.27%。2022 年度获得专利平均为 31 件，但有部分公司当年没有获得新专利或仅有几件专利。

七、造纸产业发展形势特点总结与展望

2023 年，中国造纸产业在多重因素的交织下，展现出了独特的发展形势和特点。在政策推动下，造纸行业朝着高质量、绿色化的方向发展。国家出台了一系列政策，加强对造纸行业的技术水平监管，推动行业绿色高质量发展。这些政策促进了造纸行业在技术创新、节能减排等方面的进步，提高了行业的整体竞争力。

造纸行业在市场需求方面表现出较强的韧性。尽管面临国内外多重风险挑战，但造纸行业依然保持了稳定的增长态势，造纸产量创历史新高。这主要得益于包装纸、生活用纸等主要纸品需求的持续增长，以及电商渠道的快速发展带来的新机遇。

造纸行业在技术创新方面取得了显著成果。智能制造、绿色低碳等新技术在造纸行业得到应用，提高了生产效率和产品质量，降低了生产成本。同时，行业也加强了环保技术的研发和应用，推动了产业的绿色化发展。然而，造纸行业也面临一些挑战。原材料价格波动、环保政策变化等因素对行业产生了一定影响。此外，市场竞争也日趋激烈，企业需要不断提升自身实力以应对市场变化。

展望 2024 年，中国造纸产业将继续保持稳健的发展态势。随着经济的持续复苏，主要纸品的需求将得到有力支撑。特种纸等高附加值产品也将成为行业新的增长点。龙头企业通过并购、新建工厂等方式进一步扩大产能，巩固市场地位，预计这一趋势在 2024 年仍将持续。

造纸企业也需要关注一些潜在风险。原材料价格波动、环保政策变化等因素仍然可能对行业产生影响。因此，企业需要密切关注市场动态和政策变化，加强技术创新和资源整合以应对未来的挑战。同时需要关注国际贸易环境的变化，尤其是原材料进口和成品出口的关税及贸易政策，这将直接影响到成本控制和市场拓展。

（周在峰　曹春昱）

2023 年中国造纸上市公司概况

Papermaking Companies Listed in Shenzhen and Shanghai Stock Market in 2023

2023 年我国经济在内外部多重挑战交织的复杂环境中曲折前行，全年 GDP 同比增长 5.2%，主要预期目标圆满实现，反映出我国经济韧性强、潜力大、活力足、长期向好的基本面没有改变。随着造纸行业发展步入成熟稳定期，高能耗、环保难达标的中小产能逐步被清退，规模纸企的竞争优势持续放大，行业集中度将进一步提升。

据中国造纸协会调查资料，2023 年全国纸及纸板生产量 12965 万吨，较上年增长 4.35%。消费量 13165 万吨，较上年增长 6.14%，人均年消费量为 93.37 千克（14.10 亿人）。营业收入和营业利润比上年都有一定下降，整体经营压力加大，致使全行业亏损增大。

国家《“十四五”规划和 2035 年远景目标纲要》提出要对造纸行业企业改造升级，完善绿色制造体系。工业和信息化部等五部门发布《关于推动轻工业高质量发展的指导意见》，有序推进轻工业碳达峰进程，绘制造纸等行业低碳发展路线图。基于造纸行业具备显著的可循环发展特征，要坚定不移贯彻“创新、协调、绿色、开放、共享”的发展理念。习近平总书记提出新质生产力概念并作出重大部署，为推动高质量发展提供了行动指引。

一、上市公司总体概述

参照深沪两市行业板块划分，截至 2023 年底在深沪两市（含创业板）正常运作的含有造纸和纸制品业的上市公司为 36 家（其中恒达新材、南王科技两家公司在创业板新上市）。本年度环保限塑、互联物流以及绿色生活的需求催生了生物医用纸基材料、一次性食品包装和物流标签用纸等系列产品的需求稳步上升；同时各公司通过持续优化品类结构、产品创新与升级、强化品牌建设、渠道下沉精耕细作等有力措施，推动公司稳定发展。全产业链（产业或服务一体化）的提质构筑和绿色环保发展理念获得持续增强，造纸工业生态绿色发展特征在社会公众责任方面获得了较充分的彰显。

1. 整体经营业绩不佳，龙头企业支撑作用减弱

本年度总资产和净资产增加，营业收入和净利润有较大幅度减少，盈利能力持续低迷，总体业绩很不理想。36 家上市公司总股本数 3443662 万股（其中无限售流通股 3153742 万股）；总资产 3972 亿元，比 2022 年净增约 137 亿元，增长 3.58%；净资产达 1798 亿元，比 2022 年净增 61 亿元，增长 3.51%；主营业务收入 2428 亿元，比 2022 年净减 177 亿元，下降 6.80%；实现净利润 65.18 亿元，比 2022 年净减 6.95 亿元，下降 9.63%。平均资产负债率 54.72%，比 2022 年提高 0.01 个百分点，有效控制在 60% 以下合理水平。2023 年平均销售净利润 3.60%，与 2022 年提高 0.83 百分点；2022 平均总资产收益率 1.64%，比 2022 年下降 0.24 个百分点。净利润超过 3 亿元只有 5 家，主要集中在传统头部企业、特种纸和纸制品企业，包括太阳、华旺、仙鹤、裕同、中顺等公司，与 2022 年 9 家公司数减少 4 家，5 家合计净利润 61.6 亿元，盈利比重约占总盈利的 95%，起到中流砥柱的作用。特别是太阳纸业盈利稳定，连续第五年高居盈利首位；另有 9 家公司出现亏损，比上年增加 4 家，其中晨鸣纸业亏损最大。

2. 文化纸业绩下滑，包装纸有所恢复，特种纸和纸制品支撑作用凸显

随着近年来电商业务飞速增长，我国快递业务蓬勃发展；随着“禁塑令”的逐步升级，以纸代塑呼声越来越高，可降解制品代替塑料制品已成为行业发展的必然趋势。纸质包装材料因具有原料可再生、可降解、可循环使用、使用方便等诸多优点，将成为减塑、代塑行动的重要参与者，对纸质包装产业将是一个难得的发展机遇。

本年度受全球需求不足和纤维原料高企的冲击，

叠加零关税政策以及包装纸、文化纸等大宗产品新增产能不断增加，导致量价严重失调，收益率连年下滑。以高瓦、箱板纸、白卡为主的企业整体盈利下滑较大。瓦楞纸和箱板纸单位产品毛利润从 2020 年的 15%～20%，到如今的 5%～8%。白卡纸单位产品毛利润从 2020 年的约 30% 到如今的 10% 左右。文化纸单位产品毛利润从 2020 年的约 25% 到如今的 10% 左右，导致晨鸣、岳纸、冠豪、宜宾等重点企业出现亏损，直接影响整体板块的业绩水平。

以围绕食品医疗包装材料系列、商务出版印刷材料系列、烟草行业配套系列、家居装饰材料系列、工业用纸系列等纸基功能材料为主的特种纸产品盈利能力虽有所下降，但业绩尚可。纸制品和生活用纸等快消品直接面向消费群体，得益于各公司加强研发创新，功能性新产品不断涌现，品牌效益彰显，盈利能力保持较好的稳定态势。

3. 多元化投资效果不明显，资金固化严重，亟须化解资金链风险

多年来，一些公司热衷于多元化投资，期待分散运行风险，但整体效果不明显，有些公司反而被拖累了。从披露信息分析，真正能稳定盈利支持公司可持续发展的，仍是与制浆造纸相关性比较密切的化工、医药和物流等少数领域，其他领域几乎未形成稳定的支撑点。同时需求不足，消费低迷，资金固化仍很严重，资金流动性不足，直接冲击公司正常运行。36 家公司总计应收账款、应收票据、存货和在建工程等项下资金占用项突破千亿元，再创历史新高。应收款项融资有所增长，累计超百亿，创历史新高，但体量仍较小且差异较大。为保障资金流动，个别公司不得不变卖资产、转让股权以及出售土地等方式来筹措资金输血；或依赖政府补助来渡过难关，本年度各公司都获得一定数额的政府补助，但比上年有所下降，补助总额不足 10 亿元。各企业仍需尽快健全资金风险预警和对策机制，动态排查资金流动潜在风险，积极采取有效措施，提高资金的周转速度，强化资金调度能力，避免资金链断裂的严重后果。

4. 全产业链创建日趋成熟，共同构建产业互联网和谐生态圈

各公司以市场为驱动、以顾客需求为导向，积极采用“产业链一体化”发展方式和“整体包装解决方案”的服务模式，全产业链模式创建日趋成熟，“林浆纸一体化”模式已经逐步成为造纸行业产业升级、节约能耗、价值链融合的主要手段。纸制品企业作为包装一体化服务供应商，兼具生产商、设计服务提供商、采购服务商与物流服务商的特点，从降低成本、提高效率、增加价值三方面，为客户提供包装产品与服务。

造纸行业作为典型的中游制造业，呈现“长链条、重资产、需求多样”的行业特征，谁抢占原材料制高点，谁就掌握市场主动权。为此近年来太阳在老挝广西、晨鸣在黄冈寿光、仙鹤在广西、华泰在总部等都陆续在建或已建投产浆线，再加上金光、金鹰、玖龙和理文等龙头企业在林浆纸一体化的成功迈进，林浆纸一体化生产模式逐步发挥效能，具备这一条件的大型企业有望获得更低的成本优势和更强的综合竞争力，使得行业门槛进一步提高。还有众多的企业在不断建设化机浆或半化浆系统，提高自制浆自给率，有效降低原料成本，优化产品结构。许多公司致力于为产业链“搭建一个生态圈”，将以更加开放的理念，共同构建产业互联网和谐生态圈，与合作伙伴共创共享共赢。随着内需对经济增长的贡献率持续扩大，“以国内大循环为主体、国内国际双循环相互促进的新发展格局”将成为我国经济发展的新动力，驱动造纸包装行业向绿色低碳转型升级，行稳致远。

5. 践行 ESG 发展理念，切实履行一个公众公司的社会责任

2022 年本版块 36 家公司积极提升企业内部治理和合规管理，年度报告审计结果均是无保留意见的审计报告。

各公司积极践行 ESG 发展理念，以“坚持技术创新，发展智能制造，提升资源使用效率，打造绿色环保产品，践行低碳发展”作为公司的可持续发展使命愿景，致力于成为绿色、环保、低碳的现代化企业。各公司不断完善内部治理体系，聚焦利益相关方对公司可持续发展的诉求和期望，积极履行企业社会与环境责任，追求环境、社会、经济三方面效益的均衡发展。多家企业发布了《2023 年可持续发展报告》，彰显作为一个公众公司的社会责任。主要包括以下内容。

（1）高度重视环境保护和节能减排。环境保护和节能减排是践行 ESG 的主要内容，各公司用较大篇幅介绍环保治理措施和达标排放情况。各公司积极倡导“循环经济、绿色制造”的发展理念，践行生态绿色发展的可持续目标计划和行动。致力打造国家绿色工厂和绿色供应链管理企业，不断开发绿色产品，积极采用绿色能源，促进节能减排。多家公司还获得中国环境标志认证。

（2）股东权益的保护。各公司严格按照《公司法》《证券法》《上市公司信息披露管理办法》等法律法规的要求，真实、准确、完整、及时地进行信息披露。本年度拟有 30 家企业进行利润分配预案，同时有多

家公司对股票进行回购，提振投资者的信心，切实履行了上市公司对股东和投资者的投资回报承诺。

（3）客户及供应商权益保护。各公司坚持诚实守信、规范运营，与供应商和客户建立合作共赢的战略合作伙伴关系，保持长期良好的合作，充分尊重并保护供应商、客户的合法权益。

（4）关心爱护员工。各公司严格遵守《中华人民共和国劳动合同法》等相关法律法规，制定了人力资源管理制度，注重员工的培养和使用，帮扶困难员工家庭，开展送温暖、募捐和慰问活动。

（5）支持公益事业。各公司能尽其所能积极参与社会公益事业，包括减灾救灾、慈善助学、扶贫纾困等慈善活动，积极回报社会，为促进地区经济发展和保障人民福祉贡献力量。

（6）保障安全生产。各公司积极响应新安全法，严守安全、消防、环保红线，建立完善的安全责任组织体系，压实主体责任，一岗双责，三位一体，保证安全第一，全行业未出现重大安全事故。

6. 创新驱动，数字赋能，有力推动高质量发展

面对复杂多变的外部环境，各公司强烈意识到谁掌握技术创新，谁掌握智能制造，谁就能把握未来竞争的主动权。持续提升创新驱动和技术研发能力，已成为造纸工业高质量发展的重要元素。生态理念和精益管理方兴未艾，绿色工厂与数字化生产时代已经到来。

中共中央、国务院印发的《数字中国建设整体布局规划》明确要求，要做强做优做大数字经济，支持数字企业发展壮大。数字经济的外在表现之一是平台经济，平台经济所具有独特的发展机制和特点，与数字经济时代发展特点具有高度适配性，已成为数字经济发展过程中运营模式的必然选择。数据驱动的平台化模式引领各行各业衍生出更多的新业态和新模式，成为推动价值创造和价值聚集的重要载体。

各公司研发工作的重心放在产品结构调整和原材料结构调整等方面，研发投入集中在全要素成本节约上，围绕成本领先战略展开。推进一批智能化、自动化项目，加快智慧工厂建设步伐。加强信息化管理建设，广泛应用OA办公系统、物资需求计划请购系统等智能化管理系统，为企业职能管理、投资决策提供精准、快速服务，在提高风险管控方面也取得了显著成效。

7. 以品牌建设和数字精准营销为抓手，推进生产经营与客户价值的深度契合

各公司积极借助各自品牌在各行业的影响力，通过建立进一步扩大和强化公司的品牌优势，开拓更多优质客户，为公司销售量的持续增长提供了坚强保障。同时积极聚焦与高端品牌客户的深入合作，创造长期价值，打造核心竞争力，集中力量做大市场份额和提升公众认可度。

在5G技术已广泛实现商用的背景下，国家大力推动人工智能、大数据、区块链等新兴科技产业融合发展，互联网数字营销模式和商业业态将不断创新，为数字精准营销的发展提供了肥沃的土壤。

很多公司深入推动社交营销、微信公众号、微博宣传、网络直播等方式，不断加强线上电商渠道的建设，同时各企业不断进行产品革新，升级产品规格和包装设计，优化产品结构，并及时捕捉消费者消费理念的变化，开发新品，整个行业呈现多样化运营模式，产品结构进一步优化。

未来几年，各公司要始终坚持以客户为导向，以技术创新为驱动，提高一体化方案服务能力，解决客户需求痛点，打造低成本、高效率、高质量的制造能力。

二、2024年发展前景初探

2023年低碳绿色已成为全社会倡导和践行的主题，新质生产力的提出和一系列重磅政策陆续出台实施，将直接关系到2024年以及未来几年我国现代产业体系的构建和经济发展方向。

2023年《商务领域经营者使用、报告一次性塑料制品管理办法》落地实施，国家推行绿色发展方式，倡导简约适度、绿色低碳的生活方式，鼓励减少使用一次性塑料制品，科学稳妥推广应用替代产品，引导公众积极参与塑料污染治理，为纸基先进材料提供了良好发展机遇。2023年工信部等三部门发布《轻工业稳增长工作方案（2023—2024年）》，强调造纸行业要持续推进新工艺及技术创新，着力发展绿色低碳产品，推动行业向低碳环保可持续方向发展。《关于推动能耗双控逐步转向碳排放双控的意见》的出台，表明国民经济发展进入了以“碳”计量 的绿色发展阶段。国家发展改革委联合多个部门印发《深入推进快递包装绿色转型行动方案》，聚焦重点领域和突出问题，提升快递包装标准化、循环化、减量化、无害化水平，2025年底全面禁止使用有毒有害快递包装。与此同时，我国碳达峰碳中和“1+N”政策体系已完成构建并持续落地，并陆续完善双碳相关的政策制度体系，有利于造纸行业明晰碳排放的量化目标，实现产业结构调整，能源结构变革，数智化制造突破与绿色升级。

2023 年初中国取消成品纸关税，进口原纸出现明显的价格优势，全行业盈利能力下降。2024 年继续维持“零关税”政策，叠加国内产能持续扩张，供求矛盾更加激烈，国内纸张市场行情将更加复杂多变，或将进一步压低国内市场价格，影响各纸企的盈利空间，经营环境面临更多考验。

新质生产力的提出和发展，将引发新一轮科技革命和产业变革，我们需早谋划抢机遇，加大创新力度，培育壮大新兴产业，超前布局建设未来产业，完善现代化产业体系。造纸工业正加速推进互联网、大数据和人工智能等技术与造纸工艺技术要深度融合，推动产业升级和提质增效。高端化、智能化、绿色化转型已成为造纸工业发展新质生产力的大势所趋。

2023 年造纸板块财务指标一览表见表 1，2023 年造纸板块主要信息一览表见表 2。

表 1

2023 年造纸板块财务指标一览表

序号	代码	上市公司	总股本 / 万股		总资产 / 万元		净资产 / 万元		主营业务收入 / 万元		净利润 / 万元		每股收益元 /（元 / 股）		加权平均净资产收益率 / %	
			总股本	其中无限售	2023 年	2022 年	2023 年	2022 年	2023 年	2022 年	2023 年	2022 年	2023 年	2022 年	2023 年	2022 年
	一	包装纸和纸板	1317615	1260778	15274542	14694774	6448144	5956201	10265659	10978512	371990	109579				
1	600103	青山纸业	230582	221233	616702	582383	421981	416403	267285	292098	13102	21923	0.055	0.094	3.160	5.520
2	600567	山鹰纸业	447057	447057	5473959	5251730	1571499	1412746	2933334	3401412	10155	−235328	0.040	−0.520	1.140	−14.760
3	002067	景兴纸业	119397	105647	818288	795687	557902	553461	545690	622722	9102	12295	0.080	0.100	1.650	2.140
4	600966	博汇纸业	133684	133684	2217568	2277859	666872	651808	1869306	1836178	18183	22807	0.147	0.177	3.250	3.350
5	002078	太阳纸业	279457	276488	5055075	4802187	2615531	2317466	3954434	3976693	310104	281763	1.100	1.040	12.590	13.430
6	600793	宜宾纸业	17690	17690	257742	285429	57990	65792	167063	230175	−7812	2962	−0.442	0.167	−12.620	4.600
7	603165	荣晟环保	27843	27843	362654	265853	223237	199019	229126	256287	27067	16813	1.000	0.630	12.970	8.690
8	605500	森林包装	41440	10671	323806	275282	267093	249796	232885	270138	15782	14067	0.380	0.480	6.570	6.090
9	603863	松炀资源	20465	20465	148748	158364	66039	89710	66536	92809	−23693	−27723	−1.160	−1.350	−30.460	−26.700
	二	文化纸系列	697195	691083	11348302	11943238	4102828	4398901	4962226	5806071	−136177	109424				
10	600308	华泰纸业	151687	151687	1523853	1541109	930256	910328	1329130	1517441	21530	38714	0.160	0.380	2.590	4.610
11	000488	晨鸣纸业	295681	292023	7948705	8430102	2109796	2372825	2660857	3200437	−132664	31746	−0.450	0.030	−7.650	0.550
12	000815	美利云	69526	69526	278964	309660	189807	191647	108166	110044	−1633	−23150	−0.030	−0.330	−0.950	−11.620
13	600963	岳阳纸业	180301	177847	1596780	1662367	872969	924101	864073	978149	−23410	62114	−0.130	0.350	−2.670	6.890
	三	特种浆纸	604925	547367	6024997	5142722	3287628	3154410	3749874	3622493	193182	213523				
14	600235	民丰特纸	35130	35130	242931	215086	144965	140644	161778	167150	4673	1540	0.130	0.040	4.260	1.100
15	600356	恒丰纸业	29873	29873	316704	305966	257331	247088	264808	245595	14922	13547	0.460	0.430	5.560	5.450
16	600433	冠豪高新	184534	143946	1034348	1003889	616593	706217	740337	808597	−18967	47382	−0.030	0.210	−0.950	7.580
17	002012	凯恩股份	46763	46654	196026	230095	169740	171409	82600	139180	5329	7629	0.100	0.110	3.140	3.630
18	002521	齐峰新材	49469	40283	501315	473394	373569	354851	366082	311864	23785	922	0.480	0.020	6.510	0.240
19	002565	顺灏股份	105999	105563	284763	290532	206998	203944	142537	141110	3969	−5787	0.030	−0.060	1.510	−3.160
20	605377	华旺科技	33221	33152	621872	551965	401482	361393	397579	343640	56504	46544	1.720	1.460	14.920	14.170

续表

序号	代码	上市公司	总股本 / 万股		总资产 / 万元		净资产 / 万元		主营业务收入 / 万元		净利润 / 万元		每股收益元 /（元 / 股）		加权平均净资产收益率 / %	
			总股本	其中无限售	2023 年	2022 年	2023 年	2022 年	2023 年	2022 年	2023 年	2022 年	2023 年	2022 年	2023 年	2022 年
21	605007	五洲特纸	40390	40056	770245	656692	244219	220336	651931	596208	27477	20520	0.680	0.510	11.830	9.550
22	603733	仙鹤股份	70598	70598	1886953	1326362	736188	691181	855348	773831	66727	71481	0.940	1.010	9.350	10.680
23	301469	恒达新材	8948	2112	169840	88741	136543	57347	86874	95318	8763	9745	1.180	1.450	10.280	18.000
	四	纸制品	690472	524948	6115082	5731225	3588331	3337728	4325519	4790804	189616	253895				
24	002235	安妮股份	57957	54824	118649	126795	73106	100700	36793	36121	–27863	–13905	–0.480	–0.240	–32.320	–12.330
25	002228	合兴包装	123863	123457	822050	883155	351682	361362	1241390	1537527	8617	10965	0.090	0.110	3.120	3.940
26	002303	美盈森	153132	95251	774018	740982	514242	497252	351296	412965	20047	13108	0.128	0.088	3.950	2.780
27	603022	新通联	20000	20000	103720	100017	77139	73167	86383	79304	5153	3448	0.260	0.180	6.920	5.000
28	603687	大胜达	55003	47387	438725	344328	352768	226121	201381	205826	12814	12719	0.200	0.250	3.850	5.300
29	002799	环球印务	32004	32004	214165	259970	137637	167991	160091	193049	–29354	10236	–0.690	0.340	–15.110	10.800
30	300883	龙利得	34600	32844	213823	205047	141350	143542	71279	64099	–741	3129	–0.021	0.091	–0.500	2.190
31	002831	裕同科技	93051	52001	2218629	2106589	1159161	1075487	1522270	1636210	149446	157714	1.570	1.611	13.510	15.190
32	301062	上海艾录	40039	23932	275995	189514	120631	110522	106655	112211	6901	10493	0.190	0.270	6.670	10.060
33	301223	中荣印刷	19313	11202	403340	376711	285773	272016	259252	247335	20404	21461	1.060	1.400	7.360	13.310
34	301296	新巨丰	42000	27168	313285	287461	222629	237047	173739	160797	17019	16952	0.410	0.450	6.960	10.730
35	301355	南王科技	19510	4878	218683	110656	152213	72521	114990	105360	7173	7575	0.420	0.520	6.340	11.020
	五	卫生用纸	133455	129566	955823	833726	548129	518069	980095	856969	33187	34867				
36	002511	中顺洁柔	133455	129566	955823	833726	548129	518069	980095	856969	33187	34867	0.260	0.270	6.250	6.940
		总计	3443662	3153742	39718746	38345685	17975060	17365309	24283373	26054849	651798	721288				

表 2　**2023 年造纸板块主要信息一览表**

序号	代码	上市公司	2024 年利润分配预案	2023 年利润分配	主要投资情况	主要信息披露	备注
	一	包装纸和纸板					
1	600103	青山纸业	每 10 股派发现金 0.17 元（含税）	每 10 股派发现金 0.5 元（含税）	碱回收技改项目土建主体工程及设备基础施工安装基本完成，并陆续进入土建收尾及设备调试阶段。		标准无保留审计意见
2	600567	山鹰纸业	每 10 股派发现金 0.11 元（含税）	不分配不转增	浙江山鹰纸业 77 万吨绿色环保高档包装纸升级改造项目已正式投产运营。公司决定终止公安县杨家厂镇工业园热电联产项目后续工程建设。	公司拟出售所持子公司北欧纸业 48.16% 股权中的全部或部分股权。担保总额约 151 亿元，占净资产 96%。	标准无保留审计意见
3	002067	景兴纸业	每 10 股派发现金 0.25 元（含税）	不分配不转增	马来西亚年产 80 万吨废纸浆板项目正式投产。公司正式启动马来西亚建设 60 万吨原纸二期项目。		标准无保留审计意见
4	600966	博汇纸业	每 10 股派发现金 0.2941 元（含税）	每 10 股派发现金 0.1844 元（含税）	持续推进 80 万吨高档特种纸板扩建项目。	担保总额约 42 亿元，占净资产约 64%。	标准无保留审计意见
5	002078	太阳纸业	每 10 股派发现金 3.0 元（含税）	每 10 股派发现金 2.0 元（含税）	公司广西基地南宁项目（一期）中的 100 万吨高档包装纸生产线（南宁园区 PM2 和 PM3）和 50 万吨本色化学木浆生产线及碱回收系统、热电项目、水处理项目等配套设施建设完毕，并实现稳产和达产。年产 30 万吨生活用纸及后加工项目（一期）在建。		标准无保留审计意见
6	600793	宜宾纸业	不分配不转增	不分配不转增			标准无保留审计意见
7	603165	荣晟环保	每 10 股派发现金 4.9 元（含税）	每 10 股派发现金 4.6 元（含税）	安徽绿色智能包装产业园项目部分投产。	向不特定对象发行可转换公司债券，发行总额 5.76 亿元，募投项目包括年产 5 亿平方绿色智能包装产业园项目（一期）等。	标准无保留审计意见
8	605500	森林包装	每 10 股派发现金 1.5 元（含税）	每 10 股派发现金 1.5 元（含税）转增 4 股	“绿色环保数码喷墨印刷纸包装智能工厂”的达产和“年产 60 万吨数码喷墨纸产业 升级”项目在建。		标准无保留审计意见
9	603863	松炀资源	不分配不转增	不分配不转增			标准无保留审计意见

续表

序号	代码	上市公司	2024 年利润分配预案	2023 年利润分配	主要投资情况	主要信息披露	备注
	二	文化纸系列					
10	600308	华泰纸业	每 10 股派发现金 0.47 元（含税）	每 10 股转增 4 股		安徽华泰拟定以含税 76600 万元人民币的价格出售安徽华泰厂区内的土地使用权、该地上的房屋建筑物、构筑物及部分机器设备等。	标准无保留审计意见
11	000488	晨鸣纸业	不分配不转增	不分配不转增		担保总额约 133 亿元，占净资产 79.5%。	标准无保留审计意见
12	000815	美利云	不分配不转增	不分配不转增	誉成云创数据中心项目建成投产产生效益。		标准无保留审计意见
13	600963	岳阳纸业	不分配不转增	每 10 股派发现金 1.38 元（含税）	提质升级综合技改项目一期年产 45 万吨文化纸项目在建。	公司董事会同意将控股子公司双阳高科 39.51% 股权转让给公司直接控制人中国纸业投资有限公司。	标准无保留审计意见
	三	特种浆纸					
14	600235	民丰特纸	每 10 股派发现金 0.15 元（含税）	每 10 股派发现金 0.1 元（含税）	公司新 8 号机、新 20 号机升级技改项目（“一期项目”）以及年产 7 万吨特种涂布纸项目（“二期项目”）在建。	公司注册地址由浙江省嘉兴市甪里街 70 号变更为浙江省嘉兴市海盐县沈荡镇永康路 288 号。开展了“民丰建厂 100 周年厂庆系列活动”。	标准无保留审计意见
15	600356	恒丰纸业	每 10 股派发现金 1.368 元（含税）	每 10 股派发现金 1.298 元（含税）		荣获中国工信部“数字领航”企业。	标准无保留审计意见
16	600433	冠豪高新	不分配不转增	每 10 股派发现金 2.5 元（含税）	湛江东海岛产业基地浆纸一体化发展格局雏形初显；年产 30 万吨高档涂布白卡纸、6 万吨特种纸等在建。	同意董事会公司以总价 24701 万元人民币收购湛江中纸纸业有限公司 100% 股权及相关债权。	标准无保留审计意见
17	002012	凯恩股份	每 10 股派发现金 0.31 元（含税）	每 10 股派发现金 0.12 元（含税）		公司控股股东变更为凯融特纸。公司出售凯恩特纸 48.00% 股权、凯恩新材 60.00% 股权、八达纸业 100.00%、凯恩销售 90% 股权，以及孙公司凯丰特纸 75% 的股权，上述公司已完成工商变更手续，不在合并范围之内。	标准无保留审计意见

续表

序号	代码	上市公司	2024 年利润分配预案	2023 年利润分配	主要投资情况	主要信息披露	备注
18	002521	齐峰新材	每 10 股派发现金 2 元（含税）	每 10 股派发现金 1 元（含税）			标准无保留审计意见
19	002565	顺灏股份	每 10 股派发现金 0.26 元（含税）	不分配不转增			标准无保留审计意见
20	605377	华旺科技	每 10 股派发现金 11 元（含税）转增 4 股	每 10 股派发现金 5.2 元（含税）	年产 18 万吨特种纸生产线扩建项目（一期）顺利投产。		标准无保留审计意见
21	605007	五洲特纸	每 10 股派发现金 0.22 元（含税）	每 10 股派发现金 1.6 元（含税）	浙江和江西基地生产线陆续建成；湖北基地 449 万吨浆纸一体化项目一期建设推进顺利，预计 2024 年上半年试产。	担保总额约 21 亿元，占净资产约 86%。	标准无保留审计意见
22	603733	仙鹤股份	每 10 股派发现金 3.5 元（含税）	每 10 股派发现金 3.1 元（含税）	30 万吨食品卡纸正式投产运行。广西来宾和湖北石首的高性能纸基新材料循环经济两大百亿投资项目均在建。	将由全资子公司浙江柯瑞新材料有限公司实施的“年产 100 亿根纸吸管项目”变更为“年产 5 万吨纸制品深加工项目”。担保总额约 70 亿元，占净资产约 96%。	标准无保留审计意见
23	301469	恒达新材	每 10 股派发现金 5.59 元（含税）		年产 5 万吨新型包装用纸生产线及 1 万吨食品医疗纸制品深加工项目在建。设立全资子公司恒川（杭州）纸业有限公司。		标准无保留审计意见
	四	纸制品					
24	002235	安妮股份	不分配不转增	不分配不转增		公司董事会同意将“版权大数据平台”的实施期限延长到 2024 年 12 月 31 日。	标准无保留审计意见
25	002228	合兴包装	每 10 股派现金 1.2 元（含税）	每 10 股派现金 1.2 元（含税）			标准无保留审计意见
26	002303	美盈森	每 10 股派发现金 1.3 元（含税）	每 10 股派发现金 0.66 元（含税）	包装印刷工业 4.0 智慧工厂（长沙、成都、六安）及产业园等项目逐步投产。		标准无保留审计意见
27	603022	新通联	每 10 股派发现金 0.78 元（含税）	每 10 股派发现金 0.55 元（含税）	通过全资子公司 新通联（香港）有限公司在泰国投资建设包装生产基地。		标准无保留审计意见

续表

序号	代码	上市公司	2024 年利润分配预案	2023 年利润分配	主要投资情况	主要信息披露	备注
28	603687	大胜达	每 10 股派发现金 0.4873 元（含税）	每 10 股派发现金 0.2512 元（含税）	海南大胜达纸浆模塑环保餐具一期项目已经投产。	公司完成向特定对象发行股票再融资项目，募集近 6.5 亿元资金。并导致股数增加。E-packET 工业互联网平台被国家工业和信息化部列入制造业与互联网融合发展试点示范项目。	标准无保留审计意见
29	002799	环球印务	每 10 股派发现金 0.36 元（含税）	每 10 股派发现金 0.2 元（含税）	环球印务扩产暨绿色包装智能制造工业园（一期）项目、医药包装折叠纸盒扩产暨智能制造项目在建。	公司非公开发行项目成功发行 6804 万股新股，募集资金总额 7.5 亿元。	标准无保留审计意见
30	300883	龙利得	每 10 股派发现金 0.1 元（含税）	每 10 股派发现金 0.1 元（含税）	上海市奉贤区智能制造标杆工厂“龙利得文化科创园”建成运营。		标准无保留审计意见
31	002831	裕同科技	每 10 股派发现金 6.2 元（含税）	每 10 股派发现金 3.26 元（含税）	国内主要区域基本完成标杆智能工厂建设，并且在海外启动了首家智能工厂的建设。	许昌裕同入选国家工业和信息化部“2023 年度智能制造示范工厂”。	标准无保留审计意见
32	301062	上海艾录	每 10 股派发现金 0.5 元（含税）	每 10 股派发现金 0.4 元（含税）	公司新设艾录新能源和艾纳新能源公司，就复合材料光伏边框产品展开研发工作。	公司向不特定对象发行（向社会公开发行）可转换公司债券，实收募集资金 49258 万元。	标准无保留审计意见
33	301223	中荣印刷	每 10 股派发现金 3 元（含税）	每 10 股派发现金 2.2 元（含税）			标准无保留审计意见
34	301296	新巨丰	每 10 股派发现金 0.53 元（含税）	每 10 股派发现金 0.37 元（含税）	50 亿包无菌包装材料扩产项目投产。		标准无保留审计意见
35	301355	南王科技	每 10 股派发现金 1 元（含税）	每 10 股派发现金 2.50 元（含税）	福建生产基地“5G+ 智慧工厂”投入使用，华南生产基地（广东鹤山）开工建设。	新设福建南王新材料科技有限公司和广东南王环保科技有限公司。	标准无保留审计意见
	五	卫生用纸					
36	002511	中顺洁柔	每 10 股派发现金 0.6 元（含税）	每 10 股派发现金 0.62 元（含税）			标准无保留审计意见

（吴晓晖　陈奇志）

2023 年度中国造纸企业创新发展情况调研报告

Research Report on the Innovation and Development of China's Papermaking Enterprises in 2023

一、调研背景和研究方法

1. 调研背景、目的和意义

党的二十大报告指出："必须坚持科技是第一生产力、人才是第一资源、创新是第一动力，深入实施科教兴国战略、人才强国战略、创新驱动发展战略，开辟发展新领域新赛道，不断塑造发展新动能新优势。"创新是推动人类社会向前发展的重要力量，创新能力是国家、行业和企业所需发展的重要力量。习近平总书记指出：企业是创新的主体，是推动创新创造的生力军。创新驱动发展战略得以实现的微观基础主要在企业，创新作为企业实现持续竞争优势的关键，越来越受到业界的关注和重视。

现代造纸业作为基础性原材料行业，在国民经济生活中发挥着举足轻重的作用。伴随要素成本上升、资源环境压力加大、产能过剩持续，国内市场疲软以及国际市场竞争的多重挤压，迫切需要创新升级、数智转型。我国在追赶中持续发展现代造纸业，经过多年的努力，已经成为全球最大的造纸生产国和消费国，但我国造纸产业仍然不能称为造纸强国的根本原因在于在创新方面仍然有较大的差距。

习近平总书记强调："我们现在制造业规模是世界上最大的，但要继续攀登，靠创新驱动来实现转型升级，通过技术创新、产业创新，在产业链上不断由中低端迈向中高端。"制造业是孕育创新发展的根据地，造纸业作为与国计民生密切相关的行业，要实现向新型制造业的转变，必须重视创新引领，加强科技创新，加快改造提升，推进新时代造纸产业的高质量发展，推动造纸产业的中国式现代化建设。

2023 年 3 月中共中央办公厅印发的《关于在全党大兴调查研究的工作方案》指出，调查研究是我们党的传家宝。习近平总书记强调，调查研究是谋事之基、成事之道。我国造纸产业和企业的创新能力到底如何，需要通过广泛调研、科学研究和客观评价，以判断造纸企业创新能力所处的水平，根据存在的短板有的放矢地提出有效建议方案。

为此，本次调研针对规模以上主要造纸企业开展创新发展情况的专项调研，基于收集到的有效数据，运用统计学、计量学和情报学的方法，从企业创新的微观层面，定量分析和评价我国造纸企业的创新能力和水平，反映造纸企业的创新现状，为行业合理配置资源提供依据，为企业制定发展战略提供借鉴，为造纸院科技研发和行业服务提供参考，因此本调研报告具有一定的社会意义和现实价值。

2. 调研对象、数据来源和处理方法

企业创新是企业在创新发展过程中，通过调整资源配置、发挥优势资源，获得创新收益，进而提高效益的发展战略。创新评价指标体系是描述一个组织的创新能力发展状况，监测创新的核心要素。

本次调研将对象企业限定为 2022 年产量或产能超过 15 万吨的科技型企业。为了确保评价结果能全面、客观、准确地反映我国造纸企业创新能力现状，本次调研按照系统性、科学性、可行性、重要性、可比性的原则，遴选和确定相关指标，搜集汇总相关数据，最后得到 185 家有效造纸企业数据。

本次调研分析和创新评价指标的各项数据，主要通过国家统计局、企业信息数据库，以及企业公开资料查询获得。基于收集到的数据，从创新系统理念出发，采用多指标综合评价方法，构建中国造纸企业创新指数评价体系，包括 6 项一级指标和 30 项二级具体指标，并结合等权平均法和德尔菲法设定各项指标的权重。

为了消除原始变量量纲的影响，需要对各项具体指标进行标准化处理，本调研报告采用阈值法，对正向指标和逆向指标分别采用不同公式进行无量纲化处理，并根据各级、各项指标的权重进行计算，最后得出企业的创新综合指数。

二、我国造纸企业创新发展基本情况分析

根据统计，185 家被调研规模以上造纸企业 2022 年合计造纸产量为 11662.26 万吨，占 2022 年全国造纸总产量的 85.18%，基本能体现我国造纸企业的总体情况。

1. 造纸企业创新结果不佳，两极分化比较严重

根据综合评价的结果，造纸企业创新指数平均分值为 24.90 分，不足百分值的 1/4，显示我国造纸企业总体创新情况并不乐观。对比各企业创新指数，最高值为 59.63 分，最低为 6.59 分，显示我国造纸企业创新情况差距明显，两极分化严重。

2. 企业创新与产业规模一致，大型企业表现突出

根据企业的行业分类，其中 84 家是包装用纸企业，生活用纸企业 36 家，综合类企业 17 家，浆纸类企业 17 家，特种纸企业 16 家，文化用纸企业 15 家。企业分布与细分行业的产量比例基本一致，大型企业的创新指数相对较高。

3. 企业创新与集群密切相关，沿海地区相对集中

根据企业的地区分布，24 个省市区中有 9 个地区超过 10 家企业，其中山东 34 家，广东 21 家，江苏和江西 16 家，浙江、湖北、四川 14 家，福建、河南 10 家。15 个地区的企业低于 7 家，其中山西 6 家，河北 5 家，重庆、广西、云南均为 4 家，安徽、辽宁、陕西均为 2 家，贵州、海南、黑龙江、甘肃、湖南、天津、云南均仅有 1 家。

综合来看，我国造纸企业创新发展存在明显的两极分化，大型综合造纸企业和细分领域的龙头企业具有创新优势，大部分企业的创新能力不高，需要企业坚持创新理念，持续开展创新活动，加快创新成果转化，积极参与国际竞争，提高整体创新水平。

三、我国造纸企业创新发展综合情况及问题分析

企业创新的意义在于勇于突破企业自身局限，立足现有条件创造更多适应市场环境的新体制、新举措，打造领先市场需求的新技术、新产品，赢得日趋激烈的市场竞争。企业创新是一个系统工程，体现在多个方面，基于创新系统理论，在调研数据的基础上进行综合评价，得出以下结论。

1. 造纸企业创新基础总体薄弱，企业差异比较明显

创新基础是企业产能规模、技术中心建设、科技创新含量等方面的集中体现。

根据调研，45.95% 的造纸企业被认定为国家级高新技术企业，25.41% 是省级高新技术企业，仍有 29.19% 的企业没有获得认定。在企业技术中心等级认证方面，仅有 3.24% 的企业是国家级企业技术中心，21.08% 获得省级认证，23.24% 获得市级认证，但有 52.97% 的企业技术中心没有等级认证。

从科技创新含量来看，仅有 5.41% 的企业超过 100T，13.51% 的企业在 50T ~ 90T，18.92% 的企业在 20T ~ 50T，43.24% 的企业低于 20T，还有 18.92% 的企业没有获得相关数值。

综合来看，大部分企业有一定的创新基础，但总体比较薄弱，大企业的创新基础相对较好，但企业间的差距比较明显。

2. 造纸企业创新环境整体较好，部分企业有待提升

创新环境是影响企业进行创新活动的各种外部因素的叠加，良好的创新环境够激发员工的创新意识、创新思维与创新精神。

根据调研，79.46% 的企业注册资本超过 1 亿元，较好确保创新活动的开展。91.89% 的企业是纳税 A 级企业，显示企业经营状态较好，奠定了创新条件。

48.65% 企业的环保信用等级为绿牌企业，但也有 41.08% 的企业没有认证，环境信用评价缺失。

92.43% 的企业为员工做了社保缴纳，营造了创新工作氛围。综合来看，大部分造纸企业具有了一定的创新环境，但部分企业仍有待继续提升改善。

3. 造纸企业创新生态基本建立，管理体系有待完善

创新生态能够促进创新主体与创新要素的高效耦合和互动，通过协同、共享、合作等，形成可持续的创新发展模式。

根据调研，大部分造纸企业在企业诚信、管理体系建设，以及规避风险方面表现较好，63.24% 的企业诚信分值超过 50 分，其中 85.41% 的企业通过质量管理体系认证，83.78% 的企业通过环境管理体系认证，61.08% 的企业通过职业健康安全管理体系认证。

但仅有 37.84% 的企业通过能源管理体系认证，11.35% 的企业通过知识产权管理体系认证，5.95% 的企业没有获得相关有效资质证书，25.41% 的企业曾受到过环保处罚。造纸企业在发展过程中不断完善创新生态，但在公司治理和管理体系建设方面仍有待继续提升。

4. 造纸企业创新成效参差不齐，小型企业积淀不足

企业获得各级科技创新类奖项荣誉，不仅是企业

建立竞争优势和品牌影响力的重要成果，也是体现企业创新绩效的重要表现。

根据调研，43.24% 的企业上榜过各种榜单，其中 11 家企业上榜国家级榜单，27.03% 的企业上榜省部级榜单，30.27% 上榜市级榜单，有 56.76% 的企业没有上榜过任何榜单。

86.49% 的企业获得过荣誉成果，其中 71.35% 的企业获得国家级荣誉，68.11% 获得省级荣誉，34.60% 获得市级荣誉。但仍有 20% 的企业没有获得相关奖励，超过 60% 的企业科技成果数量较少。

从调研数据来看，大型造纸企业的奖项和科技成果较多，主要是因为这些企业科技创新持续时间较长，技术积淀深厚。中小企业创新指数分值得分不高，排名比较靠后，需要更加重视创新发展。

5．造纸企业知识产权意识薄弱，国际布局严重缺失

知识产权是科技创新成果的直接体现，是表征企业创新能力和实力的重要指标。

根据调研，只有 11.35% 的企业进行了知识产权管理体系认证，显示出造纸企业的知识产权意识整体比较薄弱。

具体到专利方面，12.43% 的企业专利总数超过 100 件，19.46% 的企业专利数在 50 ~ 100 件，但依然有 12.43% 的企业低于 10 件，甚至还有 15.68% 的企业没有专利。

不过企业逐步认识到专利的重要性，2022 年有 66.49% 的企业有新专利获得授权。但是仅有 9.89% 的企业申请过国际专利，专利国际布局意识亟待提升和付诸行动。

此外，仅有 18.38% 的企业有作品著作权，23.24% 的企业有软件著作权，42.16% 的企业没有注册过商标。

综合来看，持续重视创新的企业获得了较好的产出，大部分企业有了一定专利积累，并更加重视专利申请，但在国际专利、著作权和商标方面仍存在比较明显的缺失。

6．造纸企业不够重视标准制订，近半企业从未参与

标准的制订不仅意味着一个行业的规范与成熟，更为行业的发展提供必要的依据。技术标准已成为市场竞争的重要手段，企业参与标准制定是企业持续创新的成果体现。

根据调研，47.02% 的企业从未参与过标准制修订。其中，71.89% 的企业没有参与过国家标准制修订，90.27% 的企业没有参与过行业标准制修订，71.35% 的企业没有参与过团体标准制修订，72.43% 的企业没有现行有效企业标准制修订。2022 年仅有 25.41% 的企业参与了相关标准的制修订。

对比分析可以发现，大部分造纸企业没有对标准制修订给予足够重视，大型造纸企业的参与度相对较高，但中小企业没有机会或能力参与，需要造纸企业从观念、认识和行动上加以改善。

四、我国造纸企业创新发展的建议

随着创新理念日益受到重视，各个层面都在加大创新工作的开展，我国造纸企业创新发展正在呈现较好的增长，创新成效和成果持续提升，但通过综合调研分析，仍然存在一些问题，有待业界企业共同努力加快改善和提高，根据当前造纸产业创新发展现状和未来发展趋势，提出以下建议。

1．强化企业创新主体地位，促进产业结构升级

一是建议进一步确立企业创新主体地位，完善造纸企业创新体系，引导鼓励企业加大研发资金投入，通过实施科技重大专项，研发核心装备技术，提升企业创新能力，促进造纸企业成为中国式现代化的主力军。

二是建议造纸企业提升制造水平，培育发展新技术、新产品，大力推动造纸产业向绿色化、数字化、智能化方向升级。建议鼓励和推动新技术、新理念与传统产业深度融合，培养发展新业态、新模式，推动造纸产业向高质量、可持续方面发展。

2．优化企业创新发展环境，加强创新基础建设

一是建议相关部门从资金、政策等方面给予造纸产业在科技创新方面的支持。鼓励造纸企业建立创新机制，推进自主创新体系建设，打好企业创新发展基础。加强创新战略宏观统筹，加大创新政策落实力度，引导资金、资源要素投向具有较高创新水平的造纸企业。

二是建议加强规划引导，促进造纸产业集群科学发展，提升龙头骨干企业带动作用，强化专业化协作和配套能力，鼓励造纸及上下游企业集中创新资源，为造纸企业营造创新发展环境，支撑造纸企业协同转型升级。

3．加大企业创新投入力度，强化创新人才培养

一是建议造纸企业加大创新投入，做好企业技术中心建设，积极申报高新技术企业认定。建议相关部门政策引导造纸企业参与基础研究和应用研究工作，支持科技创新平台建设、产品应用研究和科技成果转移转化。

二是建议建立政府、企业和高校共同构建造纸产业人才教育、培训体系，建立有效激励机制，提升科技人员创新积极性。建议造纸企业加大人才培训投入，完善人才培育、引进、支撑体系，优化教育资源配置，推进创新人才队伍建设。

4．重视企业创新成果转化，做好知识产权保护

一是建议制定和落实鼓励性政策，完善造纸企业产学研用融合创新机制，打造创新共同体和利益共同体。建议造纸企业多渠道吸引资金投入，为科技成果转化提供资金保障，促进科技成果转化和企业技术创新的协同发展。

二是建议进一步健全和完善知识产权制度，鼓励和保护企业的创新行为，加强执行力度，保障创新企业的权益。建议企业高度重视知识产权保护，积极参与专利申请、标准制修订，营造有利于科技创新的法治环境。

5．搭建造纸企业创新平台，促进企业融合发展

一是建议围绕重大项目和造纸产业发展需求，通过加快造纸企业、产业园区、科研机构、高等院校等创新合作平台建设，努力形成一批实验基地和研发中心，搭建科技创新平台，积聚科技创新核心力量。

二是建议搭建造纸行业的专利、标准、人才、成果、产品数据库，构建造纸企业竞争情报支持系统，建设具有行业特色的公共检验、测试、试验平台建设，激发造纸企业创新创造的动力和活力。

（周在峰）

统计数据

STATISTICAL DATA

历年我国纸浆、纸及纸板生产量（1949—2023）
历年我国纸及纸板、纸浆及废纸进出口概况（1996—2023）
历年我国与世界纸浆、纸及纸板的生产量与消费量（1996—2023）
历年我国纸及纸板生产量、进出口量、消费量及消费结构（2001—2023）
2022—2023 年全球分地区和种类纸浆需求量
2022—2023 年全球分地区和种类纸及纸板需求量
2022 年 1 月—2023 年 12 月针叶木片进口数据统计
2022 年 1 月—2023 年 12 月阔叶木片进口数据统计
我国特种纸部分商品进出口情况（2009—2023）
2011—2022 年世界主要地区和国家废纸回收利用概况

3

历年我国纸浆、纸及纸板生产量（1949—2023）

Productions of Pulp, Paper and Paperboard in China（1949—2023）

历年我国纸浆、纸及纸板生产量　　单位：万吨

年份	机制纸浆		纸及纸板			
	生产能力	生产量	机制纸及纸板		手工纸生产量	生产量合计
			生产能力	生产量		
1949		3.5		10.8	12.0	22.8
1952		24.3		37.2	23.1	60.3
1957		80.1		91.3	31.4	122.7
1978	452.8	345.5	499.4	438.7	27.5	466.2
1979	489.5	392.9	541.6	492.8	25.7	518.5
1980	533.1	426.3	593.8	543.6	28.0	562.6
1981	563.9	406.3	563.9	540.2	29.1	569.3
1982	579.3	421.1	685.7	589.0	24.8	613.8
1983	619.7	458.9	728.9	661.3	22.6	683.9
1984	664.8	514.6	780.5	755.9	20.6	776.5
1985	720.4	615.3	886.8	911.2	19.6	930.8
1986	875.15	679.15	805.87	998.57	17.8	1016.4
1987	969.51	694.5	1225.76	1141.05	23.4	1164.5
1988	1097.85	872.59	1396.34	1270	20.0	1290
1989	1198.08	868.56	1493.99	1333	20.0	1353
1990	1240.17	834.96	1595.62	1371.87	20.0	1391.87
1991	1345.02	1075	1688.34	1478.69	20.0	1498.69
1992	1448.59	1199	1847.51	1725.07	20.0	1745.07
1993	1362.24	1529	2001.05	1867.87		1867.87
1994	1534.94	1705	2269.90	2138.27		2138.27
1995	1425.11	1862	4420.35	2812.30		2812.30
1996	1896.94	1900	3335.06	2643.94	24.76	2668.70
1997	1874.60	1738	3509.87	2733.19	23.98	2757.17
1998		2384		2800.00	24.00	2824.00
1999		2443		2900		2900
2000		2501		3050		3050

续表

年份	机制纸浆		纸及纸板			
	生产能力	生产量	机制纸及纸板		手工纸生产量	生产量合计
			生产能力	生产量		
2001		2490		3200		3200
2002		2944		3780		3780
2003		3309		4300		4300
2004		3723		4950		4950
2005		4446		5600		5600
2006		5204		6500		6500
2007		5935		7350		7350
2008		6415		7980		7980
2009		6732		8640		8640
2010		7318		9270		9270
2011		7723		9930		9930
2012		7867		10250		10250
2013		7651		10110		10110
2014		7906		10470		10470
2015		7984		10710		10710
2016		7925		10855		10855
2017		7949		11130		11130
2018		7201		10435		10435
2019		7207		10765		10765
2020		7378		11260		11260
2021		8177		12105		12105
2022		8587		12425		12425
2023		8823		12965		12965

注：1. 各年纸浆生产量及生产能力统计数据，估计统计不全，仅供参考。

2. 1985—1986年纸及纸板实际生产量大于生产能力是由于前者是全国生产量而后者仅指轻工系统内企业统计数据。

3. 1995 年数据系依据 1995 年全国工业普查统计资料，包括了乡镇、村及私人等造纸企业。比一般年度数据偏高。

4. 1998 年生产量按 1997 年统计口径估计机制纸板为 2800 万吨、手工纸为 24 万吨。

5. 1999 年以后纸及纸板生产量为全部国有和年产品销售收入 500 万元及以上非国有工业企业生产的产品生产量，手工纸未统计。

6. 2009 年机制纸浆生产量为中国造纸协会 2010 年修正数据。

历年我国纸及纸板、纸浆及废纸进出口概况（1996—2023）

Imports and Exports of Paper and Paperboard, Pulp and Waste Paper in China（1996—2023）

表 1　　历年我国纸及纸板进出口量（1996—2023）　　单位：万吨

年份	纸及纸板		纸制品	
	进口量	出口量	进口量	出口量
1996	499.49	23.31	66.15	58.20
1997	552.43	28.27	67.14	70.50
1998	577.20	30.35	50.74	64.58
1999	652.30	13.44	39.01	62.63
2000	597.14	71.83	34.04	74.47
2001	562.24	79.95	24.50	73.32
2002	636.94	85.47	23.89	88.28
2003	634.71	129.09	22.61	106.65
2004	614	124.78	16	95.97
2005	524	193.90	15	123.76
2006	441	341	17	143
2007	401	461	19	156
2008	358	403	18	211
2009	334	405	16	195
2010	336	433	18	228
2011	331	509	17	243
2012	311	513	14	245
2013	283	611	13	255
2014	282	681	13	276
2015	287	645	12	284
2016	297	733	12	291
2017	466	699	19	307
2018	622	618	18	323
2019	625	686	12	345
2020	1154	587	16	324
2021	1090	547	19	375
2022	836	858	16	498
2023	1132	932	12	540

表 2 历年我国纸浆及废纸进口量（1996—2023）

年份	纸浆		废纸	
	进口量 / 万吨	金额 / 亿美元	进口量 / 万吨	金额 / 亿美元
1996	146.80	7.75	137.18	1.93
1997	154.16	7.47	161.82	1.76
1998	219.93	9.23	191.47	1.71
1999	309.7		251.6	2.45
2000	334.51	21.21	371.36	5.57
2001	490.38	20.76	641.91	6.59
2002	526.49	21.68	678.26	7.32
2003	603.40	26.60	938.18	12.3
2004	732	35.67	1230	17.26
2005	759	37.25	1703	
2006	796	43.92	1962	
2007	845		2256	
2008	952		2421	
2009	1367		2750	
2010	1137		2435	
2011	1445		2728	
2012	1647		3007	
2013	1685		2924	
2014	1797		2752	
2015	1984		2928	
2016	2106		2850	
2017	2372		2572	
2018	2479		1703	
2019	2720		1036	
2020	3135		689	
2021	3052	206.15	54	1.33
2022	2964	227.15	57	1.36
2023	3707	239.96	58	1.19

表 3 历年纸浆及废纸出口量（1996—2023）

年份	纸浆		废纸	
	进口量 / 万吨	金额 / 亿美元	出口量 / 万吨	金额 / 亿美元
1996	1.68		0.53	
1997	2.20		0.35	
1998	1.98	0.09	0.08	0.01
1999				

续表

年份	纸浆		废纸	
	进口量 / 万吨	金额 / 亿美元	出口量 / 万吨	金额 / 亿美元
2000	2.55	0.10	0.46	0.004
2001	1.26	0.083	0.09	0.0008
2002	1.92	0.16	0.07	0.0007
2003	2.51	0.21	0.11	0.0018
2004	1.75		0.07	
2005	4.70		0.01	
2006	7.47		0.01	
2007	11.16		0.05	
2008	7.23		0.002	
2009	8.70		0.03	
2010	8.10		0.08	
2011	9.91		0.36	
2012	7.99		0.24	
2013	8.31		0.10	
2014	9.75		0.07	
2015	10.2		0.07	
2016	9.57		0.23	
2017	9.87		0.15	
2018	9.99		0.06	
2019	11.60		0.08	
2020	10.55		0.12	
2021	15.42	1.89	0.12	
2022	26.68	4.17	0.03	
2023	24.37	2.89	0.11	

资料来源：历年《中国造纸协会年度报告》，历年《中国造纸年鉴》。

（邱江惠）

历年我国与世界纸浆、纸及纸板的生产量与消费量（1996—2023）

Productions and Consumptions of Pulp, Paper and Paperboard in China and the World（1996—2023）

历年我国与世界纸浆、纸及纸板的生产量与消费量

单位：万吨

年份	全世界					我国				
	纸浆生产量	纸浆消费量	纸及纸板生产量	纸及纸板消费量	纸及纸板人均年消费量 / 千克	纸浆生产量	纸浆消费量	纸及纸板生产量	纸及纸板消费量	纸及纸板人均年消费量 / 千克
1996	17404	17294	28197	27940	48.5	1900	2045	2600	3028	24.7
1997	17820	17900	29904	29690	50.8	1738	1890	2744	3270	26.5
1998	17553	17511	30101	29852	50.4	2384	2604	2800	3347	26.8
1999	17913	18007	31571	31439	52.8	2443	2752	2900	3525	27.8
2000	18868	18901	32329	32338	53.8	2501	2834	3050	3575	28.0
2001	17937	18257	31815	31802	51.8	2490	2980	3200	3683	29
2002	18200	18265	33070	33076	53.7	2944	3470	3780	4332	33
2003	18516.5	18442.3	33881.5	33912.5	51.7	3309	3910	4300	4806	37
2004	18849.6	18775.4	35959.9	35752.7	55.6	3723	4455	4950	5439	42.0
2005	18320	18843.9	36702.5	36639.8	56.3	4446	5200	5600	5930	45.0
2006	18660	19230	38200	38176	70.8	5204	5992	6500	6600	50.0
2007	18835	19619	39430	39418	59.2	5935	6769	7350	7290	55
2008	19240	19302	39090	39133	57.8	6415	7360	7980	7935	60
2009	17796	17900	37069	37074	57.5	6732	7980	8640	8569	64

续表

年份	全世界					我国				
	纸浆生产量	纸浆消费量	纸及纸板生产量	纸及纸板消费量	纸及纸板人均年消费量 / 千克	纸浆生产量	纸浆消费量	纸及纸板生产量	纸及纸板消费量	纸及纸板人均年消费量 / 千克
2010	18560	18500	39390	39500	57.0	7318	8461	9270	9173	68
2011	18380	18380	39898	39900	56.8	7723	9044	9930	9752	73
2012	18120	18170	39999	40150	57.2	7867	9348	10250	10048	74
2013	17936	18064	40260	40364	56.9	7651	9147	10110	9782	72
2014	17850	17962	40645	40752	56.8	7906	9484	10470	10071	74
2015	17877	17937	40760	41070	56.6	7984	9731	10710	10352	75
2016	18055	18061	41088	41358	56.5	7925	9797	10855	10419	75
2017	18441	18399	41969	42329	57.2	7949	10051	11130	10897	78
2018	18720	18660	41972	42188	56.2	7201	9387	10435	10439	75
2019	18303	18349	41246	41507	54.6	7207	9609	10765	10704	75
2020	17867	17867	39854	40181	52.3	7378	10200	11260	11827	84
2021	18271	18293	42342	42851	55.1	8177	11010	12105	12648	89.51
2022	18176	18162	41990	42383	53.6	8587	11295	12425	12403	87.84
2023						8823	11899	12965	13165	93.37

注：2009 年中国纸浆总产量为中国造纸协会 2010 年修正数据。

（邱江惠）

历年我国纸及纸板生产量、进出口量、消费量及消费结构（2001—2023）

Productions, Imports and Exports, Consumptions and Consumption Structures of Paper and Paperboard in China（2001—2023）

历年我国纸及纸板生产量、进出口量、消费量及消费结构（2001—2023）

单位：万吨、%

		总量	新闻纸	未涂布印刷书写纸	其中：书刊印刷纸	书写纸	涂布纸	其中：铜版纸	生活用纸	包装用纸	白纸板	其中：涂布白纸板	箱纸板	瓦楞原纸	其中：高强瓦楞原纸	特种纸及纸板	其他纸及纸板
2001 年	生产量	3200	173	670	300	140	130	110	270	400	300	250	460	600	180	65	132
	进口量	562.24	15.37	25.78			99.44	97.03	2.95	27.80	97.78	82.55	126.48	117.87		38.28	9.13
	出口量	79.95	1.85	30.50			17.59	12.48	12.19	2.61	2.50	2.42	1.25	3.14		7.43	0.39
	消费量	3683	186	665	296	140	212	195	261	466	396	338	545	715	295	85	152
	消费比例	100.00	5.05	18.06	8.04	3.80	5.76	5.29	7.09	12.65	10.75	9.18	14.8	19.41	8.01	2.31	4.13
2002 年	生产量	3780	185	920	420	180	180	160	310	400	460	430	600	600	190	70	55
	进口量	636.94	19.92	36.50			121.77	61.48	3.32	31.37	81.48	79.58	125.44	133.48		48.07	34.51
	出口量	85.47	0.60	19.51			25.18	18.67	15.88	2.63	5.51	5.51	0.67	3.26		9.60	1.94
	消费量	4332	204	937	436	180	276	203	297	429	536	504	725	730	320	108	90
	消费比例	100.00	4.71	21.63	10.06	4.16	6.37	4.69	6.86	9.90	12.37	11.63	16.74	16.85	7.39	2.49	2.08
2003 年	生产量	4300	207	960	520	520	240	210	347	480	550	510	680	670	230	80	86
	进口量	635	35	40			101	52	4	28	104	103	117.2	135		44	26
	出口量	129.09	1.19	25.93			43.31	35.30	22.98	3.80	9.95	9.94	1.71	3.02		14.92	1.31
	消费量	4806	241	973	534	250	298	227	328	504	645	603	796	802	362	109	110
	消费比例	100.00	5.01	20.25	11.11	5.20	6.20	4.72	6.82	10.49	13.42	12.55	16.56	16.69	7.53	2.27	2.29

续表

		总量	新闻纸	未涂布印刷书写纸	其中：书刊印刷纸	书写纸	涂布纸	其中：铜版纸	生活用纸	包装用纸	白纸板	其中：涂布白纸板	箱纸板	瓦楞原纸	其中：高强瓦楞原纸	特种纸及纸板	其他纸及纸板
2004 年	生产量	4950	300	1020	550	280	300	250	384	470	670	630	830	810	27	85	81
	进口量	614	12	47			102	63	5	8	108	107	150	114		41	27
	出口量	124.78	1.74	21.73			44.24	38.40	27.58	3.93	6.44	6.43	1.53	2.76		12.41	2.42
	消费量	5439	310	1045	575	280	358	274	361	474	772	931	978	921	381	114	106
	消费比例	100.00	5.70	19.21	10.57	5.15	6.58	5.04	6.64	8.71	14.19	13.44	17.98	16.93	7.00	2.10	1.95
2005 年	生产量	5600	319	1070	570	300	365	300	436	510	790	755	980	950	410	90	90
	进口量	524	14	43			73	52	5	9	91	90	138	88		40	23
	出口量	193.90	1.98	34.38			78.66	62.85	31.41	2.89	18.27	18.27	2.71	3.31		16.02	4.27
	消费量	5930	331	1079	579	300	359	289	409	516	863	827	1115	1035	495	114	109
	消费比例	100.00	5.58	18.20	9.76	5.06	6.05	4.89	6.90	8.70	14.55	13.95	18.80	17.45	8.35	1.92	1.84
2006 年	生产量	6500	375	1220			460	380	470	520	940	900	1150	1130		110	125
	进口量	441	1	45			61	45	5	10	73	72	114	71		44	17
	出口量	341	32	54			121	93	38	2	41	41	14	8		23	8
	消费量	6600	344	1211			400	332	436	528	972	931	1250	1193		131	135
	消费比例	100.00	5.21	18.35			6.06	5.03	6.61	8.00	14.73	14.11	18.94	18.08		1.98	2.05
2007 年	生产量	7350	450	1340			510	420	520	530	1050	1000	1360	1340		120	130
	进口量	401	2	45			56	40	4	10	70	70	103	53		43	15
	出口量	461	59	53			140	93	48	3	58	58	25	39		27	9
	消费量	7290	393	1332			426	367	476	537	1062	1012	1438	1352		136	136
	消费比例	100.0	5.4	18.3			5.8	5.0	6.5	7.4	14.5	13.9	19.7	18.6		1.9	1.9
2008 年	生产量	7980	460	1400			550	460	550	560	1120	1070	1530	1520		140	150
	进口量	358	2	39			54	38	5	12	64	64	88	45		38	11
	出口量	403	36	54			137	97	52	3	53	53	13	13		34	8
	消费量	7935	426	1385			467	401	503	569	1131	1081	1605	1552		144	153
	消费比例	100.0	5.4	17.5			5.9	5.0	6.3	7.2	14.3		20.2	19.6		1.8	1.9
2009 年	生产量	8640	480	1510			590	500	580	575	1150	1100	1730	1715		150	160
	进口量	334	2	38			36	31	5	15	71	71	86	46		27	8
	出口量	405	21	51			163	132	56	3	61	61	7	3		33	7
	消费量	8569	461	1497			463	399	529	587	1160	1110	1809	1758		144	161
	消费比例	100.0	5.4	17.5			5.4	4.6	6.2	6.9	13.5	13.0	21.1	20.5		1.7	1.9

续表

		总量	新闻纸	未涂布印刷书写纸	其中：书刊印刷纸	书写纸	涂布纸	其中：铜版纸	生活用纸	包装用纸	白纸板	其中：涂布白纸板	箱纸板	瓦楞原纸	其中：高强瓦楞原纸	特种纸及纸板	其他纸及纸板
2010 年	生产量	9270	430	1620			640	555	620	600	1250	1200	1880	1870		180	180
	进口量	336	4	41			45	38	8	17	77	77	80	24		31	9
	出口量	433	11	71			136	113	61	5	73	73	14	5		47	10
	消费量	9173	423	1590			549	480	567	612	1254	1204	1946	1889		164	179
	消费比例	100.0	4.6	17.3			6.0	5.2	6.2	6.7	13.7	13.1	21.2	20.6		1.8	1.9
2011 年	生产量	9930	390	1730			725	640	730	620	1340	1290	1990	1980		210	215
	进口量	331	1	40			37	30	9	18	79	79	93	17		30	7
	出口量	509	2	83			163	138	65	6	97	97	10	6		61	16
	消费量	9752	389	1687			599	532	674	632	1322	1272	2073	1991		179	206
	消费比例	100.0	3.99	17.3			6.1	5.5	6.9	6.5	13.56	13.0	21.3	20.4		1.8	2.1
2012 年	生产量	10250	380	1750			780	695	780	640	1390	1340	2080	2020		220	210
	进口量	311	13	35			35	27	4	20	72	72	84	14		28	6
	出口量	513	0	101			177	141	53	5	83	83	7	7		65	15
	消费量	10048	393	1684			638	581	731	655	1379	1329	2157	2027		183	201
	消费比例	100.00	3.91	16.76			6.35	5.78	7.28	6.52	13.72	13.23	21.47	20.17		1.82	2.00
2013 年	生产量	10110	360	1720			770	685	795	635	1360	1310	2040	2015		230	185
	进口量	283	11	28			32	24	3	20	66	65	83	7		27	6
	出口量	611	9	121			179	132	64	5	116	116	17	9		69	22
	消费量	9782	362	1627			623	577	734	650	1310	1259	2106	2013		188	169
	消费比例	100.00	3.70	16.63			6.37	5.90	7.50	6.64	13.39	12.87	21.53	20.58		1.92	1.73
2014 年	生产量	10470	325	1715			775	685	830	650	1395	1345	2180	2155		250	195
	进口量	282	5	31			34	26	4	20	64	64	86	5		27	6
	出口量	681	9	117			184	124	75	5	158	158	26	8		72	27
	消费量	10071	321	1629			625	587	759	665	1301	1251	2240	2152		205	174
	消费比例	100.00	3.19	16.18			6.21	5.83	7.54	6.60	12.92	12.42	22.24	21.37		2.04	1.73
2015 年	生产量	10710	295	1745			770	680	885	665	1400	1340	2245	2225		265	215
	进口量	287	6	37			34	26	3	21	61	60	84	9		26	6
	出口量	645	2	102			162	110	71	5	162	162	32	6		74	29
	消费量	10352	299	1680			642	596	817	681	1299	1238	2297	2228		217	192
	消费比例	100.00	2.89	16.23			6.20	5.76	7.89	6.58	12.55	11.96	22.19	21.52		2.10	1.85

续表

		总量	新闻纸	未涂布印刷书写纸	其中：书刊印刷纸	书写纸	涂布纸	其中：铜版纸	生活用纸	包装用纸	白纸板	其中：涂布白纸板	箱纸板	瓦楞原纸	其中：高强瓦楞原纸	特种纸及纸板	其他纸及纸板
2016 年	生产量	10855	260	1770			755	665	920	675	1405	1345	2305	2270		265	215
	进口量	297	6	41			35	26	3	21	58	57	94	8		26	5
	出口量	733	1	122			181	126	69	7	198	197	35	7		81	32
	消费量	10419	265	1689			609	565	854	689	1265	1205	2364	2271		225	188
	消费比例	100.00	2.54	16.21			5.85	5.42	8.20	6.61	12.14	11.57	22.69	21.80		2.16	1.8
2017 年	生产量	11130	235	1790			765	675	960	695	1430	1370	2385	2335		305	230
	进口量	466	33	63			45	33	4	23	62	61	137	65		26	8
	出口量	699	1	109			176	123	74	11	193	193	12	4		82	37
	消费量	10897	267	1744			634	585	890	707	1299	1238	2510	2396		249	201
	消费比例	100.00	2.45	16.00			5.82	5.37	8.17	6.49	11.92	11.36	23.03	21.99		2.29	1.84
2018 年	生产量	10435	190	1750			705	655	970	690	1335	1275	2145	2105		320	225
	进口量	622	48	85			49	32	5	21	54	53	207	111		30	12
	出口量	618	1	84			150	106	74	10	170	170	7	3		89	30
	消费量	10439	237	1751			604	581	901	701	1219	1158	2345	2213		261	207
	消费比例	100.00	2.27	16.77			5.79	5.57	8.63	6.72	11.68	11.09	22.46	21.20		2.5	1.98
2019 年	生产量	10765	150	1780			680	630	1005	695	1410	1350	2190	2220		380	255
	进口量	625	46	63			32	22	3	20	52	51	220	156		24	9
	出口量	686	1	94			170	117	78	16	185	185	7	2		95	38
	消费量	10704	195	1749			542	535	930	699	1277	1216	2403	2374		309	226
	消费比例	100.00	1.82	16.34			5.06	5.00	8.69	6.53	11.93	11.36	22.45	22.18		2.89	2.11
2020 年	生产量	11260	110	1730			640	600	1080	705	1490	1410	2440	2390		405	270
	进口量	1154	65	119			36	25	3	31	53	52	404	389		22	32
	出口量	587	0	66			105	69	87	18	170	170	7	3		97	34
	消费量	11827	175	1783			571	556	996	718	1373	1292	2837	2776		330	268
	消费比例	100.00	1.48	15.07			4.83	4.70	8.42	6.07	11.61	10.92	23.99	23.47		2.79	2.27
2021 年	生产量	12105	90	1720			635	605	1105	715	1525	1445	2805	2685		395	430
	进口量	1090	71	133			44	30	5	24	58	57	399	294		23	39
	出口量	547	1	60			96	56	64	17	156	156	8	2		106	37
	消费量	12648	160	1793			583	579	1046	722	1427	1346	3196	2977		312	432
	消费比例	100.00	1.27	14.18			4.61	4.58	8.27	5.71	11.28	10.64	25.27	23.54		2.47	3.42

续表

		总量	新闻纸	未涂布印刷书写纸	其中：书刊印刷纸	书写纸	涂布纸	其中：铜版纸	生活用纸	包装用纸	白纸板	其中：涂布白纸板	箱纸板	瓦楞原纸	其中：高强瓦楞原纸	特种纸及纸板	其他纸及纸板
2022 年	生产量	12425	90	1735			650	620	1135	730	1590	1510	2810	2770		425	490
	进口量	836	46	45			26	20	3	28	44	44	360	241		17	26
	出口量	858	1	102			176	149	79	27	255	255	11	1		155	51
	消费量	12403	135	1678			500	491	1059	731	1379	1299	3159	3010		287	465
	消费比例	100.00	1.09	13.53			4.03	3.96	8.54	5.89	11.12	10.47	25.47	24.27		2.31	3.75
2023 年	生产量	12965	80	1805			660	630	1210	755	1655	1575	2895	2915		445	545
	进口量	1132	51	42			22	17	4	39	44	43	532	359		14	25
	出口量	932	2	136			169	150	111	21	243	243	9	2		179	60
	消费量	13165	129	1711			513	497	1103	773	1456	1375	3418	3272		280	510
	消费比例	100.00	0.98	13.00			3.90	3.78	8.38	5.87	11.06	10.44	25.96	24.85		2.13	3.87

（邱江惠）

2022—2023 年全球分地区和种类纸浆需求量

Global Pulp Demand by Region and Grade in 2022—2023

表 1　2022—2023 年全球不同地区化学浆需求量　单位：千吨

地区	2022 年	2023 年	同比 /%
北美	7946	7436	-6.4
西欧	14210	11982	-15.7
东欧	3104	2838	-8.6
拉丁美洲	3970	4046	1.9
日本	2295	1942	-15.4
中国	23176	28935	24.8
其他亚洲地区	9222	9671	4.9
大洋洲	462	344	-25.5
非洲	1016	1059	4.2
全球	65401	68253	4.4

表 2　2022—2023 年 1—12 月全球化学浆需求量　单位：千吨

月份	2022 年	2023 年
1 月	5371	5155
2 月	5177	4961
3 月	5797	5660
4 月	5229	5116
5 月	5500	5645
6 月	5599	6139
7 月	5275	5616
8 月	5580	5961
9 月	5840	6335
10 月	5212	5610
11 月	5265	5928
12 月	5556	6126
合计	65401	68252

表 3 2022—2023 年全球不同浆种需求量 单位：千吨

浆种	2022 年	2023 年	同比 /%
化学浆	65401	68253	4.4
亚硫酸盐浆	110	107	–2.7
漂白硫酸盐针叶木浆	24538	24744	0.8
其中：北方松	14960	15593	4.2
其他	9578	9151	–4.5
漂白硫酸盐阔叶木浆	37723	40914	8.5
其中：桉木浆	28636	30727	7.3
其他	9087	10187	12.1
未漂硫酸盐浆	3031	2489	–17.9
高得率浆	3940	3433	–12.9
合计	69341	71686	3.4

注：数据来源于纸浆纸张产品理事会（PPPC）。

（曹凯月 孟 莉）

2022—2023 年全球分地区和种类纸及纸板需求量

Global Paper and Paperboard Demand by Region and Grade in 2022—2023

表 1　　2022—2023 年全球不同地区纸及纸板需求量　　单位：千吨

地区	印刷用纸			纸箱用纸板			生活用纸		
	2022 年	2023 年	同比 /%	2022 年	2023 年	同比 /%	2022 年	2023 年	同比 /%
北美	13360	9846	-26.3	32340	31445	-2.8	8267	8475	2.5
西欧	15138	11597	-23.4	25170	23567	-6.4	6959	6749	-3.0
东欧	3981	3255	-18.2	9384	9253	-1.4	2649	2658	0.3
拉丁美洲	4406	3896	-11.6	15326	15009	-2.1	4385	4603	5.0
日本	7969	7278	-8.7	9217	9185	-0.3	2069	2047	-1.1
中国	22822	23324	2.2	52224	56943	9.0	10015	10485	4.7
其他亚洲地区	15262	15074	-1.2	30933	31066	0.4	4804	5054	5.2
大洋洲	755	514	-31.9	2140	2041	-4.6	504	501	-0.6
非洲	2329	2308	-0.9	3574	3576	0.1	967	1045	8.1
全球	86022	77092	-10.4	180308	182085	1.0	40619	41617	2.5

表 2　　2022—2023 年 1—12 月全球纸及纸板需求量　　单位：千吨

月份	印刷用纸		纸箱用纸板		生活用纸	
	2022 年	2023 年	2022 年	2023 年	2022 年	2023 年
1 月	7162	6197	15284	14825	3415	3446
2 月	6679	6240	14323	14057	3068	3142
3 月	7736	6878	15902	15707	3519	3577
4 月	7062	6000	15247	14839	3337	3424
5 月	7324	6442	15773	15701	3449	3525
6 月	7221	6235	15203	15258	3350	3429
7 月	7210	6119	15194	15177	3454	3540
8 月	7331	6393	15055	15383	3442	3527
9 月	7348	6581	14617	15249	3358	3448
10 月	7182	6751	14806	15541	3444	3543
11 月	6963	6667	14622	15325	3359	3487
12 月	6803	6586	14281	15021	3425	3527
合计	86021	77089	18037	182083	40620	41615

表 3 2022—2023 年全球不同纸种需求量 单位：千吨

纸种	2022 年	2023 年	同比 /%
印刷用纸			
新闻纸	11430	9644	–15.6
未涂布机械浆纸	6969	5686	–18.4
涂布机械浆纸	6550	5561	–15.1
未涂布不含磨木浆纸	45164	42766	–5.3
涂布不含磨木浆纸	15909	13435	–15.6
纸箱用纸板			
牛皮纸板	34090	32963	–3.3
半化学浆瓦楞原纸	9018	8732	–3.2
挂面箱纸板	79759	81983	2.8
废纸瓦楞原纸	57441	58407	1.7

注：数据来源于纸浆纸张产品理事会（PPPC）。

（曹凯月 孟 莉）

2022 年 1 月—2023 年 12 月针叶木片进口数据统计

Statistics on Import Data of Coniferous Wood Chips from January 2022 to December 2023

日期	进口量 / 万吨	进口量环比	进口量同比	进口金额 / 美元	进口均价 /（美元 / 吨）	进口均价环比	进口均价同比	累计进口量 / 万吨	累计进口量同比
2022 年 1 月	11.81	131.67%	83.78%	24634418	208.65	−7.37%	23.38%	11.81	83.78%
2022 年 2 月	2.63	−77.69%	−71.09%	5606327	212.8	1.99%	20.58%	14.44	−7.06%
2022 年 3 月	3.33	26.31%	64.37%	7099146	213.34	0.25%	44.99%	17.77	1.17%
2022 年 4 月	5.15	54.81%	−45.44%	13372380	259.58	21.68%	36.96%	22.92	−15.13%
2022 年 5 月	7.1	37.77%	16405.07%	16003051	225.49	−13.13%	−25.91%	30.02	10.97%
2022 年 6 月	1.87	−73.60%	−78.07%	2301471	122.82	−45.53%	−33.36%	31.89	−10.40%
2022 年 7 月	9.12	386.79%	−45.05%	29149332	319.56	160.19%	56.75%	41.01	−21.42%
2022 年 8 月	8.21	−10.00%	76.46%	21767470	265.13	−17.03%	21.11%	49.22	−13.41%
2022 年 9 月	10.18	24.02%	−23.41%	29348350	288.23	8.71%	39.59%	59.41	−15.31%
2022 年 10 月	4.63	−54.50%	124466.98%	16930297	365.44	26.79%	−47.76%	64.04	−8.71%
2022 年 11 月	10.34	123.10%	37.02%	31464338	304.41	−16.70%	48.23%	74.37	−4.27%
2022 年 12 月	12.57	21.66%	146.74%	35764559	284.42	−6.57%	26.26%	86.95	5.03%
2022 年合计	86.95	—	5.03%	233441139	268.48	—	37.04%	86.95	5.03%
2023 年 1 月	5.38	−57.24%	−54.46%	14652978	272.53	−4.18%	30.62%	5.38	−54.46%
2023 年 2 月	8.33	54.88%	216.07%	24717519	296.83	8.91%	39.49%	13.7	−5.11%
2023 年 3 月	2.65	−68.15%	−20.29%	6966780	262.65	−11.52%	23.11%	16.36	−7.95%
2023 年 4 月	1.81	−31.68%	−64.82%	2638217	145.58	−44.57%	−43.92%	18.17	−20.73%

续表

日期	进口量 / 万吨	进口量环比	进口量同比	进口金额 / 美元	进口均价 /（美元 / 吨）	进口均价环比	进口均价同比	累计进口量 / 万吨	累计进口量同比
2023 年 5 月	1.32	−27.25%	−81.42%	2063307	156.51	7.51%	−30.59%	19.49	−35.08%
2023 年 6 月	3.09	134.51%	64.99%	6894569	223	42.49%	81.57%	22.58	−29.20%
2023 年 7 月	3.57	15.44%	−60.87%	8239157	230.85	3.52%	−27.76%	26.15	−36.25%
2023 年 8 月	0.54	−84.81%	−93.40%	653738	120.63	−47.75%	−54.50%	26.69	−45.78%
2023 年 9 月	0.7	29.20%	−93.12%	983711	140.49	16.47%	−51.26%	27.39	−53.89%
2023 年 10 月	0.83	18.14%	−82.14%	1077347	130.23	−7.30%	−64.36%	28.22	−55.94%
2023 年 11 月	7.62	821.68%	−26.23%	16086924	210.99	62.01%	−30.69%	35.84	−51.81%
2023 年 12 月	6.37	−16.40%	−49.31%	11718453	183.84	−12.87%	−35.36%	42.22	−51.45%
2023 年合计	42.22	—	−51.45%	96692700	229.04	—	−14.69%	42.22	−51.45%

数据来源：中华人民共和国海关总署。

2022 年 1 月—2023 年 12 月阔叶木片进口数据统计

Statistics on Import Data of Hardwood Chips from January 2022 to December 2023

日期	进口量 / 万吨	进口量环比	进口量同比	进口金额 / 美元	进口均价 /（美元 / 吨）	进口均价环比	进口均价同比	累计进口量 / 万吨	累计进口量同比
2022 年 1 月	156.47	47.99%	40.07%	289306102	184.9	1.63%	15.11%	156.47	40.07%
2022 年 2 月	127.77	–18.34%	4.03%	251841571	197.11	6.61%	22.89%	284.24	21.20%
2022 年 3 月	125.4	–1.85%	–3.35%	236477393	188.57	–4.33%	13.78%	409.64	12.46%
2022 年 4 月	145.06	15.67%	4.92%	295732669	203.88	8.12%	21.18%	554.7	10.38%
2022 年 5 月	166.39	14.71%	6.60%	335963959	201.91	–0.96%	16.46%	721.09	9.49%
2022 年 6 月	159.04	–4.42%	31.45%	336296519	211.46	4.73%	21.13%	880.13	12.89%
2022 年 7 月	158.85	–0.12%	31.28%	356885758	224.67	6.25%	24.68%	1038.97	15.36%
2022 年 8 月	155.64	–2.02%	29.01%	362292457	232.78	3.61%	25.49%	1194.61	16.98%
2022 年 9 月	164.18	5.49%	42.28%	383644068	233.67	0.38%	24.74%	1358.79	19.55%
2022 年 10 月	142.4	–13.27%	32.22%	336661167	236.42	1.18%	30.40%	1501.19	20.64%
2022 年 11 月	142.3	–0.07%	10.21%	338328533	237.76	0.57%	22.70%	1643.49	19.66%
2022 年 12 月	114.25	–19.71%	8.05%	269357778	235.76	–0.84%	29.58%	1757.74	18.83%
2022 年合计	1757.74	—	18.83%	3792787974	215.78	—	22.68%	1757.74	18.83%
2023 年 1 月	128.88	12.81%	–17.63%	303632694	235.59	–0.07%	27.42%	128.88	–17.63%
2023 年 2 月	96.49	–25.13%	–24.48%	223804606	231.95	–1.55%	17.68%	225.37	–20.71%
2023 年 3 月	113.19	17.31%	–9.74%	250832571	221.61	–4.46%	17.52%	338.55	–17.35%
2023 年 4 月	91.09	–19.52%	–37.20%	198362152	217.76	–1.74%	6.81%	429.65	–22.54%

续表

日期	进口量 / 万吨	进口量环比	进口量同比	进口金额 / 美元	进口均价 /（美元 / 吨）	进口均价环比	进口均价同比	累计进口量 / 万吨	累计进口量同比
2023 年 5 月	106.88	17.33%	−35.77%	226319695	211.75	−2.76%	4.87%	536.52	−25.60%
2023 年 6 月	112.58	5.33%	−29.21%	218768228	194.32	−8.23%	−8.11%	649.1	−26.25%
2023 年 7 月	97.43	−13.46%	−38.66%	170440790	174.94	−9.97%	−22.14%	746.53	−28.15%
2023 年 8 月	138.81	42.47%	−10.81%	251847059	181.44	3.72%	−22.06%	885.34	−25.89%
2023 年 9 月	159.81	15.13%	−2.66%	296399142	185.46	2.22%	−20.63%	1045.16	−23.08%
2023 年 10 月	140.42	−12.13%	−1.39%	257127038	183.11	−1.27%	−22.55%	1185.58	−21.02%
2023 年 11 月	112.95	−19.57%	−20.63%	212568733	188.2	2.78%	−20.84%	1298.53	−20.99%
2023 年 12 月	122.38	8.35%	7.11%	236322690	193.11	2.61%	−18.09%	1420.9	−19.16%
2023 年合计	1420.9	—	−19.16%	2846425398	200.33	—	−7.16%	1420.9	−19.16%

数据来源：中华人民共和国海关总署。

（常俊婷）

我国特种纸部分商品进出口情况（2009—2023）

Imports and Exports of Specialty Paper Products in China（2009—2023）

表 1　特种纸相关纸种海关商品编码

商品编码	商品名称
4813	卷烟纸，不论是否切成一定尺寸、成小本或管状
4814	壁纸及类似品；窗用透明纸
481890	纸浆、纸等制的其他家庭、卫生或医院用品
480210	手工制纸及纸板
480220	光敏、热敏、电敏纸及纸板的原纸和原纸板
481160	用蜡、石蜡、硬脂精、油或甘油浸涂的纸（报关实例：食品蜡纸、非硅离型纸、阻燃彩纸、防锈纸、防粘纸、糖果内纸、硅油纸、烘焙纸、汽车密封垫纸板、电化铝镀膜纸、工艺编织纸、咬合纸）
48024000	壁纸原纸
48021090	其他手工制纸及纸板
48021010	宣纸
48022090	其他光敏、热敏、电敏纸及纸板的原纸和原纸板
48022010	照相原纸
48025400	其他未涂书写印刷纸（报关实例：记事贴原纸、字典纸、圣经纸、拷贝纸）
48054000	滤纸及纸板
48055000	毡纸及纸板
48059110	电解电容器纸（定量≤ 150g）

续表

商品编码	商品名称
48059190	其他未经涂布的纸及纸板（定量≤ 150g）（报关实例：鸡皮纸、鲜花包装纸、鞋用纸、间隔纸、锂电池隔膜纸、贴花原纸、装饰原纸、玻璃衬纸、胶带原纸、绝缘纸、离型原纸、格拉辛纸、拷贝纸、吸管纸、医用透析纸、心电图纸等）
48061000	植物羊皮纸
48062000	防油纸
48063000	描图纸
48064000	半透明玻璃纸及其他高光泽透明或半透明纸
48092000	自印复写纸，成卷或成张的（报关实例：无碳复写纸）
48099000	复写纸及其他拷贝或转印纸，成卷或成张的（报关实例：转移印花纸、蓝线晒图纸、水转印底纸、拷贝纸、感压转印纸）
48111000	成卷或成张矩形焦油纸及纸板、沥青纸及纸板（报关实例：防潮纸、焦油纸、沥青纸板）
48114100	成卷或成张矩形的任何尺寸的自粘胶粘纸（报关实例：纸胶带、美纹纸、双面胶带纸、泡泡贴纸、汽车静电遮阳纸、汽车海绵胶纸、水贴纸、不干胶纸）
48114900	成卷或成张矩形的其他胶粘纸及纸板（报关实例：马桶贴纸、静电贴纸、透析纸、绝缘胶带）
48115910	其他用塑料涂布、浸渍或覆盖绝缘纸及纸板（报关实例：青稞纸、隔膜纸、陶瓷纤维绝缘纸、防火板、酚醛纸层压板、绝缘衬垫、绝缘浸漆纸、电缆纸）
48116090	其他用蜡、石蜡、硬脂精、油或甘油浸涂的纸
48116010	用蜡、石蜡、硬脂精、油或甘油浸涂的绝缘纸
48120000	纸浆制的滤块、滤板及滤片
48169010	热敏转印纸（4809 的除外）
48232000	切成一定尺寸或形状的滤纸及纸板
48237000	压制或模制纸浆制品（报关实例：预压绝缘成型件、鞋托、防震纸托、防火板、绝缘角环）
48239010	以纸或纸板为底制的铺地制品（报关实例：铺地纸品、纸太阳镜、纸质地板、高速列车脚踏系统用纸制防滑垫）
48239020	神纸及类似用品

表 2 特种纸不同商品编码进口量

商品编码	进口量 / 千克														
	2009	2010	2011	2012	2013	2014	2015	2016	2017	2018	2019	2020	2021	2022	2023
4813	12691311	14828964	12152968	16146432	15245729	14757995	17358514	13745443	12836945	16544553	16789907	16333518	13025707	16009180	13949419
4814	15905903	23836345	28795871	26404955	18614181	16056879	13235167	12914531	12130807	9686206	6282188	4449708	4541120	4258053	3179064
481890	2061044	3703152	3351178	7471972	4045397	5370746	3819968	4682173	3729144	4136119	4713091	6061621	6006117	4675526	2608881
480210	1662947	2675834	129720	354902	160747	111152	67877	112506	112801	68488	100862	20167	2231395	144557	135135
480220	10905254	9598388	8956078	8006109	7819865	5958087	8058138	7121359	7666200	8942260	9312759	1596313	9184617	8299973	6359397
481160	8064339	9393672	12182749	13393087	12743886	11880170	12739533	11649885	13659916	10150520	8620920	1022813	8005416	7396138	5182346
48024000	10804518	20754444	19778981	12546169	13153182	6558631	6116414	5607146	3605885	3292978	1672761	1891820	1303358	57281	1277390
48021090	—	28393	98223	239915	132292	87607	56643	98851	94697	54124	82435	31422	630414	94252	116638
48021010	—	977051	31497	114987	28455	23545	11234	13655	18104	14364	18427	87977	55059	50305	18497
48022090	9627010	8429496	8233172	6500229	5911138	4848862	5010691	3565390	4045084	6001523	7296954	5953535	8090484	7573935	5505309
48022010	1278244	1168892	722906	1505337	1116158	1109225	3047447	3555969	3621116	2940737	2015805	1148144	1094133	726038	854088
48025400	9219439	9411523	12588134	11506707	7353872	7068341	5889910	6528195	6848891	8045673	6754374	5912150	6675728	5078403	5781700
48054000	10742207	13249186	13253955	13074328	12525508	12011456	10767922	11461320	12282965	12461429	9551535	8209737	8637519	6440722	5873522
48055000	607950	758784	746470	775814	730332	597583	637980	563753	721110	564227	517534	437911	519238	476382	376810
48059110	2728984	3340657	5220827	2328844	3032390	3123167	2758692	2683733	3721543	3523552	3687160	4519690	5214937	4637259	3013190
48059190	—	—	—	20158126	16595031	19339277	19090936	22058924	28282738	39019297	33652570	278608954	308502913	209790480	175518188
48061000	499230	696230	20445043	507081	474801	544692	338131	494157	545395	647816	830696	566429	807711	748055	573149
48062000	2125036	1844913	807610	2626838	2151513	2318183	3209357	3116204	3394224	9400714	3997181	2818715	3459739	3587099	2714979
48063000	527103	474966	2697288	774897	239045	281042	183142	43949	44142	129976	144067	38178	81109	18572	9213
48064000	34990008	50699863	468400	67731112	56698577	54155404	46815057	39501762	33034363	35884227	39916153	36301577	36060533	27349173	23117460
48092000	1792551	1240490	1837780	11050128	1624484	1672410	1505806	1109395	821935	1764962	996524	664702	686506	345369	323352
48099000	4378247	4486315	5309816	5107218	3498337	5370432	4655057	2486111	2043000	2530845	3000666	1999799	2497554	1651034	2019792
48111000	162879	417871	438362	335586	102758	484955	438732	440313	574054	457333	60025	9710	160914	26614	111273

续表

商品编码	进口量 / 千克														
	2009	2010	2011	2012	2013	2014	2015	2016	2017	2018	2019	2020	2021	2022	2023
48114100	28662393	33622060	28082511	33574853	25452054	25078638	21674070	19689641	19659457	17311792	15128210	14514546	14129527	12745198	9447111
48114900	3995227	5303495	5363474	6393257	4175836	3740804	3670272	1993968	2591530	1507695	1072542	1054028	682724	596062	208768
48115910	3370021	4525288	4466462	3594169	3223087	2830801	1793746	1855447	2878582	1888238	906144	1039488	1574793	1562675	1479821
48116090	6485918	8374760	11299374	12726840	11903637	10823398	9995021	8662261	11753956	9071046	6790277	7958431	7439628	7220352	4915573
48116010	1578421	1018912	881375	666247	840249	1236772	2744512	2987624	1905960	1079474	1830643	1177558	568643	175786	266773
48120000	1743336	2252316	2628902	2149661	1868933	1830324	1622275	1727892	1871920	1652076	1000369	855370	959466	939748	1128986
48169010	665063	911788	1724413	2608440	1825026	1521689	847122	1339623	953263	976372	712404	513218	231038	172297	129900
48232000	2313611	2485056	2834636	5541378	3008587	3735353	3369301	3150081	2332813	2903237	2681236	2348132	2789673	2527135	1610305
48237000	2801642	3295174	3987728	5436456	1554200	1368052	1393699	1353975	2045608	2456725	2240975	2155087	1826429	1769473	1200167
48239010	12138	51499	46837	101378	71549	11499	27364	26770	162038	445104	380130	545874	58129	34328	330
48239020	55268	206189	177933	6571516	274990	368633	1143732	890533	2880994	5506122	3360910	1092883	618251	1499025	734250

表 3　**特种纸不同商品编码进口金额**

商品编码	进口金额 / 美元														
	2009	2010	2011	2012	2013	2014	2015	2016	2017	2018	2019	2020	2021	2022	2023
4813	40456357	48656978	44886012	55851305	53610555	52324072	61311613	48673026	44379470	60999200	62000749	60070989	51734159	68687681	71210827
4814	85771166	132563100	162390768	136068209	132244130	136696788	101988024	96579047	83088234	67743778	40741954	26342893	26685866	20410577	17306223
481890	5395191	8763233	9829164	12182014	13873206	18939844	13429706	15835507	12669214	14483804	17720064	22193636	25826628	22330820	17379081
480210	851101	14128389	247847	473062	338259	245404	205068	241913	185960	293198	412557	128475	1609687	522737	453355
480220	12528136	11647136	12172506	11233250	9408029	6977002	9156468	8676552	9483398	10138079	9043278	1692047	8008469	6777918	5606892
481160	33576787	34421787	40210093	38010873	37469624	33321941	31475191	27314088	28294415	24251750	22457705	3721218	21993607	21844145	14669665
48024000	8581184	45299532	59539357	28963729	29417859	16088424	8413921	7408192	6340489	4719932	2417802	1802695	1145393	124069	1353598
48021090	—	100266	174073	292770	223440	172662	150198	148738	133898	179380	241045	115833	644681	347899	341841
48021010	—	8315185	73774	180292	114819	72742	54870	93175	52062	113818	171512	272745	166322	174880	111514
48022090	11718163	10757930	11326689	9445748	7165463	5525818	5391569	4287861	4942877	6718203	7345656	5851423	7136214	6375299	5179728

续表

商品编码	进口金额 / 美元														
	2009	2010	2011	2012	2013	2014	2015	2016	2017	2018	2019	2020	2021	2022	2023
48022010	809973	889206	645817	1787502	1388806	1451184	3764899	4388691	4540521	3419876	1697622	907556	872255	402619	427164
48025400	11296448	12363472	17304312	14944958	9728161	8273409	6645334	6853954	6810394	9285022	8444757	6849634	7734436	6356154	6677053
48054000	38234620	52590831	50133460	45302859	49998393	49795964	42631075	46582047	48488354	52545270	43352616	39311641	36725515	30680738	24018283
48055000	5904438	9346772	19460307	10712234	9289661	6764003	5716875	7561055	7533558	5278285	5020475	4420614	5594177	4772054	5220909
48059110	24542405	33550409	32393207	25588713	28340486	28565322	24068787	25436714	34430649	34444692	34046618	44044098	54219614	49566777	32853035
48059190	—	—	—	39871594	38899205	45983217	43201745	54102765	60103007	71236035	66137060	151221371	224183169	172382808	126389595
48061000	1906425	3041019	44885139	2476540	2490523	2831482	1799623	2546943	2515998	3174253	3231149	2604448	4587199	3605127	2659422
48062000	2672645	3375278	4168258	6027726	4779299	5472447	7746406	6880637	7773779	12064079	8272026	7059372	9507647	10691816	8618718
48063000	1640313	2015156	5630211	1774532	1147576	1135430	809046	280456	259655	647978	798887	239966	566366	92547	70960
48064000	49045038	7660885	2085873	100861887	82506585	76821396	67662124	56448088	48885752	62616774	69154874	58028337	64097150	61679937	54476915
48092000	1515638	1142101	1606276	1193072	1768232	1843548	1451498	973016	928699	2608265	963935	559409	459586	279199	283344
48099000	12601529	12120060	14277498	13628497	11741830	13460587	13659770	8659963	8656231	9435361	10053744	6765655	8860124	7295467	7578043
48111000	155145	549689	714218	660814	542669	810062	741947	630769	772721	720204	354495	101917	628600	110079	259658
48114100	135372757	157193688	155716599	168166321	134939370	123893917	105051449	99562225	101873560	101327019	91272535	84408057	93493364	83354596	65718275
48114900	14817037	12760280	14523413	18367760	11788765	10521197	9554670	8156637	8955224	8525799	6853551	6766625	6322033	5326511	2406692
48115910	20346640	22699965	21729938	18975013	16604393	14888136	10760288	11775260	13866198	14389937	8791917	9456018	13272209	11838310	11135596
48116090	19170141	25008958	30927377	29734260	30875986	26501998	19991754	17586143	22678895	20043615	17266656	19992625	19656135	20130493	12433985
48116010	14406646	9412829	9282716	6594683	6593638	6819943	11483437	9727945	5615520	4208136	5191049	5253048	2340729	1699246	2235680
48120000	13062108	15982341	21213826	34393300	21220202	18328359	15464715	16976712	18295712	17303213	10916418	10241785	11825359	11151657	14585638
48169010	2240057	2838384	3562565	4286737	4376952	3950505	4273636	5362044	5046501	6189938	5944512	2373938	2405827	1907646	1705109
48232000	19910872	24987571	30318456	30669882	32023702	44889854	38626590	37416273	29510233	40906257	39510503	30870467	32088445	30536000	25798515
48237000	7594457	12372035	27679232	20211745	13174928	9646707	9287321	10150169	15271534	12188056	12643523	10587166	10543987	10781063	6393566
48239010	135038	274171	415291	253358	491574	443068	373209	421023	707657	1489152	951316	1206481	176740	166508	21172
48239020	78499	362342	242582	314024	247701	374442	481035	427314	862351	2643127	1522940	514266	641846	567286	323495

表 4 特种纸不同商品编码出口量

商品编码	出口量 / 千克														
	2009	2010	2011	2012	2013	2014	2015	2016	2017	2018	2019	2020	2021	2022	2023
4813	14567399	17162854	18788234	21147103	25567815	23252834	26428965	33222934	33723203	37362295	51075401	49943541	52165352	69631090	65825586
4814	36425449	44505528	48945036	49069046	63358453	65959667	63928081	72088865	92907540	89751821	110858943	119185145	138955026	122209152	134340168
481890	28546436	39713400	33074717	60909770	100565422	115695777	118463463	136507987	156322032	184727117	204573986	222264141	257025502	269331962	278584903
480210	2467667	2641012	3140762	3450162	3008945	3120577	2828058	2527122	2467292	4853381	5008893	1460499	2277686	8709031	1807047
480220	1805865	5594157	9332998	3217986	4071928	2673477	8093013	11432198	10169470	3919556	2596568	264584	993609	2499551	5449443
481160	5180347	7979108	6069733	8790798	11804423	12182011	15758925	14687162	17400687	16753193	18835119	5639672	21217590	26973293	39159151
48024000	4614197	6072179	6928102	6889546	7219414	8580367	8834793	7611708	13818084	16456537	17605256	11132811	10339973	11501299	7207123
48021090	—	1670390	1972837	2185027	2039169	1411753	1580195	1537934	1310388	3599163	3441890	2001491	1275904	1053333	761561
48021010	—	970622	1167925	1265135	969776	903571	1247863	989188	1156904	1254218	1567003	886483	967255	7368646	1045486
48022090	1214862	4779120	7461790	1425168	959291	1546547	7381240	10831126	9825140	3717778	2235684	1479955	835481	2214137	4817303
48022010	591003	815037	1871478	1792818	2957027	1756882	711773	601072	344330	201778	360884	161170	153754	277189	632140
48025400	7134872	7960042	8479037	11551741	14684312	15538436	13255921	12541798	1190747	14744526	12621069	9375635	11619214	15869299	16716927
48054000	3260898	6231029	13514942	8769796	7923434	10869879	10742250	9020244	11170681	12813808	14520628	14445128	16452088	22025791	25238055
48055000	639632	310114	168587	170396	452573	277419	132933	83688	142191	170441	162419	139897	50763	23024	73119
48059110	507967	590387	680753	679056	649064	704323	740240	684404	715386	618934	523442	605098	633699	473780	617523
48059190	—	—	—	27243882	49851006	55525581	82281741	91025739	94821805	96794400	102933970	94734887	120792629	135634315	182547675
48061000	372255	474664	25981215	593897	675080	877671	1340572	1591204	2059292	2337386	2646494	2277583	3390269	3510755	3928060
48062000	4748436	4757211	513819	5195880	5652966	5808326	6868700	7098971	6821262	7683134	7423064	6940791	7479357	8609520	10711203
48063000	3183148	3888059	6464805	4238302	4929969	4558456	6390730	6172705	5898711	4991374	5004059	4023199	3617463	4294889	7140634
48064000	9508571	8405595	4657876	6004794	6315280	8860491	8959090	25391240	60484991	59361414	100581620	117896159	113734958	154261648	115094345
48092000	85463958	104873812	121573735	116324331	121791996	112481463	97171196	95937358	98356497	94397023	82812684	62856845	68181261	59043307	57631882
48099000	5663556	5610758	5033118	4498938	6117628	9833797	15267747	26882314	25264192	33673832	39071240	33961719	40966079	65707170	99140914
48111000	4095773	980389	1362430	529574	601285	469532	539829	356667	654120	783719	583687	361678	419781	526316	474923
48114100	48781889	70560526	91068571	91481097	101997697	102115257	104522108	106225508	132161275	140537155	165675942	183500342	213142149	315167227	364391890

续表

商品编码	出口量 / 千克														
	2009	2010	2011	2012	2013	2014	2015	2016	2017	2018	2019	2020	2021	2022	2023
48114900	4706380	9444370	12180332	9732992	5375045	6524318	7218870	8041657	6345157	6537251	7725289	7243235	8918637	10572497	13589810
48115910	2354679	3680087	4634850	4566091	3747927	6597993	4070237	3356008	4557946	3865094	3639489	3703869	4395120	4298493	5020116
48116090	4780982	7335728	9918503	8007162	10928948	15510150	14664761	13074319	15306227	15420306	16599210	16540892	18631023	24496707	35477022
48116010	399365	643380	873230	783636	875475	2793460	1094164	1612843	2094460	1332887	2235909	2070621	2542653	2402062	3682129
48120000	1222785	1355441	830762	1709041	2458740	6201129	1001423	1133107	1880750	1027253	991853	958356	441192	376361	413878
48169010	2481092	4891442	7853357	11651479	11672649	9313531	11087604	12800725	17661743	17923414	25885221	29780377	30665849	36909661	63157396
48232000	21011303	28408540	13550686	34775565	33635905	41077415	37873154	29428911	35034438	26311785	35002565	32064080	29728252	49557426	38194938
48237000	20818432	30308645	38707132	43616004	47036939	41184908	57700633	61571815	65149097	60390051	68447377	78097867	94689959	121016187	142619203
48239010	44962	50866	521850	378484	827214	873838	280075	186907	159674	261442	235187	201615	419662	204965	170278
48239020	84715034	89947900	84558000	72846479	73926926	67999793	62139835	59621370	55765647	60437926	60962097	45450032	50977950	56063209	53073897

表 5　特种纸不同商品编码出口金额

商品编码	出口金额 / 美元														
	2009	2010	2011	2012	2013	2014	2015	2016	2017	2018	2019	2020	2021	2022	2023
4813	31703323	37417837	46411057	56757534	83550275	81766564	86450204	96105066	90450343	108454347	128874332	119029416	123965914	180942283	176498973
4814	90408909	118539562	178647669	194174483	363533707	352230453	302681115	273398050	338895458	330829561	377729197	402793928	520683809	447272117	458226110
481890	44996898	66312686	63331180	132797629	217486882	252482240	252139451	261584237	301711758	395473897	409634511	433367742	519655003	567802280	567463251
480210	11251898	14015290	15336955	21277022	18283499	17738638	17135482	13814991	12416291	26968329	28612468	240172	16217278	70043134	12287788
480220	3237315	5694511	11379507	8462561	18430236	11698898	13894198	14591070	10888898	5497949	4972879	225457	2824500	5127167	8015762
481160	10989287	18197612	14577139	22137172	34362499	40104641	43530966	39463175	45482847	42232845	52116996	2016719	69798239	84780868	98087727
48024000	6597163	9059411	11340644	11601059	11802958	13885160	14849050	11412847	18813623	24758066	24869663	14673598	14741326	16525601	16007635
48021090	—	5712938	5675771	9082794	8080847	7594752	7339859	6913691	5569929	18609938	19881776	8269858	8401889	8051246	5062989
48021010	—	8302352	9204694	12194228	10202652	10267920	9795623	6901300	6846362	8358391	8730692	4754655	7727983	59320756	7224799
48022090	1867243	4654731	7047957	2319683	3861577	3618222	10141974	10939032	9557435	4640339	3848167	2760600	1676994	3744462	6551635

续表

商品编码	出口金额 / 美元														
	2009	2010	2011	2012	2013	2014	2015	2016	2017	2018	2019	2020	2021	2022	2023
48022010	1370072	1039780	4331586	6142878	13696034	8022287	3752224	3652038	1331463	857610	1124712	1126806	1145792	1378058	1464127
48025400	11418110	11143623	13591262	19588397	24742417	27989081	23933486	22655281	17952974	26809315	26686280	21130372	23435559	34867264	28460307
48054000	7784474	13268444	35531550	25019903	24542323	27209406	27708622	24032735	30626809	35532739	38367290	39224942	48074017	59803275	67389698
48055000	250363	250920	220174	316238	331559	365559	261886	221226	821514	808875	318274	442366	67430	91185	152287
48059110	2693423	3640108	4411806	4985541	4668995	4525648	4583696	3796643	3663425	3093290	2586958	2833622	3415059	2752940	3172889
48059190	—	—	—	55203577	140438077	115388348	130673553	131410962	155941253	175844491	189559596	199802798	291062481	300422762	338819096
48061000	858171	1120206	48927833	1514171	1640648	2263119	2904094	3287433	4275074	5796806	6261976	5073899	7251463	8707795	8669321
48062000	6735076	7220830	1163850	19465262	15788906	13061168	16582918	16116497	14403460	19587523	17625878	20424097	23128186	24977653	25799038
48063000	6763781	9134535	16014293	12204602	15345141	17386074	17149216	15996611	14348596	13685843	15735571	13298818	12295963	13572416	22295954
48064000	15426358	15150105	21001411	11142427	10549890	17106406	17616317	41159128	83094324	86863768	138431145	156931437	147327168	213648969	178299793
48092000	107831016	139201718	180774624	174926730	181721508	166297941	142304086	142768670	143262577	136080770	114745678	90831740	106832405	96796665	82678211
48099000	7636070	7774691	9805382	11817344	16966255	20387416	40279070	55186780	61541378	94580127	125477020	129348455	149511778	190521892	186198147
48111000	1719673	527505	1083713	544164	785040	721820	930616	546996	1391152	1452775	1120977	699314	1622771	671119	620824
48114100	99929504	153685131	219749993	252929544	312883210	318440558	356364557	327812648	377818378	403205268	471161893	545521044	705396543	907388357	862966150
48114900	7604643	14573093	18752222	28209932	19563117	20685401	19922906	20776692	17034181	20320551	23951487	23310196	32487163	32542564	37122122
48115910	4581453	7546807	10417978	9788871	8027537	9173769	12449387	8382366	10517734	11380731	9778265	11112112	14453617	15396440	15780483
48116090	9453571	14089678	11268775	20746596	32682692	47883811	40411299	36429968	40052871	38916184	41280060	46913687	58620890	74670258	88866487
48116010	1535716	1107934	3308364	1390576	1679807	2944400	3119667	3033207	5429976	3316661	10836936	14929652	10966967	9948258	9221240
48120000	1228212	2074170	3077267	8661364	12104750	5495671	2761342	2764182	14570528	3713074	3669426	4451740	2625863	2227183	1986768
48169010	3778119	6510851	11270116	27141613	35471830	47060364	48521852	55299675	86300032	92980395	150355761	179143545	157659672	162806084	146142542
48232000	47785991	77401412	72586765	111841134	98757758	115085299	120542183	83891694	97688006	85633282	103072333	101327736	106554376	219376552	121195073
48237000	45600518	63821980	129344692	130235094	130312121	156084075	178337560	163844547	176619400	183439908	221553310	274548686	342596449	427554531	443917224
48239010	221055	112852	9210391	557854	1839496	3129456	731058	1469288	320216	1634529	1080921	348490	1437729	374023	535490
48239020	99030245	119585402	131939446	150115488	229353633	207876812	200293873	164965200	137643810	172078376	166564602	132581250	201448453	365247997	253366256

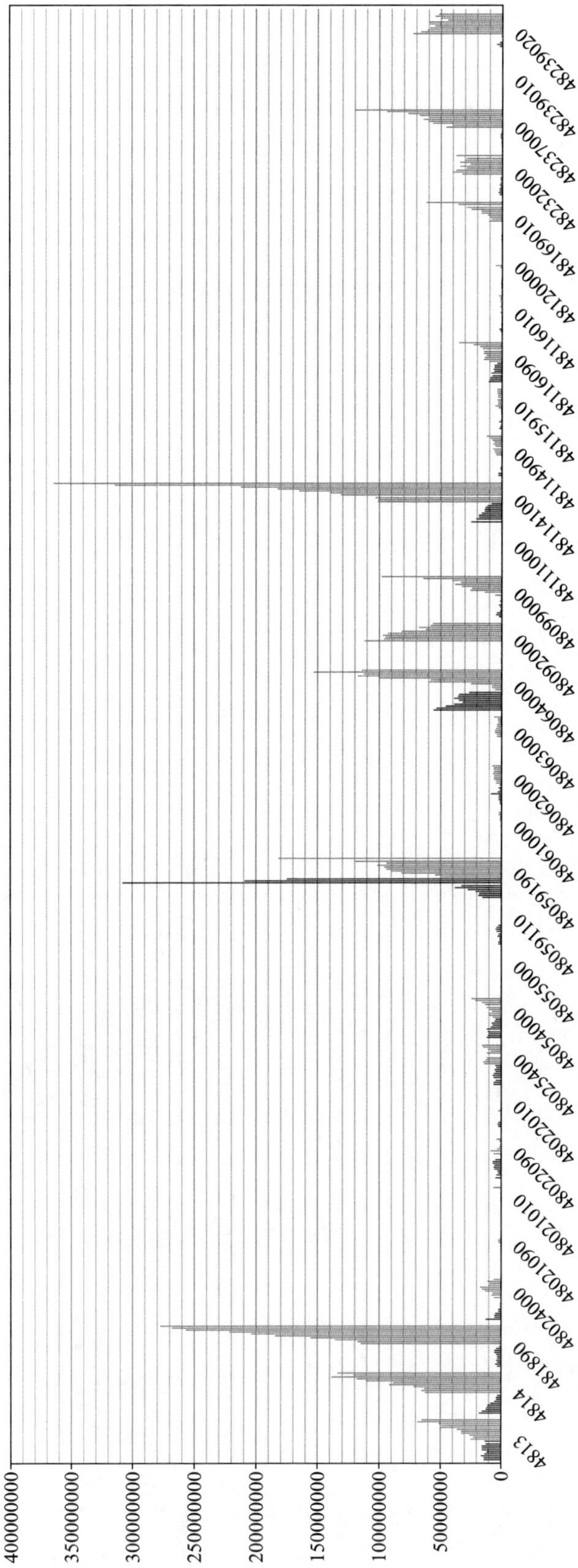

图 1　特种纸不同商品编码 2013—2023 年进出口量

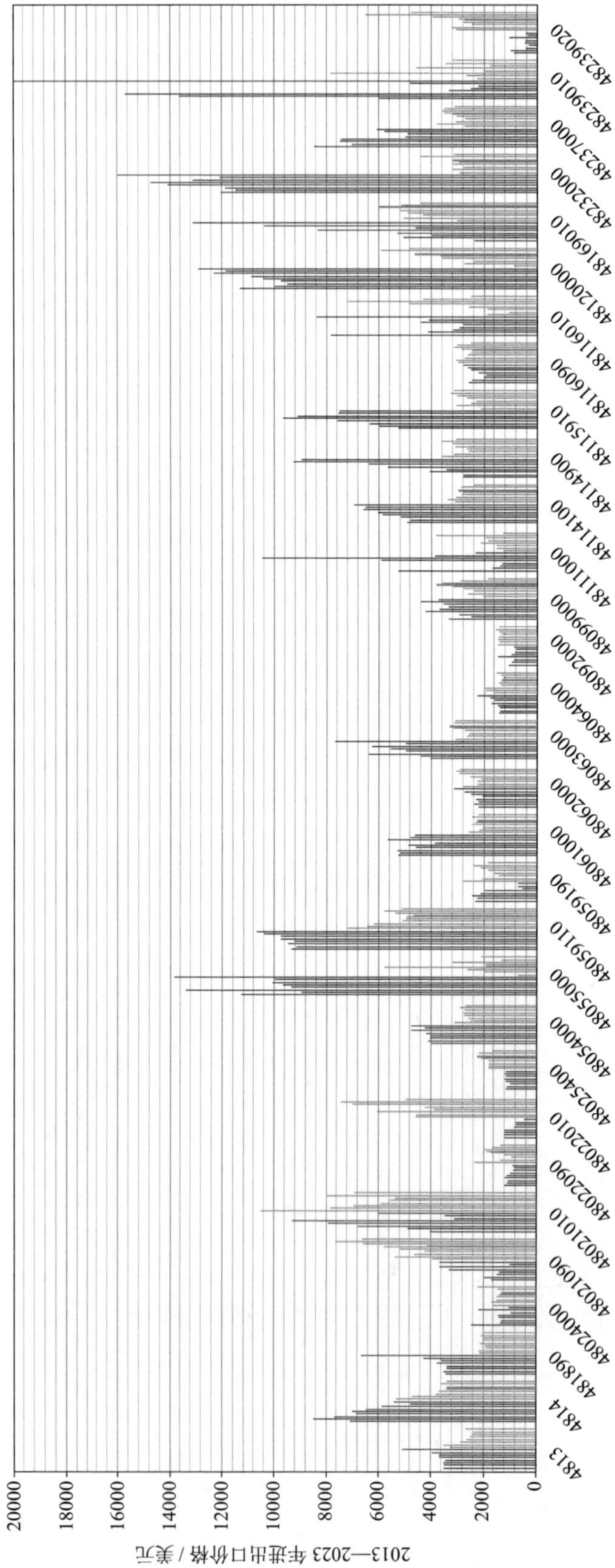

图 2　特种纸不同商品编码 2013—2023 年进出口价格

━进口量　━出口量

（李　政　刘　文）

2011—2022 年世界主要地区和国家废纸回收利用概况

Overview of Waste Paper Recycling and Utilization in Main Regions and Countries of the World（2011—2022）

表 1　2011—2022 年世界主要地区废纸回收总量　单位：千吨

地区	2011 年	2012 年	2013 年	2014 年	2015 年	2016 年	2017 年	2018 年	2019 年	2020 年	2021 年	2022 年
亚洲	91447	93878	96042	99109	99519	99728	105729	106935	105815	104944	116083	116101
欧洲	64070	64410	64632	64660	66257	66647	67032	67162	65550	64853	66824	63374
北美洲	52384	50641	49973	50715	51587	51969	50549	51755	48758	46627	49540	48678
拉丁美洲	11464	12208	12528	12466	13053	13200	13491	13629	13422	13122	13594	14459
大洋洲	3610	3508	3497	3450	3472	3453	3527	3322	3311	3111	3163	3187
非洲	2451	2745	2971	3061	3162	3392	3422	3531	3292	3436	3722	3858
中东	2751	3004	3215	3052	3642	3801	4048	3862	3478	3720	3960	4454
合计	228176	230394	232858	236513	240692	242189	247797	250195	243625	239813	256886	254111

表 2　2011—2022 年世界主要地区废纸消费总量　单位：千吨

地区	2011 年	2012 年	2013 年	2014 年	2015 年	2016 年	2017 年	2018 年	2019 年	2020 年	2021 年	2022 年
亚洲	120894	125354	126792	129161	130845	131342	136697	134309	129941	126045	135190	135338
欧洲	55016	54756	56236	56346	57103	57745	58945	59674	60029	59866	63195	59458
北美洲	30379	28937	29285	30509	30686	30754	30997	31961	31159	31317	32466	31867
拉丁美洲	12672	13109	13327	13510	13994	14269	14374	14747	14758	14723	15583	16410
大洋洲	2035	1865	1824	1752	1743	1791	1816	1855	1942	1841	1817	1835
非洲	2338	2587	2757	2898	3038	3226	3173	3287	3184	3263	3483	3713
中东	2272	2699	2847	2677	2673	2761	2754	2849	2753	3028	3031	3241
合计	225606	229308	233068	236853	240082	241889	248757	248681	243767	240083	254765	251862

表 3　2011—2022 年世界主要产纸国家废纸回收情况

国家	2011 年		2012 年		2013 年		2014 年		2015 年		2016 年	
	回收量 / 千吨	回收率 /%	回收量 / 千吨	回收率 /%	回收量 / 千吨	回收率 /%	回收量 / 千吨	回收率 /%	回收量 / 千吨	回收率 /%	回收量 / 千吨	回收率 /%
美国	47803	66.1	46261	64.4	45795	63.8	46423	65.0	47313	66.7	47373	66.9
中国	43473	44.6	44726	44.5	43773	44.7	48412	48.1	48318	46.7	49635	47.6
日本	21368	76.2	21671	78.0	21795	79.8	21678	79.3	21204	79.2	21128	79.9
德国	15269	77.2	15293	77.6	15359	78.7	15093	75.7	15309	74.4	15365	76.0
加拿大	4581	74.6	4380	73.2	4178	71.4	4292	75.0	4274	74.8	4596	81.7
芬兰	705	68.4	678	62.2	691	61.7	642	51.8	614	52.4	541	48.5
瑞典	1239	63.9	1159	61.0	1220	67.7	1001	55.4	1084	69.0	1027	58.4
韩国	8390	87.8	8659	94.6	9165	96.0	8412	88.0	8350	86.2	8340	84.5
法国	7149	74.0	7328	78.7	7243	81.0	7316	81.7	7151	82.4	7236	82.4
意大利	6288	59.3	6231	62.8	6062	62.7	6069	61.3	6349	62.9	6479	63.7

国家	2017 年		2018 年		2019 年		2020 年		2021 年		2022 年	
	回收量 / 千吨	回收率 /%	回收量 / 千吨	回收率 /%	回收量 / 千吨	回收率 /%	回收量 / 千吨	回收率 /%	回收量 / 千吨	回收率 /%	回收量 / 千吨	回收率 /%
美国	46100	65.5	47831	67.7	45033	66.3	43132	65.4	45868	67.2	44857	67.4
中国	52852	48.5	49640	47.6	52440	49.0	54930	46.5	64907	51.3	67941	55.6
日本	20802	78.8	20695	81.3	19609	76.9	18871	84.3	18394	79.4	17762	77.9
德国	15457	75.9	15311	77.4	14938	79.1	14592	81.0	14678	76.6	13188	75.8
加拿大	4449	80.0	3924	69.7	3725	66.5	3494	65.8	3673	67.2	3821	68.9
芬兰	618	56.1	560	54.1	547	57.2	588	64.7	541	54.1	479	55.6
瑞典	1041	66.5	878	55.4	913	60.5	1065	82.7	1154	92.1	1096	87.4
韩国	8389	84.1	8631	86.7	8294	85.0	9087	91.7	9241	87.3	8925	87.8
法国	7292	82.2	6960	79.8	6747	78.7	6319	77.5	6874	79.0	6587	76.0
意大利	6498	63.0	6646	61.9	6564	62.1	6803	68.9	7033	66.8	6579	61.8

注：回收率 = 废纸回收量 / 纸及纸板消费量。

表 4 2011—2022 年世界主要产纸国家废纸消费情况

国家	2011 年		2012 年		2013 年		2014 年		2015 年		2016 年	
	消费量 / 千吨	利用率 /%	消费量 / 千吨	利用率 /%	消费量 / 千吨	利用率 /%	消费量 / 千吨	利用率 /%	消费量 / 千吨	利用率 /%	消费量 / 千吨	利用率 /%
美国	27098	36.1	26303	35.4	26605	36.1	27668	37.8	28000	38.5	27974	38.8
中国	70749	71.2	74790	73.0	73008	72.2	75930	72.5	77602	72.5	78132	72.0
日本	16977	63.8	16770	64.3	16935	64.5	17093	64.6	16984	64.8	17033	64.8
德国	16074	70.8	16203	71.6	16489	73.6	16622	73.7	16754	74.1	16897	74.7
加拿大	3281	27.1	2634	24.5	2680	24.1	2841	25.7	2686	26.0	2780	27.5
芬兰	583	5.1	567	5.3	609	5.7	594	5.7	569	5.5	532	5.2
瑞典	1712	15.2	1624	14.2	1378	12.8	1248	12.0	1211	11.9	1160	11.5
韩国	9597	83.5	9579	84.5	10326	87.5	9477	81.0	9337	80.5	9267	79.5
法国	5104	59.9	5037	62.2	5150	64.0	5400	65.9	5293	66.3	5355	67.1
意大利	5042	55.2	4649	53.7	4715	54.5	4700	53.3	4852	53.8	4887	54.3

国家	2017 年		2018 年		2019 年		2020 年		2021 年		2022 年	
	消费量 / 千吨	利用率 /%	消费量 / 千吨	利用率 /%	消费量 / 千吨	利用率 /%	消费量 / 千吨	利用率 /%	消费量 / 千吨	利用率 /%	消费量 / 千吨	利用率 /%
美国	28271	39.1	29035	40.3	28217	40.8	28476	41.9	29581	42.8	29057	43.7
中国	78570	70.6	66665	63.9	61820	54.9	61820	54.9	75014	59.8	73316	60.0
日本	17114	64.5	16958	65.0	16515	65.0	15713	68.7	16045	67.0	15947	69.9
德国	17137	74.7	17200	75.8	17154	77.7	16905	79.2	18297	96.0	17038	97.9
加拿大	2726	27.2	2926	28.7	2942	30.8	2841	33.2	2885	33.3	2809	50.6
芬兰	618	6.0	603	5.7	596	6.1	555	6.8	461	5.3	449	52.1
瑞典	1155	11.3	1149	11.3	1082	11.3	926	9.9	885	69.6	840	67.0
韩国	9276	80.0	9445	81.9	9345	82.4	9595	84.9	9940	85.7	9492	93.4
法国	5383	67.1	5395	68.6	5217	71.2	4944	71.9	5249	60.4	4981	56.4
意大利	4994	54.7	5144	56.3	5060	56.5	5207	60.0	6050	62.6	5394	50.7

注：利用率 = 废纸消费量 / 纸及纸板生产量。

（董凤霞）

产品与市场

PRODUCTS AND MARKET

4

我国手工纸行业现状调研情况和发展特征

Research on the Current Situation and Development Characteristics of China's Handmade Paper Industry

一、定义、分类与用途

1. 定义与分类

手工纸是采用植物纤维原料，经过切断、沤煮、漂洗、舂捣、帘抄、干燥等步骤，而制成的纤维薄片。不同专家对手工纸的定义不太相同，此处不展开论述。我国传统手工纸品类繁多，参考不同依据可以分为多种类别，如按原材料分、按生产工艺分、按加工工艺分等。

（1）原料来源。从原料来看，手工纸生产所用到的原料主要有麻、皮、竹、草和混合原料。据陈书坤等主编《滇西北重要及有用植物》记载，单是滇西北纤维类植物资源就相当丰富，有 107 种可用于造纸，瑞香科植物如荛花、白瑞香、滇结香、唐古特瑞香等的韧皮是制造高级书写用纸的原料。

粗略梳理，目前用于造纸的麻有大麻、苎麻、黄麻等；皮有构皮、滇结香（三桠皮）、雁皮、桑皮、瑞香科荛花、瑞香科狼毒等；竹有毛竹、苦竹、甜竹、龙竹、兰竹、吊竹、鸡爪竹、齿兰竹、绵竹、灰竹、刺竹、华竹、小竹、大竹等；草有龙须草、稻草等；混合原料有皮＋竹，皮＋草，皮＋木浆，皮＋棉花，竹＋草等，还有些多种原料混合，甚至加有一定量的木浆等。需要说明的是一些原料如竹子的学名有待于进一步考察和研究。

不同地方所用的原料往往有所不同，如竹子南方多、北方少；此外，即使对同样的原料，其所用原料的生长年份、砍伐时间、是否去外皮等都有较大差异，往往与从事造纸艺人的理解、用碱、蒸煮、打浆方式、纸的用途等有关。

造纸原料有野生或种植的，大部分是种植，但也有若干原料是野生的，典型如云南纳西族造纸用的荛花、白瑞香，只能在少数特定的地方生长，且以前都是野生的；而构树有野生与种植的，据调查，用野生构树为原料的有：贵州印江六洞、务川新场、黎平地扪、从江小黄等。从原料的来源地看，大部分是就地取材；一部分是周边的；另有少部分是外地的，往往是原料用量大，周边量不够或价格高，如云南鹤庆龙珠所用的构皮一部分是鹤庆县及紧邻的永胜县一带的野生构树，大部分是从勐腊县磨憨口岸的边境贸易区购买老挝的。

（2）纸药。纸药是重要的造纸辅料，传统纸药是指某些植物的根、茎、叶等部位提取的黏液。在调查中发现多地将纸药称为滑、滑药、滑液等，相应的纸药植物称为滑药树等，有些地方将现代的化学纸药称为滑精等。上述名称应是纸药有黏性，加入后使浆液变滑而得名。此外，云南勐腊磨憨苗族将造纸所用的纸药称为竹子汁，即是造竹纸时所用的黏汁液。目前手工造纸所用的纸药有仙人掌、沙松根、杉树根、杨桃藤、木芙蓉、蜀葵、木姜子叶、杨树叶、罗汉松根、杉树根、翅果麻、矮桑叶、紫胶、滑药树、藤子滑、棉花滑、“咪号”、松蒿、“求之流”、沙树根、慈竹根、麻根、野棉花、三条茎、檬叶、神仙滑、岩壁滑、小蓝叶、糯叶等。如前所述，一些纸药的学名有待于进一步考察和研究。

（3）制作工艺。从制作工艺看，主要有原料处理工艺的区别和工艺流程的区别，如从生熟料法来看，麻纸、皮纸、草纸绝大多数为熟料法生产，有极少量生料皮纸，竹纸以生料法为主，少量采用熟料法。再如蒸煮工艺，其中熟料法生产手工纸，除了极少数地方不用碱外，绝大多数都用碱，传统的有草木灰、桐子灰、石灰，近几十年碳酸钠、氢氧化钠的使用也逐渐增多。漂白环节，以前往往是不漂白或日光漂白，近几十年，也采用了次氯酸钠、次氯酸钙等漂白。在成纸环节，有抄纸法和浇纸法之别。

从加工工艺看，首先可以根据加工与否进行划分，通常未加工的为生纸，在生纸上经过二次加工的为加工纸；其次，根据加工工艺的不同，加工纸又分为施胶、涂蜡、染色、捶打砑光、洒金银、刷云母、描金银等不同种类，这些加工工艺赋予纸张不同的厚薄、色彩、纹样和肌理质感，极大地丰富了中国传统手工纸的内容。

2. 用途

手工纸用途极其广泛，大致可分为文化用纸、生产用纸、生活用纸和民俗用纸这四类。文化用纸主要是指为了满足人们的文化需求所用的纸，包括书法、绘画、印刷、抄经、古籍修复、装裱、临摹字帖、画神像、档案文件封条等。生产用纸主要用于传统民间工艺美术品的生产，如制造纸伞、纸扇、纸斗笠、纸蓑衣、风筝、灯笼、剪纸等；以及工农业的专用纸，如鞭炮引线纸、食品包装纸、茶叶包装纸、捆钞纸等；还有制造鞭炮用纸等。生活用纸主要是日常生活中用的纸，包括糊墙壁、糊窗户、铺箱底、卫生纸和妇女用纸等。民俗用纸包括道场用纸、写咒符、扎纸人、糊神龛以及婚俗、祭祀用纸等。

现整体来看，用途逐渐减少，尤其是传统最大宗的印刷用途，现已非常少，这也是手工纸产地、产量急剧减少的主要原因。

3. 区域分布

近几十年来，手工纸行业随着管理的缺失，相关情况难以准确统计。

随着社会各界对非物质文化遗产的重视，近年来，对我国手工纸的调查研究逐渐增多，这为我们更广泛了解手工纸行业现状提供了重要的材料。

基于中国科学技术大学手工纸的相关研究，结合所收集的文献资料及和安徽泾县、浙江富阳、四川夹江等业内人士的交流，对我国手工纸行业现状调研情况和发展特征简要表述如下：

据目前掌握的材料，全国应还有过千个手工纸企业或家庭作坊，但分布非常不均，南方多，北方少；最集中的区域为安徽泾县、浙江富阳、四川夹江，其相对以一定规模化生产、品种较多、质量相对较高、较稳定。其他地方相对生产较为分散，品种整体相对单一，一些地方对品质的要求不太高，尤其是低端的祭祀用纸。

造纸民族主要为汉族，此外不少少数民族也有造纸，单是笔者在滇桂黔调查的从事手工纸的少数民族有纳西族、彝族、白族、土家族、苗族、瑶族、傣族、侗族、仡佬族、壮族、布依族等十一个民族，此外还有哈尼族、藏族、维吾尔族等也有手工造纸。

二、大事记

手工造纸作为传统工艺的重要组成部分，其工艺承载了古往今来劳动人民的智慧，是优秀传统文化的重要载体，其产品广泛应用于书画创作、纸质文物与档案古籍保护修复工作中。随着社会各界对文物保护、振兴传统工艺意识的增强，与手工纸有关的重要事件、国家相关政策、法规等也逐渐增多，部分大事记总结如下：

2002 年，宣纸被批准为原产地域产品（地理标志保护产品）。

2006 年，宣纸制作技艺等入选首批国家级非物质文化遗产名录，迄今已共有五批，详见表 1。

2009 年，宣纸制作技艺入选联合国教科文组织《保护非物质文化遗产公约》人类非物质文化遗产代表作名录。

2014 年 3 月 27 日，习近平总书记在联合国教科文组织总部的演讲中提到“让收藏在博物馆里的文物、陈列在广阔大地上的遗产、书写在古籍里的文字都活起来”。

2015 年，党的十八届五中全会强调“构建中华优秀传统文化传承体系，加强文化遗产保护，振兴传统工艺”。

2017 年 3 月文化部、工业和信息化部、财政部三部委为落实党的十八届五中全会关于“构建中华优秀传统文化传承体系，加强文化遗产保护，振兴传统工艺”和《中华人民共和国国民经济和社会发展第十三个五年规划纲要》关于“制定实施中国传统工艺振兴计划”的要求，促进中国传统工艺的传承与振兴，特制定《中国传统工艺振兴计划》。振兴传统工艺有助于传承与发展中华优秀传统文化，涵养文化生态，丰富文化资源，增强文化自信；有助于更好地发挥手工劳动的创造力，发现手工劳动的创造性价值，在全社会培育和弘扬精益求精的工匠精神；有助于促进就业，实现精准扶贫，提高城乡居民收入，增强传统街区和村落活力。主要任务包括以下十项：建立国家传统工艺振兴目录；扩大非物质文化遗产传承人队伍；将传统工艺作为中国非物质文化遗产传承人群研修研习培训计划实施重点；加强传统工艺相关学科专业建设和理论、技术研究；提高传统工艺产品的设计、制作水平和整体品质；拓宽传统工艺产品的推介、展示、销售渠道；加强行业组织建设；加强文化生态环境的整体保护；促进社会普及教育；开展国际交流与合作。

表 1　手工纸领域的国家级非物质文化遗产代表性项目名录及代表性传承人

批次	项目名称	申报地区或单位	传承人
第一批	宣纸制作技艺	安徽省泾县	邢春荣（第一批） 曹光华（第五批）
第二批	铅山连四纸制作技艺	江西省铅山县	章仕康（第五批）
	皮纸制作技艺	贵州省贵阳市	罗守全（第一批）
		贞丰县	刘世阳（第一批）
		丹寨县	王兴武（第三批） 潘玉华（第五批）
	傣族、纳西族手工造纸技艺	云南省临沧市	玉勐嘎（第三批） 周小三（第四批）
		香格里拉县	和志本（第一批）
	藏族造纸技艺	西藏自治区	次仁多杰（第三批）
	维吾尔族桑皮纸制作技艺	新疆维吾尔自治区吐鲁番地区	托乎提·吐尔迪（第一批）
	竹纸制作技艺	四川省夹江县	杨占尧（第一批）
		浙江省富阳市	庄富泉（第一批） 李法儿（第四批）
	纸笺加工技艺	安徽省巢湖市	刘靖（第五批）
第三批	楮皮纸制作技艺	陕西省西安市长安区	—
	桑皮纸制作技艺	安徽省潜山县	刘同烟（第四批）
		岳西县	王柏林（第三批）
	竹纸制作技艺	福建省将乐县	刘仰根（第五批）
	蔡伦造纸传说	陕西省汉中市	—
第四批	皮纸制作技艺（龙游皮纸制作技艺）	浙江省龙游县	万爱珠（第四批）
	皮纸制作技艺（平阳麻笺制作技艺）	山西省襄汾县	张世峰（第五批）
第五批	竹纸制作技艺（泽雅屏纸制作技艺、蔡伦古法造纸技艺、滩头手工抄纸技艺）	浙江省温州市瓯海区，湖南省耒阳市、隆回县	林志文（第五批） 李志军（第五批）
	麻纸制作技艺（西和麻纸制作技艺）	甘肃省陇南市西和县	—

注：上述地名按批准时地名。

党的十九大将“加强文物保护利用和文化遗产保护传承”作为坚定文化自信的一个部分写进报告中。党的二十大进一步指出，坚持和发展马克思主义，必须同中华优秀传统文化相结合。

2018 年 1 月 2 日，中共中央、国务院关于实施乡村振兴战略的意见，也特别提到传承发展提升农村优秀传统文化、振兴传统工艺以及培育一批家庭工场、手工作坊、乡村车间等。

2018 年 10 月 11—12 日，中国非物质文化遗产保护中心组织专家到安徽泾县对人类非遗宣纸制作技艺项目的保护计划制订及实施情况调研。同年 11 月，该中心又组织专家对人类非遗宣纸制作技艺项目进行资源采集工作。

2021 年，中国科学技术大学汤书昆总主编的《中国手工纸文库》（十卷本），荣获中国新闻出版领域的最高奖——“第五届中国出版政府奖图书奖提名奖”。

2022 年，该文库作为讲好中国故事的原创学术成果入选“奋进新时代”主题成就展。

2022 年两会政府工作报告提出：要加强文物古籍保护和非物质文化遗产保护传承。

2023 年，宣纸制作技艺入选第一批全国“一县一品”特色文化艺术典型案例名单。

三、国家级非遗和非遗传承人

目前我国建立了国家、省、市、县四级非遗名录，包括项目和传承人名录，此外，浙江还建立了镇级非遗名录，不少地方的名录里都有手工纸。以下仅列举国家级名录的相关信息。

四、协会与学术机构

中国文房四宝协会是第一个成立的国家级行业协会，于 1988 年 6 月经原国家经委批准，国家民政部登记，在北京正式成立，并创办《中国文房四宝》杂志。协会下与手工纸相关的专业委员会有宣纸专业委员会主任、书画纸专业委员会、装裱专业委员会。

2005 年 11 月 28 日，泾县中国宣纸协会成立，这是泾县宣纸诞生以来首次组建的行业协会。

中国科学技术史学会设有造纸史与纸质文物专业委员会、少数民族科技史专业委员会、中国传统工艺研究会、技术史专业委员会等。

中国古籍保护协会设有传统写印材料专业委员会、古籍修复技艺专业委员会、少数民族古籍保护专业委员会。

中国造纸学会手工纸与造纸史专业委员会，1982 年设立，致力于以尊重历史、尊重科学的实事求是的态度，围绕造纸史、手工纸的热点问题、造纸术的概念和工艺、科学检测分析及相关议题进行研讨，推动我国的纸文化不断传承和发扬光大。

国家宣纸及文房用品质量监督检验中心于 2013 年 3 月 28 日经原国家质检总局批准，在宣城市产品质量监督检验所基础上筹建。2018 年 3 月 12 日，原安徽省质监局批准成立了安徽省文房四宝专业标准化委员会，秘书处由宣城市产品质量监督检验所和中国宣纸股份有限公司共同承担，国家中心学术带头人赵代胜担任主任委员，周万鹏等 5 名中心技术人员分别担任委员职务。

安徽省当代文房四宝研究所成立于 2009 年 5 月 18 日，安徽省社会科学界联合会为业务主管单位，安徽省民政厅登记。首任所长为汤书昆，现任所长刘靖。致力于非物质文化遗产保护的理论、历史、技术、政策研究等。

安徽省文房四宝协会，2010 年经由安徽省文化厅批准同意筹建，由安徽省从事文房四宝及其相关产业的企事业单位，个体工商户和从事文房四宝研究、收藏的社会各界人士及爱好者自愿结成的地方性、专业性的非营利性社会组织。

五、行业与学术会议

近年来，有若干以手工纸为主题的全国或区域性会议，以下列举一部分。

2005 年 7 月 3—4 日云南省博物馆和云南文化遗产研究中心在昆明召开“湄公河区域国家手工造纸国际学术研讨会”。

2009 年 11 月 11—12 日，由中国造纸学会和浙江科技学院联合主办的“首届中日韩造纸史学术研讨会”在浙江省富阳市召开，浙江省科协、富阳市等有关领导和来自中日韩三国高等院校、科研机构、博物馆等单位的专家学者 60 多人参加了会议。

2015 年 10 月 22 日，富阳区文广新局组织了“中国竹纸保护与发展研讨会”，后由陈刚教授主编出版了《守望竹纸 2015 中国竹纸保护与发展研讨会论文集》。

2017 年 10 月 27—29 日，在南京信息工程大学召开的第五届中国技术史论坛专设了造纸史与纸质文物分会场。

2018 年 3 月 31 日由文化和旅游部非遗司主办，安徽省文化厅、中国科学技术大学人文学院暨中国汉纸研究与发展中心、北京觿堂文化智库承办的“中国非遗造纸、制墨传承人与书画、修复、印刷材料专家‘面对面’活动”在北京觿堂文化智库、敬人纸语文化中心、北京德承贡纸坊举行。对话会通过手工造纸、传统制墨非遗传承人与现代书画 / 修复材料研发生产经营者的面对面交流，展开传统材料话语体系与现代材料话语体系的碰撞。

2018 年 6 月 5—11 日，浙江富阳区人民政府主办、富阳区文化广电新闻出版局承办 2018“家在富春江上”纸文化艺术周活动，活动包括“匠心传承”“纸韵千年”“大匠至心”三部分内容。同时组织了一次“非遗之旅”探寻造纸术纸乡体验游。

2018 年 11 月 1—3 日，举办“2018 北京书画用纸与古籍修复用纸专项发表研讨会”。

2019 年 9 月 10 日，2019 年上海旅游节奉贤活动发布会暨“纸尚视界”上海国际纸艺术双年展在奉贤博物馆成功举办。

2019 年 11 月 27—28 日，由中国造纸学会、中国科学技术大学（人文与社会科学学院）主办的纸史和手工纸研讨会在安徽泾县成功召开。

2021年9月10日—2022年1月3日，大爱守望·2021上海国际纸艺术双年展在奉贤博物馆展出。

2023年6月26日，由清华大学传统工艺与材料研究文旅部重点实验室主办，清华大学雪花秀非遗保护基金“文化之美·纸上空间——手工造纸与现代生活”研讨会在北京中法大学旧址举办。

2023年8月，2023泗洲纸文化节开幕活动在杭州市富阳区富春山馆举办。此次纸文化节以“研讨交流＋主题特展＋文创大赛”的形式，联动国内外纸文化学术专家、企业代表、非遗匠人及纸爱好者，共同打造了一场全民纸文化盛会。活动旨在弘扬优秀传统文化，讲好纸文化故事，传递中国纸的多样性用途和独特魅力。

2023年10月31日，2023上海国际纸艺术双年展的主题是：“天下一家”“One World One Family”展览在奉贤博物馆拉开帷幕，为市民群众带来一场中外纸艺文明的时空对话，展览将持续展出到2024年2月25日。

2023年11月1—4日由中国造纸学会、中国造纸协会、耒阳市委市政府、金光集团APP（中国）在蔡伦故里——湖南耒阳，共同举办纪念造纸术发明者蔡伦活动暨2023中国造纸学会手工纸与造纸史专业委员会年会。本次活动吸引了来自全国各地知名专家学者的参与，分享了他们在手工纸、造纸史、文化传承等领域的研究成果和心得体会，推动了国内手工纸与造纸史领域的学术交流和合作，也充分彰显了我国在该领域的研究水平和创新能力。

六、教育与社会活动

1．手工纸企业和科研院所合作

近年来，在传统工艺科学化趋势的引领下，若干手工纸企业和科研院所合作逐渐增多，广泛地参与到手工纸科学内涵的解析与硕博生的培养当中，并密切联系手工纸的生产实际，形成应用型科研项目，在此仅举数例。

中国科技大学汤书昆教授主持的科技部国家科技支撑计划项目“宣纸文化遗产数字化与文化旅游综合服务示范项目”，中国科学技术大学、合肥工业大学等与中国宣纸集团有限公司合作。

中国美术学院张晴教授主持的科学技术部国家重点研发计划“中国传统书画专用纸工艺提升关键技术研发”，中国美术学院为牵头单位，中国科学技术大学、华南理工大学、浙江工业大学、故宫博物院、复旦大学等科研院所与中国宣纸集团有限公司、合作，以古代书画的修复和当代创作的需求作为起点，重点是以应用需求为背景下传统书画纸制备工艺改良和设计，项目成果将更好地满足书画创作和修复的需求。

此外，中国科学技术大学和安徽省掇英轩书画用品有限公司、杭州富阳逸古斋元书纸有限公司、安徽泾县艺英轩宣纸工艺品厂、安徽泾县守金皮纸工艺品厂等合作，多名博士、硕士从事手工纸相关研究。

2013年浙江开化县委、县政府成立了开化县开化纸传统技艺研究中心，2015年复旦大学六个学科的专业人员组成团队进驻，其后中国科学院院士杨玉良牵头，在开化成立了开化纸研究实验室院士专家工作站。复旦大学团队的加入，为开化纸的“新生”注入了科技力量、按下了“加速键”，研发了多种手工纸。

2023年4月15日，浙江开化县开化纸传统技艺研究中心与华南理工大学陈克复院士团队正式签订《开化纸的制浆造纸废水处理技术》技术开发委托合同。

2．手工造纸进校园

教育部－中国科大文房四宝工艺基地是教育部2020年8月批准在中国科大建设的“中华优秀传统文化传承基地”，基地通过中国科大校园内工作坊师徒制的教育创新，开设了“中国纸墨笔砚”“文房四宝与中国书画”等长周期全校选修课程，培养学生熟悉造纸术、制墨技艺、制笔技艺、制砚技艺、书画艺术与材料的文化内涵与工艺原理。校长包信和院士任基地主任，汤书昆教授为首席专家。此外，中国科学技术大学自2011年始开设了研究生课“造纸传统工艺”。

浙江富阳杨荣华自2012年就在富阳区胥口镇中心小学开发《我们来造一张纸》实践活动，学生用银杏叶、荨麻秆、黄豆叶柄等植物原料抄造纸张；后依次在富阳区中小学素质教育实践基地、阳区新登镇贤明小学开设纸坊，开发手工纸相关理论和实践课程，并开发《富阳造纸小传人》校本课程，2019年被评为杭州市精品课程。

四川凉山州盐源县泸沽湖镇达祖小学开设纳西族文化课，其中有纳西族的传统造纸和酿酒。

3．手工造纸研修班、培训班

为加深手工造纸生产者对自身传承技艺的内涵与价值认知，搭建手工纸行业交流沟通的平台，科大、复旦、清华、同济等高校均设有手工纸（文房四宝）、古籍等研修班、培训班，目前均已承办数届，卓有成效。

中国科学技术大学从2016年至2023年，共举办了13届中国手工造纸传承人研修班，共263个来自全国20多个省市自治区多个民族的学员前来学习，其所涵盖的国家级非遗项目有宣纸制作技艺、铅山连四纸制作技艺、皮纸制作技艺、傣族、纳西族手工造纸技艺、藏族造纸技艺、竹纸制作技艺、纸笺加工技艺、楮皮纸制作技艺、桑皮纸制作技艺等多项国家级非遗项目，多名国家级传承人前来学习。学员从事的职业有造纸、售纸、古籍修复、书画装裱、纸艺创作、研究纸等。

复旦大学于 2019 年 11 月和 2022 年 11 月，举办了两期中国非物质文化遗产传承人群研修班，主题为“纸载文明——传统造纸与古籍修复技艺传承人群研修班”，研修班共招收来自北京、上海、江苏、浙江、福建、安徽、湖南、湖北、贵州、甘肃等 10 余个省市的学员 40 人，既有在传统造纸和古籍修复技艺方面的非物质文化遗产传承人，也有来自省级图书馆、高校图书馆、博物馆的古籍书画修复人员以及从事古籍修复教学的高校教师。

2016 年 5 月 18 日，“中国非物质文化遗产传承人群研修研习培训计划”清华美院研修班中，来自全国各地的 20 名非物质文化遗产传承人以“笔墨纸砚”为主题，在清华大学美术学院展厅现场展示了传统手工技艺制作文房四宝的别样魅力。2022 年在清华大学美术学院开设非物质文化遗产工艺美术研修班，旨在以公益的形式在清华大学的跨学科背景中，为传统工艺类的非遗传承人群及传统工艺企业从多专业视角阐释非遗可持续发展与品牌建构，探索工艺美术领域衍生新边界。促进非物质文化遗产及相关文创产业的良性、可持续发展。

同济大学于 2021 年在上海市文化和旅游局、上海市教育委员会指导下，承办了由文化和旅游部、教育部、人力资源社会保障部共同实施的“中国非物质文化遗产传承人群研修研习培训计划”第十期“笔墨纸砚”研修班。

七、代表性研究成果

在国家和社会各界的重视下，手工纸领域的研究成果也颇为丰硕，主要研究成果如下。

中国科学技术大学汤书昆教授带领团队完成的新闻出版总署国家出版基金重大专项“中国手工造纸文库”，该成果《中国手工纸文库》获得了中国新闻出版领域的最高奖“中国出版政府奖提名奖”。第一期共分十卷，分别记录了安徽、云南、贵州、广西、浙江的手工纸技艺及行业现状。丛书附有实物纸样和微观纤维图谱，详细介绍了各地手工纸的基础信息与生产环境；历史与传承情况；代表纸品、用途与技术分析；生产的原料、工艺与设备；市场经营状况；品牌文化与习俗故事；业态传承与发展思考等内容。

陈刚、张学津著的《中国北方手工造纸工艺》（北京：科学出版社，2021 年 6 月第 1 版）一书，首先梳理了中国北方手工造纸工艺的发展历史，对手工纸的用途和种类进行了介绍，并总体概括了中国北方地区造纸点的地理分布和发展现状；其次接着对河北、山西、山东、河南、陕西、甘肃、东北、新疆等地二十余个造纸点的造纸历史、工艺流程等进行了梳理，对一些特色纸种工艺和造纸遗存也进行了图文并茂的调查记录。再次根据历史文献，结合实地调查的结果，对北方各类手工纸在新中国成立之前的造纸工艺进行了探讨，对造纸工艺的特点进行了总结，具体在造纸原料、打浆工艺、抄纸工艺、晒纸方法等方面，阐述了北方地区手工造纸的共性和特点。最后为北方地区手工造纸工艺的价值和保护措施。

黄飞松所著的《宣纸》是一本有关宣纸的非物质文化遗产普及性读物，以图文并茂的形式，以通俗易懂的语言，主要从历史渊源、制作流程、艺术特征、文化价值、现代传承、代表人物等六个方面详细介绍国家级非物质文化遗产传统技艺项目宣纸的发展过程、制作技艺和活态传承等情况，同时还介绍了与宣纸有关的民俗。本书的出版有助于让非物质文化遗产活起来、火起来，让民族工艺焕发新的生命力。

王诗文整理、陈龙重编的《中国传统手工纸生产旧影》，以王诗文先生生前整理的《中国手工纸生产过程照片》《福建长汀玉扣纸生产过程照片》《安徽泾县宣纸生产过程照片》摄影原片为底本，共计收录手工造纸相关原始影像八十九帧，并按造纸原料及加工等不同，以竹纸、皮麻纸、宣纸分为三大章，记录了很多宝贵的生产经验和生产技艺。

（中国科学技术大学　陈　彪　朱玥玮）

2023 年我国浆纸市场分析

Analysis Pulp and Paper Market Situation in China in 2023

2023 年中国经济整体上保持了稳定增长的态势，GDP 超过 126 万亿元，同比增长 5.2%，增速高于全球平均水平，位居世界前列。然而，外部环境复杂严峻，国内有效需求不足以及部分行业产能过剩等问题仍需关注。面对全球经济放缓和贸易环境不确定性的挑战，国家继续推进供给侧结构性改革，注重高质量发展，推动科技创新与产业升级，同时加强金融风险防控，确保经济平稳运行。消费市场稳健，投资结构优化，出口则受到全球需求变化的影响，但通过多元化市场策略得以缓解冲击，服务业成为经济增长主引擎。

对于造纸行业而言，2023 年是充满机遇与挑战的一年。上半年造纸行业市场需求低迷、原材料价格波动和能源成本上升，对企业利润空间构成压力，虽然生产量略有增长，但经济效益下滑，全行业营收和利润处于历史低位，促使企业寻求更高效的资源利用方式。但整体保持稳定发展态势，部分产品出现供需失衡。环保压力促使企业加大投入，以实现可持续发展。技术创新和绿色发展成为行业共识，数字化转型和智能制造成为行业发展的新趋势，以提高生产效率和产品质量，但最迫切的是企业仍需市场拓展和提升生存能力。

一、我国纸及纸板生产情况

1. 我国制浆造纸及纸制品整体生产情况

随着国内经济复苏和消费活跃，市场对纸张需求正在呈现恢复增长态势。国家统计局数据显示，2023 年纸及纸板产量为 14405.5 万吨，同比增长 6.6%。中国造纸协会统计的全国纸及纸板产量为 12965 万吨，同比增长 4.35%；消费量为 13165 万吨，同比增长 6.14%。造纸行业在 2023 年保持了稳定增长，为未来的可持续发展奠定基础。

2023 年我国纸浆产量达到 8823 万吨，比上年增加 236 万吨，同比增长 2.75%。从纸浆产量变化情况，从 2000 年的 2501 万吨增长到 2023 年的 8823 万吨。但在 2018—2020 年出现了明显的下降，主要是由于废纸进口短缺导致原材料供应紧张等因素引起的。

纸浆产量的增加，主要体现两个方面，一是废纸浆产量进一步提升；二是国内更多企业开始自建浆厂，特别是化机浆产能快速增加，并有新的项目正在建设或计划建设。造纸企业加大自备浆厂的力度，根本原因在于商品浆的价格持续高位，严重影响了企业的原料供应，加大了企业的生产成本。

纸制品产量在 2000 年至 2016 年间稳步增长，但在 2017 年至 2020 年间，产量出现了波动，既有上升也有下降。在 2021 年达到高点后，近两年再次出现下降。纸制品产量是造纸市场需求的直观体现，纸制品产量下降，显示出造纸市场存在较为激烈的竞争。

图 1 为 2000—2023 年中国纸浆、造纸和纸制品的产量。

2. 我国纸及纸板月度生产量情况

2023 年，我国纸及纸板月度产量呈现出明显的波动与回升趋势。年初，受市场需求疲软、原材料成本上升等多种因素影响，产量处于相对较低水平。随着国内经济的逐步复苏和下游需求的回暖，纸及纸板产量开始逐步回升。特别是在第四季度，产量实现了强势回升，创下了历史新高。具体来看，前几个月产量波动较大，但从年中开始，月度产量逐步稳定在较高水平，并持续增长至年底。

与月度产量走势相对应，增长率也呈现出先抑后扬的态势。年初有 2 个月份纸及纸板产量增长率处于负值区间，显示出较大的下行压力。随着市场的逐步回暖和企业积极调整，增长率开始逐步回升。下半年增长率显著提升，8 月份之后增长率均在 11% 以上，达到了较高水平。

2023 年造纸产量月度变化的主要因素主要是下半年市场需求回暖，为造纸行业提供了复苏的市场空间。面对市场需求的变化和行业竞争的加剧，造纸企业积极调整生产策略，提高生产效率和产品质量，增强市场竞争

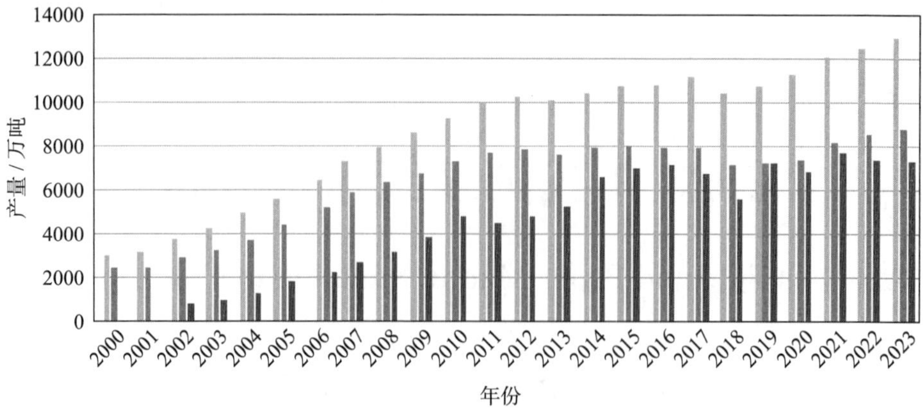

图 1 2000—2023 年中国纸浆、造纸和纸制品的产量

■ 造纸 ■ 纸浆 ■ 纸制品

数据来源：中国造纸协会。

力。同时，随着前期新增产能的逐步释放，造纸行业的产能规模不断扩大，也促进了产量的增长。

3．我国造纸产量在全球的占比情况

我国造纸产量在全球造纸产量的占比继续呈现持续上升的走势。从 1996 年的 9.38% 开始，占比逐年稳步增加，至 2023 年已达到 30.87%，并首次超过 30%。这一增长趋势表明，我国造纸行业在全球市场中的地位日益重要，产量占比不断提升。

我国造纸产量占比持续提升的主要原因体现在，我国造纸技术的不断进步和产业升级，使得我国造纸产品更具竞争力。同时国际市场对我国造纸产品的认可度也在提高，出口量逐年增加，进一步推动了我国造纸产量的提升。未来，随着我国造纸行业的不断发展和创新，全球市场份额还将进一步提升。

4．我国地区造纸产量变化情况

我国各省市自治区造纸产量分布相对集中，主要省份在产量上占据显著地位。2023 年，山东省以全年新增产量 172.11 万吨，总量达到 2587.07 万吨，继续保持全国产量最大的省份地位。广东省和浙江省紧随其后，分别位列第二和第三，其中广东省全年新增产量 104.46 万吨，总产量达到 2478.60 万吨，而浙江省则实现了 9.04% 的增速，总产量达到 1743.96 万吨。此外，江苏、湖北、广西等地的造纸产量也相对较高，并且山西、新疆、吉林等地实现了较快的增速。

图 2 为 2011—2023 年我国各省市自治区纸及纸板产量。

5．我国主要造纸产品生产量情况

2023 年我国主要纸种的产量整体呈现增长态势。全国机制纸及纸板产量达到了 14405.5 万吨，同比增长 6.6%。这一增长趋势体现了造纸行业在市场需求和生产规模方面的显著提升。其中，箱纸板、瓦楞原纸以及未涂布印刷书写纸作为产量最高的三大细分产

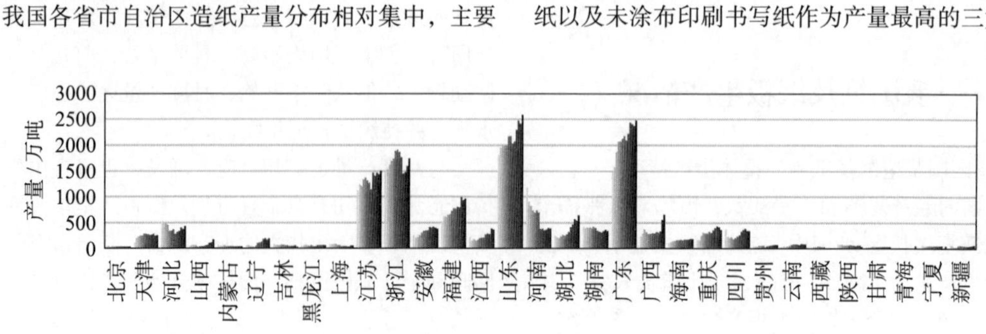

图 2 2011—2023 年我国各省市自治区纸及纸板产量

■ 2011 年 ■ 2012 年 ■ 2013 年 ■ 2014 年 ■ 2015 年 ■ 2016 年 ■ 2017 年
■ 2018 年 ■ 2019 年 ■ 2020 年 ■ 2021 年 ■ 2022 年 ■ 2023 年

数据来源：国家统计局。

品，继续保持了稳定的增长。箱纸板产量位居第一，其增长对于总产量的提升起到了重要作用。

从占比变化来看，各主要纸种的产量占比基本保持稳定。箱纸板仍然是产量最高的细分产品，其产量占总产量的比重较高，显示出包装用纸在市场需求中的重要地位。瓦楞原纸紧随其后，其产量占比与箱纸板相近，进一步印证了包装行业的强劲需求。未涂布印刷书写纸则位列第三，虽然其产量也实现了增长，但占比变化不大。

2023 年我国主要纸种产量走势整体向好，这主要得益于市场需求的增长、产业升级与技术创新、政策引导与区域发展的差异等因素的共同作用。然而，面对原材料价格波动、环保政策趋严等挑战，造纸企业仍需坚持创新驱动、绿色发展、质量为王的发展理念，不断创新发展特色产品纸种，提升自身的核心竞争力和市场地位。

6. 我国造纸大企业产量集中度情况

2023 年我国造纸产量前 20 位的企业展现显著的增长态势。从整体走势来看，这些企业的产量持续攀升，市场份额进一步扩大，显示了行业集中度的不断提升。具体而言，这些企业的总产量在 2023 年实现了较高的增长率，达到 7.85%，远超全国平均 4.35% 增长率，这主要得益于龙头企业对市场的引领和带动作用。部分龙头企业如玖龙纸业、山东太阳等，其产量更是实现了两位数的增长，对整体增长率的提升贡献显著。

2023 年我国产量前 20 位企业在造纸行业中表现出强劲的增长势头，主要得益于市场需求的增长、技术进步与产业升级、企业投资与整合等多重因素的共同作用。未来，随着行业发展和市场需求不断变化，这些企业有望进一步保持领先地位。

图 3 为 2001—2023 年中国造纸产量前 20 家企业产量占全国比重。

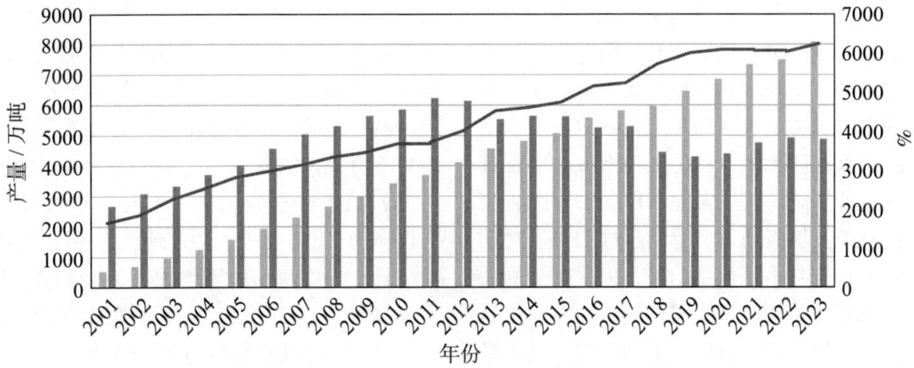

图 3　2001—2023 年中国造纸产量前 20 家企业产量占全国比重

前 20 家造纸企业产量　其他造纸企业产量　前 20 家企业产量占比

数据来源：中国造纸协会、中国造纸杂志社。

二、我国纸及纸板进出口情况

1. 我国纸及纸板进出口总体情况

2023 年我国纸及纸板的进出口量呈现出一定的变化。中国海关数据显示，2023 年我国纸及纸板进口量为 1132 万吨，出口量为 932 万吨。与往年相比，进口量有明显下降，而出口量则实现了稳定的增长态势。

相较于前几年的进出口数据，2023 年我国纸及纸板进口量继续下降，反映出国内造纸行业对进口依赖度的降低。出口量的增长得益于国内造纸企业产品质量的提升、国际市场需求的增加以及国家利好政策的助力，增长率可能保持在一个较为稳定的水平。

近年来，我国造纸行业经历了快速的发展，产能不断提升，从而满足了更多国内外市场的需求，这使得进口量相对保持稳定或略有下降。国际贸易环境的变化也对纸及纸板的进出口产生了一定影响。一方面，全球经济形势的不稳定导致部分国家减少进口量；另一方面，中国造纸行业在国际市场上的竞争力不断提升，吸引了更多国际买家的关注。未来，随着国内造纸行业的持续发展和国际市场的不断开拓，我国纸及纸板的进出口量有望继续保持稳定增长态势。

图 4 为 2001—2023 年中国纸及纸板进口量和出口量。

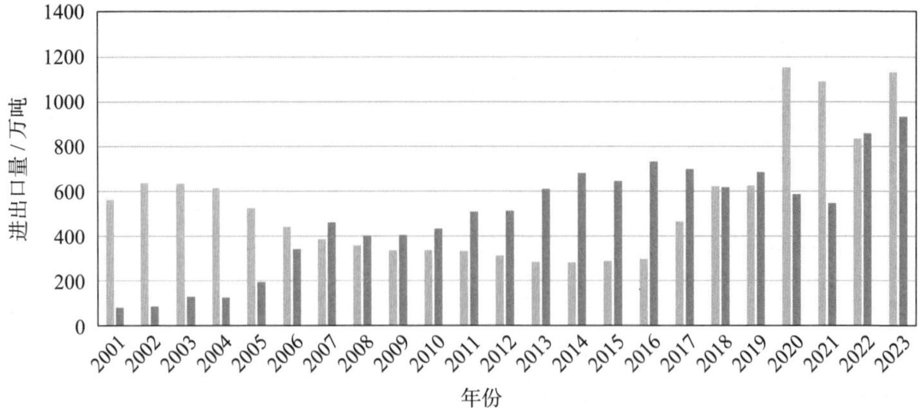

图 4 2001—2023 年中国纸及纸板进口量和出口量

■进口量 ■出口量

数据来源：中国海关、中国造纸协会。

2. 我国纸及纸板进出口具体纸种情况

2023 年，我国主要纸种的进口量呈现出不同的走势和增长率变化。新闻纸、包装用纸、箱纸板、瓦楞原纸、生活用纸保持增长，其中箱纸板、瓦楞原纸的增长率接近 50%，分别达到 47.78% 和 48.96%。未涂布印刷书写纸、涂布印刷纸、特种纸及纸板，以及其他纸及纸板则有所下降。其中未涂布印刷书写纸、涂布印刷纸、特种纸及纸板的下降率均超过 15%。对比发现，进口量增长的基本是包装用纸，进口减少的大部分是文化用纸和特种纸。包装用纸的市场空间仍然存在，而文化用纸的市场需求已经饱和，因此进口量相对较少。

我国纸及纸板出口量在 2023 年呈现出不同的趋势，其中未涂布印刷纸、生活用纸、特种纸及纸板的出口量增长最为明显。数据显示，2023 年我国未涂布印刷纸出口量比上年增加了 34 万吨，达到 136 万吨。这是由于国际市场对高质量印刷品需求的变化。包装类纸的出口量相对较少，主要满足国内市场需求。白纸板的出口量在过去几年中稳步增长，虽然在 2023 年略有下降，出口量为 243 万吨，是所有纸种中出口量最大的类别。生活用纸、特种纸及纸板的出口量在过去几年中稳步增长，2023 年分别达到 111 万吨、179 万吨，均创下了历史新高。这与全球市场对高品质、特殊用途纸张需求的增长相关。

三、全球纸浆生产和市场情况

1. 全球主要地区原生纸浆生产情况

根据 Fastmarkets RISI 统计数据，2022 年全球原生纸浆产量为 18176 万吨，比上年减少 99.6 万吨，同比下降 0.52%。从不同纸浆类别的产量来看，化学浆产量为 1421.6 万吨，半化学浆产量为 521.1 万吨，机械浆产量为 2533.2 万吨，非木浆产量为 905.7 万吨。从不同地区的产量来看，北美纸浆产量最高，为 5417.5 万吨，欧洲产量为 4369.3 万吨，亚洲为 4733.6 万吨，拉丁美洲为 3292.8 万吨，非洲为 92.9 万吨，大洋洲为 230.1 万吨，中东地区为 39.8 万吨。

2. 全球主要地区原生纸浆表观消费量情况

2022 年全球纸浆表观消费量合计为 18314.7 万吨。欧洲的表观消费量为 4614.5 万吨，亚洲为 7403.3 万吨，北美洲为 4677.1 万吨，拉丁美洲为 944.8 万吨，大洋洲为 183.4 万吨，非洲为 167.6 万吨，中东地区为 171.2 万吨。

3. 全球主要地区原生纸浆净进口量情况

欧洲的纸浆净进口量为 289.2 万吨，亚洲为 2671.9 万吨，大部分进口到中国；非洲纸浆净进口量为 74.7 万吨，中东地区为 131.4 万吨。另外，北美洲、拉丁美洲、大洋洲则为净出口，纸浆净出口量分别为 752.4 万吨，2330.3 万吨，46.7 万吨。

4. 全球主要国家原生纸浆生产量情况

根据对全球主要国家原生纸浆产量的统计，2022 年原生纸浆产量最大的是美国，产量为 4077 万吨，其次是中国为 2483.3 万吨；巴西紧随其后，产量达到 2452.1 万吨。产量超过 1000 万吨的国家有加拿大和瑞典，产量分别为 1340.5 万吨和 1138.1 万吨。原生纸浆产量较大的国家还有芬兰、印度尼西亚、俄罗斯、日本，产量均超过 500 万吨。智利、印度的原生纸浆产量超过 400 万吨。此外葡萄牙等 10 个国家的产量超过110万吨，另外37个国家产量不足100万吨。

四、我国纸浆生产情况

1. 我国纸浆生产情况

根据中国造纸协会数据，2023年我国纸浆生产总量为8823万吨，同比增长2.75%。从不同纸浆的产量来看，2023年我国木浆产量2312万吨，同比增长9.31%，保持较快增速。废纸浆产量为5936万吨，同比增长0.37%，略有增长，接近2013年产量。非木浆2023年产量为575万吨，同比增长3.05%，增速有所回升。

对比各纸浆的占比情况，2023年废纸浆产量占比为67.28%，下降1.59个百分点。木浆占比26.20%，增加1.57个百分点。非木浆占比为6.52%，与上年6.50%相比略有增加。

2. 我国纸浆消耗情况

2023年我国纸浆消耗量为11899万吨，同比增长5.35%，纸浆消耗量再创历史新高。

在消耗的原生浆中，2023年木浆消耗量为4391万吨，同比增长13.93%，占比41.44%，同比增长3.12个百分点。在木浆消耗量中，国产木浆消耗2247万吨，同比增长7.46%，进口木浆2684万吨，增长19.98%。2023年非木浆消耗量为533万吨，同比下降0.74%，非木浆消耗量占比为4.48%，同比下降0.27个百分点。

2023年废纸浆消耗量达到6435万吨，54.08%，同比增长0.08%。其中进口再生纸浆489万吨，同比增长45.54%。

3. 部分地区纸浆生产和消耗量情况

在主要造纸地区中，2023年山东造纸原生浆产量为727万吨，同比增长4.8%。2023年山东纸浆消耗量为1738万吨，同比增加4.38%。2023年江苏纸浆量为1244万吨，其中木浆用量为486万吨，同比增加7.3%，废纸浆用量754万吨，同比增加1.3%，非木浆用量4万吨，同比减少63.6%。2023年四川纸浆产量为165万吨，其中竹浆产量为154.34万吨，同比增长14.42%，占全国竹浆产量的70.45%。2023年广西原生浆产量为425万吨，同比增长6.0%。其中木浆产量为362万吨，同比增长7.1%。蔗渣浆产量为54万吨，同比下降5.3%。广西蔗渣浆受上游原料制约，近年产量基本在50万～60万吨。

4. 我国纸浆新建产能情况

2023年是我国纸浆行业扩张的一年，不仅国内企业增加了产能，而且国际市场也迎来了新的产能释放，这可能会对全球纸浆的价格和供需关系产生影响。根据不完全统计，2023年我国公布的投产、在建、拟建的纸浆项目达到1198万吨，其中2023年新投产的纸浆产能达到385万吨。2024年造纸企业新建纸浆的速度没有停止，并有加速趋势。根据统计，预计2024年我国新投产478万吨化学浆，新投产135万吨化机浆。

五、我国纸浆进出口情况

1. 我国纸浆进口情况

根据中国海关数据统计，2023年我国纸浆产品进口量为3664.89万吨，同比增长25.67%。纸浆进口量再度大幅增加。纸浆进口金额为1664.86亿元，同比增长11.55%。在进口纸浆商品中，漂白阔叶浆进口数量最大，为1635.04万吨，同比增长27.80%。其次是漂白针叶浆，进口量为920.60万吨，同比减少28.41%。溶解浆进口396.73万吨，同比增加18.52%。废纸浆进口量为447.58万吨，同比增长55.28%。未漂白针叶浆进口量为120.92万吨，同比减少19.01%，化机浆进口136.72万吨，同比增加1.42%。

2023年我国纸浆进口共有43个来源国和地区，其中来自巴西的纸浆进口数量依然最大，为965.65万吨。其次是印度尼西亚为522.68万吨，加拿大为351.36万吨，智利为302.22万吨。超过100万吨的还有泰国、美国、芬兰、俄罗斯、乌拉圭和马来西亚。

2023年我国共有27个省市区进口纸浆，其中山东省进口纸浆数量最多，为579.87万吨，其次是江苏省为505.55万吨，其他依次是广东省为503.83万吨，浙江省为500.38万吨，福建省为400.83万吨，纸浆进口超过100万吨的还有重庆、江西、北京。

2. 我国纸浆出口情况

根据中国海关数据统计，2023年我国纸浆产品出口量为24.08万吨，同比减少9.61%。纸浆出口金额为20.15亿元，同比减少27.70%。在出口纸浆商品中，棉短绒纸浆出口10.36万吨，同比增长25.88%。其次是漂白针叶浆出口数量为6.88万吨，同比减少12.36%；漂白阔叶浆出口量为4.49万吨，同比减少38.83%。其他的纸浆出口较少，大部分不足万吨。

2023年我国纸浆出口到了74个国家和地区，其中出口到俄罗斯、韩国分别为3.67万吨、3.55万吨。出口到印度尼西亚、越南、日本、阿联酋、泰国的数量在1万～2万吨，出口到其他国家和地区的数量均不足 1 万吨。

2023 年我国共有 23 个省市区出口纸浆，其中山东省出口纸浆数量最多，为 4.91 万吨，其次是浙江出口 4.83 万吨，江苏出口 3.26 万吨，安徽、广东的出口量在 2 万 ~ 3 万吨，福建、广西和湖北超过 1 万吨，其他省份均低于 1 万吨。

六、我国造纸市场价格情况

1．纸浆、造纸和纸制品 PPI 指数情况

2023 年我国纸浆、造纸、纸制品业 PPI 走势出现新的变化。纸浆 PPI 整体呈下降趋势，从 1 月到 8 月，PPI 值由 120.7 降至 75.6，显示出纸浆价格的下降走势，9 月起又开始触底反弹，到 12 月升至 84.1。2024 年延续上涨趋势，到 2024 年 6 月又升至 100 点以上。造纸 PPI 整体波动不大，月度指数均低于 97，1 月到 8 月 PPI 值由 96.4 降至 89，12 月恢复到 92.8。纸制品 PPI 整体保持稳定，月度值基本在 96 ~ 100 之间波动。分析认为，纸浆 PPI 下降与市场需求、原材料价格、生产成本等因素有关。造纸 PPI 调整需求低迷、成本上升等因素导致。纸制品 PPI 的稳定受到市场供需关系、价格政策等因素的影响。

图 5 为 2014—2024 年中国纸浆、纸和纸制品工业生产者出厂价格指数（上年同月 =100）。

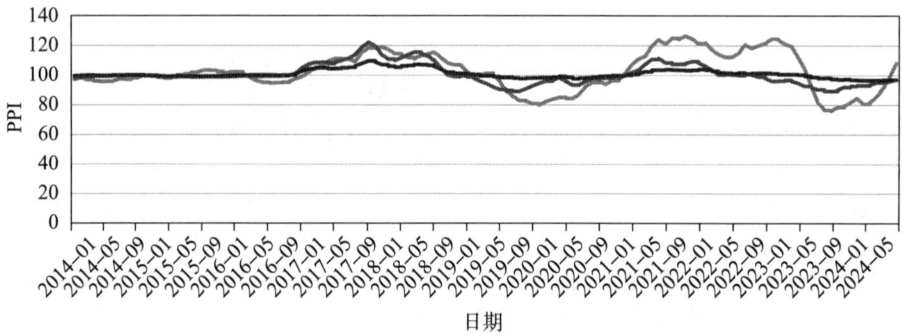

图 5 2014—2024 年中国纸浆、纸和纸制品工业生产者出厂价格指数（上年同月 =100）

纸浆 PPI 造纸 PPI 纸制品 PPI

数据来源：国家统计局。

2．我国纸及纸板进出口价格情况

从历史数据看，我国纸及纸板的进口价格整体呈现波动变化趋势。2013 年达到 1274.06 美元 / 吨的历史最高之后几年，进口价格出现了较为明显的下降，在 2020 年达到谷底，约为 547.93 美元 / 吨，随后的两年有所增长，但在 2023 年再度出现下跌，为 552.13 美元 / 吨，下降率为 24.6%。进口价格波动主要是由于全球经济形势和供应链变化的影响。

与进口价格不同，我国纸及纸板的出口价格在 2021 年之前整体表现出持续增长的趋势。但在 2022 年起又有所回落，2023 年 1365.18 美元 / 吨，下降率为 12.9%。

整体来看，2023 年我国纸及纸板的进口价格和出口价格均出现下降，这主要受到原材料价格波动、国际贸易政策变化、国内市场需求变化以及人民币汇率波动等多重因素的影响。未来，随着全球经济的复苏和我国造纸行业的持续发展，预计纸及纸板的进出口市场将呈现更加复杂多变的态势。

图 6 为 2000—2023 年中国纸及纸板年均进口和出口价格。

3．我国纸浆进出口价格情况

新世纪以来，我国纸浆进口价格经历了多个周期性波动。其中，2002 年至 2008 年期间，进口价格总体呈上升趋势。2009 年受全球经济影响，进口价格大幅下跌。之后几年，进口价格再次回升，但波动不大。在 2018 年再度达到高位，此后回落两年后开始拉升，但在 2023 年纸浆进口价格又回落到 647.32 美元 / 吨，下降了约 15.56%。

纸浆出口价格则呈现显著的波动。出口价格在 2002 年至 2010 年期间快速上升，特别是在 2010 年，达到 1727.18 美元 / 吨的历史最高值。随后几年出口价格有所回落，但总体保持在较高水平。2022 年达到近几年的最高值，但到 2023 年纸浆出口价格又下降到 1184.56 美元 / 吨，下降了约 24.20%。

纸浆进出口价格变化表明，尽管国内纸浆生产能力不断增加，但对商品浆的需求仍然旺盛，导致进口依赖度较高。同时，随着人民币升值，出口价格相对

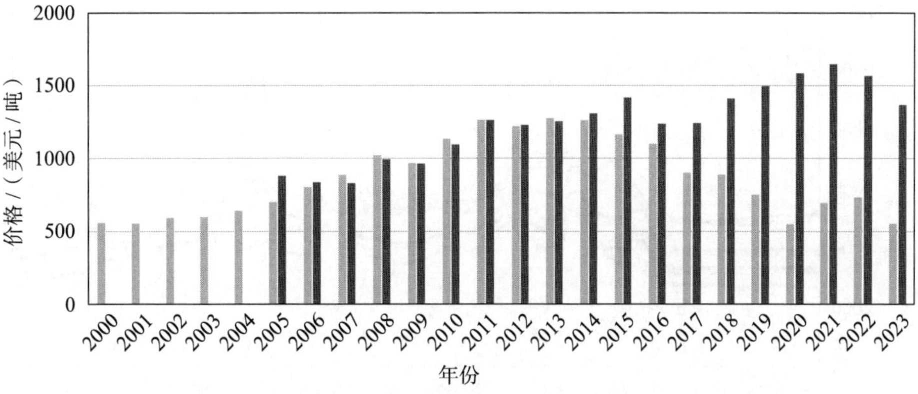

图 6　2000—2023 年中国纸及纸板年均进口和出口价格

■进口价格　■出口价格

数据来源：中国海关、中国造纸协会。

提高。未来我国纸浆进口价格可能会受到国际市场供应紧张、原材料成本上升等因素的影响，而出口价格则可能受制于市场需求和人民币汇率变动。为了应对这些挑战，我国造纸行业需要加强技术创新，提高生产效率，降低成本，同时积极拓展海外市场，提高在国际纸浆贸易中的地位。

图 7 为 2002—2023 年我国纸浆年均进口和出口价格。

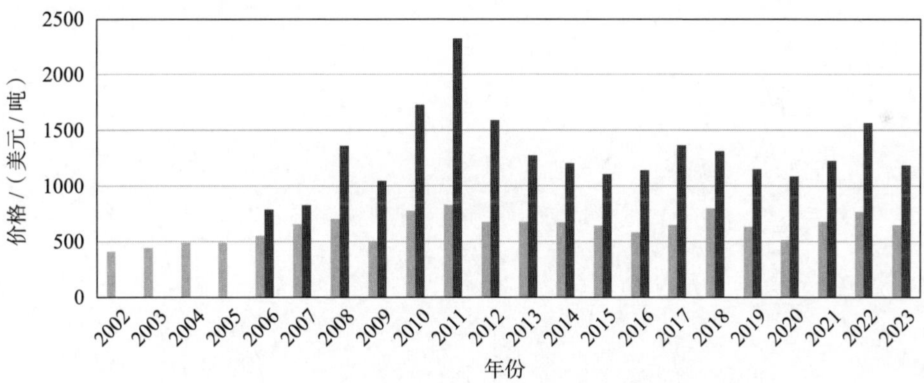

图 7　2002—2023 年我国纸浆年均进口和出口价格

■进口价格　■出口价格

数据来源：中国海关、中国造纸协会。

4．我国主要纸种市场价格情况

2023 年我国主要纸种的价格波动较大。文化用纸整体呈现一季度稳定、二季度下降、下半年回升的走势。其中铜版纸 2023 年价格在 5600 ~ 6200 元 / 吨，双胶纸价格在 5800 ~ 6800 元 / 吨。文化用纸下半年价格回升的主要原因是，国内经济开始复苏，市场需求有所好转，同时纸浆价格进入回升走势，带动纸价上调，此外文化用纸出口也刺激了市场价格上涨。

2023 年包装用纸价格整体呈现下降走势，不过具体纸种价格走势有所差异。箱纸板和瓦楞原纸价格在第一季度下降之后，此后基本稳定。瓦楞原纸 2023 年价格区间在 3000 ~ 3300 元 / 吨，箱纸板价格稳定在 3600 ~ 4000 元 / 吨。牛卡纸、白纸板的价格上半年持续下降，下半年有所企稳。虽然下半年经济复苏和传统旺季带动了对包装用纸需求的增加，但由于企业减少停机和大量新增产能投放市场，虽然包装用纸价格试图上调，但下游消费端接受度较低，导致包装用纸价格相对低迷。白卡纸走势上半年基本一致，但下半年有所不同，在价格触底后，二季度开始快速回升，接近年初的价格。

图 8 为 2015—2023 年中国市场主要纸张的价格走势。

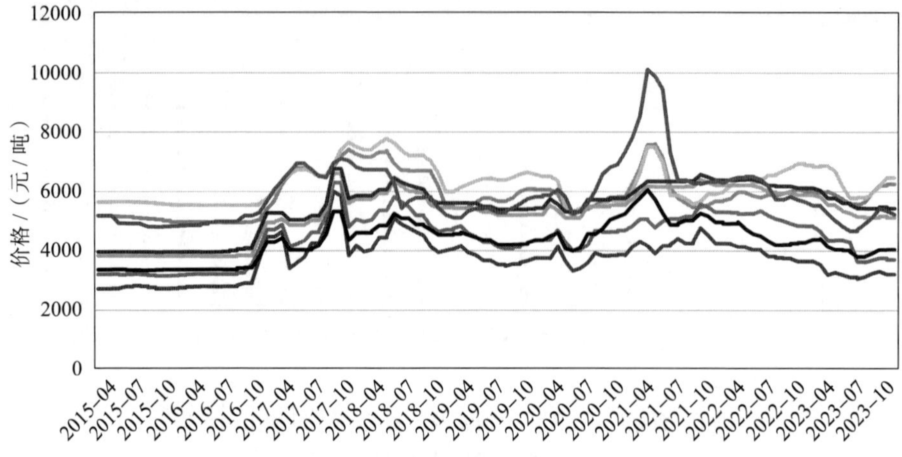

图 8 2015—2023 年中国市场主要纸张的价格走势

数据来源：Fastmarkets RISI 纸业联讯。

（周在峰）

2023 年我国出版印刷用纸市场综述

Market Review of Publication Paper in China in 2023

一、国家新闻出版署发布的 2022 年我国出版印刷行业概况

按照国家统计局发布的国民经济行业分类，出版物印刷属于“印刷和记录媒介复制业”大类，其主要包括书、报刊印刷和专项印刷，是新闻出版业的重要组成部分。

国家新闻出版署发布的《2022 年新闻出版产业分析报告》《2022 年全国新闻出版业基本情况》数据显示年度内，产业主要经济指标持续向好，其中：

1. 实现营业收入 14568.6 亿元

2022 年，全国出版、印刷和发行服务实现营业收入 14568.6 亿元，较 2021 年增长 17.7%；增加值 4021.6 亿元，增长 14.8%，占同期国内生产总值的 0.9%；利润总额 1128.0 亿元，增长 4.8%；不包括数字出版的资产总额为 14417.5 亿元，增长 13.2%；所有者权益（净资产）为 7344.8 亿元，增长 12.5%；纳税总额为 787.9 亿元，增长 11.3%。

（1）出版图书。2022 年，全国共出版图书 37.0 万种，较 2021 年增长 12.5%。其中，新版图书 20.8 万种，增长 9.6%；重版、重印图书 16.2 万种，增长 16.5%。总印数 77.1 亿册（张），增长 7.5%；总印张 634.5 亿印张，增长 4.7%；定价总金额 1063.1 亿元，增长 13.6%。图书出版实现营业收入 664.4 亿元，增长 19.8%；增加值 225.3 亿元，增长 4.8%；利润总额 94.2 亿元，增长 22.2%。

（2）出版期刊。2022 年，全国共出版期刊 9849 种，较 2021 年降低 0.4%；总印数 32.9 亿册，增长 2.2%；总印张 192.7 亿印张，增长 6.4%；定价总金额 238.4 亿元，增长 9.5%。期刊出版实现营业收入 162.6 亿元，增长 8.0%；增加值 152.4 亿元，增长 114.2%；利润总额 22.9 亿元，增长 23.8%。

（3）出版报纸。2022 年，全国共出版报纸 1928 种，较 2021 年降低 0.6%；总印 467.4 亿份，增长 3.4%；总印张 2272.0 亿印张，增长 5.8%；定价总金额 400.4 亿元，增长 8.9%。报纸出版实现营业收入 818.9 亿元，增长 12.3%；增加值 320.2 亿元，增长 1.0%；利润总额 98.6 亿元，降低 2.2%。

（4）出版音像制品。2022 年，全国共出版音像制品 19408 种，较 2021 年降低 10.0%；出版数量 4.6 亿盒（张），增长 9.6%；发行数量 3.9 亿盒（张），增长 3.5%；发行总金额 18.3 亿元，降低 9.3%。音像制品出版实现营业收入 26.1 亿元，增长 29.1%；增加值 8.2 亿元，增长 11.6%；利润总额 2.8 亿元，增长 15.6%。

（5）出版电子出版物。2022 年，全国共出版电子出版物 11154 种，较 2021 年降低 0.2%；出版数量 2.1 亿张，降低 17.7%。电子出版物出版实现营业收入 6.2 亿元，降低 15.5%；增加值 3.1 亿元，增长 8.8%；利润总额 1.3 亿元，增长 28.0%。

（6）数字出版营业收入。2022 年，数字出版实现营业收入 1377.9 亿元，较 2021 年增长 31.0%；增加值 389.4 亿元，增长 34.2%；利润总额 106.7 亿元，增长 19.1%。

（7）印刷复制营业收入。2022 年，全国图书、报纸、其他出版物黑白印刷产量 3.0 亿令，较 2021 年增长 6.4%；彩色印刷产量 15.3 亿对开色令，增长 7.8%；装订产量 2.9 亿令，与上年基本持平。印刷复制（包括出版物印刷、包装装潢印刷、其他印刷品印刷、专项印刷、打字影印、复制和印刷物资供销）实现营业收入 9305.4 亿元，增长 17.5%；增加值 2324.9 亿元，增长 9.6%；利润总额 614.6 亿元，增长 6.3%。发行网点 16.9 万处。

2022 年，全国新华书店系统和出版社自办发行单位实现出版物总销售额 1953.5 亿元，较 2021 年增长 11.4%；全国共有出版物发行网点 16.9 万处，增长 0.4%。出版物发行实现营业收入 2162.9 亿元，增长 13.9%；增加值 593.3 亿元，增长 26.0%；利润总额 185.1 亿元，降低 10.5%。出版物进出口经营单位营收

64.4 亿元。

2．进出口总额 49904.6 万美元

2022 年，全国累计进口图书、报纸、期刊、音像制品、电子出版物 113.5 万种次，较 2021 年增长 25.4%；数量 3019.5 万册（份、盒、张），增长 2.5%；金额 42508.0 万美元，增长 13.7%。全国累计出口图书、报纸、期刊、音像制品、电子出版物 148.7 万种次，数量 1557.5 万册（份、盒、张），金额 7396.6 万美元。进出口总额 49904.6 万美元，增长 12.9%。

（1）出版物进出口经营单位实现营业收入 64.4 亿元，增长 4.8%；增加值 4.9 亿元，降低 39.0%；利润总额 1.8 亿元，增长 1.7%。版权输出、引进品种比例提高到 1 ∶ 2.1。

（2）2022 年，全国共引进版权 16639 种（其中，图书 14708 种，录音制品 278 种，录影制品 421 种，电子出版物 185 种），较 2022 年增长 0.2%（图书、音像制品与电子出版物合计增长 7.0%）；共输出版权 7783 种（其中，图书 5922 种，录音制品 130 种，录影制品 20 种，电子出版物 125 种），增长 36.8%（图书、音像制品与电子出版物合计增长 50.7%）；版权输出品种与引进品种比例由 2022 年的 1 ∶ 2.9 提高到 1 ∶ 2.1。

（3）2022 年全国共出版图书、期刊、报纸、音像制品和电子出版物总印数（出版数量）584.1 亿册（份、盒、张）。其中报纸占总量的 80.0%，位居第一；录影制品占总量的 0.4%，增长 17.6%，增速位居第一。

（4）2022 年全国共出版图书、期刊和报纸总印张 3099.1 亿印张。其中报纸占总量 73.3%，位居第一，期刊增长 6.4%，增速位居第一。

3．定价（出版）总金额为 17001 亿元

2022 年全国出版图书、期刊、报纸和音像制品的定价（出版）总金额为 17001 亿元；其中图书、期刊、报纸合计占到 99.0%。

（1）图书新版与重版、重印品种比为 1.3 ∶ 1；书籍和课本合计，分别占到图书品种的 99.8%、总印数的 99.9%、接近总印张的 100.0%和定价总金额的 99.9%。

（2）书籍的品种数量占图书的 78.6%，位居第一，较 2022 年减少 0.4 个百分点；增长 11.9%，增速位居第三。

（3）总印数占 55.0%，位居第一，提高 2.2 个百分点；增长 11.9%，增速位居第一。总印张占图书的 56.9%，位居第一，提高 1.6 个百分点；增长 7.7%，增速位居其次。定价总金额占 68.7%，位居第一，提高 3.2 个百分点；增长 18.5%，增速位居第一。

（4）课本品种数量占图书的 21.2%，位居第二，提高 0.4 个百分点；增长 14.9%，增速位居第二。总印数占 44.9%，位居第二，减少 2.2 个百分点；增长 2.5%，增速位居第二。

（5）总印张占 43.1%，位居第二，减少 1.6 个百分点；增长 1.0%，增速位居第三。

（6）定价总金额占 31.2%，位居第二，减少 2.7 个百分点；增长 4.2%，增速位居第二。

4．文化训练类期刊增长快速

期刊根据内容划分为综合、哲学社会科学、自然科学技术、文化训练和文学艺术 5 类。

（1）综合类期刊。总印数占期刊的 7.7%，位居第五，较 2021 年减少 4.9 个百分点；降低 37.5%，增速位居第五。总印张占期刊的 6.6%，位居第五；与 2021 年相比减少 4.0 个百分点；降低 33.9%，增速位居第五。

（2）哲学社会科学类期刊。总印数占期刊的 42.3%，位居第一；提高 5.1 个百分点；增长 16.1%，增速位居第三。总印张占期刊的 37.3%，位居第一；减少 1.6 个百分点；增长 2.1%，增速位居第四。

（3）自然科学技术类期刊。总印数占期刊的 14.8%，位居第三，提高 0.2 个百分点；增长 3.5%，增速位居第四。总印张占期刊的 19.7%，位居第三，提高 1.4 个百分点；增长 14.5%，增速位居第三。

（4）文化训练类期刊。总印数占期刊的 23.9%，位居第二，提高 4.9 个百分点；增长 28.7%，增速位居第二。总印张占期刊的 25.6%，位居第二，提高 7.1 个百分点；增长 47.1%，增速位居第一。

（5）文学艺术类期刊。总印数占期刊的 11.3%，位居第四，提高 2.9 个百分点；增长 37.5%，增速位居第一。总印数占期刊的 10.9%，位居第四，提高 3.0 个百分点；增长 46.5%，增速位居第二。

（6）发行出版地市级综合类报纸看好。报纸根据地域划分为全国性报纸、省级报纸、地市级报纸、县级报纸等 4 类。2022 年，省级报纸和地市级报纸两类占全国报纸总印数的 85.1%，占总印张的 91.1%。

①全国性报纸：总印数占报纸的 14.8%，位居第三，较 2021 年减少 0.6 个百分点；降低 0.8%，增速位居第三。总印张占报纸的 8.8%，位居第三，减少 2.0 个百分点；降低 13.7%，增速位居第三。

②省级报纸：总印数占报纸的 52.7%，位居第一，减少 0.24 个百分点；增长 2.9%，增速位居第二。总印张占报纸的 577%，位居第一，提高 0.7 个百分点；增长 7.0%，增速位居第二。地市级报纸：总印数占报纸

的 32.3%，位居第二，提高 0.9 个百分点；增长 6.3%，增速位居第一。总印张占报纸的 33.4%，位居第二，提高 1.4 个百分点；增长 10.2%，增速位居第一。

③县级报纸：总印数占报纸的 0.2%，位居第四，与 2021 年根本持平；降低 4.1%，增速位居第四。总印张占报纸的 0.1%，位居第四，与 2022 年根本持平；降低 16.2%，增速位居第四。

④报纸根据内容划分为综合和专业两大类。综合报纸：总印数占报纸的 69.6%，位居第一，较 2021 年提高 0.2 个百分点；增长 3.7%，增速位居第一。总印张占报纸的 84.3%，位居第一，提高 0.5 个百分点；增长 6.4%，增速位居第一。

这些数据显示，我国印刷业在企业数量、产值和从业人员方面都保持着稳定的发展态势。随着数字化转型和绿色安全发展的不断推进，印刷业有望在未来继续保持增长。

二、2023 年我国出版印刷行业现状

1．我国出版印刷业基本分类

（1）图书出版。图书出版是出版印刷业的一个重要分类，包括教材、学术著作、小说、儿童读物等。2023 年图书零售市场码洋规模实现正向增长，尤其是医学类、生活类、心理自助类、经管类等细分市场。这表明图书出版领域的需求仍然旺盛，特别是对实用性和专业性较强的图书。

（2）报纸出版。报纸出版是中国出版印刷业的传统分类之一。根据中国报业协会统计资料显示，2023 年度全国报纸印刷总量为 566 亿对开印张，较 2022 年下降 3.02%。这表明报纸出版领域的需求有所下降，可能受到数字化阅读趋势的影响。

（3）期刊出版。期刊出版也是出版印刷业的一个重要分类，包括各种专业期刊、科普杂志、文艺刊物等。根据有关数据分析，2023 年期刊零售市场码洋规模实现正向增长，尤其是高等教育期刊、基础教育期刊等细分市场。这表明期刊出版领域的需求仍然旺盛，特别是在教育和学术研究领域。

（4）包装印刷。包装印刷是出版印刷业的一个重要分支，主要服务于食品、饮料、化妆品、礼品等产品的包装需求。有关行业协会的统计数据显示分析，2023 年，中国包装印刷行业规模以上企业实现营业收入 11539.06 亿元，同比增长 -0.22%，利润总额 601.97 亿元，同比增长 9.64%，基本面稳定，呈现向好趋势。这表明我国包装印刷领域的市场需求稳中向上，并且行业盈利能力不断增强。

（5）广告印刷。广告印刷主要服务于广告宣传、商业展示、pop 广告等需求。国家市场监管总局与中国经济信息社联合发布的《中国广告业发展指数报告》显示，2023 年全国广告业事业单位和规模以上企业广告业务收入达到 13120.7 亿元，比上年增长 17.5%；2023 年我国广告业发展指数为 119.0 点，同比增长 9.1%；两项指标数据分析，2023 年度我国广告印刷行业不仅营业收入实现了快速增长，表明广告印刷领域的市场需求依然旺盛，市场信心持续回升，显示出该行业良好的发展态势。

2．生产经营保持了稳定的发展态势

2023 年，全国图书、报纸、其他出版物黑白印刷产量 2.7 亿令，彩色印刷产量 13.0 亿对开色令，书刊装订产量 3.6 亿令，印刷用纸 3.0 亿令。印刷复制（包括出版物印刷、包装装潢印刷、其他印刷品印刷、专项印刷、打字复印、复制和印刷物资供销）总产出 6689.5 亿元，实现增加值 1864.9 亿元，营业收入 6457.9 亿元，利润（结余）总额 464.0 亿元。

2023 年，全国有新闻出版单位 35.7 万家（不包括数字出版单位），其中法人单位 12.0 万家，约占单位总数的 33.5%；非法人单位 1.5 万家，约占 4.2%；个体经营户 22.3 万家，约占 62.4%。2023 年全国新闻出版业直接就业人数为 449.7 万人（不包含数字出版单位就业人员），其中男性 227.8 万人，女性 221.9 万人，分别占全行业直接就业人数的 50.7%、49.3%，男女比例基本平衡。

2023 年我国出版印刷业的生产经营情况整体上保持了稳定的发展态势，2023 年中国印刷业总产值增至 1.46 万亿元人民币，同比增长约 3%；在全球印刷市场中的份额为 16.5% 左右，在全球印刷市场中占有重要地位，显示出中国出版印刷业在全球市场的影响力不断增强。

在国民经济行业中，印刷复制业属于第三产业，是现代服务业的重要组成部分。它不仅为社会提供丰富的文化产品，也为各行各业提供必要的信息传播和宣传推广服务。随着数字化技术的发展，印刷复制业也在不断地进行技术创新和产业升级，以适应市场和消费者的需求；我国市场需求依然旺盛，为出版印刷业的发展提供了良好基础。

综上所述，对比 2022 年度行业数据，我国出版印刷业在 2023 年保持了稳定的发展态势，市场规模持续扩大，产业结构不断优化，数字印刷技术应用日益广泛，经济效益稳步提升，政策环境持续改善。这些积极的发展态势为出版印刷业的未来发展奠定了坚实的基础。

三、2023年我国出版印刷用纸市场概述

1. 2023年我国出版印刷用纸市场现状

（1）市场概况。我国出版印刷用纸市场规模庞大，是全球重要的出版印刷用纸市场之一。2023年我国纸制品包装行业市场规模达到4000亿元，同比增长8.8%。这表明市场需求依然旺盛，为出版印刷用纸市场提供了良好的发展机遇。

（2）市场细分。我国出版印刷用纸市场可以根据不同的出版物类型和印刷方式细分为多个子市场。例如，按出版物类型可以细分为图书、报纸、期刊等；按印刷方式可以细分为胶印、凹印、柔印、数字印刷等。

（3）市场发展趋势。随着数字化技术的快速发展，数字印刷技术在我国出版印刷业的应用日益广泛。2023年单张纸生产型彩色数字印刷机装机量有所提升，表明数字印刷技术在中国出版印刷业的普及程度不断提高。此外，绿色环保也成为市场的一个重要趋势，越来越多的出版印刷企业开始关注环保材料和生产工艺的应用。

（4）政策环境。我国政府在“十四五”期间对造纸行业进行了结构性改革，提高了市场集中度，并推动了绿色低碳转型。这有助于优化资源配置，提高行业整体竞争力，从而为出版印刷用纸市场的发展提供了更好的政策环境。

（5）市场挑战。尽管我国出版印刷用纸市场整体上保持了稳定的发展态势，但仍然面临着一些挑战。例如，原材料价格的波动、市场竞争的加剧以及国际贸易环境的变化等，都需要出版印刷企业密切关注并采取相应的应对措施。

2. 2023年我国出版印刷用纸市场分析

2023年出版印刷用纸整体行情发展不及预期，年出厂价格整体呈现下行趋势。从市场角度来看，70g双胶纸的市场均价为5675元/吨，环比有所上涨，但整体仍处于下行通道中。在摆脱新冠肺炎疫情冲击后，虽然国内印刷产业进出口总值达234.32亿美元，包装装潢印刷品占比大幅提升至50%，显示出在全球产业链重构背景下的一些新机遇。然而，与前几年相比，2023年的印刷品进出口增长速度最终定格于−9%，显示了外贸领域的压力和挑战。

从行业内部看，规模以上印刷企业的经营表现是观察全行业发展状况的重要窗口。2023年规模以上印刷企业营业收入总计在6500多亿元，占全国印刷业总体营收规模的一半左右。尽管工业增加值同比下降3.1%，但四季度回升速度加快，最后一月创出年内首个正增速，显示出行业逐渐回暖的迹象。同时，规模以上印刷企业的利润总额增速为1.7%，累计利润增速由年初的深幅下跌转为年末的由降转增，显示盈利承压在持续缓解。

从下游应用市场来看，纸制品包装行业市场规模稳步增长，2022年达到3315亿。塑料包装行业市场规模也显著扩张，2022年达到4830亿。这表明，尽管印刷用纸市场面临一定压力，但包装应用场景的需求仍旧旺盛，为印刷业提供了新的增长点。

上述分析显示，尽管2023年我国出版印刷用纸市场整体行情发展不及预期，但从产业内部经营情况和下游市场需求来看，仍有不少亮点和积极变化。在未来，通过不断创新和适应市场变化，我国出版印刷用纸市场有望找到新的增长动力和发展方向。

2023年我国出版印刷用纸市场整体上保持着稳定的发展态势，市场细分日益明显，数字印刷和绿色环保成为市场的主要发展趋势，政策环境逐渐优化，但同时也面临着原材料价格波动、市场竞争加剧等挑战。出版印刷企业需要密切关注市场变化，抓住发展机遇，应对市场挑战，实现可持续发展。

四、我国出版印刷用纸市场发展的特征与趋势

2023年我国出版印刷纸张的分类和使用量在多个方面表现出显著特征，也需要关注分析；具体从报纸用纸、图书用纸、期刊用纸等不同类型纸张进行分析：

1. 报纸用纸

（1）印刷总量下降。根据中国报业协会印刷工作委员会的调查统计，2023年全国报纸印刷总量为566亿对开印张，比2022年的584亿对开印张下降了3.02%。

（2）区域差异明显。各地区报纸印量呈现涨跌互现态势，西北地区环比增加1.78%，华东地区下降4.55%，这种变化显示出地区间的显著差异。

（3）主力骨干单位稳定。年印刷量在5亿对开印张以上的26家单位总印量为209.53亿对开印张，占全国总印量的37%。这些单位在2023年的下降幅度为1.58%，显示出较好的稳定性和韧性。

2. 图书用纸

（1）市场规模增长。根据国家新闻出版署数据，2022年，全国出版、印刷和发行服务实现营业收入14568.6亿元，较2021年增长17.7%；利润总额1128.0亿元，增长4.8%。这表明图书出版市场保持稳健增长。

（2）数字化趋势明显。随着技术的发展，数字化成为图书出版的新趋势，电子书等新型出版物逐渐受到读者青睐。

（3）总体趋势稳定。与报纸用纸相比，图书用纸受到电子媒体冲击较小，印刷书写纸产量保持稳定。

（4）绿色包装导向。随着绿色环保理念的推广，图书用纸也趋向使用更环保、可持续的纸种。

（5）政策支持有力。国家出台多项政策鼓励全民阅读和文化发展，如全民阅读规划、文化发展纲要等，这为图书出版提供了强有力的支持。

3．期刊用纸

（1）消费量持续下降。新闻纸作为报刊及书籍的主要用纸，其消费量从 2013 年的 384 万吨降至 2022 年的 135 万吨，同比下降 64.8%，反映出期刊印刷需求的减少。

（2）新媒体冲击显著。由于新媒体的冲击，纸质期刊的需求量减少，这直接影响了期刊用纸的消费量。

（3）产业链调整。面对下游需求紧缩，新闻纸行业整体市场受到冲击，企业开始注重技术提升和绿色低耗方向的发展。

4．标签用纸

（1）市场增长。标签印刷市场产需量逐年增长，2022 年产需量分别约为 86.6 亿和 80.8 亿平方米，同比增长 6.3% 和 6.2%。

（2）价格趋于稳定。国内标签印刷市场均价约为 6.02 元 / 米^2，整体价格呈现下降后趋于平稳的态势。

（3）行业集中度高。标签印刷企业总数超过 6000 家，但 85% 以上为中小型企业，分布在经济发达的华东和华南地区。

5．包装用纸

（1）绿色发展方向。受政策推动，绿色包装成为包装用纸发展的重要方向。例如，“十四五”期间国家出台多项政策鼓励绿色环保的包装方式。

（2）技术创新。包装用纸领域不断推进技术创新，如可降解包装材料和智能包装技术的应用。

（3）市场规模扩大。尽管受到环保要求和市场需求疲软的影响，包装行业依然保持一定规模，2023 年全国规模以上包装企业数量超过 1 万家。

2023 年，按需印刷作为行业新趋势，正在被越来越多的出版社采用；我国出版印刷业在保持传统业务稳定的基础上，正加快数字化转型和智能化升级，引导我国出版印刷业市场需求和订单呈现出质量提升和数字化转型的发展方向，

不同类型的纸张在出版印刷中由于市场需求和业务量的变化，带来使用情况各有特点，由此在总体上呈现出稳中有降的趋势。在未来的发展中，报纸和期刊用纸可能还将面临一定的压力，而图书、标签和包装用纸则有望通过技术创新和绿色环保理念找到新的增长点。

我国 2023 年出版印刷用纸类型丰富多样，包括报纸、图书、期刊等各类纸张。从整体趋势来看，报纸印刷需求呈下降趋势，而图书和特殊用途纸张印刷需求保持稳定或小幅增长。未来，出版印刷用纸市场将更多地受到数字化和环保要求的影响，企业需要不断创新和适应新的市场需求，以实现可持续发展。

我国出版印刷业用纸市场在 2023 年呈现出市场规模扩大、生产量增长、企业利润提升等积极的发展态势。尽管面临一些挑战，如报纸印刷量的下降，但整体市场环境依然乐观。随着市场需求的不断变化和技术创新的推动，出版印刷业用纸市场有望继续保持稳定增长。

（中国印刷及设备器材工业协会　高　建）

2023 年生活用纸行业的概况和展望

Overview and Outlook of Household Paper Industry in China in 2023

2023 年，我国生活用纸行业在疫情过后恢复常态运行和发展。在市场消费需求增长和大量投资的推动下，行业产能进一步释放，新投产产能达 177.1 万吨，仍为历史较高水平，同时也有落后产能的淘汰和部分现代化纸机停产，2023 年生活用纸总装机产能达到 2037.1 万吨。

2023 年生活用纸装机总产能比上年增长 6.4%，市场总规模达到 1549.2 亿元；全行业平均设备利用率回升 4.43 个百分点，到 72.17%；其他运行指标包括产量、消费量、人均消费量、净出口量等均比上年增长。

一、市场规模

根据中国造纸协会生活用纸专业委员会（以下简称生活用纸专委会）的调研汇总（表 1），2023 年生活用纸装机总产能达到 2037.1 万吨，总产量约 1354 万吨，行业平均设备利用率为 72.17%，工厂总销售额约 1294.4 亿元，全行业产品的平均出厂价 9560 元 / 吨（含出口）。消费量约 1246.5 万吨，人均年消费量约 8.8 千克，已远超 Fastmarkets RISI 估计的 2023 年世界人均 5.8 千克的消费量水平。国内市场规模约 1549.2 亿元，保持全球最大的生活用纸生产国和消费国的地位。

表 1　2023 年中国生活用纸行业的总规模

	2023 年	2022 年	同比增长 /%
装机总产能 / 万吨	2037.1	1914	6.4
产量 / 万吨	1354	1260	7.5
行业平均设备利用率 /%	72.17	67.74	4.43
进口量 / 万吨	3.85	3.30	16.7
出口量 / 万吨	111.31	78.57	41.7
净出口量 / 万吨	107.46	75.27	42.8
消费量 / 万吨	1246.5	1184.7	5.2
年人均消费量 / 千克	8.8	8.4	4.8
出厂均价 /（元 / 吨）	9560	10200	–6.3
工厂销售额 / 亿元	1294.4	1285.2	0.7
国内市场规模 / 亿元	1549.2	1570.9	–1.4

注：1. 2023 年、2022 年市场零售均价按出厂均价加价率 30% 计。
2. 表中调研数据未包括香港特别行政区、澳门特别行政区和台湾省的数据，以下同。

二、主要原纸生产商和产品品牌

1．原纸生产企业数量及分布情况

我国目前生活用纸行业的原纸生产企业由多个生产商组成，2023 年开机中的原纸生产企业是 208 家（2022 年：213 家）[注：全国的生产工厂约 257 家（2022 年：258 家），此处是将拥有多家生产工厂的集团公司算作 1 家生产企业]。

2023 年，原纸生产企业总数量比 2022 年减少了 5 家。行业落后产能继续淘汰，部分小企业退出市场。同时，仍有部分新进入行业及重新复产的企业，以及大企业新建生产基地，全国原纸生产工厂数量与 2022 年基本持平。

集团及生产工厂主要分布区域见表 2 和表 3。产品加工企业数量多，而且中小企业多、变化快，因此本报告中不做汇总。

表 2　2023 年全国原纸生产企业数量地区分布情况（按集团所在地区）

地区	企业数	地区	企业数
河北	71	云南	6
广西	24	浙江	5
四川	18	贵州	4
广东	16	新疆	4

续表

地区	企业数	地区	企业数
山东	13	安徽	3
福建	10	陕西	3
河南	7	山西	2
江苏	6	上海	2
辽宁	6	湖北	2
江西	5	重庆	1
总计 / 家		208	

表 3　2023 年全国原纸生产工厂数量地区分布情况（按工厂所在地区）

地区	工厂数	地区	工厂数
河北	74	云南	6
广西	27	贵州	5
四川	24	安徽	5
广东	22	新疆	5
山东	15	重庆	4
河南	10	陕西	3
福建	10	山西	2
辽宁	9	黑龙江	2
江西	8	湖南	2
湖北	8	北京	1
浙江	7	上海	1
江苏	6	海南	1
总计 / 家		257	

2. 原纸生产集中度继续提高

2023 年，全国年产能 5 万吨以上（含 5 万吨）的企业数量为 99 家（表 4），比上年增加 3 家。全国性的四大品牌仍然是心相印、维达、洁柔、清风。

2023 年，有 23 家企业是产能规模在 2 万吨以下的小型企业，比上年减少 3 家，这些企业的规模效应和竞争力不强，预计未来将继续减少。原纸企业的生产集中度进一步提高。

2023 年现代化产能（纸机设计产能）在 50 万吨以上的省级行政区主要包括河北、广西、山东、广东、湖北、四川、江西、江苏等，详见表 5。

表 5　2023 年现代化产能分布地区排序（50 万吨以上）

序号	省区市	总产能 /（万吨 / 年）	纸机 / 台
1	河北	430.85	231
2	广西	178.9	94
3	山东	167.5	61
4	广东	162.6	65
5	湖北	127.5	49
6	四川	119.8	72
7	江西	111.0	41
8	江苏	106.0	34
9	重庆	93.9	21
10	海南	84.0	28
11	福建	84.0	23
12	浙江	76.4	36
13	湖南	69.5	24
14	安徽	64.0	20
15	河南	57.0	28
	合计	1932.95	827

3. 主要生产商

（1）品牌企业与浆纸企业，产业链合作共赢。

2023 年综合排名前 10 位的生活用纸品牌生产商见表 6，合计产能占装机总产能的 37.7%（2022 年：36.2%）；销售额合计约占总销售额的 47.6%。

除了行业领先的生活用纸品牌生产商之外，近年来涌现出了理文、泰盛、韶能、太阳纸业、亚太森博、联盛等转型到生活用纸行业的企业（表 7）。这些企业具有浆纸一体化优势，主要生产和销售原纸。产业链中，品牌企业与浆纸企业合作发展，形成行业发展的新格局。

表 4　2020—2023 年全国原纸生产企业产能、数量分布情况

产能范围 /（万吨 / 年）		＞100	50（不含）~ 100（含）	10（不含）~ 50（含）	5（含）~ 10（含）	2（含）~ 5（不含）	＜2
企业数量 / 家	2023 年	5	1	29	64	86	23
	2022 年	5	1	27	63	91	26
	2021 年	4	2	24	65	88	58
	2020 年	3	3	20	50	95	69

表 6 2023 年综合排名前 10 位的生活用纸品牌生产商

序号	公司名称	品牌	纸机设计产能 /（万吨 / 年）
1	恒安国际集团有限公司	心相印，柔影	168.7
2	维达纸业（中国）有限公司	维达，花之韵	142.5
3	中顺洁柔纸业股份有限公司	洁柔，太阳	91.5
4	金红叶纸业集团有限公司	唯洁雅，清风，真真，铂丽雅	213
5	福建植护网络科技有限公司	植护	37.9
6	丽邦集团有限公司	丽邦	33
7	保定雨森卫生用品有限公司	雨森，百丽	35
8	河北金博士集团有限公司	金博仕	19.2
9	四川环龙新材料有限公司	斑布	16.4（竹浆纸）
10	上海唯尔福集团股份有限公司	纸音	10
	合计产能		767.2

表 7 2023 年行业领先的 7 家生活用纸原纸生产商

序号	公司名称	纸机设计产能 /（万吨 / 年）
1	理文卫生纸制造有限公司	132.5
2	泰盛科技（集团）股份有限公司	125.5
3	金红叶纸业集团有限公司	213
4	韶能集团	38
5	山东太阳生活用纸有限公司	37
6	亚太森博集团	35
7	联盛浆纸（漳州）有限公司	24

恒安、维达、中顺、金红叶是综合排名领先的 4 家生活用纸品牌企业，2023 年这 4 家企业生活用纸生产能力合计约为 615.7 万吨，约占行业装机总产能的 30.2%（2022 年：29.5%），销售额合计约 488.2 亿元，比上年上升约 11.4%，约占行业总销售额的 37.7%（2022 年：34.1%）。

从产能来看，据 Fastmarkets RISI 数据显示，2023 年，金红叶、恒安、维达、中顺的产能在全球分别排在第 4、第 5、第 8、第 11，在亚洲分别排在第 1、第 2、第 3、第 6。

- 恒安是居中国第 1 位的生活用纸品牌生产商。根据恒安国际年报，2023 年，恒安生活用纸（含湿巾）业务销售收入同比上升约 12.2% 至约人民币 137.48 亿元（2022 年：人民币 122.48 亿元）。生活用纸（含湿巾）业务销售占集团整体收入约 57.8%（2022 年：54.2%）。

2023 年第一季度，恒安仍然受到木浆价格高企的影响，但 2023 年第二季度木浆价格开始止涨下调，尽管集团于下半年适度加大促销致使促销费用有所上升，但受益于产品升级及高毛利产品的占比提升，以及木浆成本下跌，2023 年下半年的毛利率较上半年的 17.7% 明显改善，达 26.1%（2022 年下半年 18.5%），而 2023 年全年毛利率则上升至约 21.7%（2022 年：20.7%）。

另外，根据恒安国际年报，恒安高端生活用纸产品销售表现亮眼，其中“云感柔肤”系列的销售收入超过 13.0 亿元，同比增长约 26.6%，占整体生活用纸销售约 12.0%。湿巾业务方面，2023 年销售收入为约人民币 9.31 亿元（2022 年：人民币 8.42 亿元），取得接近 10.5% 的销售增长，占生活用纸（含湿巾）业务销售比例为约 6.8%（2022 年：6.9%）。

- 维达是中国最早的生活用纸专业生产商之一，多年来保持平稳发展的领先地位，目前是居第 2 位的生活用纸品牌生产商。根据维达国际年报，2023 年维达国际生活用纸（含湿巾）业务收益为 166.55 亿港元，同比增长 3.4%，剔除汇率影响增幅为 7.6%，占集团总收益的 83%（2022 年：83%）。2023 年，维达高端纸品组合销量取得双位数增长，进一步巩固市场领先地位，也凭借高端品类较高的利润率，一定程度上减轻了高成本木浆库存以及促销所带来的影响。生活用纸业务的毛利率及利润率分别减少 2.6 个百分点及 2.8 个百分点至 24.9% 及 2.4%。

3 月 11 日，维达国际及要约人 ISOLA CASTLE LTD 于港交所发布联合公告称，要约已在各方面成为无条件，已接获 Essity GH 就其全部约 6.21 亿股股份发出的要约有效接纳，占公司于本公告日期已发行股本约 51.59%。

要约人 ISOLA CASTLE LTD 隶属于亚太资源集团，亚太资源集团的母公司是新加坡金鹰集团（RGE），旗下业务覆盖纸浆及造纸、棕榈油、纤维素纤维等。

维达国际被新加坡金鹰集团成功收购后，金鹰集团将持续发挥能源、纸浆、原纸等上游供应链和链接全球产业资源的优势，赋能维达国际在管理效率、盈利能力、战略协同方面进一步提升。

• 中顺洁柔目前是居第 3 位的生活用纸品牌生产商，根据中顺洁柔财报，2023 年，公司营业收入约 98.01 亿元，同比增加 14.37%；归属于上市公司股东的净利润约 3.33 亿元，同比减少 4.92%；基本每股收益 0.26 元 / 股，同比减少 3.70%。报告期内，公司通过持续优化品类结构、完善渠道建设、加大重点品推广力度等，公司销售收入创历史新高。

• 金红叶是 APP 在中国大陆的生活用纸集团，是位居中国第 4 位的生活用纸品牌生产商。2023 年，金红叶没有新增产能，产能仍为 213 万吨 / 年。目前金红叶为中国生活用纸行业产能最大的生产商。

2023 年 3 月，金红叶纸业如东基地扩建 126 万吨 / 年高档生活用纸项目环评获批。该项目分两阶段建设，一阶段新增年产 78 万吨 / 年高档生活用纸的生产能力和 38.68 亿片 / 年卫品生产能力，二阶段新增年产 48 万吨 / 年高档生活用纸的生产能力。一阶段建设周期 2023 年至 2025 年；二阶段建设周期 2026 年至 2027 年。

• 福建植护网络科技有限公司成立于 2014 年，近年来迎来快速发展，是生活用纸行业线上渠道的领先企业。2016 年，植护在福建福州建立了自己的第一个生活用纸后加工厂，迈出从电商到实体的第一步。2019 年，植护的第 1 家原纸基地（广西植护云商实业）签约落户广西来宾，并于 2020 年投产 2 台大正的卫生纸机，合计产能 5 万吨 / 年。2020 年，植护通过入股河北保定成功纸业，成立其第 2 家原纸基地，扩充产能 6.8 万吨 / 年。2021 年，植护通过收购福建福清聚辉纸业，成立其第 3 家原纸基地（福建植护盈润实业），扩充产能 3.6 万吨 / 年。2022 年，公司成立其第 4 家原纸基地（河北植护天天纸业），扩充产能 8.5 万吨 / 年，并在广西基地投产 2 台宝拓纸机，合计产能 6 万吨 / 年。2023 年，植护在广西基地投产 1 台维亚纸机，产能 2 万吨 / 年，使公司原纸总产能达到 37.9 万吨 / 年。

• 丽邦集团保定港兴纸业是保定满城地区代表性企业，是保定地区最早淘汰落后产能、更新换代设备的企业。2023 年，孝感二期项目投产了第 2 台宝拓卫生纸机，使集团总产能达到 33 万吨 / 年。

• 雨森也是保定地区近年来发展较快的生产企业，2020 年，雨森在辽宁台安新建生产基地，项目规划年产能 36 万吨。分三期建设，一期已于 2020 年 10 月投产 2 台维美德（PMP）的 3 万吨 / 年新月型卫生纸机。2023 年，辽宁雨森二期生活用纸项目再投产 3 台维美德（PMP）的新月型卫生纸机，使公司总年产能达到 35 万吨。2023 年 6 月，雨森西北区生产基地项目于甘肃省平凉市崇信县工业集中区轻工业产业园奠基开工。该项目计划分三期建成，其中，一期、二期建设年产 36 万吨高档生活用纸产能，配套实施热电联产项目，三期建设包装纸生产线 3 条、非织造布生产线 4 条。

• 理文在中国大陆有重庆、江西九江、广东东莞、广西崇左 4 个已投产的生活用纸原纸生产基地。2023 年，理文在广西崇左新建基地投产 11 台国产新月型纸机，合计产能 25 万吨 / 年，使集团总产能达到 132.5 万吨 / 年。理文继续以“产业链条集群发展”的模式，为生活用纸加工企业供应原纸，公司仍以销售原纸为主。

• 泰盛目前拥有 6 家原纸生产基地，包括在重庆（收购维尔美）、贵州赤水（收购赤天化）、湖北荆州（收购真诚）、四川乐山（收购永丰）、江西九江（新建）、安徽宿州（新建）。2023 年，泰盛分别在四川和安徽基地各投产 4 台国产新月型纸机，合计产能 16 万吨 / 年，使集团总产能达到 125.5 万吨 / 年。

• 太阳目前拥有山东兖州和广西北海 2 家原纸生产基地，2023 年合计总产能达到 37 万吨 / 年。其中，广西北海为新建基地，从 2021 年 10 月安装的第一台安德里茨纸机成功投产开始，短短的 15 个月时间，陆续又投产了安德里茨、宝拓、轻良的共 5 台卫生纸机和 1 台擦手纸机，2023 年该基地产能为 20 万吨 / 年。

2023 年，太阳在广西南宁新建生活用纸生产基地，项目规划产能 30 万吨 / 年，预计于 2024 年投产 3 台宝拓的新月型纸机和 1 台轻良的擦手纸机，将新增产能合计 12.5 万吨 / 年。

（2）匠心产品

中国制浆造纸研究院有限公司积极落地国家“三品”战略，在生活用纸行业开展品牌培育及“匠心产品”评价相关工作。

2022—2024 年成功入围生活用纸行业“匠心产品”榜单的企业和品牌详见表 8。

表 8 2022—2024 年成功入围生活用纸行业“匠心产品”榜单的企业和品牌

序号	公司名称	品牌
1	福建恒安集团有限公司	心相印
2	维达纸业（中国）有限公司	维达
3	金红叶纸业集团有限公司	清风、唯洁雅、铂丽雅
4	中顺洁柔纸业股份有限公司	洁柔
5	上海东冠健康用品股份有限公司	洁云
6	丽邦集团有限公司	丽邦
7	保定雨森卫生用品有限公司	雨森
8	福建植护网络科技有限公司	植护
9	河北金博士卫生用品有限公司	金博仕
10	云南云景林纸股份有限公司	思景
11	河南逸祥卫生科技有限公司	德佑
12	广西横县江南纸业有限公司	爽手
13	漯河银鸽生活纸产有限公司	银鸽

与普通产品相比，匠心产品品质更卓越、使用更安全、能更好地满足消费者的消费升级需求。匠心产品榜单的发布更好地践行了“三品”战略，引导企业增品种、提品质、创品牌，帮助消费者甄别品质更优的产品，对提升生活用纸和卫生用品质量，推动行业高质量发展具有重要意义。

4．主要产能集聚区

（1）河北

素有“华北纸都”之称的河北省保定市满城区是我国最大的生活用纸生产聚集区。历经 40 多年的发展与积累，目前，保定满城区生活用纸产业链配套完善，已形成原纸生产、成品加工、包装印刷、设备制造及维修服务、物流运输等“一条龙”产业格局。该地区生活用纸产业拥有从业人员 10 万余人。2023 年，该区生活用纸产能超过 430 万吨 / 年。

近几年来，在政策引导和市场竞争的推动下，满城区的生活用纸在产能快速增长的同时，也不断升级转型，向绿色可持续方向发展。满城各生活用纸生产企业之间通过信息共享、产能合作，实现抱团发展。多家领先企业走向全国的产能布局也在全面提速。随着知名电商品牌植护的入驻，以及新企业的涌现，也为当地生活用纸行业的发展注入新的活力。

丽邦、雨森、金博士品牌已连续两年入围生活用纸行业“匠心产品”榜单。满城区凭借纸和纸制品特色产业跻身工信部公布的 2023 年消费品工业“三品”战略示范城市名单。

（2）广西

近年来，广西生活用纸行业呈现蓬勃的发展态势，连续三年新增现代化产能超过 30 万吨 / 年。2023 年，广西已开机现代化产能合计超过 170 万吨 / 年，成为生活用纸行业重要的产业集中区。

广西拥有丰富的桉木、甘蔗、竹子等原料资源，充足的水、电资源，众多的劳动力资源，且海港众多，水陆交通便利，具有陆海联运优势。特别是，随着近年来互联网电商的蓬勃发展，广西的快递物流成本优势愈发突出。这些都为木片、纸浆等原料进口，以及当地生活用纸成品走向全国及世界各地创造了有利条件。

随着太阳、理文、植护等行业大型企业的进入，在带来先进的生产技术、装备及管理经验的同时，还带来了创新的发展模式，使原纸企业与品牌企业实现优势互补、产业链共赢，更助推了广西生活用纸行业的转型升级，加速向高质量发展。

（3）四川

四川省竹资源丰富，据四川省造纸行业协会生活用纸分会调研数据，四川省现有竹浆企业 14 家，产能 165 万吨，主要用于生产生活用纸，部分生产文化用纸、食品包装原纸、牛皮纸、纸浆模塑及其他纸种等。据不完全统计，2023 年生活用纸原纸产能 150 万吨，主要以竹浆为原料。生活用纸成品加工产能 160 万吨。

（4）湖北

湖北省孝感市孝南区坚持走创新、协调、绿色可持续发展的道路，继续引进国内知名生活用纸生产企业和一批中小型生活用纸后加工企业以及卫生用品生产企业及产业链相关企业。孝南区以生活卫生用纸（品）产业闻名全国，纸卫品产业历经 20 多年的培育发展，集聚效应不断显现，现有纸卫品生产企业 60 多家（规上 22 家），年销售收入达 130 亿元，占全区规模工业销售收入的 50.0%，从业人员 7400 人，占全区规模工业的 42.2%；知名品牌不断汇聚，金红叶、恒安、维达、中顺、丽邦、金博士等生活用纸企业齐聚孝南。

三、进出口情况

从进出口贸易的角度来看（表 9），国内生活用纸市场总体以出口为主，进口很少。目前国内生活用纸市场的产量和产品种类已经能够满足国内市场的需求。

1．出口

中国生活用纸产品出口是消费市场的重要部分，

2023年出口量为111.31万吨，占产量的约8.2%，出口金额为23.73亿美元，出口量和出口额均同比显著增长，分别增长41.67%和16.71%。作为疫情后的第一年，出口量已经远超过2019年疫情前的水平。

出口的生活用纸仍以成品纸为主，成品纸出口量占生活用纸产品总出口量的70.97%，但相较于2022年，成品纸的出口量占比有所下降。2023年成品纸出口的平均价格，相较于2022年（各种类产品的出口平均价格增长都超过20%）有所回落，分析可能的原因，主要是2023年纸浆原料价格的下跌引起的成品纸出口的平均价格下降。出口的各类商品中，原纸出口量增长幅度最大，同比增长72.42%。

从出口额来看，2023年，成品纸出口额占总出口额的82.41%，出口成品中，卫生纸品类占总出口额的30.87%，占比呈逐年下降趋势（2021年同期为35.75%，2022年同期为34.66%），手帕纸、面巾纸占总出口额的39.74%，相较于2022年占比继续增长，是所有生活用纸出口品类中占比最大的，表明出口的生活用纸产品结构继续向高端化发展。

2023年中国生活用纸出口目的地国家和地区中，出口量排名前三的分别为美国、澳大利亚、中国香港。排名前十的国家和地区，还包括英国、加拿大、日本、韩国等发达国家和地区，以及泰国、马来西亚、菲律宾等东南亚国家和地区。

2．进口

根据海关统计数据，2023年生活用纸进口量约3.8万吨，进口额约4981万美元，均同比增长。进口的生活用纸以原纸为主，占比为86.71%，近五年，生活用纸全年进口量基本保持在2.8万～5万吨，普遍较少，对国内市场影响微小。

表9　　2023年各类生活用纸产品进出口情况

商品编号	商品名称	数量/吨		金额/美元	
		2023年	同比增长/%	2023年	同比增长/%
进口		38471.410	16.79	49805475	14.63
48030000	原纸	33358.572	22.72	37476796	22.19
48181000	卫生纸	2218.720	−12.72	4981491	9.00
48182000	手帕纸、面巾纸	1969.100	−19.56	5371371	−19.39
48183000	纸台布、餐巾纸	925.016	20.54	1975817	27.98
出口		1113149.150	41.67	2373446056	16.71
48030000	原纸	323141.906	72.42	417509415	47.57
48181000	卫生纸	335231.088	26.45	732798466	3.97
48182000	手帕纸、面巾纸	348437.779	33.09	943215427	16.96
48183000	纸台布、餐巾纸	106338.378	48.92	279922748	16.93

四、市场变化

1．纸浆和原纸价格持续波动

（1）2023年进口木浆价格总体回落

我国生活用纸企业大部分无自制浆，普遍以商品木浆为原料，因此对进口纸浆的依存度非常大，生活用纸除投资成本外的生产总成本中，纸浆大约占75%左右，因此产品成本受国际纸浆市场价格波动的影响大。

根据海关统计数据，2023年1—12月，漂白针叶木浆和漂白阔叶木浆的进口量和均价见表10。漂白针叶木浆主要进口自加拿大、芬兰、智利、美国、俄罗斯联邦等国家，漂白阔叶木浆主要进口自巴西、印度尼西亚、乌拉圭、智利、俄罗斯联邦等国家。

相比2022年，2023年纸浆价格总体呈回落态势，从全年的平均价格来看，2023年进口木浆价格整体降幅较大。以河北地区为例，2023年，河北进口阔叶木浆板平均价格为5058元/吨，相较2022年平均价格（6348元/吨），下降约20%；河北进口针叶木浆板平均价格为5827元/吨，相较2022年平均价格（7101元/吨），下降约18%。

表 10　2023 年 1—12 月我国木浆进口量和月度均价

月份	漂白针叶木浆		漂白阔叶木浆	
	进口量 / 万吨	均价 /（美元 / 吨）	进口量 / 万吨	均价 /（美元 / 吨）
2023 年 1 月	63.46	942.93	134.53	833.23
2023 年 2 月	59.66	916.03	123.02	822.80
2023 年 3 月	83.68	905.99	117.29	772.28
2023 年 4 月	78.56	873.61	117.38	731.00
2023 年 5 月	84.14	844.70	130.26	640.72
2023 年 6 月	85.47	771.52	126.66	545.20
2023 年 7 月	72.76	699.25	113.12	496.81
2023 年 8 月	78.56	670.40	167.25	489.95
2023 年 9 月	81.09	668.00	152.16	497.74
2023 年 10 月	74.14	667.84	146.04	512.50
2023 年 11 月	76.97	683.87	143.71	530.25
2023 年 12 月	82.56	705.68	163.58	554.18
2023 年合计	920.84	775.33	1635.00	610.41
同比增长 /%	28.47%	−14.08%	27.82%	−13.20%

具体来看，2022 年我国木浆价格持续高位，2023 年 2 月开始下降，到 2023 年 5—6 月降到全年的低点，之后价格缓慢上涨，在年末价格相对平稳。2023 年 5 月，河北地区进口漂白阔叶木浆板月度平均价格为 4137.5 元 / 吨；2023 年 6 月，河北地区进口漂白针叶木浆板月度平均价格为 5110 元 / 吨，分别达到全年的最低值，之后纸浆价格缓慢上涨。2023 年 10 月之后，总体价格保持平稳。

对于以进口木浆为主要原料的生活用纸企业来说，生产成本压力有所缓解。

（2）非木浆

目前，中国生活用纸行业的非木浆原料主要包括竹浆和蔗渣浆，稻麦草浆、苇浆、废纸浆的用量都非常少。2023 年国内竹浆、蔗渣浆的价格跟随进口商品木浆价格波动，价格总体呈下降态势。其中，竹浆价格 5 月份降至 4900 元 / 吨、蔗渣浆价格 8 月份降至 3850 元 / 吨的年度最低点，之后有所上涨。

（3）生活用纸原纸价格

2023 年，原纸价格跟随纸浆价格下降，其中，河北漂白木浆原纸在 2023 年 5—6 月降至 6650 元 / 吨的年度最低点，之后处于平稳上升的阶段，生活用纸生产企业经营压力总体有所下降。

2．新投产产能仍处于较高水平，行业竞争进一步加剧

2023 年，中国生活用纸行业共有 37 家企业投产了新纸机，投产纸机的台数达到 69 台，新投产产能 177.1 万吨，相比 2022 年有所回落，但仍为历史较高水平。

新投产的产能仍然主要集中在已有的企业，包括恒安、维达、中顺洁柔、理文、丽邦、植护、泰盛、森博、太阳等。新进入生活用纸行业的大企业主要为福建联盛。

近年来，广西生活用纸行业呈现蓬勃的发展态势，连续三年新增现代化产能超过 30 万吨 / 年。2023 年，广西新增现代化产能 45.8 万吨，占全国新增产能的四分之一。除当地的浆、纸生产企业外，植护、太阳、理文等行业领先企业也纷纷在广西投资建设生产基地，目前广西已投产现代化卫生纸机合计产能超过 170 万吨 / 年，成为生活用纸行业重要的产业集中区。

2023 年产能增长仍然过快，但与发达国家与地区相比，中国的生活用纸人均消费量仍有继续提升的空间。消费者更追求品质化、舒适化，使用场景更丰富的产品，促进了 TAD、类 TAD 等高端机型在国内的发展。

近些年来，由于市场竞争压力，以及阶段性产能过剩，近些年每年实际投产的产能都低于计划要投产的产能，预计未来一段时间，有些计划中的项目也将后延，或不能达产。

3．落后产能淘汰，行业加速洗牌

2023 年，行业淘汰、停产或转产的卫生纸机约 139 台，主要为幅宽 1575 ~ 3500 毫米、车速 200 米 / 分左右的普通圆网小纸机，及少量幅宽为 2660 ~ 3550 毫米、车速 500 ~ 1200 米 / 分的新月型、真空圆网型、斜网型纸机等。

另外，截至 2023 年底，行业已累计有 101 台现代化纸机停产，涉及产能 185.9 万吨。

4．低定量原纸和多层数的后加工产品增加

近年来，随着电商的快速兴起，以及市场的消费需求，销售的面巾纸、卫生纸等产品逐渐向低定量趋势发展，由原先的原纸定量 14 ~ 16 克 / 米 ^{2}，下降至目前的 11.5 ~ 13 克 / 米 ^{2}，后加工产品层数也由原先的 2 ~ 3 层为主，增加至目前的 4 层，有的产品达到 5 ~ 6 层，成为生活用纸行业市场一个新的发展特征。

五、生产企业装备水平持续提高

多年来，生活用纸行业不断进口现代化卫生纸

机，投产国产现代化卫生纸机以及加速淘汰落后卫生纸机等措施，目前，中国生活用纸行业绝大多数为现代化产能。

随着国产卫生纸机的制造技术进步和制造成本优势，在每年投产的现代化卫生纸机中，国产设备占比逐渐增加，引进设备占比逐渐减少（表 11）。

表 11　　2014—2023 年投产的现代化产能中进口和国产卫生纸机占比情况

年份 / 年	2014	2015	2016	2017	2018	2019	2020	2021	2022	2023
投产产能 / 万吨	124.3	103.92	134.19	221.58	182.5	178.1	184.8	278.6	205.7	177.1
其中：进口纸机 / 万吨	100	72.8	68.5	90.8	82.3	22.5	18	87.2	59	62.5
国产纸机 / 万吨	24.3	31.12	65.69	130.78	100.2	155.6	166.8	191.4	146.7	114.6
投产纸机数 / 台	41	42	66	111	84	95	95	117	84	69
其中：进口纸机 / 台	28	18	18	25	19	9	4	24	15	15
国产纸机 / 台	13	24	48	86	65	86	91	93	69	54

2023 年，国产（含中外合作）卫生纸机制造商合计在中国大陆投产现代化卫生纸机 54 台，合计产能 114.6 万吨 / 年，占大陆全年投产现代化卫生纸机总产能的约 64.7%。其中表现突出的包括：宝拓 17 台、轻良 16 台、昌达 8 台等。

2023 年投产的进口卫生纸机占大陆全年投产现代化卫生纸机总产能 35.3%。国产纸机投产的产能占比，从 2017 年以来超过进口纸机。

2023 年，新投产的 TAD 和类 TAD 纸机，共计 4 台，合计产能 15 万吨。TAD 和类 TAD 纸机产能在国内市场持续增长。

据调研数据，自 2021 年以来，国产现代化纸机产能已超过进口现代化纸机。截至 2023 年年底，我国已投产且仍在开机中的国产卫生纸机合计 629 台，约占 2023 年行业生活用纸总产能的 51.1%。

单台年产能 6 万吨左右（幅宽 5600 毫米，设计车速 1800 米 / 分及以上）的大型卫生纸机，仍是以进口为主，2023 年投产了 6 台。截至 2023 年底，全国共已投产 90 台，其中目前仍在开机中的为 82 台，合计产能 488 万吨 / 年，约占行业总产能的约 24.0%。由于市场对产品差异化需求的增加，年产 6 万吨左右的卫生纸机改变品种的灵活性和成本消耗不具备优势，预计未来仍将以极少数的大企业投资为主。

六、产品结构

根据秘书处对 2023 年企业调查样本的推算，国内各类生活用纸产品的消费量均有增长，从市场占比来看，卫生纸依然占主导地位，其他品类依次是面巾纸、手帕纸、餐巾纸、厨房纸巾、擦手纸、卫生用品用吸水衬纸等，见表 12。

表 12　　2023 年生活用纸产品结构及与 2022 年对比

产品		2023 年		2022 年	
		消费量 / 万吨	市场份额 /%	消费量 / 万吨	市场份额 /%
卫生纸		600.5	48.2	598.4	50.5
面巾纸		422.7	33.9	386.2	32.6
手帕纸		56.5	4.5	54.1	4.6
餐巾纸		57.3	4.6	47.9	4.0
擦拭纸	厨房纸巾	20.4	1.6	15.0	1.3
	擦手纸	71.8	5.8	66.7	5.6
卫生用品用吸水衬纸		17.3	1.4	16.4	1.4
生活用纸合计		1246.5	100	1184.7	100

面巾纸产品的消费量增长明显，一方面消费者更追求品质化、舒适化的使用体验，另一方面，新的包装形式的出现，例如挂抽产品，进一步促进面巾纸品类的增长。

对于厨房纸巾产品，消费者对于生活用纸的使用场景更丰富，更追求“专纸专用”的使用体验，厨房纸巾消费需求逐渐释放。

疫情之后，消费者外出活动恢复，带动商用场所擦手纸的需求增长。同时，由于消费者外出用餐的频率增加，餐饮业的恢复，带动了餐巾纸消费的增长。

七、原料结构

2023 年，秘书处对生活用纸原纸生产企业所使用的纤维原料种类进行了调查，由调查结果推算出生活用纸行业使用纤维原料的结构及与 2022 年的对比情况如表 13 所示。

表 13　2023 年生活用纸纤维原料结构及与 2022 年对比　单位：%

纤维原料		2023 年比例	2022 年比例
木浆		82.72	82.42
非木浆	竹浆	12.76	14.30
	蔗渣浆	1.75	1.20
	麦草浆	0.72	0.16
	稻草浆	0.03	0.04
	苇浆	0.32	0.28
废纸浆		1.69	1.60

木浆依然是生活用纸行业的主要纤维原料，而且生活用纸行业使用木浆原料的比例远高于造纸行业平均水平（38%）。2023 年木浆价格总体回落，竹浆用量略有下降；其他非木浆中，蔗渣浆、苇浆、麦草浆的用量略有提升，但目前使用麦草浆和稻草浆的企业仅分别为 2 家和 1 家，使用苇浆的企业仅 3 家，都属于用量非常低的浆种。2023 年，使用脱墨废纸浆的小纸机继续淘汰，但使用白纸边等为原料的废纸浆用量略有提升。

八、技术进展

1. 产品升级创新

生活用纸企业的产品升级与创新主要通过应用新技术和新设备开发差异化产品，提升产品的使用性能，以及通过创新包装形式及环保理念等，提高品牌的市场竞争力。

（1）TAD、类 TAD 产品更加丰富

2024 年，恒安推出国内首款 TAD 产品心相印绒立方纸巾，该系列是国内首款采用 TAD 热风穿透干燥技术的纸巾，其松厚度和吸水性分别为普通产品显著提高，舒适性和实用性都得到提升。

此前，维达、唯洁雅等品牌也相继推出了采用类 TAD 和 TAD 技术生产的产品，主要走高端路线。区别于传统纸机技术，引进的新技术纸机生产的新产品，给消费者带来了新的使用体验，也为行业带来了新的变化。

（2）创新包装形式，提升产品使用便捷性

2023 年底部抽式产品包装设计，受到市场广泛欢迎。“心相印”“清风”“丽邦”“植护”“丝飘”“双灯”“花恬”等品牌纷纷推出多功能悬挂式抽纸，采用挂壁式底部抽纸巾的设计；壁挂省空间，随用随取；大容量多抽数，不用频繁换纸；多场景使用，催生纸巾消费新风口，迎合了年轻消费群体的需求。

（3）应用后加工过程的新技术和新设备提升产品使用性能

高端压花产品仍然是 2023 年产品升级的主要方式之一，很多品牌也推出了新的压花类产品。

①丽邦推出 5D 立体压花纸，产品触感舒适，吸水能力加倍；立体压花的网状线，让纸张紧致不分层，棉韧有张力，湿水不易破。

②雨森的水轻柔品牌棉柔感立体压花纸巾，采用双面立体美纹压花，纸张柔韧兼备，可干湿两用。

③金博士推出纸博士品牌生活用纸采用 4K 高清无胶立体压花复合技术，多层纸张紧密结合不分层，压纹清晰立体，纸质柔软亲肤，手感蓬松，兼顾柔滑与弹性。

④植护推出气垫纸巾 · 悦色橙抽纸，采用菱形压花纹，air-cushion 气柔技术，触感柔软，湿水不易破，擦拭不易掉屑。

⑤斑布推出了 6D 压花系列，采用 6D 技术双面压花，柔软亲肤。

⑥护理佳“品秀”面巾纸采用创新四边立体印花锁边技术，十余款精致花型，各层纸巾结合力强，产品柔软亲肤，吸水性强，湿水不易破。

（4）打造环保概念产品

当前，年轻的消费群体更关注环保理念，行业企业也推出了各类具有环保特点的新产品。

在产品领域，清风首创行业首款 0 塑纸——清风 0 塑纸，产品以纸代塑，采用创新纸包装，真正做到减少塑料痕迹；多康推出首款“0 塑料”环保盒装纸面巾，服务酒店、办公等商用渠道，打造环保概念产品。

在材料方面，中国造纸院涂布技术研发中心研发团队，针对生活用纸软抽面巾纸包装，开发了能够替代塑料的纸基包装材料。该纸基材料既具有热封性能，又具有阻隔性能，能够满足软抽面巾纸包装生产线的应用要求。

2．新技术和新设备

（1）TAD、类 TAD 卫生纸机在中国市场已经初具规模

TAD 卫生纸机可以为产品带来卓越的松厚度、柔软度和吸水性。恒安、维达等领先企业的 TAD、类 TAD 纸机生产的产品已经推向市场，TAD、类 TAD 卫生纸机在中国市场已经初具规模。

①恒安引进的 2 台拓斯克的 TAD 型卫生纸机，其中 1 台已于 2023 年投产，另一台计划于 2024 年投产。2024 年初，恒安 TAD 纸机生产的多款高端新产品开始陆续上市。

另外，恒安还引进 2 台维美德复合型卫生纸机（AdvantageQRT，类 TAD 型），合计年产能约 7 万吨，分别安装在恒安湖南和湖北基地，均已于 2023 年开机，主要生产高品质面巾纸和厨房纸巾等产品。

②维达已成功投产 5 台维美德复合型卫生纸机（类 TAD 型），可生产超优质的差异化生活用纸产品，其能耗成本也相对较低。

此外，相关进口及国产同类机型也在国内市场积极推广和应用，例如，安德里茨的 Prime LineHyTAD 塑纹型卫生纸机（类 TAD 型）可以用更低成本生产高品质生活用纸，纸机成品质量接近 TAD 纸，但与干法起皱纸机生产的产品比，可节省 25% 的纤维，与 TAD 纸机相比可节省 50% 的能耗，并且可灵活快速切换生产干法起皱型卫生纸。

另外，广西龙派纸业投产了 1 台宝拓的 TAD 纸机，这也是宝拓（慧丰）继在河南中南纸业之后，投产的第 2 台国产 TAD 纸机，随着市场的拓展，也踏出了新的一步，继续探索国产 TAD 纸机的可能性。

目前，国内 TAD、类 TAD 纸机的总产能已经达到 30 万吨，并且维达、恒安等品牌也相继推出了采用这些新技术生产的产品。TAD、类 TAD 纸机区别于传统技术生产的产品，能给消费者带来新的使用体验，随着市场的进一步拓展，也将带来新的变化。

（2）低碳、耐用性、数字化等技术持续发展

安德里茨推出 PrimeDry Hood E 卫生纸机电加热气罩，该设备采用电加热器取代了燃气燃烧器或蒸汽加热器，并且能够实现 400 ~ 450℃的热风温度。与普通燃气气罩相比，电加热气罩的干燥系统能源效率提高了 4%，卫生纸机的二氧化碳排放总量减少约 70%。

BTG 推出了 PROclean™ 扬克缸清洁刮刀。该刀片由先进的复合材料制成，能够快速、安全地清除扬克缸表面的坚硬有机涂层，可以在高速和高温的任何无纸条件下使用。该刮刀的优势包括显著减少振动，减少边缘积聚，减少断纸和纸幅缺陷。作为扬克缸表面管理项目的一部分，可以防止扬克缸的震颤，并延长再研磨的间隔时间。

上海轻良实业有限公司的智能化车间信息系统进入稳定运行阶段，该信息系统可以实时监测和采集车间的生产数据、环境参数等信息，通过智能化的数据分析，可以及时发现并解决生产过程中的问题，避免潜在的风险。此外，系统的数据分析和预测功能可以根据历史数据预测未来的生产趋势，从而更好地规划和控制生产流程。同时，远程信息和故障诊断功能使得企业可以更加便捷地进行生产管理和设备维护，降低了运营成本。

（3）加工设备新技术

①宝索推出的 YH–FG 全自动面巾纸生产整线，设备配有点对点压花带水复合功能，使产品更加环保卫生，质量更高，同时洁净美观，柔软亲肤。

②广东志德胜通过多种的压花组，为客户提供更加多样化的压花解决方案。其中，多功能双面立体压花组，适用于卫生纸；面巾纸无胶立体压花组，适用纸幅范围宽，生产车速范围广，可自动匹配生产线运行速度，压合牢靠不易分层；四辊 / 双辊点对平压花组，适用于面巾纸 / 卫生纸生产线的压花，具有纯物理无胶压花压合、自动匹配生产线运行速度等特点。

③王派推出的全自动面巾纸折叠机，产品质量稳定，不同规格产品一键切换，从定量 11 克 / 米^2 的 2 层到 5 层纸巾均可兼容，可以选配钢对胶 / 钢对钢压花、上胶复合压花、四边定位压花等。

④柯尔柏推出非接触式加热双压花系统，系统从外部加热压花辊，不与辊子本身有物理接触，可将加热时间减少 1/3，从而节省 60% 以上的能耗。

（4）“十三五”生活用纸行业装备技术创新成果

“十三五”期间，生活用纸行业关键核心装备的自主国产化进程与技术水平显著提升。中国造纸学会于 2022 年 11 月 10 日组织专家评议出 5 项生活用纸领域创新技术成果，并于 2023 年 5 月发布。包括：宝索企业集团宝拓造纸设备有限公司的 BC1800 型新月型高速卫生纸机；溧阳市江南烘缸制造有限公司的钢制扬克烘缸；东莞市神点纳米喷涂科技有限公司的

烘缸喷涂技术；广东志德胜科技有限公司的大型高速无胶点对点双面立体压花设备；全利机械股份有限公司的全幅折叠机。

3. 开拓卫生纸机出口市场

2023 年，国产纸机供应商继续在现代化纸机出口业务上发力，并取得了一定的成绩。据调研，截至 2023 年 12 月，以宝拓、信和、凯信、轻良、华林、金顺、炳智、大正、方源众和、维拓、昌达等为代表的国内知名纸机制造商出口海外的新月型及真空圆网型等卫生纸机共 50 台，产能合计约 88.65 万吨 / 年，出口地区为亚洲、非洲、欧洲。

4. 渠道创新

2023 年 7 月，金红叶纸业集团携手京东超市在金光如东生活用纸基地召开了主题为“携手京东 共沐清风”的战略合作会议及京东超市专属生产线“京东线”的揭牌仪式。2023 年 8 月，清风召开与电商平台天猫超市的主题为“林间清风 绿动猫超”战略合作会议及天猫超市专属林场的揭牌仪式。

2023 年 5 月 20 日，心相印品牌以 TVC（商业电视广告）为载体，从品牌代言人肖战的视角提出爱贴近于生活点滴的表达。媒体投放覆盖全国多个城市，线上微博、微信视频号、腾讯闪屏联投、小红书等，线下投放杭州地铁凤起路站，以及 2 号线品牌列车。全网精准投放整体传播曝光量 2 亿 +。

维达最新品牌代言人赵丽颖的 TVC 登陆新潮电梯智能屏与新潮纯商务网，实现对目标受众的精准覆盖。

雨森通过参加京东平台的“春晓计划”，享受到“9.9 包邮”“百亿补贴”等优惠政策，京东“雨森纸品官方旗舰店”迎来了流量和销量的快速提升，店铺月成交额稳定在 300 万元左右。

2023 年 11 月 18 日，东方甄选开展河北专场直播活动，活动首日，推荐河北本地产品超 250 款，其中，丽邦抽纸产品销售超过 10 万单。

2023 年 5 月 5—7 日，由工业和信息化部主办的消费品工业“三品”战略推进大会在重庆召开，金博士、丽邦、雨森参会并展示了各自企业的“三品”工作成果，以及最新推出的生活用纸和卫生用品。

5. 可持续发展

（1）环境、社会和公司治理（ESG）

2023 年 11 月 22 日，以“ESG 护航合作，可持续引领增长”为主题的 2023 芬林亚太年会召开。芬林致力于让 ESG 成为识别和指导企业可持续发展的重要战略方针和系统方法，加强企业与客户的信任与合作，增加企业发展韧性，携手应对气候变化等全球性挑战。

2023 年 9 月，恒安国际 MSCI ESG 评级提升，实现 MSCI ESG 评级连续 4 年稳步提升，自 2017 年以来，恒安已连续 7 年发布 ESG 报告，并于 2023 年首次发布 TCFD 气候信息披露报告。

2023 年，维达再次荣获全球最大指数公司 MSCI（明晟）评定为 ESG “A” 级，是继 2021 年上调评级后，连续三年蝉联 “A” 级别。

2024 年 1 月 23 日，在第十三届公益节暨 2023ESG 影响力年会上，APP 中国荣获“2023 年度 ESG 先锋企业奖”。

（2）企业积极建设绿色工厂

2023 年 4 月，国家工业和信息化部办公厅发布了 2022 年度绿色制造名单，APP 中国旗下海南金海浆纸、金红叶湖北工厂荣膺“国家级绿色工厂”荣誉称号。

11 月 8 日，工业和信息化部公示了 2023 年度绿色制造名单，恒安（中国）纸业有限公司入选绿色工厂。这是继恒安（芜湖）纸业有限公司、福建恒安家庭生活用品有限公司之后，恒安集团第三个国家级绿色工厂。

九、产品及行业相关标准

行业标准不断丰富和完善，同时也推出了一系列团体标准，对推动生活用纸行业高质量发展，满足市场和产品创新具有重要的指导作用。

2022 年以来发布和开始实施的国家标准及团体标准，以及正在修订中的标准包括：

（1）新发布及修订的国家标准

- 《GB 43631—2023 婴幼儿及儿童用纸品基本安全技术规范》于 2023 年 12 月 28 日发布，2025 年 1 月 1 日实施。
- 《GB/T 40358—2021 卫生纸和擦手纸回用纤维使用规范》于 2021 年 8 月 20 日发布，2022 年 3 月 1 日实施。
- 《GB/T 20808—2022 纸巾》代替 GB/T 20808—2011，于 2022 年 4 月 15 日发布，2023 年 5 月 1 日实施。
- 《GB/T 24455—2022 擦手纸》代替 GB/T 24455—2009，于 2022 年 7 月 11 日发布，2023 年 8 月 1 日实施。
- 《GB/T 26174—2023 厨房纸巾》代替 GB/T 26174—2010，于 2023 年 8 月 6 日发布，2024 年 9 月 1 日实施。
- 《GB 15979—2024 一次性使用卫生用品卫生要求》代替 GB 15979—2002，于 2024 年 6 月 25 日发布，2025 年 7 月 1 日起实施。

（2）新发布团体标准

- 《T/CTAPI 002—2022 匠心产品生活用纸》由中国造纸学会于 2022 年 4 月 21 日发布，2022 年 5 月 1 日实施。

2023 年 12 月 6 日，由中国制浆造纸研究院有限公司牵头起草的《(T/CTAPI 002—2022) 匠心产品 生活用纸》入选工信部 2023 年百项团体标准应用示范项目，这意味着该团体标准在生活用纸领域的创新和应用得到了国家的认可和重视，将促进团体标准的更大范围的应用，对于推动生活用纸行业的升级和发展、满足消费者的需求都具有重要的意义。

此外，2023 年，天猫以《匠心产品生活用纸》团体标准为依据，将团体标准中对抽取式面巾纸的规格尺寸要求作为面巾纸产品入驻平台的参考尺码标准。此次“标准＋平台”强强联动，能更好地满足消费者消费升级需求，助力消费者选择品质更优、值得信赖的生活用纸产品。

● 中国造纸学会于 2022 年 11 月 28 日批准团标《纸浆、纸、纸板及纸制品碳足迹核算方法与报告指南》立项，并于 2023 年 10 月 27 日发布了该项标准的征求意见稿。该标准由中国制浆造纸研究院有限公司、造纸工业生产力促进中心、造纸产业双碳战略发展中心、深圳市计量质量检测研究院、香港品质保证局牵头，联合多家行业单位共同起草完成。

该标准规定了纸浆、纸、纸板及纸制品碳足迹核算的术语和定义、核算原则、核算边界、核算方法、数据收集、不确定性分析和报告要求，主要目的是科学核算造纸产品碳足迹，引导企业采取碳减排措施，为产品碳标识提供依据。

(3) 新发布的行业标准

●《QB/T 5742—2022 本色浆》于 2022 年 4 月 8 日发布，2022 年 10 月 1 日实施。

(4) 工业重点领域能效标杆水平和基准水平 (2023 年版)

2023 年 6 月 6 日，国家发改委等部门发布关于《工业重点领域能效标杆水平和基准水平 (2023 年版)》的通知 (发改产业〔2023〕723 号 (下文简称《通知》)。在此前明确的 25 个重点领域能效标杆水平和基准水平的基础上，增加卫生纸原纸、纸巾原纸，棉、化纤及混纺机织物，针织物、纱线，粘胶短纤维等 11 个领域，原则上应在 2026 年底前完成技术改造或淘汰退出，进一步扩大工业重点领域节能降碳改造升级范围。

其中,《通知》对卫生原纸、纸巾原纸的能效水平要求包括：以木浆为原料的原纸吨纸能耗标杆水平为 450 千克标准煤，基准水平为 520 千克标准煤；以非木浆为原料的原纸吨纸能耗标杆水平为 510 千克标准煤，基准水平为 560 千克标准煤 (不包括 TAD 等塑纹纸机生产的产品)。

《通知》自印发之日起执行,《关于发布〈高耗能行业重点领域能效标杆水平和基准水平 (2021 年版)〉的通知》(发改产业〔2021〕1609 号) 同时废止。

十、行业展望

1. 行业面临的机遇与挑战

(1) 生活用纸人均消费量将继续提升，产品品质化、舒适化，使用场景更丰富

近年来我国生活用纸人均消费量在不断提升，但目前与 Fastmarkets RISI 估计的 2023 年美国 (27.4 千克)、西欧和日本 (16 ~ 17 千克) 等发达国家和地区的人均消费量相比，仍然较低。长期来看，行业仍有继续增长的空间。

生活用纸产品也正在不断向品质化、舒适化方向发展，使用场景更丰富。其中，擦拭纸品类具有一定的增长潜力。

(2) 行业集中度将进一步提升，新的发展格局正在形成

近年来，生活用纸原纸生产企业数量持续减少，行业集中度不断提升。与此同时，新的发展格局正在形成。

随着维达被金鹰收购，全国性的四大品牌将形成新的竞争局面；理文、泰盛、太阳、森博等行业大型浆纸一体化企业不断投资扩产，这些新的竞争者推动原纸企业与品牌企业实现优势互补、产业链共赢。

与此同时，随着电商平台的兴起，线上销售成为中国生活用纸行业的一个重要部分，使产品得以快速触及更多、更偏远地区的消费者。品牌生产商应快速适应这种变化，利用线上平台推广产品，以满足市场需求，获得快速增长。此外，植护等具有互联网基因的企业也在不断引领行业线上销售的蓬勃发展。

(3) 行业竞争激烈，倡导行业企业合作，共同推动行业有序发展

根据调研汇总的数据显示，2024 年及之后的新投产项目总产能高达约 1200 万吨 / 年，因此未来一段时间，行业优胜劣汰加剧，市场竞争将更加激烈。

在整个行业产能充足的情况下，应通过企业间产能合作、供应链合作，实现行业抱团发展。

2. 市场预测

鉴于 2024 年计划投产项目、市场需求增长，以及消费者生活水平的提升等因素，2024 年，行业消费量预计将达到 1312 万吨，年人均消费量 9.3 千克。

(周　杨　郭凯原　葛继明　张升友　漆小华　曹宝萍　张玉兰)

2023 年我国一次性卫生用品行业的概况和展望

Overview and Outlook of Disposable Hygienic Products Industry in China in 2023

2023 年，中国一次性卫生用品（包括吸收性卫生用品和擦拭巾）市场恢复增长。经期裤、成人失禁用品的消费量持续增长，婴儿纸尿裤的消费量自 2020 年以来一直持续下降，2023 年下降幅度小于 2022 年。2023 年吸收性卫生用品的市场规模（市场总销售额）约 1160.4 亿元，比 2022 年增长 4.1%。擦拭巾的市场规模约为 214.5 亿元，比 2022 年增长 6.5%。

2019—2023 年吸收性卫生用品市场总规模中各类产品比例见表 1。相比 2022 年，2023 年女性卫生用品和成人失禁用品比例继续提升，婴儿纸尿裤 / 片比例继续下降。

表 1　2019—2023 年吸收性卫生用品市场总规模中各类产品占比

单位：%

产品	2019 年	2020 年	2021 年	2022 年	2023 年
女性卫生用品	49.1	50.5	54.1	58.3	60.6
婴儿纸尿裤 / 片	42.8	40.0	36.1	30.9	27.8
成人失禁用品	8.1	9.5	9.8	10.8	11.6

一、市场规模

1．女性卫生用品

2023 年，女性卫生用品市场高质量发展，市场规模继续扩大。根据调研，卫生巾的产量约 1010.6 亿片，比上年增长 2.2%；工厂销售额约 338.5 亿元，比上年增长 2.8%；消费量约 917.5 亿片，比上年增长 2.6%。在参加调研的企业中，经期裤产量约 26.7 亿片，比上年增长 60.8%；工厂销售额约 32.6 亿元，比上年增长 22.6%。卫生护垫产量约 298.6 亿片，比上年下降 2.7%；工厂销售额约 25.1 亿元，比上年下降 3.8%；消费量约 232.0 亿片，比上年下降 12.4%。女性卫生用品合计市场规模 703.4 亿元，比上年增长 8.2%。

近年来，适龄女性（15—49 岁）人数持续下降，但是，女性初经低龄化和行经时间延长，使实际消费人数多于 15—49 岁女性人数。女性卫生用品属于必需品，且女性消费者卫生健康意识提高，更懂得关爱自己，经期卫生用品的更换频次增加，使其消费量略有增长，其中经期裤的消费量增幅较大。

卫生护垫虽然延续近几年的趋势，产量、工厂销售额、消费量、市场规模均有不同程度的下降，但是，随着产品迭代升级，高品质产品的占比提升，使卫生护垫市场规模的降幅缩小。

2．婴儿纸尿裤 / 片

据调研，2023 年中国婴儿纸尿裤 / 片总产量约 393.9 亿片，比上年增长 3.1%；总消费量约 257.8 亿片，比上年下降 7.7%。婴儿纸尿裤 / 片的工厂销售额合计约 313.2 亿元，较上年增长 5.6%；市场规模为 322.6 亿元，比上年下降 6.2%。市场渗透率由 2022 年的 84.2% 上升到 84.5%，提高了 0.3 个百分点。

2023 年，中国婴儿纸尿裤的产量和销售额分别增长了 4.8% 和 6.8%，中国新一代年轻父母对婴儿纸尿裤产品的接受度提高，产品品质提升和出口增长共同拉动了产量和销售额的增长。但是由于中国新生儿人数持续减少，使得国内婴儿纸尿裤使用人群减少、需求量下降，2023 年国内婴儿纸尿裤整体市场规模仍然呈现下降趋势。

2023 年婴儿纸尿片的市场规模明显下降。湖南等传统使用纸尿片较多的区域，纸尿片的用量也显著降低。婴儿纸尿片类产品因为使用性能和舒适度不如纸尿裤，在中国市场的应用场景不断减少，消费量逐年降低。

2023 年，中国婴儿纸尿裤 / 片市场主要影响因素和市场变化有：

①国内消费量下降：国内新生儿数量持续下降，导致婴儿纸尿裤市场面临使用者数量减少、产品需求

量下降、市场竞争加剧的局面，但年轻一代父母对婴儿纸尿裤的接受和依赖程度提高，产品普及度进一步提升。

②产品品质提升：2023年，婴儿纸尿裤/片产品品质持续提升，适用不同场景的细分产品受到欢迎，差异化、细分化、高端化的产品推动着市场的发展。内裤式纸尿裤因为贴身舒适、方便穿脱等特点，在婴儿纸尿裤产量中的占比持续增长；纸尿片产品消费量则大幅缩减，有逐渐退出市场的趋势。

③品牌格局不断演变：中国婴儿纸尿裤行业进入了创新驱动、品质竞争的新发展阶段，市场上的品牌格局不断演变。外资品牌市场份额持续下降，但仍占据部分高端市场份额；国内品牌凭借对市场敏锐的洞察力、快速迭代的产品研发能力以及不断提升的产品质量，已经逐渐崛起并占据了重要的市场地位，新锐势力迅速崛起，跨品类母婴品牌增长迅速。国内品牌不仅在国内市场上取得了显著的成绩，出口业务也呈现逐年增长态势。

④渠道多元化，消费者触达更便利：产品触达消费者的渠道更加多元化，小红书、抖音等社交平台让生产企业获客方式发生了颠覆性变化，提升了品牌知名度和市场份额，同时为新品牌的进入创造了机遇。

3．成人失禁用品

2023年，中国成人失禁用品市场平稳发展，国内消费量和市场规模均实现双位数增长。据调研，2023年成人失禁用品总产量约139.7亿片，比上年增长9.7%；工厂销售额145.7亿元，比上年增长9.0%；消费量约90.6亿片，比上年增长14.1%；市场规模约134.4亿元，比上年增长11.1%。

其中，成人纸尿裤的产量、工厂销售额和消费量同比均取得增长，但由于产品平均单价下降，市场规模出现小幅下滑。2023年，参加调研企业的轻度失禁用品产量约5.45亿片，同比增长6.2%；工厂销售额约2.65亿元，同比增长47.2%；消费量和市场规模更是呈现显著增长趋势（基数较小）。轻度失禁用品在成人失禁用品总体规模中的占比仍然较小，处于市场培育的初级阶段。

护理垫的消费量和市场规模明显增长，卧床老人以及养老院、医院等场景使用量增多，推动了护理垫消费量的增长。

4．擦拭巾

擦拭巾包括干巾和湿巾，根据调研数据推算，2023年擦拭巾行业总计消耗非织造布约62.7万吨，比上年增加10.8%，擦拭巾工厂销售额总计约220.7亿元，比上年增长9.0%，市场规模约为214.5亿元，比上年增长6.5%。

经过2020年疫情导致的需求激增和2021年的回归常态，2022年和2023年，湿巾市场的增长趋势已经回归到2018年和2019年的正常增长曲线。棉柔巾、洗脸巾等干巾产品是近几年新开发的品类，处于快速上升期，但总量较小，擦拭巾整体市场规模仍由湿巾主导。

二、主要生产商和品牌

1．女性卫生用品

女性卫生用品市场发展平稳，基本处于饱和状态，没有大型企业进入。2023年收录在册的女性卫生用品生产企业约619家，总体集中度仍然较低，市场竞争者仍由多个生产商组成。领先生产商分布在北京、上海、浙江、福建、河南、湖北、广东、广西、重庆等地，包括本土生产商/品牌：恒安、百亚、景兴、啟盛、洁伶、丝宝、倍舒特科技、佳健、美洁、舒莱、全棉时代、护理佳、可悦、余宏、杭州川田、广东川田、新感觉、亿维、广东康怡、上海申欧等，国际生产商有宝洁、尤妮佳、金佰利、花王等。高端市场的品牌集中度很高，国际性品牌有护舒宝、苏菲、高洁丝、乐而雅等，本土企业全国性品牌有七度空间、自由点、ABC、U适、洁婷等，区域性品牌有小妮、洁伶、倍舒特、佳期、美洁、舒莱、护理佳、奈丝公主、月满好、安琦、新感觉、护蕾、康怡、555等。

2023年，适龄女性（15—49岁）人口持续减少，女性卫生用品的消费人群基数继续缩小。为了开拓市场，寻求市场增量，各大品牌纷纷把00后、05后等新生代女性设定为主要目标消费群体，迎合她们的需求及消费偏好进行营销推广，销售渠道也从传统的经销商渠道和传统电商平台，拓展至抖音、快手、小红书、微博等新媒体平台。优异的产品性能、温馨的压花设计、个性化的包装、独特的品牌口号，都是吸引新生代女性的要素。

2023年，虽然原材料价格、物流运输等经营条件比上年好转，部分品牌企业业绩恢复增长，但仍有部分区域性品牌业绩出现下滑。

2023年，恒安国际卫生巾业务销售收入增长约0.4%至约61.8亿元（2022年约61.6亿元），占集团整体收入约26.0%（2022年约27.2%）。集团坚持稳定的定价策略及审慎投放促销费用，受惠于品牌高端化及升级产品占比稳步提升，以及2023年下半年卫生巾的主要原材料价格较上半年下跌，2023年下半年卫生巾业务的毛利率约 66.0%，较上半年的 61.8% 有所改善，而 2023 年的全年毛利率则为约 63.8%（2022 年约 66.8%）。

2023 年，维达国际个人护理业务收益增长 0.9% 至 33.44 亿港元，自然增长率影响为 3.7%，占集团总收益的 17%。个人护理业务的毛利率及利润率分别为 32.9% 和 2.8%。中国内地的个人护理业务推动集团个人护理业务保持稳步增长。Libresse 薇尔品牌在中国内地个人护理领域保持增长势头，在马来西亚市场的曝光率进一步提升，强化了在女性护理领域的领先地位。

2023 年，重庆百亚卫生用品股份有限公司营业总收入约 21.44 亿元，同比增长 33%。归属于上市公司股东的净利润约 2.38 亿元，同比增长 27.21%。公司加大研发投入，加快产品推新升级节奏，推出益生菌系列中高端产品，借助电商平台加强品牌宣传，通过线上线下全渠道推广，产品品牌知名度和影响力持续提升。伴随着中高端系列产品快速增长，品项结构持续优化，公司盈利能力持续增强。

2023 年，花王集团的乐而雅卫生巾在中国市场的销售出现下降。

2023 年，尤妮佳在中国市场的整体净销售额为 1067.43 亿日元（约合人民币 50.9 亿元），同比下降 7.4%。女性卫生用品方面，尤妮佳主要在沿海城市努力扩大销售区域和销售产品的门店数量。此外，在利用线上电商提振销售的同时，尤妮佳继续提出针对年轻一代的新价值观，并努力促进高附加值产品（如裤型卫生巾和有机材料卫生巾）的销售。

女性卫生用品销售额增长显著的其他企业主要有：义厚成增长 48.2%，河北金博士增长 46.9%，荔城纸业增长 35.0%，广东川田增长 30.3%，杭州余宏增长 29.9%，桂林洁伶增长 24.7%，杭州淑洁增长 19.0%，江西优禾增长 18.5%，泉州天娇增长 16.3%，上海月月舒增长 15.8%，天津骏发森达增长 12.5% 等。

2. 婴儿纸尿裤 / 片

2023 年收录在册的婴儿纸尿裤 / 片生产企业 571 家，比上年减少 15 家，市场竞争者仍由多个生产商组成。领先生产商主要集中在天津、上海、江苏、浙江、福建、湖南、广东、贵州等地，包括本土生产商 / 品牌：恒安、天娇、嘉华、卡布、豪悦、昱升、千芝雅、婴舒宝、欧比、露乐、雀氏、舒比奇、可靠、珍琦、美佳爽等，国际生产商：宝洁、尤妮佳、金佰利、大王等，花王已于 2023 年 8 月宣布停止在中国生产婴儿纸尿裤。高端市场的品牌集中度很高，国际性品牌有：好奇、帮宝适、妈咪宝贝、Moony、妙而舒、GOO.N 等，全国性品牌有安儿乐、家得宝、宜婴、卡比布、露安适、雀氏，区域性品牌有：希望宝宝、吉氏、名人宝宝、婴舒宝、宾比、舒比奇、酷特适、婴丽宝、奇酷等。

2023 年，恒安高档婴儿纸尿裤产品“Q・MO”销售保持良好增长，销售同比增长约 21.8%，占比进一步提升至约 36.4%。集团致力加强布局新零售渠道及母婴渠道，新零售渠道及母婴渠道的销售占比分别为约 52.8% 及约 16.6%。尽管市场竞争激烈，受惠于品牌竞争力提升，集团高端产品“Q・MO”的销售增长及安儿乐品牌转型至“运动型”系列使销售改善，有效抵消传统渠道及中低端产品的销售下跌。毛利率方面，纸尿裤的原材料价格于下半年下跌使销售成本回落，加上利润较高的“Q・MO”产品的销售占比上升，有助 2023 年下半年毛利率上升，2023 年全年恒安的纸尿裤业务毛利率上涨至约 38.1%（2022 年：36.9%）。

2023 年，宝洁婴儿、女性及家庭护理业务净销售额为 202.17 亿美元，同比增长 2%。其中，婴儿护理用品在大中华区的净销售额有两位百分数的下降。

2023 年，中国等地婴儿出生率降低给金佰利婴儿纸尿裤销售带来了压力，为了推动产品销量增长，金佰利积极进行产品创新、推出高端产品、加强品牌建设并投资于电商平台建设。

2023 年，由于市场规模缩减以及激烈的市场竞争等原因，花王集团 Merries 婴儿纸尿裤在中国销量减少。2023 年 8 月 3 日，花王宣布负责在中国生产“Merries（妙而舒）”品牌纸尿裤的安徽合肥工厂停产。豪悦护理计划通过合肥子公司购买花王（合肥）有限公司持有的相关资产，与合肥花王拟签订《合肥工厂资产转让意向书》，各方就购买资产事宜达成初步合作意向。

2023 年，尤妮佳在中国市场的净销售额为 1067.43 亿日元（约合人民币 50.9 亿元），同比下降 7.4%。由于市场竞争激烈、出生率下降，尤妮佳战略性地调整了日本产高端产品的库存，并加速转向在中国生产的 Moony 品牌婴儿纸尿裤，以满足当地消费需求，提高盈利能力。

婴儿纸尿裤 / 片销售额有明显增长的企业有：河南逸祥增长 65.8%，润美纸业增长 57.7%，泉州嘉华增长 56.4%，婴舒宝增长 46.5%，福建荔城纸业增长 40%，广东欧比增长 20.0%，泉州爱乐增长 19.9%。

3. 成人失禁用品

2023 年收录在册的成人失禁用品生产商 401 家，比上年增加 4 家。领先企业主要分布在北京、河北、辽宁、上海、浙江、江苏、福建、山东等地。本土领先生产商主要有可靠、爱舒乐、千芝雅、亿维、恒安、珍琦、豪悦、金洁、唯尔福、荔城纸业、淑洁、永福康、倍舒特妇幼、宏达、般舟等，国际生产商有维达、金佰利、尤妮佳等。国际性品牌有添宁、得伴、乐互宜等，全国性品牌有可靠、安而康、爱舒乐等，区域性品牌有千芝雅、珍琦、康福瑞、舒年、唯尔福、包医生、佳爽爱康、永福康、益年康、捷护佳、老来福、会好等。

2023 年，恒安国际成人纸尿裤业务受惠于国内成人失禁用品市场规模日益壮大，以及集团成人纸尿裤渗透率持续上升，同比增长约 11.5%，在整体纸尿裤业务中的占比约 25.4%（2022 年约 23.7%）。

维达国际失禁用品业务方面，持续拓展添宁及包大人两大品牌在中国内地的市场份额。通过持续举办体验会及公益性活动，加强消费者认知，从而提升品牌的影响力和线上线下转化。同时，进一步打造添宁体验中心门店及深耕医院渠道，目前，添宁体验中心门店累计约 500 家。在中国香港及中国台湾市场，通过电视广告、报纸广告、网上短片、手机广告及线下推广等方式进行全方位营销活动。

成人失禁用品销售额同比增长较多的企业有：荔城纸业增长 64.51%，河北金洁增长 50.29%，唯尔福增长 43.86%，永福康增长 20.90%，杭州淑洁增长 20.85%，依依股份增长 16.92%。

4. 宠物卫生用品

2023 年收录在册的宠物卫生用品生产企业共 73 家，比上年增加 3 家，主要分布在天津、上海、河北、江苏、浙江、安徽、福建、山东、广东等省市。

2023 年，参加调研企业的宠物卫生用品绝大部分出口销售，但出口占比下降，国内消费量比上年显著提升，仍以宠物垫为主。

5. 擦拭巾

2023 年收录在册的擦拭巾（包括干、湿巾）生产企业 927 家，比上年减少 82 家。领先生产商主要分布在辽宁、上海、浙江、安徽、福建、山东、河南、广东、重庆等地，全国性品牌有心相印、维达、全棉时代、德佑、珍爱、洁柔、清风等，还有很多企业以代工为主。

2023 年，恒安国际的湿巾销售收入约为 9.31 亿元（2022 年约为 8.4 亿元），比上年增长约 10.5%，在生活用纸业务中的销售占比约为 6.8%（2022 年约为 6.9%）。

2023 年，维达国际生活用纸及湿巾业务收益为 166.55 亿港元，同比增长 3.4%，剔除汇率影响为 7.6%，占集团总收益的 83%（2022 年：83%）。2023 年维达实施创新营销策略，开拓销售渠道，双 11 期间维达湿厕纸成为京东平台趋势爆品。另外，在中国台湾市场，维达的得宝抗菌倍护迷你湿巾的曝光率得到持续提升。

表 2　按用途分类各品类擦拭巾的产量占比（以非织造布用量计）

单位：%

品类	2023 年	2022 年
湿巾	86.6	88.0
其中：通用型	33.1	27.1
婴儿专用	27.5	36.8
女性卫生专用	1.3	2.3
卸妆用	2.6	1.5
厨房用	4.2	5.9
厕用	17.4	12.1
其他用途	0.5	2.3
干巾	13.4	12.0

据调研，2023 年，按用途分类各品类擦拭巾的产量占比中（表 2），婴儿专用湿巾和通用型湿巾仍是占比最大的类别，但婴儿专用湿巾的占比稍有下降。自 2022 年市场回暖后，卸妆湿巾占比持续增长；厕用湿巾（湿厕纸）占比增长显著；厨房湿巾的消费也在增长，但是由于增长较慢使其在整体湿巾市场中的占比稍有下降；女性卫生专用湿巾占比减少，主要是由于湿厕纸的普及，同一应用场景下替代了部分应用。

表 3 所示为清洁湿巾、卫生湿巾、消毒湿巾的占比情况。可以看出，2023 年这三类湿巾的消费已经完全回归常态，消毒湿巾的用量很少，其在干湿擦拭巾中的占比持续下降。疫情促使人们养成了良好的卫生习惯，卫生湿巾成为湿巾中占比最大的品类。

表 3　按功能分类各品类擦拭巾的产量占比（以非织造布用量计）

单位：%

品类	2023 年	2022 年
湿巾	86.6	88.0
其中：清洁湿巾	30.5	30.7
卫生湿巾	52.7	37.2
消毒湿巾	3.4	20.1
干巾	13.4	12.0

干擦拭巾的占比持续提升。仍以洗脸巾、棉柔巾为主，干湿两用，受到年轻消费者的青睐。据了解，棉柔巾、洗脸巾擦过脸后，还可以降级使用擦桌子、擦厨房、擦地，充分利用不浪费。懒人抹布、一次性浴巾等品类在干擦拭巾的占比仍然较小，市场有待开发。

三、进出口情况

1. 产品出口

（1）吸收性卫生用品出口稳步增长

2023 年，中国吸收性卫生用品的出口规模稳步增长（表 4），总出口量达到 130.68 万吨，出口产品的平均价格有小幅下降。中国吸收性卫生用品的出口量多年来保持平稳增长，总出口量远高于进口量，国产的产品已经能够满足国内市场需求，同时中国吸收性卫生用品在国际市场的影响力不断增强。

据海关统计数据，2023 年吸收性卫生用品的出口量比 2022 年增长 14.77%（2022 年比 2021 年增长 10.46%），出口额增长 9.17%（2022 年比 2021 年增长 17.25%）。吸收性卫生用品出口额占行业总体工厂销售额的 32.0%，比 2022 年增长 1.8 个百分点。出口产品中占比最大的是婴儿纸尿裤（出口商品编码 96190011）产品，占吸收性卫生用品总出口量的 40.74%，其出口量增长率最高，为 25.86%，显示中国婴儿纸尿裤产品在海外市场的竞争力持续提升；卫生巾（出口商品编码 96190020）占总出口量的 9.9%；成人纸尿裤（出口商品编码 96190019）占总出口量的 14.5%。

2023 年，调研到的企业中卫生巾 / 卫生护垫出口量较多的企业有：杭州可悦、上海申欧、倍舒特妇幼、上海舒晓、上海亿维等。出口业务增长较多的企业有：江西优禾增长 1 倍多，泉州天娇增长 35.5%，福建荔城纸业增长 35.0%，杭州可悦增长 16.0%，上海月月舒增长 15.8%，杭州川田增长 15.7%，上海唯尔福增长 15.0%，天津骏发森达增长 13.6% 等。

婴儿纸尿裤 / 片出口量较多的企业有：杭州可靠、泉州天娇、浙江珍琦、福建恒利、美佳爽、广东欧比、南安远大等。出口业务增长较多的企业有：泉州爱乐增长 8 倍多，广东昱升增长 5 倍多，广东欧比增长 1 倍多，润美纸业增长 69.8%，福建荔城纸业增长 40%，杭州淑洁增长 39.9%，湖南舒比奇增长 37.8%，雀氏增长 12.2% 等。

成人失禁用品出口量较多的企业有：山东爱舒乐、上海亿维、杭州可靠、荔城纸业、上海申欧、浙江珍琦、河北金洁等。出口业务增长较多的企业有：江西优禾增长 1 倍多，浙江珍琦增长 73.3%，江苏永福康增长 72.1%，河北金洁增长 15.4% 等。

海关数据显示，2023 年我国吸收性卫生用品出口量排名前 10 位的出口目的地国家和地区依次为：美

表 4　　2023 年一次性卫生用品出口情况

商品编号	商品名称	金额 / 美元	数量 / 吨	平均价格 /（美元/吨）	与上年同期相比 /%		
					金额	数量	平均价格
	吸收性卫生用品合计	3891768610	1306842.167	2977.99	9.17	14.77	–4.88
48189000	纸浆、纸等制的其他家庭、卫生或医院用品	567463251	278584.903	2036.95	–0.06	3.44	–3.38
96190011	供婴儿使用的尿裤及尿布，任何材料制	1711181137	532429.265	3213.91	17.70	25.86	–6.49
96190019	其他任何材料制的尿裤及尿布	481450954	189569.510	2539.71	12.40	14.67	–1.98
96190020	任何材料制的卫生巾（护垫）及止血塞	706841054	129413.220	5461.89	–1.61	2.20	–3.72
96190090	任何材料制的尿布衬里及本品目所列货品的类似品	424832214	176845.269	2402.28	7.21	14.59	–6.44
	湿巾合计	1126016161	619635.742	1817.22	3.83	18.60	–12.46
34011990	清洁湿巾	750314703	470893.268	1593.39	11.95	30.17	–14.00
38089400	消毒湿巾	375701458	148742.474	2525.85	–9.31	–7.44	–2.02

国、菲律宾、日本、俄罗斯、韩国、越南、加拿大、澳大利亚、印度尼西亚、英国。

2023 年我国吸收性卫生用品出口量排名前 10 位的省市依次为：福建省、浙江省、江苏省、山东省、天津市、广东省、上海市、安徽省、辽宁省和河北省。

（2）湿巾出口以清洁湿巾为主

2023 年，中国湿巾的总出口量为 61.96 万吨，远大于进口，且同比上涨 18.6%。出口产品以清洁湿巾为主，出口量占比为 76.0%（编者注：目前，在海关的商品编码中将清洁湿巾归入 34011990，消毒湿巾归入 38089400，但是这两个编码下不只是湿巾产品，还包括其他清洁、消毒产品），消毒湿巾的出口已恢复到疫情前的常态。湿巾总出口额占湿巾行业总体工厂销售额的 41.0%。

2023 年湿巾出口量较多的企业有：纳奇科 / 国光、铜陵洁雅、绍兴佰迅、浙江优全、大连大鑫、上海三君等。湿巾出口业务增长较多的企业有：大连欧派增长 58.1%，义厚成增长 25%，纳奇科增长 17.4%，大连大鑫增长 11.1% 等。

湿巾出口量排名前 10 位的出口目的地国家和地区是：美国、澳大利亚、日本、智利、菲律宾、泰国、秘鲁、中国香港、加拿大、英国。

湿巾出口量排名前 10 位的省市是：浙江省、广东省、江苏省、安徽省、福建省、上海市、山东省、辽宁省、天津市和黑龙江省。

2．产品进口

（1）吸收性卫生用品进口逐年递减

2023 年，吸收性卫生用品总进口量 3.89 万吨（表 5），同比大减 42.64%，总进口量自 2017 年的 25.5 万吨逐年递减。总进口额仅占行业工厂总销售额的 2.7%，对国内消费市场影响很小。进口产品仍以婴儿纸尿裤为主，占总进口量的 61.1%（2022 年为 73.51%），但由于婴儿纸尿裤的进口量下降幅度较大，因此这一占比呈现下降趋势。近年来，中国婴儿出生率持续降低，且中国婴儿纸尿裤产品品质提升得到了国内消费群体的普遍认可，对进口产品的需求进一步缩减。进口婴儿纸尿裤产地主要是日本，进口量和进口额分别占婴儿纸尿裤总进口量和进口额的 99.2% 和 98.8%（2022 年为 99.1% 和 98.6%），从日本进口婴儿纸尿裤的减少直接造成婴儿纸尿裤总进口量和进口额的下降。

在吸收性卫生用品中，卫生巾和婴儿纸尿裤进口量下降，成人纸尿裤进口量微增但进口平均价格下降，国外成人纸尿裤品牌看重中国市场的发展潜力，积极布局轻度失禁用品市场。

（2）湿巾进口明显减少

2023 年，湿巾总进口量为 2.95 万吨，总进口额仅为 1.68 亿美元，占湿巾行业工厂总销售额的 6.1%，湿巾进口量总体很少，对国内湿巾消费市场的影响很小。进口湿巾产品主要为消毒湿巾，进口量占比为 83.4%。

表 5　2023 年一次性卫生用品进口情况

商品编号	商品名称	金额 / 美元	数量 / 吨	平均价格 /（美元/吨）	与上年同期相比 /%		
					金额	数量	平均价格
	吸收性卫生用品合计	326135707	38895.707	8384.88	–27.32	–42.64	26.71
48189000	纸浆、纸等制的其他家庭、卫生或医院用品	17379081	2608.881	6661.51	–22.17	–44.20	39.48
96190011	供婴儿使用的尿裤及尿布，任何材料制	125023508	23781.288	5257.22	–48.46	–52.29	8.03
96190019	其他任何材料制的尿裤及尿布	1673092	457.771	3654.87	–30.05	12.80	–37.99
96190020	任何材料制的卫生巾（护垫）及止血塞	181230261	11842.914	15302.84	0.92	–6.21	7.60
96190090	任何材料制的尿布衬里及本品目所列货品的类似品	829765	204.853	4050.54	–54.36	–18.86	–43.75
	湿巾合计	167686220	29502.817	5683.74	–22.00	–21.55	–0.57
34011990	清洁湿巾	11673418	4883.813	2390.23	–40.15	–28.13	–16.73
38089400	消毒湿巾	156012802	24619.004	6337.09	–20.19	–20.10	–0.11

四、市场变化和发展特征

2023年，中国国内消费明显复苏，随着市场需求持续恢复，人流、物流、信息流、资金流趋于活跃，带动卫生用品行业的持续发展。另一方面，疫情滞后的影响仍在，消费者的消费行为趋向保守，层级分化明显；婴儿及女性卫生用品消费人群数量继续降低，卫生用品行业的经营仍面临较大的压力。面临多种不利因素的影响，卫生用品行业企业顶住压力，积极调整产品组合和业务策略，以创新驱动增长，稳步推进高质量发展。

1．卫生用品企业进入资本市场，寻求资金支持和长期规范发展

2022年开始，广东景兴健康护理实业股份有限公司进入上市辅导期。2023年4月28日，佛山市啟盛卫生用品有限公司正式启动IPO筹备工作。2024年初，大树云集团宣布计划通过与SPAC公司合并在美国纳斯达克上市。2024年1月22日，健尔康医疗科技股份有限公司获批在上交所主板上市。四川新世好母婴用品有限公司的控股公司向港交所提交招股书，拟在香港上市。

2．卫生用品行业上下游企业投资扩产

2023年，卫生用品生产企业、原材料企业、设备供应商等投资扩大生产规模，并引进先进设备，满足市场新需求。

（1）生产企业

恒安国际孝感卫品产业园投产，主要生产卫生护理用品、美妆、医疗器械用品等，产业园全部投产后孝感将成为恒安国际全国最大的生产基地。东冠集团投资的高档生活用纸及卫生用品当涂项目签约。江苏三笑集团绿色智能工厂开工，集团已与法麦凯尼柯签约订购卫生巾和卫生护垫生产设备各一台。湖北天娇生产基地项目正在建设中，计划建设9栋厂房、12条智能化生产线，2024年3月，首台设备已投产。泉州嘉华正在福建漳州建设集智能化、标准化、数字化于一体的现代化生产基地，嘉华与安庆恒昌签订了婴儿环腰裤和婴儿内裤式纸尿裤生产线的采购协议。美佳爽集团在惠安县成立浪鲸（福建）发展有限公司，集合卫生用品设备制造及成品、非织造布、芯体、干法纸、魔术闭合系统和印刷包装等的生产于一体。爱朵高端护理用品生产项目在山东临沂开工，计划建设12条智能化纸尿裤生产线。湖北艾舒宝咸宁二期扩建项目开工，新建一个生产车间，规划自动化卫生巾生产线6条，功能芯片生产线4条，预计2024年8月投产。贵州卡布婴童生产基地二期项目产品生产区、配套原材料生产区、营销总部大楼、个人一次性健康护理用品研发中心、用户体验中心和企业文化馆等功能区于2023年年底建成投入运营。

（2）原材料企业和设备供应商

中国制浆造纸研究院研究出利用竹材生产绒毛浆的技术，并在某大型卫生用品生产企业试用。巴斯夫上海创新园三期项目正式落成，将支持巴斯夫在中国及亚太地区的业务需求。上海华谊新材料10万吨/年高吸收性树脂二期项目启动。赛得利（铜陵）无纺材料有限公司正式投入运营，赛得利首条可冲散非织造布生产线顺利投产。万华化学烟台化工产业园年产3万吨高吸收性树脂（SAP）项目正在建设中。富乐位于广州永和经济开发区的新技术中心正式启用并扩大了生产和仓储能力。埃克森美孚与冠和卫生用品有限公司打造非织造布联合实验室，将在非织造布加工和测试、应用开发、人才培养等领域进行更加深入的合作。聚胶股份募投项目广州智慧新工厂及全球研发中心的建设工作如期推进。和泰润佳加快数字化车间建设和智能化生产设备的升级、改造，目前70%的生产环节实现了“机器换人”。云南云景的国内首条松木卷筒绒毛浆现代化生产线开机运行，并成功生产出国产松木绒毛浆产品。2024年1月30日，浙江海纳同创智能科技有限公司杭州制造基地新工厂顺利封顶，该项目预计于2024年下半年竣工。

（3）行业企业推进海外投资，拓宽全球业务

豪悦持续推进海外业务，并向泰国子公司增资，泰国公司的自主厂房于2022年投产，自主品牌已进入泰国及其他东南亚国家市场。延江股份已先后在埃及、美国、印度、巴西建厂，不断拓宽全球业务。聚胶股份已在波兰设有生产基地，正在建设墨西哥子公司。

3．卫生用品不断创新，尝试新材料，提升功能性和使用体验感

• 女性卫生用品——使用天然纤维面层及新型吸收芯体等创新材料，提升透气性、抑菌性和更换方便性。

• 婴儿纸尿裤——无胶芯体、无底膜等创新结构产品追求柔软透气的使用体验感。

• 成人失禁用品——主打抗菌消臭功能，提倡活力养老，吸水巾成趋势新品类。

• 湿巾——差异化发展，突出纯水、可冲散、可降解、功能性等特点。

4．行业综合水平提升

（1）品质提升

2022—2023年18个卫生用品品牌上榜中国卫生

用品行业"匠心产品"榜单，执行更严格的质量标准，引领行业高质量发展。卫生巾品牌包括："七度空间""Libresse 薇尔""自由点""倍舒特""护理佳""凸凸棉"。婴儿纸尿裤品牌包括："安儿乐""家得宝""卡布""Cojin 茵茵""宜婴"。成人纸尿裤品牌包括："可靠""爱舒乐""安而康""捷护佳""唯尔福""爱布"。湿巾品牌包括："德佑"。

工信部《2023 年老年用品产品推广目录》发布，34 家成人纸尿裤、护理垫和湿巾生产企业入选，包括倍舒特妇幼、杭州豪悦、广东昱升、广东美洁、百亚、悠派、雨森、金博士等，为优质成人护理用品树立了典范。2022 年和 2023 年共计 71 家（两年都入选的企业不重复计算）行业企业入选。

（2）智能化、数字化升级

重庆百亚卫生用品股份有限公司、中轻长泰（长沙）智能科技股份有限公司入选 2023 年度智能制造优秀场景名单。稳健医疗（武汉）有限公司、奥美医疗用品股份有限公司入选 2023 年度智能制造示范工厂揭榜单位名单。

佛山啟盛近年来一直积极探索智能工厂和数字化转型，引入 AGV 智能搬运车和工厂信息化 WMS 系统。广东康怡新增一条成人纸尿裤生产线、一条成人纸尿片生产线和一条两片式婴儿内裤式纸尿裤生产线，不断提升自动化、数字化、信息化水平。佛山中柔二期智能生产工厂正式竣工，规划 2 条经期裤生产线和 4 条卫生巾生产线。广东佰分爱迁入新厂区，目前拥有 3 条内裤式纸尿裤生产线，3 条腰贴式纸尿裤生产线，及多条一次性洗脸巾设备，并正在规划建设智能仓储物流车间。广东欧比护理在佛山市九江镇投资打造一座数字化新工厂。

（3）绿色可持续发展

2022—2023 年，入选工业和信息化部绿色工厂名单的卫生用品企业有：重庆百亚卫生用品股份有限公司、北京金佰利个人卫生用品有限公司、金佰利（天津）护理用品有限公司、天津市依依卫生用品股份有限公司、浙江优全护理用品科技股份有限公司、稳健医疗（武汉）有限公司，为卫品领域打造绿色制造典型、绿色低碳发展树立了标杆。

卫生用品行业企业以实际行动贯彻落实"双碳"发展战略，2022—2023 年已有 50 多名从业人员参与碳排放管理员职业能力培训，为行业储备"双碳"人才。

5. 全渠道融合 + 电商数字化，借力热点话题，提升品牌传播力和消费触达半径

（1）深化全渠道合作，线上线下融合，提升品牌影响力

Babycare 携手天猫聚划算欢聚日，全网首发年度新品裸感纸尿裤，联动明星、KOL 等全网种草，打造母婴品牌欢聚日新标杆。爱舒乐与中国航天十二天宫签订 IP 联名授权协议，以中国航天精神为榜样，让更多消费者认识了解爱舒乐品牌。宝洁与菜鸟再次深化全渠道合作，打造数智绿色供应链，构建 BC 一体的业务模式。

（2）电商数字化升级，联合品牌代言人跨入播商新时代

恒安国际携手聚水潭开启电商数字化升级二期合作，深化恒安国际全品牌、全域电商数字化升级。七度空间品牌携手代言人赵今麦开启央视网《一片初心的守护》主题探厂直播，深度介绍恒安国际发展足迹、七度空间智能化生产和安全实验等多维度内容。桂林洁伶未可 V–GIRL 联合代言人白鹿，做客品牌直播间，与消费者共同探讨卫生巾热点话题知识，分享产品使用新体验。河南逸祥携手新任品牌代言人张若昀开启品牌焕新时刻，共同探索干净生活的更多可能。

（3）制造热门话题，直击产品使用痛点，开展消费者教育

安而康携手演员胡军全家人共同推出公益短片《这次，爱不遗迟》，引爆主流媒体和网友的强烈关注，短片点赞量突破 10 万 +，话题登榜微博热搜。Libresse 薇尔携手 SUPERMONKEY 超级猩猩，开启薇尔猩动周活动，在微博和小红书 APP 收集薇尔女孩敢动瞬间，并根据点赞、评论互动量进行评选。啟盛小妮、U 适品牌自 2021 年起持续开展消费者教育和捐赠活动，帮助青春期女生了解青春期生理卫生知识，呵护她们快乐健康成长。洁婷自 2017 年发起"洁婷彩虹关爱女童公益行动"，持续开展"关注女童健康成长"系列活动，洁婷青春期课堂已走进 100 多个校园。高洁丝携手 Plan International 联合西安、昆明两地高校开展经期健康教育活动，提升女性经期健康管理的意识和能力。帮宝适婴幼儿健康成长中心发布一套易记忆、易操作的婴幼儿睡眠法则——《321 睡饱法则》，助力宝宝健康成长。

（4）快闪活动深入网红街区，楼宇广告高效触达线下用户

好奇"屁屁面膜"纸尿裤快闪店空降上海网红街区愚园百货，融入美妆因素设立拍照打卡区，吸引众多宝妈宝爸前来打卡。可靠股份、河南逸祥分别与分众传媒达成战略合作，布局行业楼宇广告传播，触达千万线下用户，带来巨量曝光。

6. 原辅材料供应商提升材料功能性，并研发天然、可降解的新型材料，推动行业绿色发展

（1）原辅材料功能细分，性能提升，推动卫生用品升级换代

延江股份的卫生巾发泡芯体，睿源科技的微流控技术芯体，天津中科健的抑菌祛味抗氧化芯片。上海丰格的无痕干爽超柔面层非织造布，锦琪昶的高透气、高静水压非织造布，新疆中泰亨惠的超柔水刺非织造布。丹森科技的快速吸收血液的新型 SAP 和高效持久抗菌除臭的系列 SAP。汉高的低温橡筋胶，富乐（中国）的高性能卫材专用胶，东莞成铭低温初粘性能好的卫材背胶、能实现低涂胶量的卫材橡筋胶、能改善产品气味的结构胶。

（2）原材料供应商积极践行绿色可持续发展战略，研发新型绿色环保材料

上海华谊成为中国流程化工行业首座“灯塔工厂”，兰精公司的维绎丝™莱赛尔纤维经 ClimatePartner 认证为碳中和产品，浙江安顺化纤取得“Intertek 绿叶证书”以及“Intertek 企业温室气体盘查声明”，佛山新飞推出热封离型纸和热封纸质外包装材料可用于卫生巾单片包和中包以及经期裤、面巾纸包装等，和泰润佳推出的可生物降解膜可用于卫生巾底膜、小包膜和卫生巾、纸尿裤外包装等。

7. 卫品行业企业积极履行社会责任，关爱幼儿、女性、老年群体

雀氏启动“关爱重症幼儿公益计划”，露乐发起早产儿公益捐赠项目等。恒安国际贴合青春期女童发展需求开展公益活动，北京倍舒特科技用科技呵护中国航天女性健康，金佰利（中国）开展慰问医护人员、女快递员和关爱女性活动，河南舒莱针对乡村女孩开展生理卫生知识科普及防性侵教育，中顺洁柔助力“青海省幸福家园村社互助工程”共同守护女童健康成长，百亚股份开展关爱女生生理及心理成长公益活动等。可靠股份持续举办“可靠爱公益行”关注弱势群体公益活动，北京倍舒特妇幼开展老人公益项目，恒安国际捐赠成人纸尿裤用于缓解失能老人困境等。

8. 产业集聚区发展情况

（1）福建

福建省是中国较早的卫生用品行业集聚区之一，产品品类丰富，且上下游产业链配套齐全，工厂自动化水平高、生产效率高。省内多家卫生用品行业企业上市，生产企业有恒安国际和爹地宝贝两家，材料企业有延江股份，设备制造企业有海纳智能。

目前调研到的有生产线的福建卫品企业 90 余家，汇聚了众多女性卫生用品、婴儿纸尿裤、成人失禁用品和擦拭巾国内排名前列的知名生产商，如恒安国际、泉州天娇、泉州嘉华、荔城纸业、爹地宝贝、雀氏等。2023 年，有的企业能跟上消费者需求变化的步伐，抓住机遇，营收明显增长，有的企业经营业绩下滑，企业竞争压力明显增加。

面对日趋激烈的市场竞争，福建卫品企业积极推出差异化的产品，满足市场新需求。同时，企业积极扩大产业布局，恒安、天娇、嘉华在湖北孝感的生产基地建设项目顺利进行。

在销售渠道方面，除深耕传统经销商、KA 超市、母婴店等线下渠道和电商等线上渠道外，福建卫生用品企业敏锐捕捉到婴儿纸尿裤消费渠道的变化，积极转型发力抖音、快手等新兴渠道。出口方面，2023 年福建省卫生用品企业持续展现出色表现，取得了相当不错的经营业绩。

（2）广东

广东省是中国第一经济大省，优越的地理和经济环境使这里发展成中国较早的卫生用品行业集聚区之一。2023 年，调研到的广东卫生用品生产企业保持在 100 家左右。广东卫生用品生产企业以女性卫生用品、婴儿纸尿裤为主力产品。近年来，一些企业采取多元化业务方针，已经引进或计划引进成人失禁用品设备，布局成人护理用品这一潜力巨大的市场，培养新的业绩增长引擎。但广东省的成人护理用品业务尚处于培育阶段，整体规模仍然较小。

2023 年，广东卫生用品行业企业继续稳健经营。景兴健护、啟盛、中山佳健、广东川田、康怡等在女性护理用品领域持续深耕，推动传统企业的新升级。昱升、露乐、欧比等企业也在婴儿纸尿裤领域不断创新，推出适合中国消费者的高品质产品。

在稳健经营的同时，广东卫品行业企业不断创新变革，在高质量发展中勃发新气象。传统企业历久弥新，努力实现年轻化的蜕变；新兴品牌勤奋不辍，不断尝试差异化研发策略。同时，不断涌现的新型材料、持续更新换代的自动化设备、逐渐建设完善的智能化车间都为行业高质量发展奠定了基础。

面对市场的变化和经营中遇到的困难，广东卫品企业坚持以品质为先、诚信经营、稳扎稳打，并积极开拓国外市场，开发成人失禁用品等新的市场领域，尝试新兴市场渠道，区域内主要企业的业绩整体保持平稳。同时，广东省卫生用品行业企业发挥抱团发展、互助共勉的协作精神，共同推进行业的健康发展。

（3）浙江

浙江卫生用品行业保持全品类高质量发展，卫生巾、婴儿纸尿裤、成人失禁用品、擦拭巾等各个品类

领军企业稳居全国TOP企业之列，如千芝雅、可靠、珍琦、豪悦、淑洁、余宏、可悦、川田、纳奇科/国光等。2023年，调研到的浙江有生产线的卫生用品生产企业保持在100家左右。

可靠、豪悦、珍琦、千芝雅、淑洁等持续深耕成人护理用品和婴儿护理用品行业，打造高品质的国货精品。余宏、可悦、川田等坚守女性卫生用品领域，不断投入研发创新，致力于做精做专。纳奇科/国光、优全、佰迅等潜心研究各种功能性湿巾和干擦拭巾，满足消费者更卫生、更便捷的擦拭需求。

浙江卫生用品行业企业一贯坚持稳健发展，适度扩张。除了在浙江本地打造先进的生产基地外，还在江苏、湖北、四川等国内多地建设生产基地。浙江卫生用品企业凭借在外贸行业的先发优势，积极拓展海外市场，一方面努力推动自有品牌出海，另一方面企业也积极尝试到境外建厂，更接近客户，更好地满足客户的需求。

领先企业投入大量精力专注创新研发，发展自有品牌。OEM/ODM领域规模企业，为国内外品牌研发生产满足新时代消费者需求的产品。传统经销商、电商、婴童等渠道仍然是浙江卫生用品企业的主要销售渠道。

2023年，市场需求复苏、原材料价格基本保持稳定，浙江卫生用品企业凭借强大的生产能力、优秀的产品品质、多元化的销售渠道以及先进的管理理念获得了业绩的稳步增长。

（4）湖北省孝感市孝南区

湖北省孝感市孝南区卫生用品产业集聚区已经初具规模，目前这里汇集了恒安、维达、洁伶、千芝雅、豪悦、优全、欧派、贝皙妮、佰福等卫生用品行业企业及欣柔、金三发、新合发等重点原材料企业，集聚区仍在继续拓展建设中。

泉州天娇投资12亿元在孝感市孝南区建设的湖北天娇卫品产业基地，项目进展顺利，规划建设婴儿内裤式纸尿裤、婴儿环腰裤和经期裤等10条生产线，首条婴儿内裤式纸尿裤生产线已于2024年3月顺利投产。预计整体项目将于2024年年底全部投产。

金三发（湖北）产业园医疗卫生非织造材料项目、优全医疗卫生用品项目已于2023年正式投产。

新合发集团投资的湖北新合发印刷包装有限公司，一期工程已完成，总建筑面积1.6万米^2，专业生产卫生用品、生活用纸等包装材料。

孝南区虽然是全国四大卫生用品产业集聚区中起步最晚的，但是起点较高，生产设备技术水平居于全国平均水平之上，而且，各企业积极开展智能化技改项目，通过智能化升级实现高质量发展。历经20多年的培育发展，吸引链、发展链、动力链效应加速放大，集聚效应不断显现。

五、绒毛浆和高吸收性树脂等原材料供应情况

1．绒毛浆

2023年，据调研中国吸收性卫生用品行业使用绒毛浆约70万吨，比上年减少约15万吨。绝大部分来自进口，进口国主要是美国，供应商基本维持稳定（表6）。其中，美国国际纸业公司是目前全球最大的绒毛浆供应商。由于中国缺少南方松木材原料，所以国产绒毛浆的数量较少。福建腾荣达制浆有限公司以杉木为原料，生产BCTMP（漂白化学热磨机械浆）

表6　全球绒毛浆的主要生产商及品牌

国家	序号	公司名称	品牌
美国	1	美国国际纸业公司（International Paper）	超柔（Supersoft）
	2	乔治亚－太平洋公司（GP Cellulose）	金岛（Golden Isles）
	3	灯塔亚洲有限公司（Domtar）	灯塔（Lighthouse）
	4	美国Resolute Forest Products公司	宝水（Bowater）
	5	瑞安先进材料有限公司（Rayonier）	白玉（Rayfloc）
芬兰	6	芬兰斯道拉恩索公司（Stora Enso）	女神（Stora Prime）
巴西	7	巴西Klabin公司	PineFluff
	8	巴西Suzano公司	优卡绒（Eucafluff），桉木绒毛浆（硫酸盐浆）
中国	9	福建腾荣达纸业有限公司	杉木BCTMP绒毛浆
	10	云南云景林纸股份有限公司	松木绒毛浆

绒毛浆，生产能力 4 万吨 / 年。2023 年 4 月，云南云景林纸股份有限公司的卷筒绒毛浆关键装备成功开机运行，成为国内首条松木卷筒绒毛浆现代化生产线，并成功生产出国产松木绒毛浆产品。

2020 年，日本大王制纸宣布投资改造设备生产绒毛浆，并已于 2023 年开始正式生产，以自用为主。

2022 年，乔治亚 – 太平洋公司（GP Cellulose）投资约 8000 万美元，增加美国阿拉巴马河工厂的绒毛浆产能。该项目预计于 2024 年投产。

2023 年，Suzano 宣布将投资改造巴西 Limeira 工厂的漂白阔叶浆生产线，使其能够在绒毛浆和漂白阔叶浆的生产之间灵活转换，预计于 2025 年第 4 季度投产，将绒毛浆产能从每年 10 万吨增加到 44 万吨。

2022 年 6 月，West Rock 公司关停了美国佛罗里达州的 Panama 绒毛浆工厂，不再生产绒毛浆产品。

2．高吸收性树脂

据调研，2023 年，中国大陆包括外商独资企业在内的高吸收性树脂生产商的生产能力约为 149.5 万吨 / 年，比上年增加 20 万吨 / 年（表 7）。

2023 年，国内高吸收性树脂行业仍然面临着上游丙烯酸价格波动大、能源成本上升、招工难且用工成本增加、下游市场需求不旺等不利因素的影响，上下游产业链完整的一体化集团企业，在竞争中具有优势，占有更多市场份额。

表 7　2023 年中国大陆主要的高吸收性树脂生产商

序号	公司名称	生产能力 /（万吨 / 年）
1	山东诺尔生物科技有限公司	40
2	三大雅精细化学品（南通）有限公司	23
3	宜兴丹森科技有限公司	20
4	浙江卫星新材料科技有限公司	15
5	邦丽达（福建）新材料股份有限公司	11.5
6	台塑工业（宁波）有限公司	10
7	万华化学集团股份有限公司	8
8	扬子石化 – 巴斯夫有限责任公司	6
9	山东昊月新材料股份有限公司	5
10	江苏斯尔邦石化有限公司	4
11	日触化工（张家港）有限公司	3
12	上海华谊丙烯酸有限公司	3
13	唐山博亚树脂有限公司	1

国内市场需求衰退，行业产能过剩，导致价格战时有发生，竞争更加激烈。面对严峻的形势，主要的高吸收性树脂生产商积极投入研发，推出差异化、功能化的创新产品。同时，国内高吸收性树脂生产企业大力开拓海外市场，部分弥补了国内需求的不足。

未来，主要生产商的扩产计划：山东诺尔计划 2024 年新上 2 条生产线，将产能扩大至 55 万吨 / 年。万华化学在烟台化工产业园的 SAP 项目正在建设中，预计于 2024 年年底投产，届时总产能达到 10 万吨 / 年。山东昊月计划 2025 年再增加 10 万吨 / 年产能，使总产能达到 15 万吨 / 年。

另外，2024 年 3 月 25 日，日本三洋化成工业株式会社发布公告，拟将所持有的三大雅精细化学品（南通）有限公司的全部股权转让给南通江天化学股份有限公司。关于股权转让的具体时间表将在 2024 年度内进行讨论和决定。

六、卫生用品设备行业发展情况

卫生用品设备数字化、智能化水平不断提高，定制化、模块化设计最大化满足卫生用品的创新需求。

1．设备高速、稳定、兼容，助力高效生产

安庆恒昌推出 1000 片 / 分婴儿训练裤和 500 片 / 分经期裤生产设备，运行速度稳定，高效生产，智能化程度高，可满足不同包装形式和单、双排包装。奥普蒂玛首款面向婴儿纸尿裤的部分部件国产化机型 BDS–1 包装机，根据中国客户的需求，对封口设计、推头等方面进行优化，可兼容中式袋和欧式袋。泉州大昌推出 DC–2020D 全自动高速对折湿巾机，整机采用总线型 PLC 全伺服控制，易于位置调整；输送、切断、对折为独立部件机构，方便调节、易于维护。泉州创达推出的 CD–600 高速单片湿巾机配中包机，配置全伺服控制系统，能自动调整包装纸长和色标追踪，不停机自动换接原材料，节约换料时间。郑州智联推出的 WE–MF2 超迷你包装湿巾生产线，采用电子侦测自动控制，更加精准。

2．定制化满足差异化需求，模块化实现快速拼装

新余宏 CSG–AD350 全伺服成人纸尿裤生产线，可生产腰贴型和内裤型成人纸尿裤，一键规格切换方便快捷且减少浪费。设备可选配零废料技术、包装机、堆垛机和集尘系统，实现模块化组装。江苏金卫推出的全伺服超高速护理垫 / 宠物垫设备，可满足

3 层及 5 层护理垫产品多规格共线生产的需求。模块化设计，可实现设备快速拼装、启动。诺信（中国）最新推出的 AltaCoat-i 刮枪，支持中速间断刮涂的应用，采用嵌入式模块设计，配备高速反抽间断模块，优化模块覆盖范围，提升上胶精度；设计结构紧凑，方便维护。

3. 内裤式纸尿裤生产线持续增加

近年来，内裤式纸尿裤市场持续增长，每年都有企业新增生产线。内裤式婴儿纸尿裤的生产商主要集中在广东、福建、浙江、湖南、贵州等地区。内裤式成人纸尿裤的生产商主要集中在河北、江苏、浙江、福建、山东、广东等地区。参加调研的企业中，2023—2024 年新上和计划新上内裤式婴儿纸尿裤生产线共计 7 条，内裤式成人纸尿裤生产线共计 8 条。

七、标准体系持续更新完善 为行业健康发展保驾护航

2023 年以来，新发布实施的涉及卫生用品行业的标准有:《一次性卫生用品用面层》(修订)、《纸、纸板和纸制品 抗菌性能的测定》《一次性卫生棉条》《卫生用品用吸水衬纸》(修订)、《湿巾保存期限评价方法》《干湿两用纸巾》《宠物尿垫（裤）》《婴幼儿及儿童用纸品 基本安全技术规范》(2025 年 1 月 1 日实施) 和《一次性使用卫生用品卫生要求》(2025 年 7 月 1 日实施) 等。

正在制定的标准有:《抑菌一次性卫生用品》《一次性卫生用品碳足迹核算方法及报告指南》等。正在修订的标准有:《卫生巾（护垫）》《湿巾及类似用途产品》等（表 8）。

表 8　　卫生用品行业相关标准的制修订情况

完成情况	标准名称	标准号	归口单位	实施 / 发布时间
已发布实施	《一次性卫生用品用面层》(修订)	GB/T 30133—2022	全国造纸工业标准化技术委员会	2023 年 2 月 1 日实施
	《纸、纸板和纸制品 抗菌性能的测定》	GB/T 42702—2023		2023 年 12 月 1 日实施
	《一次性卫生棉条》	GB/T 43585—2023		2024 年 7 月 1 日实施
	《干湿两用纸巾》	QB/T 5997—2024		2024 年 10 月 1 日实施
	《宠物尿垫（裤）》	QB/T 5998—2024		2024 年 10 月 1 日实施
	《湿巾保存期限评价方法》	T/CTAPI 002—2023	中国造纸学会	2023 年 11 月 1 日实施
	《卫生用品用吸水衬纸》(修订)	QB/T 4508—2023	工业和信息化部	2023 年 11 月 1 日实施
	《婴幼儿及儿童用纸品 基本安全技术规范》	GB 43631—2023		2025 年 1 月 1 日实施
	《一次性使用卫生用品卫生要求》	GB 15979—2024	中华人民共和国国家卫生健康委员会	2025 年 7 月 1 日实施
正在制定	《吸收性卫生用纸制品及原材料 消臭效果评价方法》	20230298-T-607	全国造纸工业标准化技术委员会	
	《卫生用纸制品 弹性部件回弹性能的测定》	20231849-T-607		
	《卫生用纸制品 透气（湿）性能的测定》	20231857-T-607		
	《抑菌一次性卫生用品》		中国造纸学会	
	《一次性卫生用品碳足迹核算方法及报告指南》			
正在修订	《湿巾及类似用途产品 第 1 部分：通用要求》	原 GB/T 27728—2011	全国造纸工业标准化技术委员会	
	《湿巾及类似用途产品 第 2 部分：婴童湿巾专用要求》	原 GB/T 27728—2011		
	《湿巾及类似用途产品 第 3 部分：消毒湿巾专用要求》	原 GB/T 27728—2011		
	《绿色产品评价 纸和纸制品》	原 GB/T 35613—2017		
	《卫生巾（护垫）》	原 GB/T 8939—2018		
	《卫生用品用离型纸》	原 GB/T 27731—2011		

八、市场展望

1．女性卫生用品

中国女性卫生护理用品市场持续稳定发展，2019—2023年，市场规模从572.4亿元提升至703.4亿元，复合年均增长率达5.3%。近年市场规模的增长主要是由高端产品占比提升、人均使用量增加、经期裤迅速普及、使用场景细分化等因素共同促成的。

卫生护垫市场近年来持续下降，但仍保有一定的消费量，说明仍存在特定需求，如经期前后、出差旅游期间、痔疮用药期间、偶尔出现漏尿现象时等。但是，近来一次性内裤（如，日抛型内裤等）的出现，免除了每天清洗内裤的烦恼，迅速赢得了一批年轻消费者的心，而且近两年也出现了专门为漏尿人士设计的轻失禁护垫（吸水巾），预计未来卫生护垫的需求将继续萎缩。

国内卫生棉条市场虽然近年来有所增长，但市场规模仍然较小，要达到发达国家市场那样与卫生巾平分秋色的水平尚待时日。

随着女性卫生用品供给的不断丰富以及女性自身需求的觉醒，女性消费者不会再用同一个规格的卫生巾产品贯穿整个经期使用，而是会根据经期的不同阶段选择不同的产品，如日用常规型、日用量多型、各种不同长度规格的夜用型、经期裤、迷你巾、卫生护垫等，她们会精准地满足自身所需。

中国女性消费者受教育程度、社会地位、消费能力的提升，使消费观念和消费习惯不断发生变化，更加注重品质，追求功能性、安全性和使用体验，女性消费者更愿意为健康价值和情绪价值买单。同时，消费者对环境的责任意识逐渐提高，更关注可持续性的产品。

在未来的市场竞争中，新生代女性必将成为各品牌争夺的焦点。新生代女性在选择产品时更关注材料、成分等细节，她们的健康、安全意识更高。同时，又因为现在初经普遍低龄化，小学高年级的学生心理还不成熟，尤其是偏远地区的孩子对月经的知识了解较少，还存在月经羞耻等心理。这些潜在需求对于品牌来说也是机会，通过科普教育活动，拉近新生代女性与品牌的关系，尤其是从初经女生开始做起，内容可涉及正确认识月经、经期卫生、女性卫生用品的使用、青春期生理心理知识、两性关系启蒙及女生自我保护等。如何占据初经女孩的心智，从她们人生中第一片卫生巾开始，伴随她们一起成长是考验品牌的一个课题。

2．婴儿纸尿裤/片

2023年，中国婴儿出生人口数量持续下降，根据国家统计局公布的数据，2023年出生人口902万人，死亡人口1110万人，人口自然增长率为–1.48‰，总人口数连续两年出现负增长。据估算，2023年中国0～2岁婴儿人数约为1858万人，比2022年再减少160万人。随着中国新生儿数量不断下降，儿童人口红利逐渐消失，婴儿纸尿裤市场面临着实际使用人群数量减少、产品需求量下降、市场竞争加剧的局面。

但出生率下降的同时也伴随着国民经济水平的提升和消费能力的提高，同时以90后、95后为主的年轻父母成为育儿主力军，他们更加注重品质生活、科学育儿，对婴儿纸尿裤产品的接受和依赖程度更高，因此消费者对婴儿纸尿裤产品的消费意愿以及消费能力都在增强，婴儿纸尿裤的市场渗透率逐年提升，市场仍有新的机遇和发展空间。

随着新一代年轻父母育儿和消费理念的革新，他们对传统大品牌的崇拜降低，对产品品质期望更高、需求更细分、选择更审慎。同时，新零售业态和互联网技术的发展使得产品触达消费者的渠道更加多元化，小红书、抖音等社交平台让生产企业获客方式发生了颠覆性变化，为新品牌的进入创造了机遇。

中国婴儿纸尿裤生产商敏锐把握了市场动向，不断推出差异化、细分化、高端化的新产品，包装和印刷设计也更加符合新生代父母的审美。凭借对市场敏锐的洞察力、快速迭代的产品开发能力以及不断提升的产品质量，国产婴儿纸尿裤品牌近年来实现了强势突围，中国首创的复合芯体纸尿裤凭借轻薄干爽的优势，不仅成为中国市场主流，在国外市场也获得越来越多的认可。另一方面，中国消费者对日本进口产品的热情消退，花王、尤妮佳、大王等日本纸尿裤企业纷纷调整了经营策略。花王于2023年8月宣布停止在中国生产纸尿裤，并出售合肥工厂。

中国婴儿纸尿裤行业已经从人口红利驱动的快速增长期转向高质量发展期，虽然新生人口持续减少造成行业发展面临瓶颈，但市场仍日新月异、充满活力。行业企业积极响应消费者的新需求，探索新零售形势，夯实自身实力，不断提质升级，推动着行业的健康发展。

3．成人失禁用品

中国已进入老龄社会，并且老龄人口数量逐年递增，在总人口中的占比也在加大。2023年，全国居民人均可支配收入39218元，比上年名义增长6.3%，我国成人失禁用品消费市场无论从人口规模还是经济水平方面，都已具备一定基础。

在国家政策方面，2024 年《政府工作报告》明确指出，要加强社会保障和服务，实施积极应对人口老龄化的国家战略。为贯彻落实工信部等五部门联合发布的《关于促进老年用品产业发展的指导意见》，工信部自 2022 年起组织开展《老年用品产品推广目录》征集发布工作，卫生用品行业已有 71 家企业进入此目录，促进优质老年用品产品推广应用。

从行业发展来看，近年来，中国成人失禁用品的消费量和市场规模逐步提升，2019—2023 年，消费量从 53.5 亿片增长到 90.7 亿片，市场规模从 93.9 亿元增长到 134.4 亿元。主要生产商持续耕耘成人失禁用品领域，从无到有逐渐开拓市场，培育消费人群，从满足最基本吸收功能的产品开始，一步步努力研发柔软亲肤、控制异味的产品，满足不同消费层级失禁人群的需求。

一直以来，国内成人失禁用品处于比较尴尬的境地，一方面消费者认知少不知道有这类产品，另一方面即使知道有成人失禁用品，也对它存在一定程度的偏见，不愿意使用。因此，尽管成人失禁用品的市场空间巨大，但消费者培育仍然是一项长期任务。

未来，随着 50 后、60 后步入老年，这些新生代老人对失禁和失禁用品的态度会更加包容，经济收入水平较好的老年人对失禁用品的认知和接纳程度也更高，将有利于成人失禁用品的普及和行业的扩容。此外，人口的老龄化将催生更多的养老机构，国家有关养老产业的政策也会逐步细化，为行业带来渠道增量的新机遇。

4. 宠物卫生用品

近年来，在人口老龄化、单身青年数量增加等社会现象影响下，人们对“陪伴”有了新的需求，宠物越来越成为人们抚慰情感、抵抗孤独的心灵寄托。据京东发布的《中国宠物行业趋势洞察白皮书》数据，2023 年中国养宠家庭规模突破 1 亿户，从 2022 年的 9800 万户增至 10565 万户。在经济发展和精神需求的“双轮”驱动下，中国的宠物用品行业显现巨大增长空间。

对于宠物主们来说，宠物就像是家人一样的存在，他们愿意花费更多时间和金钱，为宠物提供最好的照顾，同时也保持居住环境的卫生和清洁，这种趋势为宠物卫生用品消费市场带来巨大潜力。

5. 擦拭巾

湿巾市场经历了 2020 年的暴增及 2021 年的回落，2022 年和 2023 年市场增长已回归常态曲线。国内湿巾市场通用型湿巾和婴儿湿巾仍是最大的细分领域，另外，近两年湿厕纸的增长势头迅猛，不容小觑。卸妆湿巾占比与前两年相比有明显提升，显示人们恢复了正常的工作和社交常态。羽绒服湿巾、小白鞋湿巾、去油渍湿巾、屏幕清洁湿巾、眼镜除雾湿巾、老人护理湿巾、宠物湿巾等专门用途湿巾不断涌现。

从功能来看，卫生湿巾占比超过 50%，这得益于近两年人们养成的良好卫生习惯，而消毒湿巾逐渐淡出人们的视野，不再是日常生活的必备品。

据调研，国内市场的干擦拭巾仍以棉柔巾、洗脸巾为主，懒人抹布、地板干擦拭巾、一次性浴巾等品类较少。随着人们出行旅游机会的增多，一次性浴巾、一次性床品四件套等产品或将有更多的需求。

擦拭巾基材方面，随着不可降解塑料材料在全球的限制使用，可生物降解基材的需求将迅速增长。棉、竹、木浆、粘胶纤维等的应用将受到行业企业越来越多的关注。

（孙　静　王　娟　邢婉娜　张升友　葛继明　付显玲　韩　颖　曹宝萍　张玉兰）

2023 年我国包装纸板发展概况

Development Overview of Packaging Paperboard Industry in China in 2023

2023 年我国纸及纸板生产量和消费量都创历史新高，包装纸板行业也从新冠疫情中逐步恢复，但市场需求并不如预期，使我国包装纸板行业仍然停机限产多，行业经济效益进一步下滑，给行业发展带来诸多不确定性。面对发展困境，包装纸板行业依然保持了稳定的产需平稳，满足了市场的需求；随着新增产能的增加，加快了行业新技术、新工艺和新设备的应用，使包装纸板行业技术水平提高到了新的高度。

一、包装纸板市场现状

1．包装纸板的生产量、消费量及进出口量

据我国造纸协会中国造纸工业 2023 年度报告资料，2023 年包装纸板三大纸种（白纸板、箱纸板、瓦楞原纸，下同）的生产量为 7465 万吨，较上年 7170 万吨增长 4.11%；消费量为 8146 万吨，较上年 7648 万吨增长 6.51%。近十年我国包装纸板的生产量、消费量及进出口量见表 1 所示。

可见，2023 年白纸板生产量 1655 万吨，较上年增长 4.09%；消费量 1456 万吨，较上年增长 5.58%；进口量小于出口量，净出口量 199 万吨。箱纸板生产量 2895 万吨，较上年增长 3.02%；消费量 3418 万吨，较上年增长 8.20%；进口量大于出口量，净进口量 523 万吨。瓦楞原纸生产量 2915 万吨，较上年增长 5.23%；消费量 3272 万吨，较上年增长 8.70%；进口量大于出口量，净进口量 357 万吨。

2．包装纸板的比重

2023 年包装纸板的生产量和消费量占纸及纸板总产量及总消费量的比重为 57.58% 和 61.88%，比 2022 年分别增长了 –0.13% 和 1.02%。见表 2。

表 1　2014—2023 年包装纸板的生产量、消费量及进出口量　单位：万吨

产品名称		2014 年	2015 年	2016 年	2017 年	2018 年	2019 年	2020 年	2021 年	2022 年	2023 年
生产量	白纸板	1395	1400	1405	1430	1335	1410	1490	1525	1590	1655
	箱纸板	2180	2245	2305	2385	2145	2190	2440	2805	2810	2895
	瓦楞原纸	2155	2225	2270	2335	2105	2220	2390	2685	2770	2915
消费量	白纸板	1301	1299	1265	1299	1219	1277	1373	1427	1379	1456
	箱纸板	2240	2297	2364	2510	2345	2403	2837	3196	3159	3418
	瓦楞原纸	2152	2228	2271	2396	2213	2374	2776	2977	3010	3272
进口量	白纸板	64	61	58	62	54	52	53	58	44	44
	箱纸板	86	84	94	137	207	220	404	399	360	532
	瓦楞原纸	5	9	8	65	111	156	389	294	241	359
出口量	白纸板	158	162	198	193	170	185	170	156	255	243
	箱纸板	26	32	35	12	7	7	7	8	11	9
	瓦楞原纸	8	6	7	4	3	2	3	2	1	2

表 2　包装纸板的生产量和消费量占纸及纸板总产量及总消费量的比重

年份	纸及纸板总生产量 / 万吨	包装纸板生产量 / 万吨	比重 /%	纸及纸板总消费量 / 万吨	包装纸板消费量 / 万吨	比重 /%
2014	10470	5730	54.73	10071	5693	56.53
2015	10710	5870	54.80	10352	5824	56.26
2016	10855	5980	55.09	10419	5900	56.63
2017	11130	6150	55.26	10897	6205	56.94
2018	10435	5585	53.52	10439	5777	55.34
2019	10765	5820	54.07	10704	6054	56.56
2020	11260	6320	56.13	11827	6986	59.07
2021	12105	7015	57.95	12648	7600	60.09
2022	12425	7170	57.71	12403	7548	60.86
2023	12965	7465	57.58	13165	8146	61.88

包装纸板的生产量和消费量占总生产量及总消费量的比重在稳步增长，其中白纸板、箱纸板和瓦楞原纸的生产量占总生产量的比重分别为 12.77%、22.33% 和 22.48%，消费量占总消费量的比重分别为 11.06%、25.96% 和 24.85%。在 2021 年后包装纸板的生产量占纸及纸板总生产量的比重有所放缓，没有与消费量的比重完全同步是由于“禁废令”后我国包装纸板进口量逐年增加的原因所导致。

二、包装纸板主要生产企业产能和项目建设情况

1. 白纸板（主要为涂布白纸板 / 白卡纸）

根据公开资料显示，我国白纸板主要生产企业的产能和项目建设情况见表 3，其中白卡纸主要生产企业的产能和项目建设情况见表 4。

表 3　白纸板主要生产企业的产能和项目建设情况　单位：万吨 / 年

序号	生产企业	2023 年白纸板实际产能	预计 2024 年新增设计产能	预计 2025 年新增设计产能	预计 2026 年计划新增设计产能
1	山东博汇纸业股份有限公司	290			80
2	东莞玖龙纸业有限公司	260	120		120
3	广西金桂浆纸业有限公司	239			
4	山东太阳纸业控股有限公司	230			
5	山东晨鸣纸业集团股份有限公司	220			258
6	宁波亚洲浆纸业有限公司	167			100
7	福建联盛纸业有限公司	160		100	
8	亚太森博浆纸有限公司	160			155
9	中国纸业投资有限公司	90	30		100
10	浙江衢州五洲特种纸业股份有限公司	78	55		20
11	东莞建晖纸业有限公司	66			
12	理文造纸有限公司	65			60
13	浙江衢州仙鹤纸业有限公司	60		100	

续表

序号	生产企业	2023 年白纸板实际产能	预计 2024 年新增设计产能	预计 2025 年新增设计产能	预计 2026 年计划新增设计产能
14	湖北拍马纸业集团	55			
15	斯道拉恩索浆纸有限公司	55			
16	河南新乡新亚纸业集团股份有限公司	40			40
17	四川宜宾纸业股份有限公司	30			
18	江门星辉造纸有限公司	30			
19	其他	611	190	95	80
	合计	2906	395	295	1013

表 4　白卡纸主要生产企业的产能和项目建设情况　单位：万吨 / 年

序号	生产企业	2023 年白卡纸实际产能	预计 2024 年新增设计产能	预计 2025 年新增设计产能	预计 2026 年计划新增设计产能
1	山东博汇纸业股份有限公司	290			80
2	广西金桂浆纸业有限公司	239			
3	山东太阳纸业有限公司	230			
4	山东晨鸣纸业集团股份有限公司	220			138
5	宁波亚洲浆纸业有限公司	167			100
6	福建联盛纸业有限公司	160		100	
7	亚太森博浆纸有限公司	160			155
8	东莞玖龙纸业有限公司	115	120		120
9	衢州五洲特种纸业股份有限公司	78	55		20
10	浙江衢州仙鹤纸业有限公司	60		100	
11	中国纸业投资有限公司	60	30		100
12	湖北拍马纸业有限公司	55			
13	斯道拉恩索（广西）浆纸有限公司	55			
14	河南新乡新亚纸业集团股份有限公司	40			40
15	四川宜宾纸业股份有限公司	30			
16	其他	40	30	60	50
	合计	1999	235	260	803

表 3 中白纸板主要生产企业拥有约 2906 万吨产能（从表 4 中可见，其中白卡纸产能约为 1999 万吨，占白纸板产能的 68.79%，比 2022 年提高了 3.79%。），较 2022 年白纸板主要生产企业产能约 2564 万吨增加了 342 万吨，同比增长 13.34%。2023 年白纸板产量 1655 万吨，开工率约 57%。未来 2024—2025 年计划增加设计产能近 700 万吨，同时还有计划投资白纸板的产能约 1000 万吨。

表 4 中可见在白纸板大类中白卡纸产能约为 1999 万吨，较 2022 年白卡纸主要生产企业产能约 1667 万吨增加了 332 万吨，同比增长约 19.92%。未来 2024—2025 年计划增加设计产能约 500 万吨，同时还有计划投资白卡纸的产能约 800 万吨。

在白纸板领域，从表 3 中可见我国白纸板 CR4 产能约 1406 万吨，占白纸板产能的 48%，CR8 产能约 1894 万吨，占白纸板产能的 65%。我国白纸板是集中度较高的纸种，特别是其中的白卡纸，从表 4 中可见白卡纸 CR4 产能约 1306 万吨，占白卡纸产能的 65%，CR8 产能约 1719 万吨，占白卡纸产能的 86%。

2．箱纸板和瓦楞原纸

根据公开资料显示，我国箱纸板和瓦楞原纸主要生产企业的产能和项目建设情况见表 5。

表 5　箱纸板和瓦楞原纸主要生产企业的产能和项目建设情况　单位：万吨 / 年

序号	生产企业	2023 年箱纸板和瓦楞原纸实际产能	预计 2024 年新增设计产能	预计 2025 年新增设计产能	预计 2026 年计划新增设计产能
1	东莞玖龙纸业有限公司	1605	120		125
2	山鹰国际控股股份公司	777	80		
3	理文造纸有限公司	535			
4	荣成纸业股份有限公司	330			
5	山东太阳纸业有限公司	260		40	
6	山东昌乐世纪阳光纸业有限公司	230			90
7	湖北金凤凰纸业有限公司	216			
8	东莞市金田纸业有限公司	210		150	
9	福建联盛纸业有限公司	195			
10	山东博汇纸业股份有限公司	190			
11	浙江景兴纸业股份有限公司	166			120
12	浙江金励环保纸业有限公司	130			100
13	东莞金洲纸业有限公司	128			
14	安徽萧县林平纸业有限公司	125		60	
15	山西强伟纸业有限公司	115			35
16	广州万利达纸业有限公司	100			
17	永丰余造纸有限公司	95			
18	中山永发纸业有限公司	80			
19	河南省龙源纸业股份有限公司	75	30		
20	华泰纸业有限公司	75			
21	东莞顺裕纸业有限公司	66			
22	山东汇泽实业有限公司	65			
23	浙江华川集团义南纸业有限公司	65			
24	贵州鹏昇（集团）纸业有限责任公司	60	60		
25	浙江荣晟环保纸业股份有限公司	60		60	
26	吉林省白山市琦祥纸业有限公司	60			
27	河北冀腾纸业有限公司	50			
28	黑龙江龙兴纸业有限公司	50			
29	东莞骏业纸业有限公司	50			
30	河北永新纸业有限公司	50			
31	浙江台州森林造纸有限公司	50		30	
32	其他	2045	835	103	310
	合计	8308	1125	443	780

表 5 中箱纸板和瓦楞原纸主要生产企业拥有约 8308 万吨产能，较 2022 年主要生产企业产能约 7405 万吨增加了 903 万吨，同比增长 12.20%。2023 年箱纸板和瓦楞原纸合计生产量 5810 万吨，开工率约 70%。2024—2025 年计划新增设计产能约 1500 万吨，同时还有计划投资的产能约 700 万吨。

在箱纸板和瓦楞原纸领域，我国箱纸板和瓦楞原纸 CR4 产能约 3247 万吨，占箱纸板和瓦楞原纸总产能的 39%，CR8 产能约 4163 万吨，占箱纸板和瓦楞原纸总产能的 50%。在箱纸板和瓦楞原纸生产企业中，中小企业约占 25%，集中度有待进一步提高。

3．我国企业近年在海外投资的包装纸板和再生纸浆项目建设情况

根据公开资料显示，我国主要的包装纸板企业在海外建设的包装纸板和再生纸浆生产基地，如表 6 所示。已投产箱纸板和瓦楞原纸约 455 万吨，正在建设和计划建设约 480 万吨，合计有约 1000 万吨的产能；已投产白纸板约 35 万吨，正在建设和计划建设约 70 万吨，合计有约 100 万吨的产能；已投产再生纸浆约 700 万吨，正在建设和计划建设约 300 万吨，合计有约 1000 万吨的产能，在海外建设的再生纸浆已成为解决我国包装纸板原料的重要途径之一。

表 6　主要生产企业海外投资的包装纸板和再生纸浆项目建设情况　单位：万吨 / 年

序号	生产企业	投资国家或地区	箱纸板和瓦楞原纸		再生纸浆		白纸板		备注
			已投产	计划	已投产	计划	已投产	计划	
1	理文造纸有限公司	马来西亚	140		160				
		越南	55	55					
		印尼			24				
2	东莞玖龙纸业有限公司	马来西亚	90		48	21			计划 21 万吨木纤维
		越南	50	120	10				10 万吨为木纤维
		美国	25	45	29.1	49.2			
3	浙江新胜大控股集团有限公司	马来西亚	15				35	50	
4	山东太阳纸业控股有限公司	老挝	80		40				
5	浙江景兴纸业股份有限公司	马来西亚		60	80				
					38.4				协议采购
6	山鹰国际控股股份公司	马来西亚		200					或再生纸浆
		美国				70			
		泰国			110				
		英国、荷兰				35			
		东南亚			30				
7	浙江春胜控股集团有限集团	柬埔寨						20	
8	东莞建晖纸业有限公司	泰国			100				
9	帝国再生纤维公司	美国				44			
10	森林包装集团股份有限公司	泰国			10				
11	山东昌乐世纪阳光纸业有限公司	泰国							再生纸浆 2022.1 已投产
12	东莞市金田纸业有限公司	中国香港				70			
	合计		455	480	679.5	289.2	35	70	

三、包装纸板的市场行情

1. 包装纸板的价格趋势

根据公开资料整理，2023 年涂布白纸板及白卡纸的产品均价走势见图 1、图 2。涂布白纸板均价 3696 元 / 吨，较 2022 年均价 4638 元 / 吨下降了 942 元 / 吨，跌幅超 20%；从一月份的波峰到八月份的波谷，平均每吨产品价格相差约 608 元，涨跌幅高于 16%。白卡纸均价 4800 元 / 吨，较 2022 年均价 5892 元 / 吨下降了 1092 元 / 吨，跌幅约 19%；从一月份的波峰到七月份的波谷，平均每吨产品价格相差约 847 元，涨跌幅约 18%。

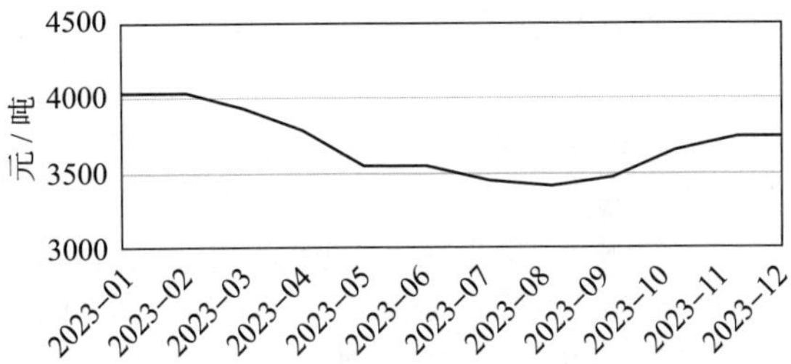

图 1　2023 年涂布白纸板均价走势

数据来源：公开资料整理。

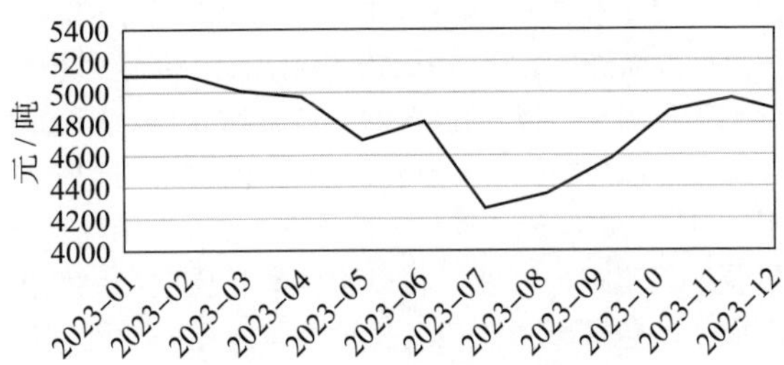

图 2　2023 年白卡纸均价走势

数据来源：公开资料整理。

2023 年箱纸板及瓦楞原纸的产品均价走势见图 3、图 4。箱纸板均价约 3816 元 / 吨，较 2022 年均价 4595 元 / 吨同比下降了 779 元 / 吨，跌幅约 17%；从一月份的波峰到九月份的波谷，平均每吨产品价格相差约 939 元，涨跌幅约 25%。瓦楞原纸均价 3052 元 / 吨，较 2022 年均价 3506 元 / 吨同比下降了 454 元 / 吨，跌幅近 13%；从一月份的波峰到九月份的波谷，平均每吨产品价格相差约 588 元，涨跌幅约 19%。

2. 包装纸板的市场行情

（1）白纸板

2023 年白纸板的主要生产企业产能增加约 327 万吨，主要是白卡纸产能的增加，约 317 万吨。主要是

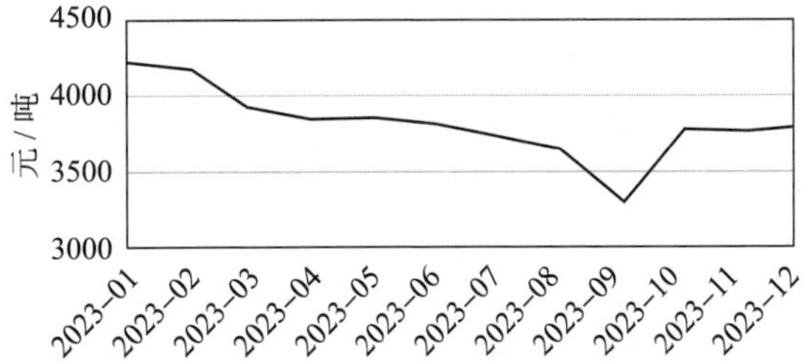

图 3　2023 年箱纸板均价走势

数据来源：公开资料整理。

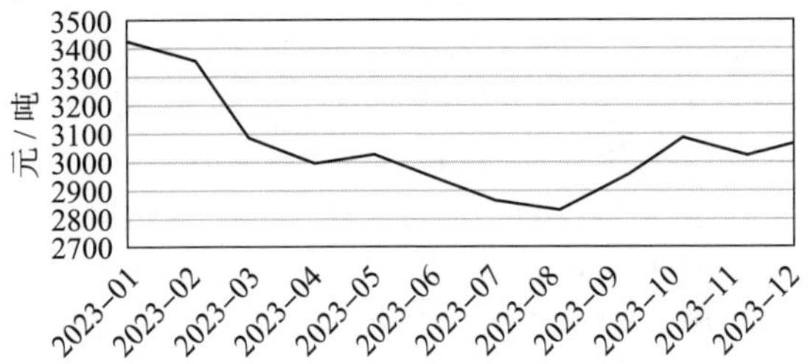

图 4　2023 年瓦楞原纸均价走势

数据来源：公开资料整理。

福建联盛（漳州）纸业有限公司 100 万吨白卡纸、亚太森博（南通）浆纸有限公司 100 万吨白卡纸、浙江衢州仙鹤纸业有限公司（山东和浙江鹤丰）60 万吨白卡纸、中盛纸业有限公司 30 万吨白纸板等项目的投产等。

预计 2024 年白纸板新增产能约 395 万吨，其中白卡纸新增产能 235 万吨。新增产能主要是玖龙（北海）纸业有限公司 120 万吨白卡、浙江衢州五洲特种纸业股份有限公司（湖北祉星）55 万吨白卡、中国纸业投资有限公司（冠豪高新）30 万吨白卡等，均以白卡纸项目为主。预计 2025 年白纸板新增产能约 295 万吨，其中白卡纸新增产能 260 万吨。新增产能主要是福建联盛（漳州）纸业有限公司二期 100 万吨白卡纸、浙江衢州仙鹤（广西来宾）纸业有限公司 100 万吨白卡纸等。有些规划中的新增产能可能会被推迟或者会取消，如按照公布的投产时间和 70% 的投产率，预计 2024—2025 年将有约 600 万吨新增产能（其中白卡纸新增产能约 450 万吨），未来五年约有 1100 万吨白纸板新增产能，其中约有 900 万吨为白卡纸新增产能。

在近年投资大型白卡纸的企业基本都是与“林浆纸一体化”项目共同建设，具有自产的漂白化学浆和化机浆，可提高产品质量、降低产品成本、灵活调整产品品种并有利于开发市场所需新产品等优势；还将提升产品木浆纤维的比例，改善原料结构。同时新项目的机型大、装备全、智能化程度高。随着新增白

卡纸产能的不断投产，使得白纸板大类将以白卡纸为主，未来几年更多灰底白纸板将被替代，使小机台的白纸板机逐步退出市场，集中度将会进一步提高。但随着造纸行业头部企业进入白卡纸领域的增多，供需矛盾更加突出，虽然投资计划这两年已有所放缓，也有企业暂停或取消项目，但近几年增加的产能过多，需要时间逐步释放新增产能，所以新增项目投资需谨慎。

（2）箱纸板和瓦楞原纸

2023 年箱纸板和瓦楞原纸主要生产企业增加产能约 903 万吨，主要是玖龙（北海和沈阳）纸业有限公司 125 万吨、山东太阳（南宁）纸业有限公司 100 万吨、山西强伟纸业有限公司 80 万吨、山鹰国际控股股份公司（浙江和吉林）72 万吨、陕西发电集团东方智慧能源有限公司 50 万吨、湖北金凤凰纸业有限公司 40 万吨、山东德州泰鼎新材料科技有限公司 40 万吨、四川华侨凤凰纸业有限公司 40 万吨、荣成纸业股份有限公司 35 万吨、浙江景兴纸业股份有限公司 30 万吨等新增产能。预计 2024 年将有约 1100 万吨产能投产，主要是玖龙（湖北）纸业有限公司 120 万吨、山鹰国际控股股份公司（安徽）80 万吨、贵州鹏昇（集团）纸业有限责任公司 60 万吨、东莞建晖（广西）纸业有限公司 60 万吨、河南省龙源纸业股份有限公司 30 万吨等新增产能。预计 2025 年将有约 400 万吨产能投产，主要是东莞市金田（江苏）纸业有限公司 150 万吨、安徽萧县林平纸业有限公司 60 万吨、山东太阳（南宁）纸业有限公司 40 万吨等新增产能。有些规划中的新增产能有可能会被推迟或者会取消，如按照公布的投产时间和 70% 的投产率，预计 2024—2025 年将有约 1100 万吨新增产能，未来五年约有 1600 万吨箱纸板和瓦楞原纸新增产能。

近年来投资的箱纸板和瓦楞原纸项目在 2023 年投产达到高峰，预计 2024 年还将持续高投产量，这将使目前的市场环境带来更大压力。加上国家进口零关税政策的持续，进口箱纸板和瓦楞原纸的增长，在一定程度上也影响到了国内箱纸板和瓦楞原纸市场走势，将使国内供需矛盾更加突出，给企业带来更多元的挑战。

在产品需求上，低定量、高强度、轻量化的箱纸板和瓦楞原纸逐步成为发展趋势，微型瓦楞纸箱近年来得到快速的发展，产品升级迭代趋势明显。除储运、保护、防潮、抗压等功能性作用外，对产品展示、品牌强化、消费引导等增值性作用需求的提升，产品逐步向中高档化发展，从“简单包装”走向“消费包装”。

在装备方面，2005 年后新建箱纸板单线年产能在 30 万 ~ 50 万吨、瓦楞原纸单线年产能在 20 万 ~ 30 万吨左右的规模，机型大、装备水平高、生产的产品质量更好、单位产品的能耗水耗更低，将为产业升级创造了有利条件。随着环保要求的提高和原材料的升级，箱纸板和瓦楞原纸的生产也在逐步实现环保化、高效化和高质量化。预计在未来的几年中，箱纸板和瓦楞原纸将进一步提高行业集中度，实现更高的环保性能、产品功能性和产业结构性。

（3）海外建设的包装纸板和再生纸浆项目

自“禁废令”以来，我国主要包装纸板生产企业在海外建设再生纸浆生产基地已逐步投产，据不完全统计到 2024 年底合计将有约 1000 万吨的再生纸浆产能，如表 6 所示。因此，进口再生纸浆将持续增长，2023 年进口再生纸浆 489 万吨，较 2022 年的 336 万吨增长了 45.54%。在海外的再生纸浆生产基地将解决国内包装纸板的部分原料缺口，同时也提升了国内废纸原料的质量。

我国包装纸板企业在海外建设箱纸板和瓦楞原纸项目已投产和计划建设合计有约 1000 万吨的产能，如表 6 所示。2023 年我国箱纸板和瓦楞原纸进口量分别为 532 万吨和 359 万吨，比 2022 年进口量 360 万吨和 241 万吨同比增长了 47.78% 和 48.96%，一方面进口的纯木浆牛卡纸补充国内高档优质纤维原料，而另一方面进口的瓦楞原纸价格低廉补充低端市场。近十年我国箱纸板和瓦楞原纸进口量见图 5，根据国务院关税税则委员会发布公告，我国将继续对包装纸板进口产品的实施“零”关税政策，已经在国外建设包装纸板基地的企业，将以更优产品质量和更低生产成本的包装纸板进口到国内。这将更好地利用国外资源，还可以有效降低生产成本，提高产品竞争力。同时，通过在海外建立生产基地，能够更好地了解国际市场需求，为产品的研发和创新提供有力支持。

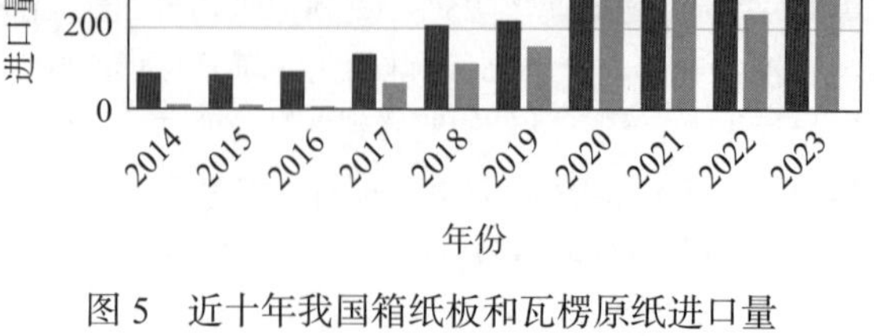

图 5　近十年我国箱纸板和瓦楞原纸进口量

■ 箱纸板 ■ 瓦楞原纸

3．包装纸板市场的盈利能力持续减弱

从包装纸板的价格趋势可见，2023 年包装纸板的价格是大幅下降的，从图 1 至图 4 说明从 2022 年到 2023 年包装纸板可见产品均价走势一路走低，均价都是以两位数以上的降幅。市场需求持续减少导致停机限产频繁，开工率低，同时不断上升的能源成本与环保支出加上新增产能较多，使包装纸板市场增收不增利，经济效益大幅下降，盈利能力持续减弱。

四、包装纸板行业展望

随着造纸行业“双碳”目标的明确，推进绿色低碳发展的大背景下，包装纸板行业还面临着持续优化原料和产品结构、降低能源消耗、行业盈利能力下降及持续提高发展质量等问题。通过近几年海外再生纸浆产业布局形成部分产能、“林竹浆纸一体化”的建设及农林剩余物的利用，探索原料替代新模式，推动原料结构多元化，推进新工艺及新技术的应用，逐步解决包装纸板行业原料短缺问题，同时进一步提高原料的质量。

在产品结构方面，技术创新是推动包装纸板行业持续发展的关键，进一步加大产品技术改造和新产品开发的力度，提高产品质量和附加值；同时寻求多元化发展，拓展新的市场领域，发掘潜在需求，降低对传统产品市场的依赖，满足市场日益增长的多样化需求。

在“以纸代塑”政策引领下，将新技术、新工艺和新材料，融入产品中，以提升产品竞争力。无氟防油、防水、防潮、耐高温、空气阻隔、防霉变、抗菌、抗压能力、高强度、耐破性、耐晒等级等都是包装纸板创新的方向，将对传统不可降解塑料制品具备较强的替代性，更成为环保的替代产品。通过差异化的产品结构调整，使行业在竞争激烈的市场中能脱颖而出。

在新建包装纸板工程中，生产线的能源效率已经达到国际先进水平，已大幅降低单位产品的能源消耗，充分利用生物质能源及生产环节产生的余热、余汽等能源，增加可再生能源的使用。同时通过使用低碳、环保的材料和技术，进一步降低生产阶段能源消费的碳强度，降低产品全生命周期的碳排放。

数字化、网络化、智能化发展，积极打造智能制造体系。在数字化和智能化的加持下，包装纸板行业将实现技术优化升级，通过优化工艺流程，缩短生产周期，降低生产成本，提高生产效率和能源利用效率，提升行业竞争力，提高行业盈利能力，达到行业健康发展的目的。

总之，包装纸板行业的未来是传统与创新的融合，面对快速变化的市场环境，行业不断调整、优化，寻找新的机遇和突破口，保持敏锐的洞察力和前瞻性，积极应对挑战。通过原料创新、产品创新、技术创新，淘汰相对落后产能，将包装纸板行业从“大”做“强”，在绿色低碳发展中迎来新的发展机遇。

（樊　燕）

2023 年我国特种纸产业发展现状

Development Status and Analysis of Specialty Paper Industry in China in 2023

一、特种纸产业产销形势

2023 年，国际形势错综复杂，纸浆价格大幅震荡，在此背景下我国特种纸产业生产和运行面临诸多挑战。我国特种纸企业通过增强创新能力、优化产能布局、推进绿色生产、拓展国际市场等举措克服了重重困难，整体保持了良好的经营状态。2023 我国特种纸及纸板共完成产量 743 万吨，同比增长 3.77%，特种纸及纸板产量占全国纸及纸板总产量的比例为 5.73%，展现了行业的稳健发展态势。图 1 为 2007—2023 年我国特种纸和纸板产量及占纸和纸板总产量的比。

2023 年我国特种纸企业的总体开工率 84.26%，恢复到历史较好水平，产销率 97.59%，保持了产销基本平衡的生产经营情况（图 2）。

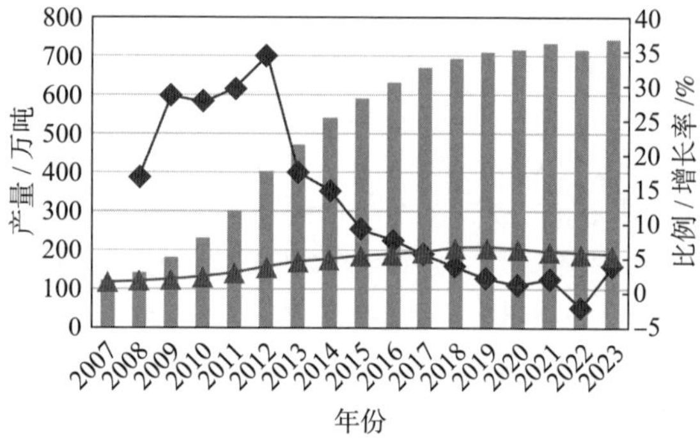

图 1 2007—2023 年我国特种纸和纸板产量及占纸和纸板总产量的比

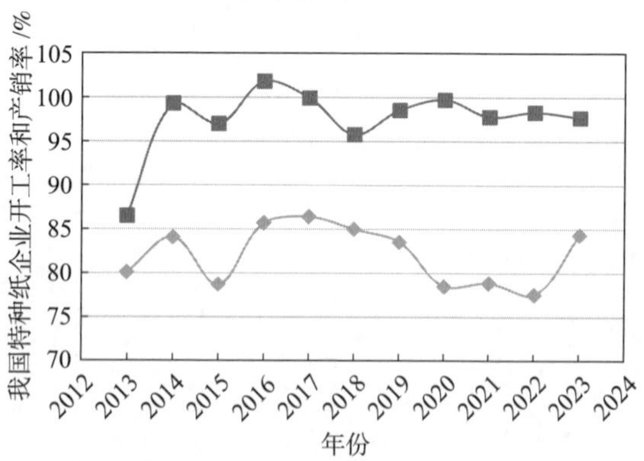

图 2 2012—2024 年我国部分特种纸企业的开工率和产销率

二、特种纸产业进出口情况

1. 我国特种纸进出口量、进出口总额和进出口价格

2023 年我国特种纸进口量为 33.36 万吨，同比减少 19.12%，进口量连续两年下降。

2023 年我国特种纸出口量 181.25 万吨，同比增长 9.69%，出口量持续攀升（图 3）。在统计的 34 个海关代码中，23 个代码都实现了增长，出口量增长较多的有 480220 光敏热敏电敏纸及纸板的原纸和原纸板，48022010 照相原纸，48054000 滤纸及纸板，48055000 毡纸及纸板，48059110 电解电容器纸（定量≤ 150 克 / 米 ^{2}），48063000 描图纸，48099000 复写纸及其他拷贝或转印纸、成卷或成张的，481160 用蜡、石蜡、硬脂精、油或甘油浸涂的纸，48169010 热敏转印纸（4809 的除外）；下降较多的有 48024000 壁纸原纸，480210 手工制纸及纸板，48064000 半透明玻璃纸及其他高光泽透明或半透明纸，48232000 切成一定尺寸或形状的滤纸及纸板。

2023 年我国特种纸进口金额 6.31 亿美元，同比减少 18.7%，进口平均单价 1893 美元 / 吨，同比增长 0.51%（图 4）。

2023 年我国特种纸出口金额 45.07 亿美元，同比 2022 年减少 0.65%，出口平均单价 2486 美元 / 吨，同比去年增长 14.78%（图 5）。

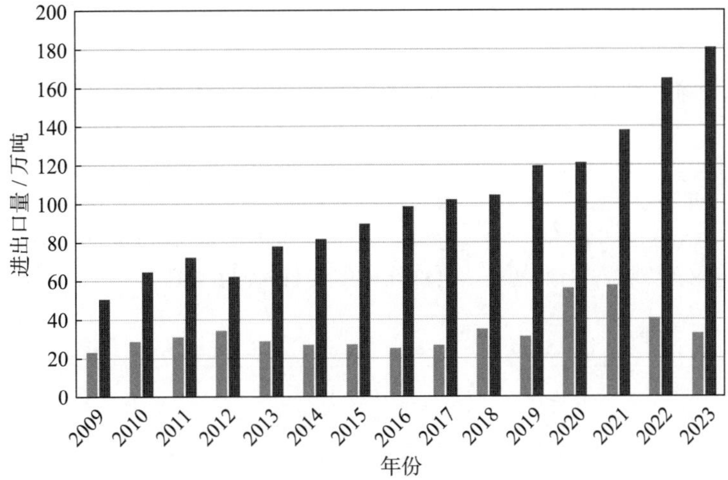

图 3　2009—2023 年我国特种纸进出口量

■ 进口量　■ 出口量

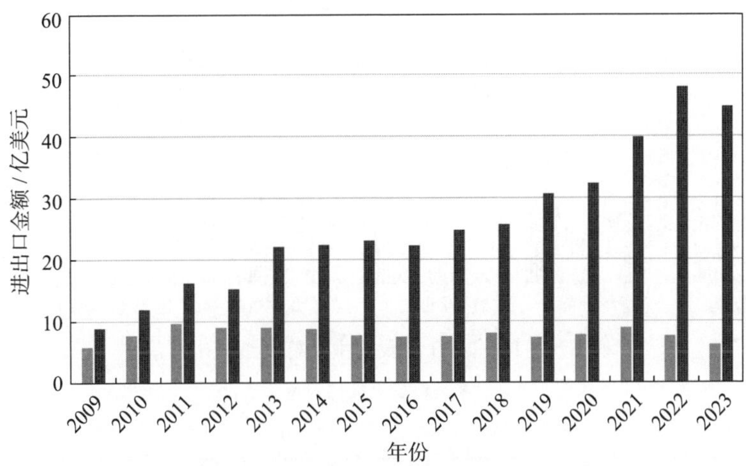

图 4　2009—2023 年我国特种纸进出口总额

■ 进口总额　■ 出口总额

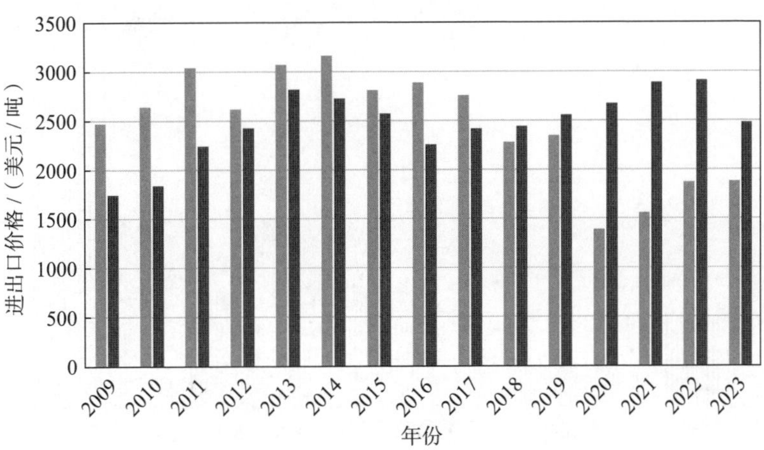

图 5　2009—2023 年我国特种纸进出口价格

■ 进口价格　■ 出口价格

2．主要纸种近几年进出口量及进出口价格

2023 年，植物羊皮纸的进口量比 2022 年有所减少，进口价格也略有下降，出口量有所增长，出口价格略有下降；壁纸原纸进口量虽较上年有所增长，但仍处于历年较低水平，进口价格回落到历史正常水平，出口量相比 2022 年减少明显，但出口价格大幅提升，创历史新高；防油纸进口量略有减少，进口价格略有上涨，出口量相较 2022 年有所增长，出口价有所下降，整体变化比较平稳；滤纸和纸板进口量持续下降，出口量持续增长，截止到 2023 年，滤纸及纸板的出口量已经是进口量的近 5 倍，滤纸和纸板进出口价格均略有下降；电解电容器纸进口量有所减少，出口量有所增长，依旧保持较高的进口价格，10903 美元 / 吨，出口价格一直是进口价格的一半左右；卷烟纸的进出口量均有所减少，进出口价格均有所上涨（图 6、图 7）。

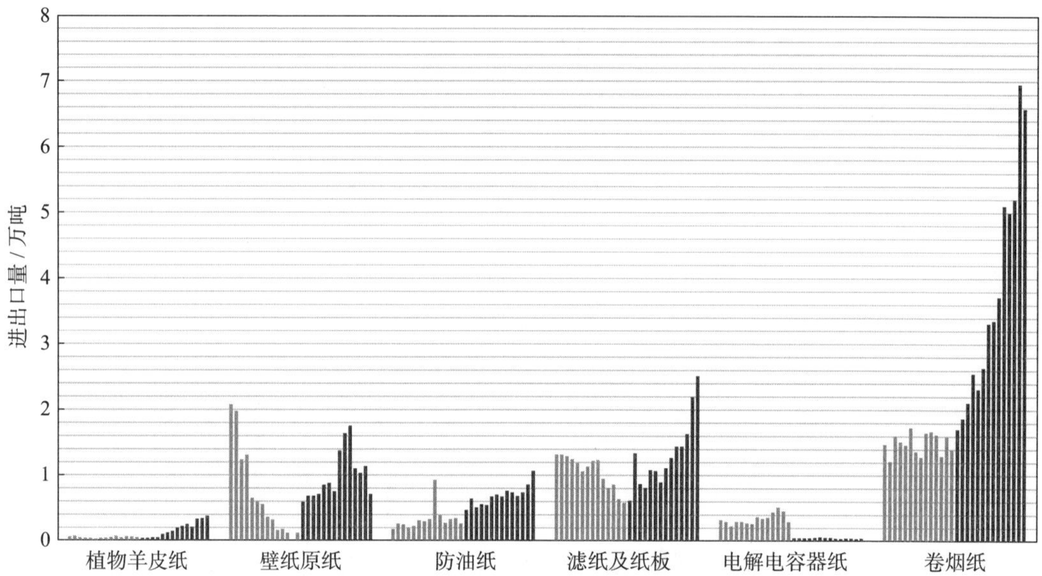

图 6　2010—2023 年我国主要特种纸进出口量

■ 进口量　■ 出口量

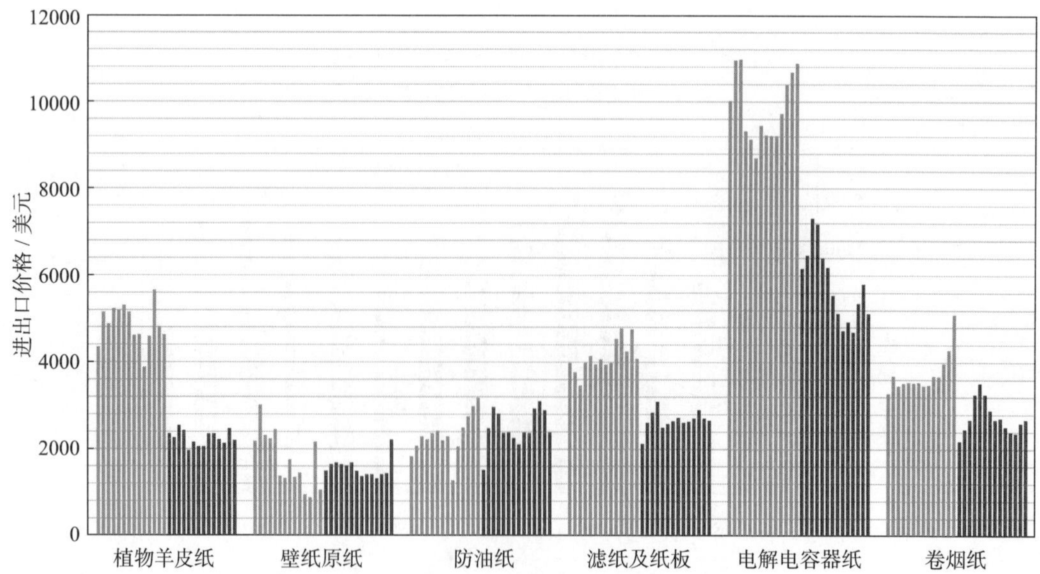

图 7　2010—2023 年我国主要特种纸进出口价格

■ 进口价格　■ 出口价格

3．我国特种纸主要进出口国家

2023 年我国特种纸主要出口国家出口量和出口金额如图 8 所示。2023 年我国特种纸出口前五名的国家依次是俄罗斯、印度、美国、越南、马来西亚，出口金额前五名的国家依次是美国、俄罗斯、印度、马来西亚、越南。新加坡出口纸种的单价最高。从不同国家近三年的出口量来看（图 9），美国和日本的出口量急剧减少，俄罗斯连续两年出口量增加，其他国家的出口量基本稳定。

2023 年我国特种纸主要进口国家进口量和进口金额如图 10 所示。2023 年进口量前五名的国家和地区依次为俄罗斯、日本、美国、越南、中国台湾，进口金额前五名的国家和地区依次是日本、美国、奥地利、德国、中国台湾，其中日本的进口金额显著高于其他国家，从进口单价来看，日本、美国、奥地利、德国均较高。图 11 为近三年我国主要进口国家（地区）进口量，从不同国家近三年进口量来看，不同国

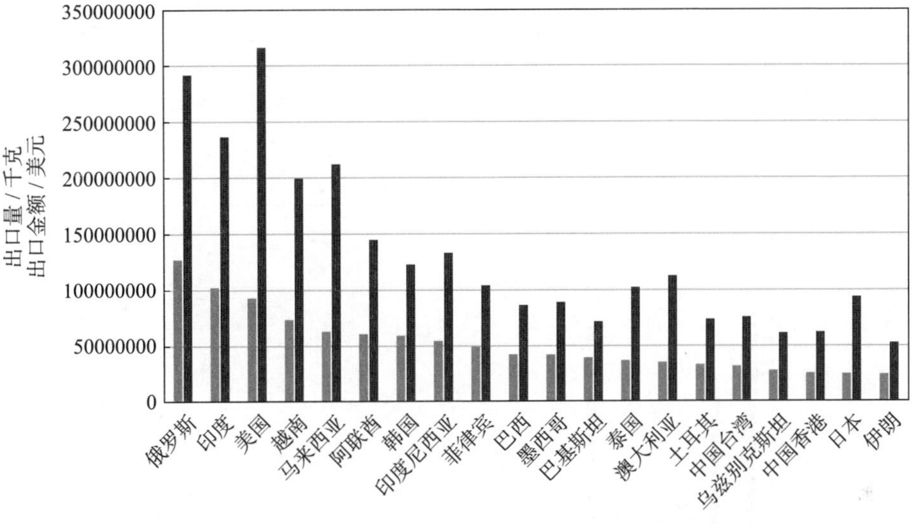

图 8　2023 年我国特种纸主要出口国家（地区）出口量和出口金额

■ 出口量　■ 出口金额

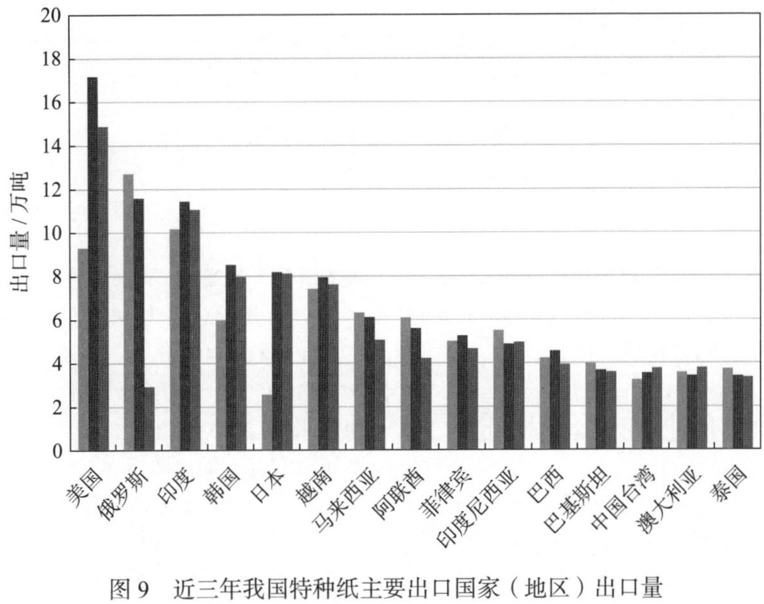

图 9　近三年我国特种纸主要出口国家（地区）出口量

■ 2023 年　■ 2022 年　■ 2021 年

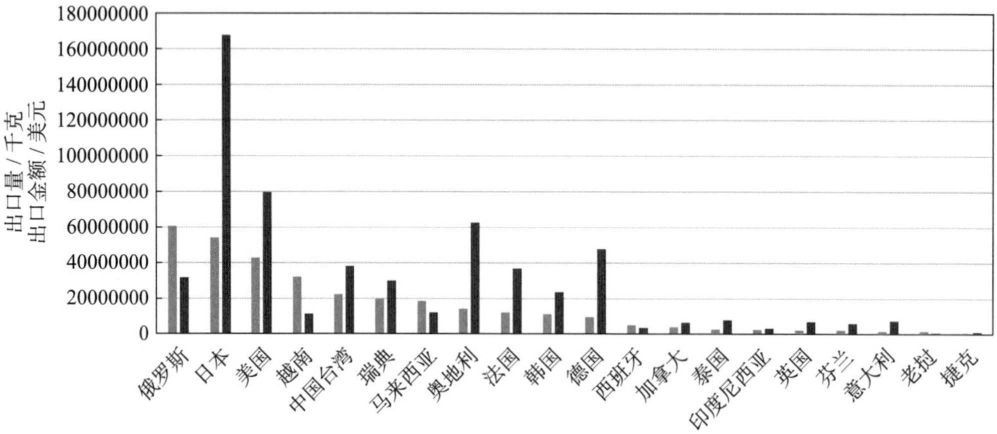

图 10 2023 年我国特种纸前二十进口国家（地区）进口量和进口金额

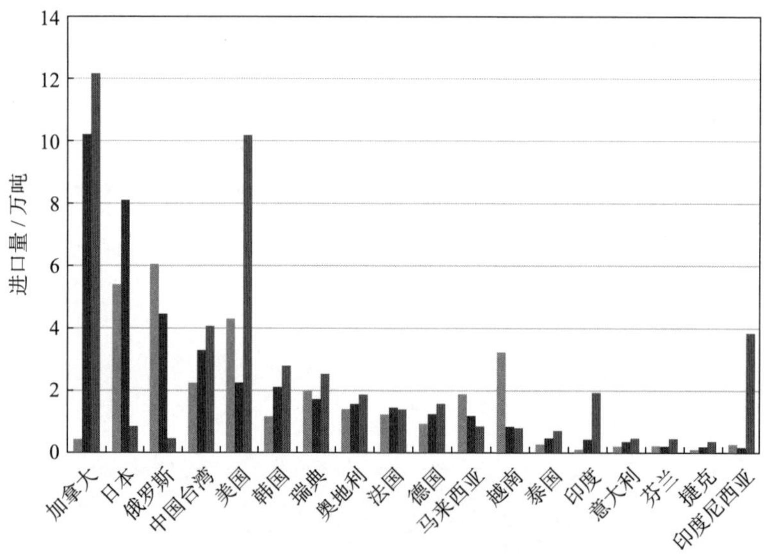

图 11 近三年我国主要进口国家（地区）进口量

家进口量差异较大，加拿大进口量出现显著减少，越南进口量增加明显，俄罗斯、美国、瑞典、马来西亚、印度等国 2023 年进口量有所增长。

三、特种纸企业上市公司概况

2023 年我国特种纸主板上市公司 11 家，新三板上市公司 9 家，其中新增主板上市公司一家（浙江恒达新材料股份有限公司），一家新三板上市公司（特西诺采）于 2024 年终止挂牌，上市公司主营业务如表 1 所示。2023 年 19 家特种纸上市企业（不含特西诺采）的资产总额为 648 亿元，净资产 335 亿元，主营业务收入 404 亿元，实现净利润 23 亿元。18 家 2022 和 2023 年上市企业同比（不包含恒达新材和特西诺采），2023 年资产总额为 631 亿元，比 2022 年增加 88 亿元，同比增长 16.27%；净资产为 322 亿元，比 2022 年增加 12 亿元，同比增长 3.76%；主营业务收入 395 亿元，比 2022 年增加 16 亿元，同比增长 4.09%；实现净利润 22 亿元，比 2022 年下降 1 亿元，同比下降 4.54%。

表 1　　2023 年我国特种纸产业上市公司

企业名称	代码	主营业务
主板		
齐峰新材料股份有限公司	002521	装饰原纸（素色装饰原纸、可印刷装饰原纸等）、乳胶纸（干砂乳胶纸、水砂乳胶纸、防油纸等）
民丰特种纸股份有限公司	600235	烟草系列用纸、格拉辛系列用纸、涂布类用纸、透明纸系列（亦称描图纸）
浙江凯恩特种材料股份有限公司	002012	烟用配套用纸、特种食品包装纸（防水防油类、过滤类等）、工业配套用纸（不锈钢衬纸、光电玻璃衬纸等）、医用包装材料（高温自粘性纸等）
广东冠豪高新技术股份有限公司	600433	热敏纸、热升华转印纸、不干胶标签材料等
牡丹江恒丰纸业股份有限公司	600356	烟草工业用纸、机械光泽纸、薄型印刷纸等
2015 年新增		
重庆再升科技股份有限公司	603601	玻璃纤维棉，玻璃纤维滤纸，PTFE 滤材，熔喷有机纤维滤材，无机真空绝热板芯材，新能源电池隔膜
2016 年新增		
东莞金太阳研磨股份有限公司	300606	纸基 / 布基抛光材料
2018 年新增		
仙鹤股份有限公司	603733	烟草行业用纸、家居装饰用纸、商务交流及防伪用纸、食品与医疗包装用纸、标签离型用纸、电气及工业用纸、热转印用纸、低定量出版印刷用纸、特种浆
2020 年新增		
衢州五洲特种纸业股份有限公司	605007	食品包装纸、格拉辛纸、描图纸，转移印花纸、不锈钢衬纸以及文化纸五大系
杭州华旺新材料科技股份有限公司	605377	装饰原纸
2023 年新增		
浙江恒达新材料股份有限公司	301469	食品包装原纸、卷烟配套原纸、医疗包装原纸、工业特种纸原纸等
新三板		
2015 年新增		
万邦特种材料股份有限公司	836779	卷烟用纸、电池用纸、食品包装用纸三大系列
华邦特西诺采新材料股份有限公司（2024 年终止挂牌）	835647	装饰原纸
浙江凯丰新材料股份有限公司	835427	特种食品包装纸、工业配套用纸等
浙江金昌特种纸股份有限公司	834808	砂纸原纸、人造革离型纸原纸、热升华转移印花纸原纸、壁纸原纸等
浙江特美新材料股份有限公司	834565	水松纸、铝箔纸、烟舌纸
烟台民士达特种纸业股份有限公司	833394	芳纶纸及其衍生产品
2016 年新增		
江苏福泰涂布科技股份有限公司	835231	离型纸
2017 年新增		
深圳市万极科技股份有限公司	833967	转印纸
2018 年新增		
天津广大纸业股份有限公司	872681	热敏原纸、生化分析仪纸、心电图纸等

表 2　　2021—2023 年特种上市公司资产和营收情况　　单位：亿元

	总资产			净资产			主营业务收入			净利润		
	2021	2022	2023	2021	2022	2023	2021	2022	2023	2021	2022	2023
齐峰	50.69	47.34	50.13	35.86	35.45	37.33	37.02	31.19	36.61	1.65	0.085	2.37
民丰	22.17	21.50	24.29	13.97	14.06	14.50	15.26	16.71	16.17	0.58	0.15	0.47
凯恩	24.15	23.01	19.60	14.49	14.93	15.36	18.30	13.92	8.26	0.94	0.53	0.48
冠豪	92.80	98.99	103.43	50.11	52.88	44.71	73.98	80.86	74.03	1.39	3.87	-0.46
恒丰	29.42	30.59	31.67	23.02	24.01	24.98	20.22	24.56	26.48	1.01	1.28	1.36
仙鹤	110.49	132.64	188.70	64.19	68.80	73.26	60.17	77.38	85.53	10.17	7.12	6.64
再升	29.31	34.17	30.94	19.83	21.94	21.94	16.20	16.18	16.56	2.49	1.50	0.38
金太阳	8.94	8.34	11.06	6.05	5.99	7.00	4.47	3.95	5.65	0.68	0.26	0.52
五洲	45.46	65.67	77.02	21.16	22.03	24.22	36.90	59.62	65.19	3.90	2.05	2.73
华旺	40.21	55.20	62.19	25.48	36.08	40.10	29.40	34.36	39.76	4.49	4.67	5.66
恒达	8.33	8.87	16.98	5.26	5.73	13.65	7.58	9.53	8.69	1.36	0.96	0.88
万邦	1.71	2.00	3.35	0.93	1.01	1.11	1.20	1.45	1.27	0.06	0.086	0.099
凯丰	6.83	7.34	7.10	4.17	3.97	4.01	7.85	7.90	7.39	0.78	0.38	0.21
金昌	2.93	4.44	5.66	1.42	1.88	2.02	2.17	2.97	2.92	0.23	0.22	0.14
特美	1.41	2.19	3.10	0.81	1.35	2.12	1.77	2.84	3.21	0.08	0.52	0.86
民士达	4.25	4.92	8.12	2.80	3.11	6.43	2.18	2.82	3.40	0.37	0.63	0.82
福泰	1.11	1.25	1.29	0.60	0.59	0.62	1.23	1.32	1.08	0.022	0.003	-0.04
万极科技	2.07	1.92	1.92	1.62	1.54	1.54	1.51	1.28	1.24	0.19	0.069	0.096
广大纸业	0.89	0.85	1.01	0.61	0.61	0.64	0.62	0.60	0.68	0.05	0.036	0.060
合计	483	551	648	292	316	335	338	389	404	30	24	23

2023 年齐峰新材、民丰特纸、凯恩股份、冠豪高新、恒丰纸业、仙鹤股份、五洲特纸、华旺新材这 8 家主板上市的特种纸企业，资产总额为 557.04 亿元，比 2022 年净增 82 亿元，同比上涨 17.28%；净资产达 281.14 亿元，比 2022 年净增 3.88 亿元，同比增长 4.81%；主营业务收入 352.05 亿元，比 2022 年增加 13.44 亿元，同比增长 3.97%；实现净利润 19.24 亿元，比 2022 年减少 0.75 亿元，同比下降 3.92%，详见表 2。8 家上市公司近几年的总资产、主营业务收入和净利润如图 12 所示。

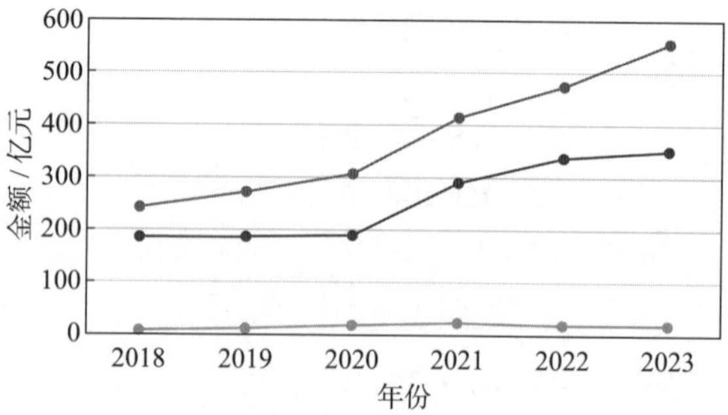

图 12　齐峰、冠豪、恒丰、民丰、凯恩、仙鹤、五洲、华旺 8 家主板上市公司近五年营业情况

—●— 净利润　—●— 主营业收入　—●— 总资产

2023 年底在深沪两市正常运作的含有造纸和纸制品业的上市公司为 36 家，实现净利润 103 亿元，比 2022 年净减 19.80 亿元，下降 16.11%。图 12 中，2019 年之前特种纸企业上市公司的利润数据只包含齐峰、民丰、凯恩、冠豪、恒丰五家特种纸上市公司，2015 年后新增重庆再生，2016 年后新增金太阳，2018 年后新增仙鹤股份，2020 年后新增五洲和华旺，2023 年新增恒达新材。2023 年特种纸上市公司的总资产占整个造纸板块的 12%，主营业务收入占 14%，但净利润占比却达到了 20%，可见特种纸板块不仅盈利能力稳定，且利润率相对较高。

我国主要特种纸上市公司近几年的主营业务收入和利润情况见图 13 至图 15。

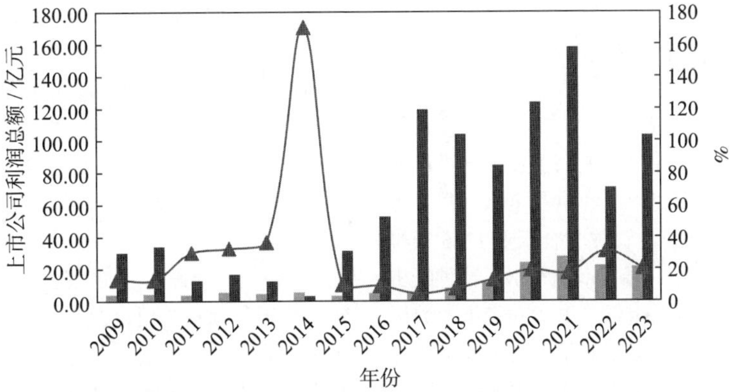

图 13　沪深两市特种纸上市公司利润与所有上市公司的利润对比

特种纸上市公司　所有上市公司　特种纸企业利润占比

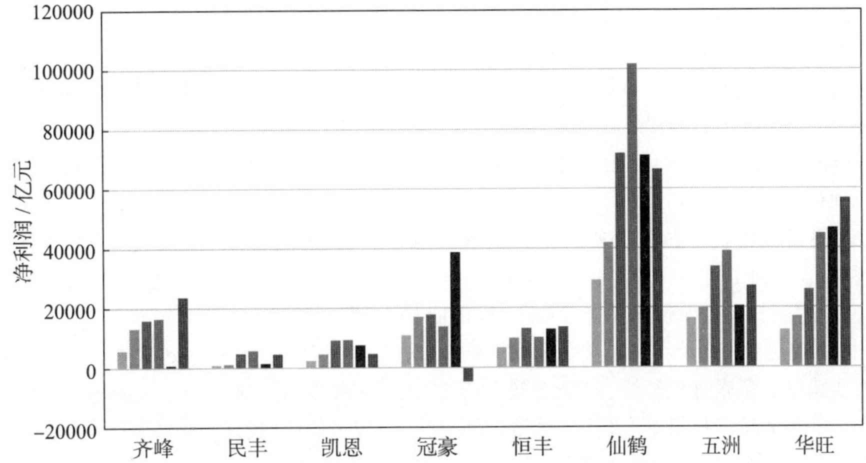

图 14　主要上市公司近五年净利润变化情况

2018年　2019年　2020年　2021年　2022年　2023年

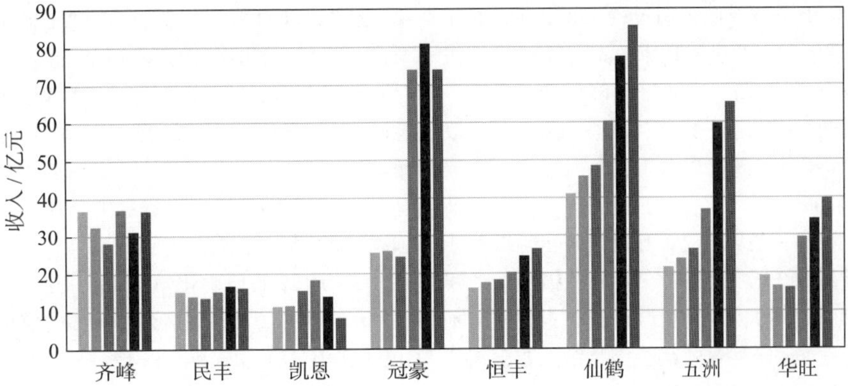

图 15　主要上市公司近五年主营业务收入变化情况

2018年　2019年　2020年　2021年　2022年　2023年

四、特种纸产业投资情况

2023 年特种纸领域的投资热度较高，多个项目投产和开工，也有较多的拟建项目上马。其中已投产的项目有浙江鹤丰新材料 30 万吨 / 年食品卡纸项目，远鸿纸业 20 万吨特种纸项目，森林联合纸业 PM6 纸机项目，安徽德森特种纸项目，浙江洁美 PM5 特种纸机项目，投产的纸种包括食品卡纸、电子载带纸、数码喷墨纸、复合原纸、防锈原纸石蜡纸、胶带原纸等。已开工的项目有广西齐峰新材料有限公司年产 20 万吨特种纸项目、山东金天和纸业有限公司食品级包装材料项目、广西雄富纸业年产 50 万吨高档特种纸造纸项目、中化学城市投资有限公司年产 30 万吨功能纸基项目以及仙鹤的广西和湖北项目等。已受理拟建的特种纸项目较多，主要涉及纸种有食品用纸、医疗用纸、电气用纸、热敏纸、圣经纸、特种薄页纸、扑克牌纸等。此外天津紫丹和五粮液还新上了食品包装后加工项目。

2023 年部分我国特种纸及后加工投资情况如下：

1．已投产项目

（1）浙江仙鹤艾迈德新材料有限公司年产 6000 吨间位芳纶材料建设项目

浙江仙鹤艾迈德新材料有限公司公告“年产 6000 吨间位芳纶材料建设项目”环境评价，项目总投资约 11.35 亿元，主要购置 8 条聚合生产线、4 条纺丝生产线、2 条沉析线、2 条芳纶新材料生产线、2 套溶剂回收装置和 2 套氯化铵精制装置。项目完成后，形成年产 6000 吨间位芳纶材料的生产能力。

（2）浙江华丰纸业科技有限公司年产 1.5 万吨卷烟纸生产线进行技术改造

浙江华丰纸业科技有限公司投资 198 万元，对年产 1.5 万吨卷烟纸生产线进行技术改造。PM1 造纸机采用热泵替代蒸汽系统，吨纸汽耗降低 200 千克。PM2 造纸机则通过引入透平机替代原有的真空泵，改造后节电率显著提升，超过 28%。

（3）五洲特纸

浙江基地新增一条年产 2.2 万吨数码转印纸产线（PM5）；江西基地新增一条年产 1.8 万吨描图纸产线（PM17）；江西基地 30 万吨化机浆产线于报告期末基本建设完成；三季度末通过收购五洲特纸（龙游）公司新增工业衬纸产能 3.5 万吨。

（4）华旺科技

公司“年产 18 万吨特种纸生产线扩建项目（一期）”8 万吨主体生产线已于 2023 年 6 月达到预定可使用状态。

（5）森林联合纸业 PM6 纸机开机成功

9 月 8 日，森林联合纸业 PM6 纸机开机成功。这是一条数码喷墨纸生产线，纸机顺利开机标志着森林联合纸业正式进军数码喷墨纸领域。

（6）安徽德森特种纸项目开机投产

9 月 26 日安徽德森特种纸项目开机投产。公司总投资近 1 亿元，已建成的一期工程生产能力为 1.2 万吨 / 年，正在建设的二期工程预计生产能力为 4 万吨 / 年。公司计划整个项目投产后，年销售额达 3 亿元。主要产品有纸袋原纸、复合原纸、防锈原纸、中性包装纸、石蜡纸、防水防油牛皮纸、胶带原纸等。

（7）浙江洁美 PM5 特种纸机项目顺利投产

11 月 29 日，浙江洁美电子科技股份有限公司 PM5 特种纸机项目顺利成功投产，上海拓世工业装备技术有限公司为该机提供了传动控制系统和智能 MCS 系统。

2．已开工项目

（1）广西齐峰新材料有限公司年产 20 万吨特种纸项目开工仪式

1 月 5 日上午，贵港市举行 2023 年第一季度重大产业项目集中开竣工暨广西齐峰新材料有限公司年产 20 万吨特种纸项目开工仪式。齐峰新材 12 月 21 日在投资者互动平台表示，目前公司在广西的项目建设进展顺利，预计 2024 年建成投产。该项目总投资 15 亿元，占地面积 256 亩，建成达产后年产值可达 20 亿元，年税收约 8500 万元。

（2）仙鹤股份广西、湖北项目的纸基功能材料产能预计于 2024 年新增约 50 万吨

10 月 12 日，仙鹤股份披露接待机构调研情况显示，目前公司及其合营公司和控股子公司已有的特种纸和纸制品的年产能已达 150 万吨。广西、湖北项目的纸基功能材料产能预计在 2024 年新增 50 万吨左右，广西、湖北项目的自制浆产能与纸基功能材料产品相匹配，预计产能新增 50 万吨以上。以上两个项目达产后，到 2024—2025 年预计将有超过 200 万吨的年生产能力。

（3）中化学城市投资有限公司年产 30 万吨功能纸基及辅助材料建设项目开工

11 月 29 日，中化学城市投资有限公司承建的泰安市年产 30 万吨功能纸基及辅助材料建设项目开工仪式在山东省泰安市东平县经济开发区举行。项目位于山东省东平县经济开发区，总投资约 13 亿元，用地面积约 23.3 公顷，总建筑面积约 25 万米 ^{2}，新上年产 30 万吨电子级纤维生产线 1 条，年产 20 万吨特种纸生产线共 5 条，包含显示面板间隔材料、防伪纸、医用试纸、相片原纸、色纸等。

（4）民丰特纸

5月25日，浙江省海盐县生态环境分局对民丰特种纸股份有限公司新8号机和新20号机升级技改项目环境影响评价进行审批公示。项目拟投资48411万元，新建新8号机和新20号机，新增年产特种纸3.6万吨的生产能力，建设起止时间2023年6月至2024年12月。

10月13日，民丰特种纸股份有限公司年产7万吨特种涂布纸项目开工仪式在嘉兴市海盐县沈荡镇工业园区隆重举行。该项目建成后，年产销量约7万吨，计划生产镀铝原纸（约3万吨）、湿强标签纸（约1.4万吨）和烟用镀铝内衬原纸（约2.6万吨），其中烟用镀铝内衬原纸经直接真空镀铝后用于包裹烟包小盒内的烟支，用来替代传统的铝箔复合内衬纸。

3. 已受理项目

（1）冠豪高新披露在东海岛新建年产6万吨特种纸项目公告

2023年4月3日，冠豪高新（600433.SH）披露关于投资建设年产6万吨特种纸项目的公告，项目预计总投资约4.5亿元，项目整体建设期为19个月。公告称，项目位于广东省湛江市东海岛东海大道冠豪高新厂区预留地块，具备项目实施的基础条件。

（2）金东纸业扩建年产28万吨特种纸技术改造项目获准备案

2023年6月13日，镇江新区行政审批局受理了金东纸业（江苏）股份有限公司年产28万吨特种纸技术改造项目环境影响评价文件。该项目已获得了镇江新区行政审批局的备案。项目选址于江苏省镇江市镇江新区大港兴港东路8号－金东纸业现有厂区内，项目产品品种为单光纸和多功能环保基材纸。项目分两期建设，其中一期年产单光纸6万吨、多功能环保基材纸8万吨，二期年产多功能环保基材纸14万吨。总投资257010万元，其中环保投资12470万元，占总投资的4.85%。

（3）马鞍山华旺新材料科技有限公司年产30万吨高性能纸基新材料项目获批

7月31日，马鞍山华旺新材料科技有限公司年产30万吨高性能纸基新材料项目获批。项目位于慈湖高新区慈湖河路和电业路交叉口地块西侧。项目分两期建设，一期主要建设内容为：建设2条年产5万吨食品包装用纸生产线（产品规格为4800毫米）、2条年产2.5万吨食品防油纸生产线（产品规格为2640毫米）；二期主要建设内容为：建设2条年产3万吨医用包装用纸生产线（产品规格为2640毫米）、1条年产3万吨电气绝缘纸板生产线（产品规格为2460毫米）、1条年产1万吨电力电缆纸生产线（产品规格为3200毫米）、2条年产2.5万吨三防热敏纸生产线（产品规格为2640毫米）。项目总投资258245万元，其中环保投资为1450万元，总计年产30万吨纸制品。

（4）豪森伟业新材料产业园区项目拟落地朔州经济开发区新兴产业园区

8月4日，山西省朔州经济开发区与豪森伟业新材料产业园区项目正式签约，投资约3亿元，新建漂白化机浆生产线20万吨/年；工业包装纸、生活用纸、特种纸生产线20万吨/年；纸浆模塑生产线3万吨/年。二期投资3.5亿元，用于新建生产线，提升产能，达到制浆50万吨/年，机制纸50万吨/年。

（5）恒丰纸业拟投资3.38亿元，新建年产4万吨绿色低定量特种涂布纸项目

恒丰纸业8月23日晚间公告，公司拟投资3.38亿元，新建年产4万吨绿色低定量特种涂布纸项目，生产低定量不透明印刷纸和低定量食品包装纸。

（6）荆州鲁华纸业拟建年产2万吨特种纸项目

12月6日，荆州市鲁华纸业有限公司拟投资25000万元，建设年产2万吨特种纸项目。项目地址位于荆州市公安县青吉工业园绿化路以南，新征用地33330米^2，新建厂房、仓库、综合楼等。

（7）圣诺维尔科技有限公司年产5000吨特种纸生产制造及复印设备制造技改项目

山东圣诺维尔科技有限公司年产5000吨特种纸生产制造及复印设备制造技改项目，建设于泗水县苗馆镇蒋家河村，项目总投资200万元。

（8）吉安映山红特种纸有限公司3.2万吨特种纸生产线改造项目

本项目拟在公司原厂区内进行技术改造，主要对厂区内一条年产3.2万吨的特种复合纸生产线（1号生产线）进行拆除，建设3条为以商品木浆为原材料的特种纸（餐巾纸）生产线（总产能3.2万吨），主要购置碎浆、除渣、磨浆、供气等设备。项目总投资2亿元。

（9）福建东南艺术纸品股份有限公司年产3万吨高端纸品（特种纸）扩建项目

建设单位拟在莆田市城厢区太湖工业区内新建生产车间（异地扩建）扩大生产规模，扩建项目拟新建2条高档餐巾纸生产先（共计年产1.8万吨餐巾纸）、2条高档薄页纸生产线（共计年产8000吨薄页纸）、2条高档编织纸生产线（共计年产4000吨编织纸），另外新建6条机外染色薄页纸生产线，用于将本厂生产的8000吨薄页纸中的3000吨进一步加工为染色薄页纸。项目总投资6319.65万元，项目占地面积13892.5米^2。

（10）浙江凯恩特高压电子隔膜生产线和高效过

滤基材生产线

浙江凯恩新材料有限公司新建 1 条 2850/200 特高压电子隔膜生产线和 2 条 1880/200 高效过滤基材生产线，改造提升数字化工厂建设，新增产能 1.9 万吨。总投资 44555 万元，建设起止时间 2024 年 9 月—2026 年 9 月，已完成项目前期审批。

（11）浙江荣晟环保纸业股份有限公司审议通过了《关于投资建设年产 4000 吨高性能纸基新材料项目的议案》

浙江荣晟环保总部经济项目开工仪式举行，总投资 10.28 亿元，新增用地 49.55 亩，拟建设荣晟环保总部、芳纶新材料、高性能纸管、生物质锅炉、包装提升等 5 个项目，打造纸基新材料产业园。

浙江荣晟环保纸业股份有限公司审议通过了《关于投资建设年产 4000 吨高性能纸基新材料项目的议案》，投资金额约 52200 万元人民币，项目建设期 24 个月，建设 4000 吨 / 年高性能纸基新材料产品，包括 1000 吨 / 年航空级蜂窝基材、1000 吨 / 年 H 级绝缘材料、2000 吨 / 年复合防护绝缘材料。

（12）泸州市宏飞包装材料有限公司宏飞包装金银卡纸、灰板纸、特种纸加工生产线扩能

泸州市宏飞包装材料有限公司位于四川省泸州市江阳区黄舣镇酒业园区南区宏太阳包装厂内，本项目占地面积 2584 平方米（租用泸州宏太阳包装有限公司部分厂房），在租用厂房内部设置生产车间、原料仓库、成品仓库、幽默、清漆储存间等，形成金银卡纸 2710 吨 / 年、特种纸 2730 吨 / 年，并配套建设废气处理设施等环保设施、生产辅助设施、办公生活设施等。项目总投资为 484 万元。

（13）江苏富星纸业有限公司二期工程技改项目

江苏富星纸业有限公司拟投资 75000 万元，建设二期工程技改项目。建设项目分两阶段建设。第一阶段在已建成的 40 万吨 / 年涂布白卡纸生产线的基础上进行技改，改造成 1 条产能为 30 万吨 / 年的涂布白纸板生产线；第二阶段拟建设 1 条产能为 20 万吨 / 年的扑克牌专用纸生产线。项目建成后，全厂将达到年产 60 万吨涂布白纸板、20 万吨扑克牌用纸的生产规模。

（14）乐山国众纸业有限公司年产 5 万吨特种薄页纸项目

拟建项目为年产 5.0 万吨特种薄页纸项目。其中低定量特种包装及印刷纸生产规模 3.0 万吨 / 年，低定量不透明特种印刷纸生产规模 2.0 万吨 / 年，原料采用外购商品浆。项目选用 1 台车速为 450 米 / 分，幅宽为 5000 毫米的长网大缸特种纸机和 1 台车速为 500 米 / 分，幅宽为 3800 毫米的长网多缸特种纸机。

4. 后加工项目

（1）天津紫丹包装科技有限公司食品级纸包装生产基地正式投产

5 月 18 日，天津紫丹包装科技有限公司食品级纸包装生产基地正式投产。天津紫丹食品包装生产线建设项目（一期）投资 6000 万元。项目投产后，可年产食品级纸杯 66800 万只，纸桶 14200 万只，纸盒 50000 万只，预计年产值达 1 亿元。

（2）五粮液拟投资 7.67 亿元建设绿色食品包装项目

9 月 25 日，五粮液审议通过了《关于申请实施绿色功能性食品包装新材料项目（一期）的议案》。公司董事会同意全资子公司四川省宜宾普拉斯包装材料有限公司实施绿色功能性食品包装新材料项目（一期）。该项目总投资为 7.67 亿元，五粮液按照项目总投资额的 50% 给予资金（约 3.83 亿元）支持。

五、装饰原纸市场概况

据中国林产工业协会统计，2023 年我国具有一定规模企业的人造板饰面专用原纸总销量约 145.24 万吨（图 16），同比增长 31.90%。其中：

①装饰原纸销量 141.07 万吨，同比增长 33.48%。装饰原纸中，素色纸 37.82 万吨，同比增长 38.38%；印刷用原纸 103.25 万吨，同比增长 31.78%。

②平衡纸销量 3.23 万吨，同比下降 10.28%。

③表层纸销量 0.94 万吨，同比增长 14.63%。

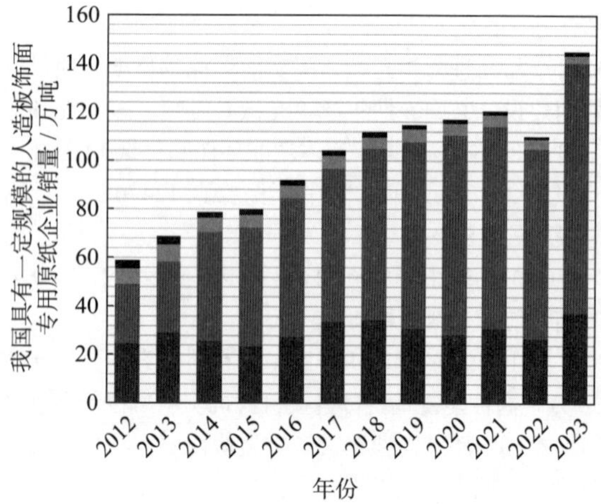

图 16　2012—2023 年我国装饰原纸的销售量

■ 表层纸　■ 平衡纸　■ 印刷用原装　■ 素色纸

注：数据来源于中国林产工业协会装饰纸专业委员会。

（李　政　刘　文　王　萌　江天宇　孙思宇　曾慧均）

2023 年溶解浆市场回顾与展望

Review and Outlook of Dissolving Pulp Market in 2023

一、全球溶解浆产能生产量概况

2023 年全球溶解浆产能变化不大，但生产量实现了近年来首次增长。2023 年全球溶解浆总产量约 610 万吨，相较于 2022 年的 530 万吨，增长了 15.09%。

从 2023 年全球溶解浆生产量地域分布状况（图 1）分析，亚洲、美洲、欧洲和非洲为主要生产地域，贡献了全球溶解浆生产量的绝大部分。

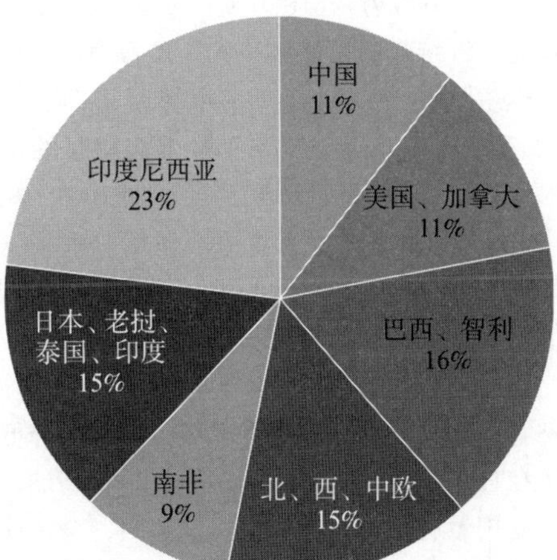

图 1　2023 年全球溶解浆主要产地及占比

2023 年，亚洲溶解浆生产量占全球溶解浆生产量的 49%，虽较 2022 年下降 1 个百分点，但仍占据全球溶解浆生产量的重要份额。亚洲地区中，日本、泰国、老挝和印度 4 国溶解浆生产量占比与 2022 年持平，体现出这些国家在溶解浆生产领域的稳定实力。然而，印度尼西亚的生产量所占比例相较 2022 年下降 4 个百分点，为 23%，这主要是因为亚洲其他地区溶解浆生产量有所上升，而该地区生产量较为稳定。值得关注的是，我国溶解浆生产量占比较 2022 年增长 3 个百分点，达 11%，表明我国在溶解浆产业发展重拾良好势头。

此外，美洲、欧洲和非洲的溶解浆生产量分布也值得关注。北美洲溶解浆生产量占全球溶解浆生产量的 11%，较 2022 年下降 7 个百分点。而南非溶解浆产量占全球溶解浆生产量的 9%，较 2022 年增长 4 个百分点，展现出该地区在溶解浆生产方面的增长趋势。

欧洲地区，北欧、中欧和西欧的溶解浆生产量占全球溶解浆生产量的 15%，较 2022 年增长 3 个百分点，表明欧洲地区在溶解浆产业发展方面亦呈稳步态势。

综上，全球溶解浆生产量分布呈现出一定地域特点，各大产区在溶解浆生产方面表现各有升降。未来，随着市场需求变化，各生产地区或面临不同机遇与挑战，需密切关注溶解浆发展动态。同时，我国在溶解浆产业的发展潜力不容忽视，有望在全球市场竞争中发挥更大作用。

（一）国外溶解浆生产概况

2023 年，全球溶解浆市场展现出强劲的增长态势，国外总生产量约为 545 万吨，同比增长 11.79%，这主要源于欧洲能源市场价格的合理调整以及木片资源的重新整合。随着全球新冠疫情逐渐得到控制，物流业有序复苏，为欧洲能源和木片市场带来了新契机。新冠疫情及俄乌冲突导致的能源与木片危机得以缓解，进而使纸浆和溶解浆生产量得以恢复。

2023 年，奥地利兰精公司持续推进全球资源配置优化，加大巴西溶解浆工厂的投资力度，使得巴西溶解浆生产量相较于 2022 年呈现显著增长。同时，南非 Sappi 工厂持续为中国、印度和欧洲等的纤维素纤维工厂供应溶解浆，弥补了北美溶解浆生产量下滑所造成的市场空白。

相较于北美地区溶解浆生产量下降，亚洲，尤其是东南亚地区的溶解浆生产量稳步增长。此种增长可归因于两方面：一是黏胶短纤工厂将原有从欧美等地的采购订单转移至东南亚溶解浆工厂；二是泰国、印度尼西亚等国家的黏胶短纤工厂开工率较高，中国、泰国等国家的莱赛尔纤维生产量迅速提升，为当地溶解浆工厂提供了稳定的订单支撑。

总的来看，2023 年全球溶解浆生产量增长的重要因素主要为全球疫情得到控制、物流业逐步复苏以及各国对可再生能源和绿色产业的重视。此外，亚洲地区，特别是东南亚市场，在 2023 年充分发挥了增长潜力。欧洲各国加强合作，共同应对能源和木片危机，亦为推动溶解浆产业发展的重要因素。同时，溶解浆生产企业不断优化生产工艺，提高资源利用效率，降低生产成本，以满足市场需求。

（二）我国溶解浆生产概况

2023 年，我国木溶解浆产能达到 260 万吨，但实际生产量仅 45 万吨；如加上棉溶解浆及纸改溶解浆，2023 年的溶解浆总生产量约 65 万吨，同比增长 62.5%。

我国溶解浆生产量上升主要有如下几方面的原因。

首先，2023 年我国国产莱赛尔纤维的生产量超过 30 万吨，与 2022 年相比增加了近 20 万吨，实现了迅速增长。这部分增量中，约有 10 万吨由国产溶解浆工厂，如太阳纸业提供。

其次，2023 年我国黏胶短纤的生产量约 400 万吨，消耗溶解浆量达 405 万吨，与 2022 年相比增加了近 55 万吨的需求。这部分需求的增长源于两部分：一部分是进口量的增加，另一部分则来自国产溶解浆厂的产能释放。

同时，2023 年下半年纸浆价格的走软使得部分工厂逐步减少了纸浆的产能，转产溶解浆，纸改溶解浆重回市场。此外，由于市场需求强劲，工厂也愿意在近两年增加溶解浆的生产量。在这三种因素的叠加影响下，预计 2024 年我国溶解浆的下游市场需求将呈现较大的增长。

2023 年我国溶解浆的增长速度较为可观。在下游市场需求的推动下，以及纸浆价格走软提供的利润空间，国产溶解浆厂迎来了一次难得的发展机遇。然而，如何在产能扩张的同时确保产品质量，进一步提高市场竞争力，将是一大挑战。此外，工厂还需关注环保政策的变化，确保生产过程的绿色可持续发展。在应对好这些挑战的前提下，我国溶解浆产业有望在未来几年内实现更为稳健的发展。

我国木溶解浆产能见表 1。

表 1 2023 年我国木溶解浆产能分布情况

企业	所在地	产能 /（万吨/年）	生产量 / 万吨
福建省青山纸业股份有限公司	福建省三明市	10	按需生产
安徽华泰林浆纸有限公司	安徽省安庆市	10	—
湖南骏泰新材料科技有限责任公司	湖南省怀化市	30	12
黄冈晨鸣浆纸有限公司	湖北省黄冈市	30	—
山东太阳纸业股份有限公司	山东省济宁市	50	30
亚太森博（山东）浆纸有限公司	山东省日照市	120	—
合计		260	45

二、全球溶解浆市场概况

（一）溶解浆下游市场分布

溶解浆作为一种关键的天然高分子材料，经过多样化的生产工艺处理后，其应用范围极其广泛。溶解浆的应用大致划分为以下几个主要领域：纤维素醚、军工用品、纤维素纤维、食品包装用纤维素纤维膜以及复合无纺布用溶解浆等。2023 年，这些领域的溶解浆消耗量约为 600 万 ~ 610 万吨。

首先，纤维素醚是溶解浆的一个重要应用领域，其产品包括螯合剂、洗涤剂、墙体腻子粉、食品添加剂等。然而，2023 年纤维素醚用溶解浆的消耗量为 60 万吨，占全球总溶解浆消耗量的 10%，相较于 2022 年降低了 14.29%。主要原因包括：中国房地产行业低迷，导致腻子粉和涂料的用量减少；新型装修材料的出现使得传统装修耗材的需求下降；俄罗斯、乌克兰以及中东地区因自然灾害和地缘政治风险，对冰淇淋等冷饮类食品的全球需求减少，从而降低了纤维素醚在食品风味添加剂上的应用；尽管高端医药级纤维素醚用量有所增长，但增长量有限，全年使用量未能超过 5 万吨。

其次，溶解浆在纤维素纤维领域的消耗量较大。2023 年全球纤维素纤维消耗溶解浆量约为 540 万吨，其中中国纤维市场消耗溶解浆量约为 437 万吨。中国黏胶短纤消耗溶解浆量约为 405 万吨，莱赛尔消耗溶解浆量约为 30 万吨。这一数据占全球溶解浆消耗量的 71.31%，较 2022 年的 62.73%，增长了 8.58 个百分点。这说明纤维素纤维在经历了连续 3 年的减产之后，在 2023 年生产量开始回升，为 2024 年的溶解浆生产量和用量继续增长奠定了基础。

同时，食品包装用纤维素纤维膜以及复合无纺布用溶解浆等也是溶解浆的重要应用领域。随着环保意识的增强和可持续发展需求的提高，溶解浆在这些领域的应用有望进一步扩大。

（二）我国溶解浆供应情况

2023 年，我国溶解浆的总表观消费量达 485 万吨，其中，用于生产黏胶短纤的溶解浆约为 405 万吨，同比增幅高达 17.39%。这个数据揭示出我国溶解浆市场的旺盛需求和快速增长。

具体来看，我国国产溶解浆的生产量 2023 年为 65 万吨，相较于 2022 年有所增加，增幅为 25 万吨。而溶解浆进口量为 397 万吨，较 2022 年增加了 62 万吨（见表 2）。从表 2 可以看出，我国溶解浆的进口依赖度（以质量计）自 2020 年以来一直保持在较高水平，在 2022 年达到了 89.81% 的最高点，但在 2023 年有所回落，降至 86.30%。然而，尽管依赖度有所下降，但实际进口量却增加了62万吨，这主要有以下几个原因。

表 2　2020—2023 年国内溶解浆供应情况

	2020 年	2021 年	2022 年	2023 年
国内溶解浆产量 / 万吨	112	50	40	65
溶解浆进口量 / 万吨	326	345	335	397
黏胶纤维领域溶解浆用量（进口）/ 万吨	282	315	305	340
黏胶短纤用浆 / 万吨	385	365	345	405
进口依存度 /%	74.77	87.79	89.81	86.30

注：进口依存度以产值计算，并加入一定系数调整，因进口浆价格低于国产浆价格，故表格中为修正后数据。

首先，我国的林产业政策倾向于保护森林与植地，对林产业用地以及林产品较为敏感。从森林资源角度看，我国缺少适用于生产溶解浆的树种，如桉树、冷杉树等，导致我国溶解浆的生产能力受限。

其次，我国生产溶解浆的木片主要依赖进口。然而，由于疫情、地缘政治危机以及自然灾害等因素，海运或物流费用长期处于高位。木片属于抛货，运费价格上涨时，木片采购的性价比下降，不利于我国溶解浆的生产。

再者，老挝、印度尼西亚等国家的溶解浆生产已形成规模，且具有运距优势。因此，我国的黏胶短纤厂或下游其他用户更倾向于选择东南亚产的溶解浆。

另外，2023 年棉花价格多数时间处于高位运行，使得纺织企业对黏胶短纤以及莱赛尔等纤维素纤维的需求量居高不下。虽然纤维素纤维用量增加，但其性价比优势使得价格较低的纤维素纤维受下游用户的欢迎，给溶解浆工厂带来的利润有限。这也是我国木溶解浆工厂生产量无法有效释放的主要原因。

加上 2023 年造纸用浆价格走软，价格较低时仅为 5000 元 / 吨，这为纸改溶解浆提供了利润空间，因此，2023 年纸改溶解浆的生产量有所上升，以其价格优势占据了部分黏胶短纤用户的市场。

综上，我国溶解浆市场在 2023 年呈现出强劲的增长态势。然而，国产溶解浆的生产受制于政策、资源等因素，进口依赖度仍较高；国内溶解浆工厂在提高生产效率、降低成本等方面仍有较大的提升空间。同时，政府可进一步完善林产业政策，引导产业健康发展，以加速我国溶解浆供应的能力。

（三）2023 年溶解浆市场价格走势

2023 年，我国溶解浆市场呈现出了一种与众不同的价格波动形态。通常，价格波动受市场供需、政策环境、产业链上下游关系等多种因素的影响。2023 年，溶解浆价格主要以震荡为主，尤其是国产溶解浆，其价格在 2023 年内波动频繁，但空间相对有限。具体来看，国产溶解浆的价格走势节点为“7500–7200–7300–7200–7100–7300–7400–7600–7500”（图2），

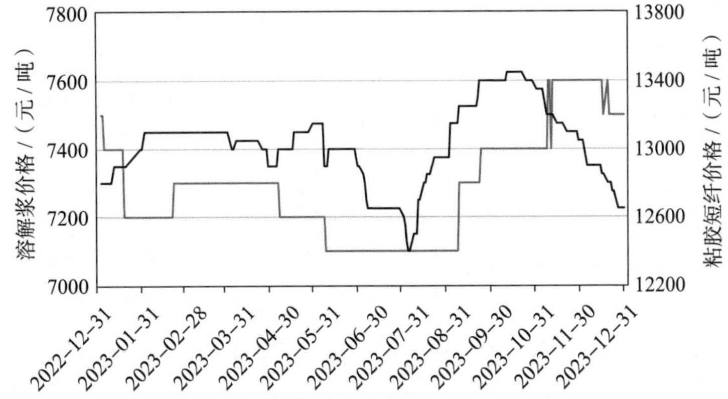

图 2　2023 年国产溶解浆与粘胶短纤市场价格走势对比图

—— 国产溶解浆价格　—— 粘胶短纤价格

价格在一年间波动变化多达 8 次，但价差仅约 500 元 / 吨。相比之下，黏胶短纤的价差达到了 1050 元 / 吨，形成鲜明的对比。如果把黏胶短纤的价格走势视为明显的“V”字形或一年两次的波段行情，那么国产溶解浆的价格走势则显得相对温和。

进一步对比 2023 年国产溶解浆与下游黏胶短纤的价格走势可以看出，后者的价格波动更为显著。在 2023 年前 9 个月，国产溶解浆与黏胶短纤的价格走势具有一定的相关性。然而，在 9 月之后，当黏胶短纤价格从 13450 元 / 吨跌至 12650 元 / 吨时，国产溶解浆并未同步跟进，仅在 12 月下旬象征性地下跌了 100 元 / 吨，最终收报 7500 元 / 吨。

这一现象说明，2023 年下半年，国产溶解浆表现出相对较强的走势。这可能与产业链优化调整等因素有关。此外需要关注到，尽管价格波动有限，但溶解浆市场的需求和供应情况仍在不断变化，未来价格走势仍存在不确定性。

国产溶解浆的价格表现出强劲的态势，其首尾报盘均在 7500 元 / 吨，形成了一种高位运行的格局。相比之下，进口溶解浆则略显弱势，尤其在价格方面。通过观察进口溶解浆美金盘报价（图 3）可以发现，自 2023 年 6 月以来，进口针叶木溶解浆与进口阔叶木溶解浆的价差已经缩小到 20 美元 / 吨以内，甚至在极限情况下，两者会出现短期的无价差情况。这种现象与之前建立的阔叶木溶解浆与针叶木溶解浆之间 40 ~ 50 美元 / 吨的价差（2023 年 1—3 月）形成了较大的认知偏差。随着 2023 年溶解浆进口量的显著提升，以及阔叶木溶解浆与针叶木溶解浆价差的缩小，可以看出，海外溶解浆工厂在 2023 年的主要客户群体是我国纤维素纤维工厂。在 2023 年 3 月之后，溶解浆供应商之间的竞争愈发激烈。导致这种情况的主要因素在于，下游黏胶短纤工厂的开工率不断提高，同时我国莱赛尔纤维工厂的产能也在持续释放，这使得海外溶解浆工厂对我国市场的兴趣日益浓厚。另一方面，从进口溶解浆年度收盘价格比期初价格低 25 ~ 35 美元 / 吨的现象中，不难发现，海外溶解浆工厂市场竞争的压力大且竞争意识比国产溶解浆工厂更强。

国产溶解浆价格高，但销量低；而进口溶解浆价格低（图 3），但销量高，以及两者之间的价差变化，都反映出我国溶解浆市场正在经历一场激烈的竞争。在这场竞争中，国产溶解浆工厂需要提高自身的竞争力，以应对来自海外溶解浆工厂的压力。同时，我国纤维素纤维工厂作为溶解浆的主要消费者，其产能的释放也将对溶解浆市场产生深远影响，如果运作得力，可以逐步建立买方市场对于全球溶解浆的定价权。

为了更加深入地帮助读者理解国产溶解浆与进口溶解浆之间的价格偏差，将进口阔叶木溶解浆的价格换算成人民币送到价进行对比（图 4）。通过对比进口阔叶木溶解浆与国产溶解浆市场价格的走势，发现这种反转现象发生在 2023 年 7 月上旬。

2023 年 7 月前的多数时间内，进口阔叶木溶解浆的人民币价格普遍高于国产溶解浆。然而，自 2023 年 7 月起，进口阔叶木溶解浆的人民币价格开始低于国产溶解浆。这种现象的出现与 2023 年上半年国产溶解浆生产量较低以及进口溶解浆供不应求有关。2023 年上半年，我国纤维素纤维工厂的开工率逐步从 2022 年的 70% 提升至 75% ~ 80%。这个过程中，溶解浆的消耗量表现相对平稳。

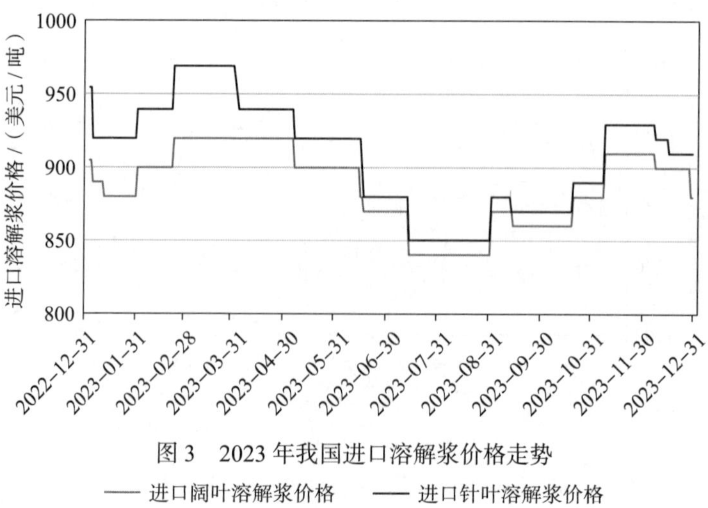

图 3 2023 年我国进口溶解浆价格走势

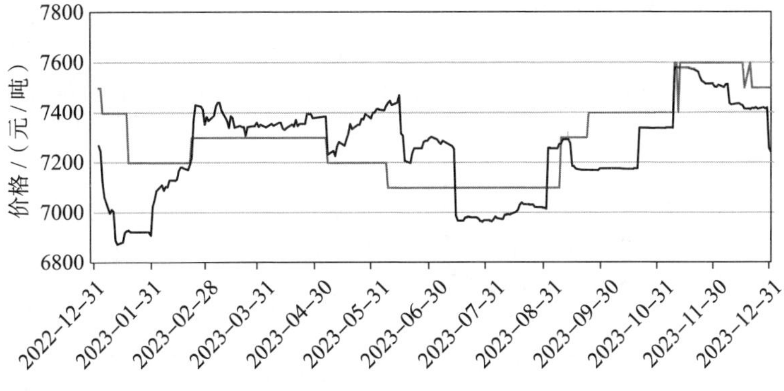

图 4　2023 年进口阔叶木溶解浆与粘胶短纤市场价格走势

—— 国产溶解浆价格　　—— 进口阔叶溶解浆人民币价格

然而，随着 2023 年下半年纤维素纤维行业开工率普遍达到 75% 以上，溶解浆市场需求逐渐回暖，从预期需求转变为刚性需求。这一过程中，海外溶解浆工厂凭借更为敏感的市场捕捉能力，迅速调整生产策略，市场竞争力较强，尤其是在全球浆纸市场景气度下降的背景下，进口溶解浆的价格优势更加明显。同时，2023 年下半年全球造纸用浆的景气度开始下滑，价格明显回落。受此影响，一些海外溶解浆工厂顺势加大了溶解浆的生产力度，而降低了纸浆的生产能力。

国产溶解浆与进口溶解浆之间的价格偏差主要源于 2023 年上半年国产溶解浆生产量较低、市场需求不足、供需失衡，以及下半年全球浆纸市场景气度下滑导致的进口溶解浆价格优势。在国内纤维素纤维行业开工率不断提升的背景下，国产溶解浆市场正面临着来自进口溶解浆的竞争压力。

通过对比 2023 年进口阔叶木溶解浆与黏胶短纤市场价格走势（图 5），可以清晰地发现进口阔叶木溶解浆人民币价格与黏胶短纤的走势密切相关。这种关联性自 2023 年 3 月开始，一直持续至 2023 年 12 月。这表明，海外溶解浆工厂不仅对我国黏胶短纤价格走势有深入了解，还能针对人民币汇率变化进行及时调整，通过深层次的价格调节机制，尽可能地将溶解浆销售给我国纤维素纤维工厂。

在黏胶纤维比合成纤维更绿色、环保、可降解的大背景下，我国市场对进口溶解浆的需求不断增长。然而，由于原材料价格、汇率波动等因素的影响，这两种产品的价格呈现出复杂多变的趋势。通过对比分析两者价格走势可以发现，2023 年 3—12 月，两者之间的关联性非常高。这一现象并非偶然，而是海外溶解浆工厂对我国黏胶短纤市场深入理解的结果，同时也体现了海外市场对人民币汇率变动的敏感性。这也显示出海外溶解浆工厂对我国市场的重视。在当前经济环境下，我国市场对全球溶解浆行业的影响力不容

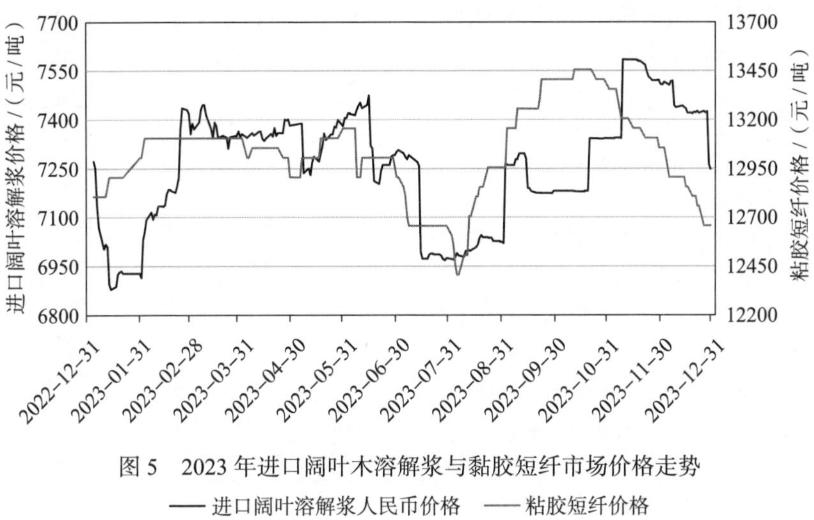

图 5　2023 年进口阔叶木溶解浆与黏胶短纤市场价格走势

—— 进口阔叶溶解浆人民币价格　　—— 粘胶短纤价格

忽视。因此，海外溶解浆工厂不仅需要关注我国黏胶短纤的市场需求和价格走势，还需要密切关注人民币汇率的变化，以便进行及时的价格调整。通过与我国纤维素纤维工厂的紧密合作，这些工厂能够更好地适应市场变化，提高竞争力。

（四）2023 年我国溶解浆进口情况

2023 年，我国溶解浆的进口总量达 396.63 万吨，进口均价为 951 美元 / 吨。对 2022—2023 年我国溶解浆进口量和价格走势（图 6）进行分析可知，2023 年的溶解浆进口市场呈现出一定的波动性。

首先，2023 年 2 月，我国溶解浆进口量同比减少了 14.66%。随后在 2023 年 7 月，进口量同比减少 3.67%。此外，其他月份的进口量均呈现出同比增加的趋势。其中，2023 年 1、5、11 和 12 月的同比增幅较大，分别达到 33.67%、31.09%、52.97% 和 38.44%。

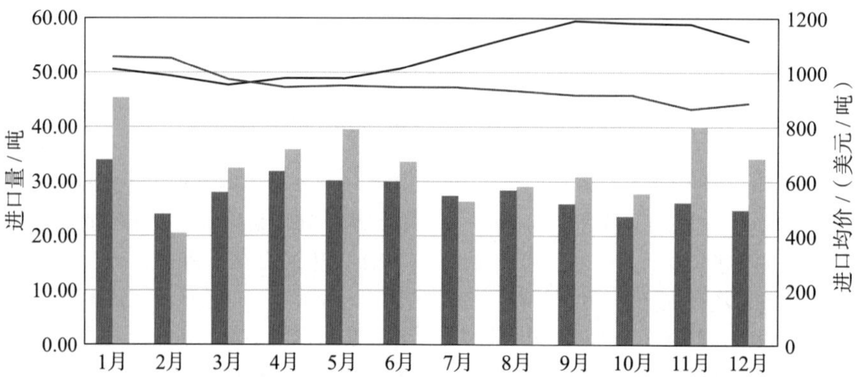

图 6 2022—2023 年我国溶解浆进口量、进口价格走势

注：数据来源于海关总署。

2023 年溶解浆进口量增加的主要原因可以归纳为以下几点：①我国黏胶短纤行业的开工率相比 2022 年提高了 5%～10%，这使得黏胶短纤行业对溶解浆的需求量大幅度提高。②我国莱赛尔行业的生产量从 2022 年的 12 万吨增长至 30 万吨以上，莱赛尔生产量的提高对溶解浆的需求量提出了新的量能与品质要求。③虽然建筑用腻子粉行业势弱，但食品与医药级别的羟甲基纤维素醚的需求量因为我国旅游业以及餐饮业的火爆而提升了对溶解浆的需求以及品质要求。④国内溶解浆工厂在价格问题上未能第一时间响应上下游对溶解浆的需求。尽管国产溶解浆的产量相较于 2022 年有大幅度提高，但与下游 80 多万吨的增量相比，国产溶解浆并未表现出紧跟需求的放量。这部分增量一方面依赖于进口溶解浆，另一方面则依赖于纸改溶解浆。⑤相对于纸改溶解浆的品质不稳定性，进口溶解浆成为下游用户的最优选择。

综上，2023 年溶解浆进口量的大幅度提升，主要得益于下游纤维素纤维的放量以及国产溶解浆工厂未有太多产能释放的双重因素叠加。在未来的发展中，我国溶解浆市场将继续受到这些因素的影响，进口量可能还会出现波动。

根据进口溶解浆分国别数据（表 3）的分析，

表 3 2022—2023 年溶解浆进口情况

进口来源国	2022 年		2023 年		同比 /%
	进口量 / 万吨	比例 /%	进口量 / 万吨	比例 /%	
印度尼西亚	130.61	39.01	126.18	31.81	-3.39
巴西	41.45	12.38	79.69	20.10	92.25
老挝	31.37	9.37	33.72	8.50	7.48
南非	18.44	5.50	31.04	7.83	68.34
美国	24.03	7.18	26.13	6.59	8.74
智利	18.57	5.55	22.40	5.65	20.61
捷克	15.61	4.66	16.15	4.07	3.43
瑞典	10.73	3.21	14.26	3.59	32.82
加拿大	6.61	1.98	11.30	2.85	70.80
日本	8.87	2.65	9.67	2.44	9.03
泰国	8.02	2.40	8.93	2.25	11.31
葡萄牙	8.09	2.42	7.58	1.91	-6.33
奥地利	5.34	1.60	7.38	1.86	38.09
其他	6.98	2.09	2.20	0.55	-68.54
合计	334.75		396.63		18.48

注：数据来源于海关总署。

2023 年我国溶解浆的主要进口来源国依次为印度尼西亚、巴西、老挝、南非和美国。值得注意的是，巴西、南非、智利、瑞典、加拿大和奥地利的溶解浆进口量同比增长显著，增幅分别为 92.25%、68.34%、20.16%、32.82%、70.80% 和 38.09%。而来自印度尼西亚和葡萄牙的溶解浆进口量则出现同比下降，降幅分别为 3.39% 和 6.33%。

2023 年，欧洲国家的溶解浆生产已逐渐摆脱 2022 年俄乌战争带来的影响，生产量下滑现象已得到缓解。同时，得益于新冠疫情缓解后全球贸易流通渠道的逐步恢复。我国从巴西和南非进口的溶解浆同比增长显著，这两个传统溶解浆输出国对中国出口量的增加，标志着巴西和南非境内的溶解浆工厂运营状况恢复良好。这离不开人民币互换进程的加速以及体量的扩大，使得我国与巴西、南非在溶解浆贸易上取得显著进展。

表 3 数据显示，我国溶解浆进口状况对于全球经济格局变化具有重要的参考意义。首先，我国的溶解浆进口需求直接推动了全球溶解浆市场的复苏与发展。巴西和南非等新兴市场国家的溶解浆产业迅速崛起，不仅为我国市场提供了更多样化的选择，也为这些国家的经济发展注入了新的活力。

同时，我国对溶解浆的需求在一定程度上反映了中国经济结构的转型升级。随着我国经济的持续发展，对高品质、环保型溶解浆的需求也在不断增长。这不仅要求我国溶解浆生产企业提升自身的技术能力，也要求全球溶解浆产业加快技术创新，以满足我国溶解浆市场的需求。

三、2024 年溶解浆市场展望

在全球经济逐步复苏的大背景下，我国对溶解浆的需求呈现强劲增长态势。2023 年，全球溶解浆生产量和贸易量实现了恢复性增长，我国纤维素纤维行业在此中发挥了核心推动作用。2024 年，我国对溶解浆的需求继续保持强劲增长。其中，纤维素纤维行业的发展，特别是莱赛尔纤维和黏胶短纤两大领域，成为驱动需求增长的关键因素。

莱赛尔纤维作为一种环保、高性能的新型纤维素纤维，近年来在纺织行业中得到了广泛应用。据初步估算，2024 年我国莱赛尔纤维生产量有望达到 50 万吨，这意味着纤维素纤维行业对溶解浆的需求将进一步上升。随着莱赛尔纤维在纺织领域市场份额的不断扩大，其对溶解浆的需求将持续增长，为溶解相关生产企业带来丰厚订单。

黏胶短纤作为纤维素纤维行业的重要组成部分，近年来在国内市场上呈现稳步增长态势。如果 2024 年黏胶短纤行业开工率达到 85%，年生产量将达到约 430 万吨。据此，纤维素纤维行业对溶解浆的需求量为 485 万 ~ 490 万吨。这无疑为溶解相关生产企业带来了巨大的市场空间和发展机遇。

随着经济的复苏，人们对食品品质的要求日益提高，作为食品添加剂主要原料之一的纤维素醚，市场需求有望增长。预计 2024 年纤维素醚领域溶解浆的用量将达到 70 万吨，这将进一步拓展溶解浆的应用领域，为相关生产企业带来新的商机。

综合考虑各下游行业对溶解浆用量的增加，全球溶解浆需求量于 2024 年有望达到近年来的高峰。保守估计，2024 年我国溶解浆用量将冲击 550 万吨的历史关口，全球溶解浆用量则有望突破 700 万吨。这将进一步推动我国溶解浆相关生产企业重视溶解浆的生产。

2023 年，溶解浆生产量与需求量提升较大，但价格并未随之上升，反而出现下降。这让溶解浆行业从业者感到困惑和担忧。关于 2023 年溶解浆价格下降的原因有：一方面是国内外溶解浆工厂对于溶解浆价格定位不明确所致；另一方面，全球经济增速放缓和市场需求减弱，海外溶解浆工厂为了拥有一定的中国市场占有率，其价格未表现得很强势；还有一个较大的因素则是，一些大型的黏胶短纤工厂或莱赛尔纤维工厂均开始布局自己的溶解浆工厂，如兰精公司在巴西的工厂如果一切进展顺利，则有可能在未来的时间内减少体系外的溶解浆工厂的业务合作；这三大原因互相制约，导致 2023 年溶解浆价格波动有限，走出与黏胶短纤或莱赛尔纤维价格联动的情形。

在未来几年，我国纤维素纤维行业将持续保持显著的增长态势，为相关生产企业带来充足的订单。在此背景下，我国企业应把握增长机遇，加速产业转型升级和技术创新，提升产品附加值与竞争力，为我国纤维素纤维行业的持续发展与繁荣做出贡献。

当前，溶解浆市场环境中，产能不断扩大，而价格呈下降趋势。这主要得益于技术进步和生产效率提升，使得生产商能够以更低的生产成本产出更多溶解浆。然而，随着溶解浆用量的持续增长，预计到 2024 年，产能不足的问题将逐渐凸显。

鉴于生产溶解浆的决策因素比较多，一旦市场需求超过供应能力，可能导致溶解浆价格攀升。因此，有理由预测，在未来几年，随着溶解浆用量的增加，其价格可能呈现一波上涨趋势。同时，需关注我国溶解浆价格提升对国际溶解浆价格上涨的影响。鉴于我国溶解浆占据全球市场特殊地位，其价格变动将直接波及全球溶解浆市场价格走势。

近年来，我国纤维素纤维行业持续发展，与溶解浆价格波动密切相关。随着人们对环保和可持续发展的关注，纤维素纤维需求不断增加，进而推动溶解浆用量增长。然而，溶解浆产能扩大需要时间和投资，短期内难以满足市场需求。

预计 2024 年溶解浆价格或将冲击 8000 元 / 吨，这可能为纤维素纤维行业带来积极影响。首先，溶解浆价格上涨意味着纤维素纤维企业成本增加，进一步推动企业加大技术改造和创新投入，提升产品质量和竞争力；其次，高价的溶解浆将促使企业在生产过程中更加注重节能环保，通过技术创新和产业链优化降低能耗和排放，提高产品附加值，推动行业向绿色可持续方向发展。因此，溶解浆价格上涨对我国纤维素纤维行业而言是一个机遇，既促进了行业技术进步和环保发展，也为全球溶解浆市场带来新的商机。

我国作为全球最大的溶解浆消费国之一，其市场需求的增长将吸引国际供应商的关注，进而加大对中国溶解浆市场的投资和合作。这有利于推动全球溶解浆市场的繁荣和发展，为各国带来更多商机和发展空间。

综上所述，2024 年溶解浆价格有望迎来一次量价齐升的景气度周期。这一趋势将助力我国纤维素纤维行业的可持续发展，并为全球溶解浆市场带来新的机遇。溶解浆消费者和从业者应密切关注市场动态，抓住行业发展机遇，积极参与行业的发展，共同推动纤维素纤维产业迈向更加美好的未来。

（季柳炎）

2022—2023 年我国主要纸种进出口数据分析

Analysis of Import and Export Data of Main Paper Types in China from 2022 to 2023

一、文化印刷用纸进出口分析

1．2023 年文化印刷用纸进口市场分析

我国文化印刷用纸产量稳定，进口量相对较少，对市场影响较小。2023 年进口量持续下滑，国内市场受进口纸影响力度进一步降低。

（一）2023 年双胶纸进口数据分析

2019—2023 年我国双胶纸进口量（图 1）均在 17.00 万吨以上，进口量平均增速 4.80%。过去 5 年中，双胶纸进口量维持先扬后抑走势，其中 2022—2023 年双胶纸进口量连续下滑，与国内纸价处于偏低位置，进口纸均价持续上涨，在国内市场优势不足有关。据中华人民共和国海关总署数据统计，2023 年双胶纸进口量为 17.84 万吨，同比下降 38.59%；进口均价为 863.30 美元 / 吨，同比上升 8.39%。

从主要进口贸易伙伴上看，我国双胶纸进口主要来自东亚、东南亚和欧洲等国家和地区。2023 年较 2022 年相比，双胶纸排名靠前三位的进口贸易伙伴占比变化不大，而进口贸易伙伴第四、五名变化较大。

2022 年印度尼西亚、日本、我国台湾、泰国和芬兰为双胶纸排名前五位的进口来源国和地区，占比分别达到 75.67%、10.34%、6.23%、1.62% 及 1.02%。2023 年印度尼西亚、日本、我国台湾、俄罗斯和巴西为排名前五位的进口来源国和地区，占比分别为 49.94%、30.33%、7.06%、4.71% 及 3.03%，前三位顺序保持不变，但占比有所变化。2023 年前三位分别较 2022 年占比变化 –25.72 个百分点、20.00 个百分点、0.83 个百分点，俄罗斯和巴西分别替代泰国和芬兰，排名第四和第五（图 2）。

2023 年我国双胶纸进口收发货人注册地前五位主要分布在东部、南部沿海地带。从中华人民共和国海关总署发布的数据来看，2023 年我国双胶纸进口收发货人注册地前五位分别是广东省、浙江省、山东省、江苏省和上海市，占比分别为 27.44%、24.35%、13.66%、13.20% 及 12.94%（图 4），分别较 2022 年占比分别变化 –15.61 个百分点、23.42 个百分点、3.82 个百分点、–19.22 个百分点及 7.58 个百分点（图 3）。为方便原料进口、原纸进口及相关机械设备的进口等，较大型造纸企业主要分布在华东、华南地区等沿海地带。

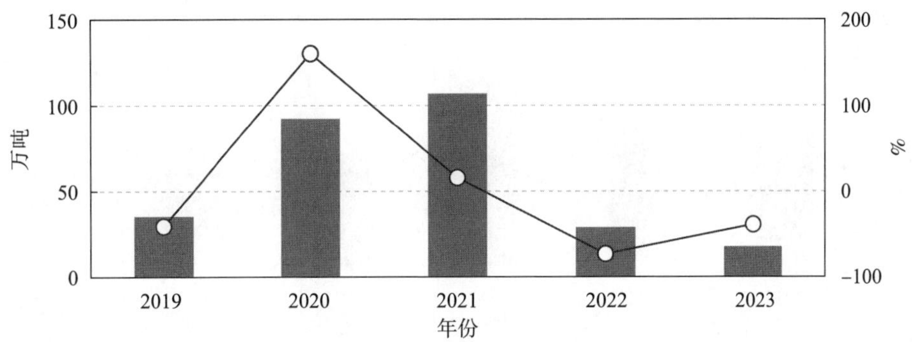

图 1　2019—2023 年双胶纸进口情况

双胶纸　　同比（右轴）

数据来源：中华人民共和国海关总署。

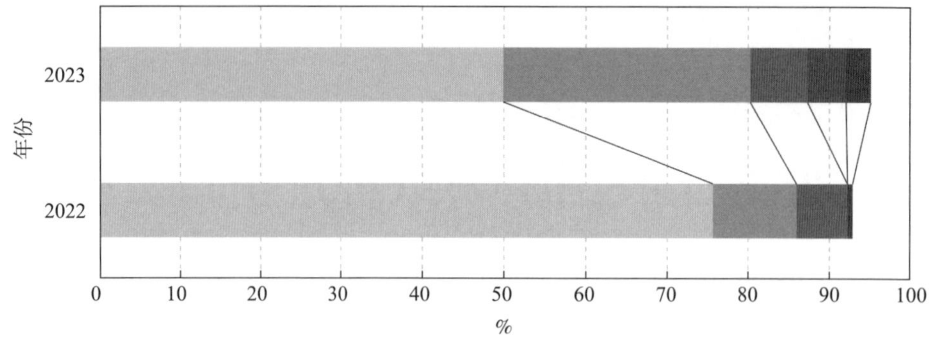

图 2 2022—2023 年双胶纸进口结构对比

■ 印度尼西亚 ■ 日本 ■ 中国台湾 ■ 俄罗斯 ■ 巴西

数据来源：中华人民共和国海关总署。

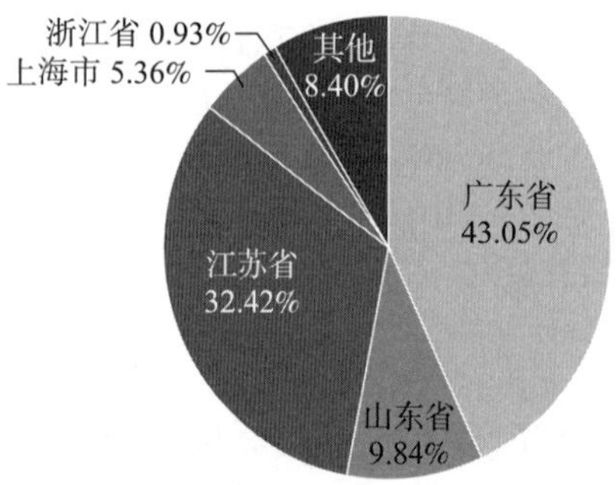

图 3 2022 年双胶纸进口按收发货人注册地统计

数据来源：中华人民共和国海关总署。

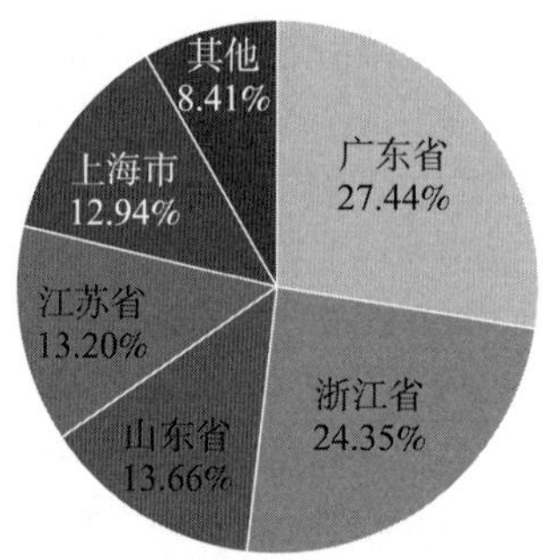

图 4 2023 年双胶纸进口按收发货人注册地统计

数据来源：中华人民共和国海关总署。

（二）2023 年双铜纸进口数据分析

2019—2023 年我国双铜纸进口量（图 5）均在 20.00 万吨以上，进口量平均增速 -8.70%。过去 5 年中，双铜纸进口量维持先扬后抑走势，其中 2022—2023 年双铜纸进口量连续下滑，与国内供应相对充足、纸价下行，以及下游外采意愿降低有关。据中华人民共和国海关总署数据统计，2023 年双铜纸进口量为 20.36 万吨，同比下降 7.50%；进口均价 1240.84 美元 / 吨，同比下跌 5.37%。

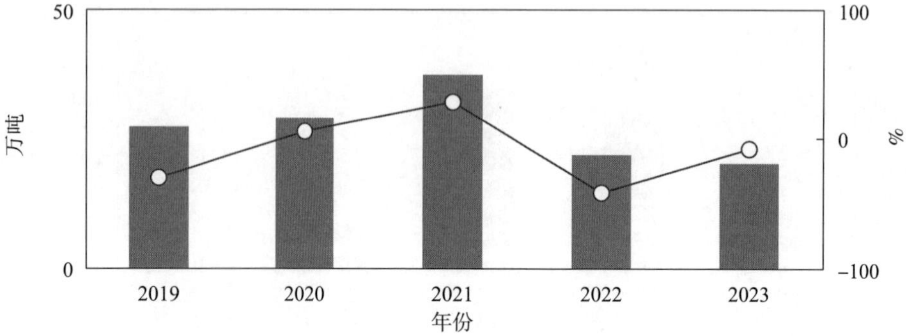

图 5 2019—2023 年双铜纸进口情况

■ 双铜纸 —○— 同比（右轴）

数据来源：中华人民共和国海关总署。

从主要进口贸易伙伴上看，我国双铜纸进口主要来自于东亚和欧洲等国家和地区。2023 年较 2022 年相比，双胶纸排名靠前的进口贸易伙伴占比变化差异明显（图 6）。

2022 年日本、德国、韩国、我国台湾和瑞典为双铜纸排名前五位的进口来源国和地区，占比分别达到 19.95%、14.89%、12.70%、12.24% 及 10.51%。2023 年日本、中国台湾、韩国、德国和奥地利为排名前五位的进口来源国和地区，占比分别为 27.29%、13.66%、12.91%、11.86% 及 6.76%。排名前四位进口来源国和地区不变，但占比顺序发生变化，其分别较 2022 年占比变化 7.34 个百分点、–3.04 个百分点、0.21 个百分点、1.36 个百分点及 –3.13 个百分点。日本及我国台湾地区占比增加与在地理位置上与国内进行外贸往来的优势有关，奥地利替代瑞典排名第五。

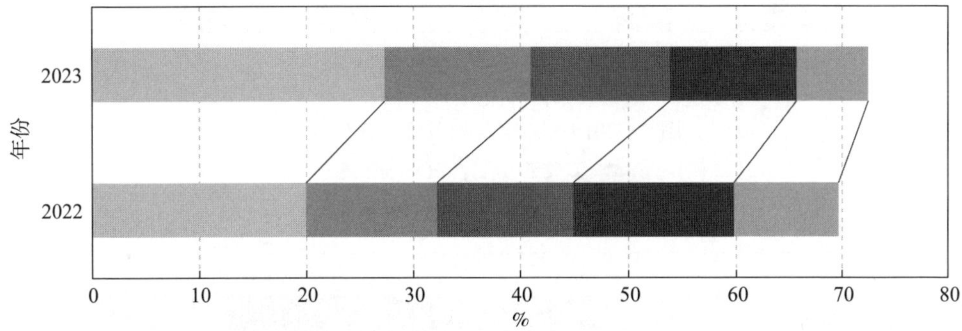

图 6　2022—2023 年双铜纸进口结构对比

■ 日本　■ 中国台湾　■ 韩国　■ 德国　■ 奥地利

数据来源：中华人民共和国海关总署。

2023 年我国双铜纸进口收发货人注册地前五位主要分布在华北、华东及华南地区。从中华人民共和国海关总署发布的数据来看，2023 年我国双铜纸进口收发货人注册地前五位分别是广东省、上海市、北京市、江苏省和福建省（图 8），占比分别为 35.95%、15.65%、12.02%、11.67% 及 5.45%，分别较 2022 年占比分别变化 –5.49 个百分点、–3.55 个百分点、3.43 个百分点、–2.04 个百分点及 3.33 个百分点（图 7）。广东省及上海市为国内外贸发展活跃地区，铜版纸进口业务在以上两地开展较集中。

（三）2023 年双胶纸出口数据分析

2019—2023 年我国双胶纸出口量（图 9）均在 50.00 万吨以上，出口量平均增速 12.73%。过去 5 年中，双胶纸出口量维持先抑后扬走势，其中 2022—2023 年双胶纸出口量连续上升，与国内价格优势明显、国内纸企战略布局逐步向海外扩展，对外贸易量持续增长有关。据中华人民共和国海关总署数据统计，2023 年双胶纸出口量为 110.00 万吨，同比上升 25.04%；进口均价为 1072.86 美元 / 吨，同比下降 3.54%。

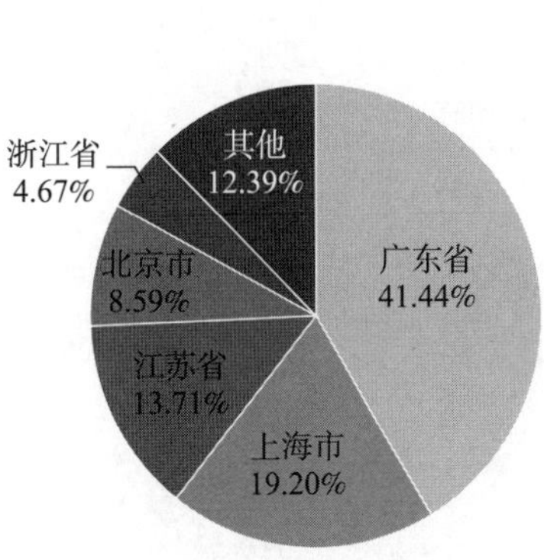

图 7　2022 年双铜纸进口按收发货人注册地统计

数据来源：中华人民共和国海关总署。

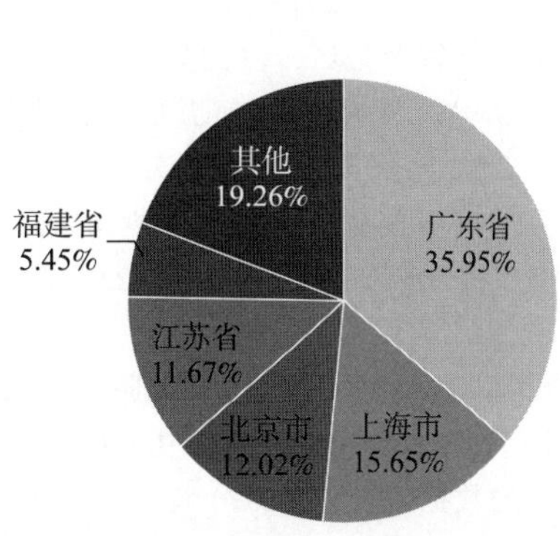

图 8　2023 年双铜纸进口按收发货人注册地统计

数据来源：中华人民共和国海关总署。

从主要出口贸易伙伴上看，我国双胶纸出口去往东亚和其他国家和地区。2023 年较 2022 年相比，双胶纸排名靠前的贸易伙伴占比变化较大（图 10）。

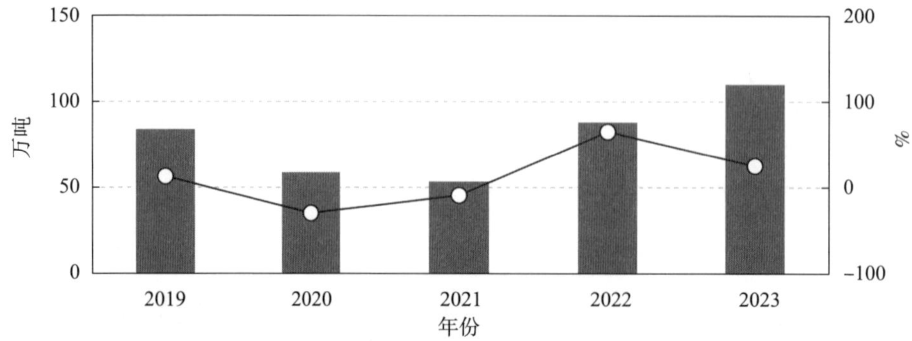

图 9　2019—2023 年双胶纸出口情况

双胶纸　同比

数据来源：中华人民共和国海关总署。

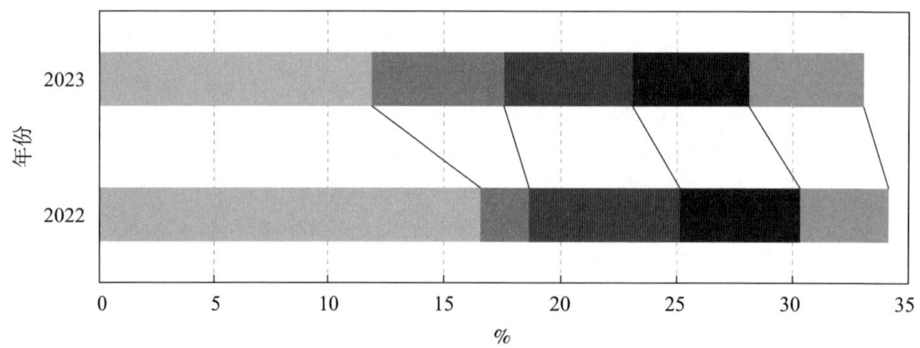

图 10　2022—2023 年双胶纸出口结构对比

日本　澳大利亚　中国香港　韩国　印度

数据来源：中华人民共和国海关总署。

2022 年日本、我国香港、土耳其、墨西哥和韩国为双胶纸排名前五位的出口国家和地区，占比分别为 16.56%、6.49%、5.79%、5.30% 及 5.19%。2023 年日本、澳大利亚、我国香港、韩国和印度为排名前五位的出口国家及地区，占比分别为 11.89%、5.66%、5.52%、5.04% 及 4.94%，前五位合计占比只有 33.06%，比 2022 年下降 6.27 个百分点。日本依旧是我国主要的出口贸易伙伴，占比略有降低；对澳大利亚的出口占比较 2022 年增加，2023 年上升至第二位。

2023 年我国双胶纸出口收发货人注册地前五位主要分布在华中、华东及华南地区。从中华人民共和国海关总署发布的数据来看，2023 年我国双胶纸出口收发货人注册地前五位分别是江苏省、广东省、山东省、浙江省和河南省，占比分别为 29.71%、23.93%、22.79%、15.12% 及 2.90%（图 12），分别较 2022 年占比分别变化 −0.91 个百分点、−1.25 个百分点、1.56 个百分点、0.14 个百分点及 −1.23 个百分点（图 11）。

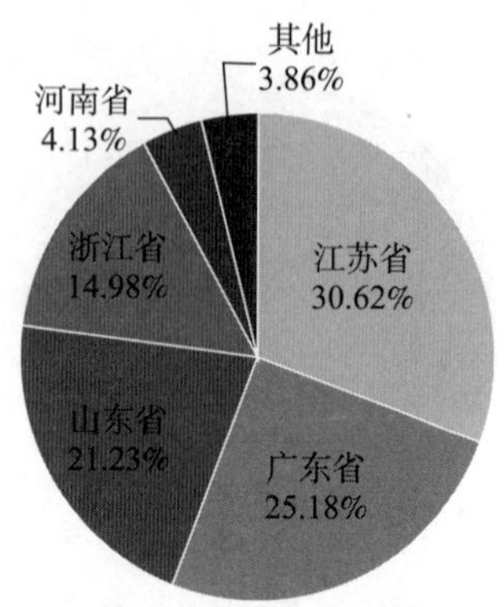

图 11　2022 年双胶纸出口按收发货人注册地统计

数据来源：中华人民共和国海关总署。

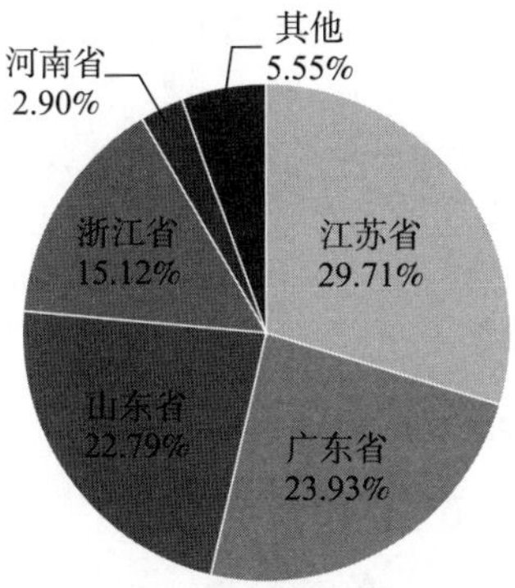

图 12　2023 年双胶纸出口按收发货人注册地统计

数据来源：中华人民共和国海关总署。

（四）2023 年双铜纸出口数据分析

2019—2023 年我国双铜纸出口量均在 90.00 万吨以上（图 13），出口量平均增速 7.80%。过去 5 年中，双铜纸出口量维持先抑后扬再抑走势，其中 2023 年双铜纸外贸订单存有阶段性转好，但全年来看表现一般，总体出口量相较 2022 年略有下降。据中华人民共和国海关总署数据统计，2023 年双铜纸出口量为 163.15 万吨，同比下降 3.12%。

从主要出口贸易伙伴上看，2023 年我国双铜纸出口去往南亚、东南亚及其他地区。2023 年较 2022 年相比，双铜纸出口排名靠前的贸易伙伴占比变化较大（图 14）。

2022 年印度、越南、阿联酋、马来西亚和土耳其为双铜纸排名前五位的出口国家及地区，占比分别达到 10.46%、6.44%、5.75%、5.43% 及 4.89%。2023 年印度、越南、土耳其、马来西亚和墨西哥为排名前五位的出口贸易伙伴，占比分别为 11.81%、7.87%、5.64%、5.37% 及 5.10%，前五位合计占比只有 35.79%，比 2022 年提高 2.82 个百分点。分别较 2022 年占比变化 1.35 个百分点、1.43 个百分点、0.66 个百分点、–0.06 个百分点及 1.37 个百分点。

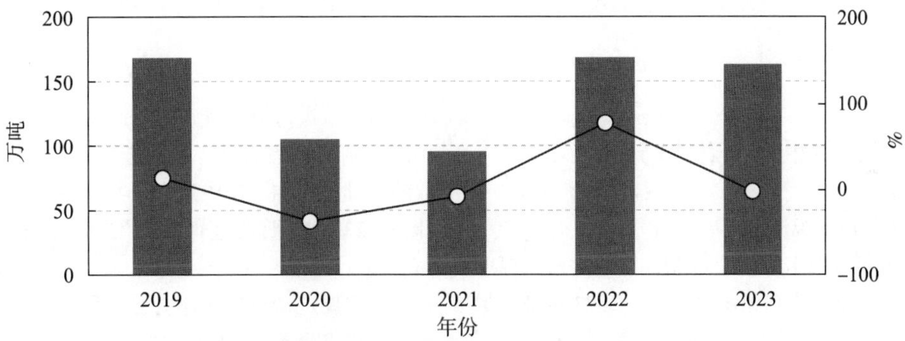

图 13　2019—2023 年双铜纸出口情况

双铜纸　—○— 同比（右轴）

数据来源：中华人民共和国海关总署。

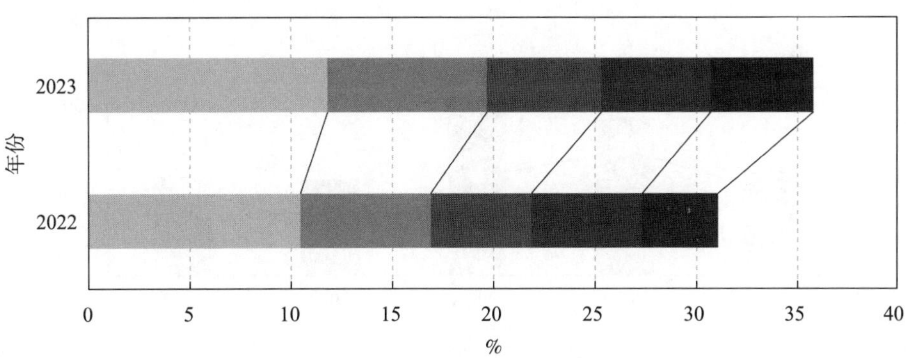

图 14　2022—2023 年双铜纸出口结构对比

印度　越南　土耳其　马来西亚　墨西哥

数据来源：中华人民共和国海关总署。

2023 年我国双铜纸出口收发货人注册地前五位主要分布在华东及华南地区。从中华人民共和国海关总署发布的数据来看，2023 年我国双铜纸出口收发货人注册地前五位分别是江苏省、海南省、山东省、浙江省和广东省，占比分别为 44.07%、24.06%、23.75%、3.16% 及 2.51%（图 16），分别较 2022 年占比分别变化 –1.04 个百分点、0.21 个百分点、0.37 个百分点、0.28 个百分点及 0.61 个百分点（图 15）。江苏省、海南省、山东省依托于自身港口以及生产企业相对聚集的优势，近年来出口量排名均在前列。

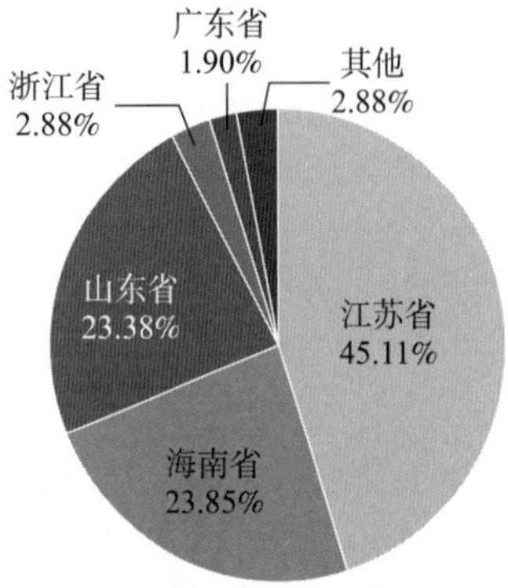

图 15 2022 年双铜纸出口按收发货人注册地统计
数据来源：中华人民共和国海关总署。

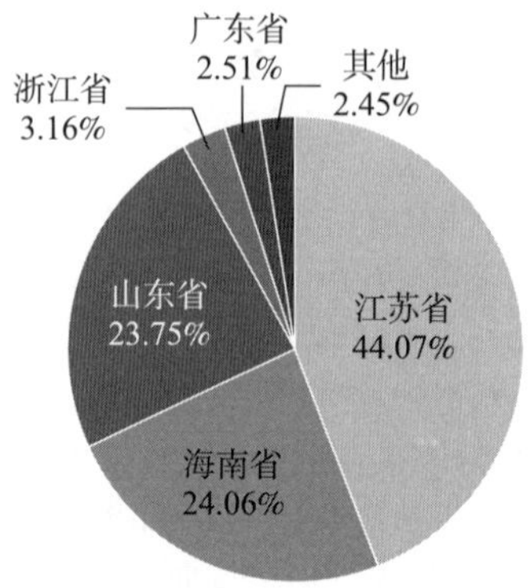

图 16 2023 年双铜纸出口按收发货人注册地统计
数据来源：中华人民共和国海关总署。

二、白纸板进出口分析

1．2023 年白纸板进口市场分析

国内白纸板及白卡纸供应过剩，对进口量依存度较低。近五年白纸板进口量震荡波动，2023 年进口量在 2022 年低基数的基础上小幅回升。

（一）2023 年白纸板进口数据分析

2019—2023 年我国白纸板进口量（图 17）均在 50.00 万吨以上，进口量平均增速 2.37%。过去 5 年中，白纸板进口量维持先扬后抑再升走势，其中 2023 年国内刚需窄幅回升，带动进口量在 2022 年的低基数的基础上增加。据中华人民共和国海关总署数据统计，2023 年白纸板进口量为 57.82 万吨，同比上升 3.05%。

从主要进口贸易伙伴上看，我国白纸板进口主要来自亚洲和欧洲等国家。2023 年较 2022 年相比，白纸板排名靠前的进口贸易伙伴维持一致（图 18）。

2022 年瑞典、美国、韩国、马来西亚和芬兰为白纸板排名前五位的进口来源国，占比分别达到

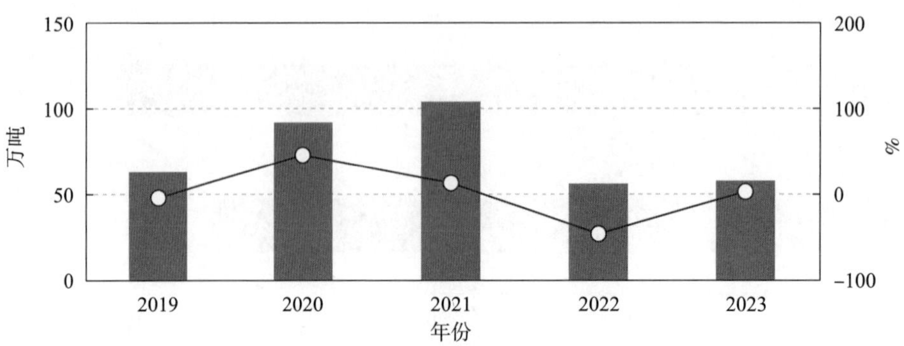

图 17 2019—2023 年白纸板进口情况
白纸板 同比（右轴）
数据来源：中华人民共和国海关总署。

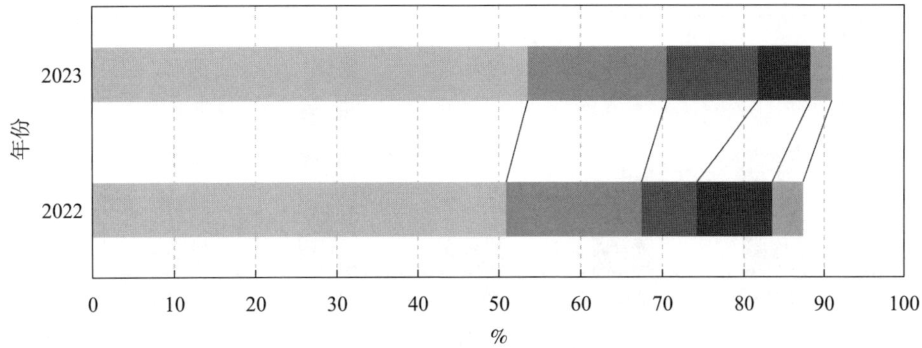

图 18　2022—2023 年白纸板进口结构对比

瑞典　美国　马来西亚　韩国　芬兰

数据来源：中华人民共和国海关总署。

50.89%、16.54%、9.34%、6.77% 及 3.86%。2023 年瑞典、美国、马来西亚、韩国和芬兰为排名前五位的进口来源国，占比分别为 53.51%、17.00%、11.27%、6.53% 及 2.66%，分别较 2022 年占比变化 2.62 个百分点、0.46 个百分点、4.50 个百分点、–2.81 个百分点及 –1.20 个百分点。瑞典是白纸板进口主要来源地，占比超 50%。

从中华人民共和国海关总署发布的数据来看，2023 年我国白纸板进口收发货人注册地前五位分别是上海市、北京市、江苏省、浙江省及内蒙古自治区，占比分别为 21.22%、17.60%、15.98%、15.81% 及 8.70%（图 20），分别较 2022 年占比分别变化 0.55 个百分点、3.31 个百分点、–5.56 个百分点、5.25 个百分点及 –0.34 个百分点（图 19）。其中浙江省进口量增幅最为明显，较 2022 年上涨 54.34%。

（二）2023 年白纸板出口数据分析

2019—2023 年我国白纸板出口量（图 21）均在 200.00 万吨以上，出口量平均增速 13.62%。过去 5 年中，白纸板出口量维持先抑后扬走势，其中 2023 年面临国外经济增速下滑压力，国内企业积极拓展出口渠道，出口量窄幅增长。据中华人民共和国海关总署数据统计，2023 年白纸板出口量为 352.49 万吨，同比上升 0.17%。

从主要出口贸易伙伴上看，我国白纸板出口去往东南亚、南亚、东亚和欧洲等国家。2023 年较 2022 年相比，白纸板排名靠前的贸易伙伴较为一致（图 22）。

2022 年越南、阿联酋、土耳其、孟加拉国和俄罗斯为白纸板排名前五位的出口国家，占比分别达到 10.01%、7.54%、6.44%、5.41% 及 5.15%。2023 年越南、土耳其、阿联酋、孟加拉国和俄罗斯为排名前五位的出口国家，占比分别为 10.60%、7.89%、6.52%、5.95% 及 5.68%，分别较 2022 年占比变化 0.59 个百分点、1.45 个百分点、–1.02 个百分点、0.54 个百分点及 0.53 个百分点。前五位合计占比只有 36.59%，比 2022 年提高 2.04 百分点。

图 19　2022 年白纸板进口按收发货人注册地统计

数据来源：中华人民共和国海关总署。

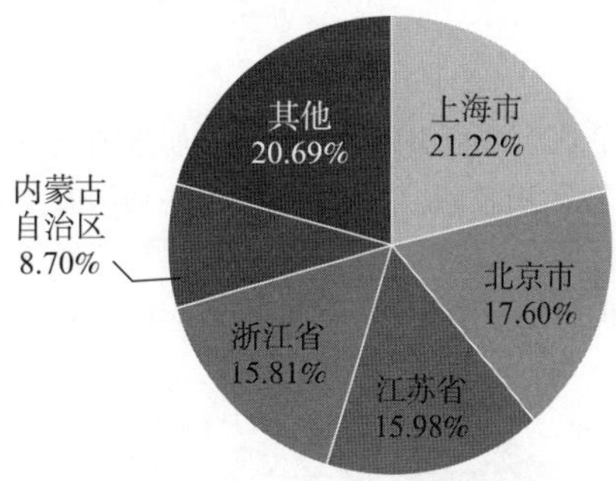

图 20　2023 年白纸板进口按收发货人注册地统计

数据来源：中华人民共和国海关总署。

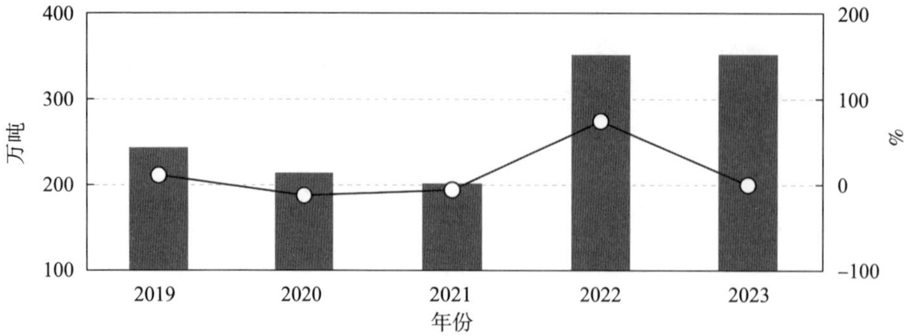

图 21　2019—2023 年白纸板出口情况

白纸板　　同比（右轴）

数据来源：中华人民共和国海关总署。

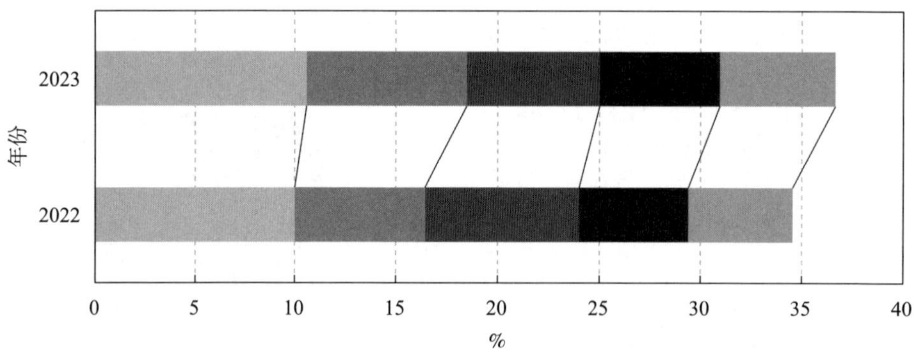

图 22　2022—2023 年白纸板出口结构对比

越南　土耳其　阿联酋　孟加拉国　俄罗斯

数据来源：中华人民共和国海关总署。

2023 年我国白纸板出口收发货人注册地前五位主要分布在华东及华南地区。从中华人民共和国海关总署发布的数据来看，2023 年我国白纸板出口收发货人注册地前五位分别是浙江省、山东省、广西壮族自治区、江苏省和海南省，占比分别为 22.67%、19.80%、17.19%、13.34% 及 10.80%（图 24），分别较 2022 年占比分别变化 –1.34 个百分点、–6.63 个百分点、2.29 个百分点、5.73 个百分点及 –0.37 个百分点（图 23）。

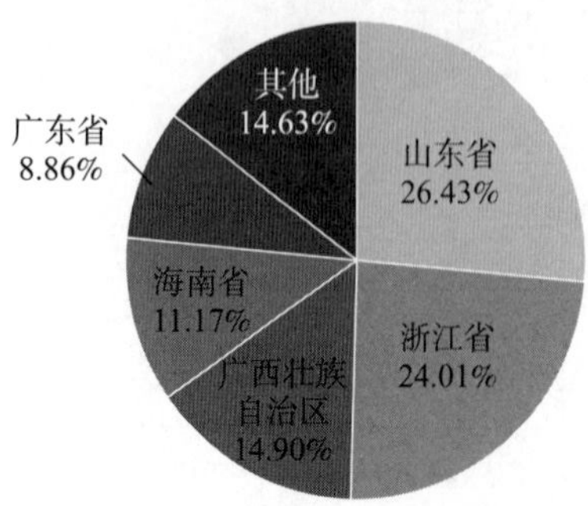

图 23　2022 年白纸板出口按收发货人注册地统计

数据来源：中华人民共和国海关总署。

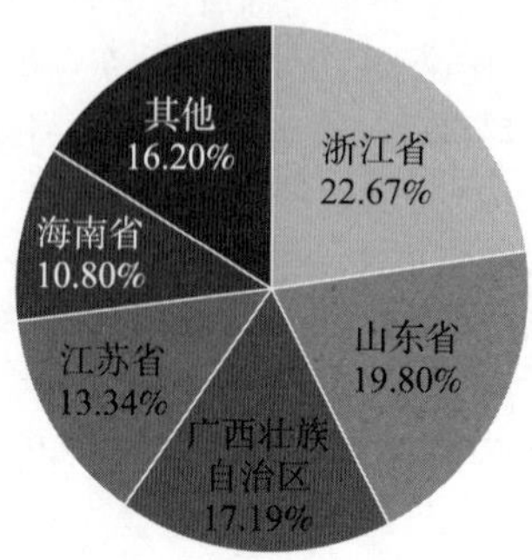

图 24　2023 年白纸板出口按收发货人注册地统计

数据来源：中华人民共和国海关总署。

三、生活用纸进出口分析

1．2023 年生活用纸进口市场分析

2019—2023 年生活用纸进口量先增后减，2023 年生活用纸国内市场需求和生产能力不断提升，总进口量同比增长。

（一）2023 年生活用纸进口数据分析

2019—2023 年我国生活用纸进口量（图 25）均在 2.00 万吨以上，进口量平均增速 2.78%。过去 5 年中，生活用纸进口量维持先扬后抑再升走势，其中 2022—2023 年进口量随着国内产能不断释放以及对纸品品质升级的重视，收窄后略反弹。据中华人民共和国海关总署数据统计，2023 年生活用纸进口量为 3.85 万吨，同比上升 16.67%。

从主要进口贸易伙伴上看，我国生活用纸进口主要来自于东南亚、东亚和美洲等国家。2023 年较 2022 年相比，生活用纸排名靠前的进口贸易伙伴略有差异（图 26）。

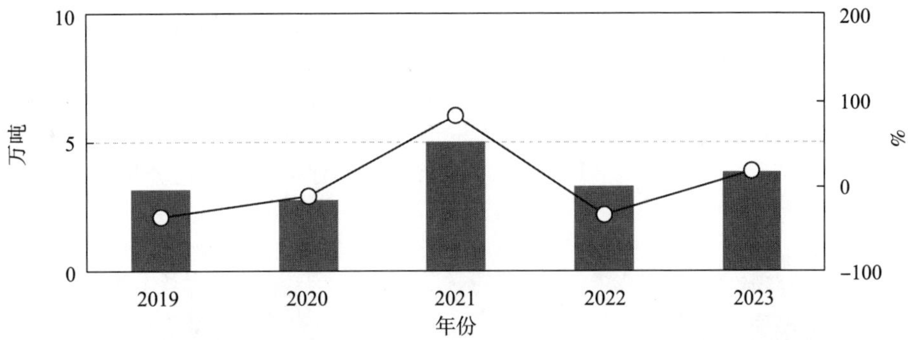

图 25　2019—2023 年生活用纸进口情况

生活用纸　同比（右轴）

数据来源：中华人民共和国海关总署。

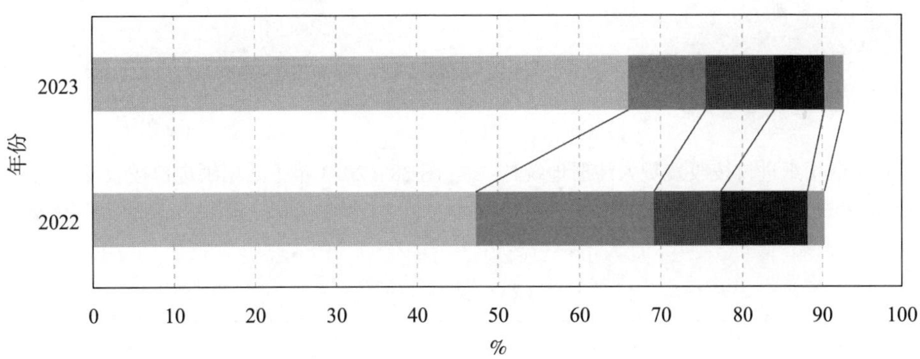

图 26　2022—2023 年生活用纸进口结构对比

印度尼西亚　日本　美国　韩国　新加坡

数据来源：中华人民共和国海关总署。

2022 年印度尼西亚、日本、韩国、美国和乌克兰为生活用纸排名前五位的进口来源国，占比分别达到 47.29%、21.88%、10.87%、8.12% 及 2.45%。2023 年印度尼西亚、日本、美国、韩国和新加坡为排名前五位的进口来源国，占比分别为 65.99%、9.50%、8.56%、6.23% 及 2.44%，前四位来源地不变但顺序发生变化，新加坡超乌克兰升至第五。印度尼西亚是最大的进口地，占比接近三分之二。

从中华人民共和国海关总署发布的数据来看，2023 年我国生活用纸进口收发货人注册地前五位分别是山东省、广东省、上海市、天津市和浙江省，占比分别为 41.89%、39.98%、13.16%、1.79% 及 1.04%（图 28），分别较 2022 年占比分别变化 7.30 个百分点、24.09 个百分点、−7.13 个百分点、−1.25 个百分

点及 -6.60 个百分点（图 27）。其中广东省进口量增幅最为明显，为 2022 年的 193.78%。

（二）2023 年生活用纸出口数据分析

2019—2023 年我国生活用纸出口量（图 29）均在 60.00 万吨以上，出口量平均增速 11.06%。过去 5 年中，生活用纸出口量维持先扬后抑再升走势，其中 2023 年国际纸浆价格高位和国内生活用纸价格下滑影响，我国生活用纸出口需求增加。同时，我国造纸行业技术进步和产品创新能力提高，增强国际市场竞争力，推动生活用纸出口增长。据中华人民共和国海关总署数据统计，2023 年生活用纸出口量为 111.30 万吨，同比上升 11.06%。

从主要出口贸易伙伴上看，我国生活用纸出口去往东南亚、大洋洲和美洲等国家及地区。2023 年较 2022 年相比，生活用纸排名靠前的贸易伙伴较为一致（图 30）。

2022 年澳大利亚、我国香港、日本、美国和泰国为生活用纸排名前五位的出口国家和地区，占比分别达到 18.51%、16.63%、15.25%、12.74% 及 5.66%。2023 年美国、澳大利亚、我国香港、日本和泰国为排名前五位的出口国家和地区，占比分别为 13.68%、13.18%、11.75%、11.53% 及 7.13%，分别较 2022 年占比变化 0.94 个百分点、-5.33 个百分点、-4.88 个百分点、-3.72 个百分点及 1.47 个百分点。作为纸品种的快消品，与其他纸种很不同，出口地较集中，前五位合计占比较高，2022 年占比高达 68.79%，但 2023 年有明显下降到 57.27%，减少 11.52 个百分点。

2023 年我国生活用纸出口收发货人注册地前五位主要分布在华东及华南地区。从中华人民共和国海关总署发布的数据来看，2023 年我国生活用纸出口收发货人注册地前五位分别是广东省、福建省、山东省、浙江省和江苏省，占比分别为 28.12%、16.33%、

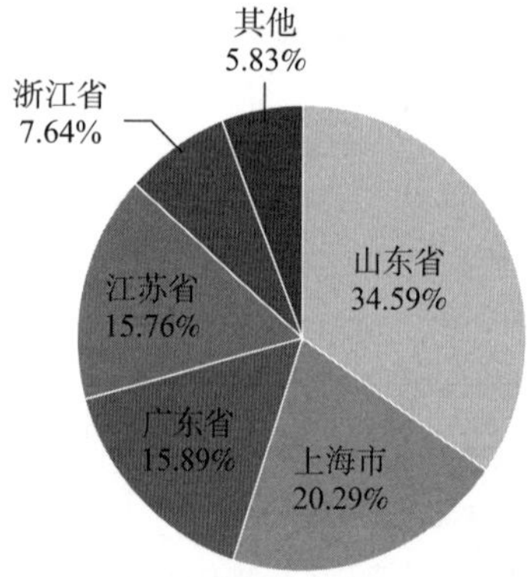

图 27　2022 年生活用纸进口按收发货人注册地统计

数据来源：中华人民共和国海关总署。

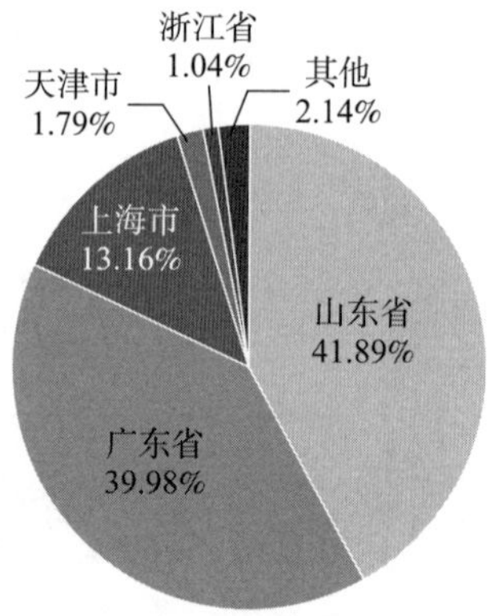

图 28　2023 年生活用纸进口按收发货人注册地统计

数据来源：中华人民共和国海关总署。

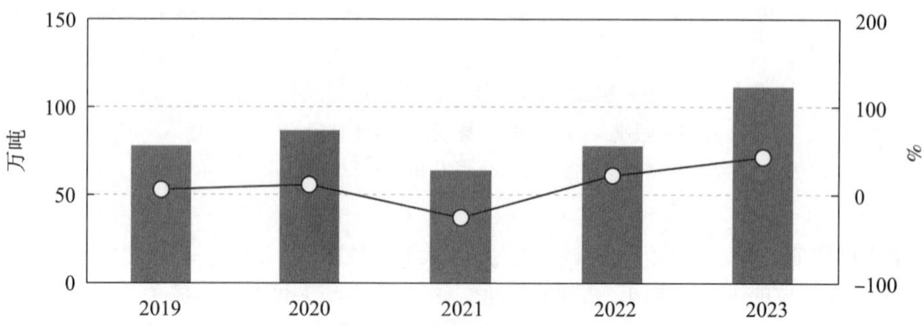

图 29　2019—2023 年生活用纸出口情况

数据来源：中华人民共和国海关总署。

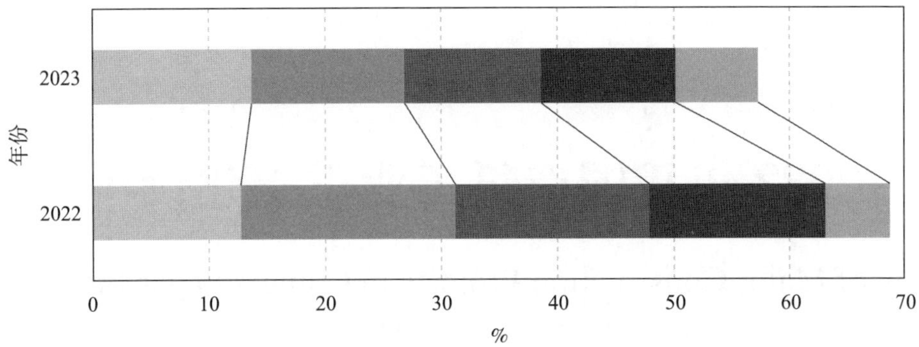

图 30　2022—2023 年生活用纸出口结构对比

■ 美国　■ 澳大利亚　■ 中国香港　■ 日本　■ 泰国

数据来源：中华人民共和国海关总署。

13.04%、9.39% 及 9.38%（图 32），分别较 2022 年占比分别变化 –4.67 个百分点、–1.47 个百分点、2.07 个百分点、0.62 个百分点及 2.09 个百分点（图 31）。

综合来看，由于我国造纸行业市场新增产能持续扩张，行业竞争格局有望进一步重塑，同时在各个纸品供需平衡的变化及国内外经济形势的变化，预计各主要纸种进出口情况仍存阶段性差异。

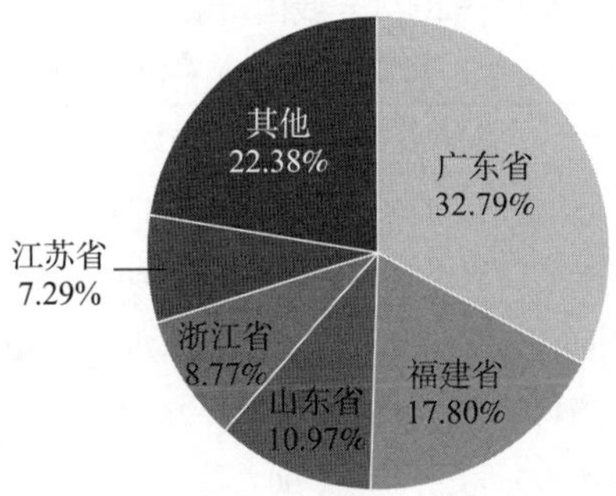

图 31　2022 年生活用纸出口按收发货人注册地统计

数据来源：中华人民共和国海关总署。

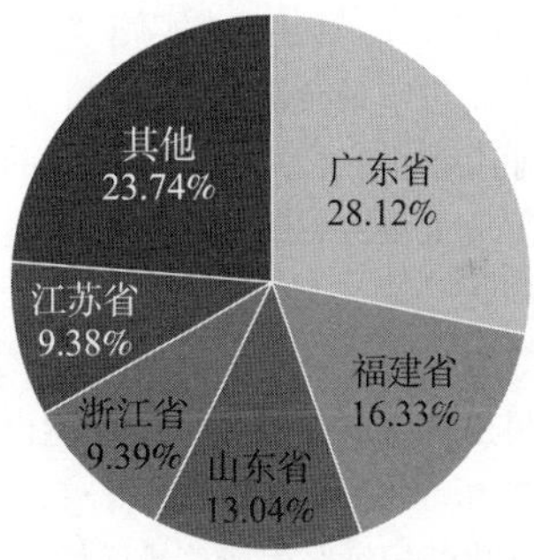

图 32　2023 年生活用纸出口按收发货人注册地统计

数据来源：中华人民共和国海关总署。

（常俊婷）

2021—2023 年我国造纸工业重点建设项目概况

Overview of Major Construction Projects in China's Paper Industry from 2021 to 2023

一、2021—2023 年我国行业产能发展形势

1. 2021—2023 年我国造纸行业制浆产量发展

2017 年，我国实施了废纸进口限制令的政策，废纸进口急剧减少，从而开始影响全球的废纸进出口市场，重塑全球从废纸回收商到造纸商的整个造纸产业链。自 2021 年 1 月，国家正式实施“禁废令”，废纸进口政策由限制进口到全面禁止进口，几乎清零，对我国造纸工业上游供应格局产生了深远的影响，将直接影响造纸工业上游原料供应格局，重塑造纸工业原材料供应结构。

受到“禁废令”的直接影响，2021—2023 年期间我国纸浆项目迅速发展，纸浆整体产能也大幅增加。根据《中国造纸工业 2023 年度报告》，2023 年相比 2020 年，三年内我国纸浆生产总量增加了 1455 万吨，同比增长 19.7%；其中木浆增加了 822 万吨，同比增长 55.17%；再生纸浆增加了 573 万吨，同比增长 10.7%；非木浆增加了 50 万吨，同比增长了 9.5%（表 1）。

表 1 2021—2023 年我国纸浆生产总量情况 单位：万吨

	2020 年	2021 年	2022 年	2023 年
纸浆合计	7378	8177	8587	8823
其中：1 木浆	1490	1809	2115	2312
增长量	—	319	306	197
同比增长率	—	21.41%	16.92%	9.31%
2 再生纸浆	5363	5814	5914	5936
3 非木浆	525	554	558	575

2. 2021—2023 年我国造纸行业造纸产量发展

根据《中国造纸工业 2023 年度报告》，2023 年相比 2020 年，三年内我国造纸生产总量增加了 1705 万吨，同比增长 15.1%。其中包装类生产量增加 1195 万吨，同比增长 17.01%，增幅最大的年份是 2021 年，得益于当年包装纸机产能释放，当年就增加 10.04%。新闻纸生产量逐年降低，三年来负增长 30 万吨。文化用纸生产量始终在小幅波动，总产能增加 95 万吨，同比增长了 4.0%。生活用纸生产量始终是小幅稳定增长，生产量增加 130 万吨，同比增长 12.0%（表 2）。

表 2 2021—2023 年我国造纸产能情况 单位：万吨

	2020 年	2021 年	2022 年	2023 年
纸类合计	11260	12105	12425	12965
其中：1 包装类	7025	7730	7900	8220
增长量	—	705	170	320
同比增长率	—	10.04%	2.20%	4.05%
2 新闻纸	110	90	90	80
3 文化用纸	2370	2355	2385	2465
4 生活用纸	1080	1105	1135	1210
5 特种用纸	405	395	425	445
6 其他	270	430	490	545

注：*包装类包括包装用纸、箱板纸、白纸板、瓦楞原纸。

二、2021—2023 年我国重点企业建设项目概况

纵观近三年内我国浆纸的发展情况，受国内原生纸浆生产不足、废纸进口的限制、国内回收废纸产量不足的制约，造纸企业的主营业务收入收到严重影响。同时，也受到国家大力推行绿色循环经济的影响，造纸行业大力发挥绿色循环产业的优势，国内造纸行业的各大头部企业，纷纷投资林浆纸一体化生产基地，打造造纸行业全产业链的发展模式。

近三年来规划和实施的有以下主要重点建设项目。

1．玖龙集团

（1）玖龙湖北生产基地

2020年7月，玖龙集团成立湖北基地，规划建设年产170万吨浆和340万吨高档包装纸的林浆纸一体化项目。主要新建年产65万吨漂白化学浆生产线、年产70万吨漂白化机浆生产线、年产120万吨白卡纸生产线、年产80万吨白面牛卡纸生产线和年产60万吨文化用纸生产线，以及配套生产装置和环保公用设施。

目前一期项目年产65万吨漂白化学浆，年产70万吨漂白化机浆，120万吨科技环保型食品级替塑白卡纸和年产80万吨白面牛卡纸生产线，已于2022年6月28日建成投产；二期项目年产60万吨文化用纸，正在进行中。

（2）玖龙北海生产基地

2021年6月，玖龙集团成立北海基地，规划建设年产245万吨浆和550万吨各类包装纸的林浆纸一体化项目，以及环保科技型包装印刷业上下游产业链。

2023年四季度，本项目的80万吨/年高档牛卡纸、55万吨/年文化纸，以及20万吨/年化机浆生产线陆续开机投产。

（3）玖龙沈阳生产基地

主要生产牛卡纸和高档牛卡纸，现有生产产能为160万吨，计划三期扩产建设，扩产内容包括65万吨包装纸板、62万吨制浆生产线以及配套380吨/时热电联产二期、110吨/时资源综合利用热电厂等。

（4）玖龙东莞生产基地

主要以生产瓦楞纸板、瓦楞纸箱为主，现有两条瓦楞纸板生产线、五台高速印刷机、全自动模切机及钉贴一体机等，基地瓦楞纸板设计产能为4.36亿米^2。拟建设年产60万吨的木纤维热磨生产线。

（5）玖龙重庆生产基地

主要以牛卡纸、高档瓦楞原纸及涂布灰底白板纸为主，现有生产产能为190万吨，木浆年产能50万吨，木纤维年产能21万吨。2022年12月，规划中的年产30万吨半化浆和年产30万吨化机浆投产，新增年产60万吨木浆。

2．太阳纸业

（1）太阳纸业北海生产基地

2021年10月，太阳纸业北海基地项目开工，规划建设350万吨林浆纸一体化项目．

其中一期建设55万吨/年文化用纸项目、15万吨/年生活用纸项目和配套的80万吨/年化学木浆项目、60万吨/年化机浆项目；二期将建设年产60万吨化机浆、50万吨特种纸、年产15万吨生活用纸和90万吨白卡纸项目。

三期扩建建设176万吨林浆纸一体化项目，包括年产61万吨浆（其中本色阔叶木化学浆30.5万吨/年，本色针叶木化学浆30.5万吨/年）、年产15万吨生活用纸生产线和年产100万吨箱纸板生产线浆纸总产能176万吨。

（2）太阳纸业南宁生产基地

2022年2月，南宁太阳纸业年产525万吨林浆纸一体化及配套产业园项目开工，主要生产高档包装纸、代塑纸、铜版纸、双胶纸、特种纸基新材料、纸浆等产品，以及上下游包装、印刷、纸张深加工、智能仓储、码头、物流等配套项目。

3．联盛浆纸漳州项目

联盛纸业在福建漳州计划建设年产390万吨林浆纸一体化项目，分两期进行，一期建设年产100万吨白卡纸（配套年产50万吨化机浆生产线）、年产12万吨生活用纸、年产120万吨木浆生产线（配套碱回收工程），以及动力车间、环保设施、原料堆场、仓储、码头、办公生活区等配套设施；二期建设年产100万吨白卡纸（配套年产50万吨化机浆生产线）、年产18万吨生活用纸、年产40万吨文化用纸生产线，以及其他配套设施。

4．五洲特纸

（1）湖北生产基地

2022年2月，五洲特纸黄冈祉星纸业规划建设的449万吨浆纸一体化项目正式启动，分期建设155万吨化机浆/化学浆生产线、294万吨机制纸生产线。

（2）江西生产基地

五洲特纸作为国内大型特种纸研发和生产企业之一，已经形成了年产141.6万吨的生产能力，规划在江西持续布局110万吨特种纸项目。

5．华泰纸业

华泰集团在山东东营规划建设年产300万吨浆纸及生态环保综合治理项目，内容包括100万吨/年制浆项目，并向生物质精炼新材料转型；200万吨/年纸机技术改造项目，产品转为超级压光纸、转移印花纸等高端文化用纸、特种纸。

目前一期30万吨化机浆已投产，二期70万吨化学浆正在建设中。

6．理文纸业崇左生产基地

2022年9月，理文造纸崇左基地计划建设110万吨林浆纸一体化全产业链项目，2023年一期项目年产30万吨化学浆和40万吨生活用纸项目已建成投产。

7．广西建晖广西生产基地

2022年10月，建晖纸业规划在广西梧州，建设年产 360 万吨林浆纸一体化项目，分期实施；一期项目建设一条 30 万吨本色化学木浆生产线、二条 30 万吨漂白化机浆生产线、4 条 30 万吨包装纸生产线，总计 60 万吨浆、120 万吨纸；二期项目建设一条 30 万吨本色竹浆生产线、一条 30 万吨漂白化机浆生产线、两条年产 30 万个手提袋生产线 + 两条年产 30 万吨食品卡纸生产线，总计 60 万吨浆、120 万吨纸。

8．仙鹤纸业湖北生产基地

2022 年 2 月，仙鹤纸业，在湖北荆州市石首市东升仙鹤工业园，计划建设 90 万吨浆类材料、140 万吨高性能纸基功能材料、20 万吨涂布深加工产品。

9．亚太森博（山东）

2022 年 2 月 25 日下午，亚太森博（山东）浆纸有限公司年产 100 万吨高档文化纸及生活纸项目开工。包括新建年产 50 万吨的高档生活用纸、年产 50 万吨的高档文化用纸及配套建设环保、节能项目。

10．景兴纸业江苏生产基地

2022 年 6 月景兴（江苏）计划新建年产 260 万吨造纸生产项目，主要建设内容包括 2 条年产 60 万吨牛皮箱板纸生产线、1 条年产 10 万吨纱管原纸生产线、1 条年产 100 万吨涂布白卡纸生产线、6 条年产 5 万吨生活用纸生产线。

11．山鹰集团宿州生产基地

宿州山鹰作为山鹰国际控股股份公司布局华东地区重要的工业包装纸生产基地，规划建设年产 360 万吨包装纸项目。

项目分两期建设，其中一期建设 1 条年产 50 万吨箱板纸生产线，3 条合计年产 130 万吨瓦楞纸生产线以及 40 万吨木浆热磨纤维和 40 万吨麦草热磨纤维生产线。

以上规划的林浆纸一体化项目建成后，将是我国造纸行业的巨大补充，同时也使造纸行业更加“集中化”发展。产能向龙头企业集中，行业向全产业链集中的形势。

三、2021—2023 年我国造纸工业主要建设项目列表

表 3　　2021—2023 年我国造纸工业重点制浆建设项目

序号	集团公司	建设地	增加产能 / 万吨	建设内容	投产时间
	纸浆项目				
1	玖龙集团	广西北海	158	34 万吨 / 年半化学浆 34 万吨 / 年漂白针叶木化浆 80 万吨 / 年漂白化机浆 90 万吨 / 年漂白阔叶木化浆	建设中 建设中 建设中 建设中
2	玖龙集团	沈阳	62	32 万吨 / 年化浆 30 万吨 / 年半化浆	2023 年 3 月 建设中
3	玖龙集团	广东东莞	60	30 万吨 / 年半化浆 30 万吨 / 年化机浆	2022 年 12 月 2022 年 12 月
4	玖龙集团	重庆	60	30 万吨 / 年半化浆 30 万吨 / 年化机浆	2022 年 12 月 2022 年 12 月
5	玖龙集团	湖北	132	32 万吨 / 年化学浆 30 万吨 / 年半化浆 70 万吨 / 年漂白化机浆 65 万吨 / 年漂白化学浆	2022 年 12 月 2022 年 12 月 2023 年 6 月 2023 年 6 月
6	联盛浆纸	福建	80	53 万吨 / 年化机浆 50 万吨化机浆	2023 年 5 月 建设中
7	太阳纸业	广西北海	165	80 万吨化学浆 40 万吨本色化学浆 45 万吨漂白化学浆	2021 年 12 月 2023 年 11 月 建设中
8	雅都纸业	湖北	10	10 万吨化机浆	2023 年 9 月
9	理文集团	广西崇左	30	30 万吨漂白化学浆	2023 年 12 月

续表

序号	集团公司	建设地	增加产能 / 万吨	建设内容	投产时间
10	华泰纸业	山东	100	30 万吨化机浆 70 万吨化学木浆	2023 年 12 月 建设中
11	晨鸣集团	山东	30	30 万吨针叶木浆	建设中
12	联盛浆纸	福建	166	166 万吨漂白硫酸盐化学浆	建设中
13	山鹰集团	宿州	80	40 万吨木浆热磨纤维 40 万吨麦草热磨纤维	建设中 建设中
14	建晖纸业	广西	45	45 万吨漂白化学浆	建设中
15	鲁丽纸业	山东	30	30 万吨 / 年化学浆	建设中
16	斑布纸业	四川	20	20 万吨漂白竹浆	建设中
17	泰中特种纸	山东	30	30 万吨化学浆	建设中
18	晨鸣集团	湖北	40	40 万吨溶解浆	待开工
19	五洲特纸	江西	80	80 万吨化学浆	待开工
20	理文纸业	四川	30	30 万吨化学浆	待开工
21	亚太森博	山东	60	60 万吨漂白化学浆	待开工

表 4　2021—2023 年我国造纸工业重点造纸建设项目

序号	集团公司	建设地	增加产能 / 万吨	建设内容	投产时间
	文化用纸				
1	太阳纸业	广西北海	55	55 万吨 / 年文化用纸生产线	2021 年 9 月
2	亚太森博	广东	45	45 万吨 / 年高档文化纸生产线	2022 年 3 月
3	联盛集团	福建	55	55 万吨 / 年文化纸生产线	2023 年 6 月
4	亚太森博	山东	50	50 万吨 / 年文化纸机生产线	2023 年 8 月
5	金蔡伦纸业	山东		10 万吨 / 年高档文化用纸生产线	2022 年 6 月
6	玖龙集团	广西北海	60	60 万吨 / 年高档文化纸生产线 PM50	建设中
7	岳阳纸业	岳阳	45	45 万吨 / 年的文化纸生产线	建设中
8	五洲特纸	湖北	30	30 万吨 / 年文化纸和特种纸生产线	建设中
	包装纸类				
1	玖龙集团	广西北海	310	80 万吨 / 年牛卡纸生产线 PM48 100 万吨 / 年高档白卡纸生产线 PM49 35 万吨 / 年纸袋纸生产线 PM55 35 万吨 / 年瓦楞纸生产线 PM56	2023 年 8 月 建设中 建设中 建设中
2	玖龙集团	湖北	240	60 万吨 / 年牛卡纸生产线 PM45 60 万吨 / 年牛卡纸生产线 PM46 120 万吨 / 年涂布白卡纸生产线 PM57	2022 年 6 月 2022 年 11 月 建设中
3	玖龙集团	沈阳	65	65 万吨 / 年箱板纸生产线	2023 年 5 月
4	太阳纸业	广西北海	90	90 万吨 / 年白卡纸生产线	2021 年 12 月
5	太阳纸业	广西南宁	150	50 万吨 / 年箱板纸生产线 52 万吨 / 年高品质包装纸 PM2 生产线 48 万吨 / 年高品质包装纸 PM3 生产线	2023 年 9 月 2023 年 10 月 2023 年 10 月

续表

序号	集团公司	建设地	增加产能 / 万吨	建设内容	投产时间
6	联盛集团	福建	100	100 万吨 / 年白卡纸生产线	2023 年 5 月
7	山鹰集团	广东	150	100 万吨 / 年箱纸板生产线 50 万吨 / 年箱板纸和瓦楞原纸生产线	2022 年 5 月 2022 年 10 月
8	山鹰集团	宿州	180	50 万吨 / 年箱板纸生产线 130 万吨 / 年瓦楞纸生产线	建设中 建设中
9	亚太森博	如皋	100	100 万吨 / 年白卡纸生产线	2023 年 10 月
10	金田纸业	江苏	100	35 万吨 / 年灰板纸生产线 35 万吨 / 年灰板纸生产线 30 万吨 / 年涂布白板纸生产线	2021 年 10 月 2021 年 11 月 2022 年 3 月
11	金桂纸业	广西	90	90 万吨 / 年涂布板纸机生产线	2022 年 12 月
12	强伟纸业	山西	90	30 万吨 / 年石膏板护面纸生产线 40 万吨 / 年高强瓦楞纸生产线 20 万吨 / 年瓦楞纸生产线	2022 年 6 月 2023 年 9 月 2023 年 9 月
13	景兴纸业	浙江	30	30 万吨 / 年高强瓦楞原纸生产线	2023 年 9 月
14	贵州鹏昇	贵州	60	60 万吨 / 年包装纸项目	2021 年 1 月
15	江苏凡泰	沐阳	20	20 万吨 / 年高强瓦楞原纸	2021 年 6 月
16	鸿泰纸业	新乡	20	20 万吨 / 年涂布白板纸	2021 年 7 月
17	丰硕纸业	山东	20	20 万吨 / 年涂布白板纸	2021 年 11 月
18	灌云利民	山东	20	20 万吨 / 年箱纸板机项目	2022 年 1 月
19	东森纸业	郑州	30	15 万吨 / 年高强瓦楞原纸 15 万吨 / 年高强瓦楞原纸	2022 年 1 月 2022 年 2 月
20	浙锋包装材料	抚州	30	30 万吨 / 年高档涂布白纸板	2022 年 1 月
21	三星纸业	蚌埠	15	15 万吨 / 年涂布白板纸	2022 年 3 月
22	国力源环保	石河子	10	10 万吨 / 年高档瓦楞原纸生产线	2022 年 7 月
23	泰鼎新材料	德州	30	30 万吨 / 年涂布白卡纸	2022 年 7 月
24	雅都纸业	河南	30	30 万吨 / 年高强瓦楞原纸	2022 年 10 月
25	林平纸业	萧县	35	35 万吨 / 年箱板纸和高强瓦楞原纸	2022 年 12 月
26	鹤丰新材料	浙江	30	30 万吨 / 年高档纸基材料项目	2023 年 4 月
27	丰源中盛	山东	35	35 万吨 / 年涂布白纸板项目	2023 年 4 月
28	锦宝石集团	河北	80	80 万吨 / 年包装装饰新材料	2023 年 5 月
29	合创新材料	山东	20	20 万吨 / 年高强瓦楞原纸	2023 年 5 月
30	凤凰纸业	四川	40	40 万吨 / 年高质量包装纸	2023 年 8 月
31	大展纸业	烟台	30	30 万吨 / 年箱板纸	2023 年 9 月
32	湖北荣成	湖北	35	35 万吨 / 年高档箱纸板项目	2023 年 10 月
	生活用纸				
1	景兴纸业	浙江	24	12 万吨 / 年生活用纸生产线 12 万吨 / 年生活用纸生产线	2022 年 1 月 2022 年 6 月

续表

序号	集团公司	建设地	增加产能 / 万吨	建设内容	投产时间
2	金红叶纸业	南通	17	6 万吨 / 年生活用纸 TM7，TM8 生产线 3 万吨 / 年生活用纸生产线 5 万吨 / 年生活用纸生产线 3 万吨 / 年生活用纸生产线	2022 年 5 月 2022 年 9 月 2022 年 9 月 2022 年 12 月
3	金红叶纸业	如东	6	6 万吨 / 年生活用纸生产线	2022 年 10 月
4	泰盛纸业	江西	4	2 万吨 / 年生活用纸 TM11 生产线 2 万吨 / 年生活用纸 TM12 生产线	2022 年 4 月 2022 年 5 月
5	泰盛纸业	宿州	5	5 万吨 / 年生活用纸 TM66，TM67 生产线	2023 年 10 月
6	植护云商	广西	6	6 万吨 / 年生活用纸 TM5，TM6 生产线	2022 年 5 月
7	太阳纸业	广西北海	15	15 万吨 / 年生活用纸生产线	2022 年 9 月
8	亚太森博	广东	11	5 万吨 / 年生活用纸生产线 6 万吨 / 年生活用纸生产线	2022 年 9 月 2022 年 11 月
9	联盛集团	福建	5.6	5.6 万吨 / 年生活用纸生产线	2023 年 5 月
10	恒安纸业	山东	2.5	2.5 万吨 / 年生活用纸生产线	2023 年 12 月
11	理文造纸	广西崇左	10	10 万吨 / 年生活用纸 5 条生产线	2023 年 12 月
12	理文造纸	广西崇左	18	18 万吨 / 年生活用纸 6 条生产线	建设中
	特种纸				
1	华旺新材料	马鞍山	12	12 万吨 / 年装饰原纸项目	2022 年 1 月
2	金东纸业	江苏	18.5	18.5 万吨 / 年特种纸生产线	2022 年 9 月
3	博汇纸业	山东	45	45 万吨 / 年高档信息纸生产线	2022 年 10 月
4	博汇纸业	江苏	80	80 万吨 / 年高档特种纸板生产线	建设中
5	齐峰纸业	广西	20	20 万吨 / 年特种纸生产线	建设中

（曹春华　李博雅　崔钰璐）

纤维原料

FIBROUS MATERIALS

5

2022—2023 年我国木片进出口概况

Overview of China’s Wood Chip Import and Export from 2022 to 2023

一、我国木片进口量趋势分析

随着国内下游纸浆市场新增产能持续扩张，国内对木片的需求量增加，在此影响下 2019—2022 年我国木片进口量呈现稳定增长态势，2023 年因纸浆产能投放延迟及 2022 年均价高位影响而有下滑。2019—2023 年我国木片进口量均在 1250.00 万吨以上，进口量平均增速 3.68%，进口量维持高位整理，支撑我国木片总供应量稳定增加。过去 5 年我国造纸行业处于扩张期，我国木片进口量呈现稳步提升的态势，2022 年我国木片进口量达到历史 5 年最高点 1844.69 万吨，同比上涨 18.10%，处于历史 5 年最高涨幅；2023 年我国木片进口量受国内纸浆产能延期投放及 2022 年进口木片均价高位影响，在 2022 年高位进口量基础上出现下滑。据中华人民共和国海关数据显示，2023 年我国木片进口量 1463.12 万吨，较 2022 年下降 20.68%。

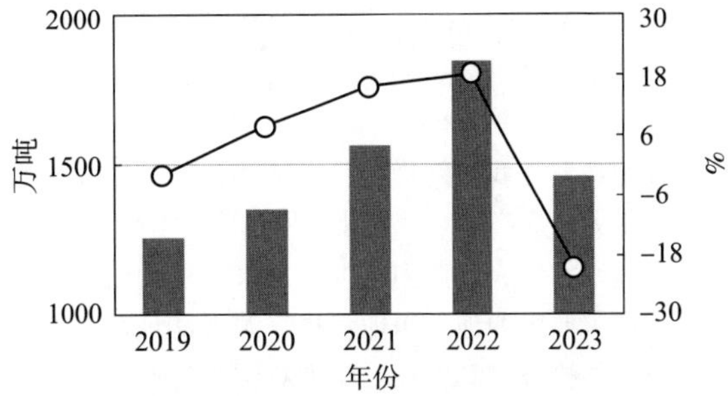

图 1　2019—2023 年我国年度木片进口量变化

木片进口量　平均增速

数据来源：中华人民共和国海关总署。

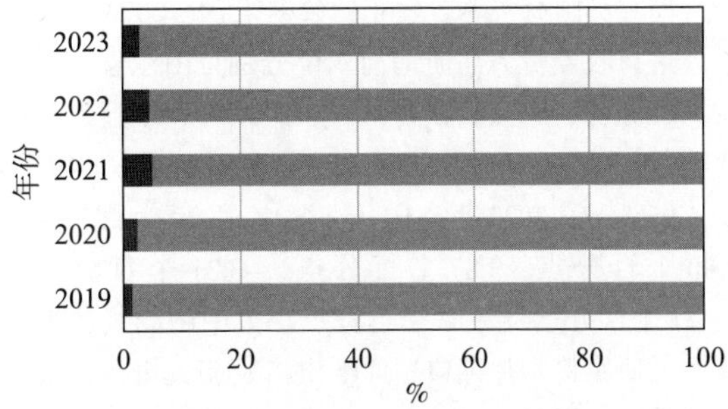

图 2　近年来我国木片进口量分种类结构对比图

针叶木片　阔叶木片

数据来源：中华人民共和国海关总署。

我国纸浆产能中以阔叶化学浆及阔叶化机浆产能为主，因此从 2019—2023 年我国木片进口量结构中可以看出，阔叶木片进口量占我国木片总进口量的 94.00% 以上，进口量平均增速在 3.41%；针叶木片占我国木片进口量的 2.00% 以上，进口量平均增速在 29.31%。两者进口量走势与我国木片进口量走势维持一致（图 1、图 2）。

1. 我国木片进口结构分析——贸易伙伴

从主要进口贸易伙伴上看，我国木片进口主要来自东南亚、南美洲、大洋洲和欧洲等国家。2023 年较 2022 年相比，针叶木片排名靠前的进口贸易伙伴占比变化不大，而阔叶木片排名靠前的进口贸易伙伴发生明显变化，特别是进口贸易伙伴第四、五名顺序出现调换。

2022 年越南、澳大利亚、泰国、智利、巴西和南非为阔叶木片排名前六位的进口来源国，占比分别达到 59.92%、18.06%、8.42%、3.84%、3.58%、2.06%。2023 年越南、澳大利亚、泰国、智利、印度尼西亚和巴西为排名前六位的进口来源国，占比分别为 64.50%、16.61%、7.07%、3.75%、3.01%、2.23%。排名前四位顺序没有发生变化，但较 2022 年占比发生变化，分别为越南 +4.58 个百分点、澳大利亚 −1.45 个百分点、泰国 −1.35 个百分点、智利 −0.09 个百分点。印度尼西亚新进排名第五，巴西退居第六。

2022 年美国、澳大利亚、俄罗斯、斐济、德国和荷兰为针叶木片排名前六位的进口来源国，占比分别达到 41.41%、36.36%、11.84%、10.36%、0.02% 及

0.00%。2023 年美国、澳大利亚、俄罗斯、斐济、越南和德国为排名前六位的进口来源国，占比分别为 32.80%、30.68%、29.50%、6.89%、0.09% 及 0.03%，排名前四位顺序没有发生变化，但较 2022 年占比发生变化，分别为美国 −8.61 个百分点、澳大利亚 −5.68 个百分点、俄罗斯 +17.66 个百分点、−3.47 个百分点。越南新进排名第五，德国退居第六。

2023 年我国进口阔叶木片贸易伙伴结构变化原因：

①印度尼西亚纸浆新增产能少，木片发往我国货量大幅提高，进口量同比增速达到 43.02%。

②巴西受当地新增产能持续释放及浆纸一体化进程下行业集中度升高影响，发往我国货量大幅减少，进口量同比下降 49.58%。

③智利发往我国的货量稳步增加，但受印度尼西亚发货量大幅提高影响，占比有所下降。

④越南、澳大利亚和泰国在未来仍是我国进口阔叶木片的主要来源地，当地森林资源丰富且基本无纸浆新增产能投放，其木片出口到我国为目标方向，流向我国的木片量稳居 TOP3 位置。

2. 我国木片进口结构分析——收发货人注册地

2023 年我国木片进口收发货人注册地前六位排名无较大变化，主要分布在东部、南部沿海地带。从中华人民共和国海关总署发布的数据来看，2023 年我国木片进口收发货人注册地前六位分别是山东省、海南省、江苏省、广西壮族自治区、广东省和福建省，占比分别为 43.21%、19.35%、15.37%、6.92%、4.19% 及 4.05%，较 2022 年占比分别变化 −1.29 个百分点、1.60 个百分点、3.87 个百分点、−3.31 个百分点、−3.21 个百分点及 2.16 个百分点。大中型制浆造纸企业为方便原料木片进口、原纸出口及相关机械设备的进口等，主要分布在华东、华南地区等沿海地带。分省来看山东省仍是国内最大的木片需求市场，市场份额占比大、交易活跃度高，在整个造纸行业具有风向标的作用，且山东省内的数家规模浆纸企业行业集中度高，在行业具有相当大的话语权。卓创资讯分析，由于纸浆新增产能向华南华东转移预期明显，未来一段时间内我国木片进口收发货人注册地排名会发生较大变化，广西壮族自治区、福建省排名有望继续提前。

二、我国木片出口量趋势分析

2019—2023 年我国木片出口整体来看呈现震荡运行态势，出口量在 70.80 ~ 873.33 吨震荡整理。木片出口量相对于进口量来说数量极少，对木片市场的影响较有限。

从中华人民共和国海关总署发布的数据来看，过去 5 年我国木片出口整体呈现先升后降再盘整态势（图3）。其中2019年出口量处于相对历史低位，2020—2023 年我国木片出口量均在 600.00 吨以上。2023 年出口量 639.01 吨，较 2022 年出口量 731.17 吨同比下降 12.60%。2019—2023 年均木片出口量 595.41 吨。出口量变化的原因主要与我国造纸行业的景气度、国外需求量及海运情况等因素有关。

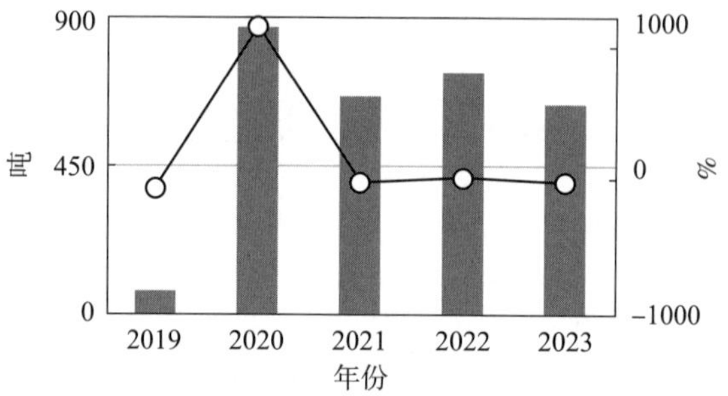

图 3　2019—2023 年我国木片年度出口量变化

■ 出口量　—○— 增速

数据来源：中华人民共和国海关总署。

2019—2023 年我国木片各个种类的出口结构发生明显变化，其中针叶木片出口量占比自 2020 年开始居于高位，而阔叶木片占比在 2023 年有窄幅提升（图 4）。出口结构变化主要受国际形势变化及木片价格高低影响。

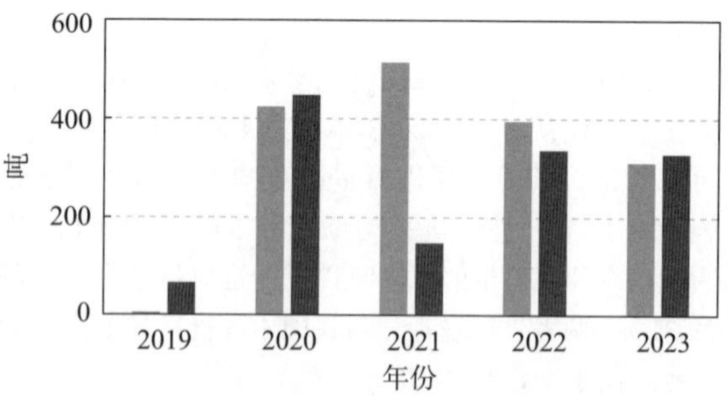

图 4　2019—2023 年我国木片出口量分种类统计

■ 针叶木片　■ 阔叶木片

数据来源：中华人民共和国海关总署。

2.1　我国木片出口结构分析——贸易伙伴

从 2023 年木片出口主要贸易伙伴数据来看，我国木片出口国家及出口地区变动较大，且出口量相对较小，多为转口贸易的形式。与 2022 年相比，我国针叶木片出口量排名前五位的出口国排名及占比均有较大调整。2022 年只有日本、美国两位出口国，占比分别达到 99.55%、0.45%。而 2023 年日本、阿联酋、美国、泰国和德国为排名前五位的出口国，数量分别为 279.00 吨、15.07 吨、7.08 吨、5.40 吨和 3.33 吨；占比分别为 89.61%、4.84%、2.27%、1.73% 和 1.07%。

与 2022 年相比，我国阔叶木片出口量排名前五位的出口国及出口地区排名占比有较大调整。2022 年我国澳门、意大利、美国、希腊和我国台湾为排名前五位的出口国家和出口地区，占比分别达到 32.75%、17.43%、16.39%、13.71% 和 11.85%。而 2023 年意大利、越南、以色列、俄罗斯和沙特阿拉伯为排名前五位的出口国，数量分别为 107.55 吨、58.93 吨、27.99 吨、27.65 吨和 26.30 吨；占比分别为 32.82%、17.98%、8.54%、8.44% 和 8.03%。

卓创资讯分析，出口贸易伙伴结构变化主要是受不同国家地区木片价格高低、业者经营策略存有差异、国际形势变化及出口木片量绝对值过小等因素的影响。因涉及跨国别木片贸易，不同国家地区的木片定价模式不同，规模木片卖方在各国的销售策略也不同，故我国木片出口受到诸多因素限制，多以少量刚需交易为主，维持区间整理态势。

2.2　我国木片出口结构分析——收发货人注册地

从中华人民共和国海关总署发布的数据来看，2023 年我国木片出口收发货人注册地排名有明显变化（图 5）。2022 年我国木片出口收发货人注册地排名前五位分别是江苏省、江西省、浙江省、广东省和湖南省；2023 年我国木片出口收发货人注册地排名前五位分别是江苏省、广东省、江西省、浙江省和山东省，占比分别为 48.02%、12.24%、11.83%、8.23% 及 7.81%。为方便进出口运输，我国木片出口收发货人注册地主要分布在东南沿海一带。

综合来看，由于我国纸浆市场新增产能持续扩张，国内对木片的需求量增加，但 2023 年我国木片进口量受国内纸浆产能延期投放及进口木片均价高位影响，在 2022 年高位进口量基础上出现下滑。从进口贸易伙伴来看，2023 年越南和澳大利亚为我国提供了 79.66% 的木片供应，我国东部、南部沿海地带是木片进口的主要地区。我国木片出口量相对于进口量来说数量小，对木片市场的影响较为有限；我国木片出口国家变动较大，且出口量相对较小，多为转口贸易的形式。

展望未来，2024 年我国计划新增木浆产能 639.00 万吨，折合木片需求量或较 2023 年增量 1050.80 万吨，其中阔叶木片需求量占 96.75%，而国内木片供应量相对有限，因此预计 2024 年我国木片进口量或维持稳定增长，阔叶木片进口量依旧稳居首位。

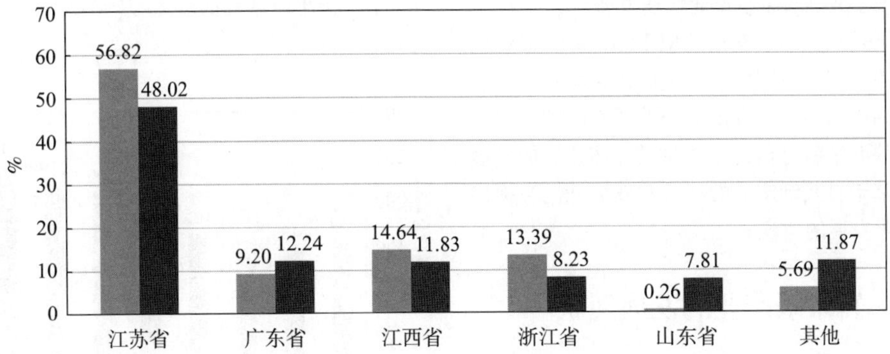

图 5　2022—2023 年我国木片出口量按收发货人注册地分布对比图

■ 2022 年　■ 2023 年

数据来源：中华人民共和国海关总署。

（常俊婷）

推行竹浆纸一体化，实现竹子造纸持续发展

Implementing Bamboo Pulp and Paper Integration and Promoting Sustainable Development of Bamboo Papermaking

竹子的纤维含量及形态与木材相近，纤维素含量高，纤维长度可与阔叶木媲美，竹纤维细长结实，细胞壁微观结构特殊，打浆延展性好、可塑性强，是一种良好的造纸原料，可用来制造中高档纸。我国现有各种竹类植物约 39 属、500 多个品种，是世界上竹资源最丰富的国家。竹子生长迅速、生物量增量快、收获无明显季节性，能满足工业化连续生产的要求，是可代替木材的一种造纸原料。

随着社会进步，竹子造纸技术在各个时期都有一定发展。近年来通过国内外研究及工程人员的不懈努力，竹子大规模工业化制浆中的技术难题逐步解决，制浆产生的黑液得到有效回收处理，竹浆的质量得到显著改善，为竹浆纸产业的快速发展提供了技术保证，有利推动了我国竹浆纸产业快速发展。

制浆造纸是典型的原料消耗型工业，纤维原料消耗量大、依赖性强。我国竹浆产量的快速增长，竹子供应紧张的局面已显现。要解决当前所面临的原料问题，最有效的办法就是推行“竹浆纸一体化”的发展模式。本文基于竹浆纸产业的特点和发展状况，提出竹浆纸一体化发展的建议。

一、竹浆纸产业的发展现状

随着竹纸企业广泛深入的宣传推广，公众对其认知发生巨大变化，消费者对其关注度和接受度不断提高，各种竹浆纸产品的市场需求不断扩大。数据分析表明，当前非常关注竹浆纸产品的主要是刚入职的年轻人和在校的学生，竹浆纸产品绿色、环保、时尚的特性符合这一群体的消费理念，他们强劲的消费需求推动了竹浆纸产业的快速发展。

图 1 所示为 2014—2023 年间我国竹浆产量的增长情况。2014 年竹浆产量为 154 万吨，2023 年达到 254 万吨，与 2014 年相比年产量增加 100 万吨，10 年平均增幅为 6.5%；竹浆在非木浆中的占比从 2014 年的 20.39% 提高至 2023 年的 44.17%，成为我国非木纸浆的主要浆种，远高于其他纸浆的增长速度。在竹浆纸市场良好发展前景的吸引下，还有企业正在加大对竹浆纸项目的投资，未来 2 ~ 3 年将有 120 ~ 140 万吨 / 年的产能建成投产，产业发展势头强劲。2022 年我国竹浆产量 246 万吨，以竹子为原料的规模制浆企业 23 家，从业人数 7.6 万人。用竹浆生产纸和纸板的企业有 92 家，主要生产生活用纸，还有少量的文化纸和包装纸等，从业人数 3.5 万人。有 80 多家企业以竹子为原料生产手工纸，如书画纸等，从业人数约 0.5 万人。我国竹浆纸产业另一个显著变化是企业生产规模快速提升，产能 10 万吨 / 年以上的竹浆生产线不断增多，目前最大竹浆生产线的产能达到 25 万吨 / 年，新建项目大都按 25 万吨 / 年以上的产能进行规划。

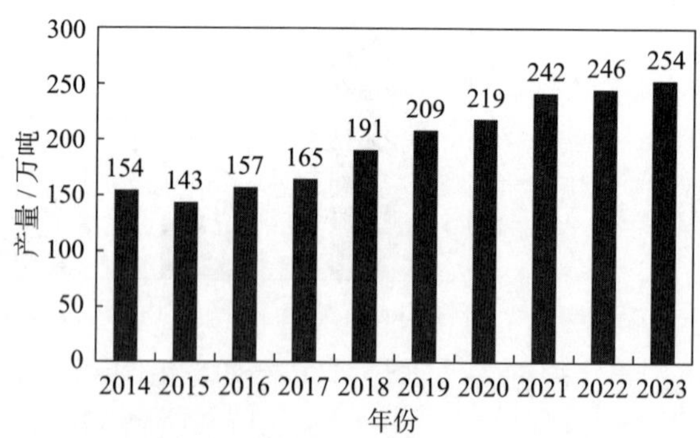

图 1 2014—2023 年我国竹浆产量变化

按照《造纸行业“十四五”及中长期高质量发展纲要》的规划，2025 年我国纸及纸板总产量将达到 1.4 亿吨，人均消费量将突破 100 千克，国产原生纸浆超过 3000 万吨；2035 年全国纸及纸板总产量 1.7 亿吨，人均消费量 120 千克以上，国产原生纸浆占 30% 以上。2023 年我国纸和纸板总产量 1.29 亿吨，人均消费量 93.37 千克，原生纸浆产量 2887 万吨，

占纸浆消费量24.26%。所以，到2035年我国制浆产能还有1000多万吨/年的增量，每年增加100万吨左右。造纸工业是支撑国民经济的重要基础产业，我国木材资源缺乏而竹子资源较为丰富，近年来的发展实践表明竹子是可以取代木材进行较大规模制浆造纸的。因此，在不断发展的国民经济带动下，我国竹子造纸工业在今后还有较大发展。

二、竹浆纸产业发展面临的原料问题

制浆生产能否高效运行与纤维原料供应有直接关系，每生产1吨竹浆需消耗竹子约4.5吨。随着竹浆总量增加和生产线产能提升，竹浆产业发展对竹材供应的依赖性进一步加强。由于过去对竹子供应的重要性认识不够，竹子原料供应不足的情况在许多竹浆企业开始凸显，使浆纸企业的生产难以正常进行，还造成生产成本的增加，降低了企业效益，阻碍了产业可持续发展。

以四川省为例，目前全省竹林面积已达到1800万亩，造纸用竹林为1200万亩左右，理论上能够满足260万吨/年的竹浆生产需求。但目前竹子的供应仍然很紧张，省内竹子不能满足需求，还有大量竹子从邻近省市采购。综合各方因素分析发现，目前竹子的实际利用率仅为50%左右。2023年四川省竹浆产量已达到154.3万吨，未来3年还有100多万吨新增产能相继投产，竹子原料供应不足成为迫切需要解决的问题。

造成这种局面的主要原因是竹林业与浆纸业之间严重脱节，当前浆纸企业与竹林业之间的关系主要靠竹片供应商维系，这种简单的市场供应关系产生如下问题：一是竹浆纸产业发展缺乏科学规划与合理布局，在竹浆纸产业集中度较高的区域竹资源已经用尽，企业跨区域开展竹林基地建设难度大、成本高；二是由于竹子供应链中利益分配不够合理，严重影响农民种竹、收竹的积极性，造成竹林面积和竹子砍伐量增长缓慢；三是忽视竹林区域内基础条件建设，道路设施差、交通不便，增加了竹子砍伐和运输的难度和费用，降低了竹子资源收获率；四是缺乏科学造林技术和管理经验，造纸用竹种的培育和种植缓慢，使纸浆得率和性能下降。

综上分析，当前造成竹子原料供应紧张的主要根源在于原料供应端与竹浆纸企业之间的严重脱节。要加强原料供应与竹浆纸企业间的有机结合，最有效的途径就是实施竹浆纸一体化发展模式。

三、推行竹浆纸一体化的重要意义

按照林浆纸一体化的发展模式，竹浆纸一体化是以制浆造纸企业为主体，通过种竹造林解决制浆造纸竹材原料供给问题，使竹林种植、竹子制浆和竹浆造纸三个环节有机结合起来；形成以纸养竹、以竹促纸的可持续发展模式，使浆纸企业永续经营和造纸工业持续发展。

1. 推行竹浆纸一体化是保障造纸原料供应的重要途径

林浆纸一体化是国际上造纸工业持续发展的成功模式，20世纪70年代已在许多造纸发达国家得到成功应用。木材纤维含量高、纤维质量好，收集、加工容易，可满足大规模工业制浆生产要求，因此成为生产纸浆的主要原料。我国木材资源缺乏，长期以来造纸工业实施“以草为主”的原料方针，使制浆企业很难在生产规模和技术水平上发展，在一定程度上限制了造纸工业的持续发展。20世纪90年代中期国家才改变了造纸工业的原料结构，并确定了“林浆纸一体化”的发展方针。经过近30年的努力，林浆纸一体化发展模式不仅成功缓解了造纸工业原料紧张的局面，还带动了林业、造纸业的持续发展，建成了多个产能达百万吨的木浆企业。因此，借鉴林浆纸一体化的成功经验，推行竹浆纸一体化模式，也能为造纸工业提供丰富的纤维原料，将是促进我国竹产业和浆纸业共同发展的有效途径。

2. 推行竹浆纸一体化促进造纸工业高质量发展

推行竹浆纸一体化能够促使浆纸企业快速发展，培养企业营造竹林的能力，通过自给努力保证竹材原料供应。与其他非木材原料相比，竹子产量高、可四季砍伐，能满足大规模制浆生产线连续生产的要求。发展竹子制浆造纸，“以竹代草”有利于造纸工业淘汰落后产能，加快小规模制浆造纸企业改造升级。根据制浆造纸生产的需要，有针对性地进行优良竹种的培育和种植，提高竹浆、竹纸的品质，降低生产中的消耗，进一步提高制浆造纸生产效益，实现生态造纸，促进竹浆纸企业永续经营和良性发展。在我国大力发展竹产业的背景下，推行竹浆纸一体化可有力推动竹浆纸产业高质量发展。

3. 推行竹浆纸一体化促进造纸工业绿色发展

竹浆纸一体化不仅可满足制浆造纸生产的原料需求，还能带动竹林业全面发展，实现造纸工业绿色发展。竹子容易栽种，成活后可每年发笋连续繁衍，能很快绵延成林；竹子的地下茎增生能力极强，相互交错，具有很强的水土保持能力。竹林具有很强的保护环境、改善生态的能力。竹子生产速度快、固碳能力强，竹林的固碳能力远超普通林木，是杉木的1.46倍、热带雨林的1.33倍，因此发展竹林业还可为浆纸企业获取更多的碳汇，为产业发展争取更多的环境容量。推行竹浆纸一体化，从生态造林到清洁制浆再到绿色造纸，可实现“以竹养纸、以纸促林、竹纸结合”的绿色大循环。

4. 竹浆纸一体化发展的建议

竹浆纸多行业高度融合共同发展是一项复杂工程，政府职能部门应科学规划、合理布局，制订相关政策支持产业进步，协调各方关系协同发展；浆纸企业还需继续努力做大做强，支撑竹浆纸一体化发展；竹、浆、纸各企业应改变观念，树立竹浆纸一体化发展观念，通过机制体制创新，充分利用产业发展的优惠政策，加大资金投入开展竹林基地建设；金融机构和科研院所应树立服务意识，给竹浆纸一体化项目提供高质量的金融和技术支持。

（1）高位推动、立足全局、科学规划、合理布局竹浆纸产业

竹浆纸产业具有良好的发展前景，在各项政策的大力支持下，竹浆纸产业目前正处在投资较热的时期。在浆纸产业发展较好的地区，竹浆纸产业社会影响较好、得到支持较多，产能集中度过高，造成竹子供应紧张；而在有些竹资源丰富但浆纸产业规模较小或产业空白的地区，竹浆纸产业发展和新项目建设相对迟缓，造成竹子资源相对过剩。为防止这种现象加重，相关部门应因地制宜科学制订竹浆纸产业发展战略，在现有基础上进一步完善竹资源信息，科学合理规划产业布局，避免集中建设而出现产能过剩、过度竞争等现象发生。

（2）加强技术创新，提高产业整体技术水平

竹子及其制浆造纸，无论是基础理论还是应用技术等方面，仍存在一些问题需要解决。而竹、浆、纸行业普遍为传统产业，科技创新重视不够，资金投入相对较少，科研工作没有持续开展，科研成果没有积累，以企业为主的技术创新体系尚未普遍建立。虽然有部分企业意识到技术创新的重要性，但用于技术研发的经费投入较少，没有建成有效的研究团队，影响企业未来发展后劲。因此，各企业应制订创新发展战略、加强科技创新投入，积极建设企业技术研发中心，或与高校或科研机构开展技术创新合作。

关于竹材制浆造纸可在如下方面加大研发力度：一是开展适于造纸用竹种的选育、培育、改良和推广研究工作，引导科学造林、开展栽培技术研发，提高竹浆得率和品质。二是开展竹子化学机械法制浆及其废水高效处理技术的研究，加快竹材高得率制浆产业化进程，改变当前竹浆结构单一的现状。三是开展竹资源综合利用的研究，实现竹产品加工方式的多样化，提高竹资源附加值，提升竹产业综合效益；开展竹材废弃物综合利用研究，提高竹资源的综合利用水平，促进整个竹产业全面协调发展。四是基于竹子结构及性能，加快研发适合于竹子的高效率、低消耗、少污染的制浆造纸装备，为竹浆纸产业现代化发展奠定坚实基础。

（3）培育优质企业做大做强，有力支撑竹浆纸一体化发展

当前我国最大的竹浆企业规模虽然达到25万吨/年，但绝大多数企业的产能为10万吨/年左右，仍有不少企业的产能在10万吨/年以下。生产规模偏小的企业，在行动上缺乏竹浆纸一体化发展的意识，在经济上缺乏竹浆纸一体化发展的实力，在管理上缺乏竹浆纸一体化发展的能力。制浆造纸属于规模型制造业，如果企业的生产规模偏小，规模效益不能发挥，企业则没有能力和实力实施竹浆纸一体化发展。因此可以依托现有浆纸企业，通过扩建、改建和新建相结合的方式，使其尽快发展壮大，支撑竹浆纸一体化发展。

目前竹纸企业绝大部分为生活用纸，产品结构单一、著名品牌较少，行业整体缺乏竞争力。竹纸企业应坚持以市场需求为导向，加快新产品研发、调整产品结构，以增强产业竞争力为核心，如积极开发竹溶解浆、竹纳米纤维素、竹炭纤维、竹缠绕、竹重组等高科技、高附加值产品。通过实施品牌战略，构建产品商标集群，扩大品牌市场影响力，进一步提高竹基产品的品牌知名度和社会影响力，增强企业竞争力。

（4）延伸产业链，多点发力，共同推进竹浆纸一体化发展

分析整个竹浆纸产业的结构，主要包括竹林业、制浆企业、造纸企业、纸加工企业和竹纸销售企业等。由于造纸用竹资源相对有限，所以竹料供应还是卖方市场，受其影响最大的是竹浆企业。造纸企业则有较大的选择，其生产上除了使用竹浆外，还可使用木浆或其他非木浆。纸加工企业和纸产品销售企业处在产业链的末端，受竹料供应的直接影响很轻。因此，目前整个产业链上的企业还是比较松散的市场供应关系，非常不利于竹浆纸一体化的实施。

竹浆纸一体化是一个复杂的系统工程，应根据当前竹浆纸产业的特点，建立“竹＋浆＋纸＋加工＋销售”竹子制浆造纸产业一体化新模式，使竹子种植、竹材加工、竹浆纸生产、竹纸销售形成一个完整产业

链。在市场经济的基础上，通过体制机制创新，以竹资源为纽带，构建多种合作模式，使竹、浆、纸、加工和销售各企业建立密切合作的关系，吸引更多的企业参与竹浆纸一体化工程。

（5）加强竹林基地建设，夯实竹浆纸一体化发展基础

实施竹浆纸一体化发展战略，其首要和关键的工作是建设好竹林基地。竹林基地是竹浆纸一体化经营的基础，为加快竹林基地建设，企业和政府应共同努力增加资金投入，可通过机制体制创新构建多种合作模式，增加竹林面积、优化竹子结构、完善基地基础、提高竹林质量，为浆纸产业发展提供丰富的、优质的竹子资源。

多元投入、多种渠道筹措资金，加大竹林基地的投资力度。企业与地方政府相关部门相互配合，共同建设竹浆纸一体化项目。企业应构建多种合作模式吸收更多的投资主体，打开更多渠道进行融资，保障产业发展的资金来源和投资强度。地方政府可将竹浆纸一体化项目与相关的涉农、涉林等农村农业项目融合建设，使政府投资发挥更大的效益。根据当地的实际情况，在政策允许的情况下，将竹林基地建设与退耕还林、荒坡改造、水源保护、以工代赈等项目相结合，增加政府资源和资金投入，通过政策优惠引导社会资金投入。

相关部门可采取切实有力的措施规范竹材收购流通环节，限制收购流通环节利润的不合理分配，保持竹材价格基本稳定，保护竹农基本收益和种竹积极性，保障制浆企业原料成本基本稳定。农林特产税和育林基金的征收要坚决贯彻农村税费改革的精神，严格禁止重复和多头征收，不得另行增加任何名目的收费和摊派项目。坚持聚“散”为“整”、积“小”成“大”，建立竹产业奖励扶持专项资金，帮助企业解决资金问题，克服疫情、洪灾等不利影响给企业带来的困难。

多方参与、多种模式合作，加快发展竹林基地建设。制浆造纸企业可通过投资自办竹林基地，还可通过林纸股份合作的方式与林业部门合办竹林基地经营公司，推进竹林基地建设。竹林经营公司可通过购买、流转、租赁和承包等多种方式，取得竹林地的使用权或经营权，投资建设竹林基地。除此以外，还可采用订单林业、浆纸企业与政府合办、浆纸企业与林农和政府协议商定等其他多种形式的基地发展模式。要充分利用竹产业园和农村资源，构建园区、公司、村集体、合作社等与农户的利益联结和扶持带动机制，引导广大农户参与园区竹产业发展；通过集体经济引领，搭建“村委＋村集体经济组织”双平台，用于竹产业发展、壮大村集体经济；发挥园区企业带动作用，通过“园区＋公司＋合作社＋农户”的大园区、小农户发展模式，形成“业主集中建基地、农民分户管基地”的种、管、采、收一体化投资经营发展格局。

加强竹林基地道路建设，改善林区种植、采伐、加工和运输条件，是提高竹资源可及度和利用率的重要手段，以增加竹林产出，提高经济效益。竹林经营建设还应坚持标准化、绿色化的发展理念，积极开展ISO 9001 质量管理体系、ISO 14001 环境管理体系认证和美国 FDA 食品安全检测认证、欧盟 AP 食品安全检测认证；按照 FSC 森林经营联合认证要求，进行竹子的科学抚育和采伐。坚持质量可追溯，通过实施高标准土地整理、配方施肥、标准化栽植、绿色防控等项目，统一种植技术标准、统一投入和监管，建立浆纸质量安全可追溯体系，为竹浆纸产品走向世界打下良好基础。

四、结　语

随着我国竹子种植面积快速扩大，以竹子为原料的工业产品不断进入市场，竹子已成为重要的生物质资源。竹子具有良好的造纸性能，是一种可以取代木材进行工业化造纸的纤维原料。利用竹子造纸已经成为我国造纸工业的特色，不仅能缓解决造纸工业木材原料供应不足的问题，还能够扩大竹子资源的用途从而带动竹林业持续发展。竹浆纸产业规模的增大使其与竹材供应间的依赖关系增强，借鉴木材造纸的成功经验，只有推行竹浆纸一体化才能实现竹子造纸和竹子种植两大产业的持续发展。所以，在当前竹浆纸产业大发展的关键时候，社会各方力量应通力合作，高起点、高标准、高水平规划并建设竹浆纸一体化项目，使竹子这一特色资源在现代社会发挥更大的效益，推动我国造纸工业和竹林产业的持续发展。

（刘一山　刘连丽　谢章红）

甘蔗渣资源利用现状与高值化利用途径

Current Situation and High Value Utilization Path of Bagasse Resources

甘蔗渣是甘蔗制糖的主要副产物，约占甘蔗总质量的 21%～23%，其组成包括 39%～45% 纤维素、23%～27% 半纤维素、19%～32% 木质素、1%～3% 灰分和 5%～7% 抽提物。近 5 年，我国每年甘蔗种植面积为 1300～1400 千公顷，年产量均突破 10000 万吨，故我国每年蔗渣产量达 2100 万～2300 万吨。“十四五”期间，承担着保障我国食糖安全供给重任的广西壮族自治区，糖料蔗年种植面积要求稳定在 1100 万亩左右，年均入厂糖料蔗 5000 万吨左右，出厂蔗渣约 200 万～300 万吨（50% 水分）。我国大约 80% 的甘蔗渣被用作锅炉燃料，为糖厂提供热能与电能。然而，由于糖厂锅炉和汽轮机的工作参数普遍偏低，故糖厂蔗渣锅炉所提供蒸汽与电能仅能满足制糖生产的要求，无法并入外网对外供应，故资源利用价值不高，对企业经济效益贡献作用小。事实上，甘蔗渣是产量巨大、价格低廉的可再生资源，蕴含丰富的生物质能，开发新型高值化利用技术，可以极大地提高企业的综合经济效益。本文综述了我国甘蔗渣的传统利用方法，结合近年来利用先进手段，以甘蔗渣为原料制备高附加值产品的研究进展，提出了甘蔗渣资源梯度、多值化、高值化综合利用策略，为早日实现甘蔗渣高值应用奠定基础。

一、甘蔗渣的传统利用

1. 蔗渣浆制备

目前我国用于制浆造纸工业的甘蔗渣，约占甘蔗渣总产量的 20%，甘蔗渣纸浆产量约占全国纸浆总产量的 0.92%。以甘蔗渣为主要原料的制浆造纸企业主要分布在广西，2023 年广西蔗渣浆产量为 54 万吨，蔗渣浆板 18 万吨。虽然 2023 年广西用于制浆的甘蔗渣达 108 万吨（绝干吨），但仍不足以支撑蔗渣浆企业满负荷生产。因此，目前广西纯蔗渣浆生产企业已所剩不多，且产能有限，如广西兴桂纸业有限公司年产 10.2 万吨蔗渣浆，广西凤糖鹿寨纸业有限公司年产 5.3 万吨蔗渣浆，多数浆厂已转型为木浆与蔗渣浆的混合生产。甘蔗糖厂榨出的甘蔗渣含水量通常高达 46%～57%，可溶性糖分含量约占 2%～6%，因此一般不会立即用来制浆，而是存储一段时间，待残留糖分大部分分解、水分蒸发后才用于制浆。甘蔗茎细胞组成主要包括纤维细胞及薄壁细胞，其中纤维细胞是制浆的主体，而薄壁细胞主要存在于蔗髓中，是存储蔗汁的基本组织细胞。薄壁细胞长宽比较小，交织能力较差，一旦纸浆中存在大量薄壁细胞，会导致成纸脆性大，强度差，甚至会堵塞洗浆机网孔，污染纸机毛毯，降低生产效率；同时薄壁细胞富有弹性，吸湿能力较强，会增加蒸煮药液消耗，且易导致所得纸张回潮，所以浆厂在备料段均会先将甘蔗渣进行除髓处理，蔗髓则作为生物质燃料进行燃烧，生产 1 吨风干浆需 4.2 吨左右风干除髓蔗渣。

以甘蔗渣为原料制浆的方法包括化学法、机械法以及化学机械法等，其中化学法中的烧碱法是目前的主流方法。甘蔗渣烧碱法蒸煮既可以生产本色浆，也可以生产漂白浆，可用于书写纸、信封纸和薄页纸等的生产。目前规模较大的甘蔗渣制浆厂基本使用连续蒸煮设备，以提高生产效率，无元素氯（ECF）和全无氯（TCF）漂白逐渐成为蔗渣浆的主要漂白方式，包括过氧化氢漂白（P）、氧碱漂白（O）、连二亚硫酸盐漂白（R）、二氧化氯漂白（D）和臭氧漂白（Z）。为确保完全漂白及不同漂剂对不同木质素结构的专一性，目前制浆厂多采用多段、不同漂白技术相结合的漂白方法，如 OD 两段漂或 P_0DP_1 三段漂。

蔗渣浆除应用于传统造纸以外，还可用于生产环保餐具。随着社会发展、生活节奏加快，外卖、快餐等行业快速发展，使用一次性塑料餐具对环境的危害日益加重。纤维素纸浆模塑餐具因其具有可回收、可降解、质量轻、成本低和外观漂亮等特性，成为塑料餐具最具有前途的替代品，备受关注。长期以来，漂白木浆一直被用作生产纸餐具的主要原料。然而近年来，由于漂白木浆价格相对昂贵且存在潜在的环境冲突（森林砍伐和制浆过程中的高污染负荷），使用一年生植物制备的纸浆，尤其是农业残余物，如漂白蔗渣浆作为纸餐具生产原料已引起广泛关注。为落实中共中央、国务院《关于深入打好污染防治攻坚战的意见》、《“十四五”节能减排综合工作方案》等文件精神，结合广西甘蔗糖业特色产业，研制蔗渣基可降解餐具，大力发展绿色经济，是全面落实中国两个百年奋斗目标的重要举措。蔗渣制浆后，经模具热压，可制成不同规格形状的一次性绿色环保餐具，结合食品级防水、防油助剂的使用，甘蔗渣基餐具有可完全生物降解性、优异防水与防油性、优秀机械强度、低碳排放、高食品安全性和低成本，以及优异的加工性和可扩展性等特点，因此，以其替代木浆餐具和塑料餐具的潜力非常巨大。广西博冠环保制品有限公司拟总投资9.07亿元，打造一条“甘蔗—制糖—蔗渣—制浆—环保餐具”循环产业链，实现由传统造纸行业到生物环保科技企业的转型升级。广西福斯派环保科技有限公司已大规模生产蔗渣浆食品级餐具，致力于解决食品消费领域以及中餐外卖餐具的问题；广西华宝纤维制品有限公司每年使用约4.5万吨的蔗渣用来生产环保餐具；来宾众鑫环保科技有限公司计划建设的、年产可降解环保餐具专用的10万吨甘蔗渣项目已通过审核。目前，广西利用甘蔗渣生产绿色环保餐具的企业已接近20家，这不仅能满足我国社会发展对环保餐具的需求，产品还能远销欧洲、北美等国家和地区，前途广阔。

2. 甘蔗渣作生物质燃料

目前我国约80%的甘蔗渣被用作锅炉燃料生产蒸汽和电能供糖厂使用。我国甘蔗渣水分含量在45%～55%，湿蔗渣的热值约为8000千焦/千克，降低蔗渣水分含量对提高锅炉热效率来说是有利的。在储存过程中，由于微生物降解作用，会使甘蔗渣的燃料价值显著降低，特别是在露天或未覆盖的情况下，也可以采取一定物理加工方法来稳定蔗渣的热值，如对蔗渣进行压缩后再堆放。2006年《可再生能源法》的发布是生物质发电的标志性事件，有力地推动了甘蔗渣生物质发电的发展。近年来，重大技术改进，特别是压力为10兆帕（产生525℃的过热蒸汽）高压锅炉的使用，使得甘蔗渣热电联产效率更高。目前，我国甘蔗糖厂的热电联产模式完全能满足甘蔗糖厂生产需要，甚至有些糖厂已经可以向外供电。除此之外，广西东亚糖业集团、广西农垦制糖集团和广西南能长岭清洁能源公司等已建设了生物质发电厂，为集团下属糖厂和整个工业园区提供电力，标志着我国糖业甘蔗渣发电的综合应用技术已跻身于可持续发展行列。在锅炉中，甘蔗渣在约800～1000℃的温度下燃烧，灰烬通过烟囱/洗涤器（飞灰）排出或收集在锅炉底部（底灰）。烟囱中的灰烬若直接排至大气中，会产生环境污染，危害健康，因此，需要安装过滤器或气体洗涤器来进行处理使其满足排放标准，控制污染，减少灰烬对环境的影响。目前甘蔗渣燃烧产生的灰烬，主要被糖厂作为肥料出售。然而，甘蔗渣作为一种可再生的资源，其利用不应仅局限于上述传统利用途径，探究其新型高值化利用，对提高甘蔗利用综合效益非常关键。

二、甘蔗渣的高值化利用途径

目前大多数的甘蔗渣资源已经得到了充分的回收利用，然而经济效益不容乐观。以制浆为例，2022年广西纸浆市场形势较好，蔗渣浆企业基本实现盈利。然而，2022/2023年榨季收购蔗渣原料竞争较大，到厂价超600元/吨（风干），原料成本较高，若2023年纸浆市场下行，蔗渣浆企业将承受巨大的生产运营压力。另一方面，与相同质量的煤炭相比，甘蔗渣的燃烧热值仅为煤炭的27%左右，即3～4吨的甘蔗渣产生的热量相当于1吨煤炭，相比于目前1300～1500元/吨的煤炭价格，甘蔗渣作为生物质燃料并不经济，因此，使用甘蔗渣制备新型的高附加值产品是解决这一问题的有效途径，其中功能性低聚糖、纳米纤维素、碳量子点、活性炭、农用地膜是近年来兴起的以生物质为前驱物制备的高附加值产品，以下将分别从这几个高附加值产品介绍甘蔗渣的新型高值化利用。

1. 甘蔗渣制备低聚糖

低聚糖是一种新型功能性糖源，目前被广泛应用于食品、医药和饲料添加剂等领域。甘蔗渣中的半纤维素以聚木糖为主，由聚木糖制备的低聚木糖可通过肠道微生物代谢产物调控人体糖脂代谢等生理功能。近年来，随着健康生活理念的普及，低聚木糖受到了前所未有的关注。徐纯勋等人从甘蔗渣高温液态水解液中使用弱碱型阴离子交换树脂（ZGA451FD）高效去除水解液中的杂质（如甲酸、乙酸、甘醇酸等），提纯制备了低聚木糖（7.5克/升），其中低聚木糖的回收率达88%，伴有少量木糖、阿拉伯糖、葡萄糖醛酸、糠醛和乙酸等杂质，对甘蔗渣的处理温度为180℃，液比为1∶20。李娜等人以甘蔗渣为原料，采用高温水预水解方法提取低聚木糖，并考察了水解最高温度、液比及保温时间对产物特性的影响，结果表明，甘蔗渣水预水解提取低聚木糖的最佳条件为：

最高温度 160℃，液比 1 ： 8，保温时间 120 分钟，在此条件下，低聚木糖得率为 17%。ZHANG W 等人使用甘蔗渣，在没有添加额外化学物质的前提下，通过乙酰基辅助自水解生产了低聚木糖，在 200℃条件下，甘蔗渣自水解 10 分钟，低聚木糖得率为 50.35%，而在甘蔗渣中添加少量白桦木粉，与单独水解甘蔗渣相比，在相同的反应条件下低聚木糖得率提高至 52.99%，故乙酰基辅助自水解被证明是一种很有前途的从甘蔗渣中生产高产率、低聚合度的低聚木糖的方法，见图 1。

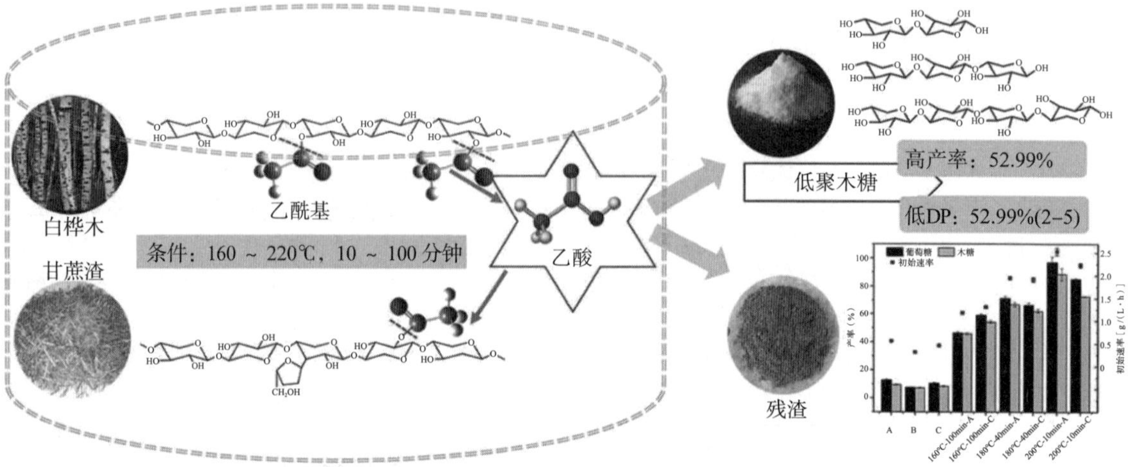

图 1　乙酰基辅助自水解甘蔗渣制备低聚木糖

2．甘蔗渣制备纳米纤维素

纳米纤维素（NF）是通过物理、化学、生物或者几者相结合的手段处理植物纤维素得到的直径小于 100 纳米、长度可达微米级的纤维聚合物。NF 具有优异的机械性能、高比表面积、高结晶度、良好的亲水性、高透明度、良好的生物可降解性与生物相容性。目前，NF 在生物医药、食品加工和功能材料等领域的应用研究受到人们的广泛关注。相比于木材与竹子，甘蔗渣的纤维更短，因此甘蔗渣及蔗渣浆是制备 NF 的优质原料。熊海平等人首先采用碱 – 乙醇法提取了甘蔗渣中的半纤维素，并通过改良 TEMPO 氧化法制备了纤维素纳米晶体（CNC），该方法实现了半纤维素和 CNC 的一体式制备。本课题组 Jiang 等人 Liu 等人使用三氟乙酸为催化剂，在 140℃时使用乙醇水溶液处理甘蔗渣 20 分钟，首先制得了木质素残留量为 14.9% 的高木质素含量的纤维素纤维，然后通过机械研磨法制备了 NF 如图 2（a）所示。为降低机械研磨法制备 NF 的能耗，使用葡萄糖内切酶首先处理成品漂白蔗渣浆，再通过机械研磨法制备了 NF。如图 2（b）所示研究中发现，酶预处理可有效降低研磨能耗，减少生产成本，且与未进行酶预处理的相比，酶预处理对提高纳米纤维素薄膜的透明度具有更大的优势。

3．甘蔗渣制备碳量子点

碳量子点（CQDs）是一种于 2004 年被首次报道的新型荧光碳纳米材料，因其良好的生物相容性、理化稳定性和荧光波长可控等优点，在传感、医疗和催化等领域具有广泛的应用。甘蔗渣中的木质素、纤维素和半纤维素中含有大量环状结构，以及甲氧基、羧基、羟基等含氧官能团，与 CQDs 的结构接近，是制备 CQDs 的优质原料。林禹晴等人首先将甘蔗渣在管式炉中高温碳化，然后使用硫酸和硝酸混合液对所得碳颗粒进行氧化，调 pH 值至中性后，将氧化后的碳颗粒置于水热合成反应釜中于 180℃下反应 5 小时，制得了甘蔗渣基 CQDs，所得 CQDs 平均粒径约为 2 纳米，具有良好的水溶性与生物相容性。且该 CQDs 被用于制备可检测 17β– 雌二醇的荧光探针。Baweja 等人首先将甘蔗渣燃烧碳化，然后将甘蔗渣碳粉与甲苯均匀混合后超声反应 1 小时，所得产物的上清液中含有蔗渣基 CQDs［图 3（a）］，这种 CQDs 的粒径分布在 3 ~ 5 纳米间，量子产率高达 25.8%。该种 CQDs 的荧光显微镜照片如图 3（b）所示。

4．甘蔗渣制备活性炭

活性炭是一种多孔碳质材料，由于其高孔隙率、高表面积以及富含多种官能团等特性，使得其在水处理、海水淡化、空气净化和电容器电极材料等方面的应用不断扩大。2021 年全球活性炭产量达 331 万吨。商业规模的最常见活性炭来源是木材、无烟煤、沥青木炭、褐煤、泥炭壳和椰子壳，这些原材料的碳含量

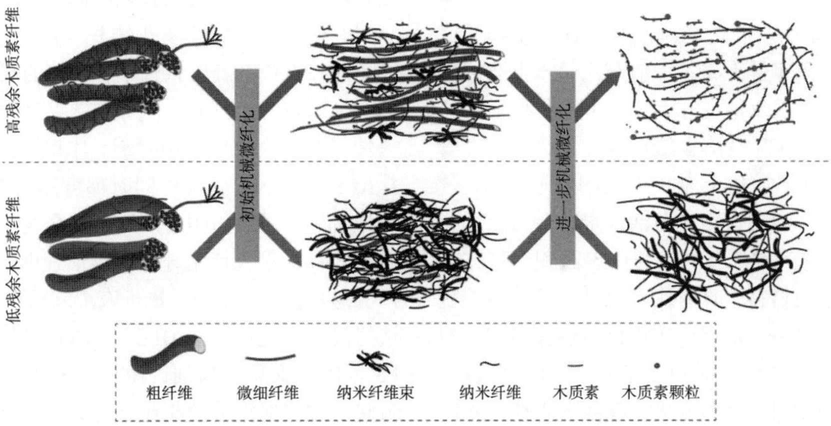

（a）蔗渣浆中木质素含量对所得 CNF 性质的影响

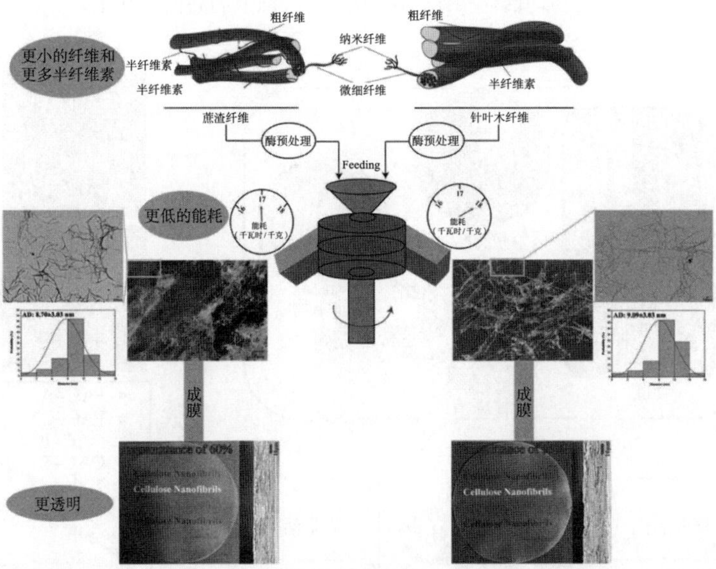

（b）酶预处理对蔗渣浆 CNF 产率、磨浆能耗及 CNF 薄膜性能的影响

图 2　蔗渣基 CNF 的制备

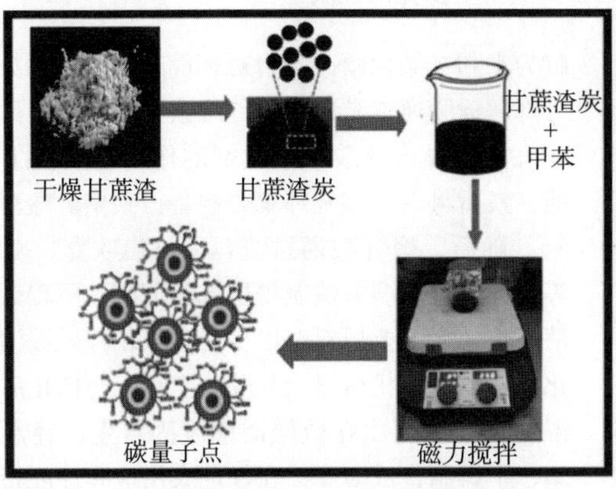

（a）甘蔗渣热解炭化法制备 CQDs

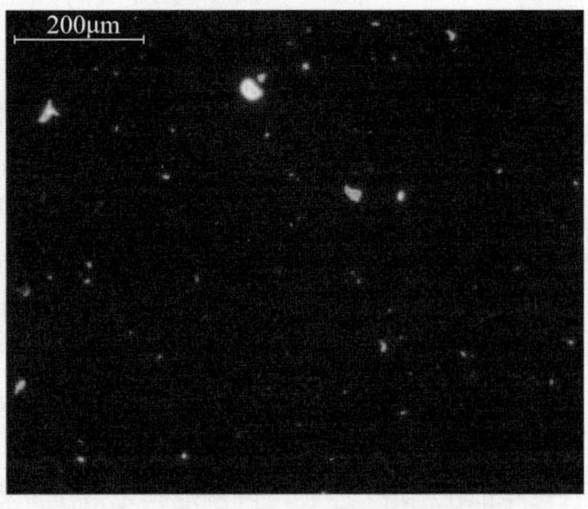

（b）紫外灯照射下蔗渣基 CQDs 的荧光显微镜照片

图 3　甘蔗渣基 CQDs 的制备及荧光性质

在 40%～90%（质量分数），密度为 0.4～1.45 克 / 厘米 ^{3}。甘蔗渣也是生产高性能活性炭的优质生物质资源。本课题组赵思宇等人将甘蔗渣与双氧水混合，并于 200℃的高温高压反应釜中反应 20 分钟制得水热炭。然后，使用 $ZnCl_2$ 对该水热炭进行活化后，在管式炉中于 N_2 气氛下加热至 800℃，再切换为 CO_2 气氛下继续保持 2 小时制得微介孔活性炭。测试结果表明，该活性炭具有 1419 米 ^{2}/ 克的比表面积，可作为超级电容器的电极材料，具有比电容高、倍率性能优异和循环稳定性良好的优点。使用该活性炭组装的对称超级电容器的能量密度为 39.2 瓦・时 / 千克，优于一般的商用电极材料的能量密度。Guo 等人使用不同的活化剂（空气、CO_2、H_3PO_4 和 NaOH）从甘蔗渣中制备多孔活性炭（图 4）。与物理活化相比，NaOH 活化甘蔗渣制备的多孔活性炭吸附剂具有最高比表面积（1149 米 ^{2}/ 克）和最大孔体积（1.73 厘米 ^{3}/ 克），在 1bar 时在 0℃和 25℃条件下，CO_2 的吸收性能分别为 5.50 毫摩尔 / 克和 4.28 毫摩尔 / 克，说明该活性炭是一种很有前途的 CO_2 吸附剂。本课题组柴新宇等人曾提出了一种从甘蔗渣中同时梯度制备发酵糖（FS）、石墨烯量子点（GQDs）和多级介孔碳（HPC）的方法，即将甘蔗渣首先进行水热预处理，收集所得液态产物透析分离 GQDs，透析液浓缩可得 FS，而固体残渣经高温碳化可获得 HPC。GQDs 可作为荧光探针，FS 可用于食品添加剂，HPC 可实现有机气体的高效吸附。这些前沿应用相比与燃烧和造纸，经济效益大大提高，且生产工艺简单，无需特殊设备，实现了甘蔗渣的高值化利用。

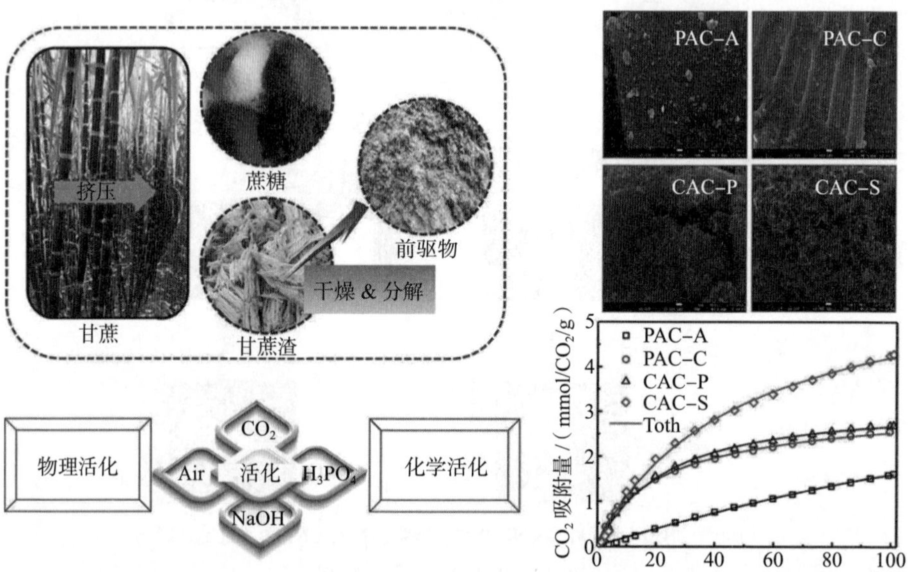

图 4　用于 CO_2 吸附的甘蔗渣衍生多孔活性炭

5. 甘蔗渣制备生物降解农用地膜

农用地膜覆盖技术不仅能够减少土壤中的水分和营养物质流失，并且还可以有效控制土壤的湿度和温度，促进农作物的增产。我国作为农业大国，农用地膜年产量需 60 万吨左右，且覆盖面积达 0.147 亿米 ^{2}。目前大多数农用地膜所采用的材料为稳定性极高的聚乙烯或聚氯乙烯塑料地膜，塑料地膜在作物经历生长期后发生碎片化无法回收及降解。据调查，我国仅新疆地区的棉田地膜残留量就达 121.85～352.38 千克 / 公顷，且每年都在剧增。生物可降解地膜是指在自然环境下可通过光照、微生物作用而降解的一类地膜，其降解产物能够为土壤提供营养物质的同时会最终降解为水和二氧化碳，不会对环境产生二次污染。生物可降解地膜通常是以木质纤维素为原料，通过发酵制成乳酸，再将乳酸在催化剂的作用下反应生成丙交酯，最后将丙交酯开环聚合制备得到聚乳酸薄膜（图 5）。随后，聚乳酸通过流延、挤出吹塑、双向拉伸等塑料薄膜成型方法制得聚乳酸薄膜。覃程荣等人以蔗渣浆粕为主要原料配以少量棉浆粕经碱浸渍、黄酸化、溶解、熟化后得到黏胶，把粘胶与糊化后的淀粉混合刮膜，随后在硫酸浴中凝固再生，经水洗、增塑、干燥制备成薄膜，在保证农用地膜性能指标的同时能够在 10 周后全部降解。孟兆龙等人利用秸秆通过制浆得到高得率秸秆纤维，进一步通过配浆以及抄造制备出具有增温保墒以及抑制杂草生长作用的农用地膜，在 80～100 天后能够自然降解的同时可以改善土壤性状以及增加土壤有机质含量。

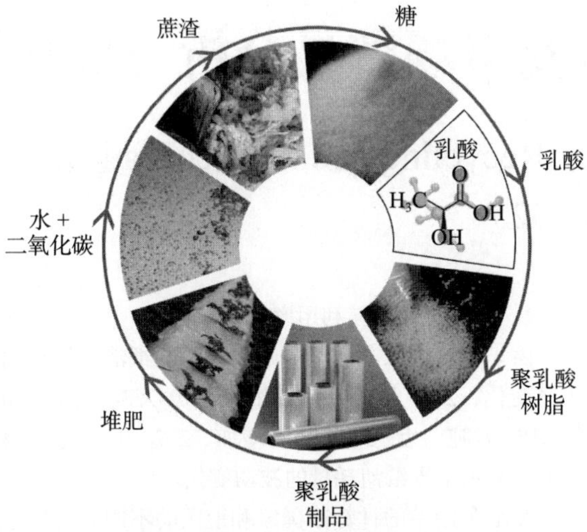

图 5　甘蔗渣制备生物可降解农用地膜

三、结　语

虽然目前我国的甘蔗渣利用基本没有造成资源浪费，主要作为燃料或被用于制浆造纸，但这并没有给企业带来较高的经济收益，甘蔗渣价格的上涨甚至会导致浆厂出现亏损，因此，急需寻找甘蔗渣高值化利用途径。按甘蔗渣中三大主要组分的特性，对甘蔗渣三大组分进行拆解后，并按市场需求进行定向转化，是实现其经济效益最大化的有效途径。如笔者团队提出的，从甘蔗渣水热碳化液态产物中首先分离出石墨烯量子点和发酵糖，固态产物制备介孔碳，有效实现了甘蔗渣资源梯度、多值化、高值化的全组分利用。甘蔗渣的绿色拆解与增值联产将成为其高值化利用的未来趋势。

（宋雪萍　龙建磊　赵思宇　康希恒　王双飞　谢彩锋　李　凯）

2023 年我国废纸回收利用及市场贸易分析与展望

Analysis and Prospect of Waste Paper Recycling and Market Trade in China in 2023

一、我国废纸回收和利用情况

1. 废纸回收量与回收率

近年来我国废纸回收利用情况变化较大，废纸回收量从 2013 年的 4377 万吨稳步增长到 2020 年的 5493 万吨；自 2021 年起完全禁止废纸进口，国内废纸回收量大幅增长，2021 年达到 6491 万吨，比 2020 年增加近 1000 万吨，用于弥补市场缺口，2022 年和 2023 年的废纸回收量持续小幅增加，分别达到 6585 万吨和 6737 万吨。

随着回收量的变化，废纸回收率也呈现较大增长，2013 年的废纸回收率为 44.7%，逐年上升到 2022 年的 53.1%，显示了我国在废纸回收方面的逐步提升。2023 年的回收率略降为 51.2%，主要是因为原料结构发生了较大变化。

2. 废纸消耗量与利用率

由于市场供求和政策影响，我国废纸消耗量呈现明显变化，2013 年废纸消耗量为 7301 万吨，到 2020 年 6182 万吨，近三年又有所增加，2023 年升至 6794 万吨，显示出废纸消耗量的波动变化。

废纸利用率的计算因国家和地区的不同而有所差异，一般是指在一定时间内回收并利用的废纸量占废纸产生总量的比例。在实际操作中，准确地测量“废纸产生总量”比较困难，因为并非所有的废纸都会进入回收系统。

目前国内采用的废纸利用率的计算方法是废纸消耗量与纸及纸板产量的比值。从数据来看，我国废纸利用率从 2013 年的 72.2% 逐步下降到 2023 年的 52.4%（表 1）。废纸利用率的下降可能与废纸供应不足有关，同时也可能与废纸质量以及进口废纸政策的变化有关。

表 1　2013—2023 年我国废纸回收与利用情况

年份	纸和纸板消费量 / 万吨	废纸回收量 / 万吨	废纸回收率 / %	纸和纸板生产量 / 万吨	废纸消耗量 / 万吨	废纸利用率 / %
2013	9782	4377	44.7	10110	7301	72.2
2014	10071	4841	48.1	10470	7593	72.5
2015	10352	4832	46.7	10710	7760	72.5
2016	10419	4963	47.6	10855	7813	72.0
2017	10897	5285	48.5	11130	7857	70.6
2018	10439	4964	47.6	10435	6667	63.9
2019	10704	5244	49.0	10765	6280	58.3
2020	11827	5493	46.5	11260	6182	54.9
2021	12648	6491	51.3	12105	6545	54.1
2022	12403	6585	53.1	12425	6647	53.5
2023	13165	6737	51.2	12965	6794	52.4

注：废纸回收率 = 废纸回收量 / 国内纸和纸板消费总量；废纸利用率 = 废纸消耗量 / 国内纸和纸板生产总量。

3．再生纸浆使用率

近年来，我国造纸工业经历了显著的原料结构调整，再生纸浆使用率的变化反映了行业内外部因素的综合影响（表 2）。过去几年，全球废纸市场经历了剧烈波动，特别是由于我国禁止进口废纸，国内废纸供应压力增加，再生纸浆原料供应链的不稳定性直接影响了再生纸浆的使用率。

为了缓解对国际废纸的依赖，造纸行业加大了对原生纤维资源（如木浆和竹浆）利用。这些原料的使用增加，削弱了再生纸浆在造纸原料结构中的比例。随着再生纸浆生产技术的不断进步，未来可能会提高其质量和经济性，进一步推动再生纸浆的使用。

表 2　近年来我国再生纸浆使用率变化情况

年份	纸浆总消耗量 / 万吨	再生纸浆消耗量 / 万吨	再生纸浆使用率 /%
2013	9147	5940	64.9
2014	9484	6189	65.3
2015	9731	6338	65.1
2016	9797	6329	64.6
2017	10051	6302	62.7
2018	9387	5474	58.3
2019	9689	5523	57.0
2020	10200	5632	55.2
2021	11010	6311	57.3
2022	11295	6430	56.9
2023	11899	6435	54.1

注：再生纸浆使用率 = 再生纸浆消耗量 / 国内纸浆总消耗量。

4．再生纸浆原料结构

2023 年我国再生纸浆消耗量为 6435 万吨，其中外废再生纸浆消耗量 541 万吨，占再生纸浆总消耗量的 8.4%，占纸浆总消耗量的 4.6%，与 2022 年相比有所增加。国废再生纸浆消耗量在再生纸浆消耗总量中占主要地位，2023 年为 91.6%，占比连续三年超过 90%（表 3）。

表 3　近年来我国再生纸浆原料结构变化情况

指标	2014	2015	2016	2017	2018	2019	2020	2021	2022	2023
纸浆总消耗量 / 万吨	9484	9731	9797	10051	9387	9689	10200	11010	11295	11899
再生纸浆消耗量 / 万吨	6189	6338	6329	6303	5474	5523	5632	6311	6430	6435
外废再生纸浆①消耗量 / 万吨	2243	2392	2308	2064	1487	1022	869	375	387	541
占再生纸浆比例 /%	36.2	37.7	36.5	32.7	27.2	18.5	15.4	5.9	6.0	8.4
占总浆量比例 /%	23.7	24.6	23.6	20.5	15.8	10.5	8.5	3.4	3.4	4.6
其中：进口	0	0	0	1	30	92	249	327	336	489
国废再生纸浆②消耗量 / 万吨	3946	3946	4021	4239	3987	4501	4763	5936	6043	5894
占再生纸浆比例 /%	63.8	62.3	63.5	67.3	72.8	81.5	84.6	94.1	94.0	91.6
占总浆量比例 /%	41.6	40.6	41.0	42.2	42.5	46.5	46.7	53.9	53.5	49.5

注：①外废再生纸浆包括进口废纸制得的纸浆及直接进口再生纸浆；②国废再生纸浆为国产废纸制得的纸浆。

数据来源：中国造纸协会。

5．以废纸为主要原料的纸种生产消费情况

2023 年全国纸及纸板生产量 12965 万吨，较 2022 年增长 4.35%；消费量 13165 万吨，较 2022 年增长 6.14%。我国以废纸为主要原料的纸及纸板产品主要有箱纸板、瓦楞原纸、包装用纸、新闻纸，以及部分白纸板（主要是灰底白纸板）、未涂布印刷书写纸。其中箱纸板和瓦楞原纸是生产量最大的两个纸种，2023 年的产量分别达到 2895 万吨和 2915 万吨，同比增长 3.02% 和 5.23%。其消费量分别是 3418 万吨和 3272 万吨，同比增长 8.20% 和 8.70%。白纸板的原料大部分也是再生纸浆，2023 年产量为 1655 万吨，同比增长 4.09%，消费量为 1456 万吨，同比增长 5.58%。此外包装用纸的产量为 755 万吨，同比增长 3.42%，消费量为 773 万吨，同比增长 5.75%。而新闻纸是 5 类纸种中产量和消费量均下降的纸种，2023 的产量为 80 万吨，同比下降 11.11%，消费量为 129 万吨，同比下降 4.44%（表 4）。

根据对新闻纸、包装用纸、箱纸板、瓦楞原纸、白纸板 5 个品种生产量及消费量进行统计。2023 年这 5 种产品的生产量合计为 8300 万吨，较 2021 年增长 3.88%，占当年纸和纸板年总生产量的 64.02%。2023 年这 5 种产品的消费量合计为 9048 万吨，同比增长 7.54%，占当年纸和纸板总消费量的 68.73%。

表 4　2020—2023 年我国以废纸为主要原料纸种生产量与消费量

纸种	生产量 / 万吨					消费量 / 万吨				
	2020 年	2021 年	2022 年	2023 年	同比增长 /%	2020 年	2021 年	2022 年	2023 年	同比增长 /%
新闻纸	110	90	90	80	−11.11	175	160	135	129	−4.44
包装用纸	705	715	730	755	3.42	718	722	731	773	5.75
箱纸板	2440	2805	2810	2895	3.02	2837	3196	3159	3418	8.20
白纸板	1490	1525	1590	1655	4.09	1373	1427	1379	1456	5.58
瓦楞原纸	2390	2685	2770	2915	5.23	2776	2977	3010	3272	8.70
合计	7135	7820	7990	8300	3.88	7879	8482	8414	9048	7.54
当年总量	11260	12105	12425	12965	4.35	11827	12648	12403	13165	6.14
占比 /%	63.37	64.60	64.31	64.02	−0.45	66.62	67.06	67.84	68.73	1.31

二、2023 年我国废纸进出口情况

据海关统计，2023 年我国进口废纸总量 58 万吨；进口金额 1.19 亿美元；进口废纸的平均价格为 205.3 美元 / 吨，同比下降 13.67%。我国出口废纸总量 0.1135 万吨，同比增长 277.08%；出口金额 42.0 万美元，同比增长 −3.5%；出口废纸的平均价格为 385.5 美元 / 吨，同比下降 −20.96%（表 5）。

表 5　近年来我国废纸进出口情况

年份	进口			出口		
	进口量 / 万吨	金额 / 亿美元	均价 /（美元 / 吨）	出口量 / 吨	金额 / 万美元	均价 /（美元 / 吨）
2013	2924	59.3	202.8	1049	47.5	452.8
2014	2752	53.5	194.4	742	29.8	401.6
2015	2928	52.8	180.3	701	31.1	443.7
2016	2850	49.8	175.1	2328	53.8	230.9
2017	2572	58.7	228.4	1515	41.9	276.3
2018	1703	42.9	253.0	590	22.3	378.6
2019	1036	19.4	187.5	774	27.1	350.6
2020	689	12.1	175.3	1233	51.3	415.6

续表

年份	进口			出口		
	进口量 / 万吨	金额 / 亿美元	均价 /（美元/吨）	出口量 / 吨	金额 / 万美元	均价 /（美元/吨）
2021	54	1.32	246.3	1135	50.8	447.8
2022	57	1.36	237.8	301	14.7	487.7
2023	58	1.19	205.3	1135	42.0	385.5

三、2022 年我国再生纸浆进出口情况

1. 再生纸浆进口情况

自 2017 年中国限制废纸进口，特别是 2021 年起完全禁止进口废纸以来，对海外再生纸浆的需求明显提升。以往以进口废纸形式存在的废纸原料，一部分已改变供货模式，以再生纸浆板的形式进口至中国。

根据中国海关统计，2023 年我国从海外进口再生纸浆（HS 编码：47062000，下同）总量为 447.58 万吨，同比增长 55.3%；进口总额 12.40 亿美元，同比增长 1.02%；进口单价 277.04 美元 / 吨，同比增长 -34.9%（表 6）。

表 6　　2023 年我国再生纸浆进口情况

年份	进口总量		进口金额		进口单价	
	数量 / 万吨	同比增长 /%	金额 / 亿美元	同比增长 /%	单价 /（美元 / 吨）	同比增长 /%
2018	29.43	2371	1.22	1934	413.98	-17.7
2019	90.87	208.8	2.95	142.1	324.61	-21.6
2020	168.12	85.0	5.06	71.5	300.82	-7.3
2021	244.31	45.3	10.35	104.5	423.77	40.9
2022	288.25	18.0	12.27	18.6	425.79	0.5
2023	447.58	55.3	12.40	1.02	277.04	-34.9

数据来源：中国海关。

根据 2015—2023 年我国再生纸浆月度进口量走势（图 1），再生纸浆的进口量在 2015 年到 2019 年之间保持相对较低的水平。从 2020 年初开始，再生纸浆的进口量开始显著上升。尤其是到 2020 年中期和 2021 年初，进口量大幅度增长。这一时期的增长可能与我国禁止进口废纸政策有关，迫使造纸企业增加进口再生纸浆以弥补原料短缺。2021—2023 年进口量继续上升，并且波动较大。特别是从 2022 年起，月度进口量逐渐向 30 万吨、40 万吨甚至接近 50 万吨靠近。这说明我国对再生纸浆的需求不断增加，未来再生纸浆的进口量可能会继续保持高位。

根据 2015—2023 年我国再生纸浆月度进口价格走势可以发现（图 2），2015 年至 2018 年我国再生纸浆月度进口价格总体上保持较高水平波动，峰值出现在 2017 年，其后出现一些下降。2018 年下半年至 2020 年初价格呈现下降趋势。2021 年初至 2022 年价格有所反弹，2022 年下半年再生纸浆价格再度下降，2023 年四季度再生纸浆价格维持在 250 美元 / 吨。再生纸浆月度进口价格的波动由多种因素共同作用决定，而我国的环保政策调整和全球经济变化特别是市场需求对价格的影响尤为显著。

2. 进口再生纸浆来源情况

2023 年我国进口再生纸浆来源地有 22 个国家和地区，进口数量最大来源地是泰国，为 266.24 万吨，较 2022 年增加超过一倍，占总进口量的 59.49%（图 3）。其次是马来西亚，2023 年进口量为 108.27 万吨，占进口量的 24.19%。来自这两个国家的再生纸浆合计占到 83.68%。进口数量超过 10 万吨的国家和地区还有美国和我国台湾，分别为 26.65 万吨、18.94 万吨。1 万 ~ 9 万吨的还有印度尼西亚、越南、印度、老挝、英国、日本。其他 11 个国家和地区的进口量均不足 1 万吨。2023 年，我国再生纸浆进口的平均价格为 277.04 美元 / 吨，两大来源国的进口价格基本均价左右，分别为 276.41 美元 / 吨和 273.43 美元 / 吨。大部

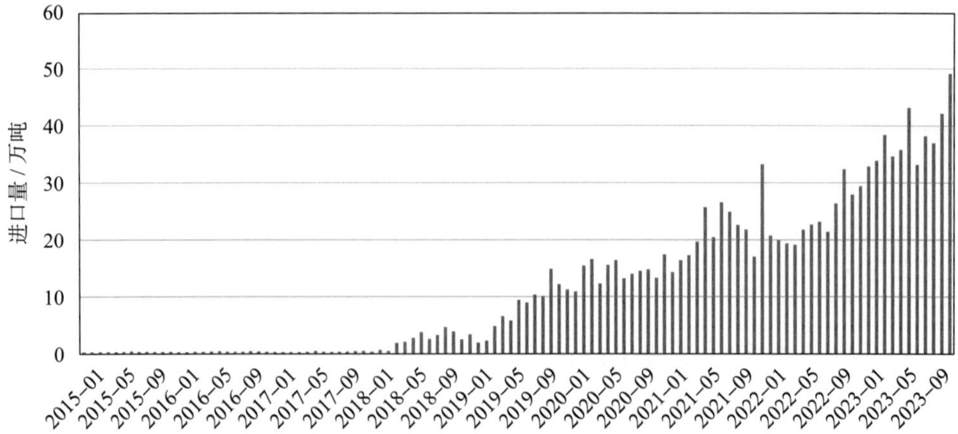

图 1　2015—2023 年我国再生纸浆月度进口量

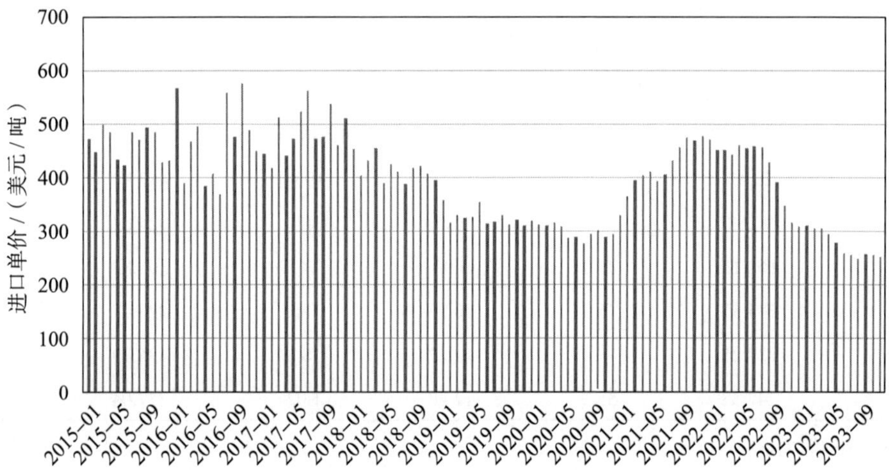

图 2　2015—2023 年我国再生纸浆月度进口单价

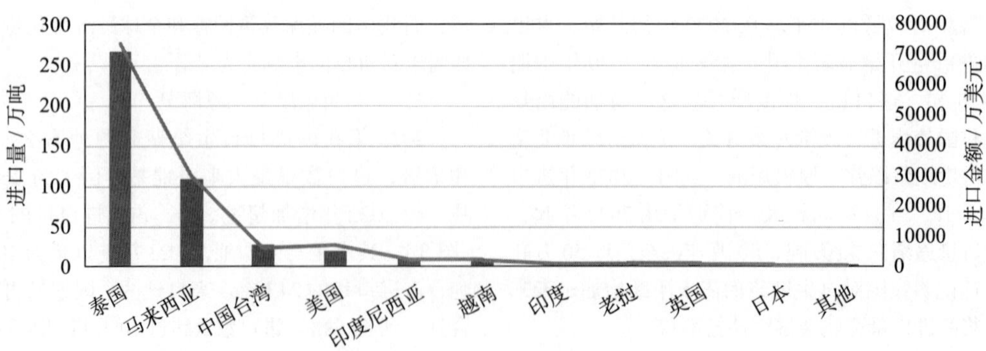

图 3　2023 年我国再生纸浆进口的主要来源国（地区）及其进口量情况

进口量　　进口金额

分国家和地区的进口价格在 250 ~ 300 美元 / 吨。

我国再生纸浆的月度进口价格在过去几年中经历了较大的波动，是由多种因素共同作用决定，其中包括在此期间没有再生纸浆的国家标准。2023 年 11 月《再生纸浆》国家标准发布，规定了再生纸浆的未碎解纤维组分含量、夹杂物含量、粗渣率、可勃值、水分、灰分、放射性污染、危险废物、重金属、感官性状等要求，适用于作为造纸纤维原料使用的再生纸浆，不适用于仅经过简单分拣、剪切、打包等处理得到的废纸碎片等。《再生纸浆》标准的发布实施，对于引导和规范企业生产，保证再生纸浆产品的质量和安全，保护生态环境，明确进口再生纸浆的品质要求，缓解国内造纸纤维原料紧缺，推动我国造纸工业持续高质量发展具有重要的意义。

四、总结与建议

我国造纸原料结构正在向更加环保、可持续的方向演变，废纸已成为主要原料，而木浆的比例则因供应和成本问题呈现波动。非木纤维原料和再生纸浆的使用逐渐增加，尽管面临技术挑战，但前景看好。区域差异和环保政策在这一变化过程中发挥了重要作用。未来，随着政策支持和技术进步，我国造纸原料结构将更加多元化和环保化。

面对我国造纸原料结构的变化，特别是废纸供求的变化，造纸企业需要采取多方面的策略，以适应市场需求的变化并保持竞争力。构建多元化原料来源渠道，探索替代原料如再生纸浆、木浆、竹浆等，以降低对废纸的过度依赖。加强与上游供应商的合作，优化供应链管理，合理规划原材料库存量，避免因市场价格波动带来的成本压力。密切关注国家和地方政府的环保、贸易政策变化，提前制定应对策略。针对原材料供应、市场波动等可能出现的风险，企业应建立健全的风险管理体系，降低市场波动带来的风险。通过管理创新和流程优化，提升企业运营效率，降低生产和管理成本，增强企业的抗风险能力。通过综合施策，在变革中找到新的增长机会，增强竞争力。

（周在峰）

2023 年废纸价格指数分析

Analysis of Waste Paper Price Index in 2023

废纸价格指数由中国造纸学会、中国制浆造纸研究院、纸圈联合编制并发布，自 2019 年发布以来，持续稳定运行。本文基于废纸价格指数数据，简述 2023 年废纸价格变化走势，并分析废纸价格波动的主要影响因素。

一、2023 年废纸价格低位徘徊

根据 2023 年中国废纸价格指数走势图，可以看出 2023 年废纸价格呈现出“高开低走”的整体趋势。年初价格较高，而后逐步下降，在年中触及最低点，年末有所反弹但未达到年初水平。

第一季度从接近 1900 元 / 吨的高位开始持续下跌，到 3 月中旬降至 1620 元 / 吨的低点。这段时间废纸市场可能受到春节前备货需求增加的影响，价格较高，但春节后需求减少导致价格迅速回落。

第二季度是传统淡季，总体处于低位震荡。虽然从 3 月下旬至 5 月上旬有所上升，但仅略涨至 1690 元 / 吨，此阶段的反弹可能是由于供给端的调整。5 月至 6 月又再度下降，6 月底跌至 1640 元 / 吨。这段时间，市场需求疲软，供需失衡可能是价格持续下行的主要原因。

第三季度废纸价格整体处于低谷，7 月底最低达到全年最低点，为 1580 元 / 吨。8 月初开始缓慢上涨。夏季总体趋势依然疲弱，需求波动较大，价格小幅反弹可能与局部地区需求波动或短期供应紧张的短期因素所致，而整体供过于求压制了价格上行。

第四季度延续了下半年的缓慢上升趋势，但整体波动幅度不大，随着国庆假期前的备货需求增加，市场经历了短期的价格上升。年末价格小幅波动并有一定反弹，但整体仍未回升至年初水平，年底价格在 1670 ~ 1680 元 / 吨的价格区间波动。虽然年底需求恢复推动价格小幅回升，但全年经济环境和供需失衡限制了价格的上涨幅度。

2023 年我国废纸价格低迷是多重因素共同作用的结果，经济复苏缓慢、造纸产能过剩、终端需求疲软、原材料供应过剩、纸企库存压力加大、国际市场影响等因素都对废纸价格产生了负面影响。

废纸价格指数的走势与宏观经济、行业政策、市场供需等因素密切相关（图 1）。未来废纸价格指数的

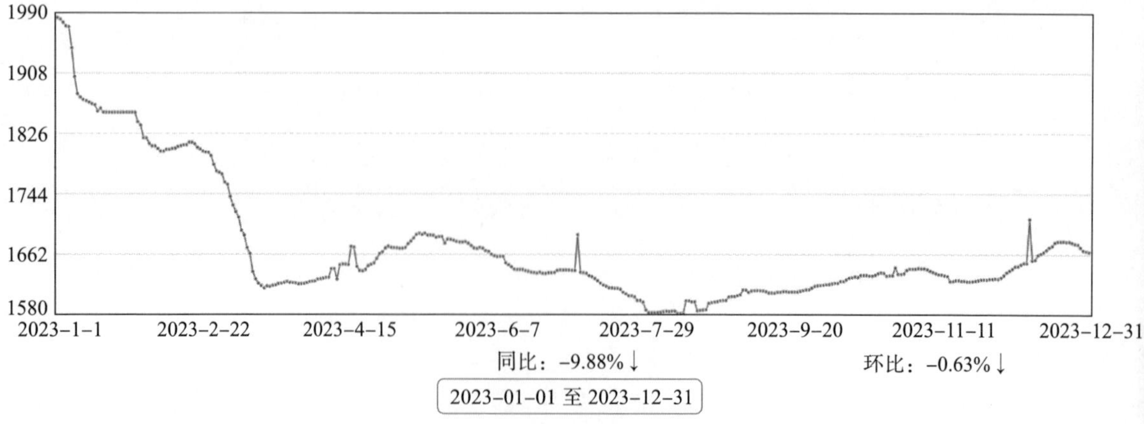

图 1　2023 年废纸价格指数走势

— 价格指数 =（各纸厂纸价 * 各纸厂产能）之和 / 各纸厂产能之和　（黄废纸：白废纸 =85 ： 15）

走势将在需求复苏、供应压力、政策调整、国际市场联动及技术进步等多重因素的影响下呈现波动趋势。总体来看，如果需求端能够得到有效提振，废纸价格指数有望逐步回升，但供过于求的局面以及政策和国际市场的不确定性可能继续给价格带来下行压力。企业和市场参与者应密切关注这些因素的动态变化，及时调整策略，以应对价格波动。

二、多重因素影响废纸价格走势

观察 2019 年至今我国废纸价格的变化趋势，整体来看这几年废纸价格经历了剧烈波动，总体呈现波动上涨再下降的趋势。2019 年至 2020 年初废纸价格走过一个下降再上涨的周期。2020 年第一季度废纸价格急剧下跌，此后至 2021 年 8 月废纸价格整体处于上升趋势，2021 年下半年废纸价格保持在高位，基本在 2300 ~ 2500 元 / 吨。2022 年开始进入下降通道，2023 年持续在 1600 ~ 1700 元 / 吨的低位徘徊。2024 年废纸价格继续低迷，部分时间低于 1500 元 / 吨。

废纸价格受多种规律性因素的影响，包括季节性变化、供需关系、政策调整、经济周期、国际市场波动、技术进步、市场预期与投机行为等。这些因素相互作用，共同影响废纸价格的波动规律。根据 2019 年至今废纸市场价格的走势，大致可以得出部分影响废纸价格的规律性因素：

一是经济周期。废纸价格通常与宏观经济周期具有相关性。消费和生产增加会拉动废纸价格，行业的景气程度也会影响废纸需求。

二是季节性因素。一般春节前后的废纸价格往往会出现明显波动。通常废纸市场在年中和年末会分别经历淡季和旺季。夏季由于整体生产和消费的放缓，价格往往偏低；而年末由于节假日消费和生产的增加，需求会上升，推动价格上涨。

三是供需关系。废纸的需求高度依赖造纸生产需求变化。同时废纸的供应量还取决于回收量的变化。

四是政策因素。政府对环保的监管力度直接影响废纸市场。对进口废纸和再生纸浆的政策调整也会影响国内市场供应。

五是其他因素，随着国内造纸企业自建浆厂的产能逐步释放，替代原料的价格波动会影响废纸的竞争力。同时造纸技术的进步可能改变废纸在造纸原料中的地位。

废纸价格受多种因素影响，包括市场需求、供应量、原材料成本、政策法规等。从当前市场情况来看，短期内可能会受到季节性因素和行业内部调整的影响，而长期趋势则取决于政策导向、市场需求变化和技术进步等因素。

（周在峰）

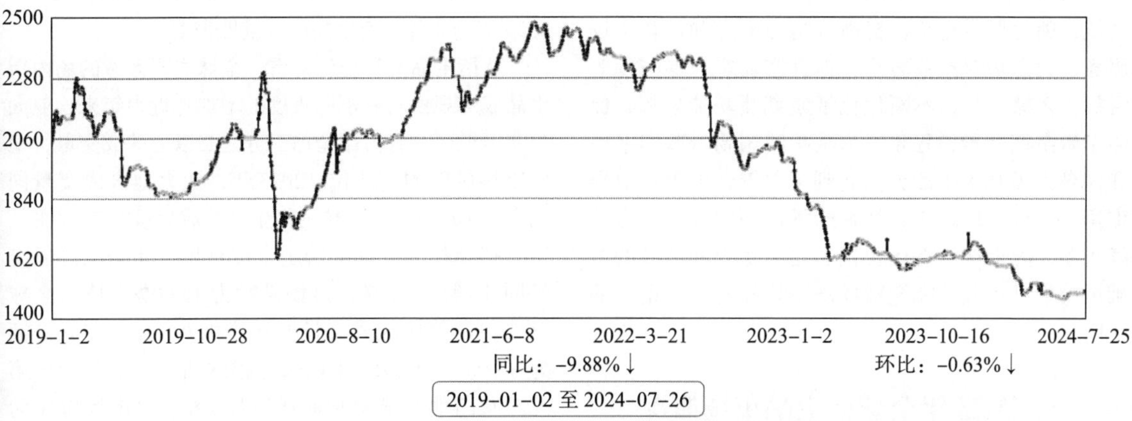

图 2　2019 年 1 月—2024 年 7 月废纸价格指数走势

— 价格指数 =（各纸厂纸价 * 各纸厂产能）之和 / 各纸厂产能之和　（黄废纸：白废纸 =85 ： 15）

2023 年纸浆期货市场运行情况

The Market Operation of Pulp Futures in 2023

2023 年 10 月 30 日，中央金融工作会议指出，金融是国民经济的血脉，是国家核心竞争力的重要组成部分。期货市场是现代金融体系的重要组成部分，对于服务实体经济高质量发展，助力金融强国和中国式现代化建设具有重要意义。

2023 年，世界经济复苏乏力，地缘政治冲突加剧，我国经济正处于疫情后的恢复发展期。在中国证监会的坚强领导下，上海期货交易所（以下简称“上期所”）全面贯彻落实中共中央、国务院关于经济金融工作的一系列重要决策部署，始终坚持以服务国家战略、服务实体经济为使命，多措并举维护市场平稳运行，为实体经济高质量发展保驾护航。

我国是全球最大的纸浆消费国，受我国森林保护政策影响，纸浆很大程度依赖于国外进口，在面对境外自然灾害、地缘政治事件时，纸浆价格与供应的稳定对我国造纸产业发展尤为重要。2023 年，上期所重点围绕完善品种规则设计，更好发挥品种服务产业功能，助力保供稳价，提高价格影响力和优化市场服务，大力培育产业客户，提升产业客户参与度等目标，多措并举，不断优化纸浆期货功能发挥，保障了纸浆期货价格稳定，为维护我国物价基本平稳和保障人民基本生活方面起到了关键性的价格引导作用。同时，2023 年，纸浆期货价格国际影响力持续扩展，为全球经济体提供了更加稳定和可靠的基础风险管理工具，在全球经济中发挥着日益重要的作用。

一、2023 年全球衍生品市场概况

多年以来，全球场内衍生品市场成交规模总体稳步上升。根据美国期货业协会（FIA）统计数据，2023 年全球期货与期权成交量为 1372.93 亿手（单边，下同），同比增长 63.74%，成交规模依然保持较高的增长率（见图 1）。

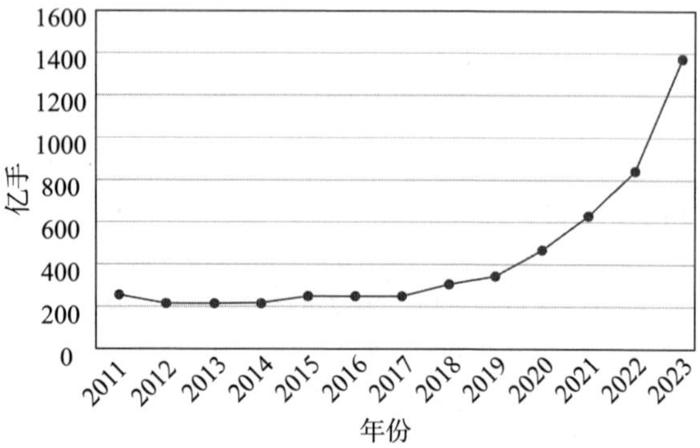

图 1 2011—2023 年全球场内衍生品成交量变化情况

数据来源：FIA。

从标的资产种类来看，金融类衍生品交易规模大幅增加，增幅为 68.14%，市场份额占 91.48%，提升 2.4 个百分点，创 10 年来新高。商品类衍生品交易规模同步增加，增幅为 27.81%，市场份额占 8.52%，2023 年全球各类衍生品成交量见表 1。

从衍生品交易地区来看，全球主要区域的场内衍生品成交规模均有不同程度的增加。近十年来，亚太与北美地区一直占据全球三分之二以上的成交量，稳居市场份额的前两位。2023 年，亚太地区成交量同比增加 104.36%，占场内衍生品总成交量的 75.37%，比重持续扩大，继续居于全球首位。北美地区成交量同比增加 6.22%，市场份额为 13.00%，位居全球第二。拉美地区成交量同比增加 0.16%，市场份额为 6.29%，自 2020 年以来超越欧洲地区成为全球第三。欧洲地区成交量同比增加 2.64%，市场份额为 3.59%，位居全球第四。2023 年全球各地区场内期货与期权成交量见表 2。

截至 2023 年底，我国期货市场已上市期货期权品种 131 个，其中商品期货 70 个，金融期货 8 个，服务类期货 1 个，商品期权 40 个，金融期权 12 个，基本覆盖了国民经济的主要领域。

表 1　2023 年全球各类场内衍生品成交量

		2023 成交量 / 亿手	2022 成交量 / 亿手	同比增减	占 2023 场内衍生品市场份额
金融类	期货	191.24	209.21	-8.59%	13.93%
	期权	1064.71	537.74	97.99%	77.55%
	金融类小计	1255.95	746.95	68.14%	91.48%
商品类	期货	99.73	83.95	18.79%	7.26%
	期权	17.26	7.58	127.71%	1.26%
	商品类小计	116.98	91.53	27.81%	8.52%
总计		1372.93	838.48	63.74%	100.00%

数据来源：FIA。

表 2　2023 年全球各地区场内期货与期权成交量

	2023 成交量 / 亿手	2023 成交量 / 亿手	同比增减	占 2023 场内衍生品市场份额
亚太	1034.76	506.34	104.36%	75.37%
北美	178.52	168.07	6.22%	13.00%
拉美	86.37	86.24	0.16%	6.29%
欧洲	49.30	48.03	2.64%	3.59%
其他	23.97	29.79	-19.54%	1.75%
合计	1372.93	838.48	63.74%	100.00%

注：1. “其他”包括希腊、以色列、南非和土耳其；
2. 数据来源：FIA。

2023 年，我国期货市场成交量和成交额分别为 85.01 亿手和 568.51 万亿元，同比分别增加 25.60% 和 6.28%。我国期货市场成交量占全球期货及期权市场总成交量的 6.19%（近 20 余年我国期货市场成交量变化情况见图 2）。

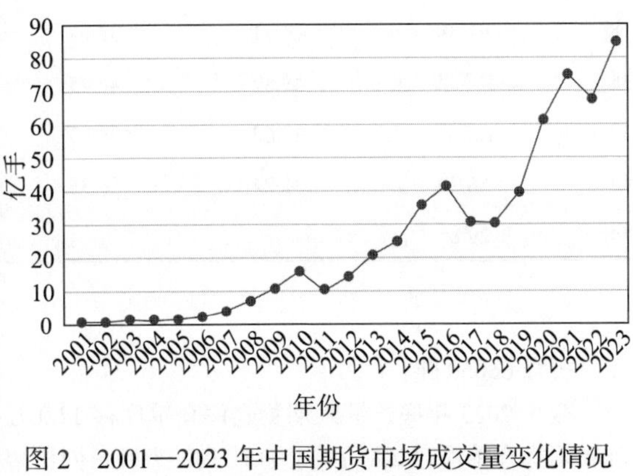

图 2　2001—2023 年中国期货市场成交量变化情况
数据来源：中国期货业协会。

目前，上期所已上市有 23 个期货品种和 9 个期权品种，形成了涵盖金属、能源、化工、服务等国民经济关键领域的产品体系。

2023 年，上期所（含上期能源）累计成交量 22.27 亿手，累计成交金额 187.21 万亿元，同比分别增加 14.59% 和 3.26%，分别占全国市场的 26.20% 和 32.93%。根据美国期货业协会（FIA）统计的“全球交易所 2023 年场内衍生品成交量”排名，上期所排名第 10 位，相较于去年上升 2 名。

二、纸浆期货市场运行情况

2023 年，纸浆期货价格整体呈现震荡下跌的走势。上期所纸浆期货主力合约年初开盘价 6706 元 / 吨（1 月 3 日），最高价（盘中价）6960 元/吨（2 月 6 日），最低价（盘中价）4926 元 / 吨（6 月 8 日），最大价差 2034 元/吨，年末收盘价 5640 元/吨（12 月 29 日），2022 年末收盘价 6726 元/吨，全年下跌 1086 元/吨，跌幅 16.15%（表 3）。期货价格与大宗商品市场波动密切相关（图 3），纸浆期货自上市以来截至 2023 年底，期现相关性超过 0.95，反映出产业客户对纸浆期货参与度较高，期货价格是国内纸浆现货贸易的重要参考基准。

2023 年，中国纸浆期货市场成交活跃，运行平稳，期货功能发挥良好。2023 年累计成交 1.26 亿手，同比增加 55.01%；累计成交金额 7.15 万亿元，同比增加 29.85%。日均持仓 44.01 万手，同比增长 28.56%，年初（1 月 3 日）持仓为 22.73 万手，年末（12 月 29 日）持仓为 31.24 万手。根据美国期货业协会（FIA）统计，2023 年纸浆期货按成交量位列全球场内农产品衍生品合约第 9 位，成交和持仓量保持平稳（表 4），价格发现、市场流动性指标整体表现较好。

表 3　2023 年纸浆期货主力合约价格表

项目	纸浆期货价格 /（元 / 吨）
年初开盘价	6706
年末收盘价	5640
最高价	6960
最低价	4926
极差	2034
标准差	502.57
年度平均价	5772.29

数据来源：上海期货交易所。

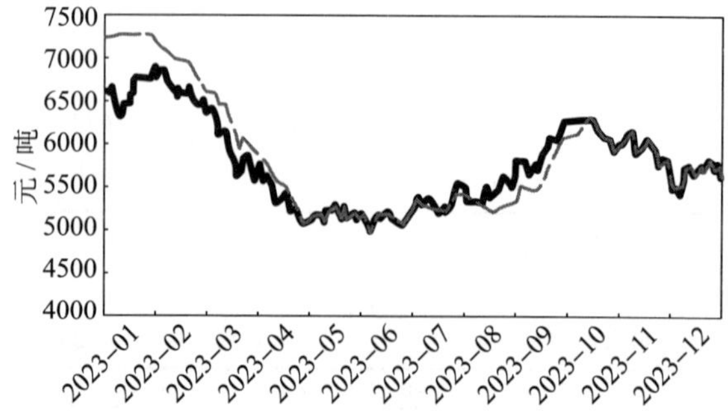

图 3　2023 年纸浆期货和国内现货市场价格比较

纸浆期货主力合约收盘价　– – – 国内纸浆现货价格

数据来源：上海期货交易所、卓创资讯。

表 4　2023 年纸浆期货各月交易数据表

月份	成交量 / 万手	同比变化 / %	成交金额 / 亿元	同比变化 / %	月末持仓量 / 万手	同比变化 / %
1 月	330.94	–53.56	2176.06	–50.29	24.46	–24.97
2 月	410.48	–10.03	2729.68	–7.67	25.14	–33.88
3 月	743.67	3.08	4398.45	–12.19	36.16	24.65
4 月	826.57	20.42	4446.00	–7.77	41.71	55.12
5 月	1016.88	31.65	5265.71	–6.14	42.43	37.18
6 月	1005.06	13.02	5157.45	–15.80	52.31	38.54
7 月	1514.89	55.56	8129.52	25.70	64.56	59.84
8 月	1484.87	125.42	8110.39	81.48	52.66	53.60
9 月	1435.57	119.85	8469.18	91.38	44.71	32.07
10 月	1245.86	168.58	7683.36	145.89	49.87	46.45
11 月	1462.42	151.10	8724.37	120.78	45.62	34.53
12 月	1103.28	102.18	6255.82	66.20	31.24	36.35
总计	12580.48	55.01	71545.98	29.85		

数据来源：上海期货交易所。

2023 年，纸浆期货交割总量 107528 手，折合纸浆 1075280 吨，同比增加 73.21%；交割金额 61.36 亿元，同比增加 39.73%。其中，9 月交割量最大，为 16286 手，折合 162860 吨；8 月交割量最低，为 6606 手，折合 66060 吨。

截止 2023 年底，纸浆期货仓库仓单库存 37.0 万吨，厂库仓单库存 2.3 万吨，合计 39.3 万吨，同比增加 123.3%。

三、纸浆期货构建服务产业高质量发展新格局

（一）深化纸浆期货市场高水平对外开放，更好地服务实体经济

上期所坚持以制度型开放为重点，推进产品服务国际化步伐，增强国际竞争力和规则影响力，吸引全球主体参与交易，推动形成反映中国供需且被世界认可的纸浆期货"上海价格"，更好服务实体经济发展。

锚定加快建成世界一流交易所的目标，上期所持续加强跨境合作，深化推动纸浆期货"上海价格"境外授权工作，提升纸浆期货的全球价格影响力。2020年9月，上期所与挪威浆纸交易所（NOREXECO ASA）签署了纸浆期货交割结算价授权协议，首次实现了中国期货合约标准和价格向国外市场输出。2020年10月，挪威浆纸交易所上市以纸浆期货交割结算价为基准的期货合约。通过将纸浆期货交割结算价扣除适用的中国增值税后转换为美元价格，计算出上海交割结算价指数（NOREXECO Shanghai Final Index，NSFI），并以该指数进行现金交割。2022年8月，挪威浆纸交易所向欧洲证券和市场管理局（ESMA）报备，注册成为NFSI金融指标管理者，并于其官网公示NSFI指标的关键计算要素和NSFI基准声明。纸浆期货交割结算价成为NSFI指数成分，进一步推动了纸浆期货成为全球浆纸市场定价基准和价格风向标。

纸浆期货作为全球首屈一指的纸浆类标杆期货品种，价格国际影响力逐步深化，境外浆企每月报价大量参照期货价格已成不争事实，我国纸浆产品国际影响力得到了极大增强。

（二）持续优化交割品牌与交割库布局，提升服务实体产业水平

上期所纸浆期货交割业务坚持服务实体、严控风险的要求，不断加强纸浆期货交割品牌认证管理，提升交割仓（厂）库管理水平，确保交割库存安全充足，有效保障了期货市场"最后一公里"稳定运行。

2023年增设"泰格骏颂"和德国"Stendal"两个可交割品牌，有助于推动国内制浆工业的发展，有效提升纸浆期货交割品的全球多样性。2023年通过增设厦门国贸纸业交割厂库，于广东地区首次设置厦门建发、中储纸浆交割仓库，进一步完善了纸浆交割仓（厂）库全国布局，更好服务产业交割需求。

截止2023年底，上期所纸浆期货认证交割品牌14个，已覆盖4大洲7个国家，期货交割资源丰富；其中加拿大品牌6个，俄罗斯品牌2个，智利品牌2个，中国品牌1个，芬兰品牌1个，瑞典品牌1个，德国品牌1个；共有11家纸浆期货指定交割仓库（24个存放点，见表5）和5个指定交割厂库（见表6），总启用交割库容达到87万吨，较上市初期扩容4倍以上；可交割地区覆盖上海、江苏、浙江、山东、天津和广东6个省份和直辖市。

表5　纸浆期货指定交割仓库

序号	指定交割仓库名称	存放地址
1	上海远盛仓储有限公司（暂停）	上海市宝山区蕰川路2508号
2	中国外运华中有限公司	山东省青岛市胶州市经济技术开发区洮河路19号 山东省青岛市黄岛区淮河东路北侧
3	厦门象屿速传供应链发展股份有限公司	上海市宝山区长建路505号 山东省青岛市黄岛区骊山路179号
4	中储发展股份有限公司	天津市北辰区陆路港物流装备产业园陆港四经支路1号 天津东疆保税港区洛阳道600号 上海市宝山区宝杨路2069号 上海市奉贤区平宇路585号、418号 广东省广州市南沙区龙穴街启航路5号
5	青岛市青银仓储物流有限公司	山东省青岛市黄岛区淮河东路36号
6	山东省港口集团有限公司	山东省青岛港前湾港区内经八路1号 山东省青岛港前湾港区内经八路2号 山东省青岛市即墨区蓝村镇泉东村1号附1 山东省青岛市黄岛区围子山路88号

续表

序号	指定交割仓库名称	存放地址
7	建发物流集团有限公司	山东省青岛市黄岛区七星河路 363 号 山东省青岛市黄岛区红石崖昆仑山北路 388 号 广东省东莞市麻涌镇创业西路 37 号 浙江省嘉兴市平湖市独山港镇引港路 333 号
8	常熟威特隆仓储有限公司	江苏省常熟经济技术开发区兴华港区 1 路 江苏省常熟市碧溪街道富华路 3-3 号
9	中远海运物流有限公司	山东省青岛市黄岛区同江路 556 号
10	青岛宏桥市场经营有限公司	山东省青岛前湾保税港区漩湾路 69 号
11	山东省奥润特贸易有限公司	山东省青岛市李沧区长顺路 15 号

数据来源：上海期货交易所。

表 6　　纸浆期货指定交割厂库

序号	指定交割厂库名称	联系人	联系电话	提货地址
1	厦门建发浆纸集团有限公司	钟哲	18650808643	山东省青岛市黄岛区七星河路 363 号
2	浙江永安资本管理有限公司	顾正强	15658872665	山东省青岛港前湾港区内经八路 1 号
3	金翌贸易（上海）有限公司	孙清源	18621165528	江苏省常熟经济技术开发区兴华港区 1 路
4	浙江景诚实业有限公司	段霁红	17706406966	山东省青岛市黄岛区淮河东路北侧
5	厦门国贸纸业有限公司	纪荣森	13515966156	山东省青岛市黄岛区淮河东路 36 号

数据来源：上海期货交易所。

（三）深入推进纸浆期货价格成为产业客户经营管理的重要工具

纸浆期货上市五年来运行平稳，发现价格、管理风险和配置资源功能初显成效，风险管理的理念开始渗透到造纸企业价值创造的全过程，纸浆期货与造纸行业正在加快融合，在完善价格发现机制、优化产业结构、保障原料供给等方面正在持续不断地服务造纸行业高质量发展。

上期所全面提升纸浆期货服务产业客户高质量发展水平，一方面，聚焦服务实体产业，积极开展大型企业“走一线、办实事、优生态”专项行动。先后走访建发浆纸集团、国贸股份和吉宏股份等头部企业，深入市场实际，聆听市场声音，干实事、求实效，在调研中收集的市场意见如在广东地区设立交割仓库、进一步扩大可交割品牌、推进纸浆期权研发和纸产品企业风险管理需求等问题积极研究解决，切实服务行业需求。

另一方面，高度重视市场培育与投教服务，持续引导产业客户积极参与纸浆期货市场。2023 年 3 月，推出上期“强源助企”项目等产业服务品牌，通过优化市场服务、降低交易成本等市场化手段，推动更多经营主体运用纸浆期货工具，在实践中不断探索和形成实体企业运用期货和衍生品工具的新思路、新业态、新范式；同时，与中国造纸协会共同举办 2023 年中国纸浆高层峰会与 2023 年纸浆形势研讨会，加强纸浆期货市场推广与宣传；与头部企业金光纸业和建发浆纸集团高质量共建产融服务基地，更好发挥产业龙头示范效应。

此外，密切关注期货市场运行，针对纸浆品种价格波动以及期货仓单规模较大等情况特点，分步优化风控措施，降低交易和套保成本。其中，涨跌停板幅度从 2022 年底的 13% 逐步下调至 6%，交易保证金从 2022 年底的 15% 逐步下调至 8%。自 2023 年 9 月起，上期所实施差异化保证金，对套期保值交易保证金优惠 1 个百分点。通过精细化的风险管理，更具针对性地降低投资者参与交易和实体企业进行套期保值的成本，吸引投资者和实体企业更广泛地参与期货市场进行风险管理，助力期货市场功能的有效发挥。

（四）持续推进纸产品期货上市工作

纸浆和造纸行业市场规模较为庞大，产品差异化较大，存在丰富且多样化的风险管理需求。《造纸行业“十四五”及中长期高质量发展纲要》中首次提出造纸行业要“充分利用好期货市场平台”，期货市场在造纸行业赢得新的发展机遇。当前，上期所正在加快推进胶版印刷纸、瓦楞原纸期货及期权上市工作，预计上市后将针对性地满足文化用纸、包装用纸上下游企业套保需求，为中国造纸行业提供稳定高效的市场风险管理工具，与纸浆和其他纸产品期货形成既各有所长又相辅相成的差异化浆纸产业链风险管理体系，并在后期持续完善纸产品期货衍生品工具序列，最终形成覆盖浆纸全产业链的风险管理工具，进一步激发实体经济活力。

四、总结与展望

当前世界进入新的动荡变革期，百年未有之大变局加速演进，上期所将坚决贯彻习近平总书记“加快建成世界一流交易所”的重要指示，结合贯彻落实中央金融工作会议精神，在中国证监会的坚强领导下，紧紧围绕提升重要大宗商品价格影响力的关键，深化期货市场制度型开放，广泛吸引全球投资者参与，推动各方主体共同形成高质量的期货价格；以服务实体经济高质量发展，协助产业客户定价、交易、风险管理、配置资源等作为市场发展使命，助力制造业重点产业链高质量发展，保障产业链供应链韧性和安全；以满足实体企业需求为出发点和落脚点，立足本土，链接全球，坚决维护公开、公平、公正的市场秩序，坚守不发生系统性风险的底线，不断开发和上市直达实体经济的期货和衍生品，不断创造和深化交易、结算、交割、信息、技术等服务；协助境内外客户合理定价、公平交易、有效管理风险、高效配置资源，更好地服务实体经济发展。

造纸业是与国民经济和社会发展关系密切的重要基础原材料产业，在国民经济各领域发挥着重要作用。我国正处于全面建设社会主义现代化国家开局起步的关键时期，上期所将在纸浆期货成功运行的基础上，结合纸浆期货运行情况以及造纸行业生产、贸易、消费特点，继续优化纸浆期货运行质量，稳定市场预期，深入提升产业客户服务质效，持续丰富优质可交割资源，抓紧推进纸产业链期货品种，稳步推进纸浆期权上市，给行业提供更加精准和高效的风险管理工具，助力造纸产业高质量发展。

同时，上期所将继续推进纸浆期货高水平对外开放，积极探索扩大境外投资者参与纸浆期货市场的机会与路径，加快研究推进纸浆期货直接对外开放，允许境外投资者直接参与，加快纸浆期货国际化的步伐，进一步促进我国期货市场深度融入全球浆纸产业链，提升浆纸系列品种“中国价格”和“中国品质”的国际影响力，推动我国纸浆期货成为国内外产业客户贸易定价基准，为人民币国际化和国家金融强国战略贡献力量。

（上海期货交易所　张廷波　王梦瑶　翟羽佳）

节能减排　环境保护

ENERGY SAVING, EMISSION REDUCING AND ENVIRONMENTAL PROTECTION

6

我国造纸工业“双碳”目标下减碳路径探究

Exploring the Carbon Reduction Path Under the “Dual Carbon” Goal of China’s Paper Industry

造纸工业属于基础原材料工业，也是我国制造业必不可少的一部分。随着社会经济的不断发展和人民生活水平的不断提高，人们对纸与纸板的需求也在不断地增加。而我国造纸工业能源的消耗以煤炭为主，随着用纸需求持续增加，也给造纸工业实现“双碳”目标提出了更高的挑战。

一、我国造纸工业发展现状

1. 我国纸与纸板生产及消费情况

多年来我国纸和纸板的生产量和消费量一直位于世界首位。2023 年，我国纸与纸板生产企业约 2561 家，纸与纸板生产量及消费量分别约为 12965 万吨、13165 万吨，较上年分别增长约 4.35%、6.14%；年人均消费量约为 93.39 千克，达到历史高点。纸浆生产总量和消耗量分别约为 8823 万吨、11899 万吨，较上年增长约为 2.75%、5.35%。

2. 我国造纸原料结构

一直以来，我国造纸原料供求矛盾突出，对外依存度大。过去十年间，木浆的占比由 2011 年的 10.66% 上升到 2022 年的 24.63%，年均增长率为 8.96%，原料结构得到优化；废纸浆占比维持在 68.87% ~ 79.86%；非木浆占比由 2011 年的 16.06% 下降至 2022 年的 6.50%，年均降幅为 8%。

2023 年我国造纸纤维原料消耗主要包括木浆、废纸浆和非木浆，其占比分别为 42%、54% 和 4%，而国际造纸的纤维原料中木浆的占比约为 62.6%，相比之下，我国的造纸原料中木浆占比偏低，制约了我国造纸工业的发展。

自 2021 年起，我国全面实施禁废令，造纸行业尤其是以废纸为原料的纸及纸板生产企业面临着纤维原料供应短缺的问题。目前国内废纸的回收量已达到极限，只有自主发展我国造纸工业原材料供应链，走林浆纸一体化道路，增加自制木材、木浆供应，提高纸浆得率，才能为我国造纸工业可持续低碳绿色发展创造条件。

二、我国造纸工业能源消耗及碳排放情况

1. 能源消耗情况

造纸行业能耗较高，能源消耗以煤炭为主，“十一五”至“十三五”期间的能耗情况详见表 1。

表 1　“十一五”至“十三五”期间我国造纸工业能耗情况

时期	单位产品能耗 / 万吨标准煤	煤炭消耗占行业总能耗的比例 /%
十一五	0.45	74.50
十二五	0.35	84.70
十三五	0.33	73.64

注：数据来源《中国统计年鉴（2008—2022 年）》，按行业分能源消费量、耗煤量及工业产品产量统计数据，经核算得出。

由表 1 可知，“十一五”至“十三五”期间，单位产品能耗由 0.45 万吨标准煤降至 0.33 万吨标准煤，降幅为 26.67%；煤炭消耗量在行业中的总消耗占比在 73.64% ~ 84.70%，其中“十二五”比“十一五”煤炭消耗占比增加的原因是“十二五”期间产品产量及消费量增加，“十三五”比“十二五”煤炭消耗占比降低，原因与“十三五”期间国家减污降碳相关政策的密集出台有关。

2. 我国造纸行业碳排放情况

根据《造纸和纸制品生产企业温室气体排放核算方法与报告指南（试行）》（以下简称《指南》），我国造纸行业温室气体核查范围包括化石燃料燃烧排放、过程排放、净购入电力、热力排放、废水厌氧处理 5

个部分，其中以化石燃料燃烧排放包括煤炭、重油和柴油等燃料在固定或移动设备中燃烧产生的二氧化碳排放为主。

根据《中国统计年鉴（2008—2022）》（以下简称《统计年鉴》），按行业统计能源消费量、工业产品产量，经测算，2006—2020 年造纸行业的二氧化碳排放量及单位产品二氧化碳排放量见图 1。

由图 1 可知，单位产品二氧化碳排放量由 2006 年的 1.23 吨降到 2020 年的 0.76 吨，下降了 38.21%；“十一五”期间，二氧化碳排放量基本上是随着产品产量的增加而增加，“十二五”期间，二氧化碳排放量随着产品产量的增加变化不大，2015—2017 年，二氧化碳排放量随着产品产量的增加而增加，尤其在 2017 年，受宏观经济及物流行业快速发展等因素的影响，产品产量增速明显，导致二氧化碳排放量增至最大，为 10584.84 万吨。

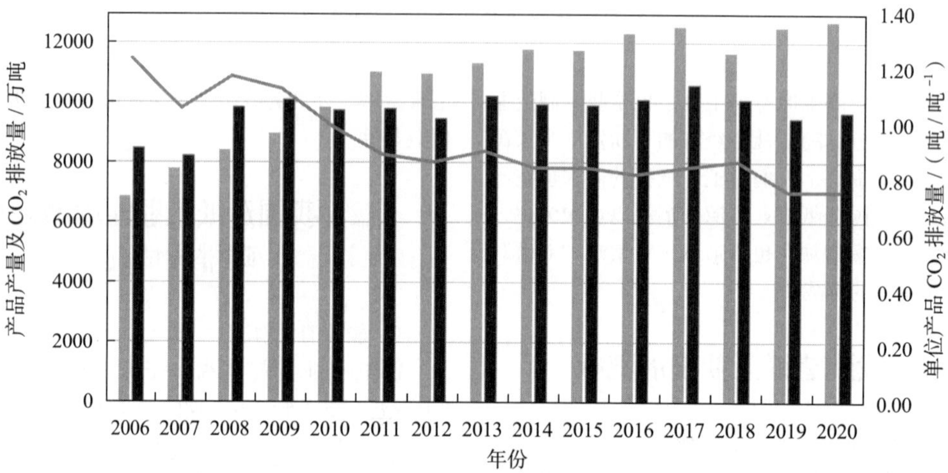

图 1 2006—2020 年我国造纸工业产品产量及二氧化碳排放量变化趋势图

造纸及纸制品产量 / 万吨　CO_2 排放量　单位产品 CO_2 排放量

三、二氧化碳排放量影响因素分析

加快调整优化产业结构、能源结构、加快发展节能降碳新技术新工艺，是“双碳”目标实现的根本保障。本文将从能源结构调整（如煤改气）、不同纤维原料结构制浆、不同蒸煮方式、节能降碳新技术及工艺应用等几个方面分析其对二氧化碳排放量的影响。

1. 能源结构与碳排放

以广东某造纸企业能源结构调整为例，即天然气替代煤（主要包括烟煤、褐煤、柴油）前后二氧化碳排放情况，其结果详见表 2。

表 2 广东某造纸企业煤改气前后二氧化碳排放情况

煤改气	电力、热力来源	服务对象	产品产量 / 吨纸	单位产品碳排放强度 / 吨 CO_2
煤改气前	2 组 75 吨 / 小时的燃煤锅炉，12 兆瓦的抽凝式汽轮发电机的热电联产，外购电力热力	3 台纸机和 1 条废纸制浆生产线	147545.24	1.8475
煤改气后	1 组 75 吨 / 小时的天然气锅炉，6 兆瓦的背压式汽轮发电机的热电联产机组，外购电力热力	3 台纸机和 1 条废纸制浆生产线	126634.88	0.6168

由表 2 可知，广东某造纸企业煤改气后，单位产品碳排放强度由煤改气前的 1.8475 吨二氧化碳降至煤改气后的 0.6168 吨二氧化碳，降幅达 66.61%，减小了能源消耗，提高了对减碳目标的贡献率。

因此，合理地利用天然气替代煤生产热力，充分利用可再生能源太阳能、绿色能源光伏以及风能发电用于照明、办公等，通过外购电力来满足生产中连续性运转设备用电，可达到节能减碳的效果。

2. 制浆原料与碳排放

按原料可将纸浆分为木浆、非木浆、废纸浆 3 种，其制浆过程的二氧化碳排放量存在较大差异。本文以山东造纸工业为例，选取硫酸盐化学木浆、烧碱麦草浆和废纸浆 3 种制浆工艺，核算其二氧化碳排放情况。

王晓菲采用《IPCC 指南》核算温室气体方法，即排放系数法对 3 种原料制浆过程碳排放核算，结果如表 3 所示。3 种原料制浆对应的每吨绝干浆碳排放强度，即硫酸盐化学木浆、烧碱麦草浆、废纸浆分别为 725.28、2104.65、725.88 千克二氧化碳当量。在碱回收系统，余热发电、产蒸汽过程可以抵消部分能耗，其中硫酸盐化学木浆、烧碱麦草浆碱回收系统碳净排放量分别为 –130.68 千克 / 吨、1143.93 千克 / 吨，表明在碱回收系统中，硫酸盐化学木浆的碳净排放量明显少于烧碱麦草浆；在废纸浆废水处理中，每吨绝干浆排放 33.64 千克二氧化碳当量明显少于麦草浆 260.51 千克二氧化碳当量。从整体上讲，不同制浆过程中硫酸盐化学木浆的二氧化碳排放量最小，烧碱麦草浆的二氧化碳排放量最大。

表 3　不同原料制浆二氧化碳排放情况

单位：千克二氧化碳当量 / 吨绝干浆

种类	硫酸盐化学木浆	烧碱麦草浆	废纸浆
单位产品碳排放强度	725.28	2104.65	725.88
碱回收系统碳净排放量	–130.68	1143.93	—
合计	594.6	3248.58	725.88

3．蒸煮方式与碳排放

按制浆蒸煮过程是否具有连续性，可将蒸煮过程分为间歇蒸煮和连续蒸煮。因蒸煮设备不同，间歇蒸煮分为蒸球和立锅，连续蒸煮分为横式和立式（如卡米尔）。刘秉钺对几种不同制浆方法和设备能耗进行调研，结果表明，不同蒸煮设备的能耗差别较大，卡米尔连续蒸煮器比间歇蒸煮能耗低 50% 左右。

目前，间歇蒸煮方式多被置换蒸煮替代，置换蒸煮方式与传统间歇蒸煮方式相比，在节能环保和提高产品质量方面效果更加明显。以广西贺州某造纸企业为例，置换蒸煮和传统间歇蒸煮的能耗情况详见表 4。由表 4 可知，相比传统间歇蒸煮，置换蒸煮的能耗降低了约 50%。

4．节能降碳新技术与碳排放

目前造纸行业越来越重视先进节能低碳造纸新工艺的研发、应用及普及，主要包括高效双盘磨浆机、造纸靴式压榨节能技术、螺杆膨胀动力驱动等先进设备和技术。

表 4　不同蒸煮方式能耗情况

方式	传统间歇蒸煮	置换蒸煮
汽耗 / 吨 / 吨绝干浆	2.0	＜ 1.0
碳排放强度 / 吨标准煤 / 吨浆	0.27	＜ 0.14

（1）RF 系列双盘磨浆机

目前，与市场上常见的 DD（Double disc refiner）系列双盘磨浆机相比，RF（Through Flow TM）系列双盘磨浆机采用双进浆结构及自动调节浮动转盘设计，保证了进浆均匀、磨浆质量稳定，优化了管道布置、转盘结构，并根据国内造纸企业使用状况，新增了退刀安全双重保护、磨片更换提示的设计。由于 RF 系列双盘磨浆机配有先进的自动控制系统，确保了成纸的指标，通过大量用户使用对比表明，其具有运行噪音小、磨浆效果稳定、节能效果明显的特点。在木浆原料、磨前后打浆度、生产产量相同的条件下，RF 系列双盘磨浆机替代 DD 系列双盘磨浆机后，可使用电量下降 30%，每日节电 3680 千瓦时，打浆能耗低至 5 千瓦时 / 吨。

2021 年，山东某特种纸公司引入了 RF 系列双盘磨浆机替代原有 DD 系列双盘磨浆机后，在原料、磨前及磨后打浆度、产品产量不变的条件下，能耗由 285.4 千瓦时 / 吨降至 209.3 千瓦时 / 吨，节能 26%。

（2）靴式压榨节能技术

造纸机脱水关键部件是压榨部，作为一种新型造纸压榨脱水技术，靴式压榨是将传统辊式压榨时的动态脱水改为静压下的长时间宽压区脱水，提高了脱水效率，节省干燥部蒸汽用量。通常情况下，经过靴式压榨的纸幅干度较常规压榨能提高 3%，离开压榨时纸幅的干度每提高 1%，干燥部蒸汽用量降低约 5%，因此，靴式压榨技术在提高纸机效率的同时，也具有节能降碳的优势。以河南江河纸业股份有限公司建设规模年产 20 万吨高档文化用纸扩建项目为例，项目投资额 2000 万元，建设期 12 个月，每年节能 9899 吨标准煤，二氧化碳减排 2.61 万吨，节能收益 1205 万元 / 年。

（3）螺杆膨胀动力驱动节能技术

螺杆膨胀动力驱动节能技术是利用工业中的蒸汽、热水、热液或汽液两相流体等动力源，将热能转换为动能，驱动发电机发电或直接驱动机械设备，适用于钢铁、冶金、造纸、医药等高耗能行业或地热能、太阳热能、生物质能等新兴能源行业。目前螺杆膨胀动力节能技术在造纸行业的市场占比为 5%，预计未来五年，其市场占比将达到 80%，总投入 250000

万元，可节能 67 万吨标准煤 / 年，预计碳减排约 177 万吨二氧化碳 / 年。

四、加大碳交易和碳汇发展

1. 碳交易

自 2021 年 7 月全国碳排放交易市场启动，截至 2023 年底，我国碳市场碳排放配额累计成交量 4.4 亿吨，累计成交金额 249 亿元。

造纸行业在履约碳减排改善生产工艺和技术的同时，也要积极参与碳交易，通过市场的手段购买碳市场上配额或 CCERs（国家核证自愿减排量）达到减排目标。各种手段相互配合，在提高履约效率的同时降低减排成本。

2. 碳汇与碳捕集

作为“地球之肺”的森林生态系统能够将大气中的二氧化碳吸收和固定。“净排放量”是《京都议定书》提出的词汇，即从本国实际排放量中扣除森林所吸收的二氧化碳的数量作为计算温室气体排放量来计算温室气体的减排量，在此基础上中国积极推动森林碳汇发展，并建立了清洁能源发展机制（CDM）。

我国自然森林资源严重匮乏，约有 80% 木纤维依赖于进口。发展规模种植人工林能使林业资源再生，既能缓解造纸原料的短缺问题，改善造纸原料结构，又能中和碳排放，确保造纸企业的可持续发展，在国家政策的鼓励和支持下，制浆造纸行业龙头企业正在逐步走向林纸一体化道路。

制浆造纸企业在制浆和抄造生产过程中用到热力、电力能源消耗，必然会产生二氧化碳，实现行业的超低排放或碳中和必须依靠碳捕获与封存（Carbon capture and storage，CCS）或碳捕获、利用与封存（Carbon capture，utilization and storage，CCUS） 技术。CCS 是一种通过减少二氧化碳排放而减缓气候变化的技术。CCUS 是在 CCS 的基础之上，我国根据自己的实际发展情况提出的，CCUS 利用方式主要包括二氧化碳驱油以提高石油采收率、精致食品级二氧化碳及其他工业利用方式等。CCUS、CCS 是规模化减碳的关键核心技术，也是我国实现碳中和目标的最有力保障。

五、结 语

2014 年至 2023 年 10 年间，我国纸及纸板生产量年均增长率 2.40%，消费量年均增长率 3.02%；纸浆的消费量一直大于生产量，其中的差值大部分来源于进口；纸浆生产原料结构不尽合理，木浆比例低；2023 年我国人均纸产品的消费量达到 91.51 千克，根据造纸行业“十四五”阶段目标：到 2025 年和 2035 年，我国纸产品的人均消费量将达到 100 千克和 120 千克，纸与纸板产量及消费量的不断增加，对“双碳”目标的实现形成较大的压力。

本文以实例定量地分析了造纸行业在能源消耗、制浆原料，蒸煮方式、节能新技术等几个方面对二氧化碳排放的影响，为制浆造纸企业碳减排路径提供选择。自“十一五”以来，我国造纸工业在产品产量和消费量不断增长的情况下，单位能耗及二氧化碳排放强度出现了下降趋势，这除了与国家节能降碳相关政策密集出台外，更要归因于能源结构调整和节能降碳新技术的研发、推广和应用。

碳交易机制有利于造纸行业降低碳排放并加速绿色低碳转型，目前最迫切的工作是强化企业碳交易意识，加强碳资产管理，建立健全并完善标准体系，有序推进造纸行业纳入碳交易市场。种植多物种混交林以缓解木浆原材料的短缺，又能增加碳汇，起到双赢的效果，目前正在迅速发展的 CCS、CCUS 技术，能够有效支撑造纸行业“双碳”目标的实现。

“十四五”期间，我国造纸工业将进入一个转型升级、实现高质量发展时期，既要面对新的挑战，同时，也会迎来新一轮发展机遇，因此，造纸企业应依据国家节能降碳相关政策，把低碳、绿色、节能、减排放在更加突出的位置，从能源替代、原料结构调整（以增加木浆为主），选择节能低碳的设备和工艺、低碳新技术的研发和应用等方面，制定适合自己发展的路线图，突破“环境、资源、结构”的制约，聚焦未来发展的关键核心技术，实现造纸企业的绿色转型和高质量发展，为“双碳”目标的实现提供保证和支撑。

（刘春红 贾学桦 肖小健 程言君）

造纸行业减污降碳技术进展及展望

Progress and Prospects of Pollution Reduction and Carbon Reduction Technologies in China's Paper Industry

造纸行业是与国民经济和社会发展关系密切并具有可持续发展特点的重要基础原材料产业，同时具有原料可再生、产品可循环利用、可自产生物质能源、主要生产用化学品可循环利用的特点，具有得天独厚的天然绿色属性。

近年来，随着《制浆造纸行业清洁生产评价指标体系》（2015 年）、《国家鼓励的工业节水工艺、技术和装备目录》（2014 年、2016 年、2019 年、2021 年、2023 年）、《水污染防治重点行业清洁生产技术推行方案》（2016 年）、《造纸工业污染防治技术政策》（2017 年）、《制浆造纸工业污染防治可行技术指南》（HJ2302—2018，2018 年）等相关政策、标准持续出台以及"双碳"目标的提出，能耗双控制度（能源消耗强度和总量双控），减污降碳协同等要求不断强化，造纸行业清洁生产水平及污染防治水平显著提升，行业废水化学需氧量排放量已从工业行业首位降至 2015 年的第三位、2020 年的第四位。

一、能耗及污染物排放水平变化情况

（一）主要能耗水平整体呈下降趋势

1. 能源消费总量整体呈下降趋势

根据国家统计局数据，2021 年造纸行业能源消费总量为 4204 万吨标准煤，占我国能源消费总量的 0.80%，占全部工业能源消费总量的 1.21%，与 2015 年占比相比分别下降了 0.14%、0.17%。2015—2021 年造纸行业能源消费总量见表 1。行业能源消费总量整体呈下降趋势，2021 年伴随行业各类产品产量攀升，能源消费总量有所上升。

表 1　2015—2021 年造纸行业能源消费总量

年份	2015 年	2016 年	2017 年	2018 年	2019 年	2020 年	2021 年
纸及纸板产量 / 万吨	10710	10855	11130	10435	10765	11260	12105
纸浆产量（含废纸浆）/ 万吨	7984	7925	7949	7201	7207	7378	8177
纸制品产量 / 万吨	7038	7190	6801	7080	7219	6860	7739
能源消费总量 / 万吨标煤	4059	4115	4314	4102	3847	3927	4204

2. 传统化石能源消费量下降，清洁能源消费量上升

根据国家统计局数据，2021 年造纸行业煤炭消费总量为 3494 万吨，占我国煤炭消费总量的 0.81%，占制造业煤炭消费总量的 2.20%，与 2015 年占比相比分别下降了 0.35%、0.37%；电力消费总量为 849.39 亿千瓦时，占我国电力消费总量的 1.00%，占制造业电力消费总量的 1.96%，与 2015 年占比相比分别下降了 0.10%、0.08%。此外，造纸行业还消耗柴油、燃料油、天然气等能源。

2015—2021 年造纸行业各类能源消费情况见图 1。行业煤炭、柴油、燃料油等传统化石能源消费量整体呈下降趋势，其中煤炭消耗量下降 25.17%；天然气等清洁能源快速增加，增幅达 189.59%；电力消费总量呈上升趋势，增加 33.78%。

3. 单位产品综合能耗呈下降趋势

中国造纸协会按照不同统计口径，对纸和纸板单位产品综合能耗进行了统计，分为纸浆、纸及纸板和纸制品单位综合工艺能耗（包括外购能源、自产能源和生物质能源等），自制浆企业生产纸和纸板综合能耗，综合能耗情况见图 2。可见按照不同统计口径，

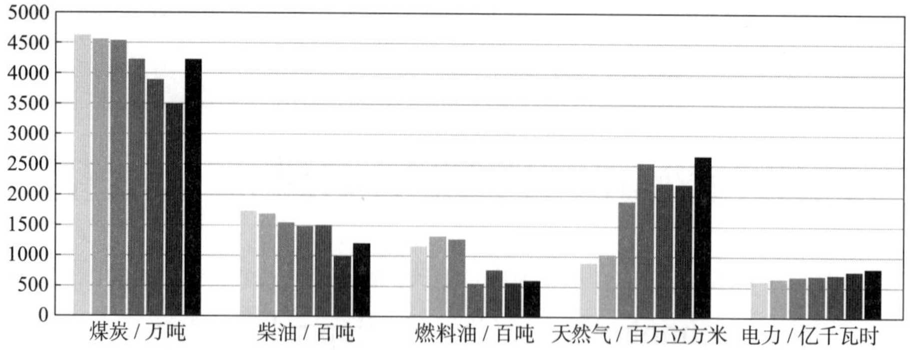

图 1 2015—2021 年造纸行业各类能源消费量

2015 年 2016 年 2017 年 2018 年 2019 年 2020 年 2021 年

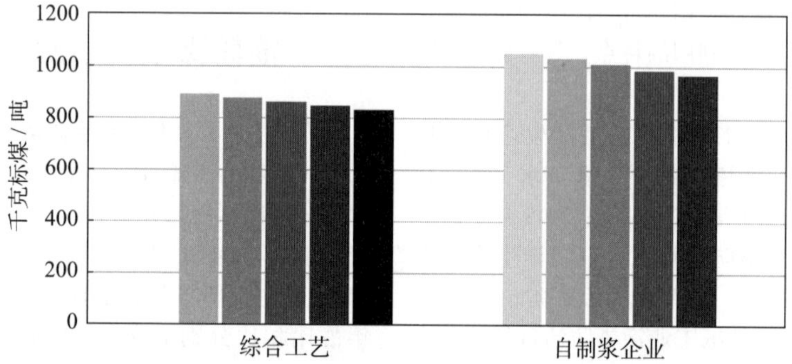

图 2 2015—2020 年不同统计口径纸和纸板单位产品综合能耗

2015 年 2016 年 2017 年 2018 年 2019 年 2020 年

近年来造纸工业单位产品综合能耗均呈下降趋势，分别下降了 6.66%、7.94%。“十三五”期间，单纯的纸及纸板综合能耗从 530 千克标准煤 / 吨降至 480 千克标准煤 / 吨，降低 50 千克标煤 / 吨产品。

（二）主要污染物排放量显著下降

根据环境统计数据，2015 年造纸和纸制品业废水化学需氧量、氨氮排放量分别为 33.54 万吨、1.24 万吨；2021 年化学需氧量、氨氮排放量分别为 5.28 万吨、0.14 万吨，较 2015 年分别下降 84.26%、88.38%。按纸及纸板产量折算，吨产品化学需氧量、氨氮排放量分别下降了 86.07%、89.72%。2015—2021 年，化学需氧量、氨氮排放量情况见图 3。

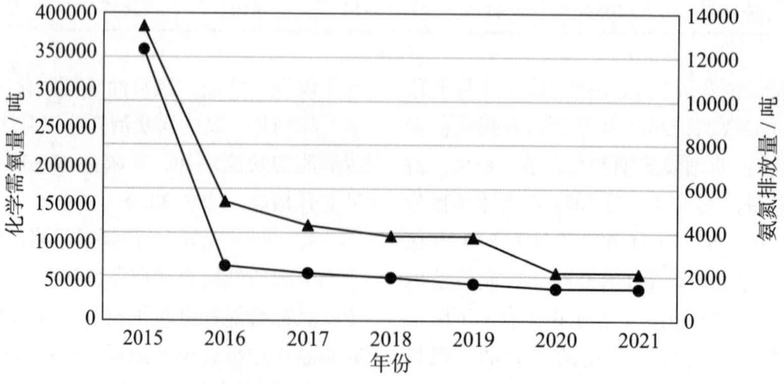

图 3 2015—2021 年行业废水污染物排放量

化学需氧量 氨氮排放量

根据环境统计数据，2015 年造纸和纸制品业二氧化硫、氮氧化物、颗粒物排放量分别为 37.12 万吨、16.94 万吨、13.76 万吨；2021 年二氧化硫、氮氧化物、颗粒物排放量分别为 1.76 万吨、3.96 万吨、0.70 万吨，分别比 2015 年下降 95.24%、76.65%、94.90%。2015—2021 年，二氧化硫、氮氧化物、颗粒物排放量情况见图 4。

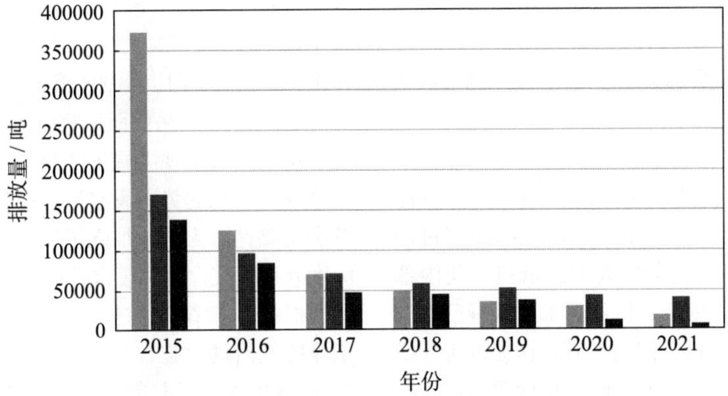

图 4　2015—2021 年行业废气污染物排放量

■ 二氧化硫 ■ 氮氧化物 ■ 颗粒物

二、清洁生产及环保设施实施进展情况

（一）清洁生产工艺广泛普及，国产装备水平提高

1. 节水技术稳步推广

近年来工业和信息化部、水利部先后出台了五批《国家鼓励的工业节水工艺、技术和装备目录》，其中造纸行业推广应用的相关节水工艺、技术和装备情况见表 2。造纸行业广泛开展节水技术改造，备料洗涤水循环节水技术，多段逆流洗涤封闭筛选技术，纸浆中高浓筛选与漂白技术，碱法蒸煮和碱回收蒸发系统污冷凝水分级、汽提及回用技术，多圆盘过滤节水技术，网、毯高压洗涤节水技术，已经在行业得到普遍应用；置换压榨双辊挤浆机节水技术，网、毯喷淋水净化回用技术，纸机白水多圆盘分级与回用技术，造纸梯级利用节水技术，透平机真空系统节水技术，纸机干燥冷凝水综合利用技术，纸机湿部化学品混合添加技术等，也已经逐步在行业推广。

2. 节能技术有效可靠

化学法制浆过程采用封闭筛选代替开放式筛选，可以有效分离置换出节子、浆渣中夹带的纤维和黑液，减少稀释水用量，除具有良好的节水效果，还具有节能和提高筛选质量的作用，是目前较为先进的筛选工艺。根据工业和信息化部、水利部发布的信息，2019 年化学法制浆企业封闭筛选技术应用比例已达 80% 以上。

表 2　近年来行业主要节水工艺、技术和装备情况

技术名称	发布年份
多圆盘过滤节水技术、粗浆洗涤和封闭筛选技术	2014
纸机湿部化学品混合添加技术	2014、2019、2021、2023
多段逆流洗涤封闭筛选技术、造纸行业备料洗涤水循环节水技术	2016、2019
干法剥皮技术	2016、2019、2021、2023
网、毯高压洗涤节水技术，纸浆中高浓筛选与漂白技术，碱法蒸煮和碱回收蒸发系统污冷凝水分级、汽提及回用技术	2019
网、毯喷淋水净化回用技术，纸机白水多圆盘分级与回用技术，造纸梯级利用节水技术，透平机真空系统节水技术，纸机干燥冷凝水综合利用技术，置换压榨双辊挤浆机节水技术	2019、2021、2023
制浆废水中水回用及零排放成套工艺	2021

纸机压榨部采用靴型压榨技术，通过提高压区宽度，获得优良的压榨效果。由常规压榨改为靴型压榨后，干燥部可节约 20%～30% 的能耗。某企业采用靴型压榨代替常规压榨后，纸幅干度增加 6%，干燥部

蒸汽消耗量从 2.13 吨 / 吨纸减少到 1.76 吨 / 吨纸，节约了约 18% 的能耗。

纸机干燥部采用烘缸封闭气罩，可回收干燥纸页蒸发水蒸气中的热量和水分，提高送风温度，减少进、排风量，降低干燥能耗。采用袋式通风技术，可使纸机的干燥能力提高 10%～20%，使纸机车速平均提高 10%。

采用透平风机替代传统水环式真空泵，真空系统能耗可下降约 33%。

3．行业清洁生产水平整体提高

目前，国内 70% 的造纸生产线已达到国际或国内先进水平，各重点造纸企业中，几乎都配有目前国际上幅宽最大、车速最高的大型造纸机。我国部分先进新闻纸机和文化用纸纸机新鲜水取水量已不到 10 米^3/ 吨，有的甚至更低；国内已有瓦楞原纸生产线新鲜水取水量达到极限值 5 米^3/ 吨，指标明显优于欧盟制定的最佳技术标准（瓦楞原纸生产线案例新鲜水取水量 6.5 米^3/ 吨），水重复利用率可以达到 95% 以上，处于国际领先水平。

随着工艺技术水平的提高，我国化机浆生产耗水量由过去的 20～30 米^3/ 吨下降到 10 米^3/ 吨左右，化机浆废水中化学需氧量浓度从过去的数千毫克 / 升提高到 10000～20000 毫克 / 升，常规生化处理难度大幅增加。近年来国内化机浆生产企业对浓废液进行蒸发浓缩（由 2% 浓缩至 65% 左右）后，进入碱回收炉燃烧，一方面降低了废水量及污染物产生量，降低生化处理难度；另一方面通过燃烧废液回收碱和热能。某 30 万吨 / 年化机浆生产企业，采用碱回收方式处理化机浆废液，93% 的碱被回收后重新利用，每小时产生的蒸汽相当于燃烧 5.5 吨标煤产生的蒸汽量，清洁生产效益显著。采用碱回收工艺处理浓废液的方式已在新上化机浆生产线广泛使用。

此外，随着本色麦草浆清洁制浆技术（麦草浆）、置换蒸煮工艺（化学浆）、氧脱木素技术（非木浆）、镁碱漂白浆化机生产关键技术（漂白化机浆）、白水循环综合利用技术（造纸机）等清洁生产技术普及率的进一步提高，必将促进造纸行业整体清洁生产水平的进一步提升。

4．国产装备水平提高

近年来我国国产纸机技术得到长足发展，水力式流浆箱、叠网成形、稀释水装置、自动引纸、大型焊接烘缸等技术装备已经成熟并得到较好应用，夹网成形、靴型压榨等技术已有突破并开始推向市场，我国国产中等规模、中档制浆造纸生产线在国际上已经具备一定的竞争力。国产装备水平的进步将有效助力中小企业清洁生产水平提高。

（二）环保设施配置齐备，达标技术保障充分

1．污染治理设施进一步强化

根据环境统计数据，2015—2021 年，造纸行业工业废水治理设施数由 3194 套减少到 1978 套，减少了 38.07%；工业废水治理设施处理能力由 2048 万吨 / 日下降到 1310 万吨 / 日，下降了 36.04%；废水治理设施年运行费用由 541992 万元下降到 464745 万元，下降了 14.25%。从侧面反映出，近年来行业废水产生量、排放量均呈现大幅下降趋势，符合行业主要污染物排放量变化趋势；废水治理设施运行费用下降幅度较小主要是因为企业加强了设施的运行维护、增加了深度处理设施，单位废水处理成本增加。

根据环境统计数据，2015—2021 年，造纸行业工业废气治理设施数量由 4723 套减少到 4063 套，减少了 13.97%；工业废气治理设施处理能力和年运行费用均有了大幅增加。从侧面反映出，近年来随着大气环境质量改善需求不断强化，行业废气治理随之加强。

2．污染防治可行技术基本普及

根据全国排污许可证管理信息平台统计结果，参照《制浆造纸工业污染防治可行技术指南》（HJ 2302—2018），造纸行业重点排放单位废水污染防治采用可行技术的比例为 96.9%，废气污染防治采用可行技术的比例为 100%。可见，造纸行业重点排放单位已基本采用废水、废气污染防治可行技术，达标排放有技术保障。

3．废水治理工艺成熟可靠

对于制浆和造纸企业来说，除部分商品浆造纸企业只需采用一级处理和二级好氧处理外，其他企业普遍采用三级处理工艺，非木化学浆、未采用碱回收的化机浆、废纸造纸企业通常还需增加厌氧处理。根据排放废水水质或为满足更严格的排放限值要求，部分企业三级处理采用高级氧化技术，进一步去除废水中的有机物。

根据全国排污许可证管理信息平台统计结果，按废水治理工艺，造纸行业重点排放单位中，采用高级氧化技术的企业共 164 家，约占重点排放单位总数的 6.2%，其中废水直接排放企业 129 家、废水间接排放企业 32 家、废水不外排企业 3 家。随着节约水资源需求进一步提升，近年来部分新上项目对污水处理系统出水采用超滤 + 反渗透工艺进行深度处理后回用于生产，实现制浆造纸废水处理回用与资源化利用，助力项目落地上马，该技术属于《国家鼓励的工业节水工艺、技术和装备目录》（2021）中造纸行业鼓励的工业节水工艺技术。

4. 废气治理技术开展新的尝试

目前国内碱回收炉烟气污染物排放限值以执行《关于碱回收炉烟气执行排放标准有关意见的复函》（环函〔2014〕124 号）为主，但近年来一些地区大气环境质量改善需求日益增加、大气环境污染防治的要求逐年提高，对碱回收炉烟气污染物排放限值进一步加严。区别于常规燃煤锅炉，碱回收炉是将制浆黑液中的碳、钠、硫反应生成碳酸钠、硫化钠的化学反应装置，单纯地控制烟气氮氧化物浓度会导致其他污染物大幅增加，是制约行业发展的瓶颈之一。近年来相关企业尝试研究试验了高分子脱硝、二氧化氯脱硝、低温 SCR 脱硝等烟气治理措施，虽一定程度上降低了氮氧化物排放浓度，但伴生的安全、环保问题突出，仍需进一步研究和实践。

《2018—2020 年全国恶臭 / 异味污染投诉情况分析》（大气函〔2021〕17 号）显示，2018—2020 年恶臭、异味投诉比例逐年攀升，是当前公众投诉最强烈的环境问题之一。恶臭、异味问题也是造纸行业近年来关注的主要环境问题之一，污水处理系统加盖收集处理臭气已经成为行业共识，部分企业尝试将化机浆车间、废纸制浆碎浆工序、造纸车间封闭收集处理异味，对于降低异味影响取得了较好效果，相关技术的推广应用将进一步加强行业企业的精细化管理、提高行业的社会接纳度。

5. 固体废物资源化利用方式多样化

造纸行业具有天然绿色属性，其生产过程产生的有机废物、有机废液、生物质气体等均可作为生物质能源回收利用。在“双碳”背景下，部分企业尤其是林浆纸一体化企业、废纸造纸企业尝试配套固体废物焚烧炉，将生产过程中产生的树皮、木屑、浆渣、废渣、污泥等作为燃料，实现固体废物减量化，同时其热值得到资源化利用。该方式已在近年新上林浆纸一体化项目及部分现有废纸造纸企业得到成功应用。

绿泥是造纸行业典型的固体废物，其产生量大、处理难度高，以化学木浆为例，每生产一吨浆（风干量），产生 9～12 千克（绝干量）绿泥，通常进行填埋处理。国内相关企业联合水泥厂开展了资源化利用试验，根据试验结果，绿泥可作为水泥掺烧的原料，少量掺入绿泥（比例小于 4%）使得水泥易烧性得到改善，且不影响熟料强度。

三、行业减污降碳路径展望

1. 加快兼并重组、淘汰落后

造纸行业大中型企业清洁生产水平普遍较高，应进一步加大兼并重组力度，支持企业规模化发展、延伸上下游产业链，在保障我国消费需求的同时，发挥规模优势，促使行业可持续发展。

行业小型企业生产线老旧、工艺水平落后、能耗水耗高、污染物产排量大。在我国碳达峰、碳中和目标背景下，应充分考量区域环境质量底线，研究提高行业门槛，通过规模限制、达标排放、能耗水耗水平等进一步淘汰落后产能。

2. 调整原料结构、累积碳汇

着力调整原料结构，保障产业安全，降低造纸纤维原料对外依存度过高的风险。推进林纸一体化建设，增加国内造纸原料林面积，提高国内木材纤维原料供给能力，积累碳汇和生物质资源；加大对林业“三剩物”、制糖工业废甘蔗渣、农业秸秆、湿地芦苇和回收废纸等废弃物的利用；开展国际合作开发建设境外工业林基地。

3. 提升国废质量、降低污染负荷

由于无含杂率指标要求，目前国产废纸含杂率难以把控，部分废纸造纸企业原料由进口废纸改用国产废纸后，废水化学需氧量由原来的 2000～4000 毫克 / 升陡升到 8000～10000 毫克 / 升，导致末端治理难度增加，污水处理设施运行维护成本升高，同时还带来废水厌氧系统颗粒污泥钙化、厌氧沼气中硫化氢含量增加等问题，部分企业甚至采取扩建污水处理系统的方式确保废水达标排放。应及时出台优化国产废纸收集、分类、营销和利用等环节的标准规范，提升国产废纸原料质量，满足废纸制浆对优质纤维原料需求的同时，降低废水污染负荷。

4. 推广减污降碳新技术

加快非木材原料制浆设备开发，提高原料利用率、降低污染物排放水平、提高清洁生产水平，科学利用好非木材原料作为国内纤维原料的补充，保障社会供给和行业可持续发展。

着力于制浆造纸过程的系统优化，进一步推广黑液有机质燃烧回收热能、固体废物综合利用、备料废渣（树皮、木屑、苇末、麦糠等）作为生物质能源回收利用、节水节能等清洁生产技术。

5. 制定完善行业“双碳”路径

在国家及相关部门的政策指导下，以市场为主导，以企业为主体，以技术为支撑，充分考虑碳达峰、碳中和相关政策要求及行业发展现状，加速开展制浆造纸关键技术创新研发，建立健全技术创新体系，促进“产学研”相结合，进一步提升制浆造纸企业清洁生产水平，开展行业碳减排、碳中和理论、技术以及行业用能方式变革研究，制定完善行业碳达峰、碳中和路径。

（贾学桦）

数字化　装备与器材

DIGITIZATION & EQUIPMENT & DEVICES

7

制浆造纸行业的数字化转型与智能制造升级发展

Reflections on Digital Transformation and Intelligent Manufacturing Upgrades in the Pulp and Papermaking Industry

制浆造纸行业作为全球最大的制造业之一，是重要的基础原材料产业，在全球经济发展中扮演着重要角色。在过去的二十年中，制浆造纸行业经历了一段令人瞩目的迅猛发展时期。这一时期不仅体现在产能的急剧扩张和产量的迅猛增长上，更体现在大量世界领先设备的应用和规模的持续壮大上。同时，在此期间环保法规逐渐加强，促进了大量低效率、高污染产能的淘汰出清，行业得到了进一步高速健康发展。对制浆造纸行业提出了更高的要求。

自 2017 年中国坚定实施废纸进口禁令以来，制浆造纸行业面临的挑战日益凸显。废纸进口禁令导致原材料成本波动剧烈且显著上升，企业面临成本控制的巨大压力。同时，市场竞争的激烈程度也在不断加剧，此外，随着劳动力成本的逐年增加，行业的人力成本也在不断攀升。行业进入了以成本为核心竞争力的同质化竞争时代。如何降低新建项目的单位产能投资成本，优化单位产品生产成本，取得成本领先优势，对于企业的生存和发展都是至关重要的课题。

数字化转型和智能制造升级，促进数字经济和实体经济深度融合，是推动行业高质量发展的必然选择。目前制浆造纸企业大多处于智能制造成熟度 2 级到 3 级（图 1），以往我们习惯于从发达国家和成功企业的发展过程中借鉴和寻找答案，但数字化转型和智能化制造这个全新的课题没有标准答案！这就需要我们制浆造纸从业者创新性地实践和探索，在诸多不确定的疑云中找到答案。

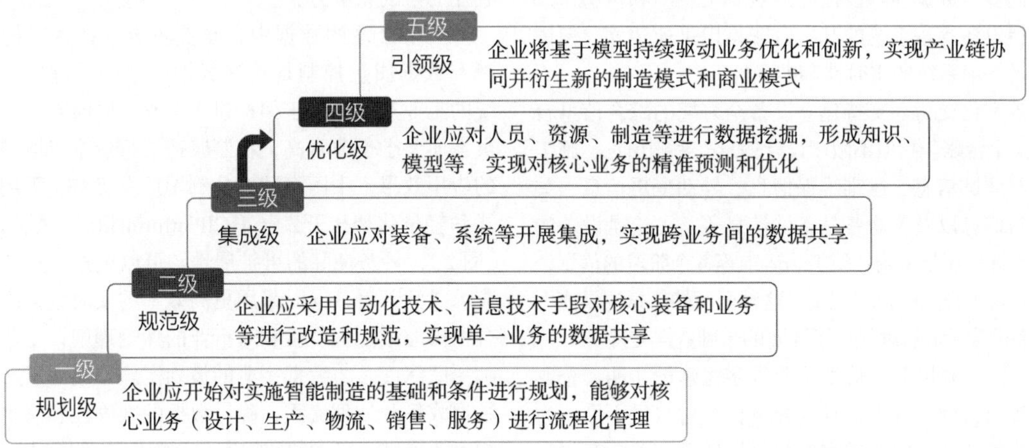

图 1　智能制造成熟度等级演进示意图

数字化转型是什么？根据 Gartner 的定义，纯粹技术层面的数字化转型是指将模拟信号变成数字信号的过程，也叫“数字化实现”。与企业经营视角更贴合的是业务层面的数字化转型，它指的是利用数字技术及其相应的支撑能力，创造出更具韧性的全新数字化业务模式的过程。数字化的本质是什么？要想数字化转型，充分发挥数字化系统的超能力，需要三个部分——数据（对应要素）、连接（对应关系）和算法（对应准则）的合力支撑。制造业的数字化转型和智能制造，实际上是一个渐进的过程。

制浆造纸行业是个具有高度技术密集型特征的行业。绝大部分工厂都部署了先进的 DCS 自动化控制系统，控制和传感器数据采集具备较好的基础。对于制浆造纸行业数字化转型的核心在于建立一个全面的数字化平台，打通 DCS、MES、SAP 以及诸多独立的 PLC 信息孤岛之间的连通，通过对数据的筛选和治理，逐步将生产、供应链、销售等环节进行整合和优化。通过实时的数据监控和管理，提高生产过程的可控性；通过数据分析和预测，优化生产计划和运营决策。此外，数字化转型还可以推动企业与供应商、客户之间的紧密合作，实现信息的共享和协同，提高整个产业链的效率。

在制浆造纸行业的数字化转型过程中，我们可以从以下几个关键方面着手实施：

一、工程项目数字化交付——建立静态数据中心

数字化交付是建设数字化工厂的核心基础。采用数字化交付平台承载和管理数字化交付信息，将相关的设计文件图纸资料、设备资料，采购、施工及试车的数据，以标准的数据格式，与多种工程软件集成并兼容多种文件格式的信息集成管理系统，构建工程项目投资建设期的静态数据中心。

数字化交付的核心依托是工厂对象的三维模型，是数字化移交系统的基础。通过与数字化移交系统的快速同步，数据能够以极高的效率被更新和传递，从而使得设备管理系统的基本台账得以迅速建立，保证了设备管理系统的实时性和准确性。

数字化交付还支持建立设备全寿期的综合信息台账。这个台账包括但不限于设计信息、采购信息、施工安装与调试信息、运维维保信息、异动变更信息、关联资料信息以及关联备品备件信息等。无论是设备的最初设计，还是采购、施工、运维等各个阶段的信息，都能在这个台账中找到记录。这种全面的信息记录能力为设备的维护和管理提供了翔实的基础数据支持。

目前，我国制浆造纸企业数字化建设初期，企业间基础与目标差异大，导致数字化交付水平不均。为了解决各企业之间基础水平和目标任务参差不齐的问题，中国海诚工程科技股份有限公司（以下简称中国海诚）开始积极推动数字化交付标准化的制定，研发了数字化交付平台产品。制定统一的数字化交付标准，有助于推动和引导行业实现数字化转型，提升数字化交付的效率和质量。总之，随着数字化交付的不断发展和应用，我国制浆造纸行业的数字化转型将进入一个全新的阶段。

二、生产过程数字化——建立动态数据中心

要实现生产过程数字化，数据中台的建设与应用尤为重要。它能够帮助企业实现从数据采集到智能决策的转变，提升制造流程的智能化水平。制浆造纸企业普遍拥有庞大复杂的生产系统，数据中台通过整合来自各个车间、产线、设备、控制、业务等单元系统的数据，实现数据的整合与治理，构建生产过程动态数据中心。

在数据中台实现数据提取和连通的基础上，以生产运营过程中的需求和痛点为目标，深入挖掘数据价值，结合生产运行经验、工程专业知识，借助 AI 大模型技术，采用算法建立策略模型 SAAS 模式开发系列工业智能 APP。例如：预测性维护、故障诊断、工艺自动优化控制和智能辅助决策。借助数据中台，企业可以分析设备运行数据，预测潜在的故障和性能下降，从而提前采取维护措施，减少生产突发事件和停机时间。数据中台支持管理者更灵活地调整生产线，快速响应市场变化。数据中台使得供应链管理更加精准和高效，可以通过对数据的分析，优化库存水平，降低运输成本，提升整体供应链的响应能力和资源配置效率。数据中台能够提供深度的数据洞察，帮助企业领导者基于数据做出更为聪明和迅速的决策，增强企业的市场竞争力。

一个合适的数据中台至关重要。技术架构的选择和数据质量控制是选择数据中台的关键要素。传统的工业互联网由于架构过于沉重，同时对用户的人员素质要求也非常高，在制浆造纸行业难以取得理想的应用效果。中国海诚充分利用后发优势，采用分布式和轻量化架构开发了 HCIPlatform 超融合数据中台（图 2），具备良好的可扩展性，可以根据客户的实际需求灵活部署，同时采用更高效率的实时数据库，结合中国海诚工程经验和对行业的深刻理解，专业工程师团队深度参与数据字典的策划实施，建立了严格的数据收集和处理流程，确保数据的准确性和完整性，为企业提供强有力的数据支撑和智能决策依据。

HCIPlatform 超融合数据中台依托于云计算和人工智能等前沿技术的深度融合，建立企业私域大模型。不仅提高了数据处理的能力和效率，还赋予了企业对复杂数据进行深度挖掘和智能分析的能力。企业私域大模型在确保数据安全和隐私保护的前提下，通过数据驱动的方式优化企业运营管理，提升业务流程的自动化和智能化水平，获得全方位的数据洞察和智能化支持。

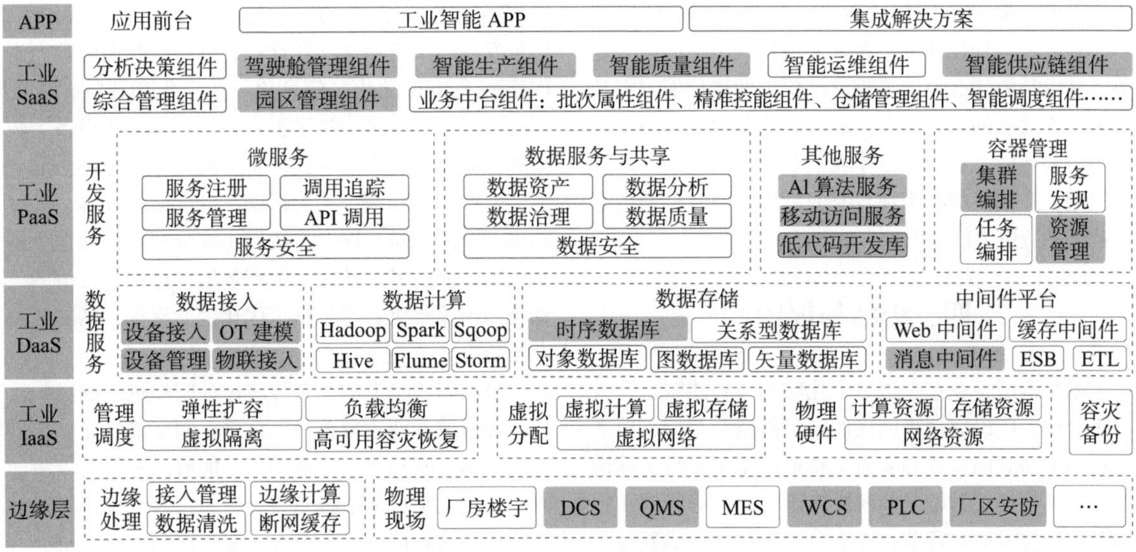

图 2　HCIPlatform 超融合数据中台架构图

三、智能制造升级——智能场景的选择

智能制造的定义：具有信息自感知、自决策、自执行等功能的先进制造过程、系统与模式的总称。具体体现在制造过程的各个环节与新一代信息技术的深度融合，如物联网、大数据、云计算、人工智能等。通过数字化交付和数据中台的应用，实现工程投资建设期的静态数据和生产运营期的动态数据连通整合，是实现智能制造的必要条件。智能制造是制浆造纸行业的未来发展方向。

要实现贯穿于设计、生产、管理、服务等产品全生命周期，具有自感知、自决策、自执行、自适应、自学习等特征的智能制造还有很长的路要走。对于制浆造纸行业更重要的是智能制造具体场景级的升级，寻找合适的智能制造场景的过程中，无人化、少人化和降本增效是核心目标。关键技术的整合和协同发展也非常重要。企业需要根据自身的需求和实际情况，选择合适的技术解决方案，并进行系统的集成和应用。

制浆造纸行业已经在成品立体仓储等方面实现了智能制造场景应用，显著提升了生产效率和产品质量。然而，在厂内废纸原料、人工巡检以及能碳精准管控等方面，行业仍有巨大提升空间。

在厂内废纸原料方面，制浆造纸行业亟须探索更高效、更环保的废纸卸车、入库和上料方式。通过引入 5G 毫米波定位、重载 AGV 和智能行车技术，采用线边仓理念，可以实现对废纸原料自动仓储和上料，优化库存管理，降低搬运成本和提升上料效率。

人工巡检在制浆造纸行业中一直扮演着重要角色，但传统的人工巡检方式存在效率低下、准确性不足等问题。通过引入 5G 毫米波，结合轮式机器人、行走机器人、轨道式机器人和无人机，可以实现对生产设备的自动巡检，提高巡检效率和准确性。同时，智能化技术还可以实现对设备的实时监控，预测设备故障，提前进行维护，减少生产中断时间，提高生产效率。

2030 年之前，制浆造纸行业即将被纳入全国碳排放权交易体系。在能碳精准管控方面，制浆造纸行业需要实现对能源消耗和碳排放的精确监测和管理。实时收集和分析能源消耗数据，找出节能潜力，制定科学的节能措施。实现对碳排放的实时监测和管理，提前布局，制定合理的碳排放减少策略，助力实现碳中和目标。

在当前的工业发展进程中，传统的设备供应商、自动化供应商以及控制软件供应商，由于其业务范围和产品线的限制，往往无法向企业提供涵盖多个层面的系统级集成解决方案。这些供应商通常专注于自身的产品和服务，而无法从全局的角度出发，为企业打造一个完整、高效的智能制造体系和场景。

相比之下，工程设计单位凭借其集成优势、深厚的工程专业技术和强大的工程实施能力，能够针对客户的实际需求，提供量身定制的智能制造场景解决方案。这种解决方案不仅能够满足客户当前的生产需求，还能预见并解决潜在的生产问题，帮助客户实现生产过程的智能化、自动化和高效化。

因此，提供个性化、高效率的智能制造解决方案，将成为工程设计单位在未来市场竞争中的核心优势。这也是为什么说，工程设计单位的这种能力将是未来其在激烈的市场竞争中的核心竞争力。这种核心竞争力将帮助工程设计单位在工业发展的大潮中，抓住机遇，迎接挑战，实现自身的发展，同时也为企业和社会创造更大的价值。

四、小结与展望

制浆造纸企业在推进数字化转型与智能制造升级的进程中，应确立清晰明确的转型战略与目标，精准把握转型的导向与核心要点。企业应基于自身实际情况，审慎选择关键技术及解决方案，并精心策划实施细节。在技术遴选环节，需充分考量技术的成熟度、实施可行性及行业适应性。同时，加强与供应商、合作伙伴及行业协会、学会的紧密合作，携手推动技术革新与应用推广。

数字化转型与智能制造，不仅是制浆造纸行业适应市场变迁、谋求持续发展的必由之路，更是行业高质量发展的关键所在。在这一进程中，我们将致力于构建一个集自动化、信息化、数字化和智能化于一体的现代生产体系。通过引入先进的自动化设备、数据平台和智能化系统，我们将大幅提升供应链协同效率，生产效率，减少人为错误，降低运营成本，并显著提高产品质量。同时，我们将充分利用大数据分析和人工智能技术，从海量生产数据中挖掘有价值的信息，为决策提供科学依据，优化生产流程，精准预测市场趋势。

中国海诚旗下的几个传统设计院经过组织架构改革，转型成专业工程公司，凭借在制浆造纸领域深耕七十年的丰富经验与专业实力，能够以客户需求为导向，工程化集成前沿技术与装备，为客户量身打造数字化转型与智能制造的升级方案。面临挑战和机遇，我们将通过不懈探索与创新，以数字化转型与智能制造的升级，共同推动制浆造纸行业实现高质量发展。

（中国海诚　刘　刚）

2023 年我国制浆造纸设备发展及新产品情况

Introduction to New Products of Domestic Pulping and Papermaking Equipment Development in 2023

2023 年是全面贯彻落实党的二十大精神的开局之年，是“十四五”规划承上启下的关键之年。面对复杂严峻的国际环境和艰巨繁重的国内改革发展稳定任务，今年我国造纸行业积极寻求突破和转型升级，克服了市场需求波动震荡、原材料供应成本攀升等多重交织叠加的困难，实现了造纸行业生产量的稳定增长，确保了对消费市场的稳定供应。作为配套产业的制浆造纸机械行业也在不断向着高端化、智能化、绿色化方向发展，一些低碳化的关键技术装备不断涌现市场并得到推广，但制浆造纸技术与装备的自主创新仍存在较大差距，推进制浆造纸技术与装备的自主化还需循序渐进。

一、制浆设备

1．备料设备

（1）轻工业杭州机电设计研究院有限公司与新乡菌草新材料技术有限公司于 2023 年 11 月签订了外购商品芦竹备料系统总承包合同，包括汽运外购商品芦竹的卸料、堆储、筛选、水洗、料仓等，合同内容包括备料工段的设备本体及配套设备、栈桥、电气、仪表控制、防腐、安装、调试等交钥匙工程并包括上述设备的功能设计、结构、性能和试验等方面的技术要求。

（2）轻工业杭州机电设计研究院有限公司供货山东华泰纸业股份有限公司林纸一体化年产 30 万吨化机浆生产线技改项目的备料系统设备于 2023 年 6 月 16 日顺利开机投产。供货设备包括堆场上料设备、输送设备、筛选设备以及制浆车间浆料预处理设备及 DCS 控制系统。

（3）轻工业杭州机电设计研究院有限公司供货重庆理文制浆有限公司的年产 30 万吨牛皮箱纸板造纸迁建及原料替代技术改造项目的机械料场和装锅输送系统总承包工程项目于 2023 年 6 月 21 日一次性开机成功。供货设备包括：链板输送机、皮带输送机、盘筛、机械堆场及自动出料装置、螺旋输送机、摇摆筛、双鼓式水洗机、旋转细格栅、斜筛等。

2．废纸制浆设备

（1）郑州运达造纸设备有限公司与五洲特种纸业（湖北）有限公司于 2023 年 10 月签订合作协议，为其 PM18 年产 30 万吨环保纸项目提供制浆技术及全套备浆设备，包括输送系统、废纸碎解系统、粗筛处理系统、分级筛系统、精筛系统等，其中 120 米^3 碎浆机及筛选系统采用永磁电机直驱传动，是国内首创。该项目中的 PM18 纸机的幅宽为 8600 毫米，车速达到 1200 米 / 分。

（2）济宁华隆机械制造有限公司供货江苏远鸿纸业有限公司的年产 20 万吨特种纸项目的面衬芯底四条制浆线于 2023 年 8 月 1 日一次开机成功。供货包括面芯底浆 3 套 D 型碎浆机连续碎解系统，一套全新的衬浆转鼓碎浆机，现有芯浆转鼓碎浆机优化；四条线全套压力筛系统（共计 30 余台压力筛）；面衬底 3 套 EXCELL 浮选脱墨系统，底芯 2 套盘式热分散系统，渣处理设备和损纸系统，共计 50 余台全新的设备。

（3）中国轻工业长沙工程有限公司承担总承包服务的景兴控股（马来西亚）有限公司年产 140 万吨高档再生浆及工业包装用纸项目一期工程 2 号浆板线于 2023 年 7 月 20 日产出合格浆板，标志着一期工程调试成功。

（4）山东杰锋机械制造有限公司供货广东捷丰实业的 1200 吨 / 日包装纸制浆生产线于 2023 年 5 月 24 日顺利开机，供货包括碎浆系统、筛选净化系统、浓缩系统、打浆系统等整线设备和技术服务。

（5）山东杰锋机械制造有限公司供货新启航纸业（尼日利亚）的年产 15 万吨包装纸制浆生产线于 2023 年 5 月 21 日顺利开机，供货包括碎浆系统、筛选净化系统、浓缩系统、打浆系统等整线设备和技术服务。

（6）济宁华隆机械制造有限公司供货德州泰鼎新材料科技有限公司的日产 1500 吨的制浆系统于 2023

年 4 月 9 日一次开机成功。系统设备包括：150 米^3 D 型碎浆机、绞绳机、切绳机、遥控液压抓斗、水力清渣机、圆筒筛、排渣分离机、尾渣圆筒筛、高浓和除渣器及提渣机等。这套制浆系统中的碎浆机体积 150 米^3，是目前国内制作的最大的 D 型碎浆机，系统产能可达日产 1500 吨以上。

（7）济宁华隆机械制造有限公司供货江西抚州金峰纸业的 500 吨 / 日废纸制浆系统于 2023 年 4 月 5 日顺利开机，设备主要包括 D 型碎浆机、水力清渣机、切绳机、绞绳机、圆筒筛、抓斗及高浓除渣器等。

（8）郑州磊展科技造纸机械有限公司供货郑州东森纸业的国产首条 1300 吨 / 日全套废纸处理浆线于 2023 年 3 月 9 日成功顺利投入使用。整条浆线采用散包转鼓碎解系统、节能型粗选系统、中低浓除渣净化系统、新中浓筛选系统及浆料浓缩系统等。

3．原生浆制浆设备

（1）轻工业杭州机电设计研究院有限公司与中国科学院大连化学物理研究所于 2023 年 12 月 1 日成功签订 300 吨 / 年甲酸法竹片高值化利用项目主体设备合同，系统包括蒸煮立锅反应釜、冷滤液槽、喷放锅、温滤液槽、DCS 控制系统、MCC 等。服务包括设备的设计、制造、运输等内容。

（2）湖南正达纤科机械制造有限公司供货孝感金红叶、景兴纸业、太阳纸业的高浓打浆改造项目于 2023 年 11 月陆续验收。高浓打浆系统包含高浓磨浆机、双圆网浓缩机、散料输送螺旋等关键设备。

（3）郑州运达造纸设备有限公司与山西强伟纸业有限公司于 2023 年 10 月达成合作协议，为其年产 30 万吨高档生活用纸及纸制品一期项目提供输送系统、碎解系统、打浆系统、网前流送系统全套制浆设备。

（4）湖南正达纤科机械制造有限公司供货安徽金竹生物基新材料有限公司的化机浆制浆项目系统设备于 2023 年 10 月 21 日发货，该套设备用于化机浆制浆、制造纸浆模塑。

（5）郑州磊展科技造纸机械有限公司与浙江金华丁丁实业有限公司于 2023 年 7 月签订了年产 30 万吨特种高档白卡纸的全套制浆设备的供货合同，根据合同，郑州磊展机械将提供包括转鼓碎解、除渣、筛选、网前流送筛等一系列关键设备。

（6）轻工业杭州机电设计研究院有限公司与安徽雪龙纤维科技股份有限公司于 2023 年 6 月 13 日成功签订横管连蒸成套设备项目交钥匙工程。系统包含设备进料至喷放锅出浆之间的全套设备，包括钢架、喂料与蒸煮系统、蒸汽系统、化工料系统、压缩空气系统、电气控制系统、DCS 系统等。服务包括设备的设计、制造、装卸、运输、安装、保温、配合调试、培训、验收、技术服务、售后服务等全部内容。

（7）轻工业杭州机电设计研究院有限公司供货印度 Assam Bio Refinery Private Limited 的生物质精炼 12 万吨 / 年甲酸竹片溶解浆及酸木素、甲酸回收再用生产线（蒸煮包、洗浆包）项目于 2023 年 5 月安装结束。该项目采用生物质精炼一体化技术，无废水排放，副产品为甲酸木素、糠醛及延伸产品工业燃料，该项目采用有机酸（甲酸）用于制浆造纸的大规模工业化生产，为世界首创。

（8）江苏仁恒装备（集团）有限公司供货广西来宾东糖纸业的 250 吨 / 日连续蒸煮系统技改项目全套蒸煮器及辅助核心设备于 2023 年 4 月 11 日安装调试完成并顺利开机。

（9）湖南正达纤科机械制造有限公司供货湖北丽邦纸业的高浓打浆系统于 2023 年 3 月 9 日顺利投产。

（10）湖南正达纤科机械制造有限公司供货恒安集团的 5 套高浓打浆系统成套设备、供货沐川禾丰的 2 套高浓打浆系统成套设备于 2023 年 2 月 1 日均已发货。

4．纤维制备

（1）轻工业杭州机电设计研究院有限公司与江西省华竹新材料科技有限公司于 2023 年 7 月签订年产 10 万吨竹纤维超声波制浆系统设备合同。系统包括好氧工段设备、竹纤维拉丝装置、竹纤维离子液提取装置、生产线封闭包装装置等。

（2）轻工业杭州机电设计研究院有限公司供货安琪酵母股份有限公司生物质预处理系统设备于 2023 年 6 月一次性开机成功。本系统采用秸秆、蔗渣原料，用横管式连续蒸煮或间歇式爆破罐的方式进行预处理，再经酶解糖化处理，最终产品是纤维素水解糖和木质素渣，系统不添加任何化学品，无污染排放，产品价值高。供货设备有：切草机、皮带机、料仓、出料螺旋、回料螺旋、销鼓计量器、转子密封器、预汽蒸螺旋、螺旋喂料器、蒸煮管、T 型管、立式卸料器、喷放锅等。

5．洗、选、筛设备

（1）山东杰锋机械制造有限公司供货马来西亚理文日产 1200 吨制浆生产线的 PM26 主体设备以及所有浆渣处理设备于 2023 年 4 月 26 日顺利开机投产。

（2）汶瑞机械（山东）有限公司供货印尼客户的 D0 漂白后浆料浓缩工段 1532 双辊挤浆机技改提升性能项目于 2023 年 3 月 2 日一次顺利开机投料成功并完成操作测试，达到操作验收的测试条件，产能达到风干浆 1200 吨 / 日、出浆干度 28% 以上。

6．漂白设备

（1）轻工业杭州机电设计研究院有限公司与新乡菌草新材料技术有限公司于 2023 年 11 月签订了年产 5000 吨菌草生物质纤维产业化研发中试项目氧脱工序、双辊挤浆机、漂白中浓浆泵设备合同。内容包括中浓泵、中浓混合器、氧反应塔、氧喷放锅、双辊挤浆机等核心装备。本项目采用的芦竹生产粘胶浆粕是一种新的工艺和探索，在本项目中的应用是对大规模生产的验证。

（2）轻工业杭州机电设计研究院有限公司与湖北木棉花纤维科技有限公司于 2023 年 5 月签订了 2.8 万吨 / 年特种纤维（浆纸）制品生产项目中浓漂白工段部分主体设备合同。内容包括中浓浆泵、中浓混合器、漂白塔等核心装备。

（3）广西博世科环保科技股份有限公司于 2023 年 1 月中标海外某纸业公司二氧化氯装备供货及配套技术服务项目。

7．环保设备

（1）华西能源工业股份有限公司与岳阳林纸股份有限公司于 2023 年 10 月 26 日签订《岳阳林纸提质升级综合技改项目化学浆及碱炉节能减排项目碱回收项目 180tds 碱炉采购、安装及服务》合同。

（2）冋泉环保技术（上海）有限公司供货浙江荣晟环保纸业股份有限公司的 3# 反应器改造升级项目于 2023 年 8 月 28 日顺利投运。

（3）中国轻工业长沙工程有限公司与岳阳林纸股份有限公司于 2023 年 7 月签订化学浆及碱炉节能减排项目 – 置换蒸煮总承包项目。该项目新建 20 万吨 / 年硫酸盐法风干浆置换蒸煮生产线，含配套的木片备料生产线。

（4）广西博世科环保科技股份有限公司于 2023 年 6 月中标海外某纸业烧碱装备供货及配套技术服务项目和废水处理装备供货及配套技术服务项目。

（5）中国海诚上海本部于 2023 年 3 月中标越南正隆二期 10000 米 ^{3}/ 日废水处理总承包工程，项目废水处理采用中国海诚自主的工艺包，工艺处理流程为预处理 + 厌氧 + 好氧 + 深度处理，在设备选择上更加注重绿色低碳，选用目前行业最节能高效的空气悬浮轴承涡轮增压鼓风机。

二、造纸设备

1．包装用纸、箱纸板机

（1）河南沁阳市第一造纸机械有限公司供货国投宣城万里纸业有限公司的 PM3 瓦楞纸生产线于 2023 年 10 月 28 日成功开机出纸。该纸机由沁阳一机提供主体设备，幅宽 6200 毫米，设计车速 750 米 / 分，开机后车速即达到 600 米 / 分。该项目达产后可年产 20 万吨高强瓦楞纸。

（2）上海轻良实业有限公司供货山西强伟纸业的 PM75600 纸机于 2023 年 9 月 1 日顺利开机。

（3）河南沁阳市第一造纸机械有限公司供货吉林市恒源纸业有限公司的 PM2 纸机于 2023 年 7 月 1 日成功开机。PM2 新项目主机年设计产能为 15 万吨，设计车速为 800 米 / 分，主打生产高档低定量高强瓦楞原纸。

（4）四川成发造纸机械有限公司与桂平市桥裕纸业有限公司于 2023 年 6 月 2 日成功签约年产 110 万吨包装纸项目一期一台 6600/1200 双叠网箱纸板机和一台 5200/800 单长网瓦楞纸机。其中 6600/1200 双叠网箱纸板机是国内目前国产纸机设备幅宽最宽、车速最高的项目，将突破中国国产高速宽幅造纸机械瓶颈。

（5）沁阳平安轻工机械有限公司供货越南 HKB 纸业的 5300 型日产 500 吨的箱板纸机于 2023 年 4 月 18 日顺利开机。配套脱水元件的整机设计由山东硅元新型材料有限责任公司 –SICER 承担。

（6）中国海诚上海本部于 2023 年 4 月中标越南纸浆模塑头部企业的“以纸代塑”环保材料总承包项目，助力客户拓展东南亚模塑包装市场。

（7）绵阳同成智能装备股份有限公司供货东莞上隆纸业有限公司 4800/600 高强瓦楞纸机改造项目于 2023 年 4 月 11 日升级成功上卷，供货包括 QCS–HS 系统、横幅定量控制系统、流浆箱修复及制浆造纸 DCS 系统升级改造。

（8）沁阳市平安轻工机械有限公司供货越南 HKB 纸业的 5300 型纸机项目，产能 500 吨 / 日，于 2023 年 4 月顺利开机。

（9）沁阳市平安轻工机械有限公司供货涟水永丰纸业的 5600/650 造纸机及全套膜转移施胶机于 2023 年 4 月顺利开机投产。

（10）河南大指造纸装备集成工程有限公司与河北锦宝石集团于 2023 年 3 月 20 日签订了年产 80 万吨包装装饰新材料项目 6600/1200 三叠网造纸生产线 MDS & MCS（纸机传动系统和纸机控制系统）。

（11）浙江华章科技有限公司供货山鹰纸业（吉林）有限公司的 PM61 纸机项目 1 号缸于 2023 年 3 月 18 日成功吊装。PM61 纸机幅（网）宽 7.3 米，设计车速 1100 米 / 分，生产瓦楞纸，是山鹰纸业（吉林）有限公司年 100 万吨制浆及年产 100 万吨工业包装纸项目的重要配套项目。

（12）浙江欧亚轻工装备制造有限公司供货泰国纸浆模塑制品生产工厂（EPAC）的第一期年产 3 万吨各种纸浆模塑制品项目于 2023 年 3 月 10 日全面投产。

（13）江苏华东造纸机械有限公司供货国信艾喜而科技有限公司的 4600 箱板纸纸机于 2023 年 2 月在印尼 ECO PAPER 顺利开机。

（14）上海轻良实业有限公司供货安徽林平纸业的 6600/1000 高档纸一期项目于 2023 年 1 月 3 日顺利开机。该纸机年产 90 万吨新型材料（高档箱板纸和高强瓦楞原纸），纸机幅宽 6600 毫米，车速 1000 米 / 分。同时，亿昇（天津）科技有限公司作为透平机的供应商，为该生产先提供了节能高效、无油无水的真空脱水系统。河南大指造纸装备集成工程有限公司提供了包括 Integra®–Jet 水力式流浆箱、Integra®–Sizer 膜转移施胶机、上料站系统设备等关键装备与技术服务。

2. 文化纸机

中国海诚与岳阳林纸股份有限公司于 2023 年 11 月 27 日签署了提质升级综合技改项目 45 万吨文化纸生产线安装工程安装合同。

3. 生活用纸机

（1）上海轻良实业有限公司供货维尔美（重庆）纸业的新月型卫生纸机 TM3 改造项目于 2023 年 11 月 29 日调试成功并顺利出纸投产。

（2）上海轻良实业有限公司供货四川禾丰纸业的 TM61 改造项目于 2023 年 11 月 28 日调试成功并顺利出纸投产。

（3）上海轻良实业有限公司供货上海东冠纸业有限公司的两台高档生活用纸纸机分别于 2023 年 11 月 2 日和 11 月 9 日顺利开机出纸。两台纸机均为幅宽为 2850 毫米，设计车速高达 1400 米 / 分，单机产能可突破 2.3 万吨 / 年。

（4）上海轻良实业有限公司供货宿州泰盛的八台绿色环保高档生活用纸纸机中的第三和第四台纸机于 2023 年 11 月 1 日同时顺利开机出纸。纸机幅宽为 2850 毫米，设计车速高达 1600 米 / 分，单机产能可突破 2.5 万吨 / 年。

（5）诸城大正机械科技有限公司供货南宁市圣大纸业有限公司的 PM4 高速生活用纸纸机于 2023 年 9 月 26 日成功出纸。该纸机为新月型纸机，幅宽 2850 毫米，设计车速 1600 米 / 分，设计产能约 1.7 万吨 / 年。

（6）保定市昌达造纸机械有限公司供货广西贵港盛正纸业有限公司的 2# 高速卫生纸机于 2023 年 8 月 17 日顺利开机。该纸机为新月型纸机，幅宽 2850 毫米，设计车速 1300 米 / 分，年产能约 1.5 万吨 / 年。

（7）保定市维拓造纸机械有限公司供货广西品源纸业的幅宽 2850 毫米、车速 1200 米 / 分的卫生纸机于 2023 年 6 月 29 日一次性开机成功，该纸机年产能达到 1.8 万吨。

（8）保定市维拓造纸机械有限公司供货河北邢台隆尧贝森纸业有限公司的幅宽 3500 毫米、车速 1100 米 / 分的新月型纸机于 2023 年 5 月 29 日一次性开机成功，该纸机年产能达到 2 万吨。该纸机采用由维拓公司自主研发制作的节能型呼吸式气罩、多级湍流式流浆箱及高性能变频器（1.5 ~ 500 千瓦）。

（9）西安维亚造纸机械有限公司与广西植护云商实业有限公司于 2023 年 4 月签订第 7．8 号机供货合同，维亚造纸机械为该项目提供其自主研发的新型 2023 款“绿色洁净型”2850/1400 新月型卫生纸机。

（10）保定市维拓造纸机械有限公司供货龙口明洁纸业的 2 号卫生纸机于 2023 年 3 月一次性开机成功。该纸机幅宽 2850 毫米，车速 1200 米 / 分，年产能 1.8 万吨。

（11）宝索集团供货恒安集团常德基地湖南恒安纸业有限公司 PM30（型号 BC1800/3650 设计车速 1800 米 / 分）、供货环龙集团西龙基地四川环龙新材料有限公司 PM9 和 PM10（纸机型号 BC1600/2850，设计车速 1600 米 / 分）、供货韶能集团耒阳基地耒阳韶能集团耒阳蔡伦纸品有限公司 PM11（纸机型号 BC1600/2850，设计车速 1600 米 / 分），均于 2023 年 3 月成功开机投产。

（12）宝索企业集团旗下宝拓公司供货江门仁科绿洲纸业有限公司的 PM2 纸机于 2023 年 2 月 26 日开机成功，纸机型号 BC1300–2850，设计车速 1300 米 / 分。

（13）保定市维拓造纸机械有限公司供货保定市立新纸业的第二台幅宽 3.55m 的高速卫生纸机于 2023 年 2 月 24 日顺利开机。该项目为真空圆网纸机改造成新月型卫生纸机，其中毛毯洗涤部、成形部、换热通风系统、蒸汽冷凝水系统、网前流送系统等关键技术均由维拓造纸机械公司提供，改造后车速提升 450 米 / 分，产能提升 0.7 万吨 / 年。

（14）保定市维拓造纸机械有限公司供货云南省汉光纸业有限公司的 2850/1400 新月型纸机于 2023 年 1 月 14 日一次性开机成功。该纸机幅宽 2850 毫米，车速 1400 米 / 分，年产能 2 万吨。

（15）山东凯信重机供货亚太森博（山东）的浆纸一期 5 万吨生活用纸项目于 2023 年 1 月 12 日成功

完成两条高档生活用纸生产线的开机。根据合同，凯信重机供货两台 HC-1700CS/2850 高速新月型卫生纸机，参数为：设计车速 1700 米/分，幅宽 2850 毫米，配备 16 英尺钢制扬克烘缸，并带有除尘、除雾系统和在线拔轴系统，其特有的流浆箱结构适于抄造 11.5 ~ 22 克/米^{2}的高档生活用纸。

4．特种纸机及装备

（1）杭州北辰轻工机械有限公司供货河北迁安博达纸业有限公司的 4600/850 轻涂胶板纸机于 2023 年 9 月 8 日成功开机上卷。合同内容是包括该纸机在内的从流浆箱到卷纸机整体供货的特种纸生产线。供货范围包括膜转移施胶机、空气转向器、气浮干燥箱、无绳引纸、辊式顶网成型器以及北辰合资公司提供的第一套四辊三压靴压。

（2）轻工业杭州机电设计研究院有限公司与南通林泰克斯新材料科技有限公司于 2023 年 9 月签订了高性能复合湿式摩擦传动材料中试线合同。

（3）2023 年 7 月，轻工业杭州机电设计研究院有限公司分别供货的南玻院（宿迁）新材料有限公司的年产 1.2 万吨玻纤滤纸生产线项目（一期）、濮阳市汇通新材料有限公司 1760 玻纤滤纸生产线改造项目顺利开机投产。在这两个项目中，杭州机电院负责整条生产的工程设计、设备研发等，充分发挥其装备制造与工程服务相结合的优势，更是其深耕拓展玻纤滤纸领域的又一佳绩。

（4）中国海诚工程科技股份有限公司与广东冠豪高新技术股份有限公司于 2023 年 5 月 25 日签订特种纸机及涂布纸产业基地项目二期 MG 纸机项目总承包合同。杭州北辰轻工机械有限公司和总承包方中国海诚签署 4900/800MG 纸机膜转移施胶机合同，此设备将配备先进的碳纤维刮刀梁。

（5）轻工业杭州机电设计研究院有限公司供货浙江冠族纸业有限公司 1575/45 多圆网特种纸机改造项目于 2023 年 4 月开机调试成功，该生产线生产艺术纸板等。

（6）绵阳同成智能装备股份有限公司供货山东太阳纸业股份有限公司的超高强度特种纸机总承包项目于 2023 年 4 月 10 日在试机阶段一次成功。绵阳同成智能装备股份有限公司为该纱管纸生产线项目提供多项独家核心技术，包括新型智能圆形布浆稀释水流浆箱，网部、压榨部、烘干部、QCS-HS 系统、蒸汽冷凝水系统、流送系统以及工艺技术等。该线充分将包装纸机产生的渣浆、废纸等废物原料转化生产为合格的纱管纸，纸张质量达中等级要求（层间结合力超过 400 焦/米^2）。

（7）华章科技控股有限公司供货湖南金叶易地技改项目的扬克大缸于 2023 年 3 月 15 日安装就位成功，该项目是浙江华章在烟草薄片行业首个总承包项目，其中扬克大缸属于纸机重要核心部件。

5．部分关键部件产品

（1）河南大指造纸装备集成工程有限公司供货河南省龙源纸业股份有限公司的 PM3 提质改造项目于 2023 年 12 月成功开机。该 PM3 纸机卷纸幅宽 4600 毫米，改造后设计车速 1000 米/分，主要用来生产 A 级箱板纸。大指装备提供了 Integra®-Jet 水力式流浆箱、Integra®-Sizer 膜转移施胶机及针对包装纸设计双上料通道上料站系统等。

（2）青岛雷勒过滤科技有限公司供货宁波亚洲浆纸业有限公司的首批四台矩形振筛于 2023 年 12 月 25 日完成发货前的全部出厂检测和准备工作，正式发货。该矩形振筛采用独特的设计，能够有效滤除胶料中的细小纤维、杂质，提高胶料的洁净度。

（3）德州市巨星暖通造纸设备厂与河南雅都再生资源有限公司于 2023 年 12 月 15 日成功签约 6700/1100 纸机密闭气罩及厂房通风系统合作协议，该纸机用来生产高档箱板纸/T 纸。

（4）四川高达科技有限公司供货孟加拉国木浆纸有限公司的 QCS 定量水分控制系统于 2023 年 12 月 12 日成功在该公司纸机生产中采用，助力该厂利用白纸边废纸料生产线体产出合格的成品纸张。

（5）河南大指装备集成工程有限公司供货尼日利亚 NIXIN PAPER MILL NIGERIA LIMITED PM2 高档文化纸机的 Integra® 系列关键装备 Integra®-SizerCombi 组合式膜转移施胶机、上料站系统和 Integra®-Calender 双压区可控中高压光机等设备于 2023 年 11 月 28 日成功开机投产。NIXIN PAPER MILL NIGERIA LIMITED PM2 是一台全新纸机，净纸宽 4600 毫米，主要用于生产 55 ~ 80 克/米^{2}高档文化纸。

（6）河南大指造纸装备集成工程有限公司供货德州华北纸业的 PM9 膜转移施胶机改造项目于 2023 年 11 月 14 日一次性开机成功并通过验收。纸机净纸宽 2730 毫米，主要用于生产 50 ~ 100 克/米^{2}轻型纸、高档文化纸。

（7）四川高达科技有限公司供货江西省万载县金柯纸业有限公司的生产鞭炮用纸纸机的 DCS 控制系统于 2023 年 10 月 17 日调试完工并投产。该纸机型号 4000（纸张宽幅 3800 毫米，车速 500 米/分）、设计车速 550 米/分，实际运行车速 500 米/分。

（8）杭州美辰纸业技术有限公司供货山西强伟纸

业有限公司的 PM8 低定量瓦楞纸机稀释水力式流浆箱于 2023 年 9 月 25 日顺利开机。

（9）河南大指造纸装备集成工程有限公司供货德州泰鼎新材料科技有限公司的年产 15 万吨低定量高强瓦楞原纸项目于 2023 年 9 月顺利开机。该项目是新建纸机项目，机台卷纸宽度 4480 毫米，定量范围 80 ~ 165 克 / 米^2，设计车速 900 米 / 分。大指装备为该项目提供全新 Integra®–Jet 水力式流浆箱和 Integra®–Sizer 膜转移施胶机和日产 200 吨胶料制备系统。

（10）杭州北辰轻工机械有限公司供货烟台大展纸业 PM5 号机的 4200/600 膜转移施胶机于 2023 年 9 月成功开机出纸并顺利上卷。该膜转移施胶机净纸幅宽 4200 毫米，设计车速 600 米 / 分，主要生产箱板纸，产能近 30 万吨 / 年。

（11）杭州北辰轻工机械有限公司供货浙江景兴纸业 PM13 号机的 5150/750 膜转移施胶机于 2023 年 9 月成功开机出纸并顺利上卷。该膜转移施胶机净纸幅宽 5150 毫米，设计车速 750 米 / 分，主要生产高强瓦楞原纸，产能超过 30 万吨 / 年。

（12）沁阳市平安轻工机械有限公司供货宁海鑫源泰纸业有限公司的低定量高强瓦楞纸 3800/650 全套膜转移施胶机于 2023 年 8 月顺利开机投产。

（13）大指装备供货浙江金励环保纸业有限公司、秦皇岛金茂源纸业有限公司的 Integra®–Sizer 膜转移施胶机（5600/1000、5400/750）于 2023 年 8 月 25 日相继投运。大指装备供货范围包括 Integra®–Sizer 膜转移施胶机、Integra®–Turn 空气转向器及上料站系统。

（14）河南大指造纸装备集成工程有限公司供货山东仁丰特种材料股份有限公司的水力式流浆箱于 2023 年 6 月 29 日已正式投入生产。此水力式流浆箱唇口宽 4150 毫米，主要用于生产包装纸。

（15）华章科技供货华旺科技马鞍山产区 PM16 特种纸项目于 2023 年 6 月 16 日成功试机投产，华章科技为该项目提供HZ AC3750传动系统和MCS系统。

（16）河南大指造纸装备集成工程有限公司供货涟水永丰纸业有限公司的 Integra®–Jet 水力式稀释水流浆箱于 2023 年 6 月 8 日顺利投产，设备唇口宽 6000 毫米，主要用于生产 130–170 克 / 米^2 高强瓦楞原纸。

（17）轻工业杭州机电设计研究院有限公司与广西仙鹤新材料有限公司于 2023 年 6 月签订了 4800/1000 伸性装置合同。伸性装置包括伸性烘缸，伸性胶毯，压杆加压，胶毯的张紧，校正，冷却，润滑与研磨及硅油系统等。

（18）河南大指造纸装备集成工程有限公司供货山东合创新材料有限公司 4800 项目于 2023 年 5 月正式开机投产。该产线设计车速 1000 米 / 分，年产能 20 万吨，主要用于生产 70 ~ 120 克 / 米^2 高强瓦楞原纸。此次供货范围包括 Integra®–Jet 水力式稀释水流浆箱、Integra®–Sizer 膜转移施胶机和上料站系统，以及相关的技术服务。

（19）青岛雷勒过滤科技有限公司供货嵊州市恒丰纸业有限公司的 4600 高瓦纸机膜转移施胶机改造项目于 2023 年 5 月 6 日顺利完工投产，雷勒为该项目提供了施胶机上的关键部件——上料净化压力筛和膜转移回流矩形振动筛。

（20）杭州美辰纸业技术有限公司供货河南武陟三丰纸业的二号机生产线流浆箱于 2023 年 5 月 17 日更换完毕，顺利开机投产。该项目使用的流浆箱为气垫式流浆箱，流浆箱喷宽3650毫米，车速280米/分。

（21）沁阳平安轻工机械有限公司供货嵊州恒丰纸业有限公司的 4800 型全套膜转移施胶机于 2023 年 5 月 1 日顺利开机投产。

（22）杭州美辰纸业技术有限公司供货南宁太阳纸业改造项目的水力式流浆箱于 2023 年 4 月 8 日顺利开机，该流浆箱喷口宽达6198毫米，车速1000米/分，运用了稀释水横幅定量调节系统等多项核心技术。

（23）中国海诚总承包的马来西亚慕达纸业 PM9 改造项目于 2023 年 3 月 23 日顺利完成，杭州美辰纸业技术有限公司作为中国海诚的设备供货商，为此项目提供了无反作用力高频摇振机。

（24）河南大指造纸装备集成工程有限公司供货山鹰华南纸业有限公司 PM31、PM32 两条纸机生产线的四套 Integra®–Jet 水力式流浆箱及附属系统于 2023 年 2 月 17 日投入生产，其中 PM31 一套，PM32 三套（替换进口品牌流浆箱、底层带稀释水）。华南山鹰 31 号机唇口宽度 5050 毫米，设计车速 750 米 / 分；32 号机唇口宽度 6200 毫米，设计车速 950 米 / 分，生产纸种均为高档牛卡纸。

（25）河南大指造纸装备集成工程有限公司供货东莞金田纸业、河北宝石纸业、禄丰永兴纸业、新乡新亚纸业四个项目均于 2023 年 2 月开机上卷。其中，东莞金田纸业有限公司为 5730/1000 膜转移施胶机技改项目（供货范围：Integra®–Sizer 膜转移施胶机），柏乡县锦宝石新材料开发有限公司为 5100/700 膜转移施胶机技改项目（供货范围：Integra®–Sizer Combi 组合式膜转施胶机及双上料通道上料站系统），禄丰县永兴纸业有限公司为 5000/650 低克重包装纸机节能增效技改项目（供货范围：Integra®–Sizer Combi 组合式膜转施胶机及双上料通道上料站系统、Integra®–SteamPro 单点可控蒸汽箱系统），新乡新亚纸业集团股份有限公司为 3200 纸机提质改造项目（供货范围：Integra®–Jet 水力式流浆箱（面层、底层各一套））。

（26）杭州美辰纸业技术有限公司供货河南润恺纸业的水力式流浆箱和蒸汽加湿器控制系统于 2023 年 2 月 8 日顺利开机，此生产线主要用于生产装饰原纸。该流浆箱喷口宽 1700 毫米，车速 400 米 / 分，该蒸汽加湿器控制系统采用进口蒸汽阀门及执行器，可以横向分区域精准控制回湿量，使纸幅水分均匀吸收。

（27）杭州美辰纸业技术有限公司供货定泽裕纸业改造项目的水力式流浆箱于 2023 年 2 月 7 日顺利开机，该流浆箱喷宽 5000 毫米，车速 600 米 / 分，该条生产线生产的是国内稀缺的 50 ~ 60g 低定量瓦楞纸。

（28）武汉顶涂科技有限公司与仙鹤股份有限公司下属湖北仙鹤新材料有限公司于 2023 年 2 月签订 3 套膜转移施胶机合同，供货范围为 1 台 3860/1000 双模施胶机、1 台 4920/600 双模施胶机、1 台 4860/800 膜转移施胶机，可适用各种不同类型的纸张施胶涂布功能。

三、涂布机及完成设备

1．纸板涂布机

山东丰源中盛纸业的年产 35 万吨涂布白纸板项目于 2023 年 3 月 17 成功试产出纸。项目生产线设计车速 700 米 / 分，年可产高档涂布白纸板 35 万吨，最高可达 40 万吨。其中，制浆生产线采用奥地利安德里茨设备，纸机采用五叠网成型结构，配套杭州美辰稀释水流浆箱、德国 GAPCON 靴式压榨和硬压光、软压光机，以及奥地利 PMT 复卷机，其他辅机设备采用华章科技的设备及自动化控制系统。

2．热敏纸涂布机

（1）沙市轻工机械有限公司于 2023 年 7 月 10 日成功中标广东冠豪高新技术股份有限公司 1760/800 6 号热敏纸涂布机生产线项目。同时，其为广东简彩纸业科技有限公司提供的 1760/500 设备正在联动调试，即将出纸；为河北方大包装股份有限公司提供的 1760/800 设备于 2023 年底出纸。

（2）武汉顶涂科技有限公司与山东晨鸣纸业集团股份有限公司下属寿光晨鸣美术纸有限公司与 2023 年 2 月签订 2000/550 三防热敏纸涂布机，此涂布机为国内配置的最先进三防热敏纸全套生产线，生产线包含 2 次底涂 +2 次帘式涂布，为全线自动换卷不停机连续生产线。帘式涂布为武汉顶涂公司自行生产。

3．特种纸涂布机

（1）武汉金华腾科技有限公司于 2023 年 5 月 5 日成功中标民丰特种纸股份有限公司年产 7 万吨特种涂布纸项目涂布机主体设备及辅助设备采购项目，该涂布生产线的产品是镀铝原纸、烟用镀铝内衬原纸等高档涂布产品。

（2）武汉顶涂科技有限公司供货山东日照华泰纸业有限公司的 1880/300 多功能涂布机于 2023 年 2 月已进入安装尾期。此 1880/300 涂布机为一套多功能涂布机，配置有多种涂布方式，可以生产超感、触感纸、扑克牌纸、热升华数码转移印花纸、食品包装纸、涂布牛卡纸等等。

（3）轻工业杭州机电设计研究院有限公司与嘉兴民和工贸有限公司与 2023 年 2 月签订了 1760 特种纸涂布机合同。该涂布机用于对原纸进行水溶性涂料的涂布、干燥、整饰。

4．压光机

（1）河南大指造纸装备集成工程有限公司供货 NIXIN PAPER（尼日利亚）的 NIXIN PAPER MILL NIGERIA LIMITED PM1 压光机改造项目于 2023 年 10 月 11 日成功交付并一次性通过运行验收。

（2）轻工业杭州机电设计研究院有限公司与宁波 3A 集团有限公司于 2023 年 8 月签订了 1300/100 调态部与双压区硬压光机合同，供货内容主要包括烘缸调态部与一台四辊双压区硬辊压光机两部分及其电气控制系统。

（3）杭州北辰轻工机械有限公司与柬埔寨兴邦纸业于 2023 年 4 月签订可控中高压光机等关键设备的提升改造项目。

（4）河南大指装备集成工程有限公司与临沭县华星纸业有限公司于 2023 年 3 月签订 5400/800 箱板纸生产线关键设备采购合同，根据该合同，大指装备将提供一套 Integra®–Calender 单压区可控中高硬压光机及附属系统。

（5）山东明源智能装备股份有限公司供货越南纸厂的 4200 单压区可控中高压光机于 2023 年 1 月 10 日发货，此游泳辊可控中高压光机线压力可达到 300 牛顿 / 毫米，操作车速最高 1500 米 / 分，可配置先进的 PLC / PC 控制和监控系统。

5．分切机

（1）济南成东机械制造有限公司与东莞建晖纸业有限公司于 2023 年 9 月 21 日签订两台高速、智能化纸芯裁切输送线供货合同。

（2）河南大指造纸装备集成工程有限公司与云南云景林纸股份有限公司签订的 1# 抄浆车间绒毛卷浆

关键装备及工程总承包合同于 2023 年 4 月 23 日顺利完成并成功开机运行。大指装备供货范围包括：智能卷浆机及附属设备，卷筒复卷分切机及辅助设备，自动化包装生产线，工程设计及安装总承包服务。

6．复卷机

（1）河南大指造纸装备集成工程有限公司与河南雅都再生资源有限公司于 2023 年 10 月 29 日成功签订年产 35 万吨再生 T 纸项目关键装备合同，提供 Integra®–Winder 双底辊复卷机等关键装备及附属系统。

（2）山东凯信重机有限公司供货江西理文的 PM21 新增 6650 毫米 /2500 米 / 分高速分切复卷机于 2023 年 6 月顺利开机，当日复卷第一个母卷工作车速即 2500 米 / 分稳定运行。

（3）河南大指造纸装备集成工程有限公司与山东金天和纸业有限公司于 2023 年 3 月签订年产 50 万吨高档食品白卡纸项目 5600/2400 双底辊复卷机项目。大指装备为该项目提供一套 Integra®–Winder 双底辊复卷机并配备自动上纸管芯、自动喷胶、自动排刀、自动换卷、一键引纸及远程诊断等创新技术和功能。

（4）河南大指造纸装备集成工程有限公司与山东仁丰特种材料有限公司 PM13 关键装备采购合同于 2023 年 2 月 16 日全面生效，大指装备将为山东仁丰 PM13 提供 Integra®–Winder 全自动双底辊复卷机。山东仁丰 PM13 是一台全新的纸机生产线，卷纸幅宽 6700 毫米，工作车速 1000 米 / 分，主要用于生产高强瓦楞原纸。

（沈 栋 杨 旭 朱晓燕 徐国华 陈 蕾 陈 华）

2023 年我国造纸器材行业概述

Review of China's Papermaking Devices Industry in 2023

2023 年，我国造纸器材（造纸用网与造纸毛毯）行业与中国造纸工业的大踏步发展同步，无论从数量上还是质量上，都取得了一定程度的进展。这些进展，是多年辛苦努力的厚积薄发，更是得全球政治经济形势递变之机乘势而为。

一、造纸网毯行业基本情况

1．造纸网

据中国造纸学会造纸器材专业委员会（以下简称"造纸器材专业委员会"）调查统计，2023 年，国内主要规模以上造纸网厂 20 家（不包括外商在华独资网毯生产企业），共生产成形网 183.18 万米 ^{2}、干网 222.84 万米 ^{2}、螺旋干网万 5 万米 ^{2}、铜网 4.5 万米 ^{2}、不锈钢网 2 万米 ^{2}、环保过滤网 29 万米 ^{2}。与 2022 年相比，成形网减产 21.25%，干网生产量微增 1.50%，螺旋干网持平，铜网减产 22.22%，环保过滤网增产 61.11%。

2023 年，高端成形网三层网的生产量为 161.56 万米 ^{2}，2022 年为 195.72 万米 ^{2}，同比减产 17.45%；2023 年，异形丝干网的生产量为 170.84 万米 ^{2}，2022 年为 188.66 万米 ^{2}，同比减产 10.43%。成形网生产量与三层网生产量同步减产，干网生产量与异型丝干网生产量同时走低，而环保网逆势上扬增产 61.11%。

根据统计，同比 2022 年，江苏金呢工程织物股份有限公司（以下简称江苏金呢）、安徽华辰造纸网股份有限公司（以下简称安徽华辰）、安徽太平洋特种网业有限公司（以下简称安徽太平洋）等企业继续发挥行业中坚力量的作用，提供了增加产量的主要支持力量。其中，江苏金呢的三层网（成型网）产量同比增加了 23%，干网产量也增加了 7%；安徽华辰的干网产量同比增加了 8%；安徽太平洋的成型网同比增加 7%。另外，河北鹤煌网业与河南晶鑫科技网业 2023 年产量同比 2022 年也创新高。尤其值得注意的，以上这些企业每年都添置了新设备，增加了科研投入，提高了产品品质，未来高品质的造纸网增量可期，我国优质造纸网将迎来崭新的发展。

但同时，也有一些企业产量不增反减，具体原因是多方面的，但根本原因还是不适应不断发展的造纸行业对造纸网的新的需求，从而转产环保过滤网以及其他网产品。

安徽华辰造纸网股份有限公司 2023 年通过了国家级高新技术企业的重新认定；申报了安徽省"皖美品牌"；2023 年获得 2 项发明专利的授权。通过了质量及环境管理体系的复审；2023 年产品升级，加大了细目网的生产能力，淘汰了 2 台低车速的老织机，在原址上进口了两台国际最新高车速高精度的 BK880 织机，并实现当年进口，当年安装，当年投入使用，细目网新织机运行更加平稳，产品稳定性大大提高，每分钟速度是老织机的一倍多，产能得到大幅提升。2023 年公司主营业务收入较 2022 年有较大增长，首次突破亿元。外贸出口突破 2 千万，较 2022 年翻了一番。

江苏金呢工程织物股份有限公司（以下简称江苏金呢）2023 年公司持续开拓创新，营业收入、利润等指标均创近三年新高。2023 年新建了厂房，扩大了生产规模，大力投入基础设施建设和设备采购。针对目前国内高端生活用纸市场被欧美同行垄断的这一现象，江苏金呢独立研发了两个可完全替代进口的高端生活用纸成形网，其中平纹 JN-SSB6720 系列产品可满足 10.5 克 / 米 ^{2} 及以上所有的高端生活用纸的生产；4 综斜纹产品可满足 12.5 克 / 米 ^{2} 及以上的所有高端生活用纸的生产，这两个系列的产品适用于车速 2200 米 / 分以内的所有超高速斜网纸机，具有留着率高、负载低、网痕轻、耐磨、纸页易剥离的特点。公司始终坚持全自动机械化智能制造以及数字化设备管理。

安徽太平洋特种网业有限公司独立自主研发造纸制浆用热缩网，预挂网，现在为国内独家供应企业；公司设计生产的浆板网供货玖龙湖北使用良好；公司持续研发高强扁丝干网和 SSB 成形网产品，产品在亚太森博和玖龙控股等上市企业持续放量；高强扁丝干网在广东冠豪、牡丹江恒丰、民丰特纸等特种纸生产企业的供给持续增长。公司2023年对外贸易额为985万元，引进新的定型机和织机陆续安装到位，预计2024年6月全部投产。公司注重人才建设和技术开发，王国东撰写的论文《造纸用干网》被第五届中国造纸装备发展论坛专家委员会评选为优秀论文。

河南晶鑫科技股份有限公司始终致力于技术的创新和研发，2023年科研投入百万元，设备改造升级投入千万元，联合各大院校及科研单位进行产学研活动，目前拥有专利32项。集团旗下河南晶鑫生物科技有限公司生产聚酯单丝、造纸用染料与造纸用功能助剂等，已形成规模产能，并同理文集团、APP博汇纸业等合作，被市场认可。产品深耕国内，远销海外50个国家与地区。

河北鹤煌网业股份有限公司致力于造纸网30多年，2023年获得国家级“专精特新”小巨人企业，公司拥有专利16项，其中发明专利3项，公司注重加强全面质量管理，产品质量稳定，得到造纸行业认可。

面对严峻的市场竞争和变化，各个造纸网企业不约而同选择优化产品结构和提升服务质量，加大科研投入与设备改造升级，形成市场急需的新产能，成功地拓展了市场份额，赢得了更多客户的信赖和支持。

江门市新会远东网业有限公司另辟蹊径，研发了高档造纸网使用的插接机。自动插接机是专用设备中技术要求高，制造难度大的一种设备，进口的价格相当高，目前公司研制的高档造纸网使用的插接机使用性能良好，拥有自主专利，并供应数家造纸网厂使用，填补了国内空白。

驻马店市红星网业有限公司、河南华丰网业科技股份有限公司、河北爱美德网带有限公司、沈阳沈网网业织造有限公司、泰安松源网业等企业也有不同程度的发展，这些企业是造纸网业中的一股稳定的力量，为行业的发展作出了自己的贡献。

2. 造纸毛毯

据造纸器材专业委员会调查统计，2023年全国规模以上20家造纸毛毯企业的生产量（不包括外商在华独资网毯生产企业的生产量）合计为7415吨（以历年同口径推算），较2022年的7250吨同比微增2.28%。

2023年，造纸毛毯各企业的产量有增有减，企业增减的幅度比较大，反映了造纸行业对各造纸毛毯企业的影响并不均衡。

四川环龙技术织物有限公司始终走在行业前列。其供货的上海智能制造基地的14.5米产线是全球领先的高端造纸毛毯生产线，其幅宽、精细化程度、数字化和智能化水平具备最先进的特性。同时，公司还积极构建“数智匠心”一体化的数字化工厂，提升产品质量和生产效率。公司是国家级高新技术企业，获国家级绿色工厂称号，是四川省“专精特新”企业、上海市“专精特新企业”，建有省级企业技术中心、成都市“院士专家”工作站、拥有100余项发明与实用新型专利技术、另有在申请状态注册专利近40项。公司在首届中国纸业发展大会上荣获“十佳战略合作”称号，荣获成都市第一批工业精品称号等。公司积极践行企业责任，持续践行ESG理念，不断助力公益事业，已先后资助多名学子学业并顺利考入大学，针对国内受灾事件，第一时间捐钱捐物。公司还将积极响应国家绿色发展的号召，推动行业的绿色、低碳、可持续发展。

徐州三环工业用呢科技有限责任公司2023年生产量600吨，销售收入9300万元。比2022年分别提升12%和20%。2023年公司加强对市场细分、准确定位；加大对关键设备改造、技术研发创新，不断拓展高端产品的市场。其中1600米/分生活用纸、1100米/分以上的包装纸造纸毛毯达到50%；80米超长环织、接缝毛毯等在高速纸机上得到推广使用；特宽幅造纸毛毯（10.3米）成功下线，首套产品已交付客户，2023年扩大外贸市场份额，整体销售额和销售利润均稳步提高。

江苏金呢工程织物股份有限公司是国内唯一同时拥有造纸网与造纸毛毯生产能力的企业。公司深耕造纸网的同时，加大配套造纸毛毯的投入，2023年造纸毛毯年产能360吨项目目前已经落地，正在建设中。目前造纸毛毯能够匹配车速1200~1300米/分车速的造纸机，稳定供应理文纸业、晨鸣纸业。

东莞市友邦网毯有限公司每年投入科研与设备改造，提升产品稳定性与适用性，企业稳扎稳打，加强内部精细化管理，2023年取得了不俗的业绩。

聊城经纬工业网毯有限公司2023年在半年时间内，把毛毯基网由人工插接全部改成机器全自动插接，即保证了产品质量，又提高了生产效率。

东莞市业兴网毯有限公司在主要产品造纸毛毯的基础上大力开发其他工业毛毯、环保毯等，2023年在内销与外贸方面，取得了可喜的成果。

河南双龙、河南菲尔特等公司亦增速明显。佛山新普瑞士虽成立仅五年，但经营者是多年从事造纸毛毯的资深从业者，公司新建伊始，即展现出不俗的身手，在生活用纸毛毯领域颇有斩获，为同行与市场瞩目。

二、造纸网毯进出口概况

2003—2023 年我国造纸网毯产品的进出口情况见表 1、表 2，图 1～图 4。

表 1　　2003—2023 年我国造纸网毯产品的进出口情况

	年度	滤网、滤布		＜650 克 / 米 ^{2} 网毯成品		≥650 克 / 米 ^{2} 网毯成品		年度合计	
		数量 / 千克	金额 / 美元	数量 / 千克	金额 / 美元	数量 / 千克	金额 / 美元	数量 / 千克	金额 / 美元
进口	2003	321789	13179434	83823	9716679	733393	34916174	1139005	57812287
	2004	467009	18160299	66449	11532430	928589	45849485	1462047	75542214
	2005	453136	24320356	122208	18246875	922277	52269799	1497621	94837030
	2006	515427	38570045	103272	19820917	1147141	66040034	1765840	124430996
	2007	554959	41072549	164659	28287534	1320591	73807104	2040209	143167187
	2008	606367	46872567	205248	32106550	1398726	81335714	2210341	160314831
	2009	390331	39433965	282476	27209593	1069939	63213073	1742746	129856631
	2010	674593	54817406	152683	26341596	1257074	79184329	2084350	160343331
	2011	676222	65364193	195048	36256563	1429448	93074967	2300718	194695723
	2012	5770638	127623854	199017	35487497	1490570	92340290	7460225	255451641
	2013	732491	65628557	198872	39304782	1627047	97683472	2558410	202616811
	2014	766924	73505067	203188	39711480	1743000	97563569	2713112	210780116
	2015	734838	59134296	165952	32030296	1445143	83667743	2345933	174832335
	2016	759584	56420052	147943	29761428	1426824	78753576	2334351	164935056
	2017	1132788	75735914	181163	29787822	1508668	84123417	2822619	189647153
	2018	1302567	78198275	261938	32728698	1469626	80893766	3034131	191820739
	2019	1234002	68562774	229111	29668582	1502581	76119181	2965694	174350537
	2020	1494947	68830883	174332	29229430	1336527	71115340	3005806	169175653
	2021	1172263	62816643	221442	28908046	1309305	67870392	2703010	159595081
	2022	1063482	54468706	259810	29690399	1200621	63710616	2523913	147869721
	2023	912261	43988402	208710	24911532	1386492	65422416	2507463	134322350
出口	2003	166319	2691934	39871	1702536	113572	2643469	319762	7037939
	2004	397701	3635438	86507	2015043	132979	3073069	617187	8723550
	2005	691723	6670480	96740	1814304	233327	5819276	1021790	14304060
	2006	1150572	7735693	105995	2413436	403741	11250884	1660308	21400013
	2007	347923	4749570	83953	3357880	494649	14671403	926525	22778853
	2008	314175	5957362	156664	5046002	654007	19577994	1124846	30581358
	2009	573145	8689102	151286	6749313	1165831	39476960	1890262	54915375
	2010	767435	14156715	217889	12617780	1606415	54910625	2591739	81685120
	2011	1224731	19875393	221262	15067260	1879750	59108654	3325743	94051307
	2012	1457557	24341877	270128	15958286	1825804	55543516	3553489	95843679
	2013	1417962	24751543	349271	13922038	2087560	64925996	3854793	103599577

续表

年度		滤网、滤布		< 650 克 / 米 ² 网毯成品		≥ 650 克 / 米 ² 网毯成品		年度合计	
		数量 / 千克	金额 / 美元	数量 / 千克	金额 / 美元	数量 / 千克	金额 / 美元	数量 / 千克	金额 / 美元
出口	2014	1521356	28815705	356718	16888059	2132604	64032585	4010678	109736349
	2015	1561090	27321954	302251	16701516	2345550	62032012	4208891	106055482
	2016	1739765	28678311	246651	17073861	2478266	68236070	4464682	113988242
	2017	2080716	32587297	295118	18166621	2817730	76869704	5193564	127623622
	2018	2367574	37754228	399548	19532325	3429969	94573447	6197091	151860000
	2019	2695856	41272599	422846	18956474	3566372	89928711	6685674	150157784
	2020	3068604	303176843	325143	15404479	3461431	84038788	6855178	402620110
	2021	4089181	51526297	389387	15246937	4084773	100554719	8563341	167327953
	2022	3312820	52452642	369382	15193386	4383822	110744212	8066024	178390240
	2023	3448813	53548073	408019	17134781	4758993	121532452	8615825	192215306

表 2 2023 年我国网毯产品进出口量与 2022 年相比

年份		滤网、滤布			< 650 克 / 米 ² 网毯成品			≥ 650 克 / 米 ² 网毯成品		
		数量 / 千克	金额 / 美元	单价 /（美元 / 千克）	数量 / 千克	金额 / 美元	单价 /（美元 / 千克）	数量 / 千克	金额 / 美元	单价 /（美元 / 千克）
进口量	2023	912261	43988402	48.22	208710	24911532	119.36	1386492	65422416	47.19
	2022	1063482	54468706	51.22	259810	29690399	114.28	1200621	63710616	53.06
	同比 /%	–14.22%	–19.24%	–5.86	–19.67%	–16.10%	4.45%	+15.48%	+2.69%	–11.06%
出口量	2023	3448813	53548073	15.83	408019	17134781	42.00	4758993	121532452	25.26
	2022	3312820	52452642	15.83	369382	15193386	41.13	4383822	110744212	25.26
	同比 /%	+4.11%	+2.09%	0	+16.8%	+12.8%	+2.12%	+8.56%	+9.74%	0

注：数据来源于海关总署。

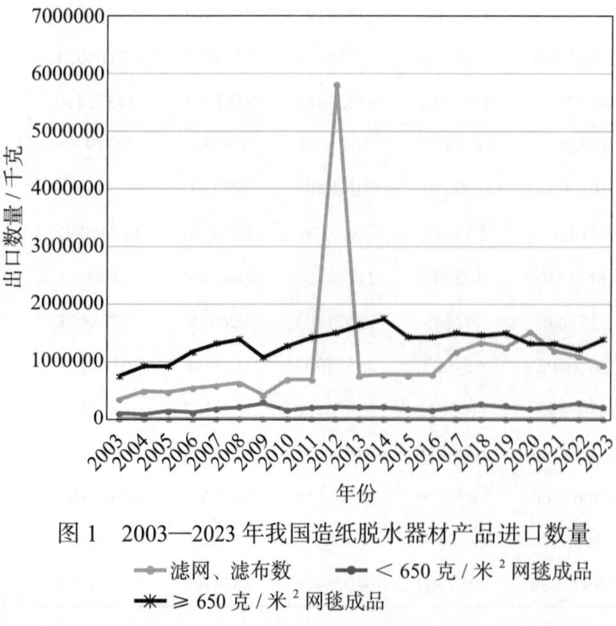

图 1 2003—2023 年我国造纸脱水器材产品进口数量

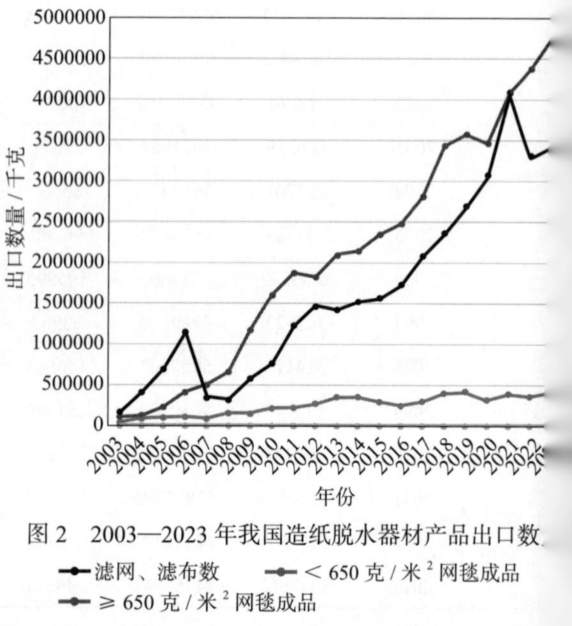

图 2 2003—2023 年我国造纸脱水器材产品出口数

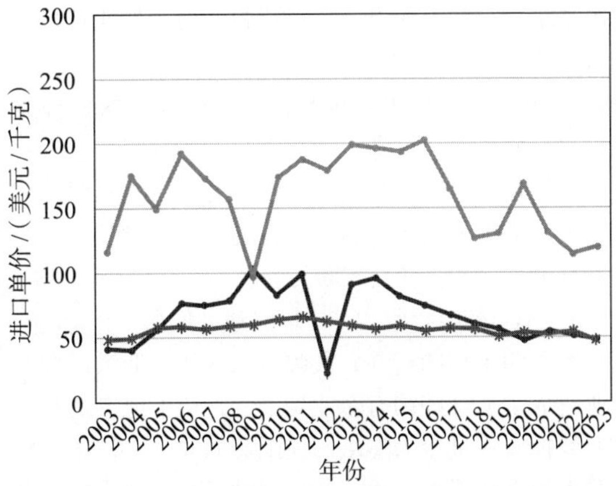

图 3　2003—2023 年我国造纸脱水器材产品进口单价

—●— 滤网、滤布数　—●— < 650 克 / 米^2 网毯成品　—✱— ≥ 650 克 / 米^2 网毯成品

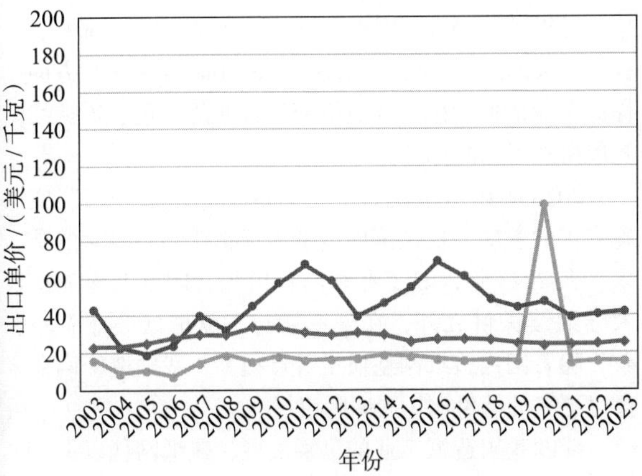

图 4　2003—2023 年我国造纸脱水器材出口单价

—●— 滤网、滤布数　—●— < 650 克 / 米^2 网毯成品　—◆— ≥ 650 克 / 米^2 网毯成品

2023 年进口统计：造纸网进口量 208710 千克，同比减少 -19.67%，进口单价同比增加 4.45%；造纸毛毯进口量 1386492 千克，同比增加 +15.48%，进口单价减少 -11.06%。说明国内的造纸网行业技术与产能日趋进步，足以与进口同类产品抗衡。而造纸行业需要的高端造纸毛毯对国外依赖程度很高，国内造纸毛毯行业仍需加倍努力，尚有不少上升空间。

2023 年出口统计：我国造纸网出口量 408019 千克，同比增加 +16.8%，出口单价同比略有上涨 +2.12%；造纸毛毯出口量 4383822 千克，同比增长 +8.56%，出口单价同比持平。近年来，造纸网毯企业均加强了“走出去”的力度，俄乌战争使得部分欧美供货停滞，国内企业抓住机遇，纷纷加大了出口俄罗斯的比例，2023 年造纸网毯企业在产品出口方面取得了不俗的业绩。

三、造纸网毯行业的分析与展望

1．造纸网毯企业坚持年年有投入，年年有进步

造纸网厂的投入主要是增加先进的设备，不乏同时购进几家国际知名造纸网专用设备的例子，先进设备的应用推广促进也极具竞争力。成型网中，以前以三层网为质量高标点，现在能制造三层网已成普遍。安徽华辰等企业不满足于市场的局限性，积极向新的领域进军，引进细目网专用织机，生产高速生活用纸机专用的成型网，他们拆除原先的织机，安装新引进的织机，在维持生产量不变的前提下，产品质量、品质有了很大提升。这些造纸网厂不断拓展和改进新旧产品，在造纸网领域发挥了引领作用。造纸毛毯行业中，各厂持续投资设备改进。上海金熊的上海智能制造基地堪称大手笔，投资建设了最大幅宽，最快车速的造纸毛毯生产线，幅宽成了衡量造纸毛毯品质档次的新指标，环龙 & 金熊的项目尚在实施期间，已有国内外厂商前来洽谈。其它有能力的造纸毛毯厂也积极进入这一领域，徐州三环积极研制供应宽达 10 米的造纸毛毯，有的产品已稳定供应俄罗斯等境外客户。聊城华裕拥有 10 米的针刺机，11 米的定型机，可制造造纸毛毯门幅达 9.3 米。造纸网方面，投资设备对产品升级所起到的重要作用早已有定论。造纸毛毯方面，投资设备（尤其是关键设备）对产品升级和市场拓展的积极作用，也已明确显现。

2．久久为功，对科研的投入渐见成效

相对于造纸网企业直接投资引进全套造纸网所专用高端设备制成造纸厂所需优质造纸网，造纸毛毯企业经历了不断改进设备、不断改善化纤原料、同时不断探究造纸毛毯在高速运转时的脱水机理的几个阶段。曾经有几十家造纸毛毯企业的技术人员共同研究脱水机理的表达与用词，一时传为佳话。在深入开展科技研讨的良好氛围中，造纸网毯厂、原料供应商、机械制造厂各自的产品质量都有提高：造纸毛毯用尼龙单丝的质量日益稳定提高，为生产处优质造纸毛毯提供了保障；造纸网用的插接机已有国内的产品供应，也有造纸网厂自制（并供应需用厂家）全自动插接机；造纸毛毯所需插接（镶头）机已在多家造纸毛毯厂使用，插接机的应用，避免了人工误差，提高了产品稳定性，大大节约了劳动力，同时对员工健康起了良好的保护作用。四川环龙获得了 2023 年中国纺织工业联合会“产品开发贡献奖”，其“高弹性造纸毛毯”获得了上海市高新技术成果转化项目“百佳”、“自主创新十强”的光荣称号。

3．兵马未动，粮草先行

我国造纸网毯的发展，也是一个不断寻找合适的原料，不断深入了解并改进原料性能的过程，期间，不乏网毯厂自己生产化纤原料。目前进口原料仍是我国造纸网毯原料的主要供方，在国内建厂的外资公司仍是重要的供应单位。国内的化纤企业中，已有长期生产历史的新会新华工业胶丝厂、浙江巴斯特网丝有限公司的聚酯单丝产品质量已日臻完美；生产尼龙短纤的扬州金伦化纤公司、张家港大伟公司多年供应造纸毛毯企业，其中扬州金伦的“高性能造纸毛毯用短纤”已为造纸毛毯所熟识；岳阳林联化纤公司数年来研发成功的优质尼龙短纤（专用于造纸毛毯）也有了一定的销售量；昆山力泰、郑州市盛源特种纤维、镇江市久欣、浙江竟成特种单丝等多年供应造纸毛毯企业单丝，根据造纸毛毯产品要求，各单丝生产公司不断改造设备、优化产品性能。

多年来，造纸器材专业委员会、中国产业用纺织品行业协会造纸用纺织品分会会同造纸网毯企业、化纤企业制订了并多次修改完成了造纸网用单丝、造纸毛毯用短纤、造纸毛毯用单丝等行业标准。

4．工欲善其事，必先利其器

造纸网毯装备中，占主要地位的仍是进口专用设备，近年来，进口设备还在增加，只要资金许可，企业考虑的首选还是进口，尽管价格高昂。以外资为背景的国内制造厂经营状况良好，国内企业在造纸网毯装备市场也多有贡献，石家庄纺织机械有限公司的织机、插接机，西安航空发动机公司的热定型机，常熟飞龙、太仓双凤、常熟天顺等无纺设备公司的针刺机，在造纸毛毯企业占据了一定市场份额。除进口设备外，造纸网毯企业也开始自行制造设备，近期南方一家造纸网公司自制全自动插接机，使用性能良好，拥有自主专利，并供应数家造纸网厂使用。自动插接机是专用设备中技术要求高，制造难度大的一种设备，进口价格昂贵，造纸网厂能自行研发制造，主要是对高档造纸网的质量要求与性能有了新的认识的结果，随着造纸网毯企业这一认识的深化，与相关专业设备制造厂商的合作会有新的进展。

5．不忘初心，致力“中国制造”使命

经过四十年的奋斗，我国造纸网毯（造纸器材）行业完成了从纯粹国有企业到民营，从单纯造纸网毯企业到拥有一批专为造纸网毯配套的原料、设备、配件等市场企业群的转化。造纸器材行业逐渐成为有卓越者经营、有优秀科研队伍支持、有稳定市场需求的产业。

四川环龙在香港上市的同时，建立了 ESG 管治架构，每年发布ESG年度报告，在环境（Enviromental）、社会（Social）以及公司治理（Governance）三个方面提高企业的使命感，为造纸网毯行业的绿色、可持续发展树立了新的标杆。

2023 年出口情况良好，是缘于“一带一路”实施多年的效应，也是国内造纸网毯企业悉心经营的结果。在 2023 年，除了在东南亚市场，印度及南亚次大陆继续深耕之外，在俄罗斯与东欧地区亦颇有斩获。随着国内造纸网毯质量日益提高，我国造纸网毯会以更高的性价比拓展国际市场。

伴随我国造纸工业的迅猛发展，造纸网毯以灵活的姿势，精湛的技术，服务好小、中、大乃至特大型造纸企业，成为造纸企业提高质量、降低成本，增加竞争力的有力支持，成为我国造纸行业的可靠助手。

（韩静芬　杨金魁）

2023年部分制浆造纸设备公司主要销售业绩

Sales Performance of Part of Pulping and Papermaking Machinery Companies in 2023

一、安德里茨（中国）有限公司

序号	客户名称	供货范围	产品	台（套）数	交货时间
	备浆和流送系统				
1	保密用户	流送、损纸系统和白水回收系统	文化纸	4	2023
2	联盛浆纸（漳州）有限公司	流送、损纸系统和白水回收系统	卫生纸	8	2023
3	联盛浆纸（漳州）有限公司	流送和损纸系统	FBB	1	2023
4	保密用户	流送系统	卫生纸	1	2023
5	四川凤生纸业有限公司	备浆、流送、损纸系统和白水回收系统	食品包装纸	1	2023
6	山东金天和纸业有限公司	流送系统	FBB	1	2023
7	南宁太阳纸业有限公司	备浆系统	卫生纸	1	2023
8	广东冠豪高新技术股份有限公司	流送系统	MG纸	1	2023
9	保密用户	备浆、流送、损纸系统和白水回收系统	白卡纸	1	2023
10	中国轻工业长沙工程有限公司（贵州鹏昇）	PM5和PM6流送、损纸系统和白水回收系统	包装纸	2	2023
11	民丰特种纸股份有限公司	流送系统	描图纸 卷烟纸	2	2023
12	山东显华新材料科技有限公司	流送系统	特种纸	1	2023
13	中顺洁柔（达州）纸业有限公司	流送系统和白水回收系统	卫生纸	2	2023
14	泰盛（宿州）生活用品有限公司	流送系统	格拉辛纸、热转移印花纸、特种纸	3	2023
15	新乡新亚纸业集团股份有限公司	流送系统	淋膜纸	1	2023
16	山东仁丰特种材料股份有限公司	流送系统	瓦楞纸	1	2023
17	河南省龙源纸业股份有限公司	流送系统	包装纸	1	2023
	机械浆线				
1	德州泰鼎新材料科技有限公司	400admt/d P-RC APMP化机浆线	书写印刷纸和纸板	1	2023

续表

序号	客户名称	供货范围	产品	台（套）数	交货时间
	卫生纸机				
1	保密用户	PrimeLine HyTAD 卫生纸机线	生活用纸	1	2023
	浆渣处理				
1	中国轻工业长沙工程有限公司（贵州鹏昇）	Redis622&ReCo50C	包装纸	1	2023

二、欧佩德伺服电机节能系统有限公司

序号	客户名称	设备名称	主要规格和参数	台（套）数	交货时间
1	崇左理文纸浆制品有限公司	浆泵、压力筛、搅拌器、磨浆机	7.5 ~ 655 千瓦	300	2023
2	江苏理文造纸有限公司	压力筛、浆泵、热分散	45 ~ 1700 千瓦	81	2023
3	江西理文造纸有限公司	粗筛、精筛、卸浆泵	37 ~ 1500 千瓦	30	2023
4	广东德润新材料有限公司	卷纸机	7.5 ~ 560 千瓦	156	2023
5	太阳纸业有限公司	压力筛、碎浆机、网前筛	37 ~ 120 千瓦	16	2024
6	仙鹤股份有限公司	碎浆机、回流泵、纸机传动	44 ~ 300 千瓦	7	2024
7	广西建晖纸业有限公司	压力筛、碎浆机	160 ~ 500 千瓦	12	2024
8	海南金海浆纸业有限公司	湿磨机、疏解机	355 ~ 630 千瓦	4	2024

三、福建省轻工机械设备有限公司

序号	客户名称	设备名称	主要规格和参数	台（套）数	交货时间
1	美国 Tekni-Plex, Inc.	OCC 线	150TPD	1	2023
2	肯尼亚 KIMFAY	脱墨卫生纸线	50BDMTPD	1	2024
3	孟加拉国 Tanveer Paper	OCC 制浆线	350 绝干吨 /22 小时	1	2024
4	孟加拉国 Tanveer Paper	UBKP 制浆线	100 绝干吨 /22 小时	1	2024
5	孟加拉国 Tanveer Paper	上浆系统	350 绝干吨 /22 小时	1	2024
6	伊拉克 AlSHUMOOKH GROUP	瓦楞芯纸、T 纸项目		1	2024
7	玖龙纸业（湖北）有限公司	双网压滤湿浆机	ZNS427S	2	2023
8	阿尔及利亚 AL SALAM BANK ALGERIA LEASEHOLDER SARL KDA EMBALLAGE PRO	制浆设备		1	2024
9	福建省青山纸业股份有限公司	六压双网挤浆机	ZNS266	1	2023
10	玖龙纸业（北海）有限公司	双网压滤湿浆机	ZNS427S	6	2024
11	中国轻工业长沙工程有限公司	蒸煮锅	容积 275 米 ^{3}	4 台	2023

四、杭州蓝海拓凡科技有限公司

序号	客户名称	设备名称	主要规格和参数	台（套）数	交货时间
1	杭州北辰轻工机械有限公司	迁安博达纸机	幅宽 4600 毫米，车速 750 米 / 分	1	2023-03

续表

序号	客户名称	设备名称	主要规格和参数	台（套）数	交货时间
2	陕西发电集团智慧能源有限公司	PM1\PM2 纸机传动系统	幅宽 5600 毫米	1	2023-08
3	浙江凯恩新材料有限公司	传动系统		1	2023-03
4	浙江凯恩新材料有限公司	传动系统		1	2023-03
5	广东冠豪高新技术股份有限公司	纸机及复卷机传动控制系统	幅宽 4800 毫米，车速 800 米 / 分	1	2023-10
6	永嘉县穗丰纸业有限公司	纸机传动系统改造		1	2023-01
7	江西永冠科技发展有限公司	PM16 系统改造升级		1	2023-02
8	江西五星纸业有限公司	PM17 纸机传动控制系统	幅宽 3200 毫米，车速 200 米 / 分	1	2023-07
9	江西五星纸业有限公司	PM17 复卷机	幅宽 32000 毫米，车速 200 米 / 分	1	2023-09
10	迁安博达纸业有限公司	PM3DCS 控制系统		1	2023-05
11	迁安博达纸业有限公司	PM3 智能 MCC 系统		1	2023-05
12	迁安博达纸业有限公司	PM3 系统改造		1	2023-05
13	衢州双熊猫纸业有限公司	纸机传动控制系统		1	2023-02
14	衢州东大复合材料科技有限公司	传动控制系统	幅宽 3300 毫米，车速 600 米 / 分	1	2023-05
15	江西五星纸业有限公司	PM8 复卷机改造		1	2023-04
16	迁安博达纸业有限公司	系统改造		1	2023-05
17	安徽林平循环发展股份有限公司	造纸机传动控制系统	幅宽 4800 毫米，车速 600 米 / 分	1	2023-05
18	杭州富阳福泽机械有限公司	造纸机传动控制系统（盈晟项目）		1	2023-12
19	湖北祉星纸业有限公司	PM15 造纸机传动控制系统	幅宽 8600 毫米，车速 1400 米 / 分	1	2024-01
20	湖北祉星纸业有限公司	PM11 造纸机传动控制系统	幅宽 7600 毫米，车速 1400 米 / 分	1	2024-03
21	宁波华茂国际贸易有限公司	纸机驱动系统		1	2023-05
22	宁波华茂国际贸易有限公司	系统改造		1	2023-07
23	五洲特种纸业（江西）有限公司	PM8 复卷机改造		1	2023-05
24	浙江荣晟环保纸业股份有限公司	传动控制系统		1	2023-08
25	五洲特种纸业（江西）有限公司	PM17DCS 系统		1	2023-08
26	五洲特种纸业（湖北）有限公司	纸机传动系统、复卷机控制系统		1	2024-03
27	迁安博达纸业有限公司	PM3DCS 控制系统		1	2023-08
28	江西鑫福源纸业有限公司	纸机传动升级改造		1	2023-08
29	江苏宏洋包装科技有限公司	纸机传动升级改造		1	2023-07
30	浙江杉石德能动力技术有限公司	传动控制系统		1	2023-10
31	安徽省绩溪县向阳纸业有限公司	纸机传动	幅宽 6300 毫米，车速 800 米 / 分	1	
32	抚州市富盛纸业有限公司	纸机传动新增控制系统		1	2023-09

续表

序号	客户名称	设备名称	主要规格和参数	台（套）数	交货时间
33	河北汉高新材料科技有限公司	造纸机传动	幅宽 4500 毫米，车速 750 米 / 分	1	2023–11
34	中德建材有限公司	造纸机传动控制系统		1	2023–12
35	五洲特种纸业（龙游）有限公司	DCS 控制系统		1	2023–09
36	抚州浙锋包装材料有限公司	复卷机传动改造		1	2024–03
37	五洲特种纸业（湖北）有限公司	传动控制系统		1	2023–12
38	五洲特种纸业（湖北）有限公司	PM16 传动系统		1	2023–12
39	五洲特种纸业（湖北）有限公司	PM15 传动系统		1	2023–12
40	五洲特种纸业（湖北）有限公司	PM11 传动系统		1	2023–12
41	五洲特种纸业集团股份有限公司	复卷机	幅宽 4800 毫米，车速 1800 米 / 分	1	
42	浙江一树纸业集团有限公司	控制系统		1	2023–10
43	五洲特种纸业（湖北）有限公司	传动系统		1	2023–12
44	汉川景星环保科技有限公司	传动系统		1	2023–12
45	浙江森林联合纸业有限公司	PM6 纸机 & 复卷机 &MCS	幅宽 5700 毫米，车速 950 米 / 分	1	
46	迁安恒茂新材料有限公司	造纸机传动控制系统	幅宽 4800 毫米，车速 750 米 / 分	1	2024–07
47	浙江龙游太平纸业有限公司	传动系统		1	2023–10
48	江西顺丰纸业有限责任公司	纸机传动系统改造		1	2023–11
49	杭州富阳福泽机械有限公司	漳州盈晟项目 MCC、MCS		1	2024–01
50	宣城万里纸业有限公司	传动系统改造	幅宽 6200 毫米，车速 750 米 / 分	1	2023–11
51	杭州北辰轻工机械有限公司	主传动电机（恒茂纸业项目）		1	
52	杭州上辰造纸机械有限公司	水针控制系统		1	2023–11
53	五洲特种纸业（江西）有限公司	PM17 纸机传动控制系统增补合同	幅宽 3200 毫米，车速 200 米 / 分	1	2023–11
54	邢台盛源新材料科技有限公司	传动控制系统	幅宽 5800 毫米，车速 1000 米 / 分	1	
55	浏阳市天和纸业有限公司	纸机传动系统改造		1	2024–01
56	山西华天基纸业有限公司	传动系统改造		1	2024–01
57	五洲特种纸业（湖北）有限公司	传动控制系统		1	2024–04
58	湖北祉星热力能源有限公司	配电柜		1	2024–04
59	台州市永丰纸业有限公司	复卷机传动		1	2024–01
60	金凤凰（孝感）有限公司	传动系统		1	2024–01
61	武汉金凤凰纸业有限公司	传动系统		1	2024–01
62	江苏誉凯实业有限公司	PM3 复卷机传动改造		1	2023–12
63	山东泉林集团有限公司	传动系统改造	幅宽 3700 毫米，车速 100 米 / 分	1	2024–03

续表

序号	客户名称	设备名称	主要规格和参数	台（套）数	交货时间
64	安徽省绩溪县向阳纸业有限公司	纸机传动	幅宽 6300 毫米，车速 800 米 / 分	1	
65	新胜大国际纸业有限公司	纸机传动控制系统 DCS	幅宽 3600 毫米，车速 250 米 / 分	1	2024-01
66	安徽林平循环发展股份有限公司	DCS 控制系统		1	
67	浙江众发实业有限公司	纸机、复卷机传动	幅宽 4400 毫米，车速 450 米 / 分	1	2024-02
68	山西华天基纸业有限公司	复卷机机械改造	幅宽 5600 毫米，车速 1800 米 / 分	1	
69	五洲特种纸业集团股份有限公司	气动刀架		1	
70	浙江森林联合纸业有限公司	PMT 复卷机	幅宽 6700 毫米，车速 2500 米 / 分	1	

五、杭州蓝海永辰科技有限公司

序号	客户名称	设备名称	主要规格和参数	台（套）数	交货时间
1	永嘉县日鑫纸业有限公司	总包项目	幅宽 4100 毫米，车速 350 米 / 分	1	2024-02
2	浙江众发实业有限公司	整机供货	幅宽 4400 毫米，车速 300 米 / 分	1	2024-05
3	森林联合纸业	总包项目	幅宽 5700 毫米，车速 8000 米 / 分	1	在供货
4	森林联合纸业	总包项目	幅宽 6700 毫米，车速 1200 米 / 分	1	在土建
5	台州森林造纸	总包项目	幅宽 6700 毫米，车速 1000 米 / 分	1	在土建
6	广东冠豪高新	整机改造	幅宽 4800 毫米，车速 800 米 / 分	1	2024-05
7	绍兴大鱼纸业	整体搬迁改造	幅宽 4800 毫米，车速 600 米 / 分	1	在供货
8	迁安博达纸业有限公司	整机供货	幅宽 4600 毫米，车速 750 米 / 分	1	2023-02
9	广东曜德纸业	总包项目	幅宽 7300 毫米，车速 1200 米 / 分	1	在设计

六、浙江华章科技有限公司

序号	客户名称	设备名称	主要规格和参数	台（套）数	交货时间
1	民丰特种纸股份有限公司	新 8 号机和新 20 号机升级技改项目造纸机及辅助设备（含传动控制系统）	—	3	2024
2	上海烟草集团太仓海烟烟草薄片有限公司	再造烟叶生产线建设项目生产线数据采集与集成控制采购	—	1	2024
3	安徽永润纸业有限公司	纸机传动系统及 MCS 系统	—	1	2024
4	河南雅都再生资源有限公司	长网纸机传动控制系统、DCS 控制系统	—	1	2024
5	山东太阳纸业股份有限公司	PM46 号特种纸机	—	1	预计 2025
6	山东金天和纸业有限公司	纸机传动控制系统	—	1	2024
7	四川凤生纸业科技股份有限公司	特种纸技改项目	—	1	2024

七、维美德（中国）有限公司

序号	客户名称	设备名称	主要规格和参数	台（套）数	交货时间
1	福建联盛	BM2 涂布纸板生产线，化机浆线，TM5、TM6 生活用纸机，TM7、TM8、TM9、TM10 的 4 台流浆箱	BM2 纸板机幅宽 8850 毫米，设计车速 1400 米 / 分 生活用纸纸机幅宽 2850 毫米，设计车速 1600 米 / 分	8	2024
2	岳阳林纸	PM11 文化纸机	幅宽 10515 毫米，设计车速 1800 米 / 分，生产胶版纸和复印纸	1	未披露
3	山东华泰	蒸煮和制浆线，碱炉和石灰窑以及白泥过滤机，静电除尘器	年产量将达到 70 万吨	4	2024
4	河南龙源	7 号挂面箱板纸生产线关键技术，3 号机质量控制系统的改造	底部稀释水流浆箱、完整的四辊三压压榨部及自动化包各一套，自动化包括 Valmet DNA 纸机控制（MCS）、IQ 质量控制（QCS）、流浆箱横向稀释水分布及蒸汽箱等	3	未披露
5	浙江景兴	IQ 蒸汽箱	多分区蒸汽箱控制系统	1	未披露
6	保密	生活用纸机	幅宽 3500 毫米	2	未披露
7	雨森甘肃	生活用纸机	幅宽 3500 毫米	3	未披露

八、福伊特造纸（中国）有限公司

序号	客户名称	设备名称	主要规格和参数	台（套）数	交货时间
1	仙鹤纸业	湖北仙鹤 PM1 装饰原纸纸机关键部件	100000 吨 / 年	1	2024-03
2	华旺新材料	马鞍山华旺 PM17 装饰原纸纸机关键部件	100000 吨 / 年	1	2024-07
3	齐峰新材料	贵港 PM1 装饰原纸纸机关键部件	100000 吨 / 年	1	2024-08
4	民丰特纸	民丰 PM20 滤嘴棒纸纸机关键部件	9000 吨 / 年	1	2024-10
5	山鹰国际	宿州山鹰 PM71&PM72 瓦楞纸板纸机	812000 吨 / 年	2	2025-10
6	泰盛集团	宿州泰盛 PM1&PM2 装饰原纸纸机关键部件	160000 吨 / 年	2	2025-03
7	五洲特纸	汉川 PM21 格拉辛纸纸机	350000 吨 / 年	1	2025-06
8	锦丰纸业	成都锦丰 PM1 单光纸纸机关键部件	50000 吨 / 年	1	2025-09

九、上海轻良实业有限公司

序号	客户名称	设备名称	主要规格和参数	台（套）数	交货时间
1	山东合创新材料有限公司	单长网高强瓦楞纸机	幅宽 4800 毫米，车速 800 米 / 分	1	2023-05
2	沐川禾丰纸业有限责任公司	新月形卫生纸机	幅宽 2850 毫米，车速 1500 米 / 分	4	2023-04
3	泰盛（宿州）生活用品有限公司	新月型卫生纸机	幅宽 2850 毫米，车速 1550 米 / 分	8	2023-12
4	贵州赤天化有限公司	新月型卫生纸机	幅宽 2850 毫米，车速 1500 米 / 分	8	2024-12
5	Goldstar Paper Tech- Ltd	白卡纸机	幅宽 3750 毫米，车速 700 米 / 分	1	2023-08
6	山西强伟纸业有限公司	单长网纸机	幅宽 5600 毫米，车速 600 米 / 分	2	2023-09
7	山东显华新材料科技有限公司	特种纸机	幅宽 2640 毫米，车速 130 米 / 分	1	2024-08

续表

序号	客户名称	设备名称	主要规格和参数	台（套）数	交货时间
8	山东仁丰特种材料股份有限公司	长网多缸造纸机	幅宽 6600 毫米，车速 1000 米 / 分	1	2023–10
9	崇左理文纸浆制品有限公司	新月型卫生纸机	幅宽 2850 毫米，车速 1600 米 / 分	4	2023–08
10	山西云冈纸业有限公司	新月型卫生纸机	幅宽 3550 毫米，车速 1600 米 / 分	4	2024–04
11	上海东冠纸业有限公司	新月型卫生纸机	幅宽 2850 毫米，车速 1300 米 / 分	2	2023–07
12	湖北真诚纸业有限公司	新月型卫生纸机	幅宽 2850 毫米，车速 1600 米 / 分	4	2024–01
13	上海烟草集团太仓海烟烟草薄片有限公司	再造烟叶生产线建设项目抄造配套设备	幅宽 4000 毫米，车速 200 米 / 分	1	2024–06
14	广西建晖纸业有限公司	包装纸机	幅宽 6600 毫米，车速 1000 米 / 分	2	2024–10
15	民丰特种纸股份有限公司	长网多缸特种纸造纸机	幅宽 3520 毫米，车速 800 米 / 分	1	2024–08
16	临猗县源泰热能有限公司	新月型卫生纸机	幅宽 3600 毫米，车速 1400 米 / 分	6	2023–12
17	广东冠豪高新纸业有限公司	长网大缸特种纸造纸机	幅宽 4900 毫米，车速 800 米 / 分	1	2024–05
18	保定市眺山营纸业有限公司	新月型卫生纸机	幅宽 3550 毫米，车速 1400 米 / 分	1	2023–11
19	山西云冈纸业有限公司	新月型卫生纸机	幅宽 3550 毫米，车速 1600 米 / 分	2	2024–07
20	四川凤生纸业科技股份有限公司	特种纸机	幅宽 6250 毫米，车速 1100 米 / 分	1	2024–09
21	保定达亿纸业有限公司	新月型卫生纸机	幅宽 3600 毫米，车速 1400 米 / 分	1	2024–04
22	湖北金博士新材料科技有限公司	新月型卫生纸机	幅宽 3650 毫米，车速 1400 米 / 分	4	2024–08
23	湖北金博士新材料科技有限公司	长网双缸擦手纸机	幅宽 2850 毫米，车速 700 米 / 分	1	2024–09
24	湖北金博士新材料科技有限公司	新月型卫生纸机	幅宽 2850 毫米，车速 1400 米 / 分	3	2024–06
25	南宁太阳纸业有限公司	长网双大缸擦手纸造纸机	幅宽 3550 毫米，车速 800 米 / 分	1	2024–07
26	甘肃雨森新材料科技有限公司	新月型卫生纸机	幅宽 2850 毫米，车速 1600 米 / 分	1	2024–08
27	广东恒安纸业有限公司	新月型卫生纸机	幅宽 3650 毫米，车速 1600 米 / 分	2	2024–09

十、凯登约翰逊（无锡）技术有限公司

序号	客户名称	设备名称	主要规格和参数	台（套）数	交货时间
1	广东宝拓科技股份有限公司等 15 家企业	旋转接头 / 虹吸器	9800PTX/CSS 9750PTX/CSS 9700PTX/CSS	2430	2023
2	广东冠豪高新技术股份有限公司等 14 家企业	蒸汽冷凝水系统		45 条线	2023
3	东莞建晖纸业有限公司等 19 家企业	刮刀系统 / 夹具	DST AitSet B Conformatic	1715	2023
4	联盛浆纸（漳州）有限公司等 15 家企业	过滤器	RotoFlex/Barrel Filter	196	2023
5	山东博汇纸业股份有限公司等 15 家企业	干网清洗系统	M–clean	58 根横梁	2023

十一、溧阳市江南烘缸制造有限公司

序号	客户名称	设备名称	产品规格	台（套）数	实际交货时间
1	上海轻良、保定昌达	钢制扬克缸	φ4000 毫米 ×3150 毫米	3	2023–04
2	广东宝拓	钢制扬克缸	φ4572 毫米 ×3250 毫米	4	2023–04
3	上海 VALMET	钢制扬克缸	φ6400 毫米 ×4160 毫米	1	2023–03
4	上海 VALMET	钢制扬克缸	φ6400 毫米 ×4160 毫米	2	2024–07
5	上海轻良	钢制扬克缸	φ4572 毫米 ×3250 毫米	12	2023–01
6	广东宝拓、保定昌达、辽阳慧丰	钢制扬克缸	φ3000 毫米 ×3150 毫米	3	2023–01
7	陕西炳智	钢制扬克缸	φ3000 毫米 ×3850 毫米	1	2023–12
8	保定维拓	钢制扬克缸	φ3000 毫米 ×3900 毫米	1	2023–12
9	广东宝拓	钢制扬克缸	φ3660 毫米 ×3900 毫米	1	2023–01
10	维美德常州	钢制扬克缸	φ3660 毫米 ×3130 毫米	1	2024–04
11	上海轻良、保定昌达	钢制扬克缸	φ3660 毫米 ×3150 毫米	5	2023–10
12	陕西炳智	钢制扬克缸	φ3660 毫米 ×3850 毫米	1	2024–03
13	保定昌达	钢制扬克缸	φ3660 毫米 ×3850 毫米	1	2023–03
14	浙江华章、宝拓、上海轻良	钢制扬克缸	φ4877 毫米 ×3250 毫米	7	2023–08
15	维美德常州	钢制扬克缸	φ4880 毫米 ×4010 毫米	6	2023
16	西安维亚、保定昌达	钢制扬克缸	φ4270 毫米 ×3150 毫米	5	2023–05
17	重庆龙璟	钢制扬克缸	φ3660 毫米 ×2950 毫米	2	2023–05
18	广东宝拓	钢制扬克缸	φ4270 毫米 ×3850 毫米	2	2023–07
19	上海轻良、保定昌达	钢制扬克缸	φ4270 毫米 ×3900 毫米	3	2023–08
20	保定维拓	钢制扬克缸	φ3200 毫米 ×3150 毫米	1	2023–11
21	上海轻良、保定昌达	钢制扬克缸	φ4000 毫米 ×3900 毫米	3	2023–11
22	西安维亚	钢制扬克缸	φ3660 毫米 ×3150 毫米	1	2024–01
23	宝拓	钢制扬克缸	φ4572 毫米 ×3200 毫米	2	2024–04
24	西安维亚	钢制扬克缸	φ4572 毫米 ×4000 毫米	4	2024–04
25	江西五洲特种纸、中国海诚	钢制扬克缸	φ6700 毫米 ×5700 毫米	2	2024–04

十二、凯登制浆设备（中国）有限公司

序号	客户名称	设备名称	主要规格和参数	台（套）数	交货时间
1	安徽林平循环发展股份有限公司	OCC 系统	800 吨 / 日	1	2025
2	安徽林平循环发展股份有限公司	OCC 系统	1600 吨 / 日	1	2025
3	安徽林平循环发展股份有限公司	流送系统		1	2025
4	南宁太阳纸业有限公司	OCC 系统	1600 吨 / 日	1	2025
5	森林包装集团	流送系统		2	2025
6	云南东晟纸业有限责任公司	OCC 系统	1500 吨 / 日	1	2025

续表

序号	客户名称	设备名称	主要规格和参数	台（套）数	交货时间
7	云南东晟纸业有限责任公司	流送系统		1	2025
8	桂平桥裕纸业有限公司	OCC 系统	1720 吨 / 日	1	2025
9	森林包装集团	OCC 系统	1000 吨 / 日	1	2024
10	河南省龙源纸业股份有限公司	OCC 系统	800 吨 / 日	1	2024
11	湖北祉星纸业有限公司	流送系统		1	2024
12	建晖纸业有限公司	OCC 系统	1000 吨 / 日	2	2024
13	建晖纸业有限公司	流送系统		2	2024
14	广东德润新材料有限公司	流送系统		1	2024
15	贵州鹏昇纸业有限公司	OCC 系统	800 吨 / 日	1	2024
16	贵州鹏昇纸业有限公司	OCC 系统	900 吨 / 日	1	2024
17	安徽省绩溪县向阳纸业有限公司	OCC 系统	1000 吨 / 日		2024
18	山鹰纸业（宿州）有限公司	流送系统		2	2024
19	江西上栗县萍锋纸业	OCC 系统	720 吨 / 日	1	2024
20	山鹰纸业（宿州）有限公司	OCC 系统	1500 吨 / 日	1	2024
21	山鹰纸业（宿州）有限公司	OCC 系统	1500 吨 / 日	1	2024
22	山东仁丰特种材料股份有限公司	OCC 系统	800 吨 / 日	1	2024
23	河南龙源纸业有限公司	OCC 系统	1100 吨 / 日	1	2023
24	山西强伟纸业有限公司	OCC 系统	1200 吨 / 日	1	2023
25	山西强伟纸业有限公司	流送系统		2	2023
26	APP OKI	流送系统		2	2023
27	河南龙源纸业有限公司	OCC 系统	750 吨 / 日		2023
28	河北锦宝石循环资源开发集团有限公司	OCC 系统	1300 吨 / 日	1	2023
29	河北锦宝石循环资源开发集团有限公司	流送系统		1	2023
30	山东合创新材料有限公司	OCC 系统	650 吨 / 日	1	2023
31	中泰纸业有限公司	OCC 系统	400 吨 / 日	1	2023
32	森林包装集团	OCC 系统	1000 吨 / 日		2023
33	陕西发电集团东方智慧能源有限公司	OCC 系统	800 吨 / 日	1	2023
34	陕西发电集团东方智慧能源有限公司	OCC 系统	1050 吨 / 日	1	2023
35	湖北祉星纸业有限公司	OCC 系统	1100 吨 / 日	1	2023
36	湖北祉星纸业有限公司	OCC 系统	1350 吨 / 日	1	2023
37	吉林山鹰	流送系统		1	2023
38	安徽宣城万里纸业有限公司	OCC 系统	840 吨 / 日	1	2023
39	森林包装集团	OCC 系统	1100 吨 / 日	1	2023
40	森林包装集团	DIP 系统	230 吨 / 日	1	2023

十三、山东晨钟机械股份有限公司

序号	客户名称	设备名称	主要规格和参数	台（套）数	交货时间
1	江苏国圣纸业有限公司	纱管原纸项目：链板输送机、水力碎浆机、高浓除渣器、升流粗筛、纤维分离机、排渣分离机、升流精筛、双盘磨浆机	74m^{3}D、US12/380、ZDFV-1100、US10/300、NDR-910	8	2024-04
2	迁安恒茂新材料有限公司	包装纸项目制浆设备：辊道开包机、中浓碎浆机、中浓除渣器、NDR2 双盘磨浆机、NDR3 双盘磨浆机、水力碎浆机、齿盘疏解机	KB1200、BFW1200、FSV3-35、NDR2、NDR3、ZDS3m^3	8	2023-12
3	温州尼鑫贸易有限公司	（1）100T/20h 书本纸脱墨浆线：链板输送机，高浓水力碎浆机，Ⅲ型水力清洗机、圆筒筛、高浓除渣器、一段粗筛、二段粗筛、振框筛、中浓重质除渣系统、卧式浮选脱墨槽、低浓重质除渣系统、压力精筛、压力精筛、振框筛，盘式浓缩机，双网双压挤浆机，挤浆机下输送螺旋，提升螺旋，料塞螺旋、500 破碎螺旋、预热螺旋、盘式热分散机、高浓漂白塔、900 散料器，搅拌器，卧式浮选脱墨槽，高速洗浆机 （2）针叶木 / 阔叶木浆线：辊道开包机，中浓水力碎浆机，高浓除渣器，双盘磨浆机	BFW1400、30 米^3、5 米^3、1500 毫米 ×4830 毫米、4500 升 / 分、VCS08/05-1.25 米^2、VCS05/05-0.8 米^2、2 米^2、ECO-600、ZFE155、ECO-450、VJS12/10-3.8 米^2、VJS06/06-1.35 米^2	45	2023-05
4	杭州富阳富春江造纸机械有限公司（广东德润新材料项目）	（1）500T+160T/17h 风干竹浆线设备：链板输送机，水力碎浆机、高浓除渣器，渣水分离机，双盘磨浆机，压力精筛，压力精筛，双盘磨浆机，压力筛、振框式平筛 （2）160T/17h UKP 浆线设备：链板输送机，水力碎浆机，高浓除渣器，双盘磨浆 （3）80T/17h LKP 浆线设备：链板输送机，水力碎浆机，高浓除渣器，双盘磨浆机	BFW2000、ZDS60 米^3、CX2、VJS10/10-3.14 米^2、VJS12/12-4.5 米^2、VFS10/06-1.88 米^2	33	2023-07

十四、山东硅元新型材料股份有限公司

序号	客户名称	设备名称	主要规格和参数	台（套）数	交货时间
1	五洲特种纸业（湖北）有限公司	PM15	幅宽 8600 毫米，车速 1200 米 / 分	1	在执行
2	广西仙鹤新材料股份有限公司	PM2	幅宽 4800 毫米，车速 700 米 / 分	1	在执行
3	山东仁丰特种材料股份有限公司	PM13	幅宽 6600 毫米，车速 1000 米 / 分	1	在执行
4	浙江金励环保纸业有限公司	PM4	幅宽 5600 毫米，车速 700 米 / 分	1	在执行

十五、沙市轻工机械有限公司

序号	客户名称	设备名称	主要规格和参数	台（套）数	交货时间
1	河南省翔维纸业有限公司	热敏纸涂布机	1760 毫米，600 米 / 分	1	2023
2	内蒙古运筹科技有限责任公司	压力筛 F150	4260 毫米，400 米 / 分	3	2023

续表

序号	客户名称	设备名称	主要规格和参数	台（套）数	交货时间
3	保定市金水湾纸业有限公司	膜转移施胶机	4600 毫米，750 米 / 分	1	2023
4	大连宝峰国际贸易有限公司	组合刮刀涂布器	2750 毫米，300 米 / 分	1	2023
5	鹤山荣达新材料科技有限公司	涂布机改造	1300 毫米，250 米 / 分	1	2023
6	龙游洁力新材科技有限公司	涂布生产线左右手各一	1450 毫米，300 米 / 分	2	2023
7	孟加拉国 MAYA PAPER & BOARD MILLS LTD.	单压区可控中高软压光机	3250 毫米，250 米 / 分	1	2023
8	广东冠豪高新技术股份有限公司	6 号涂布机技改生产线	1760 毫米，800 米 / 分	1	2023
9	河南仙鹤特种浆纸有限公司	涂布机部装 + 帘式涂布	2900 毫米，600 米 / 分	1	2023
10	印度 Vishal Coaters Pvt. Limited	膜转移施胶机	2350 毫米，750 米 / 分	1	2023
11	悦声纸业（中国）有限公司	特种纸涂布机改造	1880 毫米，300 米 / 分	1	2023
12	印度 DEV PRIYA PAPRES PVT.LTD.	涂布器	2350 毫米，350 米 / 分	1	2023
13	威海恒基通新材料有限公司	特种纸涂布机改造	1650 毫米，150 米 / 分	1	2023
14	河北阿木森滤纸有限公司	特种纸涂布机	1880 毫米，250 米 / 分	1	2023
15	无锡市天牛智能装备有限公司	涂布机部装	1760 毫米，500 米 / 分	1	2023
16	柬埔寨兴邦纸业有限公司	单压区硬压光机	4400 毫米，600 米 / 分	1	2023
17	印度 VISHAL PAPERTECH（INDIA）LTD	组合刮刀涂布器	2800 毫米，400 米 / 分	1	2023
18	山东信合造纸工程股份有限公司	涂料制备系统	4500 毫米，500 米 / 分	1	2023
19	荆州市骏树纸业有限公司	涂布器、涂布机、压光机改造	2400 毫米，350 米 / 分	2	2023
20	印度 Genus Paper & Boards Ltd.	组合刮刀涂布器	3450 毫米，350 米 / 分	1	2023
21	悦声（中国）纸业有限公司	特种纸涂布机改造	1880 毫米，300 米 / 分	1	2023
22	广东德润新材料有限公司	单压区硬压光机	4860 毫米，650 米 / 分	1	2023
23	广东冠豪高新技术股份有限公司	1 号涂布机刮刀涂布头改造	1760 毫米，550 米 / 分	1	2023
24	印度 MAGHAN PAPER MILLS PVT.LTD.	组合刮刀涂布器	1950 毫米，250 米 / 分	1	2023

十六、中国联合装备集团安阳机械有限公司

序号	客户名称	设备名称	主要规格和参数	台（套）	交货时间
1	崇左理文纸浆制品有限公司	300 米^{3}蒸煮锅及配套辅机设备	年产 30 万吨化学浆	12	2023-02
2	湖北仙鹤新材料有限公司	200 米^{3}蒸煮锅及配套辅机设备	年产 12 万吨化学浆	4	2023-06
3	湖北仙鹤新材料有限公司	氧脱及漂白设备	年产 12 万吨化学浆	14	2023-06
4	广西仙鹤新材料有限公司	300 米^{3}蒸煮锅及配套辅机设备	年产 40 万吨化学浆	12	2023-08
5	山东晨鸣纸业集团股份有限公司	400 米^{3}蒸煮锅	年产 30 万吨化学浆	8	2023-11
6	泰盛（贵州）竹资源发展有限公司	350 米^{3}蒸煮锅及配套辅机设备	年产 15 万吨化学浆	4	2023-08
7	四川永丰浆纸股份有限公司	350 米^{3}蒸煮锅及配套辅机设备	年产 15 万吨化学浆	5	2023-08
8	联盛浆纸有限公司	氧脱设备	年产 160 万吨化学浆	3	2023-08

十七、郑州磊展科技造纸机械有限公司

序号	客户名称	设备名称	主要规格和参数	台（套）数	交货时间
1	北京优尼法科技	整套制浆设备	70 吨 / 日	37	
2	广东佛山旺康	整套制浆设备	300 吨 / 日	31	2023–10
3	河北邢台盛源	整套制浆设备	800 吨 / 日	27	2024–07
4	湖南颉龙纸业	整套制浆设备		36	
5	广东东莞金田纸业				2023–09
6	江西抚州富盛纸业	碎浆机连续碎解设备		9	2023–06
7	广西崇左理文纸业	磨浆机、除渣器		9	2023–07
8	广东宝拓造纸机械	开包机、网前筛、推进器、磨浆机、损纸碎		101	2023–10
9	广西宾阳生宝纸业	网前筛		2	2024–01
10	广西崇左品源纸业	磨浆机		2	2023–09
11	广西贵港乐赞	开包机、网前筛、碎浆机		6	2024–04
12	广西贺州康森纸业	网前筛、磨浆机		8	2024–03
13	广西绿联生物科技	疏解机		4	2024–01
14	河北柏乡锦宝石	链板机、磨浆机、搅拌器		21	2024–01
15	河北金博士湖北基地	全套制浆设备		73	2024–04
16	河南雅都纸业	全套制浆设备	1100 吨 / 日	58	2024–06
17	湖北长江汇丰	4000 转鼓碎浆机、链板机		2	2024–02
18	江西抚州浙锋	磨浆机		2	2023–03
19	陕西祥云启航环保	3500 转鼓碎浆机		1	2023–10
20	上海轻良	网前筛、振框筛		28	2023–10
21	四川力天纸业	链板机、散包机		3	2023–03
22	西安维亚	开包机、网前筛、振框筛		19	2023–10
23	浙江森林	链板机		2	

十八、郑州运达造纸设备有限公司

序号	客户名称	设备名称	台（套）数	交货时间
1	浙江金励环保纸业有限公司	输送及干法筛选系统、碎浆系统、筛选系统、除渣系统、磨浆系统、网前流送系统	323	2023–01
2	中顺洁柔（四川）纸业有限公司	输送系统、碎浆系统、筛选系统、磨浆系统、网前流送系统	5	2023–05
3	东莞建晖纸业有限公司	筛选系统、浓缩和磨浆系统	14	2023–12
4	五洲特种纸业（湖北）有限公司	输送系统	3	2023–11
5	山西强伟纸业有限公司	输送系统、碎浆系统、筛选系统、浓缩和磨浆系统、搅拌器	30	2024–03

续表

序号	客户名称	设备名称	台（套）数	交货时间
6	辽宁雨森卫生用品有限公司	输送系统、碎浆系统、筛选系统、浓缩和磨浆系统、搅拌器、网前流送系统	60	2023-02
7	山西云冈纸业有限公司	输送系统、碎浆系统、磨浆系统、网前流送系统、搅拌器	24	2024-03
8	江苏苏美达成套设备工程有限公司	输送系统、碎浆系统、粗筛、分级筛选和精筛系统、除渣系统、磨浆系统、网前流送系统	45	2023-01
9	广州造纸股份有限公司	除渣系统、磨浆系统	5	2023-01
10	浙江景兴纸业股份有限公司	输送及干法筛选系统、磨浆系统	6	2022-10
11	临猗县源泰热能有限公司	碎浆系统、磨浆系统、搅拌器	23	2024-03
12	Thuan An Paper Service Trading Joint Stock Company	输送系统、碎浆系统、粗筛、分级筛选和精筛系统、磨浆系统、网前流送系统	13	2023-06
13	Modern Paper For Industry（MPI）	筛选系统、浓缩和磨浆系统	11	2023-07

十九、河南大指造纸装备集成工程有限公司

序号	客户名称	设备名称	主要规格和参数	台（套）数	交货时间
1	临沭县华星纸业有限公司	Integra®-Jet 水力式流浆箱（底层带稀释水）、Integra®-Sizer 膜转移施胶机 Integra®-Calender 可控中高压光机	幅宽 5400 毫米，车速 800 米 / 分	1	2023-03
2	越南顺安纸业商贸劳务股份有限公司	Integra®-Sizer 膜转移施胶机及附属系统	幅宽 5600 毫米，车速 900 米 / 分	1	2023-08
3	山东合创新材料有限公司	Integra®-Jet 水力式流浆箱、Integra®-Sizer 膜转移施胶机	幅宽 5010 毫米，车速 1000 米 / 分	1	2023-01
4	柏乡县锦宝石新材料开发有限公司	Integra®-Jet 水力式流浆箱、Integra®-SteamPro 单点可控蒸汽箱、Integra®-Sizer 膜转移施胶机、Integra®-Calender 双压区单点可控中高压光机、MCC 及 MCS 系统	幅宽 6600 毫米，车速 1200 米 / 分	1	2024-01
5	山东华泰纸业股份有限公司	80 吨 / 日胶料制备系统、湿部化学品加填系统改造	幅宽 9530 毫米，车速 1700 米 / 分	1	2023-05
6	河南省龙源纸业股份有限公司	Integra®-Jet 水力式流浆箱、Integra®-Sizer 膜转移施胶机、针对包装纸设计双上料通道上料站系统	幅宽 6600 毫米，车速 1000 米 / 分	1	2023-12
7	山东仁丰特种材料有限公司	Integra®-Jet 水力式流浆箱、Integra®-Winder 全自动双底辊复卷机、Integra®-Sizer Combi 组合式膜转移施胶机及上料站系统	幅宽 6700 毫米，车速 1000 米 / 分	1	2023-08
8	德州泰鼎新材料科技有限公司	200 吨 / 日胶料制备系统		1	2023-07

续表

序号	客户名称	设备名称	主要规格和参数	台（套）数	交货时间
9	山东金天和纸业有限公司	Integra®–Winder 双底辊复卷机	幅宽 5600 毫米，车速 2400 米 / 分	1	2024–09
10	金东纸业（江苏）股份有限公司	Integra®–Sizer 膜转移施胶机、Integra®–Turn 空气转向器、Integra®–Dryer 气浮干燥箱、Integra®–Reel 智能水平卷纸机	幅宽 3650 毫米，车速 1200 米 / 分	1	2023–06
11	安徽省绩溪县向阳纸业有限公司	Integra®–Jet 水力式稀释水流浆箱、Integra®–Sizer 膜转移施胶机及上料站系统、Integra®–Winder 双底辊复卷机	幅宽 6380 毫米，车速 850 米 / 分	1	2024–05
12	江西振冠环保可降解新材料有限公司	Integra®–Jet 水力式稀释水流浆箱、Integra®–Sizer 膜转移施胶机、Integra®–Turn 空气转向器、Integra®–Dryer 气浮干燥箱（新一代 – 孔型风嘴结构）及特种纸双上料通道上料站系统	幅宽 3420 毫米，车速 800 米 / 分	1	2024–03
13	中国轻工业长沙工程有限公司（贵州鹏昇项目）	Integra®–Sizer 膜转移施胶机	幅宽 5600 毫米，车速 850 米 / 分	2	2024–06
14	广西建晖纸业有限公司	Integra®–Sizer 膜转移施胶机	幅宽 6600 毫米，车速 1000 米 / 分	2	2024–07
15	安徽兆隆纸业有限公司	Integra®–Jet 水力式稀释水流浆箱、Integra®–Sizer 膜转移施胶机及上料站系统、Integra®–Winder 双底辊复卷机	幅宽 5800 毫米，车速 850 米 / 分	1	2024–07
16	五洲特种纸业湖北有限公司	Integra@–Sizer 膜转移施胶机	幅宽 8600 毫米，车速 1200 米 / 分	1	2024–07
17	邢台盛源新材料科技有限公司	Integra®–Shoe 靴压、Integra®–Sizer 膜转移施胶机	幅宽 5960 毫米，车速 1000 米 / 分	1	2024–09
18	昆明红星荣和纸业有限公司	Integra®–Jet 水力式流浆箱（三台） Integra®–Shoe 靴式压榨 Integra®–Calender 单点可控压光机 Integra®–Winder 双底辊复卷机 100 吨 / 日胶料制备系统	幅宽 5700 毫米，车速 900 米 / 分	1	2024–09
19	河南雅都再生资源有限公司	Integra®–Jet 水力式流浆箱（底层带稀释水）、Integra®–Shoe 靴式压榨、Integra®–Sizer 膜转移施胶机、双上料通道上料站系统、60 吨 / 日胶料制备系统、Integra®–Calender 单点可控压光机、Integra®–Winder 双底辊复卷机	幅宽 6780 毫米，车速 1100 米 / 分	1	2024–07
20	泰盛（宿州）生活用品有限公司	Integra®–Sizer 膜转移施胶机、Integra®–Winder 双底辊复卷机	4800 毫米	7	2023–11

二十、绵阳同成智能装备股份有限公司

序号	客户名称	设备名称	主要规格和参数	台（套）数	交货时间
1	宣城万里纸业有限公司	纸机制浆造纸全线 DCS 系统、QCS–HS 系统，蒸汽冷凝水系统、横幅定量控制系统污水 DCS 系统，纱管纸纸机全线控制系统	幅宽 6200 毫米，车速 750 米 / 分	1	2023

续表

序号	客户名称	设备名称	主要规格和参数	台（套）数	交货时间
2	保定顺通卫生纸制造有限公司	3600 新月型 13–45 克纸机，机械部分、自动化系统、安装调试、技术指导等总包	幅宽 3600 毫米，车速 1200 米 / 分	1	2023
3	建筑材料工业设计研究院有限公司	纸浆加工设备 DCS 系统		3	2023
4	东莞市骏业纸业有限公司	QCS 系统、横幅定量控制系统		3	2023
5	浙江荣晟环保纸业股份有限公司	QCS 系统、横幅定量控制系统		2	2023
6	浙江凯恩新材料有限公司	QCS 系统、横幅定量控制系统		3	2023
7	淄博欧木特种纸业有限公司	蒸汽冷凝水系统、QCS 系统		2	2023
8	河南秋月实业有限公司	蒸汽冷凝水系统		2	2023
9	山东恩川环保科技有限公司	圆形布浆器（八爪鱼流浆箱）、横幅定量控制系统 QCS–HS、蒸汽冷凝水系统	幅宽 4800 毫米	1	2023
10	锦美纸业股份有限公司	QCS 系统、蒸汽冷凝水系统、DCS 系统等		1	2023
11	江苏金田纸业有限公司	横幅定量控制系统		1	2023
12	太阳纸业集团	QCS 系统		4	2023

二十一、四川成发造纸机械有限公司

序号	客户名称	设备名称	主要规格和参数	台（套）数	交货时间
1	五洲特种纸业（湖北）有限公司	箱板纸机（PM15）	幅宽 8660 毫米，车速 1200 米 / 分	1	2023–06
2	五洲特种纸业（湖北）有限公司	箱板纸机（PM18）	幅宽 8660 毫米，车速 1200 米 / 分	1	2024–05
3	广西齐峰新材料有限公司	特种纸机	幅宽 3860 毫米，车速 800 米 / 分	1	2023–11
4	泰盛（宿州）生活用品有限公司	特种纸机	幅宽 3860 毫米，车速 800 米 / 分	1	2024–07
5	泰盛（宿州）生活用品有限公司	特种纸机	幅宽 2710 毫米，车速 800 米 / 分	1	2024–07
6	沐川禾丰纸业有限责任公司	牛皮纸纸机	幅宽 5660 毫米，车速 850 米 / 分	1	2024–06
7	广西仙鹤新材料有限公司	伸性纸纸机	幅宽 4800 毫米，车速 1000 米 / 分	1	2024–02
8	广西仙鹤新材料有限公司	格拉辛纸纸机	幅宽 4800 毫米，车速 1100 米 / 分	1	2024–02
9	马鞍山华旺新材料科技有限公司	特种纸机（PM17）	幅宽 3860 毫米，车速 1000 米 / 分	1	2024–04
10	桂平市桥裕纸业有限公司	两叠网多缸纸机（PM6）	幅宽 6755 毫米，车速 1200 米 / 分	1	2024–08

续表

序号	客户名称	设备名称	主要规格和参数	台（套）数	交货时间
11	桂平市桥裕纸业有限公司	单长网多缸纸机（PM7）	幅宽 5350 毫米，车速 850 米 / 分	1	2024–10
12	广西仙鹤新材料有限公司	长网多缸特种纸机（PM5）	幅宽 3352 毫米，车速 650 米 / 分	1	2024–05
13	五洲特种纸业（江西）有限公司	长网顶网大缸特种纸机（PM20）	幅宽 4800 毫米，车速 800 米 / 分	1	2024–06
14	五洲特种纸业（江西）有限公司	文化纸改造（PM19）	幅宽 8000 毫米，车速 1000 米 / 分	1	2024–10
15	云南东晟纸业有限责任公司	两叠网多缸纸机	幅宽 6720 毫米，车速 1100 米 / 分	1	2025–06

二十二、西安维亚造纸机械有限公司

序号	名称	设备名称	主要规格和参数	台（套）数	交货时间
1	诺宸股份有限公司	新月型卫生纸机	幅宽 2850 毫米，车速 1300 米 / 分	1	2023–01
2	来宾市桥宏纸业有限责任公司	新月型卫生纸机	幅宽 2850 毫米，车速 1400 米 / 分	2	2023–07
3	广西植护云商实业有限公司	新月型卫生纸机	幅宽 2850 毫米，车速 1400 米 / 分	2	2023–10
4	广西象州莲桂纸业有限公司	新月型卫生纸机	幅宽 2850 毫米，车速 1200 米 / 分	2	2024–03
5	河北普鑫纸业有限公司	新月型卫生纸机	幅宽 2850 毫米，车速 1400 米 / 分	2	2024–03
6	山西强伟纸业有限公司	新月型卫生纸机	幅宽 3500 毫米，车速 1600 米 / 分	4	2023–05
7	诺宸股份有限公司	特种纸机	幅宽 2850 毫米，车速 300 米 / 分	3	2024–05
8	来宾市桥宏纸业有限责任公司	新月型卫生纸机	幅宽 2850 毫米，车速 1400 米 / 分	1	2024–07
9	广西中晟纸业有限公司	新月型卫生纸机	幅宽 3500 毫米，车速 1600 米 / 分	2	2024–07

2023 年已投产的卫生纸机一览表

Tissue Machines Put into Production in 2023

集团省份	公司名称	项目地点	阶段	规模 /（万吨 / 年）	纸机 型式	纸机 型号	纸机 数量 / 台	纸机 幅宽 / 毫米	纸机 车速 /（米 / 分）	投产时间	供应商	备注
河北	丽邦集团	湖北孝感	新增	2.5	新月型	BC1500–3550	1	3550	1500	2023 年 9 月	宝拓	国产
	保定雨森	辽宁台安	新增	9	新月型	Intelli–Tissue®EcoEc Premium 1600	3	3500	1600	2023 年 8 月、12 月	维美德（PMP）	进口
	隆尧贝森纸业	河北邢台		2	新月型		1	3500	1100	2023 年 5 月	保定维拓	国产
上海	四川禾丰纸业（泰盛集团）	四川乐山	新增	8	新月型		4	2850	1600	2023 年 2 月、3 月	上海轻良	国产
	安徽泰盛纸业（泰盛集团）	安徽宿州	新增	8	新月型		4	2850	1600	2023 年 10 月、11 月	上海轻良	国产
	上海东冠纸业	上海	新增	3.6	新月型		2	2850	1400	2023 年 11 月	上海轻良	国产
福建	恒安集团	广东云浮	新建	3	新月型	PrimeLine M1600	1	3650	1700	2023 年 12 月	安德里茨	进口
		湖北孝感	新增	3.5	TAD 型	TADVISION®	1	3650		2023 年 7 月	意大利拓斯克	进口
		湖北孝感	新增	3.5	复合型	Advantage QRT	1	3650	1800	2023 年 10 月	维美德	进口
		湖南常德	新增	3.5	复合型	Advantage QRT	1	3650	1800	2023 年 5 月	维美德	进口
		湖南常德	新增	3	新月型	BC1800–3650	1	3650	1800	2023 年 3 月	宝拓	国产
		山东潍坊	新增	2.5	新月型	BC1800 型	1	2810	1800	2023 年 11 月	宝拓	国产
	联盛纸业	福建漳州	新建	12	新月型	PrimeLineTM W 2000	2	5650	2000	2023 年 4 月、5 月	安德里茨	进口
		福建漳州	新建	12	新月型	DCT 200HS	2	5650	2000	2023 年 5 月	维美德	进口
	广西植护	广西来宾	新增	2	新月型		1	2850	1400	2023 年 12 月	西安维亚	国产

续表

集团省份	公司名称	项目地点	阶段	规模/（万吨/年）	纸机					投产时间	供应商	备注
					型式	型号	数量/台	幅宽/毫米	车速/（米/分）			
江西	维美佳纸业（松柔纸业）	江西丰城	新建	2	新月型		1	2850	1300	2023 年 3 月	保定昌达	国产
		江西丰城	新增	2	新月型		1	2850	1300	2023 年底	保定昌达	国产
山东	德州胜港纸业	山东德州	新增	2.5	新月型		1	3600	1300	2023 年 4 月	宝拓	国产
		江西九江	新建	10	新月型	BC1600–2850	4	2850	1600	2023 年 7 月、8 月	宝拓	国产
	亚太森博（金鹰集团）	山东日照	新建	10	新月型	PrimeLine TM W 2000	2	5650	1900	2023 年 4 月	安德里茨	进口
		山东日照	新建	2.5	新月型	HC–1700/2850	1	2850	1700	2023 年 1 月	凯信	国产
	广西太阳纸业	广西北海	新增	3	短长网型	擦手纸机	1	2850	700	2023 年 1 月	上海轻良	国产
	龙口明洁纸业	山东烟台	新增	1.8	新月型		1	2850	1200	2023 年 3 月	保定维拓	国产
	山东诺宸	山东东营	新增	1.6	新月型		1	2850	1300	2023 年 3 月	西安维亚	国产
	山东牡丹纸业	山东菏泽	新增	2	新月型		1	2850	1400	2023 年 8 月	上海轻良	国产
广东	维达纸业	浙江龙游	新增	3.5	复合型	Advantage eTAD	1			2023 年 8 月	维美德	进口
	中顺洁柔	河北唐山	新增	2.5	新月型	Intelli–Tissue 1600	1	3500	1600	2023 年 5 月	维美德（PMP）	进口
		广西崇左	新建	10	新月型	BC1300–2850	5	2850	1300	2023 年 11 月	宝拓	国产
	香港理文集团	广西崇左	新建	5	新月型	HC–1700/2850	2	2850	1700	2023 年底	凯信	国产
		广西崇左	新建	10	新月型		4	2850	1600	2023 年底	上海轻良	国产
	江门仁科绿洲纸业	广东江门	新增	2	新月型	BC1300–2850	1	2850	1300	2023 年 3 月	宝拓	国产
广西	贵港龙派实业有限公司	广西贵港	新增	1	TAD 型	BC1100–3602	1	2850	800	2023 年 9 月	宝拓	国产
	圣大纸业	广西南宁	新增	1.7	新月型	1600–2850	1	2850	1600	2023 年 9 月	大正	国产
	广西桂宾纸业	广西来宾	新增	2	新月型		1	2850	1400	2023 年 12 月	保定昌达	国产
	广西龙州曙辉纸业	广西崇左	新增	2	新月型		1	2850	1300	2023 年 11 月	保定昌达	国产

续表

集团省份	公司名称	项目地点	阶段	规模 /（万吨 / 年）	纸机					投产时间	供应商	备注
					型式	型号	数量 / 台	幅宽 / 毫米	车速 /（米 / 分）			
广西	广西桥宏纸业	广西来宾	新增	4	新月型		2	2850	1400	2023 年 8 月、12 月	西安维亚	国产
	广西品源纸业	广西崇左	新增	1.8	新月型		1	2850	1200	2023 年 6 月	保定维拓	国产
	贵港盛正纸业	广西贵港	新增	1.5	新月型		1	2850	1300	2023 年 8 月	保定昌达	国产
	广西嵘兴中科发展有限公司	广西南宁	新增	1.8	新月型		1	3900	1200	2023 年 12 月	绵阳同成	国产
四川	四川环龙	四川眉山（西龙基地）	新增	5	新月型	BC1600–2850	2	2850	1600	2023 年 3 月	宝拓	国产
	四川鑫业纸业	四川雅安	新增	2	新月型		1	2850	1300	2023 年 9 月	保定昌达	国产
云南	云南汉光纸业	云南玉溪	新增	2	新月型		1	2850	1400	2023 年 1 月	保定维拓	国产
	云南金晨纸业	云南玉溪	新增	2	新月型		1	2850	1300	2023 年 6 月	保定昌达	国产
新疆	新疆云杉科技有限公司	新疆乌鲁木齐	新建	1.8	新月型		1	2850	1200	2023 年 4 月	保定昌达	国产
总计				177.1			69					

注：集团企业在不同省区有生产工厂的，该集团所有生产工厂的投产项目列在总部所在省份。

（中国造纸协会生活用纸专业委员会）

科技　教育　出版

SCIENCE AND TECHNOLOGY, EDUCATION AND PUBLICATION

8

2023 年我国造纸工业标准目录

Standards of China's Paper Industry in 2023

截止到 2023 年年底，我国造纸工业标准共有 532 项，其中，国家标准 404 项，行业标准 128 项。2023 年新批准发布造纸标准 33 项，其中，国家标准 30 项，行业标准 3 项。

以下列出最新造纸工业标准目录，表 1 为 2023 年新批准发布造纸标准目录，表 2 为现有造纸产品标准目录（共 254 项），表 3 为现有造纸基础和测试方法标准目录（共 278 项）。

表 1　　2023 年新批准发布造纸标准目录

序号	标准编号	标准名称	发布日期	实施日期	代替标准号
1	GB 18585—2023	室内装饰装修材料　壁纸中有害物质限量	2023-11-27	2024-12-01	GB 18585—2001
2	GB 43631—2023	婴幼儿及儿童用纸品基本安全技术规范	2023-12-28	2025-01-01	—
3	GB/T 42702—2023	纸、纸板和纸制品　抗菌性能的测定	2023-05-23	2023-12-01	—
4	GB/T 26174—2023	厨房纸巾	2023-08-06	2024-09-01	GB/T 26174—2010
5	GB/T 42943—2023	纸浆模塑制品技术通则	2023-08-06	2024-03-01	—
6	GB/T 42944—2023	纸、纸板和纸制品　有效回收组分的测定	2023-08-06	2024-03-01	—
7	GB/T 42945—2023	纸浆　细小纤维质量分数的测定	2023-08-06	2024-03-01	—
8	GB/T 42946—2023	普通图像印刷纸的稳定性要求	2023-08-06	2024-03-01	—
9	GB/T 462—2023	纸、纸板和纸浆　分析试样水分的测定	2023-09-07	2024-04-01	GB/T 462—2008
10	GB/T 2678.6—2023	纸、纸板和纸浆　水溶性硫酸盐的测定	2023-09-07	2024-04-01	GB/T 2678.6—1996
11	GB/T 22904—2023	纸、纸板和纸浆　总氯和有机氯的测定	2023-09-07	2024-04-01	GB/T 22904—2008
12	GB/T 25436—2023	茶叶滤纸	2023-09-07	2024-04-01	GB/T 25436—2010
13	GB/T 26203—2023	纸和纸板　内结合强度的测定（Scott 型）	2023-09-07	2024-04-01	GB/T 26203—2010
14	GB/T 43011—2023	纸、纸板和纸制品　氯丙醇含量的测定	2023-09-07	2024-04-01	—
15	GB/T 43012—2023	纸浆　纤维素纳米晶体中硫元素和硫酸半酯含量的测定	2023-09-07	2024-04-01	—
16	GB/T 26202—2023	纸管纸板	2023-11-27	2024-06-01	GB/T 26202—2010
17	GB/T 43393—2023	再生纸浆	2023-11-27	2023-11-27	—
18	GB/T 451.2—2023	纸和纸板　第 2 部分：定量的测定	2023-12-28	2024-07-01	GB/T 451.2—2002
19	GB/T 7969—2023	电缆用纸	2023-12-28	2024-07-01	GB/T 7969—2003 GB/T 7970—1999
20	GB/T 10335.5—2023	涂布纸和纸板　第 5 部分：涂布箱纸板	2023-12-28	2024-07-01	GB/T 10335.5—2008
21	GB/T 10335.6—2023	涂布纸和纸板　第 6 部分：水性涂布纸	2023-12-28	2024-07-01	—
22	GB/T 10739—2023	纸、纸板和纸浆　试样处理和试验的标准大气条件	2023-12-28	2024-07-01	GB/T 10739—2002

续表

序号	标准编号	标准名称	发布日期	实施日期	代替标准号
23	GB/T 12910—2023	纸和纸板 二氧化钛含量的测定	2023-12-28	2024-07-01	GB/T 12910—1991
24	GB/T 22877—2023	纸、纸板、纸浆和纤维素纳米材料 灼烧残余物（灰分）的测定（525℃）	2023-12-28	2024-07-01	GB/T 22877—2008
25	GB/T 23144—2023	纸和纸板 弯曲挺度的测定 两点法、三点法和四点法的通用原理	2023-12-28	2024-07-01	GB/T 23144—2008
26	GB/T 26705—2023	轻型印刷纸	2023-12-28	2024-07-01	GB/T 26705—2011
27	GB/T 30130—2023	胶版印刷纸	2023-12-28	2024-07-01	GB/T 30130—2013
28	GB/T 35594—2023	医药包装用纸和纸板	2023-12-28	2024-07-01	GB/T 35594—2017
29	GB/T 43585—2023	一次性卫生棉条	2023-12-28	2024-07-01	—
30	GB/T 43588—2023	纸、纸板和纸制品 可回收性评价方法	2023-12-28	2024-07-01	—
31	QB/T 4508—2023	卫生用品用吸水衬纸	2023-05-22	2023-11-01	QB/T 4508—2013
32	QB/T 1019—2023	水松原纸	2023-12-20	2024-07-01	QB/T 1019—2010
33	QB/T 2199—2023	硬钢纸板	2023-12-20	2024-07-01	QB/T 2199—1996

表 2 造纸产品标准目录

序号	标准号	标准名称	发布日期	实施日期
1	**GB 18585—2023**	**室内装饰装修材料 壁纸中有害物质限量**	**2023-11-27**	**2024-12-01**
2	**GB 43631—2023**	**婴幼儿及儿童用纸品基本安全技术规范**	**2023-12-28**	**2025-01-01**
3	GB/T 1468—2011	描图纸	2011-12-30	2012-09-01
4	GB/T 1525—2006	制图纸	2006-03-10	2006-10-01
5	GB/T 1910—2015	新闻纸	2015-12-31	2016-07-01
6	GB/T 1911—2011	拷贝纸	2011-12-30	2012-07-01
7	GB/T 1912—2018	字典纸	2018-11-28	2019-07-01
8	GB/T 1913.1—2005	未漂浸渍绝缘纸	2005-03-23	2005-09-01
9	GB/T 1913.2—2002	印制板用漂白木浆纸	2002-07-18	2002-12-01
10	GB/T 1914—2017	化学分析滤纸	2017-12-29	2018-07-01
11	GB/T 2675—2017	地图纸	2017-09-29	2018-04-01
12	GB/T 2676—2006	海图纸	2006-03-10	2006-10-01
13	GB/T 3147—2006	信息处理未穿孔纸带	2006-03-10	2006-10-01
14	GB/T 3148—2008	漂白苇浆	2008-08-19	2009-05-01
15	GB/T 6544—2008	瓦楞纸板	2008-01-04	2008-09-01
16	GB/T 7968—2015	纸袋纸	2015-12-31	2016-07-01
17	**GB/T 7969—2023**	**电缆用纸**	**2023-12-28**	**2024-07-01**
18	GB/T 7971—2007	半导电电缆纸	2007-12-05	2008-09-01
19	GB/T 8938—2008	打字纸	2008-08-19	2009-05-01
20	GB/T 8939—2018	卫生巾（护垫）	2018-06-07	2019-07-01
21	GB/T 10335.1—2017	涂布纸和纸板 涂布美术印刷纸（铜版纸）	2017-12-29	2018-07-01

续表

序号	标准号	标准名称	发布日期	实施日期
22	GB/T 10335.2—2018	涂布纸和纸板 轻量涂布纸	2018-11-28	2018-07-01
23	GB/T 10335.3—2018	涂布纸和纸板 涂布白卡纸	2018-11-28	2018-07-01
24	GB/T 10335.4—2017	涂布纸和纸板 涂布白纸板	2017-11-01	2018-05-01
25	**GB/T 10335.5—2023**	**涂布纸和纸板 第 5 部分：涂布箱纸板**	**2023-12-28**	**2024-07-01**
26	**GB/T 10335.6—2023**	**涂布纸和纸板 第 6 部分：水性涂布纸**	**2023-12-28**	**2024-07-01**
27	GB/T 11541—2008	照相原纸	2008-08-19	2009-05-01
28	GB/T 12654—2018	书写用纸	2018-11-28	2019-07-01
29	GB/T 12913—2008	电容器纸	2008-08-19	2009-05-01
30	GB/T 13023—2008	瓦楞芯（原）纸	2008-01-04	2008-09-01
31	GB/T 13024—2016	箱纸板	2016-12-13	2017-07-01
32	GB/T 13505—2007	高纯度绝缘木浆	2007-12-05	2008-09-01
33	GB/T 13506—2008	漂白亚硫酸盐木浆	2008-08-19	2009-05-01
34	GB/T 13507—1992	本色亚硫酸盐木浆	1992-06-12	1993-03-01
35	GB/T 16797—2017	无碳复写纸	2017-11-01	2018-05-01
36	GB/T 19341—2015	育果袋纸	2015-12-31	2016-07-01
37	GB/T 20808—2022	纸巾	2022-04-15	2023-05-01
38	GB/T 20810—2018	卫生纸（含卫生纸原纸）	2018-06-07	2019-07-01
39	GB/T 21244—2007	纸芯	2007-12-05	2008-09-01
40	GB/T 21301—2007	喷墨打印纸	2007-12-05	2008-09-01
41	GB/T 21331—2021	绒毛浆	2021-03-09	2022-04-01
42	GB/T 22803—2016	鞋用纸板	2016-12-13	2017-07-01
43	GB/T 22806—2008	白卡纸	2008-12-30	2009-09-01
44	GB/T 22812—2008	半透明纸	2008-12-30	2009-09-01
45	GB/T 22813—2008	薄页包装纸	2008-12-30	2009-09-01
46	GB/T 22814—2021	防锈原纸	2021-03-09	2021-10-01
47	GB/T 22815—2008	封套纸板	2008-12-30	2009-09-01
48	GB/T 22816—2008	复写原纸	2008-12-30	2009-09-01
49	GB/T 22817—2008	钢纸管	2008-12-30	2009-09-01
50	GB/T 22818—2008	钢纸原纸	2008-12-30	2009-09-01
51	GB/T 22820—2017	编织原纸	2017-12-29	2018-07-01
52	GB/T 22821—2008	光学字符阅读纸	2008-12-30	2009-09-01
53	GB/T 22822—2008	厚纸板	2008-12-30	2009-09-01
54	GB/T 22823—2008	胶带原纸	2008-12-30	2009-09-01
55	GB/T 22824—2008	蜡光原纸	2008-12-30	2009-09-01
56	GB/T 22825—2008	蜡光纸	2008-12-30	2009-09-01
57	GB/T 22826—2008	盲文印刷纸	2008-12-30	2009-09-01

续表

序号	标准号	标准名称	发布日期	实施日期
58	GB/T 22827—2008	手风琴风箱纸板	2008-12-30	2009-09-01
59	GB/T 22828—2008	书画纸	2008-12-30	2009-09-01
60	GB/T 22829—2008	书皮纸	2008-12-30	2009-09-01
61	GB/T 22830—2020	水彩画纸	2020-07-21	2021-02-01
62	GB/T 22831—2008	提花纸板	2008-12-30	2009-09-01
63	GB/T 22832—2008	涂布美术印刷纸原纸（铜版原纸）	2008-12-30	2009-09-01
64	GB/T 22833—2008	图画纸	2008-12-30	2009-09-01
65	GB/T 22834—2008	信封用纸	2008-12-30	2009-09-01
66	GB/T 22835—2008	信息处理用连续格式纸	2008-12-30	2009-09-01
67	GB/T 22865—2008	牛皮纸	2008-12-30	2009-09-01
68	GB/T 22869—2020	冷轧金属板衬纸	2020-09-29	2021-04-01
69	GB/T 22870—2008	漂白浆挂面箱纸板	2008-12-30	2009-09-01
70	GB/T 22871—2008	普通玻璃纸	2008-12-30	2009-09-01
71	GB/T 22875—2018	纸尿裤和卫生巾高吸收性树脂	2018-06-07	2019-01-01
72	GB/T 22920—2022	电解电容器纸	2022-07-11	2023-02-01
73	GB/T 22927—2008	口罩纸	2008-12-30	2009-09-01
74	GB/T 22928—2008	烟花爆竹用纸	2008-12-30	2009-09-01
75	GB/T 23758—2009	工业羊皮纸	2009-05-04	2009-11-1
76	GB/T 23759—2009	特细羊皮纸	2009-05-04	2009-11-1
77	GB/T 23760—2009	农业羊皮纸	2009-05-04	2009-11-01
78	GB/T 24285—2009	晒图原纸	2009-07-31	2010-03-01
79	GB/T 24286—2009	黑色不透光包装纸	2009-07-31	2010-03-01
80	GB/T 24287—2009	伸性纸袋纸	2009-07-31	2010-03-01
81	GB/T 24292—2009	卫生用品用无尘纸	2009-07-31	2010-03-01
82	GB/T 24320—2021	回用纤维浆	2021-11-26	2022-12-01
83	GB/T 24321—2009	未漂白硫酸盐针叶木浆	2009-09-30	2010-02-01
84	GB/T 24322—2009	漂白硫酸盐竹浆	2009-09-30	2010-02-01
85	GB/T 24393—2009	非正常成品纸和纸板规范	2009-09-30	2010-02-01
86	GB/T 24446—2009	铁木贴花衬纸	2009-10-15	2010-03-01
87	GB/T 24455—2022	擦手纸	2022-07-11	2023-08-01
88	GB/T 24695—2009	食品包装用玻璃纸	2009-11-30	2010-05-01
89	GB/T 24696—2009	食品包装用羊皮纸	2009-11-30	2010-05-01
90	GB/T 24988—2020	复印纸	2020-07-21	2021-02-01
91	GB/T 24989—2010	装饰原纸	2010-08-09	2010-12-01
92	GB/T 24995—2010	铸涂原纸	2010-08-09	2010-12-01
93	GB/T 25435—2010	精细过滤纸板	2010-11-10	2011-05-01

续表

序号	标准号	标准名称	发布日期	实施日期
94	**GB/T 25436—2023**	**茶叶滤纸**	**2023-09-07**	**2024-04-01**
95	GB/T 25437—2010	支撑过滤纸板	2010-11-10	2011-05-01
96	GB/T 26173—2022	超级压光纸	2022-07-11	2023-02-01
97	**GB/T 26174—2023**	**厨房纸巾**	**2023-08-06**	**2024-09-01**
98	GB/T 26187—2022	美纹纸	2022-07-11	2023-02-01
99	GB/T 26188—2010	漂白碱法麦草浆	2011-01-14	2011-06-15
100	GB/T 26199—2010	医用包装原纸	2011-01-14	2011-06-15
101	GB/T 26201—2010	育苗纸	2011-01-14	2011-06-15
102	**GB/T 26202—2023**	**纸管纸板**	**2023-11-27**	**2024-06-01**
103	GB/T 26204—2010	纸面石膏板护面纸板	2011-01-14	2011-06-15
104	GB/T 26390—2011	浸渍纸层压木质地板用表层耐磨纸	2011-05-12	2011-09-15
105	GB/T 26391—2022	马桶垫纸	2022-07-11	2023-08-01
106	GB/T 26454—2011	造纸用单层成形网	2011-05-12	2011-09-15
107	GB/T 26455—2011	造纸用多层成形网	2011-05-12	2011-09-15
108	GB/T 26456—2011	造纸用异形丝干燥网	2011-05-12	2011-09-15
109	GB/T 26457—2011	造纸用圆丝干燥网	2011-05-12	2011-09-15
110	GB/T 26462—2011	种子发芽纸	2011-05-12	2011-09-15
111	**GB/T 26705—2023**	**轻型印刷纸**	**2023-12-28**	**2024-07-01**
112	GB/T 27589—2011	纸餐盒	2011-12-05	2012-06-01
113	GB/T 27590—2022	纸杯	2022-07-11	2023-02-01
114	GB/T 27591—2011	纸碗	2011-12-05	2012-06-01
115	GB/T 27728—2011	湿巾	2011-12-30	2012-07-01
116	GB/T 27731—2011	卫生用品用离型纸	2011-12-30	2012-07-01
117	GB/T 27733—2011	心电图纸	2011-12-30	2012-07-01
118	GB/T 28004—2011	纸尿裤（片、垫）	2011-09-29	2012-02-01
119	GB/T 28004.1—2021	纸尿裤 第 1 部分：婴儿纸尿裤	2021-04-13	2022-05-01
120	GB/T 28004.2—2021	纸尿裤 第 2 部分：成人纸尿裤	2021-03-09	2022-04-01
121	GB/T 28005—2011	纸内裤	2011-09-29	2012-02-01
122	GB/T 28120—2011	面粉纸袋	2011-12-30	2012-08-01
123	GB/T 28121—2011	非热封型茶叶滤纸	2011-12-30	2012-08-01
124	GB/T 28207—2011	离型原纸	2011-12-30	2012-09-01
125	GB/T 28210—2011	热敏纸	2011-12-30	2012-09-01
126	GB/T 29282—2012	格拉辛纸	2012-12-31	2013-09-01
127	GB/T 29283—2012	水转移印花底纸	2012-12-31	2013-09-01
128	GB/T 30129—2013	壁纸原纸	2013-12-17	2014-12-01
129	**GB/T 30130—2023**	**胶版印刷纸**	**2023-12-28**	**2024-07-01**

续表

序号	标准号	标准名称	发布日期	实施日期
130	GB/T 30132—2013	胶印书刊纸	2013-12-17	2014-12-01
131	GB/T 30133—2022	一次性卫生用品用面层	2022-07-11	2023-02-01
132	GB/T 31122—2014	液体食品包装用纸板	2014-09-03	2015-02-01
133	GB/T 31123—2014	固体食品包装用纸板	2014-09-03	2015-02-01
134	GB/T 33280—2016	纸尿裤规格与尺寸	2016-12-13	2017-07-01
135	GB/T 34844—2017	壁纸	2017-11-01	2018-05-01
136	**GB/T 35594—2023**	**医药包装用纸和纸板**	**2023-12-28**	**2024-07-01**
137	GB/T 35613—2017	绿色产品评价 纸和纸制品	2017-12-08	2017-07-01
138	GB/T 36392—2018	食品包装用淋膜纸和纸板	2018-06-07	2019-01-01
139	GB/T 36787—2018	纸浆模塑餐具	2018-09-17	2019-04-01
140	GB/T 39391—2020	女性卫生裤	2020-11-19	2021-06-01
141	GB/T 40353—2021	空气过滤纸	2021-08-20	2022-03-01
142	**GB/T 42943—2023**	**纸浆模塑制品技术通则**	**2023-08-06**	**2024-03-01**
143	**GB/T 42946—2023**	**普通图像印刷纸的稳定性要求**	**2023-08-06**	**2024-03-01**
144	**GB/T 43393—2023**	**再生纸浆**	**2023-11-27**	**2023-11-27**
145	**GB/T 43585—2023**	**一次性卫生棉条**	**2023-12-28**	**2024-07-01**
146	QB/T 1014—2010	食品包装纸	2010-04-22	2010-10-01
147	QB/T 1016—2006	鸡皮纸	2006-09-14	2007-05-01
148	QB/T 1017—2006	仿羊皮纸	2006-09-14	2007-05-01
149	QB/T 1018—1991（2009）	仪表记录原纸	1991-03-30	1991-12-01
150	**QB/T 1019—2023**	**水松原纸**	**2023-12-20**	**2024-07-01**
151	QB/T 1020—2018	纸和纸板印刷适性试验用标准油墨	2018-11-08	2019-04-01
152	QB/T 1212—1991	信息处理未穿孔卡纸	1991-09-10	1992-04-01
153	QB/T 1312—2018	砂纸原纸	2018-11-08	2019-04-01
154	QB/T 1313—2010	中性包装纸	2010-04-22	2010-10-01
155	QB/T 1314—1991（2009）	标准纸板	1991-11-25	1992-08-01
156	QB/T 1319—2010	气相防锈纸	2010-04-22	2010-10-01
157	QB/T 1320—1991	玻璃纤维高效空气滤纸	1991-11-25	1992-08-01
158	QB/T 1455—2012	涂布邮票纸（含涂布邮票原纸）	2012-05-24	2012-11-01
159	QB/T 1456—1992	薄凸版纸	1992-04-14	1992-12-01
160	QB/T 1459—1992	感光纸原纸	1992-04-14	1992-12-01
161	QB/T 1597—1992（2009）	单页电传打字原纸	1992-11-10	1993-07-01
162	QB/T 1633—2010	贴花面纸	2010-04-22	2010-10-01
163	QB/T 1678—2017	漂白硫酸盐木浆	2017-01-09	2017-07-01
164	QB/T 1704—2010	铝箔衬纸	2010-12-29	2011-04-01
165	QB/T 1706—2006	条纹牛皮纸	2006-09-14	2007-05-01

续表

序号	标准号	标准名称	发布日期	实施日期
166	QB/T 1712—1993	滤芯纸板	1993-04-15	1993-12-01
167	QB/T 1937—1994（2009）	照相原纸木浆	1994-04-23	1994-12-01
168	QB/T 2090—1995（2009）	沥青防潮纸	1995-05-08	1996-01-01
169	QB/T 2091—1995（2009）	沥青防潮原纸	1995-05-08	1996-01-01
170	QB/T 2103—2010	蚕种纸	2010-04-22	2010-10-01
171	QB/T 2104—1995（2009）	造纸铜网 单织网	1995-05-08	1996-01-01
172	QB/T 2105—1995（2009）	造纸铜网 三织网	1995-05-08	1996-01-01
173	QB/T 2192—2011	卷缠绝缘纸	2011-12-30	2012-07-01
174	**QB/T 2199—2023**	**硬钢纸板**	**2023-12-20**	**2024-07-01**
175	QB/T 2200—1996（2009）	软钢纸板	1996-03-22	1996-12-01
176	QB/T 2205—2012	重氮盐晒图纸	2012-05-24	2012-11-01
177	QB/T 2235—1996（2009）	中性石蜡原纸	1996-10-11	1997-07-01
178	QB/T 2236—1996（2009）	中性石蜡纸	1996-10-11	1997-07-01
179	QB/T 2237—1996（2009）	条纹柏油原纸	1996-10-11	1997-07-01
180	QB/T 2249—1996	凹版印刷纸	1996-10-11	1997-07-01
181	QB/T 2250—2005	单面白纸板	2005-03-19	2005-09-01
182	QB/T 2352—1997（2009）	单面书写纸	1998-01-16	1998-09-01
183	QB/T 2430—1999	铁笔蜡纸原纸	1999-05-06	1999-12-01
184	QB/T 2431—1999	打字蜡纸原纸	1999-05-06	1999-12-01
185	QB/T 2432—2013	打字蜡纸衬纸	2013-10-17	2014-03-01
186	QB/T 2433—1999（2009）	条纹柏油纸	1999-05-06	1999-12-01
187	QB/T 2688—2005	绝缘纸板	2005-03-19	2005-09-01
188	QB/T 2689—2005	滤嘴棒纸	2005-03-19	2005-09-01
189	QB/T 2692—2005	110kV ~ 330kV 高压电缆纸	2005-03-19	2005-09-01
190	QB/T 2693—2005	彩色胶版印刷纸	2005-03-19	2005-09-01
191	QB/T 2807—2006	扑克牌纸板	2006-09-14	2007-05-01
192	QB/T 2810—2006	吸尘器集尘袋外层纸	2006-09-14	2007-05-01
193	QB/T 2811—2019	造纸用碳酸钙	2019-11-11	2020-04-01
194	QB/T 2898—2007	餐用纸制品	2007-12-03	2008-06-01
195	QB/T 3502—1999（2009）	棉条筒钢纸板	1999-04-21	1999-04-21
196	QB/T 3504—1999（2009）	铸涂白纸板	1999-04-21	1999-04-21
197	QB/T 3505—1999（2009）	字型纸板	1999-04-21	1999-04-21
198	QB/T 3507—1999	电子计算机连续记录格式原纸	1999-04-21	1999-04-21
199	QB/T 3509—1999（2009）	工业自动化仪表用记录纸	1999-04-21	1999-04-21
200	QB/T 3517—1999	单面胶版印刷纸	1999-04-21	1999-04-21
201	QB/T 3518—1999（2009）	铸涂纸	1999-04-21	1999-04-21

续表

序号	标准号	标准名称	发布日期	实施日期
202	QB/T 3520—1999（2009）	500kV 油纸套管绝缘纸	1999-04-21	1999-04-21
203	QB/T 3524—1999（2009）	凸版印刷纸	1999-04-21	1999-04-21
204	QB/T 3525—1999（2009）	雪茄烟纸	1999-04-21	1999-04-21
205	QB/T 3528—1999（2009）	导火索纸（导火线纸）	1999-04-21	1999-04-21
206	QB/T 3531—1999	液体食品包装用复合材料	1999-04-21	1999-04-21
207	QB/T 4030—2010	电话纸	2010-04-22	2010-10-01
208	QB/T 4031—2010	阻燃性汽车空气滤纸	2010-04-22	2010-10-01
209	QB/T 4032—2022	纸杯原纸	2022-04-08	2022-10-01
210	QB/T 4033—2010	餐盒原纸	2010-04-22	2010-10-01
211	QB/T 4039—2010	造纸用原料 芦苇	2010-04-22	2010-10-01
212	QB/T 4124—2010	造纸毯通用规范	2010-10-29	2011-04-01
213	QB/T 4250—2011	500kV 变压器匝间绝缘纸	2011-12-30	2012-07-01
214	QB/T 4320—2012	鲜花包装纸	2012-05-24	2012-11-01
215	QB/T 4378—2012	蜂窝纸板	2012-12-28	2013-06-01
216	QB/T 4379—2019	手提纸袋	2019-11-11	2020-04-01
217	QB/T 4380—2012	无碳复写纸原纸	2012-12-28	2013-06-01
218	QB/T 4381—2012	吸尘器集尘袋内层纸	2012-12-28	2013-06-01
219	**QB/T 4508—2023**	**卫生用品用吸水衬纸**	**2023-05-22**	**2023-11-01**
220	QB/T 4509—2013	本色生活用纸	2013-07-22	2013-12-01
221	QB/T 4758—2014	强化木地板底层用平衡原纸	2014-07-09	2014-11-01
222	QB/T 4759—2014	灰纸板	2014-07-09	2014-11-01
223	QB/T 4760—2014	阔叶木碱性过氧化氢机械浆	2014-07-09	2014-11-01
224	QB/T 4761—2014	工业擦拭纸	2014-07-09	2014-11-01
225	QB/T 4762—2014	铅酸蓄电池护板用纸	2014-07-09	2014-11-01
226	QBT 4818—2015	无纺壁纸原纸	2015-04-30	2015-10-01
227	QBT 4820—2015	pH 试纸原纸	2015-04-30	2015-10-01
228	QB/T 4895—2015	载带封装用纸板	2015-10-10	2016-03-01
229	QB/T 4897—2015	镜头擦拭纸	2015-10-10	2016-03-01
230	QB/T 4898—2015	溶解浆	2015-10-10	2016-03-01
231	QB/T 4899—2015	标牌用仿皮纸	2015-10-10	2016-03-01
232	QB/T 4900—2015	双电层电容器纸	2015-10-10	2016-03-01
233	QB/T 4993—2016	宣纸邮票纸	2016-07-11	2017-01-01
234	QB/T 4994—2016	古法技艺宣纸	2016-07-11	2017-01-01
235	QB/T 4995—2016	宣纸用燎草	2016-07-11	2017-01-01
236	QB/T 5049—2017	乳垫	2017-01-09	2017-07-01
237	QB/T 5050—2017	咖啡袋滤纸	2017-01-09	2017-07-01

续表

序号	标准号	标准名称	发布日期	实施日期
238	QB/T 5051—2017	模塑纸餐具专用纸浆	2017-01-09	2017-07-01
239	QB/T 5052—2017	热升华转印纸	2017-01-09	2017-07-01
240	QB/T 5053—2017	热升华转印原纸	2017-01-09	2017-07-01
241	QB/T 5054—2017	人造皮革用离型原纸	2017-01-09	2017-07-01
242	QB/T 5055—2017	真空镀铝原纸	2017-01-09	2017-07-01
243	QB/T 5056—2017	水转印商标用纸	2017-01-09	2017-07-01
244	QB/T 5296—2018	擦拭纸巾	2018-11-08	2019-04-01
245	QB/T 5297—2018	干燥剂包装袋用纸	2018-11-08	2019-04-01
246	QB/T 5398—2019	造纸用原料 蔗渣	2019-11-11	2020-04-01
247	QB/T 5399—2019	1000kV 变压器匝间绝缘纸	2019-11-11	2020-07-01
248	QB/T 5400—2019	薄型封装纸	2019-11-11	2020-07-01
249	QB/T 5646—2021	烘焙纸	2021-12-02	2022-04-01
250	QB/T 5647—2021	装帧纸	2021-12-02	2022-04-01
251	QB/T 5648—2021	数码工程蓝图打印纸	2021-12-02	2022-04-01
252	QB/T 5649—2021	合成革用花纹热转移纸	2021-12-02	2022-04-01
253	QB/T 5650—2021	一次性纸制卫生用品用复合吸收芯体	2021-12-02	2022-04-01
254	QB/T 5742—2022	本色浆	2022-04-08	2022-10-01

注：黑体字为 2023 年新批准发布标准。

表 3　　现有造纸基础和测试方法标准目录

序号	标准号	标准名称	发布日期	实施日期
1	GB 31825—2015	制浆造纸单位产品能源消耗限额	2015-06-30	2016-07-01
2	GB/T 147—2020	印刷、书写和绘图用原纸尺寸	2020-07-21	2021-02-01
3	GB/T 148—1997	印刷、书写和绘图纸幅面尺寸	1997-06-26	1997-12-01
4	GB/T 450—2008	纸和纸板　试样的采取及试样纵横向、正反面的测定	2008-08-19	2009-05-01
5	GB/T 451.1—2002	纸和纸板尺寸及偏斜度的测定	2002-06-13	2002-12-01
6	**GB/T 451.2—2023**	**纸和纸板　第 2 部分：定量的测定**	**2023-12-28**	**2024-07-01**
7	GB/T 451.3—2002	纸和纸板厚度的测定	2002-06-13	2002-12-01
8	GB/T 454—2020	纸　耐破度的测定	2020-07-21	2021-02-01
9	GB/T 455—2002	纸和纸板撕裂度的测定	2002-07-22	2003-02-01
10	GB/T 456—2002	纸和纸板平滑度的测定（别克法）	2002-07-22	2003-02-01
11	GB/T 457—2008	纸和纸板　耐折度的测定	2008-08-19	2009-05-01
12	GB/T 458—2008	纸和纸板　透气度的测定	2008-08-19	2009-05-01
13	GB/T 459—2002	纸和纸板伸缩性的测定	2002-09-05	2003-01-01
14	GB/T 460—2008	纸　施胶度的测定	2008-08-19	2009-05-01
15	GB/T 461.1—2002	纸和纸板毛细吸液高度的测定（克列姆法）	2002-09-06	2003-01-01
16	GB/T 461.3—2005	纸和纸板　吸水性的测定（浸水法）	2005-09-26	2006-04-01

续表

序号	标准号	标准名称	发布日期	实施日期
17	**GB/T 462—2023**	**纸、纸板和纸浆　分析试样水分的测定**	**2023-09-07**	**2024-04-01**
18	GB/T 464—2008	纸和纸板的干热加速老化	2008-03-24	2008-10-01
19	GB/T 465.1—2008	纸和纸板　浸水后耐破度的测定	2008-08-19	2009-05-01
20	GB/T 465.2—2008	纸和纸板　浸水后抗张强度的测定	2008-08-19	2009-05-01
21	GB/T 740—2003	纸浆　试样的采取	2003-10-20	2004-06-01
22	GB/T 742—2018	造纸原料、纸浆、纸和纸板　灰分的测定	2018-11-28	2019-07-01
23	GB/T 743—2003	纸浆　乙醚抽出物的测定	2003-08-25	2003-12-01
24	GB/T 744—2004	纸浆　抗碱性的测定	2004-03-15	2004-10-01
25	GB/T 745—2003	纸浆　多戊糖的测定	2003-08-25	2003-12-01
26	GB/T 747—2003	纸浆　酸不溶木素的测定	2003-08-25	2003-12-01
27	GB/T 1539—2007	纸板　耐破度的测定	2007-12-05	2008-09-01
28	GB/T 1540—2002	纸和纸板吸水性的测定　可勃法	2002-10-15	2003-04-01
29	GB/T 1541—2013	纸和纸板　尘埃度的测定	2013-10-10	2014-05-01
30	GB/T 1543—2005	纸和纸板　不透明度（纸背衬）的测定（漫反射法）	2005-09-26	2006-04-01
31	GB/T 1545—2008	纸、纸板和纸浆　水抽提液酸度或碱度的测定	2008-08-19	2009-05-01
32	GB/T 1546—2018	纸浆　卡伯值的测定	2018-11-28	2019-07-01
33	GB/T 1547—2004	纸浆　高锰酸钾值的测定	2004-03-15	2004-10-01
34	GB/T 1548—2016	纸浆　铜乙二胺（CED）溶液中特性粘度值的测定	2016-12-13	2017-07-01
35	GB/T 2677.1—1993	造纸原料分析用试样的采取	1993-03-01	1993-10-01
36	GB/T 2677.2—2011	造纸原料水分的测定	2011-12-30	2012-09-01
37	GB/T 2677.4—1993	造纸原料水抽出物含量的测定	1993-03-01	1993-10-01
38	GB/T 2677.5—1993	造纸原料 1%氢氧化钠抽出物含量的测定	1993-03-01	1993-10-01
39	GB/T 2677.6—1994	造纸原料有机溶剂抽出物含量的测定	1994-09-24	1995-03-01
40	GB/T 2677.8—1994	造纸原料酸不溶木素含量的测定	1994-09-24	1995-03-01
41	GB/T 2677.9—1994	造纸原料多戊糖含量的测定	1994-09-24	1995-03-01
42	GB/T 2677.10—1995	造纸原料综纤维素含量的测定	1995-07-06	1996-04-01
43	GB/T 2678.1—1993	纸浆筛分测定方法	1993-08-07	1994-03-01
44	GB/T 2678.2—2021	纸、纸板和纸浆　水溶性氯化物的测定	2021-08-20	2022-09-01
45	GB/T 2678.3—1995	纸浆氯耗量（脱木素程度）的测定	1995-07-06	1996-04-01
46	GB/T 2678.4—1994	纸浆和纸零距抗张强度测定法	1994-09-24	1995-03-01
47	**GB/T 2678.6—2023**	**纸、纸板和纸浆　水溶性硫酸盐的测定**	**2023-09-07**	**2024-04-01**
48	GB/T 2679.1—2020	纸　透明度的测定　漫反射法	2020-07-21	2021-02-01
49	GB/T 2679.2—2015	薄页材料　透湿度的测定　重量（透湿杯）法	2015-09-11	2016-04-01
50	GB/T 2679.6—1996	瓦楞原纸平压强度的测定	1996-05-21	1996-012-01
51	GB/T 2679.7—2005	纸板　戳穿强度的测定	2005-09-26	2006-04-01
52	GB/T 2679.8—2016	纸和纸板　环压强度的测定	2016-12-13	2017-07-01

续表

序号	标准号	标准名称	发布日期	实施日期
53	GB/T 2679.10—1993	纸和纸板短距压缩强度的测定法	1993-08-07	1994-03-01
54	GB/T 2679.11—2008	纸和纸板　无机填料和无机涂料的定性分析　电子显微镜 / X 射线能谱法	2008-08-19	2009-05-01
55	GB/T 2679.12—2013	纸和纸板　无机填料和无机涂料的定性分析　化学法	2013-12-17	2014-12-01
56	GB/T 2679.14—1996	过滤纸和纸板最大孔径的测定	1996-06-25	1997-01-01
57	GB/T 2679.17—1997	瓦楞纸板边压强度的测定（边缘补强法）	1997-06-26	1997-12-01
58	GB/T 3332—2004	浆料　打浆度的测定（肖伯尔 – 瑞格勒法）	2004-03-15	2004-10-1
59	GB/T 3333—1999	电缆纸工频击穿电压试验方法	1999-08-12	2000-2-01
60	GB/T 3334—1999	电缆纸介质损耗角正切（tg δ）试验方法（电桥法）	1999-08-12	2000-2-01
61	GB/T 4687—2007	纸、纸板、纸浆及相关术语	2007-12-05	2008-09-01
62	GB/T 4688—2020	纸、纸板和纸浆　纤维组成的分析	2020-07-21	2021-02-01
63	GB/T 5032—2002	纸、纸板和纸浆表示性能的单位	2002-10-15	2003-04-01
64	GB/T 5399—2004	纸浆　浆料浓度的测定	2004-03-15	2004-10-01
65	GB/T 5400—1998	纸浆铜价的测定	1998-05-19	1999-02-01
66	GB/T 5401—2018	纸浆　碱溶解度的测定	2018-11-28	2019-07-01
67	GB/T 5406—2002	纸透油度的测定	2002-09-06	2003-01-01
68	GB/T 6545—1998	瓦楞纸板耐破强度的测定法	1998-05-19	1999-02-01
69	GB/T 6546—2021	瓦楞纸板　边压强度的测定	2021-05-21	2021-12-01
70	GB/T 6547—1998	瓦楞纸板厚度的测定法	1998-05-19	1999-02-01
71	GB/T 6548—2011	瓦楞纸板粘合强度的测定法	2011-05-12	2011-09-15
72	GB/T 7973—2003	纸、纸板和纸浆　漫反射因数的测定（漫射 / 垂直法）	2003-10-20	2004-06-01
73	GB/T 7974—2013	纸、纸板和纸浆　蓝光漫反射因数 D65 亮度的测定（漫射 / 垂直法，室外日光条件）	2013-10-10	2014-05-01
74	GB/T 7975—2005	纸和纸板　颜色的测定（漫反射法）	2005-09-26	2006-04-01
75	GB/T 7977—2007	纸、纸板和纸浆　水抽提液电导率的测定	2007-12-05	2008-09-01
76	GB/T 7978—2005	纸浆　酸不溶灰分的测定	2005-09-26	2006-04-01
77	GB/T 7979—2020	纸浆　二氯甲烷抽出物的测定	2020-07-21	2021-02-01
78	GB/T 8940.2—2002	纸浆亮度（白度）试样的制备	2002-10-15	2003-04-01
79	GB/T 8941—2013	纸和纸板　镜面光泽度的测定	2013-12-17	2014-12-01
80	GB/T 8942—2016	纸　柔软度的测定	2016-12-13	2017-07-01
81	GB/T 8943.1—2008	纸、纸板和纸浆　铜含量的测定	2008-01-04	2008-09-01
82	GB/T 8943.2—2008	纸、纸板和纸浆　铁含量的测定	2008-01-04	2008-09-01
83	GB/T 8943.3—2008	纸、纸板和纸浆　锰含量的测定	2008-01-04	2008-09-01
84	GB/T 8943.4—2008	纸、纸板和纸浆　钙、镁含量的测定	2008-01-04	2008-09-01
85	GB/T 8944.1—2008	纸浆　成批销售质量的测定　第 1 部分：浆板浆包及浆块（急骤干燥浆）浆包	2008-08-19	2009-05-01
86	GB/T 8944.2—2008	纸浆　成批销售质量的测定　第 2 部分：组合浆包	2008-12-30	2009-09-01

续表

序号	标准号	标准名称	发布日期	实施日期
87	GB/T 10336—2002	造纸纤维长度的测定　偏振光法	2002-10-15	2003-04-01
88	GB/T 10337—2008	造纸原料和纸浆　酸溶木素的测定	2008-08-19	2009-05-01
89	GB/T 10338—2008	纸浆　羧基含量的测定	2008-08-19	2009-05-01
90	GB/T 10339—2018	纸、纸板和纸浆的光散射和光吸收系数的测定	2018-11-28	2019-07-01
91	GB/T 10340—2008	纸和纸板　过滤速度的测定	2008-08-19	2009-05-01
92	GB/T 10342—2002	纸张的包装和标志	2002-10-15	2003-04-01
93	**GB/T 10739—2023**	**纸、纸板和纸浆　试样处理和试验的标准大气条件**	**2023-12-28**	**2024-07-01**
94	GB/T 10740—2002	纸浆尘埃和纤维束的测定	2002-10-15	2003-04-01
95	GB/T 10741—2008	纸浆　苯醇抽出物的测定	2008-08-19	2009-05-01
96	GB/T 10742—2008	造纸原料　果胶含量的测定	2008-08-19	2009-05-01
97	GB/T 12032—2005	纸和纸板　印刷光泽度印样的制备	2005-09-26	2006-04-01
98	GB/T 12033—2008	造纸原料和纸浆中糖类组分的气相色谱的测定	2008-08-19	2009-05-01
99	GB/T 12658—2008	纸、纸板和纸浆　钠含量的测定	2008-08-19	2009-05-01
100	GB/T 12659—2008	纸浆　实验室打浆　约克罗（Jokro）磨法	2008-08-19	2009-05-01
101	GB/T 12660—2008	纸浆　滤水性能的测定　“加拿大标准”游离度法	2008-08-19	2009-05-01
102	GB/T 12661—2008	纸和纸板　菌落总数的测定	2008-08-19	2009-05-01
103	**GB/T 12910—2023**	**纸和纸板　二氧化钛含量的测定**	**2023-12-28**	**2024-07-01**
104	GB/T 12911—1991	纸和纸板油墨吸收性的测定法	1991-05-18	1992-03-01
105	GB/T 12914—2018	纸和纸板　抗张强度的测定	2018-11-28	2019-07-01
106	GB/T 13528—2015	纸和纸板　表面 pH 的测定	2015-09-11	2016-04-01
107	GB/T 18402—2001	纸浆滤水性能的测定（滤水时间法）	2001-08-06	2002-02-01
108	GB/T 18829.6—2002	纤维粗度的测定	2002-09-05	2003-01-01
109	GB/T 20216—2016	纸浆和纸　有效残余油墨浓度（ERIC 值）的测定　红外线反射率测量法	2016-12-13	2017-07-01
110	GB/T 20811—2018	废止分类技术要求	2018-12-28	2019-07-01
111	GB/T 21245—2007	纸和纸板　颜色的测定（C/2°　漫反射法）	2008-08-19	2009-05-01
112	GB/T 21557—2008	废纸中胶粘物的测定	2008-03-24	2008-10-01
113	GB/T 22363—2008	纸和纸板　粗糙度的测定（空气泄漏法）本特生法和印刷表面法	2008-08-19	2009-05-01
114	GB/T 22364—2018	纸和纸板　弯曲挺度的测定	2018-11-28	2019-07-01
115	GB/T 22365—2008	纸和纸板　印刷表面强度的测定	2008-08-19	2009-05-01
116	GB/T 22804—2008	纸浆、纸和纸板　汞含量的测定	2008-12-30	2009-09-01
117	GB/T 22805.1—2008	纸和纸板　耐脂度的测定　第 1 部分：渗透法	2008-12-30	2009-09-01
118	GB/T 22805.2—2008	纸和纸板　耐脂度的测定　第 2 部分：表面排斥法	2008-12-30	2009-09-01
119	GB/T 22811—2008	瓦楞纸板　分离后组成原纸定量的测定	2008-12-30	2009-09-01
120	GB/T 22819—2008	高透气纸张透气性的测定	2008-12-30	2009-09-01
121	GB/T 22836—2008	纸浆　纤维帚化率的测定	2008-12-30	2009-09-01

续表

序号	标准号	标准名称	发布日期	实施日期
122	GB/T 22837—2008	纸和纸板　表面强度的测定（蜡棒法）	2008-12-30	2009-09-01
123	GB/T 22872—2008	强韧纸板　分层定量的测定	2008-12-30	2009-09-01
124	GB/T 22873—2008	瓦楞纸板　胶粘抗水性的测定（浸水法）	2008-12-30	2009-09-01
125	GB/T 22874—2008	单面和单瓦楞纸板　平压强度的测定	2008-12-30	2009-09-01
126	GB/T 22876—2008	纸、纸板和瓦楞纸板　压缩试验仪的描述和校准	2008-12-30	2009-09-01
127	**GB/T 22877—2023**	**纸、纸板、纸浆和纤维素纳米材料　灼烧残余物（灰分）的测定（525℃）**	**2023-12-28**	**2024-07-01**
128	GB/T 22878—2008	纸和纸板　杂质的估算	2008-12-30	2009-09-01
129	GB/T 22879—2008	纸和纸板　CIE 白度的测定，C/2°（室内照明条件）	2008-12-30	2009-09-01
130	GB/T 22880—2008	纸和纸板　CIE 白度的测定，D65/10°（室外日光）	2008-12-30	2009-09-01
131	GB/T 22881—2008	纸和纸板　粗糙度（平滑度）的测定（空气泄漏法）通用方法	2008-12-30	2009-09-01
132	GB/T 22893—2008	纸和纸板　基本尺寸办公用纸　成包纸页卷曲的测定	2008-12-30	2009-09-01
133	GB/T 22894—2008	纸和纸板　加速老化　在 80℃和 65% 相对湿度条件下的湿热处理	2008-12-30	2009-09-01
134	GB/T 22895—2008	纸和纸板　静态和动态摩擦系数的测定　平面法	2008-12-30	2009-09-01
135	GB/T 22896—2008	纸和纸板　卷曲的测定　单个垂直悬挂试样法	2008-12-30	2009-09-01
136	GB/T 22897—2008	纸和纸板　抗透水性的测定	2008-12-30	2009-09-01
137	GB/T 22898—2008	纸和纸板　抗张强度的测定　恒速拉伸法（100mm/min）	2008-12-30	2009-09-01
138	GB/T 22899.1—2008	纸和纸板　湿膨胀率的测定　第 1 部分：最大相对湿度增加到 68% 过程的湿膨胀率	2008-12-30	2009-09-01
139	GB/T 22899.2—2008	纸和纸板　湿膨胀率的测定　第 2 部分：最大相对湿度增加到 86% 过程的湿膨胀率	2008-12-30	2009-09-01
140	GB/T 22901—2008	纸和纸板　透气度的测定（中等范围）通用方法	2008-12-30	2009-09-01
141	GB/T 22902—2008	纸浆　丙酮可溶物的测定	2008-12-30	2009-09-01
142	GB/T 22903—2008	纸浆　物理试验用标准水	2008-12-30	2009-09-01
143	**GB/T 22904—2023**	**纸、纸板和纸浆　总氯和有机氯的测定**	**2023-09-07**	**2024-04-01**
144	GB/T 22906.1—2008	纸芯的测定　第 1 部分：试样的采取	2008-12-30	2009-09-01
145	GB/T 22906.2—2008	纸芯的测定　第 2 部分：试样的温湿处理	2008-12-30	2009-09-01
146	GB/T 22906.3—2008	纸芯的测定　第 3 部分：水分含量的测定（烘箱干燥法）	2008-12-30	2009-09-01
147	GB/T 22906.4—2008	纸芯的测定　第 4 部分：尺寸的测定	2008-12-30	2009-09-01
148	GB/T 22906.5—2008	纸芯的测定　第 5 部分：同轴旋转特性的测定	2008-12-30	2009-09-01
149	GB/T 22906.6—2008	纸芯的测定　第 6 部分：弯曲强度的测定（三点法）	2008-12-30	2009-09-01
150	GB/T 22906.7—2008	纸芯的测定　第 7 部分：弹性模量的测定（三点法）	2008-12-30	2009-09-01
151	GB/T 22906.8—2008	纸芯的测定　第 8 部分：固有频率和弹性模量的测定（试验模型分析法）	2008-12-30	2009-09-01
152	GB/T 22906.9—2008	纸芯的测定　第 9 部分：平压强度的测定	2008-12-30	2009-09-01

续表

序号	标准号	标准名称	发布日期	实施日期
153	GB/T 22921—2008	纸和纸板 薄页材料水蒸气透过率的测定 动态气流法和静态气体法	2008-12-30	2009-09-01
154	**GB/T 23144—2023**	**纸和纸板 弯曲挺度的测定 两点法、三点法和四点法的通用原理**	**2023-12-28**	**2024-07-01**
155	GB/T 23175—2008	纸浆 纤维长度的测定（光栅法）	2008-12-30	2009-09-01
156	GB/T 24288—2009	纸和纸板 主波长和兴奋纯度的测定 D65/10° 漫反射法	2009-07-31	2010-03-01
157	GB/T 24289—2009	纸和纸板 镜面光泽度的测定 平行光束 75°，DIN 法	2009-07-31	2010-03-01
158	GB/T 24290—2009	造纸用成形网、干燥网测量方法	2009-07-31	2010-03-01
159	GB/T 24291—2009	纸和纸板 卷筒纸芯内径的规定	2009-07-31	2010-03-01
160	GB/T 24323—2009	纸浆 实验室纸页 物理性能的测定	2009-09-30	2010-02-01
161	GB/T 24324—2009	纸浆 物理试验用实验室纸页的制备 常规纸页成型器法	2009-09-30	2010-02-01
162	GB/T 24325—2009	纸浆 实验室打浆 瓦利（Valley）打浆机法	2009-09-30	2010-02-01
163	GB/T 24326—2009	纸浆 物理试验用实验室纸页的制备 快速凯塞法	2009-09-30	2010-02-01
164	GB/T 24327—2009	纸浆 实验室湿解离 化学浆解离	2009-09-30	2010-02-01
165	GB/T 24328.1—2020	卫生纸及其制品 第 1 部分：术语导则	2020-07-21	2021-02-01
166	GB/T 24328.2—2020	卫生纸及其制品 第 2 部分：厚度、层积厚度、表观层积紧度和松厚度的测定	2020-07-21	2021-02-01
167	GB/T 24328.3—2020	卫生纸及其制品 第 3 部分：抗张强度、最大力值时伸长率和抗张能量吸收的测定	2020-07-21	2021-02-01
168	GB/T 24328.4—2020	卫生纸及其制品 第 4 部分：湿抗张强度的测定	2020-07-21	2021-02-01
169	GB/T 24328.5—2009	卫生纸及其制品 第 5 部分：定量的测定	2009-09-30	2010-02-01
170	GB/T 24328.6—2020	卫生纸及其制品 第 6 部分：吸水时间和吸水能力的测定 篮筐浸没法	2020-07-21	2021-02-01
171	GB/T 24328.7—2020	卫生纸及其制品 第 7 部分：球形耐破度的测定	2020-07-21	2021-02-01
172	GB/T 24328.8—2020	卫生纸及其制品 第 8 部分：光学性能的测定 亮度和颜色的测定 D65/10°（室外日光条件）	2020-07-21	2021-02-01
173	GB/T 24328.9—2020	卫生纸及其制品 第 9 部分：湿球形耐破度的测定	2020-07-21	2021-02-01
174	GB/T 24328.10—2020	卫生纸及其制品 第 10 部分：打孔线抗张强度的测定及打孔效率的计算	2020-07-21	2021-02-01
175	GB/T 24328.11—2020	卫生纸及其制品 第 11 部分：光学性能的测定 亮度和颜色的测定 C/2°（室外日光条件）	2020-07-21	2021-02-01
176	GB/T 24328.12—2020	卫生纸及其制品 第 12 部分：光学性能的测定 不透明度的测定 漫反射法	2020-07-21	2021-02-01
177	GB/T 24394—2009	非正常成品纸和纸板的检验	2009-09-30	2010-02-01
178	GB/T 24447—2009	纸浆 纤维粗度的测定 偏振光法	2009-10-15	2010-03-01
179	GB/T 24990—2010	纸、纸板和纸浆 铬含量的测定	2010-08-09	2010-12-01
180	GB/T 24991—2010	纸、纸板和纸浆 铅含量的测定 石墨炉原子吸收法	2010-08-09	2010-12-01
181	GB/T 24992—2010	纸、纸板和纸浆 砷含量的测定	2010-08-09	2010-12-01
182	GB/T 24993—2010	造纸湿部 Zeta 电位的测定	2010-08-09	2010-12-01

续表

序号	标准号	标准名称	发布日期	实施日期
183	GB/T 24994—2010	造纸湿部溶解电荷量的测定	2010-08-09	2010-12-01
184	GB/T 24996—2010	纸张中脱墨回用纤维的判定	2010-08-09	2010-12-01
185	GB/T 24997—2010	纸、纸板和纸浆　镉含量的测定　原子吸收光谱法	2010-08-09	2010-12-01
186	GB/T 24998—2010	纸和纸板　碱储量的测定	2010-08-09	2010-12-01
187	GB/T 24999—2018	纸和纸板　D65 亮度最高限量	2018-11-28	2019-07-01
188	GB/T 25001—2010	纸、纸板和纸浆　7 种多氯联苯（PCBs）含量的测定	2010-08-09	2010-12-01
189	GB/T 25002—2010	纸、纸板和纸浆　水抽提液中五氯苯酚的测定	2010-08-09	2010-12-01
190	**GB/T 26203—2023**	**纸和纸板　内结合强度的测定（Scott 型）**	**2023-09-07**	**2024-04-01**
191	GB/T 26459—2011	纸、纸板和纸浆　返黄值的测定	2011-05-12	2011-09-15
192	GB/T 26460—2011	纸浆　零距抗张强度的测定（干法或湿法）	2011-05-12	2011-09-15
193	GB/T 26464—2011	造纸无机颜料亮度（白度）的测定	2011-05-12	2011-09-15
194	GB/T 27705—2011	BCTMP 系统能量平衡及能量效率计算方法	2011-12-30	2012-07-01
195	GB/T 27706—2011	PRC-APMP 系统能量平衡及能量效率计算方法	2011-12-30	2012-07-01
196	GB/T 27707—2011	草浆备料系统能量平衡及能量效率计算方法	2011-12-30	2012-07-01
197	GB/T 27709—2011	带二氧化氯的四段漂白系统能量平衡及能量效率计算方法	2011-12-30	2012-07-01
198	GB/T 27711—2011	叠网造纸机系统能量平衡及能量效率计算方法	2011-12-30	2012-07-01
199	GB/T 27712—2011	非木浆多效蒸发系统能量平衡及能量效率计算方法	2011-12-30	2012-07-01
200	GB/T 27713—2011	非木浆碱回收燃烧系统能量平衡及能量效率计算方法	2011-12-30	2012-07-01
201	GB/T 27714—2011	废纸脱墨浆系统能量平衡及能量效率计算方法	2011-12-30	2012-07-01
202	GB/T 27716—2011	横管式连续蒸煮系统能量平衡及能量效率计算方法	2011-12-30	2012-07-01
203	GB/T 27718—2011	间歇蒸煮（立锅）系统能量平衡及能量效率计算方法	2011-12-30	2012-07-01
204	GB/T 27720—2011	卡米尔连续蒸煮系统能量平衡及能量效率计算方法	2011-12-30	2012-07-01
205	GB/T 27721—2011	磨石磨木浆系统能量平衡及能量效率计算方法	2011-12-30	2012-07-01
206	GB/T 27722—2011	木浆备料系统能量平衡及能量效率计算方法	2011-12-30	2012-07-01
207	GB/T 27724—2011	普通长网造纸机系统能量平衡及能量效率计算方法	2011-12-30	2012-07-01
208	GB/T 27727—2011	筛选、CEHP 四段漂白系统能量平衡及能量效率计算方法	2011-12-30	2012-07-01
209	GB/T 27732—2011	洗涤筛选、氧脱系统能量平衡及能量效率计算方法	2011-12-30	2012-07-01
210	GB/T 27736—2011	制浆造纸企业生产过程的系统能量平衡计算方法通则	2011-12-30	2012-07-01
211	GB/T 27737—2011	制氧站系统能量平衡及能量效率计算方法	2011-12-30	2012-07-01
212	GB/T 27741—2018	纸和纸板　可迁移性荧光增白剂的测定	2018-11-28	2019-07-01
213	GB/T 28119—2011	食品包装用纸、纸板及纸制品　术语	2011-12-30	2012-08-01
214	GB/T 28218—2011	纸浆　纤维长度的测定　图像分析法	2011-12-30	2012-09-01
215	GB/T 29285—2012	纸浆　实验室湿解离　机械浆解离	2012-12-31	2013-09-01
216	GB/T 29286—2012	纸浆　保水值的测定	2012-12-31	2013-09-01
217	GB/T 29287—2012	纸浆　实验室打浆　PFI 磨法	2012-12-31	2013-09-01
218	GB/T 29454—2012	制浆造纸企业能源计量器具配备和管理要求	2012-12-31	2013-10-01

续表

序号	标准号	标准名称	发布日期	实施日期
219	GB/T 29775—2013	纸浆 纤维粗度的测定 图像分析法	2013-10-10	2014-05-01
220	GB/T 29779—2013	纸浆 纤维长度的测定 非偏振光法	2013-10-10	2014-05-01
221	GB/T 31110—2014	纸和纸板 Z 向抗张强度的测定	2014-09-03	2015-08-01
222	GB/T 31479—2015	与食品接触染色纸和纸板色牢度的测定	2015-05-15	2015-12-01
223	GB/T 31905—2015	纸和纸板 边渗透的测定	2015-09-11	2016-04-01
224	GB/T 33277—2016	生活用纸 可迁移性铅、砷含量的测定	2016-12-13	2017-07-01
225	GB/T 34442—2017	纸浆 纤维粗度的测定 非偏振光法	2017-10-14	2018-05-01
226	GB/T 34444—2017	纸和纸板 层间剥离强度的测定	2017-09-29	2018-04-01
227	GB/T 34448—2017	生活用纸及纸制品 甲醛含量的测定	2017-10-14	2018-05-01
228	GB/T 34455—2017	纸、纸板和纸浆 2，2-二（4-羟基苯基）丙烷（双酚 A）的测定 液相色谱法	2017-09-29	2018-04-01
229	GB/T 34845—2017	生活用纸 可吸附有机卤素（AOX）的测定	2017-11-01	2018-05-01
230	GB/T 36420—2018	生活用纸和纸制品 化学品及原料安全评价管理体系	2018-06-07	2019-01-01
231	GB/T 36985—2018	纸、纸板和纸制品 挥发性有机化合物的测定	2018-11-28	2019-07-01
232	GB/T 37838—2019	纸浆 铜乙二胺（CED）溶液动力粘度的测定	2019-08-30	2020-03-01
233	GB/T 37858—2019	纸浆 纤维湿重的测定	2019-08-30	2020-03-01
234	GB/T 37859—2019	纸、纸板和纸制品 丙烯酰胺的测定	2019-08-30	2020-03-01
235	GB/T 37860—2019	纸、纸板和纸制品 邻苯二甲酸酯的测定	2019-08-30	2020-03-01
236	GB/T 38998—2020	裁切后办公用纸 边缘质量的测定	2020-07-21	2021-02-01
237	GB/T 39951—2021	一次性纸制品降解性能评价方法	2021-03-09	2021-10-01
238	GB/T 39998—2021	纸、纸板和纸制品 烷基苯酚聚氧乙烯醚类的测定 高效液相色谱质谱法	2021-04-30	2021-11-01
239	GB/T 40166—2021	纸和纸板 加速老化（二氧化氮条件下）	2021-05-21	2021-12-01
240	GB/T 40167—2021	纸和纸板 加速老化（100℃）	2021-05-21	2021-12-01
241	GB/T 40168—2021	瓦楞芯纸 实验室起楞后边压强度的测定	2021-05-21	2021-12-01
242	GB/T 40269—2021	吸收性卫生用纸制品 生产过程质量安全状态监测与评价指南	2021-05-21	2021-12-01
243	GB/T 40272—2021	纸、纸板、纸浆和纤维素纳米材料 酸溶镁、钙、锰、铁、铜、钠、钾的测定	2021-05-21	2021-12-01
244	GB/T 40274—2021	生活用纸 生产过程质量安全状态监测与评价指南	2021-05-21	2021-12-01
245	GB/T 40277—2021	纸、纸板和纸浆 蓝光漫反射因数（ISO 亮度）的测定 室内日光条件	2021-05-21	2021-12-01
246	GB/T 40278—2021	纸和纸板 加速老化（光照条件下）	2021-05-21	2021-12-01
247	GB/T 40358—2021	卫生纸和擦手纸 回用纤维使用规范	2021-08-20	2022-03-01
248	GB/T 40442—2021	纸、纸板和纸浆 纤维组成分析中质量因子的测定	2021-08-20	2022-03-01
249	GB/T 40969—2021	纸和纸板 颜色的测定（D50/2° 漫反射法）	2021-11-26	2022-06-01
250	GB/T 41434—2022	纸、纸板和纸浆 光学性能基本术语	2022-04-15	2022-11-01
251	GB/T 41439—2022	纸、纸板和纸浆 盐水提取物 pH 的测定	2022-04-15	2022-11-01

续表

序号	标准号	标准名称	发布日期	实施日期
252	GB/T 41523—2022	纸、纸板和纸浆　镁、钙、锰、铁及铜总量的测定	2022-07-11	2023-02-01
253	**GB/T 42702—2023**	**纸、纸板和纸制品　抗菌性能的测定**	**2023-05-23**	**2023-12-01**
254	**GB/T 42944—2023**	**纸、纸板和纸制品　有效回收组分的测定**	**2023-08-06**	**2024-03-01**
255	**GB/T 42945—2023**	**纸浆　细小纤维质量分数的测定**	**2023-08-06**	**2024-03-01**
256	**GB/T 43011—2023**	**纸、纸板和纸制品　氯丙醇含量的测定**	**2023-09-07**	**2024-04-01**
257	**GB/T 43012—2023**	**纸浆　纤维素纳米晶体中硫元素和硫酸半酯含量的测定**	**2023-09-07**	**2024-04-01**
258	**GB/T 43588—2023**	**纸、纸板和纸制品　可回收性评价方法**	**2023-12-28**	**2024-07-01**
259	GB/Z 24987—2010	纸、纸板和纸浆　测试方法不确定度的评定	2010-08-09	2010-12-01
260	QB/T 1022—2021	制浆造纸企业综合能耗计算细则	2021-03-05	2021-07-01
261	QB/T 1928—2021	制浆造纸企业自备热电站发电和供热系统能量平衡及能量效率计算方法	2021-03-05	2021-07-01
262	QB/T 1938—2010	松软纸厚度的测定	2010-04-22	2010-10-01
263	QB/T 2804—2006	纸和纸板白度测定法　45/0 定向反射法	2006-07-27	2006-10-11
264	QB/T 2805—2006	纸和纸板表面吸收速度的测定	2006-07-27	2006-10-11
265	QB/T 2812—2006	纸张定量、水分的在线测定（近红外法）	2006-09-14	2007-05-01
266	QB/T 2896—2007	纸和纸板　湿拉毛和湿排斥的测定	2007-12-03	2008-06-01
267	QB/T 2897—2007	纸和纸板　表面疏松物的测定	2007-12-03	2008-06-01
268	QB/T 3697—1999	造纸工业碱回收炉安全技术规范	1999-04-21	1999-04-21
269	QB/T 3699—1999	造纸工业企业安全技术规程	1999-04-21	1999-04-21
270	QB/T 4125—2019	纸浆　D65 亮度最高限量	2019-11-11	2020-04-01
271	QB/T 4319—2012	硫酸盐全无氯漂白纸浆的判定	2012-05-24	2012-11-01
272	QB/T 4896—2015	废纸浆脱墨效率的测定	2015-10-10	2016-03-01
273	QB/T 5043—2017	新闻纸单位产品能耗消耗限额	2017-04-12	2017-10-01
274	QB/T 5044—2017	涂布美术印刷纸（铜版纸）单位产品能源消耗限额	2017-04-12	2017-10-01
275	QB/T 5568—2021	造纸工业能源检测与评价方法　蒸煮系统	2021-03-05	2021-07-01
276	QB/T 5569—2021	造纸工业能源检测与评价方法　漂白系统	2021-03-05	2021-07-01
277	QB/T 5570—2021	造纸工业能源检测与评价方法　废水处理系统	2021-03-05	2021-07-01
278	QB/T 5571—2021	造纸企业水平衡测试方法	2021-03-05	2021-07-01

注：黑体字为 2023 年新批准发布标准。

（全国造纸工业标准化技术委员会）

国内制浆造纸科研设计单位简介

Introduction to the Domestic Organizations of R&D, Engineering Consultant of Paper Industry

中国制浆造纸研究院有限公司

中国制浆造纸研究院有限公司（以下简称“造纸院”）始建于 1956 年，现为保利集团所属中国轻工集团有限公司的全资子公司，是致力于造纸科技传承和创新的国家级专业服务机构。

历经 60 多年发展，造纸院形成了以科技研发、行业服务、科技成果产业化为三大主营业务，集技术和产品开发、中试试验、产业孵化、标准制修订、第三方检验、展会会议、出版发行、信息咨询、教育培训、浆纸贸易、国际产业合作等多功能于一体的综合服务能力，是制浆造纸国家工程实验室、全国造纸工业标准化技术委员会、国家纸张质量监督检验中心、全国造纸工业信息中心等行业机构的依托建设、运行单位，科技部认定的国家国际科技合作基地，拥有国家一级学科硕士学位授予点和博士后科研工作站，是推动我国造纸产业发展的重要力量。

造纸院以科技研发为基础和核心动力，先后主持完成“六五”至“十三五”国家科技攻关、863 计划、国家自然科学基金、政府间科技合作、科技援外等一系列重大科技专项，以及大量的企业委托开发项目，形成科研成果 1700 多项，获得包括“国家科技进步特等奖”在内的国家或省部级奖励 180 多项，“蒽醌制浆”“多层绝热填炭纸”“重涂高档铜版纸”“电容器纸”“导水纸”等重大成果在我国造纸行业追赶、超越、引领国际先进水平的进步历程中发挥了重要推动作用，在提升大众生活品质以及“两弹一星”、载人航天等国家重点工程中做出了独特贡献。

造纸院通过行业服务业务为产业可持续发展提供有力保障，至今已组织制、修订国家和行业标准 500 多项，具备纸浆、纸、纸板等六大类 200 多种产品检验能力和 38 类造纸检测仪器的校准能力，编辑发行《中国造纸》《中国造纸学报》《Paper and Biomaterials》《造纸信息》《生活用纸》等权威学期刊术和信息出版物，组织主办全球规模最大的生活用纸及卫生用品国际科技展览及会议、亚洲规模最大的中国国际造纸科技展览及会议、全国特种纸行业唯一国际科技展览及会议，成为行业合作交流、沟通政府和消费者、引导行业健康发展的重要平台。

造纸院拥有先进的科技成果产业化经验和设施，由 7 条造纸试验线和 1 条多功能涂布试验线构成功能完备的中试试验和小规模商业化生产平台，至今已完成“无石棉纤维密封材料”“全热交换纸”“感湿保鲜膜”等数 10 个品种的特种纸产品孵化，成功实现对进口同类产品的替代、填补国内产品空白，成为小批量、定制化纸基功能材料的重要供应者。

立足新时期发展战略，造纸院将依托以北京本部为研发和行业服务总部、以位于河北廊坊的中轻特种纤维材料有限公司为工程试验和产业化平台、以位于浙江的衢州分院为特种纸产业公共服务平台、以位于福建晋江的中轻（晋江）卫生用品研究有限公司为卫生用品产业公共服务平台，为造纸及相关产业的可持续发展提供更加立体、高效的科技服务。

董事长：孙 波

地址：北京市朝阳区望京启阳路 4 号中轻大厦

邮编：100102

电话：010-64778015

传真：010-64778001

邮箱：bgs@cnppri.com

中国中轻国际工程有限公司

中国中轻国际工程有限公司（以下简称“中轻国际”）即原中国轻工业北京设计院，成立于 1953 年 1 月。2000 年 10 月成为交中央管理的大型科技型设计企业，2001 年 2 月更名为中国轻工国际工程设计院，

2003 年 1 月改制更名为中国轻鑫工程有限责任公司，2004 年 4 月更名为中国中轻国际工程有限公司。现为国务院国资委监管的中央企业中国保利集团有限公司所属中国轻工集团有限公司的下属企业。

中轻国际是以咨询、设计、监理、项目管理、工程总承包为主体业务的大型工程公司，拥有进出口企业资格证书；轻纺全行业、化工石化医药行业（化工工程）、市政行业（排水工程、环境卫生工程）、农林行业（林产化学工程）、建筑行业（建筑工程）和环境工程专项（水污染防治工程、大气污染防治工程）设计甲级资质；城乡规划、商物粮行业、化工石化医药行业（生化、生物药、化学原料药）、电力行业（火力发电）、建材行业（新型建筑材料工程）、市政行业（给水工程、城镇燃气工程、热力工程）和环境工程专项（固体废物处理处置工程）设计乙级资质；机电工程施工总承包和建筑装饰装修工程专业承包贰级资质；建筑工程施工总承包、冶金工程施工总承包、石油化工工程施工总承包及环保工程专业承包叁级资质；工程监理、工程造价甲级资质；压力容器、压力管道设计许可证以及工程咨询资信甲级证书。

中轻国际现有从业人员 700 余人，其中，国家级设计大师 2 人、享受政府特殊津贴的专家 3 人、轻工行业设计大师 6 人；教授级高级工程师 58 人、高级职称 156 人、各类国家注册工程师 231 人次、工程总承包项目经理 47 人。中轻国际为国内 5000 余家大中型企业，国外 20 多个国家的 60 余个大中型项目提供了咨询、工程设计、项目管理、总承包等服务，与国内外著名的 300 余家大型公司建立了实质性合作和业务往来关系。

中轻国际高度重视技术质量工作。共获得部（委）级以上各种嘉奖 410 多项，其中国家级优秀设计、咨询奖和科技进步奖等 64 项；共拥有 127 项专利，其中发明专利 34 项。

经过近 70 年的发展、壮大，中轻国际已成为国内外知名的大型科技型企业，中轻国际坚持以市场为先导，以项目为中心，以创新为动力，以服务为宗旨，以质量为保证，为顾客提供全过程、多方位、专业化、质量高、效果好的满意服务。

法人代表：柳　炜

地址：北京市朝阳区白家庄东里 42 号

邮编：100026

电话：13811480249

传真：010–65823590

邮箱：info@cliec.cn

山西省轻工设计院有限公司

山西省轻工设计院有限公司是由山西省轻工设计院转企改制的国有科技型企业，注册资本 1277 万元，隶属于山西省工业和信息化厅。2023 年 8 月 29 日股权划转后，现隶属于山西杏花村汾酒集团有限责任公司。

山西省轻工设计院有限公司成立于 1958 年，是山西省轻工行业专业设计院，主要承担轻工、商物粮、民用建筑行业以及与本行业相近的化工、医药、建材、电子、环保、农业等行业的工程勘察设计和咨询业务。

建院 66 年来，完成了 4000 余项工业和民用建筑工程设计（咨询）项目（包括省、部级重点大中型工程项目），为我国工程建设做了大量工作，尤其是对山西省及周边地区的轻工业发展做出了重要的贡献，多次荣获有关部门的奖励和表彰。为了肯定该院在白酒行业现代化设计的能力，1987 年轻工业部批准该院为传统白酒设计资质。

服务范围：

工程设计：工业、民用工程设计、初步设计、设施设计专篇、职业病防护设施专篇等，可从事资质证书许可范围内相应的建设工程总承包业务以及项目管理和相关的技术与管理服务。

工程咨询：可行性研究报告、产业（行业）规划、节能评价、项目建议书（申请报告），清洁生产评估、评审，生产标准化评审等。

公司拥有一支高素质的技术和管理团队，拥有专业类别齐全的专业队伍。现有各类工程技术人员 80 余人，其中，高级工程师 15 人，中级工程师 40 余人，一级注册建筑师 8 人，二级注册建筑师 3 人，一级注册结构工程师 6 人，二级注册结构工程师 2 人，注册造价工程师 1 人，注册化工工程师 6 人，注册公用设备工程师 5 人，注册咨询（投资）工程师 8 人，注册监理工程师 4 人，注册岩土工程师 2 人，注册管理咨询师 2 人。

公司组织机构健全，管理制度完善，实现了生产、管理的电子、网络和信息化。经过多年的积累，公司有多行业完整的技术图书和标准册、图纸资料及专家库等。

公司以“规范、标准、质量、创新、安全”的设计理念，为用户的建设工程设计（咨询）提供全面、全过程的贴心服务。

法人代表：郝　威

地址：山西省太原市迎泽区新建南路 13 号
邮编：030001
电话：0351–4052817
传真：0351–4052817
邮箱：sxsqgsjy@163.com

辽宁省轻工设计院有限公司

辽宁省轻工设计院有限公司（原辽宁省轻工设计院）成立于 1955 年，历经 60 余年的不断发展，已经成为从事轻工、化工、电力、建筑、环保等行业的工程设计、工程咨询、产业园区规划、设备成套、项目管理和工程总承包等综合业务设计院；是具有较强综合技术力量的国家化工、轻工甲级，电力、轻纺、商物粮、建筑、环境工程行业乙级，压力容器（A1、A2 类）、压力管道（GB2/GC1/GD1）设计、咨询、工程总承包资质的设计单位。公司拥有各类专业技术人员 170 余人、其中，高级工程师 60 余人，教授级高工 8 人，注册工程师和注册咨询工程师 60 余人。

公司以务实的工作作风不断夯实设计手段和设计技术水平，通过工程总承包进一步完善了企业工程化能力。几年来，公司致力于有机硫化工、精细化工、玉米深加工、食品、生物发酵行业的新技术研发工作，汇集众多应用技术领域精英、研发团队及行业技术专家，研发并整理出一些国内领先、世界一流的新产品和新技术，以期在供给侧改革时代为广大业主提供更加优质的技术服务和设计服务。

公司秉承“合作、创新、务实、用户效益第一”的企业宗旨，传承“博大的胸怀、锐意的创新、务实的进取”企业文化，竭诚为广大业主提供工程咨询、工程设计、工程管理和工程总承包以及项目后期维保等服务。

法人代表：陈 溥
地址：辽宁省沈阳市皇姑区泰山路 46 号
邮编：110031
电话：024–26115833
传真：024–86802976
邮箱：xujqcn@163.com

黑龙江省造纸工业研究所

黑龙江省造纸工业研究所位于牡丹江市阳明区光华街 17 号，1966 年成立于哈尔滨市并于同年迁至牡丹江市，占地面积 2.2 公顷，建筑面积 1.2 公顷，是黑龙江省造纸产品质量监督检验站及造纸技术信息中心，黑龙江省造纸学会挂靠单位，专业技术期刊《造纸技术与应用》（原《黑龙江造纸》）编辑部所在地，是黑龙江省制浆造纸中试基地。单位的宗旨和业务范围：承担制浆造纸新技术开发与应用研究工作；对造纸行业、企业的发展规划，资源综合利用、环境保护，引进扩建项目等提供技术方案及相关服务；承担造纸产品检验检测及《造纸技术与应用》的编辑、出版、发行等工作。

黑龙江省造纸工业研究所现有职工 21 人，科技人员 10 人，其中研究员级高级工程师 5 人，高级职称 4 人，中级职称 1 人。多年来共取得省部级以上科研成果 20 余项，其中获国家科技进步二等奖 1 项，省政府科技进步二等奖 1 项、三等奖 2 项，省优秀新产品二等奖 1 项、三等奖 1 项，其他奖项 12 项，获得国家专利 9 项。

黑龙江省造纸工业研究所主要从事造纸工艺、设备、原料及特种纸的研发，特别是农业用特种纸的研发，目前主要产品以甜菜、苗木、蔬菜、玉米、棉花、西瓜等育苗纸及纸筒等 10 余个品种，纸筒生产能力达 400 万册。

法人代表 / 所长：杜春宇
地址：黑龙江省牡丹江市阳明区光华街 17 号
邮编：157013
电话：0453–6332195、6332060（销售）
邮箱：dcy_1104@163.com

中国海诚工程科技股份有限公司

中国海诚工程科技股份有限公司（以下简称“中国海诚”）是我国第一家专业工程设计服务业上市公司，也是为我国轻工行业工程领域提供全过程服务的大型综合性工程公司之一。中国海诚是由 20 世纪 50 年代先后成立的原国家轻工业部 8 家部属设计院，经整体改制后于 2002 年成立。公司控股股东为世界 500 强企业中国保利集团旗下的中国轻工集团有限公司，是保利集团旗下六大上市平台之一。

中国海诚总部设于上海，在北京、上海、广州、长沙、武汉等全国重点城市区域拥有 12 家全资子公司。依托近 70 年的深厚底蕴与发展创新，中国海诚在工程全过程服务领域积累了丰富的技术实力与管理经验。通过持续延伸全产业链，致力于为客户提供从咨询设计、采购研发到施工安装、开车培训、项目运维等全流程一站式智慧工程服务。业务范围遍布全国各地及全球 60 多个国家和地区。

服务领域涉及制浆造纸、食品发酵、精细化工、烟草、民用公建等传统行业以及节能环保、生物医药、主题乐园、现代物流、绿色建筑等新兴产业。职工总数4905人，国家级设计大师8名，轻工行业设计大师30名，享受国务院特殊津贴专家64名，公司总部教授级高工116名，高级工程师221名，各类注册工程师408名，研发人员154名（在沪单位）。

中国海诚持有住房和城乡建设部颁发的轻纺、建筑、化工、机械、电子通信广电、农林、商物粮、环境等行业的甲级工程设计资质证书，可从事资质证书许可范围内相应的建设工程总承包业务，同时持有国家发展改革委颁发的轻工、建筑、化工等行业的甲级工程咨询资质证书，还持有a、d类压力容器设计许可证、gb、gc、gd类压力管道设计证书、甲级工程造价咨询单位资质证书、城市规划编制乙级资格证书。公司经国家商务部批准，具有对外承包工程经营资格。中国海诚是上海市建委认定的国外及港澳台地区设计公司的合作顾问方，被世界银行认定具有资格担任世界银行贷款项目的咨询单位。

中国海诚自1997年起推行ISO 9001质量标准，1998年获得了质量管理体系认证证书。近年来，中国海诚在推进工程总承包业务同时，又进一步建立了环境和职业健康安全管理体系，并在2008年获得了环境和职业健康安全管理体系认证证书（ehs）。

中国海诚的技术管理和工程设计实行计算机网络化，并配备覆盖各专业的软件操作平台和包括3D设计等先进的专业软件，以及与开展业务相适应的现代化视频、VPN、无线接入等技术装备和通信手段。中国海诚自1953年至今，承担了数以万计的工程设计项目。其中，国内工程9800余项，外商投资项目1600余项，海外工程近百项；非标设备设计8500余台套。

中国海诚致力于设计和建造优质精品工程，累计荣获国家、部、省（市）级各类奖项800余项，其中国家级奖项79余项，拥有专利90余项（发明专利40项），开发登记计算机软件著作多项。在国家统计局编撰的《共和国之最》中，中国海诚前身中国轻工业上海设计院被列为“获国家优秀设计项目最多的设计院”。中国海诚被认定为“国家高新技术企业”“科改示范企业”、相继荣获“2008年度上海市建设工程质量先进企业”和“2009年度上海市勘察设计质量诚信企业”，2013年获得“全国工程勘察设计先进企业”荣誉称号，并连续12届蝉联上海市“文明单位”称号，2015—2020年连续两次荣膺“全国文明单位”。

中国海诚自1992年以来，连年被国家建设部、国家统计局评为中国勘察设计综合实力百强单位。自2004年起，连续18年被美国《工程新闻记录》（enr）与中国《建筑时报》评为“中国勘察设计企业60强”。

董事长：赵国昂

地址：上海市宝庆路21号

邮编：200031

电话：021-64370093

传真：021-64334045

邮箱：info@haisum.com

中国林业科学研究院
林产化学工业研究所

中国林业科学研究院林产化学工业研究所（简称“林化所”），于1960年7月2日成立，是国家林业和草原局直属副司局级科研事业单位，坐落于南京市锁金五村16号。主要研究领域包括生物质能源、生物质化学品、生物质新材料、林源活性成分利用、木材制浆造纸为主的林纸一体化、松脂化学利用与深加工、活性炭化学与工程、植物单宁及森林资源化学利用、林产化学工程设备研究设计等学科方向，是集基础理论、应用技术、新产品开发和工程设计为一体的综合性科学研究机构。设有林产化学加工工程博士点，林产化学加工工程、应用化学、制浆造纸工程等学科硕士点和林业工程博士后流动站。1979年开始招收研究生，已培养博士172名、硕士378名，博士后26名，他们大多数已经成为林产化工、制浆造纸等行业的科技骨干。

60多年来，共承担国家、部、省级课题1071项，成果鉴定（验收）727项，其中获得国家级奖励25项，省部级奖励94项；专利授权798项；成果推广到全国27个省市地区300多家企业；共承担国际合作项目65项，与国际上30多个国家60多个机构建立了技术交流与合作联系，中外专家互访频繁。

法人代表：周永红

地址：江苏省南京市玄武区锁金五村16号

邮编：210042

电话：025-85482401、85482666

传真：025-85413445、85482620

邮箱：admin@icifp.cn

浙江鹏辰造纸研究所有限公司
（浙江省造纸研究所）

浙江鹏辰造纸研究所有限公司（浙江省造纸研究

所）是我国特种功能纸科研、生产基地，装备了国际先进的湿法无纺布生产线和干法造纸生产线，建有特种纸省级高新技术研究开发中心。公司（所）拥有完整的试验设备和测试仪器，具有极强的自主研发和产业化生产能力。

公司（所）坚持以市场为导向，以高新技术为依托，以完善的质量管理体系为保证，集科、工、贸为一体，具备人才、技术、资金及市场等强大优势，已完成省部级以上科研成果 132 项，包括国家科技攻关项目 6 项，其中获省部级科技进步奖 26 项，国家级新产品 8 项，国家发明专利 16 项。公司（所）十分注重科研成果的延伸以及产品系列化与深加工开发。主导产品有电池隔膜系列、特种过滤纸系列、擦拭纸系列、高低温隔热材料系列、高性能结构材料系列、医疗卫生用纸等特种功能纸。科研成果与产品广泛用于各领域，为国家“高新工程”提供了优质的关键配套材料。

公司全体员工本着“敬业、诚信、创新、实效”的企业精神，以“技术创新，质量一流，强化管理，用户至上”的质量方针，竭诚为顾客服务，实现共同发展，共创美好未来。

董事长 / 所长：郑鹏遵

地址：浙江省杭州市萧山经济技术开发区启迪路 198 号 C501-4 室

邮编：311215

电话：0571-88171757/0639

传真：0571-88173026

轻工业杭州机电设计研究院有限公司

轻工业杭州机电设计研究院有限公司是国家高新技术企业，获得浙江省企业高新技术研究开发中心认定。获得浙江省企业研究院，浙江省专精特新中小企业认定，“浙江省创新型中小企业”、“浙江省科技型中小企业”认定并连续两年获批成为制浆和造纸专用设备领域企业“领跑者”评估机构，专业从事制浆造纸装备设计开发研制的国家级重点设计研究单位，同时具备制浆造纸工程设计、设备研发和配套电气控制系统研制能力。

公司拥有“制浆造纸国家工程实验室”和工业和信息化部“工业（轻工机械）产品质量控制和技术评价实验室”、“国家中小企业公共服务示范平台”等三个国家实验室和技术服务平台。中国造纸学会机械设备专业委员会、全国轻工机械标准化中心和标准化技术委员会、全国食品加工机械标准化技术委员会、国家轻工业造纸食品日用化工塑料机械质量监督检测中心、《轻工机械》杂志社、中国罐头工业创新设计中心、浙江省产品质量鉴定组织单位等行业机构均设在该院。拥有对外承包工程经营资质、工程设计甲级资质、工程咨询单位甲级资信、建筑设计乙级资质，固定式压力容器规则设计（A1、A2、A3 和 D）资质证书，公用管道（GB1、GB2）设计资质、工业管道（GC1、GC2）设计资质证书。通过了 ISO 9001 质量管理体系、ISO 14001 环境管理体系、OHSAS 18001 职业健康安全管理体系认证。

“十一五”以来，承担和完成科技部“十一五”科技支撑项目 7 项，科技部“十二五”科技计划课题 1 项，科技部科研院所专项资金项目 14 项和科技部“十三五”国家重点研发计划项目 3 项，浙江省公益技术应用研究计划项目 1 项，浙江省重大科技专项项目 2 项，浙江省优先主题农业加工项目 1 项。获得各种奖励 200 余项，申请中国专利 91 件，授权 57 件，制修订国家标准 5 项，行业标准 56 项。共完成设备研究设计项目 1000 余项，工程咨询项目 200 余项，工程设计项目 300 余项，产品生产 3000 余台（套）。

目前在职职工 168 人，其中教授级高级工程师 19 人，高级工程师 51 人，中级及初级技术人员 75 人，享受国务院特殊津贴专家 2 人。拥有一大批中高级工程技术人员，长期从事专业的研究设计，为企业提供从试验、研究、设备开发设计、工程咨询、项目管理服务、技术服务、工程设计、设备成套到项目总承包等全方位的服务。

主要提供：农林废弃物综合利用及生物质精炼预处理技术；特种纤维连续蒸煮关键装备及系统集成；高效节能置换蒸煮关键设备及自动控制系统；中（高）浓绿色漂白工艺关键装备技术；新型双辊挤浆机，新型节能碎浆机，湿浆板系统；特种纸设备关键技术和成套技术（对位芳纶纸、工业滤纸、玻纤纸、电池隔膜纸、茶叶滤纸、绝缘纸及纸板等）；伸性装置（水泥袋纸、电线电缆纸等）；各类涂布机（热敏纸、无碳复写纸、不干胶标签纸、美纹纸等），以及生产线工程设计、专业设备及自控系统研制、成套设备供货和工程总承包等。

法人代表：于　宏

地址：浙江省杭州市余杭区高教路 970 号

邮编：311121

电话：0571-85186716

传真：0571-85186432

邮箱：hzjdy@hmei.com.cn

山东省造纸工业研究设计院

山东省造纸工业研究设计院（以下简称“设计院”）始建于 1978 年 11 月，现为山东省国有资产投资控股有限公司委托管理企业，是山东省唯一的省级造纸专业研究设计机构。

设计院在改革开放的春风中孕育，伴随中国造纸工业的发展而成长。历经 40 余年的奋斗，已发展成为在国内外制浆造纸行业内具有一定影响力和良好声誉的机构，下设科学研究中心、检验检测中心、设计咨询中心仪器计量中心四大技术部门，业务涵盖技术与产品研发、中试试验、产业孵化、第三方检测检验、工程设计、投资咨询、工程总承包、纸张检测仪器检定及校准、检测仪器研发与销售会议展会、国际交流服务等。设计院与中国造纸协会共同主办协会会刊——《中华纸业》。受山东省国有资产投资控股有限公司委托，管理山东鲁纸技术开发有限公司、山东中华纸业传媒有限公司等单位。

科研工作，曾多次荣获省科技进步奖。目前与多家造纸企业及造纸化学助剂等相关企业建立了合作关系，已承担企业委托项目 200 余项，收到了良好的经济效益和社会效益。

设计工作，具有住房城乡建设部颁发的轻纺行业（制浆造纸）工程设计甲级证书和国家发展改革委颁发的轻工工程咨询甲级证书。近年来，完成制浆造纸工程咨询设计项目 600 余项，多次荣获省级优秀勘察设计奖、省级优秀工程咨询成果奖和中国轻工业优秀工程咨询成果奖。

检测工作，主要承担全省纸张产品质量监督检验、第三方评价性检验、产品质量仲裁检验和各单位委托检验。为全省造纸企业提供检测技术服务、质检员培训、新标准宣贯等工作。

鲁纸技术开发公司主要致力于造纸工业新技术、新产品、新设备的开发应用，为造纸行业提升技术水平提供优质服务。

《中华纸业》由创刊于 1979 年的《山东造纸》发展而来，期间经历了《北方造纸》重要阶段，从原技术刊转型定位于“行业综合性”刊，在内容、版面设计、广告策划上都具有自己的独特风格，成为我国造纸行业最有影响力的期刊之一。

放眼未来，该院将抓住我国造纸行业新旧动能转换和“一带一路”国际化发展的时代机遇，坚持制浆造纸主业不动摇，将现有业务资源进一步整合壮大，扩大平台效能，打响“山东纸院”品牌，做强做优做大国有资本，以与时俱进、求真务实和追求卓越的理念为国内外造纸企业及造纸装备等造纸配套行业提供全方位的优质服务。

负责人：刘承奎
技术负责人：张洪成
地址：山东省济南市工业南路 101 号
邮编：250100
电话：0531–88947041
传真：0531–88947041
邮箱：shandongpaper@163.com

中轻建设（安徽）设计工程有限公司（原安徽省轻工业设计院有限公司）

中轻建设（安徽）设计工程有限公司（原安徽省轻工业设计院有限公司）始建于 1979 年，是持有国家甲级工程设计证书、甲级工程咨询证书的综合性设计院，是中国勘察设计协会、中国轻工业工程建设协会会员单位，安徽省家电协会、安徽省酿酒协会、安徽省皮塑协会、合肥市招标投标协会常务理事单位，安徽省工程勘察设计协会、安徽省工程咨询协会理事会会员单位、安徽省北京商会会长单位、安徽省科学家企业家协会理事单位。

公司主要承接城乡规划编制，住宅建筑、公共建筑、旅游养老、文化教育等建筑工程设计及食品发酵烟草、新能源、制浆造纸、家电电子及日用机械、日化及皮革塑料、日用硅酸盐等工业项目设计，压力管道设计、环境工程设计、环境影响评价，并提供工程项目前期立项咨询、可行性研究报告、节能评估、工程管理、工程总承包等服务。

董事长 / 法人代表：李　伟
单位负责人：陈明邦
地址：安徽省合肥市马鞍山南路富城大厦
邮编：230022
电话：0551–62673909
传真：0551–62673755
邮箱：ahlidi@163.com

中国轻工业武汉设计工程有限责任公司

中国轻工业武汉设计工程有限责任公司（简称“中轻武设”，原中国轻工业武汉设计院），始建于 1958 年，是我国成立较早的大型咨询设计单位之一。2002 年 12 月改制重组后，成为国务院国资委管理的中国轻工集团旗下上市公司中国海诚工程科技股份有限公司的全资子公司。2017 年 8 月随中轻集团整体并入中国保利集团。

公司持有国家和地方颁发的各类资质证书。其中，甲级设计资质包括轻工工程、纺织工程、建筑、医药、农林（林产化学工程）、环境工程（水污染防治、固废处理处置）、工程咨询、工程监理等；工程造价咨询企业 3A 信用企业；乙级设计资质包括城市规划、电力、市政、商物粮、风景园林等。除上述资质证书外，还持有对外承包工程经营资格证书；房屋建筑施工、送变电工程、市政公用工程总承包资质；持有压力容器、压力管道设计证书。是集工程总承包、工程咨询、工程设计、工程监理等多功能于一体的知识密集型国有高新技术企业。

公司技术力量雄厚，拥有各类专业技术人员 600 余名，轻工行业设计大师 3 人，国务院和湖北省特殊津贴、突出贡献专家 10 人，正高级工程师级职称 30 余人，中、高级职称 300 余人，各类专业注册资格人员 200 余人。成果遍布全国 30 个省、市、自治区及境外 10 多个国家与地区。改制之后的 10 多年来，共获得国家级、省部级优秀工程设计奖、工程咨询奖、科技进步奖 220 多项；拥有有效专利、专有技术、软著 74 项；制订和参与编制国家、行业和地方标准 11 项；从 2009 年起成为“全国高新技术企业”成员单位。公司还多次被评为省、部级勘察设计先进单位和全国轻工行业先进单位。

公司长期坚持以人为本，充分发挥员工积极性和创造性，一贯注重质量管理和技术创新，建立了完善的质量管理体系，是国内最早通过 ISO 9001 质量体系认证的设计单位之一，并于 2008 年通过环境管理及职业健康安全管理体系认证。雄厚的技术实力为公司的快速发展提供了强大动力。在为客户创造良好经济效益的同时，公司的市场竞争力也得到显著增强。

“科学管理、优质服务、顾客满意、和谐共赢”是公司的宗旨，为社会、为顾客最大化地创造价值是公司的责任。长期以来，公司以优质的产品和诚信的服务，赢得了良好的信誉。公司还连续 9 届被评为湖北省级文明单位和最佳文明单位；连续 12 年被湖北省工商局评为“守合同重信用”企业；连续 3 届被湖北省政府表彰为“守合同重信用企业”；连续 2 届被国家工商总局评为“守合同重信用企业”；荣获“全国轻工行业先进集体”和“湖北省五一劳动奖状”。

公司本着“最佳价值奉献社会，优质服务回报客户，美好生活造福员工”的企业使命，本着对社会对客户高度负责的精神，始终坚持以客户为中心，大力开展技术创新，不断推动技术进步，持续提高产品质量，加速向综合性工程公司转型，出精品、创品牌，为社会做出更大的贡献。

董事长：温国伟

总经理：王　进

地址：湖北省武汉市武昌区首义路 176 号

邮编：430060

电话：027–88071223

传真：027–88041709

邮箱：qgsj@qgsj.com

中国轻工业长沙工程有限公司

中国轻工业长沙工程有限公司（以下简称“CEC”）前身是创建于 1952 年的原轻工部规划设计院，1978 年更名为轻工部长沙设计院，是我国成立较早的大型咨询设计单位之一。2002 年 12 月改制重组，正式更名为中国轻工业长沙工程有限公司。现成为国务院国资委管理的中国保利集团—中国轻工集团—中国海诚工程科技股份有限公司的全资子公司，公司注册资金为 5000 万元。

CEC 主营业务为工程咨询设计、工程总承包、工程监理和全过程工程咨询，服务于制浆造纸、新材料新能源、能源环保、制盐及盐化工、家用电器、食品、建筑、市政等行业领域。持有国家主管部门颁发的轻纺、化工、建材、市政、农林、建筑、环境工程（水污染防治工程、固体废物处理处置工程）甲级工程设计证书和与之相对应的甲级工程总承包资格、甲级工程咨询资格证书、甲级工程造价咨询单位资质证书；持有电力（火力发电、新能源发电、变电、送电）、机械、商物粮、风景园林行业乙级设计资质证书，城市规划编制乙级资格证书，压力容器及压力管道设计许可证；持有工程监理综合资质证书；拥有对外贸易经营权、对外承包工程经营资格。通过 GB/T 19001—201 质量管理、GB/T 24001—2016 环境管理及 GB/T 45001—2020/ISO 45001 职业健康安全管理体系认证；拥有 60 余项专利技术，并广泛运用于项目中，2008 年至今被认定为高新技术企业。获批工业和信息化部“水资源”解决方案供应商、获批制浆造纸污水循环回用与超低排放技术湖南省工程研究中心等。

CEC 集聚了大量的优秀人才和技术资源，现有从业人员 1500 余人，享受政府津贴专家 7 人，教授级高级工程师 97 人，高级职称技术人员 254 人，具有国家注册各类个人资质 550 余人次。

从事工程咨询设计 60 余年，完成工程咨询、设计、工程承包、工程监理等项目3000余项，工作业绩遍布全国31个省市自治区以及加拿大、阿尔及利亚、厄立特里亚、突尼斯、约旦、埃及、泰国、缅甸、越南、巴基斯坦、马来西亚、美国、印度、印度尼西亚、白俄罗斯、埃塞俄比亚、南非、委内瑞拉、古巴、乌干达、沙特等国家；CEC在轻工领域的制浆造纸、制盐及盐化工、家用电器等行业，市场占有率和核心竞争力均处于行业前列。

工程总承包业务涵盖了项目投资、选址、规划、技术经济分析、设计、造价、采购、施工、安装、开车等各个方面，凭借先进的工程管理理念、多年的行业经验、优秀的项目团队以及广泛的项目合作伙伴，全程把握项目的实施和控制，以最佳的资源打造优质的工程产品。其中，缅甸YENI制浆造纸项目获第五届优秀工程总承包金钥匙奖，湖南湘丰特种纸业有限公司总承包工程获第五届优秀工程总承包铜钥匙奖及轻工行业第三届优秀工程总承包项目一等奖，福建省青山纸业股份有限公司获第七届优秀工程总承包项目铜钥匙奖，南通经济技术开发区中水回用示范工程获第八届全国优秀工程总承包银钥匙奖及2016年度轻工业优秀工程总承包一等奖，江门星辉造纸有限公司年产30万吨高档白纸板工程获第八届全国优秀工程总承包铜钥匙奖，及2016年度轻工业优秀工程项目管理一等奖。

CEC下属全资子公司——湖南长顺项目管理有限公司是公司服务体系的重要部分，具有住房和城乡建设部工程监理综合资质、公路工程监理甲级资质、国家人防工程监理甲级资质、环境监理甲级资质，是湖南省及轻工领域监理行业的知名品牌企业、全国百强监理企业。

凭借多年的资源积累，与多家国际知名公司均有合作与交流，与业内知名企业建立了战略合作伙伴关系，形成了广泛的产业战略联盟，借助金融机构的融资平台，形成多方合作共赢的格局。CEC现已发展成为集工程咨询、设计、造价、监理、项目管理和工程总承包、全过程工程咨询于一体、为工程建设实施全方位、全过程服务的科技服务型企业。

奉行“诚信、严谨、创新、高效”的理念，坚持以顾客满意为中心、以环境友好为己任、以安全健康为基点的价值观，坚持以打造国际知名的服务品牌为企业目标，一如既往地为国内外顾客提供优质的技术服务和工程产品。

董事长：谢显国

地址：湖南省长沙市雨花区环保科技园新兴路268号

邮编：410114

电话：0731–85770333

传真：0731–85584415

邮箱：office@cecchina.com

湖南省造纸研究所有限公司

湖南省造纸研究所有限公司是经湖南省科技厅认定的集科、工、贸于一体的由省属科研事业单位转制而成的高新技术企业，是湖南省造纸产品质量监督检验授权站、湖南省造纸学会等机构组织挂靠单位。始建于1972年，占地面积3.5公顷，固定资产1200万元。现有员工109人，其中，专业从事研究开发人员36人，本科以上学历28人，中级以上职称32人，高级职称6人。

多来年，公司先后完成了国家、部级科技攻关项目80余项，其中，27项获国家、部、省等各级科研成果技术奖，已有30多项科研成果转化为生产力。公司现有3条特种纸生产线和纸包装箱生产线，年生产特种纸在5000吨以上，纸包装箱250万米^2。特种纸生产线包括2条特种工业用纸生产线，年生产量3000吨，主要生产高强纱管封面纸、各类纤维板表层纸等。产品占国内市场较大份额。1条涂布纸生产线，年生产量可达2500吨，所产彩喷纸、高光数码相纸、名片纸等涂布纸，可以替代进口产品。纸包装生产线包括2条本色纸箱生产线和1条彩色纸箱生产线。

公司于2002年通过了ISO 9001—2000质量管理体系认证，本着“创造卓越品质，追求持续满意”的质量方针，建立了持续、稳定、有效的科学管理体系，产品质量达到了国际先进水平。近几年来，公司紧跟市场需求，发展更加迅猛，致力于文化创新、科技创新、管理创新，积极培育和提升核心竞争力，形成了以市场带动科研、以科研促进生产、以生产服务市场的良好循环轨道。

法人代表：周文春

地址：湖南省湘潭市岳塘区建设中路7号

邮编：411104

电话：0731–58523214、58561602

传真：0731–58561602

广东省造纸研究所有限公司

广东省造纸研究所有限公司（以下简称“省造纸所”）创建于1973年，位于广州市新港西路154号，占地面积 7500 米 ^{2}，是广东省唯一的省级造纸研究所，是“广东省高新技术企业”。省造纸所内建设有广东省造纸技术与装备公共实验室、广东省造纸精细化学品工程技术研究中心，并通过了 ISO 9001 质量管理体系认证。拥有一支高素质（包括教授级高工在内）的工程技术人员队伍，全所在职职工 57 人，专业技术人员 25 多人。省造纸所以“打造品牌、开拓创新、持续发展”为宗旨，全体职工团结一致，共同奋斗，创造了优秀的业绩。

经过 40 多年的发展，省造纸所发展呈现出喜人局面，市场销售网络日趋成熟，经济、社会效益和企业知名度不断提高，企业信誉良好。已发展壮大成为业务范围涵盖造纸行业科研、开发、产品检测与鉴定、技术咨询、技术服务、技术培训、技术承包和项目设计，销售造纸原料、造纸仪器等多方面业务，集科研开发、检验检测、生产、销售于一体的多元化科技企业。每年承接省技监局、工商局、海关等政府机构的抽样检测任务。主要产品有 PPE 造纸湿强剂、干强剂、剥离剂、柔软剂，白钢纸、阻燃型绝缘钢纸板、复印纸等，是省内多家大型造纸企业的原料供应商。

省造纸所拥有 1000 多米 ^{2} 的专业试验室，拥有完备的小型试验和中型试验装备，有设备齐全的制浆工艺研究室、造纸实验室、涂布加工纸实验室纸张物理性能实验室、纸张化学性能实验室和无菌实验室等。近年来，该所共承担省级以上科研项目 20 余项，拥有专利技术近 22 项，曾获得省部级奖励 10 余项。目前省造纸所在全国同类造纸科研院所中，科研综合实力排在前 3 名以内。

国家轻工业纸张质量监督检测广州站、广东省质量监督造纸产品检验站（下简称检验站）设在省造纸所内，是政府授权检测机构，检验站成立于1978年，1989 年获得国家质量监督检验检疫总局和广东省质量技术监督局的认证和审查认可，其后多次通过了复评审，被授权具有造纸和包装产品 159 个品种及物理、化学、光学性能等 52 个参数的检验资格，检验设施完善，设备先进，拥有华南地区检测装备最为先进、实力最强的造纸专业检测室，在国内同类检验站处于领先水平。省造纸所是全国造纸标准化委员会第三分技术委员会主任单位，秘书处设在检验站。检验站致力于做好造纸标准化的推广和宣贯，近年先后主持制定国家标准、行业标准、地方标准 10 多项，2010 年被评为标准化制定突出贡献单位。

和广东省造纸学会合办了《造纸科学与技术》期刊。近年来所内科技人员在国内核心刊物和省级以上刊物上发表论文多篇。

省造纸所科研产业化基地位于增城区中新镇大田工业区内，基地占地面积为 25000 米 ^{2}，已建成了 1800 多米 ^{2} 的造纸助剂生产车间、纸张整饰及涂布加工纸生产车间和特种纸车间，具有年产 7000 吨造纸助剂的能力。自主研发的造纸助剂、冷压自粘胶带纸、阻燃钢纸等科研成果已实现产业转化，经过多年的市场培育，造纸助剂形成的产业规模，助剂年产销量达到 3000 吨，省内外 100 多家造纸及相关企业使用我们的产品。

法人代表：梁伟卓

地址：广东省广州市海珠区新港西路 154 号

邮编：510300

电话：020–34300901

传真：020–34300901

业务电话：020–34300599

邮箱：zaozhisuo@qq.com

中国轻工业南宁设计工程有限公司

中国轻工业南宁设计工程有限公司（以下简称“中轻南宁公司”）创建于 1974 年，前身为轻工业部南宁设计院、中国轻工业南宁设计院。2002 年 12 月改制成为由国务院国资委监管的中央企业——中国轻工集团公司下属的科技型企业，2017 年改制重组后，成为保利集公司所属中国轻工集团公司下属科技型企业。2010 年荣获高新技术企业证书。

中轻南宁公司持有国家颁发的工程设计甲级、工程咨询甲级、工程总承包甲级、工程建设监理甲级、工程造价甲级、机电安装工程施工总承包贰级等多项资质证书。建立了严格规范的现代企业管理制度，获得了质量、环境、职业健康安全管理体系认证证书。

40 多年来，中轻南宁公司在专业从事轻工、纺织、民用建筑、制糖、制浆造纸、食品发酵、烟草、林产化工、化工石化医药、商业、现代物流、粮油加工、电子、工业电力、市政环保、自动化等多领域中的工程咨询、工程设计、工程监理和工程总承包等方面创造了优异的业绩。公司建立了完备的工程咨询、设计、监理、项目管理和采购、施工管理、培训、开车试运行、生产管理等工程总承包业务链，能够为业主提供高品质的工程建设全过程服务。

中轻南宁公司专业配套齐全，技术力量雄厚，服务领域宽阔。设立了制糖、制浆造纸、食品、纺织、机械、设备、日用化工、制药、发酵、冷库制冷、建筑、结构、规划、总图运输、给水排水（包括污水处理）、热能动力、电气、自控仪表、采暖通风空调、气体供应、环境保护、园林绿化、技术经济、工程造价、计算机应用、工程管理、法律、国际贸易、外语等 20 多个专业。公司现有员工 500 余人，各类专业技术人员 460 余人。其中，国家级轻工行业设计大师 1 人，享受国务院政府特殊津贴的专家 2 人、教授级高级工程师 46 人、高级工程师 90 人、工程师 165 人。各类国家注册工程师 215 人。

中轻南宁公司凭借先进的技术、优质的服务、良好的信誉和勇于创新的精神，大力开拓国内外市场并获得了丰硕成果，累计完成了工程设计、工程咨询项目 6100 多项，工程监理项目 960 多项和工程总承包项目 70 多项，项目遍及全国各地、东南亚东欧及非洲部分国家。

中轻南宁公司始终坚持技术创新，在多个行业工程建设领域中取得了众多先进的技术成果，获得了 500 多项国家和省部级科技进步奖、科技成果奖和优秀工程咨询、设计、总承包奖。拥有一批高水平的发明专利、实用新型专利和专有技术，被评为中国优秀勘察设计企业、中国勘察设计行业“创优型”企业。

中轻南宁公司秉承“责任、创新、绿色、专业、包容”的核心价值，“以客户为中心、以创新为动力”的经营理念、“以智慧工程贡献美好生活”的企业使命，不断改进技术和管理，向国内外客户提供规范的工程建设全过程服务，确保客户满意。

法人代表：倪正清

地址：广西壮族自治区南宁市星光大道 42 号（中国轻工业南宁设计院内）

邮编：530031

电话：0771-4800448、4800440

传真：0771-4830802

邮箱：office@cndc-pl.com

重庆造纸工业研究设计院有限责任公司

重庆造纸工业研究设计院有限责任公司是重庆再升科技股份有限公司的全资子公司。始建于 1953 年，是我国制浆造纸工业和轻工军工重要综合性科研和生产基地；是重庆制浆造纸工程中心和重庆市高新技术企业；集产品开发、生产和销售于一体的现代化公司。

公司为国家轻工业纸张质量监督检测重庆站、重庆市造纸产品质量监督检验站和重庆造纸计量站所在地。拥有完备的制浆造纸和特种纸科研及中试手段。拥有大量的科研成果和雄厚的科研实力，拥有一批高素质的管理、科研及生产型人才；拥有健全的现代化管理体系，通过了 ISO 9001—2000 质量管理体系认证以及 IATF16949 汽车体系认证和军工生产许可证等，为玻璃纤维制品生产奠定了优质的基础。

公司在特种功能纸材料方面，特别是在 AGM 隔板、玻璃纤维空气过滤、液体过滤、油气分离过滤、VIP 芯材等方面的研制、生产、技术装备和检测手段方面处于国内领先地位。自 2017 年始，公司全力生产 AGM 隔板，暂将我院建设成为国内最大的 AGM 隔板生产基地。

法人代表：于阳明

地址：重庆市南岸区茶园新区蔷薇路 26 号

邮编：401336

电话：15111985561

传真：023-62489094

邮箱：joneren@cqzzgy.com

中国轻工业成都设计工程有限公司

中国轻工业成都设计工程有限公司（原中国轻工业成都设计院）始建于 1958 年 9 月，2002 年 12 月改制为国有控股公司，中国保利集团公司所属中国轻工集团有限公司所属的上市公司“中国海诚工程科技股份有限公司”（深市代码 002116）的全资子公司，是从事工程咨询、设计、监理、工程总承包的科技服务型企业。公司通过质量、环境、职业健康安全管理体系认证，系“高新技术企业”“四川省重合同守信用企业”“成都市模范单位”和“成都市劳动关系和谐企业”。

公司现有从业人员 370 余人，拥有各类专业人员 350 余人。其中高级职称以上 100 余人，注册建筑、结构、化工、电气、公用设备、城市规划、咨询、环评、监理、造价、建造等各类专业注册资格人员共计 170 余人次，工程类技术人员占从业人员总数的 90% 以上。

公司持有轻纺、建筑、商物粮、电力、环境工程、化工石化医药、市政、农林等行业的工程设计资质证书、工程造价甲级资质证书、工程监理综合资质证书、压力管道设计许可证及工程咨询甲级资信证书。经过 60 余年的发展沉淀，公司已形成包括工程咨询、设计、监理 / 项目管理、工程总承包、全过程咨询在内的工程建设领域完整业务链，能为业主提供优质的全程服务。

公司业务涉及全国20多个省市自治区及境外20多个国家和地区，在制浆造纸、食品、冷链物流、烟草、制糖、白酒酿造、塑料、皮革等领域具有较强的影响力，坚持致力于工业企业智能化升级改造，是西南地区轻工行业科技服务龙头企业。

60年来，公司先后承担了国内外工程咨询、工程设计、工程监理和工程总承包项目5000多个，获得各类奖项近200项，其中，广安华蓥竹浆项目以及宜宾天竹竹纤维浆粕项目荣获部优工程咨询一等奖，宜宾纸业股份有限公司整体搬迁技改项目荣获轻工业勘察设计一等奖；缅甸糖厂荣获中国勘察设计协会与中国工程咨询协会的“工程总承包银钥匙奖”；川渝中烟长城雪茄烟厂荣获全国优秀工程咨询成果一等奖，在“全国勘察设计行业庆祝新中国成立70周年系列推举活动”中被推举为优秀勘察设计项目；甘肃烟草工业有限责任公司天水卷烟厂易地技改项目获飞天金奖；东汽汉旺生产基地灾后异地重建项目、山西昆明烟草有限责任公司“十二五”易地技术改造项目获住房和城乡建设部颁发鲁班奖。

公司奉行“海纳百川，诚信至上，人为根本”的核心价值理念，本着“赋能客户，关爱员工，贡献社会”的企业宗旨，以“专业、专心、专注”的企业精神为海内外客户提供技术先进、经济合理、安全适用的科技服务。

法人代表： 张 青

地址： 四川省成都市少城路9号

邮编： 610015

电话： 028–86638990

传真： 028–86643706

邮箱： qrsj@qrsj.com

中国轻工业西安设计工程有限责任公司

中国轻工业西安设计工程有限责任公司是隶属于中国海诚工程科技股份有限公司的子公司，前身为中国轻工业西安设计院，成立于1958年，2003年改制为有限责任公司，是集工程总承包、工程咨询、工程设计、工程监理、工程项目管理等多种功能为一体的知识密集型、技术密集型国有科技企业。

公司拥有国家颁发的轻纺、建筑工程设计甲级、工程咨询甲级、环境影响评价甲级、工程监理甲级资格证书，以及电力、电子通信、广电、化工、石化、医药、农林、商物粮、市政公用工程、城市规划，劳动安全评价、压力容器、压力管道工程设计资格证书，以及对外经济技术合作、出口企业资格证书和工程招标代理、工程总承包等资质。

公司拥有一支高素质的技术及管理队伍，现有各类工程技术人员200余人，其中享受政府津贴专家2人，国家注册咨询（投资）工程师14人，注册化工工程师20人，注册公用设备工程师8人，注册电气工程师7人，一级注册建筑师7人，注册规划师1人，一级注册结构工程师8人，注册造价师10人，注册监理工程师28人，注册岩土工程师1人，注册环境评价工程师9人，注册会计师2人，注册建造师5人，注册安全工程师11人，注册环保工程师2人，注册机械工程师4人，注册设备监理师1人。拥有专业类别齐全的技术力量，包括制浆造纸、甜菜制糖、食品发酵、生物生化、日用硅酸盐、皮革、化工、农林、机械、物流、纺织、自控仪表、建筑结构、总图运输、供发电、热力、给排水、环境工程，暖通、空调、制冷、技经分析、工程造价、电子通信等。公司长期从事制浆造纸、食品发酵、甜菜制糖、皮革轻化、农副产品加工、畜牧产品加工、民用建筑及市政公用工程等行业的咨询设计和项目管理服务，积累了丰富的经验，近年来在生物能源、小型火电工程、环境工程、工程总承包和项目管理方面又有了新的开拓和发展，能为业主提供各类项目服务。

60多年来，公司完成了3000余项轻纺、化工、电力、医药、市政、环保和民用建筑大中型工程项目，业务遍及全国30多个省、自治区、直辖市和越南、泰国、马来西亚、巴基斯坦、叙利亚、苏丹、白俄罗斯、土库曼斯坦等国家和地区。荣获国家、省、行业各类奖励60余项，为国内外轻纺及相关行业的发展做出了重要贡献。

公司具备健全的组织机构，完善的技术、经营、生产、财务管理制度，2000年通过了GB/T 19001—ISO 9001质量管理体系认证，2010年通过GB/T 24001—2004环境管理体系认证，GB/T 28001—2001职业健康安全管理体系认证，在生产及管理方面实现了电子化、网络化、信息化。

公司坚持“持续改进质量、环境、职业健康安全管理体系，满足建设工程服务要求”的管理方针，热忱为国内外客户提供工程建设全方位、全过程的优质服务。

法人代表： 赵小朋

地址： 陕西省西安市碑林区东大街8号商联大厦4楼

邮编： 710048

电话： 029–82487813

传真：029-82487815

邮箱：hey@haisum-xa.com

甘肃省轻工研究院有限责任公司

甘肃省轻工研究院有限责任公司（原甘肃省轻工业科学研究所，2001 年 9 月改制为甘肃省轻工研究院，）始建于 1959 年，是甘肃省最早成立的以轻工、化工研究开发为主的科研院所。2017 年 12 月，按照省委省政府关于省直部门管理企业脱钩改制的相关要求，甘肃省轻工研究院改制为有限责任公司。目前，甘肃省轻工研究院有限责任公司是集科研开发、技术服务、成果转化、工程咨询、清洁生产审核、节能评估报告编制及审核、第三方节能量审核、产品检验、技术培训为一体的应用开发研究单位，是甘肃省重点科研院所、国家高新技术企业。

多年来，公司秉持“一手抓创新、一手抓成果转化与服务”的发展理念，通过科技创新能力的提升和创新服务体系的建设，不断提高自身的创新发展能力，进一步凝练形成“3+1+1”的创新重点和优势学科，提升公司科技创新能力、成果转化能力、检验检测能力、技术服务能力，满足科技发展需要，为行业企业的技术进步、产业的发展发挥了积极作用。公司的主要业务包括：

食品发酵：围绕西北特色农产品、乳制品及畜产品、食品、生物发酵技术的研发、技术集成与工程化开展科技创新研究。

天然产物萃取分离及中药材开发应用：研究天然产物和中药材的有效成分的提取、技术集成和在大健康产业中的应用开发。

造纸与环境资源：重点开展造纸、农产品深加工领域废渣、废水的处理和综合利用。

检验检测：提升在食品、日化、食品接触材料的检测能力，开展新的检测方法及快速检测的研究。

中试与服务：不断改善中试条件，利用已建成的中小企业公共服务平台提供线上、线下服务，扩大服务范围。

根据产业发展的需求，开发新技术、新产品，做好产学研合作及科技成果的转化。公司拥有农产品深加工、天然产物有效成分提取、食品发酵、生物技术等方面的科研成果和先进技术 260 余项，开发马铃薯和玉米淀粉及变性淀粉、特种葡萄酒、苦荞萌动茶等具有地方特色的新产品 30 余个，研究推广具有甘肃省地方特色的油橄榄、紫苏、当归等天然植物资源有效成分提取分离技术、科研成果和先进工艺技术 50 余项。自主研发 3 个新产品，获国家保健食品注册批复，已转让企业并形成产业化。申请发明专利 10 项，已授权 4 项，均在企业转化。

公司常年为甘肃省及周边省市中小企业提供工程咨询服务。服务范围从轻工扩大到化工、冷链物流、生物医药、清洁生产、节能评估、节能量审核等领域，服务对象从单一企业扩大到产业园区和工业园区。近年完成工程咨询项目 800 余项，帮助企业争取建设资金数亿元，使众多小微企业发展为规模以上企业。公司下属甘肃中轻轻工产品质量检验检测有限责任公司，每年承担着甘肃省质量技术监督局和各级主管部门安排的轻工产品检测任务及企业委托的检测和仲裁工作，并受企业委托，制定企业标准。

近年公司科技成果获得国家级、省部级科技进步奖 3 次；获省优秀工程咨询成果奖 15 次；获得发明专利授权 4 项，帮助企业申请并获得发明专利授权 3 项；获国家科技部“技术市场金桥奖”；农副产品深加工创新团队获“甘肃省五一劳动奖状”和“全国工人先锋号”荣誉称号；2016 年获得“中国轻工行业科技创新先进集体”称号，2018 年获得“全国轻工行业先进集体”称号。

公司以科技创新与服务平台建设为中心，通过团队培养和能力提升，承担建设了国家级“西北特色农畜产品深加工国家地方联合工程研究中心”“甘肃省检验检测服务平台”“甘肃省特色农产品深加工科技创新服务平台”，甘肃省生物发酵重点实验室、天然产物萃取分离工程技术研究中心等创新平台；培养了甘肃省天然产物提取科技创新团队、甘肃省农产品深加工生物发酵创新团队；建立了“甘肃省中小企业公共服务平台网络省级枢纽平台”“兰州科技大市场分市场”“96871 众创空间”等服务体系，可为中小微企业提供线上与线下、窗口与后台、平台入驻与远程孵化等全方位服务。

在单位管理建设方面，公司按照甘肃省“科技 30 条”的相关要求，进一步解放思想，重新制订和修改完善我院关于科技创新、成果转化、技术服务等相关管理制度和激励机制。主要有《关于发表论文、完成科研成果或获奖、咨询成果获奖、获得发明专利、技术转让等奖励办法》《仪器设备采购及管理制度》《实验室管理及检查制度》《预研基金和青年发展基金管理办法》《关于加快人才培养的若干意见》《科技创新团队建设实施办法》《甘肃省轻工研究院保密制度》《甘肃省轻工研究院网站管理办法》《甘肃省轻工研究院创新之星人才培养实施方案》等 10 多项。

为了进一步提升甘肃省轻工研究院科技创新能

力，持续做好创新与服务工作，在现有基础之上，持续投入，通过进一步完善服务体系架构、创新服务模式、细化服务项目，增强服务功能，提高服务人员水平等措施，推动我院科研开发能力向专业化、协同化方向发展，促进我院科技创新能力迈上新台阶。

董事长 / 法人代表：彭 涛

地址：甘肃省兰州市城关区金昌南路 101 号

邮编：730000

电话：0931–8126511、8123328

传真：0931–8124557

轻工业设计研究院（新疆）控股有限责任公司

轻工业设计研究院（新疆）控股有限责任公司前身为新疆轻工业设计研究院，成立于 1958 年，是新疆唯一从事轻纺工业勘察设计、研究、工程咨询、轻工产品质量监督检验、工程监理、工程总承包和国外承包工程劳务合作经营等业务的综合性勘察、设计、研究单位。2001 年 3 月完成了企业化转制。现有专业技术人员 122 人，其中高级职称以上 50 多人，国家一、二级注册建筑师 14 人，国家一级注册结构工程师 5 人，国家注册监理工程师 25 人，注册造价工程师 5 人，其他注册工程师 30 余人。

公司在 2000 年 10 月通过“工程咨询、工程设计（含设备设计）”ISO 9001 和“工程建设监理”ISO 9002 标准质量体系认证。2003 年通过了换版认证。公司全力推广 CAD 技术，是新疆 CAD 应用先进单位，微机装备达到先进水平，拥有先进的计算机局域网络，CAD 出图率达到 100%。被科技部授予“全国CAD 应用工程示范企业”，并获得“自治区 CAD 应用先进单位”、“自治区勘察设计行业 CAD 软件正版化示范单位”称号，获“自治区级文明单位”称号，2007年取得首批“新疆勘察设计行业诚信单位”称号。

公司拥有轻纺、建筑、商物粮行业工程设计，工程咨询，房屋建筑工程监理、设备安装工程监理甲级资质；化工石化医药、农林、市政公用工程、电力行业工程设计乙级资质；压力管道 GB 类（GB2 级）、GC 类（GC2 级）设计资质；工程勘察、城市规划编制咨询、工程总承包乙级资质；国外承包工程劳务合作经营许可证及进出口企业资格证书。所从事的轻工行业工程有：甜菜制糖、食品、发酵、啤酒、麦芽、果酒、白酒、饮料、乳制品、味精、各类罐头、制浆造纸、毛革毛皮及其制品、塑料制品及节水灌溉设施、农副产品加工、制盐及盐化工、日用化工、日用硅酸盐等。

近年来获得国家级、部级及自治区级和市级各种优秀设计、咨询、勘察奖项数 10 项。其中，年产 2 万吨农用节水滴灌材料项目获“2004 年国家优秀设计金奖”、自治区“第十二届优秀工程设计一等奖”，国家康居示范工程华美 · 文轩家园 2006 年获“国家康居住宅示范工程建筑设计金奖”。拥有国家知识产权局授予的 2 项发明专利、10 项实用新型专利。

董事长 / 法人代表：卢向豹

地址：新疆维吾尔自治区乌鲁木齐市新华北路 8 号红山新世纪大厦 A 座 31 层

邮编：830004

电话：0991–8861777、8862777

传真：0991–2826506

邮箱：8668775@qq.com

中国轻工业广州工程有限公司

中国轻工业广州工程有限公司（以下简称“GDE”）为世界 500 强中国保利下属中轻集团所属上市公司中国海诚（股票代码 002116）全资子公司，是一家拥有大批优秀专业人才和技术资源，集工程设计、工程咨询、工程总承包、项目管理和工程监理为一体的、可为工程建设提供全过程综合服务的科技型高新技术企业。

GDE 自 1953 年成立至今已有 70 多年，伴随国家机构的改革和自身发展，先后更名为“中央人民政府轻工业部轻工业管理局设计工程公司”“食品工业部广州制糖工业设计院”“第一轻工业部广州轻工业设计院”“轻工业部广州轻工业设计院”“轻工业部广州设计院”“中国轻工业广州设计院”“中国轻工业广州设计工程有限公司”。

GDE 持有工程设计、工程咨询、工程总承包、工程监理甲级证书；城市规划、压力容器、压力管道等专项设计证书；质量、环境、职业健康和安全管理体系认证证书；建筑业施工总包和对外经营权。现有工程技术人员 700 多人，拥有国家级设计大师 6 人、教授级高级工程师 50 多人，高级工程师近 200 人，以及大批经验丰富的国家注册建筑师、规划师、结构师、化工师、造价师、建造师、监理工程师和各类专业工程师，专业配套齐全，技术力量雄厚，在清华科技园广州创新基地拥有 1.4 万米 ^{2} 建筑面积的 3 栋办公大楼。

GDE 长期从事国内外各类工业及民用建设项目业务，主要从事的行业包括有生物发酵、制糖、新能源与环保工程、民用建筑、食品饮料、商粮、医药、化工、家电、电子、建材、制浆造纸、机械设备、市政工程、室内装饰、小区规划等，并随着世界经济的发展不断开拓新业务。

GDE 自成立迄今完成的大中型工程项目已超过了 8000 余项，其中包括有大批外资工程和中外合资工程，并先后完成了 50 多个国家的 100 余项境外工程，在工程领域取得了丰硕的成果，获得了国家级或部级、省级优秀工程设计奖、优秀工程项目管理奖或优秀科研奖、优秀业务建设奖的项目 1000 余项、并代表国家轻工行业主编《甘蔗糖厂设计手册》《甘蔗糖厂设计规范》《啤酒厂设计规范》《麦芽厂设计规范》《酒精厂设计规范》《啤酒工业手册（下册）》等设计规范和设计手册共 8 项。

GDE 将一如既往地贯彻执行“技术先进、质量优良；预防污染、安全健康；持续改进、顾客满意”的管理方针，以一流的专业水准和良好的职业道德，为国内外客户提供优质服务。

董事长 / 法人代表：罗　军

地址：广东省广州市番禺区创启路 63 号清华科技园 A9 号楼

邮编：511447

电话：020–81326513

传真：020–81325759

邮箱：gzgs@gdecn.com

（曹凯月）

国内高校制浆造纸研究机构简介

Introduction to Pulping and Papermaking Research Institutions of Domestic Universities

江南大学造纸技术研发中心

江南大学造纸技术研发中心成立于2003年12月，具有制浆造纸工程硕士、博士学位点及博士后流动站。拥有专业教师6名，其中，教授3名，副教授3名，世界100强名校海归博士3名，另外3人也均具有1年以上海外访学经历；博士生导师3名，硕士生导师6名。截至2022年12月底已毕业博士9名，硕士57名，博士后出站9名。目前在校硕士和博士生共27名，在站博士后5名。研发中心自成立以来，主持和承担各类科研项目60余项（其中国家级和省部级科研项目20余项），获得发明专利70余项，在国内外学术刊物上发表学术论文480余篇（其中SCI收录论文110余篇），出版专著8部。荣获国家科技进步二等奖1项、省部级科技进步一等奖1项、二等奖4项、三等奖4项、市局级一等奖10余项。另外，中心教师先后荣获中国造纸学会第五届青年科技奖（2005年度）、江苏省科协“首席专家”、中国造纸学会第七届理事会学会优秀工作者、中国造纸学会特种纸专业委员会“中国特种纸产业技术发展贡献奖”、江苏省“青年骨干教师”“江苏省双创计划”和无锡市社会事业领军人才计划等多项个人荣誉。中心一直积极参与社会科技创新和服务体系建设，推进科技成果产业化，与国内外多家单位建立了全面合作关系，在高性能纤维纸基功能材料、特种纸、造纸和水处理等助剂和生物质综合利用等方面已初步形成了一定的特色。

隶属单位：教育部

法人代表：陈 卫

造纸研发中心主任：龙 柱

造纸研发中心所在学院：江南大学纺织科学与工程学院

地址：江苏省无锡市蠡湖大道1800号

邮编：214122

电话：0510–85912107

手机：13771579993

传真：0510–85912009

邮箱：longzhu@jiangnan.edu.cn

研究生招生：每年招收硕士生7～10名，博士生1～3名，另招收博士后不限。

研究方向：纸基功能材料和特种纸，造纸纺织和水处理等助剂，生物质综合利用。

浙江理工大学制浆造纸研究所

浙江理工大学制浆造纸研究所创建于2003年9月。现有专业教师7人，其中，教授3人、副教授3人，讲师1人，7人都具有博士学位、有4名专业教师有出国留学进修1年以上的经历、有博士生导师2人、硕士生导师6人。研究所2003年9月在“材料加工工程”和“材料物理与材料化学”2个硕士点招收制浆造纸工程和包装材料方向硕士研究生。2004年5月申报成功“轻工技术与工程”领域工程硕士专业学位授权点。2004年9月在“轻化工程”专业中开始招收制浆造纸工程专业方向本科生，在“轻工技术与工程”领域招收制浆造纸工程、包装材料和印刷技术方向工程硕士专业学位研究生。2008年9月起在纺织工程学科博士点招收纺织材料方向博士研究生。

研究所主要研究方向有：植物纤维资源化学加工与生物转化利用，制浆造纸科学技术，制浆造纸化学品与废水处理技术和纸基功能材料和包装印刷材料等。主要在研科研项目有国家重点研发计划政府间专项子课题1项、国家重点研发计划项目子课题1项、国家自然科学基金2项、中国博士后科学基金、浙江省科技厅计划重点项目、浙江省公益技术应用研究计划项目、浙江省环保厅计划项目、浙江省自然科学基金、国家和省部重点实验室基金等国家级、省部级纵向项目 40 余项。

研究所成立以来主要研究成果有：获国家环保部环境科学技术进步二等奖 1 项、获国家科学技术进步二等奖 1 项，在国内外学术期刊和国际会议上发表论文 600 余篇，获国家授权发明专利 50 余件，培养硕士和博士生研究生（含在读）160 余名，参编国家级统编教材 1 本（获国家级精品教材），一名教师获得“浙江理工大学教学名师”称号和香港桑麻基金会桑麻奖。

隶属单位：浙江省教育厅

所在学院：浙江理工大学纺织科学与工程学院

制浆造纸研究所所长：薛国新

地址：浙江省杭州市下沙高教园区西区 2 号大街 928 号浙江理工大学 17 号楼 339 室

邮编：310018

电话：0571-86843263

传真：0571-86843263

邮箱：xueguoxin@126.com

陕西科技大学造纸环保研究所（陕西隆浩环境技术有限公司）

陕西科技大学造纸环保研究所（以下简称“研究所”）成立于 2001 年 5 月，由张安龙教授担任所长。研究所的前身是 1988 年成立的西北轻工业学院造纸环保研究室。2005 年 5 月，为便于研究所的科技成果转化及产业化推广应用，经学校批准，研究所改制为法人单位。目前研究所设有技术开发部、装备制造部和技术咨询服务部。研究所现有工程技术人员 35 人，其中教授、高级工程师 9 人，工程师 15 人。团队成员大部分具有造纸和环保双学历，研究所聘请加拿大 UNB 大学倪永浩教授（加拿大工程院院士）担任技术顾问。研究所的业务范围包括市政污水及工业废水处理工程设计、技术咨询、BOT 及 EPC 项目、环保设备制造与安装调试、水处理药剂研发及销售、工程调试及运营管理等。

2013 年研究所获批为陕西省技术转移示范机构，2015 年获批为陕西省研究生联合培养示范工作站，2019 年研究所与陕西科技大学环境科学工程学院联合申报中国轻工业联合会，获批成立了中国轻工业水污染控制工程技术研究中心。

研究所依托陕西科技大学雄厚的科研实力和广泛的国际交流与合作渠道，并联合西安工程大学刘永红教授团队，西安交通大学贺延龄教授团队，在借鉴和吸收国内外环保领域先进技术的基础上，致力于工业及市政领域污染治理新技术的研究开发，以及科技成果的市场化、产业化、规模化。研究所已获 20 多项国家专利，并将专利技术转化应用到工程实际中。其中供气式低压射流曝气好氧生物处理技术及装备专利已在造纸、食品、化工等多个行业的废水处理及市政污水处理的 200 多个工程中得到应用；高速厌氧反应器技术及装备（专利号：ZL 2014 2 0050344.9），已在全国 40 多个造纸、果汁、淀粉废水处理中得到应用，并推广应用到伊朗赞詹省的造纸废水处理工程项目；Fenton 流化床深度处理技术（专利号：ZL 2013 2 0281998.8，ZL 2016 2 1194316.X，ZL 2021 2 0405652.9）可满足更严格的环保排放要求。该技术药剂消耗量少，运行成本低，已在 30 多个实际工程中得到了成功应用；针对提高工业有机废水生化系统微生物活性而研发的生物促生剂，在工业废水生化处理系统中得到成功应用。目前，造纸环保研究所已完成包括造纸废水、食品加工废水、化工废水及市政污水等 240 多项废水处理工程项目，项目覆盖全国 26 个省、市、自治区，并扩展到伊朗、马来西亚、菲律宾、沙特等海外市场。

研究所先后承担国家、陕西省及地方多项废水处理技术研究重点科技攻关项目，项目均通过了相关机构的鉴定和验收，成果达到国际先进水平。研究及转化成果先后获得 2019 年福建省科学技术奖一等奖，2015 年、2019 年中国轻工业联合会科技进步奖二等奖，2015 年陕西省科学技术奖二等奖，2018 年咸阳市科学技术奖一等奖，2014 年陕西高等学校科学技术奖一等奖等奖励。

造纸环保研究所作为专业的高技术生态环保技术、装备及服务提供机构，将始终不渝地坚持以先进适用的技术和装备为支撑，在专业技术团队的共同努力下，致力于生态环境污染治理和保护，让环保扎根现在，用绿色昭示未来。

隶属单位：陕西科技大学

所长：张安龙

手机：13991006901

邮箱：anlongzh63@163.com

副所长：程丙军

手机：18009218993

邮箱：chengabing@126.com

总工程师：罗　清

手机：13636738539

邮箱：luoqing@sust.edu.cn

造纸研发中心所在学院：陕西科技大学轻工学院 201 实验室、环境学院 302 实验室

地址：陕西省西安市经济技术开发区凤城十二路凯瑞 B 座 704–705

邮编：710021

电话：029–89600026

传真：029–89600026

邮箱：susthbs@126.com

研究生招生情况：作为陕西省研究生联合培养示范工作站单位，每年与陕西科技大学联合培养 1～2 名博士研究生和 4～6 名硕士研究生。

研究方向：有机工业废水处理及废弃物污染控制技术。

湖北工业大学制浆造纸研究院

湖北工业大学制浆造纸研究院成立于 2016 年，为湖北工业大学直属科研实体。研究院目前拥有专职和兼职科研人员共 22 人，其中，教授 4 人、副教授 6 人、湖北省“楚天学者”特聘教授 1 名、湖北省有突出贡献中青年专家 1 名、享受国务院特殊津贴专家 1 名。实验仪器设备总值 1200 余万元，实验室面积 1200 米^2。

近 5 年来，研究院先后承担国家自然科学基金项目 7 项，省部级项目 30 项，企事业单位委托科研项目 80 项，其中，获省部级奖 5 项，国家发明专利 29 项，发表学术论文 450 多篇，其中有近 160 篇被三大索引收录。

制浆造纸研究院针对造纸行业的资源、环境以及产业升级等问题，在纤维原料的开发、绿色制浆新技术与污染控制、特种纸及纤维复合材料等领域进行了较深入的研究。立足于造纸工业纤维原料的可持续供给的要求，在速生制浆材的选育、化学成分特点、纤维素、半纤维素、木素等主要成分的结构和综合利用等方面做了大量的工作。主要研究高得率制浆等新型制浆工艺、污染控制技术及关键设备。近年来，在新型造纸法烟草薄片、装饰原纸、无甲醛纤维板、木素基聚氨酯保温材料等产品的研发方面做了大量的研究工作。

研究生招生情况：研究院十分注重高层次人才培养，每年招收 10～15 名研究生。其中博士研究生 2 名。近年来，国际交流也十分活跃，与日本名古屋大学、京都大学、美国佐治亚理工学院等院校建立了紧密的合作关系。

主要研究方向：植物纤维资源化学、绿色制浆技术与污染控制、特种纸及纸基复合材料。

隶属单位：湖北工业大学

院长：谢益民

地址：湖北省武汉市洪山区南李路 28 号

邮编：430068

电话：027–59750459

传真：027–59750459

邮箱：ppymxie@163.com

郑州大学制浆造纸研究所［造纸技术（河南）服务公司］

郑州大学制浆造纸研究所成立于 2003 年 6 月，是郑州大学校级科研机构，其职能主要是面向制浆造纸企业，进行全方位的产学研结合和技术服务，并将科研成果实施产业转化。

郑州大学制浆造纸研究所拥有一支高素质的科研开发队伍，现有人员 16 人，其中，特聘教授 1 名、教授 5 人、副教授和高级工程师 6 人、工程师 3 人。现有喷爆制浆、无氯漂白、特种纸等技术。郑州大学与美国、芬兰、俄罗斯、加拿大、日本、澳大利亚、韩国、中国台湾等国家和地区的 80 所知名高校建立了校际合作关系。2008 年 6 月引进外资与技术联合成立“造纸技术（河南）服务公司”，立足河南省面向全国对制浆造纸企业提供技术服务。

郑州大学制浆造纸研究所［造纸技术（河南）服务公司］为企业提供如下便利服务。

（1）项目建议书、可研报告的编写，项目论证、工程咨询、工厂设计、专利申报等。

（2）清洁生产、节能减排、环境评价方案的制定等。

（3）“四新”（新产品、新技术、新设备、新工艺）技术的鉴定和推广等。

（4）名牌（河南、中国）产品的推荐工作等。

（5）国际 ISO 9000、ISO 14000、ISO 18000（质量、环境、安全）咨询认证等。

（6）为企业提供免费法律咨询服务、律师聘请等。

法人代表：王三保

单位负责人：李尚武

地址：河南省郑州市文化路 97 号

邮编：450002

电话：0371–63386906

传真：0371–63886906

邮箱：hnszzxh@126.com

华南理工大学造纸与污染控制国家工程研究中心（广东华南理工大学造纸工程研究中心有限公司）

造纸与污染控制国家工程研究中心（简称“中心”）是国家发展改革委于 1996 年 3 月批准，以华南理工大学为依托单位建立的国内造纸行业唯一的国家级工程研究中心。

中心集成全国以及国际先进科技力量，融合制浆造纸工程、材料科学与工程、化学与化工、机械装备、人工智能等多学科优势，建设包括从中国造纸原材料、工艺及装备至先进纸基材料及可应用验证的全链条、全要素技术创新体系。中心致力于为关键造纸原材料自主可控提供全面的技术方案，在核心工艺和装备方面努力实现高水平自强自立，在先进纸基材料和器件卡脖子难题方面形成强大的集成攻关能力。

中心现有科技人员达到 200 人，其中有中国工程院院士 1 名、美国工程院院士 1 名、俄罗斯工程院外籍院士 1 名、国家专项津贴获得者 3 名、教育部青年长江学者 1 名、教育部新世纪优秀人才 4 名、海外高层次人才项目 – 青年项目入选者 6 名、万人计划科技创新领军人才 2 名。

中心仪器设备资产超 3 亿元，实验室面积超 3 万米^2，将建成世界一流的纸基材料创新中心和人才培养高地。正在建设的研发平台有：防伪基材用特色植物纤维制备中试系统、传动用摩擦材料研制系统、纸基电子材料成形系统、先进纸基材料压光系统、高频基板材料加工测试平台、多孔材料过滤与分离性能测试平台、吸波材料电磁性能测试平台、耐高温纸基复合材料高低温力学性能测试平台、纸基材料摩擦磨损性能测试平台、碳碳复合纸基材料性能分析平台及综合电镜分析平台等工程化验证与性能分析等综合与系统的测试及实验平台，可形成纸基材料的分子水平测试、微纳尺度解析和理化性能评价与应用验证的综合能力。

中心发挥华南理工大学多学科和传统工科优势；高度凝练国家战略需求和行业关键共性技术；与中车、中钞、中航、航天科技、解放军防化院、中船等相关具体单位已建立战略合作或者建立联合实验室；并正与航天科工、中核、中国电科、玉柴集团、中国商飞、北方车辆所、中国海诚、杭州机电研究院等紧密合作；并积极拓展与德国福伊特、芬兰维美德、日本丸红、日本相川、奥地利安德利兹等国际一流企业深度合作，引进并集成国际上最先进的工艺和装备技术；建设科技创新、人才培养两位一体的新型有组织科研模式。同时，中心利用自身软硬件资源，建设纸张物理检测实验室、高性能纤维纸基材料技术标准和体系、纸基材料工程化试验、工程化试验数据采集分析系统与数字化仿真技术等检测和中试平台，形成了“配方验证、工艺优化、设备适用性验证、工艺包设计、交钥匙工程服务”的一条龙产业行业技术服务新体系。

研究生招生情况：每年招收硕士、博士研究生和博士后 40 多人。

主要研究方向：新型防伪基材、特种浆纸制备及应用技术、竹浆纸一体化、先进磨浆及特种成形技术、制浆造纸生物技术、造纸纤维数据库、古纸技术与古纸基因库、碳蜂窝、高性能间位芳纶纤维等。

依托单位：华南理工大学

主任：胡　健

地址：广东省广州市天河区华南理工大学北区岷山路 1 号

邮编：510640

电话：020–87113840

传真：020–87113840

邮箱：yqshao@scut.edu.cn

广西大学造纸科学研究所

广西大学造纸科学研究所成立于 1997 年，隶属于广西大学，依托教育部“糖业及综合利用”工程研究中心、广西清洁化制浆造纸与污染控制重点实验室、广西清洁化制浆造纸与污染控制人才小高地、广西印刷包装工程技术中心等科研平台，其职能主要是面向企业，进行全方位的“产、学、研”合作，并将高等院校的科研成果实施产业化。经过 20 多年的建设发展，目前研究所已初具规模，并逐渐形成了自己的特色。已成为广西壮族自治区制浆造纸、轻工环保等行业的主要研究单位，在国内同行业中具有较高的影响力。研究所拥有一支高素质的科研开发队伍，现有研究人员 31 人，其中，教授 8 人，副教授 14 人，拥有博士学位 31 人，留学回国人员 20 人，形成了结构较为合理的人才梯队。

研究所依托广西大学轻工与食品工程学院，拥有良好的基础设施和实验设备条件，其中，中试车间拥有小型制浆造纸生产线、工业有机废水厌氧及好氧中试线。实验室拥有液相色谱仪、离子色谱仪、电感耦合等离子体发射光谱仪、500MHz 核磁共振仪、顶空气相色谱质谱联用仪、红外光谱仪、紫外光谱仪、流动分析仪、FS300 纤维测定仪、Zeta 电位仪、PFI 磨浆机、TAPPI 标准纸页成形器、包装材料透气性测试仪、包装振动实验机等大型仪器。还拥有 ISO 标准恒温恒湿纸张检测室，配备有 L&W 抗张度仪、TMI 撕裂度仪、TMI 耐破度仪、PPS 表面粗糙度仪、IGT 拉毛强度仪等纸张性能测试设备。近年来，实验室不仅满足教师及学生的科研要求，还逐步办成了开放实验室，积极为企业提供分析检测服务，大大促进了企校之间的合作与交流。

近年来，研究所先后负责承担国家 863 计划重大项目 1 项，国家 973 计划项目 1 项，国家科技攻关项目 1 项，国家自然基金 23 项，广西重大专项 1 项，取得了多项科研成果实现产业化。先后获得国家技术发明二等奖 1 项、国家科技进步二等奖 1 项、广西特别贡献奖项、何梁何利科技创新奖 1 项、教育部技术发明一等奖 2 项、教育部科技进步一等奖 1 项，以及其他省部级科技奖励 8 项。大型二氧化氯制备技术及关键装备打破了我国造纸企业大型二氧化氯生产系统均为国外成套进口的现状，提高纸浆漂白过程的清洁化程度推动造纸工业产业结构调整，成果已成功应用在 APP 集团印尼 IKPP 浆厂（35 吨 / 日）和 LONTAR 浆厂、海南金海浆纸业有限公司（35 吨 / 日）、广西永鑫华糖集团有限公司等国内外 30 多家企业，获 2019 年度国家技术发明二等奖。以高浓有机废水高效厌氧处理、高效异相催化氧化等技术和装备为核心的成果已成功应用于俄罗斯赤塔州阿玛扎尔北极星纸浆工业联合体、白俄罗斯戈梅里州多布鲁斯市劳动英雄造纸厂、缅甸 CTMP 新闻纸厂、玖龙纸业（控股）有限公司、广东理文造纸有限公司、山东博汇集团有限公司等国内外 200 多家企业，获得了 2016 年度国家科技进步二等奖。

所长：王双飞
地址：广西南宁市大学路 100 号
邮编：530004
电话：0771–3237097
传真：0771–3237097
邮箱：cppkl@gxu.edu.cn

（曹凯月）

国内制浆造纸专业教育机构简介

Introduction to Domestic Education Institutions Offering Pulping and Papermaking Courses

北京林业大学

造纸专业所在院系：材料科学与技术学院新能源与造纸系

材料科学与技术学院院长：彭　锋

地址：北京市海淀区清华东路 35 号

邮编：100083

电话：010-62338152、62338358

隶属单位：教育部

专业设置时间：1987 年

专业课程设置：植物纤维化学、制浆原理与工程、造纸原理与工程、制浆机械与设备、高效清洁制浆、造纸助剂、废纸再生利用技术、加工纸、制浆造纸工厂设计、林化概论、专业英语、造纸工业环境污染与控制、造纸专业实验技术、木质素利用技术、生物工程概论、专业课程设计、纸的结构与性能、纸张概论、纸张与包装、纸张与印刷、高分子化学等。

2023 年在校专业学生人数：本科生 76 人，硕士生 72 人，博士生 40 人。

至 2023 年专业毕业生总人数：本科毕业生 13011 人，硕士生 291 人，博士生 99 人。

2023 年毕业生人数：本科生 15 人，硕士 16 人，博士生 11 人。

2022 年专业教师情况：专业教师 24 人，其中，长江学者特聘教授 1 人，青年长江学者 1 人，国家杰出青年 2 人，教授 10 人，副教授 8 人，讲师 4 人。

2023 年招收本科生人数：28 人。

2023 年招收专业硕士生人数：32 人。

2023 年招收硕士生的指导教师：许凤、蒲俊文、樊永明、姚春丽、金小娟、宋先亮、张学铭、李瑞、彭锋、李明飞、曹学飞、孙少妮、游婷婷、许阳蕾、张逊、刘佳。

2023 年招收专业博士生人数：13 人。

2023 年招收博士生的指导教师：许凤、蒲俊文、樊永明、姚春丽、张学铭、宋先亮、彭锋、金小娟、李明飞、孙少妮。

中国制浆造纸研究院有限公司

董事长：孙　波

地址：北京市朝阳区望京启阳路 4 号中轻大厦

邮编：100102

电话：010-64778000

传真：010-64778001

隶属单位：中国轻工集团有限公司

专业设置时间：1982 年

专业课程设置：制浆造纸的生物技术、造纸助剂与湿部化学、纸张结构与性能、制浆化学、制纸科学、非木材造纸、造纸工业环境保护。

2022 年在读专业学生人数：硕士生 8 人。

至 2022 年专业毕业生人数：硕士生 83 人。

2022 年毕业生人数：5 人。

2022 年专业教师情况：专业教师 14 人。

2022 年招收专业硕士生人数：3 人。

2022 年招收硕士生的指导教师：孙波、田超、刘文、刘金刚、苏振华、张红杰、庄金风、陈雪峰、刘群华、苏艳群、陈京环、万莹、朝鲁门。

2023 年招收专业硕士生人数：3 人。

2023 年招收硕士生的指导教师：孙波、田超、刘文、刘金刚、苏振华、张红杰、庄金风、陈雪峰、刘群华、苏艳群、陈京环、毛萃。

天津科技大学

造纸专业所在院系：轻工科学与工程学院

轻工科学与工程学院院长：刘洪斌

地址：天津滨海新区经济技术开发区第十三大街29号

邮编：300457

电话：022-60600868

传真：022-60600868

隶属单位：天津市

专业设置时间：天津科技大学前身为1939年的中央技术专业学校，随后相继与北洋大学、四川化工学院等相关学科合并迁至天津大学。1959年和1971年分两次将造纸专业调至天津轻工业学院。2002年更名为天津科技大学，2019年7月天津科技大学轻工科学与工程学院成立，造纸专业调整至该学院。至今该专业已有84年的历史。

专业课程设置：植物纤维化学、植物纤维化学实验、制浆原理与工程、造纸原理与工程、制浆造纸工艺实验、高分子物理与化学、过程测控、制浆造纸工程设计、仪器分析、环保工程、化工设备、加工纸、废纸再生利用、化工助剂、高得率制浆、浆料流体力学、生物化学导论、制浆造纸清洁生产原理与技术、生物质精炼、制浆造纸导论等。

2023年在校专业学生人数：本科生428人，硕士生245人，博士生26人。

至2023年专业毕业生人数：本科生3579人，专科生496人（包括高等教育自学考试），硕士生570人，博士生113人。

2023年毕业生人数：本科生89人，硕士生34人，博士生4人。

2023年专业教师情况：专业教师共37人，其中，教授9人，副教授18人，讲师10人。

2023年招收本科生人数：108人。

2023年招收专业硕士生人数：92人。

2023年招收硕士生的指导教师：程博闻、侯庆喜、司传领、李群、王高升、刘泽华、惠岚峰、刘洪斌、刘鹏涛、张文晖、刘苇、王冠华、刘海棠、温洋兵、戴林、安兴业、霍丹、刘莹莹、杨硕、焦珑、陶正毅、乌日娜、于孟辉、杨秋林、丁大永、李志强、王汉敏、杨磊鑫、徐婷、倪永浩。

2023年招收专业博士生人数：8人。

2023年招收博士生的指导教师：程博闻、司传领、刘洪斌、刘苇、倪永浩、温洋兵、戴林。

大连工业大学

造纸专业所在院系：轻工与化学工程学院

轻工与化学工程学院院长：王大鸷

地址：辽宁省大连市甘井子区轻工苑1号

邮编：116034

电话：0411-86332086

传真：0411-86323649

隶属单位：辽宁省教育厅

专业设置时间：1959年

专业课程设置：植物纤维化学、制浆原理与工程、造纸原理与工程、制浆造纸仪表与自动化/生物质炼制仪表及自动化、制浆造纸设备/生物质炼制设备、制浆造纸污染控制/生物质炼制污染控制、制浆造纸工厂设计/生物质炼制工厂设计、轻化工工艺实验、热工与节能、文献检索与论文写作、废纸回收工程、造纸化学品、植物纤维资源综合利用、加工纸、高分子概论、纤维素基功能材料、生物质炼制产品与技术等。

2023年在校专业学生人数：本科生355人，硕士生188人。

至2023年专业毕业生总人数：本科生3370人，硕士生427人。

2023年毕业生人数：本科生95人，硕士生62人。

2023年专业教师情况：专业教师和工程技术人员28人，其中，教授9人，副教授（含副研究员和高级工程师）17人，讲师（含工程师）2人。

2023年招收本科生人数：90人。

2023年招收专业硕士生人数：75人。

2023年招收硕士生的指导教师：孙润仓、平清伟、韩颖、牛梅红、石海强、张健、孙广卫、李海明、郭延柱、王海松、李娜、鲁杰、李尧、王兴、肖领平、盛雪茹、程意、陈小红、马纪亮、杜健、陶叶晗（吕艳娜、霍李江、王彩印、焦利勇、姜洋、安庆大、翟尚儒）。

注：括号里面的导师为校内其他专业教师，在轻工技术与工程和生物质能源与材料硕士点招生。

东北林业大学

造纸专业所在院系：材料科学与工程学院

材料科学与工程学院院长：谢延军

地址：黑龙江省哈尔滨市香坊区和兴路26号

邮编：150040

电话：0451-82190394

传真：0451-82191502

隶属单位：教育部

专业设置时间：1987年

专业课程设置：无机化学、分析化学、有机化学、物理化学、轻化工程专业导论、化工原理、植物纤维化学、纤维原料各论、专业英语、制浆原理与工程、造纸原理与工程、湿部化学与助剂、轻工机械与设备、轻工工程设计、纸张加工与纤维材料、专业综合实验、高分子科学基础、生物质纳米复合材料、轻化工材料科学基础、图文传输工程概论、微生物及其新材料、轻化工过程测量与控制、计算机在轻化工中应用、新型纤维分离技术、轻化工创新导论、专业综合技能训练、废弃物资源化利用、环境污染与控制等。

2023 年在校专业学生人数：本科生 170 人，硕士生 43 人，博士生 6 人。

至 2023 年专业毕业生总人数：本科毕业生 1118 人，硕士生 126 人，博士生 23 人。

2023 年毕业生人数：本科生 36 人，硕士生 10 人。

2023 年专业教师情况：专业教师和工程技术人员 15 人，其中，中国工程院院士 1 人（外聘）；教授 4 人，研究员级高级工程师 1 人（外聘），副教授（含副研究员和高级工程师）8 人，讲师 1 人。

2023 年招收本科生人数：58 人。

2023 年招收硕士生人数：11 人。

2023 年招收硕士生的指导教师：刘文波、沈静、金海兰、黄修杰、杨冬梅、兰晓琳。

2023 年招收博士生人数：1 人。

2023 年招收博士生的指导教师：沈静。

齐齐哈尔大学

造纸专业所在院系：轻工与纺织学院

轻工与纺织学院院长：郑永杰

地址：黑龙江省齐齐哈尔市文化大街 42 号

邮编：161006

电话：0452–2738192

传真：0452–2738192

隶属单位：黑龙江省教育厅

专业设置时间：1988 年

专业课程设置：轻化工合成材料基础、轻化工生物技术、计算机在轻化工程中的应用、植物纤维化学、制浆造纸原理与工程、制浆造纸机械与设备、加工纸原理与技术、造纸助剂、造纸仪表与自动化、造纸环保与污染治理技术、制浆造纸工厂设计等。

2022 年在校专业学生人数：本科生 695 人（轻工类）。

2023 年专业毕业生人数：本科生 164 人（轻化工程专业）。

2023 年专业教师情况：专业教师 8 人，其中，教授 2 人，副教授 5 人，讲师 1 人。

2023 年招收本科生人数：232 人（轻工类）。

南京林业大学

造纸专业所在院系：轻工与食品学院

轻工与食品学院院长：王志国

地址：江苏省南京市玄武区龙蟠路 159 号

邮编：210037

电话：025–85428697

传真：025–85428697

隶属单位：江苏省教育厅、国家林业和草原局

专业设置时间：1963 年

专业课程设置：（1）本科生专业课程主要为：植物纤维化学、制浆原理与工程、造纸原理与工程、制浆造纸机械与设备、化工过程控制、制浆造纸工程设计、造纸化学、纤维化学与物理、造纸化学、纸加工原理与技术、纸和纸板的结构与性能、废纸再生利用技术、植物纤维化学实验、制浆工艺实验、造纸工艺实验、制浆造纸专业英语、制浆造纸工业环境保护、安全生产管理等。（2）研究生专业课程主要为：高等木材化学研究方法、木质素化学、糖类化学、制浆化学、造纸化学、材料表面与界面、制浆造纸清洁生产、高等纸浆与造纸分析方法、聚合物材料合成及加工、纤维与纸基功能材料、生物质化工与材料、制浆造纸装备专题、化工过程动态分析与控制、材料结构与印刷适性等。

2023 年在校专业学生人数：本科生 520 人，硕士生 177 人，博士生 47 人。

至 2023 年专业毕业生总人数：专科生 1063 人，本科生 4058 人，硕士生 642 人，博士生 116 人。

2023 年毕业生人数：本科生 82 人，硕士生 47 人，博士生 8 人。

2023 年专业教师情况：专业教师和工程技术人员 41 人，其中教授 16 人，副教授（含副研究员和高级工程师）17 人，讲师（含工程师）4 人，实验员 4 人。加拿大工程院院士 1 人，国际木材科学院院士 1 人，江苏省特聘教授 1 人，中国科协青年人才托举工程入选者 2 人，江苏省“333”高层次人才培养工程第二层次（中青年领军人才）培养对象 1 人、第三层次（学术带头人）培养对象 5 人，江苏省“青蓝工程”中青年学术带头人培养对象等其他省级人才 7 人。外籍特聘教授 2 人，国内外兼职教授 11 人。

2023 年招收本科生人数：240 人。

2023 年招收硕士生人数（含全日制工程硕士）： 65 人。

2023 年招收硕士生的指导教师： 曹云峰、戴红旗、杜红英、房桂干、郭家奇、吉兴香、金永灿、景宜、马金霞、任浩、宋君龙、苏二正、童国林、王志国、吴彩娥、吴淑芳、吴伟兵、周小凡、肖惠宁、Fazard Seidi、张超峰、卞辉洋、程金兰、储秋露、姜波、刘鸿斌、刘祝兰、时留新、王琪、王莎、吴文娟、杨益琴、李仁爱、刘超。

2023 年招收博士生人数： 11 人。

2023 年招收博士生的指导教师： 曹云峰、戴红旗、杜红英、房桂干、郭家奇、吉兴香、金永灿、景宜、马金霞、任浩、宋君龙、苏二正、童国林、王志国、吴彩娥、吴淑芳、吴伟兵、周小凡、肖惠宁、Fazard Seidi。

江南大学

造纸专业所在院系： 纺织科学与工程学院轻化工程系

纺织科学与工程学院院长： 付少海

地址： 江苏省无锡市滨湖区蠡湖大道 1800 号

邮编： 214122

电话： 0510-85912107

传真： 0510-85912009

隶属单位： 教育部

专业设置时间： 2003 年

专业课程设置： 现代制浆造纸理论及研究前沿、纤维表面物理与界面科学（双语）、造纸物理、造纸湿部化学、现代包装材料学、近代仪器分析实验、制浆化学、造纸助剂、制浆造纸分析与检测、纸页结构与性能、湿法非织造技术、生物质能源与化工、纤维材料表面功能化（双语）、高聚物结构与性能、加工纸与特种纸等。

2023 年在校专业学生人数： 硕士生 10 人，博士生 4 人。

至 2023 年专业毕业生总人数： 硕士生 64 人，博士生 9 人。

2023 年毕业生人数： 硕士生 6 人，博士生 1 人。

2023 年专业教师情况： 专业教师和工程技术人员 7人，其中，教授3人，副教授3人，助理研究员1人。

2023 年招收专业硕士生人数： 3 人。

2023 年招收硕士生的指导教师： 龙柱。

2023 年招收专业博士生人数： 1 人。

2023 年招收博士生的指导教师： 龙柱。

浙江科技大学

造纸专业所在院系： 环境与资源学院

环境与资源学院院长： 刘赫扬

地址： 浙江省杭州市留和路 318 号

邮编： 310023

电话： 0571-85070771

传真： 0571-85070787

隶属单位： 浙江省教育厅

专业设置时间： 2005 年

专业课程设置： 植物纤维化学、植物纤维化学实验、制浆原理与工程、造纸原理与工程、制浆造纸过程模拟与控制、工艺实验、制浆造纸机械与设备、制浆造纸工厂设计、轻化工环保、加工纸与特种纸、制浆造纸专业英语、湿部化学等。

2023 年在校专业学生人数： 本科生 243 人，硕士生 53 人。

至 2023 年专业毕业生总人数： 本科生 632，研究生 43。

2023 年毕业生人数： 本科生 34 人，研究生 15 人。

2023 年专业教师情况： 专业教师和工程技术人员 35 人，其中教授 7 人，副教授（含副研究员和高级工程师）5 人，讲师（含工程师）23 人。

2023 年招收本科生人数： 60 人。

浙江理工大学

造纸专业所在院系： 纺织科学与工程学院制浆造纸研究所

纺织科学与工程学院制浆造纸研究所所长： 薛国新

地址： 浙江省杭州市下沙高教园区西区 2 号大街 928 号 17 号楼 339 室

邮编： 310018

电话： 0571-86843263

传真： 0571-86843263

隶属单位： 浙江省教育厅

专业设置时间： 2004 年 9 月起在“轻化工程”专业中开始招收制浆造纸工程专业方向本科生，2003 年 9 月起在“材料加工工程”和“材料物理与材料化学”两个硕士点招收制浆造纸工程和包装材料方向硕士研究生，2004 年 5 月申报成功“轻工技术与工程”领域工程硕士专业学位授权点，2004 年 9 月起在“轻工技术与工程”领域招收制浆造纸工程、包装材料和印刷技术方向工程硕士专业学位研究生，2008 年 9 月起在纺织工程学科博士点招收制浆造纸工程和纺织材料方向博士研究生。

专业课程设置：植物纤维化学、工业微生物、制浆原理与工程、造纸原理与工程、制浆造纸机械与设备、制浆造纸过程控制与自动化、废纸再生利用技术、制浆造纸工程综合实验、制浆造纸工程专业英语、制浆造纸环境保护、制浆造纸工程设计概论、纸与纸板的结构与性能、特种纸与加工纸制造技术、制浆造纸化学品与纸机湿部化学、植物资源化学与工程、制浆造纸新技术导论、包装印刷概论等。

2023 年在校专业学生人数：本科生 0 人，研究生 91 人。

至 2023 年专业毕业生总人数：本科生 288 人，硕士生 207 人，博士生 1 人。

2023 年毕业生人数：本科生 0 人，硕士生 29 人。

2023 年专业教师情况：专业教师 9 人，其中，教授 3 人、副教授 4 人、讲师 2 人。

2023 年招收硕士生人数：31 人。

2023 年硕士生的指导教师：薛国新、唐艳军、夏新兴、张秀梅、张勇，周益名、陈天影、李飞云、杨淑娟及“轻工技术与工程”领域工程硕士专业学位授权点的包装材料、环境保护工程和轻工化学品等方向指导教师 10 余名。

福建农林大学

造纸专业所在院系：材料工程学院轻化工程系

材料工程学院院长：余　雁

地址：福建省福州市闽侯县溪源宫路 63 号

邮编：350100

电话：0591–83715175

传真：0591–83715175

隶属单位：福建省教育厅

专业设置时间：1986 年设制浆造纸专科，1989 年设制浆造纸工程本科，2003 年设制浆造纸工程硕士点，2010 年设轻工技术与工程专业硕士点。

专业课程设置：化工原理、植物纤维化学、制浆原理与工程、造纸原理与工程、制浆造纸机械与设备、制浆造纸工厂设计、废纸再生利用技术、造纸化学品、天然产物化学、精细化学品生产工艺学。

2023 年在校专业学生人数：本科生 205 人，研究生 147 人，其中学术硕士 47 人、专业硕士 64 人、博士 36 人。

2023 年毕业生人数：本科生 45 人，研究生 42 人，其中学术硕士 11 人、专业硕士 24 人、博士生 7 人。

2023 年专业教师情况：专业教师 33 人，其中，教授 16 人，副教授 12 人，讲师 5 人。

2023 年招收本科生人数：54 人。

2023 年招收研究生人数：56 人，其中学术硕士 20 人、专业硕士 28 人，博士生 7 人、来华留学博士 1 人。

2023 年招收硕士生的指导教师：倪永浩、陈礼辉、帅李、黄六莲、黄彪、林金国、袁占辉、曹石林、黄方、欧阳新华、罗小林、吴慧、苗庆显、刘凯、马晓娟、胡会超、郑德勇、卢泽湘、肖禾、张敏、刘婧、李建国、张慧、郑清洪、周吓星、廖光福、赵承科、吴擢彤。

齐鲁工业大学

造纸专业所在院系：轻工学部

轻工学部主任：吉兴香

地址：山东省济南市长清区大学路 3501 号

邮编：250353

电话：0531–89631881

传真：0531–89631881

隶属单位：山东省教育厅

专业设置时间：1978 年

专业课程设置：造纸植物资源化学、制浆原理与工程、造纸原理与工程、制浆造纸机械与设备、制浆造纸分析与检测、制浆造纸环境保护概论、制浆造纸助剂、加工纸与特种纸、制浆造纸设备安装与维修、制浆造纸工厂设计。

2023 年在校专业学生人数：本科生 510 人，硕士生 219 人。

至 2023 年专业毕业生总人数：本科生 3595 人，硕士生 480 人。

2023 年毕业生人数：本科生 109 人，硕士生 43 人。

2023 年专业教师情况：专业教师和工程技术人员 106 人，其中，长江学者特聘教授 1 人，万人计划科技创新领军人才 2 人，百千万工程国家级人选 2 人，国务院特贴专家 4 人，泰山学者特聘教授 2 人，泰山青年专家 3 人，山东省有突出贡献的中青年专家 5 人，教授 25 人，副教授（含副研究员和高级工程师）35 人，讲师（含工程师）47 人。

2023 年招收本科生人数：260 人。

2023 年招收硕士生人数：92 人。

2023 年招收硕士生的指导教师：陈嘉川、赵传山、刘玉、杨桂花、刘温霞、傅英娟、徐清华、孔凡功、李宗全、刘娜、吴朝军、庞志强、王慧丽、王守娟、吕高金、王强、吉兴香、李荣刚、王兆江、韩文佳、刘姗姗、陈洪雷、宋兆萍、于得海、吴芹、张志良、刘克印、齐乐天、任明光、孙洋洋、陶毓博、李鹏、王孝辉、张凯、张磊、张永超、赵倩、赵鑫、席跃宾、倪书振、刘美佳、王宝斌、刘刻峰。

青岛科技大学

造纸专业所在院系：海洋科学与生物工程学院

海洋科学与生物工程学院院长：顾玉超

地址：山东省青岛市四方区郑州路 53 号

网址：www.qust.edu.cn

隶属单位：山东省教育厅

专业设置时间：2003 年

专业课程设置：基础化学，化工原理，植物纤维化学，精细有机合成单元反应，精细化学品化学，生物质能源，生物质化工，生物质精炼设备，应用胶体化学，清洁生产技术。

2023 年在校专业学生人数：本科生 171 人，硕士生 45 人，博士生 4 人。

至 2023 年专业毕业生总人数：本科生 861 人，硕士生 188 人。

2023 年毕业生人数：本科生 60 人，硕士生 24 人。

2023 年专业教师情况：专业教师和工程技术人员 19 人，其中，教授 5 人，副教授（含副研究员和高级工程师）8 人，讲师（含工程师）6 人。

2023 年招收本科生人数：0 人。

2023 年招收专业硕士生人数：18 人。

2023 年招收硕士生的指导教师：张恒、王松林、宋晓明、张芹芹、吉喆、逄锦慧、孟尧、王硕、马翠萍、梁成伟。

2023 年招收专业博士生人数：2 人。

2023 年招收博士生的指导教师：马翠萍、李露、王硕。

山东工业技师学院

造纸专业所在院系：海洋生化系

海洋生化系主任：张爱民

地址：山东省潍坊市西环路 6789 号

邮编：261053

电话：0536–8337236

传真：0536–8338768

隶属单位：山东省人力资源和社会保障厅

专业设置时间：1978 年

专业课程设置：制浆造纸工艺、制浆造纸设备与操作、制浆造纸化验与物检、制浆造纸自动控制、制浆造纸安装与维修。

2023 年在校专业学生人数：技师 64 人，高级技工 341 人。

至 2023 年专业毕业生总人数：中级技工 1300 人，高级技工 5109 人，技师 1211 人。

2023 年毕业生人数：技师 6 人。

2023 年专业教师情况：专业教师和工程技术人员 30 人，其中，副教授（含副高级实习指导教师）16 人，讲师（含工程师）14 人。

2023 年招收技师人数：6 人。

2023 年招收五年制高级工人数：44 人（我系从 2019 年开始招收初中起点五年制高级工）。

湖北工业大学

造纸专业所在院系：制浆造纸研究院轻化工程系

制浆造纸研究院院长：谢益民

地址：湖北省武汉市洪山区南李路 28 号

邮编：430068

电话：027–59750459

传真：027–59750459

隶属单位：湖北省

专业设置时间：1977 年湖北轻工业学院成立后，设置了化工系制浆造纸工艺教研室；1998 年该专业获得制浆造纸工程硕士授予权；1999 年本科专业制浆造纸工程更名为轻化工程；2002 年开始招收轻工技术专业工程硕士；2009 年制浆造纸工程批准为"湖北省楚天学者计划"设岗学科，同年成立了制浆造纸工程研究所，2016 年 3 月成立制浆造纸研究院（含轻化工程系），2017 年获批轻工技术与工程一级学科博士点。2018 年设立轻化工程湖北名师工作室。2022 年获批湖北省一流专业。

专业课程设置：植物纤维化学、植物纤维化学实验、制浆原理与工程、造纸原理与工程、制浆造纸工艺实验、无机化学、分析化学、有机化学、物理化学、化工原理、高分子基础、机械设计基础、机械设计与制造、加工纸工艺、制浆造纸机械与设备、造纸厂设计概论、造纸湿部化学、造纸化学品、轻工助剂、废纸再生利用、高得率制浆、轻化工环保等。

2023 年在校专业学生人数：本科生 170 人，硕士生 62 人，博士生 2 人。

至 2023 年专业毕业生总人数：本科生 2730 人，硕士生 202 人，博士 1 人。

2023 年毕业生人数： 本科生 40 人，硕士生 21 人。

2023 年专业教师情况： 专业教师共 15 人，其中，教授 4 人，副教授 5 人，讲师 5 人，高级实验师 1 人。

2023 年招收本科生人数： 60 人。

2023 年招收硕士生人数： 22 人。

2023 年招收硕士生的指导教师： 谢益民、杨海涛、王鹏、冯清华、王磊、程合丽、冯年捷、安俊健、张光彦、江军刚、张一凡。

湖北轻工职业技术学院

现代造纸技术专业所在院系： 轻化工程学院

轻化工程学院院长： 徐　兵

地址： 湖北省武汉市洪山区石牌岭东二路

邮编： 430070

电话： 027–87156391

传真： 027–87156391

隶属单位： 湖北省教育厅

专业设置时间： 中专 1956 年、高职 2001 年

专业课程设置： 制浆造纸概论、植物纤维化学、基础化学、化工单元操作、化工制图、浆纸产品检验、制浆技术、造纸技术、加工纸、制浆造纸环境保护、造纸厂仪表自动化、造纸过程 DCS 控制、制浆造纸工厂设计概论、制浆造纸企业管理、专业英语。

2023 年在校专业学生人数： 专科生（高职）244 人。

至 2023 年专业毕业生总人数： 中专毕业生 1510 人，专科生（高职）1225 人。

2023 年毕业生人数： 专科生（高职）66 人。

2023 年专业教师情况： 副教授 5 人，讲师 3 人，高级实验师 2 人，楚天名师 1 人。

2023 年招收专科生（高职）人数： 93 人。

长沙理工大学

造纸专业所在院系： 化学化工学院轻化工程系

化学化工学院院长： 张跃飞

地址： 湖南省长沙市雨花区万家丽南路二段 960 号

邮编： 410114

电话： 0731–85258732

传真： 0731–85258732

隶属单位： 湖南省教育厅

专业设置时间： 1958 年

专业课程设置： 植物纤维化学、制浆原理与工程、造纸原理与工程、制浆造纸机械与设备、制浆造纸工程设计、造纸化学品、纸加工技术及纸制品、生物质精炼与能源、印刷包装概论、生物质纤维功能材料等。同时开设以高新技术为主导的不同专业方向的系列选修课程及自主实践性强的综合性实验。

2023 年在校专业学生人数： 本科生 218 人，硕士生 35 人。

至 2023 年专业毕业生总人数： 本科生 907 人，硕士生 182 人。

2023 年毕业生人数： 本科生 32 人，硕士生 12 人。

2023 年专业教师情况： 专业教师和工程技术人员 26 人，其中，教授 9 人，副教授（含副研究员和高级工程师）12 人，讲师（含工程师）5 人。

2023 年招收本科生人数： 88 人。

2023 年招收专业硕士生人数： 17 人。

2023 年招收硕士生的指导教师： 马乐凡、张运雄、陈启杰、王玉珑、晏永祥、张雄飞、林本平、匡奕山、张亚增、栾鹏程、秦影。

2023 年招收博士生的指导教师： 陈启杰

华南理工大学

造纸专业所在院系： 轻工科学与工程学院

轻工科学与工程学院书记： 张建功

院长： 李雪辉

地址： 广东省广州市天河区五山街 381 号

邮编： 510640

电话： 020–87112841

传真： 020–87112841

隶属单位： 教育部

专业设置时间： 1952 年

专业课程设置： 植物纤维化学、植物纤维化学实验、轻化工仪表自动化、工业设计基础、轻化工计算机辅助设计、轻化工环境保护、制浆造纸原理与工程、制浆造纸工艺实验、印刷工艺学、包装原理与工程、科技文献检索、林产化学、专业英语、制浆造纸机械与设备、轻工工厂设计、制浆漂白新技术（双语教学）、造纸湿部化学、制浆造纸助剂、纤维素功能化、化学制浆技术（全英教学）、生物技术在造纸工业中应用、加工纸与特种纸、废纸回收回用技术等。

2023 年在校专业学生人数： 本科生 327 人，硕士生 459 人，博士生 198 人。

至 2023 年专业毕业生总人数： 本科生 3539 人，硕士生 1271 人，博士生 500 人。

2023 年毕业生人数： 本科生 67 人，硕士生 114 人，博士生 29 人。

2023 专业教师情况：专业教师和工程技术人员 87 人，其中，中国工程院院士 1 人，教授 37 人（含教授级高级工程师），副教授（含副研究员和高级工程师）45 人，讲师（含工程师、助理研究员）4 人。

2023 年招收本科生人数：114 人。

2023 年招收硕士生人数：招收全日制学术型硕士研究生 91 人，全日制专业学位研究生 73 人。

2023 年招收硕士生的指导教师：陈港、陈广学、陈克复、陈奇峰、谌凡更、樊慧明、方志强、冯郁成、付时雨、高文花、何明辉、洪蒙纳、侯轶、胡健、胡庆喜、蓝武、雷利荣、李兵云、李擘、李海龙、李继庚、李军、李军荣、李晓云、梁云、刘传富、刘德桃、刘浩、刘建安、刘梦茹、刘明友、刘颖、刘映尧、龙金、满奕、莫立焕、牟洪燕、彭新文、祁海松、钱丽颖、任俊莉、沈文浩、宋涛、唐宝玲、唐敏、陶劲松、田君飞、田英姿、万小芳、王斌、王钦雯、王习文、王小慧、王小英、王宜、武书彬、项舟洋、熊勤钢、徐桂龙、徐峻、杨飞、杨进、杨仁党、岳凤霞、曾劲松、曾靖山、张春辉、赵光磊、赵丽红、钟林新、周雪松、朱小林、庄军平。

2023 年招收博士生人数：招收全日制学术型博士研究生 53 人，全日制工程博士 18 人，其中专业型直博生 1 人。

2023 年招收学术型博士生的指导教师：陈港、陈广学、陈克复、方志强、付时雨、何明辉、侯轶、胡健、蓝武、雷利荣、李海龙、李继庚、李军、李晓云、梁云、刘传富、刘梦茹、满奕、彭新文、祁海松、任俊莉、沈文浩、唐敏、田君飞、王斌、王蕾、王小慧、王小英、王兴杰、王宜、武书彬、项舟洋、熊勤钢、熊志远、徐峻、曾劲松、张春辉、赵光磊、钟林新。

2023 年工程博士指导教师：陈港、陈广学、陈克复、方志强、付时雨、何明辉、侯轶、胡健、李海龙、李晓云、梁云、刘传富、刘梦茹、祁海松、唐敏、田君飞、王蕾、王小慧、王小英、王兴杰、王宜、熊勤钢、熊志远、张春辉、赵光磊、钟林新。

广东轻工职业技术学院

造纸专业所在院系：轻化工技术学院

轻化技术学院院长（二级学院）：陈金伟

地址：广东省广州市海珠区新港西路 152 号

邮编：510300

电话：020–61230200（院办）、61230950（系办）

传真：020–61230000（院办）、61230951（系办）

隶属单位：广东省教育厅

专业设置时间：1956 年

专业课程设置：纸文化、印刷导论、防伪技术基础、专业英语、认知实习、市场营销、化学基础、分析化学及实训、化工原理、生产实习、金工实习、市场调查与预测、市场营销实务及实训、营销心理学原理与实务、微生物检验、专业指导、化工仪表自动化、化工机械基础、制浆造纸设备安装与维修、造纸环境污染控制治理、工厂设计实训、造纸技能实训及造纸工考证，制浆技术、造纸技术、制浆造纸检验技术、造纸化学品及实训、纸加工技术及实训、纸制造实训。

2023 年在校专业学生人数：专科生 179 人。

至 2023 年专业毕业生总人数：本科生 191 人，专科生约 1868 人，中专生约 1660 人，技工生 415 人。

2023 年毕业生人数：专科生 83 人。

2023 年专业教师情况：专业教师和工程技术人员 8 人，其中，教授 3 人，副教授（含高级实验师）2 人，讲师 3 人。

2023 年招收专科生人数：37 人。

广西大学

造纸专业所在院系：轻工与食品工程学院

地址：广西壮族自治区南宁市大学路 100 号

邮编：530004

电话：0771–3237301、3231382

传真：0771–3237097

隶属单位：教育部

专业设置时间：1978 年

专业课程设置：植物纤维化学、制浆原理与工程、造纸原理与工程、造纸湿部化学及化学品的应用、制浆造纸机械与设备、轻化工程设计概论、加工纸、化工仪表与自动化、纤维素功能化、轻化工制图与 CAD。

2023 年在校专业学生人数：本科生 284 人，硕士生 226 人，博士生 52 人。

至 2023 年专业毕业生总人数：本科生 1632 人，硕士生 445 人，博士生 64 人。

2023 年毕业生人数：本科生 90 人，硕士生 42 人，博士生 4 人。

2023 年专业教师情况：专业教师 31 人，其中，教授 8 人，副教授 13 人，讲师 10 人。

2023 年招收本科生人数：66 人。

2023 年招收专业硕士生人数：87 人。

2023 年招收硕士生的指导教师：王双飞、覃程荣、周敬红、朱红祥、曾林涛、闵斗勇、聂双喜、宋雪萍、骆莲新、梁辰、王志伟、刘新亮、李许生、何辉、张健、沙九龙、尹勇军、李薇、姚双全、陈昌洲、姜言、陆敏生、刘亚青、李锐龙、张云、何千、陈虹宇、钱光付、罗青柳、李伟宇、孙佳明。

2023 年招收专业博士生人数：12 人。

2023 年招收博士生的指导教师：王双飞、覃程荣、朱红祥、曾林涛、聂双喜、陈嘉川、宋雪萍、闵斗勇、何辉、沙九龙、王志伟、张云。

四川工商职业技术学院

造纸专业所在院系：轻工工程学院

轻工工程系主任：魏明英

地址：四川省都江堰市天府大道聚源段 8 号

邮编：611830

电话：028–87282243

传真：028–87282095

隶属单位：四川省经济和信息化委员会

专业设置时间：1959 年

专业课程设置：现代制浆技术、现代造纸技术、制浆造纸分析与检验技术、造纸化学助剂及绿色应用、纸加工及特种纸、造纸工业清洁生产与污染控制、制浆造纸设备安装与维修、制浆造纸自动化控制、纸文化与纸艺术等。

2023 年在校专业学生人数：专科生 91 人。

至 2023 年专业毕业生总人数：2800 人，其中，中专生 1850 人，大专生 950 人。

2023 年毕业生人数：0 人。

2023 年专业教师情况：专业教师 8 人，其中，教授 3 人，副教授 2 人，讲师 3 人。

2022 年 3 月起，四川工商职业技术学院现代造纸技术专业恢复招生。

四川轻化工大学（原四川理工学院）

造纸专业所在院系：生物工程学院轻化工程系

生物工程学院院长：赵志峰

地址：四川省宜宾市临港经济技术开发区大学城 188 号

邮编：644005

电话：0831–5980223

隶属单位：四川省教育厅

专业设置时间：1991 年

专业课程设置：专业导论、植物纤维化学、高分子化学与物理，制浆原理与工程、造纸原理与工程、制浆造纸分析与检测、制浆造纸机械与设备、制浆造纸环境保护、专业外语（英）、造纸助剂及湿部化学、加工纸与特种纸、二次纤维回用技术、制浆造纸工程设计、化工仪表自动化、计算机辅助设计等。

2023 年在校专业学生人数：研究生 16 人，本科生 452 人，合计 468 人。

至 2023 年专业毕业生总人数：研究生 3 人，本科生 1459 人，专科生 380 人，合计 2842 人。

2023 年毕业生人数：研究生 3 人，本科生 105 人。

2023 年专业教师情况：专业教师 23 人，其中，教授 5 人，副教授 6 人，中级 11 人，助理实验师 1 人。

2023 年招收本科生人数：本科生 129 人，专升本 36 人，合计 165 人。

昆明理工大学

造纸专业所在院系：化学工程学院生物质工程系

化学工程学院院长：罗永明

地址：云南省昆明市呈贡大学城景明南路 727 号昆明理工大学化学工程学院

邮编：650500

电话：0871–65920150

传真：0871–65920171

隶属单位：云南省教育厅

专业设置时间：1979 年

专业课程设置：无机及分析化学、有机化学、物理化学、化工原理、植物纤维化学、高分子化学与物理、制浆造纸原理与工程、生物质能源与材料、卷烟工艺与配方学、轻工机械与设备、植物纤维实验技术、湿部化学、加工纸与特种纸、轻工设计基础训练、轻工过程模拟及控制、轻工工程专业英语、轻工技术经济概论等。

2023 年在校专业学生人数：本科生 224 人，硕士生 77 人。

至 2023 年专业毕业生总人数：本科生 932 人，硕士生 105 人。

2023 年毕业生人数：本科生 43 人，硕士生 13 人。

2023 年专业教师情况：专业教师 20 人，其中，教授 5 人，正高级实验师 1 人，副教授 7 人，讲师 6 人，博士 1 人。

2023 年招收本科生人数：60 人。

2023 年招收专业硕士生人数：25 人。

2023 年招收学术硕士生人数：5 人。

2023 年招收硕士生的指导教师：彭林才、刘玉新、张俊华、何亮、高欣、李凯、张恒、刘淮、安亮亮、胡建全、张蕊、贾文龙、黄吉振、史昌荣。

2023 年招收博士生的指导教师：彭林才、刘玉新、张俊华。

陕西科技大学

造纸专业所在院系：轻工科学与工程学院

轻工科学与工程学院院长：吕 斌

地址：陕西省西安市未央大学园区

邮编：710021

电话：029-86168063

隶属单位：陕西省教育厅

专业设置时间：1958 年

专业课程设置：无机及分析化学、有机化学、物理化学、化工原理、高分子物理与化学、天然高分子材料、植物纤维化学、制浆原理与工程、造纸原理与工程、制浆造纸机械与设备、制浆造纸工程设计、纸基功能材料、造纸环保工程、造纸工业智能控制等。

2023 年在校专业学生人数：本科生 406 人，硕士生 262 人，博士生 43 人。

至 2023 年专业毕业生总人数：本科生 6615 人，硕士生 836 人，博士生 88 人。

2023 年毕业生人数：本科生 115 人，硕士生 80 人，博士生 12 人。

2023 年专业教师情况：专业教师和工程技术人员 56 人，其中，教授 16 人，副教授（含高级工程师）29 人，讲师（含工程师、实验师）及以下 11 人。

2023 年招收本科生人数：90 人。

2023 年招收专业硕士生人数：90 人。

2023 年招收硕士生的指导教师：李志健、张美云、倪永浩、陆赵情、李新平、张安龙、徐永建、张素风、王建、李金宝、林涛、蒋学、薛白亮、张召、戴磊、段超、韩卿、罗清、刘汉斌、游翔宇、李佩燚、岳小鹏、修慧娟、杜敏、熊传银、唐蕊华、谢璠、吴海伟、侯晨、周秋生、钱立伟、沈梦霞、宋顺喜、姜慧娥、聂景怡、杨金帆、孟卿君、田秀枝、谭蕉君、俄松峰、闫宁、贺斌、王阳、王文亮、杨斌。

2023 年招收专业博士生人数：15 人。

2023 年招收博士生的指导教师：李志健、张美云、倪永浩、陆赵情、李新平、徐永建、张素风、王建、李金宝、林涛、蒋学、薛白亮、戴磊、张召、段超。

（林 媛）

国内主要造纸期刊介绍

China's Main Paper Periodicals Related to Pulp and Paper

《中国造纸学报》

《中国造纸学报》是由中国造纸学会主办、中国制浆造纸研究院有限公司承办的造纸学术性期刊，创刊于1986年。主要刊登造纸专业研究论文、学术报告及综合性评述，反映我国造纸工业在原材料、制浆、造纸、废液综合利用及污染防治、机械设备、分析检验、工艺和质量控制自动化以及制浆造纸专业基础理论等方面的新进展和新成果，是我国造纸工业理论性强、水平高的学术性期刊。它为我国造纸工业提供了一个极好的学术交流平台，对国内造纸工业的技术进步做出了较大贡献。该刊的固定栏目有：研究论文与综述等。

《中国造纸学报》连续多年入选“中文核心期刊”“中国科技论文统计源期刊”“中国科学引文数据库来源期刊”“中国科学文献评价数据来源期刊”，入选“中国科协精品科技期刊工程第四期（2015—2017）项目”，并被Scopus、CA、EBSCO、JST等国外著名期刊索引收录。《中国造纸学报》为国内外公开发行刊物。

《中国造纸学报》为季刊，出版日期为3月25日、6月25日、9月25日、12月25日；刊号：ISSN 1000-6842，CN 11-2075/TS，自办发行。

《中国造纸学报》为大16开本。国内定价：纸质版30元/册，电子版30元/册，纸质版+电子版50元/册；国外及港澳台地区定价：纸质版30美元/册，电子版30美元/册，纸质版+电子版50美元/册。

地址：北京市朝阳区启阳路4号院中轻大厦607室
邮编：100102
电话：010-64778173（发行部）
　　　64778162/8163（编辑部）
传真：010-64778174
邮箱：tcpp@vip.163.com

《中国造纸》

《中国造纸》是由中国造纸学会、中国制浆造纸研究院有限公司主办的专业技术性刊物。《中国造纸》作为我国造纸工业技术领域的权威性科技期刊，自1982年创刊以来，一贯秉承科学、创新的办刊宗旨和严谨、务实的工作作风，致力于服务我国造纸及相关行业。在造纸及相关行业各界人士的厚爱与帮助下、在造纸行业科研和生产一线工程技术人员的大力支持下，《中国造纸》逐步成为我国造纸界声望高、影响力大的技术性刊物之一，在国内外享有盛誉。

《中国造纸》始终以创新为主导，科学与实用并重，重点报道了我国造纸工业在原材料、制浆、造纸、废液综合利用及污染防治、机械设备、分析检验、工艺和质量控制自动化以及制浆造纸基础专业理论等方面的新成就和重要科技成果。《中国造纸》既交流了国内外的最新科研成果，也总结了生产一线的实践经验，对行业的科技创新和技术进步起到了积极的推动作用。

《中国造纸》连续多年入选“中文核心期刊”“中国科技论文统计源期刊”“中国科学引文数据库来源期刊”“中国科学文献评价数据来源期刊”，并已被Scopus、JST、EBSCO、CA等国外著名的期刊索引收录，入选“中国科协精品科技期刊工程第四期项目”。

《中国造纸》（刊号：CN 11-1967/TS，ISSN 0254-508X）为月刊，每月25日出版，大16开，国内定价：纸质版25元/期，电子版25元/期，纸质版+电子版40元/期；国外及港澳台地区定价：纸质版40美元/期，电子版40美元/期，纸质版+电子版70美元/期。

《中国造纸》国内总发行：北京市报刊发行局，邮发代号：2-194；国外总发行：中国出版对外贸易总公司，发行代号：DK11070。

地址：北京市朝阳区望京启阳路4号院中轻大厦607室

邮编：100102

电话：010–64778158/8159/8160/8161（编辑部）
64778173（发行部）

传真：010–64778174

邮箱：cpp2108@vip.163.com（编辑）

《造纸信息》

《造纸信息》是由中国造纸协会、中国造纸学会和中国制浆造纸研究院有限公司共同主办的造纸综合信息类刊物。已被“中国期刊全文数据库”和“万方数据——数字化期刊群”收录。

《造纸信息》以为造纸企事业单位及相关行业提供国内外造纸工业信息服务为主要宗旨，汇集行业专家观点、聚焦行业热点问题、展示企业风采，及时报道行业政策、企业动态、新技术和新成果，以及全球造纸企业的新动向，为读者了解造纸行业提供参考，为企业提供政策性指导和经营决策信息。

常设栏目有：政策法规、特别报道、行业热点·焦点论坛、采访报道、专题论坛、行业纵横、新建扩建、企业报道、分析/预测、纸业快报、全球视角、协会·学会动态、会展传真、市场动态等。

《造纸信息》为国内外公开发行（刊号：ISSN 1006–8791，CN 11–3667/TS），月刊，每月10日出版。全彩色大16开，另附彩色及专色广告，国内定价：纸质版25元/期，电子版25元/期，纸质版+电子版40元/期；国外及港澳台地区定价：纸质版25美元/期，电子版25美元/期，纸质版+电子版40美元/期。

《造纸信息》全国各地邮局均可订阅，邮发代号：82–881。

地址：北京市朝阳区望京启阳路4号院中轻大厦607室

邮编：100102

电话：010–64778169/8170/8171（编辑部）
64778173（发行部）
64778166/8168（广告部）

传真：010–64778174

邮箱：cpi@vip.163.com

《中华纸业》

《中华纸业》是中国造纸协会会刊，产业综合指导类期刊，国内外公开发行。是中国学术期刊综合评价数据库、中国期刊全文数据库、中国科学文献计量评价数据库、中国核心期刊（遴选）数据库、中文科技期刊数据库、美国《化学文摘》等统计源期刊。每月推出深度专题报道，不定期出版《生活用纸》、《特种纸》等系列专刊。

办刊宗旨：研讨发展战略、促进科学管理、推动技术进步、服务产业经济。

主要内容：国家产业政策、行业发展规划、市场分析预测、企业发展战略、纸业新闻资讯。内容具有导向性、创新性、前瞻性、先进性、实用性、时效性。

读者对象：造纸企业决策层和经营管理者，企业工程技术人员，行业协（学）会组织，政府有关部门及产业经济研究人员，科研设计及大专院校有关工作人员。

《中华纸业》（国内统一刊号CN 37–1281/TS，国际标准刊号：ISSN 1007–9211）为半月刊，大16开，彩色印刷。国内定价15元/期，全年订价360元；港澳台及国外地区15美元/期，全年360美元。网络版30元/年。邮发代号：24–136。

地址：山东省济南市工业南路101号中华纸业杂志社

邮编：250100

电话：0531–88522949、88935343

传真：0531–88926310

邮箱：adv@cppi.cn（广告部）
cbb@cppi.cn（采编室）

QQ：609352141、940438201

《纸和造纸》

《纸和造纸》是由中国造纸学会主办，四川省造纸学会和四川工商职业技术学院联办，以知识性、实用性、导向性、科学性为特色制浆造纸专业权威性科技期刊。自1982年创刊以来，本刊始终坚持“普及制浆造纸科技知识，介绍先进适用的生产工艺、装备技术和管理经验，沟通相关信息，促进造纸工业的科技进步和持续发展，为提高造纸、用纸从业人员的素质服务”的办刊宗旨。曾被原轻工业部、中国科学技术协会评为优秀期刊，曾连续多年入选“中文核心期刊”，是“中国学术期刊综合评价数据库来源期刊”“中国期刊全文数据库”“万方数据——数字化期刊群”等大型刊库全文或摘要收录，是造纸科技期刊中，知名度很高，发行量很大和影响面很广的一种。

《纸和造纸》开设有专论与综述、工艺技术、装备器材、试验研究、设计与计算、行业教育、纸坛纵横等多个常设栏目，全面报道有关造纸的新知识、新技术、新原料、新产品、新装备，以及中国造纸工业的方针政策和技术经济信息、市场动态、纸制品等方面内容。

《纸和造纸》为双月刊，大 16 开，内页双色印刷，逢单月出版，国内外公开发行。国内统一刊号：CN 11–2709/TS，国际连续出版物刊号：ISSN 1001–6309，邮发代号：62–111。国内定价 25 元 / 期，全年 150 元，电子版 100 元人民币 / 全年（每期 20 元）；国外及港澳台地区 25 美元 / 期，全年 150 美元，电子版 100 美元 / 年（每期 20 美元）。

地址：四川省都江堰市天府大道聚青路口四川工商职业技术学院内

邮编：611830

电话：028–87281943（编辑）

　　87267806（广告、发行）

传真：028–87203119

邮箱：myppm@263.net（编辑）

　　wuyingppm@126.com（发行）

QQ：1838372807

《轻工机械》

《轻工机械》杂志（刊号：CN 33–1180/TH、ISSN 1005–2895），创刊于1983年，由中国轻工机械协会、中国轻工业机械总公司与轻工业杭州机电设计研究院有限公司联合主办，是一份在国内有较高影响力、历史悠久的轻工机械领域的专业性科技期刊。以报道轻工机械、自动化技术、机电一体化、工艺设计及其应用为特色。

本刊系中国科技论文统计源期刊（中国科技核心期刊），已加入《中国学术期刊（光盘版）》和“中国期刊网”“万方数据资源系统”“中文科技期刊数据库”，并被《中国学术期刊文摘》、英国《科学文摘》（SA，INSPEC）、美国化学文摘（CA）、美国剑桥科学文摘（CSA）、美国乌利希期刊指南（Ulrich）等收录。

双月刊，大 16 开，每册定价 10 元，全年 60 元。邮发代号：32–39。

地址：浙江省杭州市余杭区高教路 970 号西溪联合科技广场 4 号楼 711 室

邮编：311121

电话：0571–85186130、85187520

传真：0571–85187520

邮箱：qgjxzz@126.com

《造纸科学与技术》

《造纸科学与技术》是广东省造纸研究所主办的双月刊，是中国科技核心期刊（中国科技论文统计源期刊）。报道范围为制浆造纸工业及其相关行业的理论和工艺研究、产品研发、装备制造等。

办刊宗旨：“提高我国造纸科学技术水平、交流科学技术成果和生产技术与经验，沟通国内外造纸科技信息，扩大全球造纸科学技术交流，为造纸企业和广大科技工作者服务，促进造纸工业和造纸科学技术进步。”

主要栏目：行业发展、制浆造纸、生物质化学化工、造纸化学品、分析测试、过程装备、节能与环保、知识产权、科普教育等。

国内外公开发行，国内统一刊号 CN44–1532/TS，国际标准刊号 ISSN1671–4571。

《造纸科学与技术》为双月刊，大 16 开本，零售价 20 元 / 期，全年 120 元 / 套。

地址：广东省广州市海珠区新港西路 154 号

邮编：510300

电话：020–34301343

邮箱：gdszzyjs@foxmail.com

《生活用纸》

由中国造纸协会生活用纸专业委员会承办的《生活用纸》杂志，自 1993 创刊以来，经过 20 多年的不断努力和改进，已成为生活用纸及相关行业从业人员的重要信息来源和参考资料。

办刊宗旨：推进生活用纸及相关行业技术进步，促进科学管理，宣传产业政策，服务企业发展，提供国内外发展动态信息和市场产销信息。

内容：卫生纸、面巾纸、手帕纸、餐巾纸、厨房用纸、擦手纸等生活用纸；女性卫生用品、婴儿纸尿裤 / 片、成人失禁用品、宠物卫生用品、擦拭巾、一次性医用非织造布制品等卫生用品；相关原辅材料及设备等。

主要栏目：协会工作、行业动态、发展论坛、市场与营销、质量与管理、技术与设备、他山之石、消费与流行趋势、环球资讯等。

本刊是国内唯一关于生活用纸和卫生用品行业的专业性科技类综合性刊物，内容丰富，专业性、时效性强，是生活用纸及相关行业的企业管理人员、市场营销人员、工程技术人员以及技术工人的良师益友。

本刊为月刊，每月10日发行，全年12期，大16开，全彩版印刷。刊号为：CN 11–4571/TS，ISSN 1009–9069。国内零售18元/本，全年订价平邮200元，快递320元，国外及港台地区全年订价700元或120美元。

地址：北京市朝阳区望京启阳路4号院中轻大厦

邮编：100102

电话：010–64778181/8182（编辑）
64778193/8194（广告）
64778186/8187（发行）

传真：010–64778199

邮箱：editor@cnhpia.org（编辑）
cidpex@cnhpia.org（广告）

《造纸化学品》

中国造纸化学品工业协会会刊《造纸化学品》是由中国造纸化学品工业协会、全国造纸化学品信息站、杭州市化工研究所联合主办的国内外公开发行、全面报道造纸用化学品唯一的全国性科技期刊。

主要报道造纸用化学品（尤其是精细化学品）的研制、开发、应用及国内外发展动向等。《造纸化学品》以造纸界、化工界、科研机构、事业单位从事科研、生产的广大科技人员、技术工人、管理干部及大专院校相关专业的师生为服务对象。

《造纸化学品》是"中国核心期刊（遴选）数据库"收录期刊，"中国学术期刊（光盘版）""中国期刊网""中国学术期刊综合评价数据库""万方数据——数字化期刊群""中文科技期刊数据库"全文收录期刊，"中国学术期刊综合评价数据库"统计源期刊。美国《化学文摘》、波兰《哥白尼索引》收录期刊。

《造纸化学品》为双月刊（国内刊号CN 33–1202/TQ，国际刊号：ISSN 1007–2225，为双月中旬出版，全年6期），全年订价140元。

地址：浙江省杭州市上塘路石灰坝7号《造纸化学品》编辑部

邮编：310014

电话：0571–88315561

传真：0571–88315561

邮箱：paperchemj@163.com

《华东纸业》

《华东纸业》是由上海、山东、江苏、浙江、福建、江西、安徽七省市造纸学会主办的科技类制浆造纸工业专业技术刊物。原《纸业周刊》于2015年并入《华东纸业》，进一步丰富了杂志内容。

《华东纸业》办刊宗旨：面向全国造纸行业，传播纸业信息，推广高新造纸技术与成果。打造纸业信息交流平台，使之成为经验交流的园地，市场信息的窗口，是拓展我国纸业技术、参与国际市场竞争的企业家和广大科技人员的良师益友。

《华东纸业》主要栏目：专题与综述、企业家论坛、制浆与造纸工艺、设备与电仪、涂布纸与特种纸、造纸化学品、环保与节能、脱水器材、国内外纸业信息等。全面报道有关造纸的新材料、新技术、新工艺、新产品、新装备的应用以及中国造纸工业的方针政策和技术经济信息、市场动态等内容。

《华东纸业》是广大企业家和工程技术人员科技活动的园地和论坛。

《华东纸业》为双月刊，大16开，面向国内外公开发行。国内统一连续出版物号：CN31–2034/TS，国际标准连续出版物号：ISSN 1674–6937。每册定价10元，全年订价60元。

地址：上海市武宁路1500号南楼403室

邮编：200063

电话：021–52040672/0673

传真：021–52040673

邮箱：menger2010@126.com

《造纸装备及材料》

《造纸装备及材料》是为造纸装备制造企业、材料制造企业专业服务的期刊，国内统一刊号CN43–1535/TS，国际刊号ISSN2096–3092，是中国核心期刊（遴选）数据库的入编期刊。

《造纸装备及材料》的办刊宗旨：传播造纸装备及材料制造行业先进科技，搭建造纸、纸加工企业与造纸装备、材料制造企业沟通桥梁，促进造纸科研与技术应用紧密结合，服务造纸装备与材料技术进步。

《造纸装备及材料》是湖南省造纸学会、湖南省造纸研究所有限公司主办，以及多家企业、公司、科研院校协办面向全国发行的专业期刊，为了更好地服务于造纸装备制造企业、材料制造企业，本刊全新编排特色栏目：造纸装备及材料制造企业风采；装备与自动化；材料制造和应用；造纸装备、材料产品介绍；近期项目简讯；闲置设备、配件、材料调剂平台等。

《造纸装备及材料》杂志为季刊，大16开版。全年60元/套，邮资不论定多少套32元/全年。

地址：湖南省湘潭市岳塘区建设中路7号《造纸

装备及材料》编辑部
邮编： 411104
电话： 0731-58523295
传真： 0731-58523295
邮箱： paperem@163.com

《黑龙江造纸》

《黑龙江造纸》是由黑龙江省造纸工业研究所、黑龙江省造纸学会主办的制浆造纸综合性技术刊物，是中国学术期刊综合评价数据库统计源期刊，被中国期刊全文数据库全文收录，在“万方数据——数字化期刊群”全文上网，被《中国核心期刊（遴选）数据库》收录。

本刊立足黑龙江省内，报道国内外制浆造纸行业中科研、生产、经营、管理的先进技术、实践经验和市场信息，可供广大技术工人、科技人员、管理干部及大专院校的师生参考。

《黑龙江造纸》为季刊，国内统一刊号：CN23-1258/TS，国际标准刊号：ISSN 1673-0283，全年订价 25 元。

地址： 黑龙江省牡丹江市光华街 17 号黑龙江省造纸工业研究所《黑龙江造纸》编辑部
邮编： 157013
电话： 0453-6320013
传真： 0453-6331516
邮箱： hlj_zz@sina.com
846725863@qq.com

《天津造纸》

《天津造纸》于 1979 年创刊，由天津科技大学和天津市造纸学会主办。本刊对外公开发行，被《中国学术期刊（光盘版）》《中国核心期刊（遴选）数据库》《中文科技期刊数据库》《超星期刊域出版平台》等全文收录，是《中国期刊全文数据库》收录期刊，《中国学术期刊综合评价数据库》来源期刊。本刊主要栏目有综述、研究论文、纸厂经验、科普园地、纸文化等，主要报道造纸行业的最新技术成果、行业发展动向以及市场变化情况等。读者对象为造纸企事业单位的工程技术人员、经营管理人员、技术工人、大专院校相关专业的教师和学生以及国内外相关行业机构和人士。《天津造纸》为季刊，大 16 开，国内统一刊号：CN 12-1155/TS，国际标准刊号：ISSN 1674-5469，定价 20 元 / 年。

地址： 天津市河西区大沽南路 1038 号
邮编： 300222
电话： 022-60601455
邮箱： tjzz@tust.edu.cn

（曹凯月）

我国制浆造纸工业图书出版目录

List of Books Related to the Pulp and Paper Industry in China

一、中国轻工业出版社造纸工业图书出版目录

1. 造纸专业科学与技术图书

序号	书名	著者	定价 / 元	开本	书号
1	中高浓制浆造纸技术的理论与实践（精装）——“十一五”国家重点图书 / 国家科学技术学术著作出版基金	陈克复 主编	60.00	16 开	ISBN978-7-5019-5877-1
2	制浆造纸现代节水与污水资源化技术——“十一五”国家重点图书出版规划项目	林跃梅 主编	58.00	异 16 开	ISBN978-7-5019-6844-2
3	纸张颜料涂布与表面施胶——芬兰造纸科学技术丛书 11 分册	［芬］Esa · Lehtinen 著 / 曹邦威 译	88.00	16 开	ISBN7-5019-4651-5
4	制浆造纸工业的环境治理——造纸科学与技术丛书	曹邦威 编著	45.00	异 16 开	ISBN978-7-5019-6054-5
5	制浆造纸节能新技术——造纸科学与技术丛书	刘秉钺 主编	58.00	异 16 开	ISBN978-7-5019-7114-5
6	纸和纸板的后加工——造纸科学与技术丛书	曹邦威 编著	38.00	异 16 开	ISBN978-7-5019-6643-1
7	造纸工业安全生产——造纸科学与技术丛书	万金泉 等编著	30.00	异 16 开	ISBN978-7-5019-7504-4
8	造纸助留剂与干湿增强剂的理论与应用——造纸科学与技术丛书	曹邦威 编著	58.00	异 16 开	ISBN978-7-5019-8146-5
9	当代废纸制浆技术——实用造纸技术丛书	陈庆蔚 编著	59.00	大 32 开	ISBN7-5019-4827-5
10	造纸毛毯技术与应用——实用造纸技术丛书	吕向阳 等编著	25.00	16 开	ISBN978-7-5019-6996-8
11	造纸车间技术管理的优化及技术支持——实用造纸技术丛书	张承武，段永成 编著	18.00	大 32 开	ISBN978-7-5019-6953-1
12	制浆造纸厂化验室化验检验方法——实用造纸技术丛书	吴 楠 等编著	42.00	16 开	ISBN978-7-5019-6868-8
13	英汉造纸工业词汇	许向阳 编	50.00	32 开	ISBN7-5019-4269-2
14	英汉 - 汉英造纸工业词汇	许向阳 编	80.00	32 开	ISBN978-7-5019-6966-1
15	造纸辞典	刘仁庆 编著	35.00	大 32 开	ISBN7-5019-5153-5
16	中国造纸原料纤维特性及显微图谱	王菊华 主编	200.00	16 开	ISBN978-7-5019-2345-0

续表

序号	书名	著者	定价 / 元	开本	书号
17	简明中国手工纸（书画纸）及书画常识辞典	刘仁庆　编著	39.00	异 16 开	ISBN978-7-5019-6391-1
18	纸浆性质软测量原理与技术——造纸科学与技术专著丛书	刘焕彬　著	55.00	16 开	ISBN978-7-5019-6629-5
19	废纸回用过程中胶黏物障碍与控制——造纸科学与技术专著丛书	王双飞，骆莲新　编著	35.00	16 开	ISBN978-7-5019-6954-8
20	纸包装结构设计（第二版）	孙　诚　著	35.00	异 16 开	ISBN7-5019-5216-7
21	造纸趣话妙读	刘仁庆　著	28.00	大 32 开	ISBN978-7-5019-6055-2
22	最新纸机抄造工艺	［美］B.A.Thorp　编 / 曹邦威　译	98.00	16 开	ISBN7-5019-2536-4
23	制浆造纸手册——第九分册 - 纸张抄造	张承武　主编	68.00	大 32 开	ISBN7-5019-2004-4
24	造纸工业环境工程导论	万金泉，马邑文　编著	30.00	大 32 开	ISBN7-5019-4935-9
25	造纸湿部化学原理及其应用	张光华　编	16.00	大 32 开	ISBN7-5019-2254-3
26	工业纸板制造与应用	李锡香　编著	25.00	大 32 开	ISBN7-5019-2562-3
27	制浆造纸节能技术	刘秉钺　编著	30.00	大 32 开	ISBN7-5019-2405-8
28	麦草浆碱回收技术指南	张　珂　主编	23.00	大 32 开	ISBN7-5019-2461-9
29	纸加工原理与技术	张美云　编著	34.00	大 32 开	ISBN978-7-5019-2127-X
30	制浆技术问答（第二版）	梁实梅　编著	40.00	大 32 开	ISBN7-5019-4270-6
31	制浆造纸工业环境管理	联合国环境署　著	23.00	大 32 开	ISBN7-5019-2236-5
32	最新碱法制浆技术	曹邦威　译	98.00	16 开	ISBN978-7-5019-1417-3
33	表面活性剂在造纸中的应用技术	张光华　编著	25.00	大 32 开	ISBN978-7-5019-3083-8
34	棉短绒制浆概论	陈嘉川　编著	35.00	16 开	ISBN978-7-5019-7894-6
35	制浆造纸工艺计算手册	王忠厚，许志晔　主编	68.00	16 开	ISBN978-7-5019-8037-6
36	中国造纸工业绿色进展及其工程技术	陈克复　主编	70.00	16 开	ISBN978-7-5184-0659-3
37	现代造纸机械状态监测与故障诊断	张　辉　主编	50.00	16 开	ISBN978-7-5019-9188-4
38	江苏造纸简史	张　辉　主编	48.00	异 16 开	ISBN978-7-5019-9545-5
39	植物纤维资源化学	李忠正　主编	79.00	16 开	ISBN978-7-5019-8701-6
40	中国造纸年鉴 2023	中国造纸学会　编	450.00	16 开	SBN978-7-5184-4594-3
41	山东造纸产业转型升级理论与实践研究	邹志勇　王泽风　编著	98.00	16 开	ISBN978-7-51840805-4
42	制浆技术——造纸及其装备科学技术丛书	詹怀宇　主编	89.00	16 开	ISBN978-7-5019-8866+2
43	造纸技术——造纸及其装备科学技术丛书	张美云　主编	68.00	16 开	ISBN978-7-5019-9488-5
44	纸张结构与印刷适性——造纸及其装备科学技术丛书	周景辉　主编	60.00	16 开	ISBN978-7-5019-9014-6
45	制浆造纸经济学——中芬合著：造纸及其装备科学技术丛书（中文版）第一卷	姜丰伟，曹振雷，胡　楠　著	68.00	16 开	ISBN978-7-5019-8692-7
46	禾草类纤维制浆造纸——中芬合著：造纸及其装备科学技术丛书（中文版）第二卷	李忠正　著	68.00	16 开	ISBN978-7-5019-9156-3

续表

序号	书名	著者	定价 / 元	开本	书号
47	化学制浆Ⅱ 化学品和能量回收——中芬合著：造纸及其装备科学技术丛书（中文版）第三卷	刘秉钺 等译著	120.00	16 开	ISBN978-7-5019-8118-2
48	环境管理和控制——中芬合著：造纸及其装备科学技术丛书（中文版）第四卷	程言君 等译	68.00	16 开	ISBN978-7-5019-9735-0
49	森林资源的生物质精炼——中芬合著：造纸及其装备科学技术丛书（中文版）第五卷	孙润仓 等译	68.00	16 开	ISBN978-7-5019-9736-7
50	机械制浆——中芬合著：造纸及其装备科学技术丛书（中文版）第六卷	詹怀宇 等译著	140.00	16 开	ISBN978-7-5184-0036-2
51	化学制浆Ⅰ——中芬合著：造纸及其装备科学技术丛书（中文版）第七卷	刘秋娟 等译著	200.00	16 开	ISBN978-7-5184-0668-5
52	造纸化学——中芬合著：造纸及其装备科学技术丛书（中文版）第八卷	张素风 等译著	90.00	16 开	ISBN978-7-5184-0588-6
53	造纸Ⅰ纸料制备与湿部——中芬合著：造纸及其装备科学技术丛书（中文版）第九卷	刘温霞 等译著	140.00	16 开	ISBN978-7-5184-0494-0
54	造纸Ⅱ干燥——中芬合著：造纸及其装备科学技术丛书（中文版）第十卷	张 辉 等译	190.00	16 开	ISBN978-7-51841912-8
55	造纸Ⅲ纸页完成——中芬合著：造纸及其装备科学技术丛书（中文版）第十一卷	何北海 等译	110.00	16 开	ISBN978-7-51841102-3
56	森林资源与可持续性管理——中芬合著：造纸及其装备科学技术丛书（中文版）第十二卷	殷锡纬 等译著	160.00	16 开	ISBN978-7-5184-0997-6
57	纸和纸板加工——中芬合著：造纸及其装备科学技术丛书（中文版）第十三卷	张美云 等译著	100.00	16 开	ISBN978-7-5184-1105-4
58	纸和纸板品种——中芬合著：造纸及其装备科学技术丛书（中文版）第十四卷	庄金风 等译	58.00	16 开	SBN978-7-5184-2451-1
59	纸张物理性能——中芬合著：造纸及其装备科学技术丛书（中文版）第十五卷	刘金刚 等译	100.00	16 开	ISBN978-7-5184-1337-9
60	材料及其防腐和维护——中芬合著：造纸及其装备科学技术丛书（中文版）第十六卷	周 耘 等译	110.00	16 开	ISBN978-7-5184-1355-3
61	森林产品化学——中芬合著：造纸及其装备科学技术丛书（中文版）第十七卷	冯文英 等译	90.00	16 开	ISBN978-7-5184-1499-4
62	造纸过程控制与维护管理——中芬合著：造纸及其装备科学技术丛书（中文版）第十八卷	沈文浩 等译	120.00	16 开	ISBN978-7-5184-1505-2
63	纸浆与纸张检测——中芬合著：造纸及其装备科学技术丛书（中文版）第十九卷	吕卫军 等译	80.00	16 开	ISBN978-7-5184-1461-1
64	纸张颜料涂布与表面施胶（第二版）——中芬合著：造纸及其装备科学技术丛书（中文版）第二十卷	王双飞 等译	160.00	16 开	ISBN978-7-5184-2385-9

续表

序号	书名	著者	定价 / 元	开本	书号
65	回收纤维与脱墨——中芬合著：造纸及其装备科学技术丛书（中文版）第二十一卷	付时雨　等译	200.00	16 开	ISBN978-7-5184-1656-1
66	印刷媒体—原理、过程和质量——中芬合著：造纸及其装备科学技术丛书（中文版）第二十二卷	狄正军　等译	160.00	16 开	SBN978-7-5184-2085-8

2. 造纸专业高等学校专业教材

序号	书名	著者	定价 / 元	开本	书号
1	制浆造纸工程大全（第二版）——北欧及北美造纸专业本科教材	［加拿大］G.A. 斯穆克著 / 曹邦威　译	50.00	16 开	ISBN7-5019-3132-1
2	造纸工业清洁生产原理与技术——教育部高等学校轻化工程教学指导委员会推荐特色教材	何北海　主编	34.00	16 开	ISBN7-5019-5681-2
3	制浆造纸概论——教育部高等学校轻化工程教学指导委员会推荐特色教材	刘　忠　主编	30.00	16 开	ISBN978-7-5019-5740-8
4	制浆造纸专业英语——高等学校专业教材	曹邦威，张东成　编	18.00	16 开	ISBN7-5019-5349-3
5	制浆造纸助剂——高等学校专业教材	安郁琴，刘　忠　主编	28.00	大 32 开	ISBN7-5019-3925-X
6	热工基础与造纸节能（第二版）——教育部高等学校轻工与食品学科教学指导委员会推荐教材	刘秉钺　主编	36.00	16 开	ISBN978-7-5019-7086-5
7	制浆造纸实验——普通高等教育轻工与食品专业实验类系列规划教材	王双飞　主编	23.00	16 开	ISBN978-7-5019-7489-4
8	造纸湿部化学——普通高等教育“十一五”国家级规划教材	刘　忠　主编	35.00	16 开	ISBN978-7-5019-7740-6
9	加工纸与特种纸实验教程——普通高等教育“十二五”规划教材	刘文波　主编	24.00	16 开	ISBN978-7-5019-8847-1
10	现代造纸机械状态监测与故障诊断（第三版）——普通高等教育“十二五”规划教材	张　辉　主编	65.00	16 开	ISBN978-7-5184-0833-7
11	制浆造纸污染控制（第二版）——“十二五”普通高等教育本科国家级规划教材	韩　颖　主编	55.00	16 开	ISBN978-7-5184-0732-3
12	造纸技术实用教程——“十三五”普通高等教育本科规划教材	沙力争　主编	60.00	16 开	ISBN978-7-5184-1270-9
13	制浆造纸概论——“十三五”普通高等教育本科规划教材	龚木荣　编著	45.00	16 开	ISBN978-7-5184-2367-5
14	制浆原理与工程（第四版）——中国轻工业“十三五”规划教材	詹怀宇　主编	98.00	16 开	ISBN978-7-5184-2487-0
15	造纸原理与工程（第四版）——中国轻工业“十三五”规划教材	何北海　主编	75.00	16 开	ISBN978-7-5184-2661-4

续表

序号	书名	著者	定价 / 元	开本	书号
16	加工纸与特种纸（第四版）——中国轻工业“十三五”规划教材	张美云 主编	60.00	16 开	ISBN978-7-5184-2567-9
17	植物纤维化学（第五版）——中国轻工业“十三五”规划教材	裴继诚 主编	60.00	16 开	ISBN978-7-5184-2889-2
18	制浆造纸机械与设备（上）(第四版）——“十二五”普通高等教育本科国家级规划教材	陈克复 主编	85.00	16 开	ISBN978-7-5184-0929-7
19	制浆造纸机械与设备（下）(第四版）——“十二五”普通高等教育本科国家级规划教材	陈克复 主编	98.00	16 开	ISBN978-7-5184-0930-3
20	制浆造纸工程设计（第二版）——教育部高等学校轻工类专业教学指导委员会“十四五”规划教材	陈务平 主编	80.00	16 开	ISBN978-7-5184-3946-1
21	制浆造纸分析与检测（第二版）——中国轻工业“十三五”规划教材	刘 忠 主编	78.00	16 开	ISBN-978-7-5184-2965-3
22	轻化工过程自动化与信息化（第三版）——中国轻工业“十三五”规划教材	刘焕彬 主编	95.00	16 开	ISBN978-7-5184-3581-4
23	制浆造纸工程设计——中国轻工业“十四五”规划教材	平清伟 李 娜 主编	70.00	16 开	ISBN978-7-5184-4494-6

3. 造纸专业高等职业教育教材（教育部高职高专制浆造纸技术专业教学指导分委员会规划教材）

序号	书名	著者	定价 / 元	开本	书号
1	制浆造纸检验技术（第三版）	郭 纬 主编	38.00	16 开	ISBN978-7-5184-2333-0
2	制浆工艺及设备	邝守敏 主编	48.00	16 开	ISBN7-5019-2912-2
3	造纸工艺及设备	吴葆敦 主编	45.00	16 开	ISBN978-7-5019-2735-9
4	制浆造纸工厂设计概论	李土根 主编	36.00	16 开	ISBN7-5019-2759-6
5	制浆造纸专业英语	李桂芳 主编	15.00	大 32 开	ISBN7-5019-2795-2
6	纸加工技术	沙力争 主编	32.00	16 开	ISBN978-7-5019-6657-8/TS.3874
7	制浆造纸设备安装与维修（第二版）	李向华 主编	28.00	16 开	ISBN978-7-5019-7041-4
8	制浆造纸助剂及其应用技术	刘一山 主编	30.00	16 开	ISBN978-7-5019-7720-8
9	制浆技术（第三版）	陈向斌 主编	48.00	16 开	ISBN978-7-5019-9473-1
10	造纸技术（第三版）	郭 纬 主编	45.00	16 开	ISBN978-7-5184-1394-2

4. 造纸专业技工教材

序号	书名	著者	定价 / 元	开本	书号
1	制浆造纸设备与操作（第二版）	王忠厚 主编	45.00	16 开	ISBN7-5019-5266-3
2	制浆造纸工艺（第二版）	王忠厚 主编	42.00	16 开	ISBN 7-5019-5205-1
3	长网纸机抄造	曹邦威，张周宏 编	18.00	大 32 开	ISBN7-5019-2167-9

5．造纸工业行业标准

序号	书名	著者	定价 / 元	开本	书号
1	中国轻工业标准汇编（造纸卷）上册	本书编写组编	108	大 16 开	ISBN978-7-5019-7025-6
2	中国轻工业标准汇编（造纸卷）下册	本书编写组编	138	大 16 开	ISBN978-7-5019-7026-1

二、其他出版社制浆造纸工业图书出版目录

序号	书名	著者	出版单位	定价 / 元	开本	书号
1	制浆造纸仪表及自动化	陈　黔，张惠玲编著	冶金工业出版社	28.00	16 开	ISBN978-7-5024-7494-2
2	制浆造纸化验（高级工）	赖建萍，陈元等编著	冶金工业出版社	25.00	16 开	ISBN978-7-5024-7493-5
3	制浆造纸机械与设备	金海兰，张丹等编著	化学工业出版社	30.00	16 开	ISBN978-7-1222-0351-9
4	制浆造纸技术专业英语	云　娜，曹晓瑶编著	华南理工大学出版社	16.00	32 开	ISBN978-7-5623-3509-2
5	制浆造纸关键技术理论与实践	陈克复，杨仕党等编著	华南理工大学出版社	50.00	16 开	ISBN978-7-5623-5095-8
6	制浆造纸行业全过程降污减排技术与评估方法	孙德智，张立秋等编著	中国环境出版社	45.00	16 开	ISBN978-7-5111-1089-3
7	造纸废渣资源综合利用	汪　苹，宋　云等编著	化学工业出版社	58.00	16 开	ISBN978-7-1223-0611-1
8	造纸工业三废资源综合利用技术	汪　苹，宋　云等编著	化学工业出版社	80.00	16 开	ISBN978-7-1222-1150-7
9	2010—2011 制浆造纸科学技术学科发展报告	中国造纸学会编著	中国科学技术出版社	33.00	16 开	ISBN978-7-5046-5813-5
10	2016—2017 制浆造纸科学技术学科发展报告	中国造纸学会编著	中国科学技术出版社	68.00	16 开	ISBN978-7-5046-7943-7
11	无污染制浆新技术	中国科协学会学术部编著	中国科学技术出版社	18.00	16 开	ISBN978-7-5046-5042-9
12	生物质精炼技术与传统纸浆造纸工业	中国科协学会学术部编著	中国科学技术出版社	18.00	16 开	ISBN978-7-5046-6334-4
13	新概念造纸技术与纸基功能材料	中国科协学会学术部编著	中国科学技术出版社	18.00	16 开	ISBN978-7-5046-6765-6

（林　媛）

国外制浆造纸相关研究机构及开设制浆造纸相关专业的大学

Foreign Universities Offering Pulping and Papermaking Courses

美国（AMERICA）

奥本大学 Auburn University

奥本大学成立于1856年，是美国一所规模比较大的有着全面教育的公立大学，位于亚拉巴马州的奥本大学城，设有农业学院、建筑学院、商学院、林业和野生生物科学院等多个学院，另外还设有MBA项目。可授予本科、硕士和博士学位，专业设置广泛。与制浆造纸相关专业有：生物工程/森林工程、化学工程、环境科学、林业、材料工程，下设Alabama造纸和生物资源工程研究中心，有制浆造纸基金会。

佐治亚理工学院 Georgia Institute of Technology

佐治亚理工学院始建于1885年，最初被称作佐治亚技术学校，位于美国佐治亚州的亚特兰大，是一所公立研究性大学。佐治亚理工学院是佐治亚大学系统的一部分，该校还在佐治亚州的沙瓦纳、法国的梅斯、爱尔兰的阿斯龙、中国的上海和新加坡等地设有卫星校区。目前，佐治亚理工学院共下设六所学院，包括大约31个系别，学科重点放在自然科学和技术领域。学院的代表学科是工科，该校是美国最好的理工学院之一。

佐治亚大学 University of Georgia

佐治亚大学创建于1785年，首位校长以及一位校董事会成员参与起草和签署了美国《独立宣言》。作为美国公立高等教育的发源地，佐治亚大学也是全美第一所公立大学，由14所学院及1所研究所组成，校区面积广阔，拥有许多的天然资源。历年来的学校排名位居前茅，被誉为美国南方三所公立常春藤大学之一。佐治亚大学在本科教育课程方面，提供143个不同领域中25种的学士学位，在研究生教育方面，提供130个不同领域中30种硕士学位，在博士生教育方面，提供了98个不同领域中4种博士学位。工程学科类主要包括：生命科学技术、食品科学与工程、环境科学与工程、水资源工程、能源科学与工程、计算机科学与工程、材料科学与工程。

爱达荷大学 University of Idaho

爱达荷大学是一所历史悠久的公立大学，创建于1889年，以通识教育著称。拥有10个学院、5个分校、5个著名研究院，是美国爱达荷州州排名第1的大学，在美国西北部整体排名第3，被《美国新闻与世界报道》一贯公认为美国“国家顶级的博士学位授予大学”。爱达荷大学以工程学为最好。大学部共有154个科系，研究所有农业、艺术及建筑、商业及经济、教育、工程、畜牧、野生保育科学、法律、文字与科学、矿物及地球资源等学院，共有73个硕士班及24个博士班。学校有很多研究机构如水族研究中心、应用热力学研究中心、危险废弃物处理中心、材料科学及尖端技术研究所以及分子与农业生技研究所等，可提供教职员及学生一起合作研究。

路易斯安那州立大学 Louisiana State University

路易斯安那州立大学建于1860年，位于州府巴吞鲁日市的南城，占地面积800多万平方米，是全美校园最美的20所大学之一。学校共设有230多个学科，涵盖了农业、艺术、科技、基础科学、商业管理、设计、教育、工程、大众传媒、音乐与戏剧艺术等70多个不同领域。研究生专业有75个，博士生专业有54个。

迈阿密大学 Miami University

迈阿密大学成立于1925年，是一所私立的非宗教的大学。迈阿密大学目前拥有12个学院，提供180多个本科、硕士和博士专业。有造纸科学与工程基金会。

密西西比州立大学 Mississippi State University

密西西比州立大学成立于1878年，是一所综合性大学，位于美国的密西西比州斯塔克维尔市，是该州招生人数最多的大学。获得了美国南部学院与学校协会之学院委员会的认证，授予学生学士学位、硕士学位、专业学位和博士学位，专业设置广泛。设有森林资源学院。

北卡罗来纳州立大学 North Carolina State University

北卡罗来纳州立大学成立于1887年，是一所公立的研究型大学，位于美国北卡罗来纳州雷利，是北卡罗来纳州教育系统的主要教育机构，是目前北卡罗来纳州规模最大的大学。学校在农业、设计、工程和纺织品方面有着非常悠久的历史，目前学校可授予学士学位、硕士学位和博士学位，同时开设有相关领域的证书课程，专业设置广泛。下设森林与生物材料科学系和木材与造纸科学系。

俄勒冈州立大学 Oregon State University

美国俄勒冈州立大学是美国知名的大学之一，该校为全美国和世界培养了大批各个行业的领袖人物，学术声誉极高。作为全美国仅有的两所获得政府赠地以及同时参与海洋、航空、能源计划的大学之一而享有独特的荣誉，被誉为“公立大学之典范”。俄勒冈州立大学建于1858年，是一所百年名校，该校因其卓越的声誉和名誉而享誉全世界。拥有69个本科专业，157个研究生专业，179个博士专业。与造纸相关专业有：环境工程学、森林工程、材料科学、化学工程等。

普渡大学 Purdue University

普渡大学创办于1869年，是拥有六个校区的州立大学系统，学生人数约四万人，主校区位于美国中西部印第安纳州西拉法叶，提供了超过210种的主修，是全球顶尖的工程学校之一，在美国乃至世界都享有很高的声誉。

纽约州立大学 State University of New York

纽约州立大学最初于1816年成立于纽约波茨坦，随着各个州立大学的成立，直至1948年纽约州立大学才趋于完善，现在该学院由64个学院组成，近47万在校学生和8万多教职员工。在众多分校中以宾汉姆顿大学（分校）、布法罗分校、石溪分校、奥尔巴尼分校这四所国家级研究型大学最为卓著。四大分校中又以宾汉姆顿分校排名和声望最高，被誉为纽约州立大学“皇冠上的珍珠”。

环境科学与林业学院－造纸与生物处理工程系设有造纸研究所。

田纳西大学 University of Tennessee–Knoxville

田纳西大学成立于1794年，是一所世界著名的公立研究型大学，主校区位于田纳西州东部的诺克斯维尔市，是美国南部最具综合性的大型高等学府之一，也是美国历史最悠久的公立大学之一，是田纳西州大学系统中的旗舰大学，东南联盟的成员院校。设有170多个专业。学院包括：联合卫生科学学院、建筑与设计学院、艺术学院、艺术与科学学院、卫生科学学院、商学院、传播与信息学院、牙科学院、教育、卫生与人文科学学院、工程学院、法学院、医学院、护理学院、药学院、社会工作学院、兽医学院、太空研究院。招收研究生的学院有：法学院、商学院、工学院、文理学院、教育学院等。与造纸相关专业包括：材料科学与工程、化学工程、森林等。

宾夕法尼亚州立大学 The Pennsylvania State University

宾夕法尼亚州立大学创办于1855年，是位于美国宾夕法尼亚州的一所世界著名的公立大学，是美国的优秀公立大学之一，也是美国大型的高等学府之一。在宾州全境有24个校区，其中最大的是主校区帕克。其学术科研能力走在世界前列，优势学科包括：地球科学，地质，地理学，环境科学，气象学，材料科学，建筑学，工程学，大众传媒，新闻，农业科学，生态学，教育学、工商管理。与造纸相关专业包括：森林科学、环境工程、天然材料科学、材料工程、化学工程等。

美国威斯康星大学－麦迪逊分校 University of Wisconsin – Madison

威斯康星大学麦迪逊分校创建于1848年，位于美国威斯康星州首府麦迪逊，是美国顶尖公立研究型大学，也是世界上最负盛名的公立大学。该校是威斯康星大学系统的旗帜性学校，是美国大学协会的创始会员之一，也是美国知名的十大联盟的创始成员之一，被誉为“公立常春藤”，与加州大学伯克利分校和密歇根大学齐名。拥有自然科学研究室、材料科学研究中心、环境研究所等。与造纸相关专业包括：材料科学、材料学等。

缅因大学 University of Maine

缅因大学于1865年成立，前身是缅因农业与机械艺术学院，1897年成为缅因大学。现为缅因州最大的大学，也是新英格兰地区最大的大学之一。缅因大学主校区位于美国东北边缅因州欧洛诺市（Orono）。下设五个学院，分别是商业、公共政策与健康学院，教育与人类发展学院，工程学院，文学院，自然资源、森林与农业学院。学校可提供学士、硕士、博士学位课程，同时开设语言中心和继续教育网络课程，为更多的学生提供学习机会。

与造纸相关的有林业生物质产品研究所，包括制浆造纸、生物质精炼等研究方向。

明尼苏达大学 University of Minnesota

明尼苏达大学始建于 1851 年，是美国最具综合性的高等学府，拥有顶尖的理工学院，其排名一直保持在全美前 20。拥有 5 所分校、370 个专业。是十大联盟的成员大学之一，被誉为公立常春藤。

华盛顿大学 University of Washington

华盛顿大学建于 1861 年，是一所公立研究型大学，也是美国西岸历史最悠久的公立大学，为美国大学协会的成员。设有多个学院，如人造环境学院、艺术与科学院、森林资源学院等，开设了多个本科、硕士、博士课程。设有 330 多个专业，包括商业、建筑工程、科学、法律、文科、医学和农学等等。很多学科在全美始终名列前 10 名，包括：化工系、机械工程系、心理系、经济学系、信息管理系、药学、森林、大众保健、教育系、建筑系、景观系等。与造纸相关专业包括：环境科学、化学工程和原料科学工程等。

华盛顿州立大学 Washington State University

华盛顿州立大学成立于 1890 年，是美国华盛顿州建立的一所研究型大学、国家一级大学。主校区坐落在华盛顿州威特曼郡普尔曼市，在华盛顿州境内还包括：斯博坎校区（Spokane）、三城校区（Tri–Cities）和温哥华校区（Vancouver）校区。设有八个学院。是美国 108 所获得卡内基研究基金的大学之一，被评为“高密度研究型大学”。设有文理学、商科经济、工程建筑、农科及家政、教育、药剂、护理和兽医学 8 个学院。与造纸相关专业包括：化学工程、材料科学与工程学、环境工程学等。

西弗吉尼亚大学 West Virginia University

西弗吉尼亚大学是一所四年制公立大学，成立于 1867 年，是西弗吉尼亚州最具规模的大学。共设有 14 个学术方面的学院，分别是：农业、森林与消费科学学院，文理学院，商业与经济学院，创意学院，牙医学院，工程与矿产资源学院，人类资源与教育学院，新闻学院，法学院，医学院，护理学院，制药学院，体育学院，技术学院。可提供 178 种本科、硕士和博士学位。

密歇根州立大学 Michigan State University

密歇根州立大学成立于 1855 年，坐落在美国密歇根州东兰辛市，是一所世界一流的公立研究型大学，是北美顶尖大学学术联盟美国大学协会（AAU）的成员之一，被誉为“公立常春藤”大学。与造纸相关院系包括：森林学系、材料及机械工程系等。

西密歇根大学 Western Michigan University

西密歇根大学建于 1903 年，坐落于美国密歇根州喀拉马索，是密歇根州第四大公立大学。西密歇根大学是一所研究型大学，可提供学士、硕士、博士学位。与造纸相关的有造纸工程、化学工程专业。

造纸科技学院 Institute of Paper Science and Technology（Atlanta）

造纸科技学院（亚特兰大）创办于 1929 年，坐落于佐治亚州亚特兰大，是一所专门从事造纸科学与技术的研究以及教育的研究所，是佐治亚技术学院下的一个机构，在造纸科技方面处于世界一流水平。学校提供有专科证书、硕士学位和博士学位，其中硕士专业有化学与生物分子工程、化学和生物化学、材料科学与工程和机械工程等，此外还有众多的研究项目，包括防护涂层、智能包装、纤维复合材料、纳米材料、森林生物学、新化工产品、热加工、回收、环境控制、二氧化碳减少排放、环境可持续发展的化学处理、制浆和漂白、化学回收、脱水和干燥、涂料、腐蚀、能源、传感器和控制、全球化的影响、企业效益等等。

加拿大（CANADA）

新布伦瑞克大学 University of New Brunswick

新布伦瑞克大学建立于 1785 年，是一所公立性质大学，坐落在新布伦兹维克省，是加拿大资格最老的英语语言大学，也是北美地区最早的公共院校。曾被麦克林杂志誉为加拿大最著名的 5 所综合性大学之一。

与造纸相关的有利莫瑞克制浆造纸中心，位于加拿大新不伦瑞克省弗雷德里顿。

英属哥伦比亚大学 University of British Columbia

英属哥伦比亚大学成立于 1908 年，是一世界级顶尖研究型大学，它庞大而又秀丽，坐落于风光如画的温哥华市，是不列颠哥伦比亚省历史最悠久的大学，与多伦多大学，麦吉尔大学并称加拿大大学“三强”，在经历了百余年的长足发展后，逐渐成为蜚声全球的综合性大学，在加拿大国内的排名中始终保持前三名之列，多次位列北美前 10，世界排名保持在 35 名以内，林学、生态学全球第一，医博类全球第二。设有制浆造纸中心。

魁北克大学 – 三河分校 The Université du Québec à Trois–Rivières

魁北克大学成立于 1968 年，是加拿大一所法语大学，由分布在魁北克几个重要地区的 10 个分校组成，是目前加拿大办学规模最大，在校学生最多的大学。各个分校及学院既有合作又保持相对独立，其办学方向及课程设置各具特色，其中蒙特利尔分校（UQAM）规模最大，三河分校（UQTR）第二。

三河分校地处魁北克省的腹心地带，位于美洲第二大法裔文明古城三河市内，建校于 1969 年，开设了包括本科，硕士，博士三个阶段的教育，近 150 个专业的课程。全校共有约 20 多个研究团队，集中在造纸与纸浆，生物工程，工业电子，中小型企业管理等领域，具备极强的科研实力。

麦吉尔大学 McGill University

麦吉尔大学，简称麦大，建于 1821 年，坐落在加拿大魁北克省蒙特利尔市中心，百年来一直在国际上极负盛誉，历史上与哈佛齐名，是一所蜚声全球的世界顶尖研究型大学。麦吉尔大学吸引了加拿大、美国还有世界各地最优秀的学生，其新生入学平均分位居全加第 1，是全加拿大最难申请的大学。麦吉尔大学有着辉煌历史和非凡成就，长期以来，在欧美声誉崇高，极受推崇和青睐。她的教学及研究水准被认为可媲美美国八大常春藤盟校，其研究水平享誉世界，被称为“北方哈佛”。多次名列加拿大第 1，世界大学排名前 20。与造纸相关的有环境工程，生物资源工程。

麦克马斯特大学 McMaster University

麦克马斯特大学成立于 1887 年，位于加拿大安大略省汉密尔顿市。作为加拿大中型规模的大学，麦克马斯特大学以其独特的创新性和求实理念而成为加拿大最著名的大学之一。其革新性的教学，具有国际竞争性的奖学金和研究成果人所共知。在加拿大一流大学评比中，麦克马斯特大学连年被誉为最富有创造力与革新精神的学府。麦克马斯特大学在能源、材料、制造、机械等传统工业方面的研究能力首屈一指，在数字通讯和电脑硬件等高科技领域也堪称一流。

制浆造纸研究中心归属化学工程系麦克马斯特大学哈米尔顿校区，位于加拿大安大略省。

多伦多大学 University of Toronto

多伦多大学始于 1827 年，是加拿大最古老，最著名的公立大学之一。共有 3 个校区，分别是位于多伦多市中心的乔治校区（St George Campus），也是多伦多大学的主校区；位于多伦多市中心外的士嘉堡校区（University of Toronto at Scarborough）；以及位于密西沙加的密西沙加校区（University of Toronto at Mississauga）。已连续多年位于加拿大国内大学排名榜榜首，被公认为加拿大综合实力最强的顶尖学府。

制浆造纸中心归属于化学工程和应用化学系，始建于 1987 年，由 Doug Reeve 教授创建。

加拿大制浆造纸研究所 Pulp and Paper Research Institute of Canada

加拿大制浆造纸研究所（PAPRICAN）是加拿大造纸工业的科研和教育中心。该研究所既承担科研任务又担负着研究生的培养任务，是非营利性质的科研和教育组织。该所分两个部分，一部分在加拿大东部魁北克省的 Pointe claire 市，另一部分则在加拿大西部不列颠哥伦比亚省（British columbia）的温哥华市。

加拿大林产品创新研究院 FPInnovations

加拿大林产品创新研究院（FPInnovations，简称 FPI）是世界上最大的非营利性林产工业研究机构，总部位于加拿大潘特克莱尔，已有 90 年的发展历史，现有 500 名员工，2007 年 4 月由 FERIC（加拿大林业工程研究所）、Forintek（加拿大林产研究所）和 Papncan（加拿大制浆造纸研究所）3 家研究机构合并组建成为一个新的研究机构，是国际造纸行业在市场化、公司化运作的典型，由董事会负责研究院的发展战略，其创新活动涉及森林经营、木材产品（先进建筑系统）、纸浆、纸张、包装和消费品、生物产品和生物能源等领域。

康考迪亚大学 Concordia University

康考迪亚大学是加拿大一所综合性的公立大学，学校位于加拿大魁北克蒙特利尔。该校也是加拿大最大的高等教育机构之一，也是公认的在加拿大顶级的工程学院之一。据巴黎高等矿业学院的全球排名统计，康考迪亚大学毕业生占据财富 500 强 CEO 位置的比例在加拿大排名第 1，世界排名第 33 名。造纸相关专业包括：环境科学、环境工程等。

拉瓦尔大学 Laval University

拉瓦尔大学创办于 1663 年，位于魁北克省的魁北克市，是一所著名公立大学，加拿大的主要大学之一。共设有 17 个院系，提供 300 多个专业及副修专业的课程教学，在科研领域排名位居加拿大大学前 10 位。

巴西（BRAZIL）

维索萨联邦大学 Federal University of Viçosa

维索萨联邦大学成立于 1922 年，是一所规模中型的公立研究型综合大学。

圣保罗州州立大学 Sao Paulo State University

圣保罗州州立大学，1934 年创办，是巴西第一所现代综合性高等学校，校址在圣保罗。主要培养教师、研究人员和工程技术人员。设有 35 个院、系及研究中心。物理研究中心所属的宇宙及天体物理研究所和原子能研究所享有国际声誉。在海洋学、电子学、食品学和公共卫生学等领域有创造性成果。

智利（CHILE）

比奥比奥大学 Bio Bio University

比奥比奥大学是比奥比奥大区公立高等教育传统继承者。其历史可追溯到1947年成立的智利国立技术大学（TUS）和智利大学的Ñuble校区。

康塞普西翁大学 Universidad de Concepción

康塞普西翁大学1919年建校，地处智利比奥比奥大区，100多年来，康塞普西翁大学为智利和世界培养了许多专业人才，着眼于未来，该大学在智利的农业中心建立了农业高等教育中心——奇廉校区，其使命是发展高水平的农业科学。

奥地利（AUSTRIA）

维也纳自然资源与生命科学大学

维也纳自然资源与生命科学大学（简称BOKU）创建于1872年，该学校位于维也纳市，是一所拥有丰富教学与科研经验的名牌国际性大学。该校最具有吸引力的专业是在环境美化设计、建筑学与规划学院和林业学院，其次是市政工程和水资源管理，以及环境保护工程方面。由5所学院，42个系/研究所，就以下5个方面提供硕士及博士课程：农业、林业、土地与水资源管理及工程、食品科学与生物技术、环境美化设计建筑学与规划。

格拉茨大学 University of Graz

格拉茨大学建立于1585年，它是一座拥有上百年悠久历史的大学，是奥地利教育部认可的18所公立大学中的一所。学校设有6大学院，以人文社科为主：天主教神学院、法学院、商业、经济与社科学院、自然科学院、文学院、环境和区域科学及教育学院。除此之外还设有50多个研究所与实验室。

维也纳技术大学 Technische Universität Wien

维也纳技术大学，始建于1805年，是德语国家中历史最为悠久的技术性大学之一。分为5个学院，110个系，每个系又细分为科研部与教学部。学校有1000多名专家与教授，每年的在校注册生有20000名，其中国外留学生有3000多名。

克罗地亚（CROATIA）

萨格勒布大学 University of Zagreb

萨格勒布大学成立于1669年，是欧洲最古老的高等学府之一。

英国（ENGLAND）

伯明翰大学 University of Birmingham

伯明翰大学，简称伯大，始建于1825年，位于英国第二大城市伯明翰市，世界百强名校，英国顶尖学府，在英国乃至全世界一直享有极高美誉。英国著名的6所“红砖大学”之一，英国名校联盟“罗素大学集团”和国际大学组织“Universitas 21”的创始成员。大学最初的研究目标以科学、工业及工程为主，经过一个世纪的发展，学校已经发展成为以学术为导向的综合性大学，研究的目标也延伸至各个领域并展现杰出的研究成果，成为世界级的研究型大学。

曼彻斯特大学 University of Manchester

曼彻斯特大学是英国大学中世界排名最高的八大最著名学府之一，世界50强顶尖名校，历年最高世界排名为全球第26名，英国著名的6所“红砖大学”之首，英国“常春藤联盟”罗素大学集团的创始成员之一，始建于1824年，位于英国第二繁华城市曼彻斯特，是英国最大的单一校址大学。作为全球最为顶尖的科研与教学机构之一，曼彻斯特大学为人类社会的发展做出了举世瞩目的贡献，在国际上享有极高声誉，校友中共有25位诺贝尔奖得主。现任全职教职员中有3位诺贝尔奖得主，为全英之冠。在2014年英国官方组织的研究卓越框架（REF）评估中，曼彻斯特大学综合实力位居全英第5名。主要有以下几大专业：化学工程、电气及电子工程、材料技术、美国研究、人类学、东亚和南亚研究、艺术史、医学、法律、社会科学、人文学。

威尔士大学 University of Wales

威尔士大学是一所联合大学（大学联盟），于1893年成立。由6所分校和2所学院组成，威尔士大学则是其分校和英国国内外数十所成员学院的学位证书颁发的认证和管理机构，在国内外有较大的影响。学校开设从预科到博士各种层次的专业课程，同时开始网络教育，主要提供研究生阶段学位和证书课程。

造纸相关：生物合成研究中心

芬兰（FINLAND）

阿尔托大学 Aalto University（原赫尔辛基理工大学）

阿尔托大学是一所具有古老建校历史，拥有百年经验的北欧知名全新大学，在欧洲乃至全世界享有盛誉。阿尔托大学是由欧洲顶尖级理工类院校赫尔辛基理工大学（Helsinki University of Technology）和北欧最大的艺术类院校赫尔辛基艺术设计大学（The University of Art and Design Helsinki）、全欧洲第一所商学院赫尔辛基经济学院（The Helsinki School of Economics）3 所芬兰著名大学合并建立而成，这 3 所大学分别是理工类、艺术类、经济类所属专业领域的佼佼者。世界排名第 180 位左右，国家高校排名第 2 位。

赫尔辛基理工大学于 1849 年成立于赫尔辛基市区，1908 年升级为大学。目前有 246 位教授任职，超过 15000 名注册学生，分设 12 个科系，19 个学位项目。赫尔辛基工业大学颁发以下方面学位：工程学位，建筑学位，环境设计和博士学位。

造纸相关：科技学校化学与材料科学学院林产工艺系（木材科学方向、生物质精炼方向、生物质材料方向）

埃博学术大学 Abo Academy University

埃博学术大学建成于 1918 年，是一所瑞典语教学的公立大学，下辖 7 个学院。主要授课语言为瑞典语，但为了吸引国际学生，该校还开设了四个英语授课的硕士学习项目，包括化学工程，电子与移动商务，嵌入式计算以及国际人权法。

造纸相关：纤维与纤维素工艺技术实验室

赫尔辛基大学 University of Helsinki

赫尔辛基大学 1640 年创建于芬兰古都土尔库，1828 年迁至赫尔辛基，是位于芬兰首都赫尔辛基的世界级著名高等学府。赫尔辛基大学以其悠久的历史，丰富的藏书，一流的设备，齐备的专业以及杰出的成就闻名欧洲。它同时也是芬兰在国际上享有盛誉的著名高等学府，全球广泛使用的 Linux 操作系统于 1991 年 10 月 5 日诞生于此。世界排名第 60 位左右，国家高校排名第 1 位。

坦佩雷应用科学大学（Tampere University of Applied Sciences, TAMK）

坦佩雷应用科学大学是一所公立应用科学大学，于 1912 年建立。该校在校生 13000 余名，教职员工 700 余人。2019 年 1 月 1 日起，坦佩雷应用科学大学与坦佩雷大学、坦佩雷理工大学合并成了芬兰最多元的大学社区，共有学生 35000 名，其中 10% 为国际学生。3 所大学学习和研究资源的整合也给学生带来了更丰富多元的学习可能。坦佩雷应用科学大学在全球 50 多个国家拥有 360 多个合作学校，并与中国有多年深厚合作经验，承接了多个国际合作办学项目和国家级教育培训项目。

奥卢大学 University of Oulu

奥卢大学成立于 1958 年，是芬兰北部城市奥卢的一所公立综合性大学，是 LAOTSE 成员学校。设有 6 个学院，分别是人文学院、教育学院、理学院、医学院、经济学院以及工学院。大学以研究生层次的教育为主，专业有教育与全球化，财政与管理会计，国际商务，财政与经济学，蛋白质科学与技术，环境工程，建筑设计，极地地区的健康和福利等。

塞马应用科技大学 Saimaan ammattikorkeakoulu

南卡列里拉理工学院位于芬兰的南芬兰省，其校区分布在该省的拉彭兰塔城和伊马特拉城。该校现更名为塞马应用科学大学。下辖工商管理学院，美术设计学院，卫生保健与社会服务学院，技术学院，旅游与酒店管理学院等 5 个学院。提供本科与硕士层次的高等教育，其主要授课语言为芬兰语，但为了吸引国际学生，该校还开设了一部分用英语授课的专业。

造纸相关：造纸技术专业

于韦斯屈莱大学 University of Jyvaskyla

于韦斯屈莱大学，坐落在芬兰美丽的湖区怀抱中，是芬兰最大的综合类高等院校之一。现有学生 16000 多名，其中包括国际学生 660 多名。与其他芬兰的高等院校相同，Jyvaskyla 大学是一所国立大学，直属教育部管理。学校多年来都是芬兰学生心目中最著名的高等学校。

法国（FRANCE）

巴黎综合理工大学 École Polytechnique

巴黎综合理工学院是 1794 年创立的法国工程师大学校，是一所公立的教学、科研机构，隶属于法国国防部。2007 年起，综合理工学院成了法国高等教育和科研的核心之一——巴黎高科集团的一个创立成员。麻省理工学院和哥伦比亚大学认为它是法国最负盛名的工程师大学校。在各世界大学排行中，《泰晤士报》将巴黎综合理工排在第 34 位；在上海交大的排名中位居第 201 位；而巴黎矿业学校的“国际高等教育机构专业排名”则将之排在第 14 位。

格勒诺布尔理工大学 – 造纸与印刷工程学院 Université Joseph Fourier

格勒诺布尔理工学院成立于 2007 年，是由创办于 1970 年的国立格勒诺布尔理工学院和创建于 1900 年电气学院合并而成。到 2008 年初，国立格勒诺布尔综合理工学院是由 6 所工程师学院、1 个工程师预科班、1 所博士生研究院和 26 个研究实验室所组成的联合体。

下设的造纸与印刷工程学院建立于 1988 年，是一所国际性的关于造纸、印刷通讯及生物材料的学校。该校是欧洲最大的工程师培训中心，属于格勒诺布尔省。法国造纸与印刷工业学校获得了 ISO 9001 认证，为有关文件印刷，包装和环境等方面培养未来的领导人。该校课程设置广泛，有很多与基础工程相结合的涉及具体课程的选择性学科，不断适应行业的需要，随着社会的发展而发展。在纸浆和纸张工程实验室进行有助于改善流程的创新研究，以满足特定的环保要求。该校所有的这些活动都确保得到科学技术发展中的前沿教育。

洛林大学 Université de Lorraine

洛林大学是法国著名的公立综合性大学之一，创始于 1572 年，由 3 所同类型的公立综合性大学和一所专业性较强的工程师学校合并而成。主校园位于法国东北部洛林大区（Lorraine）的南锡（Nancy）和梅斯（Metz）。拥有 8 个博士生院，2100 多名在校博士生，其中半数为来自 80 多个不同国家的外国留学生。每所博士生院在教学和研究方面都有自己的专长，学科领域涉及面广泛。

蒙彼利埃大学 Université de Montpellier

蒙彼利埃大学成立于 1289 年，是世界上最古老的大学之一。校园位于法国南部朗格多克 – 鲁西永地区首府蒙彼利埃。1970 年大学一分为三，均为欧洲顶尖大学联盟科英布拉集团成员。

法国造纸与印刷工业学校

法国造纸与印刷工业学校建立于 1988 年，是一所国际性的关于造纸、印刷通讯及生物材料的学校。该校是欧洲最大的工程师培训中心，属于格勒诺布尔省。法国造纸与印刷工业学校获得了 ISO 9001 认证，为有关文件印刷，包装和环境等方面培养未来的领导人。该校课程设置广泛，有很多与基础工程相结合的涉及具体课程的选择性学科，不断适应行业的需要，随着社会的发展而发展。学校还提供了对数字信息管理的专业执照，制定了与欧洲大学合作的国际培训。该校与工业界建立了密切的合作伙伴关系，每年允许 60 个毕业生能够获得在法国甚至国外的学习机会。在纸浆和纸张工程实验室进行有助于改善流程的创新研究，以满足特定的环保要求。该校所有的这些活动都确保得到科学技术发展中的前沿教育。

法国造纸与图像制作工业学院

法国造纸与图像制作工业学院是欧洲最大、也是法国唯一的造纸及平面传播工业工程师培养中心，法文缩写为“EFPG”，是一所由造纸企业家于 1907 年创办并获国家承认的学校。自 1973 年以来归属格勒诺布尔综合理工学院（INPG），并由一个受 1901 年法律管辖的协会— AGEFPI 协会负责管理。专业课程设置包括：造纸专业 EFPG（法国造纸与图像制作工业学院）工程师文凭；印刷 / 加工转换专业 EFPG（法国造纸与图像制作工业学院）工程师文凭；造纸、印刷、加工转换工程师专业化学年课程；“数字流量、出版及印刷品生产”职业学士课程。学院是一个重要的科学研究中心，其研究工作主要通过造纸工艺工程实验室（LGP2）进行；而该实验室为法国国家科研中心（CNRS）和格勒诺布尔综合理工学院（INPG）的联合研究单位，造纸技术中心（CTP）和法国森林纤维协会（AFOCEL）也为其合作成员。造纸工艺工程实验室形成一个法国和欧洲唯一的大学教师和研究人员联合研究团体，其技能领域完整广泛，从作为纤维原材料的植物直至纸张和纸版加工转换产品，同时还包括印刷工艺控制。实验室共设 5 个研究所：工艺化学、造纸工程、纤维结构物理、平面图像制作科学与技术、包装品及纸张纸版的加工与精加工。

德国（GERMAN）

弗里德里希 – 席勒 – 耶拿大学 Friedrich–Schiller–Universität Jena

弗里德里希 – 席勒 – 耶拿大学，简称耶拿大学，位于德国图林根州耶拿市，正式成立于 1558 年，是一所公立的综合型大学，也是德国最古老的大学之一。众多世界名人曾在耶拿大学讲学和进行学术研究，他们的成功和名望推动了耶拿大学成为德国学术科研的中心。

弗劳恩霍夫研究机构 – 木材研究所

弗劳恩霍夫拥有 80 多家机构，其中在德国有 66 家研究所。其中木材研究所主要研究在木材、纤维材料、表面技术、木材防护、排放防护、环境研究、循环再生、防火和治理的流程工艺。研究重点是复合材料的生产和优化。这些复合材料由木材和其它植物性的材料组成，如棕榈、竹等一年生植物。研究所在表面技术，清漆和粘合材料的聚合物研究领域拥有丰富的经验。此外，研究所还开发古建筑的维护和保养，从废旧物中提取能源等有利于环保的技术。

达姆施塔特工业大学 Technische Universitat Darmstadt

达姆施塔特工业大学成立于 1877 年，是一所世界知名的综合性大学。在德国大学中综合排名前 20，工学排名第 2，该校的工程学、计算机科学和政治学等领域在国际上享有较好声誉。目前，达姆施塔特工业大学与清华大学、同济大学、南京大学、西安交通大学、大连理工大学、香港大学、香港理工大学开展了广泛的合作与交流。

德累斯顿工业大学 Dresden University of Technology

德累斯顿工业大学始建于1828年，位于“欧洲硅谷”之称的德国萨克森州首府德累斯顿，是欧洲工业革命以来历史最悠久和最有名望的科技大学之一。开设126个专业，成为德国开设学科最广泛的综合性大学。

乔治－奥古斯都－哥廷根大学 Georg-August-University of Göttingen

乔治－奥古斯都－哥廷根大学始建于1734年，简称哥廷根大学，坐落于德国西北部的下萨克森州南部哥廷根市，是一所享誉世界的顶尖综合性大学，也是科英布拉集团的重要成员之一。截止至2017年，从哥廷根大学走出的诺贝尔奖获奖人数为45人，数量为德国大学第2位、世界大学第15位 。

汉堡大学 Universität Hamburg

汉堡大学成立于1919年，位于德国汉堡市，是北德最大的学术研究和教育中心与德国规模最大的10所大学之一，也是德国顶尖大学联盟中的一员。在人文科学、社会科学、自然科学领域内拥有顶尖的学术研究水平。根据世界大学排名QS排行榜公布的结果，汉堡大学的语言学、法学、物理学与天文学专业进入了世界前50名；政治学、哲学、医学、经济学、社会学进入了世界前100名。

慕尼黑理工大学 Technische Universität München

慕尼黑工业大学创办于1868年，坐落于德国南部巴伐利亚州（拜恩州）首府慕尼黑，是德国最古老的工业大学之一，是国际享有盛誉的世界顶尖大学，也是“柴油机之父”狄塞尔，“制冷机之父”林德，“流体力学之父”普朗特，文豪托马斯·曼等世界著名科学家及社会名人的母校。在德国教育部的大学科研排行榜（CHE）上，慕尼黑工业大学已经连续多年排名第一。特别是在和企业、实业界的产学研对接、合作上成就斐然，蜚声国际。

挪威（NORWAY）

挪威科技大学 Norwegian University of Science and Technology

挪威科技大学1996年由Tyrondeheim大学发展而成，Tyrondeheim大学是由挪威技术学院、艺术科学学院、自然历史和考古博物馆合并而成。下有7个二级学院、74个系。共有在校生2000人，其中700名为外国留学生。大学每年将授予2000个专业、硕士或博士学位。

造纸相关：化工生物精炼和纤维技术组

挪威造纸与纤维研究院（PFI）

PFI成立于1923年，主要致力于木材纤维，制浆造纸，新型基于生物质材料以及可持续生物精炼的研究，位于挪威中部城市特隆赫姆，与挪威科技大学化学工程系建立了紧密的合作。2004年，PFI更名为造纸与纤维研究院并成为瑞典斯德哥尔摩INNVENTIA的附属子公司。

葡萄牙（PORTUGAL）

阿威罗大学 Universidade de Aveiro

阿威罗大学成立于1973年，是一所公立大学，位于葡萄牙西部濒临大西洋岸边的阿威罗市，是最具活力和创新的大学之一。拥有近15000名本科就读的学生与研究生。该学校的工科目前在欧洲排名第37位，世界排名第137位。

造纸相关：环境科学与工程

俄罗斯（RUSSIA）

Lignokor 造纸工业研究所

西班牙（SPAIN）

赫罗纳大学 Universidad de Gerona

赫罗纳大学1446年建校，是一所优秀的公立大学，下设7个系。

瑞典（SWEDEN）

卡尔斯塔德大学 Karlstads universitet

卡尔斯塔德大学建于1999年，位于瑞典卡尔斯塔德，是一所公立大学。下设有4个系，开设门类丰富的本科与研究生专业。

造纸相关：纸张表面处理中心；制浆造纸技术中心

瑞典皇家理工学院 Kungliga Tekniska högskolan

瑞典皇家理工学院（KTH）位于瑞典首都斯德哥尔摩，建成于1827年，与芬兰的赫尔辛基理工大学（TKK）并称为斯堪的纳维亚半岛上最大的理工类高校，同时也是欧洲理工大学的顶尖院校之一。瑞典皇家理工学院开设有丰富的英语和瑞典语授课的本科和硕士专业。在2008年度泰晤士报高等教育–QS世界大学排行榜上，该校位居全球第173位。

造纸相关：纤维与聚合物技术系

瑞典林产研究所

瑞典林产研究所是瑞典最大的研究所，雇员 340 人，研究项目包括所有林产、纸浆、纸、纸板等方面的内容。在木林产品方面，瑞典林产研究所的研究活动与皇家林产学院密切协作；在纸浆生产方面，与印刷工艺研究所，瑞典新闻纸印刷研究中心，瑞典包装研究所密切协作。

查尔姆斯理工大学 Chalmers University of Technology

查尔姆斯理工大学（简称：Chalmers 或 CTH）成立于 1829 年，位于瑞典第二大城市、北欧工业中心哥德堡，是一所以工程技术、自然科学和建筑学教育与研究为主旨的瑞典顶尖理工大学，与 ABB、Volvo、Ericsson、SKF、SAAB 等众多国际知名瑞典企业有着紧密的联系。科研涉及八大领先领域：建筑环境、能源、信息与通信技术、生命科学工程、纳米科学与技术、材料科学、生产、交通。在荷兰莱顿大学发布的 2014 年 CWTS Leiden Ranking 世界高校排名中，查尔姆斯理工大学与工业界的科研合作水平排名全球第 2。

吕勒奥理工大学 Luleå University of Technology

吕勒奥理工大学成立于 1971 年，是斯堪的纳维亚半岛上最北的理工大学。 下设有 11 个系，并为留学生开设有丰富的本科和研究生专业，同时，学校与当地的工商界合作紧密，高度的创新和合作精神是学校的一大特点。该大学主要研究领域在于采矿工艺、木材工艺、互联网。

瑞典农业科学大学 Sveriges Lantbruks universitet

瑞典农业科学大学是瑞典的一所公立大学，是瑞典乃至北欧最好的农业大学。该大学的本部位于 Ultuna，其分校区分布于瑞典其他地方。下辖四个学院，即景观规划、园艺和农业科技学院，自然资源和农业科学学院，兽医学和动物科学学院以及森林科学学院。

隆德大学 Lund University

隆德大学建于 1666 年，是一所现代化，具有高度活力和历史悠久的公立大学，世界百强大学之一，也是瑞典最负盛名及斯堪的纳维亚半岛上最大的教学研究高教机构之一，位于瑞典最南部的隆德。它有 7 个院系以及各研究中心和专业学术机构。

澳大利亚（AUSTRALIA）

莫纳什大学 Monash University

莫纳什大学建立于 1958 年，是澳大利亚规模最大的国立大学之一，澳大利亚八大名校之一。在墨尔本本部有 6 个校区；在南非、马来西亚设有分校；在全球共设研究中心 75 个，此外还与美洲、亚洲、非洲、中东、欧洲超过 110 个研究中心建立了全球化研究网络与交流链接。

澳大利亚制浆造纸研究院成立于 1989 年，是莫纳什大学化学工程系的一部分。

悉尼大学 The University of Sydney

悉尼大学始建于 1850 年，是坐落于澳大利亚第一大城市悉尼的一所世界顶尖研究型学府，澳大利亚和大洋洲第一所大学。悉尼大学是澳大利亚六所砂岩学府（Sandstone Universities）之一，也是澳大利亚八大名校（Group of Eight）的核心盟校成员，国际著名研究型大学联盟组织环太平洋大学联盟（APRU）、亚太国际贸易教育暨研究联盟（PACIBER）的成员大学之一。与造纸相关专业包括：工程学、化学、生物学与生物化学。

联邦科学与工业研究组织 CSIRO

联邦科学与工业研究组织前身是于 1926 年成立的科学与工业顾问委员会，是澳大利亚最大的国家级科技研究机构，主要角色是通过科学研究和发展，为澳大利亚联邦政府提供新的科学途径，以造福于澳大利亚社会，提高经济效益和社会效益。总部坐落在澳大利亚首都特区堪培拉市中心旁的坎普贝尔（Campbell），紧邻澳大利亚战争纪念馆、澳大利亚国立大学等。有逾 6600 名员工，在澳大利亚、法国及墨西哥拥有逾 50 座研究站。

新西兰（NEW ZEALAND）

坎特伯雷大学 University of Canterbury

坎特伯雷大学建于 1873 年，以工程专业最为出名，位于新西兰的坎特伯雷省的省会基督城中。坎特伯雷大学的教学和研究密切相关，同时见长。其研究项目在全国研究基金中占有很重要的比重。学院包括：艺术、贸易、工程设计、法学、音乐和美术，林业和科学，学院之下又设有 39 个系。

新西兰皇家研究院林业研究所（SCION）

新西兰皇家研究院林业研究所负责林业，木业，木制品以及生物材料的研究。

印度（INDIA）

印度中央制浆造纸研究院

印度中央造纸研究院成立于 1980 年，是隶属于印度工商部产业政策与推广司的国家级专业研究机构，其主要职能是在制浆造纸领域清洁生产、资源利用、产品开发和成本控制等方面为行业提供技术支持。

印度国家环境工程研究院

印度国家环境工程研究所建立于1942年，在全球范围内的废物处理，特别是厌氧发酵处理方面有着很高的成就。该研究所目前涉及农药、航天航空、化学药品、能源保护等众多领域的研究；在药物、工业催化剂以及皮革技术方面都处于领先地位。主要研究的内容有大气和水源的清洁研究、固体废弃物的管理研究、环境健康探索和环境基因技术及生物技术的研发、环境风险评估、环境生态系统及其修复以及环境材料等多个方面。

印度理工学院－卢克里分校 Indian institute of technology

印度理工学院创建于1951年，是由印度政府所建设和组成的7所自治工程与技术学院。在学术界具有世界声誉，被称为印度“科学皇冠上的瑰宝”，是印度最顶尖的工程教育与研究机构。在全国共设有7所校区。卢克里理工学院设有造纸学科领域。

印度尼西亚（INDONESIA）

茂物农业大学 Bogor Agricultural University

茂物农业大学（IPB）成立于1963年，兼具农、林、鱼、畜以及社会科学的多种学科和领域的综合性大学，尤其是他的热带作物研究处于世界领先水平。

伊朗（IRAN）

古尔甘农业科学和自然资源大学 Gorgan University of Agricultural Sciences and Natural Resources

古尔甘农业科学和自然资源大学成立于1957年，大学设置9个学院，包括本科及研究生共2800人。大学位于历史古城 Golestan 戈勒斯坦省的 Gorgan 戈尔甘市。

造纸相关：制浆造纸系，林业和木材技术。

伊斯兰自由大学 Islamic Azad University

伊斯兰自由大学成立于1982年，是世界上第三大大学，世界上第一大的私立大学，总部位于伊朗德黑兰，150万在校生，国内及国外100多个分支机构。

造纸相关：农业科学与自然资源系

德黑兰大学 University of Tehran, Karaj

德黑兰大学是伊朗最古老的现代化大学，也被称作“伊朗的母亲大学”，被冠以“伊朗最好的大学”的美誉。提供111个学士学位项目，177个硕士学位项目及156个博士学位项目。

造纸相关：自然资源系

日本（JAPAN）

东京大学 University of Tokyo

东京大学诞生于1877年，是一所世界级著名研究型综合大学，本部位于日本东京都文京区，在全球都享有极高的声誉。作为一所世界顶尖的综合大学，东大在2016年CWUR世界大学排名中名列世界第13位、日本第1位。

造纸相关：农业与生命科学院－生物材料科学系－木材化学实验室。

北海道大学 Hokkaido University

北海道大学建立于1876年，是日本著名研究型国立综合大学，本部位于日本北海道札幌市，在日本高等教育学府中占有举足轻重的地位。设有两个校区，有12个本科学院、18个研究生院、3个附属研究所、3所全国共同教育研究设施；拥有本科生和研究生共计约18000人左右，教职员约4000人，有来自近百个国家和地区的1500多名留学生，其中中国留学生约800名。根据2018年QS世界大学排名，北海道大学位列世界第122名，亚洲第31名，其化学、工程学、农学、林学等学科均位列世界前100。

筑波大学 University of Tsukuba

筑波大学创办于1872年，位于东京首都圈的筑波市，是日本著名的国立综合大学，日本最古老的大学之一。入选日本“超级国际化大学计划”A类顶尖校，日本学术研究恳谈会（RU11）成员，东亚研究型大学协会成员。筑波大学占地约258公顷，是日本面积最大的大学之一；下设9个学群，开办54个专业，有3名教授获诺贝尔奖。

筑波林业和林产研究院 Forestry and Forest Products Research Institute, Tsukuba

下设生物质化学部。

京都大学：Kyoto University

京都大学创建于1897年，是一所本部位于日本京都市左京区的日本顶尖研究型大学，在日本是仅次于东京大学的学科齐全、规模宏大的国立综合大学。作为日本国内的最高学府之一，京都大学在全球都享有很高的声望，被誉为“科学家的摇篮”。

京都府立大学 Kyoto Prefectural University

京都府立大学，位于日本京都府京都市，是一所由京都府立农业专门学校与京都府立女子专门学校作为母体，创立于 1949 年的日本著名公立大学。目前拥有文学，公共政策学与生命环境学三大学系与下鸭，精华两大校区，是一所在日本关西地区颇受好评的小型高等院校。

静冈大学 Shizuoka University

静冈大学创办于 1949 年，是位于静冈县静冈市骏河区大谷的日本国立大学。拥有静冈校区（文科为主）和滨松校区（理工科为主）。该校的办学宗旨在于：培养对社会充满责任感且具有国际化眼光的高技术性人才；推动有利于世界和平与人类发展的各类科学研究；努力建设成为地区性文化科学基地。

名古屋大学 Nagoya University

名古屋大学创办于 1871 年，本部位于日本爱知县名古屋市，是一所日本顶尖、世界一流的著名研究型国立综合大学，日本中部地区最高学府，日本“超级国际化大学计划”A 类顶尖校。现拥有 10 个学部、15 个研究科、3 个研究所、2 所全国共同利用共同研究基地、29 处校内共同教育研究设施。从设立至今，名古屋大学一直处于日本国内一流级别学府的地位。同时，名大也是日本超级国际化大学计划、RU11 学术恳谈会、八大学工学系联合会、领先研究生院计划、国际 21 世纪学术联盟等著名学术组织的成员大学。

岛根大学 Shimane University

岛根大学是日本一所规模中等的国立综合大学，建立于 1949 年。截至 2017 年，岛根大学占地 648 万平方米，建筑总面积 9.9 万平方米。学校将学部共通教育的培养分为 5 个目标，分别为知识的探究者、市民社会的形成者、地域社会的创作者、国际社会的贡献者、自我的开拓者。

九州大学 Kyushu University

九州大学创立于 1903 年，是一所本部位于日本福冈县福冈市的顶尖研究型国立综合大学，在日本乃至世界上均占有重要的学术地位，是日本文部科学省指定的“超级国际化大学计划”A 类顶尖校之一。目前，九大共拥有 10 个学部、11 个研究科、3 个研究所和 11 个研究中心，在校学生约 18200 名、教职人员 4500 名，其中国际留学生共 1141 名。

秋田县立大学 Akita Prefectural University

秋田县立大学创办于 1999 年，坐落于秋田县秋田市，地理位置优越，环境优美。设有系统科学技术学部，大学院设有系统科学技术研究科、生物资源科学研究科。

东京农工大学 Tokyo University of Agriculture and Technology

东京农工大学于 1874 年设立，2004 年升为日本国立大学，是专注科学研究，小而精的日本著名研究型国立大学。该校实行研究生院重点化，常年积累的科研实力，科研成果达到校外各界公认的顶级水平。

宇都宫大学 Utsunomiya University

宇都宫大学于 1922 年建立，是日本著名国立大学，位于栃木县首府宇都宫市。设有 4 个学院（国际学院、教育学院、工学院、农学院）以及 4 个研究所。

韩国（KOREA）

忠北国立大学 Chungbuk National University

忠北国立大学成立于 1957 年，位于韩国忠清北道清州市，是韩国的主要 10 所大学之一，现已成长为在韩国教育和研究领域处于领先地位的综合机构。大学共设有 12 个学院，10 个学校，55 个系和 6 个研究生院。在信息通讯领域、保健医疗、生命工程、农业、林业、水产业等方面具有独特特色，特别是被指定为国家重点支援大学。

造纸相关：农生学院 – 木材与造纸科学系。

忠南大学 Chungnam National University

忠南大学于 1952 年成立，是一所 4 年制国立大学，地处具有韩国“硅谷”之称的大德研究基地。截至 2011 年，忠南大学共开设了 13 个研究生院、15 个单科学院和 1 个自由专门学部。

造纸相关：生命科学与农业学院 – 生物质材料

江原大学 Kangwon National University

江原大学建校于 1947 年，为国立综合大学，位于韩国东北部的江原道省会城市春川。设有 17 个本科大学（4 年制、5 年制），5 个研究生院（硕士 2 年、博士 3 年、硕博连读 5 年），2 个专门研究生院（法学专门研究生院、医学专门研究生院），共有 288 个本科专业、120 个研究生专业、59 个博士专业，教授 99% 已获得博士学位。

造纸相关：造纸工学系。

首尔国立大学 Seoul National University

首尔国立大学建校于 1926 年，为韩国最初成立的一所国立综合大学，设有 16 个单科学院及研究生院，3 个专科研究所（专修研究生院），93 个研究中心及支援单位，并作为国内最高的教育研究机关，取得了划时代的发展。享有“韩民族最高学府之称”。在韩国综合大学排名第 1。

造纸相关：农业与生命科学学院 – 林业科学系。

韩国庆熙大学 Kyung Hee University

庆熙大学，1949 年创办的一所综合性大学，是韩国的著名高等学府，现有 3 个校区及 20 多个系科，分布在韩国的首尔、水原和光陵。现已是代表韩国的最佳私立大学之一，韩国排名第五。开设 26 个学院和 16 个研究生院，并设有庆熙网络大学。

马来西亚（MALAYSIA）

马来西亚国民大学 University Kebangsaan

马来西亚国民大学创立于 1970 年，是马来西亚一所极负盛名的综合性公立大学，同时也是马来西亚政府创办的第 3 所公立大学。学校排名居全亚洲前 20 位，具备学士、硕士、博士颁发资格，其工程和科技专业一直处于国内大学的领先水准。学校共设有 12 个学院，作为一所综合性大学，专业非常广泛，包括文科、理科、商科、教育等各类学科。

造纸相关：材料科学、环境科学。

马来西亚博特拉大学 University Putra Malaysia

马来西亚博特拉大学（简称 UPM/ 博大）位于马来西亚雪兰莪州，始建于 1931 年，是东南亚著名研究型综合大学，在校师生约 3 万人，主校区占地 1103 公顷。是马来西亚最大的大学之一，也是在全马促进有经验和熟练的人力资本增长的关键学校，并高度致力于有效地制定教学战略，科研，创新和专业服务的创新实践。博大 91% 的教师拥有博士学位，是马来西亚师资力量最强的大学。在教育和研究领域拥有卓越且历史悠久的口碑，是一所在国际学术领域倍受认可的世界顶尖公立大学。

马来西亚科技大学 Malaysia University of Science and Technology

马来西亚科技大学（简称 MUST）于 2000 年创办，位于马来西亚首都吉隆坡近郊的雪兰莪州八打灵再也，是一个提供各种层次教学的综合型院校，包括基础自然科学文凭，本科（理学学士和工商管理学士），硕士，博士。目前有 3 个分院：自然科学与工程学院、商学院以及基础预科学院。

马来亚大学 University of Malaya

马来亚大学 1962 年正式成立，是一所文理学科和医学兼有的综合性世界名校，是马来西亚规模最大和最著名的大学之一，也是一所全马历史最悠久的学府。是马来西亚唯一一所拥有斯坦福大学、东京大学、台湾大学、北京大学、清华大学等名校加盟的环太平洋大学联盟成员大学，与海内外著名学府都有着广泛的联系。

泰国（THAILAND）

亚洲理工学院 Asian Institute of Technology

亚洲理工学院（简称 AIT），始创于 1959 年，现已发展成为由全世界许多国家和地区的政府、国际组织、基金会、商务机构和个人资助的亚洲最大的国际性研究生院之一。位于泰国巴吞他尼府，旨在为了促进亚洲高级工程方面的教育而成立的，是泰国一所私立性综合大学。由四个学校构成：高级技术学校，内部工程学校，环境资源与开发学校和管理学校。每一个学校都具有授予博士学位、硕士学位及学士学位的资格。

造纸相关：制浆与造纸技术，环境工程管理。

土耳其（TURKEY）

Kahramanmaras Sutcu Imam University (KSU)

成立于 1992 年，是一所非营利性公立高等教育机构，位于土耳其卡赫拉曼马拉什，提供获得官方认可的高等教育学位的课程和计划，设置林业工程系。

伊斯坦布尔大学 Istanbul University

伊斯坦布尔大学在伊市共有 9 个校区，下设 17 个学院、5 个系、12 所高等教育培训学院及数十个研究所和研究中心。

越南（VIETNAM）

越南制浆造纸工业研究院

成立于 1969 年，主要从事制浆造纸，环境保护方面的研究、咨询工作。2007 年处于政府机构向股份公司转制阶段，现也做技术转让、设备的代理。

国外主要造纸期刊介绍

Main Foreign Periodicals Related to Pulp and Paper

《纸业 360°》
Paper 360°

Paper 360° 是一本致力于在整个行业，在全世界探索纸浆和造纸工业内部联系的出版物：从森林资源到成品、从主管到 CEO，牢牢扎根于 TAPPI 和 PIMA 的技术和管理专业知识。

出版单位： Technical Association of the Pulp and Paper Industry

出版周期： 双月刊

ISSN： 1933–3684

出版国： 美国

地址： 15Technology Parkway South, Suite 115, Peachtree Corners, GA 30092, USA

电话： +1–978–750–8400

邮箱： jbottiglieri@tappi.org

《纸浆与造纸工业技术协会志》
TAPPI Journal

自创刊以来一直是造纸行业同行评审论文的首选论坛，提供行业内最新、最相关的研究。2009 年 12 月，从印刷期刊转为电子期刊。自 2022 年 3 月起，TAPPI Journal 的出版模式为 100% 开源（OA），版权仍归作者所有，而且与其他技术期刊不同，本刊不需要出版费用。

主办单位： Technical Association of the Pulp and Paper Industry

出版周期： 月刊

ISSN： 0734–1415

出版国： 美国

地址： 15 Technology Parkway South, Suite 115 Peachtree Corners, GA 30092, USA

电话： +1–770–446–1400

邮箱： memberconnection@tappi.org

《纸张、薄膜及箔片加工》
Paper, Film & Foil Converter (*PFFC*)

刊载的内容涵盖纸张、薄膜、箔片加工及包装印刷行业的各个部分和加工行业的业务发展趋势和技术创新。

创刊时间： 1927 年

出版单位： RDG Media, Inc.

出版周期： 月刊

ISSN： 0031–1138

出版国： 美国

邮编： PO Box 529, Estero, FL 33929, USA

电话： +586–227–9344

邮箱： randy@rdgmedia.net

《纸张时代》
Paper Age

世界上造纸行业重要的专业期刊之一，涉及的内容包括：制浆、造纸、纸品加工、技术开发、公司介绍及与主要行业领导者独家采访。

创刊时间： 1884 年

出版单位： O’Brien Publications, Inc.

出版周期： 季刊

ISSN： 0031–1081

出版国： 美国

邮编： PO Box 904, Cohasset, MA 02025, USA

电话： +781–378–1253

邮箱： mobrien@paperage.com

《生物资源》
BioResources

一本国际开源期刊，发表关于木质纤维素材料，化学品及其应用的原始研究和评论。

出版单位： North Carolina University

出版周期： 月刊

ISSN： 1930–2126

出版国： 美国

地址： 2820 Faucette Dr., Campus Box 800, 1Raleigh, NC 27695

电话： +919–515–3120

邮箱： hubbe@ncsu.edu

《加拿大纸浆与纸》
Pulp & Paper Canada

刊载加拿大造纸、纸浆和木材化学等相关技术和设备应用等领域的技术论文、设备与产品介绍和消息报道。

创刊时间： 1903 年

出版单位： Annex Business Media Publication

出版周期： 双月刊

ISSN： 0316–4004

电子版 ISSN： 1923–3515

出版国： 加拿大

地址： 111 Gordon Baker Road, Suite 400, Toronto, ON, M2H 3R1

电话： +（416）510–5113

邮箱： apotal@annexbusinessmedia.com

《生物资源与生物制品》
Journal of Bioresources and Bioproducts

由南京林业大学、加拿大新布伦瑞克大学和中国化学会纤维素与可再生材料分会联合出版。JB&B 致力于促进森林生物资源转化为生物材料、生物化学、生物基纳米材料及其应用、智能应用的生物基刺激材料的各个方面的研究，包括基础研究、应用研究和工程研究

出版单位： KeAi Communications Co.

出版周期： 季刊

电子 ISSN： 2369–9698

出版国： 加拿大

地址： 159 Longpan Road, Nanjing 210037, China

电话： +862585426289

邮箱： jbrb@njfu.edu.cn

《国际纸业技术》
Paper Technology International

造纸工业技术领域的权威性刊物，报道行业的新闻、产品和服务信息，技术更新，案例研究和评论，及造纸工业技术协会会议报告等。特色栏目有纸机织物备件、造纸化学品、设备维护和自动化等。涉及的领域包括造纸及林产品等行业。

创刊时间： 1960 年

主办单位： The Paper Industry Technical Association

出版周期： 季刊

ISSN： 0958–6024

出版国： 英国

邮编： PO Box 721, Bury, BL8 9UZ, UK

电话： +44（0）3003020150

邮箱： daven@pita.co.uk

《纸 印刷 包装》
Paper Print Packaging

德国制浆造纸化学工程师协会 Zellcheming 的官方贸易刊物。报道浆纸生产商、供应商及其国际活动，重点报道新技术、未来发展趋势、新兴市场以及如何提高可持续性（或环境影响）。涉及的内容涵盖从森林到客户的整个产业链。

创刊时间： 1957 年

出版单位： Keppler–Junius GmbH & Co. KG

出版周期： 每年 8 期（4 期英文，4 期德文）

出版国： 德国

地址： Keppler–Junius GmbH & Co. KG, Ruesterstr. 11, 60325Frankfurt/Germany

电话： +49–69–2073–7620

邮箱： info@p3–news.com

《专业造纸》
Professional Papermaking

深受国际造纸行业龙头企业（造纸厂、纸品供应和加工企业）领导者和高层决策者（包括业务管理人员、采购人员、销售经理等）喜爱的贸易刊物。内容涉及纸浆、纸及纸板生产的科学技术报告及公司有关

提高生产力、改善质量、降低成本方面创新的信息，全球市场发展趋势，经济和公司的最新报告，涵盖贸易展览会、会议、政策等最新文章。主要栏目有备料、造纸、纸加工、废水处理和涂布。

出版单位：Deutscher Fachverlag GmbH

出版周期：半年刊

ISSN：1612–0485

出版国：德国

地址：Mainzer Landstr. 251, 60326Frankfurt Am Main, Germany

电话：+49–69–7595–1291

邮箱：info@professional–papermaking.com

《造纸技术》
Wochenblatt Fur Papierfabrikation

刊载纸张、纸板和纸浆工业生产技术方面的技术报告、会议论文和文摘，报道造纸工业技术进展与国内外行业动态。

出版单位：Deutscher Fachverlag GmbH

出版周期：月刊

ISSN：0043–7131

出版国：德国

地址：Mainzer Landstr 251, Frankfurt Am Main, 60326, Germany

电话：+49–69–7595–20151/52/61

传真：+49–69–7595–2055

邮箱：wochenblatt@dfv.de

《法国造纸工业技术协会志》
Association Technique de L'Industrie Papetiere (ATIP)

围绕法国、欧洲和世界各地开发的造纸工业、技术创新、生产商和供应商等，分享经验和业务联系。

主办单位：Association Technique de L'Industrie Papetière

出版周期：季刊

ISSN：0997–7554

出版国：法国

地址：23, Rue d'Aumale F–75009 Paris, France

电话：+33（0）145621191

邮箱：atip@wanadoo.fr

《北欧纸浆和造纸研究杂志》
Nordic Pulp & Paper Research Journal (NPPRJ)

一本国际性的科学杂志，刊载木材或生物质成分、制浆造纸及其所涉及的植物纤维原料和废纸原料，以及制浆、生物质精炼副产品的基础研究及能源问题等方面的研究论文。

创刊时间：1986 年

主办单位：KTH Royal Institute of Technology

出版单位：Walter de Gruyter GmbH

出版周期：季刊

ISSN：0283–2631

电子版 ISSN：2000–0669

出版国：瑞典

地址：De Gruyter, Genthiner Straße 13, 10785 Berlin, Germany

电话：+46（0）30–26005279

邮箱：npprj.editorial@degruyter.com

《纤维素》
Cellulose

刊载纤维素及其衍生物的化学、生化、物理学和材料科学特性的研究论文，以及纤维素技术开发和应用方面的研究论文、评论文章及技术说明。

创刊时间：1994 年

出版单位：Springer Netherlands

出版周期：一年 18 期

ISSN：0969–0239

电子版 ISSN：1572–882X

出版国：荷兰

地址：Springer, Van Godewijckstraat 30, Dordrecht, 3311 GZ, Netherlands

电话：+49–6221–345–4303

邮箱：farzana.banu@springernature.com

《纤维素化学与工艺》
Cellulose Chemistry and Technology

刊载食品、纺织品、造纸、木材、黏合剂、医药、油田等领域碳水化合物工业应用的研究论文。栏目主要包括结构和性能研究、生物和产业开发、分析方法、化学和微生物改性、与其他材料的相互作用。除刊登原创研究论文外，也刊登短通讯、书评和读者来信等。

创刊时间：1966 年
出版单位：Editura Academiei Romane
出版周期：一年 10 期
ISSN：0576–9787
电子版 ISSN：2457–9459
出版国：罗马尼亚
地址：Editura Acad Romane, Calea 13 Septembrie NR 13, SECTOR 5, Bucuresti，050711, Romania
邮箱：vipopa@ch.tuiasi.ro

《木材研究》
Holzforschung

一本国际学术期刊，发表关于木材和木材成分的生物学、化学、物理和技术的前沿研究。

创刊时间：1947 年
出版单位：Walter de Gruyter GmbH
出版周期：月刊
ISSN：0018–3830
电子 ISSN：1437–434X
出版国：德国
地址：Boston, Genthiner Straße 13, 10785 Berlin, Germany
电话：+49（0）3026005– 279
邮箱：holzforschung.editorial@degruyter.com

《木材杂志》
LesPromInform Magazine

主要介绍俄罗斯所有的木材工业——从林业、伐木和木工、生物能源、纸浆和纸张生产到家具制造和木屋建筑。

创刊时间：2002 年
出版单位：LesPromInform
出版周期：一年 8 期
ISSN：1927–6311
出版国：俄罗斯
地址：196084, Russia, St. Petersburg, PO Box 49
电话：+7（812）640–98–68
邮箱：Lesprom@lesprominform.ru

《澳大利亚和新西兰纸浆与造纸工业技术协会志》
Appita Journal (APPITA J)

主要刊载纸浆、纸张、印刷和包装方面的研究论文、技术报告等专题文章，报道国内外造纸工业动态和该协会的会议活动等。

创刊时间：1957 年
主办单位：Appita Inc.
出版周期：季刊
ISSN：1038–6807
出版国：澳大利亚
地址：Monash University, 15 Alliance Lane, Clayton, VIC 3800, Australia
电话：+61–3–9467–9722
邮箱：admin@appita.com

《亚洲纸业》
Paper ASIA

亚洲领先的纸浆和造纸杂志，也涵盖了瓦楞、加工和包装。其读者所覆盖的行业非常广泛，包括一些行业的专业人士和决策者。该杂志在 20 个国家发行。2007 年，该杂志首次刊登中文对照，此举深受行业供应商和最终用户的喜爱。

创刊时间：1985 年
出版单位：SHP Media Sdn. Bhd.
出版周期：双月刊
ISSN：0218–4540
出版国：马来西亚
地址：815, Block E, 8th Floor, Phileo Damansara 1, 9, Jalan 16/11, Off Jalan Damansara, 46350 Petaling Jaya, Selangor, Malaysia
电话：+603–79601148
邮箱：info@paperasia.com.my

《中东生活用纸》
ME Tissue

中东地区生活用纸及无纺布行业的第一本杂志。该杂志致力于为从事生活用纸及无纺布行业的专业人士提供有关节能、安全、优质的生产解决方案、原料、技术、研究和开发等更多信息。其内容涵盖了整个生活用纸的供应链，从原材料到生活用纸生产，与生产、加工、包装相关的技术，以及无纺布行业的新趋势、新技术及研究和发展。为英语和阿拉伯语双语期刊。

创刊时间：2008 年
主办单位：MEAC Group Holding
出版周期：季刊
出版国：黎巴嫩
邮编：PO Box: 45–134 Hazmieh – Lebanon
电话：+961–3–798–204
邮箱：info@metissue.com

《日本造纸技术》
Japanese Journal of Paper Technology

内容涵盖制浆造纸技术、废料处理、深加工、精加工、涂布、测量和分析技术及能源和环保措施等。

创刊时间：1958 年
主办单位：Tec Times Co., Ltd.
出版周期：月刊
ISSN：0453–1507
出版国：日本
地址：日本东京都中央区日本桥人形町 1–9–2
电话：+81–3–5651–7161
邮箱：jj–paper–tech@st–times.co.jp

《制浆造纸技术》
Journal of Pulp and Paper Technology

出版单位：Shizuoka Pulp and Paper
出版周期：月刊
ISSN：0287–5586
出版国：日本
地址：日本静冈县富士市大渕 2590 番地 –1（静冈县工业技术研究所富士工业技术支援中心内）〒417–0801
电话：+81–545–35–5025
邮箱：skamipagk@cotton.ocn.ne.jp

《日本制浆造纸协会志》
Japan TAPPI Journal

内容涉及制浆造纸行业的广泛信息，主要包括：最新研究技术报告；运行经验介绍；最新的研究技术成果；科研机构介绍；海内外制浆造纸动态及相关会议；专利信息和新产品；先进测试技术；商业新闻和显性统计；协会新闻等。

创刊时间：1947 年
主办单位：Japan TAPPI
出版周期：月刊
ISSN：0022–815X
出版国：日本
地址：Kami Pulp Kaikan Bldg. 9–11 Ginza 3–chome Chuo–ku, Tokyo 104–8139 Japan
电话：+81–3–3248–4841
邮箱：kawakubo@japantappi.org

《印度制浆造纸技术协会会志》
Indian Pulp and Paper Technical Association (IPPTA)

创刊时间：1965 年
主办单位：IPPTA Saharanpur
出版周期：季刊
ISSN：0379–5462
出版国：印度
地址：CPPRI Campus, Paper Mill Road, Near Himmat Nagar, PO Box 47, Saharanpur – 247001, India
电话：+917617799736
邮箱：info@ippta.co

《印度国际纸业》
Inpaper International

印度制浆造纸行业杂志，在欧洲和美国以外的其他大洲广受欢迎，涵盖了制浆造纸所有领域。内容涉及受行业关注及有争议的热点问题，业界知名公司及优秀人物介绍，行业最新技术及产品等。

出版单位：Indian Agro and Recycled Paper Mills Association
出版周期：季刊
出版国：印度
地址：404, Vikrant Tower, 4, Rajendra Place, New Delhi – 110008, India
电话：+91–11–25862301
邮箱：inpaper@inpaper.com

《孟加拉制浆造纸》
Bangladesh Pulp & Paper

孟加拉制浆造纸行业综合类刊物，内容主要涵盖：行业资讯；最新研究论文及交流报告等。

出版单位： Bangladesh Pulp & Paper

出版周期： 双月刊

出版国： 孟加拉国

地址： Kapotakkho Supreme, Flat–1A, House–555, Road–9, BAHS, Adabor, Dhaka–1207

电话： + 88001730717348

邮箱： magazinebpp@gmail.com

（罗　敏　吕子露）

国外制浆造纸相关团体与研究机构名录

Foreign Associations and Research Institutions of Paper Industry

美国林业及纸业协会（AF&PA）
American Forest & Paper Association
1101 K Street, NW Suite 700 Washington, DC, U.S.
TEL: +1-202-463-2700
E-mail: info@afandpa.org

美国制浆造纸技术协会（TAPPI）
Technical Association of the Pulp and Paper Industry
15 Technology Parkway South, Suite 115, U.S.
Peachtree Corners, GA 30092
TEL: +1-770-446-1400
E-mail: memberconnection@tappi.org

加拿大林产品协会（FPAC）
Forest Products Association of Canada
Suite 410-99 Bank Street, Ottawa, Ontario, Canada, K1P 6B9
TEL: +1-613-563-1441
E-mail: ottawa@fpac.ca

加拿大制浆造纸技术协会（PAPTAC）
Pulp and Paper Technical Association of Canada
6300 Ave Auteuil, suite 440 Brossard（Québec）J4Z 3P2, Canada
TEL: +1-514-392-0265
E-mail: admin@paptac.ca

巴西纸浆和纸业协会（BRACELPA）
Brazilian Pulp and Paper Association
Rua Olimpíadas, 66- 9º andar, Vila Olímpia, CEP 04551-000, São Paulo, Brazil
TEL: +55-11-3018-7800
E-mail: faleconosco@bracelpa.org.br

巴西制浆造纸技术协会（ABTCP）
Asociação Brasileira Técnica de Celulose e Papel
Rua Joaquim Floriano, 466 8th floor-Itaim Bibi-SP-CEP.: 04534-002, Brazil
TEL: +55-11-97689-0857
E-mail: joice@abtcp.org.br

巴西制浆造纸研究所（IPT）
Instituto de Pesquisas Tecnológicas
Av. Prof. Almeida Prado, 532- Butantã, São Paulo - SP, 05508-901, Brazil
TEL: +55-11-3767-4000
E-mail: ipt@ipt.br

智利纤维素与造纸技术协会（ATCP Chile）
Asociación Técnica de la Celulosa y el Papel
Pje Dos 5, Coronel, Bío Bío, Chile
TEL: + 56-9-88499699
E-mail: atcpchile@atcp.cl

阿根廷纸浆、纸张行业协会（AFCP）
Asociacion de Fabricantes de Celulosa y Papel
Av. Belgrano 2852, C1209AAN Cdad. Autónoma de Buenos Aires, Argentina
TEL: +54-011-4931-0051
E-mail: afcparg@afcparg.org.ar

欧洲造纸工业联合会（CEPI）
Confederation of European Paper Industries
Avenue Louise, 250 Box 80, B-1050 Brussels, Belgium
TEL: +32-2-627-4911
E-mail: mail@cepi.org

欧洲纸板制造工业联合会（FEFCO）
The European Federation of Corrugated Board Manufacturers
Avenue Louise 250B–1050, Brussels
TEL: +32–2–646–4070
E-mail: info@fefco.org

派诺国际
Pira International
Cleeve Road Leatherhead KT22 7RU, United Kingdom
TEL: +44–1372–802000
E-mail: infocentre@pira–international.com

挪威工业联盟
Norsk Industri
Næringslivets Hus Middelthuns gate 27 PB 7072
Majorstuen, 0306 Oslo
TEL: +47–23–08–8800
E-mail: post@norskindustri.no

瑞典森林工业协会
Swedish Forest Industries
Storgatan 19 Stockholm, Sweden
TEL: +46–8–762–72–60
E-mail: info@forestindustries.se

芬兰森林研究所（METLA）
Finnish Forest Research Institute
Jokiniemenkuja 1 FI–01301 Vantaa, Finland
TEL: +358–10–2111
E-mail: info@metla.fi

芬兰森林工业联合会（Metsäteollisuus）
Finnish Forest Industries Federation
Snellmaninkatu 13, 00170 Helsinki, Finland
Rue Montoyer 40, 1000 Bruxelles, Finland
TEL: +358–9–132–61
E-mail: forest@forestindustries.fi

芬兰造纸工程师协会（PI）
Finnish Forest Products Engineers's Association
Aallonharja Tekniikantie 4 C, 02150 Espoo, Finland
TEL: +358–9–132–6688
E-mail: info@puunjalostusinsinoorit.fi

芬兰制浆造纸研究所（KCL）
Oy Keskuslaboratorio–Centrallaboratorium Ab
Tekniikantie 2, 02150 Espoo, Finland
TEL: +358–40–5227104
E-mail: Marko.Lauraeus@kcl.fi

捷克制浆造纸工业协会（ACPP）
Association of the Czech Pulp and Paper Industry
Dělnická 213/12, 17000 Praha 7, Czech Republic
TEL: + 420–724–095–844
E-mail: acpp@acpp.cz

比利时制浆造纸工业协会（COBELPA）
Association of the Belgian Manufacturers of Pulp, Paper and Cardboard
Boulevard De La Plaine 5, 1050 Ixelles, Belgium
TEL: +32–2–6466450
E-mail: general@cobelpa.be

奥地利造纸工业协会（Austropapier）
Association of the Austrian Paper Industry
Gumpendorfer Str. 6, 1060 Wien, Austria
TEL: +43–1–58–886–0
E-mail: austropapier@austropapier.at

奥地利制浆造纸技术研究所（BPTI）
Institute of Bioproducts and Paper Technology
Inffeldgasse 23 A – 8010 Graz, Austria
TEL: +43–316–873–30751
E-mail: claudia.baeumel@TUGraz.at

德国制浆造纸协会（VDP）
Verband Deutscher Papierfabriken e.V.
Adenauerallee 55, Bonn 53113, North Rhine–Westphalia, Germany
TEL: +49–228–267050
E-mail: info@vdp–online.de

德国造纸技术研究所（PTS）
Papiertechnische Stiftung
Forschungsstiftung der Papierindustrie Pirnaer Straße 37
01809 Heidenau, Germany
TEL: +49（03529）551–60
E-mail: info@ptspaper.de

英国木浆协会（BWPA）
The British Wood Pulp Association
5 Dukes Gate, London, Greater London, W4 5DX, United Kingdom
TEL: +44–774–785–0249
E-mail: secretary@bwpa.org.uk
treasurer@bwpa.org.uk

英国纸业联合会（CPI）
Confederation of Paper Industries
Great Western Way, Swindon SN5 8UB, United Kingdom
TEL: +44–1793–889600
E-mail: info.dept@paper.org.uk;
cpi@paper.org.uk

英国造纸工业技术协会（PITA）
Paper Industry Technical Association
Tower House, 269 Walmersley Road, Bury, BL9 6NX, United Kingdom
TEL: 0300–3020–159
E-mail: daven@pita.co.uk

意大利纸及纸制品行业协会（ASSOCARTA）
Association of Italian Paper, Board and Pulp Production
MILANO
Bastioni di Porta Volta, 7– 20121 Milano
TEL: +39 02–290.03018 r.a
ROMA
Viale Pasteur, 8/10– 00144 Roma
TEL: +39 06–591.91.31/40
E-mail: assocarta@assocarta.it

意大利纤维素和造纸技术协会（ATICELCA）
Associazione Tecnica Italiana Cellulosa e Carta
Bastioni di Porta Volta 7 20121– Milan, Italy
TEL: + 39–02–62911308
E-mail: assocarta@assocarta.it

法国造纸工业联盟（COPACEL）
L'Union Française des Industries des Cartons, Papiers et Celluloses
23, rue d'Aumale – 75009 Paris, French
TEL: +33–（0）153–89–2400
E-mail: contacts@copacel.fr

法国造纸技术协会（ATIP）
Association Technique de L'Industrie Papetière
23, rue d'Aumale – 75009 Paris, France
TEL: +33–（0）1–4562–1191
E-mail: atip@wanadoo.fr

西班牙制浆造纸协会（ASPAPEL）
Spanish Association of Pulp and Paper Manufacturers
Avenida de Baviera, 15, 28028 Madrid, Spain
TEL: +34–91–576–3003
E-mail: aspapel@aspapell.es

西班牙造纸研究所（IPE）
Instituto Papelero Espanol
Avenida de Baviera 15, 28028 Madrid, Spain
TEL: +34–91–576–3003
E-mail: ipe@ipe.es

葡萄牙纸和纸板工业协会（ANIPC）
Associação Nacional dos Industriais do Papel e Cartão
Centro Empresarial do Europarque – Sala 101, Rua Interior do Europarque, 4520–153 Santa Maria da Feira, Portugal
TEL: +351–256–060–996
E-mail: geral@anipc.pt

俄罗斯制浆造纸组织和企业协会（RAO Bumprom）
Russian Association of Pulp and Paper Industry Organizations and Enterprises
Philippovsky lane 9 room 23, 119019 Moscow, Russia
TEL: +7–499–450–3755
E-mail: office@bumprom.ru

南非造纸行业协会（PAMSA）
Paper Manufacturers Association of South Africa
Unit 4, Woodview Office Park, 1 Humber Road, Woodmead, Sandton, Republic of South Africa
TEL: +27–11–803–5063
E-mail: info@pamsa.co.za

南非制浆造纸技术协会（TAPPSA）
Technical Association of the Pulp & Paper Industry of South Africa
20 Impangele Road, Kloof, 3610, South Africa
TEL: +27–31–7642494

E-mail: mwtappsa@iafrica.com

澳大利亚 / 新西兰制浆造纸技术协会（APPITA）
Australasian Pulp and Paper Technical Association
Australia:
15 Alliance Lane Clayton, VIC 3800, Australia
TEL: +61–3– 9467–9722
E-mail: admin@appita.com.au
New Zealand:
71 Sophia Street Glenholme Rotorua, 3010, New Zealand
TEL: +64–7–350–2252
E-mail: appita.nz@xtra.co.nz

澳大利亚林产及造纸工业委员会（A3P）
Australian Plantation Products and Paper Industry Council
Level 3, Tourism House,40Blackall Street, Barton, ACT 2600, Australia
TEL: +61–2–6273–8111
E-mail: info@a3p.asn.au

日本纸浆技术协会（Japan TAPPI）
Japan Technical Association of the Pulp and Paper Industry
Kami Pulp Kaikan 11th Floor 9–11 Ginza 3–chome, Chuo–ku, Tokyo 104–8139, Japan
TEL: +81–3–3248–4841

韩国纸业协会（KPA）
Korea Paper Association
505, Sinsa–dong, Gangnam–gu, Seoul, Korea
TEL: +82–02–549–0981

韩国制浆造纸工业技术协会（KTAPPI）
Korea Technical Association of the Pulp and Paper Industry
Room 701, Chungmu Building, 7 Yeouidaebang–ro 69–gil, Yeongdeungpo–gu, Seoul, Korea
TEL: +82–2–786–8620
E-mail: ktappi@ktappi.or.kr

菲律宾造纸商协会（PPMAI）
Philippine Paper Manufacturers Association Inc.
2F FMF Bus. Center, 126 Pioneer St., Mandaluyong City, Philippines
TEL: +63–2–703–9124
+63–2–405–4069
+63–9–168200702
E-mail: philippinepaper@gmail.com

菲律宾制浆造纸技术协会（TAPPI-PHILIPPINES）
Technical Association of the Pulp and Paper Industry of the Philippines
c/o Fiber Processing and Utilization Laboratory, Fiber Industry Development Authority, BAI Compound, Visayas Avenue, Diliman 1104 Quezon City, Philippines
TEL: +63–2–929–1396

越南制浆造纸协会（VPPA）
Vietnam Pulp and Paper Association
No. 59 Vu Trong Phung Street, Thanh Xuan Trung Ward, Thanh Xuan District, Hanoi City, Vietnam
TEL: 02466542872
E-mail: vanphong.vppa@gmail.com

泰国制浆造纸行业协会（TPPIA）
The Thai Pulp and Paper Industries Association
The Federation of Thai Industries, 11th Floor, Creative Technology Building 2 Nang Linchi Road, Thung Maha Mek, Sathon, Bangkok 10120, Thailand
TEL: +6625864504
+6625864709
E-mail: tppia.association@gmail.com

马来西亚造纸协会（MaPA）
Malaysia Paper Association
305 (Suite 1) Block E, Phileo Damansara 1, 9 Jalan 16/11, Off Jalan Damansara, 46350 Petaling Jaya, Selangor, Malaysia
TEL: +603–76651738
E-mail: enquiry@mapma.com.my

马来西亚制浆造纸协会（MPPMA）
Malaysia Pulp and Paper Manufacturers Association
Suite 710, 7th Floor, Wisma Lim Foo Yong, 86 Jalan Raja Chulan, 50200 Kuala Lumpur, Malaysia
TEL: +60–3–2482501
+60–3–2484606

马来西亚森林研究所（FRIM）

Forest Research Institute Malaysia
Selangor Darul Ehsan, 52109 Kepong, Malaysia
TEL: +60–3–62797000
E-mail: feedback@frim.gov.my

印度尼西亚制浆造纸协会（APKI）

Asosiasi Pulp dan Kertas Indonesia
Jl Cimandiri No.6, Flat ½ Cikini, Menteng
Jakarta, Indonesia
TEL: +62–21–31926084
E-mail: ippasec@indo.net.id

印度纸业生产商协会（IPMA）

Indian Paper Manufacturers Association
3rd Floor, PHD House, 4/2 Siri Institutional Area (Opposite Asian Games Village) New Delhi–110016, India
TEL: +91–11–2651–8379
+91–11–4161–7188
E-mail: sg@ipmaindia.org

印度制浆造纸技术协会（IPPTA）

Indian Pulp & Paper Technical Association
C.P.P.R.I. Campus, Paper Mill Road Near Himmat Nagar
Saharanpur–247001, India
TEL: +91–76177–99736
E-mail: info@ippta.co

印度中央制浆造纸研究所（CPPRI）

Central Pulp & Paper Research Institute
Paper Mill Road, Himmat Nagar, Saharanpur–247001, India
TEL: +91–132–2714050
+91–132–2714061
+91–132–2714062
+91–132–2714059
E-mail: director.cppri@gmail.com

缅甸纸浆造纸工业协会（MPPIA）

Myanmar Pulp and Paper Industry Association
100,4th Flr, Bogyoke Aung San Rd., Pazundaung Township, Yangon, Myanmar
TEL: 01–296845
01–203391
E-mail: kyawmin.myr@gmail.com
info@mppia2019.com

全巴基斯坦纸商协会（APPMA）

All Pakistan Paper Merchants Association
Room No. 301, 3rd Floor, Al–Rasheed Centre,Faiz Muhammad Fateh Ali Road, Karachi, Pakistan
TEL: +92–21–32621041,
+92–21–32627866
E-mail: appmapk@gmail.com,
info@appma.com.pk

（吕子露　罗　敏）

大事记

EVENTS

9

2023 年中国造纸工业十项要闻

Top Ten News of China's Paper Industry in 2023

由中国制浆造纸研究院有限公司主办的中国造纸工业十项要闻评选活动自 2000 年举办以来，在各级领导和业界同仁的关心和大力支持下，在广大读者的热心关注与积极参与下，已成为造纸行业的品牌活动，成为业内人士梳理和总结过去一年产业和市场发展脉络的重要渠道，是中国造纸行业最为重要的年度事件之一。2023 年评选会上，基于要闻推荐、汇总等前期准备工作，21 位造纸行业有关领导和专家围绕政策、节能降碳、技术创新、数智转型、高质量发展等备受关注的行业热点展开讨论，最终评选出 2023 年中国造纸工业十项要闻。

1. 3 家造纸企业荣获“2022 年度中国轻工业数字化转型创新成果”一等奖

4 月 18 日，第十三届中国轻工业信息化大会上发布了中国轻工业数字化转型创新成果。山东太阳纸业股份有限公司、金东纸业（江苏）股份有限公司、亚太森博（山东）浆纸有限公司荣获“2022 年度中国轻工业数字化转型创新成果”一等奖。

2. 国家发展改革委等部门发布了关于《工业重点领域能效标杆水平和基准水平（2023 年版）》

6月6日，国家发展改革委等部门发布了关于《工业重点领域能效标杆水平和基准水平（2023 年版）》的通知，增加了乙二醇、聚氯乙烯、卫生纸原纸、纸巾原纸等 11 个领域，进一步扩大工业重点领域节能降碳改造升级范围。

3. 纪念造纸术发明者蔡伦活动在湖南耒阳举办

11 月 1—4 日，中国造纸学会、中国造纸协会、耒阳市委及市政府、金光集团 APP

（中国）纪念造纸术发明者蔡伦活动在湖南耒阳举办。活动围绕造纸术及其发明史进行深入探讨，共同纪念造纸术发明家蔡伦。

4. 国家发展改革委等部门发布《关于加快建立产品碳足迹管理体系的意见》

11 月 22 日，国家发展改革委等部门发布了《关于加快建立产品碳足迹管理体系的意见》，提出：到 2025 年，国家层面出台 50 个左右重点产品碳足迹核算规则和标准；到 2030 年，国家层面出台 200 个左右重点产品碳足迹核算规则和标准。

5.《再生纸浆》国家标准获批发布

11 月 27 日，《再生纸浆》国家标准正式发布实施。该标准规定了再生纸浆的未碎解纤维组分含量、夹杂物含量、出渣率、可勃值等要求，适用于作为造纸纤维原料使用的再生纸浆，不适用于仅经过简单分拣、剪切、打包等处理得到的废纸碎片等。

6.《中国造纸》《中国造纸学报》连续 10 次入编《中文核心期刊要目总览》

12 月 26 日，北京大学《中文核心期刊要目总览》2023 年版编委会公布了《中文核心期刊要目总览》2023 年版（第 10 版），《中国造纸》《中国造纸学报》继续双双入编，这是两本造纸中文科技期刊自北京大学图书馆建立《中文核心期刊要目总览》以来连续第 10 次入编。

7. 国家发展改革委公布《产业结构调整指导目录（2024 年本）》

12 月 27 日，国家发展改革委公布《产业结构调整指导目录（2024 年本）》，2024 年 2 月 1 日起施行。对比 2019 年本，2024 年本将餐巾纸原纸、面巾纸原纸、卫生纸原纸、白纸板调出指导目录鼓励类。

8. 2023 年造纸行业新增 15 家国家级绿色工厂

12 月 29 日，工业和信息化部发布了 2023 年度绿色制造名单，15 家造纸及相关行业企业获评国家级绿色工厂称号，累计共 80 家造纸及相关行业企业获评国家级绿色工厂称号。

9. 我国造纸行业在标准化方面取得显著进展

2023 年，我国造纸行业在标准化方面取得显著进展，共有 33 项国家和行业标准批准发布。《匠心产品生活用纸》团体标准入选工业和信息化部 2023 年百项团体标准应用示范项目。中国制浆造纸研究院正式获批承担“国际标准化组织女性卫生用品技术委员会”国内技术对口单位，将代表我国组织相关单位和专家开展该领域国际标准化工作。

10. 多个大型浆纸项目顺利投产，造纸产能持续释放

10月20日，亚太森博（江苏）年产100万吨白卡纸生产线投产。2023年，金光如东产业基地一期年产78万吨生活用纸、亚太森博（山东）年产50万吨文化用纸、太阳纸业广西基地南宁园区的年产100万吨高档包装用纸、联盛纸业漳浦基地年产390万吨林浆纸一体化一期第一阶段等多个大型浆纸项目顺利投产，造纸产能持续释放。

（陈丽卿）

2023 年中国造纸工业大事记

Important Events of China's Paper Industry in 2023

1 月

1 月 4 日，海南省生态环境厅发布关于更新《海南省禁止生产销售使用一次性不可降解塑料制品名录》的公告，自 2023 年 7 月 1 日起，禁止生产销售使用＜ 100 克 / 米 ^{2} 非织造布购物袋。

1 月 12 日，广西太阳纸业 PM3 文化用纸生产线顺利投产。目前北海基地项目已建成 40 万吨 / 年 PM1 文化用纸生产线，100 万吨 / 年 PM2 白卡纸生产线和 35 万吨 / 年 PM3 文化纸生产线，以及 6 条生活用纸生产线（产能共 22 万吨 / 年），合计总产能约 200 万吨 / 年。

1 月 14 日，保定市维拓造纸机械有限公司在云南省汉光纸业有限公司投产的幅宽 2850 毫米，车速 1400 米 / 分的卫生纸机一次性开机成功，该纸机年产能 2 万吨。

1 月 16 日，生态环境部、海关总署发布实施《关于发布进口货物的固体废物属性鉴别程序的公告》。

1 月 16 日，国家标准化管理委员会下达《数据中心能效限定值及能效等级》等 360 项国家标准外文版计划的通知。其中，由全国食品直接接触材料及制品标准化技术委员会（SAC/TC397）归口管理的《茶叶滤纸》国家标准外文版计划项目获批立项。

1 月 18 日，金光如东产业基地项目一期 24 条生产线全面投产，产能 78 万吨 / 年。

1 月 29 日，岳阳市城陵矶新港区、平江县举行 2023 年第一批重点产业项目集中开工仪式，35 个项目集中开工，总投资超 450 亿元。其中，城陵矶新港区 10 个项目开工，总投资 319 亿元；平江县集中开工 25 个项目，预估投资 132.06 亿元。其中岳阳林纸年产 70 万吨文化用纸项目总投资 50 亿元，建成后年增销收入约 45 亿元，助推岳阳林纸向 200 亿元年产值迈进。

1 月 31 日，国家统计局公布全国规模以上工业企业在 2022 年共实现利润总额 84038.5 亿元，比 2021 年下降 4.0%。其中，造纸和纸制品业利润总额 621.1 亿元，同比下降 29.8%。在营业收入方面，2022 年全国规模以上工业企业实现营业收入 137.91 万亿元，比 2021 年增长 5.9%。其中，造纸和纸制品业实现营业收入 15228.9 亿元，同比增长 0.4%。

1 月 31 日，由中国制浆造纸研究院有限公司牵头起草的 ISO 9184—1: 2023 Paper, board and pulps — Fibre furnish analysis — Part 1: General method《纸、纸板和纸浆纤维组成分析第 1 部分：通用方法》国际标准正式发布。

2 月

2 月 1 日，工业和信息化部发布的《工业节能监察办法》开始实施。

2 月 1 日，由全国包装标准化技术委员会提出并归口的《包装回收标志》和《包装 包装与环境 术语》两项国家标准批准发布并开始实施。

2 月 7 日，广东省人民政府正式印发实施《广东省碳达峰实施方案》，该方案聚焦“十四五”和“十五五”两个碳达峰关键期，提出了提高非化石能源消费占比等方面目标指标。

2 月 8 日，广东省能源局发布 2023 年省级打好污染防治攻坚战（节能降耗）专项资金项目计划。其中，玖龙纸业（东莞）有限公司 PM2、PM3、PM13、PM19、PM32 设备更新技术改造项目、东莞建晖纸业有限公司涂布白纸板生产线真空系统技术改造项目均获得该项目计划资金支持，共计 790 万元。

2 月 8 日，福建省青山纸业股份有限公司举行了碱回收技改项目开工仪式。项目总投资 6.8 亿元，用于新建厂房及其配套设施建设。项目采用先进的碱回收技术和装备，建成日处理 2000 吨固形物的碱回收生产线及配套环保基础设施。

2 月 13 日，浙江山鹰纸业有限公司 PM16 纸机成功开机。纸机生产线由维美德提供，纸机网宽 9300 毫米，净纸幅宽 8600 毫米，设计车速 1200 米 / 分，生产 120 ~ 230 克 / 米 ^{2} 绿色环保高档包装用纸。

2 月 15 日，阳江市豪悦纸业有限公司年产 12 万吨瓦楞原纸和 2 亿米 ^{2} 纸板迁扩建项目节能报告获广东省能源局批复。项目设计年产 12 万吨瓦楞原纸、2 亿米 ^{2} 纸板。

2 月 17 日、12 月 19 日，何梁何利基金科学技术奖 2021 和 2022 年度、2023 年度颁奖大会在北京举行，博世科创始人王双飞院士、齐鲁工业大学（山东省科学院）陈嘉川教授分别荣获 2021 年度、2023 年度何梁何利基金科学与技术产业创新奖。

2 月 20 日，陕西省印发《陕西省碳达峰实施方案》，提出到 2025 年，全省非化石能源消费占比达 16% 左右；到 2030 年，非化石能源消费占比达 20% 左右，实现 2030 年前碳达峰目标。

2 月 21 日，中国纸业投资有限公司旗下最大的文化用纸生产基地——岳阳林纸股份有限公司与维美德技术有限公司签订 45 万吨 / 年项目 PM11 纸机设备采购合同。

3 月

3 月 1 日，斑布健康竹产业园 5 万吨项目生产车间 PM3 纸机成功开机投产。纸机为宝拓 BC1600–2850 新月型卫生纸机，单机产能 2.5 万吨 / 年。

3 月 5 日，斑布健康竹产业园 5 万吨项目生产车间 PM4 纸机成功开机投产。纸机为宝拓 BC1600–2850 新月型卫生纸机，单机产能 2.5 万吨 / 年。

3 月 5 日，韶能集团耒阳蔡伦纸品有限公司 PM11 纸机成功开机投产。纸机为宝拓公司提供，净纸幅宽 2850 毫米，设计车速 1200 米 / 分，产能约 2 万吨 / 年。韶能集团耒阳造纸项目一期规划 16 条高档卫生原纸生产线，总产能为 32 万吨 / 年。

3 月 5 日，恒安集团常德基地湖南恒安纸业 PM30 纸机年产 3 万吨生活用纸生产线成功开机投产。纸机由宝拓公司提供，幅宽 3650 毫米，车速 1800 米 / 分，项目达产后，恒安集团产能可达 149 万吨 / 年。

3 月 7 日，工业和信息化部、水利部、国家发展改革委、市场监管总局公布 2022 年重点用水企业、园区水效领跑者名单。其中，亚太森博（广东）纸业、玖龙纸业（东莞）、芬欧汇川（中国）等 12 家造纸企业入选。

3 月 21 日，书赞桉诺在亚洲的首个研发与创新中心——书赞桉诺中国研创中心在上海张江科学城正式落成。

3 月 23 日，丰源集团中盛纸业 35 万吨 / 年涂布白纸板项目成功试产出纸。

3 月 24 日，保定市维拓造纸机械有限公司为龙口明洁纸业提供的卫生纸机成功开机。纸机幅宽 2850 毫米，车速 1200 米 / 分，产能 1.8 万吨 / 年。

4 月

4 月 11 日，浙江鹤丰新材料有限公司年产 30 万吨高档纸基材料项目 PM10 开机出纸并成功上卷。项目主要以生产新型高定量高档食品级包装材料为主，主要用于高档食品及药品的包装，如药盒、烟盒、牛奶包、餐包、快速食品等，具有替代塑料制品、创新环保、洁净卫生、防油耐温等特性，并且可降解。

4 月 11 日，德州泰鼎新材料科技有限公司 1500 吨 / 日制浆系统成功开机。设备由济宁华隆机械制造有限公司提供，这套制浆系统的碎浆机采用 D 型碎浆机，体积 150 米 ^{3}，产能可达 1500 吨 / 日以上。

4 月 11 日，南宁太阳纸业 PM15900/1000 文化纸机改造项目顺利完成。浙江华章科技股份有限公司为项目提供纸机传动控制系统和复卷机控制系统。纸机传动车速最高可运行 1000 米 / 分，复卷机车速最高可达 2200 米 / 分。

4 月 11 日，安德里茨公司向东莞建晖纸业供应的一条全新化机浆线已成功开机，这条制浆线配备了全球第一台 TwinFlo Prime 低浓磨浆机，设计产量为 600 吨 / 日，以桉木片为原料生产各种优质纸板。

4 月 17 日，中国轻工业联合会组织制定了《轻工业重点领域碳达峰实施方案》，《实施方案》以“双碳”工作为总牵引，围绕“效率提升、结构优化”，提出“6 个方面 28 项重点任务”“9 项重点行业达峰行动”，绘制了轻工行业绿色低碳转型“路线图”，全面提升轻工业绿色低碳发展水平，实现行业高质量发展。

4 月 18 日，第十三届中国轻工业信息化大会上发布了中国轻工业数字化转型创新成果。山东太阳纸业股份有限公司、金东纸业（江苏）股份有限公司、亚太森博（山东）浆纸有限公司荣获“2022 年度中国轻工业数字化转型创新成果”一等奖。

4 月 19 日，2023 中国纸浆高层峰会在福建厦门召开。

4 月 25 日，中国制浆造纸研究院有限公司作为卫生巾、婴儿纸尿裤产品企业标准排行榜和“领跑者”评估机构，圆满完成 2022 年度卫生巾、婴儿纸尿裤两项产品企业标准“领跑者”的评估工作。

4 月 27 日，云投林纸松木绒毛浆正式投产，填补了国内林浆纸一体化全产业链松木绒毛浆生产供应空白，成为国内首家以思茅松为原料的松木绒毛浆生产企业。

4 月 28 日，日照市与金鹰集团签订了总投资 187 亿元的亚太森博后续扩建项目合作框架协议，商定加快年产 50 万吨生活用纸、50 万吨文化用纸及配套项目建设进度，尽快启动后续规划的年产 35 万吨液体包装用纸、50 万吨文化用纸等项目。

5 月

5 月 1 日，福建联盛浆纸 BM1 年产 100 万吨白卡纸生产线成功开机出纸。该生产线纸机由维美德公司提供，纸机宽幅 8850 毫米，定量为 210 ~ 350 克 / 米^2，设计速度为 1400 米 / 分，日产能超过 4100 吨。

5 月 4 日，凯登公司为理文造纸在马来西亚提供的 PM26 OCC 制浆线碎浆系统和造纸关键设备成功开机并顺利投产，理文造纸在马来西亚工厂的总产能将达 130 万吨 / 年。

5 月 7 日，联盛浆纸漳浦基地生活用纸生产线 TM3 纸机成功开机，纸机车速 1200 米 / 分，起皱率 24%，最大幅宽 5650 毫米，设计车速 2000 米 / 分。

5 月 7 日，江西理文卫生用纸制造有限公司漂白化学浆安装项目制浆工段成功出浆。生产线采用安德里茨集节能、环保于一体的高效清洁生产设备蒸煮器，生产化学浆和半化学浆。

5 月 13 日，中国造纸协会生活用纸专业委员会成立 30 周年暨生活用纸国际科技展览会创办 30 周年庆典在南京国际博览会议中心举办。

5 月 14 日，第 30 届生活用纸国际科技展览会在南京国际博览中心举办。

5 月 16—19 日，2023 中国造纸工业互联与数字化转型发展高峰论坛在重庆召开。

5 月 18 日，由中国制浆造纸研究院有限公司、广西大学轻工与食品工程学院、金光集团 APP（中国）主办，广西造纸行业协会、广西造纸学会协办，中国制浆造纸研究院中国造纸杂志社承办的“2023 中国纸业可持续发展论坛”在广西南宁召开。

5 月 18 日，天津紫丹包装科技有限公司食品级纸包装生产基地正式投产。天津紫丹食品包装生产线建设项目（一期）投资 6000 万元。项目投产后，可年产食品级纸杯 66800 万只，纸桶 14200 万只，纸盒 50000 万只，预计年产值达 1 亿元。

5 月 22 日，工业和信息化部批准发布 586 项行业标准和 53 项行业标准外文版，其中包括《卫生用品用吸水衬纸》行业标准。

5 月 23 日，国家市场监督管理总局（国家标准化管理委员会）发布 2023 年第 2 号公告，批准发布《液压传动连接试验方法第 3 部分：软管总成》等 535 项推荐性国家标准和 2 项国家标准修改单，其中包括《纸、纸板和纸制品抗菌性能的测定》国家标准。《纸、纸板和纸制品抗菌性能的测定》由中轻（晋江）卫生用品研究有限公司、中国制浆造纸研究院有限公司、中轻纸品检验认证有限公司及行业相关单位共同起草完成。

5 月 24—25 日，国家发展改革委产业司、工业和信息化部节能司联合在浙江省宁波市组织召开重点领域节能降碳工作现场会。

5 月 26 日，国家标准化管理委员会、工业和信息化部、商务部发布关于印发《加强消费品标准化建设行动方案》的通知，提出“到 2025 年，构建标准供给以政府与市场并重，标准化工作国内国际相互促进，标准运用覆盖生产、流通、消费全链条，衔接生产端与消费端的新型消费品标准体系，有效推动我国消费品综合竞争力提升”。

6 月

6 月 2 日，位于四川遂宁经开区的特耐王博正包装科技有限公司进入投产阶段，可日产重型包装纸板 5 万米^2。

6 月 15 日，中国造纸协会批准发布《“无废工厂”评价要求 造纸工业》中国造纸协会团体标准的公告。

6 月 16 日，轻工业杭州机电设计研究院有限公司为山东华泰纸业股份有限公司林纸一体化年产 30 万吨化学机械浆生产线技改项目提供的备料系统设备顺利开机投产。工程为技改项目，可将现有 10 万吨化学机械浆厂房中磨机前预处理能力提高至 1300 吨 / 日。

6 月 16 日，保利中轻所属中国制浆造纸研究院有限公司旗下中轻特种纤维材料有限公司的超薄型超级电容器隔膜 LF48-25 实现量产。LF48-25 隔膜的平均厚度为 25 微米，是行业内厚度最低、制造难度最大的隔膜材料之一。

7 月

7 月 1 日，吉林市恒源纸业有限公司 PM2 成功开机。吉林市恒源纸业有限公司 PM2 新项目主机由河南沁阳一机制造，年设计产能为 15 万吨，设计车速为 800 米 / 分，主要生产高档低定量高强瓦楞原纸。

7 月 4 日，重庆理文造纸有限公司牛皮箱纸板迁建及原料替代技术改造项目顺利投产。项目投资约 12 亿元，建设年产能 30 万吨化学机械浆生产线 1 条，年产值可达 20 亿元。

7 月 4 日，国家发展和改革委员会等部门关于发布《工业重点领域能效标杆水平和基准水平（2023 年版）》的通知。卫生纸原纸、纸巾原纸进入重点领域。

7 月 10 日，工业和信息化部科技司发布了 437 项行业标准、1 项行业标准外文版及 1 项行业标准修改单报批公示，其中包括《水松原纸》和《硬钢纸板》两项造纸领域行业标准。报批公示结束后，两项标准即将正式发布。

7 月 13 日，湖南恒安纸业第六期工程项目正式投产，项目总计投入 8.19 亿元，新建 3.6 万米 ^{2} 的造纸车间和 2.4 万米 ^{2} 的仓储中心，并且新建 2 条造纸生产线。截至目前，恒安在常德已经先后完成 6 期投资，原纸年产能达到 34.5 万吨，成品年加工能力达到 2800 万箱。

7 月 14 日，广西天力丰生态材料有限公司 TM6 新月型高速纸机成功开机。该机型幅宽 4000 毫米，设计车速 1000 米 / 分，年产能 1.5 万吨。6 号机成功投产后，公司整体年产能已达到 10 万吨。

7 月 14 日，国家发展改革委发布《产业结构调整指导目录（2023 年本，征求意见稿）》，公开征求意见。

7 月 21 日，国家知识产权局发布《关于第二十四届中国专利奖授奖的决定》，正式公布了第二十四届中国专利奖名单。山东太阳纸业股份有限公司“化学机械浆废水零排放技术处理方法”、淄博泰鼎机械科技有限公司“一种超级压光机”、山东天瑞重工有限公司“水冷式凿岩机”专利荣获第二十四届中国专利优秀奖。

7 月 28 日，工业和信息化部等部门印发关于《国家工业资源综合利用先进适用工艺技术设备目录（2023 年版）》的公告。

7 月 28 日，工业和信息化部、国家发展改革委、商务部联合印发《轻工业稳增长工作方案（2023—2024 年）》其中明确，2023—2024 年轻工业增加值平均增速 4% 左右，规上企业营业收入规模突破 25 万亿元。在造纸方面，《方案》明确提出：推进林纸一体化建设，科学利用竹浆、蔗渣、秸秆及其他非木原料，提高国内原料供给能力。加快高等级绝缘纸、特种纸基复合材料制造技术突破，提升纸及纸板、纸制品产品品质。开发适合婴幼儿和老年人群的护理卫生产品，细分应用场景，加强纸制品和包装用纸设计研发，适应多元化个性化市场需求。提高热电联产比例和效率，扩大生物质能源应用，组织实施一批节能降碳技术改造项目，开展节能降碳技术示范应用，提高行业节能降碳水平。

7 月 31 日，由济宁华隆机械制造有限公司供货的江苏远鸿纸业年产 20 万吨特种纸纸机开机成功。

8月

8 月 1 日，《GB/T 24455—2022 擦手纸》《GB/T 26391—2022 马桶垫纸》两项生活用纸国家标准正式实施。

8 月 6 日，广西来宾桥宏纸业有限责任公司 1 台高速卫生纸机开机，该纸机幅宽 2850 毫米，设计车速 1400 米 / 分，产能 1.5 万吨 / 年。该公司原有生活用纸产能 4 万吨 / 年。

8 月 6 日，辽宁省台安县的雨森生活用纸厂 TM3 纸机开机成功，纸机幅宽 3500 毫米，设计车速为 1600 米 / 分，产能 3 万 吨 / 年，生产网部定量范围 10 ~ 25 克 / 米 ^{2} 的高质量生活用纸。

8 月 6 日，国家市场监督管理总局（国家标准化管理委员会批准发布 431 项推荐性国家标准和 2 项国家标准修改单，其中包括《厨房纸巾》《纸浆模塑制品技术通则》《纸、纸板和纸制品 有效回收组分的测定》《纸浆 细小纤维质量分数的测定》《普通图像印刷纸的稳定性》5 项造纸领域国家标准。

8 月 12 日，德州泰鼎新材料科技有限公司年产 15 万吨低定量高强瓦楞原纸试机成功。该生产线投资 2 亿元，设计年产能 15 万吨，车间全长 198 米，纸机长 128 米，纸机幅宽 4400 毫米，车速 800 米 / 分，生产定量 80 ~ 165 克 / 米 ^{2} 低定量高强瓦楞原纸。

8 月 13 日，四川华侨凤凰纸业在广汉基地的 PM6 号机顺利开机，纸机幅宽 7.92 米，设计车速 1400 米 / 分，主要生产定量为 90 ~ 170 克 / 米 ^{2} 的高品质包装用纸，年产能约 40 万吨。配套的 OCC 备浆线产能达 2200 吨 / 日。

8 月 14 日，菏泽牡丹纸业有限公司年产 2 万吨生活用纸机 TM2 投产，该机幅宽 2850 毫米，设计车速 1400 米 / 分。该公司原有生活用纸产能 5 万吨 / 年。

8 月 14—16 日，2023 中国国际造纸科技展览会及会议在上海举办。同期举办 2023 中国国际造纸创新发展论坛和 2023 国际造纸技术报告会。本届造纸科技展整体展示面积近 20000 米 ^{2}，展商数量达 230 多家，迎来上万人次海内外观众到场参观，数量创历届新高。

8 月 15 日，广西加快建设现代林业强区新闻发布会在南宁举行。广西已建成以钦州、北海、南宁为中心的全国最大林浆纸一体化生产基地，多产融合、发达完备的现代林业产业体系正加速形成。广西正积极承接长三角、粤港澳大湾区等林业产业转移，打造一湾（北部湾）一江（西江）进口木材贸易加工产业集群，畅通林产业国内国际双循环。

8 月 17 日，广西贵港盛正纸业有限公司 2 号高速卫生纸机开机，该纸机为新月型纸机，幅宽 2850 毫米，设计车速 1300 米 / 分，产能约 1.5 万吨 / 年。该公司现有生活用纸年产能总计约为 3 万吨。

8 月 17 日，赛得利（南通）纤维有限公司一期年产 11 万吨新溶剂法莱赛尔项目正式投产。

8 月 20 日，亚太森博（山东）浆纸有限公司年产 50 万吨文化用纸生产线正式开机，纸机设计车速 1800 米 / 分，纸卷幅宽 8700 毫米。

8 月 22 日，为加快绿色低碳先进适用技术示范应用，在落实碳达峰碳中和目标任务过程中锻造新的产业竞争优势，国家发展改革委等部门印发了《绿色低碳先进技术示范工程实施方案》的通知。

9 月

9 月 3 日，财政部和税务总局发布《关于先进制造业企业增值税加计抵减政策的公告》，自 2023 年 1 月 1 日至 2027 年 12 月 31 日，允许先进制造业企业按照当期可抵扣进项税额加计 5% 抵减应纳增值税税额。

9 月 5 日，浙江景兴纸业股份有限公司 5150/750 膜转移施胶机成功开机出纸，膜转移施胶机净纸幅宽 5150 毫米，设计车速 750 米 / 分，主要生产高强瓦楞原纸，产能超过 30 万吨 / 年。

9 月 5 日，烟台市大展纸业有限公司 4200/600 膜转移施胶机成功开机出纸，膜转移施胶机净纸幅宽 4200 毫米，设计车速 600 米 / 分，主要生产箱纸板，产能近 30 万吨 / 年。

9 月 5 日，河南新亚新科技包装材料公司公示了以国内废纸为原料年产 35 万吨瓦楞原纸、65 万吨牛皮箱纸板建设项目。该项目投资 20 亿元，新增占地 136200 米 ^{2}，淘汰现有一分厂及四分厂 10 条造纸生产线及配套的制浆设备。

9 月 6 日，广西壮族自治区生态环境厅受理了《关于南宁太阳纸业有限公司林浆纸一体化技改及配套产业园项目（非辐射类）环境影响报告书审批的申请》。项目建设性质为扩建项目，现有厂区总用地面积 129.17 公顷，现有化学制浆产能 15 万吨 / 年、造纸产能 20 万吨 / 年。

9 月 8 日，浙江森林联合纸业 PM6 纸机开机成功。这是 1 条数码喷墨纸生产线，纸机顺利开机标志着森林联合纸业正式进军数码喷墨纸领域。

9 月 8 日，迁安博达纸业有限公司 4600/850 轻涂胶纸板机整机顺利开机上卷。该生产线由杭州北辰整体供货，供货范围包括膜转移施胶机、空气转向器、气浮干燥箱、无绳引纸、辊式顶网成型器以及北辰合资公司提供的第一套四辊三压靴压。

9 月 12 日，2023 中国民营企业 500 强峰会暨全国优强民营企业助力山东绿色低碳高质量发展大会在山东济南召开。峰会发布了 2023 中国民营企业 500 强、制造业 500 强、服务业 100 强榜单。其中，5 家造纸企业上榜 2023 年中国民营企业 500 强；8 家造纸企业荣登 2023 中国制造业民营企业 500 强榜单，分别为：玖龙纸业（控股）有限公司、华泰集团有限公司、山东太阳控股集团有限公司、山鹰国际控股股份有限公司、胜达集团有限公司、福建恒安集团有限公司、山东博汇纸业股份有限公司、厦门合兴包装印刷股份有限公司。

9 月 12 日，市场监督管理总局（国家标准化管理委员会）批准《公共信息图形符号 第 1 部分：通用符号》等 583 项推荐性国家标准和 6 项国家标准修改单，其中包括《纸、纸板和纸浆分析试样水分的测定》等 7 项造纸领域国家标准。

9 月 12 日，科技部发布了《国家绿色低碳先进技术成果目录》，博世科与广西大学等单位联合研发的“大型二氧化氯制备系统及纸浆无元素氯漂白技术”成功入选。该技术打破国外垄断，使我国从该领域的技术进口国跃升为技术出口国。

9 月 13 日，荆州市生态环境局对山鹰华中纸业有限公司年产 10 万吨竹纤维项目（即热磨化学机械竹浆）环境影响报告书进行报批前公示。该项目位于公安县经济开发区青吉工业园，项目用地 2137749.87 米 ^{2}，项目总投资 13440 万元。

9 月 15 日，生态环境部召开部务会议，审议并原则通过《温室气体自愿减排交易管理办法（试行）》

9 月 18 日，陕西康埠包装实业有限公司年产 1500 万套苹果包装箱项目正式投产，该项目是白水县县级重点项目，总投资 8000 万元，该项目年销售将收入 1.2 亿元，实现利税 1300 万元，提供就业岗位 120 余个。

9 月 20 日，2023 中国 500 强企业高峰论坛在安徽合肥举办，中国企业联合会、中国企业家协会发布了 2023 中国企业 500 强、中国制造业企业 500 强名单。造纸行业中，晨鸣纸业、山东太阳集团控股有限公司荣登中国企业 500 强榜单，晨鸣纸业、山鹰国际荣登中国制造业企业 500 强榜单。

9 月 25 日，山西强伟纸业有限公司 PM7、PM8 低定量瓦楞纸机顺利开机。华章科技旗下的杭州美辰纸业技术有限公司为 PM8 提供稀释水水力式流浆箱，项目投产后山西伟强纸业将有能力控制微湍流布浆生产规模和强度，以高布浆整流产出最优质包装用纸，填补地区环保包装用纸行业的空白。

9 月 25 日，五粮液审议通过了《关于申请实施绿色功能性食品包装新材料项目（一期）的议案》。公司董事会同意全资子公司四川省宜宾普拉斯包装材料有限公司实施绿色功能性食品包装新材料项目（一期）。该项目总投资为 7.67 亿元，五粮液按照项目总投资额的 50% 给予资金（约 3.83 亿元）支持。

10 月

10 月 9 日，工业和信息化部办公厅发布《关于组织开展 2023 年国家技术创新示范企业认定及国家技术创新示范企业复核评价工作》的通知。

10 月 10 日，中顺洁柔在投资者互动平台表示，达州首期 10 万吨生活用纸项目按计划正常推进中，预计 2024 年年初投产。中顺洁柔（达州）浆纸一体化项目位于四川达州渠县李渡工业园区，项目将实现年产纸浆 31.8 万吨和生活用纸 30 万吨。项目分 3 期建设，总建筑面积 11.8 万米 ^{2}，总投资约 10 亿元。

10 月 12 日，中国制浆造纸研究院有限公司在南京组织召开了《GB/T 25436—2023 茶叶滤纸》国家标准外文版审查会。

10 月 12 日，仙鹤股份披露接待机构调研情况显示，目前公司及其合营公司和控股子公司已有的特种纸和纸制品的年产能已达 150 万吨。广西、湖北项目的纸基功能材料产能预计在 2024 年新增约 50 万吨。

10 月 13 日，国家发展改革委、工业和信息化部、财政部、国家林草局等部门联合发布《加快“以竹代塑”发展三年行动计划》的通知。

10 月 15 日，由山东省造纸行业协会提出并归口的团体标准《未漂白秸秆生物化学机械浆第 1 部分：纸浆》（T/SDP AA 0002.1—2023）、《未漂白秸秆生物化学机械浆第 2 部分：磨浆技术规范》（T/SDP AA 0002.2—2023）、《未漂白秸秆生物化学机械浆第 3 部分：固废综合利用技术规范》（T/SDP AA 0002.3—2023）在全国团体标准信息网正式发布，2023 年 11 月 15 日实施。

10 月 18 日，工业和信息化部发布《国家鼓励的造纸行业等工业节水工艺、技术和装备目录（2023 年）》公示。

10 月 19 日，首届“双碳”服务大会暨碳管理体系合作伙伴大会在江苏常州举行。

10 月 20 日，在金鹰（如皋）产业园亚太森博一期年产 100 万吨白卡纸项目纸机成功开机。产品定位为高档社会类及食品级白卡纸，主要用于药品包装、酒品包装、电子产品包装、化妆品、手提袋、纸杯及食品级包装等高档包装制品。

10 月 20 日，福伊特公司为亚太森博如皋基地供货的如皋 BM13 号机成功开机，该纸机幅宽 8160 毫米，设计车速 1400 米 / 分，主要生产定量范围为 170 ~ 400 克 / 米 ^{2} 的高档白卡纸，年产能约 100 万吨。

10 月 20 日，国家发展改革委关于印发《国家碳达峰试点建设方案》的通知，拟在全国范围内选择 100 个具有典型代表性的城市和园区开展碳达峰试点建设，探索不同资源禀赋和发展基础的城市和园区碳达峰路径，为全国提供可操作、可复制、可推广的经验做法。

10 月 25 日，山鹰纸业扶余项目总投资 112 亿元，包括年产 100 万吨制浆、100 万吨工业包装用纸以及生物质热电联产和公用燃煤背压机组热电联产项目等，项目全部投产后年利税约 6 亿元，可带动本地就业 2000 人。

10 月 25 日，“纸业商会环境足迹核算标准系列活动”发布仪式举行。会议发布了中欧内容一致性团体标准《纸及纸制品环境足迹评价通则》《制浆造纸产品环境足迹评价细则》，并启动了中欧内容一致性《瓦楞纸及纸板容器环境足迹评价细则》《非瓦楞纸及纸板容器环境足迹评价细则》《纸浆模塑产品环境足迹评价细则》团体标准编制工作。

10 月 25 日，中国造纸学会批准发布《玻璃间隔纸》（T/C TA PI 001—2023）《湿巾保存期限评价方法》（T/C TA PI 002—2023）团体标准，自 2023 年 11 月 1 日起实施。

10 月 28 日，凯登制浆设备（中国）有限公司为安徽宣城万里纸业有限公司提供的 PM3 840 吨 / 日 OCC 制浆线设备成功开机。该项目纸机幅宽 6200 毫米，生产 80 ~ 120 克 / 米 ^{2} 高强瓦楞原纸，年产能 20 万吨。

10 月 30 日，浙江景兴纸业股份有限公司发布公告，公司拟增加马来西亚年产 140 万吨项目投资总额并启动二期项目的建设。二期项目拟新购置、安装 1

条幅宽 8600 毫米、定量 70 ~ 160 克 / 米 ^{2} 箱纸板生产线及其配套，以进口美国废纸及马来西亚当地废纸为原料生产箱纸板，达到年产箱纸板 60 万吨。二期项目建成后，达产将实现年销售收入 3.12 亿美元，利润总额 7929.9 万美元。

10 月 31 日—11 月 1 日，国际标准化组织 – 纸、纸板和纸浆技术委员会 ISO/TC6/SC2 第 37 届和 ISO/TC6 第 33 届全体会议以线上形式召开。中国制浆造纸研究院有限公司成功申请于 2024 年 11 月 25—29 日在北京承办 ISO/TC6 第 34 届和 ISO/TC6/SC2 第 38 届全体会议及相关工作组会议。

11 月

11 月 1 日，中国制浆造纸研究院有限公司主办的第七届卫生用品行业发展大会在马来西亚吉隆坡成功举行，围绕卫生用品行业的前沿市场、新材料研发和技术进步等热点话题进行交流，同期举办了第五届中日卫生用品企业交流会。

11 月 1—4 日，中国造纸学会、中国造纸协会、耒阳市人民政府和金光集团 APP（中国）在湖南耒阳举办大型纪念造纸术发明者蔡伦活动暨造纸史与手工纸研讨会，近 200 位来自造纸、文博等不同领域的专家学者参与了系列活动并围绕造纸术及其发明史进行深入探讨。

11 月 2 日，市场监督管理总局（国家标准化管理委员会）批准发布 398 项国家标准外文版，涉及多个领域，其中包括 1 项造纸领域国家标准外文版《字典纸》。

11 月 3 日，2023 全国造纸学会秘书长工作会议在湖南省耒阳市召开。

11 月 12 日，玖龙纸业（北海）有限公司林浆纸一体化项目（一期）PM48 牛卡纸生产线顺利试机。该线幅宽 8600 毫米，设计年产能约 60 万吨。

11 月 12—17 日，由中国造纸协会主办的“中国造纸周”在福建福州召开。“造纸周”系列活动涵盖了中国纸业节能减排论坛、中国造纸协会能源专业委员会 2023 年主任委员会议、2023 中国纸浆市场形势研讨会、2023 中国国际造纸和装备博览会暨全国纸张订购交易会、纸张服务商产业发展研讨会、2023 中国纸业高质量发展论坛暨第十三届中华纸业浆纸技术论坛共 6 项活动。

11 月 14 日，工业和信息化部办公厅下达《2023 年第三批行业标准制修订和外文版项目计划》的通知。其中，《擦拭纸巾》造纸行业标准计划项目获批立项。

11 月 14 日，饮料纸基复合包装回收利用专委会发布《饮料纸基复合包装生产者责任延伸履责报告 2022》，公布饮料纸基复合包装行业 2022 年落实《饮料纸基复合包装生产者责任延伸制度实施方案》、履行饮料纸基复合包装生产者延伸责任情况以及 2023—2025 年拟开展重点工作。

11 月 16 日，工业和信息化部、水利部公布《国家鼓励的工业节水工艺、技术和装备目录（2023 年）》。

11 月 17 日，中国造纸学会第八届理事会团体标准技术委员会审核并批准《优质全竹浆本色生活用纸》团体标准的立项申请。

11 月 19 日，内蒙古五方罂浆纸一体化项目环境影响报告书进行报批前环境影响评价信息公示。该项目总投资为 20.74 亿元，拟建设年产 51 万吨漂白化学机械浆生产线，包括 1 条年产 10.2 万吨的漂白化学机械浆生产线，2 条年产 20.4 万吨的漂白化学机械浆生产线。

11 月 20 日，2023 特种纸产业信息及市场形势研讨会在浙江龙游召开。

11 月 23 日，2023 纸基绿色包装材料及制品融合发展论坛暨供需洽谈对接活动在河北廊坊召开。

11 月 23 日，国家发展改革委等部门发布了《关于加快建立产品碳足迹管理体系的意见》。

11 月 23 日，国家发展改革委等部门发布了关于印发《深入推进快递包装绿色转型行动方案》的通知。

11 月 27 日，市场监督管理总局（国家标准化管理委员会）发布 2023 年第 13 号公告，批准发布《液压缸试验方法》等 468 项推荐性国家标准，其中包括《再生纸浆》《纸管纸板》两项造纸领域国家标准。

11 月 27 日，工业和信息化部办公厅公布《工业产品绿色设计示范企业名单（第五批）》的通知。

11 月 27 日，中国海诚与岳阳林纸股份有限公司签署战略合作协议及提质升级综合技改项目年产 45 万吨文化用纸生产线安装工程安装合同。双方围绕在建项目，以数字化工厂和智能制造为新起点，共同打造绿色生态、节能环保、科技智能的高端绿色浆纸产业基地。

11 月 27 日，中国海诚所属中国轻工业长沙工程有限公司总承包的岳阳林纸股份有限公司岳阳分公司化学浆及碱炉节能减排项目 – 置换蒸煮项目顺利开工。项目包括新建 20 万吨 / 年硫酸盐法风干浆置换蒸煮生产线，含配套的木片备料生产线；采用低能耗置换蒸煮设备及工艺技术，全过程采用 DCS 自动化控制，实现节能减碳、提质升级。

11 月 28 日，2023 · Inno China 中国产业创新大

会暨北大创新评论年度论坛发布《智造创新引领——北大创新评论产业研究案例库（2023）》，中顺洁柔财务数字化转型应用案例入选。

11 月 28 日，国家发展改革委办公厅印发《首批碳达峰试点名单》的通知。确定 25 个城市、10 个园区为首批碳达峰试点城市和园区。其中，广东省试点城市为广州市、深圳市，试点园区为肇庆高新技术产业开发区。

11 月 29 日，中化学城市投资有限公司承建的泰安市年产 30 万吨功能纸基及辅助材料建设项目开工仪式在山东省泰安市东平县经济开发区举行。项目位于山东省东平县经济开发区，总投资约 13 亿元，用地面积约 23.3 公顷，总建筑面积约 25 万米 ^{2}，新建年产 30 万吨电子级纤维生产线 1 条，年产 20 万吨特种纸生产线共 5 条，包含显示面板间隔材料、防伪纸、医用试纸、相片原纸、色纸等。

11 月 29 日，浙江洁美电子科技股份有限公司 PM5 特种纸机项目顺利成功投产，上海拓世工业装备技术有限公司为浙江洁美 PM5 特种纸机项目提供 PM5 特种纸机传动控制系统、纸机智能 MCS 系统。

11 月 30 日，河南省第十四届人大常委会第六次会议表决通过《河南省禁止和限制不可降解一次性塑料制品规定》，于 2024 年 1 月 1 日起施行。

11 月 30 日，工业和信息化部公布《第六批和通过复核的第一批、第二批、第四批国家级工业设计中心名单》的通告。

12 月

12 月 1 日，市场监督管理总局（国家标准化管理委员会）下达 2023 年第三批推荐性国家标准计划及相关标准外文版计划，《育苗纸》等 6 项造纸国家标准计划项目获批立项。

12 月 3 日，德国 BHS 与廊坊市三泰纸业有限公司举行了“BHS 亚洲第一条 3350 瓦楞纸板生产线”的签约仪式，BHS 亚洲首条 3350 瓦楞纸板生产线落户廊坊市三泰纸业。

12 月 5 日，广西植护云商实业有限公司年产 20 万吨高档生活用纸项目进行改建，总投资 70000 万元，总占地面积约 21.5 公顷。全部建成投产后可生产年产 20 万吨高档生活用纸，预计可实现年产值约 15 亿元，上缴税收 5000 万元。

12 月 6 日，荆州市鲁华纸业有限公司拟投资 25000 万元，建设年产 2 万吨特种纸项目。项目地址位于荆州市公安县青吉工业园绿化路以南，新征用地 33330 米 ^{2}，新建厂房、仓库、综合楼等。

12 月 6 日，工业和信息化部公布《2023 年团体标准应用示范项目》的通告，由中国制浆造纸研究院有限公司牵头起草的《匠心产品 生活用纸》（T/CTAPI 002—2022）入选。

12 月 6 日，工业和信息化部等五部委联合对外公布 2023 年度智能制造示范工厂揭榜单位和优秀场景名单，岳阳林纸、山鹰国际入选 2023 年度智能制造示范工厂揭榜单位名单。

12 月 7 日，工业和信息化部等六部门发布《关于组织开展 2023 年度国家绿色数据中心推荐工作》的通知。

12 月 7 日，山东华泰新闻纸定量从 48 克 / 米 ^{2} 提高至 51 克 / 米 ^{2}，实现从单面彩印到双面彩印的技术突破。

12 月 13 日，工业和信息化部办公厅、国家发展改革委办公厅、市场监管总局办公厅发布《关于组织开展 2023 年度重点行业能效“领跑者”企业遴选工作》的通知。

12 月 14 日，工业和信息化部办公厅印发《通信行业绿色低碳标准体系建设指南（2023 版）》的通知。

12 月 14 日，全国造纸工业标准化技术委员会以视频会议的形式组织召开了《蔗渣浆》行业标准起草小组研讨会。

12 月 15 日，国家发展改革委等部门印发《深入推进快递包装绿色转型行动方案》中提出，到 2025 年年底，快递绿色包装标准体系全面建立，快递包装基本实现绿色转型。

12 月 20 日，辽宁雨森卫生用品有限公司 TM5 生产线成功开机，该纸机是由维美德公司提供的 Intelli-Tissue 生活用纸纸机，幅宽 3500 毫米，设计车速为 1600 米 / 分，年产 3 万吨 / 台，生产网部定量范围 10 ~ 25 克 / 米 ^{2} 的高质量生活用纸。

12 月 21 日，俄罗斯政府将通过中国和蒙古边境以汽车运输方式出口部分类型木材工业产品的可能性从 2024 年 1 月 1 日起再延长 2 年。

12 月 21 日，根据国务院关税税则委员会消息，2024 年 1 月 1 日起，对 1010 项商品（不含关税配额商品）实施进口暂定税率，其中我国主要进口的瓦楞原纸和箱纸板仍维持 2023 年执行的“零关税”。

12 月 21 日，商务部、科技部修订公布《中国禁止出口限制出口技术目录》，自公布之日起实施。造纸和纸制品业领域，宣纸的生产工艺、迁安书画纸的配方及生产工艺被列入禁止出口条目。

12 月 22 日，工业和信息化部发布《重点新材料首批次应用示范指导目录（2024 年版）》的通告，自 2024 年 1 月 1 日起实施。

12 月 25 日，工业和信息化部、生态环境部发布《国家鼓励发展的重大环保技术装备目录（2023 年版）》。

12 月 27 日，据国家统计局数据，造纸和纸制品业在 1—11 月份实现利润总额 378.5 亿元，同比增长 2.4%。

12 月 27 日，国家发展改革委公布《产业结构调整指导目录（2024 年本）》，2024 年 2 月 1 日起施行。

12 月 28 日，工业和信息化部等八部门发布《关于加快传统制造业转型升级的指导意见》。

12 月 29 日，工业和信息化部发布了 2023 年度绿色制造名单，15 家造纸及相关行业企业获评国家级绿色工厂称号，累计共 80 家造纸及相关行业企业获评国家级绿色工厂称号。

（陈丽卿）

2023 年度造纸工业获奖情况

The Science and Technology Awards of Paper Industry in 2023

表 1　　2023 年度何梁何利基金（何梁何利奖）

姓名	奖项类别	工作单位
	科学与技术创新奖	
陈嘉川	产业创新奖	齐鲁工业大学

表 2　　2023 年度中国轻工业联合会科学技术奖（造纸）获奖项目

项目名称	完成单位	完成人
	科技进步奖一等奖	
特种无石棉纤维密封材料系列产品	中国制浆造纸研究院有限公司 加西贝拉压缩机有限公司 上海兴盛密封垫有限公司	庄金风　孙　波　李　红 田　超　沈丽萍　胡云蔚 羡羽佳　李　厦　姜春胜 王金昌
白卡纸多梯度防伪包装技术研发及应用	万国纸业太阳白卡纸有限公司 华南理工大学 山东国际纸业太阳纸板有限公司	徐　峻　董　栓　胡信洋 贺保忠　师双成　丁明翚 陈光照　刘　阳　丁　欣 范腾腾
年产 50 万吨再生纤维制浆全套设备	郑州磊展科技造纸机械有限公司	刘建涛　刘建坡　张俊阳 王泳鹏　苗浩云　魏　巍 孙二寅　周长富　余占东 刘耀磊
	科技进步奖二等奖	
轻量化无菌液体包装纸关键技术及其产业化应用	珠海红塔仁恒包装股份有限公司 华南理工大学	卢诗强　王　斌　陈建云 刘智维　马洪生　关则盈 肖全辉　张　丽
	科技进步奖三等奖	
干法废纸制浆新工艺——干法净化和疏解制浆技术成套装备	山东杰锋机械制造有限公司 齐鲁工业大学 广东理文造纸有限公司	张吉祥　刘文龙　李国华 陈　辉　官培君　张庆祥
6600/1000 靴式压榨装置	淄博泰鼎机械科技有限公司 安徽林平循环发展股份有限公司	诸葛宝钧　李建设　张伟鹏 马东浩　王　坤　卢同厚
3520 毫米 -700 米 / 分多层帘式涂布机	河南大指造纸装备集成工程有限公司 河南江河纸业股份有限公司 河南省武陟县广源纸业有限公司	姜博恩　刘铸红　祝红军 付海林　盛海鹏　孙卯生
172 三等奖 CPL6222 圆盘过滤机	汶瑞机械（山东）有限公司	尹　华　曹　钦　贾德强 姚同业　谭芬芬　胡学松

表 3　　2023 年各省（市、区）科学技术奖（造纸）获奖项目

省市	项目名称	完成单位	完成人	获奖类别
山东省	基于造纸平台的农林纤维资源绿色高效利用关键技术创新与应用	齐鲁工业大学 山东太阳纸业股份有限公司 山东世纪阳光纸业集团有限公司 潍坊潍森纤维新材料有限公司	陈嘉川　吉兴香　杨桂花 曹衍军　王东兴　徐义帆 张　凯　吕高金　薛　玉 张　伟　邵学军　和　铭 齐乐天　林兆云　王宝斌	科学技术进步奖 一等奖
四川省	优质浆用竹种质创制与品种选育及产业化应用	西南科技大学 四川省林业科学研究院 四川轻化工大学 四川省大渡河造林局有限公司 宜宾纸业股份有限公司 陕西理工大学	胡尚连　张　宇　曹　颖 杨　玲　黄　艳　张　丽 赖金龙　杜作礼　谢章红 李　琛	科学技术进步奖 一等奖
宁夏回族自治区	高性能对位芳纶制备及大规模工程化关键技术	宁夏泰和芳纶纤维有限责任公司 泰和新材集团股份有限公司 宁夏泰和兴材料科技股份有限公司 烟台泰和兴材料科技股份有限公司	宋西全　姜茂忠　唐　凯 李春霞　林威宏　王忠华 高殿飞　于宏广　雒瑞银 杜志林　于　晓　王忠伟 张建红　刘书杰　徐　林	科学技术进步奖 一等奖
云南省	秸秆类纤维高值化分离转化及调控机制研究	昆明理工大学	彭林才　李　辉　张俊华 陈克利　宋伟鹏	自然科学奖 二等奖
	高档生活用纸清洁生产关键技术应用	云南云景林直股份有限公司	李学芬　杨亚辉　孙廷聪 杜建阳　苏文德　张开赋 方世兵　饶明友　段经奎	科学技术进步奖 三等奖

注：表中奖项均由各省区市人民政府发布公告整理所得，部分省市未在网站公告或截稿之前未公告的没有收录。

表 4　　2023 年度第十四届梁希林业科学技术奖（造纸）获奖项目

项目名称	完成单位	完成人	获奖类别
木质纤维组分高效分离及其功能材料界面调控机制	福建农林大学 天津科技大学	李建国　陈礼辉　马晓娟 刘　凯　倪永浩	自然科学奖 一等奖
木质化进程中林木木聚糖合成及转化机制解析	华南农业大学 华南理工大学	吴蔼民　任俊莉　李慧玲 林琦璇　赵先海	自然科学奖 二等奖
林木生物质组分功能挖掘和高值化利用关键技术及产业化	天津科技大学 扬州大学 江西省科学院应用化学研究所 德州泰鼎新材料科技有限公司	司传领　戴　林　胡卫成 徐　婷　王冠华	科技进步奖 三等奖

（王　斌）

2023年度造纸行业全国五一劳动奖获奖情况

National May 1st Labor Awards of Paper Industry in 2023

表 1 2023年各省区市造纸行业全国五一劳动奖章获奖情况

省区市	获奖者姓名	工作单位及职务
黑龙江省	韩立鹏	牡丹江恒丰纸业股份有限公司造纸工段长，高级技师
广西壮族自治区	覃程荣	广西大学轻工与食品工程学院院长，教授
云南省	杨　勇	云南云景林纸股份有限公司生产管理中心副总监，工程师

表 2 2023年各省区市造纸行业全国工人先锋号情况

省区市	工作单位及职务
山东省	山东世纪阳光纸业集团有限公司新迈纸业完成车间整纸班

表 3 2023年各省区市造纸行业全国五一巾帼标兵情况

省区市	获奖者姓名	工作单位及职务
山东省	吉兴香	齐鲁工业大学（山东省科学院）轻工学部主任，党委委员、副书记，生物基材料与绿色造纸国家重点实验室常务副主任

注：表中奖项由中华全国总工会发布的公告整理所得。

（王　斌）

中国科协青年人才托举工程入选者情况（制浆造纸行业）

Youth Talent Promotion Project of CAST（China Paper Industry）

“青年人才托举工程”项目由中国科协于 2015 年 10 月立项的国家级青年人才计划，择优支持中国科协所属全国学会或学会联合体具体实施。该项目采用以奖代补、稳定支持的方式，连续 3 年稳定资助，大力扶持有较大创新能力和发展潜力的 32 岁以下青年科技人才，帮助他们在创造力黄金时期做出突出业绩，成长为国家主要科技领域高层次领军人才和高水平创新团队的重要后备力量。创新青年科技人才的遴选机制、培养模式、评价标准与评价指标体系，打造国家高水平科技创新人才后备队伍。

经提名推荐，第八届理事会学术委员会委员评审、中国科协先进材料学会联合体答辩、人选公示等程序，第九届中国科协青年人才托举工程入选者共 7 人。

第九届中国科协青年人才托举工程（2023—2025）入选者名单

徐　婷　天津科技大学
高雪洁　大连工业大学
张静茹　陕西科技大学
卞辉洋　南京林业大学
司鹏翔　江南大学
廖光福　福建农林大学
何　千　广西大学

（王　斌）

《中国造纸》2023 年度优秀论文获奖名单

Excellent Papers of *China Pulp & Paper* in 2023

2024 年 3 月 13 日，由中国制浆造纸研究院有限公司主办的品牌活动——《中国造纸》2023 年度优秀论文评选终评会在山东太阳纸业股份有限公司举办，来自行业学会、科研院所、高等院校、造纸企业的 20 余位专家出席了本次会议。

《中国造纸》2023 年度评选活动得到了山东太阳纸业股份有限公司的大力支持。本次优秀论文评选依然坚持创新性、实用性、规范性及公平性的原则，邀请了我国造纸行业及相关领域专家、学者担任评委，经初评、复评、专家精读点评和终评会 4 个阶段，最终评选出 2023 年度《中国造纸》优秀论文 20 篇。

本次优秀论文评选活动首次进入企业，走进车间一线，真正地践行了习近平总书记“把论文写在祖国大地上”的重要指示精神，体现了让科技创新论文成果转化为先进生产力和产业竞争力的鲜明导向。未来，《中国造纸》继续坚持以服务国家战略需求和行业发展需求为导向，凝聚多方力量办强刊，搭建高水平学术交流平台，推动产学研深度融合及高质量发展。

一等奖（1 篇）

高分子科学视角下“以纸代塑”面临的挑战及应对策略（第 7 期）

张美云　聂景怡　刘馨茗　廖健飞　谭蕉君　宋顺喜　杨 斌

陕西科技大学轻工科学与工程学院，轻化工程国家级实验教学示范中心

二等奖（3 篇）

化学机械法制浆全过程水污染源的等标污染负荷解析（第 3 期）

蔡 慧　朱文远　王淑梅　徐 峻　曹春昱　刘俊杰　田 超

中国制浆造纸研究院有限公司；南京林业大学江苏省制浆造纸科学与技术重点实验室；华南理工大学制浆造纸工程国家重点实验室；中国造纸学会

竹材两段挤压浸渍化学机械法制浆废水污染特性比较（第 3 期）

盘爱享　房桂干　田庆文　刘行健　尹 航　杨 强　韩善明

中国林业科学研究院林产化学工业研究所，江苏省生物质能源与材料重点实验室，江苏省林业资源高效加工利用协同创新中心；广西清洁化制浆造纸与污染控制重点实验室，广西大学轻工与食品工程学院

中国造纸和纸制品行业碳排放特征及减排路径分析（第 11 期）

何旭丹　王焕松　贾学桦　党 盼　张 亮　付裕武　程言君

北京市科学技术研究院资源环境研究所；中国轻工业联合会

三等奖（6 篇）

基于干热/湿热老化国家测试标准的文化用纸耐久性研究（第 1 期）

樊慧明　李逢雨　廖芸菲　曾德力　葛 鸽　刘建安

华南理工大学制浆造纸工程国家重点实验室；广州市岭南文献保护研究中心

一种带有反馈滤波器的自整定 Smith 预估器设计及其在纸张横幅定量控制中的应用（第 2 期）

汤 伟　张 旭　刘文波　徐大海　王 杰

陕西科技大学电气与控制工程学院

制浆造纸废水处理系统的 AOX 迁移与赋存（第 6 期）

黄　伟　赵明阳　王双飞　杨崎峰　汤　琳
张　健　梁　辰

广西大学资源环境与材料学院；广西大学轻工与食品工程学院；广西博世科环保科技股份有限公司；湖南大学环境科学与工程学院

强化预浸渍对风干桉木片化学机械法制浆性能的影响（第 7 期）

周雪林　韩善明　焦　健　邓拥军　房桂干

宁波亚洲浆纸业有限公司；中国林业科学研究院林产化学工业研究所

基于纤维素纤维 / 氧化锆纤维复合网络和纤维源助剂构建锂离子电池隔膜（第 9 期）

翟　茹　崔如琨　钱学仁　沈　静

东北林业大学，生物质材料科学与技术教育部重点实验室，绿色造纸与先进材料科技创新团队

纤维素、半纤维素与木质素间相互作用研究进展（第 10 期）

胡愈诚　朱宇童　车睿敏　许　凤

北京林业大学材料科学与技术学院，林木生物质化学北京市重点实验室；齐鲁工业大学（山东省科学院），生物基材料与绿色造纸国家重点实验室

优秀奖（10 篇）

细菌纤维素 / 科琴黑复合隔膜制备及对锂硫电池穿梭效应抑制的研究（第 1 期）

燕　明　赵传山　李　霞　李　辉

齐鲁工业大学（山东省科学院）生物基材料与绿色造纸国家重点实验室

离子凝胶的制备及其用于柔性应变传感器的研究（第 1 期）

房凤军　江　闯　宁晨汐　侯庆喜　王汉敏
刘　苇

天津科技大学天津市制浆造纸重点实验室

多糖基塑料研究进展（第 1 期）

贾思雨　饶　俊　吕子文　闫雪晴　吴　萍
彭　锋

北京林业大学，林木生物质化学北京市重点实验室，林木生物质材料与能源教育部工程研究中心

造纸过程微纳能源收集及其在自供电浆浓传感中的应用研究（第 5 期）

罗　斌　邵宇正　刘　涛　蔡晨晨　刘艳华
刘肇蒙　王金龙　张　松　迟明超　王双飞
聂双喜

广西大学轻工与食品工程学院

硫酸盐竹浆杂细胞含量对打浆过程纤维形态的影响（第 6 期）

雷利荣　董道彬　侯　轶　李广胜

华南理工大学制浆造纸工程国家重点实验室

间位芳纶原液涂覆增强芳纶绝缘纸的性能研究（第 7 期）

张　慧　张美云　李金宝　杨　斌　杜晓云
刘佳伟

陕西科技大学轻工科学与工程学院，中国轻工业纸基功能材料重点实验室，轻化工程国家级实验教学示范中心

广西 10 种野生竹材的化学组分分析及木质素结构表征（第 8 期）

周　鑫　卢婧雯　岳凤霞　任俊莉　刘传富

华南理工大学轻工科学与工程学院，制浆造纸工程国家重点实验室

高得率竹浆漂白中乙醇对 H_2O_2 分解规律的影响（第 11 期）

王宇桐　平清伟　李姿昕　牛梅红　盛雪茹
李　娜

大连工业大学轻工与化学工程学院

活性炭滤纸的制备及其在空气净化中的应用研究（第 12 期）

赵　涛　江骁雅　陈雪峰　毛宗久　肖贵华
王月江　杨小博　王　萌

中国制浆造纸研究院有限公司；中轻特种纤维材料有限公司；河北省先进纸基功能材料技术创新中心

不同树龄竹柳特性分析及其溶解浆纺丝工艺探究（12 期）

杨小博　刘艳钊　倪建萍　田　超　龚　琛
石　瑜　杜　秀　赵　涛　肖贵华　王月江

江骁雅　孙德文

中国制浆造纸研究院有限公司；制浆造纸国家工程实验室；中轻纸品检验认证有限公司；中轻特种纤维材料有限公司；河北省先进纸基功能材料技术创新中心

（董凤霞）

2023 年造纸行业会展信息

Exhibition and Conference News of Paper Industry in 2023

2023 年 3 月 20—24 日，上海纸浆及纸浆周 2023 年年会在上海市召开。会议主题为“重启的动力与压力”，邀请了国际关系、宏观经济、纸浆咨询等方面的专家，就中国纸张、纸浆市场形势、特点与趋势进行了分析展望。来自全球各地的浆、纸、物流、贸易等领域的 3000 多位企业代表参与了纸浆周活动，其中 600 多位浆纸行业的企业代表参加了 2023 年纸浆周年会。

3 月 28—30 日，由中国造纸学会、四川省造纸学会主办的 2023 中国竹浆纸产业融合创新发展论坛在四川省成都市召开。论坛主题为“竹浆纸产业融合创新与发展”，围绕竹林种植－制浆－造纸－加工全产业链，探讨了新形势下竹浆纸产业在绿色发展、双碳战略、科技创新、装备进步等方面的高质量发展之路。来自造纸行业学会、造纸行业协会、科研院所、高等院校、制浆造纸企业、装备供应商、化学品供应商等上下游企业的 400 余位代表参加了会议。

4 月 11—14 日，由中国轻工业联合会指导，中国轻工机械协会、中国造纸协会、中国造纸学会、全国工商联纸业商会、中国轻工集团有限公司、中国轻工业信息中心、中国轻工企业信息中心、中国轻工企业投资发展协会 7 家单位联合主办的第五届中国造纸装备发展论坛在山东省潍坊市召开。来自造纸行业的专家、领导，制浆造纸科研机构、高等院校、企业及装备供应商、化学品生产商等产业链上下游企业代表，行业媒体记者等近 700 人参加了会议。

4 月 18 日，中国造纸协会第五届理事会第五次会议（扩大）在福建省厦门市召开。会议审读并通过了中国造纸协会第五届理事会第五次会议工作报告、中国造纸协会第五届理事会 2023—2024 年度工作计划、中国造纸协会第五届理事会 2022 年度财务报告、中国造纸协会第五届理事会 2023 年度财务收支预算、中国造纸协会第五届理事会副理事长人员变动的说明等。

4 月 19 日，由中国造纸协会主办的 2023 中国纸浆高层峰会在福建省厦门市召开。会议主题为“信心、合作、聚力、发展”，来自造纸、经济、贸易、期货及相关领域的领导、企业家、经济学家、专家学者近 600 位代表参加了会议，共同探讨纸浆行业发展新业态、新模式，共商行业发展大计。

4 月 19—21 日，河南省造纸学会第三次会员大会暨院士专家制浆造纸环保化学品四新技术交流会在河南省郑州市召开。河南省及全国制浆造纸相关行业的 130 多位专家、领导代表参加了会议。

4 月 22—23 日，由中国造纸学会主办，北京林业大学、齐鲁工业大学（山东省科学院）和中国制浆造纸研究院有限公司联合承办的“第四届纳米纤维素材料国际会议”在北京市召开。本次国际会议共设 4 个会场，主要议题包括：纳米纤维素材料化学；纳米纤维素材料制备关键技术；纳米纤维素材料的表面物理、化学；纳米纤维素材料的改性；纳米纤维素材料在传统领域、非传统领域的应用以及在医学、光电和生物领域的应用等。本次会议邀请了 95 位国内外纳米纤维素领域的专家、学者，就纳米纤维素的表征、规模化制备、高附加值利用等进行了深入的讨论。

4 月 24—27 日，由中国造纸学会、中国制浆造纸研究院有限公司、造纸工业生产力促进中心主办的“2023 第四届中国国际特种纸展览会和特种纸技术交流会暨特种纸委员会第十六届年会”在浙江省衢州市召开。展览会主题为“扩大开放合作，促进特种纸产业发展”，90 余家中外知名特种纸企业及相关设备、自控、化学品、纤维原料等上下游企业参加了展会。会议期间还举办了特种纸产业发展论坛，来自全国特种纸生产企业、装备及化学品供应商、大专院校、科研院所及相关企业的 320 多位代表参加了论坛。

4 月 26—27 日，河南省造纸工业协会第六届第三次理事会（扩大）暨 2023 年度工作会议在河南省焦作市召开。此次会议审议通过了河南省造纸工业协会第六届理事会第三次会议工作报告、理事会 2023—2024 年度工作计划、河南省造纸工业协会第六届理事会副理事长人员变动说明等。来自山东、广东、浙江、江苏、福建、湖北、河北、江西等省份的协会、学会负责人及造纸相关企业的近200位代表出席了会议。

5月12—13日，FOCUS生活用纸和卫生用品国际论坛在江苏省南京市召开。论坛分为“擦拭巾大会”“市场营销”“生活用纸”“卫生用品”4个专题会议，以全球化、前瞻性视角，对“焦”生活用纸和卫生用品两大行业，集“聚”全球业内专家，“聚”焦高关注度话题，为行业企业提供最前沿行业知识，吸引近700名人士参加。

5月12—16日，由中国制浆造纸研究院有限公司主办的第30届生活用纸国际科技展览会在江苏省南京市举办。展会共设生活用纸、卫生用品、原辅材料、设备器材四大主展区，覆盖生活用纸、卫生用品行业上下游全产业链。展会展出面积8万米^2，共有近900家企业参展，吸引了4万余名专业观众参展。

5月16—17日，由江苏省造纸行业协会主办的江苏省造纸行业绿色高质量发展大会暨造纸产业“三品”推介发布会在江苏省太仓市召开。来自造纸协会、山东、广东、浙江、广西、河南、福建、湖北、四川、山西、江西等省、自治区的协会、学会负责人、媒体代表等200余人出席了会议。

5月16—19日，由中国自动化产业链创新联合体、中自联（北京）科技产业发展有限公司、陕西科技大学、中国造纸学会自动化专业委员会、重庆川仪自动化股份有限公司主办的2023中国造纸工业互联与数字化转型发展高峰论坛在重庆市召开。论坛旨在促进和提升我国造纸行业互联与数字化转型升级、绿色发展等战略落地，提升科技管理水平和经济效益，促进造纸工业高质量发展，来自造纸行业的专家学者、制浆造纸企业、自动化、数智化、节能环保等企业的350余位代表参会。

5月18日，由中国造纸学会、中国造纸协会、广西壮族自治区科学技术协会指导，由中国制浆造纸研究院有限公司、广西大学轻工与食品工程学院、金光集团主办的“2023中国纸业可持续发展论坛”在广西南宁市召开。本届论坛通过主题报告、高峰对话等形式，全视角探讨了造纸产业可持续发展的机遇挑战，深入分析了绿色智造最新理念和经典案例，旨在促进造纸产业的可持续发展，推动造纸产业的转型升级，提高行业整体竞争力。200多位造纸行业专家、学者、企业和媒体代表出席了会议。

5月18—19日，由全国造纸工业标准化技术委员会主办的“消毒湿巾”等12项造纸相关标准审查会在福建省晋江市召开。此次审查会对《湿巾及类似用途产品 第3部分：消毒湿巾专用要求》《宠物尿垫（裤）》《医药包装用纸和纸板》《超级电容器纸》《纸、纸板和纸制品 可回收性能评价方法》等12项造纸相关标准进行了逐项审查，与会委员及专家代表听取了各标准起草人对标准的背景、起草过程、主要技术指标、试验验证等情况的汇报，并对标准提出了改进意见和建议。会议同期召开TC141委员全体会议，与会委员和代表对标准进行了投票表决，该12项标准全部通过。

5月25—27日，由广西造纸行业协会、广西造纸学会和广西大学主办的2023广西造纸行业协会年会、广西造纸学会年会、广西造纸工业高质量发展论坛在广西壮族自治区北海市举行。来自各省市造纸协会、学会和林产行业协会的负责人及全国其他地区制浆造纸及相关上下游企业、高校、科研院所、媒体等500余人参加了此次会议。

5月30—31日，由广东省造纸行业协会主办的2023第六届十省（区）纸业交流会在广东省广州市召开。本次交流会主题为“绿色、低碳、高质量发展”，邀请了十省（区）行业协会的领导、科研机构专家学者、制浆造纸企业、纸浆贸易商，共同探讨交流了造纸节能减碳新技术与新产品，分享了造纸原料市场、包装用纸走势、部分省份造纸产业发展概况。

5月30日—6月1日，由广东省造纸行业协会、广东省造纸行业工会联合会、山东省轻工机械协会、河南省造纸工业协会、浙江省造纸行业协会、四川省造纸行业协会、广西造纸行业协会、江西省造纸印刷工业协会、湖北省造纸协会、福建省纸业协会、江苏省造纸行业协会、河北省造纸协会主办的“2023第十八届广州国际纸展暨以纸代塑及纸浆模塑展”在广州召开。该展会汇聚了200多个行业品牌，展出了上下游产业链近1000种产品和新技术，全面展示了各类纸张、制浆造纸装备、造纸化学品、代塑包材、进口纸张及造纸机械等新产品与技术。

6月3—4日，由山东省造纸行业协会、山东造纸学会主办的2023山东省造纸行业年会暨推进造纸产业“三品”发展大会在山东省滕州市召开。此次会议以“增品种、提品质、创品牌”为主题，旨在促进造纸产业转型创新发展。政府领导、行业嘉宾、会员和主协办单位、造纸产业链相关企业的300余名代表参加了会议。

6月15—18日，由江苏省造纸行业协会和江苏省财贸轻纺工会主办的“江苏省造纸行业（叉车）职业技能竞赛决赛”在江苏省镇江市举办。来自江苏省内的制浆造纸企业及装备制造等造纸相关企业的38名生产一线的叉车工人代表参加了竞赛。

8 月 14 日，由中国造纸学会、中国造纸协会、中国制浆造纸研究院有限公司共同主办的“2023 中国国际造纸创新发展论坛”在上海举办。论坛以“聚焦聚力高质量发展 创新革新双碳新技术”为主题，紧密围绕造纸行业面临的浆价高企、需求收缩、供给冲击、预期转弱等新形势，就双碳技术、原料保障、绿色生态、绿色包装、纸浆模塑等热点话题，针对造纸行业高质量发展和双碳技术进行探讨和对话，旨在统筹、平衡双碳推进与产能增长的矛盾，促进造纸行业平稳健康发展和良性循环。

8 月 15 日，由中国造纸学会、中国制浆造纸研究院有限公司、巴西造纸学会共同主办的“2023 国际造纸技术报告会”在上海召开，来自国内外制浆造纸及上下游行业的专家学者、企业代表以及高校师生近 200 位代表参加了此次会议。报告会共邀请了来自中国、巴西、澳大利亚的 12 位专家学者，就如何在双碳背景下变革造纸产业节能减排技术，在科技强国背景下开发纸基先进功能材料，在限（禁）塑背景下实现“以纸代塑”创新发展等热门话题进行了分享。

9 月 7 日，由四川省经济和信息化厅主办的“全省新型竹产业高质量发展推进大会”在四川省宜宾市召开，来自相关部门、造纸企业、行业媒体的 100 余位代表参加了此次会议。会议以“加快数智转型、促进减碳节能、致力提质倍增”为主题，聚焦四川省以竹浆造纸为重点的新型竹产业“发展趋势和政策形势”“数智化转型升级”“清洁制浆关键技术”等热点问题进行交流分享，旨在加快推进四川省竹浆造纸行业数字化智能化绿色化转型升级。中国造纸协会、生态环境厅、省林业和草原局、重点市（州）及企业、院士专家、省造纸学会等分别就做实做强竹浆纸产业、统筹环保与造纸产业、竹浆造纸原料林基地建设、推动行业发展、数转智升、清洁生产等内容进行了交流分享。

9 月 12—13 日，由山东省造纸行业协会、山东造纸学会、山东博汇纸业股份有限公司主办的山东造纸产业“四新”技术交流及推广会议在山东淄博市桓台县召开。本次会议是山东省工业和信息化厅“新轻纺享生活”现代轻工纺织“优供给 创美品”系列活动之一，会议主题为“以技术进步、产业创新，推进绿色低碳高质量发展”，会议推广内容涉及造纸产业链全生产过程的“四新”技术，先进成熟、创新性强，能够有效促进技术工艺改进，提高“高端化、智能化、绿色化”水平。来自协会、学会、高校、行业媒体以及 110 余家造纸、技术装备相关企业的 300 多位代表参加了此次会议。

9 月 19—20 日，由河北省造纸协会、秦皇岛市抚宁区委员会、秦皇岛抚宁区人民政府主办的河北省造纸行业项目洽谈对接交流会在河北秦皇岛市召开，会议主题为“聚焦政策引领新格局，强化项目建设新赛道，培育加大投资新动能”。来自造纸企业、设备企业、行业媒体的近 100 位代表参加了会议。

10 月 19—20 日，由江苏省财贸轻纺工会、江苏省造纸行业工会工作研究会主办的江苏省造纸行业工会工作研究会年会在江苏省盐城市召开。会议主要围绕造纸行业产业工人队伍建设改革扩面提质增效的主题和贯彻落实中国工会十八大会议精神展开。来自江苏省的 20 余家具有代表性的造纸及装备制造企业参加了本次会议。

10 月 31 日—11 月 1 日，11 月 7 日—8 日，国际标准化组织——纸、纸板和纸浆技术委员会 ISO/TC6/SC2 第 37 届和 ISO/TC6 第 33 届全体会议以线上形势召开。来自加拿大、瑞典、中国、美国、芬兰、意大利、法国、德国、菲律宾、日本、印度、荷兰、肯尼亚 13 个国家的近 60 名代表参加了会议。中国造纸研究院有限公司成功申请举办下一届 ISO/TC6 及 SC2 全体会议，会议将于 2024 年 11 月 25—29 日在北京召开。

11 月 1—3 日，由中国制浆造纸研究院有限公司、中国造纸协会生活用纸专业委员会、日本卫生材料工业联合会联合举办的“第五届中日卫生用品企业交流会暨第七届卫生用品行业发展大会”在马来西亚召开。会议围绕中日两国卫生用品行业的市场发展状况、新材料研发和技术进步等进行演讲和交流，中日双方共发表了 11 场主旨演讲，设置互动问答环节，对日本市场轻失禁用品、卫生用品可持续发展，中国纸尿裤销售路径、碳足迹核算等话题展开了深入讨论。大会吸引了 200 余名海内外代表参会。

11 月 1—4 日，由中国造纸学会、中国造纸协会、耒阳市委及市政府、金光集团共同主办的纪念造纸术发明者蔡伦活动暨 2023 中国造纸学会手工纸与造纸史专业委员会年会在湖南省耒阳市召开。来自造纸史和手工纸、考古、秦汉史、文博等领域专家、非遗技艺传承人、手工纸技艺与文化传承的企业代表以及关心和参与纸史研究的相关人士近 200 人参加了会议。

11 月 3 日，全国造纸学会秘书长工作会议在湖南省耒阳市召开。会议由中国造纸学会副理事长兼秘书长曹春昱主持。会议介绍了中国造纸学会第九次全国会员代表大会筹备工作情况，通报了《中国造纸学会换届方案》、中国造纸学会第二十一届学术年会的筹备工作和中国造纸学会蔡伦奖备案情况。来自各省区市造纸学会及中国造纸学会分支机构秘书长或负责人共 25 人出席了会议。

11 月 14 日，由中国造纸协会主办，厦门国贸浆纸有限公司和中国造纸协会商品纸浆工作委员会承办的“2023 中国纸浆市场形势研讨会”在福建福州召开。会议主题为“稳供需、提信心、谋长远”，来自造纸行业的领导、贸易商、期货及相关领域的领导、企业家、专家学者等 600 多人参加了会议。

11 月 15 日，福建省纸业协会第七届第一次会员大会在福建省福州市召开。会议审议并通过了福建省纸业协会选举办法、福建省纸业协会第六届理事会工作报告和财务工作报告、第一届监事会工作报告、《福建省纸业协会章程》（草案）修改说明、福建省纸业协会第七届会费收取标准和使用管理办法，会议选举产生 43 名理事会理事，同时选举产生第二届监事会监事成员名单。来自地方造纸协会、会员单位的 120 余名代表参加了会议。

11 月 15—17 日，由中国造纸协会主办的“2023 中国国际造纸和装备博览会暨全国纸张订货交易会”在福建省福州市召开。本次博览会和订货交易会云集了众多国内外知名厂商，充分展示了造纸行业的新产品、新装备、新技术和新成就，展示涵盖了纸浆、纸及纸板、纸制品、机械设备、原辅材料、造纸助剂及相关化学品，展示面积 1 万余米 ^{2}，来自全国各地区的采购商、贸易商 2 万余人参加。

11 月 15—16 日，由中国造纸协会主办，福建省纸业协会、广东省造纸行业协会、浙江省造纸行业协会、福建省造纸学会协办的“2023 中国纸业高质量发展论坛暨第十三届中华纸业浆纸技术论坛”在福建省福州市召开。大会以“聚焦降本增效新举措，培育创新发展新动能”为主题，从产业发展趋势、科技前沿技术、创新实用案例等方面，分析解读了减碳节能措施、提高效益方法、数智赋能场景、分享成果经验，以推动造纸产业加快原料结构调整、能源结构变革、开发关键技术等，实现高质量发展。来自造纸企业及造纸装备、自动化、化学品、环境保护、咨询设计等相关行业企业、科研院校、新闻媒体等 300 余人参加了会议。

12 月 7—9 日，由广西壮族自治区来宾市人民政府、广西造纸行业协会、广西造纸学会联合主办的 2023 年广西造纸产业创新发展暨造纸行业“四新”技术交流推广大会在广西来宾市召开，会议交流推广“新技术、新工艺、新材料、新设备”创新研发成果，宣传贯彻新发展理念，持续推进广西造纸行业绿色低碳高质量发展。

12 月 21—22 日，由山西省造纸行业协会主办的 2023 山西省造纸行业协会年会暨协会第五届第三次理事会议（扩大）在山西太原召开。会议主题为“聚势合力共谋发展、数智绿色振兴晋纸”，与会人员共同探讨山西纸业高质量发展路径、分析产业发展趋势、交流节能绿色创新实用经验，开启了山西纸业发展新征程。来自省内外造纸及纸制品、上下游相关企业，科研院校、专家学者、行业媒体等近 70 名代表参加了本次年会。

12 月 21 日，由湖北省造纸协会、湖北省造纸学会主办的 2023 年湖北省造纸行业年会暨现代造纸行业产教融合共同体成立大会在湖北孝感召开。省内外相关企业、院校、科研机构齐聚一堂，共同探索产教融合新路径，就助推现代造纸行业高质量发展和高素质人才培养进行深入交流。

（曹凯月）

地方造纸工业

LOCAL PAPER INDUSTRY

山东省造纸工业
广东省造纸工业
江苏省造纸工业
浙江省造纸工业
福建省造纸工业
河南省造纸工业
广西壮族自治区造纸工业
湖北省造纸工业
河北省造纸工业
江西省造纸工业
四川省造纸工业
天津市造纸工业
辽宁省造纸工业
山西省造纸工业
陕西省造纸工业

10

山东省造纸工业

Paper Industry in Shandong Province

【行业概况】

1．主要经济指标

根据山东省造纸行业协会（以下简称“行业协会”）对重点企业生产经营的调研和汇总分析，2023年山东省域内造纸行业实现销售收入1456亿元，比2022年增长1.46%，占全国造纸行业（浆纸合计）销售收入8210亿元（统计口径）的17.7%。受主要原材料、能源、物流成本高企，终端消费不振、纸张价格下降影响，全行业利税、利润均出现一定降幅。

2．纸及纸板产量

根据行业协会对重点企业生产经营的调研和汇总分析，2023年山东省内纸及纸板产量2150万吨，同比增长6.7%，占全国纸及纸板产量12965万吨（行业口径）的16.58%，年度增长量占全国增量的25%。省内主要品种产量：新闻纸19万吨，比2022年减少1万吨，占全国同品种的23.75%；未涂布印刷纸580万吨，比2022年增加60万吨，占全国同品种的32.13%；涂布印刷纸165万吨，比2022年减少10万吨，占全国同品种的25%；生活用纸96万吨，比2022年增加11万吨，占全国同品种的7.93%；包装用纸45万吨，比2022年减少5万吨，占全国同品种的5.96%；特种纸及薄页纸110万吨，比2022年增加15万吨，占全国特种纸及纸板的24.72%。白纸板470万吨，比2022年增加5万吨，占全国同类品种的28.4%，其中：涂布白纸板426万吨，比2022年增加5万吨，占全国同品种的27.05%；涂布白纸板中涂布白卡纸310万吨，比2022年减少9万吨。包装纸板530万吨，比2022年增加5万吨。其中：箱纸板260万吨，比2022年减少10万吨，占全国同品种的8.98%；瓦楞原纸270万吨，比2022年增加15万吨，占全国同品种的9.26%。其他纸及纸板135万吨。

2023年，太阳、晨鸣、华泰、博汇等山东企业省域外（含境外，下同）纸及纸板产量合计865万吨，比2022年增加约94万吨，同比增长12.20%，占省内总产量40%。主导产品包括涂布白纸板416万吨、未涂布印刷纸198万吨、牛卡纸136万吨、静电复印纸18万吨、瓦楞原纸15万吨、新闻纸15万吨等品种。

2023年，山东企业省域内外（含境外，下同）纸及纸板产量3015万吨，比2022年增加230万吨，同比增长8%，占全国总产量的23.3%，创历史新高。

【原料】

根据行业协会对重点企业生产经营的调研汇总分析，2023年，山东省内造纸用原生纸浆产量727万吨，比2022年增长4.8%。（1）木浆721万吨，比上年增长5.5%，占全国木浆产量的31.2%，其中：（a）化学木浆414万吨，比2022年增长3.4%；（b）化学机械浆307万吨，比2022年增长8.5%；（2）草浆6万吨，比2022年减少40%，连续多年减产缩量，持续发展遇到了一定挑战。近十年来，山东省造纸木浆产量年均增长5.9%，其中化学木浆年均增长4.4%、化学机械浆年均增长8.6%，化学机械浆增速显著高于化学浆增速，符合产品结构优化调整的总趋势。

2023年，太阳、晨鸣、华泰、博汇等山东企业省域外造纸木浆产量453万吨，与2022年基本持平，占省内木浆产量的62%，占全国木浆产量的19.6%。

目前，山东企业省域内外造纸木浆年产能超过100万吨的为太阳控股、晨鸣集团、亚太森博浆纸和博汇纸业，2023年实际产量分别达到352万吨、326万吨、222万吨和135万吨，4家企业合计产量约占全国木浆产量的45%。产业集中度和大企业支撑作用进一步增强提升，带动了木浆产能产量持续增长，促进了国际木片资源和国内木材加工“三剩物”的综合利用，优化了造纸产业链主要原料供给结构，促进了产品结构优化升级，构建了独具特色的山东造纸产业“林浆纸一体化”可持续发展模式。

2023年山东省内各类纸浆消耗总量约1738万吨，比2022年增加4.38%，占全国纸浆消耗总量11899万吨的14.6%。原料结构中木浆、废纸浆、非木浆比重分别为60%、38%、2%，与全国纸浆消耗比重木浆 42%、废纸浆 54%、非木浆 4% 相比，存在显著差异。

【生产企业】

根据行业协会的汇总分析，2023 年全省浆纸产量 10 万吨及以上企业 35 家，比上年有所减少。目前全省浆纸产量超过 500 万吨 1 家，即太阳控股集团；200 万吨以上增加至 5 家，即晨鸣集团、博汇纸业、亚太森博浆纸、华泰集团和世纪阳光集团；50 万 ~ 100 万吨 3 家，即中冶银河纸业、汇胜集团和泰鼎新材；20 万 ~ 50 万吨 16 家；10 万 ~ 20 万吨 10 家（名单略）。全行业造纸企业纸及纸板平均生产规模 11.6 万吨，比 2022 年有所提高，是全国平均规模 5.2 万吨的 2.2 倍，产业集中度进一步提升。

根据中国造纸协会公布的年度报告，太阳、晨鸣、博汇、华泰和世纪阳光分别位列 2023 重点造纸企业产量前 30 名的第 2、5、6、7 和 15 位，彰显了山东大企业稳健发展态势和综合实力。

表 1 2023 年浆纸产量超过 200 万吨的企业名单

序号	单位名称	省内产量 / 万吨	集团产量 / 万吨	全国产量位次
1	山东太阳控股集团有限公司	575	952	2
2	山东晨鸣纸业集团股份有限公司	239	477	5
3	山东博汇集团有限公司	215	421	6
4	亚太森博（山东）浆纸有限公司	314（其中纸浆 222）	314（其中纸浆 222）	亚太森博中国控股 11
5	华泰集团有限公司	257	301	7
6	山东世纪阳光纸业集团有限公司	210	210	15

表 2 2023 年浆纸产量 20 万 ~ 100 万吨的企业名单

序号	单位名称	产量 / 万吨
1	中冶纸业银河有限公司	61.84
2	汇胜集团股份有限公司	55.93
3	德州泰鼎新材料科技有限公司	52.90
4	泰山石膏（泰和）纸业有限公司	48.78
5	远通纸业（山东）有限公司	45.34
6	山东仁丰特种材料股份有限公司	44.38
7	枣庄华润纸业有限公司	42.31
8	山东丰源中科造纸有限公司	38.86
9	淄博永丰环保科技有限公司	38.73
10	枣庄市恒宇纸业有限公司	35.90
11	齐峰新材料股份有限公司	35.56
12	山东恒联投资集团有限公司	33.48
13	威海龙港纸业有限公司	33.10
14	山东天和纸业有限公司	29.58
15	山东合创新材料有限公司	27.10
16	山东江河纸业有限责任公司	26.71
17	山东华金集团有限公司	26.71
18	山东恒安纸业有限公司	26.65
19	山东省寿光市鲁丽纸业有限公司	25.83

表 3 2023 年销售收入前 10 名企业名单

序号	单位名称
1	山东太阳控股集团有限公司
2	山东晨鸣纸业集团股份有限公司
3	华泰集团有限公司
4	山东博汇纸业股份有限公司
5	亚太森博（山东）浆纸有限公司
6	山东世纪阳光纸业集团有限公司
7	山东恒联投资集团有限公司
8	齐峰新材股份有限公司
9	中冶银河纸业有限公司
10	山东恒安纸业有限公司

【基建与技改】

据行业协会对全省重点造纸企业的调查，2023 年度新建项目和技改完成投资额合计 151 亿元，已建成投产浆纸产能逾 270 万吨，主要生产线包括：华泰集团完成 30 万吨 / 年化学机械浆生产线改造提升，改造 PM11（10200 毫米，1800 米 / 分）40 万吨 / 年新闻纸转产 52 万吨双胶纸；亚太森博 50 万吨 / 年文化用纸 8700 毫米，1800 米 / 分生产线和 15 万吨 / 年生活用纸 4 条生产线，同步建设 3500 吨固形物 / 日高效碱回收炉替换现有一期碱回收炉；博汇纸业建成一期年产

12 万吨的食品卡淋膜纸生产车间，拓展延伸产业链；泰鼎新材 15 万吨 / 年高强瓦楞原纸 4400 毫米，800 米 / 分生产线；仁丰特材 30 万吨 / 年高强瓦楞纸 6600 毫米，1000 米 / 分生产线；山东恒安 3 万吨 / 年高档生活用纸项目；烟台大展 20 万吨 / 年箱板纸 4200 毫米，600 米 / 分生产线；丰源中盛 35 万吨 / 年涂布白纸板 4300 毫米，700 米 / 分生产线；山东合创 20 万吨 / 年瓦楞原纸 4800 毫米，1000 米 / 分生产线；牡丹纸业 2 万吨 / 年生活用纸 2850 毫米，1400 米 / 分生产线，提升产能至 7 万吨 / 年。在建筹建浆纸产能合计约 630 万吨，其中纸浆 230 万吨、纸及纸板约 400 万吨。其中 2023/2024 省重大、省重点项目主要包括：太阳纸业年产 170 万吨浆纸项目，华泰纸业 70 万吨 / 年化学木浆项目、日照华泰浆纸升级改造工程项目，亚太森博浆纸扩建年产 50 万吨生活用纸项目，世纪阳光华迈纸业 90 万吨 / 年集束包装纸板及高档箱板纸项目，金红叶集团淄博基地 24 万吨 / 年高档生活用纸项目，金天和纸业 50 万吨 / 年食品级包装材料及配套工程项目，世纪阳光显华新材 36 万吨 / 年特种纸项目，泰中特种纸 30 万吨 / 年功能纸基及辅助材料建设项目，海象纸业 25 万吨 / 年纺筒原纸项目等。

以上项目的陆续建成投产为产业绿色低碳高质量发展增添新动能新动力，形成新质生产力。

【科研与技术进步】

2023 年是全省造纸产业链创新成果丰硕之年，获授荣誉获奖项目涵盖企业家、专家个人和企业制浆、造纸技术及产品、装备等，对全行业管理创新、科技创新和绿色低碳高质量发展发挥激励鼓舞作用，产生导向引领效应。一是造纸企业创新研发成效显著。太阳纸业坚持市场为导向，围绕客户需求加力研发系列差异化、高品质产品，太阳万国纸业、国际纸业联合华南理工大学研发的“白卡纸多梯度防伪包装技术研发及应用”成果荣获中国轻工业联合会 2023 年度科学技术进步一等奖；亚太森博浆纸 20 项浆纸实用科技成果通过省级评价，其中 6 项总体技术达到国际先进水平、9 项达到国内领先水平、5 项达到国内先进水平，实现了增品种提品质、降本增效、节能减排的卓越成效；博汇纸业积极研发生产本白、白底无菌液体包装纸板和白底屋顶液体包装纸板，丰富了食品卡产品系列，创新研发吸塑卡包装用纸取代了 50% 的塑料制品，将 100% 的塑料包装转为“50% 塑料 +50% 卡纸”，实现“以纸代塑”成效；齐峰新材大力开发新品种，实现幅宽规格多样化、有色产品系列化和替代进口产品等。恒联集团构建以绿色纤维素膜、纤维素肠衣、卫生清洁材料、特种纸等高附加值产品为核心的差异化产业结构布局，新兴产业比重逐年提升；仁丰特材依托上海、青岛和本部研发中心创新驱动，转向特种纸产品的差异化和高端化；东顺浆纸加大生活用纸系列、湿巾纸尿裤卫品系列、清洁保健纸品系列等研发创新力度，抢占细分市场和终端客户群，“顺清柔”品牌纸巾增加了本色共享、厨房用纸、医疗擦拭纸等系列，高附加值品牌“哈里贝贝”宝宝纸巾系列独具匠心，孕妇、婴幼儿更适用。二是技术装备创新增添新彩，助力产业链高质量发展。近年来，国产浆纸装备性价比优势日趋明显，在大型生产线上的应用比重越来越高，为设备更新提供坚实的产业链供应链支撑。2023 年，晨钟机械、凯信重机、汶瑞机械、泰鼎机械、信和造纸、天利机械等入围“中国轻工业造纸机械行业十强企业”；杰锋机械、齐鲁工业大学和理文造纸研发的干法废纸制浆新工艺——干法净化和疏解制浆技术成套装备、泰鼎机械 6600/1000 靴式压榨装置、汶瑞机械 CPL6222 圆盘过滤机荣获中国轻工业联合会 2023 年度科技进步三等奖。天瑞重工获批国家企业技术中心、国家级绿色工厂、第六批国家级工业设计中心，荣获山东省十大科技创新成果、中国轻工业联合会科技进步一等奖；山东章鼓获评国家级绿色工厂、国家级绿色供应链管理企业；泰鼎机械入选 2023 年度国家知识产权示范企业，超级压光机专利荣获第 24 届中国专利优秀奖，靴式压榨专利荣获中国轻工业专利成果一等奖。

山东信和自主研发设计的 2850 毫米，1600 米 / 分高速节能新月型卫生纸机荣获中国轻工业联合会科学技术进步奖，获授 9 项实用新型专利，总包全国产出口孟加拉国 30 万吨 / 年涂布白纸板项目，为目前我国最大出口造纸生产线。滕州力华应用于高速纸机的膜转移施胶辊系列配方实现升级，已服务大型造纸和装备企业，研发无石英粉硬质分毯辊耐磨等配方提高了宽幅高速纸机转向辊、驱网辊耐磨性，开发陶瓷喷涂和碳化钨喷涂技术替代橡胶辊优势明显。聊城经纬毛毯坚持研发制造“高速、宽幅”毛毯不动摇，稳固拓展太阳纸业、世纪阳光等十数家大企业宽幅高速纸机客户群，成功出口俄罗斯幅宽 9100 毫米、9300 毫米，车速 1300 米 / 分新闻纸机定制毛毯，提升了制造高端毛毯的信心，赢得客户赞誉认可。

【环境保护与节能】

造纸产业必须完整准确全面贯彻“创新、协调、绿色、开放、共享”新发展理念，构建新发展格局，实现低碳绿色高质量发展，满足经济社会发展和人民美好生活对优质浆纸产品的需要。一是重点企业减碳降碳成效显著。目前，会员企业已有 21 家荣获国家级和省级“绿色工厂”、12 家的 23 种主导产品获评国家级“绿色设计产品”、9 家入选国家级和省级“绿色供应链企业”，彰显山东企业的绿色发展理念。2023 年，仁丰特材入选“国家级绿色工厂”，太阳纸业“白纸板”入选“国家级绿色设计产品”；太阳生活用纸、博汇纸业、德州泰鼎新材入选“2023 年省级绿色工厂”；博汇纸业、太阳纸业、金蔡伦纸业入选“2023 年省级绿色供应链管理企业”；世纪阳光集团荣获国家级“重点用水企业水效领跑者”称号，展现了高效节水用水能力水平。太阳纸业致力打造可持续发展受人尊重的全球卓越企业，推出首款涂布白卡纸碳中和产品，并创新“分级处理、分质回用”“车间小循环，厂区大循环”的节水模式；晨鸣集团实施林纸、煤电新型建材、废渣废弃物制肥发电和中水回用等多个资源循环产业链取得显著成效，正在实施寿光晨鸣化学木浆碱炉脱硫脱硝升级改造，最大限度降 NO_x 和 SO_2 等排放；亚太森博浆纸投资建设城市中水回用、烟气消白、碱炉脱硝等节水减排项目，为绿色低碳发展奠定坚实基础；博汇纸业已通过产品碳足迹、碳中和认证，成为亚太地区行业内首家完成标普 ESG 评级的造纸企业，推进了绿色低碳可持续发展。

【发展目标】

2024 年是全面贯彻落实党的二十大精神的关键之年，是深入实施“十四五”规划的攻坚之年。满足经济社会发展和人民美好生活对优质浆纸产品的需要是造纸产业的重任，山东造纸行业一定要锚定“走在前、开新局”，贯彻国家产业发展政策，坚信经济回升向好、长期向好的基本趋势，坚定信心、坚守主业；提前布局产品更新迭代，以标准提升倒逼老旧设备和产品淘汰，以新质生产力构筑竞争新优势、赢得话语权；推动数字化车间和智能工厂建设，加快生产设备数智赋能、提质增效更新改造，提高员工技能操作水平，以数智化提升全要素生产率；加快产学研用深度融合，建立以企业为核心的创新体制，加大研发创新投入，做好关键核心技术研发攻关；创新管理模式，提升运营成效；加快培养高素质、高技能的员工队伍，激发创新创业活力，研发创新适宜本单位的新产品、新技术、新业态、新模式，以新质生产力扎实推进造纸产业绿色低碳高质量发展，以优异成绩向新中国成立 75 周年献礼！

（赵振东　韩　磊　刘　玉　孔凡功）

广东省造纸工业

Paper Industry in Guangdong Province

【行业概况】

1．纸及纸板产量

2023年广东省纸及纸板产量2478.6万吨，比2022年增加3.4%，达历史新高，占全国纸及纸板12965万吨（中国造纸协会统计数据）产量的19.12%。广东省造纸产业结构较为稳定，种类以包装用纸为主，其产量占比超过总产量70%。部分新项目的产能在2023年得到完全释放，拉动了产量的增长。

2．主要纸种运行情况

（1）新闻纸

2023年广东省新闻纸产量21.61万吨，同比下降26.2%，占全国新闻纸产量的27.01%，占比较2022年有所减少。2023年全国新闻纸产量进一步下滑，同比下降11.11%，这一趋势与数字化、电子媒体的发展紧密相关。广东省目前仅有2家企业生产新闻纸，分别是广州造纸集团有限公司和广东华泰纸业有限公司，以广州造纸集团有限公司生产为主。2023年广东华泰纸业有限公司生产的新闻纸产量极少，该纸种在广东省处于供需平衡的状态。在电子传媒不断发展的背景下，新闻纸的总体需求仍在逐年缩减，主要用于党政宣传，是具备战略地位的纸种，有一定的刚需量。由于国外新闻纸在质量、成本上具有较大的竞争力，尽管该纸种没有被列入2023年进口纸品零关税调整的清单中，2023年进口新闻纸量达51.24万吨，同比增长10.3%，对国内新闻纸产业冲击较大。

（2）包装用纸

广东省是包装用纸生产大省，目前已有6家产能达100万吨以上的包装用纸企业，分别是玖龙纸业（东莞）有限公司、广东理文造纸有限公司、东莞建晖纸业有限公司、东莞金洲纸业有限公司、东莞市金田纸业有限公司、山鹰纸业（广东）有限公司，主要产品包括箱纸板、瓦楞原纸、涂布白纸板和灰纸板等。2023年广东省包装用纸总产量为1771.94万吨，同比增长3.5%，占广东省纸及纸板总产量的71.5%。其中，箱纸板产量为720.23万吨，同比增长12.75%，占全国24.88%；瓦楞原纸产量为534.75万吨，同比下降4.76%，占全国18.34%；白纸板产量为300.16万吨，同比下降6.63%，占全国18.14%；其他包装用纸总产量为216.8万吨，同比增长13.85%，占全国28.72%。2023年上半年，社会需求疲软，经济复苏速度并未达到预期，包装类纸产品需求全面减弱，进口纸大量增长，包装用纸厂出现大面积“订单荒”、库存压力大，部分上市企业出现较大亏损，中小型企业频繁停机检修。到了2023年第三季度末，在国内传统旺季、国外包装用纸生产成本增高、各类产品出口逐渐回归常态化等因素下，包装用纸行情出现好转，企业开工率提高。广东全年包装用纸总产量仍有所增长，部分企业实现扭亏为盈，但利润仍较为微薄，且仍有部分企业亏损。

（3）生活用纸

2023年，广东省生活用纸总产量129.86万吨，同比增长11.17%，约占全国总产量的10.73%。广东省生活用纸生产企业数量虽少，但产能集中度和品牌知名度高，产量排名全国前列的生活用纸企业中，维达、中顺洁柔和理文造纸总部均位于广东省，其中维达和中顺洁柔品牌在国内外拥有较高知名度，其在广东省的生活用纸原纸总产能均超过35万吨/年；理文在广东省的生活用纸原纸总产能约9万吨/年。生活用纸是近年来国内投产的造纸新项目数量最多的纸种，广东省生活用纸产能也在进一步扩大：亚太森博（广东）纸业有限公司2022年新增10万吨/年，江门仁科绿洲PM2于2023年年初投产，总产能约2万吨/年，以上2个新项目产能在2023年得到充分释放，生活用纸总产量因此得到较大提升。恒安集团广东云浮基地年产能24万吨生活用纸项目一期项目于2023年年底投产2台纸机，目前产能6万吨/年，预计2024年再投产6万吨/年，亚太森博广东基地计划未来再新建二期10万吨/年的生活用纸项目，未来2年广东生活用纸产量还会逐步提高。目前，生活用纸企业受原料价格波动影响很大，未来拥有自制浆的企业将更具优势。2023 年，广东省的大型生活用纸企业依托品牌和渠道优势，保持平稳运行，产量波动较小，但受国际浆价影响，利润情况普遍不理想；小型企业不具备品牌优势，但灵活度和个性化程度较高，不少企业拓展海外订单，生产定制化产品，实现企业的平稳运行。

（4）文化用纸

2023 年广东省未涂布印刷书写纸产量为 289.02 万吨，同比增长 13.65%，占全国 16.01%。广东省拥有 2 家年产能超 100 万吨的未涂布印刷书写纸生产企业，分别是亚太森博（广东）纸业有限公司和湛江晨鸣浆纸有限公司，其中亚太森博（广东）纸业有限公司于 2022 年新增 45 万吨 / 年文化用纸产能。近年来，广东文化用纸企业向多样化方向发展，亚太森博、晨鸣、鸿源等以生产文化用纸为主的企业近年来分别新增生活用纸、特种纸等种类，通过新增高附加值产品开拓不同的市场赛道，创新企业经营方式。此外，广东华泰纸业有限公司于 2023 年进行技改，新增文化用纸产品。

3．主要经济指标完成情况

2023 年广东省造纸及纸制品业工业增加值为 538.16 亿元，同比下降 2%；总销售产值 2497.84 亿元，同比下降 8%；营业收入总额为 2445.47 亿元，同比下降 9.4%；利润总额为 25.39 亿元，同比下降 26.9%，各项经济指标均呈现下降趋势。2023 年，国内消费品和出口贸易板块复苏缓慢，外加大量进口成品纸在 2023 年 1 月 1 日实行零关税后价格优势明显，冲击国内市场，造成国内纸品价格下调，尤其是包装用纸产品，因此对广东省造纸产业的经济效益影响极大，直到 2023 年第三季度才出现缓解迹象，部分企业实现亏损转盈利，仍有相当一部分企业亏损。

4．行业集中度情况

2023 年广东省造纸行业集中度进一步提升，大型现代化企业数量增加。广东省纸及纸板年产能超 10 万吨的造纸企业共 43 家，其中：10 万 ~ 30 万吨的企业有 21 家；30 万 ~ 100 万吨的企业有 13 家；100 万吨以上的企业有 8 家，分别是玖龙、理文、建晖、金洲、金田、亚太、晨鸣、山鹰，该 8 家企业 2023 年的总产量为 1510 万吨，占广东省纸及纸板全年总产量的 61%，占比较 2022 年有所提高，原因是山鹰纸业和亚太森博近 2 年新项目全面达产。

【重点企业的基建与技改】

2023 年广东省造纸新项目情况见表 1。

表 1　　2023 年广东省造纸新项目情况

序号	企业	项目概况	完成情况
1	江门仁科绿洲纸业有限公司	新增 PM2 纸机，幅宽 2850 毫米，设计车速 1300 米 / 分，年产 2 万吨生活用纸	已投产
2	汕头市曜德纸业有限公司	新增 1 台 3600 型高速叠网造纸生产线，年产 18 万吨涂布白纸板	已投产
3	亚太森博（广东）纸业有限公司	新增 4 台幅宽 2800 毫米纸机，年产 10 万吨高档生活用纸	已投产
4	亚太森博（广东）纸业有限公司	计划新增年产 10 万吨高档生活用纸项目	拟建
5	新飞材料（始兴）医卫科技有限公司	拟建年产 2 万吨特种薄页纸项目	建设中
6	广东冠豪高新股份有限公司	新增年产 30 万吨高档涂布白卡纸项目，纸机幅宽 4800 毫米，设计车速 700 米 / 分，日产能可达 1000 吨	已投产
7	广东恒安纸业有限公司	一期年产 12 万吨生活用纸，4 台纸机	已投产 6 万吨，2024 年年底再投产 6 万吨

【节能节水及绿色制造】

2023 年 2 月，工业和信息化部、水利部、国家发展改革委、市场监督管理总局联合发布 2022 年重点用水企业、园区水效领跑者名单（四部门公告 2023 年第 4 号），遴选出 74 家具备引领示范和典型带动效应的水效领跑者企业和园区，共有 12 家造纸企业入选水效领跑者企业名单，其中广东省有 3 家企业入选，分别是：玖龙纸业（东莞）有限公司、维达纸业（中国）有限公司、亚太森博（广东）有限公司，具体情况见表 2。

表 2　2022 年重点用水企业、园区水效领跑者名单（节选广东造纸企业）

序号	企业名称	水效指标		节水技术	所在地
		单位产品取水量 /（米³/吨）	水重复利用率 /%		
		以废纸为原料生产白纸板、箱纸板和瓦楞原纸等产品			
1	玖龙纸业（东莞）有限公司	印刷书写纸 10.25 涂布白纸板 7.27 箱纸板 5.74 瓦楞原纸 4.48	96.61	纸机蒸气冷凝水回收技术、超效纳米浅层气浮白水处理利用技术、芬顿和逆流式砂滤器废水处理回用技术、屋面雨水回收利用技术等	广东省东莞市
		以商品浆生产生活用纸			
2	维达纸业（中国）有限公司	生活用纸 14.08	96.64	冲浆系统循环用水工艺、碎浆系统循环用水工艺、化水处理工艺、密封水回收处理技术	广东省江门市
		以商品浆为原料生产印刷书写纸			
3	亚太森博（广东）纸业有限公司	印刷书写纸 5.93	94.50	中水回收利用、热交换塔冷凝水回收、密封水系统回收、白水多盘分级处理回用	广东省江门市

2023 年 12 月，广东省工业和信息化厅公布 2023 年广东省重点行业“能效（水效）领跑者”名单，其中造纸行业 4 家企业 5 个产品被评为广东省造纸行业“能效领跑者”，4 家企业 5 个产品被评为广东省造纸行业“水效领跑者”。具体情况如表 3 和表 4 所示。

表 3　2023 年广东省造纸行业“能效领跑者”名单

企业名称	主要能效指标	实际值 /（千克标准煤 / 吨）	能耗限额标准先进值 /（千克标准煤 / 吨）	备注
广东理文造纸有限公司	涂布白纸板	194.9	290	《（GB 31825—2015）制浆造纸单位产品能源消耗限额》
	箱纸板	173.27	280	
玖龙纸业（东莞）有限公司	瓦楞原纸	186.91	270	
维达纸业（中国）有限公司	生活用纸	240.10	420	
广州造纸集团有限公司	新闻纸	243.00	350	

表 4　2023 年广东省造纸行业“水效领跑者”名单

企业名称	产品	单位产品取水量 /（米³/吨）		企业水重复利用率 /%	
		企业数据	《（DB44/T 1461.2—2021）用水定额 第 2 部分：工业》领跑值	企业数据	《（GB/T 26927—2011）节水型企业 造纸行业》要求值
亚太森博（广东）纸业有限公司	非涂布印刷书写纸	5.08	12	94.1	≥ 85
东莞建晖纸业有限公司	涂布白纸板	5.19	12	91.0	
	箱纸板	4.57	6	91.0	
东莞顺裕纸业有限公司	瓦楞原纸	3.43	5	93.0	
维达纸业（中国）有限公司	生活用纸	11.76	12	96.7	

广东省造纸行业能效和水效整体水平位于国内前列，企业直接生产系统单位产品能耗大部分达到《(GB 31825—2015) 制浆造纸单位产品能源消耗限额》先进值水平，单位产品取水量相当一部分达到《(DB44/T 1461.2—2021) 用水定额 第 2 部分：工业》先进值指标要求，部分达到领跑值指标要求。

2023 年 3 月，工业和信息化部办公厅发布《关于公布 2022 年度绿色制造名单的通知》，其中，广东省有 2 家造纸企业获得“国家级绿色工厂”称号，分别是亚太森博（广东）纸业有限公司和山鹰纸业（广东）有限公司。截至 2023 年，先后共有 9 家广东造纸企业获得“国家级绿色工厂”称号、8 项广东造纸企业产品获得“绿色设计产品”称号、3 家广东造纸企业获得“绿色供应链管理企业”称号，广东省造纸行业绿色低碳发展走在全国前列。

（张铭晖）

江苏省造纸工业

Paper Industry in Jiangsu Province

2023 年，受国际环境复杂多变和有效需求不足、预期偏弱等多重因素影响，江苏省造纸企业生产经营和发展面临巨大挑战，面对复杂严峻的市场环境和行业下行的不利局面，企业积极应对各种困难和挑战，坚持稳中求进、以稳应变，随着新增产能的不断释放，江苏整体产能依然实现稳定增长。

【行业概况】

（一）主要生产经济指标完成情况

1．机制纸及纸板总产量

据江苏省造纸行业协会调查，2023 年江苏省造纸工业累计生产机制纸及纸板总产量 1593 万吨，比 2022 年的 1523 万吨增加 4.6%。

2．主要纸种产量

（1）文化用纸

2023 年，江苏省文化用纸生产量 308 万吨，占全省机制纸及纸板总生产量的 19.3%，比 2022 年的 338 万吨减少 8.9%。

其中：

铜版纸生产量 188 万吨，比 2022 年的 193 万吨减少 2.6%；双胶纸和复印纸原纸生产量 120 万吨，比 2022 年的 145 万吨减少 17.2%。

（2）包装用纸及纸板

2023 年，江苏省包装用纸及纸板生产量为 1048 万吨，占全省机制纸及纸板总生产量的 65.8%，比 2022 年的 1009 万吨增加 3.9%。

其中：

瓦楞原纸生产量 279 万吨，比 2022 年的 303 万吨减少 7.9%；箱纸板生产量 391 万吨，比 2022 的 378 万吨增加 3.4%；白纸板生产量 121 万吨，比 2022 年的 89 万吨增加 36.0%；白卡纸生产量 247 万吨，比 2022 年的 225 万吨增加 9.8%，纱管原纸生产量 11 万吨，比 2022 年的 14 万吨减少 21.4%。

（3）生活用纸

2023 年，江苏省生活用纸生产量 159 万吨，占全省机制纸及纸板生产量的 10.0%，比 2022 年的 147 万吨增长 8.2%。

（4）特种纸及纸板

2023 年，江苏省特种纸及纸板生产量为 77 万吨，包括无碳复写纸、防伪票证纸、热敏纸、纸杯原纸、三滤纸、蚊香片纸、箱包纸板、鞋底纸板等，占全省机制纸及纸板总生产量的 4.8%，比 2022 年的 29 万吨增长 165.5%。

3．实现产值、销售收入、税金及利润情况

据江苏省造纸行业协会统计，2023 年，江苏省造纸工业总计完成工业总产值 746 亿元，比 2022 年的 737 亿元增加 1.2%；实现销售收入 765 亿元，比 2022 年的 762 亿元增长 0.4%；上缴税金 24 亿元，比 2022 年的 30 亿元减少 20.0%；实现利润 34 亿元，比 2022 年的 32 亿元增加 6.3%。统计口径内，亏损制浆造纸企业共 11 家。

（二）行业运营情况分析

1．主要纸种产量变动分析

（1）文化用纸总产量占全省机制纸及纸板总生产量的 19.3%，同比减少了 2.9 个百分点。文化用纸产量下降主要原因是金华盛纸业（苏州工业园区）有限公司关停以及金东纸业（江苏）股份有限公司、芬欧汇川（中国）有限公司产品、江苏王子制纸有限公司根据市场供需对产品结构进行了调整。近年来，国内外文化纸市场需求持续走弱，欧洲文化纸需求以每年 5% 的下降趋势持续了 10 多年，大型纸企限产关停屡见不鲜，国内受智能电子产品替代和大宗商品价格轮动上涨等因素诱导，短期内市场需求薄弱无明显好转，导致文化用纸产能略有下降。

（2）包装用纸及纸板总产量占全省机制纸及纸板总产量的 65.8%，同比减少了 0.5 个百分点。2023 年，江苏省包装用纸产量有所提升，但市场占比有轻微波动，主要原因是特种纸产能提升导致。包装用纸产能提升主要是 2023 年 10 月金鹰集团旗下亚太森博（江苏）有限公司一期年产 100 万吨白卡纸项目成功投产，未来达产后江苏白卡纸市场占比还将稳步提升。

（3）生活用纸总产量占全省机制纸及纸板总产量的 10.0%，同比增加了 0.4 个百分点。全省生活用纸总产量同比增加 12 万吨，主要原因金红叶纸业（南通）有限公司和江苏王子制纸有限公司产量进一步提升。

（4）江苏部分企业积极开展产线改造，特种纸及纸板生产量占全省机制纸及纸板总生产量的 4.8%，同比增加了 165.5%，主要原因在于金东纸业积极开展产品结构调整，A4 静电复印纸加工线、10 万吨热敏纸项目、30 万吨特种双胶纸项目已顺利投产。

2．区域产量分布情况

2023 年，苏南地区纸及纸板生产量合计 1014 万吨，占江苏省纸及纸板总生产量的 63.7%，比 2022 年的 971 万吨增加 4.4%；苏中地区纸及纸板生产量合计 176 万吨，占江苏省纸及纸板总生产量的 11.0%，比 2022 年的 119 万吨增加 47.9%；苏北地区纸及纸板生产量合计 403 万吨，占江苏省纸及纸板总生产量的 25.3%，比 2022 年的 433 万吨减少了 6.9%。2023 年虽说造纸行业整体市场行情不景气，但是玖龙、金东、理文、UPM 等江苏造纸龙头企业产能并未受到实质性限制，大型企业依然保有庞大的市场份额，随着 APP 和金鹰后续项目达产，苏中地区产能还将逐步提升。而苏北地区近年来的新兴民营企业受严峻复杂市场环境和多重超预期因素冲击，部分企业出现产能受限甚至关停现象。

3．内、外（合）资企业产量比重

2023 年，江苏省内资造纸企业生产量合计 286 万吨，占江苏省机制纸及纸板总生产量的 18.0%，比 2022 年的 22.3% 减少了 4.3 个百分点，生产量比 2022 年的 340 万吨减少了 16.2%；江苏省外（合）资造纸企业生产量合计 1307 万吨，占江苏省机制纸及纸板总产量的 82.0%，比 2022 年的 77.7% 增长了 4.3 个百分点，生产量比 2022 年的 1183 万吨增加了 10.5%。主要原因江苏营商环境持续优化外商投资热度不减，加上外资多为行业龙头企业，资源均衡优势显著，抵御市场风险综合能力强，总体波动不大，部分内资企业受市场冲击出现效益不佳、资金流承压等情况，营运效益承压迫使内资企业产能受限。

4．大中型造纸企业的市场份额稳中有升

2023 年，我国经济复苏与增长过程曲折蜿蜒，纵观全年造纸行业健康可持续发展可以说是充满困难和挑战，这也加速了产业集中度进一步提升。10 万吨以上的大中型造纸企业合计产量达到 1542 万吨，占全省纸及纸板总生产量的 96.8%，比 2022 年的 1452 万吨增加 6.2%。其中，年产量 50 万吨以上的大型造纸企业合计产量达到 1401 万吨，占全省纸及纸板总生产量的 87.9%，比 2022 年的 1225 万吨增加 14.4%。统计口径内，2023 年全省大中型造纸企业的平均规模达到 81.2 万吨，比 2022 年的 66.0 万吨增加 23.0%。

【原料结构】

2023 年，江苏省纸浆总用量 1244 万吨，比 2022 年的 1208 万吨增长 3.0%。江苏省木浆、废纸浆、非木浆原料结构分别为 39.1%、60.6%、0.3%。

其中：木浆用量 486 万吨，比 2022 年的 453 万吨增加 7.3%，占总用浆量的 39.1%，比 2022 年的 37.5% 增加了 1.6 个百分点。废纸浆用量 754 万吨，比 2022 年的 744 万吨增加 1.3%，占总用浆量的 60.6%，比 2022 年的 61.6% 减少了 1.0 个百分点。非木浆用量 4 万吨，比 2022 年的 11 万吨减少 63.6%，占总用浆量的 0.3%，比 2022 年的 0.9% 减少了 0.6 个百分点。

【规模企业】

2023 年，产量达到 10 万吨的造纸企业共 19 家，产量在 50 万吨以上的企业有如下 11 家：

年产 200 万吨以上规模企业 3 家；

年产 100 万～200 万吨规模企业 3 家；

年产 50 万～100 万吨规模企业 5 家；

年产 10 万～50 万吨规模企业 8 家。

2023 年江苏省机制纸及纸板生产量达 50 万吨以上的企业名单

序号	企业名称	生产量 / 万吨
1	玖龙纸业（太仓）有限公司	276
2	金东纸业（江苏）股份有限公司	212
3	江苏博汇纸业有限公司	207
4	金红叶纸业集团有限公司	138
5	江苏理文造纸有限公司	113
6	芬欧汇川（中国）有限公司	106
7	无锡荣成环保科技有限公司	85
8	永丰余造纸（扬州）有限公司	79
9	江苏王子制纸有限公司	68
10	江苏富星纸业有限公司	60
11	江苏长丰纸业有限公司	57
合计		1401

（邹　鹏）

浙江省造纸工业

Paper Industry in Zhejiang Province

2023 年，浙江省造纸行业产量稳步提升，利润止跌向好，科技取得进步，节能减排任重道远，数字化赋能逐步推进，产业结构调整继续进行，多措并举、迎难向上、砥砺前行，确保浙江省造纸产业健康稳定持续发展。

【行业概况】

据浙江省统计局统计，2023 年浙江省造纸行业完成机制纸及纸板产量达到 1744 万吨，同比增长 9.3%，工业产值达到 858 亿元，同比下降 0.5%；营业收入 865.2 亿元，同比下降 1.7%。实现利润总额为 47.7 亿元，同比增长 46.6%；上缴税金总额为 31.9 亿元，同比下降 11.1%；全行业应收账款 178.2 亿元，同比增长 7.0%。在库存方面，产成品库存为 52.4 亿元，同比增长 0.5%；行业资产合计达到 1310.7 亿元，同比增长 3.7%；负债 681.4 亿元，同比增长 1.5%；全行业亏损企业亏损额达 5.4 亿元，同比下降 59.3%；全行业年平均用工人数 41210 人，同比下降 3.5%。

2023 年浙江省造纸行业人均生产机制纸及纸板 423.20 吨。全员劳动生产率（按产值计算）208.21 万元 / 人，人均税收 11.57 万元，人均创利 7.75 万元。

1．2023 年浙江省造纸行业各季度运行情况

2023 年浙江省造纸行业各季度运行情况见表 1。

表 1　2023 年浙江省造纸行业各季度运行情况

项目	一季度	二季度	三季度	四季度
机制纸及纸板产量 / 万吨	366.8	446.7	460.4	470.1
工业产值 / 亿元	186.8	214.0	228.4	228.8
营业收入 / 亿元	175.3	208.5	234.5	246.9
利润总额 / 亿元	1.8	6.6	15.8	23.5
税金总额 / 亿元	5.4	7.2	9.4	9.9

2．2023 年浙江省造纸行业能耗情况

据浙江省有关部门统计，2023 年浙江省造纸能耗总量 563 万吨标准煤，同比增长 7.24%，主要是由于行业规模的扩大和企业数量的增加导致；能耗强度 1.64 吨标准煤 / 万元，同比增长 6.49%，企业在生产过程中能源消耗的效率有所下降；碳排放 1239 万吨 CO_2，同比增长 7.09%，行业应积极采用低碳技术，提高可再生能源的使用比例；碳排放强度 3.61 吨 CO_2/ 万元，同比增长 6.80%，反映出行业在碳排放控制方面还存在一定的问题。

3．2023 年浙江省造纸工业运行的简要回顾

据有关数据透露，2023 年，瓦楞原纸价格整体呈现弱势震荡下行态势，截至 2023 年 12 月 31 日 140 克 / 米 ^{2} 瓦楞原纸均价为 2832 元 / 吨，与 1 月 1 日均价 3204 元 / 吨相比下降了 11.61%。箱纸板年均价为 3947 元 / 吨，同比下滑 16.47%。A 级 250 克 / 米 ^{2} 白纸板全国均价 3788.90 元 / 吨，较 2022 年同期下滑 13.86%。2023 年白卡纸市场走势先跌后涨，年均价跌至历史底部，市场均价 4713 元 / 吨，较 2022 年的 5850 元 / 吨下跌 1137 元 / 吨，跌幅 19.44%，行业盈利整体偏弱，年度平均毛利率为 –5.51%，较上年同期减少 5.90 个百分点。

2023 年浙江省进口针叶浆 139.6 万吨、阔叶木浆 261.06 万吨、化学机械浆 19.32 万吨、本色浆 19 万吨。进口木浆均价呈下行态势，各浆种价格较 2022 年下跌 718 ~ 1302 元 / 吨，跌幅 11.08% ~ 20.58%。我国进口针叶浆年均价 6094 元 / 吨，同比下跌 14.68%；进口阔叶浆年均价 5024 元 / 吨，同比下跌 20.57%。针叶木浆全年均价为 5967 元 / 吨，同比下跌 15.6%；阔叶木浆全年均价为 5036 元 / 吨，同比下跌 20.2%；本色浆全年均价为 6539 元 / 吨，同比下跌 11.2%，化学机械浆全年均价为 5259 元 / 吨，同比下跌 14.3%。

【生产企业】

1．机制纸及纸板生产区域分布情况

2023 年浙江省规模以上企业及完成机制纸及纸板产量分布情况见表 2。

表 2 2023 年浙江省规模以上企业及完成机制纸及纸板产量分布情况

序号	地区	企业数量 / 家	产量 / 吨	同比 /%	占浙江省产量比例 /%
	浙江省	184	17439634.3	9.3	100
1	嘉兴市	27	6392396.5	14.3	36.65
2	衢州市	42	3370035.1	13.3	19.32
3	宁波市	4	2487138.5	−0.6	14.26
4	金华市	17	1345615.3	9.8	7.72
5	绍兴市	12	1153088.3	39.3	6.61
6	台州市	7	768366.5	−1.7	4.41
7	湖州市	13	654812.2	6.3	3.75
8	温州市	17	577609.6	3.7	3.31
9	杭州市	32	294510.2	−35.3	1.69
10	丽水市	12	236045.6	−0.8	1.35
11	舟山市	1	160016.5		0.92

2．机制纸及纸板年产量前 10 位企业

2023 年浙江省机制纸及纸板产量居前 10 位的造纸企业见表 3，10 家造纸企业合计生产机制纸及纸板产量 1143.26 万吨，占全省总产量的 65.55%。

表 3 2023 年浙江省机制纸及纸板产量居前 10 位的造纸企业

排名	企业名称	产量 / 万吨	主要品种
1	宁波亚洲浆纸业有限公司	226.00	白纸板
2	浙江山鹰纸业有限公司	209.45	箱纸板、瓦楞原纸、白纸板等
3	浙江景兴纸业股份有限公司	157.12	瓦楞原纸、生活用纸等
4	仙鹤股份有限公司	104.24	特种纸
5	浙江金龙再生资源科技股份有限公司	100.40	箱纸板、瓦楞原纸、白纸板、特种纸及纸板
6	平湖荣成环保科技有限公司	91.28	箱纸板、瓦楞原纸
7	浙江华川实业集团有限公司	82.03	瓦楞原纸、特种纸及纸板
8	浙江荣晟环保纸业股份有限公司	79.40	箱纸板、瓦楞原纸
9	台州森林造纸有限公司	56.54	箱纸板、瓦楞原纸
10	五洲特种纸业集团股份有限公司	36.80	特种纸

3．年产量在 10 万吨以上的特种纸及生活用纸企业

2023 年浙江省年产量在 10 万吨以上特种纸及生活用纸企业排名见表 4。

表 4 2023 年浙江省年产量在 10 万吨以上的特种纸及生活用纸企业

排名	企业名称	产量 / 万吨	备注
1	仙鹤股份有限公司	104.24	特种纸
2	五洲特种纸业集团股份有限公司	36.80	特种纸
3	维达纸业（浙江）有限公司	24.92	生活用纸
4	民丰特种纸股份有限公司	15.84	特种纸
5	杭州华旺新材料科技股份有限公司	15.21	特种纸
6	浙江景兴纸业股份有限公司	12.72	生活用纸

4. 完成工业产值前 10 位的造纸企业

2023 年浙江省完成工业产值居前 10 位的造纸企业见表 5，前 10 家企业合计完成工业产值 485.29 亿元，占全省行业完成工业总产值 56.56%。

表 5　2023 年浙江省完成工业产值居前 10 位的造纸企业

排名	企业名单	工业产值 / 亿元
1	宁波亚洲浆纸业有限公司	98.71
2	仙鹤股份有限公司	90.27
3	浙江山鹰纸业有限公司	77.75
4	浙江景兴纸业股份有限公司	61.28
5	维达纸业（浙江）有限公司	31.53
6	浙江华川实业集团有限公司	29.12
7	平湖荣成环保科技有限公司	26.82
8	五洲特种纸业集团股份有限公司	24.63
9	浙江金龙再生资源科技股份有限公司	23.28
10	浙江荣晟环保纸业股份有限公司	21.90

5. 上缴税金前 10 位的造纸企业

2023 年浙江省上缴税金居前 10 位的造纸企业见表 6，这 10 家企业合计上缴税金 18.20 亿元，占全省行业上缴税金总额的 57.05%。

表 6　2023 年浙江省上缴税金居前 10 位的造纸企业

排名	企业名单
1	仙鹤股份有限公司
2	浙江景兴纸业股份有限公司
3	浙江山鹰纸业有限公司
4	浙江华川实业集团有限公司
5	浙江荣晟环保纸业股份有限公司
6	平湖荣成环保科技有限公司
7	维达纸业（浙江）有限公司
8	台州森林造纸有限公司
9	杭州华旺新材料科技股份有限公司
10	浙江凯恩新材料有限公司

6. 实现利润前 10 位的造纸企业

2023 年浙江省实现利润居前 10 位的造纸企业见表 7，10 家企业合计实现利润 36.38 亿元，占全省行业实现利润总额的 76.27%。头部企业无论在产量、产值、利润、税收等方面都占据全省的主要份额，中小企业仍需在细分市场中做精做强上下功夫。

表 7　2023 年浙江省实现利润居前 10 位的造纸企业

排名	企业名单
1	宁波亚洲浆纸业有限公司
2	仙鹤股份有限公司
3	杭州华旺新材料科技股份有限公司
4	浙江华川实业集团有限公司
5	浙江荣晟环保纸业股份有限公司
6	浙江金龙再生资源科技股份有限公司
7	台州森林造纸有限公司
8	浙江恒达新材料股份有限公司
9	浙江景兴纸业股份有限公司
10	浙江山鹰纸业有限公司

【基建与技改】

1. 2023 年已建成项目情况

（1）2 月 13 日，浙江山鹰纸业 77 万吨绿色环保高档包装用纸升级改造项目 PM16 纸机成功开机，10 月中旬 PM17 成功出纸。纸机生产线由维美德提供，纸机幅宽 8600 毫米，运行车速 1200 米 / 分。其中 PM16 年产低定量强韧牛卡纸 42 万吨，PM17 年产精致多功能纸 35 万吨，同时配套建设 30000 米^3/ 日的废水处理项目及仓储工程。项目建成后浙江山鹰年产能达到 237 万吨。

（2）4 月 4 日，浙江鹤丰新材料有限公司年产 30 万吨高档纸基材料项目 PM10 开机出纸并成功上卷。该项目主要以新型高定量高档食品级包装材料为主，主要用于高档食品及药品的包装，如药盒、烟盒、牛奶包、餐包、快速食品等，具有替代塑料制品、创新环保、洁净卫生、防油耐温等特性，并且可降解、无污染。

（3）浙江华丰纸业科技有限公司投资 198 万元，对年产 1.5 万吨卷烟纸生产线进行技术改造。PM1 造纸机采用热泵替代蒸汽系统，吨纸汽耗降低 200 千克。PM2 造纸机则通过引入透平机替代原有的真空泵，改造后节电率显著提升，超过 28%。

（4）4 月 19 日，浙江仙鹤艾迈德新材料有限公司公告“年产 6000 吨间位芳纶材料建设项目”环境评价，项目总投资约 11.35 亿元，主要购置 8 条聚合生产线、4 条纺丝生产线、2 条沉析线、2 条芳纶新材料生产线、2 套溶剂回收装置和 2 套氯化铵精制装置。项目完成后，形成年产 6000 吨间位芳纶材料的生产能力。

（5）8 月 22 日，浙江恒达新材料股份有限公司在深交所创业板上市，是浙江龙游县成功上市的第 3 家企业，也是该县首家在创业板上市的企业。

（6）9 月，浙江景兴纸业股份有限公司 5150/750 膜转移施胶机成功开机，设计车速 750 米 / 分，主要生产高强瓦楞原纸，产能超过 30 万吨 / 年。

（7）10 月，由安德里茨公司提供的三回路脱墨浆线在浙江景兴纸业股份有限公司成功开机。该脱墨浆线以混合办公废纸和旧书籍为原料，产能 200 吨 / 日，为不同纸产品的生产线提供优质的脱墨浆。

2. 正在建设项目情况

（1）1 月 13 日，浙江金励环保纸业有限公司公告年产 30 万吨竹纤维填料代替废纸浆项目环境评价，主要采用再碎、热磨等技术工艺，购置上料螺旋、再碎机、脱水螺旋、汽蒸仓、热磨机等国内先进设备，生产线全线采用造纸白水作为循环，纤维得率约 96%，保留大量的纤维素等，项目建成后形成 30 万吨 / 年竹纤维填料的规模。生产过程不涉及化学用品，仅为机械磨竹纤维。

（2）5 月 25 日，浙江省海盐县生态环境分局对民丰特种纸股份有限公司新 8 号机和新 20 号机升级技改项目环境影响评价进行审批公示。项目拟投资 48411 万元，新建新 8 号机和新 20 号机，新增年产特种纸 3.6 万吨的生产能力，建设起止时间 2023 年 6 月至 2024 年 12 月。

（3）10 月 13 日，民丰特种纸股份有限公司年产 7 万吨特种涂布纸项目开工仪式在嘉兴市海盐县沈荡镇工业园区隆重举行。该项目建成后，年产销量约 7 万吨，计划生产镀铝原纸（约 3 万吨）、湿强标签纸（约 1.4 万吨）和烟用镀铝内衬原纸（约 2.6 万吨），其中烟用镀铝内衬原纸经直接真空镀铝后用于包裹烟包小盒内的烟支，用来替代传统的铝箔复合内衬纸。

（4）浙江凯恩新材料有限公司新建 1 条 2850/200 特高压电子隔膜生产线和 2 条 1880/200 高效过滤基材生产线，改造提升数字化工厂建设，新增产能 1.9 万吨。总投资 44555 万元，建设起止时间 2024 年 9 月—2026 年 9 月，已完成项目前期审批。

（5）台州森林造纸有限公司淘汰 2 条 3800 毫米生产线，新建设 1 条 6600 毫米型 2 叠网多缸生产线，购置造纸机、复卷机、行车、冷却塔、透平机、流送设备、纸机传动等设备，生产牛皮箱纸板，已完成立项、能评、环评，土建设计中，技改后全厂总产能保持不变仍为 50 万吨 / 年。总投资 3.25 亿元，建设起止时间 2023 年 4 月—2025 年 4 月。

（6）浙江森林联合纸业有限公司新建 2 条年产 30 万吨多叠网数码喷墨纸生产线及配套设施分两期实施。总投资 20 亿，一期 2024 年 9 月投产，二期 2025 年 12 月投产，已完成整体进度 55%。建设起止时间 2021 年 4 月—2025 年 12 月。

（7）2024 年 1 月 2 日，浙江荣晟环保总部经济项目开工仪式举行，总投资 10.28 亿元，新增用地 49.55 亩，拟建设荣晟环保总部、芳纶新材料、高性能纸管、生物质锅炉、包装提升等 5 个项目，打造纸基新材料产业园。

（8）2024 年 1 月 17 日，浙江荣晟环保纸业股份有限公司审议通过了《关于投资建设年产 4000 吨高性能纸基新材料项目的议案》，投资金额约 52200 万元，项目建设期 24 个月，建设 4000 吨 / 年高性能纸基新材料产品，包括 1000 吨 / 年航空级蜂窝基材、1000 吨 / 年 H 级绝缘材料、2000 吨 / 年复合防护绝缘材料。

【科技进步】

（1）轻工业杭州机电设计研究院有限公司荣获“2023 年浙江省专精特新中小企业”“2023 年省级企业研究院”称号。

（2）浙江省经济和信息化厅公布 2023 年未来工厂、浙江省智能工厂（数字化车间）认定名单，浙江荣晟环保纸业股份有限公司的纸基新材料智能工厂、浙江申新新材料包装有限公司的高阻隔塑料包装制品智能工厂成功入选智能工厂。

（3）浙江金励环保纸业有限公司的再生高档包装用纸数字化车间、浙江一树纸业集团有限公司的特种纸数字化车间、浙江凯恩新材料有限公司的高压电解纸数字化车间成功入选数字化车间。

（4）由浙江大学、杭州海维特化工科技有限公司、浙江夏王纸业有限公司共同完成的凹版印刷“油改水”关键技术与产业化项目荣获浙江省科技进步二等奖。

（5）仙鹤股份有限公司的“造纸行业碳减排关键技术和装备研发及产业化示范项目”被列为 2024 年度浙江省“领雁”研发攻关计划立项项目。

（6）浙江华邦特种纸业有限公司与浙江科技大学联合承担的“特种纸基新材料节能降耗关键技术与装备研发项目”被列为 2024 年度浙江省“领雁”研发攻关计划立项项目。

（7）杭州市化工研究院有限公司承担的省“尖兵”

计划项目“高性能纳米纤维素的产业化关键技术及其应用”通过中期检查，省级重点研发计划项目“高性能绿色抗菌环保果袋开发——高性能绿色抗菌环保果袋关键技术研发及应用”完成验收，省级重点研发计划项目“双边产业联合研发计划项目——天然纤维生物复合材料高值化应用研究及中试工程示范”验收推进中。

（8）浙江杭化新材料科技有限公司创建的杭州市杭化生物基新材料概念验证中心通过杭州市科技局过程评价会议，首批入驻验证项目 20 个，其中 10 项已进入市场化推广应用阶段。

（9）2023 年 7 月，省经济和信息化厅公布了第二批省级企业数据管理国家标准（DCMM）贯标试点区域和第一批省级试点企业名单，浙江景兴纸业股份有限公司成功入选。

（10）9 月，浙江景兴纸业股份有限公司的“景兴纸业运营管理工业互联网平台”成功入选 2023 年度浙江省省级工业互联网平台创建名单。

（11）11 月，浙江景兴纸业股份有限公司的绿色低碳造纸技术研究院成功认定为省重点企业研究院，同时也是平湖市首家省级重点企业研究院。

（12）浙江华章科技有限公司的“造纸行业绿色制造工业互联网平台”成功上榜 2023 年度省级重点工业互联网平台名单。

（13）浙江哲丰新材料有限公司的“环保型特种新型材料基纸工业互联网平台”成功入选 2023 年度浙江省省级工业互联网平台创建名单。

（14）浙江荣晟环保纸业股份有限公司的“荣晟环保纸基新材料工业互联网平台”成功入选浙江省第四批省级工业互联网平台名单。

（15）仙鹤股份有限公司成功入选浙江省制造业“云上企业”名单。

（16）森林包装集团股份有限公司成功入选浙江省制造业“云上企业”名单。

（17）浙江凯恩新材料有限公司成功入选 2023 年浙江省“制造业单项冠军培育企业”名单。

（18）杭州特种纸业有限公司被确定为“国家知识产权示范企业”，实现了富阳区国家知识产权优势企业“零的突破”。

（19）浙江山鹰荣获“2023 年嘉兴高新技术企业创新投入五十强”称号。

（20）第四届中国新材料产业发展大会纸基功能材料分论坛圆满举行，其中，由国家造纸化学品工程技术研究中心、中国造纸化学品工业协会、浙江省造纸学会 / 行业协会、杭州市化工研究院联合承办的第六十五分论坛“纸基功能材料”于 10 月 9—10 日举行。此次纸基功能材料论坛汇集了 7 所高校、7 家研究院所以及 30 余家企业的近百位行业专家和从业人员。

（21）10 月 13 日，浙江景兴纸业股份有限公司院士专家工作站、博士后工作站项目交流会在景兴举行，就院士工作站合作项目《提高厨房用纸吸水性能的研究》、博士后工作站项目《混合办公废纸脱墨浆的漂白及其在生活用纸中应用的研究》和《生物酶法制备表胶淀粉改善瓦楞纸板机械性能的研究》进行了深入交流与探讨。

（22）浙江景兴纸业股份有限公司成功入选浙江省发展和改革委员会第三批省级先进制造业和现代服务业融合发展试点名单。

（23）浙江省造纸学会推荐论文《氯化铁辅助过氧乙酸预处理以有效利用甘蔗渣》获评浙江省科协“2023 年度浙江省青年科技工作者优秀论文”。

（24）浙江华章科技有限公司为主要起草单位的《高速特种纸机流浆箱》“浙江制造”团体标已正式发布（T/ZZB 3171—2023）。

（25）浙江一树纸业集团有限公司等单位起草的《彩色卡纸》“浙江制造”团体标准已正式发布（T/ZZB 3469—2023）。

（26）浙江造纸行业协会团体标准《产品碳足迹核算技术规范　纸类产品》已正式发布。（T/ZJZZXH 1—2024）。

【环境保护与节能减排】

（1）浙江华川实业集团有限公司入选 2023 年度“国家级绿色工厂”。

（2）浙江济丰包装纸业有限公司入选 2023 年度“浙江省级绿色工厂”。

（3）浙江景兴纸业股份有限公司荣获 2023 年度“平湖市数字化标杆企业”“平湖市绿色化标杆企业”“平湖市五星级技能型企业”荣誉称号。其企业培训中心入选“2023 年度平湖市企业培训中心”。下属全资子公司平湖市景兴包装材料有限公司荣获“2023 年度平湖市市长质量奖”“2023 年度平湖市四星级技能型企业”称号。

（4）浙江杭州青山湖科技城实施智慧用水数字化管理，实现了节水增效、节水减排、绿色发展的目标。2023 年从“浙江省节水标杆园区”迭代升级国家级“2023 年园区水效领跑者”荣誉称号。

（5）仙鹤股份有限公司成功入选 2023 年浙江省工业旅游示范基地名单。

（6）宁波亚洲浆纸业有限公司“打造绿色造纸文化馆普及低碳绿色循环理念”案例获评北仑区十大“两山”实践转化典型案例。

（7）4 月 15 日，开化纸院士合作项目签约暨博士创新站授牌仪式在开化纸传统技艺研究中心举行。开化县开化纸传统技艺研究中心与华南理工大学陈克复院士团队正式签订《开化纸的制浆造纸废水处理技术》技术开发委托合同，“衢州市博士创新站”正式落户浙江武英殿文化发展有限公司。

（8）7 月 18 日，APP 中国旗下宁波亚洲浆纸业有限公司“宁波市院士工作站”揭牌仪式正式举行，为 APP 中国联动更多“政产学研”力量，构建“资源共享、优势互补、相互促进、共同提高”的政、校、企协作新格局提供契机。

（9）11 月 2—3 日，由浙江省总工会主办，衢州市总工会承办，衢州市人力社保局、衢州智造新城总工会、造纸工业生产力促进中心、中国制浆造纸研究院衢州分院、衢州市特种纸行业协会、仙鹤股份有限公司协办的 2023 年浙江省造纸行业职业技能竞赛在衢州市成功举办。

（10）浙江荣晟环保纸业股份有限公司《“五心”党建引领 助力共富生态圈》入选 2023 年浙江民营企业社会责任典型案例。

【2024 年展望】

展望 2024 年，浙江省造纸产业将在转型升级、绿色发展和市场竞争等方面面临一系列挑战和机遇，稳中有进、平稳发展。2024 年浙江省造纸行业要着力做好以下几项重点工作：

（1）新产品开发和结构调整：持续加大研发投入，开发适应市场需求的新产品，不仅包括功能性更强、环保性能更优的纸张，也涵盖满足特定行业需求的定制化解决方案。同时优化产品结构，淘汰落后产能，推动产业链高端化发展。

（2）绿色包装的发展趋势：积极响应国家绿色发展战略，推动绿色包装材料的研发和应用，减少环境污染，提高资源利用率，促进循环经济的发展。

（3）新型行业和相关行业发展带来的市场需求和变革：紧跟数字化、智能化等新型行业发展趋势，敏锐捕捉这些变化，探索与这些行业的融合点，及时调整产品结构和服务模式，以适应市场的快速变化。

（4）积极利用引进国际人才，加快提升品质和创新发展：通过引进国际高端人才和团队，加强技术创新和产品研发，提升产品质量，增强企业的核心竞争力。

（5）加强标准化工作，尤其是团体标准，积极对标国际先进性能：积极参与和推动行业标准化工作，制定和完善团体标准，提高产品的国际竞争力，确保产品性能与国际先进水平接轨。

面对 2024，全省造纸企业务必以科技创新为核心驱动力，勇立潮头，推进绿色低碳，以实际行动践行可持续发展理念。深化数字化转型，利用大数据、人工智能等技术，推动生产智能化、管理数据化，提升全行业信息化水平。同时坚守匠心精神，严控产品质量，提升产品附加值，以科技创新催生新质生产力，为浙江省经济社会发展贡献力量。

（沈 栋）

福建省造纸工业

Paper Industry in Fujian Province

2023 年福建省造纸工业面临困难较多，受上游原材料及能源价格波动，造成生产成本变化大，下游需求不景气，企业库存大及消纳库存等因素影响，整体盈利能力有所弱化，但总体生产运行情况维持良好，全省完成机制纸及纸板产量 963.6 万吨，产量继续居全国第 5 位。

【行业概况】

1．全行业生产完成情况

2023 年，福建省规模以上造纸和纸制品企业 523 家，其中纸浆制造企业数 3 家，同比增加 2 家；造纸企业数 125 家，同比减少 6 家；纸制品企业数 395 家，同比增加 24 家。实现营业收入 1032.35 亿元，同比增长 7.6%，利润总额 67.03 亿元，同比增长 17.3%。2023 年全省纸和纸制品产量如下：

（1）纸浆：全省完成纸浆产量 42.3 万吨，同比增长 1.1%；

（2）机制纸及纸板：机制纸及纸板产量 963.6 万吨，同比增长 5.2%；

（3）纸制品：2023 年完成产量 300 万吨左右，同比略减。

2．全行业主要经济指标完成情况

（1）主营业务收入：2023 年全行业主营业务收入 1032.35 亿元，同比增长 7.6%。其中纸浆制造企业 2 亿元以上；造纸企业 430 亿元以上；纸制品制造企业 600 亿元左右。

（2）主营业务成本：2023 年全行业主营业务成本 900 亿元左右。其中纸浆制造企业 1.50 亿元以上；造纸企业 370 亿元以上；纸制品制造企业 510 亿元左右。

（3）利润总额：2023 年全行业利润总额 67.03 亿元，同比增长 17.3%。其中纸浆生产企业实现赢利；造纸企业 30 亿元左右；纸制品制造企业 35 亿元以上。

（4）研发费用：2023 年全行业研发费用投入 15 亿元左右。其中部分投入制浆制造业研发，大部分投入造纸业和纸制品制造业研发，分别是 6 亿元和 8 亿元以上。

（5）产成品存货：2023 年全行业 35 亿元左右，其中纸浆业 0.07 亿元左右，造纸业 16 亿元左右，纸制品制造业 19 亿元左右。

（6）平均用工人数：2023 年全行业平均用工人数 7 万人左右。其中造纸业平均用工人数 2.2 万人左右；纸制品制造业平均用工人数 4.5 万人左右。

3．主要品种产量完成情况

（1）未涂布文化用纸：2023 年完成产量 27.01 万吨，同比增长 343.51%。

（2）涂布类印刷用纸：2023 年未生产。

（3）卫生用纸原纸：2023 年完成产量 58.82 万吨，同比增长 31.77%。

（4）包装用纸及纸板：2023 年产量完成约 668.97 万吨。

其中高强瓦楞纸：产量约 192.81 万吨；

白卡纸：产量约 59.2 万吨；

牛卡纸：产量约 73.7 万吨；

箱纸板：产量约 170.03 万吨；

灰纸板：产量约 59.08 万吨；

涂布白纸板：年产量约 66.72 万吨；

纸袋纸：产量约 20.49 万吨。

（5）特种纸：产量约 22.09 万吨。

【原料结构】

2023 年福建造纸业使用纸浆总量约 1100 万吨。其中木浆约 185 万吨，占 17%；非木浆约 65 万吨，占 6%；废纸浆和进口再生浆约 850 万吨，占 77%。福建省使用的原生浆以进口木浆和国产木浆为主，省内厂家自制浆为辅，自制浆主要纤维原料为马尾松、林业加工剩余物、竹材、废纸等。

【重点企业的基建与技改】

1．联盛浆纸（漳州）有限公司

年产 390 万吨林浆纸一体化项目：计划总投资

220亿元，用地面积约4600亩，建设年产390万吨浆纸一体化项目，制浆包括120.7万吨/年化学浆项目，造纸包括204万吨/年涂布白卡纸（配套102万吨化学机械浆项目）、40.8万吨/年高档文化用纸、30.6万吨/年生活用纸及后加工生产线等。

2023年部分生产线建成投产：53.04万吨/年化学机械浆、102万吨/年高档涂布白卡纸、40.8万吨/年高档文化用纸、20.4万吨/年生活用纸原纸和5.1万吨/年生活用纸后加工产品。部分生产线于2023年5月进行调试投产。

2024年，一期化学浆120.7万吨/年化学浆项目工程目前正在加速建设中，预计今年6月底投产；二期白卡纸100万吨/年、生活纸10.6万吨/年生产线正在进行土地平整及桩基进场施工。

2. 福建省青山纸业股份有限公司

（1）2023年对碱回收二厂苛化白液系统和1号、3号纸机真空系统进行技改，总投资2481万元，主要内容是对现有苛化白液系统的澄清工艺进行完善改造，新增1台白液澄清器及其配套的泵阀和管线，在1号纸机、3号纸机真空系统原水环泵位置新增高效节能型透平真空泵系统，替代现有水环真空泵系统。

（2）2023年重点进行碱回收系统技改，项目总投资68014.64万元。建设1套日处理2000吨固形物的碱回收生产线，包括蒸发工段、碱回收炉工段、苛化工段、碱回收炉配套的供热机组等，项目预计于2024年5月建成投产。

3. 恒安（中国）纸业有限公司

（1）2024年恒安（中国）纸业有限公司年增产生活用纸制产品10万件技改项目建设内容：引进高端生产技术、技术改造升级，采购造纸专用设备，购置全自动面巾纸机生产线；新增包装设备卷纸中包机、软抽装箱机、输送线，新增双梁起重机；新增餐巾纸加工设备。项目总投资3000万元，其中已完成投资1734.84万元。

（2）2024年福建恒安卫生材料有限公司年增产卫生材料1200吨技改项目建设内容：计划建设1台无尘纸机及无纺布、透气膜等配套生产设施，扩大卫生用品新材料生产规模，推动新型卫生用品材料开发；扩大卫生用品新材料生产规模，实现新增年产1200吨卫生材料。项目总投资4000万元，其中已完成设备投资1495.4万元。

（3）2024年恒安智能化生产基地二期项目：项目总用地达到608亩，预计投资50亿元，未来将成为恒安集团在全国标准最高、产值最大的综合性产业基地。目前，项目中的卫品产业园仍处于主体施工阶段，部分标段已达到主体封顶状态，预计2024年8月整体完工，生活区项目也在主体施工阶段，预计2024年10月完工。

4. 漳州盈晟纸业有限公司

（1）2023年完成PM2纸机密闭气罩节能技改项目，总投资320万元，主要建设内容更换干部密闭气罩、蒸汽冷凝水系统更换所有管道，优化干燥部干燥工艺，吨纸单耗可节约10%～15%，年节约蒸汽约2.1万吨。

（2）2024年计划对PM1网部进行改造，投资总额650万元。主要增加一套流送系统提高成纸质量降低淀粉用量、降低蒸汽用量；纸机真空系统新增高效节能型磁悬浮透平机。

（3）对PM3纸机产品进行结构调整改造，该纸机原来生产纱管纸，2022年4月开始改建为生产涂布白纸板，预计于2024年6月投产，总投资2.5亿元，投产后每年将生产15万吨涂布白纸板，年产值约5亿元。

5. 福建利树股份有限公司

2024年拟投资1.39亿元进行年产20万吨高强瓦楞原纸提升改造项目：该项目为全资子公司福建利树浆纸有限公司的退城入园项目，年产10万吨废纸再生造纸产能迁入，并与福建利树股份有限公司的一期项目，年产10万吨高强瓦楞原纸生产线合并升级，形成“年产20万吨高强瓦楞原纸”的新的一期项目；项目将对造纸机械、制浆设备、供热系统、自控装置等进行全面节能降耗技术升级改造，同时另建日处理10000吨废水的废水处理设施。

6. 福建三仙纸业有限公司

公司新增10万吨特种纸产能，产品为浸渍牛皮纸，分两期建设。2023年已完成第一期的生产线建设，投资0.9亿元，年产能5万吨，2023年5月中旬投产，其制浆系统有1台25米^{3}水力碎浆机和1台20米^{3}水力碎浆机等，造纸生产线为1台4000型长网多缸造纸机。

7. 三明市缘福生物质科技有限公司

2023年公司建成了3万吨/年生物质系列功能材料提取设备的技改项目，投资2200万元，占地1.2万米^2，主要建设内容是新建纤维素提取车间1座并引进配电设施等公共配套设施，主要设备有：管式提取木质素设备1套、打包设备1套，其他辅助设施等，本项目于2024年1月份投入生产。

8. 福建省尤溪永丰茂纸业有限公司

（1）2023年3月，净纸幅宽2880毫米，最高运行车速1400米/分的智能高效卫生纸机生产线成功投入生产，年产量近1.5万吨，增加产值1亿元；

（2）采用循环流化床锅炉进行节能减排升级改造，项目投资5000万元，预计2024年6月可以投入使用，年可节约标准煤2500吨；

（3）新建2640型特种纸生产线，总投资2000万元，于2024年1月投入生产，年产能7000吨，增加产值6000万元；

（4）2024年引进外资建设4兆瓦光伏发电项目，年收益100万元，可减少碳排放量3165吨；

（5）2024年拟投资1500万元建设11万伏变电站，年节约电费200万元。

9. 福建福生源纸业有限公司

2023年总投资1.3亿元，已安装3台圆网特种纸机、1台长网特种纸机和1台新月型卫生纸机及配套设施建设，安装建设塑料造粒设备等，2024年拟再建2台新月型卫生纸机和2台长网特种纸机，2024年1月已投产1台纸机，5月投产5台纸机，预计产值8亿元，利税1亿元。

10. 福建省福清友发实业有限公司

2019年起投资建设了美纹纸项目，主体设备是两条幅宽3000毫米和车速450米/分的长网多缸造纸机生产线，项目已2023年5月全部竣工投产，年产能达到4万吨；2024年拟投资4亿元建设2台幅宽3400毫米的多网多缸造纸机，主要产品为格拉辛纸和无碳复写纸，年产能达到10万吨。

11. 南平市泰盛纸业有限公司

南平市泰盛纸业有限公司是泰盛科技（集团）股份有限公司旗下的全资子公司，计划投资约65亿元，主要建设内容：制浆车间建设1条年产漂白硫酸盐竹浆45万吨生产线，采用新型立式连续蒸煮、封闭洗涤筛选、二氧化氯漂白工艺；造纸车间包括高档文化用纸车间（30万吨/年）、高档文化用纸后加工车间（15万吨/年）、生活用纸造纸车间（14万吨/年）、生活用纸后加工车间（7万吨/年卷筒纸、3.5万吨/年盒抽面巾纸、3万吨/年软抽面巾纸）、特种纸车间（18.1万吨/年）、特种纸后加工车间（9万吨/年）和纸塑车间（1万吨/年）；配套设施有碱回收车间（含蒸发工段、燃烧工段、苛化工段）、化学品制备车间（含二氧化氯车间和双氧水车间）及相关配套设施等。

【技术创新、研发项目和创新成果】

全年全行业研发费用投入15亿元左右。其中部分投入制浆制造业研发，大部分投入造纸业和纸制品制造业研发，分别是6亿元和8亿元以上。

2023年，由福建农林大学材料工程学院主持和在研的与造纸相关的科研项目有：国家重点研发计划课题“竹材化学浆纯化和高档生活用纸配抄技术”“高松厚高强度竹浆清洁节能制造和高强包装纸板配抄技术”“竹种制浆适应性评价与竹浆成纸性能研究”和“盐水分离用纤维素材料构建”等；福建省引导性项目“低等级马尾松制备高品质木纤维的关键技术研究”；国家自然科学基金项目“纤维素基组织黏合剂的可控构筑及其黏附剥离机制研究”“非对称性异质结构竹纤维素膜的构建及其离子传输机制研究”和“高聚合度竹纤维构建离子凝胶及其性能调控机制研究”等；由福州大学环境与安全工程学院承担的国家自然科学基金面上项目“木质素自供氢定向解聚产物创制超薄型陶瓷增强剂及作用机制”。

2023年，福建省青山纸业股份有限公司“天然纤维纺织新材料竹溶解浆”项目荣获中国林业产业创新奖一等奖；福州大学“一种利用木质素降解产物制备分散剂的方法和应用”荣获2023年福建省专利奖一等奖；联盛纸业（龙海）有限公司荣获福建省民营企业、福建省制造业民营企业和福建省创新型民营企业100强；恒安（中国）纸业有限公司荣获福建省2023年度省级绿色制造工厂认证；漳州港兴纸品有限公司、联盛纸业（龙海）有限公司、福建省轻工机械设备有限公司、福建腾荣达制浆有限公司、福建恒安家庭生活用品有限公司和福建万隆纸业有限公司等公司通过或复审通过福建省认定管理机构认定的国家级高新技术企业。

福建省三明市三洋造纸机械设备有限公司的“五辊压榨置换洗浆机（XJ1015）”设备通过福建省首台重大技术装备认定。

联盛浆纸（漳州）有限公司的文化用纸产品通过中国环境标志产品首次认证审核。

【行业展望及市场总体态势】

福建省的造纸行业经过不断发展，形成以包装用纸和生活用纸为主，拥有国际先进水平的生产设备以及后加工能力较为齐全的完整的现代化工业体系。2023年5月份联盛浆纸（漳州）有限公司白卡纸机和高速文化纸机投产，为福建省增加了白卡纸产品这一新纸种，填补了省内空白，高档文化用纸产品也得以恢复生产并且产量大幅提升，增强了福建省造纸产业的竞争力。

2024年随着联盛浆纸（漳州）有限公司年产390万吨浆纸一体化项目的陆续投产以及南平市泰盛纸业有限公司的开工建设，福建省制浆造纸产能预计将增加300万吨左右，到“十四五”末期年总产能可达1400万吨左右。

自 2021 年起，由于进口废纸全面禁止，国内优质废纸原料资源供应紧缺，福建省造纸企业应前瞻性对原料市场进行优化布局，调整适于本企业的原料结构，保障企业生产经营稳定，同时造纸企业应加强对新产品的开发，开拓新兴市场，进行跨界融合，坚持软硬件及技术的改造，实施数字化管理升级，使造纸产业向着全过程规范化与标准化转变。

2024 年年初，国务院关税税则委员会发布了《关于 2024 年关税调整方案的公告》，其中部分纸制品进口关税仍维持暂定税率为零。这一关税政策的实施，使国外成品纸能以更低的价格进口到国内，冲击国内市场，将对国内本来疲弱的造纸行业带来冲击。我国造纸行业产量也逐年增长，叠加“零关税政策”导致成品纸进口规模大幅提升，而造纸的主要原料木浆进口依赖度高，海外供应链变化对木浆价格的变化也增大，进一步加剧了国内市场的竞争态势，加大了国内造纸企业生产经营的难度。

2023 年年底中央经济工作会议在北京举行，会议确立了 2024 年经济工作的主要方针是坚持稳中求进、以进促稳、先立后破，多出有利于稳预期、稳增长、稳就业的政策，在转方式、调结构、提质量、增效益上积极进取，不断巩固稳中向好的基础。2024 年是新中国成立 75 周年，是实现“十四五”规划目标任务的关键一年，展望 2024 年，在国家“双碳”战略的指引下，福建省的造纸工业将加强科技创新和产业化力度，构建自主可控、安全高效的产业链供应链，增强竞争优势，推动行业绿色低碳高质量发展。

（黄六莲）

河南省造纸工业

Paper Industry in Henan Province

【行业概况】

2023 年河南省造纸行业平稳发展，根据河南省统计局和河南省造纸学会对综合信息资料调查，全省制浆造纸及纸制品生产企业约 260 家，机制纸及纸板生产企业约 80 多家，实际总产量 389.5 万吨，同比下降 3.5%；营业收入 506.97 亿元（包括纸制品），同比增长 1.5%；利润总额 22.17 亿元，同比增加 1.3%。全省机制纸及纸板 2023 年与 2022 年同比总产量有所减少，但营业收入、利润总额有所增加。

河南省造纸企业主要分布在新乡、焦作、濮阳、周口、驻马店、郑州等地区，2023 年全省造纸企业生产能力超过 10 万吨的企业 23 家，占全省产量 85% 以上；麦草等非木纤维制浆造纸产量约 20 万吨，占全省的约 5.2%，废纸造纸产量约 169 万吨，占全省的约 43.5%；木浆造纸约 200 万吨，占全省的约 51.3%。主要产品中：文化用纸、特种纸、生活用纸等文化、工业、生活用品等约 200 万吨，箱纸板约 60 万吨，瓦楞原纸约 109 万吨。

全省所有制浆造纸企业，全部按省和地方生态环境部门要求达标排放，很多企业排放标准超过国家、地方生态环境部门标准。部分重点骨干企业生产和效益有所增加。

【原料结构】

河南木材资源缺乏，全省有杨木枝桠材制浆企业 10 家小型企业，能力 100 万吨。长期以来，制浆造纸原料主要以废纸、商品木浆、麦草为主，现在原料结构发生了质的变化，主要以废纸、木浆为主。随着纸及纸板消费的增长和现代造纸行业产能的增加，河南省纤维原料供需矛盾突出，缺口增大。2023 年河南纸浆消耗总量约 331 万吨，其中木浆 170 万吨，非木浆 17 万吨，废纸浆 144 万吨。河南省木浆消耗本地产木浆约 80 万吨，比例为 47.1% 左右。从国内外进口依存度看，2023 年河南省外购木浆约 90 万吨，外购废纸（浆）约 80 万吨，外购木浆和外购废纸（浆）约占河南省原料总消耗量的 51.4%。河南省 2023 年 331 万吨浆的原料消费中约 51.4% 要依靠外购，影响河南造纸行业健康持续发展。林纸一体化发展虽已形成共识，河南省只有大河控股瑞丰纸业的 15 万吨、濮阳龙丰纸业的 11 万吨、新乡新亚的 25 万吨、江河纸业 5 万吨、河南天邦科技 5 万吨、宏涛纸业 5 万吨、新乡鸿泰纸业 5 万吨、华鑫纸业 5 万吨、舞钢长盈纸业 5 万吨、长葛市恒光 10 万吨化机浆，新乡新亚纸业 10 万吨、驻马店白云纸业 12 万吨等木片化学浆等。

为了解决造纸原料问题，河南各级政府部门、大型造纸企业都非常重视造纸原料的开发，认真贯彻落实国家发展改革委、财政部、林业和草原局《关于加快造纸工业原料基地建设的若干意见》，按照全国造纸工业“十一五”发展规划，结合河南实际，从河南国民经济和造纸工业发展的战略高度，积极倡导和实施林纸一体化，扎实细致地做好沿黄、沿淮及其他宜林地区的速生杨丰产林基地建设工作，已先后在三门峡、洛阳、焦作、新乡、开封、濮阳、南阳、信阳、商丘等地建立了造纸用林基地。河南省木浆生产企业引导木片供应商发动群众购买木片削片机，响应政府号召，采取公司加农户方式，既降低了企业原材料成本，又增加了农民及木片供应商的收入。近几年，在沿黄、丹江湿地大量种植菌草，现在河南科学院、郑州大学造纸研究所等在研究菌草生产漂白化学浆和溶解浆。

【主要制浆造纸企业】

截至 2023 年年底，河南省有制浆造纸企业约 80 家，其中：以麦草等非木纤维为原料的化学、半化学制浆造纸生产企业 3 家；使用废纸造纸的企业约 50 家；木浆造纸企业 25 家。50 万～100 万吨企业 5 家，30 万～50 万吨企业 5 家，30 万吨以下企业约 70 家。

河南省重点造纸企业 2023 年完成总产量、营业收入、利润总额、利税总额前 10 名企业情况（表 1～表 4）：

表 1　2023 年河南省总产量前 10 名的造纸企业

排序	单位名称	实际产量 / 万吨
1	河南省龙源纸业股份有限公司	91
2	大河纸业有限公司	85
3	新乡鸿泰纸业有限公司	56
4	河南江河纸业股份有限公司	55.8
5	河南雅都纸业有限公司	38
6	濮阳龙丰纸业有限公司	30
7	驻马店白云纸业有限公司	29.1
8	河南银鸽实业投资股份有限公司	25.8
9	河南省天邦科技有限公司	18
10	沁阳宏涛纸业有限公司	15

表 2　2023 年河南省营业收入前 10 名造纸企业

排序	单位名称	营业收入 / 亿元
1	河南江河纸业股份有限公司	51.6
2	大河纸业有限公司	41
3	河南省龙源纸业股份有限公司	26
4	濮阳龙丰纸业有限公司	18.8
5	新乡鸿泰纸业有限公司	18.7
6	驻马店白云纸业有限公司	17
7	河南银鸽实业投资股份有限公司	13.9
8	河南省天邦科技有限公司	9.0
9	河南雅都纸业有限公司	6.1
10	邓州市华鑫纸业有限公司	6.5

表 3　2023 年河南省利润总额前 5 名的造纸企业

排序	单位名称	利润总额 / 万元
1	河南江河纸业股份有限公司	35116
2	河南雅都纸业有限公司	3581
3	新乡鸿泰纸业有限公司	1160
4	邓州市华鑫纸业有限公司	1100
5	濮阳龙丰纸业有限公司	19.5

表 4　2023 年河南省利税总额前 7 名的造纸企业

排序	单位名称	利税总额 / 万元
1	河南江河纸业股份有限公司	56641
2	大河纸业有限公司	11443
3	濮阳龙丰纸业有限公司	6146
4	新乡鸿泰纸业有限公司	5520
5	河南雅都纸业有限公司	4226
6	邓州市华鑫纸业有限公司	3850
7	河南省天邦科技有限公司	2000

【基建与技改】

2023 年河南省造纸行业完成和在建的项目主要有：河南天邦科技 30 万吨白卡纸建设项目；河南江河纸业完成年产 30 万吨特种纸深加工项目；河南龙源纸业年产 30 万吨绿色环保包装新材料项目；河南雅都再生资源有限公司完成三期 20 万吨瓦楞原纸、四期 30 万吨箱纸板项目；河南华洁 10 万吨生活用纸填平补齐及深加工项目；沁阳宏涛纸业 15 万吨生活用纸填平补齐及深加工项目；驻马店中南纸业有限公司 5 万吨生活用纸及深加工项目等。

【科研与技术进步】

造纸科学技术为河南造纸工业的发展起到了推动作用，并使产品档次逐渐提高，品种逐渐增多，也使造纸行业装备水平稳步提高。

2023 年，省内对食品包装用纸、防油纸、无碳复写纸、热敏纸、离型原纸、防水防油热敏纸、彩色喷墨打印纸、石膏板原纸、装饰原纸、耐磨纸等技术进行了研究。有能力的企业都成立了科研开发机构，如河南江河纸业成立院士工作站、国家企业技术中心，河南银鸽集团建立院士工作站、濮阳龙丰、驻马店白云等都成立了省级技术中心，都为企业新产品开发生产服务。他们在新原料、新工艺、新技术、新产品、新助剂和新设备等的研究、开发、使用方面投入了大量的人力、物力，对企业的发展和技术进步起到了重要的促进作用。

河南江河纸业与河南大指公司共同研制开发了 1500 米 / 分文化纸机，河南大指公司逐渐开发了水力式稀释水流浆箱、顶网和夹网成型器、靴式压榨、膜转移施胶（涂布）机、空气转向器、气浮干燥箱、可控中高软压光机、纸幅稳定器、自动全副循环式高压网毯清洗装置、高压引纸水针、涂料压力筛、全自动高速分切机、盘纸分切机、热敏纸小卷分切机、纸病检测系统、纸机 DCS 系统、定量阀，10 万吨化学机械浆生产线等新技术新设备；焦作市崇义轻工机械开发了 1200 米 / 分新月型高速卫生纸机；中国联合装备集团安阳机械公司为国内外制浆造纸企业提供 30 万吨连蒸管、40 万吨立锅、多元盘过滤机等装备；郑州磊展研究开发了 50 万吨废纸制浆全套生产线、节能型压力筛、化机浆设备；郑州磊展、沁阳鑫海机械公司、河南大指公司等装备制造业目前能提供年产 50 万吨废纸生产成套设备，年产 10 万吨以下文化纸机以及年产 30 万吨涂布白纸板、箱纸板、瓦楞纸机等装备；郑州运达开发的废纸散包机、封闭式筛选系统、卫生纸打浆系统、化机浆磨机等。

河南造纸工业加大了科技投入和人才的培养，本省大、中专院校为造纸企业培养了大批制浆造纸专业技术人员，除此之外，较大企业每年都选送在职职工到陕西科技大学、郑州大学、河南大学、郑州轻工业大学、河南轻工职业学院、漯河职业技术学院等大学学习，充实一线技术人员，还不断从外省招聘高技术人才。

河南造纸工业在科技投入和人才培养方面，做了大量的工作，促进了造纸工业快速、健康、可持续发展。目前，许多企业认识到，市场竞争就是产品竞争；产品竞争就是技术竞争；技术竞争归根到底是人才竞争。许多企业在市场竞争中，尝到了重视科技、重视人才、重视新产品开发，加大科技和人才培养投入的甜头，不断转变观念，适应市场发展的需求，发展和壮大自己，抢占市场竞争制高点，抓人才、抓科技、抓产品、抓市场、抓效益。

【环境保护与节能】

为了贯彻国家保护生态环境的有关政策、法规，使淮河、黄河、海河、长江等河流在河南出境断面符合国家和人民的要求，河南把治理污染作为全省造纸行业的重点工作来抓。随着国家加大对水污染防治立法、执法力度，全省造纸工业加快了废水治理的步伐，并取得了较大进展。

2023 年年底，河南又关、停、并、转 5 万吨 / 年以下废纸制浆造纸企业 3 家。各企业普遍注意清洁生产，减少污染物的产生和排放，加强废水治理和回收利用，大多数造纸企业都通过了环保部门的验收，能达到稳定达标排放。

【发展目标】

近几年是河南造纸行业实现传统造纸工业向可持续发展的现代绿色造纸工业转变的关键阶段。河南造纸做了原料结构、产品结构调整，淘汰落后产能取得实效，产业集中度不断提升，装备水平提高很快，资源消耗不断降低，污染排放明显下降。

1. 发展目标

（1）原料结构。到 2024 年年底，全省纸浆用量将达到 369 万吨 / 年；纸浆结构为：木浆 65%、废纸浆 39%、非木浆 6%。

（2）造纸产量。到 2024 年年底，全省造纸产能保持 850 万吨 / 年，中高档纸及纸板产能比重达到 75%。实际产量达460万吨，继续保持全国第六地位。

（3）企业规模。到 2024 年年底，全行业平均生产规模 10 万吨 / 年，综合实力前 20 位企业纸及纸板产量占全行业 85% 以上。10 万吨 / 年以上企业数量达到 33 家，其中 50 万 ~ 100 万吨 / 年 5 家，30 万 ~ 50 万吨 / 年 6 家。

（4）节能减排。到 2024 年年底，省内重点企业达到国家发展改革委发布的《制浆造纸行业清洁生产评价指标体系（试行）》要求。全行业单位产品平均综合能耗和单位产品平均取水量分别比 2023 年降低 8% 和 10%，污染物 COD 排放总量降低 11%。“十四五”期间，节能减排工作继续走在全国前列。

2. 重点续建拟建项目

2024 年河南省续建和开建的项目有：河南天邦科技 30 万吨白卡纸填平补齐改造项目；河南江河纸业 30万吨造纸生产线、20万吨特种纸深加工，造纸装备研发中心建设等；新乡鸿泰纸业拟建 12 万吨漂白化学机械浆项目、20 万吨食品级白卡纸项目，90 吨 / 时生物质热电联产项目；河南雅都收购联盛电力，利用生物质发电为雅都提供电力和热能项目，扩建四期 30 万吨箱纸板项目；河南龙源纸业年产 30 万吨绿色环保包装新材料项目；驻马店中南纸业 10 万吨生活用纸及深加工项目；新乡新亚纸业年产 40 万吨液体包装用纸项目；河南商水金田纸业年产 350 万吨高档包装用纸和 50 万吨化学机械浆、半化学浆项目等等。预计 2023 年底产能增加 50 万吨。

（李尚武）

广西壮族自治区造纸工业

Paper Industry in Guangxi Zhuang Autonomous Region

【行业概况】

2023 年是全面贯彻落实党的二十大精神的开局之年，是“十四五”规划承上启下的关键之年。随着疫情管控放开，国家及地方发布了一系列经济提振政策，2023 年我国经济形势总体向好，但是市场总体需求性回暖尚不及预期，且全球经济形势依然复杂严峻，造纸行业生产运营面临较大困难。随着工业振兴相关政策的落地实施和产业服务的加强，广西造纸工业激发出高质量发展的澎湃动力，广西金桂、广西太阳、南宁太阳、崇左理文等企业项目顺利投产并达产，广西造纸迎来崭新面貌，2023 年广西浆纸总产量突破千万吨级别，机制纸及纸板总产量位居全国第六。

2023 年，广西原生浆生产量达 425 万吨，同比增长 6.0%，其中，木浆 362 万吨，蔗渣浆 54 万吨，竹浆 9 万吨。机制纸及纸板生产量达 703 万吨，同比增长 20.4%，其中，包装用纸和纸板 487 万吨，生活用纸 107 万吨，文化用纸 101 万吨，特种纸 8 万吨。蔗渣浆板 18 万吨，纸浆模塑制品约 12 万吨。广西造纸工业总产值约 573 亿元。

2023 年，广西木浆生产量 362 万吨，同比增长 7.1%，其中，化学机械木浆 218 万吨，同比增长 6.3%，化学木浆 144 万吨，同比增长 8.3%。2023 年，广西木浆生产量仅增加 24 万吨，主要是原有木浆企业挖潜增效，满负荷生产。2023 年，投产的木浆线有南宁太阳 50 万吨 / 年，崇左理文 30 万吨 / 年，将在 2024 年形成产能，再加上 2024 年计划投产的北海玖龙、广西仙鹤等项目，2024 年广西木浆生产量有望突破 500 万吨。

2023 年，广西蔗渣浆产量 54 万吨，同比下降 5.3%。广西蔗渣浆产量受原料制约较大，预计“十四五”期间，广西糖料蔗面积稳定在 1100 万亩左右，年均入厂糖料蔗 5000 万吨左右，出厂蔗渣约 200 万～300 万吨（50% 水分），蔗渣原料不足以支撑蔗渣浆企业满负荷生产，部分蔗渣浆企业为做到满负荷生产，会根据原料收购及纸浆市场情况，补充生产少量木浆和竹浆。2022/2023 榨季收购蔗渣原料竞争较大，到厂均价超 600 元 / 吨，蔗渣原（辅）料成本高企，2023 年纸浆市场价格起伏较大，上半年经历了大幅下滑，第三季度价格虽有所回升，但全年平均价格较 2022 年下降较多，蔗渣浆企业承受了巨大的生产运营压力，2023 年基本呈现亏损状态。2023/2024 榨季蔗渣原料收购价格前低后高，榨季刚开始时，蔗渣价格不到 300 元 / 吨，到榨季后期，蔗渣价格突破 400 元 / 吨，蔗渣收购量约 230 万吨。2023 年，广西蔗渣浆板 18 万吨，同比增长 20%。广西裕同、广西博冠、广西洁丰的蔗渣浆板生产比较稳定，其他蔗渣浆企业则根据市场情况，灵活调整蔗渣湿浆和浆板的产量。

2023 年，广西竹浆产量 9 万吨，同比增长 50%。广西部分木浆生产企业添加部分竹子，利用竹子、木材制备木竹混合浆。2023 年竹浆产量的一定提升主要得益于横县东糖糖业有限公司纸业分公司，其新的制浆线主要生产竹浆。

2023 年，广西纸浆模塑制品产量约 12 万吨，同比增加 1.1%。目前已投产的企业有 9 家，广西侨旺、崇左众鑫、广西港萱、广西金福华等企业于 2023 年陆续投产纸浆模塑制品生产线，广西绿联、广西洁丰等企业的新（扩）建项目在紧锣密鼓地建设中。植物纤维模塑制品多依赖出口，其出口比例约占 80% 以上。全球经济形势复杂多变，纸浆模塑制品出口受到较大制约，同 2022 年相比，2023 年广西纸浆模塑制品产量增加 1 万吨左右，产能利用率约 67%。广西壮族自治区政府工作报告提出，开展糖业高质量发展专项行动，拓展产品高值化利用。糖业副产品甘蔗渣是生产纸浆模塑的优良纤维原料，这是广西所特有的原料优势（云南的甘蔗渣量较少）。广西已签约并对外公布的纸浆模塑制品项目总产能规模约 60 万吨 / 年，广西将成为我国重要的纸浆模塑制品生产基地。随着国内外经济复苏，限塑令监管执法将进一步加强，餐饮类及工业包装类纸浆模塑的市场份额有望继续提高。

2023 年，广西包装用纸和纸板产量 487 万吨，同比增长 12.5%，其中，白卡纸 397 万吨（较 2022 年增长 1.8%），牛皮纸 35 万吨，瓦楞原纸 35 万吨，纱管纸 20 万吨。广西主要的白卡纸生产企业有广西金桂、广西太阳、斯道拉恩索（北海），新增生产线自 2022 年年初投产以来，企业持续提产和提速，快速达到设计车速和设计产能，2022 年已实现满产，2023 年无新增白卡纸生产线。2023 年，白卡纸成本整体处于偏高位运行，市场价格变化受供应、需求等因素影响而波动，白卡纸行业盈利整体较低，大企业抗风险能力强。广西白卡纸生产企业在 2023 年均保持满负荷生产，产量同 2022 年相比略有增长。随着南宁太阳纸业年产 100 万吨高档包装用纸生产线与北海玖龙纸业 PM48 年产 80 万吨包装用纸生产线投产，这两条高档包装用纸生产线均生产牛皮纸，2023 年，广西牛皮纸产量达 35 万吨。瓦楞原纸同比增长 40%，纱管纸同比增长 11.1%，目前，广西瓦楞原纸、纱管纸企业产能规模较小，除广西春盛纸业，其他企业产能规模基本在 10 万吨 / 年以下。受原料、市场等因素影响，产量容易发生波动，近几年来，广西瓦楞原纸产量在 30 万吨左右浮动，广西纱管纸产量在 20 万吨左右浮动。

2023 年，广西生活用纸产量为 107 万吨，同比增长 15.1%。截至 2023 年年底，广西共有 23 家生活用纸企业配备中高速纸机，分布在南宁、柳州、来宾、贵港、北海、崇左和防城港 7 个市（县），共有 96 台高速生活用纸机，比 2022 年增加 24 台。广西低速纸机运行生活用纸企业仅剩 5 家，数量近 15 台。广西生活用纸企业生产采用全木浆，或添加部分蔗渣浆或竹浆进行抄造。本地桉木浆、蔗渣浆和竹浆生产企业通过优化生产工艺、加强生产管理和设备升级改造，纸浆品质有了较大的提升。部分纸浆生产企业通过采用高浓磨浆设备，把湿浆浓度提高到 45% 以上，从而大大降低湿纸浆运输成本，进一步突出了使用本地纸浆的优势。

2023 年，广西文化用纸产量 101 万吨，较 2022 年翻了一倍。广西原有的文化用纸企业规模小、数量少，产量在几千吨到 2 万吨不等。随着广西太阳文化用纸项目顺利投产，广西文化用纸产量从前几年的不到 10 万吨，提升至现在的百万吨级别。随着南宁太阳和北海玖龙纸业的文化用纸生产线陆续投产，广西文化用纸产量将会进一步提升。

2023 年，广西特种纸产量 8 万吨，同比增长 14.3%。广西特种纸生产企业主要为桂林奇峰、贺州红星及南宁侨虹等，这几家企业根据市场需求，灵活调整产品生产，同时不断研发投产新产品，提高企业竞争力，主要产品有拷贝纸、半透明纸、薄页纸、格拉辛（原）纸、不锈钢衬纸、热敏原纸、平张烟纸等。正在建设中的中大型特种企业有广西仙鹤、广西齐峰，预计将在 2024 年陆续投产，广西特种纸产量及品种将会大幅提升。

【原料结构】

制浆主要纤维原料为桉木、林业加工剩余物、蔗渣、废纸等，具体如下：木材 544 万（干吨），蔗渣 108 万（干吨），竹子 18 万（干吨），废纸 78 万（干吨）。用于造纸的浆料占比约为：木浆 82%、蔗渣浆 6%、竹浆 1%、废纸浆 11%。中国造纸协会发布的《中国造纸工业 2023 年度报告》显示，2023 年全国纸浆消耗量比例如下：木浆 42%、再生纸浆 54%、非木浆 4%。目前，广西各类纸浆消耗量比例与全国各纸浆消耗比例差异较大，广西木浆消耗量占广西纸浆消耗总量 80% 以上。广西有着较为丰富的林木资源，广西人造板产业位居全国前列，制浆造纸和人造板产业两个行业在木材原料方面的竞争比较激烈。广西金桂、南宁太阳等企业从国外进口木片，以弥补国内木材原料不足。

【主要制浆造纸企业】

2023 年，广西大型制浆造纸企业已投产的有广西金桂浆纸业有限公司、广西太阳纸业有限公司、南宁太阳纸业有限公司、斯道拉恩索（广西）浆纸有限公司、崇左理文纸浆制品有限公司，其余绝大多数是中小规模企业。主要制浆造纸企业见表 1、表 2。

表 1　　2023 年广西纸浆产量前 10 名企业

序号	企业名称	产品	产量 / 万吨
1	广西太阳纸业有限公司	木浆	154
2	广西金桂浆纸业有限公司	木浆	132
3	斯道拉恩索（广西）浆纸有限公司	木浆	22
4	广西洋浦南华糖业集团有限公司 （龙州南华纸业有限公司、田阳南华纸业有限公司）	蔗渣浆、木浆	16.6

续表

序号	企业名称	产品	产量 / 万吨
5	广西东糖集团有限公司（广西来宾东糖纸业有限公司、横县东糖糖业有限公司纸业分公司）	蔗渣浆、木浆、竹浆	13.5
6	广西湘桂华糖制糖集团来宾纸业有限责任公司	蔗渣浆、木浆	12
7	南宁太阳纸业有限公司	木浆、竹浆	12
8	广西广业贵糖糖业集团有限公司	蔗渣浆、木浆	10.2
9	广西兴桂纸业有限公司	蔗渣浆、木浆、竹浆	9.6
10	广西博冠环保制品有限公司	蔗渣浆	8.5

表 2　2023 年广西机制纸及纸板产量 10 万吨以上企业

序号	企业名称	产品品种	产量 / 万吨
1	广西金桂浆纸业有限公司	白卡纸	245
2	广西太阳纸业有限公司	白卡纸、文化用纸、生活用纸	207
3	斯道拉恩索（广西）浆纸有限公司	白卡纸	45
4	南宁太阳纸业有限公司	牛皮纸、文化用纸	45
5	广西春盛纸业有限公司	瓦楞原纸	17
6	广西植护云商实业有限公司	生活用纸	15

表 3　2023 年广西生活用纸产量前十名企业

序号	企业名称	产量 / 万吨
1	广西太阳纸业有限公司	16.5
2	广西植护云商实业有限公司	15
3	广西天力丰生态材料有限公司	7.5
4	广西横县江南纸业有限公司	6.2
5	南宁市佳达纸业有限责任公司	6
6	贵港龙派纸业有限公司	6
7	南宁香兰纸业有限责任公司	4.9
8	广西圣大纸业有限公司	4.5
9	广西和发强纸业有限公司	3.8
10	广西嵘兴中科发展有限公司	3.7

【基建与技改】

（1）2023 年 1 月 12 日，广西太阳年产 50 万吨特种纸项目 PM3 顺利开机试产，至此，广西太阳 2022 年度投资建设重大项目包含的 5 条生产线已全线竣工，北海基地的生产规模迈上新台阶。

（2）2023 年 4 月，南宁太阳 PM15900/1000 文化纸机改造项目顺利完成，该纸机传动车速最高可运行 1000 米 / 分，复卷机车速最高可达 2200 米 / 分。PM2 和 PM32 条 OCC 制浆线提前投产运行，该项目运行为年产能 100 万吨的包装用纸生产线提供高质量的浆料；年产 100 万吨高档包装用纸生产线、年产 50 万吨本色化学木浆生产线和年产 20 万吨特种文化用纸生产线（技改）等项目在 2023 年第三季度末均全部顺利投产。

（3）北海玖龙纸业林浆纸一体化项目是广西壮族自治区“双百双新”项目，建设年产 245 万吨浆、550 万吨各类包装用纸，以及环保科技型包装印刷业上下游产业链。2023 年第四季度，PM48 年产 80 万吨包装用纸生产线率先投产。目前，PM50 年产 55 万吨高档文化用纸生产线和年产 20 万吨 BCTMP 化学机械浆生产线于 2024 年 1 月顺利投产；PM49 年产 100 万吨白卡纸生产线在建设中，预计 2024 年第三季度投产；其他生产线建设陆续推进中。

2024—2025 年，玖龙纸业计划在国内新增 391 万吨/年浆纸产能。北海玖龙纸业2024年将投产21万吨/年的木纤维、110万吨/年化学浆、60万吨/年化学机械浆以及120万吨/年白卡纸产能项目，2025年年底计划投产20万吨/年的纸袋纸项目。

（4）2023年年底，理文崇左总部经济全产业链基地项目已正式竣工，建设年产110万吨林浆纸一体化全产业链项目，包括年产30万吨化学浆、40万吨生活用纸原纸、40万吨生活用纸后加工成品及智慧物流园。目前，制浆线产能已达产；生活用纸原纸产能达25万吨/年，2024年，计划再投产6台宝拓新月型卫生纸机，使产能增加至40万吨/年。

（5）广西有多个大型制浆造纸项目正在建设中：广西金桂年产180万吨高档纸板扩建项目第二台纸机项目及年产75万吨化学机械浆扩建项目，预计2026年6月竣工投产；广西仙鹤一期项目年产20万吨化学机械浆线、40万吨化学浆线投产和4台纸机预计2024年上半年实现投产；广西建晖纸业林浆纸一体化项目计划于2024年第三季度建成投产，项目建成后总浆纸年产能达到367万吨；广西齐峰新材料年产20万吨特种纸项目一期预计2024年5月份建成投产；2022年4月，桂平市桥裕纸业年产100万吨包装用纸项目开工建设，总建设周期为60个月；广西雄富纸业年产50万吨高档特种纸造纸项目于2023年2月28日举行开工仪式，一期建设1条年产17万吨高档特种纸生产线及1条年产1万吨特种彩卡纸生产线，计划于2024年建成投产，二期建设1条年产28万吨高档特种纸生产线及1条年产4万吨特种彩卡纸生产线，计划于2026年建成投产，项目建成后，每年生产高档特种纸45万吨及特种彩卡纸5万吨。

（6）2023年10月27日，广西侨旺举行“年产4万吨纸浆模塑餐具、工业包装项目”开机暨新厂揭牌仪式。广西侨旺于2021年投资建设新厂及年产4万吨纸浆模塑餐具、工业包装项目，项目一期配套有纸浆模塑生产车间、产品及包装仓库、技术综合楼及相关配套设施，配备32台主生产设备，采用当下国际先进的纸浆模塑制品生产工艺流程和设备技术，项目一期实现投产后，年产能将从原来的6000吨提升到1.6万吨。崇左众鑫一期项目于2023年第四季度投产。广西金福华年产6000吨纸浆模塑包装产品项目于2024年1月试产。广西洁丰生物科技、广西绿联生物科技等企业的纸浆模塑餐具及工业包装项目正在建设中。

（7）2023年，广西共投产24台生活用纸纸机，均为新月型纸机，具体如下。

广西太阳PM12顺利开机试产，幅宽2850毫米，设计车速1600米/分；广西和发强纸业1台高速生活用纸纸机开机，幅宽2850毫米，设计车速1100米/分；广西天力丰生态材料吨M6新月型高速纸机成功开机，纸机幅宽4000毫米，设计车速1000米/分，年产能1.5万吨，整体年产能达到10万吨，规模迈向一个新的台阶；广西植护云商新增1台新月型高速生活用纸纸机，幅宽2850毫米，设计车速1500米/分，单台设计产能约2万吨/年；崇左市品源纸业1台生活用纸纸机成功开机，幅宽2850毫米，设计车速1200米/分，年产能达1.8万吨；广西来宾桥宏纸业2台高速卫生纸机开机，幅宽2850毫米，设计车速1400米/分，年产能1.5万吨/年；广西贵港盛正纸业2号高速卫生纸机开机，幅宽2850毫米，设计车速1300米/分，年产能约1.5万吨/年；贵港龙派纸业1台新月型TAD开机，幅宽2850毫米，设计车速800米/分；广西龙州曙辉纸业1台新月型高速生活用纸纸机开机，幅宽2850毫米，设计车速1500米/分；广西桂宾纸业2号高速生活用纸纸机投产，幅宽2850毫米，设计车速1500米/分；南宁市圣大纸业PM4高速生活用纸纸机成功出纸，幅宽2850毫米，设计车速1600米/分，设计产能约1.7万吨/年；广西嵘兴中科发展1台新月型高速生活用纸纸机开机，幅宽3900毫米，设计车速1200米/分；崇左理文2023年底已投产11台国产新月型卫生纸机，合计产能25万吨/年。

（8）广西兴桂纸业的主要技改项目

①废水处理系统委托运营服务项目：在废水处理厌氧工序主要针对蔗渣喷淋废水和洗涤废水增加预处理，对厌氧反应塔和循环塔进行清理、内部防腐、布水系统更换、新增排泥系统和三相分离器维护等；好氧工序主要新增2台鼓风机、4台射流循环泵、2台硝化液回流泵、一批旋流曝气器、一批射流搅拌器、管道阀门等；污泥压滤系统新增2套带式脱水机。

②2号锅炉掺烧生物质改造项目：对2号循环流化床锅炉（75吨/时）进行掺烧生物质改造，同时预留1号循环流化床锅炉（75吨/时）和3号循环流化床锅炉（90吨/时）掺烧生物质改造公共输送带。

③制浆筛选除砂改造项目：维持现有规模不变（9.5万吨/年漂白蔗渣浆），制浆筛选除砂改造后，漂白蔗渣浆质量明显提高，可适应各生活用纸厂以及纸浆模塑企业的用浆要求。

（9）其他厂的技改项目

广西来宾东糖纸业连蒸及EOP技改项目于2023年4月份投入运行，白泥洗涤系统技改项目于2024年1月份投入运行；横县东糖糖业有限公司纸业分公司制浆一线新增 80 米^{2}真空洗浆机，提高浆料的洗净度及产量，减少排入废水车间压浆白水 COD，降低中段废水处理压力和成本；桂林奇峰纸业完成 PM1 真空系统改造，新增透平风机项目及 PM8 打浆系统，完成 ϕ550 双盘磨项目技改；广西横县江南纸业新增 1 条 V 系列抽取式厨房纸成品加工线，1 条 X 系列卷筒式厨房纸成品加工线。

【科研与技术进步】

（1）广西博世科环保科技获广西制造业单项冠军示范企业，研制的《上流式多相废水处理装备》入选《国家鼓励发展的重大环保技术装备目录（2023 年版）》，与广西大学等单位联合研发的“大型二氧化氯制备系统及纸浆无元素氯漂白技术”成功入选《国家绿色低碳先进技术成果目录》。

（2）广西金桂浆纸 2023 年荣膺国家级“水效领跑者”称号、广西 2023 年第一批高新技术企业、2023 年广西高新技术企业百强企业、中国轻工业 200 强企业荣誉称号。

（3）广西广业贵糖糖业集团荣获 2023 年广西智能工厂示范企业认定、入选 2023 年度自治区知识产权优势企业培育单位名单。2023 年有 6 项专利获得国家知识产权局受理，有 3 项专利通过广西重大科技成果转化认定。

（4）广西博冠获广西壮族自治区第一批认定高新技术企业、广西壮族自治区国资国企系统“绿色发展标杆企业”、广西壮族自治区智能工厂示范企业荣誉称号，2023 年广西第二批专精特新中小企业入库培育。

（5）广西植护云商实业获来宾市“来宾市健康企业”“来宾市五一劳动奖”“工人先锋号”、2023 年度广西绿色制造名单、2023 年广西“绿色工厂”荣誉称号、入选 2023 年第二批广西壮族自治区“千企技改”工程项目计划。入选 2023 年第二批广西壮族自治区“千企技改”工程项目计划的还有：广西和发强纸业、金红叶纸业（南宁）、广西雄富纸业、广西芳泰纸业股份。

（6）广西华宝纤维制品通过 2023 年广西数字化车间认定、上榜广西制造业单项冠军示范企业名单。

（7）桂林奇峰纸业 2023 年获广西壮族自治区专精特新中小企业认定，获得实用新型专利 4 项：《一种环保型水利碎浆机》《一种液压中浓盘磨装置》《一种浆料压力筛》《一种防卷筒拷贝纸松散的结构》。

（8）桂林艺宇印刷包装上榜 2023 年广西壮族自治区新认定企业技术中心名单。

（9）广西仙鹤新材料项目入选 2023 年第一批广西“双百双新”产业项目。

（10）广西和发强纸业、来宾市桥宏纸业、广西来宾东糖纸业入选广西 2023 年第二批制造业重点项目。金红叶纸业（南宁）、广西南宁腾裕纸品包装、广西建晖纸业、贵港龙派实业集团、贵港乐赞纸业、广西仙鹤新材料、广西雄富纸业、广西植护云商实业、广西金福华实业、宗羲环保科技（广西）入选广西 2023 年第三批制造业重点项目。

【发展目标】

2023 年年底，习近平总书记来到广西考察，并发表重要讲话，为建设壮美广西提出了殷切嘱托。习近平总书记指出，推动广西高质量发展，必须做好强产业的文章，加快构建现代化产业体系。要立足资源禀赋和产业基础，聚焦优势产业，集中优势资源，打造若干体现广西特色和优势、具有较大规模和较强带动力的支柱产业。把科技创新摆到更加突出的位置，深化教育科技人才综合改革，加强科教创新和产业创新融合，加强关键核心技术攻关，加大技术改造和产品升级力度。充分利用沿海沿江的优势，大力发展海洋经济、临港产业。加快产业结构优化调整，推动产业体系绿色转型，发展壮大林业产业、文旅产业、养老产业、大健康产业，让生态优势不断转化为发展优势。习近平总书记还指出，新质生产力特点是创新，关键在质优，本质是先进生产力。这为广西造纸工业高质量发展进一步提供了更加明确的方向和抓手。

广西资源、区位、交通等优势明显，在广西造纸工业发展道路上，机遇与挑战并存。根据各项发布数据统计，广西浆纸总产能规模将突破 4000 万吨 / 年，但部分大型造纸项目因能耗、环保、土地、资金等原因，二期项目进展较为缓慢，项目要实现全部投产存在一定困难。在各级政府高度重视、精心谋划及统筹安排下，广西造纸产业发展中的问题正在逐步解决，产业发展潜力凸显，发展前景可期。

2024 年是“十四五”规划的攻坚之年，展望新的一年，广西造纸工业需聚焦发展壮大新质生产力这一主题，立足于新发展起点，因地制宜发展新质生产力，提升广西造纸企业创新能力，全面提质增效，深入推进高端化、智能化、绿色化转型升级，充分发挥广西资源、区位、交通等优势，优化产品结构，丰富产品种类，提高产品质量，推动全产业链发展，加强全流程清洁生产水平，提高能源管理水平，持续推进广西造纸产业新型工业化，推动广西造纸工业朝着绿色低碳高质量方向稳步发展。

（石美玲　覃程荣）

湖北省造纸工业

Paper Industry in Hubei Province

2023年是全面贯彻落定党的二十大精神的开局之年，同时也是经济从新冠疫情影响中逐渐复苏的关键一年。湖北省造纸产业以新质生产力为驱动，加快产业体系建设，培养高端人才，加强产业规划，优化产业布局，营造湖北造纸产业健康、快速和可持续发展营造良好环境。

【行业概况】

湖北省造纸行业近年来呈现出产业集群发展态势，玖龙、山鹰、荣成、仙鹤和五洲纸业等落户湖北，形成荆州地区包装用纸生产基地。维达、恒安、中顺、金红叶、丽邦和金博士等国内知名生活用纸生产企业在孝感地区形成生活用纸生产基地。孝感市孝南区也被誉为“中国卫生用品之都”。（中国轻工业联合会授予孝南区“中国生活卫生用纸（品）产业之都”称号），成为湖北造纸行业的重要支柱。2023年纸及纸板总产量913.32万吨，同比增长19.2%，

表1　2023年湖北省主要造纸企业年产量　单位：万吨

排序	主要企业名称	年产量	增长率	主要品种
1	金凤凰纸业集团有限公司	196.00	13.9%	瓦楞原纸
2	山鹰华中纸业有限公司	142.82	14.4%	箱纸板、瓦楞原纸
3	湖北荣成再生科技有限公司	111.18	29.5%	箱纸板、瓦楞原纸
4	玖龙纸业（湖北）有限公司	97.73	291.6%	包装用纸、瓦楞原纸
5	黄冈晨鸣浆纸有限公司	45.78	−9.7%	化学木浆
6	湖北长江汇丰纸业有限公司	45.26	7.9%	白纸板、涂布白纸板
7	湖北拍马纸业有限公司	39.00	−9.3%	白纸板、包装用纸、特种纸等
8	湖北金庄科技再生资源有限公司	34.45	10.8%	箱纸板、瓦楞原纸、特种纸板
9	金红叶纸业（湖北）有限公司	32.83	−0.5%	生活用纸
10	维达护理用品（中国）有限公司	30.02	9.6%	生活用纸

表2　2023年湖北省主要造纸企业工业总产值前十的企业

排序	主要企业名称	工业总产值/亿元	主要品种
1	山鹰华中纸业有限公司	61.69	箱纸板、瓦楞原纸
2	金凤凰纸业集团有限公司	60.46	瓦楞原纸
3	维达护理用品（中国）有限公司	33.11	生活用纸
4	玖龙纸业（湖北）有限公司	32.49	包装用纸、瓦楞原纸
5	湖北荣成再生科技有限公司	29.28	箱纸板、瓦楞原纸
6	湖北拍马纸业有限公司	28.35	白纸板、包装用纸、特种纸等

续表

排序	主要企业名称	工业总产值 / 亿元	主要品种
7	中顺洁柔（湖北）有限公司	22.60	生活用纸
8	黄冈晨鸣浆纸有限公司	22.09	化学木浆
9	金红叶纸业（湖北）有限公司	19.30	生活用纸
10	湖北长江汇丰纸业有限公司	12.96	白纸板、涂布白纸板

表 3　2023 湖北省各地区主要造纸企业年产量　单位：万吨

排序	区域	年产量	备注
1	荆州	395.73	包装纸集群
2	孝感	312.36	生活纸纸都
3	宜昌	109.05	绿色化工集群
4	黄冈	45.78	
5	仙桃	24.8	
6	襄阳	9.27	
7	咸宁	6.83	
8	荆门	5.5	
9	天门	4	
	总计	913.32	

【原料供应】

湖北地处长江中下游，造纸工业的原料供给比较丰富，为湖北造纸工业的发展提供了坚实的基础。湖北地区纤维原料资源种类繁多，包括芦苇、龙须草、芒秆、麦草、竹类、棉秆、黄麻、红麻等草类纤维原料，以及马尾松、意大利杨等木材纤维原料。湖北还是废纸等再生纤维原料的重要来源地，这些丰富的原料资源不仅保证了造纸工业的稳定生产，同时也为不同种类的纸品生产提供了保障。宝哲、长平盛兴等再生资源回收公司建立的较为完善的废纸回收体系，通过分类回收、集中处理和再利用，废纸资源得到了有效的利用，减少了对原生资源的依赖，降低了生产成本，同时响应了环保和可持续发展的要求。

在制浆和抄纸过程中，需要使用到各种化学助剂和填料，如碱液、漂白剂、施胶剂、染料等。湖北省的造纸企业与专业的化学品供应商如巴克曼、汇曼、嘉韵等建立了长期稳定的合作关系，确保了原料的质量和供应的稳定性。这些辅料和化学品对于改善纸张性能、提高生产效率和产品质量具有重要作用。

【基建与技改】

（1）金凤凰纸业集团有限公司作为湖北省造纸行业的大型企业，年产 196 万吨瓦楞原纸。为满足市场需求和推动绿色发展，公司正计划扩建年产 70 万吨的环保包装用纸生产线，其中，包括年产 30 万吨低定量挂面箱纸板和 40 万吨再生环保箱纸板。此扩建计划将显著提升公司的生产能力和环保水平。

（2）山鹰华中纸业有限公司目前年产 142 万吨箱纸板、瓦楞原纸，且正积极推进二期年产 120 万吨工业包装用纸和年产 60 万吨化学机械浆项目的建设。这些新项目将进一步提升山鹰华中纸业有限公司的生产能力和产品品质。

（3）玖龙纸业（湖北）有限公司目前年产 97.73 万吨包装用纸、瓦楞原纸，正在大力推进新项目建设，包括年产 65 万吨漂白化学浆生产线 1 条、年产 70 万吨化学机械浆生产线 1 条、年产 120 万吨白卡纸生产线 1 条、年产 35 万吨文化用纸生产线 1 条、年产 25 万吨文化用纸生产线 1 条。这些新建项目将为湖北省造纸业带来新的增长点，并提升整体市场竞争力。

（4）湖北金庄科技再生资源有限公司：产量34.45万吨，公司新上热电联产及供热管网项目，总投资1.9亿元，建设了2台65吨/时的中温中压循环流化床锅炉，并配备了1台6兆瓦的背压式汽轮发电机组。这个项目的目的是在确保供热区域内所有热用户实现稳定供热的同时，提高能源利用效率，减少环境污染。

（5）湖北仙鹤新材料有限公司：该公司正在投资建设多个新项目，涵盖10万吨芦苇基浆、10万吨化学机械浆、30万吨纸基功能材料和10万吨涂布纸。这些项目的实施将丰富仙鹤新材料的产品线，并增强其市场竞争力。

（6）五洲特种纸业（湖北）有限公司的年产449万吨浆纸项目，其中，294万吨/年造纸及155万吨/年化学浆项目目前已接近完工。

【产教融合】

2023年12月21日，湖北省现代造纸行业产教融合共同体成立大会在“中华纸都”孝感举办，大会以产教融合、协力创新、绿色发展为主题，旨在加强省内造纸行业交流，探索发展新空间和市场新机遇，持续推进造纸行业高质量发展。会议由湖北省造纸协会、湖北省造纸学会、湖北工业大学、湖北轻工职业技术学院、孝感市工业学校共同举办，主要造纸企业领导、造纸装备及造纸化学品企业领导和代表参加了本次会议。

目前，共同体已有60家成员单位，其中，企业45家、院校10所、协会3个及相关机构2个，初步形成了现代造纸行业发展生态系统。

【发展目标与展望】

湖北省造纸工业正迎来前所未有的发展机遇。面对新的历史节点，我们清晰地勾画出短期与中长期的发展目标，以坚定的步伐迈向更加辉煌的未来。

1. 短期目标：聚焦产业结构优化，实现绿色高效转型

产业结构优化是提升竞争力的关键。短期内，湖北省造纸工业将集中力量淘汰落后产能，整合优质资源，推动产业向高技术、高附加值方向迈进。我们将重点支持企业加大技术创新投入，引进国内外先进技术，特别是在制浆造纸、节能减排、废物循环利用等领域取得突破。同时，我们将大力推广清洁生产，提高资源能源利用效率，减少污染物排放，实现绿色可持续发展。

2. 中期愿景：强化品牌建设，提升国际竞争力

中期内，我们的目标是打造一批具有国际影响力的知名品牌，提升湖北省造纸产品在全球市场的认知度和竞争力。我们将通过技术创新和产业升级，不断提高产品质量和附加值，满足国内外市场对高品质纸张的需求。同时，我们将积极参与国际产业合作与竞争，拓展出口业务，进一步提升国际市场份额。

3. 长期展望：实现产业链整合，推动可持续发展

在长期发展中，我们将致力于实现产业链的深度融合与协同发展。通过上下游产业的紧密合作，形成强大的产业链竞争优势，提高整体抗风险能力。同时，我们将坚持可持续发展战略，平衡经济发展与环境保护的关系，推动造纸工业向更加绿色、高效、可持续的方向发展。

回首过去，湖北省造纸工业已经取得了显著的成绩。未来，湖北省造纸工业将继续秉承创新驱动、绿色发展的理念，不断优化产业结构，提升技术水平，拓展市场空间，为地方乃至国家的经济发展贡献更多的力量。

（顿志强　张倬俊）

河北省造纸工业

Paper Industry in Hebei Province

【行业概况】

1. 2023 年河北纸及纸板生产情况

河北省造纸工业在全国各省中，既不是造纸工业大省，也不是造纸工业强省。据统计，2023 年河北造纸企业 112 家；资产总计 2210363 万元，同比下降 0.81%；主营业务收入 1906202 万元，同比下降 4.34%；利润总额 1711.6 万元，同比下降 86.39%；亏损企业 34 家，亏损 32586.5 万元。

产品主要包括四大类：包装用纸（箱纸板、T 纸和瓦楞原纸）、文化用纸（胶印书刊纸、新闻纸）、生活用纸（卫生纸）和特种纸（钢刀纸、防霉纸、滤芯纸），共数十个品种。全省 2023 年机制纸及纸板生产量（外购原纸除外）4318707.9 吨，同比增长 19.46%。未涂布印刷书写纸 269977 吨，其中新闻纸 258868 吨，占全国市场需求量的 29%；涂布类印刷用纸 92450 吨；卫生纸 107906 吨，主要集中在保定市满城区，有“华北生活用纸纸都”之称；包装用纸及纸板 1937067.7 吨，占全省造纸产量的 44.85%；纸制品 2297019.2 吨，同增长 7.9%。瓦楞纸箱 605129 吨，卫生用纸制品 240962.6 吨。纸及纸板产量在全国 100 万吨 17 个省中占第 10 位，全国 30 强企业河北无一家企业入围，市场份额在全国占 2.82%。

全省造纸工业从业人数 2.59 万人，同比下降 3.85%，其中机制纸及纸板制造从业人数共计 1.26 万人，纸制品制造从业人数共计 1.33 万人。

【原料】

2023 年全省造纸用进口纸浆 12 万吨、国内纸浆 3.3 万吨、再生纤维浆 430 万吨，同比增长 10.58%。河北省受政策影响近 10 年来无化学浆和机械浆生产线，原木浆自产量为 0 吨。

【生产企业区域分布及产能】

河北省重点造纸企业（生活纸除外）主要分布在 6 个地区，分别是唐山（占全省产能的 39.89%）、邢台（占全省产能的 21.28%）、秦皇岛（占全省产能的 13.56%）、石家庄（占全省产能的 10.64%）、廊坊（占全省产能的 7.98%）、沧州（占全省产能的 6.65%）。

全省造纸龙头企业有玖龙纸业（河北）有限公司（位于唐山）、河北昌泰纸业有限公司（位于玉田）、河北华泰纸业有限公司（位于赵县）、顺发实业有限公司（位于玉田）、华兴纸业、锦宝石纸业等企业。

（1）唐山地区（150 万吨）

①玖龙纸业（河北）有限公司坐落于滦南县城关，现有（维美德公司）8800 箱纸板生产线 1 条。

②河北昌泰纸业有限公司位于唐山市玉田县杨家套镇，是一家专业从事生产高档牛卡纸和石膏护面纸的现代化民营企业，现有 5600 牛卡纸生产线一条，3800 护面纸生产线 1 条，年产量 50 万吨。

③玉田县顺发实业有限公司，位于唐山市玉田县。公司建有四叠网板纸生产线一台套。生产能力 10 万吨 / 年，建有 4800 型 3 叠网 T 纸生产线 1 台套，生产能力 12 万吨 / 年，建有 5600 型 3 叠网高强瓦楞纸生产线 1 台套，年生产能力 18 万吨。公司实现设计产能 40 万吨 / 年。

④唐山市冀滦纸业有限公司位于河北省滦州市经济开发区，生产线主要建设 5600 毫米二叠网、三叠网多缸造纸机生产线各 1 条，生产高强瓦楞原纸等包装用纸，设计年产 30 万吨。

（2）邢台地区（80 万吨）

①柏乡县华兴纸业包装有限公司位于河北省邢台市柏乡县西汪循环经济园区。公司建有 5300 纸机和 4400 型纸机 2 条高速造纸生产线，主要产品高强瓦楞原纸，年产量 30 万吨。

②柏乡县锦宝石新材料开发有限公司创建于 2005 年 10 月，位于河北省柏乡县南阳经济开发区，是一家专业生产 A 级高档瓦楞原纸和箱纸板的民营企业。公司目前有 4400 型高强瓦楞原纸生产线 1 条及 5100 型箱纸板生产线 1 条。2023 年总产能 25 万余吨。

（3）秦皇岛地区（51 万吨）

①秦皇岛金茂源纸业有限公司位于抚宁区留守营镇，现有11万吨5300高强瓦楞原纸生产线、年产10万吨3600工业用纱管原纸生产线各1条，年产量21万吨。

②秦皇岛丰满纸业有限公司位于抚宁区留守营镇，现有13万吨4200高强瓦楞原纸生产线2条。

（4）石家庄地区（45万吨）

①河北华泰纸业有限公司位于石家庄市赵县，是全国排名第六的山东华泰集团的全资子公司，年产新闻纸30万吨，主要向中央和地方党报党刊提供新闻用纸，目前占全国新闻纸市场需求量的30%。

②元氏金鹏纸业有限公司位于元氏县，现有4400高强瓦楞纸机生产线1条，年产15万吨。

（5）廊坊地区（30万吨）

霸州市华通纸业有限公司公司地址位于霸州市公司现有造纸生产线3条，5600型多缸长网造纸生产线1条，3200型多缸长网生产线1条，2800型多缸长网造纸生产线1条，公司主要产品双面施胶A级高强瓦楞纸，年产30万吨。

（6）沧州地区（25万吨）

泊头龙达纸业有限公司位于泊头市，现有5300纸机一条，4400纸机生产线一条，主要生产瓦楞原纸，年产25万吨。

【基建与技改项目情况及进度】

2023年河北省重新修改了《产业发展指导目录》，按照国家新的《产业发展指导目录》执行，解除禁止制浆生产，限制纸及纸板制造的禁限令，给行业可持续高质量发展提升了空间。

2023年度河北省区域内新建（在建）项目共计12个，新增产能共计120万吨，新增项目如下：

（1）宝石纸业。新建80万吨包装纸项目，第一期6600/1200纸机正在安装，是河北省纸幅最宽，车速最快，质量档次最高，首台套国产纸机。

（2）晨光纸业。新建5600纸机，升级改造包装纸机，正在调试，2024年5月投产运行。

（3）华兴纸业：制浆升级改造项目提升日产1300吨制浆能力。

（4）南河盛源纸业。年产45万吨，5600纸机正在土建施工，主要生产涂布白纸板，是生产白纸板的第一条生产线。

（5）沙河正康实业。年产70万吨包装用纸，两条6600/1200生产线正在设计筹备。该企业煤制气余热，用于生产，是邢台市资源综合利用和转型升级的示范项目。

（6）冀滦纸业。3800二手纸机技改生产瓦楞原纸项目，正在安装调试预计2024年5月投产。

（7）金茂源纸业。3800纸机生产纱管纸项目，正在安装调试预计2024年6月投产运行。

（8）金博士纸业。生活用纸投资湖北孝感25万吨项目正在施工，预计2024年年底前投产。

（9）丽邦集团。投资的生活用纸项目30万吨已经全部建成投产。

（10）雨森纸业。辽宁台安投资30万吨生活用纸项目已陆续建成投产。

（11）迁安恒茂纸业。年产30万元玻璃衬纸正在建设。

（12）保定市诚信纸业。2023年3月投产1台高速新月型生活用纸生产线。纸机净纸幅宽3550毫米，设计车速1400米/分，主要使用商品木浆生产高档生活用纸，单机年产能可达2.5万吨。

（13）汉高新材料科技有限公司。2023年3月，15万吨瓦楞原纸项目开机出纸。纸机幅宽4400毫米，设计车速800米/分，主要使用废纸浆生产低定量高强瓦楞原纸，单机年产能可达15万吨。

（14）瑞丰纸业。2023年3月河北省邢台市柏乡县瑞丰纸业有限公司公示了年产10万吨包装材料项目的环评报告，拟安装3800纸机生产线1条（其中包含1条年产13万吨制浆生产线）。

【科研与技术进步】

河北华泰纸业与高校合作开展“基于传统新闻纸生产线升级改造用于生产高档文化用纸的关键技术”的相关科研工作。主要研发方向为①针对工厂中的废纸浆、针叶木化学浆和阔叶木化学机械浆，根据检测的不同纸浆的纤维形态（纤维长度、宽度、粗度等）、光学性能（ISO白度、CIE白度、不透明度等）和物理强度性能（松厚度、挺度、抗张强度、撕裂强度、耐破强度和耐折度）。②利用不同纸浆纤维进行配抄实验分析，检测纸页的光学性能（ISO白度、CIE白度、不透明度等）和物理强度性能（松厚度、挺度、抗张强度、撕裂强度、耐破强度和耐折度）。③通过调整造纸辅料（填料、助留剂、染料等）的种类、添加比例和添加方式等因素，探讨其对手抄纸页光学和物理性能的响应关系，达到改善纸页性能的目的。④利用高比例的废纸浆与针叶木化学浆、阔叶木化学机械浆配抄，制备不同类型高级纸（胶版印刷纸、文化传媒纸、轻型纸等）；同时，采用动态纸页成型器（DSF）进行配抄实验。检测手抄纸页和DSF纸页的各项性能指标，优化出基本工艺参数，供工厂实践提供基础理论数据。

【环境保护与节能】

“十四五”期间为全面提高用水效率，促进高质量绿色发展，河北造纸企业在产业政策指引下在节水工作方面取得了明显进步与成效，特别是新建和扩建的大中型项目，普遍采用了国内和国际成熟的技术和装备，同时淘汰了很多高耗能、耗水的落后工艺技术和装备，绝大多数企业都比较重视节水工作，通过提高技术装备水平，应用先进的节水技术和装备，使造纸过程中水的重复利用率逐渐提高，水耗大幅降低，取得了显著节水效果，单位产品取水量大幅下降，目前省内的新闻纸和文化用纸用水量已不到10米^3/吨，有的包装生产线用水量达到了极限值5米^3/吨以内，水重复利用率甚至可以达到95%循环和零排放的标准，处于国际领先水平。全国首批节水型企业中，造纸行业中有7家造纸企业入围，其中河北的玖龙纸业和河北华泰纸业排名全国第二和第三名，被国家水利部评为“全国首批节水标杆企业”、被省政府评为“河北省节约之星”。

据环保部门初步统计，2023年全省造纸和纸制品业工业取水总量为2507.35万吨，占全省工业总取水量149209.67万吨的1.68%。废水排放量为1902.78万吨，占全省工业废水总排放量29851.54万吨的6.37%。排放废水中化学需氧量（COD）为606.52吨，占全省工业COD总排放量26174.25吨的2.32%。二氧化硫排放量527.09吨，占全省工业二氧化硫总排放量122788.94吨的0.43%；氮氧化物排放量759.85吨，占全省工业氮氧化物总排放量301107.40吨的0.25%。

河北造纸行业通过不断整合、淘汰更新落后设备工艺和加快转型升级发展，逐步走上绿色低碳发展道路。一是实现达标排放。造纸企业普遍采用比国家、省或行业更加严格的排放标准，实行环保在线监测，全部达标排放。比如，玉田昌泰纸业建设了自备热电厂和废水处理系统，排放指标采取唐山市标准，粉尘每立方米5毫克、二氧化硫每立方米25毫克、氮氧化物每立方米30毫克（国家标准分别为10毫克、30毫克、100毫克）；废水处理“COD”执行标准是国家一级A标准，每升需氧量50毫克，而行业标准是100～300毫克。二是能耗显著降低。造纸企业普遍升级了主要设备，应用冷凝水回收利用、变频电机、光伏发电、空气悬浮鼓风机、热回收等国内国际先进技术和工艺，降低能耗15%左右。三是节水效果明显。造纸行业响应国家政策，淘汰落后产能（涉及产能180万吨），改进工艺设备，水耗大幅降低，水的重复利用率快速提高，节水效果显著。目前，河北省文化用纸用水量不到8～10立方/吨（全国造纸行业通用值为12米^3/吨），包装纸用水量达到4.5～6.5米^3/吨（全国造纸行业通用值为6.5～8米^3/吨），重复利用率甚至能达到95%循环利用和零排放的标准，处于国际领先水平。四是推进资源综合利用。河北锦宝石集团投资5.5亿元建设日处理2×600吨城乡生活垃圾及造纸固废（其中生活垃圾400吨、造纸固废800吨）一期项目，有效解决了企业生产供热、城乡生活垃圾和造纸固废处置问题，目前每小时产生50吨左右工业蒸汽。河北华泰投资1.2亿元建设废物综合利用项目，该项目将造纸生产过程中产生废渣、污泥及生物质，这些含有热值的废物在多燃料炉中燃烧实现无害化处理，处理过程中产生的大量热能供工艺用汽，建设12兆瓦背压式汽轮发电机组，利用高参数蒸汽驱动发电用于生产。

【发展目标】

（1）支持产业发展。按照“没有落后的产业，只有落后的企业、落后的工艺、落后的装备”的理念，重新认识和确定造纸在河北工业大局中的地位，支持造纸工业发展。对标国家“十四五”及中长期发展目标，利用好发展窗口期，支持各地谋划实施一批大项目、好项目，对新建项目给予必要的环境容量，力争将造纸打造成产能达到800万吨、500亿元以上产值的产业；支持企业按照循环经济理念发展纸浆制造，争取开放性政策，补上产业链短板，打造循环经济产业园，实现产业链自主可控；支持企业延伸产业链条，加快发展新型纸包装、纸浆模塑、印刷制本、设计装潢等纸制品深加工产业；支持企业发展工业互联网，推进智能制造和产业数字化，提升智能化水平。

（2）实施精准管控。对造纸行业实行环保精准执法、绩效分级、差异化管控，坚决杜绝事实上的停限产“一刀切”，严格限制执法检查频次，严防一次检查一个调让基层和企业无所适从，严禁频繁调整技术路线；鉴于造纸行业不排放废气，推进造纸行业绩效分级，将规范的造纸企业列入环保管控正面清单，在实施大气污染防治应急响应时，不实行停产限产；改进环保执法检查工作，建立容错机制，实行包容审慎监管，为造纸行业创造良好生产经营条件。

（3）发展多元化的原料结构。造纸原料配比应提高木浆的比重，加大再生纤维的回收和利用，合理的利用非木纤维。河北秸秆近7000万吨，但没有自制非木纤维纸浆厂，也无木匠加工企业，产品处中低档水平，附加值不高，和友邻省份的山东、河南差距较大，对外的依存度高，迫切需要提高自制浆的比重，改善原料结构。

河北造纸已不是大省的地位，与友邻省份相比差距很大，河北造纸工业需要正确面对该形式，保持产业发展的连续性，加大产业宣传攻坚，积极拥抱变革，开创纸业未来，实现河北造纸工业的高质量发展。

（河北造纸协会）

江西省造纸工业

Paper Industry in Jiangxi Province

【行业概况】

2023年江西省造纸行业稳步运行，发展良好。据国家统计局统计及江西省造纸协会调研资料，江西省制浆、造纸、纸制品工业规模以上工业企业共有133家，其中规模以上的造纸企业73家，纸制品制造企业60家，全省规模以上机制纸及纸板产量370.1万吨，同比增加1.0%，营业收入与利润较2022年均有所增长。

造纸产品主要有以下四大类：

（1）文化印刷用纸。主要品种有：轻型纸、双胶纸、低定量涂布纸等薄型文化用纸系列产品暨教材专用纸、中小学生作业本专用纸、书写纸、双胶纸等。

（2）包装用纸。主要品种有涂布白纸板、白卡纸、箱纸板、高强瓦楞原纸、食品包装用纸、液体包装用纸、砂管纸、牛皮纸、黑卡纸、色卡纸、牛皮卡纸。

（3）生活用纸。主要品种有纸巾纸、卫生纸、普通湿巾、宠物湿巾、卫生巾、纸尿裤、擦手纸、厨房用纸。

（4）特种纸与加工纸。主要品种有鞋用纸板、载带封装用纸板、引线砂纸、电容器纸、烟花鞭炮纸、鞭炮红纸、红炮包装纸、花炮纸、连四纸、格拉辛纸、芳纶纸、芳纶纤维屏蔽纸、芳纶纤维蜂窝纸、美纹纸等。

【原料】

江西省是国内生态环境较好的省份，植物纤维原料丰富。据省林业厅发布的公告，江西省森林资源覆盖率63.1%，位于全国的第二位。由于政府管理部门考虑制浆对环境的影响等多方面的原因，江西省内绝大部分丰富的可利用的小山竹等多品种造纸植物纤维原料均未得到充分的利用，这些廉价的植物纤维原料除少部分销往邻省外，均未得到利用，资源优势未转化为经济优势。

据调查，江西省内造纸企业采用原生植物纤维原料制浆的企业主要有江西晨鸣纸业有限责任公司、赣州华劲纸业有限公司和江西理文造纸有限公司。其中江西晨鸣纸业有限责任公司有1条以进口木片为主要原料的漂白化学热磨机械浆（BCTMP）生产线，该生产线实际年产能力达25万吨左右，主要用该浆配抄轻型纸暨低定量涂布纸系列产品，该生产线自投产后至今运行正常；赣州华劲纸业有限公司以自制的杂木为原料，采用立锅蒸煮制浆，原生浆配比生产纸巾纸、卫生纸等产品。现该企业主要采用当地家具厂生产家具时产生的针阔叶木木材加工家具后产生的废料为原料制浆，生产生活用纸和文化用纸产品；江西理文造纸有限公司以商品木片及竹片为原料，产出的纤维全部用于代替目前造纸生产线中的废纸原料，年产能35万吨，在稳定纸机的运行效率，提升产品质量的同时，降低生产成本。由于充分利用了当地丰富且廉价的木材剩余物加工废料，降低了原料生产成本，企业经济及社会效益均较好。

除以上3个企业采用原生植物纤维原料外，其他造纸企业所用的造纸纤维原料主要依靠外购各种纸浆浆板和废纸。生产生活用纸的企业除赣州华劲纸业大部分采用自制木浆为主要原料外，其余企业均是采用长短纤维商品浆为原料配比生产；生产牛皮纸的企业采用回收长纤维废纸为原料生产；生产箱纸板的企业采用本色针叶木浆挂面，芯浆底浆均采用废纸原料生产；生产瓦楞原纸、纱管纸、涂布白纸板等产品的企业均采用废纸原料生产；特种技术用纸及纸板均采用商品木浆原料生产。

【生产企业】

据统计，江西省规模以上制浆、造纸、纸制品企业有133家，其中规模以上的造纸企业有73家，纸制品制造企业60家。自制原生浆造纸的企业有3家。另有近百家生活用纸后加工小型企业。据调查，江西省内目前年生产能力100万吨以上的大型企业有2

家，年生产能力30万~100万吨的中型企业有10家，年生产能力5万~30万吨以下的中小型企业有33家，剩余企业均为年生产能力5吨以下的小型企业。年生产能力30万吨及以上企业的名称、生产主要品种等情况详见表1，年生产能力5万吨以上，30万吨以下的企业名称、生产品种等情况详见表2。

表1　　2023年度江西省年生产能力达30万吨及以上的造纸企业

序号	企业名称	年生产能力/万吨	主要品种
1	江西理文造纸有限公司	150	牛皮箱纸板、瓦楞原纸、生活用纸
2	江西五星纸业有限公司	110	双胶纸、瓦楞原纸、液体包装用纸、格拉辛纸、白卡纸
3	江西晨鸣纸业有限责任公司	70	轻涂纸、低定量涂布纸、食品包装用纸板、轻型印刷纸
4	江西省芦林纸业股份有限公司	70	高档箱纸板、高强瓦楞原纸、茶板纸、纱管纸
5	江西泰盛纸业有限公司	48	生活用纸
6	赣州华劲纸业有限公司	35	高档生活用纸、文化用纸
7	上栗县萍锋纸业有限公司	30	牛皮纸、涂布白纸板
8	江西柯美纸业有限公司	30	箱纸板、牛皮卡纸、瓦楞原纸、烟花鞭炮纸
9	上栗县恒达纸业有限公司	30	包装用纸
10	抚州浙锋包装材料有限公司	30	涂布白板纸

表2　　2023年度江西省年生产能力5万~30万吨的造纸企业

序号	企业名称	年生产能力/万吨	主要品种
1	抚州利锋纸业有限公司	22	高强瓦楞原纸、箱纸板、纱管纸
2	瑞金市晶山纸业有限公司	20	包装用纸
3	江西富安纸业有限公司	20	涂布白板纸
4	抚州市富盛纸业有限公司	20	瓦楞原纸
5	江西省新洪兴纸业有限公司	20	高档包装用纸
6	广丰双鼎纸业有限公司	17	包装用纸、高强瓦楞原纸
7	瑞金市晶山纸业有限公司	17	高档包装用纸、高强瓦楞原纸
8	吉安丰顺达纸业有限公司	15	色卡纸
9	江西明盛实业有限公司	15	涂布白纸板
10	江西永新南方纸业有限公司	10	涂布白纸板
11	峡江县富兴纸业有限公司	10	涂布白纸板
12	江西富丰纸业有限公司	10	牛皮纸、涂布白纸板
13	萍乡旭日纸业有限公司	10	包装用纸
14	泰和县金丰实业有限公司	10	涂布白纸板
15	江西顺达纸业有限责任公司	10	涂布白纸板
16	广丰区华龙实业有限公司	10	箱纸板、瓦楞原纸
17	峡江金威纸业有限公司	10	涂布白纸板
18	抚州金峰包装新材料有限公司	10	高强瓦楞原纸
19	江西富临纸业有限公司	10	箱纸板、涂布白纸板
20	抚州市富盛纸业有限公司	10	瓦楞原纸
21	江西星泰纸业有限公司	10	高档包装用纸

续表

序号	企业名称	年生产能力 / 万吨	主要品种
22	江西金安包装新材料有限公司	10	牛皮包装用纸
23	江西兴旺纸业有限公司	10	高强瓦楞原纸
24	万载县万盛纸业有限公司	8	文化用纸
25	江西省富民纸业有限公司	8	涂布白纸板
26	江西联兴纸业有限公司	8	箱纸板、瓦楞原纸
27	江西晨阳纸业有限公司	8	生活用纸
28	江西恒盛纸业有限公司	8	砂管纸、高强瓦楞原纸
29	江西裕丰纸业有限公司	8	茶板纸、箱纸板、纱管纸、鞋底衬纸
30	江西洁美电子信息材料有限公司	8	载带封装用纸板
31	江西华丽达纸业有限公司	5	生活用纸
32	江西康强实业集团	5	引线纸、棉纸
33	江西双林纸业有限公司	5	瓦楞原纸

【基建与技改】

（1）江西新洪兴纸业有限公司扩建年产 20 万吨高档包装纸板项目

1 月 12 日，江西吉安市峡江环境生态局首次环评公示了江西省新洪兴纸业有限公司技改扩建年产 20 万吨高档包装纸板项目。项目地址位于江西省吉安市峡江工业园河西工业园东地块，本项目拟在公司原厂区内进行改扩建工程，项目改扩建内容主要包括：①对现有 10 万吨瓦楞原纸生产线热工系统进行改造，建立新型余热回收系统，将现有的“三段通气”改为“三段通气 + 热泵”、现有烘干工段的“敞开式汽罩”改为“密闭式汽罩”。②对现有 10 万吨瓦楞原纸生产线制浆、造纸工段江西改造，更换制浆车间 D 型碎浆机总承，提高线速度，并在造纸工段网部至压榨部间增加 1 套真空吸移辊系统，解决现有碎浆机电机功率小碎浆效率差、造纸工段引纸困难、速差大、湿纸页湿强差等一系列问题。③对现有生产线配套的废水处理站进行改造，将现有废水处理站曝气系统的传统式罗茨风机更换为磁悬浮高压风机，并将原废水曝气系统的微孔曝气改造为旋流曝气，提高好氧曝气处理效率。④新建 1 座设计容积为 2400 米^3 的厌氧 IC 塔，提高厂区总体处理效率。⑤新建 3 栋钢结构厂房，布置碎浆车间、制浆车间、造纸车间、设备维护车间、成品仓库、原料仓库、形成年产 10 万吨瓦楞原纸的 2 号瓦楞原纸生产线。项目总投资 25000 万元，项目建筑面积约 2 万米^2，扩建新生产线的产品定位为高档包装用纸，项目实施建成后，全厂将形成年产规模为年产 20 万吨，其中高档箱纸板 10 万吨，70 ~ 90 克 / 米^2 高档瓦楞原纸 10 万吨。

（2）江西五星纸业年产 60 万吨化学浆项目

江西五星纸业有限公司是衢州五洲特种纸股份有限公司投资的大型民营企业。公司成立于 2015 年 5 月 15 日，注册资金 1.5 亿元。公司位于江西省九江市湖口县，目前主要生产品种为格拉辛纸，一期工程第一台纸机已于 2018 年正式投产，主要生产液体包装纸。第二台纸机已于 2020 年元月份投产正常运行。该纸机是全套引进的韩国二手设备，幅宽 4950 毫米，车速每分钟 1200 米，杨克烘缸直径为 6.7 米，主要生产产品是快递标签、医用包装等领域的格拉辛纸，生产能力为年产 15 万吨，一期总投资约 28 亿元。后期将生产转移印花纸及食品包装用纸等特种纸产品，目前年产能 50 万吨。

江西五星纸业有限公司为了企业的发展，延伸企业产业链，摆脱企业原料完全依赖外部购买纸浆的现状，决定改变投资模式，建设浆纸一体化企业，实现品牌战略发展。经过长期多地的考察调研，决定建设“60 万吨化学浆项目”，主要产品为年产 60 万吨化学浆。该项目为扩建项目，建设地址位于江西湖口高新技术产业园（银砂湾园区），项目占地约 920.5 亩，项目总投资 560125 万元。项目计划于 2023 年 10 月启动，2024 年 10 月初完成。

（3）江西泰盛纸业有限公司年产 48 万吨生活原纸及配套热电联产项目、48 万吨生活用纸项目、码头项目

江西泰盛纸业有限公司成立于 2016 年，公司位于江西省九江市经济技术开发区，该公司是泰盛科技（集团）股份有限公司（简称泰盛集团）的全资子公司。该公司项目总投资 116 亿元，占地面积 1211 亩，主要建设年产 48 万吨生活原纸及配套热电联产项目、48 万吨生活用纸项目、码头项目等。项目分三期建设完成。其中，一期项目投资 60 亿元，4 台纸机年产 24 万吨生活用纸原纸项目、年产 10 万吨生活用纸成品加工及配套热电厂项目，已于 2018 年 12 月全部建成投产；二期项目为年产 24 万吨生活用纸原纸项目、8 万吨生活用纸成品纸加工项目；三期规划为码头项目、30 万吨生活用纸成品加工产业园项目。

泰盛（江西）生活用品有限公司二期项目计划投资 40 亿元，项目于 2020 年 3 月底开工建设。泰盛（江西）生活用品有限公司与上海轻良一次性签约 8 台高速卫生纸机项目，从 2021 年 7 月开始的第一块基础板安装，到 12 月份前 4 台纸机全部顺利开机投产。2022 年 5 月 8 日，泰盛（江西）生活用品有限公司第二台擦手纸机 TM12 顺利开机出纸。该机台纸机生产线设备是由山东信和造纸工程股份有限公司提供的新月型纸机，纸机幅宽 3600 毫米，设计车速 800 米 / 分，主要使用商品木浆生产 20～40 克 / 米 ^{2} 擦手纸，新机台的成功投产，标志着该基地二期项目全部投产，至此，该基地生活用纸原纸产能将达到 48 万吨 / 年。

三期项目有序建设中。

（4）江西金安包装新材料有限公司扩增年产 2.5 万吨淋膜包装用纸及 2.5 万吨数码印花纸技术改造项目

江西金安包装新材料有限公司创立于 2014 年 9 月，位于江西省抚州市崇仁县高新区 C 区，公司注册资金 7000 万元。经营范围包括生产和销售各类包装纸；自营和代理各类商品的进出口业务。目前公司厂区占地 150 亩，公司一期年产 10 万吨牛皮纸项目于 2016 年年底投产，2018 年 9 月验收，该项目纸机幅宽 5600 毫米，设计车速 630 米 / 分。2018 年 6 月计划新建二期项目，新增年产 30 万吨涂布白纸板（1 台 4200 毫米，400 米 / 分纸机）和 1 台 75 吨 / 时的燃煤锅炉，总投资约 2 亿元。项目于同年 11 月 1 日获得抚州市环境保护局批复。江西金安包装新材料有限公司新增年产 30 万吨纸生产线项目暂未建设完毕，目前项目已出售于江西致源纸业有限公司（该项目占地地块一同出售），项目后期验收工作以及监督管理由江西致源纸业有限公司负责。

2023 年 4 月 6 日崇仁县人民政府网站公示了江西金安包装新材料有限公司扩增年产 2.5 万吨淋膜包装纸及 2.5 万吨数码印花纸技术改造项目。本次扩建项目，主要新增建设生产线以及废水处理工程，蒸汽、仓储等依托现有工程，其中生产线所在厂房占地面积 13270 米 ^{2}，废水处理区新增占地 4200 米 ^{2}，工程建设内容为主体工程，辅助工程、公用工程、环保工程。至 2023 年年底，项目在环评批复阶段。

（5）江西鑫福源纸业有限公司年产 10 万吨高强瓦楞原纸项目

江西省鑫福源纸业股份有限公司成立于 2012 年，办公地址为江西省抚州市南城县河东工业园区。该公司“年产 10 万吨高强瓦楞原纸项目”节能报告于 2023 年 6 月 5 日获江西省发改委批复同意。该项目建设地点位于抚州市南城县河东工业园区，项目总用地面积 32000 米 ^{2}，厂房总建筑面积 16000 米 ^{2}，配套设施面积 6000 米 ^{2}，包括废水池、厌氧池、好氧池、门卫宿舍楼等，工艺流程：打浆、过筛、注浆、烘干、复卷、打包。项目总投资 10000 万元，项目全部建成后，可形成年产 10 万吨高强瓦楞原纸的生产规模。

（6）江西万广纸业有限公司年产 15 万吨再生纸项目

江西万广纸业有限公司成立于 2020 年 12 月 16 日，注册地址位于江西省宜春市万载县鹅峰乡长江村。许可经营项目：再生纸生产销售、废纸回收、金属回收。本项目为改扩建（异地搬迁）项目，由万载县株潭镇亭下村迁建至万载县工业园，利用现有工程部分生产设备和新增设备，采用周边市场上的废纸、商品浆，通过分拣、碎浆、高浓除砂、纤维分离、低浓除砂、斜网浓缩、磨浆、上网工序，生产瓦楞原纸、白纸板、花炮纸、特种纸。项目征地 148.52 亩，拟投资 30000 万元。

目前该项目尚在建设中。

（7）江西洁美电材“年产 17.5 万吨纸质载带塑料载带”项目

江西洁美电子信息材料有限公司“年产 17.5 万吨纸质载带塑料载带项目”为退城入园项目。江西洁美电子信息材料有限公司是投资方浙江洁美电子科技股份有限公司为建设该项目而在江西省抚州市设立的全资子公司，注册资本 10000 万元，经营范围为片式电子元器件封装薄型纸质载带的开发、生产、加工与销售。

项目建设期 2022 年 9 月至 2027 年 12 月，项目总用地面积 600 亩，总建筑面积约 400000 米^2，项目总投资 200000 万元。主要建筑物包括厂房、办公楼、宿舍、食堂、仓库。主要设备为 7 条电子薄型载带专用纸生产线及对应后加工、塑料载带生产线。本项目所用的原材料主要是进口漂白木浆等。采用先进的透平风机系统、压力成型上浆系统、可控中高压光在线厚度控制及在线质量控制系统，生产线节能减排、产品质量达到国际领先水平。年耗能折标准煤 13.38 万吨（其中年耗电 2.75 亿度，年耗水 500 万吨）。建成投产后将形成年产 17.5 万吨纸质载带、塑料载带的生产规模。

【发展目标】

江西省造纸行业近几年来获得了较快发展，但省内造纸行业大多数产品附加值相对较低，产品以高强瓦楞原纸、箱纸板、瓦楞原纸、白纸板等包装用纸和生活用纸居多，高附加值的特种纸、技术用纸较少。随着不断加大特殊技术用纸、高附加值产品的开发力度，目前省内特种技术用纸如电子信息工业用纸、航空航天工业用纸等品类不断丰富。将来在做大做强与民生息息相关的生活用纸系列产品和省内造纸企业不断加大的研发、技改带动下，全省的纸张产量暨产值利润将会有较大的提高。

（姜兆宏　雷建民）

四川省造纸工业

Paper Industry in Sichuan Province

【行业概况】

2023 年四川制浆造纸总生产量 491.59 万吨，同比增长 1.83%。规模以上企业造纸和纸制品业营业收入 469.9 亿元，同比下降 7.7%（数据来源：四川省统计局）；规模以上企业机制纸及纸板生产量 343.70 万吨，同比下降 1.14%，在全国排名第 13 位（数据来源：国家统计局）。其主要因素是受新项目投放热度不减，产能过剩进一步凸显，市场竞争更加白热化；国际形势动荡、国际浆价格持续相对高位运行、四川重污染天气黄色橙色预警限产停产等诸多因素叠加，使得生产不稳定、物流不畅，增加的生产成本不能及时传递到终端，产品盈利空间进一步收窄，亏损面扩大，市场竞争加剧，企业压力增大，行业加速洗牌。

目前，四川竹子制浆企业共有 14 家，年产能 165 万吨。2023 年竹浆总产量 154.36 万吨，同比增长 14.42%，占全国原生竹浆产量的 70.45%，其中漂白竹浆 102.29 万吨，占比 66.27%，本色竹浆 52.07 万吨，占比 33.73%。

2023 年，生活用纸原纸生产企业 52 家（部分企业原纸处于停产状态），年生产量 120.93 万吨，同比增长 18.92%，漂白原纸占比明显高于本色原纸；生活用纸加工企业年产量 138.2 万吨，同比增长 22.3%，其非卷和卷纸各占比相差不大。由于国际木浆价格持续高位运行，四川竹浆价格也持续跟进，购买商品浆的原纸生产企业长期处于亏损状态，开机率相对不高，减产停产现象明显。竹浆纸一体化企业的优势凸显，市场竞争力增强，其原纸产量主要集中在竹浆纸一体化企业之中。

2023 年包装纸板总生产量为 282.8 万吨，同比下降 2.15%，受产能过剩竞争激烈和四川重污染天气黄色橙色预警限产停产等因素影响较大，产销量都下降，盈利空间收窄。

特种纸、文化用纸及其他纸种生产量 87.86 万吨，同比下降 4.57%。

【原料结构与产品结构】

全省制浆造纸原料结构：木浆 10%（进口或省外商品纸浆），自制竹浆 40%，废纸 50%。

主要产品有：商品竹浆板及湿浆、食品包装纸板、包装纸板（高强瓦楞原纸、牛皮箱纸板、箱纸板、涂布白纸板、白纸板、白卡纸、工业纸板等）、生活用纸原纸及生活用纸加工（卷筒、非卷筒）、办公文化用纸（静电复印纸、双胶纸、书写纸、打字纸、无碳复写原纸等）、工业用纸（绝缘纸、电缆纸、电容器纸等）、牛皮包装用纸、食品包装原纸、特种纸、果袋纸、纸浆模塑及其他纸种。

【主要生产企业】

全省制浆造纸重点企业：泰盛科技集团（旗下四川永丰纸业股份有限公司、四川永丰浆纸股份有限公司、泸州永丰浆纸有限责任公司、四川天竹竹资源开发有限公司）、宜宾纸业股份有限公司、四川凤生纸业科技股份有限公司、四川环龙新材料有限公司、四川环龙卫生用品有限公司、四川金竹纸业有限责任公司等。

全省包装纸板生产重点企业：四川金田纸业有限公司、四川华侨凤凰纸业有限公司、玖龙纸业（乐山）有限公司、四川明路纸业有限公司、四川迅源纸业有限公司、四川融创时代环保科技有限公司（原四川晨龙纸业）、成都森隆纸业有限公司、四川欣鸿睿德环保科技有限公司（原成都海龙纸业）、四川力天纸业有限公司、四川仁亮实业有限公司等。

全省生活用纸生产重点企业：宜宾纸业股份有限公司、四川凤生纸业科技股份有限公司、沐川禾丰纸业有限责任公司、四川环龙新材料有限公司、四川环龙生活用品有限公司、中顺洁柔（四川）纸业有限公司、维达纸业（四川）有限公司、四川 / 遂宁金红叶纸业有限公司、四川圆周实业有限公司、夹江汇丰纸业有限公司、四川鑫业纸业有限公司、崇州市倪氏纸业有限公司等。

全省生活用纸加工重点企业：四川石化雅诗纸业有限公司、四川环龙生活用品有限公司、四川丹妮生态生活护理用品有限公司、四川凤生纸业科技股份有限公司、四川省什邡市望风青苹果纸业有限公司、中顺洁柔（四川）纸业有限公司、维达纸业（四川）有限公司、四川蓝漂日用品有限公司、维邦纸业、四川兴睿龙实业有限公司、彭州市阳阳纸业有限公司、崇州市倪氏纸业有限公司等。

【基建与技改】

2023 年新建项目和重点技改项目：

（1）泰盛科技集团旗下的四川永丰纸业股份公司技改新建年产 20 万吨文化用纸生产线及配套设施，已完成项目批复并开始建设工作，预计 2025 年 2 月建成投产；四川永丰浆纸股份公司年产 15 万吨本色竹浆项目正在建设中，预计 2024 年上半年建成投产；禾丰纸业公司一期 10 万吨生活用纸项目建成投产，二期 10 万吨特种纸项目正在建设中；四川天竹公司正在推进现有制浆项目的节能减排升级技改。

（2）四川凤生纸业科技年产 15 万吨竹浆特种纸项目正在建设中，已完成主要设备订购，预计 2024 年年底建成投产；四川凤生纸业科技股份有限公司年产 25 万吨竹浆技改因用地原因调整为新建年产 30 万吨竹浆一体化项目，正在推进中。

（3）宜宾纸业股份有限公司年产 45 万吨竹浆及造纸项目已完成相关批复，等待用地规划落实便可以开工建设。

（4）环龙工业集团公司（四川环龙生态）二期 25 万吨特种竹纤维项目正进行项目前期工作。

（5）中顺洁柔（达州）纸业公司 30 万吨竹浆纸一体化项目一期 10 万吨生活用纸项目预计 2024 年 6 月投产；制浆部分有望 2024 年下半年开工建设。

（6）夹江汇丰纸业搬迁技改项目正在申报中，预计 2024 年下半年开工建设。

（7）四川金田纸业扩建 60 万吨包装纸板项目正在推进中。

（8）四川华侨凤凰纸业有限公司年产 40 万吨牛卡纸项目已于 2023 年 8 月投产运行。

（9）四川鑫业纸业公司第二台高速生活用纸纸机已于 2023 年 10 月投产。

【科研与技术进步】

由中国造纸学会和四川省造纸学会主办的“2023 中国首届竹浆纸产业融合创新发展论坛”在成都举办。

2023 年 11 月 22 日，四川省林业和草原局发布《关于拟认定 2023 年省级现代竹产业基地名单的公示》，拟认定 28 个 2023 年省级现代竹产业基地，现已公示通过。

宜宾纸业坚持合理用能、科学节能，不断完善能源管理的体系建设；注重质量提升，强化管理与技术创新，加大技术改造力度。先后开展了生产系统内部节能降耗创新优化、建立健全能源管理制度、节能技术改造、制定降碳行动计划等专项工作，获准设立四川省制浆造纸工程技术研究中心，获发明专利 4 项，实用新型专利 2 项，外观设计专利 9 项。

四川石化雅诗纸业有限公司高度重视自主创新与技术研发，现已获得竹浆造纸领域相关 31 项专利证书，其中发明专利 5 项，实用新型专利 26 项，多项核心造纸技术的创新，已然在竹浆纸造纸领域起着重要的核心杠杆作用。

【科技进步】

宜宾纸业股份有限公司、维达纸业（四川）有限公司、沐川禾丰纸业有限责任公司等会员单位成功入选四川省经济和信息化厅、四川省水利厅、四川省发展改革委、四川省市场监督管理局发布的 2022 年省级节水标杆企业；四川永丰纸业股份有限公司、泸州永丰浆纸有限责任公司、沐川禾丰纸业有限责任公司、四川环龙新材料有限公司、四川省眉山丰华纸业有限公司、犍为三环纸业有限公司入选 2022 年省级节水型企业；部分企业技改淘汰相关落后设备通过清洁生产认证。

【品牌培育与社会责任】

宜宾纸业股份有限公司入选 2021 年国家级绿色工厂名单、列入四川制造企业 100 强名单、荣获“中国竹产业品牌十强企业（2022）”榜首、认定为“四川省竹子制浆造纸工程技术研究中心”、入围四川省第一批绿色低碳化循环化改造园区（工厂）培育名单、全国制浆造纸企业唯一获得“2023 年全国轻工行业优秀质量管理小组”单位。

宜宾纸业股份有限公司和四川环龙生活用品有限公司成功入选 2023 年度新认定四川省企业技术中心名单。

四川凤生纸业科技股份有限公司产品山丘 QP 系列抽取式纸面巾入选 2021 年国家级绿色设计产品名单，被工业和信息化部认定为“2022 年度绿色工厂”，评为 2020—2021 年度四川省“安康杯”竞赛优胜单位。

中顺洁柔（四川）纸业有限公司 2022 年成功认

定为“高新技术企业”，疫情期间并向上海高校捐赠价值 100 万元的卫生用品和生活用纸。

四川石化雅诗纸业有限公司成功入选四川省级绿色制造名单、认定为 2022 年四川省“高新技术企业”和“专精特新”中小企业技术中心。雅诗纸业作为成都市新津区纳税大户，荣获“突出贡献先进企业”“科技创新优秀企业”两个奖项。

四川环龙技术织物有限公司和四川迅源纸业有限公司入选 2022 年四川省绿色制造名单，被认定为“绿色工厂”。

环龙工业集团 2023 年度荣誉奖项：四川省级环保诚信企业、四川省级节水型企业、国家安全生产标准化二级企业、四川省安全宣传“五进”示范企业、2023 四川 · 青神中国桨板公开赛暨中国桨板球公开赛优秀赞助商、2023 年国际竹产业交易博览会十佳供应商，2023 年向光奖：“商业向善企业家 TOP 10”“商业向善企业入围奖”。

四川永丰浆纸股份有限公司、泸州永丰浆纸有限责任公司、维达纸业（四川）有限公司荣获 2023 年四川省中小企业“专精特新”企业。

2023 年 12 月 18 日，甘肃临夏州积石山县发生 6.2 级地震，震区发生人员伤亡，灾情牵动了全国人民的心。四川省造纸行业协会会员单位积极参与抗震救灾工作，据协会不完全统计：凤生纸业携兄弟企业宝马水泥捐助 200 万元；斑布第一时间启动救灾响应，通过甘肃省积石山保安族东乡族撒拉族自治县红十字会为灾区捐赠 100 万元物资，为灾区人民提供应急的生活必需品。

【发展规划】

四川省造纸行业协会和四川省造纸学会积极倡议各企业加强行业自律，践行“以竹代塑”倡议，调整结构、技改升级、融合创新、高质量发展。按照中国造纸“十四五”规划，围绕“碳达峰、碳中和”相关政策，以及四川省政府印发的《四川省竹产业提升三年行动方案》(2023—2025 年)，指导行业有序稳步持续发展。

2024 年在建、拟建项目：

（1）竹子制浆造纸及生活用纸行业

①泰盛科技集团旗下的四川永丰纸业股份公司技改新建年产 20 万吨文化用纸生产线及配套设施，已完成项目批复并开始建设工作，预计 2025 年 2 月建成投产；四川永丰浆纸股份公司年产 15 万吨本色竹浆项目正在建设中，预计 2024 年上半年建成投产；禾丰纸业公司二期 10 万吨特种纸项目正在建设中；四川天竹公司正在推进现有制浆项目的节能减排升级技改。

②四川凤生纸业科技股份有限公司年产 25 万吨竹浆技改调整为新建年产 30 万吨项目正在推进中；年产 15 万吨竹浆特种纸项目正在建设中，已完成主要设备订购，预计 2024 年年底建成投产。

③宜宾纸业股份有限公司 45 万吨竹浆及造纸项目已完成相关批复，等待用地规划落实便可以开工建设。

④环龙工业集团公司（四川环龙生态）二期 25 万吨特种竹纤维项目正在推进中。

⑤中顺洁柔（达州）纸业公司 30 万吨竹浆纸一体化项目一期 10 万吨生活用纸项目预计 2024 年年初投产；制浆部分有望 2024 年下半年开工建设。

⑥夹江汇丰纸业搬迁技改项目正在申报中，预计 2024 年下半年开工建设。

⑦遂宁金红叶纸业有限公司 2024 年拟建 2 条生活用纸生产线，共计年产 9 万吨生活用纸项目已获批复。

⑧四川理文泸州 30 万吨浆、40 万吨纸全产业链项目已获能评批复。

（2）其他

根据废纸资源情况，按照国家及四川省的相关环保政策适度新增部分包装板纸产能：

①四川金田纸业有限公司扩建 60 万吨包装纸板项目正在推进中。

②玖龙纸业（乐山）有限公司拟扩建 10 万吨 / 年特种纸项目和 45 万吨 / 年牛卡纸项目。

③乐山国众纸业有限公司拟建年产 5 万吨特种薄页纸项目正在推进中。

④锦丰纸业一号机改造工程已完成主体设备订货，预计 2025 年一季度投运。

（王仕兵）

天津市造纸工业

Paper Industry in Tianjin City

2023 年，天津造纸行业已形成较为完善的产业链，涵盖了从原料采集、制浆造纸、到成品加工、销售等多个环节。天津造纸行业加大了科技创新和研发投入，通过引进先进技术和设备，提升产品品质和附加值。同时，行业内企业积极开展产学研合作，推动科技成果转化，为行业创新发展提供了有力支撑。面对日益严峻的环境保护形势，天津造纸行业积极落实国家环保政策，加大环保治理力度，提高资源利用效率，还积极探索循环经济模式，推动产业可持续发展。

【行业概况】

2023 年，天津市造纸工业规模以上机制纸及纸板产量 256 万吨，较 2022 年增加 3.0%，占全国机制纸及纸板产量 14405.5 万吨的 1.78%。产品种类包括各等级的白卡纸、灰底涂布白卡纸、白面牛卡纸、高强瓦楞原纸、全废纸再生牛卡纸、挂面箱板纸等。全市有规模以上造纸及纸制品相关工业企业 142 家，从业人员人数 13608 人。全市规模以上造纸及纸制品相关工业企业资产总值 245.0 亿元，固定资产总值 116.7 亿元，利税总额 12.1 亿元，利润总额 7.4 亿元。

【原料】

2023 年，全市造纸原料以废纸浆为主，占比 95% 以上，全部来自国内收购的废纸；木浆使用偏少，总占比不超过 5%，并以国产自制浆为主。

【生产企业】

在新的时代背景下，天津各造纸厂积极应对市场变化，加大技术创新和产品研发力度，不断提高产品质量和附加值。同时，企业还注重环保和可持续发展，通过引进先进的环保设备和技术，降低生产过程中的污染排放，实现绿色生产。此外，企业还积极拓展市场，加强与国内外客户的合作，提高品牌知名度和市场占有率。目前天津发展态势较好并具有一定生产规模的造纸企业是玖龙纸业（天津）有限公司。

玖龙纸业（天津）有限公司是玖龙（控股）集团于 2007 年年底开工建设的大型高档包装用纸生产企业。位于天津市宁河区经济开发区，处于环渤海区经济中心，距离天津港只有 30 公里，毗邻滨海新区，水量充足，交通四通八达。公司占地约 3600 亩，基地项目总投资 88 亿元人民币，建成了 5 条现代化造纸生产线，设计总产能为 300 万吨 / 年。引进世界一流的生产设备和先进工艺，主要生产牛卡纸、白卡纸、高强瓦楞原纸、全废纸再生牛卡纸、灰底涂布白纸板等高档包装用纸产品。2023 年所有纸种生产量约 206 万吨，销售量 210 万吨左右。

随着行业对产品可靠性要求的逐渐提高，以及行业正往高密度、低成本方向发展，市场对生产工艺和技术提出更高的要求，玖龙纸业敏锐洞察到行业发展趋势，积极推进企业生产工艺及技术升级。玖龙纸业积极引进先进技术和技术标准，通过对世界上最先进的制浆造纸设备生产厂家、备品备件制造厂家、化工辅料加工厂家的技术交流，吸收了世界上最先进的废纸脱墨制备技术和备品备件、化工辅料的使用工艺，支持公司产品和技术开发。在企业内部建立了技术研发与技术标准相结合的管理机制，注重先进技术的运用、消化和吸收，并逐步在新产品开发过程推广运用，公司技术实力得到了不断的提高。因此在高层领导的引领下自主研发了 100% 再生纤维单面涂布牛底白纸板，此纸种被集团定义为拳头产品“地牛”，并且成为全国仅有天津基地 PM34 号机能够生产的独树一帜的特色明显的产品，同时在整个华北地区成为最受欢迎的纸产品。

【基建与技改】

天津市现有制浆造纸企业加快进行技改优化升级，优化产业结构，稳步朝着低碳、绿色、高质量发展方向前行。

玖龙纸业（天津）有限公司年产 32 万吨生物基化学纤维替代废纸原料技改项目：该项目第一阶段建

设内容于2021年9月开工，2022年2月建成并投入调试运行，2023年正式稳定运行。公司现有工程制浆工段使用的原料以美国废纸和外购的未漂白木浆纸为主，但随着《中华人民共和国固体废物污染环境防治法》《关于全面禁止进口固体废物有关事项的公告》（2020年第53号）的实施，全面禁止进口废纸，而国内废纸量存在大量缺口。为了缓解造纸原料不足的局面，公司拟建设3条生物基化学纤维生产线，采用物理机械热磨制浆工艺，实现年产32万吨生物基化学纤维（绝干）的生产能力，将其作为纸产品的芯层填料，弥补原料废纸量不足的限制，保证企业产能不变，产品质量指标不降低。

第一阶段项目建成后，设计年产21.3万吨生物基化学纤维（绝干）的生产能力，替代等量的绝干废纸浆，折合替代废纸原料约29万吨/年。使用的生物基化学纤维浆以木材、木片为主要原料，其中木材来自天津市及周边的枝桠材，木片为进口木片，本阶段木材、木片消耗量分别为23.07万吨/年和21.49万吨/年。

项目实施前，现有工程制浆工段主要原料为进口废纸161.24万吨/年，国内废纸40.31万吨/年，废纸合计201.55万吨/年，同时使用少量的未漂白木浆27万吨/年和漂白商品木浆3.25万吨/年。项目实施后，以木材、木片热磨后的纤维浆等量替代（绝干量）废纸浆21.3万吨/年，折算替代废纸量29万吨/年，以弥补原料废纸不足的缺口，未漂白木浆、漂白商品木浆使用量不变。同时，不再使用美国废纸，国内废纸用量增加至172.55吨/年。

【科研与技术进步】

天津市造纸企业重视技术研发和创新的投入，积极引进和消化先进技术，提升企业的核心竞争力。同时，加强与高校、科研机构的合作，共同研发新型纸基材料和改进生产工艺。通过鼓励对造纸关键技术的科研攻关和项目的产业化建设，提升造纸产业技术水平，包括提升造纸工艺、设备及生产管理水平等。同时引导企业主要产品向食品卡纸、轻型纸、特种纸、高档生活用纸、高档包装用纸及纸板以及非木材浆纸产品方向发展。利用多元化技术生产环保型、高附加值、功能性优质产品，提升副产品利用价值，为进一步实现清洁生产和绿色发展打好基础。

天津科技大学轻工科学与工程学院拥有我国最早设立的制浆造纸学科和最早的硕士学位、博士学位授权点。“制浆造纸工程”学科拥有雄厚的师资力量和先进的实验设备，半个多世纪以来为国内外培养和输送了大批的优秀人才，在国内外均有较高知名度。学科重点在先进纤维与纸基功能材料、木质生物质化学与材料、生物质资源利用与制浆技术、植物资源精细化工与化学、绿色包装与印刷技术这几方面开展了很多的科研工作，尤其是横向服务于企业，在传统制浆造纸、包装、印刷、国防、生物医药等行业都有所应用，为天津市乃至整个环渤海地区发挥了很大的作用。

2023年，天津科技大学承担在研的国家级、省部级重大科研项目如下：

序号	项目来源	项目名称	经费/万元
1	科技部重点研发计划	“生物—化学浆”酶促打浆生产关键技术	146.39
2	科技部重点研发计划	“生物—化学浆”酶促漂白生产关键技术	69
3	科技部重点研发计划	木质素分离纯化新技术研究	50
4	国家自然科学基金	Fenton预处理植物纤维原料纳米纤丝解离作用机制研究	58
5	国家自然科学基金	基于水热的多元低共溶溶剂体系对木质纤维生物质中木质素降解机理及调控机制的研究	58
6	国家自然科学基金	水热耦合机械预处理木质纤维吸附纤维素酶行为及调控机制的研究	61
7	国家自然科学基金	自水解预处理木质纤维超微结构及化学组成对后续制浆碱液吸收影响机制的研究	63
8	国家自然科学基金	纤维素酶在高得率浆纤维上的分布和扩散机制研究	62
9	国家自然科学基金	弱碱性过氧化氢漂白高得率浆的生物酶法修饰及调控机制的研究	60
10	国家自然科学基金	木细胞壁微纤丝结构特性对木聚糖动态沉积的作用机制	30
11	国家自然科学基金	纳米纤丝纤维素凝胶化机理及纤维表面能调控机制研究	27
12	国家自然科学基金	木质素酸催化协同缩合控制定向解聚机制及其高抗氧化低聚产物构效关系研究	23

2023年10月24日，中国造纸学会联合天津市造纸学会等单位联合主办“新生态·新产业——首届中国造纸产教融合创新发展论坛”，面向制浆造纸及其上下游相关企业、教学科研机构，充分展示了丰富的产业化成果，校企共同构建新产品研发、新技术交流与成果转化新模式，共同探索产教融合创新发展新模式，促进以企业为主体的技术创新的发展，实现科企合作共赢的目标。

科技创新是企业发展的原动力，也是企业保持市场竞争力的重要保障。以玖龙纸业为例，企业高度重视自主创新知识产权创造，近三年来研发投入占比3.56%，科技人员占职工总数28%；公司积极搭建高水平企业研发创新平台，建立了天津市企业技术中心，并获得了市发展改革委、市工委和信息化委的奖励支持。建立以市场为导向、产学研相结合的技术创新体系，发展成为集研发、设计、制造和系统集成于一体的创新型企业；公司技术研发室拥有多名高级工程师，专业技术实验员，在制浆、造纸、涂料工艺技术和化工检测领域具非常成熟和丰富的经验，为公司科技研究发提供了强有力的保障。公司还与国际知名BUCKMAN实验室、VOITH公司、METSO公司，以及天津科技大学、东北林业大学、北京制浆造纸国家级重点实验室多家造纸、涂辅料公司或专业机构进行合作交流。为完善企业标准化体系和保证企业产品质量，稳固企业在行业中的龙头地位和影响力，突出企业的特色，公司参与制定国家标准1项，制定企业标准6项，并在生产过程中严格按标准照要求执行。公司成立至今，已有多个产品分获中国科技创新最佳发明成果奖、天津市质量攻关二等奖、三等奖。已经形成产品知识产权专利86项，发明专利2项。其中部分产品均由我公司在国内首先研制成功，填补了造纸行业多项空白。

【环境保护与节能】

环保已经成为我国造纸行业可持续发展的重要因素。天津造纸工业也更加注重绿色生产，积极推行清洁生产，加大节能减排投入与技术升级，减少污染排放。例如，通过使用可再生资源、循环利用废弃物、优化生产工艺等方式，降低对环境的影响。造纸行业将进一步加强产业链整合，形成废纸回收－纸浆制造－造纸产业链布局，提高行业集中度，优化产业结构。同时，通过引进先进的管理理念和经营模式，提升企业的核心竞争力。强化废水处理和废弃物处理，加强了对废水处理和废弃物处理的管理，确保废水达标排放，废弃物得到合理利用或处置。同时，加大对污水处理设施和废弃物处理设施的投入，提高处理效率和处理质量。企业积极推广清洁生产技术和设备，优化生产工艺，降低能耗和污染物排放。例如，引进先进的制浆技术、造纸设备和环保技术，提高生产效率和产品质量，减少对环境的影响。

其中比较有代表性的玖龙纸业（天津）有限公司，2023年实施了焚烧炉无煤燃烧节能改造项目。该节能改造项目预计总投资5000万元，项目完成后，能够处理生产过程中产生的全部废渣和环保分厂废水处理车间产生的污泥，并向造纸生产车间提供所需部分热负荷。焚烧炉采用生物质燃料替代煤，并掺烧造纸废渣及废水处理站污泥、沼气。降低了煤炭的消耗，并采用生物质能源替代煤，实施后降低了主要污染物指标 SO_2、NO_x 的排放量。项目采用一级布袋除尘＋喷吹活性炭＋二级布袋除尘器净化烟尘，采用空气分级燃烧+SNCR设施脱硝，烟尘、氮氧化物的排放浓度均可以满足现行标准《生活垃圾焚烧大气污染物排放标准》（DB12/T 1101–2021）相应标准限值要求，与改造前相比，降低了氮氧化物的排放总量。焚烧炉一次除尘灰、炉渣为一般工业固体废物，分别贮存在灰仓、渣仓，外运综合利用；二次除尘灰为危险废物，交由有相应危险废物处置资质的单位集中处理，不会造成二次污染。

玖龙（控股）集团连续多年被环保部门评为“环保诚信绿牌企业”，是2018年工业和信息化部评定的“绿色工厂”“绿色设计示范企业”“绿色设计产品”“绿色供应链管理”达标企业，为造纸行业唯一一家获得国家级全系列绿色荣誉称号的企业。2019年，天津玖龙荣获工业和信息化部“智能制造示范试点单位”称号；2020年被评为“天津市科技领军企业”。

【发展中的问题】

（1）环保挑战。在追求产能的同时，天津造纸工业也面临着环保的挑战。随着环保意识的提高，对于造纸工业产生的废水、废气等污染物的排放标准也日益严格。企业需要投入大量资金进行环保设施的建设和改造，以满足环保要求。

（2）产业结构失衡。天津造纸工业的产业结构存在失衡问题。一方面，小规模企业在效率和环保意识方面的不足，使得它们在市场竞争中处于弱势，导致整个行业生产效率偏低。另一方面，大型龙头企业由于生产能力相对有限，无法满足市场对纸张的需求，使得纸张市场供应不能有效跟上需求增长的步伐。

（3）技术创新不足。在造纸工业中，技术创新是推动行业发展的关键因素之一。然而，天津造纸工业在技术创新方面还存在不足。一些企业缺乏创新意识，仍然采用传统的生产技术和设备，导致产品质量不稳定、生产效率低下等问题。

未来，随着全球经济的深入发展和消费需求的不断升级，天津造纸行业将面临更多发展机遇和挑战。行业将继续坚持创新驱动、绿色发展理念，加大科技研发和环保治理力度，提升产品品质和附加值。同时，还将加强与国内外同行的交流合作，推动行业转型升级和高质量发展。

（丁大永）

辽宁省造纸工业

Paper Industry in Liaoning Province

【行业概况】

2023 年辽宁省全部规模以上造纸及纸制品企业数量为 85 家，与 2022 年持平；目前的从业人员为 5701 人，其中国有经济单位 65 人，城镇集体经济单位 128 人，其他经济单位 5508 人，总人数较 2022 年度减少 161 人，降幅为 2.7%。

从 2016 年开始，辽宁省纸与纸制品产量逐年上升，2023 年纸与纸制品总产量增加至 215.2 万吨。2016—2023 年辽宁省纸与纸制品产量的变化趋势，如图 1 所示。

2022 年辽宁省人均纸与纸板生产量为 51.6 千克，较 2022 年的 48.4 千克提升了 6.6%，但与全国人均年消费量相比，辽宁省纸与纸板产量远无法满足消费需求，缺口巨大。2016—2023 年人均生产量变化情况，如图 2 所示。

辽宁省造纸企业主要分布在沈阳、铁岭、大连、丹东、盘锦和锦州等几个规模较大城市（地区）。2023 年产量比较大的城市（地区）是沈阳地区、铁岭地区和大连地区，其中沈阳地区增幅较大。2016—2023 年辽宁省不同地区规模以上企业的产量变化情况，如表 1 所示。

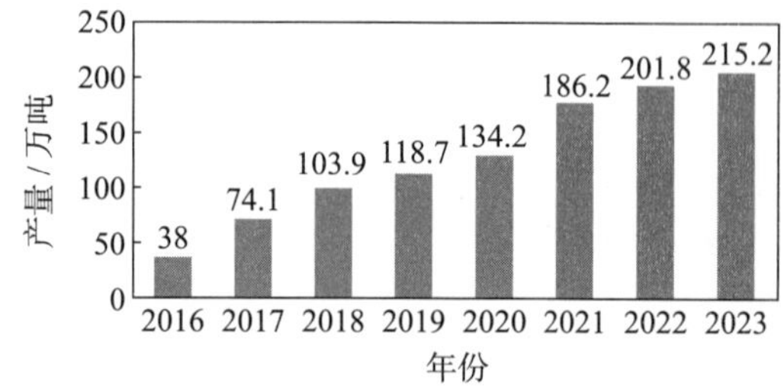

图 1 2016—2023 年辽宁省规模以上企业纸与纸制品产量变化

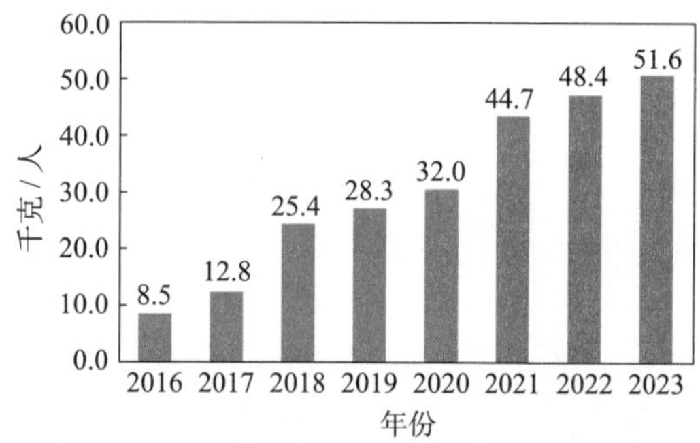

图 2 2016—2023 年辽宁省人均纸与纸板产量变化趋势

表 1 2016—2023 年辽宁省不同地区纸和纸板年产量对比

年度	地区产量 / 万吨								
	沈阳	大连	丹东	锦州	阜新	盘锦	铁岭	鞍山	辽阳
2016	5.9	15.5	3.5	4.2	1.3	5.4	0.3	—	—
2017	15.8	16.3	3.8	5.6	8.6	5.6	18.0	—	—
2018	33.2	17.8	4.5	4.8	11.6	6.8	25.2	3.0	—
2019	50.5	26.1	4.9	6.9	0.6	5.5	23.4	0.8	—
2020	44.0	30.3	5.0	6.0	—	5.8	41.5	—	—
2021	84.4	35.2	8.2	3.3	—	6.5	46.8	0.8	1.0
2022	95.7	38.0	7.0	2.6	—	5.1	51.8	0.7	0.9
2023	120.0	36.1	5.8	2.2	—	4.6	46.5	—	—

辽宁省造纸企业的经营情况，详见表 2。

表 2　2021—2023 年辽宁省纳入统计的造纸企业经营情况

项目	资产			主营收入			利税总额		
年度	2021	2022	2023	2021	2022	2023	2021	2022	2023
金额 / 亿元	186.1	182.6	184.3	137.9	153.7	156.4	7.4	7.3	6.8

辽宁省现有 85 家规模企业中，2023 年总资产为 184.3 亿元，较 2022 年略有增加；2023 年辽宁省造纸企业主营业务收入为 156.4 亿元，较 2022 年的 153.7 亿元增加了 2.7 亿元，但 2023 年利税总额 6.8 亿元，较 2022 年下降了 0.5 亿元。

辽宁省纸张品种以包装纸为主，文化用纸、生活用纸为辅，生产特种纸和纸基功能材料的企业占大多数，这些企业的特点是，虽然生产规模不大，但仍保持较好经济效益。由于生产规模原因，一些生产特种纸和纸基功能材料的企业产量及经营情况没有纳入统计范围。

辽宁省一直高度重视造纸企业节能减排情况，废水排放量及单位产量能耗逐年下降，2023 年能耗数据未见公开报道，2021—2022 年辽宁省造纸企业能源消耗情况见表 3。

表 3　2021—2022 年辽宁省造纸企业能源消耗情况

年度	煤炭耗量 / 万吨	汽油耗量 / 万吨	柴油耗量 / 万吨	燃料油耗量 / 万吨	天然气耗量 / 亿米 ^{3}	电力耗量 / 亿千瓦小时
2021	94.00	0.04	0.37	0.12	0.25	15.65
2022	101.90	0.03	0.38	0.14	0.16	15.19

【原料】

辽宁省造纸原料以芦苇和废纸为主，外购部分商品浆。盘锦辽河三角洲是我国第二大芦苇产区，金城造纸股份有限公司和辽宁振兴生态造纸有限公司就是以盘锦辽河三角洲的芦苇为原料制备文化用纸和商品浆板。废纸资源国内外各占 50% 左右，玖龙（沈阳）、兴东科技、大连金洋纸业箱纸板主要以国内废纸为原料。

【生产企业】

1．玖龙纸业（沈阳）有限公司

玖龙纸业（沈阳）有限公司成立于 2010 年，是集生产、销售、物流于一体的大型造纸企业，为国家高新技术企业，位于辽宁省沈阳市新民经济开发区，地处东北亚经济圈和环渤海经济圈的中心，位置优越，交通便利。现拥有 3 条高档包装用纸生产线和 1 条纸浆生产线，年总产能约 230 万吨（2024 年），主要生产牛卡纸。解决就业人员 1250 人，企业的发展壮大，得益于各级政府的正确引导和大力支持以及社会各界的热忱关注与鼎力相助。“取之社会、回报社会”，是玖龙的社会责任和使命，企业响应党和国家的号召，积极投身于脱贫攻坚的任务中，聚焦于慈善公益事业，在助学、教育、扶贫、扶危济困、急难救助，环保等方面结合实际情况，有效开展，惠及社会大众的公益事业。以此更好的传承民族精神、引领社会风尚。

2．辽宁兴东科技有限公司

辽宁兴东科技有限公司始创于 2012 年，坐落在美丽富有生机的铁岭开原八宝造纸产业园，该园区是辽宁省环保厅批准的省级重点造纸产业园区。公司目标高档包装纸板年产能实现 100 万吨，计划总投资 15 亿元，规划总占地面积 600 亩，分三期工程建设项目。辽宁兴东是中国造纸行业的一颗新星，发展速度同行业领先，不断深化管理创新，注重品牌建设和数字化智能创新升级，公司已通过了 ISO 9000 质量管理体系、ISO 14000 环境管理体系、FSC 国际森林体系等认证，产品质量优于国家标准，产品占据东北地区 25% 左右的市场份额，生产业绩稳步增长。辽宁兴东高度重视环保、绿色发展，不断注入数字科技元素，做大做强循环经济，现已成为铁岭地区包装纸板行业的支柱企业和重点纳税企业，带动了地区纸箱包装、物流运输、再生资源回收、机械加工、造纸化学品等相关配套产业的迅速发展。获得国家高新技术企业、省科学技术进步二等奖，辽宁省 AAA 级模范劳动关系和谐企业，瞪羚企业，拥有省级职工创新工作室、省级专精特新小巨人企业、辽宁省五一劳动奖章，辽宁民营企业 100 强。董事长荣获辽宁省优秀民营企业家、辽宁省劳动模范等荣誉称号，企业所获专利 30 项，其中发明专利 7 项，新型 23 项。目前，已完成 50 万吨产能的建设，2022 年产值达 142322 万元，上缴税金 7661 万元。2023 年计划投资 3.3 亿元建设“年产 20 万吨高强瓦楞原纸生产线及配套工程”项目。建成后将形成年产 70 万吨高档包装纸板的产能，预计年实现产值可达 25 亿元，年可实现利税 1.4 亿元，新增 200 余人就业。

3．沈阳思特雷斯纸业有限责任公司

沈阳思特雷斯纸业有限责任公司创建于 2005 年，2007 年 6 月投产。2011 年与宁波宝新不锈钢有限公司合资兴建宁波思特雷斯金属防护材料公司，于 2014 年 5 月投产。公司是国内专业的集研发、生产、服务为一体的特种纸企业，是国家高新技术企业、国家专精特新“小巨人”企业。

公司是国内较早研发和生产替代进口不锈钢衬垫纸的企业，不锈钢及多金属用衬垫纸产品，占国内 50% 以上市场份额，广泛应用于宝武集团、太钢集团、北海诚德集团、浦项中国等钢铁企业。2017 年开始研发、生产、销售食品包装系列用纸，产品符合中国和国际食品包装材料安全、质量、可持续发展环境标准要求。是国内外知名餐饮品牌供应商。公司在医疗包装用纸、光伏玻璃用纸、高性能绝缘纸等特种纸方面，也具备先进的研发与生产技术，在产品的系统应用与维护方面，处于国内领先地位。

公司先后通过 ISO 22000 食品安全管理体系、ISO 9001 质量管理体系、ISO 14001 环境管理体系、ISO 45001 职业健康安全管理体系、FSC 产销监管链体系、BRC 体系认证。是 GB/T 22869—2020《冷轧金属板衬纸》国家标准的起草制定单位；“精制不锈钢板垫纸”为省级专精特新产品，“食品包装纸”2022 年被评为省级专精特新产品。

公司秉承产品和生产过程低碳、绿色环保，可持续发展理念，依托沈阳防护新材料研究院（集团公司）和省级企业技术中心平台，与大连工业大学、东北林业大学、北京林业大学联合建立产学研基地，整合行业内部各方资源，建立以自有专家、科研院所科研人员、高校学者组成的高效研发团队，以市场、客户创新需求为导向，根据客户深层次安全、合规、可持续发展需求，研发、推介多款替代塑料、含氟等安全合规的新产品，控制食品安全风险，承担企业的社会责任和环保责任。

公司将努力通过生物基纤维材料制造技术的不断创新，将企业打造成为表面防护领域高质量可持续发展的示范者和引领者。

【环境保护与节能】

从 2008 年起，辽宁造纸企业一直执行严格的环保标准（辽宁省地方标准，DB 21/1627—2008），该标准高于国家标准。该标准的实施，淘汰了落后产能，一些规模小、污染大、效益差的企业纷纷被关停，造纸企业数锐减，一些中大型企业开始落户辽宁。同时，也促进了现有企业环保与节能技术的进步。玖龙纸业（沈阳）有限公司和辽宁兴东科技有限公司在环保领域做了积极探索。

截至 2023 年 12 月，玖龙纸业（沈阳）有限公司先后获得国家两化融合管理体系贯标试点企业、工业和信息化部第三批绿色工厂称号、省 / 市级智能工厂、数字化转型企业、2023 年年底公司的智能废水处理再生循环利用系统获得国家级优秀智能化场景认定。

在 2021 年开始启动三期项目，三期项目的碱法制浆配套了碱回收系统，对产生的废液进行回收利用，既能有效处理黑液带来的污染问题，同时也能变废为宝的产生高低压蒸汽并进行综合利用，实现节能降耗目标的同时，也发挥了节能的经济效益。

节能降碳是国家发展的重要目标，也是企业发展良性发展的必要趋势，目前集团也在对能源领域上的项目进行研讨，引进新技术来适应发展。

辽宁兴东科技有限公司并建有日理能力 12000 吨的废水处理站，还建设了单台装机容量 75 吨 / 时的产业园集中供热中心。

【发展目标】

1．指导思想

以建设科技创新型、资源节约型、环境友好型现代造纸工业为目标，继续加大招商力度，积极培育造纸产业集群，持续推进企业升级，提升综合竞争实力；持续优化营商环境，积极增强承载能力；持续坚持科学发展，积极促进信息化深度融合，努力把开发区造纸产业园打造成为开原经济发展的增长极。

2．基本原则

坚持统分结合与创新发展相统一，努力实现与开发区发展规划和全市“十四五”规划无缝衔接，努力使开发区造纸产业园成为全市经济发展的重要支撑。坚持政府引导与市场化运作相促进。要把主要精力投入制定规划、优化环境、打造平台、项目招商上，全力支持企业发展。通过创新思维和市场化运作，切实提高自主造血机能，努力实现由政府投入为主向企业回馈社会的根本性转变和历史性跨越。

3．发展定位

努力打造高端引领、骨干支撑、结构优化、效益良好，具有鲜明区域特色和较强竞争实力的优势产业集群，把造纸产业园建设成为全市保增长、稳就业、扩税源、惠民生的重要基石。

4．发展目标

到 2025 年，造纸产业园实现规模工业产值 70 亿元，上缴税金 2 亿元，安置就业 4000 人，落户企业达到 10 户，至少培育 1 户上市公司。累计完成固定资产投资 15 亿元，每年确保引进 1～2 户投资超 1 亿元的造纸企业。

5．“十四五”期间的重点工作任务

（1）面向造纸产业重点集聚区，着力引进生活用纸、包装用纸、制浆、辅料加工等骨干企业和配套加工企业，建设一座集服务、造纸设备销售、安装、维修为一体的物流中心，打造比较完整的产业链条。

（2）积极支持现有骨干企业追加投资，实现规模扩张和产品结构优化升级。重点推进兴东科技三期工程建设，形成年产 100 万吨高档包装用纸生产能力；推进豪唐纸业三期工程建设，形成年产 15 万吨生活用纸能力；推进艺盛峰新材料二期和三期工程建设，形成年产 10 万吨无纺布能力。全力推进兴东科技上市事宜。

（3）持续完善基础设施建设，提高企业承载力。推进 6 万吨供水厂工程，保证企业用水需求。推进废水处理厂二期工程顺利开展，启用中水回用。推进污泥处理厂项目建设。

（平清伟）

山西省造纸工业

Paper Industry in Shanxi Province

【行业概况】

2023 年是全面贯彻落实党的二十大精神的开局之年，也是实施“十四五”规划承上启下的关键之年，随着疫情消散，全省上下深入贯彻落实党中央及山西省稳经济一揽子政策措施，推动经济持续回升向好。山西省造纸行业基于生产步入正轨及新增机台产能发挥，产量大幅增长，但由于纸浆、废纸原料价格遭遇“过山车”式波动，下游需求恢复慢，竞争加剧，利润下降。

根据国家统计局数据，2023 年山西省规模以上机制纸及纸板累计产量为 177.4 万吨，同比增加 51.79%。山西省规模以上造纸和纸制品工业企业共 43 家，其中造纸企业 15 家，纸制品企业 28 家。造纸从业人数约 0.34 万人。

从拥有生产排污许可证的企业途径查询，2023 年山西省取得排污许可证的造纸企业共 32 家（据山西省造纸行业协会调研，有 13 家停产），纸制品企业共 123 家。据山西省造纸行业协会（以下简称协会）不完全统计及评估，2023 年山西省机制纸及纸板企业产值约 69.3 亿元，较 2022 年增长 17.5%。

造纸产品种类主要以高强瓦楞原纸及石膏板护面纸为主，其它有果袋纸、服装裁剪用纸、薄页纸、民俗用纸。石膏板护面纸由山西强伟纸业有限公司生产，为山西省的优势产品。

根据协会调研估算，2023 年山西省机制纸及纸板产能约 351.7 万吨，2023 年比 2022 年净增产能 66 万吨，其中瓦楞原纸增加 45 万吨，特种纸增加 15 万吨，生活用纸增加 6 万吨。

机制纸及纸板分品种及生产能力：①包装用纸及纸板产能约 207.5 万吨（其中：瓦楞原纸产能约 192.5 万吨、箱纸板产能 15 万吨），占比 61.0%；②特种纸产能约 86.9 万吨，占比 24.9%；③生活用纸原纸产能 41 万吨，占比 12.2%；④文化用纸产能约 4.7 万吨（其中，双胶纸约 3.5 万吨、新闻纸约 1.2 万吨），占比 1.4%。

2023 年山西省机制纸及纸板产量约 193.0 万吨，比去年增加约 44.7 万吨，同比增加 30.2%。主要品种产量完成情况：①包装用纸及纸板产量约 87.8 万吨（其中，瓦楞原纸产量约 74.8 万吨、箱纸板产量约 13 万吨），占比 45.5%；②特种纸产量约 72.4 万吨，占比 37.5%；③生活用纸原纸产量约 29.8 万吨，占比 15.4%；④文化用纸产量约 3 万吨（其中，双胶纸 2.1 万吨、新闻纸 0.9 万吨），占比 1.6%。

【原料】

纸浆的生产与消费：襄汾宏峰林纸有限公司是林浆纸生产一体化企业，具备年产 5.6 万吨杨木纸浆、3 万吨脱墨纸生产能力，处于停产技改状态，规划在“十四五”期间技改升级 30 万吨杨木制浆生产线。长治西汉家农业有机废弃物循环利用有限公司 2022 年开工建设的有机废弃物循环利用项目，2024 年已具备年产 5 万吨小麦秸秆生物纤维（非木纸浆）生产能力。现有造纸企业以废纸生产再生纸浆自用。全省纸浆消费总量约 196.2 万吨，其中废纸浆 163.2 万吨，占纸浆总用量的 83.2%，商品浆 33.0 万吨，占纸浆总用量的 16.8%。

原材料的采购情况：2023 年废纸用量预计为 190.1 万吨，全部为国内废纸。外购商品浆中，国内浆与进口浆占比分别约为 20%、80%。

【生产企业】

按造纸生产能力分类，全省 1 家大型（100 万吨以上）企业，中型（30 万～100 万吨）的企业 3 家，10 万～30 万吨的小型企业 7 家，以上 11 家造纸企业合计产能 309.1 万吨，占山西省机制纸及纸板总产能的 87.9%，详见表 1。

表 1　　2023 年山西省 10 万吨以上造纸企业产能　　单位：万吨

序号	地区	单位名称	产能	主要产品
1	晋中	山西强伟纸业有限公司	115	特种纸、箱纸板、瓦楞原纸
2	晋中	山西省外贸平遥包装印刷（集团）造纸有限公司	30	瓦楞原纸
3	临汾	山西华天基纸业有限公司	30	瓦楞原纸
4	运城	山西力达纸业集团有限公司	23	生活用纸
5	运城	运城市自强纸业有限公司	30	瓦楞原纸
6	大同	山西云冈纸业有限公司	18	生活用纸
7	吕梁	山西恒悦纸业有限公司	15	瓦楞原纸
8	运城	稷山县新嘉源纸业有限公司	15	箱纸板
9	运城	稷山县鹏腾工贸有限公司	10	瓦楞原纸
10	临汾	襄汾宏峰林纸有限公司	11.6	特种纸
11	晋中	平遥县康华纸业有限责任公司	11.5	瓦楞原纸
		合计	309.1	

【基建和技改】

2023 年山西省造纸企业共有 9 个新建、扩建项目实施。

（1）山西强伟纸业有限公司“年产 110 万吨石膏板护面纸及包装用纸生产线”项目（为 2023 年省级重点工程项目），分三期建设完成：其中一期 PM6 年产 30 万吨石膏板护面纸生产线于 2022 年 6 月底建成投产，二期 PM7．PM8 两条共 45 万吨的高强瓦楞原纸生产线于 2022 年开工建设，PM7、PM8 纸机为左右手布置，幅宽 5600 毫米，设计车速 900 米 / 分，于 2023 年 9 月相继投产。

（2）山西强伟纸业有限公司年产 30 万吨高档生活用纸工程项目，分三期建设 12 条高档生活用纸生产线，配套新月型卫生纸纸机，配备高效纸浆流送系统、生产过程自动控制系统（DCS）和质量控制系统（QCS），以及配套 150 吨 / 时的固废锅炉和 30 兆瓦的热电机组。2023 年 11 月开始前期准备工作，一期 10 万吨生产厂房在现有南厂区建设，预计 2024 年 6 月投产。

（3）平遥县康华纸业有限责任公司建设生物质锅炉供蒸汽项目，总投资 700 万元，利用原有生产设施，改造建设 2000 米 ^{2} 锅炉房，安装 6 台（5 用 1 备，2 台 10 吨，1 台 10 吨备用，4 台 8 吨）生物质锅炉及附属设备，2023 年陆续投入使用。

（4）山西云冈纸业有限公司 2023 年继续建设“年产 12 万吨高档生活用纸智能制造项目”，继 2021 年已投产 1 台纸机后，2023 年 8 月新增 1 台 3550/1200 新月型纸机生产线，产能 2.5 万吨。

（5）力达纸业集团临猗县源泰热能有限公司年产 20 万吨高档生活用纸生产线节能技术改造项目，于 2023 年 7 月备案，计划 2023 年 12 月开工建设，总投资 2.5 亿元，建设内容：更换节能型变频水泵、变频电机、变压器、风机等设备 120 余台（套），配备能耗计量器具，安装能源在线监控系统，安装烘干设备冷却水回收系统，更新高效节能型纸机 6 台及相关配套设施工程。计划 2023 年 12 月及 2024 年 1 月各投产 1 台纸机，2024 年陆续投产 4 台纸机。

（6）山西大维纸业有限公司续建项目。山西大维纸业有限公司年产 20 万吨高强瓦楞原纸项目建设地点位于山西省大同市云州区党留庄乡党留庄村东南约 1.2 公里处，占地面积 100 余亩。项目总投资 2.35 亿元，新建两条瓦楞原纸和 T 纸生产线。预计年产值可达 6.5 亿元，实现利税 9600 万元，可解决当地劳动力 300 多人就业。项目于 2020 年 9 月开工建设，先期建设 1 条 10 万吨生产线，2021 年完成土建工程及部分设备安装，2022 年因受疫情影响，项目建设受阻，2023 年 12 月纸机主体设备安装基本完成，预计 2024 年 6 月投产。

（7）阳高县仁宝纸业有限公司年产 30000 吨服装裁剪及包装用纸扩建项目，总投资 6320 万元，项目占地面积 7133.69 米 ^{2}，总建筑面积 5000 米 ^{2}。2022 年 9 月开工建设，2022 年年底完成厂房主体工程，2023 年 5 月投产。

（8）襄汾县宏峰林纸有限公司技改项目。襄汾县宏峰林纸有限公司是山西省现存唯一一家林浆纸生产一体化企业，具备年产 8.6 万吨特种纸、5.6 万吨杨木制浆、3 万吨脱墨纸生产能力。公司于 2019 年开始对原有 3 条生产线进行技改升级，改造分三期进行：一期工程在原址拆除重建，升级 8.6 万吨特种纸生产线；二期升级 30 万吨杨木制浆生产线；三期升级 100 万吨特种纸生产线。一期技改工程正在进行中。

（9）山西华森纸业有限公司年产 20 万吨高档生活用纸智能制造项目，建设地址侯马经济开发区浍南产业园。项目占地 120 亩，总投资 4.5 亿元，主要建设备浆车间、原纸车间智造车间、办公楼、职工餐厅及相关配套设施。项目采用业内先进智能制造技术，引进宝索集团全自动智能化高速原纸生产线 12 条。该项目分两期建设，一期安装 6 台纸机，于 2023 年 9 月开工建设，2023 年底完成土建主体工程，预计 2024 年 9 月底前完工，10 月底前试生产。

【科研与技术进步】

（1）山西强伟纸业有限公司是国家级高新技术企业，通过国家 ISO 9001 质量体系、ISO 14001 环境体系认证、ISO 45001 职业健康体系认证以及两化融合认证。2019 年和 2020 年先后被评为“晋中市企业技术中心”“山西省企业技术中心”。2022 年获评“省级专精特新‘小巨人’企业”“国家高新技术企业”；2023 年获评“省智能制造试点示范企业”“国家绿色工厂”。企业积累了十多年的护面纸研发生产经验，技术水平处于国内领先，产品质量达到了国际同类产品先进水平。在石膏板护面纸设备装置和生产工艺领域获得了纸张去水、环保用废纸多级破碎、护面纸特别生产、覆膜纸特别生产、高白度护面纸生产等 7 项发明专利。2023 年，“一种漂白商品木浆挂面的石膏板护面纸及其生产工艺”发明专利进入实质性审查阶段。强伟纸业通过建设“年产 110 万吨石膏板护面纸及包装用纸工程”项目（一期）进行生产线整体系统全面升级，全新的年产 30 万吨生产线，配备有进口纸机装置，全套引进德国福伊特公司造纸设备，在质量控制、能耗和自动化方面，采用全新的 XcelLine 先进技术，包括 MasterJet 流浆箱、NipcoFlex 靴式压榨等技术。

（2）山西云冈纸业有限公司目前在生活用纸原纸生产及纸制品加工方面拥有 6 项发明专利、20 项实用新型专利和 6 项外观专利，其中 2023 年申请 4 项发明专利，15 项实用新型专利。先后荣获“省级智能制造示范企业”“省工人先锋号”“两化融合管理体系认证”“大同市市级企业技术中心”“大同市优秀民营企业”“经济突出贡献企业奖”等称号，2023 年度荣获省级“专精特新”企业称号。

（3）山西翔云纸业有限公司公司着力于自有品牌的品类创新，推出含蚕丝蛋白的乳霜纸，以及使用以果树枝丫材为制浆原料的果木香抽纸等细分品类。拥有 2 项纸加工方面的实用新型专利，2023 年荣获“科技型中小企业”。

（4）山西中宝纸业股份有限公司以生产果袋纸为主，公司重视科技研发，目前拥有 2 项发明专利、7 项实用新型专利，其中 2023 年共获授权 7 项实用新型专利，分别是“一种便于纸张回收的防堵塞磨浆机”“一种设有压实防皱结构的卷纸机”“一种粘壁清理型纸浆混合设备”“一种自动定位裁纸装置”“一种防撕裂的纸张裁切机”“一种阶段反冲的造纸碎浆机”“一种设有往复型冲刷结构的造纸网清理机构”，还有“一种生产高抗水性育果袋纸的方法”1 项发明专利进入实质性审查阶段。2023 年荣获“科技型企业”“省级专精特新企业”称号。

（5）山西华天基纸业有限公司先后通过了 ISO 9001 质量管理体系、ISO 14001 环境管理体系及清洁生产审核评估。2022 年荣获“省级专精特新‘小巨人’企业”称号。现拥有 2 项发明专利、11 项实用新型专利，其中 2023 年申请 3 项实用新型专利，分别是“造纸碎浆装置”“瓦楞纸生产用预热机”“瓦楞纸生产用切割装置”。

（6）运城恒和科技有限公司自 2018 年成立以来，拥有 2 项发明专利、3 项实用新型专利、3 项工业自动装置方面的软件著作权，2023 年荣获“科技型中小企业”称号。

（7）山西花之护纸业有限公司 2023 年取得“一种适用性好的压花机构”1 项实用新型专利授权。

（8）山西宏伟包装科技有限公司 2023 年获得“一种用于印刷模切后的纸箱输送装置”等 6 项实用新型专利授权。

【环境保护与节能】

山西强伟纸业有限公司“年产 110 万吨石膏板护面纸及包装用纸工程”项目配套建设的大规模先进工艺废水处理厂以及超低排放烟气锅炉等设施，废水处理效果和循环使用率达到国内外先进标准。

山西强伟纸业有限公司、山西力达纸业集团有限公司、山西省外贸平遥包装印刷（集团）造纸有限公司、山西云冈纸业有限公司等多家造纸企业配备了热电联产，锅炉废气超低排放，减少了大气污染。山西华南纸业有限公司、山西志峰农科贸有限公司、山西华昌纸业有限公司、芮城县中宝纸业有限公司实施了煤改气，降低了大气污染。但由于使用天然气相对燃煤成本增高，华南纸业 2023 年停产。

山西强伟纸业有限公司、山西华天基纸业有限公司使用节能型真空泵，将网部、压榨部等多台传统透平真空泵更新为磁悬浮透平真空泵，节电效果良好。

太原世海源科技发展有限公司实施屋顶分布式光伏发电项目，利用公司屋顶面积 30000 米 ^{2} 建设分布式光伏发电系统，采用“自发自用，余电上网”模式。总容量 1500 千瓦，年可发电量 1926000 千瓦时。

【发展目标】

2024 年是新中国成立 75 周年，是实现“十四五”规划目标任务的关键一年。山西省造纸行业要坚持以习近平新时代中国特色社会主义思想为指导，全面贯彻落实党的二十大精神，深入学习贯彻习近平总书记对山西工作的重要讲话重要指示精神，抓住机遇，迎接挑战，完整、准确、全面贯彻新发展理念，主动服务和融入新发展格局，着力推动高质量发展。

提质增量齐头并进。“十四五”后期，山西省造纸行业进入快速发展阶段。全力推进新建项目，实现造纸行业质的有效提升和量的快速增长。2024 年，随着经济稳中上升、市场需求复苏带动及新增产能释放因素，预计机制纸及纸板（外购原纸加工除外）规模以上企业年产量将突破 200 万吨，力争产量规模全国排名前进 1 位。

龙头带动协同发展。培育造纸产业新质生产力，上下游产业链协同发展。推动聚链成群、集群成势、做大做强，构建绿色化、智能化、现代化造纸产业体系。寿阳经济开发区以强伟纸业龙头带动，全链布局百亿造纸园区；襄汾经开区推动“襄纸小镇”造纸园区建设；围绕力达纸业、云冈纸业、强伟纸业生活用纸原纸生产基地优化布局晋南、晋中、晋北生活用纸后加工基地。

创新争优高质量发展。山西省造纸企业面临激烈的市场竞争和趋严的环保、双碳政策，应全方位发展新质生产力，争创科技型企业、专精特新企业，建设绿色工厂、绿色产品和绿色供应链制造体系，提升有质量的供给。加强新产品、新技术、新工艺设备的技改应用，数智赋能精细化管理，推动绿色节能低碳发展。重视产学研结合，促进生产技术管理人才培养，增强创新发展能力。

2024 年拟建重点项目：

（1）力达纸业集团临猗县源泰热能有限公司年产 5 万吨可冲散可降解无纺布项目。

（2）力达纸业集团临猗县源泰热能有限公司年产 20 万吨高档生活用纸生产线节能技术改造项目。

（3）山西强伟纸业有限公司年产 110 万吨石膏板护面纸及包装用纸项目（三期）。

（4）山西云冈纸业有限公司 12 万吨高档生活用纸智能制造项目。

（5）山西强伟纸业有限公司年产 30 万吨高档生活用纸工程项目。

其中第 1 ~ 4 项为山西省 2024 年省级重点工程项目。

（武乃玲）

陕西省造纸工业

Paper Industry in Shaanxi Province

【行业概况】

2023 年陕西省规模以上造纸企业 12 家，从业人员约 4230 人。机制纸及纸板生产能力达到 184.7 万吨，实际生产量 82.3 万吨，实现销售收入 27.1 亿元，利税 1.6 亿元。2023 年由于疫情后期的持续影响，各企业生产量普遍有所下降，2 家企业因为技改和效益不好而停产，也有个别企业因为技改增加了产能和产量。

陕西省造纸企业主要分布在关中地区的宝鸡、咸阳、西安、渭南 4 个地市，陕北的榆林市、延安市以及陕南的商州区、安康市无造纸企业，陕南的汉中市宁强县现有 1 家生活用纸造纸企业，项目目前正在建设过程中，预计 2025 年投产运行。陕西省造纸产品主要分为三大类：第一类是包装用箱纸板和瓦楞原纸，主要生产企业有：陕西武功东方纸业集团有限公司、陕西圣龙纸业有限责任公司、陕西法门寺纸业有限责任公司、大荔蔡伦纸业有限公司、岐山县圣龙箱板纸有限责任公司、西安惠宁纸业有限公司、蒲城东兴纸业有限公司等。第二类是生活用纸，主要生产企业有：陕西欣雅纸业有限公司、陕西法门寺纸业有限责任公司、大荔蔡伦纸业有限公司等。第三类是特种纸，主要有育果袋纸、特种引线卷筒纸、覆铜版纸、热压垫板纸、湿法骨材无纺布（高透纸）、无菌防油纸、胶带原纸、银行专用扎钞纸等，主要生产企业有：宝鸡科达特种纸业有限公司、蒲城康钰纸业有限公司等。

陕西省与造纸相关的产业及单位众多，造纸装备制造企业有西安维美德造纸机械有限公司、西安造纸机械有限公司、西安维亚造纸机械有限公司、陕西炳智机械有限公司、西安兴晟生态环境有限公司等多家企业。造纸相关配套企业有西贝胶辊有限公司、咸阳通达轻工设备有限公司等。造纸相关设计及研究院所有中国轻工业西安工程设计有限公司、陕西省轻工研究设计院、西安造纸机械研究所、陕西科技大学造纸环保研究所，大学有陕西科技大学轻工科学与工程学院。

【原料】

陕西省造纸企业按照原料结构主要分为三类：第一类为以芦苇或果树枝化学浆为原料生产生活用纸的企业，共计 1 家，年生产能力达 6 万吨；第二类为以废纸为原料生产纸板的企业，共计 10 家，年生产能力 155.6 万吨；第三类为以商品浆和少量废纸浆为主要原料生产生活用纸、文化用纸和特种纸的企业，共计 4 家，年生产能力 23.1 万吨。

造纸纤维原料结构中废纸浆占主导地位，在造纸原料结构中占 75.2%，全部来自国内收购废纸；化学非木浆在造纸原料结构中占 4.9%，企业自制；特种纸和少量生活用纸用商品浆，在造纸原料结构中占 19.9%，主要采用进口和国产商品木浆。

【生产企业】

1．2023 年陕西省造纸企业工业产能和生产量

2023 年陕西省造纸企业工业产能和实际生产量见表 1，这 12 家造纸企业合计实际生产量 82.3 万吨，比 2022 年减少了 6.6 万吨。主要生产企业有陕西东方环保产业集团有限公司、陕西法门寺纸业有限责任公司、陕西圣龙纸业有限责任公司、大荔蔡伦纸业有限公司、岐山县圣龙箱板纸有限责任公司、蒲城东兴纸业有限公司等，并形成了蒲城造纸工业园和武功东方工业园两个产业集群，具有一定的市场竞争能力和发展后劲，为陕西省造纸工业今后的发展奠定了一定的基础。

（1）陕西东方环保产业集团有限公司。公司位于咸阳市武功县大庄镇（武功县循环经济产业示范园区），属于民营股份制企业。公司成立于 2000 年，原名：陕西武功东方纸业集团有限公司，2018 年更名为陕西东方环保产业集团有限公司，是咸阳市造纸行业的骨干企业。2014 年进行升级改造建设年产 10 万吨高强瓦楞原纸生产线一条及配套的热电车间、污水处理、1000 亩生态功能湿地、湿地中水回用系统，2017 年正式投产，年产值近 3 亿元，年缴税过千万，带动

表 1　　**2023 年陕西省造纸企业工业产能和生产量**　　单位：万吨

序号	企业名称	产能	生产量	备注
1	陕西东方环保产业集团有限公司	62	11.00	50 万吨竣工未开机
2	陕西法门寺纸业有限责任公司	28.6	19.60	
3	陕西圣龙纸业有限责任公司	18	10.02	
4	大荔蔡伦纸业有限公司	16	14.50	
5	岐山县圣龙箱板纸有限责任公司	12	7.50	
6	西安渭丰纸业有限公司	10	0.00	技改未开机
7	蒲城永丰利亚纸业有限公司	7.8	0.00	技改未开机
8	陕西欣雅纸业有限公司	6.5	3.87	
9	蒲城东兴纸业有限公司	6.2	6.20	
10	西安惠宁纸业有限责任公司	6	5.00	
11	宝鸡科达特种纸业有限责任公司	6	4.01	
12	蒲城康钰纸业有限公司	5.6	0.60	
13	合计	184.7	82.3	

当地相关产业链企业就业人员达 3000 余人。公司现有员工 220 多人，其中，专业技术人员 50 人，固定资产 5.7 亿元，占地面积 510 亩。2019 年公司与杨凌华电合作投资 1 亿多元建设热蒸汽管道项目，为园区企业供应热蒸汽。2021 年 8 月继续投资 5000 万元对生产线进行技术改造，2022 年 2 月已投产运行，年产量达到 12 万吨。

2021 年公司与国有企业陕药集团合作共同出资 32 亿元建设年产 90 万吨废纸回收综合利用项目，一期投资 16 亿元建设的 50 万吨纸品生产线及配套的能源中心项目于 2023 年 12 月已经建成，计划于 2024 年 5 月进行试生产。90 万吨生产线全部建成后产值可达 50 多亿元，年缴税过 3 亿元，带动就业岗位 5000 余个。2023 年东方集团为了配套年产 90 万吨废纸综合利用项目，投资 8900 万元对现有水处理厂进行升级改造。

陕西东方环保产业集团有限公司已经获得了陕西省绿色工厂和国家级绿色工厂称号；国家高新技术企业；国家循环经济标准化示范点试点企业；省级两化融合贯标企业；陕西省节水示范企业；陕西省节水标杆企业；咸阳市纸制品产业链链主企业等荣誉称号。

（2）陕西法门寺纸业有限责任公司。陕西法门寺纸业有限责任公司现有 3 个分厂，20 条生产线，年生产能力达 28.6 万吨。主要产品有“法门寺”牌文化用纸、生活用纸和瓦楞原纸。其中两条（1 条 3600 型，1 条 4600 型）高强瓦楞原纸生产线，1 条 3200 型纱管纸生产线，3 条线年总产能 20 万吨；两条 1880 型文化用纸生产线，文化纸年产能 2.6 万吨；两条 2850/1200 型高速卫生纸机、13 条 2400/500 型新月形卫生纸机，生活纸年总产能 6 万吨。配套有热电站和 20000 米 ^{3}/ 日废水处理站各 1 座。企业已通过 ISO 9001 质量管理体系认证、ISO 14001 环境体系认证和清洁生产认证，先后荣获“陕西省省级先进企业”“陕西省质量管理优胜企业”“省级基础管理优良企业”“AAA 信誉企业”等 40 多项荣誉，公司的“法门寺”商标被评为陕西省“著名商标”。

（3）陕西圣龙纸业有限责任公司。陕西圣龙纸业有限责任公司现拥有资产总额 5.3 亿元，以废瓦楞纸箱为原料，生产纱管纸和瓦楞原纸，年生产能力 18 万吨。公司现有 3 条造纸生产线，包括 1 条年产 10 万吨 4400 毫米长网多缸纸机生产线，1 条年产 5 万吨 2820 毫米四叠网多缸纸机生产线。1 条年产 3 万吨 2400 毫米多圆网多缸纸机生产线。4500 千瓦时热电站及 30000 米 ^{3}/ 日废水处理站各 1 座。该公司是宝鸡市重点扶助发展企业。

（4）大荔蔡伦纸业有限公司。大荔蔡伦纸业有限公司位于渭南市大荔县开发区，始建于 1992 年，是民营企业，占地面积 200 多公顷，拥有员工 1500 多人，技术人员 110 多名，公司总产能 16 万吨 / 年。以本色芦苇浆、果木浆配抄生产生活用纸，年产能 6 万吨；拥有高速卫生纸机 5 台（3 台 2850/800 型，2 台 2850/1200 型）。公司还拥有发电能力为 15 兆瓦、蒸汽 150 蒸吨 / 小时的自备热电站，背压式热电机组，以热定电。拥有制浆黑液碱回收系统、废水处理厂等。公司计划于2025建设年产10万吨浆纸工程项目。

（5）陕西欣雅纸业有限公司。陕西欣雅纸业有限公司（原陕西兴包企业集团有限责任公司）是民营股份制企业，主要生产中高档生活用纸，年产能 6.5 万吨。企业占地面积 33.33 余公顷，现有资产 4.6 亿元，员工 600 多人。其主导产品“欣雅”“欣家”牌生活用纸被陕西省评为“陕西省名牌产品”和“陕西省著名商标”，2009 年入选为“陕商绿色环保行业十大重点推广品牌”，公司 2007 年被评为“陕西省优秀民营企业”“陕西省农业产业化重点龙头企业”，公司通过了清洁生产认证、ISO 14001：2015 环境体系认证、ISO 9001：2015 质量体系认证。

（6）岐山县圣龙箱板纸有限责任公司。岐山县圣龙箱板纸有限责任公司始建于 1989 年，经过 20 多年的技术改造与发展，现已成为融废纸制浆、造纸、废水处理为一体的瓦楞原纸专业生产厂家。公司资产总额 8000 万元，拥有 3800 毫米、2800 毫米现代化造纸生产线 2 条，在职职工 180 人，年生产能力 12 万吨。公司以国废为原料生产高强瓦楞原纸，产品具有环压高、抗水性强、性能稳定的突出特点，在国内享有一定声誉多年来为西北、华北、西南地区著名包装企业首选用纸。2016 年公司通过 ISO 9001.2015 质量管理体系．ISO 14001.2015 环境管理体系双认证。

（7）宝鸡科达特种纸业有限公司。宝鸡科达特种纸业有限公司创建于 1991 年，拥有各类特种纸生产线 30 多条，现有职工 460 人。该公司研发生产超过 30 多种不同应用方向的特种纤维材料产品，是引领多项先进生产技术的纸基功能材料生产企业。该公司主要产品有：电子级工业用纸，食品包装材料，农业包装用纸，特种文化用纸，过滤材料等。历经 30 多年的发展，该公司拥有 1 个市级技术中心（已申请省级技术中心），1 个全资非织造布子公司，1 个日处理 20000 米^{3}生产废水的废水处理站，1 台 45 蒸吨燃煤锅炉。该公司是集研发、生产、销售于一体的股份制高新技术企业、民营福利企业、省级集中安置残疾人就业基地、省级就业扶贫基地。历年来获得“国家科技进步二等奖”“陕西省科学技术发明一等奖”“陕西省科学技术三等奖”等成果奖励；“中国绿色环保产品”，“国家 AAA 重质量守信誉”单位，“全省助残先进集体”，省、市“明星企业”等荣誉是社会各界对公司的肯定和鼓励。公司获得各类创新产品、专利 11 项，科技成果奖 7 项，并多次承担省、市科技项目。

（8）西安惠宁纸业有限公司。西安惠宁纸业有限公司创建于 2001 年，是高新技术企业，公司占地面积 270 亩，主要产品高强瓦楞原纸。2005 年积极与西安交通大学合作，创新发展实施“废纸造纸废水封闭循环厌氧 + 好氧生化处理零排放工程”，2008 年被国家环保产业协会授予“全国第一家零排放示范企业”。公司先后获得ISO 9001质量管理体系认证证书、ISO 14001 环境管理体系认证证书、ISO 45001 职业健康安全管理体系认证证书、双重预防机制、安全生产标准化三级证书等，目前是陕西科技大学产学研基地，研究生培养基地，公司现有 8 个实用新型专利、3 个发明专利。企业项目审批备案 30 万吨包装用纸生产线。该项目总投资 40612 万元，2023 年再筹建 1 条 15 万吨包装纸生产线，预计 2024 年 12 月份建成并投产。

（9）蒲城东兴纸业有限公司。蒲城东兴纸业有限公司创建于 1997 年，是蒲城县重点扶持企业，公司占地面积 100 亩，主要产品是低定量箱板纸。公司现有员工 143 人，高级技术人才 20 余人。公司拥有 3800毫米、2400毫米长网多缸造纸机生产线各一条，年产量 6.2 万吨，产品远销浙江，安徽，江苏，河北等地。公司与陕西科技大学合作，实施了“废纸造纸废水封闭循环厌氧 + 好氧生化处理零排放工程”。公司先后获得 ISO 9001 质量管理体系认证证书、双重预防机制、安全生产标准化三级证书等。

【造纸相关产业】

（1）西安维亚造纸机械有限公司是专门从事设计、生产造纸设备的专业制造商。公司引进先进加工设备 3 万瓦 15 米数控激光切割机、PM2080HA 型龙门加工中心等。公司现有员工 120 余人，汇集了一支专业技术突出、实践经验丰富的技术研发和生产制造队伍，可按照用户需求，设计制造不同纸种、幅宽、车速及形式的纸机设备，并提供售后服务。公司经历多年发展，设计及生产造纸机流浆箱 1500 余台，有开启式流浆箱、气垫式流浆箱、水力式流浆箱。维亚公司于 2015 年推出了新月型高速卫生纸机系列产品。该纸机具有占地少、耗能低、零污染，运行稳、纸品优的特点，受到了广大用户的肯定，并在高速卫生纸机行业确立了主导地位。新月型卫生纸机以及销售 120 余台，用户遍及国内及东南亚地区，产品远销 12 个国家和地区。维亚公司 2012 获得高新技术企业称号，2013 年获得 9001 质量体系认证，2013 年成为陕西省民营科技企业，2015 年成为陕西省重点科技创新团队，2018 年获得陕西省科学技术奖，2018 年、2019 年分别获得中国轻工业联合会科学技术进步奖，

2019年获得西安市西咸新区沣东新城优秀科技企业称号，目前获得实用新型专利28项。

（2）陕西炳智机械有限公司位于陕西省西安市，创立于2013年9月。是一家专注于为造纸企业量身定做制浆造纸解决方案的技术服务型公司。公司现有在职员工60余人，其中研发人员占比12%，技术服务人员占比14%，技术人员均有多年制浆造纸生产技术经验。炳智公司主要从事：造纸生产线的咨询、规划和设计以及全套设备的提供，各类造纸机的节水、节汽和升级改造服务，以及生产管理咨询、培训和工艺流程优化服务。

陕西炳智先后吸收行业多个最新研究成果应用于产品研发，与陕西科技大学合作成立新型技术联合研发转化技术中心和研究生联合培养基地，并与西安交通大学能动学院、西安科技大学能源学院等院校展开热工设备和流体设备等多项研发合作。公司目前拥有各种制浆造纸方面专利10余项，多项专利成功转化应用于实际生产，带来了可观的经济社会效益。该公司秉承“坚持技术创新，专注技术服务”的发展理念，成立至今已为40多家造纸企业提供了45台整机，以及30台套热风系统及网部改造服务，赢得了市场的认可。经过十余年的发展，陕西炳智在纸机稳定性和节能降耗方面，已经走在生活用纸装备前列，创造了国内生活用纸蒸汽消耗最低的纪录。为助力国家碳减排做出了一定的贡献。

（3）西安兴晟生态环境有限公司致力于研发植物纤维过滤技术与装备智造，以实现造纸白水的资源化利用。公司现有水处理装备资源回收塔和直清过滤系统已广泛应用于国内多家造纸企业，处理白水涉及产品有卷烟纸、食品级滤纸、电工纸等特种纸，以及卫生纸、口杯纸、喇叭盆纸、纸浆模塑制品等。产品运行稳定可靠，出水水质、处理量均达到设备设计能力及要求。

该公司2023年年底完成的纸浆模塑产品循环白水处理项目，用于处理苹果及雅诗兰黛等高端纸塑包装产品白水，为纸塑行业确保生产废水零排放提供了新的解决方案。该公司针对生活用纸白水处理的项目，利用直清过滤系统，将原有水耗由10米^3/吨纸降低至4米^3/吨纸，节约用水60%；浆耗由1.1吨/吨纸降低至1.04吨/吨纸，节约浆料60千克/吨纸，切实从原材料和水两个方面实现了造纸白水的资源化利用。

【基建与技改】

（1）陕西法门寺纸业有限责任公司拟建年产30万吨包装用纸及5万吨生活用纸技改工程，2018年9月通过《陕西省环境保护关于陕西法门寺纸业有限责任公司技改转型方案的批复》，2019年3月在宝鸡市发展改革委进行了备案，环评也已通过审批。该项目被确定为2020年宝鸡市重点项目，项目已于2020年10月底投产运行1条3200型纱管纸生产线。拟新建的年产20万吨高强瓦楞原纸生产线项目前期各项准备工作已经完成，计划在年内开工建设。公司是陕西省内唯一一家生产文化用纸的企业，拟建的10万吨的文化用纸生产线已开始进入项目筹备阶段。公司拟于2023年对原4600瓦楞原纸生产线进行提质节能改造，计划于2024年8月完成。

（2）陕西东方环保产业集团有限公司全面推动陕西东方环保产业园区的建设，新增的90万吨废纸回收综合利用项目，分两期建设。一期建设年产50万吨高档包装用纸，二期建设年产40万吨高档包装用纸。建设内容包括：1条年产20万吨高强瓦楞原纸（定量90～170克/米^2）生产线，1条年产30万吨牛皮挂面箱纸板（定量80～200克/米^2）（二期）；1条年产20万吨高强瓦楞原纸生产线和1条年产20万吨牛皮挂面箱纸板（定量90～170克/米^2）；达产后共计年产90万吨，同时配套建设废水处理站废水厌氧和深度处理、原料贮存及办公生活设施等。目前一期50万吨项目已经完成建设，2024年5月已开机试生产。

（3）岐山县圣龙箱板纸有限责任公司2020年对2800毫米生产线实施提效改造后，取得了产能提高、质量稳定、节能降耗的良好效果。在此基础上该公司2022年11月启动了3800毫米造纸生产线提质改造项目，并于2023年3月成功试车，改造完成后很快达到设计目标，产品质量和产能均有了大幅的提升。为了进一步提高产能和效率，该公司2023年6月对制浆工段进行了升级改造，并于9月投入运行，改造后在提高制浆质量的同时有效保证了浆料的充足供应。为了进一步践行国家“碳达峰，碳中和”重大战略部署，树立绿色低碳发展理念，该公司于2023年6月开始对20蒸吨燃煤锅炉进行清洁化燃气锅炉提标改造，9月点火投用。后续公司计划2024年对中水回用系统进行升级改造以达到减排增效的目标。

（4）宝鸡科达特种纸业有限责任公司围绕高性能纤维纸基功能材料，计划改造一条斜网生产线，新建2条食品包装材料生产线。技改项目计划2024年下半年实施。

（5）大荔蔡伦纸业有限公司计划2025年新增10万吨/年制浆造纸工程项目。该项目包括10万吨/年以回收废纸和商品浆为原料的箱纸板生产线。2020

年，公司利用渭南当地果树枝丫材进行了化学制浆生产性试验，取得了成功，目前形成了年产 5 万吨的本色化学浆生产能力。

（6）陕西圣龙纸业有限责任公司，继 2021 年投资对 4200 毫米生产线进行提速 600 米 / 分改造，配套网部、压榨、烘干、三段供汽、透平真空、无绳引纸、DCS 控制等系统更新；2820 毫米生产线纸机改造了网部脱水元件，更新了流浆箱、复卷机。2022 年对 2820 毫米生产线进行持续改造，更换大辊径压榨一组（含机架），新增 VAC 缸 3 只，转移风箱和袋区风箱，更换干燥部传动减速机、电机，新增毛布成型网在线清洗装置，生产运行车速提升到 400 米 / 分。2022 年公司引进中国航天科技采用 BOT 方式建设 100 吨 / 日固废焚烧资源综合利用项目，2023 年 6 月竣工投运。

（7）陕西欣雅纸业有限公司 2020 年计划新增 5 万吨生活用纸产能，采用 2 台 2800 毫米新月型日本川之江株式会社卫生纸机，车速 1300 米 / 分。项目立项、环评已通过审批，由于疫情及市场原因推迟，计划 2021 年实施（目前实施时间待定）。公司 2022 年新建项目：①投资 2000 万元更新了后加工车间设备，实现了降低成本，提高效率的目的，使得包装产能达到了 10 万吨以上。②投资 800 万元分两期新建燃气锅炉，第一期投资 600 万新建 1 台燃气锅炉，于 2022 年 5 月 20 日投产运行，第二期计划在 2022 年 11 月投产。两期投入运行后，企业可以完全实现清洁能源生产。

（8）蒲城东兴纸业有限公司 2021 年筹备新建 1 条 4800 毫米纸机生产线，增加年产量 12 万吨，新增工作岗位 100 个。该项目手续已审批完成，主体厂房建设完成，配套制浆生产线设备已安装结束，造纸设备已经订购，由于市场低迷，纸机建设工作延迟。

（9）西安惠宁纸业有限公司年产 30 万吨包装纸板生产项目已完成项目备案、节能审批、环评批复、用地、规划、施工等所有建设手续，是西安市重点建设项目。项目分二期建设，一期计划建设年产 15 万吨箱纸板生产线及其配套建设，设备选型 4800 毫米双叠网长网纸机 1 台，生产箱板纸，年增加产量 15 万吨，新增工作岗位 150 个。目前已经完成废水处理系统并投入运行，日处理废水 6000 米 ^{3}，纸机钢结构厂房及基础已经建设完成，办公楼、宿舍楼主体已经封顶，计划在 2022 年完成项目建设并投入试运营；二期计划建设年产 15 万吨白纸板生产线，生产白纸板，增加产量 15 万吨，新增工作岗位 150 个。

（10）蒲城康钰纸业有限公司主要生产育果袋纸、水果套袋纸等，现有 2400 型纸机 2 台，1880 型纸机 2 台，年生产能力 2 万吨。2021 年对 4 台纸机进行了改造，烘缸表面进行等离子喷涂，增加烘缸表面的光洁度和耐磨性；改造表面施胶系统。

【科研与技术进步】

陕西科技大学轻工科学与工程学院、环境科学与工程学院、机电工程学院、电气及控制工程学院、化学工程学院从事制浆造纸相关科研工作的人员约 90 多人，2023 年先后承担各级纵向项目 15 项，其中国家自然科学基金项目 2 项（表 2）；各类横向项目 33 项，获得授权发明专利 49 项，获得科研奖励 1 项，发表高水平科研论文 87 篇，其中 SCI 论文 56 篇。

表 2　　陕西科技大学轻工科学与工程学院承担国家自然科学基金项目表

序号	负责人	项目名称	项目类别	直接费用 / 万元	开始日期	结题日期
1	张美云	芳纶纳米纸基动力锂电池隔膜孔隙结构调控及其锂枝晶抑制机制研究	面上 *	54	2023-01-01	2026-12-31
2	聂景怡	凝胶载体法构建纸基复合空气过滤材料及其病毒与颗粒物过滤防护机理研究	青年基金	30	2023-01-01	2025-12-31

注：* 指国家自然科学基金面上项目。

【存在问题】

（1）陕西法门寺纸业有限责任公司目前存在后续新增项目建设缺少汽源的问题，陕西省限制关中地区新建或新增燃煤锅炉。虽想拟建天然气锅炉来解决，但由于天然气冬季供应不足，价格也不稳定，有很大的不确定性，从而限制了新建项目的顺利实施。

（2）陕西东方环保产业集团有限公司目前存在的问题：①引进的杨凌华电热蒸汽供热压力不足。②自建的天然气锅炉供热成本高。③冬季来临，公司使用热蒸汽受限制，杨凌华电冬季供热先保障居民取暖，自建的天然气锅炉原料天然气首先保障居民生活用气。希望政府给予协调，支持企业发展。

（3）陕西圣龙纸业有限责任公司目前面临的困难，主要是公司造纸规模虽然在陕西省名列前茅，但与广东、山东、江苏等发达省份相比较，规模还是很小。国有银行在信贷政策上不予支持，也制约了公司造纸规模的进一步发展。

（4）陕西蔡伦纸业有限公司计划 2022 年新增 15 万吨 / 年制浆造纸工程项目。该项目包括 15 万吨 / 年以回收废纸和商品浆为原料的箱纸板生产线，配套建设废水处理厂、热电厂锅炉烟气处理等环保工程。目前项目手续正在办理中，希望当地政府在政策和资金上给予扶持。

（5）西安惠宁纸业有限公司所面临的困难是项目建设资金不足，企业将历年来积累的资金全部投入到项目建设中去。目前一直寻求金融机构开展项目借贷，满足项目建设的资金需求，以完成新增 30 万吨产能，丰富陕西包装纸市场产品种类和数量。希望当地政府出面协调金融机构，以支持企业发展壮大。

（6）宝鸡科达特种纸业有限责任公司建议，特种纸行业在政策倾斜上应该更加鼓励，虽然特种纸在单个产品产能上产量较小，但特种纸是功能性纸种，是很多工业产品的重要部件，配套企业都是省内、外知名企业或上市公司，有力支撑了供应链稳定及进口替代。

（7）大荔蔡伦纸业有限公司计划 2023 年新增 10 万吨 / 年制浆造纸工程项目。目前项目手续正在办理中，希望当地政府在政策和资金上给予扶持。

（8）岐山县圣龙箱板纸有限责任公司目前存在后续改造项目缺少蒸汽问题，拟建天然气锅炉，但天然气冬季供应不足，气价偏高，使得企业的进一步发展受限。

（张安龙）

重点企业介绍

KEY ENTERPRISES INTRODUCTION

玖龙纸业（控股）有限公司
山东太阳控股集团有限公司
理文造纸有限公司
山鹰国际控股股份公司
山东博汇纸业股份有限公司
华泰集团有限公司
江苏荣成环保科技股份有限公司
联盛纸业（龙海）有限公司
中国纸业投资有限公司
亚太森博（山东）浆纸有限公司
广西金桂浆纸业有限公司
宁波亚洲浆纸业有限公司
金东纸业（江苏）股份有限公司
山东世纪阳光纸业集团有限公司
金凤凰纸业有限公司
海南金海浆纸业有限公司
浙江景兴纸业股份有限公司
东莞建晖纸业有限公司
维达集团
金红叶纸业集团有限公司
泰盛科技（集团）股份有限公司
恒安（集团）有限公司
新乡新亚纸业集团股份有限公司
东莞金洲纸业有限公司
东莞市金田纸业有限公司
芬欧汇川（中国）有限公司
永丰余造纸（扬州）有限公司
中顺洁柔纸业股份有限公司

11

玖龙纸业（控股）有限公司

Nine Dragons Paper（Holdings）Limited

【企业概况】

玖龙纸业（控股）有限公司（以下简称“玖龙纸业”），总部位于广东省东莞市，2006 年于香港联交所主板上市，目前为全球产能排名第一的造纸集团和林浆纸一体化的龙头企业（主要产品为各类环保包装用纸、高档全木浆纸及其上下游产业链）。2023 年集团总产能2000余万吨，总资产约1200亿元，年产值超过800亿元，员工 2 万余人，名列 2023 年“中国民营企业 500 强”第 118 位。

玖龙纸业已在我国的东莞、太仓、重庆、天津、乐山、泉州、沈阳、河北、湖北建立造纸基地，还积极把握“双循环”战略机遇，总投资 350 亿元（其中一期项目计划投资 220 亿元，多条浆纸生产线正在建设中，2023 年 11 月已开始逐步投产）在广西北海建设浆纸基地，丰富浆纸产能。积极响应“一带一路”倡议，不断推进国际化发展，完善产业链，2008 年完成对越南正阳造纸厂的收购和控股，进入东盟市场，2017 年完成越南基地二期工程的扩建，成为越南造纸的龙头企业。2019 年收购了一家位于马来西亚文冬的浆纸厂并进行扩建，在马来西亚雪兰莪总投资 90 亿元建设一个新的智能化造纸基地。为了进一步拓展国际化的资源配置，形成资源优势的互补，当时响应国家号召“走出去”，2018 年收购了四家位于美国的浆纸厂（缅因州的 Rumford、Old Town；威斯康星州的 Biron；西弗吉尼亚州的 Fairmont）。此外，集团兄弟企业在上游建立了国内 / 外最大的再生资源回收贸易公司，为集团提供稳定的废纸等原料供应；集团还在下游建立了八个智能化包装厂，为用户提供环保纸包装的“智能化、一站式”服务。

玖龙纸业引进国际最领先的技术和大型现代化、智能化设备，并不断创新研发，代表着我国包装用纸的最高水平。玖龙纸业高度重视系统化、大数据管理，应用先进的 SAP 系统管理平台，促进信息化与工业化“两化”深度融合，被评为“高新技术企业”和国家首批“信息化和工业化融合管理体系贯标试点企业”。

玖龙纸业坚决贯彻“绿水青山就是金山银山”的习近平生态文明思想，一贯秉承“没有环保，就没有造纸”的企业理念，倡导可持续发展的循环经济，各项环保和能耗指标都做到优于国家标准（均达到国际领先水平），是资源节约型和环境友好型企业的典范，生产基地多年被当地环保部门评为“环保诚信绿牌企业”。

玖龙纸业实行以人为本，民主、智慧加科学相结合的管理模式，形成了“尊重关爱员工、细化创新管理、传承百年品牌、弘扬拼搏精神”的具有玖龙特色的企业文化，同时积极履行社会责任，长期坚持精准扶贫，近年来在各种公益活动中投入 4 亿多元，被授予“全国脱贫攻坚奖”、全国“万企帮万村”先进民营企业、“广东扶贫济困红棉杯金杯及突出贡献企业”等多项荣誉，并光荣入选“2020 中国民营企业社会责任优秀案例”，2021 年被授予第十一届“中华慈善奖”——“在脱贫攻坚等慈善领域作出突出贡献”和“在抗击新冠肺炎疫情慈善领域作出突出贡献”双项荣誉。

制造业是 GDP 的基石，未来玖龙纸业将继续朝着环保、节能型、智能化管理的企业目标迈进，巩固行业龙头地位，奠定企业百年基业。

总部地址：广东省东莞市松山湖园区新城路 12 号，**邮编：**523808

联系电话：0769-89289999

联系邮箱：info_group@ndpaper.com，**单位网址：**www.ndpaper.com

企业性质：港澳台独资

法人代表：张茵

成立时间：1995 年，**职工总数：**2 万余人（国内）

主要产品：各环保包装用纸、高档包装用纸、食品级包装用纸、环保文化用纸、全木浆文化用纸、特种纸、纸浆及纸板 / 箱等

主要纤维原料：废纸、纸浆

【主要生产情况】

截至 2023 年 12 月 31 日，集团总设计年产能如下：

产品品种	主要纤维原料	生产能力 /（万吨 / 年）
1．造纸（已建成 53 条先进的造纸生产线）		2112
其中：卡纸	废纸、纸浆	1343
高强瓦楞原纸	废纸、纸浆	370
涂布灰底白纸板	废纸、纸浆	260
文化用纸	废纸、纸浆	112
特种纸	废纸、纸浆	27
2．制浆		472
其中：木浆		217
再生浆		70
木纤维		185
3．下游包装厂（已建成 13 条高强瓦楞纸板 / 纸箱生产线）		超过 28 亿米 ^{2}/ 年

（卢燕芳）

山东太阳控股集团有限公司

Shandong Sun Holdings Group

【企业概况】

山东太阳控股集团有限公司始创于 1982 年，是全球先进的跨国造纸集团和林浆纸一体化集团，业务涉及投资、造纸等领域。旗下主要有山东太阳纸业股份有限公司（股票代码：002078）、万国纸业太阳白卡纸有限公司、山东国际纸业太阳纸板有限公司、山东万国太阳食品包装材料有限公司等，位列中国企业 500 强。

公司拥有全球先进的制浆、造纸生产线，产品逐渐形成了以高档文化用纸、高档包装用纸、高档生活用纸、高档特种纸及特种纤维溶解浆等为主导的系列产品结构。拥有“金太阳”“华夏太阳”“天阳”“九州太阳”“幸福阳光”“万国骄阳”“万国联邦”“万国润阳”“万国润彩”“威尔”等主要品牌，“金太阳”为中国驰名商标。

公司拥有国家企业技术中心、院士工作站、博士后科研工作站、泰山学者岗、山东省生物基材料技术创新中心等多个省级以上重要创新研发平台，承担国家 863 计划项目 1 项、国家及省部级科研课题 30 余项，荣获国家科学技术进步一等奖、中国工业大奖表彰奖、国家科技进步二等奖等重要奖项。

2023 年，公司进入山东、广西和老挝“三大基地”全面协同发展的新阶段，随着北海园区、南宁园区新项目顺利投产，公司产能进一步释放，稳步构建起了“林浆纸一体化”全产业链，持续提升可持续发展能力。站在新的起点，公司将紧紧围绕高质量发展首要任务，坚定不移加快推进新型工业化，加快锻造新质生产力，以实际行动走好绿色低碳高质量发展之路，努力把公司打造成为可持续发展、受人尊重的全球卓越企业！

单位地址：山东省济宁市兖州区友谊路 1 号，**邮编：**272100

联系电话：0537-7928711/7928713，**联系传真：**0537-7928489

联系邮箱：wuxinfang@sunpaper.cn，**单位网址：**www.sunpapergroup.com

企业性质：民营企业

法人代表：李鲁，**经营负责人：**李洪信，**技术负责人：**应广东

成立时间：1982 年，**职工总数：**20406 人，**其中技术人员数：**2000 人

2023 年纸浆生产量：413 万吨，**纸及纸板生产量：**952 万吨

2023 年销售收入：721.80 亿元，**利税总额：**48.37 亿元，**利润总额：**33.21 亿元

2023 年企业科研经费投入：14.47 亿元

主要产品：高档文化用纸、高档包装用纸、高档生活用纸、高档特种纸及特种纤维溶解浆

主要纤维原料：外购木浆和自制木浆

纸机总数：41 台，**制浆线总数：**20 条

【主要生产线】

主要制浆生产线

截至 2023 年 12 月 31 日，集团总设计年产能：

产品品种	主要纤维原料	生产能力 /（万吨 / 年）
造纸（包括文化用纸、箱纸板、生活用纸、特种纸等）	纸浆	1002
制浆	杨木、桉木、相思、阔叶木片等	560

（吴新房）

理文造纸有限公司

Lee & Man Paper Manufacturing Limited

【企业概况】

理文造纸有限公司于 2003 年 9 月在香港联合交易所上市，股份编码：02314。主要产品有包装用纸和生活用纸：包装用纸有牛皮箱纸板、瓦楞原纸及涂布白纸板等，总年产能为 808 万吨；生活用纸有生活用纸原纸和成品纸。公司拥有生活用纸品牌 2 个："亨奇"牌和"理文"牌，品牌下设不同系列产品，年总产能为 97.2 万吨。理文造纸有限公司是行业内最具规模及实力的造纸厂之一，也是亚太地区同类产品最大的造纸厂商之一。

理文造纸有限公司由创办之初至迅速发展，得到各方友好的鼎力支持。目前在我国设有 5 家造纸工厂，分别为：广东理文造纸有限公司、东莞理文造纸厂有限公司、江苏理文造纸有限公司、重庆理文造纸有限公司、江西理文造纸有限公司；并设有 3 家生活用纸生产工厂，分别为：重庆理文卫生用纸制造有限公司、江西理文卫生用纸制造有限公司、广东理文卫生用纸有限公司。另外，在越南、马来西亚等国家也设有生产基地。公司不断投放资源于购置先进设备及研发工作，力求生产优质且价格相宜的产品。

理文造纸有限公司配有完善的配套设施，包括先进的造纸生产线、汽电一体化的发电站、水厂、废水处理站、码头、大型废纸堆场、成品仓库及庞大的运输车队等；并设有现代化的办公大楼及完善的生活设施，如饭堂、运动场、图书室、网吧及员工娱乐中心等。

理文造纸有限公司自有庞大的水陆运输队伍，能充分保障及时快捷地将成品送到客户指定的地点。公司采用全计算机化管理，从原料采购、原料运输、生产成品，到成品纸运送给客户的过程，可全程查询，让我们的供货更快捷、更准确、更可靠。

理文造纸有限公司由创立至今，非常注重节能环保工作，始终秉持质量管理及环境保护宗旨，生产过程严格按照国际环境保护管理体系要求执行。公司已获得 ISO 14001、ISO 9001、ISO 45001、QCO 80000、FSC-COC 产销监管链国际认证，以及能源管理体系认证，并获得了"清洁生产企业"称号。公司将在蓬勃发展中，力争成为世界知名的环保节能和创新型的诚信企业。

单位地址：香港北角电气道 169 号理文商业中心 39 号楼

联系电话：00852-2319-9889，**联系传真**：00852-2319-9393

联系邮箱：samco_liu@leemanpaper.com

企业性质：中外合资

法人代表：李文斌，**经营负责人**：李文俊，**技术负责人**：李文斌

成立时间：1994 年，**职工总数**：12110 人，**其中技术人员数**：1218 人

2023 年纸浆生产量：33 万吨，**纸及纸板生产量**：603 万吨，**生活用纸生产量**：67 万吨

2023 年销售收入：226 亿元，**利税总额**：20 亿元，**利润总额**：13 亿元

2023 年企业科研经费投入：6.5 亿元

主要产品：牛卡纸、瓦楞原纸、涂布灰底白纸板、竹浆、生活用纸

主要纤维原料：废纸、竹浆、木浆

纸机总数：56 台

蒸煮器总数：7 台

【主要生产线】

主要制浆生产线

生产线名称	纤维原料	制浆方法	蒸煮器	主体设备供货厂商	产品品种	生产能力/（万吨/年）	投产时间
BKP1	竹片	硫酸盐法	DDS 间歇蒸煮锅	中国联合装备集团安阳机械有限公司	漂白或本色（氧脱）竹浆	18	2008–10

主要造纸生产线

生产线名称	纸机			主体设备供货厂商	产品品种	纤维原料	生产能力/（万吨/年）	投产时间
	网部形式	幅宽/毫米	工作车速/（米/分）					
PM1	长网	3200	300	辽阳造纸机械股份有限公司	瓦楞原纸	废纸	5.5	1998–04
PM2	二叠网	3200	300	辽阳造纸机械股份有限公司	仿牛卡纸	废纸	5.5	1998–07
PM3	三叠网	4200	700	日本小林制作所	牛卡纸	废纸、木浆	22	2000–08
PM4	夹网	5500	1100	福伊特公司	牛卡纸	废纸、木浆	40	2002–09
PM5	三叠网	4400	750	日本小林制作所	牛卡纸	废纸、木浆	32	2003–11
PM6	二叠网	6600	900	韩国金星机械公司	仿牛卡纸	废纸	35	2004–10
PM7	三叠网	6650	1000	三菱重工业株式会社	牛卡纸	废纸	50	2006–01
PM8	三叠网	6600	1000	维美德公司	牛卡纸	木浆、废纸	50	2007–02
PM9	三叠网	6650	1000	维美德公司	牛卡纸	木浆、废纸	50	2007–06
PM10	三叠网	5500	850	日本小林制作所	白面牛卡纸	木浆、废纸	40	2007–09
PM11	三叠网	5500	850	日本小林制作所	牛卡纸	木浆、废纸	40	2007–07
PM12	二叠网＋顶网	6650	1000	韩国金星机械公司	仿牛卡纸	废纸	45	2008–05
PM13	三叠网	5500	800	日本小林制作所	牛卡纸	废纸	40	2008–06
PM15	二叠网	6650	1100	维美德公司	牛卡纸	废纸	50	2011–08
PM3	三叠网	4200	700	日本小林制作所	牛卡纸	废纸、木浆	22	2000–08
PM4	夹网	5500	1100	福伊特公司	牛卡纸	废纸、木浆	40	2002–09
PM5	三叠网	4400	750	日本小林制作所	牛卡纸	废纸、木浆	32	2003–11
PM6	二叠网	6600	900	韩国金星机械公司	仿牛卡纸	废纸	35	2004–10
PM7	三叠网	6650	1000	三菱重工业株式会社	牛卡纸	废纸	50	2006–01
PM8	三叠网	6600	1000	维美德公司	牛卡纸	木浆、废纸	50	2007–02
PM9	三叠网	6650	1000	维美德公司	牛卡纸	木浆、废纸	50	2007–06
PM10	三叠网	5500	850	日本小林制作所	白面牛卡纸	木浆、废纸	40	2007–09
PM11	三叠网	5500	850	日本小林制作所	牛卡纸	木浆、废纸	40	2007–07
PM12	二叠网＋顶网	6650	1000	韩国金星机械公司	仿牛卡纸	废纸	45	2008–05
PM13	三叠网	5500	800	日本小林制作所	牛卡纸	废纸	40	2008–06
PM15	二叠网	6650	1100	维美德公司	牛卡纸	废纸	50	2011–08

续表

生产线名称	纸机			主体设备供货厂商	产品品种	纤维原料	生产能力 /（万吨 / 年）	投产时间
	网部形式	幅宽 / 毫米	工作车速 /（米 / 分）					
PM16	长网 + 夹网	5500	900	韩国金星机械公司、日本小林制作所	仿牛卡纸	废纸	40	2011-11
PM17	四叠网 + MB 网	6650	750	维美德公司	涂布灰底白纸板	废纸、木浆	60	2012-07
PM18	长网	6650	1000	韩国金星机械公司	挂面箱纸板	废纸	35	2013-06
PM19	三叠网	6650	900	韩国金星机械公司	白面牛卡纸、挂面箱纸板、瓦楞原纸	废纸	40	2017-03
PM20	三叠网	6650	1000	维美德公司	瓦楞原纸	废纸	40	2014-07
PM21	二叠网	6650	1200	维美德公司	瓦楞原纸	废纸	40	2017-09
PM23	三叠网	5600	850	上海轻良实业有限公司	箱纸板	废纸、木浆	30	2020-11
PM25	三叠网	5600	850	上海轻良实业有限公司	箱纸板	废纸	30	2021-04
PM26	二叠网	5600	850	上海轻良实业有限公司	瓦楞原纸、箱纸板	废纸	25	预计 2022-12
PM27	三叠网	5600	850	江苏华东造纸机械有限公司	箱纸板	废纸、木浆	30	预计 2022-9
TM1	圆网	2760	1000	日本川之江造机株式会社	生活用纸	竹浆、木浆	1.5	2014-07
TM2	圆网	2760	1000	日本川之江造机株式会社	生活用纸	竹浆、木浆	1.5	2014-07
TM3	新月型	5600	2000	福伊特公司	生活用纸	竹浆、木浆	6	2015-06
TM4	新月型	5600	2000	维美德公司	生活用纸	竹浆、木浆	6	2015-10
TM5	新月型	5600	2000	维美德公司	生活用纸	竹浆、木浆	6	2016-09
TM6	新月型	5600	2000	维美德公司	生活用纸	竹浆、木浆	6	2016-10
TM7	新月型	5600	2000	维美德公司	生活用纸	竹浆、木浆	6	2016-11
TM8	新月型	5600	2000	维美德公司	生活用纸	竹浆、木浆	6	2016-12
TM9	新月型	5600	2000	福伊特公司	生活用纸	竹浆、木浆	6	2017-05
TM10	新月型	5600	2000	福伊特公司	生活用纸	竹浆、木浆	6	2017-06
TM11	新月型	5600	2000	福伊特公司	生活用纸	竹浆、木浆	6	2017-11
TM12	新月型	5600	2000	福伊特公司	生活用纸	竹浆、木浆	6	2017-12
TM13	新月型	5600	2000	维美德公司	生活用纸	竹浆、木浆	6	2018-01
TM15	新月型	5600	2000	维美德公司	生活用纸	竹浆、木浆	6	2018-03
TM16	新月型	5600	2000	维美德公司	生活用纸	竹浆、木浆	6	2018-05
TM17	新月型	5600	2000	维美德公司	生活用纸	竹浆、木浆	6	2018-06
TM18	新月型	2850	1300	佛山市南海区宝拓造纸设备有限公司	生活用纸	竹浆、木浆	1.7	2019-09
TM19	新月型	2850	1300	佛山市南海区宝拓造纸设备有限公司	生活用纸	竹浆、木浆	1.7	2019-09

续表

生产线名称	纸机			主体设备供货厂商	产品品种	纤维原料	生产能力/（万吨/年）	投产时间
	网部形式	幅宽/毫米	工作车速/（米/分）					
TM20	新月型	2850	1300	佛山市南海区宝拓造纸设备有限公司	生活用纸	竹浆、木浆	1.7	2019-10
TM21	新月型	2850	1300	佛山市南海区宝拓造纸设备有限公司	生活用纸	竹浆、木浆	1.7	2019-10
TM22	新月型	2850	1300	佛山市南海区宝拓造纸设备有限公司	生活用纸	竹浆、木浆	1.7	2019-10
TM23	新月型	2850	1300	佛山市南海区宝拓造纸设备有限公司	生活用纸	竹浆、木浆	1.7	2019-10
TM25	新月型	2850	1300	佛山市南海区宝拓造纸设备有限公司	生活用纸	竹浆、木浆	1.7	2021-08
TM26	新月型	2850	1300	佛山市南海区宝拓造纸设备有限公司	生活用纸	竹浆、木浆	1.7	2021-08
TM27	新月型	2850	1300	佛山市南海区宝拓造纸设备有限公司	生活用纸	竹浆、木浆	1.7	2021-08
TM28	新月型	2850	1300	佛山市南海区宝拓造纸设备有限公司	生活用纸	竹浆、木浆	1.7	2021-09
TM29	新月型	2850	1300	佛山市南海区宝拓造纸设备有限公司	生活用纸	竹浆、木浆	1.7	2021-09
TM30	新月型	3550	700	佛山市南海区宝拓造纸设备有限公司	生活用纸	竹浆、木浆	2.65	2021-10
TM31	新月型	2850	1300	江苏信诺轨道科技有限公司	生活用纸	竹浆、木浆	1.7	2021-09
TM32	新月型	2850	1300	江苏信诺轨道科技有限公司	生活用纸	竹浆、木浆	1.7	2021-09
TM33	新月型	2850	1300	佛山市南海区宝拓造纸设备有限公司	生活用纸	竹浆、木浆	1.7	2021-10
TM35	新月型	2850	1400	江苏信诺轨道科技有限公司	生活用纸	竹浆、木浆	1.95	2021-10
TM36	新月型	2850	1300	佛山市南海区宝拓造纸设备有限公司	生活用纸	竹浆、木浆	1.7	2021-11
TM37	新月型	2850	1300	佛山市南海区宝拓造纸设备有限公司	生活用纸	竹浆、木浆	1.7	2021-11

（刘 凯）

山鹰国际控股股份公司

Shanying International Holdings Co.，Ltd.

【企业概况】

山鹰国际控股股份公司（股票代码：600567）是以再生纤维回收、工业及特种纸制造、包装产品定制、产业互联网等为一体的国际化企业。公司致力于产业生态构建和商业模式创新，成为“为客户创造长期价值的全球绿色包装一体化解决方案服务商”。

山鹰国际布局全球、深耕中国。产业分布中国、泰国、越南、挪威、瑞典、加拿大、美国等国家。截至2023年12月，公司在海内外拥有45家再生资源回收企业、13家工业及特种纸制造企业，69家包装产品定制企业、2家产业互联平台。连续8年蝉联《财富》中国500强。

山鹰国际以可持续发展为己任，坚持产品创新，积极探索“以纸代塑”。其主要产品——各类包装原纸、特种纸及纸板、纸箱、食品级纸塑等，被广泛用于消费电子、家电、化工、轻工、食品等消费品及工业品行业；着力制造业绿色升级，努力降低单位GDP能耗，推动绿色循环低碳发展。目前公司拥有2所博士后科研工作站、14家国家级高新技术企业、4个环保资源综合利用项目，创建工业4.0智能化工厂。获评“造纸行业创新企业”“2020年IDC数字化转型信息数据领军者”“中国卓越管理公司”等称号。截至2023年12月，山鹰国际及旗下四家造纸基地通过EATNS碳管理体系贯标评定并取得相应的认证证书，成为造纸行业第一批通过EATNS碳管理体系认证的企业。

总部地址：上海市杨浦区安浦路645号6号楼，**邮编：**200082

联系电话（区号）：021-60360888，**联系传真（区号）：**021-62376799

联系邮箱：SY@shanyingintl.com

企业性质：民营企业

法人代表：吴明武

成立时间：1999年，**职工总数：**14024人

主要产品：

（国内）在安徽马鞍山、浙江嘉兴、福建漳州、湖北荆州、广东肇庆、吉林松原、安徽宿州生产包括箱纸板、瓦楞纸、涂布牛卡纸、白面牛卡纸在内的工业包装用纸，以及包括新闻纸、伸性纸袋纸及棉签纸棒纸等的特种纸。

（海外）山鹰国际的参股公司北欧纸业布局于瑞典、挪威和加拿大，生产天然防油纸、特种牛皮纸、高强度纸袋纸、电工纸及水帘纸等，于2020年10月在瑞典纳斯达克成功上市；山鹰国际的控股公司凤凰纸业位于美国肯塔基州，主要生产硬木漂白浆、双胶纸、喷墨打印纸等文化用纸产品。

主要纤维原料：木浆、废纸、再生浆

截至2023年12月，山鹰国际造纸板块已经形成在核心区域华东、华南、华中等超800万吨的布局优势，规模位列行业第二。原纸板块产量678.47万吨，同比增长10.35%，销量677.73万吨，同比增长9.97%，产销率99.89%，实现产销稳步增长；包装板块年产量20.6亿米^2，位居中国第二，毛利率13.4%，同比增加2.69个百分点。

2023年营业收入：293.33亿元

2023年经营性现金流量净额：31.67亿元

2023年纳税总额：15.21亿元

2023 年研发投入：83687.87 万元

2023 年环保资金投入：39259.18 万元

2023 年公益投入：253.96 万元

【主要生产情况】

截至 2023 年 12 月 31 日，山鹰国际现有落地产能如下：

生产线名称	产品品种	生产能力（万吨 / 年）	投产时间
PM1	箱纸板	28	2002–12
PM2	新闻纸	18	2007–10
PM3	箱纸板	30	2009–11
PM5	箱纸板 高强瓦楞原纸	50	2014–09
PM6	箱纸板	50	2014–07
PM11	箱纸板	45	2008–03
PM12	箱纸板 高强瓦楞原纸	25	2006–03
PM13	涂布牛卡纸 白面牛卡纸	65	2012–01
PM15	高强瓦楞原纸	25	2011–11
PM16	箱纸板	65	2023–02
PM17	箱纸板	50	2023–10
PM21	箱纸板 高强瓦楞原纸	55	2019–12
PM22	箱纸板 高强瓦楞原纸	50	2020–05
PM23	高强瓦楞原纸	40	2020–09
PM31	箱纸板 高强瓦楞原纸	15	2006–07
PM32	箱纸板	20	2008–09
PM33	瓦楞原纸	30	2011–08
PM35	瓦楞原纸	10	2010–12
PM51	伸性纸（特种纸）	10	—
PM52	箱纸板	65	2022–05
PM53	箱纸板	50	2022–10
PM61	瓦楞原纸	35	2024–01

（虞嘉宝）

山东博汇纸业股份有限公司

Shandong Bohui Paper Industry Co.，Ltd.

【企业概况】

山东博汇纸业股份有限公司（以下简称“博汇纸业”）成立于 1994 年，总部位于山东淄博，拥有山东、江苏两大生产基地。2004 年在上海证券交易所主板挂牌上市（A 股代码：600966）。公司专注于浆纸一体化的研发、生产、销售，在国家双碳战略目标下，大力推进绿色低碳循环经济发展，不断优化产品结构，开拓新品市场，提高市场占有率。主要产品有白纸板、文化用纸、箱纸板、石膏护面纸等。先后荣获“国家高新技术企业”“国家知识产权优势企业”“中国造纸企业 20 强”“中国制造业企业 500 强”“中国制造业民营企业 500 强”“中国轻工业数字化转型先进单位”“中国轻工业二百强企业”“中国轻工业科技百强企业”“2023 绿色可持续发展贡献奖”“2023 数字化创新引领奖”“山东省造纸行业‘十强企业’”山东省企业信用等级 AAA 级”“山东省两化融合优秀企业”“山东省级智能工厂”“山东省首批数字经济‘晨星工厂’”“山东省级绿色工厂”“山东省级绿色供应链管理企业”“山东民营企业 100 强”“山东民营企业吸纳就业 100 强”“淄博市工业百强企业”“淄博市综合百强企业”“鲁企 300 强”等荣誉。

近年来，博汇纸业以碳中和、碳达峰目标为引领，深入实施绿色制造，不断优化产业结构，做强做大主业，充分借助 APP 中国在技术和管理方面的专业化优势，整合优质资源，融合创新发展，使公司迈上了新的发展台阶。

博汇纸业始终秉承“自强不息，海纳百川，挑战极限，誓达胜利”的企业精神，以“数字化转型、科技创新”战略为引领未来发展，在“以人为本，四轮驱动”的融合创新中，通过推行 MBOS 和精益管理体系，促进提质增效；通过完善三废治理体系，打造绿色循环产业；通过实施信息化建设、智能化生产和数字化改造，助力企业转型升级，实现高质量可持续发展。

【企业基本信息】

单位地址：山东省淄博市桓台县马桥镇工业路北首，**邮编：**256400

联系电话：0533-8536858

企业性质：民营企业

法人代表：林新阳，**经营负责人：**刘继春，**技术负责人：**王俊明

成立时间：1994 年，**职工总数：**2576 人，**其中技术人员数：**378 人

主要产品：白纸板、箱纸板、文化用纸、石膏护面纸

纸机总数：5 台

【主要生产线】

主要造纸生产线

生产线名称	纸机			主体设备供货厂商	产品品种	纤维原料	生产能力/（万吨/年）	投产时间
	网部形式	幅宽/毫米	工作车速/（米/分）					
年产20万吨高档包装纸板项目（卡一）	多层网	5630	500	福伊特公司	白纸板	NBKP、LBKP、BCTMP	20	2003-07
年产35万吨高档包装纸板项目（卡二）	三网合一	5630	900	维美德公司	白纸板	NBKP、LBKP、BCTMP	35	2009-12
年产50万吨石膏板护面纸（PM5）	三网合一	8810	1200	福伊特公司	箱纸板、石膏护面纸	NUKP、LUKP、国废	50	2019-05
年产50万吨高档瓦楞原纸（PM6）	夹网成型	9660	1500	维美德公司	文化用纸	AOCC、LOCC	50	2019-03
年产45万吨高档信息用纸项目（PM8）	夹网成型	9600	1600	维美德公司	文化用纸	全木浆	45	2022-10

（任　云）

华泰集团有限公司

Hua Tai Group Co.，Ltd.

【企业概况】

华泰集团有限公司（简称“华泰集团”）是一家以造纸、化工为主导产业，集印刷、热电、物流、林业、环保、商贸、房地产、金融等十多个产业于一体的全国 500 强企业集团。公司总资产 380 亿元，年造纸生产能力 400 万吨，年化工及造纸助剂 300 万吨，年印刷能力 230 万色令，是全球最大的高档新闻纸生产基地和全国最大的盐化工生产基地。

按照林浆纸一体化发展模式，华泰集团分别在山东、安徽、河北、广东建成了六大浆纸生产基地，引进了国际最先进的十多条造纸生产线。公司先后与多家世界 500 强企业进行“强强联合”，其中，华泰集团与比利时索尔维集团合资增上的电子级食品级双氧水生产线，产品填补国内空白；由李克强总理和德国默克尔总理见证签约，华泰集团与德国福伊特集团实施了“造纸工业 4.0 战略”，引领造纸行业向“智能制造”迈进。公司始终将科技创新当成发展的第一引擎，建成了全国造纸行业首个博士后科研工作站、国家企业技术中心、国家 CNAS 认可实验室、山东省“泰山学者岗”、山东省废纸综合利用工程技术研究中心、院士工作站等七大科研平台，是造纸行业唯一一家荣获七项国家科学技术进步奖的企业。

公司始终不忘初心，坚守匠心，坚持做中国高档纸张第一品牌。目前，公司新闻纸产品成功占据全国 70% 市场，成为人民日报、光明日报、新华每日电讯等国家党政机关报社首选第一品牌。全国约有 20% 高档文化纸均来自华泰，党的十九大精神文件书籍、全国教辅教材用纸等均采用华泰纸进行印刷。多年来，华泰集团的发展成绩受到各级部门的认可，先后被中组部授予全国创先争优先进基层党组织，被国务院授予全国就业先进企业，被全国总工会授予全国五一劳动奖状、全国工人先锋号、全国模范职工之家，被山东省政府授予首届省长质量奖，曾荣获全国守合同重信用企业、国家重点高新技术企业、国家技术创新示范企业等多项殊荣。

公司名列 2023 中国企业 500 强第 309 位，中国民营企业 500 强第 126 名，上榜中国轻工二百强第 10 名，连续多年名列造纸行业前三，彰显出企业的强劲实力和良好的发展前景。华泰集团按照“稳固、提升造纸主业，拉长、壮大化工产业，发展新材料、机械加工、现代物流、金融、贸易、信息等新兴产业”的总体发展战略，积极推动“转调创”，力争到“十四五”末，销售收入突破 1000 亿元，把华泰集团建成国际化综合型千亿元大企业集团。

单位地址：山东省广饶县大王镇潍高路 251 号，**邮编：**257335

联系电话：0546-7798229，**联系传真：**0546-6888018

联系邮箱：jinrihuatai@163.com

企业性质：民营企业

法人代表：李建华，**经营负责人：**李晓亮，**技术负责人：**张凤山

成立时间：1976 年，**职工总数：**12381 人，**其中技术人员数：**1127 人

2023 年纸及纸板生产量：300.8 万吨

2023 年销售收入：773.9 亿元

主要产品：新闻纸、铜版纸、胶版纸、特种纸

主要纤维原料：废纸、杨木片

纸机总数：12 台

【主要生产线】

主要制浆生产线

生产线名称	纤维原料	制浆方法	蒸煮器	主体设备供货厂商	产品品种	生产能力/（万吨/年）	投产时间
8 号机	木浆板	碎浆、打浆		安德里茨公司	木浆	40	2011
9 号机	废纸、木浆板	浮选脱墨		福伊特公司	脱墨浆、木浆	16	2001
10 号机	废纸、木浆板	浮选脱墨		福伊特公司	脱墨浆、木浆	25	2003
11 号机	废纸	浮选脱墨		福伊特公司	脱墨浆	52	2005
12 号机	废纸	浮选脱墨		福伊特公司	脱墨浆	45	2006
杨木浆生产线	杨木片	BCTMP		美卓公司	杨木 BCTMP	30	2006
安徽华泰漂白化学浆	阔叶木、针叶木	硫酸盐法	超级间歇蒸煮	美卓公司、安德里茨公司	化学浆	30	2012
广东华泰650 吨脱墨线	废纸	脱墨法		美卓公司	脱墨浆	40	2011
日照华泰10 万吨阔叶木浆生产线	阔叶木、针叶木	DDS 间歇蒸煮	立锅	安阳机械厂、美国 ITT 公司等	针叶木浆、阔叶木浆	10	2010
河北华泰新闻纸机	废纸	浮选脱墨		福伊特公司	脱墨浆	30	2005

主要造纸生产线

生产线名称	纸机			主体设备供货厂商	产品品种	纤维原料	生产能力/（万吨/年）	投产时间
	网部形式	幅宽/毫米	工作车速/（米/分）					
8 号机	夹网	8100	1700	美卓公司	铜版纸	木浆	70	2011
9 号机	叠网	6500	1400	福伊特公司	文化用纸	脱墨浆、木浆	16	2001
10 号机	夹网	7100	1800	福伊特公司	文化用纸	脱墨浆、木浆	25	2003
11 号机	夹网	10200	1800	福伊特公司	新闻纸	脱墨浆	40	2005
12 号机	夹网	11000	2000	福伊特公司	新闻纸	脱墨浆	45	2006
安徽华泰1 号机	叠网	4450	1000	美卓公司	文化用纸	自制化学浆、机械磨木浆	15	2012
广东华泰1 号机	夹网	6100	1800	美卓公司	新闻纸	脱墨浆	40	2011
河北华泰新闻纸机	夹网	7900	1950	美卓公司	新闻纸	脱墨浆	30	2005

（任爱丽）

江苏荣成环保科技股份有限公司

Jiangsu Rongchen Greentech Co.，Ltd.

【企业概况】

江苏荣成环保科技股份有限公司（以下简称“荣成环科”），专注低碳造纸及绿色智能包装，为垂直整合的服务型制造业，以回收废纸作为造纸原料，同时为客户的产品提供客制化高附加价值的整体产品包装解决方案。目前荣成环科包含：无锡荣成环保科技有限公司、平湖荣成环保科技股份有限公司、湖北荣成再生科技有限公司等 3 家造纸企业。2023 年新增 PM7A 年产 35 万吨高档箱纸板生产线，截至 2023 年年底瓦楞纸及纸板年设计产能达到 308 万吨。

荣成环科设有研发部门，专门从事高端箱纸板等主营产品的工艺制程研究、生产工艺改良及技术创新等方面的研究开发，将研究成果发展为实际应用，如纸浆加药、纸张吹送、废渣清洗分类、发电系统除氧、锅炉除尘工艺等，并通过国家高新技术企业认定，也取得 FSC 森林管理体系及 ISO 9001、ISO 14001、ISO 5001、ISO 45001、ISO 14064 等安全、质量、环保、能源管理体系认证。无锡荣成环保科技有限公司先后评获“全国工人先锋号”“江苏省专精特新‘小巨人’企业”“节水型企业”“江苏省绿色工厂”等荣誉称号；平湖荣成环保科技有限公司先后评获“嘉兴市技术中心、绿色工厂、国网嘉兴供电公司五星合作伙伴”“省级高新技术企业研究开发中心、省级企业研究院、浙江省节水标杆企业”等荣誉称号。

湖北荣成再生科技有限公司先后评获“湖北省专精特新企业”“湖北省节水型企业”“湖北省制造业企业 100 强”“国家级绿色工厂”等荣誉称号。

荣成环科秉持绿色环保、智能化的经营模式，以高新生产技术发展低克重、高强度的产品，并不断投资环保设施达到各项超低排放指标，进行节能减排，为实现碳达峰碳中和助力。

总部地址：江苏省昆山市陆家镇金阳东路 33 号，**邮编：**215331

联系电话：0512–57876688，**联系传真：**0512–57878080

联系邮箱：x5004@longchengreentech.com

企业性质：中外合资

法人代表：王瑞荣

成立时间：2003 年，**职工总数：**1800 余人（国内）

主要产品：瓦楞原纸、箱纸板及纱管纸

主要纤维原料：废纸

【主要生产情况】

截至 2023 年 12 月 31 日，集团总设计年产能如下：

产品品种	主要纤维原料	生产能力（万吨 / 年）
1．造纸 （已建成 13 条先进的造纸生产线）		308
其中：瓦楞原纸	废纸	65
箱纸板	废纸	230
纱管纸	废纸	13
2．制浆		308
其中：废纸浆（绝干）		308

（邵明瑞）

联盛纸业（龙海）有限公司

Liansheng Paper（Longhai）Co.，Ltd.

【企业概况】

联盛纸业（龙海）有限公司（以下简称“联盛纸业”）位于厦门市环岛半小时经济圈和海外出口市场开拓的绝佳位置。该公司秉持发展循环经济理念、以保护原生环境为己任，是一家以再生资源废纸为主要原料的环保型造纸与热电联产为一体的福建省龙头企业。历经磨砺，如今已发展成为集产品研发、废纸回收、废纸制浆、造纸、销售、物流为一体的超大型现代化造纸企业。

联盛纸业于 2010 年在福建省漳州台商投资区建厂，至今已发展成为年产能 260 多万吨、年产值超 100 多亿元、拥有员工 2400 余人的超大型现代化造纸集团，主导产品包括涂布白纸板、涂布牛卡纸、高强瓦楞原纸、高档牛卡纸、纱管原纸、灰纸板、单面涂布灰底白纸板等 7 个品种多个级别的包装用纸，产品被誉为“福建省名牌产品”。

联盛纸业自建厂以来被福建省质量管理协会推荐为“福建省产品质量信得过单位”，获得“国家级高新技术企业”认定，并授予“福建省科技进步一等奖”，多年被漳州市人民政府认定为“守合同重信用单位”“纳税大户”“经济建设突出贡献奖”“经济建设功臣”等荣誉称号，此外，公司还被授予“国家级绿色工厂”“依法经营 诚信纳税”“福建省循环经济示范企业”“福建省质量管理优秀单位”“福建省质量诚信示范单位”“国家知识产权优势企业”等荣誉称号。

联盛纸业先后通过了 ISO 9001 质量管理、ISO 14001 环境管理、ISO 45001 职业健康管理、ISO 50001 能源管理体系、SA8000 社会责任管理体系、环境标志产品认证、FSC-COC 森林认证。

联盛纸业始终坚持“以诚为本、优质服务”的经营方针，以“务实、简单、高效、卓越”为发展主题，以“减量化、再利用、资源化”为原则，以“发展循环经济，打造百年企业”为经营发展理念，以创新为动力，走出一条具有自身特色的可持续发展道路，致力跻身国际造纸前列，为我国经济、社会发展做出突出贡献。

单位地址：福建省漳州台商投资区角美镇凤山工业园，**邮编：**363107

联系电话：0596-6782929，**联系邮箱：**646311651@qq.com

企业性质：民营企业，**法人代表：**陈加育

成立时间：2010 年，**职工总数：**2600

2023 年纸板生产量：272 万吨

2023 年销售收入：78.5 亿元，**利税总额：**3.87 亿元

2023 年企业科研经费投入：2.59 亿元

主要产品：白面牛卡纸、牛皮箱纸板、高强瓦楞原纸、灰纸板、纱管纸、涂布牛卡纸、灰底涂布白板纸

主要纤维：LOCC、DIP、ONP、NBKP、LBKP、NUKP、LUKP、TMP、CTMP

纸机总数：6 台

【主要造纸生产线】

生产线名称	纸机			主体设备供货厂商	产品品种	生产能力 /（万吨 / 年）	投产时间 / 年份
	网部形式	幅宽 / 毫米	工作车速 /（米 / 分）				
PM5	两叠网带顶网	6600	1200	维美德公司	牛皮箱纸板	45	2012
PM6	单长网带顶网	6600	1250	维美德公司	高强瓦楞原纸	35	2012
PM7	四叠网	5900	420	霍尼韦尔公司	灰纸板 / 纱管纸	35	2013
PM8	四叠网	6600	1000	福伊特公司	涂布白纸板	40	2014
PM9	夹网	6600	1350	福伊特公司	牛皮箱纸板	45	2017
PM10	三叠网	8600	1150	维美德公司	白面牛卡纸 / 牛皮箱纸板	60	2020

（杨聪渊）

中国纸业投资有限公司

China Paper Investment Co.，Ltd.

【企业概况】

中国纸业投资有限公司（以下简称“中国纸业”）原名中国物资开发投资总公司，成立于 1988 年，为中国诚通控股集团有限公司（以下简称“中国诚通”）全资子公司。中国诚通成立于 1992 年，由国务院国资委代表国务院履行出资人职责，是首家国有资产经营公司试点企业，是首批中央企业国有资本运营公司试点，是经国资委批准的唯一拥有林浆纸生产、开发并利用主业的央企。中国纸业旗下有三家上市公司：冠豪高新（SH，600433）、岳阳林纸（SH，600963）、美利云（SZ，000815），其中冠豪高新、岳阳林纸为控股子企业，美利云为受托管理企业。在湖南、广东、山东、浙江、宁夏等地拥有多个生产基地，产品涵盖文化用纸、办公用纸、包装用纸、特种纸和浆类五大系列产品，文化类印刷用纸、静电办公用纸、彩色纸、高端烟卡、食品卡纸、高端社会卡纸、精品牛皮纸、高强瓦楞原纸、无碳复写纸、热敏纸、热升华转印纸、不干胶系列用纸、溶解浆等多种产品位于同类产品市场前列，在教材教辅、党政书刊、烟包、食品与工业包装、发票印刷、数码印刷、标签等行业广泛应用并取得了用户的高度认可，其中“红塔”“冠豪”“岳阳楼”等多个品牌在行业内具有较高知名度。产品渠道布局广，除内销外，还出口到欧美、东南亚等地区。在近年的发展中，中国纸业不仅坚持深耕高端绿色浆纸主责主业，同时瞄准国家发展战略，积极推进相关多元的战略性新兴产业培育孵化。

总部地址：北京市朝阳区安定路 5 号院 13 号楼 B 座十层，**邮编：**100029

联系电话：86-10-81131199，**联系传真：**86-10-81131121

联系邮箱：031690@chinapaper.com.cn

企业性质：国有企业

法人代表：钟天崎

成立时间：1988 年，**职工总数：**1.17 万

主要产品：涵盖文化用纸、包装用纸和纸板、特种用纸、生活用纸浆类五大系列产品

主要纤维原料：木浆、废纸浆和非木浆

【主要生产情况】

2023 年，中国纸业全系统浆纸产量 305 万吨（文化用纸、特种纸、白卡纸、包装用纸、瓦楞原纸、溶解浆、文化浆），销量 306 万吨，实现销售收入 181.19 亿元。

（吴登峰）

亚太森博（山东）浆纸有限公司

Asia Symbol（Shandong）Pulp and Paper Co.，Ltd.

【企业概况】

亚太森博（山东）浆纸有限公司是世界领先的浆纸纤垂直一体化企业、山东省投资规模名列前茅的侨资企业、商品木浆生产供应企业，也是浆纸行业产业升级、技术进步、绿色发展的标杆企业。企业目前累计投资近300亿元，具备年产木浆220万吨、白卡纸板60万吨、文化用纸50万吨、生活用纸15万吨、莱赛尔纤维2.5万吨的能力。公司木浆品牌“森博”、白卡纸板品牌“博旺”、文化用纸品牌“百旺”是浆纸行业高端品牌的代表。公司为客户生产订制化的产品，实现稳定的供应、稳定的质量、稳定的技术服务。

公司是国家有关浆、纸产品标准和有关行业标准的制、修订单位，引领高质量发展。公司已通过ISO 9001质量、ISO 14001环保、ISO 45001职业健康安全及ISO 50001能源管理认证体系。

公司累计投入70亿元用于环保，无论是总额还是占总投资的比例，均创国际同等规模浆纸工厂之最，主要环保指标达到行业领先水平。公司充分利用浆纸生产过程中产生的生物质废弃物提供能源，每年可减少300多万吨的碳排放。

公司把社会责任融入基因里，已累计投入超过1.3亿元用于文教卫生、扶贫救灾、环保宣教等社会公益慈善事业。

公司被评为国家绿色工厂、中国造纸工业环境友好企业、中国优秀企业公民、中国社会责任典范企业、全国优秀外商投资企业、高新技术企业、山东省节能先进企业、山东省循环经济示范企业、日照市功勋企业。公司坚持开放参观，是研学基地、环境教育基地、科普教育基地、社会实践基地和工业旅游示范点。

公司坚持“开发永续资源，创造美好生活”的宗旨，致力于成为规模最大、管理最佳、效益最好、以可持续的资源开发为基础的集团之一，保护环境，为客户创造价值，实现利民、利国、利业。

单位地址：山东省日照市北京路369号，**邮编：**276826

联系电话：0633–3361073，**联系传真：**0633–3361280

联系邮箱：xitian_he@asiasymbol.com

企业性质：中外合资

法人代表：吴和平，**经营负责人：**吴和平，**技术负责人：**范丰涛

成立时间：2005年，**职工总数：**3171人，**其中技术人员数：**359人

2023年纸浆生产量：221.8万吨，**纸及纸板生产量：**92.4万吨

2023年销售收入：131.98亿元，**利税总额：**4.78亿元，**利润总额：**0.43亿元

2023年企业科研经费投入：6.77亿元

主要产品：漂白硫酸盐化学木浆、溶解浆、高档白卡纸板（液体包装纸板、烟卡、食品卡、社会卡等）、莱赛尔纤维、文化用纸、生活用纸

主要纤维原料：桉木、相思木、针叶木

纸机总数：7台，**蒸煮器总数：**2台

【主要生产线】

主要制浆生产线

生产线名称	纤维原料	制浆方法	蒸煮器	主体设备供货厂商	产品品种	生产能力 /（万吨 / 年）	投产时间
一期制浆生产线	针叶木 / 阔叶木	漂白硫酸盐制浆法	低固形物连续蒸煮	安得里茨公司	漂白硫酸盐木浆	31.5	2002–10
二期制浆生产线	阔叶木	漂白硫酸盐制浆法	紧凑 G2 蒸煮技术	美卓公司	漂白硫酸盐木浆	170	2010–11

主要造纸生产线

生产线名称	纸机			主体设备供货厂商	产品品种	纤维原料	生产能力 /（万吨 / 年）	投产时间
	网部形式	幅宽 / 毫米	工作车速 /（米 / 分）					
一期纸板生产线	多网	3625	600	福伊特公司	高档白卡纸板	化学浆、机械浆	17	2002–10
液体包装纸板生产线	多网	4600	1000	福伊特公司	液体包装纸板	化学浆、机械浆	35	2014–06
生活用纸生产线	新月型	5650	1800	安得里茨公司	生活用纸	化学浆	10	2023–05
生活用纸生产线	新月型	2850	1600	山东凯信重机有限公司	生活用纸	化学浆	5	2023–05
高档文化用纸生产线	夹网	8750	1700	维美德公司	高档文化用纸	化学浆	50	2023–08

（贺锡田）

广西金桂浆纸业有限公司

Guangxi Jingui Pulp & Paper Co.，Ltd.

【企业概况】

广西金桂浆纸业有限公司（以下简称“金桂”）位于中国（广西）自由贸易试验区钦州港片区，于 2003 年注册成立，是金光集团 APP（中国）投资建设的大型制浆造纸联合企业。

金桂一期工程总投资 117 亿元人民币，主要建设有 3 条制浆线和 1 条造纸生产线（PM1 纸机），生产规模为年产 75 万吨浆和年产 100 万吨纸。二期工程总投资约 118 亿元，包括年产 180 万吨高档纸板扩建项目（含 2 台纸机，PM2 和 PM3）、年产 30 万吨双氧水（浓度 27.5%）项目、年产 75 万吨化学机械浆扩建项目和年产 25 万吨丁苯胶乳项目。三期工程规划总投资 283 亿元，主要建设内容为年产 160 万吨化学浆、40 万吨化学机械浆和 100 万吨白卡纸，及二氧化氯制备、碱回收系统等配套项目。

金光集团 APP（中国）在广西拥有自营林地约 140 万亩，为金桂提供制浆用木材原料。金桂是国内大型的桉木化学机械浆生产企业，制浆部分的主体设备由世界著名制浆造纸设备供应商奥地利安德里茨公司，以及芬兰美卓公司所提供，生产的“金钱豹”牌桉木化学机械浆具有松厚度高、不透明度高的特性，可用于多种纸及纸板的抄造。金桂采用国际先进的大型机内涂布白卡纸机，PM1 纸机引进自德国福伊特公司，设计最高车速 1400 米 / 分，纸幅净宽 8.1 米，纸机长度 532 米；PM2 纸机引进自芬兰维美德公司，设计最高车速 1450 米 / 分，纸幅净宽 8.1 米，纸机长度 476 米。金桂所生产的“帝王松”“金蝶兰”“富桂”“四季桂”白卡纸产品印刷适性好，适用于药品、日用品、化妆品、电子产品等的包装。

金桂是国家级高新技术企业、国家级绿色工厂、国家林业重点龙头企业、中国轻工业造纸行业十强企业、自治区企业技术中心、自治区级清洁生产企业、第一批广西壮族自治区产教融合型试点企业，同时也是信息化与工业化融合促进安全生产重点推进项目承担单位，还先后荣获“中国林业产业突出贡献奖”“广西智能工厂示范企业”“广西高新技术企业百强”“广西工业龙头企业”等多项荣誉称号。

单位地址：广西壮族自治区钦州市钦州港金光工业园，**邮编：**535008

联系电话：0777-3698888，**联系传真：**0777-3696666

联系邮箱：gxjg3696666@163.com

企业性质：中外合资

法人代表：黄志源，**经营负责人：**徐友君，**技术负责人：**孔志进

成立时间：2003 年，**职工总数：**1920 人，**其中技术人员数：**159 人

2023 年纸浆生产量：132 万吨，**纸及纸板生产量：**245 万吨

2023 年销售收入：110.45 亿元，**利税总额：**12.56 亿元，**利润总额：**11.91 亿元

2023 年企业科研经费投入：5.23 亿元

主要产品：化学机械浆、高档白卡纸

主要纤维原料：桉木

纸机总数：2 台

【主要生产线】

主要制浆生产线

生产线名称	纤维原料	制浆方法	蒸煮器	主体设备供货厂商	产品品种	生产能力 /（万吨 / 年）	投产时间
化学机械浆生产线	桉木	APMP	ANDRTIZ（安德里茨公司）	漂白化学机械浆	漂白化学机械浆	75	2011
		BCTMP	Metso（美卓公司）				2015

主要造纸生产线

生产线名称	纸机			主体设备供货厂商	产品品种	纤维原料	生产能力 /（万吨 / 年）	投产时间
	网部形式	幅宽 / 毫米	工作车速 /（米 / 分）					
PM1	三层长网	8100	1000 ~ 1300	Voith（福伊特公司）	高档白卡纸	桉木浆、松木长纤浆	100	2013
PM2	三层长网	8100	1000 ~ 1300	Valmet（维美德公司）	高档白卡纸	桉木浆、松木长纤浆	90	2021

（任　云）

宁波亚洲浆纸业有限公司

Ningbo Asia Pulp & Paper Co.，Ltd.

【企业概况】

宁波亚洲浆纸业有限公司位于浙江省宁波市北仑区戚家山街道，项目总投资 118 亿元，公司共拥有员工 1500 多人。公司现有两台大型现代化纸机，配备了世界上先进的 QCS 质量控制系统及国际领先的 DCS 自动化控制系统，两台均为世界上目前单机产能最大、生产技术最先进的纸板机。公司主要生产高档涂布白卡、铜版卡、烟卡、食品卡纸等，为客户提供多元化系列产品。

公司先后投资 12 亿多元用于环保建设，各项排放指标远优于国家标准。公司先后通过 ISO 14001 环境管理体系、ISO 9001 质量管理体系、ISO 45001 职业健康安全管理体系、CFCC/PEFC-COC 森林产销监管链管理体系认证及 ISO 14064 温室气体排放监管体系核查申明，取得全国工业产品生产许可证，并通过 ISO 22000、FSSC 22000 食品安全管理体系认证。

公司先后获得"国家绿色工厂""高新技术企业""中国轻工业造纸行业十强企业""浙江省高新技术企业创新能力百强""浙江省节水标杆""工业制造业突出贡献企业""宁波市纳税五十强""宁波市首批无废城市细胞""宁波市研发投入 50 强企业""宁波市节能降碳十佳企业"等荣誉称号。

单位地址：浙江省宁波市北仑区小港青峙工业区宏源路 88 号，**邮编：**315803

联系电话：4008810998，**联系传真：**0574-86989202

企业性质：中外合资

法人代表：黄志源，**经营负责人：**刘伟，**技术负责人：**周雪林

成立时间：2002 年，**职工总数：**1596 人，**其中技术人员数：**256 人

2023 年纸浆生产量：30 万吨，**纸及纸板生产量：**226 万吨

2023 年销售收入：105.4 亿元，**利税总额：**12.63 亿元，**利润总额：**12.2 亿元

2023 年企业科研经费投入：3.76 亿元

主要产品：高档白卡、铜版卡、烟卡、食品卡纸等

主要纤维原料：木浆

纸机总数：2 台

【主要生产线】

主要制浆生产线

生产线名称	纤维原料	制浆方法	蒸煮器	主体设备供货厂商	产品品种	生产能力 /（万吨 / 年）	投产时间
BCTMP	桉木片、相思木片	化学机械热磨浆	无	维美德	化机浆	30 万吨	2021-07-28

主要造纸生产线

生产线名称	纸机			主体设备供货厂商	产品品种	纤维原料	生产能力 /（万吨 / 年）	投产时间
	网部形式	幅宽 / 毫米	工作车速 /（米 / 分）					
1 号纸机	五层长网	8100	1000	芬兰 METSO	高档白卡、铜板卡、烟卡	木浆	100	2004–10
2 号纸机	三层长网	6560	600	芬兰维美德	高档白卡、食品卡纸	木浆	50	2014–06

（任　云）

金东纸业（江苏）股份有限公司

Gold East Paper（Jiangsu）Co.，Ltd.

【企业概况】

金东纸业（江苏）股份有限公司（以下简称“金东纸业”）地处长江第三大港——江苏省镇江大港，占地 5.18 千米^2，现有员工 3000 余名，总投资 39.95 亿美元，年产铜版纸 200 万吨以上，已成为世界上单厂规模最大的铜版纸生产企业之一。

金东纸业秉承集团永续经营的理念，不断实践着循环经济和绿色造纸，走出了一条可持续发展的新型工业化道路，迄今环保投入已超 19 亿元，在环保建设中所做的努力得到了我国各级政府的充分肯定，荣获国家级、省级、市级多项荣誉称号。

金东纸业连续多年入选“中国 500 强企业”和“中国轻工业百强企业”等排行榜。在管理领域，金东纸业将 6Sigma、CTR 等先进工具引入企业管理中，提高了企业运营效率。先后通过了 ISO9001 质量管理体系认证、ISO14001 环境管理体系认证、OHSAS18001 职业健康安全管理体系认证和 PEFC（森林认证认可计划）认证。

金东纸业主要产品有：双面铜版纸、单面铜版纸、亚光铜版纸、轮转铜版纸、数码专用纸、手袋专用纸等。主要品牌有：“太空梭”“东帆”“长鹤”“神盾”“NEVIA”“Space Shuttle”“XPLORE ”“Nireus”“Art-tech”“Sunbrite”等，其中“太空梭”连续多年被评为“江苏省重点培育和发展的国际知名品牌”。

单位地址：江苏省镇江市大港兴港东路 8 号，**邮编：**212132

联系电话：0511-88998888，**联系传真：**0511-88997000

联系邮箱：service@goldeastpaper.com.cn

企业性质：中外合资

法人代表：黄志源，**经营负责人：**李云胜，**技术负责人：**江达

成立时间：1997 年，**职工总数：**3107 人，**其中技术人员数：**461 人

2023 年纸及纸板生产量：210.87 万吨

2023 年销售收入：113.62 亿元，**利税总额：**34.27 亿元

2023 年企业科研经费投入：4.44 亿元

主要产品：单面铜版纸、双面铜版纸、亚光铜版纸、数码专用纸、双胶纸、静电复印纸

主要纤维原料：原生木浆

纸机总数：3 台

【主要生产线】

生产线名称	纸机			主体设备供货厂商	产品品种	纤维原料	生产能力 /（万吨 / 年）	投产时间
	网部形式	幅宽 / 毫米	工作车速 /（米 / 分）					
福伊特纸机	夹网	9770	1500	福伊特公司	双胶纸和涂布原纸	原生木浆	54	1999-02
福伊特纸机	夹网	9770	1500	福伊特公司	双胶纸和涂布原纸	原生木浆	54	1999-05

续表

生产线名称	纸机			主体设备供货厂商	产品品种	纤维原料	生产能力/（万吨/年）	投产时间
	网部形式	幅宽/毫米	工作车速/（米/分）					
美卓涂布机		9770	1700	维美德公司	铜版纸	原生木浆	60	1999–06
美卓涂布机		9770	1700	维美德公司	铜版纸	原生木浆	60	2001–08
集造纸涂布于一体纸机	夹网	10600	1700	福伊特公司	不含磨木浆涂布纸、铜版纸	原生木浆	70	2005–05

（任　云）

山东世纪阳光纸业集团有限公司

Shandong Century Sunshine Paper Group Co., Ltd.

【企业概况】

山东世纪阳光纸业集团成立于2000年，2007年在香港联合证券交易所主板挂牌上市，现拥有总资产110亿元，下设华迈纸业、科迈制浆等20多家子公司，职工5000人，建成了集原料供应、造纸、印刷、包装、能源配套、环境保护、高端物流及“互联网+”一体化的全产业链经营体系，是亚洲白面牛卡纸、涂布白面牛卡纸及纸管原纸生产规模较大、装备能力较强、产品档次较高的生产基地，“以草代木”造纸原料新途径的首创者，行业首家5G+智能制造全连接工厂，数字转型成果入选清华大学经济管理学院教案；是国家制造业单项冠军产品，入选工业和信息化部“绿色设计产品”名单，进入全国造纸15强，全球造纸100强。

公司建成了拥有700余名专业技术人员的技术中心，拥有自主知识产权100余项，受国家行业主管部门委托，制定了白面牛卡纸系列产品的7套行业国家标准，6项团体标准，实验室通过CNAS认证。

公司始终坚持绿色、高质量发展的理念，以创新为驱动的发展战略，加快以非木纤维原料为主的原料创新和以生物基新材料为主的产品创新，旨在推动、引领可循环、可再用、可降解“代塑”类原料和产品的研发。

公司将充分发挥企业的技术优势，重点推进绿色、低碳、高性能纸基包装新材料的研发与应用，积极推进产品的轻量化、功能化、绿色化，努力打造绿色、低碳产品，为广大客户提供更多选择，助力造纸行业绿色、健康、高质量发展。

单位地址：山东潍坊昌乐开发区龙角村北，**邮编：**262400

联系电话：0536–6856001

联系邮箱：sjygbgs@126.com

企业性质：民营企业

法人代表：王东兴，**经营负责人：**王长海，**技术负责人：**慈晓雷

成立时间：2000年，**职工总数：**4717人，**其中技术人员数：**719人

2023年纸及纸板生产量：211.2万吨

2023年销售收入：115.7亿元，**利税总额：**5.1亿元，**利润总额：**1.8亿元

主要产品：涂布白面牛卡纸、白面牛卡纸、瓦楞原纸、纸管原纸、高档装饰原纸、彩色素色特种纸、碳和纸

主要纤维原料：BLKP、BNKP、BCTMP、DIP、OCC 、麦草、木纤维

纸机总数：11台

【主要生产线】

主要制浆生产线

生产线名称	纤维原料	制浆方法	主体设备 供货厂商	产品品种	生产能力/ （万吨/年）	投产时间
年产20万吨 生物机械浆线	麦草	生物机械法	安德里茨（中国）有限公司 天津智卓峰环保科技有限公司	生物机械浆	20	2020年

主要造纸生产线

生产线名称	纸机			主体设备供货厂商	产品品种	纤维原料	生产能力 /（万吨/年）	投产时间
	网部形式	幅宽 / 毫米	工作车速 /（米 / 分）					
华迈 PM1	夹网	7500	1250	VOITH 公司	高强瓦楞原纸	OCC	40	2020
PM1/PM2	长网	3200/4400	650/840	国产	白面牛卡	漂白商品木浆、OCC	42	2004/2006
PM3	长网	3200	350	国产	瓦楞纸	OCC	29	2008
PM4	长网	3200	700	国产	纱管纸	OCC	8	2008
PM5	长网	6600	1200	Valmet 公司	涂布白面牛卡	漂白商品木浆、OCC	64	2010
PM1	长网	2710	700	ABK 公司	装饰纸	商品木浆	5.00	2012
PM2	长网	1430	700	奔马公司	装饰纸	商品木浆	3.25	2018
PM3	长网	1430	700	奔马公司	装饰纸	商品木浆	3.25	2018
华迈 PM2	夹网	7500	1250	VOITH 公司	高强瓦楞原纸	OCC	40	2021
光之美	长网	2640	500	国产	碳和纸	乌本块、生物机械浆	2	2022

（张春燕）

金凤凰纸业有限公司

Golden Phoenix Paper Co.，Ltd.

【企业概况】

金凤凰纸业有限公司是专业生产工业包装用纸的实体企业，目前拥有武汉和孝感两个生产基地，能提供高强瓦楞原纸全规格、全系列产品，是国内目前“高强瓦楞原纸”细分产品的龙头企业。

公司“以国产废纸为原料、全物理生产过程”的工艺和生产的“低定量、高强度瓦楞原纸”的产品，均是国家造纸产业政策明确支持和鼓励的范围。公司在水、大气及节能、节水等方面均采用了国内外先进技术及设备，各项控制指标均优于国家标准要求，通过了 ISO 9001 质量管理、ISO 14001 环境管理、ISO 50001 能源管理体系认证。公司是湖北省造纸协会会长单位，产品长期被家电、食品、饮料、电子等行业知名品牌的包装指定采用。

公司是湖北省造纸协会会长单位，是国家高新技术企业、国家级绿色工厂，曾荣获“全国厂务公开示范单位”“湖北省优秀企业（金鹤奖）”“湖北省民营百强企业”“湖北省单项冠军示范企业”“湖北专精特新中小企业”“湖北省五一劳动奖状”等荣誉称号。

公司将始终秉持绿色发展理念，践行资源全面节约和循环利用，建设高质量发展的环保型企业，致力于打造行业内最具市场价值的高强瓦楞原纸专业供应商。

总部地址：湖北省孝感市孝武大道 612 号，**邮编：**432100

联系电话（区号）：0712-2360988

联系邮箱：jfhyuekan@163.com

企业性质：民营企业

法人代表：程俊

成立时间：1999 年，**职工总数：**2000

主要产品：瓦楞原纸、纱管纸

主要纤维原料：废纸

【主要生产情况】

截至 2023 年 12 月 31 日，公司总设计年产能如下：

产品品种	主要纤维原料	生产能力 /（万吨 / 年）
造纸 （已建成 53 条先进的造纸生产线）		260
其中：高强瓦楞原纸	废纸	250
纱管纸	废纸	10

（顿志强）

海南金海浆纸业有限公司

Hainan Jinhai Pulp & Paper Co.，Ltd.

【企业概况】

海南金海浆纸业有限公司（以下简称“金海浆纸”）是金光集团 APP（中国）投资有限公司建设的特大型制浆造纸企业，地处海南省洋浦经济开发区，占地 8000 亩。公司现有年产 180 万吨化学漂白硫酸盐桉木浆项目和年产 160 万吨造纸项目，总投资 239 亿元。目前项目已全部建成投产。

金海浆纸制浆生产线，总投资 124 亿元，是迄今为止世界上具有超大规模、技术领先的单一制浆生产线之一，除采用一流先进生产工艺和技术外，主体设备均采用国际著名专业厂商产品，代表了当今世界制浆造纸领域的先进水平。

金海浆纸造纸项目，分两阶段完成，第一阶段为年产 90 万吨文化用纸项目，总投资约 75 亿元，可根据客户要求生产定量从 140 克 / 米 ^{2} 到 300 克 / 米 ^{2} 的高档文化用纸。第二阶段为年产 70 万吨生活用纸项目，总投资约 40 亿元。2018 年起，多次获得国家“高新技术企业”称号和“重点用水企业水效领跑者”荣誉称号，2022 年获得工业和信息化部授予的“工业废水循环利用试点企业”荣誉称号，2023 年 3 月 24 日获得国家级“绿色工厂”称号。

金海浆纸秉持“植树造林，造福自然；制浆造纸，服务人民”的经营理念，以“科学营林、环保制浆和绿色造纸”来实现经济效益、社会效益和生态效益同步发展。

单位地址：海南省洋浦经济开发区，**邮编**：578101

联系电话：（0898）28821568，**联系传真**：（0898）28828256

联系邮箱：YP_PR@appjh.com.cn

企业性质：中外合资

法人代表：黄志源，**经营负责人**：孟祥岩，**技术负责人**：郭彩虹

成立时间：1999 年，**职工总数**：2656 人，**其中技术人员数**：1894 人

2023 年纸浆生产量：189.35 万吨，**纸及纸板生产量**：122.05 万吨

2023 年销售收入：119.10 亿元，**利税总额**：12.14 亿元，**利润总额**：10.61 亿元

2023 年企业科研经费投入：5.21 亿元

主要产品：浆、纸

纸机总数：1 台

【主要生产线】

主要制浆生产线

生产线名称	纤维原料	制浆方法	蒸煮器	主体设备供货厂商	产品品种	生产能力 /（万吨 / 年）	投产时间
制浆生产线	桉木	硫酸盐蒸煮及无元素氯（ECF）漂白	连续蒸解釜	AKER KVAERNER PULPING、KVAERNER&C，LTD.	漂白化学硫酸盐按木浆	180	2005

主要造纸生产线

生产线名称	纸机			主体设备供货厂商	产品品种	纤维原料	生产能力 /（万吨 / 年）	投产时间
	网部形式	幅宽 / 毫米	工作车速 /（米 / 分）					
文化用纸生产线	夹网	10960	1800	福伊特公司	高档文化用纸	漂白化学硫酸盐按木浆等	90	2011

（任　云）

浙江景兴纸业股份有限公司

Zhejiang Jingxing Paper Joint Stock Co.，Ltd.

【企业概况】

公司经过 40 年发展，已由一家名不见经传的造纸作坊发展成为以造纸为龙头、集纸制品加工为一体的上市公司。公司主导产品为牛皮箱纸板、白面牛卡纸、瓦楞原纸、纸箱、生活用纸等系列产品。2006 年 9 月 15 日，景兴纸业 A 股在深圳证券交易所上市。通过上市和增发，公司迈入快速发展的轨道。公司先后被上级授予"全国首批资源节约型环境友好型试点企业""首批国家节水标杆企业""国家级工程实践教育中心""国家高新技术企业""国家水效领跑者企业"等荣誉。2023 下半年，景兴纸业在马来西亚投资的两条浆板生产线正式投产，总产能为 80 万吨 / 年。公司高度重视科技创新工作，2023 年充分利用"博士后工作站""院士专家工作站""外国专家工作站""省重点企业研究院"等高能级创新科技研发平台，与南京林业大学、浙江科技大学等高校建立校企合作，建设实践创新基地。另一方面加大科研经费投入，2023 年度，景兴纸业实施完成研发项目 27 项，技改项目 36 项，技术攻关项目 14 项，总投入近 3 亿元。年度共申请发明专利 10 项，获得专利授权 12 项（发明专利 9 项），申报省级新产品 4 项，完成浙江省科技厅省级新产品鉴定 4 项及省级工业新产品（技术）鉴定 3 项。目前公司拥有国际先进水平造纸生产线 10 条，其中包装用纸生产线 5 条，生活用纸生产线 5 条。2023 年公司造纸产量 157.12 万吨（包装用纸 144.39 万吨，生活用纸 12.73 万吨），实现销售收入 54.57 亿元，利润总额 0.90 亿元，纳税总额 3.30 亿元。

单位地址：浙江省平湖市曹桥街道，**邮编：**314214

联系电话：0573-85960318，**联系传真：**0573-85966983

联系邮箱：283900268@qq.com

企业性质：民营企业

法人代表：朱在龙，**经营负责人：**王志明，**技术负责人：**程正柏

成立时间：1984 年，**职工总数：**2183 人，**其中技术人员数：**297 人

2023 年纸浆产量 21.585 万吨，**纸及纸板产量：**157.12 万吨

2023 年销售收入 54.57 亿元，**利润总额** 0.90 亿元，**纳税总额** 3.30 亿元

主要产品：牛皮箱纸板、白面牛卡纸、瓦楞用纸、生活用纸、纸箱，**纸机总数 / 台：**10

主要纤维原料：废纸、木浆

【主要生产线】

主要制浆生产线

生产线名称	纤维原料	制浆方法	蒸煮器	生产能力 /（万吨 / 年）	主体设备供货厂商	产品品种	投产时间
纸浆生产线 PM1	OCC	废纸回用再生	无	40	福伊特公司 / 山东凯信重工有限公司	OCC 再生浆板	2023
纸浆生产线 PM2	OCC	废纸回用再生	无	40	福伊特公司 / 山东凯信重工有限公司	OCC 再生浆板	2023

主要造纸生产线

生产线名称	纸机			主体设备供货厂商	产品品种及规格	纤维配比	生产能力/（吨/年）	投产时间
	网部形式	幅宽/毫米	工作车速/（米/分）					
5 号纱管纸生产线	多圆网纸机	2400	100	上海轻良实业有限公司	300~500 克/米^2 C/BJ 纱管纸	LOCC100%	6	2013
6 号纱管纸生产线	四叠网纸机	2400	100	上海轻良实业有限公司	300~500 克/米^2 C/BJ 纱管纸	LOCC100%	6	2013
10 号箱板纸生产线	四叠网纸机	4800	500	辽阳造纸机械股份有限公司	200~300 克/米^2 2AJ/UJ 箱纸板	面：UKP 衬芯底：LOCC/JOCC/AOCC	20	2002
12 号箱板纸生产线	三叠网纸机	5650	1000	美卓公司	110~200 克/米^2 AJ/UJ 箱纸板	面：UKP 衬芯底：LOCC/JOCC/AOCC	45	2007
13 号瓦楞纸生产线	二网超成型纸机	5200	450	日本小林制作所	110~200 克/米^2 AJ/UJ/ 瓦楞原纸	面：UKP 衬芯底：LOCC/JOCC/AOCC	15	2004
15 号白面牛卡纸生产线	三叠网+顶网	4880	700	华东造纸机械有限公司	125~200 克/米^2 白面牛卡纸/石膏护面纸	面：NBKP/UBKP 衬：DIP 底：LOCC/JOCC/AOCC	25	2010
16 号高强度瓦楞原纸生产线	单长网+顶网	5650	1000	维美德公司	70~120 克/米^2 AJ 瓦楞原纸	LOCC/EOCC/AOCC	30	2015
1 号生活用纸纸机	新月型	2850	1800	安德里兹公司	12~24 克/米^2 面巾纸、卫生纸、餐巾纸等	100% 原生木浆	3	2015
2 号生活用纸纸机	新月型	2850	1800	安德里兹公司	12~24 克/米^2 面巾纸、卫生纸、餐巾纸等	100% 原生木浆	3	2015
3 号生活用纸纸机	真空圆网	2850	800	广东宝拓科技股份有限公司	12~24 克/米^2 面巾纸、卫生纸、餐巾纸等	100% 原生木浆	0.8	2014
5 号生活用纸纸机	新月型	5650	2000	维美德公司	10.5~30 克/米^2 面巾纸、卫生纸、餐巾纸等	100% 原生木浆	6	2022
6 号生活用纸纸机	新月型	5650	2000	维美德公司	10.5~30 克/米^2 面巾纸、卫生纸、餐巾纸等	100% 原生木浆	6	2022

（章爱其）

东莞建晖纸业有限公司

Dongguan Jianhui Paper Co.，Ltd.

【企业概况】

东莞建晖纸业有限公司，占地面积 48 万米^2，总投资 45 亿元，位于广东省东莞市中堂镇潢涌村，现建有 4 条造纸生产线，主营三大品牌“建晖”“红晖”“绿晖”，主要从事涂布白纸板、环保牛皮箱纸板的研发、生产及销售。

公司坚定“绿色发展、智能制造、精细管理、前瞻布局”的发展理念，在广西布局林浆纸一体化生产基地；在海外，布局泰国、马来西亚生产基地，全面建设好“安全、环保、质量、效益”四大生命工程。通过“机器换人”“自动化立体仓库”项目，推动企业由“制造”向“智造”转变。建晖纸业著作权、专利授权已累计 300 多件，并先后获得“高新技术企业”“广东省企业技术中心”“东莞市荣誉倍增企业”等荣誉称号。建晖纸业注重人才培育，与华南理工大学、陕西科技大学、天津科技大学、广西大学等院校进行产学研合作，培养出一批批德才兼备的管理和技术人才，荣获“东莞市技师工作站优秀单位”荣誉。

公司积极推行生产 6S 管理，通过质量管理体系认证、环境管理体系认证、职业健康安全管理体系认证、两化融合管理体系认证、知识产权管理体系认证、FSC® COC（FSC C118989）森林认证、AEO 高级认证企业等。并引入使用 ERP 综合管理系统和办公自动化 OA 系统，不断推进企业数字化转型升级，全力打造造纸行业尖端品牌。

公司获得“国家级绿色工厂”“广东省优秀清洁生产企业”“东莞市环境友好企业”“粤港清洁生产优越伙伴（制造业）”。未来公司将持续落实绿色发展理念，推进供给侧结构性改革，采用先进的清洁生产工艺新技术、高效末端治理新设备，优化资源回收循环利用机制，提高清洁生产和资源综合利用，降低能源消耗，减少污染排放量，并推广绿色设计和绿色采购，打造行业绿色供应链，引领造纸行业绿色发展。

单位地址：广东省东莞市中堂镇潢涌村，**邮编：**523221

联系电话：0769–88888363，**联系传真：**0769–88187777

联系邮箱：jhzy@jianhuipaper.com

企业性质：中外合资

法人代表：刘明伟，**经营负责人：**刘明伟，**技术负责人：**明星

成立时间：2002 年，**职工总数：**2671 人，**其中技术人员数：**63 人

2023 年单面涂布灰底白纸板、环保牛皮箱纸板生产量：152 万吨

2023 年营业总收入：48.1581 亿元，**资产总额：**53.6470 亿元

2023 年企业科研经费投入：1.5113 亿元

主要产品：单面涂布灰底白纸板、环保牛皮箱纸板

主要纤维原料：国废、未漂木浆、进口废纸浆

纸机总数：4 台

【主要生产线】

主要制浆生产线

序号	生产线名称	纤维原料	制浆方法	主体设备供货厂商	产品品种	生产能力 /（万吨 / 年）	投产时间
1	面浆线 *1	办公废纸	废纸制浆	安德里茨公司	面浆	7	2015–10
2	衬浆线 *2	办公废纸	废纸制浆	KBC 公司	衬浆	14	2004–05
3	芯浆线 *2	混合废纸	废纸制浆	KBC 公司	芯浆	50	2004–05
4	1#OCC 线	国内纸皮	废纸制浆	KBC 公司、安德里茨公司、西尔伍德公司	面、芯、底浆	40	2012–03
5	2#OCC 线	国内纸皮、再生纤维	废纸制浆	KBC 公司、安德里茨公司、西尔伍德公司	芯、底浆	40	2012–03

主要造纸生产线

序号	生产线名称	纸机			主体设备供货厂商	产品品种	纤维原料	生产能力 /（万吨 / 年）	投产时间
		网部形式	幅宽 / 毫米	工作车速 /（米 / 分）					
1	PM1	多长网 + 上脱水器	4500	700 ~ 800	维美德公司	单面涂布灰底白纸板	国废、进口湿浆	40	2004–05
2	PM2	多长网 + 上脱水器	4500	650 ~ 800	维美德公司	单面涂布灰底白纸板	国废、进口湿浆	50	2005–08
3	PM3	多长网	4850	600 ~ 1000	山东昌华造纸机械有限公司	环保牛皮箱纸板	国废、未漂木浆、进口废纸浆	34	2012–03
4	PM4	多长网	4850	600 ~ 950	山东昌华造纸机械有限公司	环保牛皮箱纸板	国废	32	2012–03

（陈　敏）

维达集团

Vinda Group

【企业概况】

维达集团是一家集研发、生产、销售于一体的亚洲具规模的卫生用品企业，多年来始终秉承“健康生活从维达开始”的生活理念，竭诚为每个消费者和客户提供优质卫生护理用品和服务。维达集团于亚太地区建有12大先进的生产基地，以维达 Vinda、Tempo 得宝、维达多康 Tork、添宁 TENA、包大人 Dr.P、Libresse 薇尔、Libero、Drypers 等主要品牌发展生活用纸、失禁护理、女性护理、婴儿护理及居家外清洁卫生解决方案多个业务。

2016 年开始，维达集团扩展业务至新加坡、马来西亚、韩国、泰国等亚洲国家及地区。2024 年，维达集团加入新加坡金鹰集团*，是新加坡金鹰集团林浆纸、林浆纤一体化的重要一环，基于产业链优势，坚持为消费者提供高质量的产品和服务。

2023 年维达实现营业收入 199.99 亿港元，同比增长 6.9%。净利润为 2.53 亿港元。其中生活用纸业务（含湿巾）实现营业收入 166.55 亿港元，同比增长 3.4%，占集团总销售额的 83%；个人护理用品业务收入 33.44 亿港元，同比增长 3.7%，占整体收入的 17%。

维达被新加坡金鹰集团成功收购后，金鹰集团将持续发挥能源、纸浆、原纸等上游供应链和链接全球产业资源的优势，赋能维达在管理效率、盈利能力、战略协同方面进一步提升。

单位地址：广东省江门市新会区东侯路 65 号，**邮编：**529100

联系电话：0750–6168817

联系邮箱：pr@vinda.com

企业性质：有限责任公司（港澳台投资、非独资）

法人代表：胡伟

成立时间：1985 年

2023 年纸及纸板产能：142.5 万吨

2023 年销售收入：199.99 亿港元

主要产品：生活用纸、卫生用品

主要纤维原料：木浆

纸机总数：68 台

* 新加坡金鹰集团（Royal Golden Eagle，RGE）是一家管理着多家世界领先的、以可再生资源开发为基础的制造企业和清洁能源企业的跨国集团。

【主要生产线】

主要造纸生产线

生产基地	产品品种	纤维原料	生产能力 /（万吨 / 年）	纸机台数
广东省江门市新会会城	生活用纸	木浆	3.0	2
湖北省孝感市	生活用纸	木浆	33.5	18
北京市	生活用纸	木浆	3.0	3
四川省德阳市	生活用纸	木浆	7.5	5
广东江门新会双水	生活用纸	木浆	12.0	6
浙江省龙游市	生活用纸	木浆	28	12
辽宁省鞍山市	生活用纸	木浆	5.5	4
广东省江门市新会三江	生活用纸	木浆	26.0	10
山东省济南市莱芜区	生活用纸	木浆	11.0	4
广东省阳江市	生活用纸	木浆	13.0	4
合计			142.5	68

（中国造纸协会生活用纸专业委员会）

金红叶纸业集团有限公司

Gold Hongye Paper Group Co.，Ltd.

【企业概况】

金红叶纸业集团有限公司（以下简称“金红叶”）由金光纸业（中国）投资有限公司于1996年投资建设，专业生产、销售生活用纸、卫生用品和成人护理产品，产品主要有：卫生纸、面巾纸、手帕纸、餐巾纸、厨房纸巾、擦手纸和湿巾、卫生巾、成人纸尿裤等。主要品牌有：“清风”“唯洁雅”“铂丽雅”“怡丽”和“真真”。

目前公司拥有6个原纸生产基地，分布在江苏省南通市、海南省海口市、湖北省孝感市、辽宁省沈阳市、四川省遂宁市和四川省雅安市。江苏省苏州市生产基地已于2022年4月关停，涉及12台卫生纸机，合计产能43万吨/年。在天津市、沈阳市、孝感市、清远市、海口市、青岛市等地设有后加工基地，以及遍布全国的营运销售网络，是目前我国生活用纸行业产能最大的生产商。截至2023年年底公司拥有产能213万吨/年，位列全球第四，亚洲第一。

2017年10月9日，金光集团总投资68亿美元（约合450亿元）的高档生活用纸项目落户江苏省南通市如东县洋口港经济开发区，占地面积566.67万米^2，建成后可年产生活用纸400万吨，将成为全球最大的生活用纸生产基地。2021年南通新建基地一期78万吨项目中8台维美德公司（PMP）新月型纸机投产，合计投产产能24万吨/年。截至2022年年底，一期项目24台卫生纸机全部投产，实现产能78万吨/年。

2023年，金红叶如东基地拟扩建126万吨/年高档生活用纸项目。按项目环评报告显示，该项目主要建设10条6万吨/年生活用纸原纸生产线、22条3万吨/年生活用纸原纸生产线。

单位地址：江苏省苏州市工业园区胜浦分区金胜路1号，**邮编：**215126

联系电话：0512-62810228，**联系传真：**0512-62818276

联系邮箱：customer_service@ghy.com.cn

企业性质：外商独资

法人代表：黄志源

2023年纸及纸板产能：213万吨

主要产品：生活用纸

主要纤维原料：木浆

纸机总数：62台

【主要生产线】

主要造纸生产线

生产基地	产品品种	纤维原料	生产能力/（万吨/年）	纸机数/台
海南省海口市	生活用纸	木浆	84	28
湖北省孝感市	生活用纸	木浆	36	6
辽宁省沈阳市	生活用纸	木浆	6	1
四川省遂宁市	生活用纸	木浆	6	1

续表

生产基地	产品品种	纤维原料	生产能力 /（万吨 / 年）	纸机数 / 台
四川省雅安市	生活用纸	木浆	3	2
江苏省南通市	生活用纸	木浆	78	24
合计			213	62

（中国造纸协会生活用纸专业委员会）

泰盛科技（集团）股份有限公司

Taison Technology（group）Co.，Ltd.

【企业概况】

泰盛科技是一家以林业、制浆、造纸、生活用纸及一次性卫生用品、特种纸为主，集热电、物流、环保综合治理为一体的全产业链集团化企业，主营业务为商品浆、生活用纸原纸、生活用纸及一次性卫生用品、文化用纸四大板块。

截至 2023 年年底，集团竹浆产能超 110 万吨，原纸产能超过 130 万吨，生产基地遍布贵州、四川、福建、湖北、重庆、安徽、江西等省市，是国内最大的竹浆生产企业，也是竹浆生活用纸产品最主要的原料供应商和品牌商。集团致力于践行“以竹代木”“以竹代塑”低碳绿色发展理念，加速推进公司主要竹产品进入全球价值链高端，率先成为具有国际竞争力的创新型龙头企业。

在布建全国性生产基地和供应链的同时，泰盛集团建立了行业领先的研发中心，目前旗下拥有 11 家高新技术企业，持有 483 项专利证书，其中发明专利 83 项。集团及下属企业多年来陆续荣获“国家绿色工厂”“国家林业重点龙头企业”“农业产业化省级重点龙头企业”等称号，并率先通过 FSC 国际森林体系认证、两化融合管理体系认证等多项认证。

单位地址：上海市青浦区徐民路 818 号，**联系电话：**021–62619889

联系传真：021–62619889

企业性质：民营企业

法人代表：吴明希，**经营负责人：**吴明希，**技术负责人：**林延生

成立时间：2015 年，**职工总数：**约 5000 人

2023 年纸及纸板生产量：131.49 万吨

主要产品：竹浆、生活用纸、文化用纸

主要纤维原料：竹浆

（林　雪）

恒安（集团）有限公司

Hengan International Group Co., Ltd.

【企业概况】

恒安（集团）有限公司（以下简称“恒安集团”），是我国最早进入卫生巾市场的企业之一，1997 年进军生活用纸行业。目前生产和经营领域涉及一次性卫生用品和生活用纸两大系列，销售和分销网络覆盖全国，并积极发展出口业务。目前恒安集团的生活用纸原纸在湖南省常德市、山东省潍坊市、福建省晋江市、安徽省芜湖市、重庆市巴南区、新疆维吾尔自治区昌吉市、广东省云浮市、湖北省孝感市共拥有 8 个生产基地。卫生用品领域，恒安集团积极拓展海外业务，2017 年成功收购了马来西亚皇城集团 50.45% 股份，2018 年在俄罗斯投资建厂。

恒安集团 1998 年在香港上市。2023 年恒安集团实现营业收入 237.68 亿元，同比增长 5.1%；净利润达到 28.01 亿元，同比增加 45.5%。其中生活用纸业务（含湿巾）收入 137.48 亿元，同比增长 12.2%；生活用纸业务（含湿巾）约占集团整体业务收入的 57.8%，同比增长 3.6 个百分点。

截至 2023 年年底，恒安集团拥有生活用纸产能 168.7 万吨，位列全球第五位，亚洲第二位。

单位地址：福建省晋江市安海镇恒安工业城，**邮编**：362261

联系电话：0595-85708749，**联系传真**：0595-85708666

联系邮箱：hengan@hengan.com

企业性质：民营企业

法人代表：许连捷

成立时间：1985 年

2023 年纸及纸板产能：168.7 万吨

2023 年销售收入：237.68 亿元，**净利润总额**：28.01 亿元

主要产品：生活用纸、卫生用品

主要纤维原料：木浆

纸机总数：36 台

【主要生产线】

主要造纸生产线

生产基地	产品品种	纤维原料	生产能力 /（万吨 / 年）	纸机数 / 台
湖南省常德市	生活用纸	木浆	37.5	8
山东省潍坊市	生活用纸	木浆	34.7	8
福建省晋江市	生活用纸	木浆	33.5	7
安徽省芜湖市	生活用纸	木浆	24.0	4
重庆市巴南区	生活用纸	木浆	24.0	4
新疆维吾尔自治区昌吉市	生活用纸	木浆	5.0	2

续表

生产基地	产品品种	纤维原料	生产能力 /（万吨 / 年）	纸机数 / 台
广东省云浮市	生活用纸	木浆	3	1
湖北省孝感市	生活用纸	木浆	7	2
合计			168.7	36

（中国造纸协会生活用纸专业委员会）

新乡新亚纸业集团股份有限公司

Xinxiang Xinya Paper Group Co.，Ltd.

【企业概况】

新乡新亚纸业集团股份有限公司是以制浆造纸为主，集热电联产、医药化工、物流商贸、机械制造、林基地开发、环保综合治理于一体的股份制企业集团。公司占地 175 公顷，下设 18 个生产单位与子公司，拥有各种型号的造纸生产线 24 条，年制浆能力 80 万吨，造纸生产能力 120 万吨。公司通过了 ISO 9001 质量体系认证、ISO 14001 环境体系认证和 ISO 50001 能源管理体系认证，是中国质量管理达标企业，中国企业改革示范单位、中国制浆造纸研究院有限公司试验基地、国家林业产业化重点龙头企业、河南省制浆造纸龙头企业、河南省百户重点企业、河南省转型升级试点企业、河南省综合效益先进企业、河南省优秀民营企业、新乡市重点保护企业、新乡县域经济支柱企业。

公司拥有两个省级技术中心——河南省企业技术中心和河南省造纸污染治理工程技术研究中心，拥有 30 多名由知名专家、工程师和技术骨干组成的研发队伍。近年来，在制浆造纸工艺、资源循环利用、环保综合治理等领域取得科技成果 20 余项，其中麦草半化学浆黑液碱回收技术荣获全国节能减排技术二等奖。

公司主营产品为包装用纸、文化用纸、生活用纸三大系列。主要品种有涂布白卡纸、食品卡纸、瓦楞原纸、箱板纸、胶版印刷纸、静电复印纸、电脑打印纸、双面书写纸、中高档生活纸。“新亚”“新辉煌”“新锦绣”等系列品牌荣获河南省十大驰名品牌、著名商标。

单位地址：河南省新乡纸制品工业园区（107 国道 686 公里处），**邮编：**453731

联系电话：0373-5681188，**联系传真：**0373-5680286

联系邮箱：xinyaren@126.com

企业性质：民营企业

法人代表：宋敬志，**经营负责人：**宋敬志，**技术负责人：**李浩冉

成立时间：2003 年，**职工总数：**3800 人，**其中技术人员数：**560 人

2023 年纸浆生产量：65.94 万吨，**纸及纸板生产量：**122.89 万吨

2023 年销售收入：62.85 亿元，**利税总额：**3.01 亿元，**利润总额：**1.8 亿元

2023 年企业科研经费投入：0.3326 亿元

主要产品：文化纸、白卡纸、食品卡纸、瓦楞原纸、生活用纸

主要纤维原料：杨木化学机械浆、废纸制浆、漂白麦草浆、本色麦草浆

纸机总数：24 台，**蒸（球）煮器总数：**12 台 40 米^{3}蒸球、1 套连蒸、4 台立式蒸煮器

【主要生产线】

主要制浆生产线

生产线名称	纤维原料	制浆方法	蒸煮器	主体设备供货厂商	产品品种	生产能力 /（万吨 / 年）	投产时间
化学机械浆生产线	杨木	碱性过氧化氢法	高浓磨浆机	安德里茨公司	APMP 化学机械浆	10	2008

续表

生产线名称	纤维原料	制浆方法	蒸煮器	主体设备供货厂商	产品品种	生产能力/（万吨/年）	投产时间
本色麦草浆生产线	麦草	微碱法	蒸球	河南沁阳市造纸机械厂	本色麦草浆	10	2017
漂白麦草浆生产线	麦草	碱法	立式蒸煮器	河南安阳市造纸机械厂	漂白麦草浆	5	2017
漂白麦草浆生产线	麦草	碱法	连蒸	天津轻工业机械厂	漂白麦草浆	5	2005
废纸浆	废纸		D 型碎浆机	郑州磊展科技造纸机械有限公司	非脱墨废纸浆	30	2017
化学机械浆生产线	杨木	碱性过氧化氢法	高浓磨浆机	安德里茨公司	APMP 化机浆	12	2019

主要造纸生产线

生产线名称	纸机			主体设备供货厂商	产品品种	纤维原料	生产能力/（万吨/年）	投产时间
	网部形式	幅宽/毫米	工作车速/（米/分）					
涂布白卡纸	长网多缸纸机	4260	600	昆山中联造纸机械有限公司	涂布白卡纸	木浆	12	2008
涂布印刷纸	长网多缸纸机	2640	500	辽阳造纸机械股份有限公司	涂布印刷纸、静电复写纸	化机浆、麦草浆	10	2005
一厂瓦楞原纸	长网纸机	3200	250	江苏沪太造纸机械厂	瓦楞原纸、牛皮纸、果袋纸	废纸浆、麦草浆	25	2009
二厂瓦楞原纸	长网纸机	3520	600	四川宜宾造纸机械厂	瓦楞原纸	废纸浆、麦草浆	10	2009
口杯纸生产线	叠网纸机	3200	250	四川宜宾造纸机械厂	淋膜原纸	木浆	5	2004
铸涂原纸	长网纸机	1880	250	江苏沪太造纸机械厂	铸涂原纸	木浆	12	2002
箱用夹芯纸	长网纸机	3200	200	河南温县	箱用夹芯纸	废纸浆	5	2010
生活纸生产线	长网纸机	2900	200	诸城大正机械有限公司	高档生活用纸	木浆	2	2010
美术纯质纸	长网纸机	3200	250	上海机械厂	美术纯质纸	木浆	2	2010
涂布白卡纸	长网多缸纸机	3380	600	维美德公司	涂布白卡纸	木浆	15	2020

（曹守学）

东莞金洲纸业有限公司

Dongguan Jinzhou Paper Co.，Ltd.

【企业概况】

东莞金洲纸业有限公司，坐落在东莞市中堂镇潢涌村，是一家以废纸为主要原料的包装用纸生产企业，始终致力于循环经济和绿色发展。

公司占地总面积1000多亩，总投资额达到48亿元，公司员工共3000多人，主营生产高强瓦楞原纸和牛皮箱纸板，公司年产能达160万吨，珠三角市场占有率近30%，公司主打品牌“金洲芯”高强瓦楞原纸质量享誉全国，高强瓦楞原纸的市场占有率超过60%，同时，自主研发的高级箱板包装纸也深得广大客户认可，成为国内同行的佼佼者。

公司拥有一流的生产基地及产品生产线，各机台主体设备均为进口设备，处于国际先进水平，纸机配置了先进的福伊特公司流浆箱和高性能的靴式压榨，德国压光机以及维美德公司QCS系统，实现了制浆、造纸全流程自动化控制。

为整合资源，提高竞争力，把企业做大做强，2021年潢涌村决定在金洲纸业有限公司的基础上延伸产业链，建设“东莞市银洲环保包装有限公司年产9亿米^{2}纸板纸箱生产线”项目。项目是“三旧”改造项目，规划投资建设4条高速纸板生产线，配套3条纸箱联动线，和2条机包箱模印线。

一期项目2021年3月18日动工，经过8个月的土建施工和设备安装，建成17280米^{2}的生产厂房和12000米^{2}的纸板仓库，其中厂房设计可安装4台纸板机，一期先安装2台。一期的两台纸板线分别于2021年10月19日和2021年11月27日顺利开机，厂房周边的道路和装载码头及围墙门卫等公共设施也都配套建成投入使用。

2022年启动了二期项目，二期计划投资两台2800型纸板机，车速和装备类似一期，但是在技术配置上将总结一期的经验上优化二期两台纸板机的配置，使产能在一期的基础上翻倍，做大纸板产业。二期两台纸板机分别在2023年9月、10月投产。三期计划安装3条纸箱联动生产线，2024年3月初开始安装，其中2条国产鼎龙生产线于2024年4月30试机，目前已经稳定运行，另一条是从日本三菱公司进口的，预计2024年9月份试机。

2021年公司为响应国家“低碳、环保、节能”的号召，对4号、5号、6号机进行了膜转移施胶机技术改造；2022年10月对1号、2号机进行了膜转移施胶机技术改造，每吨纸的蒸汽消耗降低150～180公斤。

2019年公司新建了1000米^{2}研发中心，引进维美德公司纤维分析仪、BTG公司电位、电荷分析仪、动态滤水仪、数码显微镜、光谱分析仪等国际先进仪器，建立了研发团队，着力提升公司自主创新能力。几年来取得多项成果，经国家授权的发明专利5项，实用新型专利172项，拥有一批自主知识产权的核心技术，研发中心2021年取得“广东省瓦楞纸工程研究中心”的认证，2021年金洲纸业开发了HT牛皮箱纸板新品种，另外，高抗水、抗回潮高强瓦楞芯纸、高亮度挂面箱纸板两个产品获得“广东省高新技术产品”证书。

公司引进现代管理制度，建立高效、科学的管理体系，先后通过了质量、环境、职业健康体系、FSC和海关AEO高级、安全生产标准化等一系列管理认证。

公司2022年7月引入数字化工厂赋能中心项目，2023年2月完工运行，2023年3月份通过验收。将目前的二期生产管理、设备管理、质量管理、能源管理、工业AI智能、数据分析等内容列为公司目前生产过程中亟须解决的问题，通过数字工厂把传统造纸工业的DCS、QCS、MCC、质量管理、能源管理等集成起来，利用数字化的管理，把过程中的各系统的数据建立起关联关系，借助历史数字信息，分析历史过程变化趋势，分析发生问题原因所在。把文字纸张记录管理提升到数字管理，提升生产过程管理。

公司先后获得了“高新技术企业”国家“绿色工厂”“广东省名牌产品”“省环境保护优秀示范工程”，省首批“清洁生产企业”“广东省瓦楞纸工程研究中心”“东莞市税收突出贡献奖”“东莞市政府质量奖鼓励奖”“东莞市规模效益成长前 20 名”等一系列荣誉。

展望未来，公司将秉承“以人为贵，守法防治，做高效协作团队；以客为尊，精耕细作，创百年美誉品牌；以德为荣，善用资源，建和谐绿色家园”的经营管理方针，竭诚为广大新老客户提供高质量的产品和服务。

单位地址：广东省东莞市中堂镇潢涌村裕民路 11 号，**邮编：**523221

联系电话：0769-88181288，**联系传真：**0769-88181277

联系邮箱：jzzy@dgjzzy.com

企业性质：法人独资

法人代表：黎俊钦，**经营负责人：**黎树高，**技术负责人：**苏朝锐

成立时间：2002 年，**职工总数：**3000 人，**其中技术人员数：**600 人

2023 年纸及纸板生产量：175 万吨

2023 年销售收入：60 亿元

2023 年企业科研经费投入：1.8 亿元

主要产品：高强瓦楞原纸、牛皮箱纸板、瓦楞纸板、纸箱、彩色纸盒

主要纤维原料：国内废纸、商品再生纤维浆、木浆、竹浆、瓦楞原纸、牛皮箱纸板

纸机总数：6 台

【主要生产线】

主要制浆生产线

生产线名称	纤维原料	制浆方法	主体设备供货厂商	产品品种	生产能力 /（万吨 / 年）	投产时间
4 条 AOCC 制浆线	国内废纸	废纸制浆	美国 KBC 公司	高强瓦楞原纸	50	2003、2012
2 条 OCC 制浆线	再生浆、国内废纸	废纸制浆	美国 KBC 公司	牛卡纸、箱纸板	110	2008、2012
木浆生产线	木浆、竹浆		美国 KBC 公司	牛卡纸	10	2013

主要造纸生产线（6 台）

生产线名称	纸机			主体设备供货厂商	产品品种	纤维原料	生产能力 /（万吨 / 年）	投产时间
	网部形式	幅宽 / 毫米	工作车速 /（米 / 分）					
瓦楞原纸生产线 2 台	长网	4600	850	维美德公司	高强瓦楞原纸	国内废纸	45	2003-05
牛皮箱纸板 2 台	三叠网	4800	1000	上海轻良实业有限公司	牛皮箱纸板	国内废纸、再生浆、木浆、竹浆	65	2012-03
挂面箱纸板 2 台	三叠网	4800	800	上海轻良实业有限公司	挂面箱纸板	国内废纸	50	2008

主要纸板生产线（一期）

生产线名称	原料	幅宽 / 毫米	工作车速 /（米 / 分）	主体设备供货厂商	产品品种	生产能力 /（米 ^{2}/ 年）	投产时间
纸板生产线	高强瓦楞原纸、牛皮箱纸板	2500	100 ~ 300	德国 BHS 公司	瓦楞纸板	1.7 亿	2021–10
纸板生产线	高强瓦楞原纸、牛皮箱纸板	2800	100 ~ 300	德国 BHS 公司	瓦楞纸板	1.7 亿	2021–11

（二期）

生产线名称	原料	幅宽 / 毫米	工作车速 /（米 / 分）	主体设备供货厂商	产品品种	生产能力 /（米 ^{2}/ 年）	投产时间
纸板生产线	高强瓦楞原纸、牛皮箱纸板	2800	100 ~ 330	德国 BHS 公司	瓦楞纸板	2.8 亿	2023–09
纸板生产线	高强瓦楞原纸、牛皮箱纸板	2800	100 ~ 330	意大利佛斯伯公司	瓦楞纸板	2.8 亿	2023–10

（三期）

生产线名称	原料	幅宽 / 毫米	工作车速 /（米 / 分）	主体设备供货厂商	产品品种	生产能力 /（米 ^{2}/ 年）	投产时间
纸箱生产线 1	瓦楞纸板	1624	100 ~ 200	上海鼎龙机械有限公司	纸箱	5443 万	2024–04
纸箱生产线 2	瓦楞纸板	924	100 ~ 350	上海鼎龙机械有限公司	纸箱	2160 万	2024–04
纸箱生产线 3	瓦楞纸板	100	100 ~ 350	日本三菱公司	纸箱	2160 万	2024–09

（罗卫民）

东莞市金田纸业有限公司

Dongguan Jintian Paper Co.，Ltd.

【企业概况】

东莞市金田纸业有限公司（以下简称“金田纸业”）成立于 2003 年，遵循诚信、双赢、合作、发展的经营理念，现已发展成了全球最专业、世界一流的灰纸板生产厂家。

为扩大市场占有率，金田纸业进行了全国性战略部署，其中已建成的生产基地有东莞基地、四川基地和江苏基地三大造纸基地和香港废纸回收再造基地，同时四川基地和江苏基地二期也在建设中。目前已经投产的产能：东莞基地 100 万吨，四川基地 70 万吨，江苏基地 100 万吨，其中灰纸板产能 180 万吨，牛卡纸产能 35 万吨，瓦楞原纸产能 25 万吨，白纸板产能 30 万吨。目前建成的总产能排国内造纸厂前十，其中灰纸板占全国产能较大比例，集团每年产值近 60 亿元，每年为国家创造亿元以上税收，提供近 5000 个工作岗位。

金田纸业旗下著名灰纸板品牌“金娃皇”“金娃”“金泊”全灰，应用于各类奢侈品、电子产品、礼品等高端包装市场。“金泊”单灰、“金盾”，广泛适用于精装书、文件夹，精品包装等中档包装市场。公司所产的环保牛卡纸、瓦楞原纸和涂布白纸板适用于各种大型包装印刷市场。基于高度的社会责任感，金田纸业在发展自身的同时，更致力于绿色、环保、再生资源行业的良性发展。在努力创造经济效益的同时，与自然和谐相处。

【生产基地】

东莞市金田纸业有限公司

金田纸业东莞基地——东莞市金田纸业有限公司位于广东省东莞市万江区大汾金田工业区。公司成立于 2003 年 8 月 15 日，地处珠江三角洲腹地，占地 500 亩，地理位置优越，交通十分便利。

东莞市金田纸业有限公司现有 8 条造纸生产线，其中幅宽 5600 毫米造纸机为目前全球单机产能最大的灰纸板生产线；9 台国内最先进的全自动卷筒裱纸机等配套设备。

四川金田纸业有限公司

金田纸业四川基地——四川金田纸业有限公司位于四川省泸州市合江临港工业园区张湾片区，成立于 2011 年 8 月，占地 880 亩。设计总产能达 120 万吨，分三期完成。第一期现已达产，一期项目包含 3 条国内最先进的灰纸板生产线和 1 条瓦楞原纸生产线，3 条国内最先进的全自动卷筒裱纸线，自有热电站、废水处理厂等相关配套设施。

江苏金田纸业有限公司

金田纸业江苏基地——江苏金田纸业有限公司位于黄海之滨的盐城市响水县，临近 G15 高速公路，交通便利。设计总产能 250 万吨（三期），占地 2600 余亩，一期 70 万吨灰纸板和 30 万吨涂布白纸板项目已于 2021 年底陆续投产，一期项目包含两条国内最先进的灰板纸生产线和 1 条涂布白纸板生产线，二期 100 万吨印刷包装用纸项目正在筹建中，计划于 2024 年年底投产。

洲至有限公司

洲至有限公司位于香港屯门 38 区环保园园区内，公司于 2019 年 9 月成功中标香港环保署废纸回收再造工业项目，为香港特区政府每年处理不低于 73 万吨香港废纸。项目获得环保园园区用地约 28.4 亩、2 个专用码头泊位，项目拟建设 2 条制浆线、4 条浆板线，配备自动装车、无人值守等智能化物流系统。公司以环保再生、清洁利用、转废为能的发展理念，在自备有废水处理厂的基础上，充分利用其产生的沼气进行发电自用，降低碳排放。项目预计2025年一季度落成，投产后年产湿浆板约120万吨，预计达成后年产值约18.2亿港元，相关产品将为东莞基地、四川基地、江苏基地提供充足的原料保障。

（王凌峰）

芬欧汇川（中国）有限公司

UPM（China）Co.，Ltd.

【企业概况】

芬欧汇川（中国）有限公司是芬欧汇川集团的全资子公司，芬兰在华最大的单项投资项目，投资总额已达到20亿美元，年生产能力为122万吨，是我国最大的全化学木浆胶版纸、复印纸和未涂布特种纸生产企业之一。公司拥有代表当前国际最佳技术的3台纸机生产线，分别于1999年、2005年和2015年投产，同时配备有电厂、废水处理厂、码头等完善的现代化生产设施，集生产、研发、电力、环保、储运设施于一体。公司曾被评为中国进出口“红名单”企业，其自备电厂也成功并入国家华东电网。

芬欧汇川一贯坚持可持续发展的原则，不断提升自身的经济、社会和环境表现。在过去的十年间，芬欧汇川常熟纸厂的吨纸水耗降低了15%，吨纸电耗减少了15%，吨纸废物填埋量削减了80%，吨纸二氧化硫排放量减少了95%。在此期间，使用认证纤维的比例达到85%。凭借出色的环境表现，芬欧汇川常熟纸厂相继被授予国家环境友好企业、国家绿色工厂、江苏省环境友好企业、常熟绿色企业的荣誉，其复印纸品牌也一直被列入中国政府绿色采购目录。2021年，芬欧汇川再次获得江苏省高新技术企业，同时获得了苏州市智能工厂和年度“中国杰出雇主2021”的荣誉。2022年，芬欧汇川获得“江苏省绿色发展领军企业”“苏州市质量奖”“常熟市市长质量管理优秀奖”。2023年，芬欧汇川第三次被认定为“中国水效领跑者”企业，也是业界唯一一家连续三次入选该国家级榜单的造纸企业，同时获得“苏州市生态环境保护工作先进集体”和“常熟市无废工厂”荣誉。

单位地址：江苏省常熟经济技术开发区兴业路2号，**邮编：**215536

联系电话：0512–52651818，**联系传真：**0512–52652300

联系邮箱：hu.ronghui@upm.com

企业性质：外商独资

法人代表：宋海海，**经营负责人：**宋海海，**技术负责人：**王丽华

成立时间：1995年，**职工总数：**1229人，**其中技术人员数：**249人

2023年纸及纸板生产量：105.5万吨

利税总额：5.78亿元

主要产品：文化用纸、特种纸

主要纤维原料：木浆

纸机总数：3台

【主要生产线】

主要造纸生产线

生产线名称	纸机			主体设备供货厂商	产品品种	纤维原料	生产能力 /（万吨 / 年）	投产时间
	网部形式	幅宽 / 毫米	工作车速 /（米 / 分）					
1 号纸机	夹网成型	9700		美卓公司	全木浆未涂布纸	木材纤维	45	2005
2 号纸机	夹网成型	8660		美卓公司	全木浆涂布纸、全木浆未涂布纸	木材纤维	32	1999
3 号纸机	长网成型	7500		福伊特公司	全木浆未涂布纸、全木浆未涂布特种纸	木材纤维	45	2015

（胡蓉晖）

永丰余造纸（扬州）有限公司

Yuen Foong Yu Paper MFG.（Yangzhou）Co.，Ltd.

【企业概况】

永丰余企业之前身，系 1924 年成立于台湾省台南之永丰商店，至 1950 年春，何传先生昆仲为发展文化事业，乃创建永丰余造纸公司，建厂于高雄县大树乡久堂村，为台湾省民营造纸业之先驱。

公司秉持一贯稳建成长的经营理念，产品稳居造纸业之领导地位。永丰余在造纸为本位下推展出多品项、多品类等之纸品，包含文化用纸、工业用纸、纸容器及家庭用纸等。目前除了拥有台湾久堂厂、台东厂、新屋厂、桃园厂、杨梅厂、清水厂、成功厂、彰化厂等数十几个工厂外，大陆区设有扬州厂、十二家纸器厂，分布于华东区五厂、华南区五厂、华北区二厂。另外还设有越南厂，含胡志明市四厂、河南两厂。

永丰余造纸（扬州）有限公司第一期工程设立高强瓦楞原纸 17 万吨 / 年生产线，于 2006 年 12 月投产；牛皮箱纸板 25 万吨 / 年生产线，于 2007 年 5 月投产。二期牛皮箱纸板 45 万吨 / 年生产线及年产 6.6 万吨秸秆制浆厂，于 2013 年完成投产，占地面积约 1078 亩，投资总额 7.35 亿美元。

成立至今，永丰余公司以清洁生产，循环再利用为核心，注重节能环保工作，生产过程严格按照国际质量环境安全管理体系的要求执行。陆续取得 ISO 9001、ISO 14001、ISO 45001、FSC-COC 产销监管链国际认证，能源管理体系之认证，国家级绿色工厂称号等。

员工是公司最重要的资产，扬州厂除了有新颖而先进的硬设备外，并强化安全、健康、舒适的工作环境中，仍不断地力求改善并加强员工安全教育训练，以期达到工作零灾害及绿色生产的目标。

单位地址：江苏省扬州经济技术开发区春江路 168 号，**邮编：**225131

联系电话：0514-82686458，**联系传真：**0514-87132181

企业性质：苏台合资

法人代表：叶佳峰，**经营负责人：**叶佳峰，**技术负责人：**叶佳峰

成立时间：2004 年，**职工总数：**586 人，**其中技术人员数：**155 人

2023 年秸秆浆生产量：2.2 万吨，**纸及纸板生产量：**79 万吨

2023 年销售收入：22.73 亿元

2023 年企业科研经费投入：146.81 万元

主要产品：瓦楞原纸、牛皮挂面纸

主要纤维原料：废纸、木浆

纸机总数：3 台

【主要生产线】

主要造纸生产线

生产线名称	纸机			主体设备供货厂商	产品品种	纤维原料	生产能力/（万吨/年）	投产时间
	网部形式	幅宽/毫米	工作车速/（米/分）					
PM1	单长网	3960	650	美国 beloit 公司	瓦楞原纸	回收纸	17	2006–12
PM2	三叠网	4760	800	德国 voith 公司	牛皮挂面纸	回收纸木浆	25	2007–08
PM3	三叠网	6660	1200	德国 voith 公司	牛皮挂面纸	回收纸木浆	45	2013–11

（郭文哲）

中顺洁柔纸业股份有限公司

C & S Paper Co.，Ltd.

【企业概况】

中顺洁柔纸业股份有限公司（以下简称“中顺洁柔”）2010 年 11 月 25 日在深圳证券交易所上市，是国内首家 A 股上市的主营生活用纸企业，目前是我国生活用纸龙头企业。公司在广东省江门市、广东省云浮市、四川省成都市、浙江省嘉兴市、湖北省孝感市、河北省唐山市、四川省达州市（建设中）、江苏省宿迁市（建设中）设立八大绿色生产基地。销售网络辐射华东、华南、华西、华北、华中和港澳六大区域，产品远销东南亚、东北亚、大洋洲、北美等海外市场。2019 年 6 月，中顺洁柔正式进军个人护理产品领域。

2019 年 7 月 29 日，中顺洁柔在四川省达州市 30 万吨竹浆纸一体化项目正式签约，2021 年 11 月，该项目获四川省生态环境厅环评批复。2022 年 7 月 14 日项目开工建设，投资约 40 亿元，计划建设 1 条竹浆生产线、3 条生活用纸生产线，建成后年产竹浆约 31.8 万吨、生活用纸约 30 万吨，建设周期 42 个月。

2021 年 1 月 13 日，中顺洁柔发布公告称，为进一步扩大产能，满足华东市场未来销售增长的需求，增加公司的利润增长点，公司拟新建 40 万吨高档生活用纸项目，项目总投资额约 25.5 亿元。项目将分期实施，第一期工程拟投资约 6 亿元，年产约 10 万吨高档生活用纸。项目实施地点为江苏省宿迁市宿城区运河宿迁港产业园内。

2023 年，中顺洁柔在河北省唐山市投产 1 台维美德（PMP）的新月型卫生纸机，产能 2.5 万吨 / 年，总产能达到 91.5 万吨 / 年。

2023 年，中顺洁柔营业总收入（主要为生活用纸业务销售额）达 98.01 亿元，同比增加 14.37%；净利润约 3.33 亿元，同比减少 4.92%。2023 年度，面对国际政治经济形势错综复杂，行业竞争日益加剧等因素，公司坚持核心战略和经营目标，多措并举，提升经营效率，使公司保持有竞争力的盈利水平。报告期内，通过持续优化品类结构、完善渠道建设、加大重点品推广力度等，公司销售收入创历史新高。

单位地址：广东省中山市西区彩虹大道 136 号，**邮编：**528411

联系电话：0760-87885678，**联系传真：**0760-87885669

联系邮箱：cnsnpaper@126.com

企业性质：民营企业

法人代表：刘鹏

2023 年纸及纸板产能：91.5 万吨

2023 年销售收入：98.01 亿元，**净利润：**3.33 亿元

主要产品：生活用纸

主要纤维原料：木浆

纸机总数：38 台

【主要生产线】

主要造纸生产线

生产基地	产品品种	纤维原料	生产能力 /（万吨 / 年）	纸机台数
江门市	生活用纸	木浆	17.0	8
孝感市	生活用纸	木浆	22.0	10
成都市	生活用纸	木浆	13.0	6
嘉兴市	生活用纸	木浆	5.0	4
唐山市	生活用纸	木浆	10.5	4
云浮市	生活用纸	木浆	24.0	6
合计			91.5	38

（中国造纸协会生活用纸专业委员会）

社团工作

ASSOCIATION AFFAIRS

12

中国造纸学会组织机构

The Organization of China Technical Association of Paper Industry（CTAPI）

理事长：曹振雷（法人代表）

副理事长：（按姓氏笔画排序）

王晓昕（女）　刘　忠　孙　波（女）

何北海　张　辉　张美云（女）　李　耀

陈嘉川　胡开堂　赵　伟　曹春昱

秘书长：曹春昱（兼）

常务理事（32 人）：（按姓氏笔画排序）

王晓昕（女）　平清伟　关兴江

刘　忠　刘安江　吕　强　孙　波（女）

何北海　张　辉　张凤山　张美云（女）

李　耀　李杰辉　杨　旭　陈礼辉

陈嘉川　周　耘　房桂干　范谋斌

姜丰伟　胡开堂　赵　伟　赵　青

钱　毅　戚永宜　曹春昱　曹振雷

程言君　覃程荣　谢益民　靳福明

樊　燕（女）

个人理事（98 人）：（按姓氏笔画排序）

马乐凡　孔凡功　王　波（女）

王双飞　王东兴　王华军　王志明

王晓昕（女）　王海佩　王敏良

平清伟　龙　柱　乔　军　任　浩（女）

关兴江　刘　文　刘　忠　刘　涛

刘川江　刘安江　刘国造　吕　强

孙　波（女）　孙　玲（女）　孙廷聪

朱自忠　祁国平　何北海　宋善军

应广东　张　辉　张凤山　张玉兰（女）

张安龙　张志忠　张美云（女）

李　军　李　艳（女）　李　群

李　耀　李正国　李志健　李尚武

李杰辉　李洪法　杨　旭　杨本彬

杨易平　沈　军　沙力争　陈　洋

陈　健　陈　港　陈生龙　陈礼辉

陈明邦　陈嘉川　周　耘　周　骏

周国伟　房桂干　林　媛（女）

林小琦（女）　林伟民　罗建雄

范学斌　范谋斌　奎明红　姜丰伟

姜兆宏　查瑞涛　胡开堂　贺文雄

赵　伟　赵　青　赵　恺　赵　琳

钟潜学　都兴东　钱　毅　钱学仁

戚永宜　曹春昱　曹振雷　梁　辰

黄六莲（女）　景　宜　焦　东

程言君　董　晖　覃程荣　谢宗国

谢拥群　谢益民　雷建民　靳福明

樊　燕（女）　樊永明

第一届监事会

监事长：卢宝荣（女）

监事 2 人：（按姓氏笔画排序）

杜荣荣（女）　陈奇志

副理事长单位（18 个）：（按地区区划排名）

中国纸业投资有限公司　黄　欣

金光纸业（中国）投资有限公司　黄志源

牡丹江恒丰纸业集团有限责任公司　徐　祥

芬欧汇川（中国）有限公司　Petteri Kalela

山东华泰纸业股份有限公司　李晓亮

山东太阳纸业股份有限公司　李洪信

山东泉林集团有限公司　李洪法

汶瑞机械（山东）有限公司　尹　华

亚太森博（山东）浆纸有限公司　胡　伟

杭州市化工研究院有限公司　姚献平

仙鹤股份有限公司　王敏良

浙江华章科技有限公司　朱根荣

福建恒安集团有限公司　许连捷

福建省轻工机械设备有限公司　李　艳

河南江河纸业股份有限公司　姜博恩

新乡新亚纸业集团股份有限公司　宋敬志

郑州运达造纸设备有限公司　许超峰

广州造纸集团有限公司　周　耘

各省（区、市）造纸学会

Local Technical Association of Paper Industry

北京市造纸学会
理事长：孙树建
副理事长：马石辉（常务）　邝仕均　黄祖壬
秘书长：马石辉（兼）
副秘书长：赵　青
地址：北京市顺义区空港工业 B 区安庆大街 9 号
邮编：101300
电话：010–80490558

天津市造纸学会
理事长：李　群
副理事长：周国伟　牛　量　孙　韬
秘书长：丁大永
地址：天津市泰达经济技术开发区 13 大街 29 号
天津科技大学轻工科学与工程学院
邮编：300457
电话：022–60602006、17627814535（丁大永）
传真：022–60601988

河北省造纸学会
名誉理事长：龚德利
理事长：刘国造
副理事长：陈生龙　魏秋生　郭玉祥　张志忠
李增锁　袁德起　姚士平　张维田
石金环
秘书长：童　欣
地址：河北省石家庄市北合街 18 号
邮编：050051
电话：13011598208（刘国造）
15203216688（童　欣）

辽宁省造纸学会
理事长：张运展
秘书长：刘秉钺
代秘书长：平清伟
地址：辽宁省大连市甘井子区轻工苑一号
挂靠单位：大连工业大学
邮编：116034
电话：0411–86324620、13840903048（平清伟）
传真：0411–86323736

黑龙江省造纸学会
理事长：杨易平
副理事长：白晓明　苏文强　李劲松　陈海涛
陈正旺　郑日亭　杨柏森　魏雨虹
秘书长：任国庆
地址：黑龙江省牡丹江市阳明区光华街 17 号
邮编：157013
电话：0453–6330924
传真：0453–6330924

上海市造纸学会
理事长：潘　新
副理事长：李　凯
秘书长：滕　飞
地址：上海市普陀区武宁路 1500 号南楼 403 室
邮编：200063
电话：021–52040672
传真：021–52040672

江苏省造纸学会
理事长：景　宜
常务副理事长：房桂干
副理事长：马跃飞　田宝凤　龙　柱　刘　克
江　达　沈　军　沈锦桃　杨文恒
高威宏
秘书长：童国林
常务副秘书长：郑志红（专职）　施英乔
地址：南京市龙蟠路 159 号南京林业大学教九楼
9E–315 室

邮编： 210037
电话： 025-85428235（办公室）
13813937461（郑志红）
邮箱： jstapi@njfu.edu.cn

浙江省造纸学会
理事长： 胡开堂
常务副理事长： 沙力争
副理事长： 刘继春　王宝辉　丁明其　韩继友　高威宏　赵志芳　周家俊　张　诚　伊财富　桑如岳　刘川江　裘　峥　李荣年　陈万平　姚向荣　陈建斌　计　皓　石忠收　冯小义　胡美琴　杨　旭
秘书长： 杨　旭
常务副秘书长： 郑梦樵
副秘书长： 陈　华
地址： 浙江省杭州市留和路 318 号浙江科技学院实验大楼 3 楼 334 室
邮编： 310023
电话： 0571-85070795
传真： 0571-86958853

福建省造纸学会
名誉理事长： 张道沛
理事长： 陈礼辉
副理事长： 柯吉熊　赵　恺　李　艳　刘明华　吴宗华　诸建华　陈德强
秘书长： 黄六莲
地址： 福建省福州市六一北路 204 号
邮编： 350013
电话： 13950283739（黄六莲）
传真： 0591-83715175（黄六莲）

江西省造纸学会
理事长： 管步军
副理事长： 雷建民　戴圣光
秘书长： 雷建民（兼）
地址： 江西省南昌市北京东路 138 号
邮编： 330029
电话： 0791-88333891、13507911422
传真： 0791-88333891

山东造纸学会
理事长： 刘　玉
名誉理事长： 陈嘉川
副理事长： 王泽风　陈洪国　李晓亮　应广东　李洪法　仇如全　王少光　王东兴　孙　平　赵振东
秘书长： 孔凡功
常务副秘书长： 吴　芹
地址： 山东省济南市长清区大学路 3501 号
邮编： 250353
电话： 13789805983（吴　芹）

河南省造纸学会
理事长： 李尚武
常务副理事长： 范乃旺
副理事长： 王　根　许敬亮　姜博恩
秘书长： 王年安
地址： 河南省郑州市文化路 97 号（郑州大学北校区）
邮编： 450002
电话： 0371-63886906、13608691192（李尚武）
传真： 0371-63886906
邮箱： hnszzxh@126.com

湖北省造纸学会
名誉理事长： 徐　斌
理事长： 刘　力
副理事长： 梁　斌　谢益民　彭宜纯　马中德　周卫东　张厚蛟　顿志强
秘书长： 梁　斌
地址： 湖北省武汉市汉口建设大道 623 号福星科技大厦 B 座 1506 室
邮编： 430030
孝感办公地址： 金凤凰纸业（孝感）有限公司（内）孝感市孝武大道 612 号
电话： 027-83622763
传真： 027-83622763

湖南省造纸学会
理事长： 周文春
副理事长： 朱宏伟　马乐凡
秘书长： 张新明
地址： 湖南省湘潭市建设中路 7 号
邮编： 411104
电话： 0731-58523295
传真： 0731-58523295

广东省造纸学会

理事长：何北海

副理事长：陈　港（常务） 焦　东　云　娜　卢诗强　王　波　林伟民　胡启华　陈　洋　奎明红　刘传富　楚西庆

秘书长：陈　港

地址：广东省广州市天河区五山街 381 号
华南理工大学
制浆造纸工程国家重点实验室旧楼 301 室

邮编：510640

电话：020–87112854

广西壮族自治区造纸学会

理事长：覃程荣

副理事长：林伟民　陈　健　葛　友　曾凡新　孙炳健　詹　磊　谭　炽　蒋玉明　戴永红

秘书长：梁　辰

地址：广西壮族自治区南宁市大学东路 100 号
广西大学轻工与食品工程学院内

邮编：530004

电话：0771–3237301 18275845299（梁　辰）

邮箱：gxtappi@163.com

四川省造纸学会

理事长：范谋斌

副理事长兼秘书长：罗建雄

副理事长兼常务副秘书长：罗福刚

副理事长：吴明希　王康健　刘自山　陈　洪　高焱仁　朱　君　周　骏　周　祥　赵建芬　周传平　刘玮哲　王　蕾　陈太军　罗江奇　史顺荣　李正春　刘一山　王华军　叶　剑　刘祥军　胡德兵

副秘书长：许志远

地址：四川省成都市成华街 5 号

邮编：610081

电话：028–83229689

传真：028–83229689

甘肃省造纸学会

负责人：祁国平

地址：甘肃省兰州市金昌南路 101 号
甘肃省轻工业研究院

邮编：730000

电话：0931–8112208、13893384427

陕西省造纸学会

理事长：张美云

常务副理事长：王志杰

副理事长：张飞跃

秘书长：张安龙

地址：陕西省西安市未央大学园区陕西科技大学
轻工学院 508 室

邮编：710021

电话：029–86132651

传真：029–86132651

（中国造纸学会）

2023 年中国造纸学会主要工作

Main Activities of CTAPI in 2023

中国造纸学会坚持以习近平新时代中国特色社会主义思想为指导，深入学习贯彻党的二十大精神，认真践行职责使命，着力发挥学会优势，积极开展学术交流、科技服务、科学普及、人才举荐和培养等各项工作，圆满完成全年工作任务，推动造纸科技事业高质量发展。

一、组织机构与自身建设

2023 年学会召开理事会 1 次，常务理事会 2 次，按章程审议通过了学会 2023 年度内的重大决策。审议通过了中国造纸学会换届筹备工作机构，成立了换届工作领导小组；审议通过了学会换届方案；根据行业发展需求的变化，完成了 2 个专业委员会的换届工作，调整了部分专业委员会的负责人。

坚持深入行业企业调查研究。学会党委书记、理事长曹振雷结合学会实际情况，深入行业、会员单位调研走访。参加山东、四川、福建、广西造纸学会年会（理事会），进行交流座谈并作专题报告，先后赴广西金桂浆纸业有限公司、汶瑞机械（山东）有限公司、山东太阳纸业股份有限公司、郑州运达造纸设备有限公司、郑州磊展科技造纸机械有限公司、福建恒安集团有限公司、恒丰纸业集团等企业进行调研。

学会发挥学术资源优势，指导企业解决生产中的技术难题。为单位会员定期寄赠《中国造纸年鉴》和主办的其他刊物，为会员提供最新的科技信息，传播科学家精神。

二、党建工作

学会党组织认真开展习近平新时代中国特色社会主义思想主题教育，成立主题教育工作领导小组，制定主题教育工作落实计划，把开展主题教育同贯彻落实党的二十大精神和党中央决策部署结合起来，同推动学会中心工作结合起来。

学会党支部依托“三会一课”、主题党日活动，组织党员集中学习，认真研读党的二十大报告和党章，学习《习近平著作选读》第一卷、第二卷，《习近平新时代中国特色社会主义思想专题摘编》等书目。

学会党支部结合常态化党史学习教育，组织党员前往中共中央北京香山革命纪念地，开展“传承红色基因 弘扬‘赶考’精神”主题党日活动。瞻仰双清别墅等 8 处香山革命旧址，参观香山革命纪念馆，观看《为新中国奠基——中共中央在香山》主题展览。

学会党组织负责人结合学习体会和实际工作讲专题党课。学会党委副书记曹春昱作了《强化理论武装，从创新驱动出发，加速高质量发展》的专题党课，学会党支部书记王晓昕作了《从主题教育中汲取奋进力量，推进一流学会建设》的专题党课。

召开学会第八届常务理事会党员大会第四次会议，学习《习近平新时代中国特色社会主义思想专题摘编》中关于实施创新驱动发展战略，实现高水平科技自力自强的专题内容，开展“科技创新驱动造纸行业高质量发展”专题问卷调查。

三、服务创新型国家和社会建设

根据中国科协科技群团智库成果采集项目要求，全面梳理我国造纸行业智库成果，完成了 30 项智库成果的收集和整理工作，成果内容包含：已被采纳并编入国家或地方重大项目（计划）的成果 3 项，报送各级党委和政府的政策建议等成果 5 项，其余为正式出版或刊发的智库报告成果及其他成果。

根据行业发展需要，学会发起 8 项团体标准制定工作，分别为《玻璃间隔纸》《湿巾保存期限评价方法》《纸及纸制品 碳足迹核算方法与报告指南》《一次性卫生用品碳足迹核算方法与报告指南》《活性炭过滤纸》《芳纶纸》《抑菌型一次性卫生用品》《优质全竹浆本色生活用纸》。其中《玻璃间隔纸》《湿巾保存期限评价方法》两项团体标准于 10 月 25 日发布，11 月 1 日起实施。

根据《工业和信息化部办公厅关于开展 2023 年工业通信业百项团体标准应用示范项目申报工作的通知》(工信厅科函〔2023〕165 号)，学会经中国轻工业联合会向工业和信息化部申报 2 项团体标准，其中学会发布的《匠心产品 生活用纸》入选 2023 年团体标准应用示范项目。

学会作为《制浆工》职业技能标准开发的承担单位，组织相关单位和专家按照《国家职业技能标准编制技术规程》要求，编制制浆工职业技能标准。

四、国际学术会议

举办国际学术会议 2 个，参会人数 500 余人，交流学术报告 107 场。

4 月 22—23 日，由中国造纸学会主办，北京林业大学、齐鲁工业大学(山东省科学院)和中国制浆造纸研究院有限公司联合承办的第四届纳米纤维素材料国际会议在北京市召开。来自中国、德国、瑞典、加拿大、美国、日本等国家和地区的 300 多位代表参会。此次会议共有 11 场大会报告和 84 个分会场报告，纳米纤维素领域的专家、学者就纳米纤维素的表征、规模化制备、高附加值利用等进行了深入的讨论。

8 月 15 日，由中国造纸学会、中国制浆造纸研究院和巴西造纸学会共同主办的“2023 国际造纸技术报告会”在上海市召开，近 200 位代表参加。此次会议聚焦国内外的造纸市场动态，围绕“以纸代塑”、生物质资源化利用、制浆造纸碳减排等内容，进行了 12 场技术报告交流。

五、国内学术会议

举办国内学术会议 6 个，参会人数 2000 余人，交流学术报告 100 余场。

3 月 29—30 日，由中国造纸学会、四川省造纸学会主办的 2023 中国竹浆纸产业融合创新发展论坛在四川省成都市召开。本届论坛以“竹浆纸产业融合创新与发展”为主题，设置了主旨报告、装备创新促进行业进步、绿色发展支撑双碳战略、科技创新推动高质量发展四个板块。发挥我国丰富的竹资源优势，围绕竹林种植 – 制浆 – 造纸 – 加工全产业链，探讨新形势下竹浆纸产业在绿色发展、双碳战略、科技创新、装备进步等方面的高质量发展之路。400 余位代表参会了会议。中国工程院陈克复院士、中国工程院王双飞院士以视频方式参加了会议。

4 月 12—13 日，由中国轻工业联合会指导，中国轻工机械协会、中国造纸协会、中国造纸学会、全国工商联纸业商会、中国轻工集团有限公司、中国轻工业信息中心、中国轻工企业投资发展协会 7 家单位联合主办的第五届中国造纸装备发展论坛在山东省潍坊市召开。此次论坛围绕双碳背景下的创新与发展、绿色制造与高质量发展、智能制造与数字化转型、科技创新与产业链融合、原料供应与绿色供应链 5 个主题进行了 15 场学术交流。近 700 名代表参会。

4 月 25 日，由中国造纸学会、中国制浆造纸研究院、造纸工业生产力促进中心主办的特种纸产业发展论坛在浙江省衢州市召开。专家学者针对国内外特种纸市场、双碳背景下特种纸产业发展路径等议题做了 6 场专题报告；8 位特种纸行业企业家、专家围绕“中国特种纸产业的双碳之路”的议题进行了深入探讨。300 余位代表参加了本届论坛。

4 月 26 日，由中国造纸学会、中国制浆造纸研究院、造纸工业生产力促进中心共同主办的 2023 特种纸技术交流会暨特种纸委员会第十六届年会在浙江省衢州市召开。此次会议共分为“市场和产品”“智能测控”“新技术”“化学品及应用”“工程及装备”五个板块，15 位专家学者从产品、技术、原料、装备、工程等多维度分享特种纸产业的最新科研成果、生产经验，探讨特种纸产业的绿色低碳转型路径。320 位代表参会。

10 月 24—25 日，由中国造纸学会、天津市造纸学会、天津科技大学、天津市制浆造纸重点实验室等单位联合主办的首届中国造纸产教融合创新发展论坛在天津市召开。本次论坛共有 22 场报告，深刻剖析我国制浆造纸传统产业优势和行业发展痛点问题，阐述新生态变革环境下传统产业高质量发展方向，探讨核心技术发展、重塑竞争优势、挖掘增长空间，促进以教学科研机构为主题的知识创新与以企业为主题的技术创新深度融合。面向制浆造纸及其上下游相关企业、教学科研机构，展示了丰富的科研及产业化成果，校企共同构建新产品研发、新技术交流与成果转化新模式，共同探索产教融合创新发展新模式，促进以企业为主体的技术创新的发展，实现校企合作共赢的目标。近 200 位代表参会。

11 月 2—3 日，2023 中国造纸学会手工纸与造纸史专业委员会年会在湖南省耒阳市召开。会议围绕造纸术发明史，手工纸发展现状、制备经验，纸文化传承和发扬等内容进行了研讨。此次会议为今后造纸术的历史研究、手工纸技艺的传承与创新提供了许多建议与经验。来自造纸史和手工纸、考古、秦汉史、文博等领域专家，以及关心和参与纸史研究、非遗技艺传承人、手工纸技艺与文化传承的企业代表和相关人士，近 130 位代表参会。

六、举荐科技人才和推荐科技项目

根据中国科协及中国科协先进材料学会联合体的相关要求，学会于 8 月上旬开展第九届中国科协青年人才托举工程（2023—2025 年度）推荐工作。经中国科协先进材料学会联合体评审并上报中国科协确定，学会推荐的 7 位制浆造纸领域青年人才入选。

根据中国科协有关通知要求，学会向中国科协推荐第三届全国创新争先奖先进个人候选人 1 名，推荐中国工程院院士候选人 1 名，推选国家科学技术进步奖候选项目 1 项。

根据中国轻工业联合会《关于 2023 年度中国轻工业联合会科学技术奖励申报工作的通知》（中轻联综合〔2023〕103 号），学会组织开展制浆造纸领域项目申报工作，向中国轻工业联合会申报推荐 3 个项目，其中“特种无石棉纤维密封材料系列产品”荣获科技进步奖一等奖。

七、科普活动

11 月 3 日，中国造纸学会、中国造纸协会和中共衡阳市委、衡阳市人民政府共同主办的第二届衡阳旅游发展大会纸文化传承活动在耒阳市蔡伦纪念园举行，纸史专家，造纸行业专家、企业家围绕纸的发明与传播，造纸术与现代造纸工业等内容做特邀报告，蔡伦纪念园内的蔡伦古法造纸作坊提供古法造纸技艺的体验，蔡侯祠展示了与蔡伦及其造纸术相关的重要史料，以油纸伞、岳州扇、南岳剪纸、滩头年画等非遗传承项目为载体汇聚成的纸文化长廊，展现中华传统文化魅力。

八、期刊和年鉴编辑出版工作

《中国造纸学报》《纸和造纸》《中国造纸》《造纸信息》《造纸与生物质材料（英文）》期刊持续加强出版物质量。《中国造纸学报》《中国造纸》再次入选核心期刊。

《2023 中国造纸年鉴》按计划完成编纂工作，于 12 月下旬出版发行。

（中国造纸学会）

中国造纸协会办事部门和分支机构

Administrative and Affiliated Agency of China Paper Association（CPA）

办事部门：会员部；综合业务部；信息咨询部；会展部；办公室（财务）。

分支机构：

4 个专业委员会：

中国造纸协会环境保护专业委员会

中国造纸协会能源专业委员会

中国造纸协会生活用纸专业委员会

中国造纸协会标准化专业委员会

5 个分会：

中国造纸协会卷烟纸分会

中国造纸协会铜版纸分会

中国造纸协会无碳复写纸、热敏纸分会

中国造纸协会新闻纸分会

中国造纸协会箱板纸及瓦楞纸分会

2023 年中国造纸协会主要工作

Main Activities of CPA in 2023

2023 年是全面贯彻落实党的二十大精神的开局之年，也是承上启下，稳中求进，实施“十四五”规划的关键一年。在国家“双碳”战略目标的实施过程中，我国造纸行业加快向清洁生产、环境友好、绿色低碳方向发展，产业转型持续升级，产业结构不断优化，与此同时，造纸行业生产却遭遇了市场需求震荡波动，原材料成本上升等困难，再加上外部环境变化等问题叠加，使得今年造纸行业整体生产和运行困难，下行压力加大，尤其是行业的整体经济效益明显大幅下滑。

面对行业遇到的诸多问题，在已经过去的一年里，中国造纸协会在全体会员单位的共同努力和各级政府相关部门的支持下，努力克服各种困难，在完成协会的各项日常工作的同时认真有序地开展了以下各项工作，取得了一定的工作成绩。现将过去一年的主要工作情况总结汇报如下：

一、发挥协会服务功能，深入调研，反映诉求

（1）配合调研和提供建议。协会积极配合政府相关部门工作，在促进造纸行业高质量发展、结构调整、提质增效、降低企业负担、反映企业诉求、解决贸易纠纷以及在碳达峰、碳中和、国标、团标制度修订等方面做了许多调查研究工作，回复相关政策法规的意见征集、提供政策建议、为政府部门制定相关政策和决策提供了参考意见、建议和专业技术支撑。

（2）提供材料。向国家发展改革委、工业和信息化部等部门提供行业发展相关资料，在系统梳理、总结造纸行业整体运行、发展情况基础上，分析造纸行业当前发展水平、未来发展趋势和发展面临的困难问题，并提出相关建议。

（3）节能节水工作。向国家发展改革委、工业和信息化部等部门提供行业节能节水等相关情况，深入研究今年以来本行业及细分行业节能节水目标任务完成情况，分析推进节能降碳面临的问题和挑战，提出下一步工作措施建议。2023 年 5 月，受水利部节约用水促进中心委托开展《典型高耗水工业行业用水数据收集整理（造纸行业）》研究工作，调查了解我国造纸行业用水水平、节水节能等最新政策资料，为 2022 年中国节水报告提供支撑。

（4）科技成果转化平台。生态环境部成立国家生态环境科技成果转化综合服务平台理事会，协会成功获选理事会成员。协会积极参与生态环境部科技成果转化平台相关工作，推荐技术团队、提供科技成果转化素材等。

（5）环保税实施效果调研。2018 年开始实施环境保护费改税工作，协会积极配合全国人大常委会预算工作委员会，开展环保费改税对制浆造纸企业的影响、税法执行情况及执行过程中存在的问题等多项调研工作。

（6）碳排放交易市场方案研究工作。生态环境部商请协会加入《造纸行业纳入全国碳排放权交易市场专项研究》，该项研究参考重点行业纳入全国碳市场专项研究指南，在深入调研造纸行业实际情况，评估造纸行业纳入全国碳市场的必要性、紧迫性和可行性。

（7）参加了多项由地方政府、其他相关行业协会、企业组织的与造纸行业相关会议和活动，为宣传行业的绿色发展理念，加深社会理解，相互沟通交流做了大量基础工作。

（8）回复意见。以调研和咨询为基础，对《建设项目环境影响报告书（表）编制监督管理办法》及其配套文件、《建设项目环境影响评价技术导则 总纲》《入河入海排污口监督管理技术指南 监测》2 项国家生态环境标准、《进一步优化环境影响评价工作的通知（征求意见稿）》等提出意见和建议。

（9）完成年度报告。组织各主要省市造纸协会、重点制浆造纸企业，开展 2022 年造纸工业主要经济技术指标完成情况调查，收集各种数据，在充分调研的基础上，完成了 2022 年造纸工业年度报告，为行业和有关部门提供了完整的生产运行及消费情况，得到了社会的广泛应用。

二、积极组织开展标准制定、修订工作

协会及中国造纸协会标准化委员会积极参与多项国标和团标的制修订工作。

（1）《再生纸浆》国家标准。2019 年 10 月，国家标准化管理委员会正式下达《再生纸浆》国家标准的制定计划，中国造纸协会负责牵头制定，历时 4 年的时间，于 2023 年 11 月 27 日，由国家市场监督管理总局（国家标准化管理委员会）批准发布，标准号为 GB/T 43393—2023，并于发布之日起实施。

（2）《制浆造纸企业单位产品能源消耗限额》强制性国家标准。2021 年 12 月 13 日，国家标准化管理委员会正式下达《制浆造纸企业单位产品能源消耗限额》修订计划，由中国造纸协会负责牵头修订，2023 年 8 月，通过标准的审查会，年底前已完成标准的上报工作。

（3）《节水型企业 造纸行业》国家标准。2022 年 4 月，国家标准化管理委员会正式下达《节水型企业 造纸行业》国家标准的修订计划，由全国节水标准化委员会归口，中国造纸协会负责牵头修订，现已完成报批，目前正在等待国标委的批准发布。

（4）《水性涂层纸杯（含水性涂层纸杯纸）》团体标准。2023 年 8 月，通过了团体标准第 1 号修改单审查会，8 月 31 日由协会批准发布并实施。

（5）《“无废工厂”评价要求 造纸工业》团体标准。2022 年 5 月，中国造纸协会正式下达《“无废工厂”评价要求 造纸工业》团体标准计划，2023 年 6 月，通过团标标准审查会，7 月 1 日由协会发布实施。

（6）《星级品质 婴儿纸尿裤》团体标准。2023 年 8 月中国造纸协会下达《星级品质 婴儿纸尿裤》团体标准计划，11 月 27 日，通过团标标准审查会，目前正在批准发布中。

（7）《造纸用环保型湿强剂 聚酰胺环氧氯丙烷（PAE）》团体标准。2022 年 3 月，中国造纸协会批准立项。2023 年 9 月，已完成标准的征求意见工作，计划 2024 年择期发布。

（8）《精制印刷纸》团体标准。2023 年 7 月，中国造纸协会下达《精制印刷纸》团体标准计划，批准立项，目前正在制定中，计划 2024 年发布。

三、积极组织行业会议、活动，增强行业协会凝聚力

（1）召开协会理事会。组织召开协会第五届理事会第五次会议，会议通过了“中国造纸协会第五届理事会第五次会议工作报告”“中国造纸协会第五届理事会 2023—2024 年度工作计划”“中国造纸协会第五届理事会 2022 年度财务报告”“中国造纸协会第五届理事会 2023 年度收支预算”，通报了“关于中国造纸协会第五届理事会副理事长单位的人员变动情况”和“中国造纸协会第一届监事会 2022 年度工作通报”。与会人员分组分别就行业发展面临的焦点、热点问题进行了讨论。

（2）组织召开 2023 中国纸浆高层峰会。2023 年 4 月，由中国造纸协会主办，上海期货交易所、厦门建发浆纸集团、中国造纸协会商品纸浆工作委员会承办的 2023 中国纸浆高层峰会在福建厦门隆重召开。会议主题为“信心 合作 聚力 发展”。本次峰会吸引了造纸、经济、贸易、期货及相关领域的领导、企业家、经济学家、专家学者等 600 余位代表参会。

（3）造纸十强企业评选。协会下发了《关于开展 2022 年度轻工行业十强、轻工业百强企业评价工作的通知》，共有 22 家企业申报参评。经中国轻工业联合会评价审定，山东太阳控股集团有限公司、山东晨鸣纸业集团股份有限公司、华泰集团有限公司、玖龙纸业（控股）有限公司、亚太森博中国控股有限公司、海南金海浆纸业有限公司、金东纸业（江苏）股份有限公司、广西金桂浆纸业有限公司、宁波亚洲浆纸业有限公司、理文造纸有限公司等 10 家企业被评为 2022 年度轻工行业造纸十强企业。

（4）科技奖申报工作。根据中国轻工业联合会《关于 2023 年度中国轻工业联合会科学技术奖励申报工作的通知》要求，协会组织并推荐了行业内企业参加此次评选活动，岳阳林纸股份有限公司“绿色多功能高档薄本纸关键技术研究和产业化”项目、山东杰锋机械制造有限公司“干法废纸制浆新工艺——干法净化和疏解制浆技术成套装备”参评。

（5）技术论坛。“2023 中国纸业高质量发展大会暨第十二届中华纸业浆纸技术论坛”，由中国造纸协会、保定市人民政府、河北省工业和信息化厅主办，中华纸业杂志社等单位承办，以“聚焦减碳节能新生态 打造数智赋能新优势 培育绿色发展新动能”为主题，从多方面解读分析造纸减碳节能措施、提高效益方法、数智赋能新场景，分享成果经验，以推动造纸产业高质量可持续发展。来自全国各地近 600 人参会。

（6）造纸装备论坛。第五届中国造纸装备发展论坛由中国轻工业联合会指导，中国轻工机械协会、中国造纸协会、中国造纸学会、全国工商联纸业商会、中国轻工集团有限公司、中国轻工业信息中心、中国

轻工企业投资发展协会 7 家单位联合主办，有关部委领导、行业专家以及地方造纸行业学会、协会等领导专家，制浆造纸科研机构、高等院校、企业及装备供应商、化学品生产商等产业链上下游企业代表，行业媒体记者等近 700 人参会。

（7）2023 中国造纸周。本届造纸周内容涵盖："2023 中国国际造纸和装备博览会暨全国纸张订货交易会""中国纸业节能减排论坛""中国造纸协会能源专业委员会 2023 年主任委员会议""2023 中国纸浆市场形势研讨会""纸张服务商产业发展研讨会""2023 中国纸业高质量发展论坛暨第十三届中华纸业浆纸技术论坛"及"国贸浆纸杯中国浆纸足球友谊赛"等相关专题会议及活动。

① 2023 年 11 月，顺利召开"2023 中国国际造纸和装备博览会暨全国纸张订货交易会"。因疫情停办了两年的博览会和交易会在疫情过后得以恢复，本届博览会和交易会云集了众多国内外知名厂商，充分展示了造纸行业的新产品、新装备、新技术和新成就，展示范围涵盖纸浆、纸及纸板、纸制品、机械设备等，来自全国各地的采购商及部分境外贸易商约三万余人参加了本次博览会。

②中国纸业节能减排论坛。由中国造纸协会主办，协会环境保护专业委员会和能源专业委员会共同承办的"2023 中国纸业节能减排论坛"在福建福州召开，此次会议聚焦"双碳"，以"减污降耗协同增效 探求纸业达峰路径"为主题，围绕"双碳"政策走向、工业碳达峰方案对造纸行业的要求、行业碳达峰路线研究、节能降耗管理要求及技术动向等议题进行深入研讨和交流。

③ 2023 中国纸浆市场形势研讨会。此次会议由中国造纸协会主办，厦门国贸浆纸有限公司和中国造纸协会商品纸浆工作委员会承办。会议主题为"稳供需 提信心 谋长远"，作为纸浆领域极具影响力的行业盛会，本次研讨会吸引了行业领导、贸易商、期货及相关领域的领导、企业家、专家学者等 600 多位相关人士参会。

④技术论坛。"2023 中国纸业高质量发展论坛暨第十三届中华纸业浆纸技术论坛"是中国造纸协会倾力打造的"中国造纸周"系列活动之一，由中华纸业杂志社承办，20 多家造纸行业上下游单位支持，300 余人参会。

（8）协会与中国造纸学会和耒阳市人民政府、金光集团 APP（中国）共同举办了纪念蔡伦逝世 1900 年的纪念活动。

（9）加强对外交流与合作。做好与国外、境外行业协会的日常联络工作，主要是信息、数据交流，筹办国际区域浆纸会议等工作，促进协会之间交流与合作，推动造纸行业有效合作与稳定发展。

四、以党建为统领、加强协会自身建设、提升协会服务水平

（1）以习近平新时代中国特色社会主义思想为指导，全面深入贯彻落实党的二十大和二十届二中全会精神，积极应对国内外形势新变化，坚持以党建为引领，扎实做好党支部"两化"建设，发挥党组织战斗堡垒和党员先锋模范作用，针对造纸行业所面临的新机遇，理顺各方面关系，提升协会服务水平，促进协会稳定有序、顺利开展各方面工作。

（2）在中共中国轻工业联合会委员会的领导下，协会党支部结合现阶段造纸行业发展过程中的热点和难点问题，深入开展调研活动，汇总企业的意见、诉求和建议，协调解决或反映行业和会员单位共同关心的困难和问题，做好协会在行业发展中的引领和协调作用，服务政府、会员、行业和社会。

（3）按照民政部要求，完成全国性社会团体 2022 年年检工作，顺利通过民政部年检，结果合格。

（4）加强分支机构的领导，针对各分支机构的特点和出现的问题，积极组织协会内部各分支机构开展政策研究、市场分析和信息交流。

①按照《中国造纸协会分支机构管理办法》，对现有分支机构逐个进行检查，对个别分支检查出来的问题，限期整改，严格要求分支机构按照工作条例开展活动。

②协会组织有关分支机构完成了新闻纸、箱纸板和瓦楞原纸、蔗渣浆、溶解浆、竹浆、商品纸浆等主要品种的预警数据收集、处理汇总，为政府部门及时了解市场动态提供依据。

（5）会员部通过加强与企业的沟通交流，积极服务会员单位，反映企业诉求，在协会领导、各部门和各专业委员会的支持下，较好地完成了 2023 年收缴会费目标和任务。

（6）加强协会与会员单位之间的联系和沟通，努力做好网站的维护和运营，及时发布相关政策、协会动态、企业信息、行业报告，使网站信息与内容更加完整，并使内容更加丰富、新颖，有效提升了协会在行业中的影响力和知名度；通过微信公众号及时发布行业内政策法规及热点关注，并借助公众号平台对协会举办的会议、论坛等活动进行前期推广和会后报道，通过微信公众号的宣传，助力协会快速传播信息和扩大影响力。

（董国强）

全联纸业商会办事及分支机构

Adminstrative and Affiliated Agency of China Paper and Pulp Industry Chamber of Commerce，CPICC

一、简介

全联纸业商会（以下简称“纸业商会”）是经国务院批准、民政部登记、由全国工商联主管的全国性社会团体。

纸业商会由玖龙纸业、华泰集团、太阳纸业、中国纸业、亚太森博、博汇纸业、恒安集团、维达纸业、建晖纸业、世纪阳光、大河纸业、胜达集团、环龙集团、金冠方舟、荣晟环保纸业、东莞金洲、建发浆纸集团、恒丰纸业、江南纸业等我国制浆造纸行业中各产业、各区域的代表性企业组成，共有 300 余家大中型企业会员，遍及全国 20 多个省、自治区、直辖市，涉及造纸、制浆、化工、装备制造、包装印刷、物流贸易、林业等制浆造纸和纸包装全产业链中所有行业。

纸业商会是党在制浆造纸行业中开展统战工作的重要组织和抓手，是政府联系制浆造纸行业的重要桥梁和纽带，具有“统战性、经济性、民间性”三性有机统一的特殊职能，在推动我国民营制浆造纸行业“两个健康”发展中发挥政治方向引领、理想信念教育、凝聚行业力量的主渠道作用；在服务制浆造纸行业高质量发展中发挥整合市场资源、维护行业秩序、推动资源互补的专业组织作用，在参与国家重大战略、推动区域经济发展、推动共同富裕工作中发挥协调导向作用。

纸业商会是一个国际化程度较高的行业组织，与国际纸业、芬欧汇川、芬林集团、金光集团、亚太森博、巴西书赞桉诺、巴西公牛木浆、智利 CMPC、智利 ARAUCO、日本王子制纸等全球主要制浆造纸巨头建立了稳定、长期的合作关系，与维美德、福伊特、安德里茨、ABB、西门子等全球最大的造纸装备、自动化企业达成了长期战略合作伙伴关系，与欧洲、美国、加拿大、日本、芬兰、印度等国家的同行业组织和咨询机构建立了长期合作机制，在推动我国制浆造纸行业国际化发展和与国际大企业交流合作中发挥了重要作用。

二、组织机构

理事长

玖龙纸业（控股）有限公司董事长　张　茵

常务会长

环龙集团有限公司董事长　沈根莲
北京金冠方舟纸业物流有限公司董事长　朱　勇
东莞建晖纸业有限公司董事长　黎桂华
胜达集团有限公司总裁　方聪艺
恒安集团有限公司首席执行官　许清流
山东华泰集团有限公司董事局主席　李晓亮
山东太阳纸业股份有限公司副董事长　李　娜

副会长

中国纸业投资有限公司原董事长　黄　欣
亚太森博集团商务总裁　胡　伟
维达纸业（中国）有限公司董事长　张　健
浙江荣晟环保纸业股份有限公司董事长　冯荣华
大河纸业有限公司董事长　王　根
山东世纪阳光纸业集团有限公司董事长　王东兴
东莞金洲纸业有限公司董事长　黎俊钦
山东博汇集团董事长　林新阳
牡丹江恒丰集团党委书记、董事长　徐　祥
厦门建发浆纸集团有限公司总经理　张晓晖
广东横县江南纸业有限公司董事长　雷文军

特邀副会长

书赞桉诺亚洲区（木浆业务）总裁　杨国华
芬林集团亚洲区总裁　宋望球

名誉会长

山东太阳纸业股份有限公司董事长　李洪信

华泰集团党委书记　李建华

金鹰集团创始人、主席　陈江和

恒安集团有限公司董事局副主席　许连捷

顾问

维达国际控股有限公司创始人、原董事局主席　李朝旺

中国造纸协会生活用纸专委会主任　曹振雷

胜达集团有限公司党委书记、创始人　方吾校

河南投资集团原技术总监　郭海泉

中国包装联合会党总支书记、原副会长、原秘书长　王跃中

三、分支机构

全联纸业商会纸浆模塑分会

全联纸业商会纸浆供应链专业委员会

全联纸业商会可持续发展委员会

四、联系方式

电话：010–65185528

电邮：cpicc@vip.163.com

2023 年度全联纸业商会主要工作

Main Activities of CPICC in 2023

2023 年，是我国经济发展面临多重挑战的一年，也是我国浆纸行业承压奋进的一年。在全国工商联的领导下，纸业商会以习近平新时代中国特色社会主义思想为指导，全面贯彻落实党的二十大和中央统战会议工作精神，按照习近平总书记对新时代民营经济统战工作和工商联工作的重要指示要求，始终坚持围绕中心、服务大局，牢牢把握“两个健康”工作主题，为推进我国制浆造纸行业克服疫情影响、应对复杂国际形势的冲击，推动我国制浆造纸高质量可持续发展做出了积极的贡献。

一、坚持政治建会，做好民营经济统战工作

全国工商联及所属商会是民营经济统战工作的重要组织依托。在全国工商联党组织领导下，理事会以党建引领，深入开展理想信念教育，引导民营经济人士把思想和行动统一到中央决策部署上来，较好地完成了统战任务。

一是加强思想政治教育，筑牢理想信念根基。在日常工作中，理事会通过全国工商联主题教育平台、《纸业商会参考》、纸业商会公众平台、理事会议、会员大会、各分支机构或专委会工作会、研讨会和专项培训会等渠道，引导会员企业学习习近平总书记系列重要讲话精神和党中央决策部署，树立正确的国家观、法治观、事业观、财富观，引导会员企业听党话、跟党走。

二是加强党建工作，强化统战职能。2023 年，纸业商会党支部把主题教育作为年度重点政治任务，按照“学思想、强党性、重实践、建新功”的总要求，持续推进各项重点工作，与其他兄弟商会、会员企业、高校等单位举办多次多种形式的联合党建活动，取得良好的学习和教育效果。

二、加强组织建设，打造全产业链会员体系

过去的一年，商会通过加强组织建设、积极发展会员、成立专业委员会、拉长产业链条，打造全产业链会员体系，提升了凝聚力和行业影响力。

一是商会更名登记，如期完成换届。根据全国工商联和民政部的相关要求，商会于 2022 年 8 月底完成了在民政部的更名登记，商会名称由全国工商联纸业商会变更为全联纸业商会，商会仍为承担统战职能的全国工商联直属商会和民政部登记的全国性社会团体，注册地为上海。9 月，在全国工商联统一组织下，商会召开了第五次会员大会，通过了《全联纸业商会章程》，选出了新一届理事会领导班子，如期完成换届。新一届理事会规模扩大、领导班子年轻化、代表性增强，为商会履职提供坚实基础。

二是推进分支机构建设，扩大会员覆盖面。2023 年 3 月和 9 月，商会分别成立全联纸业商会绿色可持续发展专委会和全联纸业商会纸浆模塑分会，在可持续发展和新兴细分领域扩大会员规模，商会的区域、行业代表性继续提高。2023 年商会新增会员 50 家，其中小微企业占 40%，企业成长性、代表性、区域性强，覆盖面和影响力大大提高。

三、巩固与创建活动品牌，进一步提升服务水平

过去的一年，商会巩固与创建活动平台和服务品牌，提升服务水平和工作效率，为会员和行业提供优质的服务和支持，推动了行业的高效交流、合作和发展。

巩固现有活动品牌，办好会员大会。三年疫情防控期间，会员大会如期召开，没有出现一次推迟和取

消的情况。特别是 2022 年 9 月，在复杂严峻的疫情形势下，商会召开了线下实体大会，是同时期行业中唯一成功召开的线下大会，参会人数与规模创历史新高。通过正常召开大会，商会团结上下游产业，吸引更多企业和同行加入，有效引导行业自律，规范行业秩序。

创造造纸行业碳足迹核算领域的两个第一。一是启动编制了造纸行业和我国第一个与欧盟实现内容一致性的碳核算标准。经过一年多的谈判，2022 年 5 月，纸业商会与欧洲造纸联合会签署协议，就中国和欧盟纸及纸制品环境足迹核算标准达成内容一致性协议，并互认基于该标准完成的碳核算报告。经过一年多的编制，2023 年 10 月底举办的 2023 年中国纸业发展大会上举行了标准发布。会议发布了中欧内容一致性团体标准《纸及纸制品环境足迹评价通则》《制浆造纸产品环境足迹评价细则》，并启动了中欧内容一致性《瓦楞纸及纸板容器环境足迹评价细则》《非瓦楞纸及纸板容器环境足迹评价细则》《纸浆模塑产品环境足迹评价细则》团体标准编制工作。同时，纸和纸制品全生命周期碳足迹核算服务平台也正式上线，中国纸与纸制品碳核算标签 CPPEF 正式发布。该标准的编制，将为中国造纸行业应对碳关税挑战提供重要支撑，为中国与欧盟地区，乃至全球范围内纸及纸制品碳足迹核算互认打下基础。

二是在编制中欧内容一致性标准的同时，商会创建了业内首家“纸和纸制品全生命周期碳足迹核算服务平台”。平台能够帮助企业自主完成产品的碳排放核算，生成规范、专业的碳核算报告，并与重点终端用户实现数据互联互通。今年 5 月，平台又创新推出了“自助开展碳足迹核算”新模式，企业可以利用平台提供的标准、模型、数据库自行开展产品碳足迹核算，提高了企业核算报告的准确性、专业性和工作效率，降低了企业核算成本，拓展了平台的应用范围。

四、做好调查研究，积极参政议政

商会充分发挥参政议政和反映行业诉求的职能与职责，在行业形势复杂艰难的形势下，加大了对企业的走访和行业的调研力度。目前已完成了《中国特种纸行业发展报告》《进口纸零关税对中国造纸行业的冲击》《关于调整废纸进口政策的建议》《关于推进竹资源全价利用的潜力开发和实施的提案》等一系列报告、提案和专报。这些报告和建议分析了造纸行业的现状和趋势，提出了针对性的建议和措施，为政府决策和企业发展提供了富有价值的参考。

五、开展重点帮扶县调研，推进乡村振兴重点帮扶

为贯彻落实中央政策和全国工商联部署，纸业商会积极参与乡村振兴，推进共同富裕。2023 年 9 月中旬，纸业商会作为全国工商联第十调研组成员单位，赴怒江傈僳族自治州贡山县、福贡县开展国家乡村振兴重点帮扶县联系活动。纸业商会还与常务会长单位四川环龙新材料有限公司对口联系福贡县，共同完成《全国工商联第十调研组开展国家乡村振兴重点帮扶县联系活动报告》，初步确定定点帮扶福贡县，并将在教育、产业和产品采购或推介等方面开展帮扶。

六、依托数字化平台，推进行业转型升级

为全面推进造纸行业数字化转型升级，2023 年 4 月纸业商会与用友公司就造纸行业数字化与智能化服务签订战略合作框架协议，双方合作内容包括组建全联纸业商会数智化专委会、制定中国制浆造纸行业数智化转型 10 年行动方案、制定制浆造纸行业数字化、智能制造实施及评价标准、建设造纸行业数字化人才培养基地等。

七、办好年度行业大会，持续增强商会凝聚力

2023 年的中国纸业发展大会是新一届理事会成立后的第一次行业大会，得到了全体会领导的高度重视和积极参与，张茵理事长、李洪信、李建华名誉会长和沈根莲常务会长等对大会选址、主题确定、日程安排和演讲嘉宾邀请都亲自参与，并始终坚持出席大会。多家常务理事和会员企业积极出谋划策，长期合作单位继续赞助支持大会多个项目，东莞的会长单位和会员企业群策群力，全方位保障大会的接待。

大会活动丰富多彩，举行 3 个正式宴会，1 个全天的发展论坛以及多项发布、签约仪式和酒会。本届大会邀请了多位重量级嘉宾，包括三位体制内的学者型领导、三位欧洲的专家和企业家到会演讲，以及商会多位会长上台参与圆桌对话，再次发挥了凝聚产业链交流平台作用。

（张慎金）

附　　录

APPENDIXES

2023 年国民经济与社会发展统计公报（节选）
2022 年中国生态环境统计年报——废水篇
2023 年造纸相关政策法规摘要
2022 年世界造纸工业概况
《Paper 360°》杂志 2022 年全球造纸排名前 75 位的公司

13

2023 年国民经济与社会发展统计公报（节选）

Annual Statistic Report on National Economic and Social Development (Excerpt) in 2023

2023 年是全面贯彻党的二十大精神的开局之年，是三年新冠疫情防控转段后经济恢复发展的一年。面对复杂严峻的国际环境和艰巨繁重的国内改革发展稳定任务，在以习近平同志为核心的党中央坚强领导下，各地区各部门坚持以习近平新时代中国特色社会主义思想为指导，全面贯彻落实党的二十大和二十届二中全会精神，按照党中央、国务院决策部署，坚持稳中求进工作总基调，完整、准确、全面贯彻新发展理念，加快构建新发展格局，着力推动高质量发展，全面深化改革开放，加大宏观调控力度，着力扩大内需、优化结构、提振信心、防范化解风险，国民经济回升向好，高质量发展扎实推进，现代化产业体系建设取得重要进展，科技创新实现新的突破，改革开放向纵深推进，安全发展基础巩固夯实，民生保障有力有效，社会大局和谐稳定，全面建设社会主义现代化国家迈出坚实步伐。

一、综合

初步核算，全年国内生产总值[1]1260582 亿元（图 1），比 2022 年增长 5.2%。其中，第一产业增加值 89755 亿元，比 2022 年增长 4.1%；第二产业增加值 482589 亿元，增长 4.7%；第三产业增加值 688238 亿元，增长 5.8%。第一产业增加值占国内生产总值比重为 7.1%，第二产业增加值比重为 38.3%，第三产业增加值比重为 54.6%（图 2）。最终消费支出拉动国内生产总值增长 4.3 个百分点，资本形成总额拉动国内生产总值增长 1.5 个百分点，货物和服务净出口向下拉动国内生产总值 0.6 个百分点。分季度看，一季度国内生产总值同比增长 4.5%，二季度增长 6.3%，三季度增长 4.9%，四季度增长 5.2%。全年人均国内生产总值 89358 元，比 2022 年增长 5.4%。国民总收入[2] 1251297 亿元，比 2022 年增长 5.6%。全员劳动生产率[3]为 161615 元/人，比 2022 年提高 5.7%。

年末全国就业人员 74041 万人，其中城镇就业人员 47032 万人，占全国就业人员比重为 63.5%。全年城镇新增就业 1244 万人，比 2022 年多增 38 万人。全年全国城镇调查失业率平均值为 5.2%。年末全国城镇调查失业率为 5.1%。全国农民工总量 29753 万人，比 2022 年增长 0.6%。其中，外出农民工 17658 万人，

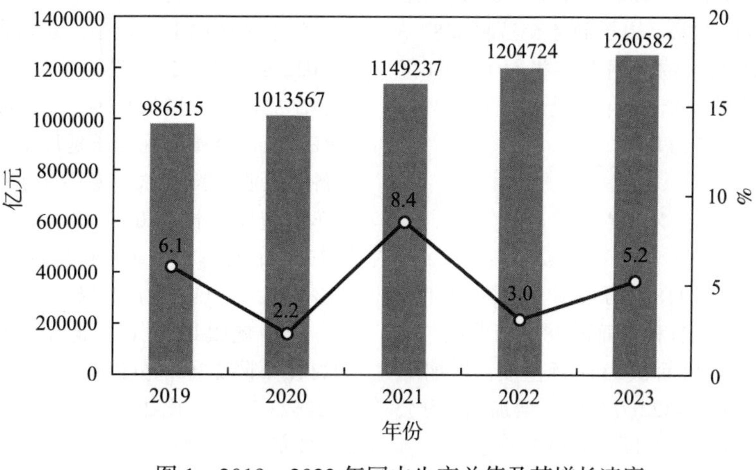

图 1　2019—2023 年国内生产总值及其增长速度

国内生产总值　比上年增长

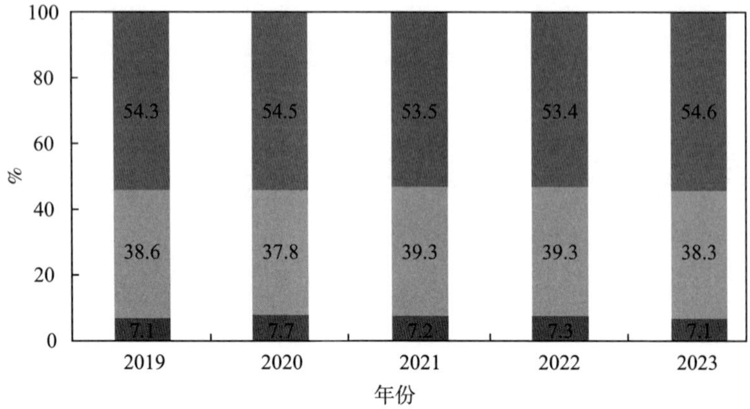

图 2　2019—2023 年三次产业增加值占国内生产总值比重

■第一产业　■第二产业　■第三产业

增长 2.7%；本地农民工 12095 万人，下降 2.2%。

全年居民消费价格比上年上涨 0.2%。工业生产者出厂价格下降 3.0%。工业生产者购进价格下降 3.6%。农产品生产者价格下降 2.3%。12 月份，70 个大中城市中，新建商品住宅销售价格同比上涨的城市个数为 20 个，持平的为 2 个，下降的为 48 个；二手住宅销售价格同比上涨的城市个数为 1 个，下降的为 69 个。

新动能成长壮大。全年规模以上工业[4]中，装备制造业增加值比 2022 年增长 6.8%，占规模以上工业增加值比重为 33.6%；高技术制造业[5]增加值增长 2.7%，占规模以上工业增加值比重为 15.7%。新能源汽车产量 944.3 万辆，比 2022 年增长 30.3%；太阳能电池（光伏电池）产量 5.4 亿千瓦，增长 54.0%；服务机器人产量 783.3 万套，增长 23.3%；3D 打印设备产量 278.9 万台，增长 36.2%。规模以上服务业中，战略性新兴服务业[6]企业营业收入比 2022 年增长 7.7%。高技术产业投资比 2022 年增长 10.3%，制造业技术改造投资增长 3.8%。电子商务交易额 468273 亿元，比 2022 年增长 9.4%。网上零售额 154264 亿元，比 2022 年增长 11.0%。全年新设经营主体 3273 万户，日均新设企业 2.7 万户。

二、农业

全年粮食种植面积 11897 万公顷，比 2022 年增加 64 万公顷。其中，稻谷种植面积 2895 万公顷，减少 50 万公顷；小麦种植面积 2363 万公顷，增加 11 万公顷；玉米种植面积 4422 万公顷，增加 115 万公顷；大豆种植面积 1047 万公顷，增加 23 万公顷。棉花种植面积 279 万公顷，减少 21 万公顷。油料种植面积 1392 万公顷，增加 78 万公顷。糖料种植面积 142 万公顷，减少 3 万公顷。全年粮食产量 69541 万吨，比 2022 年增加 888 万吨，增产 1.3%。全年水产品总产量 7100 万吨，比 2022 年增长 3.4%。全年木材产量 11944 万米^3，比 2022 年下降 2.0%。全年新建和改造提升高标准农田面积 574 万公顷，新增高效节水灌溉面积 164 万公顷。

三、工业和建筑业

全年全部工业增加值 399103 亿元，比 2022 年增长 4.2%。规模以上工业增加值增长 4.6%。在规模以上工业中，分经济类型看，国有控股企业增加值增长 5.0%；股份制企业增长 5.3%，外商及港澳台商投资企业增长 1.4%；私营企业增长 3.1%。分门类看，采矿业增长 2.3%，制造业增长 5.0%，电力、热力、燃气及水生产和供应业增长 4.3%。

全年规模以上工业中，农副食品加工业增加值比 2022 年增长 0.2%，纺织业下降 0.6%，化学原料和化学制品制造业增长 9.6%，非金属矿物制品业下降 0.5%，黑色金属冶炼和压延加工业增长 7.1%，通用设备制造业增长 2.0%，专用设备制造业增长 3.6%，汽车制造业增长 13.0%，电气机械和器材制造业增长 12.9%，计算机、通信和其他电子设备制造业增长 3.4%，电力、热力生产和供应业增长 4.3%。

全年规模以上工业企业利润 76858 亿元，比 2022 年下降 2.3%。分经济类型看，国有控股企业利润 22623 亿元，比 2022 年下降 3.4%；股份制企业 56773 亿元，下降 1.2%，外商及港澳台商投资企业 17975 亿元，下降 6.7%；私营企业 23438 亿元，增长

2.0%。分门类看，采矿业利润 12392 亿元，比 2022 年下降 19.7%；制造业 57644 亿元，下降 2.0%；电力、热力、燃气及水生产和供应业 6822 亿元，增长 54.7%。规模以上工业企业每百元营业收入中的成本为 84.76 元，比 2022 年增加 0.04 元；营业收入利润率为 5.76%，下降 0.20 个百分点。年末规模以上工业企业资产负债率为 57.1%，比 2022 年年末下降 0.1 个百分点。全年规模以上工业产能利用率为 75.1%。

四、服务业

全年批发和零售业增加值 123072 亿元，比 2022 年增长 6.2%；交通运输、仓储和邮政业增加值 57820 亿元，增长 8.0%；住宿和餐饮业增加值 21024 亿元，增长 14.5%；金融业增加值 100677 亿元，增长 6.8%；房地产业增加值 73723 亿元，下降 1.3%；信息传输、软件和信息技术服务业增加值 55194 亿元，增长 11.9%；租赁和商务服务业增加值 44347 亿元，增长 9.3%。规模以上服务业企业营业收入比 2022 年增长 8.3%，利润总额增长 26.8%。

全年货物运输总量[7]557 亿吨，比 2022 年增长 8.1%。货物运输周转量 247713 亿吨公里，增长 6.3%。港口完成货物吞吐量 170 亿吨，比 2022 年增长 8.2%，其中外贸货物吞吐量 50 亿吨，增长 9.5%。港口集装箱吞吐量 31034 万标准箱，增长 4.9%。

年末全国民用汽车保有量 33618 万辆（包括三轮汽车和低速货车 706 万辆），比 2022 年年末增加 1714 万辆，其中私人汽车保有量 29427 万辆，增加 1553 万辆。

全年完成邮政行业寄递业务总量[8]1625 亿件，比 2022 年增长 16.8%。邮政业完成邮政函件业务 9.7 亿件，包裹业务 0.2 亿件，快递业务量 1320.7 亿件，快递业务收入 12074 亿元。全年完成电信业务总量 18327 亿元，比 2022 年增长 16.8%。年末移动电话基站数[9]1162 万个，其中 4G 基站 629 万个，5G 基站 338 万个。全年移动互联网用户接入流量 3015 亿 GB，比 2022 年增长 15.2%。软件和信息技术服务业[10]完成软件业务收入 123258 亿元，比 2022 年增长 13.4%。

五、国内贸易

全年社会消费品零售总额 471495 亿元，比 2022 年增长 7.2%。按经营地分，城镇消费品零售额 407490 亿元，增长 7.1%；乡村消费品零售额 64005 亿元，增长 8.0%。按消费类型分，商品零售额 418605 亿元，增长 5.8%；餐饮收入 52890 亿元，增长 20.4%。服务零售额[11]比 2022 年增长 20.0%。

全年限额以上单位商品零售额中，粮油、食品类零售额比 2022 年增长 5.2%，饮料类增长 3.2%，烟酒类增长 10.6%，服装、鞋帽、针纺织品类增长 12.9%，化妆品类增长 5.1%，金银珠宝类增长 13.3%，日用品类增长 2.7%，家用电器和音像器材类增长 0.5%，中西药品类增长 5.1%，文化办公用品类下降 6.1%，家具类增长 2.8%，通讯器材类增长 7.0%，石油及制品类增长 6.6%，汽车类增长 5.9%，建筑及装潢材料类下降 7.8%

全年实物商品网上零售额 130174 亿元，按可比口径计算，比 2022 年增长 8.4%，占社会消费品零售总额比重为 27.6%。

六、固定资产投资

全年全社会固定资产投资 509708 亿元，比 2022 年增长 2.8%。固定资产投资（不含农户）503036 亿元，增长 3.0%。在固定资产投资（不含农户）中，分区域看，东部地区投资增长 4.4%，中部地区投资增长 0.3%，西部地区投资增长 0.1%，东北地区投资下降 1.8%。

在固定资产投资（不含农户）中，第一产业投资 10085 亿元，比 2022 年下降 0.1%；第二产业投资 162136 亿元，增长 9.0%；第三产业投资 330815 亿元，增长 0.4%。基础设施投资[12]增长 5.9%。社会领域投资[13]增长 0.5%。民间固定资产投资[14]253544 亿元，下降 0.4%；其中制造业民间投资增长 9.4%，基础设施民间投资增长 14.2%。

全年房地产开发投资 110913 亿元，比 2022 年下降 9.6%。其中住宅投资 83820 亿元，下降 9.3%；办公楼投资 4531 亿元，下降 9.4%；商业营业用房投资 8055 亿元，下降 16.9%。

七、对外经济

全年货物进出口总额 417568 亿元，比 2022 年增长 0.2%。其中，出口 237726 亿元，增长 0.6%；进口 179842 亿元，下降 0.3%。货物进出口顺差 57883 亿元，比 2022 年增加 1938 亿元。对共建“一带一路”[15]国家进出口额 194719 亿元，比 2022 年增长 2.8%。其中，出口 107314 亿元，增长 6.9%；进口 87405 亿元，下降 1.9%。对《区域全面经济伙伴关系协定》（RCEP）其他成员国[16]进出口额 125967 亿元，比

2022 年下降 1.6%。民营企业进出口额 223601 亿元，比 2022 年增长 6.3%，占进出口总额比重为 53.5%。

全年服务进出口总额 65754 亿元，比 2022 年增长 10.0%。其中，出口 26857 亿元，下降 5.8%；进口 38898 亿元，增长 24.4%。服务进出口逆差 12041 亿元。全年外商直接投资新设立企业 53766 家，比 2022 年增长 39.7%。实际使用外商直接投资额 11339 亿元，下降 8.0%，折 1633 亿美元，下降 13.7%。其中，共建“一带一路”国家对华直接投资（含通过部分自由港对华投资）新设立企业 13649 家，增长 82.7%；对华直接投资额 1221 亿元，下降 11.4%，折 176 亿美元，下降 16.7%。高技术产业实际使用外资额 4233 亿元，下降 4.9%，折 610 亿美元，下降 10.8%。

八、财政金融

全年全国一般公共预算收入 216784 亿元，比 2022 年增长 6.4%；其中税收收入 181129 亿元，增长 8.7%。全国一般公共预算支出 274574 亿元，比 2022 年增长 5.4%。全年新增减税降费及退税缓费超 2.2 万亿元。

年末广义货币供应量（M2）余额 292.3 万亿元，比 2022 年末增长 9.7%；狭义货币供应量（M1）余额 68.1 万亿元，增长 1.3%；流通中货币（M0）余额 11.3 万亿元，增长 8.3%。

年社会融资规模增量 35.6 万亿元，按可比口径计算，比 2022 年多 3.4 万亿元。年末社会融资规模存量 378.1 万亿元，按可比口径计算，比 2022 年末增长 9.5%，其中对实体经济发放的人民币贷款余额 235.5 万亿元，增长 10.4%。年末全部金融机构本外币各项存款余额 289.9 万亿元，比年初增加 25.4 万亿元，其中人民币各项存款余额 284.3 万亿元，增加 25.7 万亿元。

全年沪深交易所 A 股累计筹资 [17]10734 亿元，比 2022 年减少 4375 亿元。沪深交易所首次公开发行上市 A 股 236 只，筹资 3418 亿元，比 2022 年减少 2286 亿元，其中科创板股票 67 只，筹资 1439 亿元；沪深交易所 A 股再融资（包括公开增发、定向增发、配股、优先股、可转债转股）7316 亿元，减少 2089 亿元。全国中小企业股份转让系统 [18] 挂牌公司 6241 家，全年挂牌公司累计股票筹资 180 亿元。

全年发行公司信用类债券 [19]13.8 万亿元，比 2022 年增加 0.1 万亿元。

全年保险公司原保险保费收入 [20]51247 亿元，比 2022 年增长 9.1%。

九、居民收入消费和社会保障

全年全国居民人均可支配收入 39218 元，比 2022 年增长 6.3%，扣除价格因素，实际增长 6.1%。全国居民人均可支配收入中位数 33036 元，增长 5.3%。城镇居民人均可支配收入中位数 47122 元，增长 4.4%。农村居民人均可支配收入 21691 元，比 2022 年增长 7.7%，扣除价格因素，实际增长 7.6%。

年全国居民人均消费支出 26796 元，比 2022 年增长 9.2%，扣除价格因素，实际增长 9.0%。

年末全国参加城镇职工基本养老保险人数 52121 万人，比 2022 年末增加 1766 万人。参加城乡居民基本养老保险人数 54522 万人，减少 430 万人。参加基本医疗保险人数 [21]133387 万人，其中参加职工基本医疗保险人数 37094 万人，参加城乡居民基本医疗保险人数 96293 万人。参加失业保险人数 24373 万人，增加 566 万人。领取失业保险金人数 352 万人。参加工伤保险人数 30170 万人，增加 1054 万人。参加生育保险人数 24907 万人。

年末全国共有各类提供住宿的民政服务机构 4.4 万个，其中养老机构 4.1 万个，儿童福利和救助保护机构 971 个。民政服务床位 846.3 万张，其中养老服务床位 820.1 万张，儿童福利和救助保护机构床位 9.8 万张。

十、科学技术和教育

全年研究与试验发展（R&D）经费支出 33278 亿元，比 2022 年增长 8.1%，与国内生产总值之比为 2.64%，其中基础研究经费 2212 亿元，比 2022 年增长 9.3%，占 R&D 经费支出比重为 6.65%。国家自然科学基金共资助 5.25 万个项目。截至年末，纳入新序列管理的国家工程研究中心 207 个，国家企业技术中心 1798 家。国家科技成果转化引导基金累计设立 36 只子基金，资金总规模 624 亿元。国家级科技企业孵化器 [22]1606 家，国家备案众创空间 [23]2376 家。全年授予发明专利权 92.1 万件，比 2022 年增长 15.3%。PCT 专利申请受理量 [24]7.4 万件。截至年末，有效发明专利 499.1 万件，比 2022 年末增长 18.5%。每万人口高价值发明专利拥有量 [25]11.8 件。全年商标注册 438.3 万件，比 2022 年下降 29.0%。全年共签订技术合同 95 万项，技术合同成交金额 61476 亿元，比 2022 年增长 28.6%。我国公民具备科学素质 [26] 的比例达到 14.14%。

全年成功完成 66 次宇航发射。天舟六号、神舟十六号、神舟十七号任务相继实施，中国空间站进入应用与发展阶段。全球首枚液氧甲烷火箭朱雀二号遥二运载火箭成功发射。量子计算原型机九章三号成功构建。全超导托卡马克核聚变实验装置实现稳态高约束模式等离子体运行 403 秒。全球首座第四代核电站高温气冷堆示范工程投入商业运行。全球首台 16 兆瓦海上风电机组并网发电。C919 大型客机正式投入商业运营。首艘国产大型邮轮完成试航。奋斗者号载人潜水器完成极限深潜。

年末全国共有国家质检中心 877 家。全国现有产品质量、体系和服务认证机构 1242 个，累计完成对 102 万家企业的认证。全年制定、修订国家标准 2902 项，其中新制定 1708 项。全年制造业产品质量合格率[27]为 93.65%。

全年研究生教育招生 130.2 万人，在学研究生 388.3 万人，毕业生 101.5 万人。普通、职业本专科招生 1042.2 万人，在校生 3775.0 万人，毕业生 1047.0 万人。中等职业教育招生 616.5 万人，在校生 1737.9 万人，毕业生 537.1 万人。普通高中招生 967.8 万人，在校生 2803.6 万人，毕业生 860.4 万人。初中招生 1754.6 万人，在校生 5243.7 万人，毕业生 1623.6 万人。普通小学招生 1877.9 万人，在校生 10836.0 万人，毕业生 1763.5 万人。特殊教育招生 15.5 万人，在校生 91.2 万人，毕业生 17.3 万人。学前教育在园幼儿 4093.0 万人。九年义务教育巩固率为 95.7%，高中阶段毛入学率为 91.8%。

十一、文化旅游、卫生健康和体育

年末全国文化和旅游部门所属艺术表演团体 1893 个。全国共有公共图书馆 3309 个，总流通[28]112668 万人次；文化馆 3508 个。有线电视实际用户 2.02 亿户，其中有线数字电视实际用户 1.93 亿户。年末广播节目综合人口覆盖率为 99.7%，电视节目综合人口覆盖率为 99.8%。全年生产电视剧 156 部 4632 集，电视动画片 93811 分钟。生产故事影片 792 部，科教、纪录、动画和特种影片 179 部。出版各类报纸 258 亿份，各类期刊 18 亿册，图书 119 亿册（张），人均图书拥有量 8.40 册（张）。年末全国共有档案馆 4154 个，已开放各类档案 23827 万卷（件）。全年全国规模以上文化及相关产业企业营业收入 129515 亿元，按可比口径计算，比 2022 年增长 8.2%。

全年国内出游 48.9 亿人次，比上年增长 93.3%。其中，城镇居民国内出游 37.6 亿人次，增长 94.9%；农村居民国内出游 11.3 亿人次，增长 88.5%。国内游客出游总花费 49133 亿元，增长 140.3%。

年末全国共有医疗卫生机构 107.1 万个，其中医院 3.9 万个，在医院中有公立医院 1.2 万个，民营医院 2.7 万个；基层医疗卫生机构 101.6 万个，其中乡镇卫生院 3.4 万个，社区卫生服务中心（站）3.7 万个，门诊部（所）36.2 万个，村卫生室 58.3 万个；专业公共卫生机构 1.2 万个，其中疾病预防控制中心 3426 个，卫生监督所（中心）2791 个。卫生技术人员 1247 万人，其中执业医师和执业助理医师 478 万人，注册护士 563 万人。医疗卫生机构床位 1020 万张，其中医院 800 万张，乡镇卫生院 151 万张。全年总诊疗人次 95.6 亿人次，出院人次 3.0 亿人次。

年末全国共有体育场地 459.3 万个，体育场地面积 40.7 亿米^2，人均体育场地面积 2.89 米^2。全年我国运动员在 32 个项目中获得 165 个世界冠军，共创 20 项世界纪录。在杭州第 19 届亚运会上，我国运动员共获得 201 枚金牌，奖牌总数 383 枚，第 11 次蝉联亚运会金牌榜首位。我国残疾人运动员在 45 项国际赛事中获得 231 个世界冠军。在杭州第 4 届亚残运会上，我国运动员共获得 214 枚金牌，奖牌总数 521 枚，第 4 次蝉联亚残运会金牌榜和奖牌榜首位。

十二、资源、环境和应急管理

全年全国国有建设用地供应总量[29]74.9 万公顷，比 2022 年下降 2.1%。其中，工矿仓储用地 17.5 万公顷，下降 11.9%；房地产用地 8.4 万公顷，下降 23.3%；基础设施用地 49.0 万公顷，增长 7.2%。

全年水资源总量 24780 亿米^3。总用水量 5907 亿米^3，比 2022 年下降 1.5%。全年完成造林面积 400 万公顷，其中人工造林面积 133 万公顷，占全部造林面积的 33.4%。种草改良面积 438 万公顷。截至年末，共有国家公园 5 个。全年新增水土流失治理面积 6.3 万平方公里。

初步核算，全年能源消费总量 57.2 亿吨标准煤，比 2022 年增长 5.7%。煤炭消费量增长 5.6%，原油消费量增长 9.1%，天然气消费量增长 7.2%，电力消费量增长 6.7%。煤炭消费量占能源消费总量比重为 55.3%，比 2022 年下降 0.7 个百分点；天然气、水电、核电、风电、太阳能发电等清洁能源消费量占能源消费总量比重为 26.4%，上升 0.4 个百分点。重点耗能工业企业单位电石综合能耗下降 0.8%，单位合成氨综合能耗上升 0.9%，吨钢综合能耗上升 1.6%，单位电解铝综合能耗下降 0.1%，每千瓦时火力发电标准煤耗下降 0.2%。初步测算，扣除原料用能和非化石能源消费量后，全国万元国内生产总值能耗比 2022 年下降 0.5%。全国碳排放权交易市场碳排放配额成交量 2.12 亿吨，成交额 144.4 亿元。

全年近岸海域海水水质达到国家一、二类海水水质标准的面积占 85.0%，三类海水占 4.5%，四类、劣四类海水占 10.5%。

在监测的 339 个地级及以上城市中，细颗粒物（PM2.5）年平均浓度 30 微克 / 米 ^{3}，比 2022 年上升 3.4%。

在开展城市区域声环境昼间监测的326个城市中，全年声环境质量好的城市占 5.8%，较好的占 69.3%，一般的占 23.9%，较差的占 0.9%，无差的城市。

全年平均气温为 10.71℃，比 2022 年上升 0.21℃。共有 6 个台风登陆。

全年农作物受灾面积 1054 万公顷，其中绝收 98 万公顷。因洪涝和地质灾害造成直接经济损失 2451 亿元，因干旱灾害造成直接经济损失 206 亿元，因低温冷冻和雪灾造成直接经济损失 49 亿元，因海洋灾害造成直接经济损失 25 亿元。共发生 5.0 级以上地震 11 次，造成直接经济损失 153 亿元。共发生森林火灾 328 起，受害森林面积约 0.4 万公顷。

全年各类生产安全事故共死亡 21242 人，比 2022 年下降 4.7%。工矿商贸企业就业人员 10 万人生产安全事故死亡人数 1.244 人，比 2022 年上升 4.2%；煤矿百万吨死亡人数 0.094 人，上升 23.7%。道路交通事故万车死亡人数 1.38 人，下降 5.5%。

注释：

［1］国内生产总值、三次产业及相关行业增加值、地区生产总值、人均国内生产总值和国民总收入绝对数按现价计算，增长速度按不变价格计算。

［2］国民总收入，原称国民生产总值，是指一个国家或地区所有常住单位在一定时期内所获得的初次分配收入总额，等于国内生产总值加上来自国外的初次分配收入净额。

［3］全员劳动生产率为国内生产总值（按 2020 年价格计算）与全部就业人员的比率。

［4］由于统计调查制度规定的调查范围变动、统计执法、剔除重复数据等因素，2023 年规模以上工业相关指标增速及变化按可比口径计算。

［5］高技术制造业包括医药制造业，航空、航天器及设备制造业，电子及通信设备制造业，计算机及办公设备制造业，医疗仪器设备及仪器仪表制造业，信息化学品制造业。

［6］战略性新兴服务业包括新一代信息技术产业、高端装备制造产业、新材料产业、生物产业、新能源汽车产业、新能源产业、节能环保产业和数字创意产业等八大产业中的服务业相关行业，以及新技术与创新创业等相关服务业。

［7］货物运输总量及周转量包括铁路、公路、水路、民航和管道五种运输方式完成量，2023 年增速按可比口径计算。

［8］邮政行业寄递业务总量是指企业从事各类邮政普遍服务业务、快递业务的总数量。

［9］移动电话基站数是指报告期末为小区服务的无线收发信设备，处理基站与移动台之间的无线通信，在移动交换机与移动台之间起中继作用，监视无线传输质量的全套设备数。

［10］软件和信息技术服务业包括软件开发、集成电路设计、信息系统集成和物联网技术服务、运行维护服务、信息处理和存储支持服务、信息技术咨询服务、数字内容服务和其他信息技术服务等行业。2023 年软件和信息技术服务业完成软件业务收入增速按可比口径计算。

［11］服务零售额是指企业（产业活动单位、个体户）以交易形式直接提供给个人和其他单位非生产、非经营用的服务价值总和，旨在反映服务提供方以货币形式销售的属于消费的服务价值，包括交通、住宿、餐饮、教育、卫生、体育、娱乐等领域服务活动的零售额。

［12］基础设施投资包括铁路运输业、道路运输业、水上运输业、航空运输业、管道运输业、多式联运和运输代理业、装卸搬运业、邮政业、电信广播电视和卫星传输服务业、互联网和相关服务业、水利管理业、生态保护和环境治理业、公共设施管理业投资。

［13］社会领域投资包括教育，卫生和社会工作，文化、体育和娱乐业投资。

［14］民间固定资产投资是指具有集体、私营、个人性质的内资企事业单位以及由其控股（包括绝对控股和相对控股）的企业单位建造或购置固定资产的投资。

［15］“一带一路”是指“丝绸之路经济带”和“21世纪海上丝绸之路”。

［16］《区域全面经济伙伴关系协定》（RCEP）其他成员国包括印度尼西亚、马来西亚、菲律宾、泰国、新加坡、文莱、柬埔寨、老挝、缅甸、越南、日本、韩国、澳大利亚、新西兰。

［17］沪深交易所股票筹资额按上市日统计，筹资额包括了可转债实际转股金额，2022 年、2023 年可转债实际转股金额分别为 934 亿元、832 亿元。

［18］全国中小企业股份转让系统是 2012 年经国

务院批准的全国性证券交易场所。全年全国中小企业股份转让系统挂牌公司累计筹资不含优先股，股票筹资按新增股份挂牌日统计。

［19］公司信用类债券包括非金融企业债务融资工具、企业债券以及公司债、可转债等。

［20］原保险保费收入是指保险企业确认的原保险合同保费收入。

［21］2023 年基本医疗保险参保人数剔除部分重复参保情况。

［22］国家级科技企业孵化器是指符合《科技企业孵化器管理办法》规定的，以促进科技成果转化、培育科技企业和企业家精神为宗旨，提供物理空间、共享设施和专业化服务的科技创业服务机构，且经过科学技术部批准确定的科技企业孵化器。

［23］国家备案众创空间是指符合《发展众创空间工作指引》规定的新型创新创业服务平台，且按照《国家众创空间备案暂行规定》经科学技术部审核备案的众创空间。

［24］PCT 专利申请受理量是指国家知识产权局作为 PCT 专利申请受理局受理的 PCT 专利申请数量。PCT（Patent Cooperation Treaty）即专利合作条约，是专利领域的一项国际合作条约。

［25］每万人口高价值发明专利拥有量是指每万人口本国居民拥有的经国家知识产权局授权的符合下列任一条件的有效发明专利数量：战略性新兴产业的发明专利；在海外有同族专利权的发明专利；维持年限超过 10 年的发明专利；实现较高质押融资金额的发明专利；获得国家科学技术奖、中国专利奖的发明专利。

［26］公民具备科学素质是指崇尚科学精神，树立科学思想，掌握基本科学方法，了解必要科技知识，并具有应用其分析判断事物和解决实际问题的能力。公民具备科学素质比例数据是面向 18~69 岁公民开展抽样调查获得。

［27］制造业产品质量合格率是指以产品质量检验为手段，按照规定的方法、程序和标准实施质量抽样检测，判定为质量合格的样品数占全部抽样样品数的百分比，统计调查样本覆盖制造业的 29 个行业。

［28］总流通人次是指本年度内到图书馆场馆接受图书馆服务的总人次，包括借阅书刊、咨询问题以及参加各类读者活动等。

［29］国有建设用地供应总量是指报告期内市、县人民政府根据年度土地供应计划依法以出让、划拨、租赁等方式与用地单位或个人签订出让合同或签发划拨决定书、完成交易的国有建设用地总量。

附表　　2018—2023 年国民经济与社会发展总量指标

指标	单位	2018 年	2019 年	2020 年	2021 年	2022 年	2023 年
人口							
年末总人口	万人	140541	141008	141212	141260	141175	140967
男性人口	万人	71864	72039	72357	72311	72206	72032
女性人口	万人	68677	68969	68855	68949	68969	68935
城镇人口	万人	86433	88426	90220	91425	92071	93267
乡村人口	万人	54108	52582	50982	49835	49104	47700
国民经济核算							
国内生产总值	亿元	919281.1	986515.2	1013567.0	1143669.7	1210207	1260582
第一产业增加值	亿元	64745.2	70473.6	78030.9	83085.5	88345	89755
第二产业增加值	亿元	364835.2	380670.6	383562.4	450904.5	483164	482589
第三产业增加值	亿元	489700.8	535371.0	551973.7	609679.7	638698	688238
人均国内生产总值	元	65534	70078	71828	80976	85698	89358
固定资产投资和房地产							
全社会固定资产投资	亿元	488499.00	513608.00	527270.00	552884.00	579556.00	509708.00
城镇固定资产投资	亿元	478460.45	504212.32	518907.00	544547.00	572138.00	503036.00
房地产开发企业本年完成投资额	亿元	120164.75	132194.26	141442.95	147602.00	132895.00	110913.00

续表

指标	单位	2018 年	2019 年	2020 年	2021 年	2022 年	2023 年
对外经济贸易							
进出口总额	亿元	305008.13	315627.32	322215.24	391009.00	420678.00	417568.00
出口总额	亿元	164128.78	172373.63	179326.36	217348.00	239654.00	237726.00
进口总额	亿元	140881.31	143253.69	142230.57	173661.00	181024.00	179842.00
实际利用外商直接投资金额	万美元	13496600	13813462	14436926	—	189100000	113390000
能源、资源和环境							
石油储量	万吨						
天然气储量	亿米^3						
煤炭储量	亿吨						
水资源总量	亿米^3	27462.5	29041.0	31605.2	29520.0	26634.0	24780.0
用水总量	亿米^3	6015.5	6021.2	5812.9	5921.0	5997.0	5907.0
造林总面积	千公顷	7299.47	7390.29	6933.70	3600.00	3830.0	4000.0
能源消费总量	万吨标准煤	471925	487488	498000	524000	541000	572000
煤炭消费总量	万吨标准煤	397452.00	401915.00			304042.00	316316.00
石油消费总量	万吨标准煤	63004.33	67268.27				
天然气消费总量	亿米^3	2817.09	3059.68				
水电、核电、风电消费总量	亿千瓦时	71508.20	74866.12				
工业用水总量	亿米^3	1261.6	1217.6	1030.4			
主要产品生产量							
农林牧渔业总产值	亿元	113579.53	123967.94	137782.17			
粮食	万吨	65789.22	66384.00	66949.15	68285.00	68653.00	69541.00
木材	万米^3	8811	10046	10257	9888	10693	11944
原煤	万吨	369774	384633				
原油	万吨	18932.42	19101.41				
天然气	亿米^3	1601.59	1753.62	1924.95	2075.80		
发电量	亿千瓦时	71661.33	75034.28	77790.60	85342.50		
教育、科技、文化							
研究与试验发展经费支出	亿元	19677.93	22143.60	24393.11	27864.00	30870.00	33278.00
科研和开发机构研究与试验发展经费支出	亿元	2691.68	3080.83	3408.82			
高等学校研究与试验发展经费支出	亿元	1457.88	1796.62	1882.48			
规模以上工业企业研究与试验发展经费支出	万元	129548263.70	139710989.40	152712904.90			
技术市场成交额	亿元	17697.42	22398.00	28252.00			
教育经费	万元	461429980	501781166				
图书总印数	亿册	100.10	105.98	103.73	110.00	114.00	119.0

续表

指标	单位	2018 年	2019 年	2020 年	2021 年	2022 年	2023 年
期刊出版总印数	亿册	22.92	21.90	20.35	20.00	20.00	18.0
报纸出版总印数	亿份	337.26	317.60	289.14	276.00	266.00	258.0
交通、邮电、旅游							
旅客运输量	万人	1793820.33	1760435.71	966539.71	830000.00	559000.00	930000.00
货物运输量	万吨	5152732	4713624	4729579	5297000	5147000.00	5570000.00
民用汽车拥有量	万辆	23231.23	25376.38	27340.92	29419.00	31903.00	18668.00
私人汽车拥有量	万辆	20574.93	22508.99	24291.19	26246.00	27873.00	29427.00
邮政业务总量	亿元	12345.19	16229.63	21053.16	13698.00	14317.00	—
电信业务总量	亿元	65633.91	106810.67	13675.80	16960.00	17498.00	18327.00
快递量	万件	5071042.80	6352290.97	8335789.43	10830000.00	11058000.00	13207000.00
国内游客	百万人次	5539	6006	2879	3250	2530	4890
国内旅游总花费	亿元	51278.3	57250.9	22286.3	29191.0	20444	49133.0
国内旅游人均花费	元	925.8	953.3	774.1	898.2	808.1	1004.8
卫生							
医疗卫生机构数	个	997433	1007579	1022922	1031000	1033000	1071000
卫生技术人员数	万人	952.92	1015.40	1067.80	1123.00	1155.00	1247.00
卫生机构床位数	万张	840.41	880.70	910.07	957.00	975.00	1020.00

（曹凯月整理）

2022年中国生态环境统计年报——废水篇

2022 China Ecological Environment Statistical Annual Report – Wastewater Section

2023年12月29日，生态环境部发布《2022年中国生态环境统计年报》。2022年，开展排放源统计重点调查的工业企业共176528家，污水处理厂13527家（含日处理能力500吨以上的农村污水处理设施），生活垃圾处理场（厂）2645家（含餐厨垃圾集中处理厂），危险废物（医疗废物）集中处理厂2512家。

一、化学需氧量排放情况

根据《排放源统计调查制度》（国统制〔2021〕18号），化学需氧量排放量统计调查范围包括工业源、农业源、生活源和集中式污染治理设施四类排放源。

1．全国及分源排放情况

2022年，在《排放源统计调查制度》确定的统计调查范围内，全国化学需氧量排放量为2595.8万吨。其中，工业源（含非重点）废水中化学需氧量排放量为36.9万吨，占1.4%；农业源化学需氧量排放量为1785.7万吨，占68.8%；生活源污水中化学需氧量排放量为772.2万吨，占29.7%；集中式污染治理设施废水（含渗滤液）中化学需氧量排放量为1.1万吨，占0.04%。2022年全国及分源化学需氧量排放情况见表1。

2．各地区及分源排放情况

2022年，化学需氧量排放量排名前五的地区依次为河南、湖南、广东、湖北和河北，排放量合计为805.5万吨，占全国化学需氧量排放量的31.0%。2022年各地区化学需氧量排放情况见图1。

表1　2022年全国及分源化学需氧量排放情况

项目	合计	工业源	农业源	生活源	集中式污染治理设施
排放量 / 万吨	2595.8	36.9	1785.7	772.2	1.1
占比 /%	—	1.4	68.8	29.7	0.04

注：①集中式污染治理设施废水（含渗滤液）中污染物排放量指生活垃圾处理场（厂）和危险废物（医疗废物）集中处理厂废水（含渗滤液）中污染物的排放量，下同。

②本年报表中，“—”表示无此项指标或不宜计算，“…”表示由于数字太小，修约后小于保留的最小位数无法显示，下同。

③本年报中，部分数据合计数或占比数由于小数位取舍不同而产生的计算误差，均未做机械调整，下同。

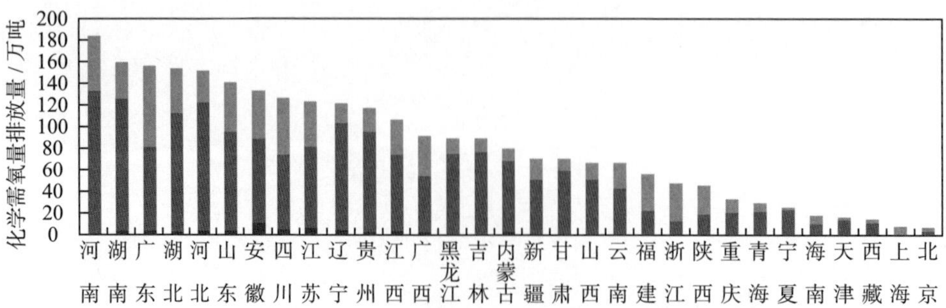

图1　2022年各地区化学需氧量排放情况

■工业源 ■农业源 ■生活源 ■集中式污染治理设施

3. 各工业行业排放情况

2022 年，在统计调查的 42 个工业行业中，化学需氧量排放量排名前五的行业依次为纺织业，造纸和纸制品业，化学原料和化学制品制造业，农副食品加工业，计算机、通信和其他电子设备制造业。5 个行业的排放量合计为 19.9 万吨，占全国工业源重点调查企业化学需氧量排放量的 60.4%。2022 年各工业行业化学需氧量排放情况见图 2。

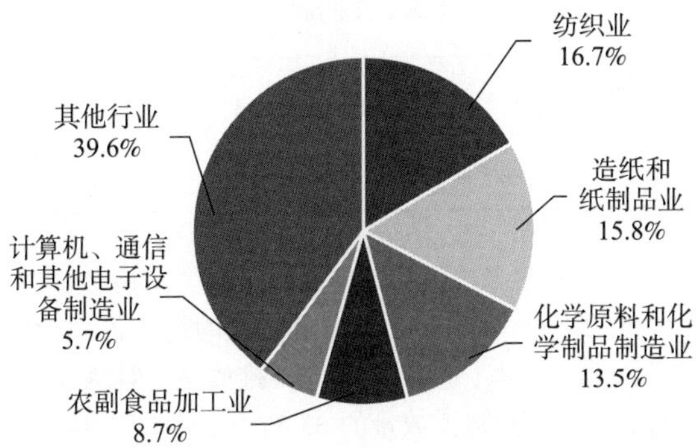

图 2　2022 年各工业行业化学需氧量排放情况

二、氨氮排放情况

根据《排放源统计调查制度》(国统制〔2021〕18 号)，氨氮排放量统计调查范围包括工业源、农业源、生活源和集中式污染治理设施四类排放源。

1. 全国及分源排放情况

2022 年，在《排放源统计调查制度》确定的统计调查范围内，全国氨氮排放量为 82.0 万吨。其中，工业源（含非重点）废水中氨氮排放量为 1.4 万吨，占 1.7%；农业源氨氮排放量为 28.1 万吨，占 34.2%；生活源污水中氨氮排放量为 52.5 万吨，占 64.0%；集中式污染治理设施废水（含渗滤液）中氨氮排放量为 0.1 万吨，占 0.1%。2022 年全国及分源氨氮排放情况见表 2。

表 2　2022 年全国及分源氨氮排放情况

项目	合计	工业源	农业源	生活源	集中式污染治理设施
排放量 / 万吨	82.0	1.4	28.1	52.5	0.1
占比 /%	—	1.7	34.2	64.0	0.1

2. 各地区及分源排放情况

2022 年，氨氮排放量排名前五的地区依次为广东、四川、湖南、湖北和广西，排放量合计为 29.3 万吨，占全国氨氮排放量的 35.7%。2022 年各地区氨氮排放情况见图 3。

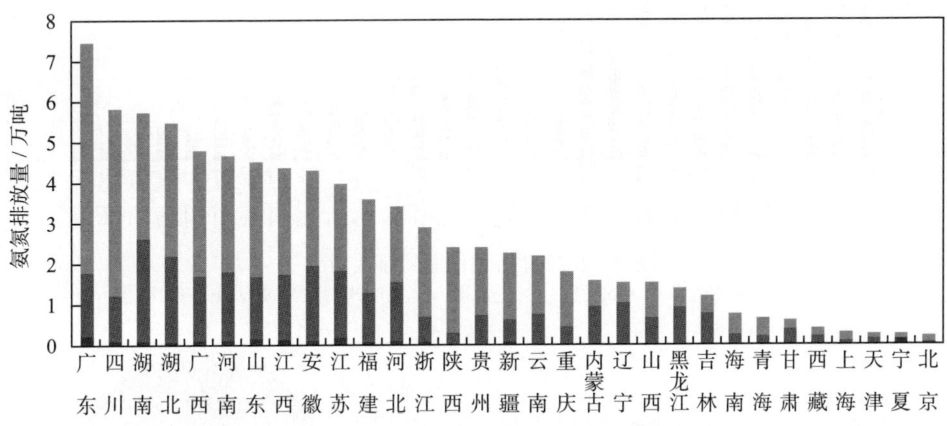

图 3　2022 年各地区氨氮排放情况

■ 工业源　■ 农业源　■ 生活源　■ 集中式污染治理设施

3. 各工业行业排放情况

2022 年，在统计调查的 42 个工业行业中，氨氮排放量排名前五的行业依次为化学原料和化学制品制造业，造纸和纸制品业，农副食品加工业，纺织业，食品制造业。5 个行业的排放量合计为 0.7 万吨，占全国工业源重点调查企业氨氮排放量的 59.7%。2022 年各工业行业氨氮排放情况见图 4。

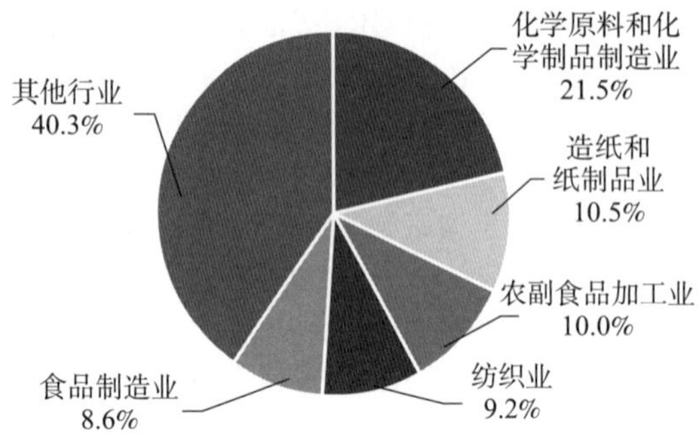

图 4　2022 年各工业行业氨氮排放情况

三、总氮排放情况

根据《排放源统计调查制度》(国统制〔2021〕18 号)，总氮排放量统计调查范围包括工业源、农业源、生活源和集中式污染治理设施四类排放源。

1．全国及分源排放情况

2022 年，在《排放源统计调查制度》确定的统计调查范围内，全国总氮排放量为 317.2 万吨。其中，工业源(含非重点)废水中总氮排放量为 9.1 万吨，占 2.9%；农业源总氮排放量为 174.4 万吨，占 55.0%；生活源污水中总氮排放量为 133.5 万吨，占 42.1%；集中式污染治理设施废水(含渗滤液)中总氮排放量为 0.2 万吨，占 0.1%。2022 年全国及分源总氮排放情况见表 3。

表 3　2022 年全国及分源总氮排放情况

项目	合计	工业源	农业源	生活源	集中式污染治理设施
排放量 / 万吨	317.2	9.1	174.4	133.5	0.2
占比 /%	—	2.9	55.0	42.1	0.1

2．各地区及分源排放情况

2022 年，总氮排放量排名前五的地区依次为广东、湖北、湖南、广西和河南，排放量合计为 107.3 万吨，占全国总氮排放量的 33.8%。2022 年各地区总氮排放情况见图 5。

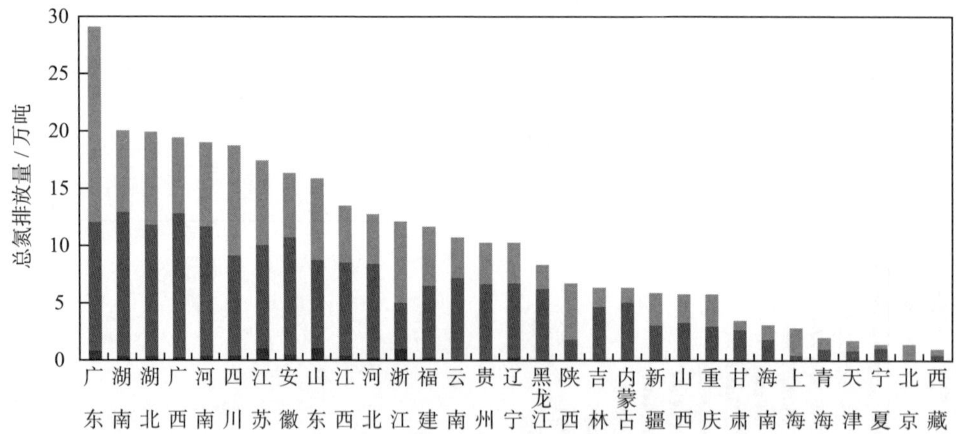

图 5　2022 年各地区总氮排放情况

3．各工业行业排放情况

2022 年，在统计调查的 42 个工业行业中，总氮排放量排名前五的行业依次为化学原料和化学制品制造业，纺织业，农副食品加工业，计算机、通信和其他电子设备制造业、造纸和纸制品业。5 个行业的排放量合计为 4.4 万吨，占全国工业源重点调查企业总氮排放量的 58.9%。2022 年各工业行业总氮排放情况见图 6。

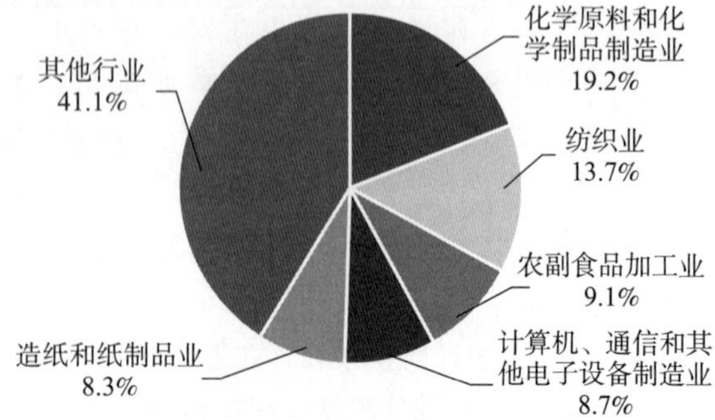

图 6　2022 年各工业行业总氮排放情况

(陈奇志)

2023 年造纸相关政策法规摘要

Abstract of the Policies and Regulations Related to Paper Industry in 2023

国务院新闻办发布《新时代的中国绿色发展》白皮书

1 月 19 日，国务院新闻办发布《新时代的中国绿色发展》白皮书，全面介绍了新时代中国绿色发展理念、实践与成效，分享中国绿色发展经验。在提高资源综合利用水平方面，《白皮书》指出，实施资源综合利用“双百工程”，开展国家“城市矿产”示范基地建设，完善废旧物资回收网络，统筹推进废旧资源循环利用，提升再生资源加工利用水平。

工业和信息化部等七部门联合发布《关于推动未来产业创新发展的实施意见》

1 月 29 日，工业和信息化部、教育部、科技部等七部门联合发布《关于推动未来产业创新发展的实施意见》，提出全面布局未来产业、加快技术创新和产业化、打造标志性产品、壮大产业主体、丰富应用场景、优化产业支撑体系 6 项重点任务；重点推进未来制造、未来信息、未来材料、未来能源、未来空间和未来健康六大方向产业发展。提出了未来发展目标：到 2025 年，我国未来产业技术创新、产业培育、安全治理等全面发展，部分领域达到国际先进水平，产业规模稳步提升；到 2027 年，未来产业综合实力显著提升，部分领域实现全球引领。

工业和信息化部发布实施《工业节能监察办法》

2 月 1 日，为了规范工业节能监察，促进企业节约能源和提高能源利用效率，加快绿色低碳发展，推动工业领域碳达峰碳中和，根据《中华人民共和国节约能源法》等有关法律、行政法规，工业和信息化部发布《工业节能监察办法》，自 2023 年 2 月 1 日开始施行。《工业节能监察办法》在规定适用于各领域节能管理制度的同时，还设专节规定了工业节能的相关管理措施，明确要求企业合理用能、降低能源消耗。制定《工业节能监察办法》是工业领域贯彻落实国家双碳战略部署，落实节能降碳、绿色发展的具体行动，有利于督促工业企业落实《节约能源法》有关法律制度，实现自身节能降耗，依法合理科学用能。

国家标准化管理委员会等部门发布关于印发《加强消费品标准化建设行动方案》

5 月 26 日，国家标准化管理委员会等部门发布关于印发《加强消费品标准化建设行动方案》的通知，提出“到 2025 年，构建标准供给以政府与市场并重，标准化工作国内国际相互促进，标准运用覆盖生产、流通、消费全链条，衔接生产端与消费端的新型消费品标准体系，有效推动我国消费品综合竞争力提升”。

工业和信息化部等部门联合印发《轻工业稳增长工作方案（2023—2024 年）》

7 月 19 日，工业和信息化部等部门联合印发《轻工业稳增长工作方案（2023—2024 年）》（下称《方案》）。在造纸方面，《方案》明确：推进林纸一体化建设，提高国内原料供给能力；加快高等级绝缘纸、特种纸基复合材料制造技术突破；开发适合婴幼儿和老年人群的护理卫生产品，加强纸制品和包装纸设计研发；提高热电联产比例和效率，扩大生物质能源应用。

国家发展改革委等 10 部门发布《绿色低碳先进技术示范工程实施方案》

8 月 22 日，国家发展改革委等 10 部门制定了《绿色低碳先进技术示范工程实施方案》，提出到 2025 年一批示范项目落地实施，到 2030 年绿色低碳技术和产业国际竞争优势进一步加强等目标；明确了源头减碳类、过程降碳类、末端固碳类 3 个重点方向的 12 类示范项目为申报范围，要求各地区有关部门做好示范项目组织和申报工作。

财政部和税务总局发布《关于先进制造业企业增值税加计抵减政策的公告》

9 月 3 日，财政部和税务总局发布《关于先进制造业企业增值税加计抵减政策的公告》，提出自 2023 年 1 月 1 日至 2027 年 12 月 31 日，允许先进制造业企业按照当期可抵扣进项税额加计 5% 抵减应纳增值税税额；先进制造业企业按照当期可抵扣进项税额的 5% 计提当期加计抵减额；先进制造业企业出口货物劳务、发生跨境应税行为不适用加计抵减政策，其对应的进项税额不得计提加计抵减额等增值税加计抵减政策。

生态环境部发布《温室气体自愿减排交易管理办法（试行）》

9月15日，生态环境部审议并原则通过《温室气体自愿减排交易管理办法（试行）》（以下称《管理办法》）。《管理办法》是规定自愿减排交易市场基本框架的统领性文件，对于市场启动和运行具有重要意义。

国家发展改革委等部门联合发布《加快“以竹代塑”发展三年行动计划》

10月13日，国家发展改革委等部门联合发布《加快“以竹代塑”发展三年行动计划》的通知（下称《通知》）。《通知》指出，到2025年，国内“以竹代塑”产业体系初步建立，产品质量、产品种类、产业规模、综合效益进一步提升，重点产品市场占有率显著提高。与2022年相比，“以竹代塑”主要产品综合附加值提高20%以上，竹材综合利用率提高20个百分点。

工业和信息化部和水利部联合发布《国家鼓励的工业节水工艺、技术和装备目录（2023年）》

10月18日，由工业和信息化部、水利部共同组织编制的《国家鼓励的工业节水工艺、技术和装备目录（2023年）》正式发布，其中涉及造纸行业的节水工艺、技术和装备目录共8条。《国家鼓励的工业节水工艺、技术和装备目录（2021年）》同时废止。

国家发展改革委等部门发布了《关于加快建立产品碳足迹管理体系的意见》

11月22日，国家发展改革委等部门发布了《关于加快建立产品碳足迹管理体系的意见》。《意见》提出主要目标：到2025年，国家层面出台50个左右重点产品碳足迹核算规则和标准；到2030年，国家层面出台200个左右重点产品碳足迹核算规则和标准。

国家发展改革委等部门关于印发《深入推进快递包装绿色转型行动方案》

11月23日，国家发展改革委等部门关于印发《深入推进快递包装绿色转型行动方案》的通知（下称《通知》）。《通知》指出，到2025年底快递绿色包装标准体系全面建立，禁止使用有毒有害快递包装要求全面落实，同城快递使用可循环快递包装比例达到10%，旧纸箱重复利用规模进一步扩大，快递包装基本实现绿色转型。

商务部、科技部发布《中国禁止出口限制出口技术目录》

12月21日，商务部、科技部修订公布实施《中国禁止出口限制出口技术目录》。造纸和纸制品业领域中，宣纸的生产工艺、迁安书画纸的配方及生产工艺被列入禁止出口条目；竹纸、桑皮纸、构皮纸等传统手工纸生产技术被列入限制出口条目。

《重点新材料首批次应用示范指导目录（2024年版）》发布

12月22日，工业和信息化部关于发布《重点新材料首批次应用示范指导目录（2024年版）》的通告，自2024年1月1日起实施。《重点新材料首批次应用示范指导目录（2021年版）》（工信部原函〔2021〕384号）同时废止。

《产业结构调整指导目录（2024年本）》发布

12月27日，国家发展改革委公布《产业结构调整指导目录（2024年本）》，2024年2月1日起施行。《产业结构调整指导目录（2019年本）》同时废止。

工业和信息化部等八部门联合发布《关于加快传统制造业转型升级的指导意见》

12月28日，工业和信息化部等八部门发布《关于加快传统制造业转型升级的指导意见》，提出到2027年，传统制造业高端化、智能化、绿色化、融合化发展水平明显提升，有效支撑制造业比重保持基本稳定，在全球产业分工中的地位和竞争力进一步巩固增强。工业企业数字化研发设计工具普及率、关键工序数控化率分别超过90%、70%，工业能耗强度和二氧化碳排放强度持续下降，万元工业增加值用水量较2023年下降13%左右，大宗工业固体废物综合利用率超过57%。

（曹凯月 陈丽卿）

2022 年世界造纸工业概况

General Situation of Global Paper Industry in 2022

一、全球纸和纸板、纸浆的生产量及消费量

1. 纸和纸板生产量

2022 年全球纸和纸板总生产量为 4.1990 亿吨，比 2021 年的 4.2407 亿吨同比降低 1.0%。主要品种生产量分别是新闻纸 1187 万吨，比 2021 年的 1238 万吨同比下降减少 4.1%；印刷书写纸 7916 万吨，比 2021 年的 8047 万吨同比下降 4.1%；生活用纸 4438 万吨，比 2021 年 4307 万吨增长 3.0%；瓦楞材料（瓦楞原纸和箱纸板）1.8877 亿吨，比 2021 年 1.9418 亿吨下降 2.8%；其他包装用纸及纸板 8618 万吨，比 2021 年 8416 万吨增长 2.4%。在产品结构方面，新闻纸占 2.8%，印刷书写纸占 18.9%，生活用纸占 10.6%，瓦楞材料占 45.0%，其他包装用纸及纸板占 20.5%。新闻纸和印刷书写纸在纸和纸板总生产量中所占比例，连续多年呈下降趋势，新闻纸和印刷书写纸 2022 年占比较 2021 年均下降了 0.1 个百分点；瓦楞材料占比较 2021 年下降了 0.7 个百分点；生活用纸 2022 年占比较 2021 年增长了 0.4 个百分点。

2022 年全球纸和纸板生产量仍以亚洲最高，欧洲其次，北美洲居第 3 位，生产量分别为 2.0375 亿吨、1.0362 亿吨和 0.7558 亿吨，分别占全球纸和纸板总生产量 4.1990 亿吨的 48.5%、24.7%和 18.0%。2022 年亚洲纸和纸板生产量相比 2021 年增长了 1.5%，欧洲及北美洲纸和纸板生产量与 2021 年相比均有所下降，分别降低了 5.3% 和 2.9%。

2022 年纸和纸板生产量排名前 10 位的国家见表 1。由表 1 可知，2022 年，中国纸和纸板生产量名列首位，美国居第 2 位，日本居第 3 位，生产量分别为 12425 万吨、6693 万吨和 2367 万吨，与 2021 年相比中国增长了 2.64%，美国、日本分别下降了 3.2% 和 1.1%。这 3 个国家纸和纸板生产量分别占全球纸和纸板总生产量的 29.6%、16.6% 和 5.6%，这 3 个国家纸和纸板总生产量约占全球纸和纸板总生产量的 50.8%。中国纸和纸板总生产量在全球纸和纸板总生产量占比由 2005 年的 15.3%增加至 2022 年的 29.3%，接近全球纸和纸板总生产量的 30%。

表 1　2022 年纸和纸板生产量排名前 10 位的国家

排序	国家	生产量 / 万吨		2022 年比 2021 年增长 /%
		2022 年	2021 年	
1	中国	12425	12105	2.64
2	美国	6693	6912	−3.2
3	日本	2367	2395	−1.1
4	德国	2163	2313	−6.5
5	印度	1712	1632	4.9
6	印度尼西亚	1263	1265	−0.1
7	韩国	1135	1160	−2.1
8	巴西	1111	1077	3.2
9	俄罗斯	951	978	−2.8
10	意大利	882	967	−8.7

2022 年纸和纸板产量排名前 10 位的国家中，纸和纸板产量增长的国家仅有中国、印度和巴西，其他国家均出现下降，其中意大利和德国下降尤为显著，分别下降了 8.7% 和 6.5%。

2. 纸和纸板消费量

2022 年全球纸和纸板表观消费量为 4.2383 亿吨，比 2021 年的 4.2899 亿吨，同比下降 1.2%，全球人均表观消费量为 53.6 千克。世界各地区中以北美洲人均表观消费量最高，为 191.8 千克，其次是欧洲和大洋洲，分别为 112.0 千克和 89.9 千克。亚洲人均表观消费量为 47.3 千克，拉丁美洲地区为 46.7 千克，非洲只有 7.2 千克。

2022 年世界各国中，中国纸和纸板表观消费量最高，为 12403 万吨；其次是美国，为 6648 万吨；再

次是日本，为 2281 万吨。这 3 个国家的人均表观消费量分别是 87.8 千克、198.2 千克和 183.6 千克。

表 2 和表 3 分别列出了 2022 年纸和纸板表观消费量和人均表观消费量排名前 10 位的国家。由表 2 可知，2022 年纸和纸板表观消费量超过 1000 万吨的国家有 7 个。与 2021 年相比，2022 年纸和纸板表观消费量排名前 10 位的国家中，仅印度、意大利、墨西哥的纸和纸板表观消费量出现了增长，其中印度的增长幅度最大，达到 10.3%。

表 2　2022 年纸和纸板表观消费量排名前 10 位的国家

排序	国家	表观消费量 / 万吨		2022 年比 2021 年增长 /%
		2022 年	2021 年	
1	中国	12403	12648	–1.9
2	美国	6648	6834	–2.7
3	日本	2281	2316	–1.5
4	印度	1746	1905	10.3
5	德国	1740	1582	–8.7
6	意大利	1065	1056	2.1
7	韩国	1017	1042	–3.7
8	巴西	958	973	–1.5
9	墨西哥	955	923	3.4
10	法国	867	869	–0.2

表 3　2022 年纸和纸板人均表观消费量排名前 10 位的国家

排序	国家	人均表观消费量 / 千克
1	斯洛文尼亚	266.6
2	比利时	236.5
3	奥地利	219.0
4	德国	206.3
5	阿拉伯联合酋长国	198.2
6	美国	198.2
7	韩国	196.1
8	日本	183.6
9	意大利	174.2
10	波兰	170.3

3. 纸浆生产量和消费量

2022 年全球纸浆总生产量为 1.8176 亿吨，比 2021 年的 1.8276 亿吨下降 0.5%。其中，化学浆生产量 1.4216 亿吨，比 2021 年的 1.4305 亿吨下降 0.6%；机械浆生产量 2533 万吨，与 2021 年的 2520 万吨增长 0.5%；半化学机械浆产量 521 万吨，比 2021 年的 556 万吨下降了 6.2%。北美洲纸浆总生产量为 5417 万吨，比 2021 年的 5716 万吨下降 5.2%，北美洲纸浆总生产量占全球纸浆总生产量的 31.4%。欧洲和亚洲纸浆总生产量分别为 4369 万吨和 4734 万吨，分别占全球木浆总生产量的 24.0% 和 26.0%。全球机械浆生产集中在亚洲、欧洲、和北美洲，它们的生产量分别为 942 万吨、785 万吨和 624 万吨。这 3 个地区机械浆生产量总和占全球机械浆总生产量的 92.8%。

2022 年全球非木浆产量 906 万吨，相比 2021 年的 895 万吨提高了 1.2%。其中，亚洲非木浆产量为 782 万吨。

2022 年美国、巴西和中国是纸浆生产量最多的 3 个国家，其纸浆总生产量分别是 4077 万吨、2452 万吨和 2115 万吨。

表 4 列出了 2022 年纸浆生产量排名前 10 位的国家。2021 年排名前 10 位的国家全部入围 2022 年的前 10 位。10 个国家中，纸浆生产量增长较多的有中国和巴西，分别增长了 16.9% 和 8.7%；芬兰、俄罗斯、美国下降幅度较大，分别为 13.7%、5.8% 和 5.3%。

表 4　2022 年纸浆生产量排名前 10 位的国家

排序	国家	生产量 / 万吨		2022 年比 2021 年增长 /%
		2022 年	2021 年	
1	美国	4077	4304	–5.3
2	巴西	2452	2256	8.7
3	中国	2115	1809	16.9
4	加拿大	1340	1412	–5.0
5	瑞典	1138	1130	0.7
6	芬兰	924	1071	–13.7
7	印度尼西亚	845	836	–0.2
8	俄罗斯	756	803	–5.8
9	日本	755	761	–0.7
10	智利	442	452	–2.2

2022 年全球木浆表观消费量为 1.8162 亿吨，比 2021 年的 1.8314 亿吨下降 0.8%。

二、全球纸业贸易概况

1. 纸浆

纸浆净进口量较多的国家有中国、意大利、德国、韩国、土耳其5个国家，其净进口总量为3204万吨。与2021年相比，其中土耳其的纸浆净进口量增长尤为显著，增长了32.7%，韩国和意大利也有一定的增长，涨幅分别为5.1%和3.0%；而中国、德国分别下降4.0%、1.5%。除上述5个国家外，纸浆净进口量较多的国家还有印度（147万吨）、波兰（122万吨）、法国（121万吨）、日本（117万吨）和墨西哥（87万吨）。木浆净出口量较多的国家是巴西、加拿大、智利、芬兰、印度尼西亚5个国家，其总净出口量为3645万吨。与2021年相比，仅巴西的纸浆净出口量实现了较大幅度增长，增长19.3%；芬兰和印度尼西亚纸浆净出口量分别下降了8.7%和5.3%。加拿大、智利略微下降。纸浆净出口量较多的国家还有瑞典（276万吨）、乌拉圭（258万吨）、俄罗斯（196万吨）、葡萄牙（102万吨）、新西兰（83万吨）。

2022年纸浆净进口量和净出口量较多的国家分别如表5和表6所示。

表5　2022年主要纸浆净进口国

排序	国家	净进口量/万吨		同比增长/%
		2022年	2021年	
1	中国	2274	2368	–4.0
2	意大利	305	296	3.0
3	德国	258	262	–1.5
4	韩国	207	197	5.1
5	土耳其	160	121	32.7

表6　2022年主要纸浆净出口国

排序	国家	净出口量/万吨		同比增长/%
		2022年	2021年	
1	巴西	1850	1552	19.3
2	加拿大	751	769	–2.3
3	智利	377	386	–2.3
4	芬兰	366	401	–8.7
5	印度尼西亚	301	318	–5.3

2．废纸

2022年全球废纸回收量为2.5411亿吨，回收率为60.0%。欧洲废纸回收量为6337万吨，回收率为61.2%；北美洲回收量为4868万吨，回收率为67.6%；亚洲回收量为1.1608亿吨，回收率为57.1%。北美洲是最主要的废纸净出口地区，2022年净出口量为1572万吨；欧洲废纸净出口量为392万吨；大洋洲废纸净出口量130万吨。上述3个地区净出口总量为2094万吨。这些数据表明，2022年全球范围内可供应的废纸量与2021年的2118万吨略有下降。亚洲2022年废纸净进口量为1840万吨。

2022年废纸净进口量最多的国家是德国，为385万吨。2022年，中国的废纸进口量仅为57万吨，与2021年的54万吨基本持平。废纸出口量最多的国家是美国，为1554万吨；其次为英国，为408万吨；然后是法国，为251万吨。

2022年部分国家的废纸回收量及进出口量如表7所示。

表7　2022年部分国家的废纸回收量及进出口量

国家	回收量/万吨	回收率/%	利用率/%	出口量/万吨	进口量/万吨
美国	4486	67.5	43.4	1554	83
日本	1776	77.9	67.4	183	2
德国	1319	75.8	78.8	161	546
英国	668	94.5	80.1	408	17
法国	659	76.0	69.0	251	90
意大利	578	54.3	61.1	148	30
中国	6484	54.8	59.4	0	57

3．纸及纸板

部分国家2022年纸及纸板的净出口量和净进口量分别如表8和表9所示。由表8可知，瑞典和芬兰是纸及纸板净出口量较多的国家，净出口量分别为728万吨和635万吨，分别占其纸及纸板总生产量的85.3%和88.1%。从表9可知，英国和墨西哥是纸及纸板净进口量较多的国家，其净进口量分别为382万吨和288万吨，分别占其表观消费量的52.5%和30.2%，英国逾1/2的纸和纸板消费量依赖于进口。纸及纸板净进口量较多的国家还有土耳其和意大利，其净进口量分别为194万吨和182万吨。

表8　2022年部分国家纸及纸板净出口量

排序	国家	净出口量/万吨
1	瑞典	728
2	芬兰	635
3	印度尼西亚	438

续表

排序	国家	净出口量 / 万吨
4	德国	424
5	加拿大	310
6	奥地利	268
7	俄罗斯	216
8	巴西	153
9	韩国	119
10	葡萄牙	118

表 9 2022 年部分国家和地区纸及纸板净进口量

排序	国家	净进口量 / 万吨
1	英国	382
2	墨西哥	288
3	土耳其	194
4	意大利	182
5	法国	158
6	波兰	127
7	菲律宾	122
8	沙特阿拉伯	116
9	阿拉伯联合酋长国	106

2022 年部分国家新闻纸生产量及进出口量如表 10 所示。由表 10 可知，2022 年，加拿大的新闻纸生产量和出口量分别为 185 万吨和 156 万吨，是最大的新闻纸生产国和出口国，出口量占其生产量的 84.3%。日本的新闻纸生产量为 185 万吨，与加拿大齐平，但几乎无出口。俄罗斯新闻纸的生产量和出口量分别为 98 万吨和 79 万吨，出口量占其生产量的 80.6%，是新闻纸第三生产大国和第二出口大国。德国和中国的新闻纸生产量相近，分别为 91 万吨和 90 万吨。加拿大、日本和俄罗斯 3 个国家新闻纸总生产量 468 万吨，占全球新闻纸总生产量的 39.4%。中国新闻纸生产量占全球新闻纸总生产量的 7.6%。2022 年进口新闻纸最多的国家为美国，进口量为 87 万吨，占其新闻纸表观消费量的 77.1%。其次是印度，2022 年新闻纸进口量为 65 万吨，占其新闻纸表观消费量的 43.9%。美国新闻纸消费量由 2008 年的 681 万吨连续减至 2022 年的 113 万吨，下降了 83.4%，这也反映了全球新闻纸消费量不断下降的大趋势。

表 10 2022 年部分国家新闻纸生产量及进出口量

单位：万吨

国家	生产量	进口量	出口量
加拿大	185	0	156
日本	185	1	3
俄罗斯	98	1	79
德国	91	59	52
中国	90	46	11
印度	84	65	1
韩国	50	0	13
瑞典	45	0.6	35
法国	42	23	36
美国	31	87	5
英国	27	33	18

2022 年部分国家印刷书写纸的生产量和进出口量如表 11 所示。由表 11 可知，印刷书写纸生产量位居前 3 位的是中国、美国和日本，分别为 2353 万吨、781 万吨和 600 万吨。印刷书写纸出口量较多的依次是德国（422 万吨）、印度尼西亚（321 万吨）、中国（304 万吨）、加拿大（210 万吨）、芬兰（207 万吨），它们的出口量分别占其生产量的 80.7%、69.5%、12.9%、81.7% 和 98.1%。

印刷书写纸进口量较多的依次是美国（414 万吨）、德国（288 万吨）和法国（187 万吨），它们的进口量分别占其消费量的 37.1%、72.8% 和 90.6%。2022 年，表 11 所列国家中的印刷书写纸生产量除加拿大略有增长、中国和印度尼西亚基本持平外，其他国家的印刷书写纸生产力均有所下降。

表 11 2022 年部分国家印刷书写纸生产量和进出口量

单位：万吨

国家	生产量	进口量	出口量
中国	2353	72	304
美国	781	414	80
日本	600	57	67
德国	523	288	422
印度尼西亚	462	18	321

续表

国家	生产量	进口量	出口量
芬兰	211	4	207
加拿大	257	57	210
瑞典	154	11	150
法国	73	187	58

2022 年部分国家涂布印刷书写纸的生产量和进出口量如表 12 所示。涂布印刷书写纸生产量较高的国家依次是中国（597 万吨）、日本（333 万吨）、美国（256 万吨）、德国（231 万吨）和芬兰（140 万吨）。出口量最多的是德国（251 万吨）和中国（186 万吨）。涂布印刷纸进口量最多的是美国（160 万吨）和德国（144 万吨）。涂布印刷纸净出口量较多的是中国和芬兰，分别为 160 万吨和 136 万吨。芬兰、日本和德国的涂布印刷书写纸生产量占其印刷书写纸生产量比例分别高达 66.4%、55.5% 和 44.2%。而中国涂布印刷书写纸生产量仅占其印刷书写纸生产量的 25.4%。涂布印刷书写纸是中国出口量较大的纸种，2022 年出口量为 186 万吨。

表 12　2022 年部分国家涂布印刷书写纸生产量和进出口量

单位：万吨

国家	生产量	进口量	出口量	净出口量
中国	597	26	186	160
日本	333	10	46	36
美国	256	160	42	–118
德国	231	144	251	137
芬兰	140	1.5	138	136.5
意大利	114	49	86	37
奥地利	100	15	94	79
比利时	75	42	65	23
印度尼西亚	57	11	21	10
法国	21	90	22	–68
瑞典	16	6	16	10

2022 年部分国家瓦楞材料的生产量和进出口量如表 13 所示。由表 13 可知，中国和美国的瓦楞材料生产量分别达到 5110 万吨和 3416 万吨，分别占全球瓦楞材料总生产量的 27.1% 和 18.1%，中国和美国的瓦楞材料合计生产量已占全球瓦楞材料总生产量的近 50%。瓦楞材料净出口量最大的仍为美国，净出口量达 453 万吨；净出口量较大的国家还有德国（239 万吨）和瑞典（173 万吨）。净进口量较大的国家有中国（560 万吨）和意大利（192 万吨）。

表 13　2022 年部分国家瓦楞材料的生产量和进出口量

单位：万吨

国家	生产量	进口量	出口量	净出口量
中国	5110	564	4	–560
美国	3416	111	564	453
日本	1020	4	101	57
德国	952	258	497	239
韩国	571	12	44	32
法国	383	136	149	13
俄罗斯	442	0.6	89	88.4
意大利	285	228	36	–192
瑞典	210	21	194	173
加拿大	207	90	114	24

2022 年部分国家生活用纸生产量和进出口量如表 14 所示。由表 14 可知，生活用纸生产量最高的国家是中国，为 1260 万吨；其次是美国，为 860 万吨。这两个国家生活用纸生产量之和占全球生活用纸总生产量的 47.8%。生活用纸的国际贸易量较少，在表 14 所列的几个国家中，净出口量较高的国家有中国和意大利，分别为 102 万吨和 80 万吨。

表 14　2022 年部分国家生活用纸生产量和进出口量

单位：万吨

国家	生产量	进口量	出口量	净出口量
中国	1260	4	106	102
美国	860	104	51	–53
日本	187	22	2	–20
意大利	170	8	88	80
德国	148	71	73	2

参考资料：Fastmarkets RISI 有关数据和中国造纸协会“中国造纸工业 2022 年度报告”。

（陈丽卿　王森森）

《Paper 360°》杂志 2022 年全球造纸排名前 75 位的公司

Top 75 Paper Companies Selected by Paper 360° and Its Geographical Distribution in 2022

表 1 2022 年全球造纸排名前 75 位的公司（按销售额排名）

公司名称及总部地址	制浆、造纸及纸加工业务				2022 纸及纸板年产量 / 万吨	雇员数量 / 人
	2022 年排名	2021 年排名	2022 年销售额 / 亿美元	2022 年较 2021 年增长 /%		
WestRock（Norcross，GA，美国）	1	3	212.560	13.4	1362.1	56500
International Paper（Memphis，TN，美国）	2	2	211.610	9.3	1528.2	39000
Procter & Gamble（Cincinnati，OH，美国）	3	1	202.170	2.4	NA	107000
Smurfit Kappa Group（Dublin，爱尔兰）	4	5	135.759	13.6	840.0	48000
UPM（Helsinki，芬兰）	5	6	119.593	4.5	613.4	17236
Essity（Stockholm，瑞典）	6	12	119.485	41.9	371.0	45653
Oji Holdings Comapany（Tokyo，日本）	7	4	114.367	16.1	1059.4	37845
DS Smith（Maidenhead，Berkshire，英国）	8	7	100.625	1.0	101.7	30168
Stora Enso（Helsinki，芬兰）	9	9	99.359	4.3	660.8	21790
Suzano Papel e Celulose（São Paulo，巴西）	10	15	95.500	25.8	130.6	18543
Kimberly Clark（Dallas，TX，美国）	11	11	94.990	4.3	NA	44000
Graphic Packaging（Marietta，GA，美国）	12	16	94.400	31.9	369.7	24000
Mondi（Addlestone，英国；Johannesburg，南非）	13	10	94.306	3.2	460.5	21400
玖龙纸业有限公司（中国广东）	14	8	89.776	-6.0	1598.0	20098
Packaging Corporation of America（LakeForest，IL，美国）	15	14	84.780	9.7	459.5	15100
Sappi（Johannesburg，南非）	16	21	72.960	38.6	504.7	12495
Sonoco Products（Hartsville，SC，美国）	17	20	72.510	29.7	200.0	22000
Empresas CMPC（Santiago，智利）	18	19	71.670	23.5	176.5	23391
Metsä Group（Espoo，芬兰）	19	17	61.289	-8.4	181.7	9587
Rengo（Osaka，日本）	20	18	54.348	-16.2	355.9	22548
Mayr-MelnhofKarton（Vienna，奥地利）	21	31	49.403	36.1	233.0	15640
Domtar（Montreal，QC，加拿大）	22	28	45.770	24.8	208.3	6300

续表

公司名称及总部地址	制浆、造纸及纸加工业务				2022 纸及纸板年产量 / 万吨	雇员数量 / 人
	2022 年排名	2021 年排名	2022 年销售额 / 亿美元	2022 年较 2021 年增长 /%		
安徽山鹰纸业股份有限公司（中国安徽）	23	22	45.459	−11.3	614.8	14976
Klabin（São Paulo，巴西）	24	34	44.679	48.7	260.0	25000
山东晨鸣纸业有限公司（中国山东）	25	24	40.342	−10.5	520.0	10855
SCG Packaging Public Co., Ltd.（Bangkok，泰国）	26	26	39.931	0.8	598.1	22289
Nippon Paper Industries Co., Ltd.（Tokyo，日本）	27	13	37.742	−54.9	508.0	15959
理文造纸有限公司（中国香港）	28	25	37.253	−10.9	600.4	10000
中国纸业投资有限公司（中国北京）	29	30	36.594	0.8	290.0	13000
Sylvamo（Memphis，TN，美国）	30	32	36.280	3.6	253.0	6500
BillerudKorsnäs AB（Solna，瑞典）	31	33	35.869	17.4	170.4	5525
Ahlstrom–Munksjö（Helsinki，芬兰）	32	29	35.335	−3.6	NA	7099
山东太阳纸业股份有限公司（中国山东）	33	23	32.961	−30.0	560.0	13000
Cascades（Kingsey Falls，QC，加拿大）	34	27	32.638	−15.6	153.8	10000
Heinzel Group（Vienna，奥地利）	35	40	30.783	27.7	103.6	2516
Bio–PAPPEL（Durango，墨西哥）	36	54	30.000	80.7	NA	13334
Arauco（Santiago，智利）	37	38	29.910	15.7	0	19043
Sofidel（Rome，意大利）	38	39	29.671	18.1	144.0	6893
Lenzing Group（Lenzing，奥地利）	39	37	27.179	4.7	NA	3556
Greif（Delaware，OH，美国）	40	42	26.750	20.6	NA	1200
The Navigator Company（Setúbal，葡萄牙）	41	53	23.349	35.2	163.0	3200
Palm（Aalen，德国）	42	46	23.306	15.9	NA	4000
Daio Paper（Tokyo，日本）	43	35	23.256	−22.0	408.8	12634
Fedrigoni SpA（Verona，意大利）	44	49	22.610	19.3	43.1	4369
VPK Packaging（Aalst，比利时）	45	43	22.554	9.2	133.0	6514
Mativ（Alpharetta，GA，美国）	46	NA	21.674	50.5	NA	7500
Clearwater Paper（Spokane，WA，美国）	47	52	20.801	17.3	111.6	3000
Burgo Group（Altavilla Vicentina，意大利）	48	50	20.743	10.8	154.7	3096
维达纸业（中国）有限公司（中国广东）	49	47	20.565	3.1	139.0	12112
Resolute Forest Products（Montreal，QC，加拿大）	50	48	16.530	−15.1	130.0	7000
Hokuetsu Corporation（Tokyo，日本）	51	41	18.704	−19.1	161.2	4163
Mercer International（Seattle，WA，美国）	52	59	18.660	25.8	0.0	3320
Progroup（Landau/Pfalz，德国）	53	55	18.636	16.1	156.9	1707
Lecta（Barcelona，西班牙）	54	61	18.338	29.6	114.7	2874
Hansol Paper（Seoul，韩国）	55	56	18.283	14.0	161.1	1558
永丰余造纸股份有限公司（中国台湾）	56	45	17.693	−12.2	235.2	10189

续表

公司名称及总部地址	制浆、造纸及纸加工业务				2022 纸及纸板年产量 / 万吨	雇员数量 / 人
	2022 年排名	2021 年排名	2022 年销售额 / 亿美元	2022 年较 2021 年增长 /%		
Rayonier Advanced Materials（Jacksonville，FL，美国）	57	62	17.170	21.9	16.9	2500
Södra（Växjö，瑞典）	58	60	17.024	19.6	0.0	3282
恒安国际集团（中国福建晋江）	59	66	17.023	34.4	0.0	2300
荣成纸业股份有限公司（中国台湾）	60	44	16.363	−19.3	336.1	3742
Glatfelter（York，PA，美国）	61	71	14.913	37.5	34.1	3250
Holmen（Stockholm，瑞典）	62	63	13.782	1.0	149.8	3466
山东华泰纸业股份有限公司（中国山东）	63	58	13.689	−11.7	193.3	6211
正隆纸业有限公司（中国台湾）	64	57	13.482	−13.7	173.6	6794
Marubeni（Tokyo，日本）	65	51	13.443	−26.5	NA	45995
Svenska CellulosaAktiebolaget（SCA）（Stockholm，瑞典）	66	64	12.803	−2.0	77.3	3313
山东世纪阳光纸业集团有限公司（中国山东）	67	68	12.694	6.5	195.0	2400
Eldorado BrasilCelulose（São Paulo，巴西）	68	70	12.532	11.7	0.0	5400
Kruger Products（Montreal，QC，加拿大）	69	69	12.288	5.2	43.5	2700
Arctic Paper（Kostryn，波兰）	70	NA	11.427	43.4	68.5	1500
Mitsubishi Corporation（Tokyo，日本）	71	67	11.160	−9.9	109.4	3171
LEIPA Georg Leinfelder（Schwedt，德国）	72	75	10.594	5.4	135.5	1717
Altri（Porto，葡萄牙）	73	NA	9.363	33.6	0.0	816
Cenibra（Belo Oriente，巴西）	74	NA	8.415	15.1	0.0	4724
Canfor（Vancouver，BC，加拿大）	75	NA	7.932	−30.7	13.2	7908

注：全球造纸排名前 75 位的公司是按照纸浆、纸及纸板、纸加工及纸品贸易的净销售额进行的排名。2022 年数据为修订后的财务数据。除非下文指出，财务年度报告是从 2022 年 1 月 1 日到 2022 年 12 月 31 日。收入指税后和去除特殊项目后的净收益。“NA”表示“不可用”，无法估算。

表 2　　2022 年全球造纸排名前 75 位公司的地域分布

地区	公司数量 / 个	2022 年销售额 / 亿美元	2021 年销售额 / 亿美元	2022 年较 2021 年增长 /%	占 2022 年总销售额的比例 /%	纸及纸板产量 / 万吨	占纸及纸板总量的比例 /%
欧洲	26	1163.19	1041.79	11.7	33.2	5076.5	25.6
亚洲	22	725.13	819.45	−11.5	20.7	8817.3	44.4
北美	20	1274.43	1137.90	12.0	36.4	4883.9	24.6
拉丁美洲	6	262.71	208.43	26.0	7.5	567.1	2.9
非洲	1	72.96	52.65	38.6	2.1	504.7	2.5

表 3　　2022 年全球纸及纸板产量 200 万吨以上的公司

公司名称	全球排名	纸及纸板总产量 / 万吨
玖龙纸业有限公司	14	1598.0
International Paper	2	1528.2

续表

公司名称	全球排名	纸及纸板总产量 / 万吨
West Rock	1	1362.1
Oji Holdings Corporation	7	1059.4
Smurfit Kappa Group	4	840.0
Stora Enso	9	660.8
安徽山鹰纸业股份有限公司	23	614.8
UPM	5	613.4
理文造纸有限公司	28	600.4
SCG Packaging Public Co.，Ltd.	26	598.1
山东太阳纸业股份有限公司	33	560.0
山东晨鸣纸业集团股份有限公司	25	520.0
Nippon Paper Industries Co.，Ltd.	27	508.0
Sappi	16	504.7
Mondi	13	460.5
Packaging Corporationof America	15	459.5
Daio Paper	43	408.8
Essity	6	371.0
Graphic Packaging	12	369.7
Rengo	20	355.9
荣成纸业股份有限公司	60	336.1
中国纸业投资有限公司	29	290.0
Klabin	24	260.0
Sylvamo	30	253.0
永丰余造纸股份有限公司	56	235.2
Mayr–Melnhof Karton	21	233.0
Domtar	22	208.3
Sonoco Products	17	200.0

（陈丽卿）

玖龍紙業(控股)有限公司

NINE DRAGONS PAPER (HOLDINGS) LIMITED

玖龙纸业成立于1995年，总部位于广东省东莞市，2006年于香港联交所主板上市，目前为全球产能排名居前的造纸集团和浆纸一体化的龙头企业（主要产品为各类环保包装纸、高档全木浆纸及其上下游产业链）。2024年集团造纸年总产能超2000万吨，总资产约1300亿元，年产值超700亿元，员工2万余人，名列“2024中国企业500强”326位。

玖龙纸业已在中国的东莞、太仓、重庆、天津、乐山、泉州、沈阳、唐山、监利、北海建立十个造纸基地。积极响应“一带一路”倡议，不断推进国际化发展，完善产业链，2008年完成对越南正阳造纸厂的收购和控股，进入东盟市场，2017年完成越南基地二期工程的扩建，成为越南造纸的龙头企业。2019年收购了一家位于马来西亚文冬的浆纸厂并进行扩建，在马来西亚雪兰莪总投资90亿元建设一个新的智能化造纸基地。为了进一步拓展国际化的资源配置，形成资源优势的互补，当时响应国家号召“走出去”，2018年收购了四家位于美国的浆纸厂（缅因州的Rumford、Old Town；威斯康星州的Biron；西弗吉尼亚州的Fairmont）。此外，集团兄弟企业在上游建立了国内/外较大的再生资源回收贸易公司，为集团提供稳定的废纸等原料供应；集团还在下游建立了八个智能化包装厂，为用户提供环保纸包装的“智能化、一站式”服务。

玖龙纸业引进国际领先的技术和大型现代化、智能化设备，并不断创新研发，代表着中国包装纸的先进水平。玖龙纸业高度重视系统化、大数据管理，应用先进的SAP系统管理平台，促进信息化与工业化“两化”深度融合，被评为“高新技术企业”和国家首批“信息化和工业化融合管理体系贯标试点企业”。

玖龙纸业积极践行“绿水青山就是金山银山”的生态文明思想，一贯秉承“没有环保，就没有造纸”的企业理念，视环保为企业生命，致力于环境保护和节能减排，倡导可持续发展的循环经济。不仅使用可以回收循环利用的废纸作原料，还与时俱进，不断加大环保投入，使玖龙纸业各项环保和能耗指标都做到优于国家标准，是资源节约型和环境友好型企业的典范。玖龙率先在行业建设环保焚烧炉，将

造纸产生的固废全部转化为清洁能源，不对外排放，还帮助地方政府处理一部分工业固废，为创建“无废城市”作出贡献。除获ISO 14001环境管理认证和清洁生产认证外，生产基地多年被当地环保部门评为“环保诚信企业”，并被评为“绿色工厂”“中国造纸工业环境友好企业”，荣获“全国造纸行业节能减排达标竞赛优胜企业”，被授予“全国五一劳动奖状”。

玖龙纸业实行以人为本，民主、智慧加科学相结合的管理模式，不断提升员工的福利待遇，做到在行业内领先，形成了“尊重关爱员工、细化创新管理、传承百年品牌、弘扬拼搏精神”的具有玖龙特色的企业文化。玖龙纸业积极开展形式丰富的员工培训，从安全教育、专业技能、管理水平、企业文化等各个方面不断提升员工素质。还定期开展各种文化、体育活动，在丰富员工精神文化生活的同时，弘扬“爱国、爱家、爱企业”的积极向上和团结奋斗的正能量。

玖龙纸业自1998年7月第一条生产线顺利建成投产至今，在增加税收、带动上下游产业链的升级、促进地方经济发展、创造就业机会、共建和谐社会等方面，为国家和地方的经济建设做出了突出的贡献。玖龙纸业一向积极履行社会责任，近年来在各种公益活动中投入4亿多元，其中主要捐款用于参加“广东省630助力乡村振兴”活动，此项活动已累计捐款超过3亿元。公益款项用于抗击疫情及洪涝灾害，还重点支持了贫困地区的“教育、产业扶贫、救助贫困弱势群体、完善农村基础设施、改善村民生活环境”等方面，惠及粤西、粤北等多个欠发达地区。玖龙长期坚持开办“玖龙班”，通过职业教育扶贫，资助偏远山区贫困学生学习深造并提供就业机会，给这些贫困家庭的孩子提供一个好的平台，鼓励他们通过自己的努力改变自己和家庭的命运，为国家和行业培养具有可持续发展的意识和技能、而且对社会心存感恩和博爱之心的新时代产业工人。玖龙建立了多个爱心基地，关爱贫困山区留守儿童等；捐款700多万元，支持中华慈善总会“一张纸献爱心”活动，在积极倡导废纸回收的同时救助先心病患儿；积极开展少数民族贫困地区的扶贫工作，为西藏甘孜雅江呷拉中学捐款500万元，改善办学条件，支持侨爱工程“点亮藏区生活计划”，捐款100万元；多次为受灾地区捐建“侨心居”；第一时间向四川汶川、玉树和雅安地震灾区捐赠了1500万元、1000万元和1200万元，支援灾区人民抗震救灾，重建家园。积极支持国家办好北京冬奥会，捐款2000万元援建“华侨冬奥冰雪博物馆”。在香港，通过新家园协会、团结香港基金、香港侨界社团联会等捐款超过8600万港元，为社会奉献爱心。被授予“全国脱贫攻坚奖”、全国“万企帮万村”先进民营企业、“广东扶贫济困红棉杯金杯及突出贡献企业”等多项荣誉，并光荣入选“2020中国民营企业社会责任优秀案例”，2021年被授予第十一届“中华慈善奖”——“在脱贫攻坚等慈善领域作出突出贡献”和“在抗击新冠肺炎疫情慈善领域作出突出贡献”双项荣誉。

制造业是GDP的基石，未来玖龙纸业将继续朝着环保、节能型、智能化管理的企业目标迈进，巩固行业龙头地位，奠定企业百年基业。

太陽紙業
SUN PAPER

打造可持续发展
受人尊重的全球卓越企业

TO GROW INTO A SUSTAINABLE AND RESPECTABLE WORLD-CLASS CONGLOMERATE

太阳纸业创立于1982年，于2006年在深圳证券交易所上市。经过40多年的发展，太阳纸业走出了一条有自身特色的企业发展道路，位列中国企业500强，获评国家绿色工厂，荣获国家科学技术进步一等奖、中国工业大奖表彰奖、国家科技进步二等奖等重要奖项。

公司现拥有全球先进的制浆、造纸生产线，产品逐渐形成了以高档文化用纸、高档包装用纸、高档生活用纸、高档特种纸及特种纤维溶解浆等为主导的系列产品结构。拥有“金太阳”“华夏太阳”“天阳”“九州太阳”“幸福阳光”“万国联邦”“万国骄阳”“万国润阳”“万国润彩”“威尔”等知名品牌，“金太阳”为中国驰名商标，服务客户遍布全国各地及欧美、东南亚等全球主要纸张消费市场。

成就卓越，自然出众

来自芬兰、拥有百年历史的UPM集团是世界领先的森林工业企业，以创新驱动超越化石原料的未来。16,600名UPM员工遍布46个国家，集团年销售额约105亿欧元。

UPM特种纸纸业扎根中国已超26年，累计投资20亿美元以上，在江苏常熟拥有一座现代化的大型纸厂、亚洲研发中心，为中国、亚洲乃至世界消费者提供安全环保、高品质的办公用纸、印刷用纸和特种纸产品。

UPM - 森领未来 创想无限

UPM

中国造纸

China Pulp and Paper

中国造纸杂志社 China Pulp and Paper Magazines Publisher

编辑出版杂志及报告
Publish Magazines & Reports

- **《中国造纸》** 月刊　中文核心期刊 入选“中国科协精品科技期刊工程项目”
  China Pulp and Paper (Monthly-Chinese Core Periodicals, selected for CAST Promotion Project for Elite Journals)
- **《中国造纸学报》** 季刊　中文核心期刊 入选“中国科协精品科技期刊工程项目”
  Transactions of China Pulp & Paper (Quarterly-Chinese Core Periodicals, selected for CAST Promotion Project for Elite Journals)
- **《造纸信息》** 月刊 彩色印刷 China Paper Newsletters (Monthly, Color Printing)
- **中国造纸产业竞争力报告**/The Competitiveness Report of China's Paper Industry

所有杂志均可通过网站及微信公众号查阅获取
All magazines can be read through the website and WeChat official account

欢迎订阅、投稿、刊登企业宣传

绿色制造体系评价咨询
Green Manufacturing System evaluating and consulting

提供造纸及相关企业绿色制造项目申报服务
Provide application of green manufacuturing project and related severcies for papermaking and related enterprises

信息咨询及活动策划
Information consultation and activity planning

- 产业智库 Industrial Think Tank
- 专业资源 Professional Resources
- 数据中心 The Data Center
- 信息平台 Information Platform

WENRUI®
MOST COST-EFFECTIVE

国际标准 本土优势 汶瑞智造

——制浆洗选漂碱回收装备研发基地

汶瑞机械（山东）有限公司现服务全球 1000 余家造纸企业。各类洗浆设备在国内有较高的市场占有率，并且出口到加拿大、美国、印度、印度尼西亚、俄罗斯、泰国、缅甸、越南、巴西、孟加拉、巴基斯坦等国家。

公司于 1999 年在行业内通过了 ISO 9001 质量体系认证，2013 年通过了美国地区压力容器制造 ASME“U” 钢印认证。

Presently, Wenrui has serviced for more than 1000 pulp & paper mills all over the world, pulp washing equipment has a higher domestic market share. Our equipment was export to Canada, Brazil, India, Indonesia, Russia, Thailand, Myanmar, Vietnam, Bangladesh and Pakistan etc.

Wenrui was certified with ISO 9001 quality system authentication in 1999, and was also certified with American ASME “U” stamp authentication for pressure vessel in 2013.

机械驱动双辊洗浆机 Wash Press by Mechanical drive

竹浆500T/D配套项目
For 500T/D bamboo pulp project

JSJA1557机械布浆压榨洗浆机 Screw Pulp Distribution Wash Press

海南金海浆纸
Hainan Jinhai Pulp & Paper

GSJA1540机械布浆高效压榨洗浆机 Motor-gearbox Upgrade Wash Press

广西金桂浆纸
Guangxi Jingui Pulp&Paper

鼓式真空洗浆机 Vacuum Drum Washer

四川宜宾纸业
Sichuan Yibin Paper

板式降膜蒸发器 Plate Falling Film Evaporator

加拿大HSPP浆厂
Canada HSPP Pulp Mill

压力盘式过滤机 Pressure Disc Filter

巴西 JARAUGUA公司
Brazilian JARAGUA Company

圆盘过滤机 Multi-Disc Filter

浙江荣成纸业
Zhejiang Rongcheng Paper

无网袋圆盘过滤机 Bagless Disc Filter

江苏金田纸业
Jiangsu Jintian Paper

汶瑞机械（山东）有限公司

地址：山东安丘市青龙湖西路21号 营销热线：+86 (536) 4362288 / 4372632 技术热线：+86 (536) 4933616
客服热线：400-6583158 传真：+86 (536) 4372633 邮箱：info_wr@wenrui.com.cn

国家级非物质文化遗产

THE INTANGIBLE CULTURAL HERITAE IN CHINA

平陽麻箋

企业简介

襄汾县邓庄丁陶麻笺社是集研发与销售为一体的原生态纯手工古法造纸民营企业。先后推出适合书画创作的三尺、四尺、六尺生麻笺、熟麻笺和古书复制专用麻笺作为企业的主导产品。为开拓市场、扩大声誉，企业将其产品以董寿平先生名字“寿平”及所题“平阳麻笺”作为品牌一并注册。

2013年以来，企业先后十余次参加省级国家级及国际性文化艺术、文化产业博览会，扩大了“平阳麻笺”及制作技艺的影响。2015年4月，在文化部发布的《关于国家级非物质文化遗产代表性项目保护单位》公告中，认定襄汾邓庄丁陶麻笺社为“平阳麻笺制作技艺”保护单位。现在，襄汾邓庄丁陶麻笺社所生产的“平阳麻笺”已成为临汾一道亮丽的名片。

平阳麻笺古老而闻名，自唐至清为官皇家用纸，被誉为“贡纸”“府纸”，制作技艺历史悠久，它以田麻、麻绳头为原料，利用邓庄独特的碱性水质，以古老的石碾、石海为主要设备，通过铡货、拆货、泡货、整货、剁麻、燥麻、蒸麻、冲麻、碾麻、搅海、抄纸、晒纸、整纸等工序，采用传统手工艺技术制造而成。唐宋时期，平阳麻笺成为中国北方造纸的代表，美名相传，蜚声京华。

工艺流程

地址：山西·襄汾邓庄　电话：17636198999　18636769586